Volker Riedel
Antikerezeption
in der deutschen Literatur
vom Renaissance-Humanismus
bis zur Gegenwart

Volker Riedel

Antikerezeption in der deutschen Literatur vom Renaissance-Humanismus bis zur Gegenwart

Eine Einführung

Verlag J. B. Metzler
Stuttgart Weimar

Die Deutsche Bibliothek – CIP-Einheitsaufnahme

Riedel, Volker:
Antikerezeption in der deutschen Literatur vom Renaissance- Humanismus bis zur Gegenwart :
eine Einführung / Volker Riedel. – Stuttgart ; Weimar : Metzler, 2000
 ISBN 3-476-01686-2

Gedruckt auf chlorfrei gebleichtem, säurefreiem und alterungsbeständigem Papier

ISBN 3-476-01686-2
Diese Werk einschließlich aller seiner Teile ist urheberrechtlich geschützt. Jede Verwertung außerhalb der engen Grenzen des Urheberrechtsgesetzes ist ohne Zustimmung des Verlages unzulässig und strafbar. Das gilt insbesondere für Vervielfältigungen, Übersetzungen, Mikroverfilmungen und die Einspeicherung und Verarbeitung in elektronischen Systemen.

© 2000 J. B. Metzlersche Verlagsbuchhandlung und Carl Ernst Poeschel Verlag GmbH
in Stuttgart
www.metzlerverlag.de
info@metzlerverlag.de
Einbandgestaltung: Willy Löffelhardt
Satz: Typomedia Satztechnik, Scharnhausen
Druck und Bindung: Franz Spiegel Buch GmbH, Ulm
September/2000
Printed in Germany
Verlag J. B. Metzler Stuttgart · Weimar

INHALT

Vorbemerkung 1
Einleitung 3
    Gegenstand des Buches 3 – Vorliegende Publikationen 4 – Ursachen für die Rezeption der Antike 5 – Affirmation und Kritik 8 – Schwerpunkte der Untersuchung 8 – Aufbau des Buches 9

RENAISSANCE – HUMANISMUS – REFORMATION
Von der Mitte des 15. bis zum Beginn des 17. Jahrhunderts . . . 13

Frühhumanismus. Von Albrecht von Eyb bis Rudolf Agricola 18
    Vorläufer 18 – Albrecht von Eyb 19 – Peter Luder 21 – Heinrich Steinhöwel 22 – Rudolf Agricola 24

Hochhumanismus. Von Konrad Celtis bis Euricius Cordus 24
    Dramatik 24 – Konrad Celtis 25 – Sebastian Brant 31 – Peter Locher 34 – Parisurteil und Herakles am Scheideweg 36 – Erasmus von Rotterdam 38 – Humanistische Polemik. Jakob Wimpfeling. Thomas Murner. Heinrich Bebel. Johannes Reuchlin. »Epistolae obscurorum virorum« 41 – Ulrich von Hutten 44 – Willibald Pirckheimer 46 – Erfurter Humanistenkreis. Konrad Mutianus Rufus. Helius Eobanus Hessus. Euricius Cordus 46

Reformation. Von Martin Luther bis Georg Rollenhagen 48
    Martin Luther 50 – Philipp Melanchthon 52 – Hans Sachs 53 – Dramatik. »Eckius dedolatus«. Hermann Schottenius Hessus. Gulielmus Gnaphaeus. Georgius Macropedius. Thomas Naogeorg. Paul Rebhun 57 – Lyrik. Joachim Camerarius. Simon Lemnius. Georg Fabricius. Johannes Secundus. Petrus Lotichius Secundus 61 – Epik. Jörg Wickram. Übersetzungen. Fabel. Georg Rollenhagen 64

Späthumanismus und Übergang zum Barock. Von Johann Fischart bis Herzog Heinrich Julius von Braunschweig 67
    Epik. Johann Fischart. »Historia von D. Johann Fausten« 67 – Lyrik. Paulus Melissus Schede 68 – Dramatik. Nikodemus Frischlin. Jakob Ayrer. Straßburger Akademietheater. Jesuitendrama. Jacob Bidermann. Fürstliche Dramatiker 70

BAROCK
Vom Beginn des 17. bis zum Beginn des 18. Jahrhunderts 77

Frühbarock. Von Martin Opitz bis Andreas Gryphius 85
    Martin Opitz 85 – Poetik und Lyrik. Paul Fleming. Sprach- und Dichtergesellschaften (Königsberg, Nürnberg, Hamburg). Jakob Balde. Epigramm und Satire 88 – Dramatik. Jesuitendrama. Nikolaus Avancini. Andreas Gryphius 93

Hochbarock. Zwischen Christian Hofmann von Hofmannswaldau und Christoffel von Grimmelshausen 96
    Lyrik. Christian Hofmann von Hofmannswaldau 96 – Daniel Casper von Lohenstein 97 – Dramatik. Johann Christian Hallmann. Simon Rettenpacher 100 – Versepik. Wolfgang Helmhard Freiherr von Hohberg 102 – Roman. Andreas Heinrich Bucholtz. Herzog Anton Ulrich 102 – Hans Jakob Christoffel von Grimmelshausen 103

Spätbarock und Übergang zur Aufklärung. Von Christian Weise bis Johann Christian Günther 104
    Christian Weise 104 – Gelehrtendichtung 105 – Hofdichtung 105 – Hamburger Oper. Christian He(i)nrich Postel 106 – Johann Christian Günther 107

AUFKLÄRUNG – KLASSIK – ROMANTIK
Vom Beginn des 18. bis zum Beginn des 19. Jahrhunderts 109

Frühaufklärung. Von Barthold Hinrich Brockes bis Johann Elias Schlegel 120
    Barthold Hinrich Brockes. Albrecht von Haller 120 – Johann Christoph Gottsched 121 – Johann Jakob Bodmer. Johann Jakob Breitinger 124 – Friedrich von Hagedorn 125 – Rokoko und Anakreontik. Johann Wilhelm Ludwig Gleim 127 – Christian Ewald von Kleist 129 – Bremer Beiträger. Christian Fürchtegott Gellert 130 – Johann Elias Schlegel 130

Hochaufklärung. Von Friedrich Gottlieb Klopstock bis Christoph Martin Wieland 132
    Friedrich Gottlieb Klopstock 132 – Gotthold Ephraim Lessing 135 – Johann Joachim Winckelmann 140 – Johann Georg Hamann 141 – Justus Möser 142 – Salomon Geßner 143 – Christoph Martin Wieland 144

Sturm und Drang – Spätaufklärung – Weimarer Klassik. Von Johann Gottfried Herder bis Friedrich Schiller 153
    Johann Gottfried Herder 153 – Johann Wolfgang Goethe 156 – Jakob Michael Reinhold Lenz. Johann Maximilian Klinger. Maler Müller 170 – Göttinger Hain. Johann Heinrich Voß. Friedrich Leopold Graf zu Stolberg 173 – Wilhelm Heinse 175 – Karl Philipp Moritz 177 – Alois Blumauer 178 – Friedrich Schiller 178

Die Zeit der Frühromantik. Von Jean Paul bis Ludwig Tieck 187
    Jean Paul 187 – Friedrich Hölderlin 190 – Friedrich Schlegel 203 –

August Wilhelm Schlegel 206 – Wilhelm von Humboldt 208 –
Novalis 209 – Ludwig Tieck 210

Die Zeit der Hoch- und Spätromantik. Von Heinrich von Kleist bis
Franz Grillparzer 211
Heinrich von Kleist 211 – Dramatik 215 – Johann Peter Hebel 216 –
E. T. A. Hoffmann 217 – Achim von Arnim 217 – Joseph Freiherr von
Eichendorff 219 – Friedrich Rückert 220 – Wilhelm Müller 220 –
Franz Grillparzer 221

ZWISCHEN ROMANTIK UND NATURALISMUS
Vom Beginn bis zum Ende des 19. Jahrhunderts 223
Karl Marx 226 – Friedrich Nietzsche 226

Nachromantik und Frührealismus. Von Heinrich Heine bis Eduard
Mörike 229
Heinrich Heine 229 – Christian Dietrich Grabbe 235 – Georg Büchner
235 – Karl Immermann 236 – Adalbert Stifter 237 – August Graf von
Platen 238 – Eduard Mörike 239

Die Zeit des bürgerlichen Realismus. Von Friedrich Hebbel bis
Conrad Ferdinand Meyer 240
Friedrich Hebbel 240 – Richard Wagner 242 – Historisches Drama. Adolf
Wilbrandt 244 – Emanuel Geibel. Paul Heyse. Robert Hamerling 245 –
Versepik. Carl Spitteler 247 – Historischer Roman. Gustav Freytag. Felix
Dahn 248 – Theodor Storm. Wilhelm Raabe. Theodor Fontane 249 –
Gottfried Keller 250 – Conrad Ferdinand Meyer 251

VOM NATURALISMUS BIS ZUR GEGENWART
Vom Ende des 19. bis zum Ende des 20. Jahrhunderts 255

Naturalismus und ›Jahrhundertwende‹. Von Gerhart Hauptmann bis
Thomas Mann 266
Gerhart Hauptmann 266 – Frank Wedekind 270 – Stefan George 270 –
Hugo von Hofmannsthal 272 – Rainer Maria Rilke 276 – Lyrik.
Essayistik. Dramatik 279 – Heinrich Mann 281 – Thomas Mann 283

Expressionismus – ›Drittes Reich‹ – Exil. Von Georg Heym bis
Bertolt Brecht 285
Georg Heym 285 – Theodor Däubler 286 – Lyrik. Ywan Goll 287 –
Dramatik. Stefan Zweig. Reinhard Johannes Sorge 288 – Walter Hasen-
clever. Antigone-Sujet 290 – Franz Werfel 291 – Georg Kaiser 291 –
Oskar Kokoschka. Hans Henny Jahnn 292 – Franz Kafka 293 – Albert
Ehrenstein 295 – Gottfried Benn 298 – Konservative und nationalistische
Autoren 302 – Oskar Loerke. Wilhelm Lehmann 304 – Opfer des NS-
Regimes 304 – Ödön von Horváth 305 – Lion Feuchtwanger 305 –
Hermann Broch 306 – Johannes R. Becher 307 – Expressionismusdebatte
310 – Anna Seghers 311 – Bertolt Brecht 312

Nach dem zweiten Weltkrieg. Von Elisabeth Langgässer bis
Peter Huchel 318
    Elisabeth Langgässer 318 – Hans Erich Nossack 319 – Bernt von Heiseler 320 – Max Frisch 321 – Friedrich Dürrenmatt 322 – Heinrich Böll 323 – Ingeborg Bachmann 324 – Arno Schmidt 324 – Literatur der 50er Jahre 327 – Walter Jens 329 – Marie-Luise Kaschnitz. Günter Eich 331 – Stephan Hermlin 332 – Erich Arendt 335 – Georg Maurer 340 – Johannes Bobrowski 343 – Peter Huchel 344

Die sechziger bis neunziger Jahre. Von Peter Hacks bis Michael
Köhlmeier 346
    Peter Hacks 346 – Heiner Müller 352 – Dramatik. Hartmut Lange. Stefan Schütz. Jochen Berg. Gerhard Müller 362 – Hanns Cibulka 367 – Heinz Czechowski 368 – Karl Mickel 370 – Peter Gosse 372 – Volker Braun 373 – Günter Kunert 376 – Prometheus-Rezeption 378 – Durs Grünbein 380 – Franz Fühmann 381 – Nacherzählungen. Hannes Hüttner. Rolf Schneider 387 – Erzählprosa 388 – Christa Wolf 390 – Kulturpolitische Reaktionen 392 – Lyrik. Karl Krolow. Christoph Meckel. Erich Fried 394 – Rolf Hochhuth. Alfred Andersch 397 – Peter Weiss 397 – Grete Weil. Medea-Rezeption 399 – Hubert Fichte. Peter Handke. Botho Strauß 400 – Erzählprosa 401 – Christoph Ransmayr 402 – Michael Köhlmeier 403 – Kritische Rezeption und Lebendigkeit der Antike 404

Bibliographie 407
Register 485
    Personen- und Werkregister 485 – Sach und Ortsregister 501

VORBEMERKUNG

Diese Monographie ist in erster Linie an Germanisten und klassische Philologen, darüber hinaus an Vertreter anderer Philologien und altertumswissenschaftlicher Disziplinen sowie an Historiker, Philosophen und Theater-, Kunst- und Musikwissenschaftler gerichtet. Sie ist auch geeignet, Pädagogen und Studenten an das Thema heranzuführen.

Das Buch ist in den Jahren 1993 bis 2000 entstanden und greift teilweise auf früher oder zur selben Zeit veröffentlichte Arbeiten des Verfassers zurück.

Lateinische Titel und Zitate werden ins Deutsche übersetzt. In den Anmerkungen werden Zitate und Paraphrasierungen sowie konkrete Bezugnahmen auf die Sekundärliteratur belegt; auf den detaillierten Nachweis der erwähnten Werke und der allgemeinen Aussagen über die behandelten Personen und Entwicklungen aber wird in der Regel verzichtet. Ebenso bleibt die Polemik mit entgegengesetzten Auffassungen auf einige Fälle von grundsätzlicher Bedeutung beschränkt. Über die wichtigsten Arbeiten zu Fragen der Antikerezeption insgesamt sowie zu den einzelnen Epochen und Autoren wird in der Bibliographie informiert. Das Auffinden von Querverbindungen soll durch die Register erleichtert werden.

Der Volkswagen-Stiftung sei für die Unterstützung gedankt, die sie mir durch zwei Studienaufenthalte an der Widener Library in Cambridge, Massachusetts und an der Bibliothek des Warburg-Instituts in London gewährte. Besonderen Dank möchte ich dem Verlag J. B. Metzler – namentlich Herrn Dr. Bernd Lutz und Herrn Dr. Oliver Schütze – für die Veröffentlichung des Bandes aussprechen.

Berlin, April 2000

EINLEITUNG

Die Antikerezeption wird oft (nach einem Wort Horst Rüdigers) als ein »Stiefkind der Komparatistik« behandelt[1] – noch der Band »Germanistik und Komparatistik« von 1993 enthält, mit *einer* Ausnahme, nur Marginalbemerkungen –, neuphilologische Disziplinen betrachten sie gelegentlich als eine *quantité négligeable* – sogar ein Band wie »Deutsche Klassik und Revolution« (1981) geht praktisch nicht darauf ein[2] –, und klassische Philologen sehen die Untersuchung des ›Nachlebens‹ nicht selten bloß als eine schmückende Zugabe zu altertumswissenschaftlichen Forschungen. Tatsächlich jedoch ist das antike ›Erbe‹ nur dann lebendig, wenn wir es in seiner Verbindung mit der neueren Kultur sehen, und die Kultur sowohl der vergangenen Jahrhunderte wie der Gegenwart kann allein unter Beachtung ihrer antiken Wurzeln wirklich verstanden werden.

Eine Gesamtdarstellung der Antikerezeption in der deutschen Literatur ist seit Carl Leo Cholevius' »Geschichte der deutschen Poesie nach ihren antiken Elementen« von 1854/56 nicht mehr erschienen. Neuere Spezialarbeiten betreffen entweder die Nachwirkung antiker Dichter und Motive oder die Aufnahme antiker Sujets durch einen modernen Autor, in bestimmten Gattungen und in einzelnen Epochen. Daneben gibt es Überblicksdarstellungen im Rahmen von Handbüchern, die naturgemäß knapp gehalten sind. Die vorliegende Monographie ist der Versuch einer Einführung in die Problematik – zwar nicht für die gesamte Geschichte der deutschen Literatur, wohl aber für das reichliche halbe Jahrtausend vom Renaissance-Humanismus bis zur Gegenwart.

Gewiß ist das Phänomen der Antikerezeption nur dann vollständig zu erfassen, wenn es in einem universellen historisch-philosophischen, alle Künste einschließenden Zusammenhang dargestellt wird – eine Beschränkung jedoch ist nicht nur aus praktischen Gründen, sondern auch deshalb erforderlich, damit die Spezifika auf einem bestimmten Gebiet deutlich herausgearbeitet werden können. Verbindungen zu fremdsprachigen Literaturen und zu nichtliterarischen Rezeptionsformen werden folglich nur in begrenztem Maße aufgezeigt. Unter ›Literatur‹ wird dabei die ›Belletristik‹ (die ›schöne‹ oder ›schöngeistige‹ Literatur) verstanden – wenngleich

---

1 Vgl. Horst Rüdiger: Ein Stiefkind der Komparatistik [s. Bibl. 1.1.], S. 1229–1232.
2 Deutsche Klassik und Revolution. Texte eines literaturwissenschaftlichen Kolloquiums. Hrsg. von Paolo Chiarini und Walter Dietze. Roma 1981 = Atti dell'Istituto Italiano di studi Germanici 1.

insbesondere für die Zeit des Renaissance-Humanismus, für die noch ein aus dem Altertum überkommener ›weiterer‹ Literaturbegriff galt, auch Werke aus anderen Gattungen berücksichtigt werden. Im wesentlichen aber bleiben benachbarte Bereiche – wie Geschichtsschreibung und Rhetorik – weitgehend außer Betracht.

Gegenstand des Buches ist die gesamte deutsche Literatur von der Mitte des 15. bis zum Ende des 20. Jahrhunderts – also einschließlich der österreichischen und der deutschsprachigen Literatur der Schweiz sowie der deutschsprachigen Literatur in anderen Ländern und in Territorien, die heute nicht mehr zu Deutschland gehören. Den Terminus ›deutschsprachige Literatur‹ generell zu verwenden wäre nicht korrekt, da auch die neulateinische Literatur erfaßt wird.

Diese Literatur war lange Zeit ein integraler Bestandteil der deutschen Kulturgeschichte. Da sie in erster Linie zur Entwicklung der *Moderne* gehört und die Beziehung zum Altertum nur *einer* ihrer Aspekte ist[3], wird sie allerdings nicht im Vordergrund stehen. Entscheidend dafür, ob man von literarischer Antikerezeption sprechen kann, ist nicht die bloße Tatsache, daß ein Autor Latein schreibt, sondern die Aufnahme antiker Stoffe, Motive, Gattungen oder Themen.

Übersetzungen aus dem Griechischen und Lateinischen werden nur insofern behandelt, als sie mit anderen Werken eines Schriftstellers in Verbindung stehen, Voraussetzungen und Begleiter originärer literarischer Arbeiten mit antiken Motiven sind – wie z.B. bei Wieland, Voß oder Hölderlin. Bearbeitungen hingegen werden als ein Teilgebiet der Literatur im engeren Sinne aufgefaßt – eingedenk der Tatsache, daß die Grenze mitunter fließend ist.

Theoretische Welt- und Antikebilder werden einbezogen, wenn sie von Schriftstellern entwickelt wurden oder (wie etwa im Falle Winckelmanns und Nietzsches) für Schriftsteller produktiv waren; Philosophen und Fachwissenschaftler aber bleiben grundsätzlich ebenso wie rein philologische Übersetzer am Rande. Die germanische Frühgeschichte spielt nur dort eine Rolle, wo sie für das Verhältnis zu Rom relevant ist.

In Publikationen zur Antikerezeption in mehreren neueren Literaturen hat die deutsche oft nur eine marginale Stellung. So veranschlagt Gilbert Highet in seinem grundlegenden Buch »The Classical Tradition« von 1949 den internationalen Rang der deutschen Antikerezeption im Vergleich zur italienischen, spanischen, französischen und englischen nicht allzu hoch: Für Mittelalter, Renaissance und Barock hat sie seiner Darstellung gemäß fast gar keine, für das 19. und 20. Jahrhundert keine maßgebliche Bedeutung – einzig in der zweiten Hälfte des 18. und zu Beginn des 19. Jahrhunderts wird sie als eine Erscheinung auf der Höhe ihrer Zeit behandelt. Auch wenn wir einräumen müssen, daß sich Highet vornehmlich an den westlichen Literaturen orientiert, die Romantik außer acht läßt und wichtige Autoren überhaupt nicht oder nur flüchtig erwähnt, so sollten wir uns durch seine Darstellung dennoch vor jeder Überbewertung der Antikerezeption in Deutschland gewarnt fühlen.

---

3 Vgl. Walther Ludwig: Risiken und Chancen bei der Erforschung der neuzeitlichen Latinität. In: Jahrbuch für Internationale Germanistik 30 (1998) 1, S. 8.

Ähnliches läßt sich an anderen fremdsprachigen Arbeiten feststellen: So wertet Maurice Lebels »Mythes anciens et drame moderne« (1977) den deutschsprachigen Anteil an der weltliterarischen Antikerezeption recht gering (findet allerdings überschwengliche Worte für Franz Grillparzer) – und hinsichtlich des 20. Jahrhunderts billigen weder Leo Aylen in »Greek Tragedy and the Modern World« (1964) noch Hugh Dickinson in »Myth on the Modern Stage« (1969) deutschen Autoren einen größeren Rang im Kreis jener Dramatiker zu, die antike Mythen behandelt haben: zu einer Zeit, als zwar die Antikestücke von Heiner Müller und Peter Hacks erst zu entstehen begannen, aber die Werke von Gerhart Hauptmann, Hugo von Hofmannsthal und Bertolt Brecht bereits vorlagen.

Ausgewogener urteilen Theodore Ziolkowski, der in seinem monumentalen Werk »Virgil and the Moderns« (1993) Hermann Brochs Roman »Der Tod des Vergil« eine hohe Bedeutung zuerkennt, Francesco della Corte in »La Presenza classica« (1971) und José Lasso de la Vega, der zwei seiner fünf Studien aus »Helenismo y literatura contemporánea« (1967) Stefan George und Thomas Mann widmet. In der Zeitschrift »Classical and Modern Literature« spielt die deutsche Literatur zwar keine dominante, wohl aber eine angemessene Rolle – der Akzent liegt jetzt auf zwei Epochen: dem späten 18. und dem 20. Jahrhundert –, und auch in den ersten Jahrgängen des »International Journal of the Classical Tradition« wird sie in wichtigen Aspekten beachtet. In deutschsprachigen Publikationen wie Käte Hamburgers »Von Sophokles zu Sartre« (1962) oder Michael von Albrechts »Geschichte der römischen Literatur. Von Andronicus bis Boethius. Mit Berücksichtigung ihrer Bedeutung für die Neuzeit« (1994) ist ihr Anteil ohnehin höher.

Wir unterscheiden beim ›Nachleben‹ der Antike zwischen der sozial relativ indifferenten und unreflektierten, durch die Werke und Lehren der ›Alten‹ selbst bedingten unmittelbaren Wirkung oder Nachwirkung und der bewußten, durch bestimmte gesellschaftliche Schichten vollzogenen und vom Adressaten geprägten Rezeption.[4] In der vorliegenden Arbeit überwiegt der Rezeptionsaspekt, geht es weniger um Quellen und Einflüsse als vielmehr um Funktionen antiker Sujets innerhalb der jeweiligen zeitgeschichtlichen Bedingungen und poetischen Konzeptionen, nicht so sehr um die Nachahmung *von* als um Änderungen *an* den Vorbildern. Käte Hamburger fragt »nach den in den antiken Mustern gelegenen und oft verborgenen Keimen [...], die die neuen Versionen erzeugt haben können«[5] – hier hingegen liegt der Akzent auf den historischen Erfahrungen der neuzeitlichen Autoren, die Affinitäten zu den alten Mustern bewirken. Diese Erfahrungen – und nicht so sehr die Erweiterung des Wissens, wie Käte Hamburger meint – sind auch die entscheidende Voraussetzung dafür, daß in den alten Exempeln Neues entdeckt wird. So erscheint – um eine prägnante Formulierung Michael von Albrechts aufzugreifen – nicht Europa als Spiegel der Antike, sondern die Antike als Spiegel Europas.

---

4 Vgl. Johannes Irmscher: Probleme der Aneignung des antiken Erbes [s. Bibl. 1.1.], S. 6 f.; Wilfried Barner: Neuphilologische Rezeptionsforschung und die Möglichkeiten der Klassischen Philologie [s. Bibl. 1.1.], S. 338.
5 Käte Hamburger: Von Sophokles zu Sartre [s. Bibl. 1.1.], S. 24.

Wenn allerdings auch der vorrangige Anlaß, Motive einer früheren Kultur aufzunehmen, die Bedürfnisse der Gegenwart sind und das Altertum keineswegs um seiner selbst willen beschworen wird, so darf doch die Tatsache nicht außer acht gelassen werden, daß bei aller Bedeutung der aktuellen Aspekte die Spezifika einer historischen Erscheinung von erheblichem Gewicht sind und daß faktisch gerade das ›Erbe der Alten‹ sich als äußerst lebendig und in besonderem Maße als geeignet erweist, Fragestellungen der eigenen Zeit zu reflektieren. Hans Robert Jauß spricht deshalb von der »sukzessiven Entfaltung eines im Werk angelegten, in seinen historischen Rezeptionsstufen aktualisierten Sinnpotentials«.[6]

Auf die Ursachen, die in den verschiedenen Epochen der deutschen Literaturgeschichte für die Aufnahme antiker Sujets sprechen, wird am jeweiligen Ort eingegangen werden – hier seien *die* Ursachen vorausgeschickt, die im spezifischen Charakter des antiken ›Erbes‹ selbst liegen. Zunächst einmal haben sich im griechischen und römischen Altertum wesentliche Züge des individuellen wie des gesellschaftlichen Lebens, Denkens und Schaffens in einer (im Vergleich zu den wesentlich komplizierteren geistigen und sozialen Verhältnissen in Mittelalter und Neuzeit) relativ reinen Form herausgebildet, so daß bestimmte allgemeine Gesetze historischen und kulturellen Geschehens paradigmatische Bedeutung auch für spätere Epochen und somit für die neueren Literaturen gleichsam eine Modell- und Exempelfunktion besitzen, einer geschichtsphilosophischen Vertiefung poetischer Aussagen dienen können.

Eine besondere Rolle spielt dabei, dank seiner Anschaulichkeit, dank seiner unbewußten oder bewußten künstlerischen Formung und (ein Moment, auf das Franz Fühmann vor allem Wert legte[7]) dank seinem Charakter als verdichteter Menschheitserfahrung, der Mythos – und zwar sowohl hinsichtlich der Intensität wie hinsichtlich der Vielschichtigkeit der modernen Antikerezeption. Es gibt keine verbindliche, für alle Zeiten, Regionen, Autoren und Rezipienten gültige Form eines Mythos – schon seine ursprüngliche Gestalt festzustellen ist unmöglich –, sondern nur verschiedene, von den jeweiligen historischen Bedingungen und individuellen Veranlagungen abhängige Varianten eines narrativen Kerns, in denen Momente der Bewahrung und der Transformation sich auf mannigfache Weise miteinander verflechten.[8] Mythen sind polyvalent und multifunktional, können stabilisierend oder revolutionierend wirken. Neben einem relativ wertfreien Welt- und Menschenverständnis enthalten sie gleichermaßen latente und offenkundige Ansätze einer Herrschafts- und Gesellschaftskritik wie auch eine (in der Rezeptionsgeschichte die Gefahr des politischen Mißbrauchs einschließende) offizielle Repräsentations- und Legitimierungsfunktion.[9]

Dies trifft mutatis mutandis ebenso auf biblische Mythen sowie auf mittelalterliche und neuzeitliche historische und literarische Gestalten zu, die eine mythi-

---

6 Hans Robert Jauß: Literaturgeschichte als Provokation [s. Bibl. 1.1.], S. 186.
7 Franz Fühmann: Das mythische Element in der Literatur. In: Fühmann: Erfahrungen und Widersprüche. Versuche über Literatur. Rostock 1975, S. 202.
8 Vgl. Hans Blumenberg: Wirklichkeitsbegriff und Wirkungspotential des Mythos [s. Bibl. 1.1.], S. 28, 32 und 34; Ders.: Arbeit am Mythos [s. Bibl. 1.1.], S. 40 und 300.
9 Vgl. Geoffrey Stephan Kirk: Griechische Mythen [s. Bibl. 1.1.], S. 103, 193, 200, 209 und passim.

sche Qualität annehmen und wie Mythen rezipiert werden (König Artus, Jeanne d'Arc, Faust, Don Juan oder Don Quijote) – den griechischen Mythen aber kommt dabei eine exzeptionelle Stellung zu: nicht zuletzt deshalb, weil sich in Griechenland keine normative und dogmatische Theologie entwickelt hatte[10]. Konnte bereits in der Antike ein und derselbe Mythos von verschiedenen Dichtern in entgegengesetztem Sinne behandelt werden, so verbreitete sich das Spektrum nochmals in der Rezeptionsgeschichte. Selbst eine kritische In-Frage-Stellung tradierter Versionen ist als Weiterdenken eines Mythos – nach der bekannten Formulierung Hans Blumenbergs: als ›Arbeit am Mythos‹ – zu verstehen.

Eine weitere Ursache für die besondere Bedeutung des antiken ›Erbes‹ ist darin zu sehen, daß das griechische und römische Altertum für Grundbelange der Menschheit nicht nur beispielhaft, sondern – dank seinen bildkünstlerischen und literarischen Werken, seinen philosophischen Erkenntnissen und Methoden und seinen ästhetisch-poetologischen Lehren – auch vorbildlich gewesen ist, so daß es in der Folgezeit einmal für humanistische Zielstellungen bedeutsam blieb und die Artikulierung eigener Ansprüche befördern, zum anderen aber auch als ›Norm und Muster‹ oder zumindest als kritischer Maßstab für die moderne Kunst dienen konnte.

Hinzu kommt, daß die Vorgeschichte Griechenlands, die Ablösung der Gentil- durch die Polisordnung bzw. eines matrilinear und matrilokal geregelten Zusammenlebens der Menschen durch das vaterrechtliche Prinzip, als Modell für Epochenauseinandersetzungen und Emanzipationsbestrebungen grundsätzlicher Art stehen kann, wie es vor allem in Zeiten krisenhafter Erschütterungen und gesellschaftlicher Neuansätze aufgenommen wurde.

Das griechische und römische Altertum ist beispielhaft jedoch nicht nur in seinen progressiven, sondern auch in seinen ambivalenten Erscheinungsformen, offenbart Wesensmerkmale einer auf Ausbeutung und Unterdrückung beruhenden Ordnung in extremer Kraßheit. Es ist dies ein Moment, das in einer weitgehend auf Verehrung und Weiterführung hin angelegten Antikerezeption im wesentlichen unbeachtet geblieben ist, im Rahmen sozialer Umwälzungsprozesse aber sehr wohl einen Ansatzpunkt für eine radikale Kritik bietet und auf jeden Fall eine problematisierende, entheroisierende und entidealisierende Sicht auf tradierte Motive befördert.

Als letzter Aspekt der besonderen Position des antiken ›Erbes‹ innerhalb der kulturellen Überlieferungen der Menschheit ist die Tatsache zu nennen, daß es uns nicht nur unmittelbar gegenübertritt, sondern auch in der Aus-, Um- und Weiterbildung späterer Jahrhunderte, so daß sich ein Autor, der mit antiken Sujets arbeitet, zugleich als Glied eines großen weltliterarischen Prozesses begreifen kann. Antikerezeption ist somit nicht eine lineare Beziehung zwischen antikem ›Erbe‹ und zeitgeschichtlicher Situation, sondern steht stets im Zusammenhang mit dem Weiterwirken antiker Paradigmata in späteren Epochen und in verschiedenen Kulturen.

---

10 Vgl. Hans Blumenberg: Wirklichkeitsbegriff [...] (wie Anm. 8), S. 17 und 42–44.

Welchen konkreten Charakter die Antikebegegnung eines modernen Autors hat, ist zwar in hohem Grade, aber keineswegs ausschließlich zeitbedingt, sondern auch in dessen Persönlichkeitsstruktur begründet. Es gibt nicht *die* adäquate Traditionsbeziehung eines Zeitalters, sondern in einem komplizierten Miteinander von Anknüpfung und Distanzierung durchaus verschiedenartige adäquate Beziehungen – zumal im Bereich der Kunst, in dem die Subjektivität des Urhebers eine bedeutend größere Rolle spielt als in der theoretischen Auseinandersetzung mit dem ›Erbe‹. Innerhalb dieser Vielschichtigkeit sind freilich in den einzelnen Epochen jeweils bestimmte Tendenzen vorherrschend.

So überwog in der Antikerezeption von der Renaissance bis zum Beginn des 19. Jahrhunderts eine zustimmend-identifizierende Haltung – besonders eindringlich in dem von Winckelmann inaugurierten ›klassischen‹ deutschen Griechenlandbild, das in hohem Maße der Idealbildung des in einem sozialen Aufstieg befindlichen aufgeklärten Bürgertums diente. Bereits im Verlauf des 19. Jahrhunderts aber kam es zur Spannung zwischen einem konservativen Bildungsideal (das sich nicht selten in Harmonisierungen und Trivialisierungen niederschlug) und einer historischen Sicht auf das ›klassische‹ Altertum. Im 20. Jahrhundert dann dominierten vollends die kritischen Züge, spiegeln sich im Bild einer harten und widerspruchsvollen Antike Erfahrungen aus einer von Krisen und Kriegen erschütterten Zeit wider.

Zwar gibt es gegen den freien und unbekümmerten Umgang mit den tradierten Motiven und gegen deren Deutung weniger in harmonisierendem denn in problematisierendem Sinne sowohl von alt- wie von neuphilologischer, von geistesgeschichtlich-philosophischer wie von kulturpolitisch-pädagogischer Seite her Bedenken, und noch neuere Publikationen wie »Die Antike in der europäischen Gegenwart« oder »Europäischer Philhellenismus« sind (im Unterschied zu dem Band »Antike heute«) vorwiegend zustimmend-deskriptiv ausgerichtet – doch sollte bei einer vorurteilslosen wissenschaftlichen Analyse jegliche Verabsolutierung eines Antikebildes vermieden werden, wie es der Zeit um 1800 adäquat war. Ebensowenig kann es darum gehen, in der normativen Art von Cholevius die Literaturgeschichte danach zu bewerten, ob Autoren sich von ›klassischen‹ Ansätzen leiten lassen, und ›nicht-klassische‹ Ansätze oder eine unkonventionelle Rezeption der Vorgaben a priori abzulehnen.

Bei der Darstellung des Antikeverhältnisses einzelner Epochen und Autoren wird eine Reihe von Problemen besonders akzentuiert. Dies betrifft zunächst einmal die Spannung zwischen einer Anerkennung der Vorbildlichkeit der Antike und einem Bekenntnis zum Vorrang der eigenen Zeit, d.h. Fragen, die in der ›Querelle des anciens et des modernes‹ explizit diskutiert wurden, die aber auch schon manchen Überlegungen der Renaissance zugrunde lagen und die um 1800 zu einer genuinen Charakterisierung der modernen Literatur, zu einer Verlagerung des Akzents von der Gattungsnorm zur Motivrezeption oder sogar zu einer Verabschiedung der Antike führten.

Damit im Zusammenhang steht die Frage nach dem Unterschied zwischen einer normativen und einer historisch-methodischen Geltung der Antike, zwischen Nachahmungspoetik und *imitatio*-Prinzip auf der einen und einer lebendigen Rezeptionsweise auf der anderen Seite, die primär auf die eigene Zeit gerichtet ist und die ›Alten‹ nicht als musterhaft schlechthin, sondern als Paradigmata für die Erfassung und Gestaltung der »wirklichen Welt« betrachtet[11].

Breiten Raum nimmt das Verhältnis zwischen einem zustimmend-identifizierenden, oft zu mildernden und idealisierenden Deutungen führenden und einem kritisch-problematisierenden Umgang mit den antiken Vorgaben ein, bei dem die Konflikte verschärft, aber auch negative Modelle (wie z. B. Medea) aufgewertet werden können.

Entscheidend für den Charakter der Antikerezeption in einer bestimmten Epoche oder bei einem bestimmten Autor ist oft, ob der Schwerpunkt auf Rom oder auf Griechenland (und dort wieder auf Sparta oder auf Athen) liegt – vor allem im Zusammenhang mit der Betonung entweder des politischen oder des kulturellen Lebens.

Weiterhin geht es um das Problem ›Tradition und Neuansatz‹ – d. h. um eine Interpretation der Antike in vorgegebenen Bahnen oder um einen unmittelbaren Rückgriff auf die Quellen –, um Unterschiede in den literarischen Gattungen, um die Beziehung zwischen poetischer und theoretischer Antikerezeption im Gesamtwerk eines Autors, um die Spannung zwischen einem Studium der ›Humaniora‹ und der Lebendigkeit der Antike in der Literatur, zwischen ›Bildungserlebnis‹ und aktueller Problematik sowie um das Verhältnis zwischen ästhetischer und geschichtsphilosophischer, zwischen detaillierter und universeller Rezeption, d. h. zwischen einer Betrachtungsweise, die vor allem einzelne Werke und Lehren antiker Autoren als beispielhaft für die Gesetze künstlerischen Schaffens und die Charakteristika literarischer Gattungen ansieht, und einer solchen, die primär auf die Vorbildlichkeit des antiken Lebens insgesamt zielt.

Die Arbeit ist in erster Linie rezeptionsgeschichtlich ausgerichtet, *nicht* an einer positivistischen Einflußforschung (oder gar an einer vordergründigen Parallelisierung antiker und moderner Erscheinungen, an die sich dann noch biedere moralische Appelle anschließen[12]) orientiert. Die Spezifika eines Werkes – sein historischer Stellenwert, seine Auf- und Annahme durch die Rezipienten – stehen über dessen Veranlassung im persönlichen Erleben, im Bildungsgang oder in den Absichten der Autoren. Der Verfasser erwähnt zwar zahlreiche Schriftsteller, die heute nur noch von literarhistorischer Bedeutung sein dürften, strebt aber keine Vollständigkeit an, sondern konzentriert sich auf jene Autoren, die für das Antikeverständnis eines Zeitalters oder für den Gang der deutschen Literaturgeschichte charakteristisch sind. Auf die Erfassung von punktuellen Zitationen und en-passant-Reminiszenzen wird verzichtet.

Das Buch ist chronologisch aufgebaut und versucht dabei einer ›inneren Chronologie‹ der Literatur zu folgen.[13] Sosehr die Kunst in die sozialpolitische und ökonomische Geschichte eingebettet ist, so wenig geht sie daraus in einem mecha-

---

11 Vgl. S. 168.
12 Symptomatisch für ein derartiges Vorgehen: Ingolf Hannover: Antike und Gegenwart. Fünf Essays zu Politik, Geschichte, Philosophie und Theologie. Frankfurt a. M. 1986 = Edition Haag.
13 Vgl. Niels Werber: Evolution literarischer Kommunikation statt Sozialgeschichte der Literatur. In: Weimarer Beiträge 41 (1995), S. 427–432.

nisch-linearen Sinne hervor. Wenn ein Kunstwerk über seine Zeit hinaus rezipiert werden kann, dann bedeutet dies, daß es *mehr* als die Widerspiegelung seiner Zeit ist, daß es primär künstlerischen Gesetzen folgt und einen breiteren Kreis von Rezipienten anspricht.

Autoren werden grundsätzlich im Zusammenhang behandelt. Die dichtenden Individuen – und *nicht* rubrizierbare historische Epochen oder literarische Gattungen – sind die erste Voraussetzung jeder Literatur; sie werden deshalb in der spannungsvollen Einheit ihres Lebensweges und ihres Werkes vorgestellt. Als entscheidend gilt dabei der Zeitpunkt ihres Eintritts in das literarische Leben – in einigen Fällen der Beginn ihrer Verwendung antiker Sujets.

Dies scheint um so eher möglich zu sein, als nicht eine Geschichte der deutschen Literatur insgesamt gegeben, sondern die Entwicklung eines Teilbereichs verfolgt werden soll. Eine Gliederung nach Phasen und Gattungen – wie sie für eine allgemeine Literaturgeschichte angebracht sein mag – würde nicht nur die einzelnen Dichter ›zerreißen‹, sondern auch den Teilbereich vordergründig mit übergreifenden Tendenzen identifizieren; ein annalistisches Prinzip hingegen vermag zwar ein lebendiges Bild von einer Gesamtbewegung zu vermitteln, würde aber in bezug auf einen punktuellen Aspekt größere Entwicklungslinien außer acht lassen. Ein gewisses Problem stellen Autoren wie Wieland, Goethe oder Gerhart Hauptmann dar, die in einem Zeitraum von über 60 Jahren literarisch tätig waren und dabei wichtige Entwicklungen durchlaufen haben, während bereits Jahrzehnte vor ihrem Alterswerk bei jüngeren (und folglich später zu behandelnden) Autoren ein entschieden neuartiges Antikeverhältnis einsetzte. Da jedoch bei allen Reflexionen zeitgeschichtlicher Erfahrungen eine bestimmte, in der Persönlichkeitsstruktur des Autors verankerte Grundhaltung relativ konstant zu bleiben pflegt, scheint es auch in diesen Fällen angebracht zu sein, das Werk eines Schriftstellers an *einem* Orte vorzustellen.

Zu Beginn jedes Kapitels wird über den jeweiligen historischen, sozialen und politischen Kontext, über kultur- und ideengeschichtliche – insbesondere philosophische und religiöse - Fragen sowie über Probleme des Bildungswesens, der Edition antiker Autoren, der Übersetzungstätigkeit, der altertumswissenschaftlichen Forschung oder des durch archäologische Entdeckungen und durch Handbücher bestimmten Wissensstandes eines Zeitalters informiert. Wo es von der Sache her angebracht ist, werden auch zusammenfassende Aussagen zu bestimmten Gattungen und Phasen getroffen oder Hinweise zur vorrangigen Rezeption bestimmter Motive gegeben, die im Zusammenhang zu untersuchen hier nicht möglich ist.

Die für die einzelnen Kapitel verwendeten Epochenbegriffe sollen der Orientierung dienen, nicht aber die lebendige literarische Entwicklung in ein Prokrustesbett pressen und auf keinen Fall überbewertet werden. Real sind nicht die Begriffe, sondern die Personen. Weder der Barock noch die Romantik – um es bei diesen beiden Beispielen bewenden zu lassen – sind selbständige Wesenheiten, sondern Bezeichnungen für Tendenzen, die in einem bestimmten Zeitraum für das Schaffen vieler Intellektueller charakteristisch sind. Gewiß lassen sich im Rahmen einer chronologischen Darstellung durchgehende Entwicklungslinien deutlich machen – aber es gibt eine Ungleichzeitigkeit der Entwicklung (die Verbürgerlichung der deutschen Literatur beispielsweise setzte bereits zu Beginn, die neue Kunstprogrammatik aber erst in der Mitte des 18. Jahrhunderts ein), und es gibt fließende Übergänge. Im Grunde finden wir kaum einen namhaften Schriftsteller, der nicht in dem einen oder anderen Sinne als Übergangsgestalt bezeichnet werden kann und auch in der Sekundärliteratur so bezeichnet worden ist.[14]

Das Buch beginnt mit der Zeit um 1450, in der sich – trotz mancher Kontinuität mit den vorausgehenden Jahrhunderten – wichtige Neuansätze im politischen und geistigen Leben Europas vollzogen. Es behandelt, dem Umfang und der Relevanz der jeweiligen Aufnahme antiker Sujets gemäß, ausführlich den Renaissance-Humanismus, während das 17. Jahrhundert und die Zeit zwischen 1830 und 1890 eine geringere Rolle spielen. Zentrale Bedeutung haben die Jahrzehnte der Aufklärung, Klassik und Romantik (insbesondere zwischen 1750 und 1830) – und dann wieder das 20. Jahrhundert.

Überblicksdarstellungen zur Antikerezeption in der deutschen Literatur enden oft mit der Romantik oder widmen der späteren Zeit nur noch marginale Bemerkungen. Tatsächlich aber kam es um 1800 zwar zu einem *Um*-, nicht aber zu einem *Ab*bruch. An die Stelle einer direkten Adaptation antiker Muster trat die Übernahme von Motiven, die mit zeitgeschichtlichen Phänomenen verflochten wurden – und selbst die (partielle) Antikeferne, die sich im Prozeß der Industrialisierung, mit der Entwicklung des Nationalismus und auf Grund völlig geänderter Lebensbedingungen herausbildete, wurde um 1900 von einer erneuten Hinwendung zum griechischen Mythos und zur antiken Geschichte abgelöst.

Der Verfasser ist sich bewußt, daß die Dichtung der eigenen Zeit für einen literarhistorischen Überblick ein nicht geringes Problem darstellt. Dies läßt sich unschwer an älteren Untersuchungen erkennen: Cholevius hat aus der ersten Hälfte des 19. Jahrhunderts viele heute unbekannte Autoren ausführlich gewürdigt, manche der heute ›lebendigen‹ Schriftsteller aber nur knapp genannt – und während in bezug auf den Anfang des 20. Jahrhunderts Fred Otto Nolte 1935 sich auf einige wenige Dichter beschränkte (und dabei u. a. auf Rainer Maria Rilke, Walter Hasenclever und Franz Werfel verzichtete), hat Adolph Gorr ein Jahr zuvor eine große Anzahl von Autoren erwähnt, die heute selbst dem Fachmann bestenfalls noch Namen sind. Es ist nicht auszuschließen, daß einerseits Personen und Werke erscheinen, die der Nachwelt als veraltet gelten werden, und daß andererseits Schriftsteller unberücksichtigt bleiben, die sie als für unser Zeitalter prägend halten wird. Dennoch wird die Gegenwartsliteratur, wie sie sich heute darstellt, einen breiten Raum einnehmen (auch wenn nur eine *Auswahl* des Vorhandenen geboten wird) – und zwar nicht nur, weil ›der Lebende Recht hat‹, der Leser erwarten darf,

---

14 Symptomatisch für die Unsicherheiten, die sich aus einer allzu starren Fixierung auf Epochengrenzen ergeben, ist die von Helmut de Boor und Richard Newald begründete »Geschichte der deutschen Literatur von den Anfängen bis zur Gegenwart«. Als Epocheneinschnitt zwischen Reformations- und Barockliteratur wird zwar das Jahr 1570 bezeichnet – doch nicht wenige literarische Erscheinungen zwischen 1570 und dem Anfang des 17. Jahrhunderts werden sowohl in Band 4 wie in Band 5 behandelt. Newald selbst setzt im 18. Jahrhundert einen Einschnitt im Jahr 1750 – doch der von ihm bearbeitete Band 6,1 wurde später durch einen anderen Band ersetzt, der mit 1740 beginnt. In beiden Versionen wird das Schaffen Goethes und Schillers bis 1786/91 bzw. bis 1789 dargestellt – das von Wieland und Herder aber stillschweigend bis zu deren Tod.

über seine eigene Zeit informiert zu werden und das Buch selbst Teil einer bestimmten (kultur)geschichtlichen Situation ist, sondern auch und vor allem deshalb, weil der Antike in ihr eine hohe Bedeutung zukommt.

RENAISSANCE – HUMANISMUS – REFORMATION
Von der Mitte des 15. bis zum Beginn des 17. Jahrhunderts

Um die Mitte des 15. Jahrhunderts kam es zu einem gewichtigen Einschnitt im politischen und geistigen Leben Europas, insbesondere Deutschlands. 1438 ging die Kaiserwürde von den Luxemburgern an die Habsburger über, und der kulturelle Schwerpunkt im ›Heiligen Römischen Reich Deutscher Nation‹ verlagerte sich von Prag nach Wien; 1453 wurde Konstantinopel von den Türken erobert – ein Vorgang, der das *politische* Leben bis zum Ende des 17. Jahrhunderts nachhaltig bestimmte und der infolge der Vertreibung der griechischen Gelehrten das *geistige* Leben des vorrangig lateinisch geprägten Westeuropas durch eine verstärkte Kenntnis des Griechischen bereicherte. In der Mitte des 15. Jahrhunderts wurde der Buchdruck erfunden – und um diese Zeit waren in Italien die neuen Kräfte der Renaissance und des Humanismus tonangebend geworden, konnte in Deutschland der Humanismus als breitere Bewegung einsetzen.

Die Begriffe ›Renaissance‹ und ›Humanismus‹ sind eng miteinander verbunden (wir sprechen heute oft von ›Renaissance-Humanismus‹, um eine Unterscheidung vom ›Neuhumanismus‹, vom ›Dritten Humanismus‹ und vom allgemein-philosophischen Begriff ›Humanismus‹ zu treffen); sie bezeichnen aber verschiedenartige Sachverhalte. ›Renaissance‹ ist der umfassendere kulturgeschichtliche Begriff, der auf das neue Lebensgefühl und den künstlerischen Gesamtgehalt der Epoche zielt; ›Humanismus‹ als literatur- und geistesgeschichtlicher Terminus bezeichnet die intellektuelle Seite der Bewegung und wird bestimmt durch die Begeisterung für das Altertum, dessen Lebens- und Kunstideale als leitbildhaft für die eigenen Bestrebungen angesehen wurden.[1]

Die Epochenbezeichnung ›Renaissance‹ und der Begriff ›Humanismus‹ als Bezeichnung für die geistige Bewegung des 14. bis 16. Jahrhunderts sind erst seit

---

1 Vgl. Hans Rupprich: Die deutsche Literatur vom späten Mittelalter bis zum Barock [s. Bibl. 2.1.], Bd. 1, S. 427. – In dem Kapitel »Renaissance – Humanismus – Reformation« wird mehrfach auf diese Publikation Bezug genommen sowie auf: Heinz Otto Burger: Renaissance – Humanismus – Reformation [s. Bibl. 2.1.].

dem 19. Jahrhundert verwendet worden; das Adjektiv ›humanistisch‹ im Sinne von ›die Altertumswissenschaft betreffend‹ hatte bereits Winckelmann gebraucht. Die Humanisten selbst bevorzugten die Begriffe *studia humanitatis, humanitas* (im Sinne von Bildung), *artes humanitatis* bzw. *humanista* und *vir humanissimus*.[2]

Nach dem Selbstverständnis der Humanisten handelte es sich um eine Erneuerung des gesamten Lebens im Zeichen der wiedererweckten Antike – eine Erneuerung, die eine schroffe Abgrenzung von dem ›dunklen‹ und ›barbarischen‹ Mittelalter als einer Zeit des Niedergangs und des Verfalls in sich einschloß, als deren auffälligstes Symptom man die ›Entartung‹ des Lateins betrachtete.

Allerdings sollte der Aspekt einer ›Wiedergeburt der Antike‹ nicht isoliert betrachtet und überbewertet werden.[3] Zum einen steht er im Zusammenhang mit der Diesseitigkeit der Lebenshaltung, mit der Entdeckung der Welt und des Menschen und mit der Ausrichtung auf das Individuum, die Natur und die Nation. Zum anderen waren antike Traditionen auch im Mittelalter lebendig, und man war mit nicht wenigen der ›alten‹ Autoren wohlvertraut – in Westeuropa hatte die katholische Kirche einen Teil des antiken (vornehmlich des römischen) ›Erbes‹ übernommen, im Südosten Europas überdauerte das Oströmische Reich, und griechische Autoren wurden ins Arabische übersetzt und gelangten in dieser Form vom Orient oder von Spanien her auch nach Westeuropa. In Deutschland gab es unter den Karolingern und den Ottonen Tendenzen, die als renaissancehaft bezeichnet werden können; in Frankreich und England wurden ab der Mitte des 11. Jahrhunderts die asketische cluniazensische Richtung abgelehnt und der Weg zu einer Anerkennung des Diesseits gebahnt; in der Scholastik gewannen kritische und skeptische Tendenzen an Gewicht, begann sich gegenüber dem idealistischen (Begriffs-)Realismus der materialistisch intendierte Nominalismus durchzusetzen.

Auch ging es nicht allein um eine Erweiterung der Kenntnisse, wie sie durch die Entdeckung bisher unbekannter Handschriften und durch die Verbreitung der Texte in Buchform möglich wurde, sondern vor allem um einen Wechsel der Perspektive.[4] Im Mittelalter waren die antiken Autoren gleichsam als ›Zeitgenossen‹ betrachtet, aus ihrem historischen Zusammenhang gelöst und ihrer Individualität entkleidet worden. Sie hatten eine propädeutische Funktion im Dienst der christlichen Lehre. Die Antike wurde nicht als Ganzes und nicht in ihrer Eigenständigkeit erfaßt, sondern man griff auf einzelne Elemente zurück, deren man sich im Rahmen des christlichen Weltverständnisses bediente. Die lateinische Sprache entwickelte sich kontinuierlich und unreflektiert weiter. In der Renaissance hingegen lernte man die Antike als historisch und vergangen, also von der Gegenwart unterschieden zu begreifen. Man erkannte die Distanz zum Altertum, entdeckte dessen Autoren als historische Persönlichkeiten und sah die Antike als Ganzes in ihrer Eigenbedeutung als Vorbild für den Aufbau einer diesseitigen Welt. Sprachlich ging man *bewußt* auf die klassischen Vorbilder zurück – mit dem Ergebnis, daß man einerseits durch den

---

2 Vgl. Eckhard Bernstein: Die Literatur des deutschen Frühhumanismus [s. Bibl. 2.1.], S. 8 f.
3 Vgl. Ernst Ullmann: Zum Problem des Renaissancebegriffs in der Kunstgeschichte. In: Renaissanceliteratur und frühbürgerliche Revolution [s. Bibl. 2.1.], S. 293.
4 Vgl. August Buck: Das Fortleben der Antike im Mittelalter. In: Buck: Humanismus [s. Bibl. 1.1.], S. 25–121.

unmittelbaren Rückgriff auf die Quellen (*redeamus ad fontes*) eine in den Gattungen und Motiven frisch und neuartig anmutende Literatur begründete und die lateinische Sprache in Ciceronianischer Klassizität wiedererstehen ließ, daß andererseits aber, auf Dauer gesehen, die antike Kultur als etwas Abgeschlossenes, nicht mehr im eigentlichen Sinne Weiterlebendes behandelt und als ästhetisches oder gesellschaftliches Leitbild verklärt wurde, daß die Kenntnis des Altertums einen elitären Charakter annahm und daß insbesondere das Lateinische sich zu einer ›toten‹ Sprache entwickelte.

Es gibt nach unserem heutigen Erkenntnisstand keinen absoluten Gegensatz, keine scharfe Abgrenzung zwischen Mittelalter und Renaissance oder zwischen Scholastik und Humanismus – es gibt auch keine strikten Grenzen zwischen den einzelnen Phasen des Humanismus. Vielmehr handelte es sich um langwierige – von einem Produktionsrückgang in der Landwirtschaft und von Finanzkrisen begleitete – Umschichtungsprozesse, die Mitte des 13. Jahrhunderts begannen und die Zeit zwischen der Mitte des 14. und dem Ende des 16. Jahrhunderts als eine Epoche des Übergangs vom Rittertum zum Bürgertum, von einer höfischen zu einer städtischen Kultur, vom universellen Herrschaftsanspruch des Kaisers und des Papstes zur Herausbildung von Nationalstaaten und Territorialgewalten sowie von verschiedenen Konfessionen erscheinen lassen. Nach dem Zusammenbruch der Stauferherrschaft um 1250, nach dem Exil der Päpste in Avignon (1309–1377) und nach den nur partiell erfolgreichen Reformkonzilen von Konstanz (1414–1418) und Basel (1431–1449) mit ihren Versuchen, das Schisma zu überwinden, hatten sich die Konstellationen, die das Hochmittelalter prägten, endgültig als überholt erwiesen.[5] Es ist auffallend, daß diese beiden Konzile nördlich der Alpen stattfanden – an ihnen nahmen zahlreiche italienische Humanisten teil, und sie haben nicht unwesentlich dazu beigetragen, humanistisches Gedankengut in Deutschland zu verbreiten.

Im deutschen Renaissance-Humanismus steht in weitaus geringerem Maße als im süd- und westeuropäischen die Literatur im Mittelpunkt – dagegen erreichte er einen höheren Stand in Mathematik und Naturwissenschaft. Da die vorliegende Arbeit ausdrücklich die Literatur zum Gegenstand hat, wird der Humanismus auch nicht in seiner ganzen Breite erfaßt werden. Dabei ist zu beachten, daß die Autoren des 15. und 16. Jahrhunderts einen ›weiten‹ Literaturbegriff hatten, d. h. daß die Grenzen zwischen fiktiver Literatur und Sachbuch fließend waren. Bei aller Orientierung an den antiken Vorbildern gab es keine strenge Scheidung der literarischen Gattungen. Auffallend sind die pädagogische Ausrichtung, die Dominanz eines epischen Grundzuges, die Verwendung allegorischer Gestalten (Virtus, Fides), die Vorliebe für ›kleine‹ poetische Formen wie Fabel und Epigramm sowie eine starke Affinität zum Satirischen. Der deutsche Renaissance-Humanismus war vor allem an der römischen Literatur und der lateinischen Sprache orientiert; aber es gab auch ein beachtliches Interesse am Griechischen.

Die Literatur des Renaissance-Humanismus war zwar von antiken Quellen gespeist, aber vorrangig auf die Entwicklung einer modernen Nationalliteratur

---

5 Vgl. Die Rezeption der Antike [s. Bibl. 2.1.]; August Buck: Renaissance: Krise und Neubeginn [s. Bibl. 2.1.].

ausgerichtet. Dabei kam es nicht selten zu Spannungen zwischen Volkssprache und Latinität.[6] Während in Italien Lorenzo Valla (1406/07–1457) und in Deutschland insbesondere Konrad Celtis darauf bestanden, daß die antike Kultur nur in lateinischer Sprache zu übernehmen sei und daß eine national bedeutsame und zugleich international rezipierbare Literatur allein in Latein geschrieben werden könne, hatte sich seit dem italienischen Quattrocento nach und nach in allen europäischen Ländern die Auffassung verbreitet, daß ebenso, wie die Römer das griechische Kulturerbe in der lateinischen Sprache gepflegt hatten, die neuzeitlichen Autoren das römische ›Erbe‹ in ihrer eigenen, modernen Sprache zu vertreten hätten. Was namentlich die deutsche Literatur jener Zeit betrifft, so war sie grundsätzlich zweisprachig: neulateinisch und frühneuhochdeutsch. Die lateinische Literatur war bis zur Mitte des 15. Jahrhunderts in Mittellatein verfaßt; danach glich sie sich in zunehmendem Maße an die Sprachform der römischen Schriftsteller an, die sie zu Beginn des 16. Jahrhunderts in der erstrebten Reinheit erreichte. Zu dieser Zeit begann sich dann aber auch der Schwerpunkt vom Lateinischen auf das Deutsche zu verlagern – im weiteren Verlauf des 16. Jahrhunderts besonders markant ablesbar an der Entwicklung Ulrich von Huttens vom Gebrauch der lateinischen zum Gebrauch der deutschen Sprache, an Luthers Orientierung am Deutschen im Unterschied zu den am Latein orientierten humanistischen Bibelübersetzungen, an Hans Sachsens Umformung humanistischer Motive in die Volksdichtung oder an der Herausbildung einer deutschsprachigen Erzählprosa und eines deutschsprachigen Schuldramas.[7] Programmatisch stellte Paul Rebhun einer zeitgenössischen Übersetzung von Thomas Naogeorgs »Tragoedia nova Pammachius« aus dem Jahre 1540 das Gedicht »An die Deudschen leser« voran, das mit den Versen beginnt:

> Ihr lieben Deudschen / so ihr achtet werd
> Das auch eur sprach gezirt werd / und gemert
> So last euch gfallen solcherley geticht
> Die neben andern nutz / auch drauff gericht
> Das deusche sprach werd gschmuckt / und reich gemacht[8]

Und Leonhard Stöckel (vor 1520 – nach 1559) hat im Prolog zu seiner Schulkomödie »Historia von Susanna in Tragedien weise gestaltet« (1559) nachdrücklich betont, daß man sich bei aller Hochachtung vor dem Latein »nach der zeit / richten« müsse, »in welcher wenig leut / lateinischer zungen kündig sein, / darumb wir nu vil jar allein / in gemeiner sprach vns hören lan, / damit man vns verstehen kan«.[9] Man kann zwar von einer einheitlichen lateinischen Dichtungstradition von der Renaissance über das 17. bis zur Mitte des 18. Jahrhunderts hinaus sprechen, und die

---

6 Vgl. Günter Hess: Deutsch-lateinische Narrenzunft [s. Bibl. 2.1.], S. 29–50 und passim; Stephan Füssel: »Barbarus sum fugiat...« [s. Bibl. 2.1.].
7 Vgl. Einführung. In: Grundpositionen der deutschen Literatur im 16. Jahrhundert [s. Bibl. 2.1.], S. 12–17; Heinz Entner: Zum Dichtungsbegriff des deutschen Humanismus. Ebd., S. 395.
8 Thomas Naogeorg: Sämtliche Werke. Hrsg. von Hans-Gert Roloff. Berlin, New York 1975ff. = Ausgaben deutscher Literatur des XV. bis XVIII. Jahrhunderts 50, Bd. 1, S. 7. – Zu Naogeorg und Rebhun vgl. S. 60.
9 Zitiert nach: Geschichte der deutschen Literatur von 1480 bis 1600 [s. Bibl. 2.1.], S. 346.

lateinische Sprache ist Maßstab und Vorbild für die muttersprachliche Literatur gewesen[10] – ihr Anteil aber ging während des 16. Jahrhunderts deutlich zurück, und im 17. Jahrhundert sind selbst bei Autoren, die zeit ihres Lebens *auch* Latein schrieben (wie Paul Fleming oder Andreas Gryphius), die bedeutendsten Werke in Deutsch verfaßt.

Der deutsche Renaissance-Humanismus hat zwar wesentlich zur Herausbildung einer städtischen und bürgerlichen Kultur beigetragen, war aber keineswegs antifeudal, sondern weitgehend an den kaiserlichen Hof und an die Höfe der Landesfürsten gebunden. Zahlreiche Humanisten sind von diesen gefördert worden und haben ihre Gönner verherrlicht. Ihr Streit mit den Spätscholastikern ging nicht zuletzt auch um den Einfluß an den Universitäten (die traditionell von der Kirche beherrscht waren); ja, die Landesfürsten versuchten den Humanismus ebenso zu instrumentalisieren wie später – auf breiterer Basis und mit mehr Erfolg – die Reformation.[11]

Überhaupt ist davor zu warnen, den europäischen Renaissance-Humanismus und seinen Rückgriff auf die Antike ausschließlich als ›progressiv‹ zu bewerten. Unter Berufung auf die Antike – insbesondere im Zeichen der Vergilschen »Aeneis« – führte man ›gerechte Kriege‹ gegen ›Barbaren‹ und eroberte Amerika wie die Trojaner ihre neue Heimat[12]; die Kenntnisnahme des römischen Rechts trug dazu bei, die Bauern als *servi* aufzufassen; mit der einseitigen Orientierung an Platon und am Neuplatonismus verdrängte man wissenschaftliche Ansätze des mittelalterlichen Aristotelismus, die über die Araber vermittelt worden waren[13], und ein rigoroser Neostoizismus beförderte eine Ideologie der Gefühlskälte[14].

Für die Zeit von der Mitte des 14. bis zur Mitte des 15. Jahrhunderts können wir in Deutschland von Vorläufern des Humanismus, für die Zeit von etwa 1450 bis 1485 vom Frühhumanismus sprechen. Die Zeit des Hochhumanismus, die ungefähr bis 1520 währte, ist von den großen Gestalten des Konrad Celtis, Johannes Reuchlin, Willibald Pirckheimer und – alle überragend – Erasmus von Rotterdam geprägt. Dabei verlagerte sich nach dem Tode von Celtis im Jahre 1508 der Akzent vom Literarischen aufs Polemische, und gegenüber einer zuvor charakteristischen Religionsfreundlichkeit und Harmonie zwischen christlichen und humanistischen Idealen dominierten nunmehr heftige antiklerikale Tendenzen. Von 1520 an stand die literarische Entwicklung für etwa fünf Jahrzehnte mehr oder weniger im Zeichen

---

10 Vgl. Karl Otto Conrady: Lateinische Dichtungstradition und deutsche Lyrik des 17. Jahrhunderts [s. Bibl. 3.1.].
11 Vgl. Eckhard Bernstein (wie Anm. 2), S. 14f.
12 Vgl. Heinz Hofmann: Die Geburt Amerikas aus dem Geist der Antike. In: International Journal of the Classical Tradition 1 (1994/95), S. 15–47; Ders.: Aeneas in Amerika. Komplikationen des Weltbildwandels im Humanismus am Beispiel neulateinischer Columbusepen. In: Philologus 139 (1995), S. 36–61.
13 Vgl. Burchard Brentjes: Zum Problem von Humanismus und Menschenbild im Orient. In: Wissenschaftliche Zeitschrift der Friedrich-Schiller-Universität Jena. Gesellschafts- und sprachwissenschaftliche Reihe 21 (1972) 5/6, S. 801–804.
14 Vgl. Norbert Wokart: Die Würde des Menschen. Zur Erblast des Stoizismus. In: Antike heute [s. Bibl. 1.1.], S. 261–270.

der Reformation und spiegelte die sich aus ihr ergebenden Veränderungen und Differenzierungen wider. Die folgenden Jahrzehnte bis zum Beginn des 17. Jahrhunderts können als Zeit des Späthumanismus und des Übergangs zum Barock bezeichnet werden; in ihnen überlagerten sich – und zwar in den einzelnen Gattungen auf unterschiedliche Art – Züge des ausklingenden Renaissance-Humanismus mit Tendenzen, die auf die Literatur der folgenden Periode vorausdeuteten, und es kündigte sich der Übergang von einer städtisch-bürgerlichen zu einer weitgehend höfisch-aristokratischen Kunst an.

Frühhumanismus
Von Albrecht von Eyb bis Rudolf Agricola

Bereits vor Beginn des eigentlichen Frühhumanismus in der Mitte des 15. Jahrhunderts hatte es in Deutschland Impulse des neuen, an der Antike sich orientierenden Schrifttums der italienischen Humanisten gegeben – vermittelt vor allem durch Francesco Petrarca (1304–1374) und Cola di Rienzo (1313–1354), die sich am Hofe Karls IV. in Prag aufgehalten hatten. Diese Berührungen aber waren relativ flüchtig gewesen und blieben im wesentlichen auf Böhmen beschränkt.

Ein Vorläufer des Humanismus ist auch der Philosoph NIKOLAUS VON KUES (Nicolaus Cusanus, Nikolaus Krebs; 1401–1464) gewesen: die markanteste Erscheinung des Spätmittelalters in Deutschland. Er bemühte sich – mit partiellem Erfolg – um einen Ausgleich von Scholastik, Mystik, Antike und moderner Naturwissenschaft, um eine Synthese des Alten und Neuen. Nikolaus von Kues hat 1427 – neben anderen wichtigen Funden antiker Handschriften – zwölf Plautus-Komödien entdeckt, die dem Mittelalter unbekannt waren. Damit hat er viel für die Kenntnis dieses Dichters und für die Wiederbelebung des antiken Dramas getan – zunächst allerdings nur in Italien; denn in Deutschland blieb seine Entdeckung lange unbeachtet, und auch für seine eigene geistige Haltung war sie nahezu ohne Belang. Trotz seines Interesses am italienischen Humanismus kann man ihn noch nicht als Humanisten im eigentlichen Sinne bezeichnen.

Die entscheidende Vermittlerrolle zwischen dem italienischen und dem deutschen Humanismus spielte ENEA SILVIO PICCOLOMINI (1405–1464), der sich 21 Jahre in Deutschland aufhielt, davon zehn in Wien, das unter Friedrich III. zum kulturellen Zentrum wurde. Enea Silvio war ein Verherrlicher des diesseitigen Lebens – wenn er selbst ihm auch später absagte, Priester und schließlich (1458) unter dem Namen Pius II. (der an den *pius Aeneas* erinnern sollte) der erste Humanist auf dem Papststuhl wurde.

In Deutschland hat sich zwar keine Italien vergleichbare Renaissancekultur entwickelt; denn die mittelalterliche Denk- und Lebenshaltung und die Macht der geistlichen Fürstentümer blieben stärker, so daß italienische Humanisten mit ihrem Spott nicht zurückhielten – wie Giovanni Antonio Campano (1429–1477), der 1471 bei seiner Rückkehr in die Heimat das Distichon schrieb:

Accipe Campani, sterilis Germania, terga,
Accipe nudatas, Barbara terra, nates!
(Empfange, unfruchtbares Deutschland, den Rücken Campanos, empfange, barbarisches Land, seinen entblößten Hintern!)[15]

Doch in der zweiten Hälfte des 15. Jahrhunderts können wir durchaus von einem Neben-, In- und Gegeneinander von Spätgotik, Spätscholastik, Humanismus und Reformbestrebungen sprechen, breitete sich der Humanismus an den Universitäten und im Schul- und Bildungswesen der Städte aus. Seine Zentren waren zunächst Wien und – etwas später – Nürnberg, bald aber auch der Südwesten Deutschlands: Basel, Straßburg, Schlettstadt, Heidelberg, Tübingen, Augsburg, Ingolstadt, Köln – später kamen Erfurt und Leipzig hinzu.[16]

An der Wiener Universität sollen schon 1451 von deutschen Gelehrten Vorlesungen über Terenz und die »Rhetorica ad Herennium« in humanistischem Geiste gehalten worden sein – mit Sicherheit nachweisbar sind Vorlesungen des italienischen Humanisten Guilelmus Savonensis im Jahre 1452 und von Georg von Peuerbach (Aunpeck; 1423–1461) 1454. Bereits 1464 begann mit der Errichtung einer besoldeten Lektur in Basel die institutionelle Verankerung des Humanismus an den deutschen Universitäten. Der deutsche Frühhumanismus stand stark unter italienischem Einfluß, entwickelte aber auch frühzeitig ein nationales Selbstbewußtsein: Tacitus, dessen »Germania« bereits 1472 und 1473 in Bologna und Nürnberg gedruckt worden ist, wurde nach Cicero zum beliebtesten römischen Prosa-Autor in Deutschland. Der Frühhumanismus verhielt sich noch weitgehend rezeptiv – durch Beispielsammlungen und Übersetzungen –, zeigte aber auch selbständige Anfänge in der Lyrik, der Geschichtsschreibung und der Rhetorik. Ein bedeuter Vertreter – wenn auch kein Schriftsteller im engeren Sinne – war Hans Pirckheimer aus Nürnberg (ca. 1415–1492), der Großvater Willibald Pirckheimers. Der *literarische* Beginn kann angesetzt werden mit Albrecht von Eyb (1420–1475).

ALBRECHT VON EYB hat sich nach dem Studium der Rhetorik – insbesondere Quintilians – in Bologna für gut ein Jahr in Bamberg aufgehalten und hier im Jahre 1452 vier Schriften verfaßt: Mit dem »Tractatus de speciositate Barbarae puellulae« (Abhandlung über die Schönheit des Mädchens Barbara) schrieb er nach dem Vorbild des Enea Silvio eine Lobrede nach rhetorischen Grundsätzen; in der »Appellatio mulierum Bambergensium« (Ansprache der Bamberger Frauen) – einer Nachbildung der frivolen »Oratio Heliogabali« (Rede Heliogabals) des florentinischen Staatskanzlers Leonardo Bruni (nicht vor 1374–1444) aus dem Jahre 1407 – klagen die Bamberger Frauen vor Gericht gegen ihre Männer, von denen sie in jeder Hinsicht schlecht behandelt würden, obgleich sie es dank wechselnden Liebschaften in der *ars meretricia* zu hoher Kunstfertigkeit gebracht hätten; in der »Ad laudem et commendationem Bambergae civitatis oratio« (Rede zum Lob und zur Empfehlung der Stadt Bamberg) preist Albrecht von Eyb nach dem Muster des italienischen Städtelobs die Landschaft um Bamberg, die Stadt und die Menschen darin – vor

---
15 Zitiert nach: Heinz Otto Burger: Renaissance – Humanismus – Reformation [s. Bibl. 2.1.], S. 182.
16 Vgl. Eckhard Bernstein: Die Literatur des deutschen Frühhumanismus [s. Bibl. 2.1.], S. 15–23. – Im folgenden wird mehrfach auf diese Publikation Bezug genommen.

allem, und nunmehr um ihrer Ehrbarkeit willen, die Bamberger Frauen – und nicht zuletzt die üppigen Weinberge als Beweis dafür, daß die Stadt dem Bacchus heilig sei; in der »Laudatio de divinissimo eucharistiae sacramento« (Lobrede über das allergöttlichste Sakrament der Eucharistie) schließlich – einer Abendmahlspredigt am Gründonnerstag, die nach den Regeln der Rhetorik als Prunkrede aufgebaut und sogar mit einigen Hexametern geschmückt ist – verbindet er auf gewagte Weise antike Gottheiten mit der christlichen Religion: Brot und Wein, die wir Ceres und Bacchus verdanken, wandelt die Konsekration zu Leib und Blut Christi.

Nach einem abermaligen mehrjährigen Aufenthalt in Italien, wo er Handschriften (Plautus und Erotica) sammelte und kopierte, lebte Albrecht von Eyb von 1458 an in Eichstätt. Hier schloß er 1459 die »Margarita poetica« (Perlen der Dichtkunst) ab, die 1472 erstmals gedruckt und bis 1503 mehrfach neu aufgelegt wurde: eine Anthologie, die nach einleitenden *Praecepta artis rhetoricae* Auszüge bringt, im ersten Teil aus römischer Rede-, Dicht- und Briefkunst, im zweiten aus römischen Prosaikern, im dritten aus Petrarca, Terenz, Plautus und Seneca, und zum Abschluß dreißig humanistische Reden, darunter von Albrecht selbst die *laudationes* auf die Eucharistie und die *civitas Bamberga*. Diese erste deutsche Humanistenpoetik war ein umfassendes Hilfsbuch der Rhetorik und ein Nachschlagewerk für antike und humanistische Zitate und zugleich auch für antike und humanistische Lebensregeln (*rationes vivendi*). Bis zum Ende des 15. Jahrhunderts war sie gleichsam die ›Bibel des deutschen Humanismus‹.

1472 hat Albrecht von Eyb nach mehreren Vorstudien das »Ehebüchlein«, 1474 den ›Sittenspiegel‹ »Speculum morum« veröffentlicht: beides Werke mit zahlreichen antiken Zitaten. Wird in dem ersten die Ehe bejaht, so erstrebt das zweite einen Ausgleich zwischen mittelalterlicher und humanistischer Lebensgestaltung (sieben Todsünden, *ars moriendi*, Vorbereitung auf das Jenseits, Ständeordnung – Primat der Tugend gegenüber dem Geburtsadel). Für die Geschichte der Antikerezeption in der deutschen Literatur ist vor allem der Anhang des »Speculum morum« bedeutsam: Hier verfaßte Albrecht von Eyb mit den deutschen Prosa-Übersetzungen der Plautus-Komödien »Menaechmi« und »Bacchides« zum erstenmal Übertragungen antiker Dramen ins Deutsche. Sie wurden allerdings erst 1511 gedruckt. Der Dichter verfolgte damit eine didaktische Tendenz: Die Stücke sollten – sozusagen als belletristische Nutzanwendung der Theorien des ›Sittenspiegels‹ und als abschreckende Exempel zu dessen Lehren – die Leser über menschliches Fehlverhalten unterrichten. Einer theoretischen Erörterung über die Komödie folgen die beiden Stücke, die allerdings wie mit Dialogen durchsetzte Erzählungen wirken. Albrecht hat das antike Kostüm aufgegeben und die Handlung in deutsche Verhältnisse transponiert; seine Sprache ist frisch und lebendig. Einflüsse der italienischen Humanisten, denen der Autor in seinen früheren Werken fast ausschließlich folgte, verbinden sich mit Elementen des Fastnachtsspiels, ja werden von diesen überlagert.[17] Die Plautus-Übersetzungen bilden den krönenden Abschluß von Albrechts

---

17 Die Plautus-Übersetzungen des Albrecht von Eyb. Lateinisch-deutsche Textausgabe. Hrsg. von Peter Andreas Litwan. Bern, Frankfurt a. M., New York 1984 = Europäische Hochschulschriften 1,799.

Werk (auch in der »Margarita poetica« hatten Plautus-Zitate schon eine wichtige Rolle gespielt); sie zeugen von einer ersten Akzentverlagerung vom Lateinischen zum Deutschen, von italienischen zu eigenen Traditionen und waren beispielhaft für die Prosa von Autoren wie Johann von Schwarzenberg (1465–1528) und Ulrich von Hutten. Bis 1550 sind sie mehrfach separat gedruckt worden; Hans Sachs wandelte 1548 die Prosa der »Menaechmi« wieder in deutsche Verse um.

Zeugnisse aus dem Kreis der Wiener, Augsburger und Heidelberger Humanisten belegen, daß die Anfänge der Plautus-Rezeption in Deutschland zwischen 1450 und 1475 lagen. Obwohl die Frühhumanisten bewußt Texte förderten, die im Mittelalter unbekannt waren, wurde der römische Dichter zunächst allerdings nur in privaten Kreisen gelesen, und es gab noch keine Plautus-Vorlesungen. Erst nach 1500 begann eine intensivere Beschäftigung mit diesem Autor. Vor allem nach dem Erscheinen von Albrecht von Eybs Übersetzung kam es zu mehreren Übertragungen, Bearbeitungen, Nachahmungen, Interpretationen und Aufführungen. Im 16. Jahrhundert gehörte Plautus – neben und nach Terenz – zu den bekanntesten Autoren.[18]

1454 erschien des Enea-Silvio-Schülers JOHANNES TRÖSTER (ca. 1427–1485) Dialog »De remedio amoris« (Heilmittel gegen die Liebe) – eine im Humanistenkreis des Kaiserhofes spielende und christliche mit antiker Mythologie verschmelzende halbdramatische Dichtung, deren Stoff humanistisch, deren Weltbild aber noch mittelalterlich war. Der Titel stammt von Ovid und bekundet die Bedeutung dieses spätaugusteischen Dichters für die Humanistenpoesie; die Zielstellung aber ist, anders als bei Ovid, *gegen* die Liebe gerichtet. Beachtenswert sind einige – wohl durch Enea Silvio vermittelte – Anspielungen auf Homerische Gestalten und Motive sowie das durch Plautus' »Amphitruo« geweckte starke Interesse an Herakles: Die Jungfrau Maria, als Helferin aus Liebesnot, wird mit Alkmene verglichen, da beide ihre Söhne nicht von ihren Gatten empfangen haben.[19]

PETER LUDER (um 1410 – nach 1474), der erste Repräsentant des Humanismus an den deutschen Universitäten, las – nach längeren Studien in Italien – seit 1456 in Heidelberg, später auch an anderen Universitäten (Erfurt, Leipzig, Basel, Wien) über klassische Autoren. In seiner Antrittsvorlesung vom 15. Juli 1456 unterscheidet er drei *studiorum humanitatis genera: historiale, oratorium* und *poeticum*. Die Geschichtsschreibung reize den Leser, indem sie Heldentaten schildere; von den Rednern lernten wir, wie wir unsere Hörer bewegen können; doch erst die Poesie lehre uns *tropos et figuras omnemque ornatum ac oracionis suavitatem* (Tropen und Figuren sowie allen Schmuck und alle Süßigkeit der Rede). Dabei beruft sich Luder auf Homer, auf Plautus, Terenz und Cicero sowie insbesondere auf sein und seines Lehrers und Vorbildes Guarino Guarini (1374–1460) Lieblingsdichter Vergil.[20]

---

18 Vgl. Karl Otto Conrady: Zu den deutschen Plautusübertragungen [s. Bibl. 1.2.]; Frank Baron: Plautus und die deutschen Frühhumanisten [s. Bibl. 2.1.].
19 Die Frühzeit des Humanismus und der Renaissance in Deutschland [s. Bibl. 2.1.], S. 182–197.
20 Wilhelm Wattenbach: Peter Luder, der erste humanistische Lehrer in Heidelberg, Erfurt, Leipzig, Basel. Eine Abhandlung mit urkundlichen Belegen. Karlsruhe 1869, S. 68–78 (Zitate: S. 71 und 74). – Auszüge mit deutscher Übersetzung in: Spätmittelalter, Humanismus, Reformation [s. Bibl. 2.1.], Bd. 1, S. 557–560.

Luders umfangreichstes Gedicht ist die 144 Verse umfassende »Elegia Petri Luderi poetae clarissimi ad Panphilam amicam suam singularem« (Elegie des hochberühmten Dichters Peter Luder an seine einzige Freundin Panphila) von 1460, mit der er die Elegie und das elegische Versmaß zu den bevorzugten Formen des deutschen Frühhumanismus machte. Bereits seit Francesco Petrarca war eine elegische Sensibilität charakteristisch für das humanistische Lebensgefühl. Das Gedicht enthält zahlreiche Reminiszenzen an Tibull, Properz, Ovid und vor allem Vergil und verkündet programmatisch die Forderung nach erotischer Freiheit. Freilich versucht der Dichter, *cui sine te nulla est nox neque grata dies* (dem ohne dich keine Nacht und kein Tag angenehm ist), vergebens, das Herz der Geliebten zu rühren: *Durior es ferro, crudelior atque leone* (Du bist härter als Eisen und grausamer als ein Löwe). Selbst seine Versicherung, sein Lied werde ihr Unsterblichkeit schenken, sie – im Sinne von Vergils fünfter Ekloge – zu den Sternen erheben, macht die Spröde nicht gefügig:

> *Niger sum fateor, sum parvus corpore toto,*
> *Candida sunt nostra, si petes, ingenia.*
> (Dunkel bin ich und von kleinem Wuchs, ich gebe es zu, aber ins Licht, wenn du willst, erheben sich unsere Geister.)

Fünf Jahre später, in einer überarbeiteten Fassung der Elegie, hat Luder behauptet, Panphila – die Ganz- oder Einziggeliebte – sei eine Allegorie auf Kurfürst Friedrich den Siegreichen von der Pfalz, dem er die Elegie wahrscheinlich dedizierte und von dem er finanzielle Unterstützung erhoffte.

Mit einem Selbstbewußtsein, das an die römischen Schriftsteller der klassischen Zeit erinnert, rühmt sich Luder, als erster die Musen nach dem Vorbild Guarinis vom italischen Gipfel in sein Vaterland geholt zu haben – die Verse sind eine Anlehnung an Vergils »Georgica« (III 10f.):

> *Primus ego in patriam deduxi vertice Musas*
> *Italico mecum, fonte Guarine tuo.*

Er deutet sogar an, daß er vom *stultus Amyntas* (aus Vergils zweiter Ekloge) beneidet werde und damit die ›Alten‹ zu übertreffen sich anschicke.[21]

Vergleichbar mit Albrecht von Eybs Plautus-Übersetzung ist HEINRICH STEINHÖWELS (1412–1482) »Esopus«, der um 1476/77 gedruckt worden ist und zum erfolgreichsten Buch seiner Zeit wurde. Neben der lateinisch-deutschen Erstausgabe sind – mehr oder weniger bearbeitet – im 15. und 16. Jahrhundert sechs lateinische und 31 deutsche (darunter niederdeutsche) Separatausgaben und vom 17. bis 19. Jahrhundert weitere 25 deutsche Ausgaben erschienen. Außerdem ist er ins Französische, Englische, Spanische, Holländische und Tschechische übersetzt worden. Steinhöwel hat in mehreren Übersetzungen mittelalterlicher und humanistischer Literatur (darunter einer Bearbeitung der ursprünglich spätantiken Erzählung »Apollonius von Tyrus« [1471], in der bereits wesentliche Motive der frühneuzeitlichen Romane vorgebildet waren) versucht, die heimische Prosa mit der neuen

---

21 Frank E. Baron: The Beginnings of German Humanism [s. Bibl. 2.2. (Luder)], S. 207–209.

akademischen Kunstprosa zu verbinden; der »Esopus« ist Höhepunkt und Abschluß seines Schaffens. Es handelt sich um eine Kompilation verschiedener, teilweise erst im Mittelalter und während der Renaissance entstandener Sammlungen von Fabeln und Erzählungen. Grundstock des Werkes sind die Prosafabeln des sogenannten ›Romulus-Corpus‹ mit der Versifizierung des ›Anonymus Neveleti‹. In der Einleitung bringt Steinhöwel die Lebensgeschichte des Äsop von Planudes in der lateinischen Wiedergabe des Rimicius, im Anhang u. a. eine Auswahl von Fabeln und Schwänken des Rimicius, des Avian sowie des Spaniers Petrus Alphonsus (gest. 1106) und des italienischen Humanisten Gian Francesco Poggio Bracciolini (1380–1459). Steinhöwel gibt zuerst den lateinischen Prosatext jeder Fabel wieder, läßt dessen deutsche Übersetzung folgen und fügt den lateinischen Distichentext an. Deutsche Sprichwörter, volkstümliche Redensarten, Reime und Hinweise auf die Gegenwart halten die Erzählung in Fluß. Mittelalterliche Kirchlichkeit, scholastische Betrachtungsweise und Neigung zur Allegorie gehen in diesem Werk eine Synthese ein mit modernen humanistischen Zügen wie dem Stolz auf die weltliche Wissenschaft der Heilkunde, einer neuen Einschätzung der Frau, einer unkonventionellen Moralauffassung und einer durchaus weltbürgerlichen Haltung. Das Interesse an der Fabel war bereits in der deutschen Literatur des Mittelalters sehr groß gewesen – ein Beleg wiederum für die Kontinuität zwischen Mittelalter und Renaissance. Damals aber dominierten ein sozialkritisches Engagement, moraldidaktische Züge und Elemente eines religiösen Strafgerichts. Dies alles trat bei Steinhöwel zurück; die Fabel war für ihn – und hierin zeigt sich die Diskontinuität der beiden Zeitalter – ein Spiegel menschlichen Lebens und sollte der Wahrheitsfindung dienen, und zwar ausschließlich im Hinblick auf den irdisch-weltlichen Bereich, mit einer säkularisierten Moral. Er hat die überlieferten Texte weniger bearbeitet als übersetzt. Dabei lautet sein Übersetzungsgrundsatz: »nit wort uß wort, sunder sin uß sin«.[22] Der gedankliche Gehalt steht ihm vor der Wiedergabe der Form.

Hierin unterscheidet er sich von NIKLAS VON WYLE (um 1410–1478), der in seinen 18 »Translatzen oder Teutschungen« – darunter aus der Antike Lukians Eselsroman nach der lateinischen Übersetzung Poggios (unter Verzicht auf allzu erotische Stellen und in der Meinung, es handele sich um des Apuleius »Goldenen Esel«) – das Prinzip der wortgetreuen Wiedergabe bevorzugte. Wyle überträgt lateinische grammatische und syntaktische Strukturen (wie Partizipial- und AcI-Konstruktionen) bedenkenlos auf das ganz anders geartete Deutsche. Er hat auch eine Cicero- und eine Boethius-Übersetzung begonnen bzw. geplant. Obwohl er die Sprachgewalt Steinhöwels nicht erreichte, hat er ebenfalls zahlreiche Nachfolger gefunden.

Weitere Übersetzungen, die auf das Altertum zurückgingen, waren Johannes Hartliebs (1400–1468) postum erschienenes »Buch von dem großen Alexander« (1472), dem der spätgriechische ›Alexanderroman‹ zugrunde lag, und das »Buch von den sieben weisen Meistern« (1473), das in der Antike aus orientalischen Quellen zusammengestellt worden war.

---

22 Steinhöwels Äsop. Hrsg. von Hermann Österley. Tübingen 1873 = Bibliothek des Litterarischen Vereins in Stuttgart 117, S. 4.

Einer jüngeren Generation bereits gehörte der bei Groningen geborene RUDOLF AGRICOLA (Rodolphus Agricola Frisius; Roelef Huisman; 1444–1485) an: ein *uomo universale* im Sinne der italienischen Renaissance und der erste deutsche Humanist, der internationale Anerkennung fand. Agricola, der, nach dem Studium in Erfurt, Köln und Löwen, vornehmlich in Italien, aber auch in Friesland und in Heidelberg wirkte und unter dem Einfluß der Florentiner neuplatonischen Akademie stand, war ein Verehrer Ciceros und Quintilians und der erste deutsche Kenner der griechischen Sprache und Literatur. Er hat u. a. Begrüßungsansprachen, Gelegenheitsreden, Briefe, lateinische Gedichte im Anschluß an Catull, Horaz und Statius, eine Weltchronik, philosophische Kommentare, Übersetzungen und eine Biographie des von ihm hochgeschätzten Petrarca verfaßt. Ein Meisterwerk der neuen Rhetorik – getreu nach Ciceronischer Vorschrift gestaltet – ist seine »Oratio in laudem philosophiae et reliquarum artium« (Rede zum Lob der Philosophie und der übrigen Wissenschaften), eine Rede zur Eröffnung des Akademischen Jahres an der Universität Ferrara nach den Sommerferien 1476. Diese »Oratio« – die sich auch inhaltlich besonders auf Cicero stützt und zudem, explizit oder implizit, andere antike Philosophen einbezieht – ist ein Hymnus auf den Menschen, der philosophisch leben, damit glücklich sein und vor allem dieses Glück sich bewußt machen kann. Der Sinn wahrer Wissenschaft liegt für Agricola im Glücksbewußtsein des Menschen, in dem allein sich sein Wesen, seine Menschlichkeit erfüllt. Die *philosophia* ist ihm eine Liebe zur Weisheit und eine Liebe, göttliche und menschliche Dinge zu erkennen; die *studia humanitatis* führen den Menschen auf dem Weg der Erkenntnis zum Glücksbewußtsein. Die Rede ist geprägt von einem ungeheuer frischen und optimistischen Lebensgefühl; das Höchste, was der Mensch erreichen kann, ist ein emphatisches Ja zu seinem Dasein, ein überzeugtes *vivo* – »ich lebe«.[23]

Hochhumanismus
Von Konrad Celtis bis Euricius Cordus

Mitte der achtziger Jahre des 15. Jahrhunderts begann in Deutschland die Phase des Hochhumanismus. Die Humanisten dominierten nunmehr an den Artistenfakultäten (den Vorläufern der heutigen Philosophischen Fakultäten, genannt nach den *septem artes liberales*); der Humanismus breitete sich über weitere Städte und Gebiete aus. Das erhöhte Lebensgefühl und der zukunftsfrohe Optimismus, die sich in der Eröffnungsrede Agricolas artikuliert hatten, beherrschten weitgehend die Haltung der Autoren, standen freilich auch – wie schon bei Luder – in einem gewissen Kontrast zur elegischen Stimmung in der Tradition Petrarcas. Es gab weiterhin eine rege Übersetzungstätigkeit (Xenophon, Terenz, Caesar, Sallust, Vergil, Horaz, Ovid u. a.), doch traten jetzt in höherem Maße eigene literarische Schöpfungen hinzu.

Aufschlußreich ist hierfür die Entwicklung der Dramatik. Waren für die Mitte des

---

23 Humanismus und Renaissance in den deutschen Städten und an den Universitäten [s. Bibl. 2.1.], S. 164–183 (Zitat: S. 179). – Deutsche Übersetzung in: Der deutsche Renaissancehumanismus [s. Bibl. 2.1.], S. 159–183 (Zitat: S. 179).

15. Jahrhunderts das Studium der römischen Dramatiker, Vorlesungen über sie und erste Übersetzungen charakteristisch, so folgten nunmehr Editionen, weitere Übersetzungen und erste Aufführungen: 1470 wurde in Straßburg Terenz gedruckt; 1486 übersetzte Hans Nythart (Neithart; um 1430 – nach 1502) dessen »Eunuchus«; 1487 edierte Konrad Celtis Senecas Tragödien »Hercules furens« und »Thyestes«; 1499 gab Sebastian Brant eine Terenz-Ausgabe heraus; 1500 bzw. 1502 ließ Laurentius Corvinus in Breslau, 1502/03 Celtis in Wien Terenz' »Eunuchus« und Plautus' »Aulularia« aufführen. Seit Anfang des 16. Jahrhunderts begann man sich dann auch mit Sophokles und Euripides zu beschäftigen. (1506 und 1507 übertrug Erasmus von Rotterdam »Hekuba« und »Iphigenie in Aulis«.) Zur selben Zeit aber wagte man sich auch an eigene Stücke: 1480 bereits entstand Jakob Wimpfelings »Stylpho«, 1485 nach dessen Vorbild Johannes Kerckmeisters (um 1450 – um 1500) Schulkomödie »Codrus«, 1495 Jakob Lochers »Historia de rege Franciae« (Geschichte von Frankreichs König) und 1496 Johannes Reuchlins »Sergius«: Stücke, die fast nur Reden und keine Handlung enthielten, weniger zur Aufführung als zu Rezitation geeignet waren und deshalb eher als Dialoge denn als Schauspiele zu bezeichnen sind – erst Reuchlins zweites Stück von 1497 kann als früheste einigermaßen bühnengerechte Komödie in Deutschland gelten. Zu Beginn des 16. Jahrhunderts folgten dann mehrere eigenständige mythologisch-allegorische (wenngleich im Grunde ›undramatische‹, nämlich festspiel- und revuehafte) Dramen.[24] Noch 1520/21 ließ sich Christoph Hegendorff (1500–1540) durch seine Plautus-Studien zu zwei Komödien anregen: zu einer Nachbildung der »Menaechmi« unter Verwendung von Motiven aus Terenz' »Adelphoe« unter dem Titel »De duobus adolescentibus« (Von zwei Jünglingen) und zu einer hauptsächlich auf der »Asinaria« beruhenden »Comoedia nova de sene amatore« (Neue Komödie über einen Alten als Liebhaber).

In der Zeit des Hochhumanismus pflegte man weiterhin mehrere lyrische Gattungen, die aus Prosa und Versen gemischte menippeische Satire[25] sowie in der Prosa Briefe, Traktate und verschiedene Formen satirisch-humoristischer Literatur. Nach der Jahrhundertwende, besonders nach dem Tode von Celtis im Jahre 1508, kam es zu heftigen Polemiken, und am Ende dieser Phase mündete der Humanismus in die Reformation.

Ein Jahr nach dem Tode Agricolas trat dessen Schüler KONRAD CELTIS (Conradus Celtis Protucius; Bickel oder Pickel; 1459–1508) in das literarische Leben ein: der erste bedeutende neulateinische Dichter deutscher Herkunft und das größte lyrische Talent des deutschen Humanismus; bis ins 17. Jahrhundert wurde er als erster ›moderner‹ deutscher Dichter empfunden. 1486 gab Celtis die für Vorlesungszwecke bestimmte »Ars versificandi et carminum« (Kunst des Verseschreibens und der Lieder) heraus, die in kurzer Zeit mehrere Auflagen erlebte und die Stilmustersammlung Albrecht von Eybs ergänzte. Albrecht hatte mehr eine Anthologie praktischer Übungsstücke als eine theoretische Kunstlehre gegeben; Celtis hingegen

---

24 Vgl. S. 28f., 35–38 und 42f.
25 Vgl. Steffen Trappen: Grimmelshausen und die menippeische Satire [s. Bibl. 3.1.].

veröffentlichte die erste selbständige deutsche Poetik. Neu war dabei vor allem seine Verslehre.

Im einleitenden »Epigramm an den Leser« beruft sich Celtis auf Agricola, der als erster die Musen nach Deutschland gebracht und auch ihn die Dichtkunst gelehrt habe; im darauffolgenden Gedicht an den Kurfürsten Friedrich den Weisen von Sachsen – dem das gesamte Buch gewidmet ist – schildert er, wie Phoebus auf ihn zutrat und dem von der Erscheinung des Gottes Betroffenen die Erkenntnis vom Wesen der Dichtkunst verheißen habe.

Der erste Teil des Werkes ist in Hexametern geschrieben und behandelt an Hand von Beispielen, die vor allem dem Horaz entnommen sind, die Metrik; der zweite, meist in Prosa, befaßt sich mit der Prosodie und mit allgemeinen Fragen der Dichtkunst. Aufgabe des Dichters sei es, »im bildlichen und zierlichen Gewand der Rede und des Liedes, die Sitten, Handlungen, Ereignisse, Örtlichkeiten, Völker, Länder und Flüsse, den Lauf der Gestirne, das Wesen aller Dinge, und was des Menschen Herz bewegt, darzustellen«.[26] An die Stelle unfruchtbarer Meinungskämpfe solle die Erforschung der Natur, die Kenntnis der Geschichte, die Pflege der Erdkunde und Astronomie treten. Ein wahres Bild der Dinge könne der Dichter nur geben, wenn seine Darstellung lebendig sei, wenn er die Dinge und Vorgänge wieder aufleben lasse und sie in künstlerisch reiner Stilisierung wiedergebe. Die Dichtkunst ist für Celtis erlernbar. Unter Nachahmung versteht er sowohl die Nachahmung der Natur wie die Nachahmung von Mustern. Gegen Ende des zweiten Teils wendet er sich nochmals an Friedrich den Weisen und verkündet unter Berufung auf die ›Alten‹ die neue, humanistische Hochschätzung der Dichter, deren wohltätigen Einfluß auf das Gedeihen des Staates und auf die Erziehung der Jugend er hervorhebt.

Den Schluß des Buches bildet die sapphische Ode »Ad Apollinem repertorem poetices ut ab Italis ad Germanos veniat« (An Apollon, den Erfinder der Poesie, damit er von den Italienern zu den Deutschen komme) – ein (später für die Odensammlung nochmals überarbeitetes) Programmgedicht der neulateinischen Dichtung in Deutschland, das nach dem Vorbild Horazischer Oden (vor allem I 10, I 12, III 11 und IV 6) gestaltet ist:

Phoebe qui blandae citharae repertor,
linque delectos Helicona, Pindum et,
ac veni in nostras vocitatus oras
carmine grato.
(Phoebus, Erfinder der schmeichelnden Leier, verlaß die geliebten Höhen des Helikon und Pindus und komme, gerufen vom lieblichen Lied, in unsere Lande.)

So wie Phoebus – den Celtis auch noch in anderen Gedichten anruft – einst durch die weiten Wogen des Meeres von den Griechen nach Latium gefahren sei, um dort die Herrschaft anmutiger Musen und Künste auszubreiten, solle er nunmehr nach Deutschland kommen, damit die barbarische Rede entfliehe und alles Dunkel zusammenstürze:

---

26 Zitiert nach: Hans Rupprich: Die deutsche Literatur vom späten Mittelalter bis zum Barock [s. Bibl. 2.1.], Bd. 1, S. 658.

sic velis nostras rogitamus oras
Italas ceu quondam aditare terras;
barbarus sermo fugiatque, ut atrum
*subruat omne.*²⁷

Kerngedanke dieses nationalen Humanismus in lateinischer Sprache ist es, daß die Deutschen die klassische Dichtkunst von den Italienern übernehmen sollen. Dabei ist bemerkenswert, daß Celtis zwar Apollon auffordert, von *Italien* nach Deutschland zu kommen, aber zugleich eine unmittelbare Beziehung zu *Griechenland* herstellt. Dies ist gewiß nicht als Gegenüberstellung gemeint, sondern geht von der Idee einer einheitlichen griechisch-römischen Antike aus, setzt aber immerhin einen bestimmten Akzent.

Die Ode »Ad Apollinem« ist heute Celtis' bekanntestes Gedicht; daß ihr programmatischer Charakter auch schon von den Zeitgenossen empfunden wurde, belegt etwa das ihr nachgebildete und mit einem Prosakommentar versehene »Carmen elegiacum [...] de Apolline et novem Musis« (Elegisches Lied über Apoll und die neun Musen) von Laurentius Corvinus (Lorenz Rabe; um 1462–1527) aus dem Jahre 1505, in dem der Dichter von Phoebus ermuntert wird, den Helikon zu erklimmen.

1487 wurde Celtis als erster deutscher Humanist zum Dichter gekrönt. Vor dem eigentlichen Krönungsakt auf dem Nürnberger Reichstag trug er vor Friedrich III. vier Gedichte vor: nach einem einleitenden Epigramm zwei Oden und eine Epode. Die erste Ode ist der Horazischen Ode I 1 nachgebildet (wobei der Autor das selbstbewußte Freundschaftsgedicht für Maecenas in eine Huldigungsode an den Kaiser umgeformt hat, mit dem das ›Goldene Zeitalter‹ wiederkehre und unter dem die Deutschen sich die antike Kultur völlig zu eigen machten); die zweite Ode folgt der Augustus-Ode I 2 und fordert (weitaus optimistischer als das römische Vorbild) Friedrich und dessen im Jahr zuvor zum Römischen König gekrönten Sohn, den späteren Kaiser Maximilian I., auf, die Größe des Reiches wiederherzustellen. Im letzten Gedicht ist aus dem Aufbruch zum Entscheidungskampf gegen Antonius und das Heer des Ostens in der ersten Horazischen Epode ein Aufruf an den Kaiser zum Krieg gegen die Türken geworden.²⁸

Für Celtis schloß sich eine zehnjährige Wanderzeit in Deutschland und in Italien an. 1492 hielt er bei Antritt seines Lehramtes an der Ingolstädter Universität eine öffentliche Rede (»Oratio in gymnasio in Ingolstadio publice recitata«), die ebenso wie die Reden von Luder und Agricola zu den programmatischen Dokumenten des deutschen Humanismus gehört. In einem glanzvollen rhetorischen Stil will er die Hörer stimulieren, nach dem Vorbild der antiken Philosophen, Poeten und Oratoren nach Ruhm, Tugend und wahrer Unsterblichkeit zu streben. Gipfel des menschlichen Glücks sei es, das Wesen aller Dinge, die Natur selbst zu betrachten. Eine

---

27 Lateinische Gedichte deutscher Humanisten [s. Bibl. 1.2.], S. 54f. – Vgl. auch Humanistische Lyrik des 16. Jahrhunderts [s. Bibl. 2.1.], S. 68–71.
28 Konrad Celtis: Fünf Bücher Epigramme. Hrsg. von Karl Hartfelder. Berlin 1881 [Reprograph. Nachdr. Hildesheim 1963], S. 2; Conradus Celtis Protucius: Libri odarum quattuor. Liber epodon. Carmen saeculare. Ed. Felicitas Pindter. Lipsiae 1937 = Bibliotheca scriptorum medii recentisque aevorum, S. 1–3 und 104f. – Zu den Oden I 1 und I 2 vgl. auch Humanistische Lyrik des 16. Jahrhunderts (wie Anm. 27), S. 12–18.

besondere Bedeutung räumt er dabei dem Drama ein. Celtis findet bei den antiken Philosophen Grundwahrheiten der christlichen Religion und appelliert zugleich, indem er die Unbildung seiner Zeitgenossen tadelt, an das deutsche Nationalgefühl.[29]

Beim Druck wurde der Rede die Ode »Ad Sigismundum Fusilium Vratislaviensem Quibus instituendi sint adolescentes« (An Sigismund Fusilius aus Breslau Wie Jünglinge zu unterrichten sind) beigefügt; ihr späterer Titel in der Odensammlung lautet »De his quod futurus philosophus scire debeat« (Über das, was ein künftiger Philosoph wissen muß). In dieser Ode beruft sich Celtis auf seine drei Lieblingsschriftsteller Vergil, Horaz und Ovid und fordert die künftigen Philosophen mit einem zwölffachen *perge* zu unablässigem Forschen in allen Wissensgebieten auf.[30]

Ab 1497 war Celtis in Wien, das sich unter Maximilian (seit 1493), der den Humanisten wohlwollend gegenüberstand, als Zentrum des Humanismus weiterentwickelte. Er gründete hier die *Sodalitas litteraria Danubiana* (Literarische Donau-Gesellschaft) und das *Collegium poetarum et mathematicorum* (Kollegium der Dichter und Mathematiker). 1500 hielt er eine Vorlesung über die »Germania« des Tacitus und gab einen Neudruck dieser Schrift heraus, den er durch eine eigene, 300 Verse umfassende Beschreibung Deutschlands (»Germania generalis«) ergänzte[31]; 1503/04 las er zum erstenmal in Deutschland über Homer, dem er mehrfach – u. a. in dem Epigramm »De Homero coeco« (Über den blinden Homer) – seine Verehrung bekundet hat[32].

Im Jahre 1500 fügte Celtis seinem Neudruck von Nicolaus Cusanus' »Propositiones« ein »Carmen saeculare« (Jahrhundertlied) bei: eine sapphische Ode nach dem Muster des Horaz, worin er die Hoffnung aussprach, das neue Jahrhundert werde Deutschland zu Ruhm und Größe führen. Am Schluß des Gedichtes betete er zu dem unbekannten Gotte:

Nos tuum nomen fugit et potestas;
Quisquis es, curas habeas benignas
Rebus Almanis! Tibi multa fumant
Templa per urbes.
(Deinen Namen und deine Macht können wir nicht fassen. Wer immer du auch sein magst, sei Deutschland gnädig, in dessen Städten dir so viele Altäre rauchen.)[33]

Ganz anders als der nüchtern-skeptische Erasmus von Rotterdam schwelgt Konrad Celtis immer wieder in nationaler und religiöser Hochstimmung.

Am 1. März 1501 wurde im Schloß zu Linz vor dem Kaiser Celtis' »Ludus Dianae« (Spiel der Diana) aufgeführt (gedruckt 1502), ein Stück von 200 Versen, eingeteilt in einen Prolog und in fünf Akte, die jeweils aus einem Monolog mit

---

29 Humanismus und Renaissance in den deutschen Städten und an den Universitäten [s. Bibl. 2.1.], S. 226–238. – Auszüge mit deutscher Übersetzung in: Spätmittelalter, Humanismus, Reformation [s. Bibl. 2.1.], Bd. 2, S. 3–12.
30 Lateinische Gedichte deutscher Humanisten (wie Anm. 27), S. 46–51.
31 Zu Celtis' Tacitus-Rezeption vgl. Ludwig Krapf: Germanenmythus und Reichsideologie [s. Bibl. 2.1.], S. 68–102.
32 Vgl. Thomas Bleicher: Homer in der deutschen Literatur [s. Bibl. 1.2.], S. 32–34.
33 Conradi Celtis Opuscula. Ed. Kurt Adel. Lipsiae 1966 = Bibliotheca Teubneriana, S. 88–91 (Zitat. S. 91).

anschließendem Chorgesang bestehen. Im Prolog verkündet Merkur die Ankunft Dianas. Im ersten Akt erscheint sie mit ihrem Gefolge und huldigt dem Kaiser als einem kühnen und ausdauernden Jäger. Im zweiten Akt preist Silvanus ihn als Kriegsherrn und fordert ihn zum Kreuzzug gegen die Türken auf. Im dritten Akt rühmt sich Bacchus, den Weinstock ins Reich Maximilians gebracht zu haben, und dessen Darsteller – der Dichter Vinzenz Lang (Vincentius Longinus Eleutherius; gest. 1503) – wird für seine Tugend und Gelehrsamkeit vom Kaiser zum *poeta laureatus* gekrönt. Im vierten Akt bittet der trunkene Silen um Beifall und um Speise und Trank für die Spieler. Im letzten Akt dann vereinigen sich alle Spieler zu einem Dankgesang an den Kaiser. Während die Humanistenkomödie, die bei Johannes Reuchlin ihren ersten Höhepunkt erreichte, im Dialog aufgeht, haben wir es hier mit einem Vorläufer des höfischen Barockfestspiels zu tun.

Weniger gelungen ist das – ebenfalls von Celtis' Sprachkunst zeugende – panegyrische Festspiel »Rhapsodia, laudes et victoria de Boemannis« (Rhapsodie, Lob und Sieg über die Böhmen), das nach dem Sieg Maximilians im bayrischen Erbfolgekrieg über böhmische Söldnertruppen im Herbst 1504 in Wien vor einem großen Publikum aufgeführt und 1505 gedruckt wurde. Auch hier treten Apoll, Merkur und Bacchus auf, und es kommt zu einer Dichterkrönung (Johannes Fuchsmagen). Die Musen stimmen *laudes Maximiliani* an und erwarten, daß er einst als Besieger der Türken und Beherrscher Europas triumphieren werde.[34]

Celtis' bedeutendstes Werk sind die »Quattuor libri Amorum secundum quattuor latera Germaniae« (Vier Bücher Liebesgedichte nach den vier Gegenden Deutschlands; 1502), die poetische Frucht aus den Erlebnissen seiner zehnjährigen Wanderzeit von 1487 bis 1497. Der Titel erinnert an die »Amores« des Ovid; das Werk, das Maximilian I. gewidmet ist, besingt aus dem gesellschaftlichen Dasein des ›Wanderpoeten‹ heraus den *amor* als *inter humanos affectus blandissimus, naturalissimus et potentissimus* (die glänzendste, natürlichste und kräftigste unter den menschlichen Leidenschaften). Dabei unterscheidet der Dichter zwischen dem *honestus amor (ad quem nos natura vocat et sollicitat)* und dem *infamus amor et spurcus (qui et in brutis cunctisque animalibus [...] communis est)* – zwischen der »ehrenhaften Liebe« (»zu der uns die Natur ruft und reizt«) und der »schändlichen und unflätigen Liebe« (»die auch in allen gefühllosen Tieren gewöhnlich ist«). Jenen *amor* feiert der Dichter – diesen aber müsse man auch kennen, um sich vor ihm zu hüten[35]: eine Unterscheidung, die bewirkt, daß Celtis vor allem die Freuden und Leiden der ›niederen Minne‹ besingt und in einer zuvor in der deutschen Literatur unbekannten und danach erst wieder in Goethes »Römischen Elegien« erreichten Weise das Sexuelle zur Sprache bringt.

Die vier Bücher der »Amores« erzählen vier Liebesgeschichten aus den vier Himmelsrichtungen bzw. den sie repräsentierenden Städten Krakau, Regensburg,

---

34 Conradus Celtis Protucius: Ludi scaenici (Ludus Dianae – Rhapsodia). Ed. Felicitas Pindter. Budapest 1945 = Bibliotheca scriptorum medii recentisque aevorum. – Deutsche Übersetzung des »Ludus Dianae« in: Konrad Celtis: Poeta laureatus. Ausgew., übers. und eingel. von Kurt Adel. Graz, Wien 1960 = Stiasny-Bücherei 62, S. 90–107.

35 Conradus Celtis Protucius: Quattuor libri amorum secundum quattuor latera Germaniae. Ed. Felicitas Pindter. Lipsiae 1934 = Bibliotheca scriptorum medii recentisque aevorum, S. 3.

Mainz und Lübeck und bringen diese Geschichten mit den vier Jahreszeiten, den vier Temperamenten und den vier Altersstufen des Dichters in Verbindung: *Hasilina vel pubertas vel Vistula et latus Germaniae orientale – Danubius seu adolescentia vel Elsula Norica et latus Germaniae meridionale – Rhenus vel Ursula Rhenana aut iuventus et latus Germaniae occidentale – Codonus vel senectus aut Barbara Cimbrica et latus Germaniae septemptrionale.* Bei der ersten – frühlingshaften – Liebe zu der sanguinischen Polin Hasilina von der Weichsel im Osten ist der Dichter ein Jüngling von 25 Jahren; die zweite – sommerliche – Liebe zu der cholerischen Elsula von der Donau im Süden erlebt er als dreißigjähriger junger Mann auf der Höhe seines Lebens; bei der dritten – herbstlichen – Liebe zu der phlegmatischen Rheinländerin Ursula im Westen beginnt das Abklingen der Jugendkraft (mit etwa 35 Jahren); anläßlich der vierten – winterlichen – Liebe zu der melancholischen Barbara von der Ostsee im Norden überschaut der Greis von 40 Jahren sein Leben und nimmt Abschied.

Celtis greift häufig auf Catull, Horaz und Ovid sowie auf Gestalten der griechischen Mythologie (wie Apoll und Herakles) zurück und fühlt sich geistig nicht nur den Römern, sondern auch den Griechen verwandt; seine dritte Geliebte will er sogar lateinische Sprache und Verskunst lehren, wobei er ihr – auch dies ein Motiv, das auf Goethes »Römische Elegien« vorausdeutet – die Quantität der Silben mit Küssen beibringen will. Das Buch ist mit elf Holzschnitten geschmückt, deren schönster, von Albrecht Dürer stammender die Philosophie darstellt, in vier Medaillons Ptolemaios, Platon, einen für Cicero und Vergil stehenden Römerkopf und Albertus Magnus zeigt und mit den Versen erklärt wird:

> Die Griechen heißen mich Sophia, die Lateiner Sapientia.
> Die Ägypter und Chaldäer haben mich erfunden, die Griechen aufgezeichnet,
> Die Lateiner übertragen und die Deutschen vermehrt.[36]

Die »Amores« sind nicht zuletzt auch von einem nationalen Anspruch geprägt. Sie sind im Zusammenhang mit der Arbeit an einer »Germania illustrata« entstanden, die allerdings nie zum Abschluß kam.

Die Oden von Konrad Celtis sind postum, seine Epigramme – darunter »Ad Romam«, ein Epigramm auf die Vergänglichkeit Roms – sogar erst 1881 veröffentlicht worden. Für die Oden ist Horaz das große Vorbild; ja, Celtis war für seine Zeitgenossen geradezu ein ›deutscher Horaz‹. Ihm vor allem ist es zu verdanken, daß Horaz im deutschen Humanismus als bedeutendster römischer Lyriker galt. An den »Libri Odarum« hat Celtis von Anfang der neunziger Jahre an gearbeitet. Es handelt sich um vier Bücher, die ebenso wie die »Amores« den vier Gegenden Deutschlands gewidmet sind. Ihnen folgt ein weiteres Buch Epoden und das »Carmen saeculare«. Unter den 115 Oden und Epoden befinden sich 41 Gedichte an befreundete Humanisten, 24 Spottgedichte, 14 – eher an Catull als an Horaz erinnernde – erotische Gedichte, neun Oden über den Dichter, sechs persönliche Ich-Gedichte, sechs Hymnen an antike Gottheiten, drei Gedichte auf christliche Heilige und drei Gedichte auf Herrscher. Überwiegt in den »Amores« das subjektive Erlebnis, so in den »Oden« das gemeinsame Interesse der Humanisten. Die Odenbücher sind Maximilian I. gewidmet; durch Celtis wird der deutsche Humanismus

---

36 Zitiert nach: Hans Rupprich (wie Anm. 26), Bd. 1, S. 610.

in direkte Beziehung zum Kaiser gebracht. Celtis sieht sich nicht nur als Wegbereiter, sondern als Klassiker der lateinischen Poesie in Deutschland und weist den Führungsanspruch des italienischen Humanismus zurück. Mit den ethischen und literarischen Themen seiner Horaz-Imitation hat Celtis auch nach der Reformation Fortsetzer gefunden – hinsichtlich des Lebensgenusses, der Geselligkeit und der Erotik allerdings nicht.

Celtis hat das Quantitätsprinzip der antiken Metrik erkannt und war der Meinung, daß sowohl die Horazischen wie seine eigenen Oden nicht zu deklamieren, sondern zu singen seien. Nach seiner Anleitung schuf Petrus Tritonius (Treibenreif; um 1465–1523) quantitierende Notensätze zu sämtlichen Horazischen Systemen, die Celtis 1507 unter dem Titel »Melopoiae« veröffentlichte. Vorangestellt hat er das Epigramm »Ad musiphilos« (An die Musenfreunde), in dem er Deutschland als drei- und vierfach glücklich preist, weil es nun Lieder nach griechischer und lateinischer Art singe:

> *Terque quater felix nunc o Germanica tellus*
> *Quae graio et lacio carmina more canit.*[37]

Gleichermaßen von humanistischem wie von mittelalterlichem Geist geprägt war der Elsässer Dichter SEBASTIAN BRANT (1457–1521). Er hat römische (Terenz) und neulateinische Autoren herausgegeben, lateinische Schriften (wie die »Dicta Catonis«) übersetzt sowie deutsche und lateinische Gedichte (zum Teil in der Art des Horaz) geschrieben. In einem »Elogium« aus den »Varia Carmina« von 1498 rühmt er die Bedeutung der Buchdruckerkunst für den deutschen Humanismus:

> *crede mihi, cernes (rumparis, Romule, quamvis)*
> *pierides Rheni mox colere arva sui,*
> *nec solum insigni probitate excellere et armis*
> *Germanos: orbis sceptra tenere simul.*
> *quin etiam ingenio, studiis, musisque beatis*
> *praestare et cunctos vincere in orbe viros.*
> *iam pridem incepit doctos nutrire Platones*
> *Theutonia: invenies mox quoque Meaonidas.*
> *mox tibi vel Celsum dabimus, iurisque peritum*
> *Messalam, aut quales Roma vetusta tulit.*
> *iam Cicero in nostra reperitur gente Maroque;*
> *novimus Ascraei et caecutientis opes.*
> *nil hodie nostram prolem latet atque iuventam,*
> *Rhenus et Eurotae fert modo noster aquas.*
> (Glaube mir, bald wirst du sehen – ja, platze nur, Römer, vor Neide! –,
> wie die Musen den Sitz nehmen am Ufer des Rheins;
> wie die Deutschen nicht nur durch Treue und Waffen sich vortun,
> sondern wie ihnen zugleich zufällt die Herrschaft der Welt;
> wie sie, begabt und gelehrt und glücklichen Musen ergeben,
> allen voraus, besiegt haben die übrige Welt.
> Deutschland begann schon früh, Gelehrte wie Platon zu zeugen,
> bald aber findest du auch Dichter, so groß wie Homer.
> Bald geben auch einen Celsus wir dir oder einen Messalla,

---

37 Zitiert nach: Heinz Otto Burger: Renaissance – Humanismus – Reformation [s. Bibl. 2.1.], S. 346.

kundig des Rechts, wie sie Roma dereinsten erzeugt.
Schon besitzt unser Volk einen Cicero, einen Vergil auch,
und eines blinden Hesiod Werke sind bei uns bekannt.
Nichts ist heut unsern Kindern, nichts unserer Jugend verborgen,
auch des Eurotas Naß führt mit sich unser Rhein.)[38]

1501 gab Brant eine bearbeitete Ausgabe des Steinhöwelschen »Esopus« heraus. 1512 und 1513 hat er in Straßburg ein deutschsprachiges Spiel von Herakles am Scheidewege zur Aufführung gebracht, das 1554 unter dem Titel »Tugend Spyl« gedruckt worden ist[39]: ein Stück, in dem sich mittelalterliche Moralität und humanistische Allegorie miteinander verbinden und dessen Sujet (wie wir bald sehen werden) um 1500 mehrfach gestaltet wurde.

Als Versuch eines Ausgleichs zwischen der scholastisch-asketischen und ritterlichen sowie der neuen humanistischen Art der Lebensgestaltung ist auch Brants Hauptwerk, das »Narrenschiff« von 1494, zu sehen: das wichtigste Dokument der im Humanismus beliebten didaktisch-satirischen Versepik und eine Satire nach römischem Muster, deren Hauptquelle antike Autoren – insbesondere Vergil-Kommentatoren – waren und die zugleich der Tradition der mittelalterlichen Ständesatire und Zeitklage verpflichtet war. ›Narrheit‹ gilt hier als ein Sammelbegriff für verschiedene Laster, Fehler und Maßlosigkeiten. Gegenüber dem Optimismus und dem überschwenglichen Pathos von Celtis und den meisten anderen Humanisten hatte Brant eher ein skeptisches, auf nüchterne Bescheidenheit ausgerichtetes Weltbild:

Den narren spiegel ich diß nenn
In dem ein yeder narr sich kenn [...]
Wer sich recht spiegelt / der lert wol
Das er nit wis sich achten sol [...]
Dann wer sich für ein narren acht
Der ist bald zů eym wisen gmacht[40]

Brant hat in seiner Satire unzählige biblische und – historische oder mythologische – antike Beispiele verwendet: gelegentlich für vorbildliches, meist aber für ›närrisches‹ Verhalten. So sind ihm auf der einen Seite Patroklos und Achill, Orest und Pylades oder Scipio und Laelius Exempel »worer fruntschafft«; Penelope ist eine Frau, die »frum / jn irem huß« blieb; Homer und Sokrates, Curius und Fabricius zieht er, neben anderen, als Belege für den Wert der Armut heran, und Herakles hat, indem er sich für die Tugend und gegen die Wollust entschied, den »lon der wisheit« errungen: derselben Weisheit, deren auch Pythagoras, Sokrates und Platon teilhaftig waren. Auf der anderen Seite läßt Brant »Frow Venus mit dem strǒwen ars«, mitsamt ihren Söhnen Amor und Cupido, all jene aufzählen, die durch »bůlschafft« ins Unglück geraten sind oder ihre Liebhaber ins Unglück stießen: Kirke, Kalypso,

---

38 Lateinische Gedichte deutscher Humanisten (wie Anm. 27), S. 16–21.
39 Sebastian Brant: Tugent Spyl. Nach der Ausgabe des Magister Johann Winckel von Straßburg (1554) hrsg. von Hans-Gert Roloff. Berlin 1968 = Ausgaben deutscher Literatur des XV. bis XVIII. Jahrhunderts. Reihe Drama 1.
40 Sebastian Brant: Das Narrenschiff. Nach der Erstausgabe (Basel 1494) und den Zusätzen der Ausgaben von 1495 und 1499 sowie den Holzschnitten der deutschen Originalausgaben. Hrsg. von Manfred Lemmer. Tübingen ²1968 = Neudrucke deutscher Literaturwerke. N. F. 5, S. 4.

Medea, Phaedra, Leander, Dido, Messalina – bis hin zu Ovid: »Ouidius hett des keysers gunst / Hett er nit gelert der bůler kunst.« Daß der Wunsch nach einem langen Leben unnütz ist, beweisen Nestor, Peleus, Laertes und Priamos, Mithridates, Marius und Pompeius; von der Nutzlosigkeit des Wunsches nach Schönheit zeugen Helena und Lucretia. Danae, Helena und Dido sind Frauen, die sich nicht gut »hůtten« ließen; Medea und Prokne gehören in die Kategorie der »bosen wiber«; an Menelaos und Agamemnon, Clodius und Sallust werden die Folgen des Ehebruchs ausgemalt. Epikur erhält einen Tadel, weil er »Das hôhst gůt setzet jnn wollust«; Phaethon und Ikaros sind törichterweise ihren Vätern nicht gefolgt; Pygmalion und Narziß haben sich in ihre eigenen Bilder verliebt, und Marsyas wurde geschunden, weil er nicht erkannt hatte, was für ein Narr er war.[41]

Höhepunkt des Werkes – auch hinsichtlich der Antikerezeption – ist das 108. Kapitel, »Das schluraffen schiff«, in dem Brant Leute voll hochgespannter Lebenserwartung und Lebensneugier kritisiert. (Ein ›Schluraffe‹ ist nicht einfach ein Schlemmer, sondern ein Mensch, der sich treiben läßt, und zwar weniger vom äußeren Geschehen als von der eigenen inneren Rast- und Ruhelosigkeit.) Auf der Fahrt »jnn Schluraffen landt« werden wir wie Odysseus bedroht von den Symplegaden, von Scylla und Charybdis und von den Sirenen, von den Kyklopen und von den Verwandlungskünsten der Kirke. Odysseus zwar hat dank seiner »wißheyt« all diese Gefahren bestanden – doch als »eyn wyder wynd« aufkam, der »syn schiff zerfurt geschwynd«, hat er all »syn gesellen« verloren und nur sich selbst zu retten vermocht. Brant zieht sofort die Parallelen zu uns selbst:

> Dañ vns bricht mastboū / sågel / schnůr /
> Vnd künnē doch jm mer nit schwymmē
> Die wållen sint bőß vff zů klymmen
> Wann eyner wånt er sitz gar hoch
> So stossent sye jn zů boden doch
> Der wyndt der tribt sie vff / vnd nyder
> Das narren schiff kumbt nym har wider
> Wann es recht vnder gangen ist.

Die Lehre aus diesem Schiffbruch lautet:

> Eyn wis man / sich do heym behalt
> Vnd nåm by vns eyn wißlich ler
> Wog sich nit lichtlich vff das mer
> Er künn dann mit den wynden stritten
> Alls Vlisses det / zů synen zytten
> Vnd ob das schiff gang vnder joch
> Das er zů land künn schwymmen doch

Selbst diese Rettung eines einzelnen erweist sich letztlich als vergebens. Abweichend von der Homerischen Version, spielt Brant auf die Sage von Telegonos an:

---

41 Vgl. ebd., S. 28, 80, 217f., 286–289, 33–36, 65–68, 79f., 157–160, 82f., 124, 100, 148 und 170–173.

> Wart doch von sym sůn dot geschlagē
> Als er klŏppfft an synr eygnen tůr
> Do künd wißheit nit helffen für⁴²

Im anschließenden 109. Kapitel werden die Motive des Schiffbruchs und der Nutzlosigkeit von »rům und ere«, von »wißheyt« und »tugent« noch einmal an den Gestalten des Alexander und des Pompeius exemplifiziert.⁴³

Vielleicht wurde Brant zu seinem Bild eines scheiternden Odysseus durch den 26. Gesang von Dantes (1265–1321) »Inferno« angeregt, in dem dieser auf neue Erkenntnisse begierige Held über den Schiffbruch auf seiner letzten Fahrt berichtet. Man hat außerdem an Ciceros Odysseus-Bild in »De finibus bonorum et malorum« erinnert und an Lukrez, der als Beispiele unsinniger *curiositas* Astronomie und Seefahrt anführt.

Das »Narrenschiff« ist ein zugleich volkstümliches wie kunstvolles Buch, war sowohl für Gebildete wie für einfache Leute gedacht. Es erlebte zahlreiche Nachdrucke, Bearbeitungen und Übersetzungen und war der erste Welterfolg eines deutschen humanistischen Werkes – allerdings nicht in der Urfassung, sondern (symptomatisch für das Übergewicht des Lateins zu dieser Zeit) in der 1497 erschienenen lateinischen Bearbeitung von Jakob Locher (Philomusus; 1471–1528).

Locher hat in der »Stultifera navis« viele Stellen der Vorlage umgedichtet und andere frei hinzugefügt. Den Unterschied zwischen dem deutschen und dem lateinischen Werk zeigt sehr deutlich das 107. Kapitel, das die Fabel des Sophisten Prodikos von Herakles am Scheideweg verwertet. Bei Brant trägt es den Titel »Von lon der wisheit«. Herakles muß sich zwischen zwei Frauen entscheiden:

> Die eyn / was aller wollust vol
> Vnd hübsch geziert / mit reden sůß
> Groß lust vnd freüd sie jm verhieß
> Der end doch wer der dot mit we
> Dar noch keyn freüd / noch wollust me
> Die ander sach bleich / sur / und hert
> Vnd hatt on freüd eyn ernstlich gfert
> Die sprach / keyn wollust ich verheiß
> Kein růw / dann arbeit jn dim schweiß
> Von tugent zů der tugent gon
> Dar vmb würt dir dann ewig lon
> Der selben ging do Hercles noch⁴⁴

Die Tugend, gleichgesetzt mit harter, saurer Arbeit, die im Jenseits ihren Lohn empfängt, hat einen entschieden bürgerlichen Charakter.

Ganz anders wirkt die von Locher hinzugedichtete »Concertatio Virtutis cum Voluptate«, in der an die Stelle holpriger Knittelverse majestätische Hexameter und Distichen getreten sind. Die Voluptas stellt sich als eine Schwester des Dionysos vor, und die Virtus mißt sich mit dieser ausgesprochen ›heidnischen‹ Sinnenlust und ist

---

42 Ebd., S. 290–294. – Vgl. Barbara Könneker: Eyn wis man sich do heym behalt [s. Bibl. 2.2. (Brant)].
43 Sebastian Brant (wie Anm. 40), S. 296.
44 Ebd., S. 287.

dieser nur überlegen, weil sie Macht und Ruhm verheißt, *virtus* in römischem Sinne. Brant hatte zunächst zur zweiten Auflage von Lochers lateinischer Version des »Narrenschiffs« (1498) eine Art authentischer Interpretation beigesteuert – bald aber kam es zum Bruch zwischen den beiden Autoren, die völlig unterschiedliche Konzeptionen vertraten.

Locher hat bereits 1496 in der Freiburger »Oratio de studio humanarum disciplinarum et laude poetarum« (Rede über das Studium der humanistischen Wissenschaften und über das Lob der Dichter) seiner Begeisterung für die antiken Dichter Ausdruck gegeben – allen voran Homer, dessen zeitloses Werk sich auch noch für die Gegenwart als Vergleich und als Sinnbild erweise.[45] 1498 hat Locher Horaz ediert und damit, im Anschluß an Luder und Celtis, der lateinischen Lyrik in Deutschland endgültig das große Muster gegeben; seine eigenen Liebesgedichte zeugen von hoher Sensibilität. 1500 übersetzte er ein didaktisches Mahngedicht, das man dem Phokylides von Milet zuschrieb und das als Werk eines Griechen aus klassischer Zeit galt, der Lehren des Christentums vorausgeahnt habe, ins Lateinische. (Tatsächlich hatte der aus hellenistischer Zeit stammende Verfasser bereits die griechische Übersetzung des Alten Testaments benutzt.)

Nicht unbeträchtlich ist der Anteil Jakob Lochers an der Entwicklung des deutschen Dramas. Er interpretierte Plautinische Komödien und verfaßte 1502 unter dem Titel »Ludicrum drama Plautino more fictum de sene amatore, filio corrupto et dotata muliere« (Kurzweiliges Stück in Plautinischer Art über einen verliebten Greis, einen verdorbenen Sohn und eine reiche Frau) eine Fortsetzung der »Asinaria«. 1520 gab er drei Tragödien des Seneca heraus und erklärte diesen Dichter für den bedeutendsten Dramatiker.

1497 wurde anläßlich von Lochers Dichterkrönung dessen fünfaktige »Tragedia de Thurcis ac Suldano« (Tragödie von den Türken und dem Sultan) von Freiburger Studenten vor Maximilian I. aufgeführt: ein politisches Tendenzstück, in dem Fides und der Vulgus Christianus über die Bedrängnis der Christenheit durch die Türken klagen, der Kaiser, Papst Alexander VI. und ein Abgesandter der christlichen Fürsten einen Krieg gegen die Türken beschließen und diesen auch siegreich beenden.[46] 1502 wurde von Studenten der Ingolstädter Universität das »Iudicium Paridis de pomo aureo« (Urteil des Paris vom goldenen Apfel) aufgeführt, ein in elegischen Distichen verfaßtes Stück von 534 Versen, das mehrmals gedruckt worden ist. Es handelt sich – angeregt durch die »Mythologiae« des Fabius Planciades oder Fulgentius (6. Jh. n. Chr.), von denen Locher 1521 eine neue Prachtausgabe veranstaltete – um eine allegorische Gerichtsszene mit Personen aus der antiken Mythologie, in der aber auch in der Art der mittelalterlichen Moralitäten die Menschen zwischen das gute und das böse Prinzip gestellt sind.

Pallas, Juno und Venus sind Personifikationen des beschaulichen, des tätigen und des genießenden Lebens: Pallas bietet Weisheit, himmlische Schau und Tugend, Juno Macht, Reichtum und Ruhm, Venus Frauen, Spiele und Scherze. Paris entscheidet sich für den Genuß – mit dem Ergebnis, daß es zum Krieg zwischen den Griechen

---

45 Vgl. Thomas Bleicher (wie Anm. 32), S. 34 f.
46 Deutsche Übersetzung in: Der deutsche Renaissancehumanismus [s. Bibl. 2.1.], S. 236–248.

und den Trojanern kommt, das genießende Leben also zum Verderben führt. Nach dem eigentlichen Spiel plädieren drei Studenten – nunmehr in umgekehrter Reihenfolge – noch einmal im Namen der *vita voluptaria* für Venus, im Namen der *vita activa* für Juno und im Namen der *vita contemplativa* für Pallas. Dadurch, daß der Vertreter des beschaulichen Lebens das letzte Wort erhält, macht Locher den Gang der Handlung rückgängig, um bei den Zuschauern das entgegengesetzte Urteil wie bei Paris hervorzurufen.

Das Wettstreit-Motiv, das sowohl im Parisurteil-Sujet wie im Sujet von Herakles am Scheideweg zutage tritt, war in der Literatur um 1500 – nicht zuletzt wegen der ihm immanenten *Dramatik* – sehr beliebt. Bei aller Verwandtschaft aber – die sich gerade bei Locher zwischen dem »Iudicium Paridis« und der »Concertatio Virtutis cum Voluptate« aus der »Stultifera navis« zeigen – gibt es auch wichtige Unterschiede: Geht es beim ›Herakles am Scheideweg‹ um die bloße Alternative zwischen Tugend und Sinnengenuß, so beim ›Parisurteil‹ um *drei* Lebensformen – und während Herakles in erster Linie über sein eigenes Schicksal entscheidet und nur mittelbar über die göttlichen Frauen urteilt, die sein Schicksal zu lenken beanspruchen, urteilt Paris in erster Linie über die Göttinnen und entscheidet nur mittelbar über sich selbst. Beim ›Parisurteil‹ haben wir es mit einem mythischen Geschehen zu tun, das im nachhinein zur Allegorie dreier Lebensformen geworden ist, bei ›Herakles am Scheidewege‹ mit einem moralischen Gleichnis, das zu einem Wettstreit lebender Personen umgedeutet wurde. Das ›Parisurteil‹ ist eine reale Aktion; ›Herakles am Scheidewege‹ versinnbildlicht einen inneren Konflikt.[47]

Die auf den Sophisten Prodikos zurückgehende Herakles-Episode hatte in der Antike nur eine geringe Rolle gespielt; sie war von den Kirchenvätern mit christlichem Gedankengut in Verbindung gebracht worden und gehörte seit Petrarca und Enea Silvio zu den bekannten Motiven der Renaissanceliteratur, seit der Mitte des 15. Jahrhunderts auch zu den wichtigsten bildkünstlerischen Sujets. Das Mittelalter hatte keine Personifizierung der Tugend, keine *Dea Virtus* gekannt. Für die christlich-mittelalterliche Tugendlehre war die Fabel zu diesseitig gewesen; nach ihr hatte der Mensch nicht als wählendes Subjekt zwischen zwei Lebensidealen zu entscheiden, sondern sah sich als umkämpftes Objekt dem Streit zweier Mächte ausgesetzt: dem Kampf des Himmels und der Hölle um die menschliche Seele. ›Tugend‹ und ›Laster‹ sind zwei spezifisch *nicht*mittelalterliche Begriffe; wenn die Kunst und Literatur der Renaissance den antiken Begriff der ›Tugend‹ und deren Personifizierung sowie den frei zwischen ›Tugend‹ und ›Laster‹ sich entscheidenden Menschen wieder aufgreift, dann zeigt sich darin die Bestätigung der göttlichen Allmacht und der menschlichen Souveränität im Diesseits. Entscheidend ist nicht mehr die himmlische Gnadenhilfe, sondern die dem Menschen inhärente Tugend.[48]

Die Gestalt des Herakles spielte in der politischen Ideologie des späten 15. und

---

47 Vgl. Erwin Panofsky: Hercules am Scheidewege und andere antike Bildstoffe in der neueren Kunst [s. Bibl. 1.1.], S. 62.
48 Vgl. ebd., S. 150–166; Dieter Wuttke: Die Histori Herculis [s. Bibl. 2.2. (Schwenter)], S. 118–124.

frühen 16. Jahrhunderts eine entscheidende Rolle[49] – in Frankreich, Italien und den Niederlanden, vor allem aber für die Herzöge von Burgund und für Kaiser Maximilian I. selbst. Den deutschen Humanisten um 1500 war Herakles das Urbild eines starken, kühnen und tugendhaften, also in jeder Beziehung idealen Herrschers: eine Konzeption, die im Barock – und zwar namentlich in Opern und anderen musikalischen und theatralischen sowie in bildkünstlerischen Werken – weitergeführt und im 18. Jahrhundert teils problematisiert, teils in die Interpretation des Herakles als eines vollendeten Menschen umgeformt wurde. In der Antike selbst war er bedeutend vielschichtiger gesehen worden, und in der Gegenwart erscheint er vor allem als eine zutiefst widersprüchliche Gestalt. Daneben hat man auch auf Christus-Parallelen aufmerksam gemacht – etwa bei dem Celtis-Schüler JOACHIM VON WATT (Vadianus; 1484–1551). Diese Christuspräfiguration ist, im Hinblick auf die wunderbare Geburt, die leidvollen Mühen zum Nutzen der Menschheit, den qualvollen Tod sowie die durch Duldertum vorbereitete und vor allem als physisch machtvolle Überwindung verstandene Apotheose, ebenfalls im Barockzeitalter weiter ausgebaut worden.[50]

Daß Streitszenen auch über ›Parisurteil‹ und ›Scheideweg‹-Allegorie hinaus beliebte Sujets waren, zeigt PAUL SCHNEEVOGELS (Niavis; um 1460 – nicht vor 1514) »Iudicium Iovis in valle amoenitatis habitum« (Das Gericht Jupiters im Tale der Lieblichkeit). Es ist um 1495 entstanden – in Anlehnung an Johannes von Tepls (um 1350 – um 1414) »Ackermann aus Böhmen« und nach dem Vorbild von Lukians »Totengesprächen« (die der Autor ins Deutsche übersetzt hat). Schneevogel stammte aus Böhmen und wirkte vor allem in Leipzig, Chemnitz und anderen sächsischen Städten. Das »Iudicium Iovis« ist ein Streitgespräch zwischen der Mutter Erde und dem Menschen, der als Bergmann in die Tiefen der Schöpfung eindringt. Die Erde erscheint vor Jupiters Thron, gefolgt von Merkur, Bacchus, Ceres, Pluto und anderen Göttern sowie einer Schar Faune; Merkur als ihr Anwalt verklagt den Menschen auf Muttermord. Die Entscheidung bleibt offen. Bei Tepl hatte der Ackermann mit seinen *Worten* gegen die von Gott gesetzte Ordnung der Natur aufbegehrt – bei Schneevogel vergeht der Bergmann sich mit seinen *Taten* an der Natur. Wie bei Brant erscheint der menschliche Wissensdurst als Frevel – doch anders als Brant enthält sich Schneevogel eines Urteils.[51]

1497 erschien JOSEPH GRÜNPECKS (Boioarius; um 1473 – um 1532) »Virtus et Fallacicaptrix«, eine ›Comoedia utilissima‹, die von Augsburger Patriziersöhnen vor Maximilian aufgeführt wurde. Grünpeck verfolgte damit drei Ziele: gutes Latein zu lehren und Unterricht in der Wohlredenheit zu erteilen, aus seiner Heimat die

---

49 Vgl. Dieter Wuttke (wie Anm. 48), S. 200–219; Ulrich Huttner: Die politische Rolle der Heraklesgestalt im griechischen Herrschertum. Stuttgart 1997 = Historia. Einzelschriften 112, S. 322 f.
50 Zur Herakles-Rezeption im Barock vgl. Will Tissot: Simson und Herkules in den Gestaltungen des Barock [s. Bibl. 3.1.]; zur Christuspräfiguration vgl. Friedrich Pfister: Herakles und Christus. In: Archiv für Religionswissenschaft 34 (1937), S. 42–60; Walter Sparn: Hercules Christianus. Mythographie und Theologie in der frühen Neuzeit. In: Mythographie der frühen Neuzeit [s. Bibl. 1.1.], S. 73–107.
51 Humanismus und Renaissance in den deutschen Städten und an den Universitäten (wie Anm. 29), S. 239–267.

›Barbarei‹ zu vertreiben sowie durch das Lob der Tugend die schlechten Sitten der Zeit zu bessern. In der Form einer Gerichtsszene nach dem Muster des Fastnachtsspiels wird der Streit zwischen der Tugend und der Wollust ausgetragen (die Voluptas erscheint hier unter dem Namen ›Fallacicaptrix‹); der Kaiser selbst spielt den Schiedsrichter und entscheidet für die Virtus. 1498 wurde Grünpeck für dieses Stück zum *poeta laureatus* gekrönt.

Um 1497 entstand Albrecht Dürers Kupferstich »Der große Herkules«, auf dem Herakles als Helfer der bekleideten Virtus sich gegen die Voluptas entscheidet, die nackt in den Armen eines Satyrs liegt. Es ist in der bildenden Kunst dieselbe Konzeption, die Lochers »Concertatio Virtutis cum Voluptate« zugrunde liegt – in der Nachfolge Lochers steht dann das in lateinischen Hexametern (und zu den Aktschlüssen in Chorliedern mit sapphischen Strophen) verfaßte Spiel »Voluptatis cum virtute disceptatio« (Streit der Wollust und der Tugend) des BENEDICTUS CHELIDONIUS (Musophilus; Benedikt Schwalbe; um 1460–1521), das 1515 beim Fürstenkongreß in Wien aufgeführt wurde. Die Handlung bilden ein Streit zwischen Venus und Pallas und ihr Prozeß vor dem Erzherzog Karl (dem Enkel Maximilians und späteren Kaiser Karl V.). Venus stellt sich als *dea laeta* (als fröhliche Göttin) vor und preist die *sales et gaudia* (die Witze und Freuden), die ihr der Satan aus der Unterwelt herbeischafft – doch alle ihre Bestrebungen werden durch Pallas verhindert. Diese aber muß sich von Venus an ihre Niederlage beim Parisurteil erinnern lassen. Bei dem Prozeß vor dem Erzherzog führt Venus den pfeileschießenden Cupido, den Säufer Merkur sowie Epikur als Zeugen an, Pallas den Herakles, der als ›Mann der Tugend‹ Ungeheuer besiegt. Karl entscheidet für Pallas; Venus und Cupido und danach auch Epikur werden vom Teufel in die Hölle geholt. Hans Sachs hat das Spiel in der Komödie »Pallas und Venus« (1530) nachgeahmt, und von Jacob Funckelin (1522/23–1565) wurde es als Zwischenspiel in die Komödie »Vom reichen Mann und armen Lazarus« (1551) aufgenommen.

Bereits vor Chelidonius hatte JOHANNES PINICIANUS die Wettstreit-Thematik Lochers aufgegriffen und mit der Person des späteren Kaisers Karl V. verknüpft: Wahrscheinlich schon vor 1509 schrieb er den Prosadialog »Virtus et Voluptas«, in dem sich Karl von Burgund im Walde verirrt und an einem Scheideweg zwischen Virtus und Voluptas wählen soll. Virtus erinnert ihn an die großen Männer des Altertums, die ihr nachgestrebt hatten, und Karl entscheidet sich für sie.

Das »Tugend Spyl« Sebastian Brants von 1512 war bereits erwähnt worden. Weiterhin hat Heinrich Bebel 1508 den Stoff als umfangreiche Moralsatire in lateinischen Hexametern gestaltet; 1515 veröffentlichte sein Schüler Johannes Altenstaig (um 1482/83 – um 1525) dazu einen Kommentar – und aus demselben Jahr stammt die »Histori Herculis« des Nürnberger Humanisten Pangratz Bernhaubt (genannt SCHWENTER; 1481–1555): im wesentlichen eine Kompilation, vor allem eine Übersetzung aus dem lateinischen Text eines ansonsten unbekannten Verfassers, der seinerseits weitgehend auf dem Kapitel »Concertatio Virtutis cum Voluptate« aus Lochers »Stultifera navis« basierte.

Als unbestrittenes Haupt der deutschen Humanisten galt DESIDERIUS ERASMUS VON ROTTERDAM (Gerard Gerards; 1466–1536), der erste Europäer neuzeitlicher Prägung. Er hat sich vor allem an dem italienischen Humanisten Lorenzo Valla gebildet.

Erasmus blieb zeitlebens Gelehrter und traditioneller Christ, vertrat die Konzeption eines christlichen Humanismus, den er schon in der Antike vorgebildet glaubte. Er war ein vorzüglicher Kenner der antiken Literatur, schrieb ein lebendiges und elegantes Latein und hat als erster nicht-italienischer Humanist die griechische Sprache völlig beherrscht. Durch eine umfangreiche wissenschaftlich-editorische Tätigkeit leistete er einen entscheidenden Beitrag für die Erarbeitung und Verbreitung korrekter antiker Texte – am wirkungsvollsten durch seine kritische Ausgabe des Neuen Testaments im Jahre 1516. Erasmus hatte Verdienste um die Organisation des Unterrichts, insbesondere um die Verbesserung des Lateinunterrichts. Allerdings erstreckte sich sein Wissen über die antike Kultur mehr auf die *verba* als auf die *res*; er hatte wenig Kenntnisse vom römischen Recht; und der Natur stand er ablehnend gegenüber.

Bereits in der frühen Schrift »De contemptu mundi epistola« (Brief über die Versuchung der Welt; 1490) bekannte sich Erasmus zu einer Verbindung von Christentum und Epikureertum – nur das Klosterleben könne echte *voluptas* gewähren –, und auch sein erstes bedeutendes Werk – »Antibarbari« – zielte auf eine Synthese von Antike und Christentum. Es war auf vier Bücher berechnet; Erasmus hat allerdings nur das erste Buch geschrieben (1494/95). Lange bevor es 1520 zum Druck gelangte, war es durch Abschriften in ganz Europa bekannt. Inhalt des Werkes ist ein (in der Tradition der Ciceronischen Dialoge stehendes) Gespräch des Bürgermeisters (*consul*) von Bergen auf dessen Landgut mit vier Freunden – darunter Erasmus selbst – über die Frage, wie man für seine Prosa Cicero und für seine Verse Horaz zum Vorbild nehmen und im Leben dennoch ein guter Christ sein könne. Funktion der *litterae* sei es, die rohen Menschen *ad humaniorem vitam* (zu einem menschlicheren Leben) zu führen.

In dem wahrscheinlich schon 1497 entstandenen und 1511 in erster, 1512 in erweiterter Fassung gedruckten Traktat »De ratione studii et instituendi pueros« (Über die Art des Studiums und der Unterrichtung der Knaben) führt Erasmus aus, daß alles, was für die Menschheit zu wissen notwendig sei, sich in der lateinischen und mehr noch in der griechischen Literatur finde, so daß die Schüler beide Sprachen lernen müßten und es beim Schreiben vor allem auf die *imitatio* der besten *auctores* ankomme – ein Dichtungskonzept, das noch bis in die Mitte des 18. Jahrhunderts Gültigkeit besaß.

Mit den »Adagia« – einer mit Kommentaren und Indices versehenen Sammlung lateinischer Redensarten, Sentenzen, Parabeln, Exempla und Metaphern – übertraf und ersetzte Erasmus Albrecht von Eybs »Margarita poetica«. Die Erstausgabe von 1500 enthielt 80 Redewendungen, die ein gebildeter Mensch nach der Meinung des Herausgebers kennen, verstehen und anwenden müsse – der Akzent lag dabei durchaus auf dem rhetorischen Moment: auf der Empfehlung, um der Wirkung auf die Hörer willen fest geprägte Lebensregeln in die Rede einzuflechten. Mit jeder Neuauflage erweiterte Erasmus die Zahl der *adagia* – bei der Ausgabe letzter Hand waren es 5250. Das Buch war ein großer finanzieller Erfolg und begründete den Ruhm des Verfassers in ganz Europa.

Im »Encheiridion militis Christiani« (Handbüchlein des christlichen Streiters) von 1503 versuchte Erasmus abermals, Antike und Christentum, Rhetorik und Theologie miteinander zu verbinden. Der Autor verkündete, daß unter den Philosophen am meisten dem Platon zu folgen sei, und meinte, daß der Weg zum richtigen Verständnis der Heiligen Schrift über die Lektüre der antiken Dichter führe.

1509 erschien das berühmteste und geistreichste aller Werke des Erasmus: »Morias encomion seu laus stultitiae«, das Thomas Morus (1478–1535) gewidmete »Lob der Torheit« – ein Werk voller unerschöpflicher Gedankeneinfälle, voller Humor, Ironie und Satire, dessen Reiz vor allem auf dem Kontrast zwischen der klassischen Größe der Latinität und der holländisch-bürgerlichen Komik der Haltung beruht. Bereits der Titel ist doppelsinnig: *stultitiae* ist zugleich *genitivus obiectivus* wie *genitivus subiectivus*.

Die Gedanken und Empfindungen werden von der Stultitia selbst (der Gegenspielerin der Minerva) vorgetragen, die in einer Lobrede vor dem Publikum ihre eigene Macht und Nützlichkeit preist. Sie stellt die Welt als eine Bühne der allgemeinen Torheit dar, die Torheit als ein unentbehrliches Element von Leben und Gesellschaft. Torheit sei Lebensweisheit, Resignation und Toleranz; Mangel an Torheit hingegen mache ungeschickt für das Leben. Torheit, verkleidet als Hochmut, Eitelkeit und Ruhmsucht, sei die Springfeder für alles, was die Welt für hoch und groß schätze; die Staaten, die Religionen und das Rechtswesen bestünden durch Torheit. Der Weise sei im Handeln gehemmt; der Tor hingegen gehe frisch auf die Sache los. Selbstgefälligkeit sei notwendig; Mensch sein heiße irren, sich täuschen und unwissend sein. Die Wissenschaft sei eine Plage, Bildung im Grunde genommen ein Übel; die Schulmeister, Dichter, Juristen, Philosophen und Theologen wären die geplagtesten unter den Menschen, wenn die Stultitia ihr berufliches Ungemach nicht mit einer Art süßen Wahnsinns linderte. Die heilsame Torheit sei die wahre Weisheit, während die eingebildete Weisheit lauter Torheit sei. Die christliche Religion habe – wie durch Paulus-Zitate zu belegen sei – eine innige Verwandtschaft mit der Torheit; ja, Christus selbst sei ein Tor geworden und habe die Sünde nicht anders als durch die Torheit des Kreuzes – *stultitia crucis* – tilgen wollen. Höchste Tugend und wahres Entzücken liege im Außer-sich-Sein, in der Ekstase.

Die Schrift ist nach den Regeln der antiken Rhetorik aufgebaut, wobei der Schwerpunkt auf der *argumentatio*, besonders auf der *probatio*, liegt. Die Torheit spricht über ihre Verwandtschaft mit Pluto und Hedone. Der Weise, den sie karikiert, ist der Stoiker, der die Affekte negiert und sich allein von der Vernunft leiten lassen will – ihre eigene Maxime aber ist ein prononciert antistoizistisches *affectibus movere* bzw. *affectibus moveri* (durch Leidenschaften bewegen und durch Leidenschaften bewegt werden). Wer wie Seneca dem Menschen die Affekte austreibe, lasse überhaupt keinen Menschen übrig, sondern schaffe etwas wie einen neuen Gott, der nie existiert habe und nie existieren werde. Über- und Unmenschentum aber sei nicht Humanität. So versteht sich die Torheit als Anwalt des Lebens und des natürlichen Menschen.

Erasmus hat den Narrenbegriff aus seiner negativen Funktion herausgelöst und zum Sinnträger einer neuen, positiven Auffassung vom Menschen ausgeformt. Auf elegante, spielerische, witzige und ironische Weise hat er Sebastian Brants Polemik im Sinne des Humanismus in ihr Gegenteil verkehrt. Seine Satire richtete sich nicht gegen die Lasterhaftigkeit und Sündhaftigkeit des Menschen, sondern gegen Dogmatismus und Orthodoxie. Erasmus identifizierte sich zwar nicht mit der ›Narrheit‹, aber er spielte souverän mit einem vielschichtigen *stultitia*-Begriff und ließ als antistoizistischer Skeptiker die Dinge in der Schwebe.⁵² Die Moria tritt als antike Göttin auf, und Erasmus verwendete in reichem Maße die antike Mythologie.

In den »Colloquia« (Gesprächen) von 1518 entwickelte Erasmus ebenfalls das Bild einer heiteren, überlegenen Menschlichkeit, einer urbanen Lebenshaltung, in der auch die Dinge des Alltags ihr Recht finden. Sogar eine rhetorische Lehrschrift wie »De duplici copia rerum ac verborum« (Über die doppelte Menge der Dinge und der Worte) ist ohne jede Pedanterie in eleganter Lässigkeit geschrieben. In der »Institutio principis christiani« (Unterweisung des christlichen Fürsten) von 1516 hingegen verfaßte Erasmus einen Fürstenspiegel für Karl V. und verkündete ein Bündnis zwischen Humanismus und Krone.

Erasmus von Rotterdam hat in gewisser Beziehung die Polemiken nach 1510 und auch die Reformation mit vorbereitet: Durch die Erarbeitung korrekter Texte, durch die tief- und freisinnige Interpretation antiker Autoren, durch die skeptisch-ironische, Urbanität und Weltgewandtheit bekundende Diskussion von Lebensfragen hat er viel zur Entwicklung eines unabhängigen Denkens beigetragen. Zunächst hat er auch Luthers Auftreten begrüßt. Erasmus aber war – nach den Worten eines Goetheschen Distichons⁵³ – ein Mann »ruhiger Bildung«, mit einer auf Harmonie, Toleranz und Maß ausgerichteten Geisteshaltung; er hat es nicht zum Bruch mit der katholischen Kirche kommen lassen, und die Dämonie von Luthers Dogmatismus und Radikalismus wirkte auf ihn abstoßend, so daß es schließlich zu scharfen Auseinandersetzungen mit dem Reformator kam.

Die polemische Phase des deutschen Humanismus kündigte sich in verschiedenen Formen an. Am Anfang stand die Auseinandersetzung zwischen JAKOB WIMPFELING und Thomas Murner über die Frage, ob Straßburg und das Elsaß französisch oder deutsch seien. Wimpfeling (Wimpheling; 1450–1528) hat die Komödie »Stylpho« (1480) – das erste deutsche Humanistendrama – sowie eine Reihe pädagogischer Schriften verfaßt; genannt sei sein Lehrbuch »Adolescentia« (Jugend), in dem er u. a. die gründliche Lektüre des Donat empfahl und (anders als Erasmus) Lebensweisheiten aus der antiken, aber auch aus der humanistischen und christlich-religiösen Literatur in überarbeiteter Form brachte. In seiner Schrift »Germania« (1501) vertrat er einen national-patriotischen Standpunkt.

Der jüngere (und bedeutendere) THOMAS MURNER (1475–1537) verfocht in der »Germania nova« (Eine neue Darstellung Deutschlands) von 1502 die entgegengesetzte Position. Murner hat zahlreiche lateinische Werke geschrieben, darunter die aus einer Vorlesung in Freiburg hervorgegangene Untersuchung »Reformatio poetarum« (Reformation der Dichter; 1509), in der er das Studium der ›heidnischen‹ Schriftsteller aus zwei Gründen erlaubt: weil sie für Sprachübungen als rhetorische Muster zu dienen vermögen und weil sie *exempla* für richtiges und falsches Verhalten bieten und somit für moraldidaktische Zwecke genutzt werden können. Eine

---

52 Vgl. Barbara Könneker: Wesen und Wandlung der Narrenidee im Zeitalter des Humanismus [s. Bibl. 2.1.].
53 »Franzthum drängt in diesen verworrenen Tagen, wie ehmals / Lutherthum es gethan, ruhige Bildung zurück.« (Johann Wolfgang Goethe: Vier Jahreszeiten, Nr. 62. In: Goethe: Werke. Hrsg. im Auftrage der Großherzogin Sophie von Sachsen. Weimar 1887–1919, Abt. 1, Bd. 1, S. 354.)

bedeutende Leistung war die Übersetzung von Vergils »Aeneis« im Jahre 1515 – die erste und für fast 100 Jahre einzige deutsche »Aeneis«-Übersetzung überhaupt, die bis 1606 sechs Neuauflagen erlebte. Das Werk ist (unter Anspielung auf Vergils Verhältnis zu Augustus) Kaiser Maximilian gewidmet, für den die »Aeneis« »von latynschem todt in tütsches leben ist erquicket worden«[54]. Murner folgt den Übersetzungsprinzipien Albrecht von Eybs und Heinrich Steinhöwels; nach heutigen Begriffen ist seine Adaptation eher als Nachdichtung anzusehen. Das Werk knüpft in der Form an das Spielmannsepos an und ist in Knittelversen verfaßt; es hat einen moralisierenden Grundton und ist der christlichen Vorstellungswelt und den Sitten und Gebräuchen der Zeit angepaßt.

In seiner satirischen Kampfdichtung hat Murner Sebastian Brants Auseinandersetzung mit dem ›Narrentum‹ verschärft weitergeführt und von der Modifizierung des Narrenbegriffs bei Erasmus keine Notiz genommen. War der ›Narr‹ bei Brant ein unvernünftiger Mensch, so wurde er von Murner als böse gesehen, ja dämonisiert und diabolisiert. Insbesondere der Protestantismus erschien ihm als ›Narrentum‹. Ab 1520 kämpfte Murner vehement gegen Luther (»Von dem Großen Lutherischen Narren«), während Wimpfeling in den Glaubenskämpfen vermittelnd wirken wollte.

Auch bei HEINRICH BEBEL (1472–1518) dominieren satirische Schriften und nationales Selbstgefühl (in diesem Sinne hat er die »Germania« des Tacitus gedeutet) – darüber hinaus finden wir bereits deutliche antiklerikale Akzente. Sein Hauptwerk, die »Libri facetiarum« (Fazetienbücher; erstmals 1508, in erweiterter Fassung 1512 und 1514 erschienen und bis 1750 nachgedruckt und übersetzt), enthält volkstümliche deutsche Schwänke in klassischer lateinischer Prosa. Bebel gab weiterhin die Sammlung »Proverbia Germanica collecta atque in Latinum traducta« heraus (Deutsche Sprichwörter, gesammelt und ins Lateinische übersetzt; 1508) und schrieb den Hexameter-Dialog »Contra vituperatores studiorum humanitatis« (1495), in dem er die Notwendigkeit und den Nutzen der humanistischen Studien gegen deren Kritiker verteidigt. In zahlreichen Schriften – so in der »Oratio de utilitate latinitatis« (Rede über den Nutzen des Lateins; 1503, gedruckt 1504) – kämpfte er für das klassische Latein. Sein eindrucksvollstes Werk, die Komödie »De optimo studio iuvenum« (Vom besten Studium der Jugend; 1501), in der ein Bauernsohn zum Humanisten erzogen wird, polemisiert gegen die Scholastik und deren ›schlechtes‹ Latein und hat eine ähnliche Funktion wie die großen humanistischen Programmreden.

In dem satirischen Epos »Triumphus Veneris seu voluptatis contra virtutes« (Triumph der Venus oder der Wollust über die Tugenden; 1509) schließlich geißelt Bebel das Narrentum der ›Venus-Toren‹ und bezieht in die Sittenverderbnis der Zeit ausdrücklich den Klerus ein. Da Venus sich beklagt, daß ihr Reich auf Erden zu Ende gehe, werden von Cupido ihre sämtlichen Anhänger vorgeführt: zuerst die Tiere, dann die Menschen aller Stände – in vorderster Reihe die Geistlichkeit, vom Papst bis zu den einfachen Mönchen und Nonnen, sodann die Laienschaft, vom König bis hinunter zu den Landsknechten, und zuletzt die Frauen. Alle zeigen sich als willige Gefolgsleute der Venus, wollen ihr dienen und drängen sich um die ersten

---

54 Zitiert nach: Eckhard Bernstein: Die erste deutsche Äneis [s. Bibl. 2.2. (Murner)], S. 105.

Plätze in ihrem Gefolge. Als die Virtus versucht, ihre Schar gegen das Heer der Venus zu rüsten, vermag sie nur eine kleine Anzahl Getreuer um sich zu versammeln (Fides, Caritas, Spes, Patientia, Constantia), die beim ersten Zusammenstoß zerstreut werden. Die Unterlegene flieht zu Gott. Dieser will die Menschen vernichten, läßt sich aber dann doch bewegen, Christus auf die Erde zu senden.[55]

Die wichtigsten Kontroversen vor der Reformation sind mit dem Namen JOHANNES REUCHLINS verbunden. Reuchlin (1455–1522) war ein bedeutender Philologe und Griechisch-Kenner. 1494 verfaßte er die Schrift »Capnion vel De verbo mirifico« (Capnion oder Vom wunderwirkenden Wort), in der – nach dem Vorbild der Ciceronischen philosophischen Dialoge – der Epikureer Sidonius, der Jude Baruchias und Capnion-Reuchlin als Mittler das Verhältnis der griechischen Philosophie (Pythagoras, Sokrates, Platon, Epikur) zur jüdischen und schließlich zur christlichen Religion erörtern: Das Pentagrammaton Y h s v h (Jesus), das mit dem – ebenfalls fünfbuchstabigen – *lógos* der Griechen korrespondiert, erweist sich als das wahre *verbum mirificum*.

1496/97 übersetzte Reuchlin in Heidelberg Texte des Homer, des Demosthenes und des Lukian und schrieb in jambischen Trimetern die lateinischen Komödien »Sergius« und »Scenica Progymnasmata: Hoc est: Ludicra preexercitamata«. Die erste verspottet den Reliquienkult und ist zugleich eine Parodie auf hohlköpfige Rhetorik; mit der zweiten wollte Reuchlin rhetorische Übungen (griech. *progymnasmata*, lat. *preexercitamenta*) auf szenische Weise durchführen und mit einem *ludus* ein Musterbeispiel der Rhetorik liefern. Das Hauptmotiv entstammt der anonymen französischen Farce »Maistre Pathelin«: Der Anwalt Pathelin (bei Reuchlin heißt er Henno) rät einem Knecht, der seinen Herrn bestohlen hat, auf jede Frage des Richters mit Blöken zu antworten; nachdem sich dies bewährte, antwortet der Knecht auch auf die Honorarforderungen des Anwalts mit einem Blöken. Jeder der fünf Akte endet – wohl nach dem Vorbild Senecas, von dem Konrad Celtis 1487 zwei Tragödien ediert hatte – mit einem Chorlied; das dritte ist ein Lob Homers. Hans Sachs hat das Stück 1530/31 unter dem Titel »Henno« ins Deutsche übersetzt.

Als im Jahre 1509 der zum katholischen Glauben übergetretene Kölner Jude Johannes Pfefferkorn (1469–1521) mit dem Übereifer des Proselyten die Verbrennung sämtlicher jüdischen Schriften forderte, wandte sich Reuchlin als Übersetzer aus dem Griechischen und Kenner des Hebräischen in einem Gutachten gegen dieses Ansinnen. Es kam zum sogenannten Hebraismus-Streit zwischen der konservativen Spätscholastik und dem reformfreundlichen Humanismus, der zu diesem Zeitpunkt in Deutschland im Mittelpunkt des Interesses stand. Die Kölner Dominikaner klagten Reuchlin der Ketzerei an; Willibald Pirckheimer, Crotus Rubeanus, Ulrich von Hutten u.a. Humanisten unterstützten Reuchlin. Der Streit zog sich jahrelang hin. Reuchlin blieb zwar literarischer Sieger, war aber kirchenrechtlich der Verlierer. Das Urteil in letzter Instanz erging allerdings erst *nach* der Reformation und war durch diese im Grunde bereits überholt.

1514 veröffentlichte Reuchlin »Clarorum virorum epistolae«: Briefe berühmter Männer, die sich zu ihm bekannten. Scheinbar als Antwort darauf erschienen 1515

---

55 Vgl. Günter Hess: Deutsch-lateinische Narrenzunft [s. Bibl. 2.1.], S. 271–315.

und 1517 in zwei Teilen »Epistolae obscurorum virorum«. Diese glänzende ironische Fiktion war der Höhepunkt der humanistischen Epistolographie und die schärfste humanistische Satire gegen die Scholastik, gegen deren ›barbarisches‹ Kirchen- und Gebrauchslatein und gegen die heuchlerische Frömmigkeit von Mönchen und Geistlichen. Im Zentrum dieser vom Spott und Witz der antiken Satire geprägten und dem Hebraismus-Streit landesweite Popularität verschaffenden ›Dunkelmännerbriefe‹ stand der Kölner Geistliche Ortwin Gratius (1480–1542) – der in Wirklichkeit allerdings *kein* Dummkopf war und durchaus Verbindungen mit dem Humanismus hatte. Die spätscholastischen Kleriker werden als unwissend, denkfaul, orthodox und eifernd hingestellt, als philiströs-saturiert und auf sinnlichen Genuß bedacht; ihre Methode besteht vor allem aus Zitieren (Bibel, Aristoteles, Lehr- und Handbücher sowie bezeichnenderweise Ovids »Ars amatoria«). Im ersten Teil, dessen Hauptverfasser der dem Erfurter Humanistenkreis angehörende CROTUS RUBEANUS (Johannes Jäger; 1480–1539) war, wird in grotesker Verzerrung ein buntes Bild des ›obskuren‹ Lebens gezeichnet; Mittelpunkt des zweiten – des vor allem von Ulrich von Hutten geschriebenen aggressiveren, ernsteren, direkteren und pathetischeren – Teils ist der Reuchlin-Pfefferkornsche Streit. Zu den Autoren gehörte auch HERMANN VON DEM BUSCHE (ca. 1468–1534), der zeitweise in Köln gewirkt und dort 1508 ein Loblied auf diese Stadt unter dem Titel »Flora« veröffentlicht hatte, das mit zahlreichen Anspielungen auf die antike Mythologie und Kultur geschmückt war.[56]

Im Schaffen ULRICH VON HUTTENS (1488–1523) verbanden sich ein national gesinnter Humanismus im Sinne von Konrad Celtis, das Drängen nach einer moralischen Kirchenrefom im Geist des Erasmus und eine scharfe antirömische Publizistik. Er begann mit Epigrammen und Elegien (1506/07), denen – als Höhepunkt seines dichterischen Schaffens – ein an dem spätantiken Dichter Claudian geschulter, zu zwei Dritteln aus der Um- und Weiterdichtung berühmter Verse der römischen Literatur bestehender Panegyrikus auf den Erzbischof Albrecht von Mainz (1514) sowie eine Epistel Italias an Maximilian I. folgten (1516); seit dem Rechtshandel mit Ulrich von Württemberg (1515), der einen seiner Verwandten ermordet hatte, bevorzugte er die rhetorische Epistolographie. In den letzten Jahren benutzte er vor allem die Dialogform, aber auch die Streitrede, den Brief und das deutsche Gedicht. Der streitbare Ritter unterstützte Luther und setzte sich mit Erasmus auseinander.

Hutten war ein guter Kenner Homers, dessen Motive er im Zuge seiner Zeitkritik umformte; vor allem in dem Kleinepos »Marcus« (1516) spielte er auf die pseudo-homerische »Batrachomyomachia« sowie in dem satirischen Gedicht »Nemo« (entstanden 1506/07, erschienen 1510, stark erweiterte Ausgabe 1518) auf die Polyphem-Episode und in dem Dialog »Misaulus« (1518) auf weitere Abenteuer des Odysseus an.[57] Als Satiriker folgte er Martial, Juvenal und insbesondere Lukian. Angeregt vor allem durch dessen »Totengespräche«, machte er den satirisch-realisti-

---

56 Humanismus und Renaissance in den deutschen Städten und an den Universitäten (wie Anm. 6), S. 140–149.
57 Vgl. Thomas Bleicher (wie Anm. 32), S. 51–54. – »Nemo« mit deutscher Übersetzung in: Humanistische Lyrik des 16. Jahrhunderts (wie Anm. 27), S. 164–175. – Zur »Batrachomyomachia« vgl. S. 67.

schen (*nicht* den an Platon und Cicero geschulten sokratischen) Dialog zu seiner bevorzugten literarischen Form. Seinen Zeitgenossen erschien er geradezu als ein *Lucianus renatus*. Dabei finden sich in seinen Dialogen zwar Konzeptionen, Schauplätze und Motive der Lukianischen Gespräche, und wo der griechische Autor das Lasterleben, die Heuchelei, die Verlogenheit, die Unwissenheit und die Herrschsucht von Philosophen und Rhetoren geißelt, dort richtet sich Huttens Polemik gegen die Geistlichkeit und die Rechtsgelehrten – während Lukian jedoch sich in eine ferne, oft mythische Vergangenheit versetzt und seine Satire vor allem auf allgemein-menschliche Schwächen richtet, dort geht es Hutten um aktuelle politische Auseinandersetzungen. An die Stelle spielerischer Parodie ist schneidende Invektive getreten; aus der Skepsis Lukians wurde der energische Versuch, die Verhältnisse zu verbessern.

Hutten begeisterte sich für die »Annalen« des Tacitus und wurde mit dem Dialog »Arminius« (1519/20, gedruckt 1529) der Begründer des deutschen Arminius-Kultes. Der germanische Heerführer erscheint als ein tugendhafter, vaterlandsliebender Befreier, als ein genialer Feldherr und als ein konsequenter Gegner Roms. Wenn diese Konzeption aus der Retrospektive heraus auch klischeehaft wirken mag, so war sie doch mehr als Verklärung der Vergangenheit denn als Antizipation eines künftigen Nationalismus gedacht. Hutten knüpft an das 12. der Lukianischen »Totengespräche« an, in dem Alexander, Scipio und Hannibal in der Unterwelt um die Rangordnung streiten, und revidiert es dergestalt, daß auch Arminius als Vaterlandsbefreier einen Platz in der antiken Geschichte erhält.

Bis gegen Ende 1520 schrieb Hutten Latein; ab 1519 ging er teilweise, ab 1520 vollständig zum Gebrauch der deutschen Sprache über (einschließlich der Übersetzung eigener lateinischer Schriften):

> Latein ich vor geschrieben hab,
> das was eim jeden nit bekannt.
> Jetzt schrei ich an das Vaterland
> teutsch Nation in ihrer Sprach,
> zu bringen diesen Dingen Rach.[58]

Vom 25. Oktober 1518 stammt Huttens berühmter Brief an Willibald Pirckheimer – ein weiteres programmatisches Dokument des deutschen Humanismus, ja geradezu eine jubelnde Paraphrase des humanistischen Lebensgefühls. Hier bekennt sich Hutten zur *vita activa*, zur Gegenwart, zum *vivere* und zu den *studia humanitatis*: *O seculum! o litterae! Iuvat vivere [...]. Vigent studia, florent ingenia. Heus tu, accipe laqueum, barbaries, exilium prospice* – »O Jahrhundert! O Wissenschaften! Es ist eine Lust zu leben [...]. Die Studien blühen auf, die Geister regen sich. He du, Barbarei, nimm einen Strick und erwarte deine Verbannung!«[59]

---

58 Ulrich von Hutten: Klag und Vermahnung. In: Hutten: Deutsche Schriften. Hrsg. und mit Anm. versehen von Peter Ukena. München 1970, S. 207.
59 Ulrichi Hutteni Opera. Ed. Eduard Böcking. Neudr. der 1859–1861 [...] erschienenen Ausgabe. Aalen 1963, Bd. 1, S. 195–217 (Zitat: S. 217). – Deutsche Übersetzung in: Der deutsche Renaissancehumanismus (wie Anm. 46), S. 450–480 (Zitat: S. 479). – Zur Beziehung zwischen Hutten und Pirckheimer vgl. Eckhard Bernstein: Willibald Pirckheimer und Ulrich von Hutten: Stationen einer humanistischen Freundschaft. In: Ulrich von Hutten 1488–1988 [s. Bibl. 2.2.], S. 11–36.

Der Nürnberger Patrizier WILLIBALD PIRCKHEIMER (1470–1530), an den diese Worte gerichtet sind, war eine der glänzendsten Erscheinungen im kulturellen Leben seiner Zeit und genoß in ganz Deutschland hohes Ansehen. Weltoffener als Erasmus, kritisch nach allen Seiten, verkörperte er den Typ des *uomo universale* im Sinne der italienischen Renaissance. Er verfaßte astronomische, mathematische und geographische Arbeiten, wirkte auf dem Gebiet der Philologie (durch eine rege Übersetzungs- und Editionstätigkeit, insbesondere durch Übersetzungen aus dem damals wenig bekannten Griechischen – und zwar vor allem aus der hellenistischen und kaiserzeitlichen Prosa), der Moralsatire, der Geschichtsschreibung, der Autobiographie und der reformatorischen Kontroverse. Unter seinen lateinischen Gedichten ist die einzige größere selbständige Dichtung seine »Apologia seu Podagrae Laus« (Verteidigung oder Lob der Fußgicht; 1522). Dieses geistreiche Enkomion in der Nachfolge des Erasmus enthält sogar eine Homer-Parodie: Die Angeklagte verteidigt sich nämlich u. a. mit dem Hinweis, daß auch die Griechen nur Schwätzer und Lügner gewesen seien, da Homers Erzählung vom Zorn des Achill nicht der Wahrheit entspräche, sondern sie selbst – als seine angebliche Geliebte Briseis – ihn am Kämpfen gehindert habe.[60] Aus dem Jahre 1528 stammt Pirckheimers ergreifende Klage über den Tod seines Freundes Albrecht Dürer: »Elegia in mortem Dureri«. Gegenüber der Lutherischen Reformation, zu der er sich zunächst bekannte – so war er wohl der Hauptverfasser der Satire »Eckius dedolatus«[61] –, übte er später Distanz.

Mehr als großer Anreger denn durch eigene literarische Schöpfungen ist auch KONRAD MUTIANUS RUFUS (Mut; 1471–1526) hervorgetreten, das Haupt und der geistige Mentor des Erfurter Humanistenkreises. Er strebte dem Vorbild Ciceros nach, liebte aber mehr als dieser die *beata tranquillitas*, das kontemplative Leben. Seine Bedeutung wird heute vor allem durch seinen Briefwechsel ersichtlich. Statt äußerlicher Nachahmung forderte er eine innere Aneignung der Antike. Wie Erasmus suchte er nach einer Synthese zwischen christlicher Theologie und antiker Philosophie. Im Reuchlin-Pfefferkornschen Streit stand er auf seiten Reuchlins, die Kirchenkämpfe aber lehnte er ab.

Stärker in die Polemiken ihrer Zeit verwickelt waren die jüngeren Vertreter des Erfurter Kreises. Auf Crotus Rubeanus ist schon hingewiesen worden; auch Hutten stand diesem Kreis nahe. Helius Eobanus Hessus und Euricius Cordus pflegten vor allem die neulateinische Lyrik, die sich zunächst in der Art von Celtis weiterentwickelt hatte. HELIUS EOBANUS HESSUS (Eoban Koch; 1488–1540), das stärkste lyrische Talent des Erfurter Kreises, schrieb 1509 den Eklogenzyklus »Bucolicon« – elf Hirtengedichte in der Nachfolge Vergils, die er später erweiterte und 1528 und 1539 veröffentlichte – und führte damit die zyklische Idylldichtung in die deutsche Literatur ein; 1514 übernahm er die Gattung der Heroide und veröffentlichte, als Gegenstück zu Ovid, »Heroidum Christianarum epistolae«: Liebesbriefe christlicher Heroinen (Maria, Maria Magdalena, Elisabeth sowie Märtyrerinnen

---

60 Humanismus und Renaissance in den deutschen Städten und an den Universitäten (wie Anm. 29), S. 133.
61 Vgl. S. 57f.

und Heilige) mit zahlreichen antiken Reminiszenzen. Das abschließende Gedicht »Eobanus posteritati« (Eobanus an die Nachwelt) folgt in seiner Verbindung von Lebensrückblick und dichterischem Selbstbewußtsein der Elegie IV 10 aus Ovids »Tristien«.[62] Wie Celtis als ›deutscher Horaz‹, so galt Hessus als ›deutscher Ovid‹. Die Gattung der religiösen Helden- und Heldinnenbriefe fand später ihren Höhepunkt bei Hofmann von Hofmannswaldau.

Hessus stand auf seiten Reuchlins und Luthers. Er schrieb vier Elegien auf Luther, Dichtungen auf andere Persönlichkeiten, Gelegenheitspoesie, Übersetzungen aus dem Griechischen ins Lateinische – u. a. der »Ilias« (1540) –, Kommentare zu Vergil und Briefe. In dem Zyklus »De tumultibus horum temporum querela« (1528) klagte er über die Unruhe der Zeit. Dabei nahm er in dem Gedicht »Praesentium temporum cum priscis collatio« (Vergleich der heutigen Zeiten mit den alten), in dem er ausführte, daß es im Altertum weniger Leid als heute gegeben habe, sowie in den Gedichten »Roma capta. Cicero per prosopopoeiam urbem ipsam alloquitur« (Das eroberte Rom. Cicero spricht die Stadt durch Prosopopöie an) und »Roma capta Ciceroni respondet« (Das eroberte Rom gibt Cicero Antwort), in denen Cicero aus der Unterwelt zurückkehrt und ein bitteres Bild der römischen Geschichte und Gegenwart vor Augen gestellt wird, unmittelbar auf die Antike Bezug. Im »Bellum servile Germaniae« stand der Dichter freilich dem deutschen Bauernkrieg ebenso ablehnend gegenüber wie Luther und die meisten anderen Humanisten.[63]

Hessus faßte zum letztenmal wesentliche Teile der humanistischen Lyrik zusammen und prägte erstmals die für die neulateinische Schul- und Gelehrtendichtung charakteristischen Formen. Er vor allem gibt die Stimmung in Gelehrten- und Humanistenkreisen am Vorabend der Reformation und in den ersten zwei Jahrzehnten danach wieder.

EURICIUS CORDUS (Heinrich Solden; 1486–1535) schrieb, von Hessus auf die pastorale Dichtung hingewiesen, ebenfalls ein »Bucolicon« (1514, 2. Auflage 1518): zehn Eklogen nach dem Vorbild Vergils und in guter Kenntnis der antiken und neuzeitlichen bukolischen Tradition, deren Hauptthemen Panegyrik, Dichtung, Liebe und Zeitkritik waren. Diese Eklogen sind wirklichkeitsnäher und zeitgemäßer als die von Hessus, schildern bereits die Armut und Rechtlosigkeit der Bauern und wollen nicht nur das Bewußtsein für die Nöte der Landbevölkerung wecken, sondern auch zu sozialen Veränderungen anregen – wobei sich die Kritik an Adel und Klerus mit der Lobpreisung der Fürsten paart.[64] Vor allem aber war Cordus der – noch von Lessing geschätzte – Hauptvertreter des neulateinischen Epigramms. Er schrieb – nachdem er zunächst 1517 und 1520 Sammlungen in zwei bzw. drei Büchern veröffentlicht hatte – insgesamt 13 Bücher pointiert-witziger Epigramme nach dem Vorbild Martials. Außerdem stammen von ihm mehrere polemische,

---

62 Humanistische Lyrik des 16. Jahrhunderts (wie Anm. 27), S. 328–337.
63 Helius Eobanus Hessus: Dichtungen. Lateinisch und deutsch. Hrsg. und übers. von Harry Vredeveld. Bd. 3. Bern, Frankfurt a. M., New York, Paris 1990 = Mittlere Deutsche Literatur in Neu- und Nachdrucken 39, S. 7–71. – Das Gedicht »Bellum servile Germaniae« auch in: Humanistische Lyrik des 16. Jahrhunderts (wie Anm. 4), S. 258–275.
64 Vgl. Armgard Müller: Das »Bucolicon« des Euricius Cordus und die Tradition der Gattung [s. Bibl. 2.2.], S. 30–36 und 346–348.

religiöse und sozialkritische Texte, in denen Besorgnis und Enttäuschung, ja eine pessimistische Grundstimmung zum Ausdruck kommen. Cordus ging den Weg vom Humanismus zur Reformation, nahm Stellung für Luther und gegen Erasmus. Insgesamt gesehen, war die Lyrik allerdings für die Zwecke der Kirchenkämpfe weniger geeignet als die Dramatik und die Prosa.

Der Humanismus war (wie mehrfach angemerkt) keineswegs eine monolithische Erscheinung, sondern erlaubte durchaus unterschiedliche Haltungen und Prinzipien: Einem grundsätzlichen Optimismus stand ein elegischer Zug gegenüber, einem hochgestimmten Pathos skeptische Sensibilität, der Verkündigung einer sublimierten die Lobpreisung der sinnlichen Liebe. Weltoffenheit kontrastierte mit Patriotismus, souveräne Toleranz mit enger Moraldidaktik, die Suche nach einer Synthese von Antike und Christentum mit deutlichem Antiklerikalismus. Dennoch kann man im großen und ganzen von einem Grundkonsens sprechen. Die Jahre 1517/18 waren die Hoch-Zeit des deutschen Humanismus – und zugleich dessen Ende. Die Reformation, die zunächst im Zusammenhang mit dem Humanismus – insbesondere dem Hebraismus-Streit – gesehen und von den meisten seiner Vertreter unterstützt worden war, spaltete in den zwanziger Jahren die Bewegung und führte zu scharfen Konfrontationen zwischen den einzelnen Humanisten sowie zur Unterordnung der *studia humanitatis* unter die Religion.

Reformation
Von Martin Luther bis Georg Rollenhagen

Einen entscheidenden Phaseneinschnitt in der Renaissanceliteratur bewirkte, wie ab 1520 deutlich wurde, die Reformation. Für die Entwicklung der Literatur, insbesondere für Humanismus und Antikerezeption, war sie gravierender als der Bauernkrieg, der vor allem einen sozialen und politischen Einschnitt bedeutete, dessen Scheitern dann freilich langfristig auch den Charakter der nachrevolutionären Literatur beeinflußte. Es setzte nunmehr in Deutschland ein wirtschaftlicher und politischer Niedergang ein, der sich vor allem – nicht zuletzt infolge der Bindung der Reformation an die Landesherren – im Aufstieg der Territorialfürsten und im Rückgang der Zentralgewalt und des Stadtbürgertums niederschlug.

Die Reformation ist zwar z. T. durch den Humanismus – namentlich in seiner letzten Phase – vorbereitet worden, entsprang aber auch anderen geistigen, moralischen, kirchlichen, politischen, ökonomischen und gefühlsmäßigen Kräften: den religiösen und philosophischen Diskussionen des Spätmittelalters, der Schwächung der katholischen Kirche durch das Exil der Päpste und das Schisma, dem Scheitern einer Kirchenrefom, den spätmittelalterlichen Ketzerbewegungen, dem Erstarken des Mittelstandes und des nationalen Empfindens, sozialen Mißständen und dem Verlangen nach einer persönlicheren und verinnerlichten Religionsausübung. Insgesamt gesehen, ist die Reformation wohl eher eine jähe Unterbrechung als eine Fortführung des Humanismus. Zwingli zwar kam aus der Erasmischen Geistesrichtung, und Luther war, vor allem von seiner Erfurter Zeit her, mit der Tradition des Humanismus vertraut, konnte Mitarbeiter aus dem Kreis der Humanisten gewinnen (allen voran Melanchthon, dessen Wirken in Wittenberg kurze Zeit nach dem Thesenanschlag begann), ging in der Hinwendung zu den antiken Quellen, in der kritischen Prüfung und Edition von Texten oder in rhetorischen und stilistischen Fragen mit ihnen konform und hat sich in Wort und Schrift eines aus Deutsch und Lateinisch gemischten Idioms bedient – doch es überwog der Gegensatz zwischen Wissenschaft und Toleranz auf der einen und einem neuen Glauben auf der anderen Seite, zwischen einer Verbindung von Antike und Christentum im Zeichen des Humanismus bei Erasmus und dem theologischen Denkansatz Luthers. »Ex Erasmo nihil habeo«, erklärte Luther 1532 prononciert in einer Tischrede: »Von Erasmus habe ich nichts.«[65] Last but not least war der Humanismus eine exklusive Angelegenheit für Gelehrte, die Reformation aber eine Massenbewegung.

Luther zielte mit seinen 98 Thesen vom September 1517 zunächst vor allem auf eine Universitätsreform, insbesondere auf eine Reform des theologischen Studiums an der Universität Wittenberg. Wie viele andere wollte er den Aristotelismus und die Lektüre der Kirchenväter zugunsten der Bibelexegese zurückdrängen. Die Wittenberger Fakultät diskutierte die Thesen und gab sie in Druck. Dann aber verließ Luther den Rahmen der Universität und wandte sich gegen Mißstände in der Kirche selbst. Mit dem Thesenanschlag vom 31. Oktober 1517 wollte er zwar in erster Linie eine Disputation unter Theologen erzwingen, rechnete aber wohl auch auf Unterstützung durch die literarische Öffentlichkeit. Die Resonanz jedoch ging über all seine Erwartungen hinaus – ein Zeichen, wie sehr er einer allgemeinen Krisenstimmung Ausdruck gegeben hatte. Bei der Disputation mit Johann Eck (1486–1543) im Jahre 1519 in Leipzig kam es zum öffentlichen Bruch Luthers mit Rom. Reformatorische Bemühungen innerhalb der Kirche unter humanistischen Vorzeichen waren damit gescheitert. Die Auseinandersetzung mit Erasmus entzündete sich dann am Problem der Willensfreiheit, die der weltoffene Intellektuelle für selbstverständlich hielt, der dogmatische Theologe aber – hierin weiterhin Augustinus verhaftet – leugnete. Luther wollte keineswegs die *studia humanitatis* beseitigen – aber sie bildeten für ihn nur die *Voraussetzung* für die *studia sacrarum litterarum*: »Die sprachen sind die scheyden, darynn dis messer des geysts stickt«, heißt es in seiner Schrift »An die Ratsherren aller Städte deutsches Lands, daß sie christliche Schulen aufrichten und erhalten sollen« (1524) – und zuvor bereits in der Schrift »An den christlichen Adel deutscher Nation« (1520): »Fur allen dingenn solt in den hohen und nydern schulen die furnehmst und gemeynist lection sein die heylig schrifft.«[66]

Stärker als bei Luther wirkte der Humanismus bei Huldrych Zwingli (1484–1531) und dem an ihn anknüpfenden Johann Calvin (1509–1564) nach, die – wenn auch unter christozentrischen Vorzeichen – eher auf eine Synthese von Antike und Christentum zielten. Nachdem es beim Marburger Religionsgespräch von 1529 nicht gelungen war, die Differenzen in der Abendmahlfrage beizulegen, war nach dem Bruch mit Rom dann auch der Protestantismus gespalten.

---

65 Martin Luther: Werke. Kritische Gesamtausgabe. Weimar 1883 ff., Abt. 2, Bd. 1, S. 80 (Nr. 173).
66 Ebd., Abt. 1, Bd. 15, S. 38 und Bd. 6, S. 461.

Die Reformation hat große politische und seelische Kräfte freigesetzt, zugleich aber die europäische – besonders vehement die deutsche – Bevölkerung entzweit. Dies betraf auch die Humanistenpoesie: Mehr der Antike zugeneigte Autoren gingen auf Distanz zu Luther oder brachen mit ihm; andere wandten sich von der Antike ab oder transponierten sie ins Christliche. Die Verschmelzung von volkssprachlich-volkstümlicher und lateinisch-humanistischer Literatur stagnierte; beide Stränge entwickelten sich weitgehend unabhängig voneinander – ein Sachverhalt, der nicht zuletzt zur Folge hatte, daß die europäische Literatur der Spätrenaissance von Autoren wie François Rabelais (1494–1553), Torquato Tasso (1544–1595), Miguel de Cervantes Saavedra (1547–1616) und William Shakespeare (1564–1616) bestimmt wurde und Deutschland keinen mit ihnen vergleichbaren Schriftsteller hervorbrachte.[67]

Dennoch hat MARTIN LUTHER (1483–1546) einen Platz in der Geschichte der literarischen Antikerezeption in Deutschland. Bei seiner Bibelübersetzung – die wie kein anderes Werk die Entwicklung der deutschen Sprache und Kultur beeinflußte und die nicht zuletzt eine bedeutende *poetische* Leistung ist – konnte er auf humanistische Editionen, insbesondere des Erasmus, und auf eine jahrzehntelange Übersetzungstradition zurückgreifen. (Luther hat auch mehrfach über die Grundsätze, denen er dabei folgte, Auskunft gegeben.) Der Reformator hat sich nicht nur (wie schon erwähnt) über die Bedeutung der alten Sprachen, sondern auch über die Aufführung von Komödien geäußert – wenngleich er auch hier mehr an biblischen Themen interessiert war.

Am 2. April 1530 schrieb er an Nikolaus Hausmann in Zwickau: *Nam & ego non illibenter viderem gesta Christi in scholis puerorum ludis seu comediis latine & germanice, rite & pure compositis, repraesentari propter rei memoriam, & affectum rüdioribus augendum.* (Denn ich würde es nicht ungern sehen, daß Christi Taten in den Schulen, lateinisch und deutsch, ordentlich und unverfälscht zusammengestellt, aufgeführt würden zu ihrem Gedächtnis und zur Belebung der Gemütsverfasssung der Jugend.)[68] Öffentlich empfahl Luther die Spiele 1534 in den Vorreden zu den biblischen Büchern Judith, Tobias, Esther und Daniel. Die aufschlußreichste Stellungnahme findet sich in den »Tischreden«: »D. Johannes Cellarius fragte D. M. L. um Rath: ›Es wäre ein Schulmeister in der Schlesien, nicht ungelehrt, der hätte ihm furgenommen, eine Comödien im Terentio zu agiren und spielen; Viel aber ärgerten sich dran, gleich als gebühret einem Christenmenschen nicht solch Spielwerk aus heidnischen Poeten etc. Was er, D. Martinus, davon hielte?‹ Da sprach er: ›Comödien zu spielen soll man um der Knaben in der Schule willen nicht wehren, sondern gestatten und zulassen, erstlich, daß sie sich üben in der lateinischen Sprache; zum Andern, daß in Comödien fein künstlich erdichtet, abgemalet und fürgestellt werden solche Personen, dadurch die Leute unterrichtet, und ein Jglicher seines Amts und Standes erinnert und vermahnet werde, was einem Knecht, Herrn,

---

67 Vgl. Robert Weimann: Renaissanceliteratur und frühbürgerliche Revolution. In: Renaissanceliteratur und frühbürgerliche Revolution [s. Bibl. 2.1.], S. 17–36; Heinz Entner: Der Weg zum »Buch von der Deutschen Poeterey«. In: Studien zur deutschen Literatur im 17. Jahrhundert [s. Bibl. 3.1.], S. 15.
68 Martin Luther (wie Anm. 65), Abt. 4, Bd. 5, S. 272 (Nr. 1543).

jungen Gesellen und Alten gebühre, wol anstehe und was er thun soll, ja, es wird darinnen furgehalten und fur die Augen gestellt aller Dingnitäten Grad, Aemter und Gebühre, wie sich ein Jglicher in seinem Stande halten soll im äußerlichen Wandel, wie in einem Spiegel. / Zudem werden darinnen beschrieben und angezeigt die listigen Anschläge und Betrug der bösen Bälge; desgleichen, was der Eltern und jungen Knaben Amt sey, wie sie ihre Kinder und junge Leute zum Ehestande ziehen und halten, wenn es Zeit mit ihnen ist, und wie die Kinder den Eltern gehorsam seyn, und freien sollen etc. Solchs wird in Comödien furgehalten, welchs denn sehr nütz und wol zu wissen ist. [...] Und Christen sollen Comödien nicht ganz und gar fliehen, drum, daß bisweilen grobe Zoten und Bühlerey darinnen seyen, da man doch um derselben willen auch die Bibel nicht dürfte lesen. Darum ists nichts, daß sie solchs fürwenden, und um der Ursache willen verbieten wollen, daß ein Christe nicht sollte Comödien mögen lesen und spielen. / Comödien gefallen mir sehr wol bey den Römern, welcher fürnehmste Meinung, *Causa finalis*, und endliche Ursach ist gewest, daß sie damit, als mit einem Gemälde und lebendigen Exempel, zum Ehestand locken und von Hurerey abziehen.«"[69]

Schließlich hat Luther – der in Streitschriften, Predigten, Briefen und Tischgesprächen gern Fabelelemente verwendete – im Jahre 1530 in einer anschaulichen und natürlichen Sprache dreizehn äsopische Fabeln nachgebildet (erschienen sind sie erst 1557). Der Reformator schätzte den Äsop als eines der wichtigsten Bücher nach der Bibel und war sich der sozialen und pädagogischen Möglichkeiten der Fabel wohl bewußt: »Nicht allein aber die Kinder / sondern auch die grossen Fuersten und Herrn / kan man nicht bas betriegen / zur Warheit / und zu jrem nutz / denn das man jnen lasse die Narren die Warheit sagen / dieselbigen koennen sie leiden und hoeren / sonst woellen oder koennen sie / von keinem Weisen die Warheit leiden / [...] So woellen wir sie schmuecken / und unter einer luestigen Luegenfarbe und lieblichen Fabeln kleiden / Und weil man sie nicht wil hoeren / durch Menschen mund / das man sie doch hoere / durch Thierer und Bestien mund.« Luther wollte mit diesen Bearbeitungen Steinhöwels – wie er meinte – »vngeschickt Buch« ersetzen, der in die äsopischen Fabeln »so schendliche vnzuechtige Bubenstueck [...] gemischt / das kein zuechtig / from Mensch leiden / zuuor kein jung Mensch / one schaden lesen oder hoeren kan«: »Denn sie nicht den Nutz vnd Kunst in den Fabeln gesucht / sondern allein ein Kurtzweil vnd Gelechter daraus gemacht.« *Sein* Buch hingegen sei »ein lustiger vnd lieblicher / doch erbarlicher und zuechtiger vnd nuetzlicher Esopus«.

Trotz der Distanzierung von Steinhöwel und der erneuten moraldidaktischen Tendenz seiner Fabelbearbeitungen folgte Luther seinem Vorgänger aber insofern, als auch er eine völlig säkularisierte Moral verkündete. Er blickte nüchtern und illusionslos auf die irdische Welt, die keineswegs den Bewertungsmaßstäben der Bibel entsprach: »Der wellt lauff ist / Wer fruvm sein wil / der mus leiden / [...] Denn Gewalt gehet für Recht / Wenn man dem huvnde zu wil / so hat er das ledder gefressen / Wenn der wolff wil / so ist das lamb vnrecht.« Oder: »Hutt dich fur bosen nachbarn / odder schicke dich auff gedult / wiltuv bey leüten wonen / Denn es gonnet niemand dem andern was guts / das ist der wellt lauff.«

---

69 Ebd., Abt. 2, Bd. 1, S. 431f. (Nr. 867).

Luthers Sympathie gehörte den ›kleinen Leuten‹ – doch rief er nicht zu einer Änderung der Verhältnisse auf, sondern lehrte, daß die Welt nicht gebessert werden könne, sondern hingenommen werden müsse, wie sie ist. Er forderte dazu auf, sich schweigend unter das Unrecht zu beugen, und wollte vor sinnlosen Aufbegehrungsversuchen bewahren. Sein Anliegen war es, zu zeigen, »wie man sich im Haushalten / in vnd gegen der Oberkeit vnd Unterthanen schicken sol / auff das man klueglich und friedlich / unter den boesen Leuten in der falschen argen Welt / leben muege«.[70]

Aufs engste mit Luther und der Reformation verbunden war PHILIPP MELANCHTHON (Schwarzerd; 1497–1560), der letzte bedeutende Humanist, der in vorreformatorischer Zeit wurzelte und das Ideal eines humanistischen Poeten anstrebte. (Er schrieb etwa 400 griechische und lateinische Gedichte.) Ihm vor allem sind die pädagogischen und philologischen Elemente im evangelischen Glauben zu danken. In den letzten Jahren Maximilians hatte ein Niedergang der Wiener Universität eingesetzt, nachdem Celtis' Nachfolger zunächst deren Niveau gehalten hatten; zur selben Zeit wurde die 1502 gegründete Wittenberger Universität zu einem Zentrum des Humanismus. Programmatisch war bereits Melanchthons Antrittsrede vom 29. August 1518: »De corrigendis adolescentiae studiis« (Über die Neugestaltung des Universitätsstudiums). Grundlage aller Wissenschaft, namentlich der Theologie, müsse das Sprachstudium sein, damit die akademische Jugend nicht im Wust der Kommentare ersticke, sondern die Texte lesen und so zur alten Frömmigkeit zurückkehren könne.[71] Wie Erasmus brachte auch Melanchthon die *bonae litterae* und die *pura priscaque pietas* – die ›guten Wissenschaften‹ und die ›reine und alte Frömmigkeit‹ – in eine enge Wechselbeziehung. Er fand dafür die Zustimmung sowohl Luthers wie des Erasmus.

1519 folgten »Philippi Melanchthoni de Rhetorica libri tres« (Philipp Melanchthons drei Bücher über die Rhetorik), in denen er, auf Cicero und Quintilian, auf Agricola und Erasmus basierend, Rhetorik und Dialektik im Zusammenhang behandelte. Diese sogenannte ›Tübinger Rhetorik‹ hat er 1521 zu dem Lehrbuch »Institutiones rhetoricae« (Rhetorische Unterweisungen) und 1531 zu der ›Wittenberger Rhetorik‹ »Elementa rhetorices« (Grundlagen der Rhetorik) überarbeitet. Sie war die erste deutsche theoretische Gesamtrhetorik und trug wesentlich zur Neubelebung der Rhetorik als einer humanistischen Disziplin bei. Zum Autorenkanon gehörten vor allem Demosthenes und Cicero.

Melanchthon verfaßte Lehrbücher der Grammatik und Dialektik, schuf kommentierte – z. T. mit eigenen Versen eingeleitete – Editionen antiker Autoren, hielt Vorlesungen (u. a. über Homer, der zeit seines Lebens im Zentrum seiner Inter-

---

70 Martin Luthers Fabeln. Nach seiner Handschrift und den Drucken mit einem vergleichenden Teil von Boner bis Krylow. Neu hrsg. von Willi Steinberg. Halle 1961 = Neudrucke deutscher Literaturwerke des XVI. und XVII. Jahrhunderts 76, S. 82–86, 15 und 17. – Vgl. Barbara Könneker: Die Rezeption der aesopischen Fabel in der deutschen Literatur des Mittelalters und der frühen Neuzeit [s. Bibl. 2.1.], S. 217–219.

71 Philipp Melanchthon: Werke in Auswahl. Hrsg. von Robert Stupperich. Gütersloh 1951–1976, Bd. 3, S. 29–42. – Deutsche Übersetzung in: Der deutsche Renaissancehumanismus [s. Bibl. 2.1.], S. 499–514.

pretation der antiken Dichtung stand[72], sowie über Hesiod, Theognis, Terenz, Vergil und Ovid), übersetzte Homer, Pindar, Sophokles und vor allem Euripides ins Lateinische und veranstaltete Aufführungen antiker Dramen. Seine philologischen Verdienste sind allerdings im Vergleich zu anderen deutschen Humanisten relativ gering; er behandelte die Philologie als Magd der Theologie und deutete die antiken Autoren – mittels zahlreicher, weit hergeholter Zitate, ohne Rücksicht auf den Kontext und mit wenig Verständnis für die Eigenart der Dichtung – in religiösem Sinne und als moralische Vorbilder.

Melanchthons Bedeutung liegt vor allem auf pädagogischem Gebiet. Er blieb 42 Jahre in Wittenberg und schuf als *praeceptor Germaniae* den neuen Schul- und Hochschultyp in Deutschland. Besonders erfolgreich war er bei der Entwicklung des deutschen Schuldramas und bei der Einbürgerung der Fabel. Er hat 1516 und 1524 Terenz-Ausgaben veranstaltet; in seiner Privatschule – ab 1521 – bildete Terenz den Mittelpunkt des lateinischen Unterrichts, und die Schüler führten klassische Dramen auf. 1528 hat er in der Schrift »De utilitate fabularum« den moralischen Nutzen der Fabeldichtung dargelegt und in der kursächsischen Visitationsordnung die Behandlung des Äsop im Schulunterricht empfohlen.

Im Gefolge der Reformation entstand eine umfangreiche Kontroversliteratur in deutscher und lateinischer Sprache, die sich auch antiker Elemente bediente. So wurde etwa in einem illustrierten Flugblatt aus Erasmischen Kreisen aus dem Jahre 1522 Luther als *Hercules Germanicus* verspottet. Die katholische Seite, die mit dem Konzil von Trient (1545–1563) eine innerkirchliche Reform und Restauration des Katholizismus vornahm und die militante ›Gegenreformation‹ einleitete, kehrte ebenfalls nicht einfach zur Scholastik zurück, sondern bediente sich des Humanismus, nutzte dessen Bibelwissenschaft und Patrologie und pflegte die neulateinische Dichtung. Namentlich im Bildungssystem der Jesuiten erhielten die *studia humanitatis* einen festen Platz.

Die Gattungsvielfalt des Früh- und Hochhumanismus wurde zwar *insgesamt* beibehalten, aber dergestalt modifiziert, daß sich die Autoren vorrangig auf *einzelne* Gattungen konzentrierten. Nur *ein* Schriftsteller ist mit einem umfangreichen – und zwar ausschließlich deutschsprachigen – Schaffen in einem breiten Spektrum hervorgetreten: HANS SACHS (1494–1576). Dieser Autor hat mehr als 6000 Dichtungen verfaßt: vor allem Meistergesänge, Fastnachtsspiele, Schwänke, Spruchdichtungen, Gespräche und Dramen. In dem Gespräch »Die neun gab Muse oder kunstgöttin betreffend« (1536) sind ihm die Musen im Traum erschienen und hat Klio ihn zum Dichten in neun Gattungen berufen:

> O jüngling, dein dienst sey,
> Das dich auff teutsch poeterey
> Ergebest durch-auß dein leben lang,
> Nemblichen auff meistergesang,
> Darinn man fürdert Gottes glori,
> An tag bringst gut schrifftlich histori,
> Dergleichen auff trawrig tragedi,
> Auff spil und fröliche comedi,

---

72 Vgl. Thomas Bleicher: Homer in der deutschen Literatur [s. Bibl. 1.2.], S. 72–86.

Dialogi und kampff-gesprech,
Auff wappenred mit worten spech,
Der fürsten schilt, wappen pleßmiren,
Lobsprüch, die löblich jugent zieren,
Auch aller art höflich gedicht
Von krieg und heydnischer geschicht,
Dergleich auff thön und melodey,
Auff fabel, schwenck und stampeney,
Doch alle unzucht auß-geschlossen,
Darauß schandt und ergernuß brossen.[73]

Im Zentrum stand der Meistergesang, das städtisch-zünftige Gegenstück zu der von den Universitäten ausstrahlenden neulateinischen Dichtung. Unter den Stoffen, die Hans Sachs gestaltete, finden sich relativ viele aus der Antike, besonders aus den Werken von Homer, Herodot, Xenophon, Livius, Vergil, Ovid, Valerius Maximus und Plutarch. Er war mit der antiken Literatur, die er fast ausschließlich aus Übersetzungen kannte, gut vertraut. Etwa ein Fünftel seiner Bibliothek bestand aus griechischen und römischen Autoren[74]; Sachs nutzte aber auch Bücher, die nicht in seinem Besitz waren – und hinzu kamen Anregungen aus der spätmittelalterlichen und der humanistischen Literatur, die ihrerseits auf antike Vorlagen zurückging. Als erster Schriftsteller hat er sich von den humanistischen Versuchen einer Erneuerung des antiken Dramas zu eigenen Tragödien und Komödien in deutscher Sprache anregen lassen. Dabei hat er mit Vorliebe ein und denselben Stoff mehrfach und in verschiedenen Gattungen behandelt.

Den Anfang seiner dramatischen Produktion bildete das Fastnachtsspiel »Das hoffgsindt Veneris« (1517), eine Revue mit moralischem Schluß.[75] Vor allem in seinen Meistersingerdramen wählte er häufig Sujets aus dem griechisch-römischen Altertum. In den frühen Werken setzte er dabei meist den epischen Verlauf in Dialogszenen um, kam es ihm weniger auf ein handlungsreiches Geschehen denn auf anschauliche Typen an: so in den Tragödien »Tragedia von der Lucretia, auß der beschreybung Livii« (1527), »Die Virginia« (1530) und »Der Caron mit den abgeschidnen geisten« (1531)[76] oder in den Komödien »Der Pluto, ein gott alles reichthumb« (1531) – nach Aristophanes – sowie »Comedia darin die göttin Pallas die tugend und die göttin Venus die wollust verficht« (1530) und »Das judicium Paridis« (1532): zwei Stücken, die die beliebten Wettstreit-Sujets des Humanistendramas aufgreifen[77]. In den späteren Werken wurde das dramatische Moment stärker, und Sachs fand zu wirkungsvolleren Formen: in den Tragödien »Die unglückhafftig königin Jocasta« (1550), »Die zerstörung der statt Troya von den Griechen« (1554), »Die mördisch königin Clitimestra« (1554), »Die getrew fraw Alcestis mit ihrem getrewen mann Admeto« (1555), »Des königs Ciri geburt, leben

---

73 Hans Sachs: Werke. Hrsg. von Adelbert von Keller und Edmund Goetze. Tübingen 1870–1908 [Reprograph. Nachdr. Hildesheim 1964] = Bibliothek des Litterarischen Vereins in Stuttgart 102–106, 110, 115, 121, 125, 131, 136, 140, 149, 159, 173, 179, 181, 188 191, 193, 195, 201, 207, 220, 225 und 250, Bd. 7, S. 202–210 (Zitat: S. 205).
74 Vgl. ebd., Bd. 26, S. 151–156.
75 Ebd., Bd. 14, S. 3–11.
76 Ebd., Bd. 12, S. 3–14; Bd. 2, S. 3–21; Bd. 7, S. 3–16.
77 Ebd., Bd. 7, S. 65–97; Bd. 3, S. 3–27; Bd. 7, S. 41–64.

und endt (1557), »Von Alexander Magno, dem könig Macedonie, sein geburt, leben und endt« (1558), »Romulus und Remus, die erbawer der statt Rom« (1560) und »Die königin Cleopatra aus Egipten mit Antonio dem Römer« (1560)[78] sowie in den Komödien »Mucius Scevola, der getrew, römisch, kühn und edel burger« (1553), »Persones, die königin, reit den philosophum Aristotelem« (1554) und »Der Perseus mit Andromede« (1558)[79]. Von römischen Komödien bearbeitete er nach Albrecht von Eybs Übersetzung die Plautinischen »Menaechmi« unter dem Titel »Ein comedi Plauti, heyst Monechmo« (1548) und nach der Übersetzung Hans Nytharts – ergänzt durch diejenige von Valentin Boltz (gest. 1560) aus dem Jahre 1540 – den »Eunuchus« des Terenz unter dem Titel »Von der bulerin Thais und iren zweyen bulern, dem ritter Thraso und Phoedria« (1564).[80] Neben Erasmus, Luther und Melanchthon hat der Nürnberger Meistersänger wesentlich dazu beigetragen, daß Terenz in Deutschland für zwei Jahrhunderte zum bevorzugten antiken Komödiendichter geworden ist.

Weiterhin schrieb Hans Sachs Historien wie »Die göttin Diana mit Acteon, des königs son, der zu einem hirschen ward« (1530), »Die nackat künigin aüs Lidia« (1539), »Niobe, die königin zu Theba« (1557), »Die königin Didonis« (1557), »Die blutig hochzeit der königin Ypermestra« (1557) und »Nero, des allerlästerlichsten römischen keysers, leben und todt« (1558)[81], Versschwänke wie »Drey schwenck-red auß Diogene, dem kriechischen philosopho« (1555)[82], Fabeln[83] und dialogisierte Spruchdichtungen wie »Ein kampf-gesprech zwischen fraw Tugend und fraw Glück« (1537), »Ein artlich gespräch der götter, die zwitracht des römischen reichs betreffende« (1544) und »Kampff-gesprech Xenophontis, des philosophi, mit fraw Tugendt und fraw untugendt, welliche die ehrlicher sey« (1556) – eine Variation der Episode von Herakles am Scheideweg[84].

Hans Sachs war ein Vertreter des handwerklichen Stadtbürgertums mit biederen patriarchalischen Moralvorstellungen. So formt er in der »Comedia oder kampfgesprech zwischen Juppiter und Juno« (1534) die Frage aus dem dritten Gesang von Ovids »Metamorphosen«, ob beim Liebesakt der Mann oder die Frau mehr Lust verspüre, zu dem Problem um, »ob weiber oder mender zun regimentn tüglicher seyn«, und die Antwort des antiken Teiresias, daß die Frau überlegen sei, transponiert er in die christlich-bürgerliche Entscheidung, daß die Frau dem Manne »underthan / Mit dem gantzen weiblichen stam« sei.[85]

Der Schriftsteller wandte sich an Angehörige der Mittel- und Unterschicht, die er zu Gehorsam gegen die Obrigkeit und zur Übung christlicher und patriotischer Tugenden erziehen wollte – etwa in »Ein tragedi die sechs kempffer« (1549), einer Dramatisierung der im ersten Buch des Livius überlieferten Geschichte von den

---

78 Ebd., Bd. 8, S. 29–56; Bd. 12, S. 279–316, 317–341 und 387–403; Bd. 13, S. 289–333 und 477–529; Bd. 20, S. 140–186 und 187–233.
79 Ebd., Bd. 8, S. 197–218; Bd. 12, S. 241–264; Bd. 13, S. 427–457.
80 Ebd., Bd. 7, S. 98–123 und Bd. 20, S. 3–46.
81 Ebd., Bd. 2, S. 173–176; Bd. 22, S. 190f.; Bd. 8, S. 656–659, 668–673, 715–719 und 409–418.
82 Ebd., Bd. 4, S. 117f.
83 Vgl. S. 67.
84 Hans Sachs (wie Anm. 73), Bd. 3, S. 190–204; Bd. 4, S. 176–188; Bd. 3, S. 124–131.
85 Ebd., Bd. 4, S. 3–30 (Zitate: S. 3 und 30).

Horatiern und Curiatiern, durch die das Publikum Liebe zum Vaterland, strenge Gerechtigkeit und Belohnung der Tugend lernen sollte.[86]

Beispielhaft für die intensive Nutzung antiker Stoffe und für deren Umformung zu moralisierenden Exempeln, bei der die griechischen Sagen aus der Perspektive der bürgerlichen deutschen Stadtkultur des 16. Jahrhunderts als Präfigurationen des Christentums aufgefaßt werden, ist Hans Sachsens Rezeption der Homerischen »Odyssee«, die er durch Simon Schaidenreissers Übersetzung aus dem Jahre 1537 kannte.[87] So hat er in der Spruchdichtung »Die gefengnus der göttin Veneris mit dem gott Marte« (1538) das Lied des Demodokos aus dem achten Gesang der »Odyssee« moralisch-bieder als Sieg der »ehlich lieb« über die »hürische lieb« interpretiert.[88] Von den Abenteuern des Odysseus behandelt er die Aiolos-Geschichte (in der Historie »Der Ulisses mit den winden« [1545]), um zu Wachsamkeit aufzurufen, und die Kirke-Episode (in der Komödie »Die göttin Circes« [1550]), um vor verführerischer Wollust zu warnen.[89] Die Sirenen verkörpern – in der Historie »Ulisses mit den meerwundern der syrenen, den leibs-wollust andeutend« (1557) – die Sinnlichkeit, der Odysseus widersteht; dem Sog der Charybdis entkommt er in der Historia »Ulisses an dem feygenbaum« (1550), weil er geduldig und unverzagt auf Gottes Barmherzigkeit baut.[90] Die Nymphe Kalypso – bei Homer das freundliche Gegenbild der Kirke – ist bei Sachs eine ähnliche Verführerin wie diese: Während die Fabel »Ulysses mit Calypso, der göttin« (1563) sämtliche Abenteuer des Odysseus anführt und dessen Irrfahrten im christlichen Sinne als Irrfahrt des Lebens auslegt, die man durch Standhaftigkeit, Maßhalten und Vertrauen bestehen könne, verkündet die Verserzählung »Die gfencknus der göttin Calipso« (1546) die Moral, daß der Mensch nicht in die Ferne reisen und nach »frembder lieb« trachten, sondern »inn seym vatterland« und »inn dem elichen stand« bleiben solle.[91]. Die Historia »Ulisses auff dem flos« (1550) aber lehrt: »Gott lest wol sincken, / Er lest aber nit gar erdrincken«.[92] Die Komödie »Die irrfart Ulissi mit den werbern und seiner gemahel Penelope« (1555) schließlich verkündet den Sieg des Guten über das Böse und läßt das Homerische Epos als das Hohelied der Treue erscheinen.[93]

Während Hans Sachs mit der »Odyssee« gut vertraut war, ist ihm die »Ilias« unbekannt gewesen. Offenbar vermutete er in ihr die Beschreibung des gesamten Trojanischen Krieges. Aus diesem Sagenkreis gestaltete er dreimal das Sujet des Parisurteils (neben der schon erwähnten Komödie »Das judicium Paridis« in der Historia »Das urteil Paridis sampt der beraubung Helena auß Kriechenland« [1546] und in der Spruchdichtung »Der traum Paridis«[1561][94]), die Historie »Ulysses und Diomedes bringen Palamedem, den hauptman, umb« (1563) nach Dictys Creten-

---

86 Ebd., Bd. 8, S. 3–28. – Vgl. Niklas Holzberg: Möglichkeiten und Grenzen humanistischer Antikerezeption [s. Bibl. 2.2. (Sachs)], S. 19–29.
87 Vgl. Thomas Bleicher (wie Anm. 72), S. 110–115. – Zu Schaidenreisser vgl. S. 65.
88 Hans Sachs (wie Anm. 73), Bd. 20, S. 542–544 (Zitat: S. 544).
89 Ebd., Bd. 22, S. 321–323 und Bd. 12, S. 64–87.
90 Ebd., Bd. 7, S. 410–414 und Bd. 2, S. 158–160.
91 Ebd., Bd. 21, S. 132–138 und Bd. 3, S. 395–401 (Zitat: S. 399f.).
92 Ebd., Bd. 2, S. 161–163 (Zitat: S. 162.).
93 Ebd., Bd. 12, S. 342–386.
94 Ebd., Bd. 2, S. 148–153 und Bd. 23, S. 232f.

sis[95], die Historie »Der zanck zwischen Ayax und Ulisi« (1548) nach Ovid[96] und mehrfach – unter Rückgriff auf die »Odyssee« – das Thema von der Eroberung Trojas[97].

Bei aller Bedeutung, die Hans Sachs für eine produktive Aufnahme antiker Sujets in seinem Jahrhundert hatte, muß allerdings auch festgestellt werden, daß seine allzu enge Bindung an die ökonomischen, sozialen, politischen und moralischen Bedingungen seiner Zeit es verhinderten, daß seine Stücke – anders als die Tragödien Shakespeares oder Corneilles – auf Dauer lebendig blieben.

Hinsichtlich der Antikerezeption ordnet sich Hans Sachs vor allem in die Geschichte der Dramatik in der Reformationsepoche ein. Neben den von ihm gepflegten Gattungen des Meistersingerdramas und des Fastnachtsspiels dominierten das Humanistendrama und in zunehmendem Maße das lateinische, später auch das deutsche Schuldrama. Dabei wurde das Humanistendrama eine Zeitlang in den Dienst der sozialen und der Kirchenkämpfe gestellt.

Aus den zahlreichen halbdramatischen satirischen Dialogen im Anschluß an Lukian, Hutten und die »Epistolae obscurorum virorum« ragt der »Eckius dedolatus« (Der entekte Eck; 1520) hervor, der im Anschluß an die Leipziger Disputation im Kreis um Willibald Pirckheimer entstanden war und bereits den Übergang von der (menippeischen) Satire zur fünfaktigen Komödie erkennen läßt. Der Verfasser – wahrscheinlich Pirckheimer selbst, unter Mitarbeit einiger Freunde – kannte Aristophanes, Plautus, Terenz, Seneca und Lukian, hat viele antike Anspielungen (vor allem auf den »Plutos«, aber auch auf die »Frösche« und die »Wolken« des Aristophanes) gebracht und ein lebendiges und anschauliches, für unseren Geschmack allerdings recht derbes Stück geschrieben.

Die Satire beginnt als Tragödienparodie mit einer aus dem »Hercules furens« des Seneca stammenden Anrufung Jupiters und zeigt den von heftigen Schmerzen gepeinigten Eck in Ingolstadt. Infolge der Anstrengungen bei der Leipziger Disputation und des Genusses von sächsischem Bier ist der Gelehrte, der als tüchtiger *obscurus* auch schon vorher den Genüssen des Bechers und der Liebe rückhaltlos gehuldigt hatte, schwer erkrankt. Nach Beratung mit den bereits im Pfefferkorn-Reuchlinschen Streit tätigen *obscuri viri* Tungern, Hochstraten und Pfefferkorn erweist sich die Konsultation eines Arztes als nötig. Ein Chirurg – der eigentlich mit der Verbrennung Luthers beauftragt gewesen war – nimmt eine medizinisch-moralische *dedolatio* (eine Hobelung oder Entekung) Ecks vor, die vom Prügeln und Geschorenwerden über ›Pharmaka‹ bis zu dem an die Schindung des Marsyas erinnernden Abziehen der Haut und zur Kastration reicht. Ein ›Chor‹ bezweifelt zwar, ob vor dem Jüngsten Gericht ein Heilerfolg eintreten werde; man verspricht Eck aber immerhin, stillzuschweigen, damit nicht »die ruchlosen Wittenberger

---

95 Ebd., Bd. 20, S. 282–287.
96 Ebd., Bd. 22, S. 452f.
97 Vgl. Klemens Alfen / Petra Fochler / Elisabeth Lienert: Deutsche Trojatexte des 12. bis 16. Jahrhunderts [s. Bibl. 2.1.], S. 144–168; Petra Fochler: Fiktion als Historie [s. Bibl. 2.1.], S. 99–129.

Poeten oder der verdammten Hutten [...] irgendeine Komödie« darüber schreiben.[98]

In einer anderen Satire – »Decoctio« –, die im antiken Olymp spielt, wird, um Eck von der *theologia insana* (der ungesunden Theologie) zu befreien, das (tödliche) Bad der Medea angewendet, durch das er von der *superbia*, der *stultitia* und der *pertinacia* – vom Hochmut, von der Torheit und von der Hartnäckigkeit – geheilt wird. Später wandte sich die dramatische Polemik eher *gegen* Luther: 1530 verfaßte JOHANN HASENBERG den »Ludus ludentem Luderum ludens« (Spiel, das den spielenden Luther verspottet), eine Anklage gegen Luther in vier Akten, insbesondere wegen seiner Heirat. Der Epilog prophezeit mit Reminiszenzen an Vergils 4. Ekloge eine neue Glanzzeit der katholischen Kirche. 1538 schließlich schrieb Simon Lemnius die Schmähkomödie »Monachopornomachia« (Mönchshurenkrieg).[99]

In HERMANN SCHOTTENIUS' (Ortmann; Beiname Hessus) »Ludus Martius sive bellicus« (Mars- oder Kriegsspiel; 1526) wird sogar der Bauernkrieg mit humanistischen Stilmitteln behandelt: Bellona und Pax treten auf; der Fetialis (Feldgeistliche) der Bauern verhandelt mit den Rittern Hannibal, Aeneas und Ulysses; Adlige wie Bauern zitieren Plautus, Terenz, Vergil, Horaz, Ovid, Juvenal, Erasmus und die lateinische Bibel. Auffallend ist, daß in diesem Stück die sozialen und ökonomischen Ursachen des Bauernkrieges klar benannt werden und daß auf eine Polemik gegen Luther verzichtet wird.[100] Nach 1525 wandte sich die Gesprächs- und Streitliteratur auch anderen Themen zu. So erörtern zwei Dialoge des Johannes Dugo Philonius aus dem Jahre 1535 in griechisch-römischer Tradition das Problem der mittelalterlichen *ars moriendi* und der Todesverachtung.

Das allegorisierende und mythologisierende Humanistendrama, das sich seit Celtis und Chelidonius herausgebildet hatte, wurde weitergeführt und teilweise schärfer akzentuiert. So polemisierte des PETRUS DASYPODIUS (Hasenfratz; um 1490–1559) Komödie »Philargyrus (sive ingenium avaritiae)« (um 1530, gedruckt um 1565) gegen den Geiz als Wurzel aller Übel und Ursprung sozialer Mißstände. In Anlehnung an den »Plutos« des Aristophanes und an Plautus' »Aulularia« führt in diesem Stück der geldgierige Philargyrus den blinden Gott des Reichtums in sein Haus; es wird gezeigt, wie er seinen Diener Not leiden läßt, einem mittellosen Schuldner den Mantel wegnimmt, seinen Arbeitern den gerechten Lohn vorenthält und einer armen Frau Almosen verweigert; am Ende aber bekehrt sich Philargyrus zu einem Menschenfreund. Mehrfach wurde der Streit zwischen Tugend und Laster wieder aufgenommen – besonders wirkungsvoll in LEVIN BRECHTS (1515–1560) »Euripus. Tragoedia christiana de vitae humanae inconstantia« (Euripus. Christliche Tragödie von der Unbeständigkeit des menschlichen Lebens) von 1549 (1566 von Hannardus Gamerius bearbeitet und 1582 von Cleophas Distelmayer ins Deutsche übersetzt): Der wankelmütige Titelheld schwankt lange zwischen dem rauhen und steilen Weg der Tugend, auf dem er von Timor Dei und Tempus gratiae begleitet wird, und dem bequemen Weg des Lasters, zu dem ihn Venus und Cupido

---

98 Willibald Pirckheimer: Eckius dedolatus. Der entecktte Eck. Lateinisch / Deutsch. Übers. und hrsg. von Niklas Holzberg. Stuttgart 1983 = Universal-Bibliothek 7993, S. 87.
99 Vgl. S. 62.
100 Gulielmus Gnaphaeus: Acolastus. Hrsg. von Johannes Bolte. Berlin 1891 = Lateinische Litteraturdenkmäler des 15. und 16. Jahrhunderts 1.

verführen. Endlich entscheidet er sich für den letzteren, wird von der Syphilis gepeinigt und vom Tod geholt und findet sich schließlich wieder in Erwartung der drastisch ausgemalten Höllenqualen. Hat in den Wettstreit-Dramen des Hochhumanismus stets die Tugend gesiegt, so soll jetzt der Zuschauer durch den Sieg des Lasters abgeschreckt werden und *ex negativo* die richtigen Lehren ziehen.

Bei der Entwicklung des Schuldramas stand Terenz im Vordergrund. Fast alle evangelischen Schulordnungen empfahlen die Lektüre, die Interpretation, die Rezitation und auch die Aufführung der Terentianischen Komödien. In den reformierten Gegenden der Schweiz gab es ähnliche Tendenzen. Daneben spielte man auch Plautus und sogar Aristophanes. So wurde 1531 in der Großmünsterschule in Zürich der »Plutos« in griechischer Sprache aufgeführt – die Musik der Zwischenspiele hatte Zwingli komponiert. Plautus und vor allem Terenz wurden im 16. Jahrhundert mehrfach übersetzt; man kannte Seneca (der allerdings erst im 17. übertragen wurde) und in zunehmendem Maße auch die griechischen Tragiker. Die erste vollständige Übersetzung des Sophokles ins Lateinische stammt von Thomas Naogeorg (1558).

Im Zeichen der antiken Dramatiker – vor allem des Terenz – entwickelte sich dann auch ein eigenständiges Schuldrama. Die erste Schulkomödie in lateinischer Sprache war der »Acolastus sive de filio prodigo« (Acolastus oder Über den verschwenderischen Sohn; 1529) des *Terentius christianus* GULIELMUS GNAPHAEUS (Fullonius; Willem van de Volder; 1492–1568), eine Dramatisierung der Parabel vom verlorenen Sohn mit den strukturellen Mitteln und teilweise mit den Figuren der römischen Komödie (einem Parasiten Pamphagus, einem Wirt Sannio, einer Dirne Lais, einem Knecht Syrus usw.). Das Stück galt in seiner Verbindung von antikem Bildungsgut und reformatorischem Ethos geradezu als musterhaft für das bürgerlich-humanistische Theater und wurde mehrfach neu aufgelegt und übersetzt.[101] 1541 folgte »Morosophus de vera ac personata sapientia« (Morosophus über die wahre und die maskierte Weisheit), wo in einer Nebenhandlung Sophia, Fides, Spes und Caritas auftreten.

Der bedeutendste neulateinische Dramatiker des 16. Jahrhunderts war GEORGIUS MACROPEDIUS (Joris van Lankveldt; 1487–1558), der, in der Nachfolge Reuchlins, die Palliata im Sinne des Plautus und des Terenz zu erneuern suchte und seinen größten Erfolg mit dem 1538 aufgeführten und 1539 gedruckten, ebenfalls mehrfach neu aufgelegten und übersetzten (1549 auch von Hans Sachs bearbeiteten) »Hecastus« erzielte, einem ›Jedermann‹-Stück mit den allegorischen Figuren der Virtus und der Fides, die den reichen Hecastus angesichts des Todes zur Reue bewegen.[102] Vorbild war der »Homulus« (1536) des Christian Ischyrius (Sterck) gewesen, in dem bereits biblische und antike Motive bzw. Gestalten miteinander verbunden waren (Gott, Maria und das Jüngste Gericht; Mors, Virtus und Cognitio). Von Maternus Steyndorffer (geb. 1517) stammt die lebensvolle »Comoedia de

---

101 Drei Schauspiele vom sterbenden Menschen. Hrsg. von Johannes Bolte. Leipzig 1927 = Bibliothek des Literarischen Vereins in Stuttgart 269/70, S. 63–160.
102 Hermann Schottenius Hessus: Ludus Martius sive bellicus. Mars- oder Kriegsspiel. Hrsg. und übers. von Hans-Gert Roloff. Bern, Frankfurt a. M., New York, Paris 1990 = Bibliotheca Neolatina 1. – Deutsche Übersetzung auch in: Der deutsche Renaissancehumanismus (wie Anm. 71), S. 249–292.

matrimonio« (Komödie von der Ehe; 1540), deren bäuerliches Milieu in einem reizvollen Gegensatz zu den elegischen Distichen mit ihrem mythologischen Beiwerk steht.

THOMAS NAOGEORG (Kirchmair; um 1506–1563), ein guter Kenner der griechischen Klassiker, ließ sich durch Aristophanes zu einem satirischen Zeitgemälde anregen (»Tragoedia nova Pammachius« [Neue Tragödie Pammachius]; 1538) und griff unter Anspielung auf Plautinische Titel ebenfalls das ›Jedermann‹-Thema (»Mercator seu Iudicium« [Der Kaufmann oder das Gericht]; 1540) sowie das Motiv des ›großsprecherischen Soldaten‹ auf (»Incendia seu Pyrgopolinices« [Die Brände oder Der Städtezerstörer]; 1541).[103] Die meisten der genannten Stücke sind in Senaren geschrieben, bisweilen auch wechselnd mit Septenaren und Oktonaren, haben Prologe und Epiloge sowie dramatische Handlungsabläufe nach dem Vorbild von Plautus und Terenz. Beliebt war – nach biblischen Themen – die Geschichte der Dido. Naogeorg hat als erster deutscher Dichter Verssatiren in Anlehnung an Horaz, Persius und Juvenal verfaßt (1555), in denen er aus protestantischer Gesinnung heraus die ›Laster‹ bekämpfte.

Bald trat – von Sachsen ausgehend – neben das lateinische auch das deutsche Schuldrama: zuerst die Übersetzung der Plautinischen »Aulularia« (1533) und das nach Terentianischem Muster verfaßte »Spil von dem Patriarchen Jakob und seinen zwelff Sönen« (1534) von Joachim Greff (um 1510–1552), ihnen folgend Johannes Agricolas (um 1494–1566) »Tragedia Johannis Hus« (1537). PAUL REBHUN (Rebhuhn; um 1500–1546) hat in seinem Bemühen, Dialog- und Chorverse in der Art von Trochäen und Jamben und unter Beachtung der deutschen Akzente zu bilden, bereits Ansätze zu einem Versbau gezeigt, wie ihn später Opitz durchführte. Sein »Geistlich spiel von der Gotfurchtigen und keuschen Frawen Susannen« (1535, gedruckt 1536), das nach dem klassischen Schema der fünf Akte (mit Chorliedern am Ende jedes Aktes) gebaut ist, gilt als das bedeutendste deutsche Reformationsdrama.[104] In Süddeutschland wirkte Sixt Birck (Xystus Betulius; 1501–1554), der ebenfalls ein Susannen-Drama geschrieben hat. Der Stoff aus den apokryphen »Stücken zu Daniel« ist auch noch von anderen Autoren – wie dem bereits zitierten Leonhard Stöckel[105] – dramatisiert worden, da sich an ihm auf beispielhafte Weise ein tugendhaftes und Gott wohlgefälliges Verhalten im ehelichen Bereich gestalten ließ.

Von der Schweiz nahm die Entwicklung des deutschsprachigen Bürgerspiels ihren Ausgangspunkt: In Zürich inszenierte Georg Binder (gest. 1545) Aristophanes und Terenz. In der Mitte des 16. Jahrhunderts gab es eine breite und vielfältige dramatische Produktion, die von Schülern und Handwerkern aufgeführt wurde. Besondere Bedeutung hatte dabei das Theater des evangelischen Gymnasiums von

---

103 Thomas Naogeorg: Sämtliche Werke. Hrsg. von Hans-Gert Roloff. Berlin, New York 1975 ff. = Ausgaben deutscher Literatur des XV. bis XVIII. Jahrhunderts 50, Bd. 1, 2 und 3/1 (mit deutscher Übersetzung). – Deutsche Übersetzung des »Pammachius« (auszugsweise) auch in: Der deutsche Renaissancehumanismus (wie Anm. 71), S. 519–529.
104 Paul Rebhun: Ein Geistlich Spiel von der Gotfürchtigen und keuschen Frauen Susannen (1536). Unter Berücksichtigung der Ausgaben von 1537 und 1544 kritisch hrsg. von Hans-Gert Roloff. Stuttgart 1967 = Universal-Bibliothek 8787/88.
105 Vgl. S. 16.

Straßburg, das von 1538 bis 1581 unter der Leitung von JOHANNES STURM stand (1507–1589), der zunächst Sophokles, Euripides, Plautus, Terenz und Seneca aufführte, dann aber auch aus der beschränkten Schulatmosphäre in den Umkreis des städtischen Bürgertums strebte und von der antiken Tradition zu neulateinischen und deutschen Stücken überging.[106]

In der Lyrik knüpfte man zunächst unmittelbar an die Literatur des Hochhumanismus an (die Vertreter des älteren Erfurter Humanistenkreises waren ja auch noch *nach* 1520 wirksam gewesen); insbesondere gab es eine umfangreiche neulateinische Dichtung. Allerdings war angesichts der sozialen Unruhen und der religiösen Umwälzungen die Zeit des optimistischen Aufbruchs junger Humanistenpoeten vorüber – von dem Besingen der ›niederen Minne‹ wie bei Celtis ganz zu schweigen. Die neulateinische Dichtung nahm jetzt – wie sich schon bei Hessus und Cordus andeutete – vornehmlich die Gestalt einer magistralen und pastoralen Gelehrtenpoesie an, wurde zu einem akademischen Statussymbol, angeregt von der Philologie sowie von Poetik und Rhetorik und im Zuge einer Ausbildung von Lehrern, Pfarrern und Beamten an Hochschulen, die von Melanchthon zur Synthese von Renaissance-Humanismus und Reformation gebracht worden waren. Für die Reformatoren galten die antiken Dichter als Muster der Sprachkunst (*eloquentia*) und als Lehrer sittlichen Verhaltens (*sapientia*). Der Schwerpunkt der Literatur verlagerte sich vom Südosten und Westen nach Mittel-, Nord- und Ostdeutschland; Zentren waren Erfurt und dann immer stärker Wittenberg. Gepflegt wurden – in sprachlicher und formaler Anlehnung an die antik-römischen Gattungen und Autoren, aber auch an die Vorgänger unter den älteren Humanisten – alle Formen der Lyrik: Ode, Elegie, Ekloge, Epigramm und didaktische Dichtung. Man besang die Freundschaft und die 'hohe Minne', schrieb Preis- und Trauergedichte. Zum größten Teil war es eine weltliche Lyrik aus christlicher – fast stets protestantischer – Sicht; die Kirchenkämpfe schlugen sich im allgemeinen weniger nieder als in der Dramatik und in den Prosaformen.

JAKOB MOLSHEIM oder Moltzer, nach einer Gestalt in einem Dialog Lukians Jacobus Micyllus genannt (1503–1558), hatte in Erfurt und Wittenberg studiert, war mit Hessus befreundet und ist von Melanchthon gefördert worden. Er beherrschte sämtliche lyrischen Kleinformen und schrieb Psalmenparaphrasen, Epigramme sowie Reise-, Hochzeits- und Gelegenheitsgedichte (»Silvae«) – meist in elegischen Distichen. Als er auf Grund von Intrigen aus Frankfurt an der Oder weggehen mußte, dramatisierte er eine Erzählung Lukians unter dem Titel »Apelles Aegyptius seu calumnia« (Der ägyptische Apelles oder Die Kabale; 1531/32, gedruckt 1583).

Ein universeller Gelehrter und der bedeutendste deutsche Philologe nach Erasmus war JOACHIM CAMERARIUS (Camermeister; 1500–1574). Auch er entstammte dem Erfurter Kreis, war später eng mit Melanchthon verbunden und wirkte in Wittenberg, Nürnberg, Tübingen und dann vor allem in Leipzig. Kernstück seiner Tätigkeit waren philologische Arbeiten: kommentierte Ausgaben (u. a. des Äsop, Sophokles, Theokrit und Plautus), Übersetzungen aus dem Griechischen ins Latei-

---

106 Vgl. Richard Newald: Die deutsche Literatur vom Späthumanismus zur Empfindsamkeit [s. Bibl. 1.2.], S. 91 f.

nische, Kommentare zu Homer und Cicero sowie Schul- und Handbücher der alten Sprachen. Weiterhin verfaßte er ein pädagogisches Handbuch der Emblematik sowie theologische, historische und biographische Schriften (z. B. zu Hessus und Melanchthon), führte einen umfangreichen Briefwechsel, übersetzte drei theoretische Werke Dürers ins Lateinische, gab eine lateinische Fabelsammlung heraus, trat mit einem »Ludus septem sapientum« (Spiel der sieben Weisen; 1547) hervor und schrieb zahlreiche lateinische (und einige griechische) Gedichte – wie z. B. »Hodoiporiké et encomium rusticae vitae« (Reisegedicht und Preis des Landlebens) in Anlehnung an Vergil, an die zweite Epode des Horaz sowie an Properz, Tibull und Ovid[107]. Unter diesen Gedichten sind die Eklogen (1558) am bedeutendsten. In der kurz nach 1525 entstandenen ersten Ekloge gibt Camerarius in Anlehnung an Vergils »Bucolica« und unter Verwendung klassischer Namen (Menalcas, Thyrsis, Mörus) den Zuständen seiner Zeit – insbesondere der Willkür des Adels – aus der Sicht der verzweifelten Bauern Ausdruck.[108]

An der Wittenberger Universität wurde frühzeitig die humanistisch-neulateinische Dichtung gepflegt. Die bedeutendste Erscheinung des älteren Wittenberger Dichterkreises war GEORG SABINUS (Schüler; 1508–1560), der das gesamte Spektrum lyrischer Ausdrucksformen beherrschte. Hervorzuheben sind seine formvollendeten Elegien im Stile und mit Motiven Ovids. JOHANNES STIGELIUS (Stigel; 1515–1562) hat sich in stärkerem Maße der geistlichen Dichtung zugewendet sowie vier Gesänge aus der »Odyssee« ins Lateinische übertragen und Motive aus Homer in seine eigenen Gedichte übernommen. In der Elegie »Declamatio de laude Homeri« (Vortrag über das Lob Homers) erklärte er den griechischen Dichter zum Vorbild der neueren Poesie.

Eine kraftvolle und leidenschaftliche Persönlichkeit war SIMON LEMNIUS (Lemm Margadant; 1511–1550), der mehr der Antike als der Reformation zugeneigt war und in dessen Schicksal die Kluft zwischen dem Luthertum und dem ursprünglichen Humanismus deutlich wird. Nach einem Zusammenstoß mit Luther auf Grund zweier Epigrammbücher (»Epigrammaton libri duo«; 1538) wurde er relegiert und entwickelte sich zu einem scharfen Kritiker des Reformators: Die »Monachopornomachia« (Mönchshurenkrieg; 1539) erhebt satirisch-polemische Vorwürfe gegen Luther und dessen Geschlechtsleben. Dialoge zwischen den Reformatoren und ihren Frauen sowie zwischen den Frauen selbst über die mangelnden sexuellen Fähigkeiten ihrer Männer werden umrahmt mit dem Auftreten der Liebesgötter, der Venus und des Gottes der unerlaubten Ehen und enden mit einem Chor babylonischer und zyprischer Freudenmädchen.[109] Lemnius schrieb 1539 eine »Elegia in commentationem Homeri de bello Troiano« (eine formvollendete Kurzfassung der »Ilias«) und 1542 »Amores« (in Anlehnung an Ovid und in der Tradition der ›niederen Minne‹ – die Konsequenz war seine Entlassung aus dem Schuldienst in Chur), Übersetzungen aus dem Griechischen ins Lateinische (u. a. der »Odyssee«

---

107 Lateinische Gedichte deutscher Humanisten [s. Bibl. 1.2.], S. 26–31.
108 Deutsche Übersetzung in: Der deutsche Renaissancehumanismus (wie Anm. 71), S. 318–321.
109 Lothar Mundt: Lemnius und Luther. Studien und Texte zur Geschichte und Nachwirkung ihres Konflikts (1538/39). Bern, Frankfurt a. M., New York 1983 = Europäische Hochschulschriften 1,612, Bd. 2, S. 257–315 [Latein und Deutsch].

[1549] und der »Batrachomyomachia«) sowie historische, bukolische und didaktische Dichtungen.

Im Wittenberger Dichterkreis – einschließlich des ›Dissidenten‹ Lemnius – wurden im wesentlichen noch die traditionellen Themen fortgeführt; bei anderen Autoren verlagerte sich der Schwerpunkt von antik-heidnischen auf biblische Gehalte. Auf protestantischer Seite zeigt sich dies bei GEORG FABRICIUS (Goldschmied; 1516–1571) und ADAM SIBER (1516–1584), dessen Maxime lautete: »Verzichte nicht auf die Rhythmen und die Worte des großen Vergil, sondern auf die Sachen, statt der Waffen besinge Heiliges und Gott; verzichte auf die Liebesgluten des üppigen Ovid und zeige, wie sehr uns Gott liebt.«[110] Fabricius – der langjährige Rektor der Fürstenschule St. Afra in Meißen, unter dessen Leitung sie zu einer der bedeutendsten protestantischen Lehranstalten des 16. Jahrhunderts wurde – bekundete als Dichter, Herausgeber und Kommentator vor allem Interesse an Horaz, reduzierte dieses aber einmal auf formale Fragen, zum anderen gegenüber Celtis auf die ethischen, politischen und religiösen Aspekte des Horazischen Werkes und paßte diese den protestantischen Normen an. Im »Amorum filii Dei liber unus« (Ein Buch Liebesgedichte von Gottes Sohn) transponierte er die Liebeselegien des Ovid auf Christus. 1567 erschienen in 25 Büchern seine »Poemata sacra«. Auf katholischer Seite sagte sich JOHANNES DANTISCUS (1485–1548) von Apoll und den Musen los und wollte nur noch der religiösen Erbauung dienen.

Die bedeutendsten neulateinischen Lyriker in der Mitte des 16. Jahrhunderts waren Johannes Secundus und Petrus Lotichius Secundus (den noch Martin Opitz den ›Fürsten aller Deutschen Poeten‹ nannte). JOHANNES SECUNDUS (Jan Everaerts; 1511–1536) ahmte zunächst getreu seine Vorbilder, vor allem Horaz, Tibull, Properz und Ovid, nach, löste sich aber dann bald von ihnen. Er schuf Liebeslyrik (»Julia«-Zyklus u. a.), Elegien und Oden, poetische Briefe, Epigramme, Preis- und Trauergedichte und eine Heroide. Im »Basiorum liber« (Buch der Küsse; 1533) hat er alle Variationen des Kußmotivs aus Antike und Renaissance zu einem Ganzen vereinigt und in zyklischer Form aus unmittelbarem Erleben gestaltet. Die antike Mythologie war ihm von Kindheit an vertraut, und er fühlte sich wohl in der heiteren Sinnenwelt des Altertums. Die religiöse Problematik der Zeit hingegen berührte ihn wenig. Johannes Secundus war ein rebellischer, epikureischer, sensualistischer und eleganter Autor in der Nachfolge Catulls, kreativ und subversiv. Seine poetischen Schöpfungen spiegeln wirkliches Leben wider, sind fast schon ›Gelegenheitsgedichte‹ im Sinne Goethes. Er hat die Dichtung bis in die zweite Hälfte des 18. Jahrhunderts hinein angeregt und wurde auch noch von Goethe geschätzt (»An den Geist des Johannes Secundus«).

PETRUS LOTICHIUS SECUNDUS (Peter Lotz; 1528–1560) war ein Dichter voll tiefen, inneren Gefühls. Er lehnte sich – thematisch, kompositionell und sprachlich – vor allem an Tibull und Ovid, aber auch an Catull, Vergil, Horaz und Properz sowie an zeitgenössische Vorbilder (darunter an deutsche Liebeslieder) an, ohne sich in bloßer Nachahmung zu erschöpfen. Im »Carminum libellus« (Gedichtbüchlein; 1551, 1553, 1556 und postum 1561 gedruckt) veröffentlichte er mehrere Gelegen-

---

110 Zitiert nach: Hans Rupprich: Die deutsche Literatur vom späten Mittelalter bis zum Barock [s. Bibl. 2.1.], Bd. 2, S. 297.

heitsgedichte. Er schrieb weiterhin Eklogen. Sein Hauptwerk sind die »Elegiarum libri quattuor« (Vier Elegienbücher; 1551 ff.), in denen er die Traditionen der römischen Liebeselegie mit eigenen Erfahrungen im Schmalkaldischen Krieg, während seines Aufenthaltes in Frankreich, seiner Studienzeit in Frankreich und Italien und seiner Lehrtätigkeit in Heidelberg zu verbinden wußte. Hauptthema des ersten Buches sind Krieg und Exil; im zweiten Buch besingt der Dichter Liebe, Freundschaft und Natur, im dritten in düsteren Tönen unglückliche Liebe, Krankheit und Schicksalsschläge (die erste und zehnte Elegie sind Reisegedichte); das vierte Buch enthält vor allem Hochzeits-, Trauer- und religiöse Gedichte. Berühmt ist die Elegie II 4: ein Rückblick auf die Belagerung Magdeburgs mit einer visionären Klage über den bevorstehenden Untergang der Stadt, der 1631 während des Dreißigjährigen Krieges Wirklichkeit wurde.[111] Es geht bestimmt zu weit, die vier Elegienbücher »ein poetisches Tagebuch« zu nennen[112] – doch an Hand antiker Muster reflektierte Lotichius in hohem Maße allgemein-menschliche und zeitgeschichtliche Probleme.

Ein aufsehenerregendes und für die europäische Lyrik der nächsten zwei Jahrhunderte folgenreiches Ereignis war die Veröffentlichung einer Sammlung von 64 pseudo-anakreontischen Liedern mit einer das Metrum des griechischen Originals nachahmenden Übersetzung von 31 dieser Lieder ins Lateinische durch Henricus Stephanus (Henri Estienne; 1531–1598) im Jahre 1554. Die Lieder, die tatsächlich aus alexandrinischer und christlicher Zeit stammten, galten bis ins 19. Jahrhundert als echte Schöpfungen Anakreons und trugen zu einer stärkeren Rezeption der *griechischen* Lyrik bei. Einige anakreontische Gedichte waren auch schon früher durch die »Anthologia Planudea« bekannt gewesen; nunmehr aber setzte eine neue Spielart scherzhafter weltlicher – vornehmlich erotischer – Poesie ein. Sie imitierte die anmutigen Situationen und zierlichen Gegenstände, die kleine, lockere Form, den zärtlich-spielerischen Stil und das eingängige Metrum (am meisten den reimlosen katalektischen jambischen Dimeter) der antiken Vorbilder. Zunächst dominierten neulateinische Übertragungen und Nachahmungen; neusprachliche Nachbildungen entwickelten sich zuerst in Frankreich. In Deutschland verfaßte als erster JOHANNES AURPACH (1531–1582) anakreontische Gedichte (»Anacreonticorum Odae«; 1570), die sogar (als einzige neulateinische Sammlung) von Johann Engod (1546–1587) vollständig ins Deutsche übersetzt worden sind – doch blieb der deutschen Literatur dieser Jahrzehnte die Zartheit und Einfachheit des Genres im allgemeinen noch fremd.[113]

Auch für die epische Literatur des 16. Jahrhunderts waren antike Gattungen und Stoffe von Bedeutung. Die neulateinische Epik allerdings spielte keine größere Rolle mehr – zu nennen ist nur das Kleinepos »Historia tergeminorum Romanorum et Albanorum« über den Kampf der Horatier und der Curiatier (Die

---

111 Lateinische Gedichte deutscher Humanisten (wie Anm. 107), S. 252–259. – Vgl. Humanistische Lyrik des 16. Jahrhunderts [s. Bibl. 2.1.], S. 458–465.
112 Hans Rupprich (wie Anm. 110), S. 307.
113 Vgl. die entsprechenden typologischen bzw. historischen Ausführungen bei: Heinz Schlaffer: Musa iocosa [s. Bibl. 1.2.]; Herbert Zeman: Die deutsche anakreontische Dichtung [s. Bibl. 4.1.].

Geschichte der römischen und albanischen Drillinge; 1571) des Petrus Paganus (Peter Dorfheilige; 1532–1576). In der deutschsprachigen Prosaepik des 16. Jahrhunderts gab es zwar in größerer Zahl Übersetzungswerke und Prosaauflösungen antiker Sujets aus dem Mittelalter, aber nur relativ wenige deutsche Eigenschöpfungen mit antiken Elementen. In den ›Volksbüchern‹ wurden schon länger in Deutschland beheimatete antike Stoffe behandelt; und in den romanhaften Erzählungen JÖRG WICKRAMS (um 1505 – vor 1562) finden wir (wie auch in seinem Fastnachtsspiel »Weiberlist« von 1543, in dem ein in der Liebe unerfahrener Jüngling sich bei biblischen und antiken Klassikern Rat holen will, aber auf ihre Warnungen nicht hört) gelegentlich stoffliche Anklänge an die Antike, besonders an die »Metamorphosen« des Ovid, die er herausgegeben hat, die sich im Rahmen einer auf Unterhaltung zielenden Literatur eines besonderen Interesses erfreuten und die mehrfach in Vers oder Prosa rezipiert oder bildkünstlerisch adaptiert wurden.

Seit der Mitte des 16. Jahrhunderts sind epische Werke aus der Antike auch in nichtwissenschaftlichen und außergelehrten Kreisen bekannt geworden. An erster Stelle ist hier Homer zu nennen. Der griechische Dichter war nicht nur von Celtis und Locher, von Erasmus und Melanchthon, sondern auch von vielen anderen Humanisten geschätzt worden – sei es, daß sie ihn direkt verherrlichten, sei es, daß sie ihre Verehrung indirekt, durch Polemik gegen die Verächter Homers, zum Ausdruck brachten.[114] 1537 ist dann die erste deutsche Homer-Übersetzung (in Prosa) erschienen, die »Odyssea« des Münchener Stadtschreibers SIMON SCHAIDENREISSER (Minervius; um 1500–1572). Schaidenreisser hat – wie Albrecht von Eyb und Heinrich Steinhöwel – »nit von wort zu wort / sunder sinnsweiß« übersetzt[115] und eine Adaptation geschaffen, die wir heute eher als Nachdichtung bezeichnen würden. Der Verfasser steht ganz in der Tradition der allegorischen und moralisierenden Homer-Deutung; für ihn ist Odysseus ein vollkommener Held, der bereits christliche Züge trägt und den bürgerlichen Vorstellungen im Deutschland des 16. Jahrhunderts entspricht. Hans Sachs, wie schon erwähnt, konnte ohne weitere inhaltliche Änderungen daran anknüpfen. Vom Einfluß Schaidenreissers auf die deutsche Literatur zeugt – neben Hans Sachs – auch MATHIAS (Mathis) HOLTZWARTS (um 1540 – nach 1589) Epos »Lustgart Newer Deutscher Poeterī« (1568), das mit zahlreichen homerischen Anspielungen und Übernahmen durchsetzt ist und ebenfalls eine moralisierende Deutung der »Odyssee« bietet.[116]

Schaidenreisser hat auch eine »Ilias«-Übersetzung begonnen, von der aber nichts erhalten geblieben ist. Die ersten vollständigen Übersetzungen dieses Epos sind erst Jahrzehnte später entstanden: Die Prosa-Übersetzung des Wieners Johannes Baptista Rexius (um 1563–1598) aus dem Jahre 1584 ist bis heute ungedruckt; die von dem Augsburger Meistersinger JOHANNES SPRENG (1524–1601) in Knittelversen verfaßte Übersetzung, die den schlichten und volksbuchhaften Ton Schaidenreissers allerdings nicht erreicht, ist postum 1610 veröffentlicht worden.[117] (Spreng, der auch weltliche Lieder mit antiken Themen, meist nach Livius und Plutarch, sowie

---

114 Vgl. Thomas Bleicher (wie Anm. 72), passim.
115 Zitiert nach: Ebd., S. 109. – Zu Schaidenreisser vgl. ebd., S. 107–110.
116 Ebd., S. 124f.
117 Ebd., S. 115–117.

lateinische Gedichte verfaßt hat, hatte bereits 1563 die Schrift »Ovidii metamorphoses [...] elegiaco versu expositae« veröffentlicht – bestehend aus einer Inhaltsangabe in Prosa, einer Paraphraae des hexametrischen Epos in elegischen Distichen und einer moralisierenden Interpetation –; eine Übersetzung der Vergilschen »Aeneis« erschien ebenfalls erst nach Sprengs Tod 1610.) Die Ereignisse um Troja waren einem breiteren Publikum eher durch Dictys Cretensis und Dares Phrygius bekannt – Verfassern zweier angeblicher Augenzeugenberichte aus der römischen Kaiserzeit, deren Schriften bereits 1536 von dem Schweizer Humanisten Marcus Tatius (Tach) Alpinus (1509–1562) zum ersten Male ins Deutsche übersetzt worden waren.[118]

Übertragen wurden auch Hesiods »Werke und Tage« – 1568 durch Johannes Clajus (Clai, Clay oder Klaj; 1535–1592) – sowie hellenistische und römische Romane. Namentlich Heliodors »Aithiopica«, 1554 von Johann Zschorn nach einer lateinischen Übersetzung verdeutscht, erlangte eine beispielgebende Bedeutung für den europäischen Roman des 16. und dann vor allem des 17. Jahrhunderts – bis hin zu Wielands »Agathon« in der zweiten Hälfte des 18. Jahrhunderts. Zschorns Übersetzung ist bis 1624 siebenmal aufgelegt worden. Dagegen war Johann Sieders Übersetzung von Apuleius' »Metamorphosen« (1538, 2. Auflage 1605) für die Entwicklung des Romans ohne Folgen geblieben. 1587 gab Siegmund Feyerabend (1528–1590) sein »Buch der Liebe« heraus: 13 romanhafte Prosaerzählungen, darunter Heliodors Geschichte von Theagenes und Chariklea.

Beliebt war die ›kleine‹ Gattung der Fabel, die als Spiegel der Gegenwart und für die reformatorische Auseinandersetzung nützlich war. Charakteristisch ist, daß die Fabeldichter des 16. Jahrhunderts die knappe äsopische Fabel oft mit der ausführlicheren älteren deutschen Tiergeschichte zu verbinden versuchten.

ERASMUS ALBERUS (um 1500–1553) und Burkhard Waldis (um 1490–1556) verfaßten die wichtigsten Fabelsammlungen des 16. Jahrhunderts. Alberus ging in seiner Sammlung »Etliche fabel Esopi« (1534; 1550 umgearbeitet und stark erweitert unter dem Titel »Das buch von der Tugent und Weißheit, nemlich neunundvierzig Fabeln«) von den äsopischen Fabeln in der Fassung des ›Romulus-Corpus‹ aus und erweiterte die Tierdichtung durch Reformationspolemik sowie durch die Schilderung der heimischen Landschaft und eigener Erlebnisse. BURKHARD WALDIS – der auch Dramen, geistliche Lieder, politische Gedichte, Spruchdichtungen, Neubearbeitungen und Übersetzungen schrieb – hat in sein Hauptwerk, den 400 Fabeln umfassenden »Esopus, Gantz new gemacht, und in Reimen gefaßt« (1548), der auf einer 1520 von Martinus Dorpius (Maartens-Barthélemy van Dorp; 1485–1525) für Schulzwecke redigierten lateinischen Sammlung äsopischer Fabeln beruht, politische Anspielungen und moralische Spitzen eingestreut und sich ebenso wie Alberus bemüht, anders als Luther das Didaktische zugunsten der Handlung aufzulockern und Züge aus dem Leben der Zeit hineinzubringen.

Eines zunehmenden Ansehens erfreute sich in diesem Zusammenhang das niederdeutsche Tierepos »Reinke de Vos«, das in den Ausgaben von 1498 und 1517 (Nachdruck 1522) noch im Sinne des Katholizismus gehalten war, 1539 aber im protestantischen Geist mit heftiger Polemik gegen die alte Kirche umgearbeitet

---

118 Vgl. Petra Fochler (wie Anm. 97), S. 16–31.

worden ist. Es ist ins Hochdeutsche und in andere Sprachen übersetzt worden – darunter von Hartmann Schopper (Scoperus; 1542 – nach 1595) ins Lateinische (1567). Schopper übersetzte auch Fabeln des Äsop in deutsche Verse (1566). 1571 vereinigte Nathan Chytraeus[119] Fabeln unterschiedlicher Herkunft, darunter Lutherische, in der Sammlung »Hundert Fabeln aus Esopo«, und stellte ihnen Luthers Vorrede voran. Auch Hans Sachs hat in seinen Spruchgedichten seit 1528 Fabelelemente verwendet und sich dabei auf das reiche Reservoir von Steinhöwel bis Waldis gestützt.

Den Abschluß dieser Entwicklung bildet GEORG ROLLENHAGENS (1542–1609) »Froschmeuseler. Der Frösch und Meuse wunderbare Hoffhaltunge« nach der »Batrachomyomachia« (Krieg der Frösche und Mäuse), einer aus dem 5. Jahrhundert v. Chr. stammenden, seit dem 10. Jahrhundert beliebten Epenparodie auf die »Ilias«. Wie der Autor selbst erzählt, hatten sich mehrere Studenten entschlossen, die »Batrachomyomachia« ins Lateinische, Französische und Deutsche zu übersetzen. Rollenhagen übernahm 1565/66 die deutsche Übersetzung und erweiterte sie mit zeitgeschichtlich-reformatorischem Gehalt und mit einigen Anspielungen auf Episoden aus der »Ilias« und der »Odyssee«; veröffentlicht und mit einer Vorrede versehen hat er sie erst 1595. Er bekannte sich ausdrücklich zur Tradition Luthers und des »Reinke de Vos« und wollte – anders als die auf *einzelne* Lehren zielenden Fabeldichter Alberus und Waldis – ein *vollständiges* Abbild der Welt und seiner Zeit geben. Das erste Buch mit seinen Fabeln und Geschichten ist dem bürgerlichen Alltagsleben gewidmet; das zweite Buch behandelt das Staatswesen und dessen politische und religiöse Veränderungen; das dritte belehrt über Kriegführung und schildert die blutige Schlacht der Mäuse und Frösche. In Form einer Tierdichtung finden der Widerstand Luthers gegen die altkirchliche Gewalt, die Kirchenspaltung und die darauffolgenden Kämpfe und Unruhen Ausdruck. Das Werk hatte bis 1730 zahlreiche Auflagen.[120]

Späthumanismus und Übergang zum Barock
Von Johann Fischart bis Herzog Heinrich Julius
von Braunschweig

Noch weitgehend in der humanistisch-reformatorischen Ideenwelt und ihren literarischen Traditionen wurzelte JOHANN FISCHART (1546/47–1598), der nach Thomas Murner bedeutendste Satiriker des Zeitalters, der vor allem an Rabelais, aber auch an Erasmus von Rotterdam, Willibald Pirckheimer und andere Humanisten anknüpfte. In der satirischen Tierdichtung »Flöh Haz, Weiber Traz« (1573, 2. Auflage 1577), die auf die »Batrachomyomachia« anspielt und eine Parodie auf die Polyphem-Episode aus der »Odyssee« enthält, spricht in einem Prozeß der Frauen gegen

---
119 Vgl. S. 69.
120 Georg Rollenhagen: Froschmeuseler. Mit den Holzschnitten der Erstausgabe. Hrsg. von Dietmar Peil. Frankfurt a. M. 1989 = Bibliothek der frühen Neuzeit 1,12. – Vgl. besonders den Kommentar S. 719–956.

die Flöhe Jupiter das Urteil; »Das Philosophisch Ehzuchtbüchlein« (1578) gibt, in Anlehnung an Plutarch und Erasmus, Lehren zur Führung einer guten Ehe und zur Kindererziehung. Im »Fürtreflich Artlichen Lob deß Landlustes« (1579) greift Fischart auf Vergil und Horaz zurück, und sein Hauptwerk – »Geschichtklitterung« (1575, 2. Auflage 1582) – beruht auf Rabelais' »Gargantua« und übernimmt antischolastische Züge aus den »Epistolae obscurorum virorum«. Hier finden wir noch einmal – wenn auch in vergröberter Form – ein weltmännisch-renaissancehaftes Lebensgefühl.

1587 erschien die »Historia von D. Johann Fausten«, in die Berichte der Apostelgeschichte sowie frühchristlicher und spätantiker Autoren über den Magier Simon – einen Gegenspieler des Petrus – eingeflossen sind, der von dem Kirchenvater Irenäus in Verbindung mit der tyrischen Dirne Helena gebracht worden war. Der historische Faust ist gleichsam ein zweiter Simon Magus geworden, der ein »Såuwisch vnnd Epicurisch leben« führt, Helena beschwört und mit ihr einen Sohn zeugt, der gemeinsam mit seiner Mutter bei Fausts Tod verschwindet. In den zusätzlichen Kapiteln der Ausgabe von 1589 – der sogenannten ›Erfurter Reihe‹ – stellt Faust seinen Zuhörern überdies die Homerischen Helden vor Augen und »wil die verlornen Comoedien Terentii vnnd Plauti alle wider ans Liecht bringen«.[121] In der Bearbeitung Johann Nikolaus Pfitzers (1634–1674) wird das Helena-Motiv noch stärker herausgestellt werden. Das ›Volksbuch von Doktor Faust‹ ist anonym erschienen; sein Verfasser war vermutlich ein orthodoxer lutherischer Theologe. Die Ambivalenz des menschlichen Erkenntnisdranges war bereits in Sebastian Brants »Narrenschiff« und in Paul Schneevogels »Iudicium Iovis« aufgezeigt worden; jetzt aber wurde das Wissen radikal zugunsten des Glaubens abgewertet, der humanistische Geist auf extreme Weise in Frage gestellt.

Auf katholischer Seite hat AEGIDIUS ALBERTINUS (um 1560–1620) gelegentlich antike Reminiszenzen gebracht: so in dem Ehebuch »Hausspolicey« (1601/02), in dem Sokrates als ein Beispiel für himmlische Liebe und Schönheit gepriesen wird, oder in dem Schelmenroman »Lucifers Königreich und Seelengejaidt: Oder Narrenhatz« (1616), in dem Caesar über den Verrat des Brutus klagt.

Das stärkste Talent unter den späthumanistischen deutschen Lyrikern war PAULUS MELISSUS SCHEDE (Paul Schede; 1539–1602). Die zweite Hälfte des 16. Jahrhunderts war in den anderen europäischen Ländern eine Blütezeit der nationalsprachlichen, an Dichtungsprinzipien und Vorbildern der Antike geschulten Lyrik – in Frankreich repräsentiert durch Pierre de Ronsard (1524–1585), in Spanien durch Fray Luis de León (1527–1591), in Polen durch Jan Kochanowski (1530–1584), in Italien durch Torquato Tasso, in England durch Sir Philip Sidney (1554–1586) –; in Deutschland hatte nur der Neulateiner Melissus einen vergleichbaren Rang. Er verfaßte Oden, Epigramme, Elegien und Gelegenheitsgedichte (darunter einige Anacreonteen) und übersetzte den Äsop und die Psalmen ins Deutsche. Zuletzt dichtete er auch in

---

121 Historia von D. Johann Fausten. Text des Druckes von 1587. Kritische Ausgabe. Mit den Zusatztexten der Wolfenbütteler Handschrift und der zeitgenössischen Drucke. Hrsg. von Stephan Füssel und Hans Joachim Kreutzer. Stuttgart 1988 = Universal-Bibliothek 1516, S. 97 f., 109 f. und 153–156 (Zitate: S. 109 und 155).

deutscher Sprache, wobei er das Sonett und den Alexandriner übernahm. Melissus lehnte sich an die Pléiade an, die bedeutendste Dichterschule der französischen Renaissance – ihr Hauptvertreter war Ronsard –, die eine an den antiken Vorbildern orientierte volkssprachliche Dichtung anstrebte und theoretisch begründete. Melissus war der wichtigste Vermittler des romanischen Lyrikideals in Deutschland; zugleich weist die kunstvolle, bilderreiche Sprache seiner Gedichte bereits auf die Barocklyrik voraus. Sein wichtigstes antikes Vorbild in Metrik, Sprache, Themen und Motiven war Horaz. Dabei rezipierte er in erster Linie die höfisch-panegyrische, auch die politische, keineswegs aber die ›epikureische‹ Poesie dieses Dichters. Er übernahm von ihm die Konzeption des dichterischen Selbstbewußtseins, schrieb Parodien auf Horaz-Oden und wurde von seinen Zeitgenossen – auch außerhalb Deutschlands – geradezu als neuer Horaz verehrt. Während Celtis oder Lotichius eine ›mittlere‹ Stilhöhe hielten, bevorzugte er eine übersteigerte und artifizielle Ausdrucksweise und orientierte sich nicht nur an der klassischen, sondern auch an der vor- und nachklassischen römischen Dichtung. Melissus unterschied wie die Pléiade zwischen männlichem und weiblichem Reim, behandelte im selben Sinne die Zäsur und beachtete das Hiatusverbot, strebte nach einem jambischen Rhythmus und wollte die Silbenzählung mit dem akzentuierenden Prinzip verbinden.

Charakteristisch wurde das Bemühen um die Schaffung und Neubelebung einer christlichen Dichtung in antiken Gattungen und Formen, um die Transponierung heidnisch-antiker Lyrik ins Christliche. NATHAN CHYTRAEUS (Kochhaf[e]; 1543–1598) veröffentlichte 1594 »Fastorum Ecclesiae Christianae Libri duodecim«, in denen er, in der Nachfolge von Ovids »Fasti« und als Gegenstück zu den katholischen Heiligenkalendern, einen Festkalender der christlichen – d.h. der protestantischen – Kirche zu geben versuchte. In dieser Tradition haben zu Beginn des 17. Jahrhunderts Johannes Burmeister einen ›Christlichen Martial‹ (»Martialis Renati Parodiae Sacrae«; 1612), Wilhelm (Guilielmus) Alardus (1572–1645) einen ›Christlichen Anakreon‹ (»Turmae sacrae, seu Anacreon Latinus, idemque Christianus«; 1613) und Caspar Roth ein ganzes Buch »Parodiarum in veterum poetarum sententias et odas celebriores liber« (Parodien auf die Meinungen und die berühmteren Oden der alten Poeten; 1615) geliefert.

In der Lyrik des späten 16. Jahrhunderts finden sich gleichermaßen Ausläufer der humanistischen wie Vorläufer der künftigen Literatur. Die Elegien und Epigramme des Chytraeus wirken schon recht epigonal, und Johannes Posthius (1537–1597) vermag in seinen »Parerga Poetica« (Poetische Nebenwerke; 1580, erweiterte Neuausgabe 1595) den Motiven der römischen Liebeselegie – sein wichtigstes Vorbild war Tibull – ebensowenig Neues hinzuzufügen wie Michael Abel (um 1542 – nicht vor 1609) in seinen »Carminum libri III. Elegiarum libri II« (1590) den Eklogen des Vergil, aus denen er teilweise ganze Verse übernimmt.

Daneben aber liegen in dieser Zeit auch – wie wir schon am Beispiel des Melissus gesehen haben – die Anfänge einer neuhochdeutschen Kunstlyrik individueller Prägung und persönlicher Gestaltung. Nachdem die alten Formen der deutschen lyrischen Dichtung, wie sie sich bei Hutten und im Meistergesang herausgebildet hatten, erschöpft waren und die germanische Rhythmik mit der Betonung des sinntragenden Elementes im Satz ihre Bedeutung und ihren Geltungsbereich verloren hatten, wurde jetzt – zunächst im Kirchenlied und dann in der weltlichen gesungenen Lyrik – das Bestreben nach einer neuen Behandlung des Verses sichtbar. Die Probleme der Metrik, die sich hier in der Praxis anbahnten, versuchte dann in der folgenden Epoche Martin Opitz grundsätzlich theoretisch zu lösen.

Während die Lyrik im letzten Drittel des 16. Jahrhunderts an einen gewissen Endpunkt gelangte, gab es wie schon in den Jahren zuvor eine reiche dramatische Produktion. Der späthumanistische Dichter NIKODEMUS FRISCHLIN (1547–1590) trat mit grammatischen und pädagogischen Arbeiten sowie mit lateinischen Übersetzungen des Aristophanes und des Kallimachos hervor; er hat Homer zu schätzen gewußt und schrieb ein biblisches Epos, ein »Carmen saeculare« (Jahrhundertlied) nach Horaz sowie Fazetien, Epigramme und Satiren unter Berufung auf Horaz, Persius und Juvenal. Sein Hauptgebiet aber war das Drama.

Unter seinen symbolischen Komödien in der Tradition des Schuldramas sind der »Priscianus vapulans« (1578) und der »Julius redivivus« (1584) hervorzuheben. In dem ersten Werk – einer satirischen Attacke auf die spätmittelalterlichen ›Sprachverhunzer‹ und einer Lobpreisung der lateinischen Sprache und ihrer Retter Erasmus und Melanchthon – wird der römische Grammatiker Priscian aus dem 6. Jahrhundert n. Chr. von den Vertretern aller Fakultäten schlimm mißhandelt; im zweiten – dem Lukian verpflichteten – Werk kommen Cicero und Caesar während eines Urlaubs von der Unterwelt nach Deutschland und stellen zu ihrer Verwunderung fest, daß man dort das klassische Latein beherrscht und sie sich folglich nicht in einem barbarischen Land befinden, während die Sprache Latiums bei den Nachkommen ihrer Landsleute zu einem unverständlichen Kauderwelsch geworden sei[122]. Eine andere Schulkomödie – »Phasma« (erschienen 1592) –, in der für die lutherische Lehre Partei ergriffen wird, geht auf Menander zurück. In »Dido« (1581) und »Venus« (1584) hat Frischlin den ersten und vierten Gesang der Vergilischen »Aeneis« in freie dialogische Paraphrasen aufgelöst, in »Helvetiogermani« (1589) das erste Buch von Caesars »Bellum Gallicum« in eine Folge von Dialogen umgesetzt. Frischlin hat – nicht erhalten gebliebene – lateinische Komödien mit biblischen Stoffen und Terentianischen Titeln verfaßt: »Eunuchus«, »Adelphoe« und »Heautontimorumenos« über Joseph in Ägypten, »Hecyra« über das Buch Ruth. Durch die Aufnahme von Elementen des Aristophanes, Menanders und Lukians ist er in seinen Stücken sogar über die römische Komödie hinausgegangen.

Frischlin hat anschaulich und wirklichkeitsnah geschrieben, im Prolog zu den »Helvetiogermani« aber auch – entgegen der grundsätzlichen Entwicklung zum Muttersprachlichen hin – seinen Vorbehalten gegenüber allen des Lateins Unkundigen in einem konservativ-humanistischen Sinne Ausdruck gegeben:

> [...] quaeso benignas date
> Aures, & vulgus non nihil compescite.
> Nam quia Latino sermone isthaec peragimus,
> Occlamant imperiti linguae; ogganniunt
> Mulieres; obstrepunt ancillae, seruuli,
> Opifices, Lanij, fartores, ferraij,
> Sibique Germana lingua postulant dari

---

122 Nicodemus Frischlin: Iulius Redivivus. Comoedia. In der Übersetzung von Jacob Frischlin. Hrsg. von Richard E. Schade. Stuttgart 1983 = Universal-Bibliothek 7981.

Comoediam. Hoc quia non fit, nobis praeferunt
Cybisteteres, lanistas, funambulos,
Petauristas: quibus gaudet plebeculo.
Sed haec incommodo, vestra intelligentia
Sedabit, si erit adiutrix nostrae industriae.
Nos interea nostrum tutabimur locum.
(Ich bitte euch, leiht uns gnädig euer Ohr und haltet das einfache Volk bisweilen im Zaum! Denn weil wir unser Stück in lateinischer Sprache aufführen, protestieren die Lateinunkundigen, schwatzen die Weiber, stören lärmend die Mägde, Sklaven, Handwerker, Fleischer, Gemüsehändler und Schmiede und verlangen, man solle ihnen die Komödie in deutscher Sprache bieten. Weil dies nicht geschieht, ziehen sie uns die Akrobaten, Gladiatoren, Seiltänzer und Gaukler vor, an denen die niedrige Masse ihr Vergnügen hat. Doch diese Beeinträchtigungen wird eure Umsicht ausgleichen, wenn sie uns in unserer Bemühung unterstützen will. Wir werden inzwischen unsere Stellung behaupten.)[123]

In Frischlins Werk paaren sich affirmative Züge (Fürstenlob, deutscher Nationalstolz, schwäbischer Patriotismus, Fortschrittsgläubigkeit und lutherische Orthodoxie) mit skeptisch-ironischen Zügen und mit dem Versuch, die satirischen Dichtungen eines Sebastian Brant oder Thomas Murner unter veränderten ständisch-konfessionellen und publizistischen Verhältnissen weiterzuführen – und dies zu einer Zeit, als die Bedeutung des Lateins bereits spürbar zurückging.

Wie Frischlin war auch JAKOB AYRER (1543/44–1605) ein Nachfahre älterer – und zwar deutschsprachiger – Traditionen des 16. Jahrhunderts. Der letzte namhafte Vertreter des Fastnachtspiels erreichte in seinen zwischen 1592 und 1602 entstandenen über 100 Stücken (von denen gut zwei Drittel erhalten sind) zwar nicht das poetische Niveau von Hans Sachs, wollte auf sehr direkte Art das Publikum unterhalten und erziehen und blieb im Verhältnis zu seinen Stoffen – darunter mehreren antiken, vor allem aus der sagenhaften Frühgeschichte Roms – ganz im Äußerlichen stecken, hat aber durch ausführliche Bühnenanweisungen, aufwendige Kulissen, prächtige Kostüme und eine Vielzahl von Schauspielern Neuerungen eingeführt, die bereits auf das Barocktheater vorausdeuteten.

Das Straßburger Schultheater hat einerseits die ohnehin recht losen Zusammenhänge mit volkstümlich-elsässischen Traditionen gelockert, neulateinische Dramen aufgeführt und sich an den aus Aristoteles und Horaz abgeleiteten Theorien der Antike orientiert, ist andererseits aber auch den Zuschauern, die des Lateinischen nicht mächtig waren, entgegengekommen. TOBIAS STIMMER (1539–1584) ist mit seiner »Comoedia von zweien jungen eeleuten, wie sey sich in fürfallender reiss beiderseyts verhalten« (1580), mit der er auf Burkhard Waldis' »Esopus« zurückgriff, den Weg vom Fastnachtsspiel zum Lustspiel gegangen (eine Frau bittet bei Abwesenheit ihres Mannes einen Bauern, es ihr zu tun wie seiner Frau – und dieser verprügelt sie!). Im allgemeinen aber wandte man sich von der Komödie zur Tragödie. GEORGIUS CALAMINUS (1547–1595) hat in dem Stück »Carmius sive Messias praesepi« (Carmius oder der Messias in der Krippe; 1576) eine biblische Vorlage in Vergilische Eklogengespräche aufgelöst, 1578 die »Phoenissen« des Euri-

---

123 Nicodemus Frischlin: Hildegardis Magna. Dido. Venus. Helvetiogermani. Historisch-kritische Edition. Übersetzung. Kommentar. Hrsg., übers. und kommentiert von Nicola Kaminski. Bern, Berlin, Frankfurt a. M., New York, Paris, Wien 1995, Bd. 1, S. 380 f.

pides für eine Schüleraufführung in lateinische Verse übersetzt und 1579/80 die Schäferdialoge »Philomusus« (Der Musenfreund) und »Daphnis sive Christus patiens« (Daphnis oder Der leidende Christus) geschrieben. Er wurde – ein Beleg für die Ausbreitung der Spieltradition – an die Landschaftsschule in Linz berufen und verfaßte hier lateinische Oden und das historische, das Haus Habsburg verherrlichende Drama »Rudolphottocarus« (1594), in dem er griechische Elemente (wie den Botenbericht) verwendete und in der Behandlung des Chores Euripides, im Ablauf der Handlung, in der Darstellung von Greueln und in der stoischen Lebenshaltung aber Seneca folgte. Von Samuel Junius stammt eine »Lucretia« (1599), und Theodorus Rhodius (Theodor Roth; um 1575–1625) verfaßte – neben Gedichten in der Nachfolge Catulls – zwei Komödien im Stil des Plautus und acht Tragödien mit biblischen Stoffen, aber in enger Anlehnung an Seneca sowie an Sophokles und Euripides. Wolfhart Spangenberg schließlich (1567 – um 1636) übersetzte zu Beginn des 17. Jahrhunderts für das Akademietheater mehrere griechische und lateinische Dramen ins Deutsche.

Den Höhepunkt des Schultheaters bilden die (in lateinischer Sprache verfaßten, öfters aber kurz nach der Aufführung von anderen Autoren verdeutschten) Dramen KASPAR BRÜLOWS (1585–1627), zu denen neben biblischen Stoffen eine »Andromeda« (1611), eine »Chariklea« (1614) und ein »Julius Caesar« (1616) gehören. In der Vorrede zum »Julius Caesar« – dessen Titelheld als Idealbild eines Fürsten und zugleich als Ahnherr des deutschen Kaisers geschildert wird, während (ebenso wie bei Virdung, aber ganz anders als bei Shakespeare) seine Ermordung als verhängnisvoll und Brutus als ein gewissenloser Bösewicht erscheint – nennt Brülow als Zweck seiner Inszenierungen die Übung in der Anwendung der lateinischen Sprache, die Stärkung des Gedächtnisses, die Wiederholung des biblischen und geschichtlichen Lehrstoffes und die lehrhafte Vorführung der Belohnung guter und der Bestrafung böser Taten. Seine Stücke dienen nicht mehr in erster Linie der Stärkung und Unterstützung des Glaubens, sondern sind Spiegel des menschlichen Lebens mit durchaus praktischen Zwecken, wollen darüber hinaus auch erholen und unterhalten. Er nahm sich Seneca zum Vorbild und stützte sich u. a. auf die griechische Mythologie, kehrte sich aber ab von einer allzu unmittelbaren Orientierung an der antiken Dramatik und Theorie. Obwohl er im Stadtbürgertum seiner elsässischen Wahlheimat wurzelte, strebte er mit seiner Vorliebe für Bühneneffekte im Grunde über das Schuldrama hinaus zum höfischen Festspiel. Opernhafte Elemente und äußerliche Bühneneffekte schätzte schließlich auch Johannes Paul Crusius (1588–1629) in seinem »Croesus« (1611) und »Heliodorus« (1617).

Von der Beliebtheit Homerischer Motive in der deutschsprachigen Literatur des Späthumanismus zeugen die »Tragedi von der Zerstörung der Statt Troja oder Ilio« (1598) des Schweizer Dichters GEORG GOTTHART (um 1550–1619), der zuvor bereits den »Kampf zwischen den Römeren und denen von Alba« nach Livius dramatisiert hatte (1584), und Johann Mayers »Der Auszzug oder Summarische Innhalt der Tragoedien von der Zerstörung der herrlichen Statt Troya« aus dem Jahre 1607.[124]

Nachdem im Laufe des 16. Jahrhunderts Seneca immer stärker in das Blickfeld

---

124 Vgl. Petra Fochler: Fiktion als Historie [s. Bibl. 2.1.], S. 130–156; Thomas Bleicher: Homer in der deutschen Literatur [s. Bibl. 1.2.], S. 129.

der Dramatiker getreten war, wurde er um die Jahrhundertwende zu deren hauptsächlichem Vorbild – einerseits durch seine Tragödien selbst, andererseits durch seine stoische Philosophie mit ihrer Absage an Triebe und Leidenschaften.[125] Erasmus noch hatte den Stoizismus abgelehnt; durch seinen Landsmann JUSTUS LIPSIUS (1547–1606) und dessen Schrift »De constantia« (Über die Standhaftigkeit; 1584) aber wurde das ›neostoische‹ Menschenbild für ein Jahrhundert lang gleichsam verpflichtend – und zwar insbesondere für die barocke Märtyrertragödie.

Beispielhaft hierfür war in Deutschland MICHAEL VIRDUNG (1575–1637), der allerdings noch keinen nachhaltigen Einfluß hatte. Neben einem »Saulus« (1595) schrieb er – mit sprachlichen und dramaturgischen Anklängen an Sophokles, Euripides und vor allem Seneca – 1596 die Tragödie »Brutus«, in der der Caesarmörder als ein Beispiel menschlicher Verblendung gezeigt wird, und 1608 die Tragödie »Thrasea«, in der Nero als Tyrann geschildert ist und deren zum Selbstmord getriebener stoischer Titelheld geradezu die christliche Unsterblichkeitslehre verkündet.

In der Zeit der Gegenreformation – die in Deutschland während der Regierungszeit Kaiser Rudolfs II. (1576–1612) energisch betrieben wurde – begann sich, in Anknüpfung an das Humanistendrama, das Jesuitendrama zu entwickeln (das sich in der Tendenz zur höfischen Festaufführung durchaus mit den Stücken der Protestanten Brülow und Crusius berührte). Am Anfang stand das von GEORG AGRICOLA (1562–1635) zusammen mit Johannes Baptista verfaßte Stück »Constantinus Magnus de Maxentio imperatore victor« (Konstantin der Große als Sieger über Kaiser Maxentius; 1575), in dem der von Gott erwählte Kaiser Konstantin allmählich zum Christentum heranwächst.[126] Bemerkenswert ist die Nähe zur Faustproblematik, die sich ihrerseits mit der bis ins 6. Jahrhundert zurückgehenden Legende von dem Bischof und Teufelsbündner Theophilus berührt, der nach einem Leben in Saus und Braus Reue zeigte, Buße tat und gerettet wurde. Mindestens sieben – untereinander höchst unterschiedliche – Theophilus-Dramen sind erhalten geblieben, und noch ca. zwanzig Aufführungen lassen sich nachweisen. Erstmals 1582 wurde auf der Jesuitenbühne in München ein Drama »Theophilus« gespielt, das noch an vielen anderen Orten wiederholt wurde. Von JAKOB GRETSER (1562–1625) stammt – neben einer Komödie »Timon« nach dem Dialog Lukians – als reifstes Werk aus einer Reihe biblischer und kirchengeschichtlicher Stoffe das Stück »Udo« (1587, zweite Fassung 1598), in dem das lasterhafte Leben, der Seelenkampf mit dämonischen Mächten und schließlich der Höllensturz eines Bischofs geschildert werden, der die Gaben Gottes zum Dienst seiner Lüste verkehrt und selbstverschuldet zugrunde geht. Das wirkungsvollste Jesuitendrama dieser Zeit ist JACOB BIDERMANNS (1578–1639) »Cenodoxus« (1602), in dem ein Professor an der Sorbonne nur auf seine eigene irdische Größe gerichtet ist, zwar auf Erden bewundert und gepriesen und schließlich auch feierlich bestattet, im Jenseits aber beim Jüngsten Gericht verdammt wird.

Bidermann hat weiterhin – neben Epigrammen in der Art Martials und Heroiden

---

125 Vgl. Paul Stachel: Seneca und das deutsche Renaissancedrama [s. Bibl. 1.2.], S. 30–136.
126 Vgl. Elida Maria Szarota: Geschichte, Politik und Gesellschaft im Drama des 17. Jahrhunderts [s. Bibl. 3.1.], S. 42–45.

in der von Ovid begründeten Tradition – das zur Zeit der Diokletianischen Christenverfolgung spielende Drama »Philemon Martyr« (1618) geschrieben, in dem sich die pathetische Ekstatik der Märtyrertragödie in der Nachfolge Senecas und die komödiantische Heiterkeit von Plautus und Terenz miteinander verbinden. Sein Held ist ein Schauspieler, der durch das Spiel einer Christenrolle bekehrt wird und das Martyrium erleidet. Die menschliche Handlung ist eingebettet in die Auseinandersetzung zwischen den himmlischen Mächten der Engel und den höllischen Mächten der gleichermaßen dämonischen wie lächerlichen ›heidnischen‹ Götter – an der Spitze Jupiter –, die durch die neue Religion gestürzt und verteufelt worden sind, noch einmal einen Gegenangriff wagen und vom triumphierenden Christentum endgültig zurückgeschlagen werden.[127]

Ein lutherisches Pendant zu Bidermanns »Cenodoxus« wiederum ist JOHANN VALENTIN ANDREAES (1586–1654) »Turbo sive moleste et frustra per cunctas divigans ingenium« (Turbo oder das ungern und vergebens durch alles schweifende Genie; 1616 – im Jahre 1640 ergänzt durch einen »Renovatus Turbo« [Erneuerter Turbo]), dessen Titelheld sich der Magie ergibt und schließlich erkennt, daß alles menschliche Trachten seinen Sinn nur in der Beziehung zu Gott erhält. Bei allen gravierenden Gegensätzen zwischen Protestanten und Katholiken zeigt sich eine gleichartige Grundhaltung.

Erwähnt zu werden verdient schließlich JOHANNES BURMEISTERS »Sacri Mater Virgo« (1621), eine ins Religiöse transponierte und zum Mirakelspiel von der jungfräulichen Geburt Christi umfunktionierte Version des Plautinischen »Amphitruo«. Burmeister hat vor allem zwei ernste Motive aus der Plautinischen *tragicocomoedia* übernommen: die wunderbare Herkunft eines Gottessohnes und die ungerechtfertigte Verdächtigung der Heldin. Aus Alkmene ist Maria, aus Amphitryon Josef, aus Jupiter der Heilige Geist, aus Hercules Jesus geworden; die Gestalt des Merkur ist aufgeteilt in den Engel Gabriel, der den Prolog spricht, und in den Teufel Asmodes, der die Tricks durchführt.[128]

Auf breiterer – nicht geistlicher, sondern weltlicher – Grundlage, aber mit ähnlichen erzieherischen Absichten agierten seit dem Ende des 16. Jahrhunderts in Deutschland die englischen Komödianten. Sie waren schon von Einfluß auf Jakob Ayrer gewesen – vor allem aber standen sie in mehr oder weniger enger Verbindung mit den fürstlichen Dramatikern der Jahrhundertwende. LANDGRAF MORITZ VON HESSEN (1572–1632) fand auf dem Weg von Terenz-Bearbeitungen (»Andria« und »Eunuchus«) den Übergang von biblischen zu neuen Stoffen. Er erbaute die erste stehende Bühne in Deutschland und sah das moderne Theater als getreue Nachahmung des römischen. HERZOG HEINRICH JULIUS VON BRAUNSCHWEIG (1564–1613), einer der ersten deutschen Prosadramatiker, verlagerte ebenfalls sein Interesse vom biblischen Drama zur Darstellung von Stoffen aus dem Leben. Die Tragödie »Von einem Ungeratenen Sohn« (1594), eine Blut- und Schauertragödie im Stil von Shakespeares Frühwerk »Titus Andronicus« – »vielleicht die blutrünstigste Tragödie

---

127 Jacob Bidermann: Philemon Martyr. Lateinisch und Deutsch. Hrsg. und übers. von Max Wehrli. Köln, Olten 1960.
128 Vgl. Karl von Reinhardstoettner: Plautus [s. Bibl. 1.1.], S. 208–214.

in der deutschen Literatur«[129] – hat einen Haupthelden namens Nero; in der Charakterkomödie »Von Vincentio Ladislao« (1594) trägt der Titelheld Züge des antiken *miles gloriosus* – einer Figur, die in der Folgezeit für die europäische Komödie von erheblichem Gewicht gewesen ist.[130]

Um die Wende vom 16. zum 17. Jahrhundert ist der Gebrauch des Lateins zurückgegangen; die deutsche Literatur aber stand weiterhin in hohem Maße – wenn auch nicht mehr so nachhaltig wie zur Zeit des Hochhumanismus – im Zeichen der Antike. Dabei überwog das Interesse an der römischen Kultur – doch auch die Kenntnis griechischer Autoren und Werke hatte sich nicht unbeträchtlich erweitert.

---

129 Richard Newald: Die deutsche Literatur vom Späthumanismus zur Empfindsamkeit 1570–1750 [s. Bibl. 1.2.], S. 87. – Im Abschnitt »Späthumanismus und Übergang zum Barock« wird mehrfach auf diese Publikation Bezug genommen.

130 Die Schauspiele des Herzogs Heinrich Julius von Braunschweig. Nach alten Drucken und Handschriften. Hrsg. von Wilhelm Ludwig Holland. Stuttgart 1855 [Photomechan. Nachdr. Amsterdam 1967] = Bibliothek des Litterarischen Vereins in Stuttgart 36, S. 335–400 und 507–554.

BAROCK
Vom Beginn des 17. bis zum Beginn des 18. Jahrhunderts

Der Begriff ›Barock‹ ist zwar wissenschaftlich nicht ganz exakt, hat auch in den verschiedenen Ländern und Künsten eine etwas unterschiedliche Bedeutung und unterschiedliche zeitliche Begrenzungen, erweist sich aber als praktisch zur Bezeichnung der deutschen Literatur vom Beginn des 17. bis in die ersten Jahre des 18. Jahrhunderts – wobei die Übergänge jeweils fließend sind. In der Phase des Späthumanismus haben sich schon Entwicklungen hin zur Barockliteratur angebahnt, und gegen Ende des Jahrhunderts zeigen sich erste Tendenzen zu einer Verbürgerlichung der Literatur. Die Zeit zwischen 1570 und 1620 wird in der Literaturgeschichtsschreibung teils im Zusammenhang mit der humanistischen, teils im Zusammenhang mit der Barockliteratur dargestellt.[1] Es handelt sich um eine Übergangsphase, die allerdings – ohne daß die Rubrizierung verabsolutiert werden soll – primär durch die Bindung an den Humanismus gekennzeichnet ist, während der eigentliche Neuansatz – trotz mannigfacher Vorbereitungen – erst durch Martin Opitz erfolgte, der erkannt hatte, daß Deutschland gegenüber England und den romanischen Ländern in Rückstand geraten war und der deshalb die Entwicklung der nationalsprachlichen Literatur, die in Süd- und Westeuropa im wesentlichen organisch verlief, für Deutschland gleichsam theoretisch organisierte.

Um 1600 waren die Potenzen des Humanismus weitgehend erschöpft. Er verlor in der Dichtung an Anziehungskraft, vermochte in der Philologie die Höhe eines Erasmus, Reuchlin oder Camerarius nicht mehr zu halten und zog sich im wesentlichen in die Schule zurück. Prozesse, die sich bereits in der Zeit der Renaissance abzeichneten, waren nunmehr abgeschlossen: An die Stelle der geistlichen und weltlichen Ordnung des Mittelalters waren Nationalstaaten oder territoriale Fürstentümer und unterschiedliche Konfessionen getreten, und durch die Glaubensspaltung war nicht nur die Einheit der Kirche, sondern auch das gesamteuropäische Bildungsideal des Humanismus zerstört.

---

1 Vgl. S. 11, Anm. 14. – In dem Kapitel »Barock« wird mehrfach auf folgende Publikationen Bezug genommen: Richard Newald: Die deutsche Literatur vom Späthumanismus zur Empfindsamkeit 1570–1750 [s. Bibl. 1.2.]; Geschichte der deutschen Literatur von 1600 bis 1700 [s. Bibl. 3.1.].

Die Barockliteratur weist – namentlich im Vergleich zum Renaissance-Humanismus – eine Reihe von Merkmalen und Entwicklungstendenzen auf. Charakteristisch ist zunächst einmal, im Zusammenhang mit der ständisch-höfischen Neugliederung der Gesellschaft, die Verlagerung des Akzents von einer städtisch-bürgerlichen zu einer *höfisch-aristokratischen* Kunst (wobei neben den fürstlichen durchaus auch noch städtische Zentren existierten). In diesem Zusammenhang sind die mittelalterlich-volkstümlichen Literaturformen weitgehend verschwunden. Die Literatur war stark von der aus den Vorbildern der Antike und den Poetiken der Renaissance abgeleiteten *Theorie* geprägt – am längsten in der Lyrik, während sich das Drama und vor allem der Roman bald von ihr lösten. Sie hatte einen hochgradig *rhetorischen* Charakter – und sowohl das Lebensgefühl einer aristokratisch dominierten Gesellschaft wie die extremen historischen Erfahrungen dieser Zeit hatten für die Dichtung ein hohes Maß an Pathos, Manierismus und Neigung zur Grausamkeit zur Folge.

Während in der katholischen geistlichen Dichtung aus dem Süden Deutschlands weiterhin das Neulateinische dominierte, vollzog sich mit dem Beginn der Barockliteratur in den protestantischen Ländern endgültig der Übergang vom Neulateinischen zum Deutschen – ein Übergang, der von nicht wenigen Dichtern bewußt angestrebt wurde. So schrieb Martin Opitz das programmatische Gedicht »Auff Danielis Heinsii Niederländische Poëmata«. Mit dem Dichter und Philologen Heinsius sei »Der gantze Helicon« in Leiden eingezogen: Pallas, Phoebus mit den Musen, »Die dann auß Niederland Athen vnd Rom gemacht«. Heinsius sei ein neuer Sokrates und Aristoteles, ein neuer Orpheus, Cicero und Vergil – und dies in der Muttersprache:

> Die Teutsche Poesie war gantz und gar verlohren /
> Wir wusten selber kaum von wannen wir gebohren;
> Die Sprache für der vor viel Feind' erschrocken sind
> Vergassen wir mit Fleiß' vnd schlugen sie in Wind.
> Biß ewer grosses Hertz ist endlich außgerissen /
> Vnd hat vns klar gemacht / wie schändlich wir verliessen
> Was allen doch gebührt: wir redten gut Latein /
> Vnd wolte keiner nicht für Teutsch gescholten seyn. [...]
> Ich auch / weil jhr mir seyd im Schreiben vorgegangen /
> Was ich für Ehr' und Ruhm durch Hochteutsch werd' erlangen /
> Wil meinem Vatterland' eröffnen rund und frey /
> Daß ewre Poesie der meinen Mutter sey.[2]

Seinen »Teutschen Poemata« fügte Opitz einen »anhang Mehr auserleßener geticht anderer Teutscher Poeten« bei, darunter Isaac Habrechts (gest. 1633) Epigramm »Vberreime, an die Teutsche Musa«:

> Nun / Teutsche Musa / tritt herfür /
> Laß kecklich deine stimm erklingen /
> Warumb woltestu förchten dir /
> Jn deiner Mutter sprach zu singen?
> Meint man / Teutschlandt sey ohne sinnen?
> Soll dann der Griechen pracht /

---

[2] Martin Opitz: Weltliche Poemata. 1644. Unter Mitw. von [...] hrsg. von Erich Trunz. Tübingen 1967–1975 = Deutsche Neudrucke. Reihe Barock 2–3, Bd. 2, S. 51.

Oder die Römisch macht
Der Poetrei Kleinodt allein gewinnen?³

Der Satiriker und Epigrammatiker Johann Michael Moscherosch (Philander von Sittewalt; 1601–1669) spottete:

Fast jeder Schneider	will jetzund leider
Der Sprach erfahren sein	und redt Latein. [...] /
Ihr böse Teutschen,	man sollt euch peutschen,
Daß ihr die Muttersprach	so wenig acht.⁴

Dennoch wurde auch im protestantischen Norden quantitativ noch viel in Latein geschrieben, und die lateinische Dichtungstradition (nicht so sehr für die Dramatik und kaum für die Prosa, wohl aber für die Lyrik) blieb weiterhin verbindlich. Man folgte in der deutschsprachigen Literatur denselben Vorbildern: zunächst vor allem dem Horaz, später mehr dem Ovid, stärker als im 16. Jahrhundert auch den Dichtern der sogenannten ›Silbernen Latinität‹ und Claudian. Man schrieb in denselben Gattungen, verwendete dieselben rhetorischen Figuren, bevorzugte denselben Stil und dieselben Themen (Virtus, Fortuna, Vanitas, Mors) und gab der Variation tradierter Motive den Vorrang gegenüber der Gestaltung eigener Erlebnisse.⁵ Bei der Imitation antiker Strophenformen orientierten sich die Dichter vorrangig am Horazischen Muster – sei es in direkter Nachbildung, sei es in mehr äußerlicher Nachahmung (mit Reimen und nach dem Prinzip der Alternation, d.h. ausschließlich in Jamben und Trochäen). Während in der lateinischen Lyrik die Metrik und Diktion des Horaz übernommen wurden, haben sich in der deutschsprachigen die Verwendung von Daktylen und Anapästen und der Gebrauch der sapphischen und alkäischen Strophe erst allmählich herausgebildet. Nach französischem Vorbild wählte man auch gern – sowohl in der Lyrik als auch in den »Reyen«, den Interludien im barocken Trauerspiel, die dem antiken Chor nachgebildet waren – den dreiteiligen Strophenbau der Pindarischen Ode (Strophe, Antistrophe, Epode), ohne allerdings über diese äußerliche Beziehung hinauszugehen. Zum antiken Bildungsfundus gehörte (vor allem im Liebesgedicht, in der Hirtenpoesie, in der enkomiastischen Literatur und in der Gelegenheitsdichtung) der metaphorische Gebrauch von Namen, d.h. das häufige Zitieren antiker Götter, Heroen und historischer Persönlichkeiten als allegorischer Umschreibungen: allen voran Venus und Amor oder Cupido, aber auch Mars, Phoebus, Pallas, Bacchus und Herkules, Homer, Platon, Cato und Horaz – nicht zu vergessen die Gestalten der Bukolik: Daphnis, Corydon, Galatea. Auf diese Weise bewiesen die Autoren ihre Gelehrsamkeit, fanden willkommene Mittel zur Erhöhung der gepriesenen Person, konnten aus dem Bereich des Alltäglichen in eine kunstvolle Sphäre flüchten und einem gebildeten Publikum durch einfallsreiche Paraphrasen und Anspielungen eine intellektuell hochstehende Unterhaltung bieten.⁶

Die Hinwendung zu den Dichtern der nachaugusteischen Zeit hatte nicht allein

---
3 Gedichte 1600–1700 [s. Bibl. 3.1.], S. 57.
4 Wir vergehn wie Rauch von starken Winden [s. Bibl. 3.1.], Bd. 1, S. 214f.
5 Vgl. Karl Otto Conrady: Lateinische Dichtungstradition und deutsche Lyrik des 17. Jahrhunderts [s. Bibl. 3.1.].
6 Vgl. Marian Szyrocki: Die deutsche Literatur des Barock [s. Bibl. 3.1.], S. 31f.

stilistische, sondern auch weltanschaulich-historische Gründe: Die Literatur der ›Silbernen Latinität‹ war eine Literatur in einer höfischen Gesellschaft; sie war vom Stoizismus geprägt, offenbarte pessimistische Züge und reflektierte das Verhältnis von Herrschaft und Knechtschaft, von Freiheit und Sicherheit; ihre Autoren standen in einer ständigen Spannung zwischen Arrangement und Kritik – alles Merkmale, die auch der Kultur des 17. Jahrhunderts eigen waren.

Die Affinität zu einer ›nichtklassischen‹ Antike zeigt sich nicht nur in der Lyrik, sondern auch (wie sich bereits in der zweiten Hälfte des 16. Jahrhunderts anbahnte) in der Orientierung an den Tragödien und am stoischen Weltbild Senecas oder an den Romanen des Heliodor und des Longos aus dem 3. und 4. Jahrhundert n. Chr. Seneca wurde ebenso zur Leitfigur des Barockdramas, wie Terenz die Leitfigur für das Drama des Renaissance-Humanismus gewesen war. Für dramatische und epische Stoffe bevorzugte man die römische Kaiserzeit (in diesem Zusammenhang spielte neben dem *Tragiker* und dem *Philosophen* auch der *Politiker* Seneca eine Rolle), Byzanz, den Orient oder die Zeit der Völkerwanderung. In den Konflikten zwischen ›Heidentum‹ und Christentum oder zwischen Römern und ›Barbaren‹ sah man Anknüpfungspunkte zur dichterischen Erörterung von Problemen der eigenen, durch den Dreißigjährigen Krieg und seine Folgen bestimmten Zeit. Man gestaltete grausame und blutrünstige Tyrannen oder philosophische Tugendhelden und furchtlose Märtyrer. In der Ausrichtung auf Disharmonien unterschied sich diese Literatur deutlich von der des Renaissance-Humanismus und mehr noch von dem Antikebild, das seit der Mitte des 18. Jahrhunderts dominant wurde.[7]

Die Literatur dieses Zeitalters wurde vorrangig nicht mehr von neulateinischen Professorendichtern, sondern von dichtenden Beamten, Juristen und Diplomaten getragen. An die Stelle der Schule waren als wichtigste Bildungsmittel Reisen getreten. Charakteristisch für das neue Geselligkeitsideal ist Martin Opitz' Gedicht »Ich empfinde fast ein Grawen«:

> Ich empfinde fast ein Grawen
> Daß ich / Plato / für und für
> Bin gesessen über dir;
> Es ist Zeit hinauß zu schawen [...] /
> Worzu dienet das studieren
> Als zu lauter Vngemach?[8]

In der Literatur des 17. Jahrhunderts läßt sich – ausgeprägter noch als im 16. – der Übergang von der Übersetzung und Bearbeitung zur originären Schöpfung verfolgen (geradezu idealtypisch in der Entwicklung der Tragödiendichtung von Opitz zu Gryphius); es kam zu einer Bevorzugung ›großer‹ literarischer Formen (Dramatik und Epik) und innerhalb der Epik zu einer Verlagerung des Schwerpunktes vom Versepos zum Roman.

Die Lyrik dieser Zeit stand im Zeichen des Petrarkismus – einer Stilform der frühneuzeitlichen europäischen Dichtung im Anschluß an Francesco Petrarca, die durch formale Schönheit, geistige Pointierung und elegische Gestaltung der Liebes-

---

7 Vgl. Max Wehrli: Deutsche und lateinische Dichtung im 16. und 17. Jahrhundert [s. Bibl. 1.2.], S. 141 f.
8 Martin Opitz (wie Anm. 2), Bd. 2, S. 349 f.

thematik charakterisiert war, in der sich ein neues Verständnis für Lukrez und dessen Verehrung der Liebe als wirkender Kraft im Universum niederschlug und die sich zugleich im Umkreis der Pléiade der Platonischen Gedankenwelt annäherte.

Die Literatur des 17. Jahrhunderts war eine Blütezeit der Bukolik und Georgik. Seit Petrarca und Boccaccio (1313–1375) ist in der Renaissance die antike Bukolik erneuert worden (in Deutschland durch Helius Eobanus Hessus und Euricius Cordus) – im Barockzeitalter bestimmen bukolische Elemente nicht nur die Ekloge im lyrischen Genre, sondern auch die pastoralen Großformen Roman, Drama und Oper. Dabei hat man nicht an Theokrit angeknüpft, in dessen »Eidyllia« man eine allzu realistische und derbe Vorform der Gattung erblickte, sondern hat die »Eklogen« Vergils als Muster für eine stilisierend-idealisierende Darstellung des Hirtenlebens, für eine Symbiose aus pastoraler und dichterischer Welt angesehen und diese Züge – die sich bei Vergil selbst erst herauszubilden *begannen* und sich durchaus noch mit der Einsicht in die *Härte* des Hirtenlebens verbanden – ausgebaut, so daß mehr und mehr eine Scheinwelt errichtet wurde, die als Gegenbild zur Realität, als Flucht aus den Widrigkeiten des politischen Lebens an den Höfen und des Alltagslebens in den Städten diente.[9] Die Schäfer- oder Hirtendichtung (die bei Vergil stets und in der Neuzeit häufig eine Dichtung vom Hirten*gesang* gewesen ist) entwickelte dabei mehr und mehr Berührungspunkte mit einer allgemeinen Landlebendichtung, die nicht unter Hirten, sondern unter Bauern spielte, bei aller Verklärung des einfachen dörflichen Lebens der Wirklichkeit näher war und nicht auf eine Identifizierung zwischen Landmann und Dichter zielte. Vorbilder waren vor allem Horazens zweite Epode (*beatus ille qui procul negotiis*) – freilich *ohne* deren satirische Pointe – und Vergils »Georgica« (namentlich das Lob der italischen Bauern im zweiten Gesang) sowie Elegien des Tibull (I 1 und I 10) und des Properz (II 19).

Obgleich im 17. Jahrhundert die Glaubenskämpfe eskalierten und religiöse Fragestellungen eine hohe Bedeutung behielten, handelte es sich doch primär um eine weltliche Literatur, verlagerte sich das Interesse vom jenseitigen Gott auf den diesseitigen Staat. Dieser Primat des Staatsinteresses bedeutete auch eine Abkehr von der Ausrichtung auf den einzelnen, die für den Humanismus charakteristisch war und die dann wieder für die bürgerliche Literatur des 18. und 19. Jahrhunderts bestimmend werden sollte. Die politische Literatur konnte feudalapologetisch bestimmt sein, konnte aber durchaus auch auf den Widerspruch zwischen Anspruch und Realität (zwischen Einfachheit, Tugend und Rechtschaffenheit als Maximen eines vorbildlichen Herrschers und Pracht und Mißwirtschaft der Höfe) aufmerksam machen und somit, ohne *antifeudal* zu sein, auf das *Ideal* des Absolutismus zielen. Mit dem Primat des Staatlich-Politischen geht die Bevorzugung der römischen gegenüber der griechischen Antike einher – wobei sich seit der Umwandlung der italienischen Republiken in Signorien und mit der Herausbildung absolutistischer Strukturen sowohl in Frankreich wie im habsburgisch-spanischen Herr-

---

9 Zum Unterschied zwischen der Vergilischen und der neuzeitlichen Bukolik vgl. Ernst A. Schmidt: Poetische Reflexion. Vergils Bukolik. München 1972; Ders.: Bukolische Leidenschaft oder Über antike Hirtenpoesie. Frankfurt a. M., Bern, New York 1987 = Studien zur klassischen Philologie 22, S. 17–19 – in Abgrenzung von Bruno Snells berühmtem Aufsatz »Arkadien. Die Entdeckung einer geistigen Landschaft« von 1945 (Europäische Bukolik und Georgik [s. Bibl. 1.1.], S. 14–43).

schaftsbereich die römische Kaiserzeit, wie schon erwähnt, für die Rezeption als besonders angemessen erwies.

Die zeitgeschichtlichen Dimensionen der römischen Sujets zeigen sich sowohl bei Shakespeare wie bei Corneille und in Deutschland sowohl im Jesuitendrama wie in den Tragödien aus der über Jahrzehnte hin kulturell führenden Provinz Schlesien. Gilt für Österreich im allgemeinen, daß sich der dualistische Ständestaat zu einem zentralistischen absolutistischen Staat mit einer dem Kaiser ergebenen Beamtenschaft entwickelt hatte, so kam für das ursprünglich protestantische Schlesien als gravierend die zunächst forcierte, später etwas gemilderte Rekatholisierung der Provinz nach dem Dreißigjährigen Krieg hinzu. Diskrepanzen zwischen den Interessen der Schlesier und denen der Habsburger fanden ebenso ihren Niederschlag wie die Verherrlichung des Kaisers, der nicht so sehr als Repräsentant Österreichs denn als Verkörperung der Reichsgewalt gesehen wurde.

In diesem Zusammenhang hat auch der sogenannte ›Tacitismus‹, der in der europäischen Geistesgeschichte der frühen Neuzeit – insbesondere vom Ende des 16. bis zur Mitte des 17. Jahrhunderts – eine nicht unbeträchtliche Rolle spielte, Eingang in die Literatur gefunden. Dabei sind die »Annalen« des Tacitus sowohl als Befürwortung der republikanischen wie – im Sinne von Niccolò Machiavellis (1469–1527) »Il Principe« (Der Fürst; erschienen 1532) – als Rechtfertigung der monarchischen Staatsform interpretiert worden.[10] Die Frage nach dem Verhältnis von Ethik und Politik, die seit Machiavelli die staatsrechtlichen Diskussionen bestimmte, prägte in hohem Maße die Tragödie des 17. Jahrhunderts.

Die politische Ausrichtung der Barockliteratur und die römische Komponente ihrer Antikerezeption (die am stärksten im Drama und in einem Teil der Romanliteratur, nicht so sehr in der persönlicher gehaltenen Lyrik deutlich werden) sind seit der Mitte des 18. Jahrhunderts äußerst kritisch gesehen worden, und ihr höfischer Charakter wurde oft pejorativ akzentuiert. Diese Sichtweise, die ganz konkreten *aktuellen* Anliegen entsprach, darf in einer *historischen* Darstellung keine Rolle spielen. Die Literatur des 17. Jahrhunderts – so fremd sie späteren Generationen erscheinen mochte – ist in den konkreten Bedingungen ihrer Epoche verwurzelt und reflektiert eine Situation, in der die Gefahren der Glaubensspaltung nur dadurch eingedämmt werden konnten, daß an die Stelle der Religion, die sich als nicht mehr rechtskonstituierend erwiesen hatte, als Ordnungsmacht der Staat trat – mit allen ambivalenten Konsequenzen. Von den Erfahrungen des 20. Jahrhunderts her dürfte das Verständnis für eine derartige politische Literatur – und damit auch für eine Rezeption der *römischen* Antike – wieder stärker geworden sein: wenn heute auch mehr das Problematische als das Konstruktive dieses Sachverhalts und mehr das *Leid* der Individuen gesehen wird.

Schließlich ist in der Barockliteratur – im Vergleich mit der Zeit des Renaissance-Humanismus – die Antikerezeption spürbar geringer geworden. Die weiterhin beliebten Gattungen Epigramm und Satire etwa standen vorrangig nicht mehr in der antiken Tradition, und in den anderen Gattungen sind die stofflichen und motivischen Anknüpfungen sukzessive zurückgegangen.

---

10 Vgl. Else-Lilly Etter: Tacitus in der Geistesgeschichte des 16. und 17. Jahrhunderts [s. Bibl. 1.1.].

Für den deutschen Renaissance-Humanismus waren die ›Alten‹ fast ausnahmslos unbestreitbare Vorbilder; im Barock hingegen kam es zu beträchtlichen Differenzierungen – insbesondere im Hinblick auf die griechische Antike. Beispielhaft ist das Verhältnis zu Homer.[11] Autoren wie Paul Fleming oder Simon Dach – der auch öfters auf Homerische Szenen und Gestalten anspielt – erklären ihn zum vollkommensten aller Dichter, und in den Poetiken von Martin Opitz und einigen seiner Nachfolger (Augustus Buchner, Johann Klaj, Georg Philipp Harsdörffer) wird er ebenfalls zum Muster der Poesie erhoben. Allerdings handelt es sich dabei oft um pauschale Verehrungen und traditionelle, aus dem 16. Jahrhundert überkommene Wertungen, nicht um neuartige und intensive Auseinandersetzungen oder um spezifische Würdigungen seiner dichterischen Eigenart; ja, bisweilen wird er eher als Historiker denn als Epiker betrachtet, oder sein Name erstarrt zur bloßen Formel. Während für einige Poetiker, in der Nachfolge Scaligers, Homer hinter Vergil zurücktritt, wird seine und die Vorbildlichkeit der Antike überhaupt von anderen Dichtern und Theoretikern seit der Mitte des 17. Jahrhunderts in Frage gestellt – und zwar aus unterschiedlichen Gründen. Zunächst einmal wird aus einem religiösen Purismus heraus auf die Diskrepanz zwischen christlicher und antiker Weltanschauung hingewiesen – beispielhaft von dem Kirchenlieddichter Paul Gerhardt (1607–1676) in dem Gedicht »Weltskribenten und Poeten«:

> Was Homerus hat gesungen
> Und des Maro hoher Geist,
> Wird gerühmet und gepreist
> Und hat alle Welt durchdrungen;
> Aber wenn der Tod uns trifft,
> Was hilft da Homerus' Schrift?[12]

Sodann werden die Leiden der eigenen Zeit als gravierender denn die von Homer geschilderten Vorgänge bezeichnet: »Schweig nun, Homerus, schweig und laß dein Troja fahren«[13], schreibt Johann Rist anläßlich der Zerstörung Magdeburgs im Jahre 1631 – und Andreas Gryphius gebraucht das Motiv des Rauches in einem der »Odyssee« entgegengesetzten Sinne:

> VLysses wundtscht den rauch von Vaterland zu schawen
> Mir mus für dessen rauch / des brandes zeichen grawen.[14]

Andere Argumente sind das – wie man meinte – größere Gewicht der wirklichen deutschen gegenüber der poetisch ausgeschmückten griechischen Geschichte, die Unglaubwürdigkeit der von Homer geschilderten Vorgänge (»Ein rechtschaffener Poet darff sich solcher Heydnischen Lumpen-Gedichte gar nicht bedienen«[15]) oder

---

11 Vgl. Thomas Bleicher: Homer in der deutschen Literatur [s. Bibl. 1.2.], S. 149–166.
12 Paul Gerhardt: Wach auf, mein Herz und singe. Gesamtausgabe seiner Lieder und Gedichte. Hrsg. von Eberhard von Cranach-Sichart. Wuppertal, Kassel ²1991, S. 110.
13 Johann Rist: Poetischer Lust-Garte. Zitiert nach: Thomas Bleicher (wie Anm. 11), S. 157.
14 Andreas Gryphius: Auff Ulyssem. In: Gryphius: Gesamtausgabe der deutschsprachigen Werke. Hrsg. von Marian Szyrocki und Hugh Powell. Tübingen 1963–1972 = Neudrucke deutscher Literaturwerke. N. F. 9–12, 14, 15, 21, 23, Bd. 2, S. 165.
15 Johann Rist: Poetischer Schauplatz. Zitiert nach: Achim Aurnhammer: Deutschland II [s. Bibl. 3.1.], Sp. 785.

– wie bei Christian Weise[16] – die Überlegenheit der modernen Wissenschaft über die Lehrmeinungen der ›Alten‹. Dabei handelt es sich keineswegs um einheitliche Konzeptionen; vielmehr konnten – wie z. B. bei Philipp von Zesen – eine religiös motivierte Absage und die Einsicht in die poetische Schönheit der alten Autoren sehr wohl miteinander verbunden oder – so bei Sigmund von Birken (1626–1681) – ›heidnische‹ Gedanken christlich umgedeutet werden.

Über diese mehr oder weniger situationsbedingten Erörterungen hinaus wurde sogar die Eigenständigkeit der Moderne gegenüber den ›Alten‹ grundsätzlich und bewußt hervorgehoben. Christoph Kaldenbach (1613–1698) nämlich fragt in seinen »Deutschen Liedern und Getichten« (1683), in Anbetracht nicht weniger moderner Kunstwerke, prononciert:

> Wer denckt der Alten Kunst bloß immer zu erhebē?
> Meint nur / Parrhasius / und Zeuxis / mahlten schön;
> Apelles müsse vor mit seinen Taffeln gehn?

Und er fährt fort:

> Schawt diese Conterfey! wie lebhafft / nett / und eben!
> Setzt Stimm' und Athem zu: was gilts? Sie alle leben /
> Und zeugen selbst von sich / daß sie getroffen stehn.
> Herr Philip / glaubet nicht / was Rom nur / und Athen
> Mit so beschrienem Ruhm von Künsten ausgegeben.[17]

Die erste Phase der Barockliteratur ist historisch durch den Dreißigjährigen Krieg, weltanschaulich durch ein Vorherrschen des Vanitas-Gedankens und ästhetisch durch einen an den Renaissancepoetiken geschulten Klassizismus bestimmt – Richard Alewyn spricht in bezug auf Martin Opitz von »vorbarockem Klassizismus«; im vorliegenden Buch wird der Begriff ›Frühbarock‹ verwendet.

In der Literatur aus der zweiten Hälfte des 17. Jahrhunderts spiegelten sich vor allem die Situation der Nachkriegszeit und eine verstärkte Feudalisierung wider. Es ist die Zeit des eigentlichen Hochbarocks und der Hofdichtung. Für die Werke der Autoren, die erst jetzt zu schreiben begonnen haben – insbesondere für die sogenannte zweite schlesische Dichterschule –, sind charakteristisch die weitere Zurückdrängung der neulateinischen Tradition, eine Motivverlagerung von Tod und Grab auf Lebensfreude und Liebesgenuß und eine Wandlung vom Stoizismus zum Epikureismus, vom *docere* zum *delectare*, von Horaz zu Ovid. Die Literatur dieser Phase stand im Zeichen des Marinismus, der in der englischen und in den romanischen Literaturen bereits um 1600 tonangebend geworden war und in Deutschland erst zu einer Zeit bestimmend wurde, als er in den Nachbarländern bereits überwunden war. Diese nach dem italienischen Schriftsteller Gianbattista Marino (1569–1625) genannte Stilrichtung zeichnete sich durch eine gepflegte und elegante Sprache, durch weit hergeholte Bilder und poetische Kunstmittel, einen geistreichen Konversationston und eine pedantische Zierde aus. Sie stand in bewußtem Kontrast zu einer volkstümlichen Dichtung. Daß allerdings auch diese durchaus

---

16 Vgl. Thomas Bleicher (wie Anm. 11), S. 202.
17 Christoph Kaldenbach: Auswahl aus dem Werk. Hrsg. und eingel. von Wilfried Barner. Tübingen 1977 = Neudrucke deutscher Literaturwerke. Sonderreihe 2, S. 145.

lebenskräftig war, belegt das wohl bedeutendste Werk des Hochbarocks: Christoffel von Grimmelshausens »Simplicissimus«.

Um die Wende zum 18. Jahrhundert gingen die typisch barocken Elemente der deutschen Literatur zurück, trat als Vorbild an die Stelle des italienischen Marinismus die auf ›Natur‹ und ›Vernunft‹ ausgerichtete Poetik der französischen Klassik – repräsentiert vor allem von Nicolas Boileau-Despréaux (1636–1711) – und begann das Bürgertum wieder einen größeren Anteil an der Literatur zu nehmen. In den Poetiken des Spätbarocks und mit François de Salignac de La Mothe Fénelons (1651–1715) im Jahre 1699 erschienenem und bereits 1700 zum erstenmal ins Deutsche übertragenem Erziehungsroman »Les aventures de Télémaque« setzte ein erneutes Interesse an Homer ein, dessen »Odyssee« als Prototyp nicht nur des Epos, sondern auch des Romans angesehen wurde.

Frühbarock
Von Martin Opitz bis Andreas Gryphius

MARTIN OPITZ (1597–1639) war die überragende literarische Gestalt in Deutschland in der ersten Hälfte des 17. Jahrhunderts. »Du Pindar / du Homer / du Maro unsrer Zeiten«, besang ihn Paul Fleming in seinem Nachruf – und Friedrich von Logau prägte das Epigramm:

> Im Latein sind viel Poeten, immer aber ein Virgil.
> Deutsche haben einen Opitz, Tichter sonsten eben viel.[18]

Opitz war ein großer Wegbereiter in mehreren Gattungen: besonders wirkungsvoll in Poetik und Lyrik, anregend aber auch für Drama und Roman. Die Maßstäbe, die er setzte, waren grundlegend für eine Poesie in höfischem Milieu, die zugleich das bürgerlich-gelehrte Erbe des Renaissance-Humanismus bewahrte, und blieben beispielhaft bis in die Mitte des 18. Jahrhunderts hinein.

Opitz begann 1616 lateinisch zu dichten und versuchte sich auch bald in deutschen Versen; 1617 erschien seine Rede »Aristarchus sive de contemptu linguae Teutonicae« (Aristarchus oder Über die Verachtung der deutschen Sprache), in der er – nicht ohne nationalistische Töne – in lateinischer Sprache die These vertrat, daß das Lateinische seit dem Untergang des Römischen Reiches an Bedeutung verloren habe und daß die moderne Dichtung in deutscher Sprache geschrieben sein müsse. Er studierte in Heidelberg, das (wie früher Straßburg) Mittelpunkt des weltlichen Kalvinismus und der ausklingenden humanistischen Bestrebungen geworden war. 1624 gab er die Gedichtsammlung »Teutsche Poemata« und das »Buch von der Deutschen Poeterey« heraus: eine Zusammenfassung derjenigen Regeln, die das Richtmaß der zeitgenössischen europäischen Dichtung bildeten.

Opitz war ein großer Verehrer der griechischen und römischen Schriftsteller:

---

18 Paul Fleming: Ueber Herrn Martin Opitzen auff Boberfeld sein Ableben. In: Fleming: Deutsche Gedichte. Hrsg. von Volker Meid. Stuttgart 1986 = Universal-Bibliothek 2455, S. 111; Friedrich von Logau: Vom Opitio. In: Logau: Sinngedichte. Hrsg. von Gustav Eitner. Leipzig 1870 = Deutsche Dichter des 17. Jahrhunderts 3, S. 159.

»[...] wer [...] nicht auff die Alten ziehlt / Nicht jhre Schrifften kennt / der Griechen und Lateiner / [...] ist zwar ein guter Mann / Doch nicht auch ein Poet.« So heißt es in dem Gedicht »An Herrn Zincgrefen« (Julius Wilhelm Zincgref; 1591–1635)[19] – und im »Buch von der Deutschen Poeterey«: »Vnd muß ich nur bey hiesiger gelegenheit ohne schew dieses erinnern / das ich es für eine verlorene arbeit halte / im fall sich jemand an vnsere deutsche Poeterey machen wolte / der [...] in den griechischen vnd Lateinischen büchern nicht wol durchtrieben ist / vnd von jhnen den rechten grieff erlernet hat.«[20] Ja, er rät sogar, zu überlegen, »wie man die epitheta [...] von den Griechen und Lateinischen abstehlen / vnd vns zue nutze machen möge«.[21]

Maßgebend waren für ihn aus der Antike die Lehren des Aristoteles, des Horaz und Quintilians. Doch sosehr Opitz die Gesetze der Poetik letztlich aus den antiken Vorbildern ableitete, ging er tatsächlich weniger unmittelbar auf diese selbst als auf deren Weiterführung in der Renaissance zurück: auf die führende neulateinische, holländische und französische Dichtung, auf die Poetiker Julius Caesar Scaliger (1484–1558), Marco Girolamo Vida (1490–1566) und Isaac Casaubonus (1559–1614), auf Pierre de Ronsard, das Haupt der Pléiade, sowie auf den holländischen Philologen Daniel Heinsius (1580–1655), dessen Aristoteles-Übersetzung und -Kommentar 1611 und dessen Schrift »De tragoediae constitutione« (Über die Einrichtung der Tragödie) 1615 erschienen waren. Damit löste Opitz einerseits die deutsche Literatur von der heimischen Überlieferung (in der Dichtung des 16. Jahrhunderts sah er keine Anknüpfungspunkte), ließ sie andererseits aber auch an die Stelle der lateinischen Poesie treten.

Das »Buch von der Deutschen Poeterey« ist in acht Kapitel gegliedert. Die ersten vier handeln von der Poesie, ihrem Wesen und ihren Aufgaben. In der zweiten Hälfte des Buches geht es um Fragen der poetischen Praxis. Hier strebte Opitz nach einer Veredelung der deutschen Poesie, forderte eine gepflegte Sprache und wendete sich gegen Fremdwörter. Von zentraler Bedeutung ist dabei das siebente Kapitel, das über Metrik, Vers und Strophenbau handelt. Opitz trat für die Reinheit des Reimes ein und erklärte – anstelle der Silbenzahl – den regelmäßigen Wechsel von betonten und unbetonten Silben zum metrisch-rhythmischen Gesetz. Damit ließ er weder den Knittelvers noch Daktylus und Anapäst gelten; als Ersatz für den Hexameter führte er den Alexandriner ein und verschaffte ihm bis ins 18. Jahrhundert hinein den Primat vor allem in Drama, Lehrgedicht, Epigramm und Sonett.

Auf diese Weise hat er freilich nicht nur bestimmte Probleme, die gegen Ende des 16. Jahrhunderts in der Lyrik offenkundig geworden waren, zu lösen unternommen, sondern auch den deutschen Vers unter ein fremdes Gesetz gestellt, hat ihn sowohl gegenüber den eigenen Traditionen wie gegenüber der antiken Vielfalt vereinfacht und starr gemacht.

Als Lyriker war Martin Opitz, im Anschluß an Heinsius, ein wichtiger Vermittler

---

19 Martin Opitz: Weltliche Poemata. 1644. Unter Mitw. von [...] hrsg. von Erich Trunz. Tübingen 1967–1975 = Deutsche Neudrucke. Reihe Barock 2–3, Bd. 2, S. 33.
20 Martin Opitz: Buch von der Deutschen Poeterey (1624). Nach der Edition von Wilhelm Braune neu hrsg. von Richard Alewyn. Tübingen 1963 = Neudrucke deutscher Literaturwerke. N. F. 8, S. 16f.
21 Ebd., S. 29.

des Petrarkismus in Deutschland. Dagegen behandelte er die ›leichte‹ und scherzhafte Muse der Anakreonteen nur am Rande und trug somit dazu bei, daß dieses Genre bis zum Ende des 17. Jahrhunderts in Deutschland nur wenig Aufmerksamkeit fand.[22] Vorbilder waren für Opitz in erster Linie Horaz und – mit Abstand – Vergil. Er hat in den »Teutschen Poemata« Horazens berühmte Ode III 30 (*exegi monumentum aere perennius*) nachgebildet, und mit dem »Lob des Feldtlebens« (1623), in dem er auf dessen zweite Epode sowie auf Vergils »Georgica« Bezug nahm, wurde er zum Begründer der deutschsprachigen Tradition der Landlebendichtung im 17. Jahrhundert. Opitz hat mehrere Lobgedichte verfaßt (darunter eine Übersetzung von Heinsius' »Lobgesang Bacchi«); am bedeutendsten ist das »Lob des Krieges Gottes Martis« aus dem Jahre 1628, in dem freilich das scheinbare Enkomion sich tatsächlich als eine Satire in mythologischer Einkleidung angesichts der Greuel des seit zehn Jahren tobenden Krieges erweist.

Das gesamte künstlerische Schaffen von Martin Opitz stand im Zeichen seiner Reform. 1625 übertrug er Senecas »Troades«: die Dialoge in gereimten Alexandrinern, die Chorlieder in kürzeren steigenden und fallenden Versen. Der Dichter sah sich zwar noch nicht in der Lage, ein vorbildliches deutsches Originaldrama zu schaffen, legte aber ein dramaturgisches und ein metrisch-technisches Muster nach der Antike vor. Es war für lange Zeit die einzige vollständige Übersetzung einer römischen Tragödie. Diese erste Ankündigung eines deutschsprachigen Kunstdramas war freilich nicht nur ein innerliterarisches Ereignis, sondern Opitz war sich auch der aktuellen Bedeutung seiner Vorlage bewußt. In der Vorrede schreibt er: »Solche Beständigkeit aber wird vns durch Beschawung der Mißligkeit deß Menschlichen Lebens in den Tragödien zuförderst eingepflantzet: daṅ in dem wir grosser Leute / gantzer Stätte vnd Länder eussersten Vntergang zum offtern schawen vnd betrachten / tragen wir zwar / wie es sich gebüret / erbarmen mit jhnen / können auch nochmals auß Wehmuth die Thränen kaum zurück halten; wir lernen aber darneben auch durch stetige Besichtigung so vielen Creutzes vnd Vbels das andern begegnet ist / das vnserige / welches vns begegnen möchte / weniger fürchten vnnd besser erdulden.«[23]

1626 übersetzte Opitz den vor der Gründung Roms spielenden Roman »Argenis« des katholischen englischen Humanisten John Barclay (1582–1621) aus dem Lateinischen: eine eigentümliche Mischung von römischem Sujet, Motiven des spätantiken Liebes- und Abenteuerromans, zeitgenössischen politischen Anspielungen und einer phantastischen Allegorik. Hier hat der Schlüssel-, Staats- und heroische Roman aus der zweiten Hälfte des 17. Jahrhunderts seine Wurzeln, bei dem sich Elemente von Unterhaltungs- und Erbauungsliteratur miteinander verbinden und dessen Handlung – soweit sie das harte, aber immer glücklich ausgehende Schicksal eines zunächst getrennten, aber nach endlosen Komplikationen wieder vereinigten Liebespaares betrifft – letzlich auf Heliodors »Aithiopica« zurückgeht. Opitz als Vermittler Barclays hat also auch auf diesem Gebiet Spürsinn für eine entwicklungsfähige literarische Form bewiesen.

---

22 Vgl. Herbert Zeman: Die deutsche anakreontische Dichtung [s. Bibl. 4.1.], S. 39–41.
23 Martin Opitz: L. Annaei Senecae Trojanerinnen / Deutsch ubersetzt und erkläret. In: Opitz: Weltliche Poemata (wie Anm. 2), Bd. 1, S. 315.

Dasselbe gilt für seine Mitwirkung an der Einführung der italienischen Oper in Deutschland, die – ursprünglich in Florenz aus dem Willen heraus entstanden, das griechische Drama zu erneuern – als höfisches Festspiel nach dem Norden verpflanzt wurde. In dieser Gattung schrieb Opitz 1627 anläßlich einer fürstlichen Hochzeit den deutschen Text zu einer Oper »Daphne«, deren Musik – da sein Text sich nicht der italienischen Musik fügte – von Heinrich Schütz (1585–1672) komponiert wurde. 1635 folgte mit »Judith« noch eine Oper mit biblischem Sujet.

Als Wegbereiter wirkte Opitz für die deutsche Schäferdichtung. 1638 gab er Sir Philip Sidneys »Arcadia« (1590) neu heraus, und zwar in einer überarbeiteten Fassung der Übersetzung von Valentin Theocritus von Hirschberg, die ihrerseits auf einer französischen Übertragung des englischen Originals beruhte. Zuvor schon (1630) hatte Opitz in Prosa mit lyrischen Einlagen die »Schäfferey von der Nimfen Hecinie« geschrieben, eine Freundschafts- und Heimatdichtung mit lehrhaftem Unterton, die in der Tradition sowohl der Schäferdichtung wie des Lehrgedichts zu sehen ist.

Die wichtigste Leistung aus Opitz' letzter Schaffensperiode ist seine Übersetzung der Sophokleischen »Antigone« (1636), mit der er nach den »Troerinnen« ein weiteres Beispiel für die Schulbühne in einer antiken Tragödie geben wollte und den hohen Stil in das deutsche Drama einführte. Im Unterschied zu Johann Fischarts volkstümlicher Übertragung aus humanistischem Geist hielt er sich in korrekter Gelehrsamkeit streng an den Wortlaut. Tatsächlich allerdings hat er das griechische Original aus dem Stil des Sophokles in den des Seneca transponiert und der Handlung wie den Gestalten – gemäß der Tragödienkonzeption des Heinsius – einen christlich-stoischen Charakter gegeben. Aus dem vielschichtigen Widerstreit zwischen menschlich-moralischer Pflicht und staatlichem Gesetz ist eine relativ lineare Schuld-Strafe-Relation geworden, aus der zu einer Katharsis führenden griechischen Tragödie ein römisch-barockes Märtyrerdrama, das zum Ertragen von Leid und Unglück erzieht. Auch dort, wo sich ein Interesse für die griechische Antike kundtat, wurde sie vor allem aus römischer Tradition gesehen. Opitz hat »alles Dunkle, Drohende, Erregende«, alles Orgiastische und Dionysische in seiner rationalistischen Bearbeitung gelöscht. Den ursprünglichen Klangreichtum hat er in ein »gleichmäßiges wohltemperiertes Mezzosopran« übergeführt; er ließ keine Schwankungen in der Intensität des Ausdrucks, in Rhythmus, Tempo und Tonart zu, milderte die sozialen Unterschiede und das Allzukräftige des Stils, harmonisierte Widersprüche und hat ›heidnische‹ religiöse Vorstellungen übergangen, neutralisiert, christianisiert oder ästhetisiert.[24]

Opitz' Poetik – insbesondere seine Verslehre – kann als letztes Glied der europäischen Renaissancepoetik aufgefaßt werden, als Rückkehr zu deren philologischem Ausgangspunkt. Sie hatte eine große Wirkung – zunächst in Schlesien, dann in Sachsen und schließlich über die Sprachgesellschaften in Königsberg, Nürnberg und Hamburg.

---

24 Vgl. Richard Alewyn: Vorbarocker Klassizismus und griechische Tragödie [s. Bibl. 3.2. (Opitz)], S. 21–31 (Zitate: S. 22 f.).

Allerdings ist der dichterische Neuansatz nicht *ausschließlich* auf Opitz zurückzuführen, sondern durchaus als ein allgemeiner Prozeß zu sehen. Opitz' ältere Zeitgenossen nämlich waren von ihm noch relativ unabhängig. GEORG RODOLF WECKHERLIN (1584–1653) ging vom Gebrauch der lateinischen zu dem der deutschen Sprache über und hat erstmals Formen der antiken Lyrik im Deutschen verwendet. Als guter Kenner der antiken und der französischen Literatur des 16. Jahrhunderts verfaßte er insbesondere Oden und Eklogen, wobei er sich nach dem Vorbild Ronsards an der Pindarischen Form der Ode orientierte. CASPAR VON BARTH (1587–1658), von der Tradition des Späthumanismus herkommend, veröffentlichte 1612 »Amabilium libri IV« (Vier Bücher Liebesgedichte) in anakreontischer Art. FRIEDRICH SPEE VON LENGENFELD (1591–1635) stand mit den Eklogen aus seiner »Trutz Nachtigall« (entstanden 1630) in der Tradition von Vergil und der neulateinischen und italienischen Renaissancedichtung, verband die geistliche Thematik mit bukolischen Motiven und ließ Christus in der Gestalt des Hirten Daphnis erscheinen.

Die neue Verslehre breitete sich insbesondere in der Theorie und in der Lyrik aus. ANDREAS TSCHERNING (1611–1659) ging von der lateinischen zur deutschen Dichtersprache über, schrieb 1658 eine »Poetik« und galt als eine Art ›Statthalter von Opitz in Mecklenburg‹; AUGUSTUS BUCHNER (1591–1661), ebenfalls noch an den Späthumanismus und an die neulateinische Dichtung gebunden, trat durch Briefe in der Art des jüngeren Plinius, durch Gedichte und Editionen hervor und wurde nach Opitz' Tod als Dichter wie als Vermittler formaler Bildung gleichsam zum ›Hüter der neuen deutschen Dichtung‹. Er war in seiner rhetorischen Grundhaltung an Cicero und Quintilian orientiert, lehnte volkstümliche Elemente ab und näherte sich einer höfisch-aristokratischen Einstellung. Buchner systematisierte in seiner »Poetik« (entstanden und verbreitet ab 1638, gedruckt 1663 und 1665) die Opitzschen Lehren und bemühte sich, die poetischen Grundsätze, unter Ausschaltung der italienischen und französischen Vorbilder, direkt auf die antiken Autoritäten zurückzuführen, die er nicht nur als Gesetzgeber, sondern auch wegen einer geistigen Wesensverwandtschaft schätzte. Dabei wies er auf die Bedeutung der griechischen Autoren hin – meinte freilich, daß man von ihnen genug mitbekomme, wenn man sich an Vergil und Horaz orientiere. Die deutsche Dichtung verhält sich seiner Auffassung nach zur lateinischen wie diese zur griechischen.

Buchner machte die deutsche Dichtkunst zum Lehrfach an der Universität Wittenberg, von wo aus sie durch seine Schüler weitergetragen wurde. Er hatte eine enge Bindung an Malerei und Musik – so schrieb er 1638 anläßlich der Vermählung des sächsischen Kurprinzen den Text zu einer von Heinrich Schütz komponierten Oper »Orpheus« – und stand im Briefwechsel mit zahlreichen Dichtern und Gelehrten seiner Zeit.

Die erste Hälfte des 17. Jahrhunderts war eine Zeit reichen lyrischen Schaffens. Am bedeutendsten war PAUL FLEMING (1609–1640), der sich intensiv mit der antiken Lyrik, insbesondere mit Horaz, beschäftigte und sich ausdrücklich zur Gelehrsamkeit bekannte. Fleming begann mit lateinischer Liebeslyrik (»Rubella seu Suaviorum liber I«, 1631), in der er noch weitgehend an die Neulateiner, vor allem an Johannes Secundus, anknüpfte und auch auf die Kußgedichte Catulls Bezug nahm, und wechselte bald zur Dichtung in deutscher Sprache. Er stand in der

Tradition des Petrarkismus. Seine Lieblingsform war die Ode. Fleming hat in seinen Dichtungen öfters Gestalten der griechischen Mythologie beschworen oder römische Autoren genannt: am häufigsten Horaz und Ovid, außerdem Plautus, Terenz, Catull, Vergil, Tibull, Seneca und Martial. Er hat einige römische Oden und Epigramme direkt nachgebildet – so in dem Sonett »Herrn Pauli Flemingi [...] Grabschrifft« die Horazische Ode III 30: »Man wird mich nennen hören, / Biß daß die letzte Glut diß alles wird verstören.«[25] Dabei verlief seine geistige Entwicklung von der direkten Entlehnung über die freie Nachdichtung bis zu bloßen Anklängen. Die fremden Muster dienten nicht der Stilübung, sondern dem Bedürfnis, für die eigene Situation sich die mustergültige Darstellungsweise der ›Alten‹ zunutze zu machen. Charakteristischer aber sind seine Entlehnungen und Anlehnungen – in erster Linie an Horaz, des weiteren auch an Catull, Vergil, Tibull, Ovid und Martial sowie an die »Anthologia Graeca«. Fleming reflektierte über das Wesen der Dichtung und den Ruhm des Dichters, verkündete einen maßvollen Lebensgenuß, verfaßte erotische und sympotische Gedichte, besang Natur, Freundschaft und Vaterland, schrieb über Tod und Vergänglichkeit, über Glück, Schicksal und Gott. Er stand aber nicht unter so starkem antikem Einfluß wie die neulateinischen Dichter. Während seine frühe Lyrik noch relativ konventionell gehalten ist, wurde er später selbständiger und persönlicher; ja, seine reifsten Werke haben bekenntnishafte Züge, die schon auf Johann Christian Günther vorausdeuten.

In der ersten Hälfte des 17. Jahrhunderts entstanden in Deutschland nach italienischem Vorbild Sprach- und Dichtergesellschaften; die erste und bedeutendste war die 1617 von Fürst Ludwig von Anhalt-Köthen gegründete Fruchtbringende Gesellschaft, deren ›Erzschreinhalter‹ Tobias Hübner (1577–1636) als deutscher Vergil und Ovid gefeiert wurde. Diese Gesellschaft hielt sich allerdings an die französische Silbenzählung und rechnete mit Längen und Kürzen, während Opitz nach dem Vorbild der Holländer die Bedeutung des Akzents betonte.

Anhänger von Opitz hingegen waren die Dichter des Königsberger Kreises um SIMON DACH (1605–1659). Dach hat sich vor allem am Beispiel des Horaz geschult und das Ideal einer maßvollen Lebensfreude verkündet. Auch er vollzog den Übergang von der lateinischen zur deutschen Dichtung, und zwar zu einer Art geselligen Gebrauchskunst. CHRISTOPH KALDENBACH (1613–1698) veröffentlichte 1651 Gedichte unter dem Titel »Deutsche Sappho«, und mit dem Drama »Herkules am Wege der Tugend und Wollust« (1635) griff er ein beliebtes Thema des Renaissance-Humanismus wieder auf.

Horazischen Einfluß finden wir auch in Nürnberg, bei GEORG PHILIPP HARSDÖRFFER (1607–1658) und dem Löblichen Hirten- und Blumenorden an der Pegnitz: den ›Pegnitzschäfern‹, in deren bürgerlich-patrizischer Ausrichtung noch Traditionen der Meistersinger weiterlebten. Harsdörffer (der ebenfalls anfangs Latein schrieb) pflegte alle Dichtungsgattungen, besonders die Schäferpoesie, und die poetische Theorie. In den achtbändigen »Frauenzimmer-Gesprechsspielen« (1641–1649) hat er nach Horazischem Vorbild die Forderung des *prodesse aut delectare* zu erfüllen gesucht und die nützliche und lehrhafte Unterhaltung durch Spiele und

---

25 Paul Fleming (wie Anm. 18), S. 112.

Anekdoten unterbrochen. Der Kreis der Gesprächsteilnehmer setzt sich aus Temperamenten und Typen im Sinne von Theophrasts »Charakteren« zusammen. Harsdörffer ist die erste vollkommene alkäische Strophe in deutscher Sprache gelungen. Seine Poetik ist, sachlich nicht berechtigt, vor allem auf Grund ihres Titels berüchtigt: »Poetischer Trichter« (1647, 1648 und 1653). Den ›Pegnitzschäfern‹ gehörte JOHANN KLAJ an (um 1616–1656), der in seinen sogenannten Rede-Oratorien »Herodes der Kindermörder« (1644/45) und »Engel- und Drachen-Streit« (1649) sich an Opitzens »Trojanerinen« anlehnte bzw. einen Entscheidungskampf als Schlachtengemälde aus dem Dreißigjährigen Krieg nach dem Vorbild des Lucan vortrug. Er hat erstmals in stärkerem Maße sapphische Oden geschrieben.

In Hamburg wirkten bis über die Jahrhundertmitte hinaus JOHANN RIST (1607–1667), der Gründer des Elbschwanenordens, der sich als Statthalter Opitz' im westlichen Norddeutschland fühlte, und der Sprachreiniger Philipp von Zesen (1619–1689), das Haupt der Deutschgesinnten Genossenschaft. Auch Rist ging es – zuletzt noch ausdrücklich in den »Monatsgesprächen« (ab 1663) – um die Verbindung von *prodesse* und *delectare*, um die Mischung des *utile* mit dem *dulce*. Er arbeitete in verschiedenen literarischen Gattungen und reagierte sehr unmittelbar auf die Probleme seiner Zeit. Rist schrieb Gedichte – vornehmlich Schäferpoesie, in deren Stil er auch die Sage von Orpheus und Eurydike behandelte, doch griff er ebenso in »Capitan Spavento« (1635) das Motiv des *miles gloriosus* auf –, Epigramme, ein Prozeßspiel »Irenaromachia« (1630) mit Motiven aus den Homerischen Epen und aus der Terentianischen »Andria«, einen »Perseus« (1634), in dem er den Untergang des makedonischen Reiches nach Livius als moralisch-lehrhaftes Beispiel nacherzählte, sowie – als seine reifste Leistung – das nationale Passionsspiel »Das friedewünschende Teutschland« (1647) mit Anklängen an Frischlins »Julius redivivus«. PHILIPP VON ZESEN trat mit Gedichten, Übersetzungen und Romanen hervor: In der »Adriatischen Rosemund« (1645) übertrug er den Euryalus- und Lucretiastoff in die holländische bürgerliche Gegenwart; den Lebens-, Liebes- und Staatsroman »Assenat« um den biblischen Joseph (1670) reicherte er mit Zügen aus Hesiod, Platon, Cicero und Seneca an.

Symptomatisch für die mehr oder weniger theoretisch-poetologisch fundierte Lyrik aus der ersten Hälfte des 17. Jahrhunderts sind ihr lehrhafter Charakter und ihre Orientierung an Horaz – und zwar vor allem an den »Oden« und an der »Ars poetica«. Dies gilt auch für die neulateinische geistliche Dichtung im katholischen Süddeutschland. Ihren Höhepunkt erreichte sie mit JACOB BALDE (1604–1668). Hatte sich innerhalb der christlichen Thematik der Jesuiten die Horaz-Imitation im allgemeinen auf Metrik, Sprache und Stil beschränkt, zielte also, vom Inhalt her, auf einen »Horaz ohne Horaz«[26], so dominierte bei Balde – in der Nachfolge des polnischen Jesuitendichters Mathias Casimirus Sarbievus (Sarbiewski; 1595–1640) – Horaz auch im Stofflichen. Von 1637 an schrieb er Oden und Epoden nach Horazischem Vorbild (»Lyricorum libri IV, Epodon liber I«; 1643). Dabei standen im Mittelpunkt *sapientia*, *religio* und *patria* – Weisheit, Religion und Vaterland. Balde verkündete nach der Art des römischen Dichters, aber unter dem Vorzeichen eines

---

26 Eckart Schäfer: Deutscher Horaz [s. Bibl. 1.2.], S. 112.

christlich-stoischen Vanitas-Bewußtseins Maßhalten, Beherrschung und Verachtung der Menge; er transfigurierte die Horazischen Göttinnen und Frauen in seine ›Marienoden‹, in denen Maria als Nymphe oder Diana gepriesen wird, und kommentierte mit Blick auf den römischen Bürgerkrieg fast alle Ereignisse des Dreißigjährigen Krieges. In einer Ode auf Wallensteins Tod reflektierte der kaisertreue Dichter den Zusammenhang von Höhe und Fall, von Hybris und Strafe, von Macht und Tod unter Anspielung auf ambivalente antike Gestalten wie Kroisos, Polykrates, Hannibal und Sejan. Auch er galt seinen Zeitgenossen als ›deutscher Horaz‹.

An die Oden und Epoden schlossen sich neun Bände »Silvae« (Vermischte Gedichte; 1643, erweitert 1646) in der Art des Statius an, die u. a. Gedichte über die Jagd (mit einer Versöhnung zwischen Pallas und Diana), geistliche Bukolik (mit Christus als Daphnis) und patriotische, kulturkritische und poetologische Gedichte enthielten. Darüber hinaus hat Balde in seiner Jugend eine »Batrachomyomachia« geschrieben (1628, gedruckt 1637); er kannte Anakreon, Catull und Ovid und verfaßte Verssatiren nach Horaz – in bewußter Abgrenzung von Juvenal. In mehreren Werken ahmte er Vergil nach – so hat er sich öfters auf den Untergang Trojas im zweiten Gesang der »Aeneis« bezogen, um dem Leid seiner eigenen Zeit Ausdruck zu geben, und hat in seinem elegischen Spätwerk »Urania Victrix« (1663), Vergilisches und Biblisches miteinander verbindend, auf den sechsten Gesang dieses Epos angespielt, um nicht nur von Schmerz und Tod, sondern auch von Jenseits und Unsterblichkeit zu künden –; er übernahm (insbesondere in der Ode IV 28) sowohl Motive als auch Bewertungen aus Lucans »Bellum civile« und orientierte sich an den zeitgeschichtlichen Epen Claudians. Seine Erschütterung über den Dreißigjährigen Krieg ließ ihn auch ›Tyrannen‹ der römischen Geschichte (Caesar, Octavian, Nero) äußerst kritisch sehen.

Neben Balde ist der ›Mariensänger‹ JOHANNES BISSELIUS (1601–1682) zu nennen, der es sogar unternahm, den bei den Jesuiten eigentlich verfemten Ovid zu imitieren und Worte, Wendungen und Stil der »Amores« und der »Ars amatoria« – unter bewußten Anspielungen auf den erotischen Gehalt – ins Christliche zu transponieren.

Das 17. Jahrhundert war eine Blütezeit des Epigramms, und viele seiner zeitkritischen Dichtungen hatten satirische Züge. Allerdings trat hier der direkte antike Einfluß zurück. – Während man sich in der Theorie des Epigramms an Martial orientierte, dominierte in der poetischen Praxis nicht das satirische, sondern das gnomische Epigramm; Vorbild war vor allem der Engländer John Owen (um 1560–1622), dessen geistreiche Überlegungen und unerwartete Anknüpfungen dem Geschmack der Zeit stärker entgegenkamen als die Unmittelbarkeit des römischen Dichters. Die »Griechische Anthologie« und Catull traten fast völlig in den Hintergrund. Nachdem bereits Opitz sich vom lateinischen Epigramm zu lösen begonnen hatte und vorwiegend literarische und mythologische Gegenstände behandelte, reflektierte der bedeutendste Epigrammatiker des 17. Jahrhunderts, FRIEDRICH VON LOGAU (1604–1655), vor allem zeitgenössische Erfahrungen. Für etwa 1600 seiner 3560 Epigramme gibt es literarische Vorbilder – doch obwohl er sich auch an Martial und Juvenal geschult hat, bezog er sich vorwiegend auf Owen sowie auf Cordus und andere neulateinische Dichter. Dasselbe gilt für Johann Rist und für

Johannes Grob (1643–1697). Die geistlichen Epigramme Daniel Czepkos (1605–1660) sowie diejenigen aus JOHANNES SCHEFFLERS (Angelus Silesius; 1624–1677) »Cherubinischem Wandersmann« (1657, 2. Auflage 1674) schließlich, in denen sich Spuren neuplatonischer Mystik finden, standen *nicht* in der Tradition Martials. Erst gegen Ende des Jahrhunderts gewann bei einigen Autoren der Römer wieder größeren Einfluß.

Der einzige Satiriker, der sich als ein Anhänger von Opitz bekannte – JOACHIM RACHEL (1618–1669) – folgte den Spuren von Persius und Juvenal, wurde auch von seinen Zeitgenossen als ›teutscher Juvenal‹ bezeichnet. Andere satirische Dichter aber – Johann Lauremberg (1590–1658), Heinrich Rulmann (1596–1651), in der zweiten Jahrhunderthälfte Johannes Grob – haben sowohl diese nachklassischen römischen Autoren als auch den *Satiriker* (im Unterschied zu dem *Odendichter*) Horaz kaum rezipiert. Erst um 1700, als man über Boileau mit den Satiren und Episteln des Horaz näher vertraut wurde, begann man auch Verssatiren in antikem Sinne zu schreiben.

Martin Opitz' Verdienste um den Roman kamen erst in der zweiten Jahrhunderthälfte zum Tragen – schon bald einflußreich aber wurde er, nach der Lyrik und der Poetik, in der Dramatik. Ebenso wie die Lyrik entwickelte sich allerdings auch sie nicht *nur* an Hand des »Buches von der deutschen Poeterey« und der Opitzschen Tragödienübersetzungen. Das Schuldrama und das Jesuitendrama lebten weiter – jenes z. B. bei JOHANNES GIBERTUS (1603–1671), in dessen Stück »Vom Laufe der Welt« die vier Geister Diogenes, Midas, Herakles und Venus auftreten, oder bei HEINRICH SCHAEVE (Schaevius; 1624–1661), der »Die viel geplagte und endlich triumphierende Europa« (1651) nach Ovid und Apuleius und eine »Thebais« nach Statius (beide nicht erhalten) sowie eine lateinische Schulkomödie mit dem Pyramus-und-Thisbe-Sujet verfaßte, dieses bei NIKOLAUS AVANCINI (1612–1686), dem namhaftesten österreichischen Dichter um die Jahrhundertmitte. In »Theodosius Magnus Justus et Pius Imperator« (Theodosius, der große, gerechte und fromme Kaiser; geschrieben 1644, aufgeführt und gedruckt 1654) setzt sich Theodosius, der am Ende des 4. Jahrhunderts das Christentum zur Staatsreligion machte, gegen seine Feinde durch; in »Pietas Victrix sive Flavius Constantinus Magnus de Maxentio Tyranno Victor« (Die siegreiche Frömmigkeit oder Flavius Constantinus der Große als Sieger über den Tyrannen Maxentius; 1659) ließ Avancini – wie schon Georg Agricola und Johannes Baptista im Jahre 1575 – den vom Christentum durchdrungenen Konstantin über eine böse, teuflische und dämonische Gegenwelt triumphieren und nutzte das Genre des barocken Märtyrer- und Tyrannendramas zu einer Darstellung des Triumphs der Gegenreformation. Das Jesuitendrama blühte vor allem im Südosten des deutschen Sprachgebietes; es war nicht ohne Einfluß auf den Schlesier ANDREAS GRYPHIUS, der inhaltlich allerdings eher dessen protestantischen Gegenpol darstellte und dessen Märtyrerdramen weder (wie bei Bidermann) komische Züge haben noch die triumphierende Kirche besingen, sondern Tragödien des stoischen Duldertums sind.

Die Bedeutung von Gryphius (1616–1664), dem größten deutschen Dichter des 17. Jahrhunderts, liegt vor allem auf dem Gebiet des Dramas. Er ist der Schöpfer der eigenständigen deutschen Kunsttragödie und wurde bis in die Mitte des 18. Jahrhunderts verehrt, danach freilich durch Shakespeare verdrängt. Die Erfahrung von der Unsicherheit des Daseins in der Zeit des Dreißigjährigen Krieges führte ihn zu einer stoischen Weltsicht, förderte seinen Sinn fürs Tragische und ließ ihn in Senecas Tragödien und im Epos Lucans die Vorbilder für den Gehalt seiner Tyrannen- und Märtyrerdramen erkennen. Das Verhältnis von Zeit und Ewigkeit, von Individuum und Staat steht im Mittelpunkt seiner oftmals pathetisch-rhetorischen Dichtung.

Gryphius begann mit lateinischen Versdichtungen: »Herodis furiae et Rachelis lachrymae« (Herodes' Furien und Rahels Tränen; 1634) und der Fortsetzung »Dei vindicis impetus et Herodis interitus« (Das Verlangen des strafenden Gottes und der Untergang des Herodes; 1635), später »Olivetum« (1648), einem Werk über das Leiden Christi auf dem Ölberg. Es sind biblische Epen mit antiken Motiven (wie z. B. den Erinyen) und nach dem Vorbild antiker Epen, vor allem der Vergilschen »Aeneis« – nicht ohne Analogien zur kriegerischen Welt der Gegenwart. In der Epik ist Gryphius bei der lateinischen Sprache geblieben; in der Lyrik hingegen entwickelte er sich vom lateinischen Ausgangspunkt her über wörtliche und freie Übersetzungen zu einem deutschen Schriftsteller, dessen Gedichte von starker innerer Ergriffenheit auch heute noch lebendig sind. Über Jakob Balde fand er Zugang zur Pindarischen Ode. Mit dem zwischen 1647 und 1650 entstandenen, aber erst 1663 veröffentlichten »Schertz-Spiel« »Horribilicribrifax Teutsch« folgte er der Tradition des Plautinischen »Miles gloriosus«, auf den er teilweise unmittelbar zurückgriff. Ein deutscher Vorläufer für dieses im 16. und 17. Jahrhundert in der gesamten europäischen Literatur beliebte Sujet war der »Vincentius Ladislaus« des Herzogs Heinrich Julius von Braunschweig gewesen. Gryphius' Hauptgebiet aber, wie gesagt, war die – *nur* in deutscher Sprache geschriebene – Tragödie.

Anregungen erhielt Gryphius, außer durch das Jesuitendrama, einmal von Seneca, zum anderen aber auch – in der Dramatik galt das Vorbild der Antike weniger absolut als in der Lyrik – durch seine älteren Zeitgenossen Pierre Corneille (1606–1684) und insbesondere den Holländer Jost van der Vondel (1587–1679), der die auf Seneca beruhende klassizistische Theatertradition mit modernem nationalem Geist erfüllte. Gryphius wollte die deutsche Tragödie gleichberechtigt neben die süd- und westeuropäische stellen. Er schuf als erster Tragödien in deutscher Sprache, die gesellschaftliche und geistige Konflikte der Zeit, seelisches Erleben und Leiden der Menschen in hoher künstlerischer Vollendung darstellten und auf der Höhe des fortgeschrittensten europäischen Denkens standen. Freilich fehlte in Deutschland noch ein lebendiges Theater – Gryphius schrieb, ebenso wie später Casper von Lohenstein, für die protestantischen Lateinschulen in Schlesien –, und ein wirklicher dramatischer Diskurs setzte erst Jahrzehnte später mit Gottsched ein.

Andreas Gryphius hat vier Tragödien mit historischen Sujets geschrieben, von denen in unserem Zusammenhang vor allem die letzte und reifste näher zu betrachten ist. Am Anfang stand ein Stoff aus der byzantinischen Geschichte des 9. Jahrhunderts: »Leo Armenius, Oder Fürsten-Mord« (geschrieben 1646/47, gedruckt 1650 und 1657) – ein ›Fürstenspiegel‹, in dem gezeigt wird, wie alle Macht, die durch Unrecht erworben wurde, zum Unheil führt, und ein Exempel für die Vergänglichkeit alles Irdischen und die Unbeständigkeit des Glücks. Durch die Verbreitung von Schrecken sollte – gemäß der stoischen Katharsis-Interpretation – der Zuschauer erschüttert werden. In der Vorrede betonte Gryphius stolz, daß sein

Werk »nicht von dem Sophocles oder dem Seneca auffgesetzet / doch vnser«[27], d.h. – im Unterschied zu Opitz – ein eigenständiges Stück sei. Im einzelnen finden sich allerdings mehrere Anlehnungen und Anregungen aus antiken Werken – darunter sogar, als einziger bedeutender *direkter* Einfluß einer griechischen Tragödie auf das deutsche Barockdrama, im ersten Reyen (Chorlied) Anklänge an das erste Stasimon der Sophokleischen »Antigone«. Zwischen 1647 und 1650 entstand die christliche und stoische Elemente miteinander verbindende Märtyrertragödie »Catharina von Georgien. Oder Bewahrete Beständigkeit« (aufgeführt 1651, gedruckt 1657), die auf ein historisches Ereignis aus dem Jahre 1624 zurückging. Für den Gedankengehalt verwies der Autor in seinen »Kurtzen Anmerckungen über etliche dunckele Oerter« auf Senecas Schrift »De tranquillitate animi«.[28] Mit der Märtyrertragödie »Ermordete Majestät. Oder Carolus Stuardus König von Großbritannien« von 1649 griff er auf ein unmittelbares Gegenwartssujet zurück.

1659 schließlich erschien »Großmüttiger Rechts-Gelehrter oder Sterbender Æmilius Paulus Papinianus«, die Tragödie eines schuldlos Gemordeten nach dem Vorbild von Vondels »Palmedes of Vermoorde Onnozelheid« (Palamedes oder Die ermordete Unschuld; 1625): eine Art ›Beamtenspiegel‹, der die Situation des bürgerlichen Helden im Dienst des Hofes reflektiert und nicht nur – im Sinne von Lipsius' »De constantia« – die Idee des Rechts verherrlicht, sondern auch den Gegensatz zwischen Rechtsideal und Rechtspraxis im Absolutismus aufzeigt und geradezu ein Konfliktmodell absolutistischer Politik behandelt. Der Stoff geht auf die Spätphase des Prinzipats zurück. Gryphius selbst hat in »Kurtzen Anmerckungen« seine Quellen über das Ereignis aus dem Jahre 212 genannt: Herodians »Geschichte des Kaisertums nach Marc Aurel« aus der Mitte des 3. Jahrhunderts, Cassius Dios (um 155 – um 235) »Römische Geschichte« und ein in der »Historia Augusta« überliefertes Werk des Spartianus.[29] Besonders anregend ist für ihn wahrscheinlich die Erwähnung Papinians bei Boethius gewesen.

In dieser Tragödie ist der römische Rechtsgelehrte Papinian von dem ›Soldatenkaiser‹ Septimius Severus dazu eingesetzt worden, nach seinem Tode den Söhnen Caracalla und Geta als politischer Vormund und Ratgeber zu dienen. Caracalla jedoch befiehlt auf den Rat des machiavellistischen Intriganten Laetus hin, Geta hinzurichten, und übergibt dann Laetus seiner Mutter Julia, die ihn zu Tode foltern läßt. Caracalla will die Ermordung seines Bruders politisch rechtfertigen, bezichtigt ihn des Hochverrats und beauftragt Papinian mit der Ausarbeitung eines entsprechenden juristischen Gutachtens. Dieser aber weigert sich und nimmt unerschüttert die Folterung und Hinrichtung seines Sohnes und schließlich auch seinen eigenen Foltertod auf sich. Hatte er zunächst durchaus noch die Politik höher bewertet als die Moral, so gelangt er im Verlauf der Handlung zu einer Selbstfindung und folgt dem Prinzip des *secundum naturam vivere* (gemäß der Natur leben) bis in den Tod. Caracalla beginnt zu ahnen, daß er durch seine Gewalttat dem Staat nur neues Unheil bereitet hat, und fällt in Wahnsinn.

---

27 Andreas Gryphius: Gesamtausgabe der deutschsprachigen Werke. Hrsg. von Marian Szyrocki und Hugh Powell. Tübingen 1963–1972 = Neudrucke deutscher Literaturwerke. N. F. 9–12, 14, 15, 21, 23, Bd. 5, S. 4.
28 Ebd., Bd. 6, S. 222.
29 Ebd., Bd. 4, S. 256.

Gryphius hat sich an den *Tragödien* Senecas orientiert (z. B. durch den Eingangsmonolog und durch die Darstellung von Greueln auf offener Bühne); er lehnte sich an dessen (und an Lipsius') *Stoizismus* an – und er griff zugleich kritisch auf das *Leben* des römischen Staatsmannes zurück: Caracalla gleicht in dieser Tragödie dem Nero, während Papinian sich in einer ähnlichen Situation wie Seneca nach der Ermordung des Britannicus befindet – und sich ausdrücklich anders als dieser, nämlich im Sinne von Senecas Philosophie, entscheidet. Realpolitik und Ethik sind unvereinbar geworden.

Dabei sind die römisch-stoischen Elemente des Stückes aufs engste mit biblischen und patristischen (vor allem Augustinischen) Motiven verknüpft. Mit dem Motiv der Themis als einer christlich gedeuteten antiken Allegorie erscheint die stoische Ethik geradezu als Präfiguration der christlichen Heilslehre. Der ausschlaggebende biographische Hintergrund allerdings ist Gryphius' Situation als eines Interessenvertreters der Protestanten gegen die Habsburger.[30]

Hochbarock
Zwischen Christian Hofmann von Hofmannswaldau und Christoffel von Grimmelshausen

Als Haupt der zweiten schlesischen Dichterschule galt CHRISTIAN HOFMANN VON HOFMANNSWALDAU (1617–1679), der keine Dramen und Romane, sondern (neben Reden) ausschließlich weltliche und geistliche Gedichte schrieb. Zu Lebzeiten hat er nur Epigramme veröffentlicht; erst kurz nach seinem Tode erschien die Gedichtsammlung »Deutsche Übersetzungen und Gedichte« (1679), die u. a. »Der Sterbende Socrates«, »Der aus dem Himmel verbannte Cupido«, »Die versönte Venus« und Hochzeitsgedichte mit mythologischen Szenen enthielt. Am berühmtesten sind seine 1663/64 entstandenen »Sinnreichen Helden-Briefe verliebter Personen von Stande«, die er den »Heroides« des Ovid nachgebildet hat. Im Unterschied zu dem römischen Dichter überwiegen bei ihm die Brief*paare*; an die Stelle natürlicher Charakterzeichnung ist leidenschaftliche Rhetorik getreten – und vor allem handelt es sich weniger um Klagebriefe verlassener Frauen als um Werbebriefe, die ein Liebesverhältnis begründen. Die meisten Gedichte haben ein ›glückliches Ende‹. Religiöse Motive werden oft ins Weltliche übersetzt, die Lyrik wird lieblich, anmutig und ›galant‹, und im epikureischen Hedonismus leben Lukrezische Züge auf. Seine Dichtung blieb noch bis ins 18. Jahrhundert lebendig – namentlich in der Anakreontik, die dann allerdings wieder stärker an Horaz anknüpfte.

Für die Lyrik in der Zeit des Hochbarocks blieben im wesentlichen noch die aus der Antike überkommenen Gattungen verbindlich, und wie Hofmannswaldau nahmen sich auch andere Dichter vor allem Ovid zum Vorbild. Die stofflichen und motivischen Anklänge aber hielten sich in Grenzen. Erwähnt seien Georg Gre-

---

30 Vgl. Wilhelm Kühlmann. Der Fall Papinian. Ein Konfliktmodell absolutistischer Politik im akademischen Schrifttum des 16. und 17. Jahrhunderts. In: Daphnis 11 (1982), S. 223–252; Stephanie Arendt: Zwei Leben [s. Bibl. 3.2. (Gryphius)].

flinger (ca. 1620 – ca. 1677), der Epigramme, Liebesgedichte und Übersetzungen verfaßte, Johann Georg Schoch (1634 – ca. 1690), der Epigramme sowie Schäfer- und Liebeslieder schrieb und einen Auszug aus den »Metamorphosen« des Ovid veröffentlichte, und vor allem KASPAR STIELER (1632–1707) mit der seinerzeit berühmten Liedersammlung »Die Geharnschte Venus oder Liebes-Lieder im Kriege gedichtet« (1660). Der Titel spielt gleichermaßen auf die Teilnahme des Autors an verschiedenen Kriegszügen wie auf das von Homer überlieferte mythologische Motiv von Mars und Venus an. Der österreichische Dichter Laurentius von Schnüffis (Johann Martin; 1633–1702) hat in seiner religiösen Schäferpoesie Christus in der Gestalt des Hirten Daphnis auftreten lassen und – bezeichnend für den spielerischen Charakter der Barockpoesie – Odysseus als eine Parallelfigur sowohl zu Christus wie zum sündigen Menschen apostrophiert.[31]

Der vielseitigste und glanzvollste Vertreter der schlesischen Dichtung war DANIEL CASPER VON LOHENSTEIN (1635–1683). Sowohl als Dramatiker wie als Epiker und Lyriker verwendete er antike Motive. Mit seinen Tragödien trat er das Erbe von Gryphius an und setzte zugleich entschieden andere Akzente. Während Gryphius Konflikte zwischen realen politischen Anforderungen und grundsätzlichen – gleichsam transzendenten – ethischen Postulaten gestaltete, geht es bei Lohenstein allein um innerweltliche Auseinandersetzungen. Gryphius ließ seine sittlich vorbildlichen Helden als Märtyrer zugrunde gehen – Lohenstein führte den Triumph politischer Rationalisten vor Augen. Die Affekte Machtgier und Liebesleidenschaft stehen bei ihm in einem unüberbrückbaren Gegensatz zur Staatsräson. Doch wenn er auch die Vertreter eines vernünftigen und stoisch stilisierten Staatsideals siegen läßt, so zeigt er doch bei einigen seiner ›lasterhaften‹ Gestalten zugleich die Vermischung von Rationalität und Affekt auf oder gibt ihnen Gelegenheit, ihre Situation zu erkennen und einen würdigen Untergang zu wählen.

Vorbild war für Lohenstein, wie seit dem Späthumanismus und seit Opitz charakteristisch, Seneca – er wurde geradezu, lobend oder tadelnd, als ›deutscher Seneca‹ bezeichnet –; darüber hinaus suchte er den Anschluß an das zeitgenössische klassische französische Drama. Er bevorzugte äußere Spannung, Greuel und rhetorisches Pathos, Intrigen, entfesselte Dämonie und ›lasterhafte‹ Leidenschaft. Neu ist die Einführung überlegener *Frauen*gestalten, die Verbindung von Erotik und Politik.

Lohenstein hat je zwei ›türkische‹, ›römische‹ und sogenannte ›afrikanische‹ Trauerspiele geschrieben – wobei die letzteren weitgehend ebenfalls ›römische‹ Stücke sind. Die Stoffe der in der Antike spielenden Tragödien waren bekannt und hatten zum Teil auch schon bedeutende literarische Gestaltungen gefunden: in Shakespeares »Antonius and Cleopatra« und in Corneilles »Sophonisbe«. Ließ Lohenstein anfangs die Ambivalenz politischen Handelns anklingen oder gab er sogar antimonarchischen Tendenzen (oder zumindest Überlegungen gegen einen monarchischen Machtmißbrauch) Ausdruck, so propagierte er später – ähnlich wie schon Avancini – sehr direkt die absolutistische Staats- und Weltauffassung der Habsburger.

---

[31] Vgl. Thomas Bleicher: Homer in der deutschen Literatur [s. Bibl. 1.2.], S. 185 f.

In »Cleopatra« (entstanden 1656, erschienen 1661, überarbeitet 1680), erkennt die gleichermaßen erotisch attraktive wie politisch mit allen Mitteln auf die Bewahrung ihrer Herrschaft bedachte ägyptische Königin, daß Antonius seinem Gegenspieler Octavian nicht gewachsen ist, und sucht sich mit diesem zu verbünden. Durch die fingierte Nachricht von ihrem Selbstmord bringt sie den durch seine Liebesleidenschaft verblendeten Antonius dazu, sich umzubringen – dann aber muß sie feststellen, daß Octavian nur scheinbar auf ihre Liebesanträge eingeht und sie tatsächlich im Triumph durch Rom führen will, und sie zieht einer schmachvollen Gefangenschaft den Tod von eigener Hand vor. Hauptquellen für die Ereignisse waren Plutarch und Cassius Dio, für den Charakter des Augustus Tacitus und Sueton. In der Erstfassung ist Cleopatra eine kühle, abwägende und berechnende Politikerin, skrupelloser als bei Plutarch, aber nicht so negativ wie bei Cassius Dio, und Octavian, der sowohl gegenüber dem Triumvirn wie gegenüber der Königin ein Doppelspiel betreibt, erscheint als ambivalenter Eroberer; in der Zweitfassung geht Cleopatra noch raffinierter vor und wird moralisch stärker schuldig, während Octavian aufgewertet und als geschickter und überlegener Staatsmann vorgestellt wird, von dem aus auf Kaiser Leopold I. verwiesen werden kann.

»Agrippina« und »Epicharis« (gedruckt 1665) sind Frauentragödien aus dem Umkreis Neros, die auf die »Annalen« des Tacitus zurückgehen. In dem ersten Stück – es gilt als Lohensteins schwülstes, sinnlichstes und ›lasterhaftestes‹ Drama – kämpfen um Nero seine Mutter, die jüngere Agrippina, die aus pathologischer Machtgier und aus Eifersucht gegen die anderen Frauen ihren Sohn mit Liebesanträgen verfolgt und die dieser ermorden läßt, seine Gattin Octavia, die von Nero verstoßen wird, seine Geliebte Acte und Poppaea Sabina, die im Einverständnis mit ihrem ehrgeizigen Gatten Otho (dem späteren Nachfolger von Neros Nachfolger) auf den Muttermord und auf die Auflösung der Ehe dringt. Am Ende wird Nero von Furien gepeinigt. Dabei hat Lohenstein gegenüber Tacitus die Rolle der Agrippina sowohl politisch wie erotisch ausgebaut, den Muttermord als Folge des (versuchten) Mutter-Sohn-Inzestes dargestellt und die Schuld *beider* Hauptgestalten verstärkt.

In »Epicharis« ist die Titelheldin – auch wenn sie aus unbändigem Haß heraus handelt – *keine* Frevlerin, sondern die Verkörperung republikanischer Tugenden. Im Unterschied zu Tacitus spielt sie eine bedeutende Rolle als eigentliche Urheberin der Pisonischen Verschwörung gegen den furchtsamen und gewissenlosen Tyrannen Nero und wird nicht dessen erstes, sondern dessen letztes Opfer. Erst nachdem sie standhaft die Folter ertragen und den Tod all ihrer Gefährten angesehen hat, setzt sie ihrem Leben ein Ende. Während Gryphius im »Papinian« einen *leidenden* Märtyrer vorgestellt hat, der sogar einen verbrecherischen Herrscher nicht bekämpft, gestaltet Lohenstein eine *aktive* Märtyrerin und erlaubt den Tyrannenmord.

Lohenstein ist der bedeutendste *literarische* Vertreter des ›Tacitismus‹ in Deutschland – und zwar in einer Version, die sich zumindest von den *Auswüchsen* absolutistischer Machtpolitik distanzierte. Sowohl in »Agrippina« wie in »Epicharis« spielt der *Politiker* Seneca eine zwiespältige Rolle; erst der sterbende *Philosoph* in dem zweiten Stück erscheint wieder als vorbildlich. Auch Gryphius' Papinian war anfangs geneigt, die Politik höher zu schätzen als die Moral; doch hat er sich bald auf den unverrückbaren Standpunkt des Rechts gestellt. Gryphius hat seinem

Helden zwar Senecaische Züge beigelegt, aber bewußt *keine* Seneca-Tragödie geschrieben – für Lohenstein ist gerade diese ambivalente Gestalt interessant.[32]

»Sophonisbe« schließlich (entstanden 1666, Erstdruck 1680) geht auf das Ende des zweiten Punischen Krieges nach der Darstellung im 30. Buch des Livius zurück. Die aus Karthago stammende Titelheldin hat ihren Mann, den Numiderkönig Syphax, veranlaßt, zu Hannibal zu halten; nach Syphax' Niederlage und Gefangennahme heiratet sie den mit den Römern verbündeten Numiderkönig Masinissa. Ihre erotische Attraktivität – verstärkt durch düstere ›heidnische‹ Kulte – setzt sie bewußt ein, um ihr Land und ihre Herrschaft zu retten. Als Masinissa von Scipio Africanus vor die Entscheidung gestellt wird, entweder auf sein Reich oder auf seine Frau zu verzichten, und ihr Gift schickt, tötet sie sich und ihre beiden Kinder, um der entehrenden römischen Gefangenschaft zu entgehen. In Sophonisbe – einer der Cleopatra zwar verwandten, aber ihr charakterlich durchaus überlegenen Heldin – sind Machtgier und Patriotismus, Sexualität und zielgerichtetes politisches Handeln auf vielschichtige Weise miteinander verschmolzen; Scipio hingegen, der Vertreter einer künftigen Großmacht, erscheint – eindeutiger als Augustus – als Herr über seine Leidenschaft und damit als Idealgestalt. In den Chorliedern wird die Hochzeit Leopolds I. gefeiert; der Triumph Roms soll darauf hindeuten, daß Österreich einst dessen Erbe antreten wird.

Der 1689/90 postum erschienene heroisch-galante Roman »Großmüthiger Feldherr Arminius oder Herrmann als ein tapfferer Beschirmer der deutschen Freyheit, nebst seiner durchlauchtigen Thusnelda« hat als Hauptquelle abermals Tacitus' »Annalen« und steht in der Tradition von Barclays »Argenis«, der durch Opitz in Deutschland eingebürgert worden war. Er verbindet Liebeshandlung und politisches Geschehen und geht in seinen nationalistischen Zügen wesentlich über Konrad Celtis, Ulrich von Hutten und andere humanistische Autoren hinaus – wenngleich das Bemühen, im Wettstreit der großen europäischen Kultursprachen und Literaturen einen deutschen Roman zu verfassen, der ebenso wie die modernen italienischen, französischen und englischen Muster den antiken Vorgaben gleichkommt, als wirklich ›chauvinistisch‹ erst unter den historischen, politischen und ideologischen Bedingungen des 19. und 20. Jahrhunderts erscheint[33]. Lohenstein stellt das einfache, naturhafte und freiheitliche Leben der ›edlen‹ Germanen und das ›lasterhafte‹, prunkliebende, von machiavellistischen Prinzipien beherrschte Leben im Rom des Tiberius einander gegenüber, läßt aber Germanicus und die ältere Agrippina als durchaus ›positive‹ Gestalten erscheinen. Der Roman endet, entgegen dem historischen Ablauf, nicht mit dem Tod des Arminius, sondern mit dessen Einsetzung als König der Markomannen und stellt mannigfache Analogien zwischen dem Titelhelden und Leopold I. her.

Lohenstein war auch als Lyriker bedeutend. Er schrieb fast ausnahmslos Liebesgedichte; sein Hauptwerk in diesem Genre ist das 1888 Alexandriner umfassende, erst 1695 veröffentlichte Preisgedicht »Venus« – ein leicht ironisch gehaltenes erotisches Enkomion nach den Vorschriften der antiken Rhetorik und eine Art

---

32 Vgl. Bernhard Asmuth: Lohenstein und Tacitus [s. Bibl. 3.2.], S. 14 f.
33 Vgl. Gerhard Spellerberg: Daniel Caspers von Lohenstein »Arminius«-Roman [s. Bibl. 3.2.], S. 261.

Pendant zu Opitzens »Laudes Martis« von 1628. Es enthält 436 mythologische Götter-, Personen- und Ortsnamen und zahlreiche Anklänge an Homer, Catull und Ovid. Lohenstein spielt souverän mit den überlieferten Motiven; sein Ziel war es, eine mit dem klassischen Bildungsgut vertraute Gesellschaft durch intellektuell anregende, leicht philosophische Lektüre zu unterhalten.

Lohensteins Stil war beispielhaft für die Dramatiker in der zweiten Hälfte des 17. Jahrhunderts. Unter ihnen zeigte insbesondere JOHANN CHRISTIAN HALLMANN (um 1640–1704) eine Vorliebe für antike Stoffe.[34] In »Die Göttliche Rache / Oder Der Verführte Theodoricus« (aufgeführt 1666, gedruckt 1684) läßt der Ostgotenkönig Theoderich auf Grund einer Palastintrige die des Hochverrats bezichtigten römischen Politiker Symmachus und Boethius hinrichten und wird auf seinem Sterbebett von den Geistern seiner Opfer heimgesucht. Im Stück wird zwar Leopold I. gehuldigt – doch die (vorsichtigen) Analogien zur Gegenwart deuten eher auf die Situation eines eroberten Volkes hin, das auf einer höheren Kulturstufe steht als die Eroberer: Den katholischen Römern entsprechen die protestantischen Schlesier, den arianischen Goten die katholischen Habsburger. Das Sujet ist auch mehrfach im Jesuitendrama behandelt worden, in dem sich wesentlich einfacher eine Beziehung zwischen Arianern und Protestanten herstellen ließ.

Charakteristisch für Hallmann ist die Vorliebe für Frauen, die in einer vom Sexus beherrschten Welt als Märtyrerinnen der Keuschheit, der Treue und des Glaubens sterben. So erwehren sich in »Die beständige Märtyrerin Sophia« (1671) die Titelheldin und ihre drei Töchter den Nachstellungen Kaiser Hadrians; die Töchter erleiden das Martyrium, sie selbst stirbt im Gefängnis. Ein glückliches Ende hingegen hat das »Trauer-Freudenspiel« »Die merkwürdige Vater-Liebe oder Der von Liebe sterbende Antiochus und die vom Tode errettete Stratonica« (1669), dessen Haupthandlung auf einer Umkehrung des durch Euripides und Seneca bekannten Phaedra-Motivs beruht: König Seleucus verzichtet zugunsten seines Sohnes Antiochus auf Stratonica, so daß einer Verbindung zwischen Stiefmutter und Stiefsohn nichts mehr im Wege steht. Eine Palastrevolution – wie sie bei Gryphius oder Lohenstein den Mittelpunkt bildete – wird zur bloßen Episode in diesem opernhaften, mit musikalischer Begleitung versehenen Stück.

Glücklich endet auch das Stück »Triumffirende Gerechtigkeit oder Der Vergnügte Alexander Magnus« (1700), in dem eine Verschwörung gegen Alexander den Großen rechtzeitig aufgedeckt wird. »Laodice« hingegen (1700) ist eine Art Medea-Tragödie, in der die Titelheldin auf Geheiß ihres Geliebten ihre Söhne umbringt.

Hallmann schrieb mehrere Festspiele und Opern – darunter die Pastorale »Die sinnreiche Liebe oder Der glückselige Adonis und die vergnügte Rosibella« (1673), die durch Lohensteins »Arminius« inspirierte, in der Welt des Tiberius und des Sejan spielende Oper »Paulina« (1704) sowie »Die Sterbende Unschuld Oder Die Durchlauchtigste Catharina Königin in Engelland« (um 1673, gedruckt 1684, aufgeführt 1699): ein Kurzdrama um die erste Frau König Heinrichs VIII., das in einer Parallelhandlung Jupiters Abenteuer mit Callisto darstellt, die der Göttervater, um

---

34 Vgl. Elida Maria Szarota: Geschichte, Politik und Gesellschaft im Drama des 17. Jahrhunderts [s. Bibl. 3.1.], S. 85–103.

sie vor den Nachstellungen der eifersüchtigen Juno zu retten, als Sternbild in den Himmel versetzt.

Von JOHANN JOSEPH BECKH (1635 – nach 1692) stammt das Prosadrama »Theagenes und Chariklea« (1666) nach dem Roman Heliodors, von CHRISTIAN KNORR VON ROSENROTH (1636–1689) anläßlich der dritten Hochzeit Kaiser Leopolds im Jahre 1676 das Festspiel »Conjugium Phoebi & Palladis oder Die durch Phoebi und Palladis Vermählung erfundene Fortpflanzung des Goldes«. In dieser alchemisch-naturphilosophischen Allegorie setzen sich Apollon, der Gott der Sonne und des Goldes, und Minerva mit Hilfe anderer Gottheiten gegen den mit Venus verbündeten Mars, den Gott des Krieges und des Eisens, durch und errichten ein Reich des Friedens, des Rechtes und der Weisheit. Mit AUGUST ADOLPH VON HAUGWITZ (1647–1706), der nur noch gelegentlich Anklänge an Seneca zeigt, erlischt schließlich die deutsche Barocktragödie.

Am Abschluß der lateinisch-katholischen Tradition stand SIMON RETTENPACHER (1634–1706), der Leiter des Salzburger Theaters, der in seinen Dramen mit Vorliebe Stoffe aus dem Altertum behandelte. Während das primär polemisch akzentuierte Jesuitendrama den Vanitas-Gedanken und Gottes strafende Hand in den Vordergrund stellten, zielt Rettenpacher, aus der Tradition des menschenfreundlicheren Benediktinerdramas heraus, eher auf den Glauben an Gottes Milde. In »Ambitiosa tyrannis seu Osiris« (Die ehrgeizige Tyrannis oder Osiris; 1668/71) entfesselt der Gegenspieler des Titelhelden aus Ehrgeiz eine Verschwörung; in »Ineluctabilis vis fatorum seu Atys« (Die unüberwindbare Kraft des Schicksals oder Atys; 1673) entfaltet sich das göttliche Walten gemäß dem Orakel, das dem Kroisos die Zukunft verkündet hatte; in »Innocentia dolo circumventa seu Demetrius« (Die durch arglistige Ränke überlistete Unschuld oder Demetrius; 1672) fällt der Titelheld als Opfer seines Bruders Perseus, der dann in »Perfidia punita seu Perseus« (Die bestrafte Treulosigkeit oder Perseus; 1674) seine gerechte Strafe findet. In all diesen Stücken vollzieht sich das irdische Geschehen gemäß dem Ratschluß Gottes im Zeichen der Vorsehung und der ausgleichenden Gerechtigkeit. Die höfisch-politische und die überirdische Welt stehen miteinander in ständiger Beziehung. In allegorisch-mythologischen Singspielen wie »Theophobi et Callirroes sancti amores« (Die heilige Liebe des Theophobus und der Callirroe; 1677) und »Prudentia victrix seu Ulysses« (Die Klugheit als Siegerin oder Ulysses; 1680) steht die Verbindung eines liebenden Paares am Ende. Eigentlicher Held des Odysseus-Stückes (das Rettenpacher anläßlich eines Besuchs von Leopold I. und dessen Gattin in Kremsmünster geschrieben und komponiert hat) ist die Klugheit in der Gestalt der Pallas Athene. Gegenüber den lyrischen Passagen des ersten und zweiten Aktes steht der dritte – mehr der Gattung des Epos entsprechende – Akt mit der Tötung der Freier in einem deutlichen Kontrast. In der Oper »Iuventus virtutis« (Die Jugend der Tugend; nach 1680) – die an das Sujet des Wettstreits zwischen Tugend und Laster im Renaissance-Humanismus anknüpft – wird die Tugend zunächst durch Bacchus und die Liebe verleitet, dann aber, durch harte Mühen gestählt, unter Apolls Führung und unterstützt von der Weisheit Minervas einem gemeinnützigen Leben zugeführt. Rettenpacher war auch mit dem volkstümlichen Theater vertraut: In dem Lustspiel »Plutus« arbeitet er mit Zügen des Fastnachtsspiels; in »Acharis« jagt die Furie, nach der das Stück genannt ist, ihrem Mann, der vor ihr in die Unterwelt geflohen ist, dorthin nach und setzt Charon und den höllischen Heerscharen so zu, daß sie ihn ihr bereitwillig wieder zurückgeben. Darüber hinaus verfaßte der Autor lateinische Gedichte (Oden, Satiren und Episteln wie Horaz – die Oden auch in Horazischen Versmaßen –[35], Silven wie Statius, Epigramme wie Martial) und übernahm dabei Wendungen von Vergil, Ovid, Seneca, Lucan und Juvenal.

Anders als in der ersten Hälfte des 17. Jahrhunderts finden wir in der zweiten eine bemerkenswerte Antikerezeption in der Epik, und zwar sowohl im Versepos wie im Roman. Die Rolle eines ›deutschen Vergil‹ spielte WOLFGANG HELMHARD FREIHERR VON HOHBERG (1612–1688). Neben Hirtenliedern in der Art des römischen Dichters (1655) und einer »Georgica curiosa« (1682, 2. Auflage 1687) – einem fast 20 000 Verse umfassenden Lehrgedicht in Alexandrinern – veröffentlichte er 1661 nach dem Vorbild von Claudians »De raptu Proserpinae« und von Marinos »Adone« das über 14 000 Verse umfassende Epos »Unvergnügte Proserpina« – eine Dichtung, die ausschließlich unter Göttern spielt und diese auf eine fröhlich-heitere, ja komische und geradezu parodistisch wirkende Art darstellt – und 1664 den »Habspurgischen Ottobert«. Dieses einzige vollendete Heldengedicht des 17. Jahrhunderts – es enthält über 17 000 Alexandriner – zeigt zahlreiche Parallelen zu Vergils »Aeneis« auf und knüpft außer an diesen Dichter auch an die italienischen Renaissance-Epiker Lodovico Ariosto (1474–1533) und Torquato Tasso, an oberrheinische Humanisten zur Zeit Maximilians I. sowie an das höfische Epos des Mittelalters an. Das Werk diente – die Relation zwischen Augustus und Aeneas auf Österreich übertragend – der Verherrlichung Leopolds I., als dessen Parallelgestalt der habsburgische Ahnherr geschildert wird; Gegenwart wie Vergangenheit werden gleichermaßen verklärt. Das künstlerisch wenig geglückte Werk stellt ein Bindeglied dar zwischen dem Renaissance-Epos und dem höfisch-historischen Heldenroman.

Dieser wurde nunmehr – die Anregungen von Opitz' »Argenis«-Übersetzung aufgreifend – zur bevorzugten Gattung der prunkvollen, an den Adel vor allem in den protestantischen und reformierten Ländern gerichteten Epik im Hochbarock. In ihm vereinigen sich Traditionen des ›Fürstenspiegels‹, des hellenistischen Romans und der Rittergeschichten mit historisch-genealogischen Forschungen, politisch-diplomatischen Spekulationen und wissenschaftlich-gesellschaftlichem Lehr- und Bildungsstoff. Seine wichtigsten Vertreter – neben Casper von Lohenstein – waren ANDREAS HEINRICH BUCHOLTZ (1607–1671), der 1639 auch eine Übersetzung der Horazischen Oden veröffentlicht hatte, und Herzog Anton Ulrich von Braunschweig-Wolfenbüttel (1633–1714).

Bucholtz' religiöse Heldenromane »Des christlichen teutschen Großfürsten Herkules und des böhmischen königlichen Fräuleins Valiska Wundergeschichte« (1659/60 in zwei Teilen mit insgesamt 1920 Quartseiten erschienen) und »Der christlichen königlichen Fürsten Herkuliskus und Herkuladisla auch ihrer hochfürstlichen Gesellschaft anmutige Wundergeschichte« (1665) spielen im dritten Jahrhundert n. Chr., reflektieren zugleich die Erfahrungen des Dreißigjährigen Krieges

---

35 Zu Rettenpachers Horaz-Rezeption vgl. Eckart Schäfer. Deutscher Horaz [s. Bibl. 1.2.], S. 256–259.

und verherrlichen die eigene Nationalgeschichte. (Mit dem griechischen Heros Herakles haben sie nichts zu tun.) Die abenteuerliche Handlung (die auch nach Italien, Griechenland und dem Orient führt) wird – durchaus von Barclay abweichend – in streng christlich-moralischem Sinne geschildert, so daß der Roman sich geradezu der Erbauungsliteratur annähert.

Ein christliches Weltbild bestimmt auch HERZOG ANTON ULRICHS Roman »Römische Octavia« (1677–1707 in sechs Teilen erschienen; 2., um einen siebenten Teil vermehrte Auflage 1712). Er spielt in der Zeit von Nero bis Vespasian. Octavia, Neros Gattin und von diesem zur Hinrichtung bestimmt, ist das Ideal einer kaiserlichen Prinzessin, die Sittlichkeit und Staatsräson miteinander in Einklang bringt, würdevoll alle Verleumdungen von sich weist und immer stärker in das Christentum hineinwächst. Entgegen dem tatsächlichen Geschichtsverlauf wird sie durch den armenischen König Tiridates vom Tode gerettet. Die abenteuerliche Handlung dieses – nie zum Abschluß gekommenen – Romans läuft dann auf eine Vereinigung zwischen Octavia und Tyridates hinaus. Der von politischen Leidenschaften bewegten römischen Welt stehen die christlichen Gemeinden jener Zeit gegenüber, die sich auf den Sieg ihres Glaubens vorbereiten. Der Roman kann wohl als Höhepunkt der höfischen Rom-Rezeption in der Zeit des Hochbarocks bezeichnet werden.

Das bedeutendste, auch heute noch lebendige Prosawerk aus der zweiten Hälfte des 17. Jahrhunderts aber ist HANS JACOB CHRISTOFFEL VON GRIMMELSHAUSENS (1621/22–1676) »Der Abentheurliche Simplicissimus Teutsch« (1668/69). Dieser volkstümliche Roman – der Strukturelemente des ›hohen‹ Romans in bewußt parodistischer Umkehrung benutzt – wurzelt zwar vorrangig in neuzeitlichen Traditionen des 16. und 17. Jahrhunderts (vor allem im spanischen Schelmenroman, dem sogenannten Picaro-Roman); doch der Autor hatte eine umfassende und gründliche literarische Bildung, besaß hinlängliche Lateinkenntnisse, stand in einer bis auf Platon zurückgehenden rhetorisch-poetologischen Tradition[36] und griff – wie vor ihm schon Erasmus, Hutten, Rabelais und Cervantes, wie seine Zeitgenossen Moscherosch und Johann Balthasar Schupp(ius) (um 1610–1661) oder wie nach ihm Jonathan Swift (1667–1745) – auf die menippeische (d.h. Vers und Prosa vermischende) Satire zurück[37].

Nachdem Grimmelshausen bereits in den »Satyrischen Pilgram« (1666/67) einen längeren Diskurs über die »Poeterey« aufgenommen hatte, in dem unter ständiger Bezugnahme auf antike Autoren Wert und Unwert der Dichtung erörtert werden[38], finden sich im »Simplicissimus« selbst wie in den anschließenden simplicianischen Schriften zahlreiche Reminiszenzen an historische und mythologische Personen oder Ereignisse aus der Antike – besonders auffällig an den trojanischen Sagenkreis und an die »Odyssee«[39] (die der Autor aus Simon Schaidenreissers Übersetzung von 1537 kannte), an Ovids »Metamorphosen« (z.B. an die Sagen von Orpheus oder

---

36 Vgl. Andreas Solbach: Evidentia und Erzähltheorie [s. Bibl. 3.1.].
37 Vgl. Steffen Trappen: Grimmelshausen und die menippeische Satire [s. Bibl. 3.2.].
38 Hans Jacob Christoffel von Grimmelshausen: Satyrischer Pilgram. Hrsg. von Wolfgang Bender. Tübingen 1970 = Gesammelte Werke in Einzelausgaben, S. 89–95.
39 Vgl. Thomas Bleicher (wie Anm. 31), S. 160f.

von Diana und Aktäon), an Seneca und den älteren Plinius. Der Roman, der den Helden von der Anschauung äußerster Beständigkeit über kriegerische Verwicklungen und das Erlebnis eines hohen, aber trügerischen Glücks zur Einsicht in die Wandelbarkeit und Unbeständigkeit der Welt führt, ist nach den Phasen der sieben antiken Planetengötter strukturiert (Saturn, Mars, Sonne, Jupiter, Venus, Merkur, Mond); genau in der Mitte steht die ›Jupiter-Episode‹ (für die der Autor zwei Erzählungen Philipp Harsdörffers benutzte, die ihrerseits auf Cervantes zurückgehen): die Phantasie eines geisteskranken Gelehrten, der sich für Jupiter hält, über ein utopisches Gegenbild zu der mißlichen realen Welt. In der »Continuatio des abentheurlichen Simplicissimi« (1669) und ausführlicher noch im »Rathstübel Plutonis« (1672) – in diesem Namen verschmelzen der Gott des Reichtums, Plutos, und Pluton, der Gott der Unterwelt – übt Grimmelshausen satirische Kritik an einem geldgierigen Bürgertum und vor allem an der absolutistischen Machtpolitik und Verschwendungssucht.

Im »Simplicissimus« haben wir nicht nur Anspielungen auf das Kirke-, das Sirenen- oder das Polyphem-Abenteuer, sondern es bestehen darüber hinaus auch in der Gesamtanlage Analogien zur »Odyssee«: Beide Werke handeln von einem erfindungsreichen, lange umhergeworfenen und vieles erduldenden, dabei mehr listigen als tapferen und unter göttlicher Führung stehenden Helden – das eine von einem See-, das andere von einem Landfahrer. Sie bevorzugen die Ich-Erzählung, sind nach einem groß angelegten Plan verfaßt und verbinden die realistische Darstellungsweise mit Elementen des Überwirklichen, des Märchen- und Sagenhaften. »Odyssee« wie »Simplicissimus« beginnen mit einer Zerstörung und lassen dieser als Kontrast eine harmlos-friedliche Idylle folgen. Schließlich haben beide Werke einen doppelten Ausgang, neben dem sichtbaren ›geschlossenen‹ noch ein verdecktes ›offenes‹ Ende: Odysseus muß, gemäß der Prophezeiung des Teiresias, noch einmal aufs Land aufbrechen, Simplicissimus (in der »Continuatio«) aufs Meer – jeweils in ein ganz anderes Element.[40]

Spätbarock und Übergang zur Aufklärung
Von Christian Weise bis Johann Christian Günther

In den letzten Jahrzehnten des 17. und den ersten des 18. Jahrhunderts lassen sich verschiedenartige Umschichtungsprozesse feststellen. War die Literatur des Barocks vor allem durch Gelehrte und Hofbeamte bestimmt gewesen, so fand nunmehr auch die bürgerliche Welt jenseits des Hofes – die Welt des Natürlichen, Nützlichen und Erzieherischen – ihren Ausdruck. Beispielhaft hierfür ist das Schaffen CHRISTIAN WEISES (1641–1708), der zunächst in Weißenfels und dann als Schulrektor in Zittau tätig war und vor allem die Tradition des Schultheaters wieder belebte. Weise fühlte sich den Lehren Opitz' und der rhetorischen Aufgabe der Poesie verbunden, war aber auch mit volkstümlichen Kunstformen vertraut. Philosophisch vertrat er einen von Seneca beeinflußten christlichen Stoizismus. Er schrieb Gelegenheits-

---

40 Vgl. Günther Weydt: Grimmelshausens Bildung [s. Bibl. 3.2.].

gedichte, Romane und vor allem 61 Dramen mit biblischen, historischen oder freien Stoffen. Darunter waren auch zwei lateinische Schauspiele: »Aeneas Pius« und »Aeneas exul« (1682 und 1687). Ansonsten aber traten antike Stoffe bei ihm merklich zurück; ja, Weise ist mit einigen seiner Werke schon im Vorfeld des bürgerlichen Dramas zu sehen.

Auch Christian Reutter (1665 – nach 1712) ließ seine Stücke im bürgerlichen Milieu spielen – freilich mit der Absicht, es durch Studenten auf grobianische Art bloßstellen zu lassen. In der Epigrammatik löste sich CHRISTIAN WERNICKE (1661–1725) weitgehend von der römischen und der neulateinischen Tradition: auch von John Owen, dem Vorbild der Barockepigrammatiker. In seinen moralischen, erotischen und satirischen Epigrammen wandte er sich der bürgerlichen Realität zu, scheute nicht vor Kritik am höfischen Leben zurück und näherte sich aufklärerischen Gedanken. Im Zusammenhang mit einer Verbürgerlichung des geistigen Lebens steht schließlich die Entwicklung des Pietismus, in dem zentrale Kategorien des älteren religiösen Denkens wie *vanitas* und *fortuna* an Bedeutung verlieren und der Akzent vom Jenseits auf das Diesseits, von der Religion auf die Moral verlagert wird. Der Bezug zur Antike hat sich auch hier gelockert.

Neben diesen Anfängen einer verbürgerlichten Literatur findet sich weiterhin die Verbindung von lateinischer Kunstübung, Theorie und gelehrter Dichtung. Der Polyhistor DANIEL GEORG MORHOF (1639–1691) – richtungweisend für die deutsche Wissenschafts- und Literaturgeschichtsschreibung – verfaßte lateinische Lyrik; GUSTAV HERÄUS (1677- ca. 1730) versuchte, das lateinische Distichon als neue deutsche Vers- und Reimart mit verschränkt gereimten Hexametern und Pentametern einzuführen; JOHANN BURKHARD MENCKE (1674–1732) – der verdienstvolle Herausgeber der »Acta eruditorum« – schrieb die Gelehrtensatire »De charlataneria eruditorum« (1713 und 1715), lateinische Reden gegen akademische und politische Mißstände und »Galante Gedichte« (1705) – darunter einen Briefwechsel zwischen Dido und Aeneas. Darin zeigte er auch eine stärkere Neigung zur anakreontischen Lyrik, als sie der deutschen Literatur des 17. Jahrhunderts eigen gewesen war, und bereitete gleichsam die Anakreontik aus der Mitte des 18. vor. 1698 bereits war die erste deutsche Gesamtübertragung der Anakreonteen erschienen, verfaßt von Caspar Ernst Triller.[41] Mencke trat zudem mit Übersetzungen hervor und liebte die epigrammatische Zuspitzung. JOHANN VALENTIN PIETSCH (1690–1733) schließlich, ein guter Kenner der poetischen Theorie und sozusagen ein Bindeglied zwischen Opitz und Gottsched, schrieb allegorische Gedichte auf den Prinzen Eugen in der Nachfolge Lucans, bemühte sich um das große nationale Epos und versuchte sich in einer dramatischen Bearbeitung des Caesarstoffes. Die Bedeutung dieser Autoren lag aber mehr auf theoretischem denn auf literarischem Gebiet; hier wirken sie recht epigonal.

Stand die Gelehrtendichtung noch weitgehend in der Tradition der Barockliteratur, so bildete sich in Preußen und Sachsen eine Kunstrichtung heraus, die zwar zu einer Hofdichtung par excellence führte, sich aber nicht mehr am Marinismus, sondern an der französischen Klassik – insbesondere an Boileau – orientierte. In

---

41 Zu Mencke und C. E. Triller vgl. Herbert Zeman: Die deutsche anakreontische Dichtung [s. Bibl. 4.1.], S. 54–58.

Preußen schrieb FRIEDRICH RUDOLF FREIHERR VON CANITZ (1654–1699) Satiren in der Art des Horaz und Boileaus und ließ sich von der ironisch-überlegenen Stimmung der zweiten Horazischen Epode anregen; und JOHANN (VON) BESSER (1654–1729) schulte sich für seine Gedichte »Die Ruhestatt der Liebe« und »Der Schooß der Geliebten« an Claudian, für seine fragmentarischen Heldengedichte auf den Großen Kurfürsten und auf Prinz Eugen an Homer. In Sachsen vollzog insbesondere JOHANN ULRICH VON KÖNIG (1688–1744) den Übergang vom italienischen zum französischen Geschmack. In »August im Lager« wollte er – ein ›sächsischer Vergil‹ – August den Starken zum Helden eines heroischen Epos machen. Als Poet nur mäßig begabt, wirkt er konzeptionell wie der letzte Ausläufer der humanistischen Gelegenheitspoesie.

Während die vor allem von schlesischen Dichtern repräsentierte und an Seneca orientierte heroisch-politische Barocktragödie höfischer Prägung in den achtziger Jahren des 17. Jahrhunderts erlosch, erlebte die Gattung der Dramatik zwischen 1678 und 1738 noch einmal eine Blüte an der von der großbürgerlichen Atmosphäre Hamburgs bestimmten Oper am Gänsemarkt. Von den 270 Stücken, die dort gespielt worden sind, hatten etwa siebzig einen mythologischen Inhalt, wobei die Verwandlungssagen Ovids, die Sagen um Herakles, Theseus und Jason und die Sagen um den Trojanischen Krieg sowie um Odysseus und Aeneas den Hauptanteil hatten. Ihre bedeutendsten Librettisten waren CHRISTIAN HE(I)NRICH POSTEL (1658–1705), von dem die Texte zu den Singspielen »Die Großmüthige Thalestris, Oder Letzte Königin Der Amazonen« (1690), »Die Schöne und Getreue Ariadne« (1691), »Der Wundervergnügte Pygmalion« (1694), »Medea« (1695), »Der Geliebte Adonis« (1697), »Die Wunderbar-errettete Iphigenia« (1699) u. a. stammen, sowie BARTHOLD FEIND (1678–1721), der eine »Octavia« und eine »Lucretia« (beide 1705) schrieb und der sich Verdienste bei der Dramatisierung und Motivierung von Handlungen und bei der individuellen Charakterisierung der Gestalten erworben hat.

Postels eigentliche Stärke lag allerdings nicht auf dramatischem, sondern auf epischem Gebiet. Hier ist er vor allem wichtig für die Homer-Rezeption in Deutschland. Er übersetzte in »Die listige Juno« (1700) die ›galante‹ Szene aus dem 14. Gesang der »Ilias«, in der Juno Jupiter verführt und den Griechen den Sieg verschafft, in gereimte Alexandriner und ließ dieser Übersetzung einen eigenen »Lob-Gesang der List« folgen, in dem er den Bogen zu Odysseus und Penelope schlug. Das hat noch nichts mit der Griechenverehrung seit der Mitte des 18. Jahrhunderts zu tun, sondern ist eher die Anpassung der Homerischen Welt an die barocke Gesellschaftsdichtung – doch im Zeichen des Alten beginnt sich etwas Neues herauszubilden. In dem politisch-heroischen Heldengedicht »Der grosse Wittekind« (postum veröffentlicht 1724) brachte Postel Geschehnisse von 800 mit solchen von 1700 in Verbindung – mit Reminiszenzen an Homer und Vergil.

Der Übergang von einer höfischen zu einer bürgerlich-aufgeklärten Dichtung zeigt sich in der Endphase der schlesischen Literatur. Hatte der Opitz-Epigone JOHANN CHRISTOPH MÄNNLING (1658–1723) mit seinem »Europäischen Parnassus« (1685; 1704 erweitert unter dem Titel »Der europäische Helikon oder Musenberg«) eine Poetik des Marinismus verfaßt, so hat der lange Zeit in Berlin wirkende BENJAMIN

Neukirch (1665–1729) einerseits mit der zunächst von ihm allein, später auch von anderen Autoren herausgegebenen siebenteiligen Sammlung »Herrn von Hofmannswaldau und anderer Deutschen auserlesene und bisher ungedruckte Gedichte« (1695–1727) ein Resümee der Barocklyrik aus der zweiten Hälfte des 17. Jahrhunderts vorgelegt und in dem Gedicht »Auf die Krönung Sr. Königl. Maj. in Preussen« (1701) beklagt, daß Homer dieses Ereignis nicht habe schildern können, andererseits aber Satiren nach dem Vorbild Boileaus geschrieben und Fénelons »Télémaque« übersetzt bzw. sogar so bearbeitet, daß er ihn stärker der Homerischen Dichtung annäherte[42].

Der letzte bedeutende aus Schlesien stammende Dichter seiner Zeit, Johann Christian Günther (1695–1723), war ein guter Kenner der römischen und der humanistisch-neulateinischen Poesie. Er hat nur noch wenige, allerdings aufschlußreiche, in der Tradition vor allem von Ovid und Helius Eobanus Hessus, weiterhin von Catull, Properz, Statius und Claudian stehende Gedichte in Latein geschrieben. Auch in seinen deutschsprachigen Gedichten beherrschte er den barocken mythologischen Apparat und hat zugleich biblische und antike Motive einander gegenübergestellt, wobei er jene bevorzugte – und dies nicht nur in einigen Jugendgedichten, sondern noch 1722 in »Der Unterschied unter des Phoebus Rohr und Davids Harfe« –; mit dem »Theatralischen Gedicht« »Die von Theodosio bereute Eifersucht« (1715) hat er an einen Stoff und an die Form der Barocktragödie angeknüpft; er hat (wenngleich etwas konventionell) Homer besungen, hat im Anschluß an Horaz, Juvenal und Persius die Satire »Der Entlarvte Crispinus« (1718) verfaßt und – inspiriert durch die »Anthologia Graeca«, durch Anakreon, Catull, Horaz, Tibull, Properz und sowie durch neuzeitliche Autoren wie Johannes Secundus – anakreontische Studentenlieder verfaßt.

Charakteristisch ist die enge Bindung an Ovid – und zwar nicht so sehr an die Liebesdichtung aus dessen erster Schaffensphase als vielmehr an die Klagelieder aus der Zeit der Verbannung. Die poetische Autobiographie »Vitae curriculum Guntheri« anläßlich der Krönung zum *Poeta Caesareus Laureatus* in Wittenberg im Jahre 1717 ist vor allem der ersten Hälfte der berühmten Ovidischen Autobiographie (Tristia IV 10) nachgebildet.[43] In mehreren seiner Klage- und Rechtfertigungsgedichte nimmt Günther Motive und sogar einzelne Wendungen aus der zweiten Hälfte dieser Elegie sowie aus anderen Exilelegien auf, wobei sein Vater als eine ebenso unzugängliche Autoritätsfigur und als ein ebenso grundsätzlicher Gegner seine Poesie apostrophiert wird wie Augustus bei Ovid – insbesondere das aus 416 Versen bestehende Gedicht »Den Unwillen Eines redlichen und getreuen Vaters suchte durch diese Vorstellung Bey dem Abschiede aus seinem Vaterlande zu besänftigen Ein gehorsamer Sohn« ist eine Nachbildung des aus nur *einem* Gedicht bestehenden zweiten Buches der »Tristien«.[44] Günthers Grabschrift in dem Gedicht »Als er unverhofft von etlichen Gönnern aus Breßlau favorable Briefe erhielt« schließlich endet mit den Versen:

---

42 Vgl. Thomas Bleicher: Homer in der deutschen Literatur [s. Bibl. 1.2.], S. 184 f. und 195–197.

43 Johann Christian Günther: Werke. Hrsg. von Reiner Bölhoff. Frankfurt a. M. 1998 = Bibliothek der frühen Neuzeit 2,10 = Bibliothek deutscher Klassiker 153, S. 560–567.

44 Ebd., S. 297–318.

> Mein Pilger ließ geschwind, und wandre deine Bahn,
> Sonst steckt dich auch sein [des Dichters] Staub mit Lieb und Unglück an –

einer Variation zu Ovids Aufforderung, die Worte seiner Grabschrift mit großen Buchstaben in den Marmor einzumeißeln, damit der Wanderer sie *oculo properante* (mit flüchtigem Blick) lesen könne.[45]

Wenn Günther von seinen Zeitgenossen ein 'deutscher Ovid' genannt wurde, dann bezieht sich dies in erster Linie nicht mehr – wie es für die Dichtung des Hochbarocks kennzeichnend war – auf einen *tenerorum lusor amorum* (einen Sänger zärtlicher Liebe), sondern auf einen Schriftsteller, der ernstere Themen behandelte und damit die ›galante‹ Poesie in Richtung auf ein bürgerliches Tugendideal hin zu überwinden begann. Symptomatisch ist auch, daß von Günthers Versuchen, gemeinsam mit DANIEL WILHELM TRILLER (1695–1782) Anakreon zu übersetzen, nichts erhalten geblieben ist (während von Triller zwölf Anakreonteen in gereimter deutscher Übersetzung in dessen »Poetischen Betrachtungen« [1725] erschienen sind)[46] und daß der Plan, Ovids »Fasti« nachzudichten, scheiterte. Günther ist während seiner Studienzeit in Wittenberg und Leipzig mit aufklärerischen Ideen in Berührung gekommen; er hat sich Boileaus dichterischem Ideal der klassischen Einfachheit angeschlossen, in hohem Maße mit der gesellschaftlichen und geselligen Tradition der Barockliteratur seit Opitz gebrochen und einen unmittelbaren Zugang zu den antiken Quellen, zur Natur und zur bürgerlichen Lebenspraxis gesucht. Trotz ihrer zahlreichen Anklänge an die griechische und vor allem an die römische Literatur hat seine Poesie etwas Unverwechselbares und Eigenes, deutet auf eine ›Erlebnisdichtung‹ in der Art Goethes voraus.

---

45 Ebd., S. 574; Ovid: Tristia 3,3,71 f. (das folgende Zitat ebd., Vers 73).
46 Zu Günthers und D. W. Trillers Anakreonteen vgl. Herbert Zeman (wie Anm. 41), S. 66–76.

AUFKLÄRUNG – KLASSIK – ROMANTIK
Vom Beginn des 18. bis zum Beginn
des 19. Jahrhunderts

Im 18. Jahrhundert – insbesondere in dessen zweiter Hälfte – und zu Beginn des 19. Jahrhunderts gelangte die Antikerezeption in der deutschen Literatur zu ihrem Höhepunkt. Es handelt sich – bei allen gravierenden Unterschieden zwischen den einzelnen Phasen, Richtungen und Autoren – angesichts der mannigfachen Übergänge und Vermittlungen zwischen diesen Phasen, Richtungen und Autoren in letzter Instanz um *einen* großen Prozeß.

Im 18. und frühen 19. Jahrhundert vollzogen sich tiefgreifende Wandlungen auf wirtschaftlichem und sozialem wie auf politischem und religiösem Gebiet, in Wissenschaft und Philosophie sowie nicht zuletzt im ästhetisch-poetologischen und im künstlerisch-literarischen Bereich. Der Übergang von einer höfisch-aristokratischen zu einer weitgehend bürgerlich geprägten Gesellschaft, die seit der Jahrhundertmitte spürbar werdende Krise des Absolutismus, der Aufstieg Preußens zu einer deutschen, ja europäischen Großmacht, die von England ausgehende industrielle Revolution, der amerikanische Unabhängigkeitskrieg und die Französische Revolution mit den ihr folgenden Napoleonischen Feldzügen, die Abkehr von einem religiös-metaphysischen, mehr oder weniger statischen Weltbild, die Herausbildung eines historischen Bewußtseins und der Triumph kritischer Vernunft, der dennoch bereits frühzeitig in eine Krise des aufklärerischen Denkens umschlug: all dies bedeutete einen gewaltigen Umbruch in der neuzeitlichen Geschichte – wenn nicht sogar den *eigentlichen* Beginn der ›Neuzeit‹[1].

Im Rahmen dieser Entwicklungen kam es zu entscheidenden Modifizierungen

---

1 Vgl. Reinhart Koselleck: Das achtzehnte Jahrhundert als Beginn der Neuzeit. In: Epochenschwelle und Epochenbewußtsein. Hrsg. von Reinhart Herzog und Reinhart Koselleck. München 1987 = Poetik und Hermeneutik 12, S. 269–282. – In dem Kapitel »Aufklärung – Klassik – Romantik« wird mehrfach auf folgende Publikationen Bezug genommen: Richard Newald: Die deutsche Literatur vom Späthumanismus zur Empfindsamkeit [s. Bibl. 1.2.]; Ders.: Von Klopstock bis zu Goethes Tod [s. Bibl. 4.1.]; Sven Aage Jørgensen / Klaus Bohnen / Per Øhrgaard: Aufklärung, Sturm und Drang, frühe Klassik [s. Bibl. 4.1.]; Gerhard Schulz: Die deutsche Literatur zwischen Französischer Revolution und Restauration [s. Bibl. 4.1.]; Vom Ausgang des 17. Jahrhunderts bis 1789 [s. Bibl. 4.1.]; 1789–1830 [s. Bibl. 4.1.].

im Verhältnis zu den antiken Traditionen. Die Erschließung neuer Dimensionen historischen Denkens und gewaltige geschichtliche Umbruchprozesse, die zu veränderten gesellschaftlichen Bedingungen, zu revolutionierenden wissenschaftlichen und technischen Erkenntnissen sowie zu einer weltumfassenden Kommunikation führten, wirkten ihrerseits problematisierend auf das Antikeverständnis ein und verliehen ihm entweder andere Inhalte, Formen und Funktionen oder stellten die gleichsam naturgegebene Autorität der ›klassischen‹ Autoren in Frage.

Seit dem Ende des 17. Jahrhunderts wurden in zunehmendem Maße die Unterschiede zwischen Antike und Moderne erkannt. Die Renaissance hatte im Rückgriff auf das Altertum und in der Anerkennung von dessen Vorbildlichkeit die Überlegenheit der eigenen Epoche über das Mittelalter behauptet; in der ›Querelle des anciens et des modernes‹ (dem Streit der Altertumsfreunde mit den Anhängern der Moderne) hingegen, die, nach mannigfachen Vorgefechten, gegen Ende des 17. Jahrhunderts in Frankreich offen ausgebrochen war und sich rasch auf die anderen europäischen Länder ausbreitete, hatten sich die Kontrahenten direkt mit der Antike auseinandergesetzt. Zu Beginn dieses über Jahrzehnte währenden Streites – einer der wichtigsten Quellen des modernen geschichtlichen Denkens – hatten die von Nicolas Boileau geführten Anhänger des Altertums der Antike uneingeschränkt den Vorzug gegeben und in den an ihr orientierten Werken der französischen Klassik einen Beweis für die einzigartige Bedeutung der ›Alten‹ gesehen; die Modernisten hingegen, unter Führung von Charles Perrault (1628–1703), hatten die absolute Überlegenheit der neuen Zeit gegenüber der Antike behauptet und sich dabei auf die Fortschritte der Naturwissenschaften und auf die politischen und kulturellen Erfolge im Zeitalter Ludwigs XIV. berufen. Im weiteren Verlauf des 18. Jahrhunderts hat sich dann eine – im einzelnen reich nuancierte – »mittlere Haltung«[2] entwickelt, die von Herder so charakterisiert wurde, »daß uns die Alten, die an Sitten und Staatsverfassung so entschieden voraus waren, an Künsten unerreichbar sind, wir sie aber in Bildung und Vernunft übertreffen«[3]. Gegen Ende des Jahrhunderts schließlich bestimmten Theoretiker wie Schiller oder Friedrich Schlegel das Wesen der modernen Dichtung nicht mehr bloß durch deren antithetische Entgegensetzung zur antiken Kunst, sondern durch eigene Charakteristika wie ›sentimentalisch‹, ›interessant‹ und ›subjektiv‹. Im literarischen Schaffen nach 1800 dann kam es – im Zusammenhang mit dem Zerfall einer jahrhundertealten, von der Intention her auf das Römische Reich zurückgehenden politischen Ordnung und mit der Orientierung an nationalen Traditionen, im Zusammenhang aber auch mit der genaueren Kenntnis orientalischer, mittelalterlicher und frühneuzeitlicher Kulturen sowie mit einem erneuten Rückgriff auf das Christentum – zu einer spürbaren Abwendung von den traditionellen antiken Leitbildern.[4]

---

2 Victor Klemperer: Geschichte der französischen Literatur im 18. Jahrhundert. Berlin / Halle (Saale) 1954–1966, Bd. 1, S. 103 f.

3 Johann Gottfried Herder: Hodegetische Abendvorträge an die Primaner Emil Herder und Gotthilf Heinrich Schubert. In: Herder: Sämtliche Werke. Hrsg. von Bernhard Suphan. Berlin 1877–1913, Bd. 30, S. 517.

4 Vgl. Hans Robert Jauß: Ästhetische Normen und geschichtliche Reflexion in der »Querelle des Anciens et des Modernes« [s. Bibl. 4.1.]; Ders.: Schillers und Schlegels Replik auf die »Querelle des Anciens et des Modernes« [s. Bibl. 4.1.]; Hans Kortum: Charles Perrault und

Dabei blieb der *Rekurs* auf das Altertum während des gesamten 18. und frühen 19. Jahrhunderts ein entscheidendes Moment in der ästhetischen Diskussion und im dichterischen Schaffen. Sogar die Herausbildung betont *moderner* Konzeptionen geschah im allgemeinen unter ständiger Bezugnahme auf die ›Alten‹. Allerdings führte die Frage nach dem *Unterschied* zwischen Antike und Moderne – auch dann, wenn man eine ausdrückliche Entgegensetzung vermied und sich vorrangig an jener orientierte – zu bedeutsamen Akzentverlagerungen. So vollzog sich insbesondere ein Übergang von der Position einer normativen zu der einer historisch-methodischen Geltung des Altertums. Waren bis weit ins 18. Jahrhundert hinein die überlieferten Werke und Lehren oft in einer ausschließlichen, starren und formalen Art als musterhaft betrachtet worden und hatten die antiken Autoren gleichsam als naturgegebene Autoritäten gegolten, so setzte sich nunmehr eine frische und lebensnahe, umfassende und innovative Rezeptionsweise durch. Dies äußerte sich in einer Ablösung der Anweisungs- und Regelpoetik zugunsten eines freieren Umganges mit den überkommenen bzw. der Gewinnung neuer Regeln oder auch im Verzicht auf Regeln überhaupt sowie im Übergang vom Prinzip einer *imitatio* von und einer *aemulatio* mit *exempla* (einer Nachahmung *von* und einem Wettstreit *mit* antiken Beispielen) zu einer von einem schöpferischen Originalgenie getragenen, an der Natur und an der Wirklichkeit der eigenen Zeit und am subjektiven Erleben orientierten Literatur. Die ›Alten‹ galten nicht mehr als *Muster*, sondern als *Beispiele* für die Art und Weise dichterischen Schaffens; ihren Werken wurde zwar Vollendung, aber auch Einzigartigkeit und Unwiederholbarkeit zugesprochen. Die Spannung zwischen klassizistischer Ästhetik und aufklärerischem Historismus, zwischen Kanonisierung des Altertums und Anerkennung der Eigenständigkeit anderer Kulturen gehört zu den Wesensmerkmalen des Antikebildes um 1800.[5]

Die Autoren kehrten sich in zunehmendem Maße ab von der Interpretationstradition der Renaissancepoetiker und ihrer Nachfolger, lehnten den zeitgenössischen Klassizismus ab und suchten einen neuen und unmittelbaren Zugang zu den antiken Quellen. Der Einfluß der Theorie auf die literarische Praxis ließ weiter nach. An die Stelle einer selektiven Übernahme einzelner Werke und Lehren antiker Autoren, die als beispielhaft für die Gesetze künstlerischen Schaffens und die Charakteristika literarischer Gattungen angesehen wurden, trat eine universelle geschichtsphilosophische Rezeption, die auf die Vorbildlichkeit des antiken Lebens, des antiken Mythos und der antiken Kultur insgesamt zielte.

Zugleich verlagerte sich der Schwerpunkt der Antikerezeption von Rom, das in der gesamten bisherigen Rezeptionstradition dominiert hatte, auf Griechenland.

Nicolas Boileau. Der Antike-Streit im Zeitalter der klassischen französischen Literatur. Berlin 1966 = Neue Beiträge zur Literaturwissenschaft 22; Antike und Moderne in der Literaturdiskussion des 18. Jahrhunderts [s. Bibl. 4.1.]; Peter Szondi: Antike und Moderne in der Ästhetik der Goethezeit [s. Bibl. 4.1.]; Peter K. Kapitza: Ein bürgerlicher Krieg in der gelehrten Welt [s. Bibl. 4.1.]; Manfred Fuhrmann: Die Querelle des Anciens et des Modernes, der Nationalismus und die Deutsche Klassik [s. Bibl. 4.1.]; Karl Menges: Herder und die »Querelle des Anciens et des Modernes« [s. Bibl. 4.2.].
5 Vgl. Wolfgang Heise: Zur Antikerezeption in der klassischen deutschen Literatur [s. Bibl. 4.1.], S. 39–45; Reimar Müller: Hegel und Marx über die antike Kultur [s. Bibl. 5.2. (Marx)], S. 324 f.

Dies war ein Prozeß, der ganz Europa umfaßte[6], der in Frankreich bereits partiell bei Racine und dann bei Fénelon und Anne Lefèvre Dacier (1654–1720) einsetzte und sich später z. B. in der Homer-Begeisterung Denis Diderots (1713–1784) und André Chéniers (1762–1794) entfaltete, an dem in Italien Giovanni Battista Vico (1668–1744), in England Thomas Blackwell (1701–1757), Edward Young (1681–1765) und Robert Wood (1716–1771) Anteil hatten und der in Deutschland geradezu eine Verabsolutierung des griechischen Altertums – eine ›Tyranny of Greece over Germany‹ – herbeiführte und die römische Dichtung nur noch »im Schatten der Griechen« gelten ließ[7].

Dieser Wandlungsprozeß – für den die Einstellung zu Homer und Vergil als paradigmatisch angesehen werden kann – steht in engem Zusammenhang mit Jean-Jacques Rousseaus (1712–1778) Entgegensetzung von Natur und Kultur und seiner Forderung nach Rückkehr zu einem naturverbundenen Leben; seine Ursache ist in erster Linie in der Kritik an der absolutistischen Ordnung und an der modernen arbeitsteiligen Gesellschaft sowie in der Sehnsucht nach einem ganzheitlichen, natürlichen, ursprünglichen und wahrhaften Leben zu sehen. Er entspringt also nicht einer abstrakten Einsicht in die ›ewigen‹ Werte der Menschennatur, sondern ist ein Korrektiv gegen Mechanisierung und Vereinzelung in der spätabsolutistisch-frühkapitalistischen Gesellschaft. Die Akzentverlagerung von Rom auf Griechenland bedeutete zugleich eine Abkehr von der staatlich-politischen und eine Hinwendung zur allgemein-menschlichen, kulturellen und individuellen Sphäre, die Orientierung an künstlerischen und philosophischen Leistungen. ›Freiheit‹ wurde weniger als politische Tugend denn als Grundlage der ›Schönheit‹ verherrlicht.

Allerdings hatte diese unbedingte Griechenverehrung – »Wie ganz anders, anders war es da!«[8] – auch viele irreale und utopische Züge. Indem sie voraussetzte, daß im antiken Hellas der Gegensatz von Natur und Kultur aufgehoben und das Ideal eines menschenwürdigen Lebens verwirklicht gewesen sei, sah sie weitgehend von den Widersprüchen der griechischen Gesellschaft ab und übertrug entweder eine idealisierte Vorstellung von der klassischen Kultur in der Hochblüte der demokratischen Polis Athen auf ganz Griechenland oder klammerte die archaische und hellenistische Zeit und die nichtdemokratischen Poleis aus. Hinzu kommt, daß sich in der Idealisierung der Antike auch Selbsttäuschungen in bezug auf die Möglichkeiten der erstrebten bürgerlichen Ordnung niederschlagen und daß man (nach einer Marxschen Formulierung) die Tatsache außer acht ließ, daß Freiheit und Gleichheit im modernen Sinne auf dem »Austausch von Tauschwerten« beruhen und somit »das Gegenteil der antiken Freiheit und Gleichheit« sind, »die eben den entwickelten

---

6 Nicht haltbar ist die von Walther Rehm (Griechentum und Goethezeit [s. Bibl. 4.1.]; Götterstille und Göttertrauer [s. Bibl. 1.2.]) und anderen Gelehrten vertretene Auffassung, daß es sich bei der Antikerezeption in der deutschen Literatur um 1800 vornehmlich um eine in der ›Seelenverwandtschaft‹ zwischen ›Deutschtum‹ und ›Griechentum‹ wurzelnde ›deutsch-antike Begegnung‹ handele.
7 Vgl. Eliza Marian Butler: The Tyranny of Greece over Germany (in der deutschen Übersetzung unberechtigterweise verharmlost zu »Deutsche im Banne Griechenlands«) [s. Bibl. 1.2.]; Anton Gail: Im Schatten der Griechen [s. Bibl. 4.1.].
8 Friedrich Schiller: Die Götter Griechenlandes. In: Schiller: Werke. Nationalausgabe. Weimar 1943 ff., Bd. 1, S. 190.

Tauschwert nicht zur Grundlage haben, vielmehr an seiner Entwicklung kaputtgehn«.[9]

Im Grunde war man sich wohl sogar mehr oder weniger bewußt, daß es beim ›klassischen‹ Griechenbild nicht so sehr um die historische Richtigkeit als um die aktuelle Idealbildung ging. Wenn Gleim 1802 in einem Brief an Herder bemerkte: »könnt' ich noch ein Schriftsteller sein, so schrieb' ich etwas von den unmenschlichen Mythen der Griechen und erklärte mich gegen sie«, und wenn Herder entgegnete, »daß die harte Mythologie der Griechen aus den ältesten Zeiten von uns nicht anders als milde und menschlich angewandt werden dürfe«[10], dann heißt dies doch, daß ihnen die tatsächlichen Antagonismen der Antike nicht fremd waren und daß sie das Ideal der Humanität aus den Bedürfnissen der eigenen Zeit heraus in die antiken Paradigmata hineinprojizierten. Angesichts dieser Diskrepanzen zwischen klassischem Ideal und historischer Wirklichkeit erhoben sich von Anfang an auch skeptische Stimmen gegen eine allzu enthusiastische Verklärung der Antike. Seit der Zeit um 1800 enthält das Griechenbild der deutschen Literatur – bei aller Verherrlichung und Idealisierung – auch elegische Momente, ist offen für inhumane und brutale Aspekte des menschlichen Lebens und weiß von der Vergänglichkeit antiker Harmonie.

Im Laufe des 18. Jahrhunderts kam es zu Modifizierungen innerhalb des Gattungsgefüges. Für die Antikerezeption waren weiterhin die Versgattungen ergiebiger als die erzählerische Prosa, die (mit Ausnahme Wielands) mehr auf die unmittelbare Gegenwart ausgerichtet war. Innerhalb der Epik gelangte die bereits im 17. Jahrhundert einsetzende Verlagerung des Schwerpunktes vom Epos zum Roman zum Abschluß. Die Ursache ist in einer zunehmenden Differenzierung des gesellschaftlichen Lebens zu suchen: gestaltet doch das Epos – laut Georg Lukács – »eine von sich aus geschlossene Lebenstotalität«, während der Roman »die Epopöe eines Zeitalters« ist, »für das die extensive Totalität des Lebens nicht mehr sinnfällig gegeben« und »die Lebensimmanenz des Sinnes zum Problem geworden ist«[11]. Klopstocks »Messias« war das letzte große Epos der Weltliteratur; mit Wielands »Agathon« begann die Geschichte des modernen deutschen Romans. (In Johann Georg Sulzers »Allgemeiner Theorie der schönen Künste« hatte die Gattung des Romans, die in der Antike nicht zur ›hohen‹ Literatur gerechnet und theoretisch analysiert worden war, noch nicht einmal einen eigenen Artikel gehabt.) In der Dramatik lockerte sich die strikte Trennung nach Tragödie und Komödie auf zugunsten der empfindsamen Komödie, des ›Bürgerlichen Trauerspiels‹, des Schauspiels und der Tragikomödie. Die *einzelnen* lyrischen Gattungen (Ode, Elegie, Ekloge) verloren ihre seit der Antike kanonischen Abgrenzungen und gingen mehr oder weniger in der Gattung der Lyrik *als Ganzes* auf; die Bedeutung von Lehrgedicht und Verssatire wurden geringer – ›Satire‹ wurde von einer Gattung zu einer

---

9 Karl Marx: Grundrisse der Kritik der politischen Ökonomie. Berlin ²1974, S. 156.
10 Johann Wilhelm Ludwig Gleim: Brief an Herder, 14. November 1802. In: Herder (wie Anm. 3), Bd. 28, S. 563; Johann Gottfried Herder: Der entfesselte Prometheus. Szenen. Ebd., S. 329.
11 Georg Lukács: Die Theorie des Romans. Ein geschichtsphilosophischer Versuch über die Formen der großen Epik. Neuwied, Berlin 1971 = Sammlung Luchterhand 36, S. 51 und 47.

Haltung –; das Epigramm erlebte, ebenso wie die Fabel, eine letzte Blüte und wurde danach wie diese fast zu einer Randerscheinung.

Die Antikerezeption in Deutschland im 18. und frühen 19. Jahrhundert war eng verbunden mit dem Aufschwung der Altertumswissenschaften und mit der Herausbildung der neuhumanistischen Bildungskonzeption und Bildungsreform; ja, man kann geradezu von einer Wechselwirkung zwischen Ästhetik und Philologie, zwischen Literatur und Wissenschaft – einschließlich der Pädagogik – sprechen. »Ueberall spürt man«, heißt es später bei Nietzsche, »dass die Philologen fast ein Jahrhundert lang mit Dichtern, Denkern und Künstlern zusammengelebt haben. Daher kommt es, dass jener Aschen- und Schlackenhügel, der ehedem als das klassische Alterthum bezeichnet wurde, jetzt fruchtbares, ja üppiges Ackerland geworden ist.«[12]

War die Klassische Philologie nach ihren großen Leistungen im Zeitalter des Renaissance-Humanismus und der Reformation zu Beginn des 18. Jahrhunderts in hohem Maße durch Kompilation, Polyhistorie und Sammeln von Kleinigkeiten sowie durch ein Übergewicht des Lateinischen über das Griechische gekennzeichnet, so schlug sich das verstärkte philologisch-historische Interesse am Altertum zunächst in einer Reform des altsprachlichen Unterrichts und der klassischen Studien durch Philologen und Schulmänner wie Johann Matthias Gesner (1691–1761) in Göttingen und Johann August Ernesti (1707–1781) in Leipzig nieder, die von dem tradierten grammatisch-rhetorischen Formalismus hinweg zu einer ethisch relevanten Beschäftigung mit der antiken Kultur führen sollte. Der Göttinger Theologe und Orientalist Johann David Michaelis (1717–1791) und der Leipziger Orientalist und Philologe Johann Jakob Reiske (1716–1774) lenkten die Aufmerksamkeit wieder stärker auf die griechische Literatur. Insbesondere haben dann Christian Gottlob Heyne (1729–1812; seit 1763 Professor in Göttingen) und sein Schüler Friedrich August Wolf (1759–1824; 1783 bis 1806 Professor in Halle, seit 1811 in Berlin) eine umfassende, auf die Bildung des Geistes und des Geschmacks ausgerichtete und in starkem Maße durch das Interesse an Griechenland bestimmte Erforschung des Altertums begründet, die nicht zuletzt zu ausgezeichneten Kommentaren und zu einer regen Übersetzungstätigkeit führte.

Der sogenannte ›Neuhumanismus‹ forderte ebenso wie der Renaissance-Humanismus den Rückgang zu den antiken Quellen der europäischen Literatur und stellte den Gedanken einer Humanisierung der Gesellschaft durch Bildung mittels Sprachbeherrschung in den Mittelpunkt, orientierte sich aber im Unterschied zu seinem Vorgänger in erster Linie nicht an der lateinischen, sondern an der griechischen Kunst, Literatur, Philosophie und Geisteshaltung. Sein wichtigster Repräsentant war der Sprachforscher, Kunsttheoretiker, Bildungspolitiker und liberale Staatsmann Wilhelm von Humboldt (1767–1835), der in Schriften wie »Über das Studium des Altertums und des griechischen insbesondere« (1793) und »Ästhetische Versuche« (1799) den Vorbildcharakter der auf menschliche Totalität, auf allseitige

---

12 Friedrich Nietzsche: Homer und die klassische Philologie. Ein Vortrag. In: Nietzsche: Werke. Kritische Gesamtausgabe. Hrsg. von Giorgo Colli und Mazzino Montinari. Berlin, New York 1967 ff., Abt. 2, Bd. 1, S. 267.

und harmonische Entwicklung der Persönlichkeit ausgerichteten griechischen Kultur für die moderne Bildung betonte und als preußischer Kultus- und Unterrichtsminister (1809–1817) das Humanistische Gymnasium neu organisierte. Humboldt, der auch als Dichter und als Übersetzer (Pindar und Aischylos) hervortrat, hatte von allen Intellektuellen seiner Zeit das am stärksten auf Verehrung und Verklärung gestimmte Griechenbild. Der 1807 entstandene, erst postum veröffentlichte Aufsatz »Über den Charakter der Griechen, die idealische und historische Ansicht desselben« beginnt mit den programmatischen Worten: »Die Griechen sind uns nicht nur ein nützlich historisch zu kennendes Volk, sondern ein Ideal.«[13]

Unter den Gelehrten, die die Entwicklung der Klassischen Philologie in der ersten Hälfte des 19. Jahrhunderts bestimmten, stand Gottfried Hermann (1772–1848; seit 1798 Professor in Leipzig) – ein Vertreter der traditionellen ästhetisch-formalen Philologie – in enger Beziehung zu Goethe, während August Boeckh (1785–1867; seit 1811 Professor in Berlin) – der als Schüler Wolfs die Altertumswissenschaften in umfassender Weise ausbaute – mit seiner Schrift »Die Staatshaushaltung der Athener« von 1817 bereits den Griechenglauben der Klassik grundsätzlich in Frage stellte.

Wesentliche stoffliche Anregungen erhielten viele Schriftsteller des 18. und frühen 19. Jahrhunderts aus einem bereits vor Herausbildung des Neuhumanismus erschienenen Handbuch: aus Benjamin Hederichs (1675–1748) »Gründlichem Lexicon Mythologicum« von 1724, das unter dem Titel »Gründliches Mythologisches Lexicon« 1741 eine zweite und 1770 nochmals eine überarbeitete Neuauflage erlebte.

Die Wandlungen des Antikebildes im deutschen Geistesleben und in der deutschen Literatur erfolgten in verschiedenen Etappen über mehrere Jahrzehnte hin. Das 18. Jahrhundert ist im wesentlichen das Jahrhundert der Aufklärung: einer gesamteuropäischen Erscheinung, die neben der Literatur alle Bereiche des Denkens – Philosophie, Theologie und Theologiekritik, Politik, Jurisprudenz, Ästhetik und Kunstwissenschaft – erfaßte. In England und Frankreich liegen ihre Anfänge in der ersten Hälfte des 17. Jahrhunderts, bei Francis Bacon (1561–1626) und René Descartes (Renatus Cartesius; 1596–1650); in Deutschland – dessen Zurückbleiben gegenüber der westeuropäischen Entwicklung bereits zur Zeit der Reformation eingesetzt und sich durch den Dreißigjährigen Krieg noch einmal verstärkt hatte – sind ihre wichtigsten Wegbereiter und ersten Vertreter Gottfried Wilhelm Leibniz (1646–1716), Christian Thomasius (1655–1728) und Christian Wolff (1679–1754). In der deutschen Literatur war sie – nachdem sich bereits seit den letzten Jahrzehnten des 17. Jahrhunderts Tendenzen zu einer Verbürgerlichung der Dichtung und zur Auflösung der barocken Normen abgezeichnet hatten – seit dem dritten Jahrzehnt des 18. Jahrhunderts bestimmend. Kulturelle Zentren waren Leipzig, Hamburg und Halle, später Zürich, Göttingen, Berlin und andere Städte vorwiegend in den protestantischen Ländern.

---

13 Wilhelm von Humboldt: Gesammelte Schriften. Hrsg. von der Königlich Preußischen Akademie der Wissenschaften. Berlin 1903–1935 (Photomechan. Nachdruck 1968), Bd. 7/2, S. 609. – Über ein Gedicht Humboldts vgl. S. 208 f.

Dabei stand bis in die vierziger Jahre des 18. Jahrhunderts hinein – in der Phase der Frühaufklärung – das Denken und Schaffen noch weitgehend im Zeichen eines Klassizismus, der sich vor allem auf die »Poetik« des Aristoteles, auf Horaz' ›Ars poetica« und auf Pseudo-Longinos' seit Boileaus Übersetzung von 1674 äußerst wirkungsreiche Schrift »Über das Erhabene« sowie – für Rhetorik und Stillehre – auf Quintilians »Institutio oratoria« stützte. Man hatte zwar Schwulst und Marinismus überwunden und sich vom Politischen und ›Galanten‹ ab- und einer klaren, diesseitigen und rationalistischen Dichtung zugewendet – doch die künstlerischen Ausdrucksformen richteten sich nach wie vor an denselben oder ähnlichen Vorbildern aus wie bei Martin Opitz, und man folgte weiterhin den Lehrsätzen einer Anweisungspoetik. Das große Vorbild war jetzt die Literatur und die Poetik der französischen Klassik, allen voran Boileaus »L'Art poétique« (1674). Die antiken Werte waren noch ungebrochen und sind zugleich dogmatisiert worden (am nachhaltigsten in der Dramatik, wo ›Ständeklausel‹ und das ›Gesetz der drei Einheiten‹, die in dieser Form *nicht* aus dem Altertum stammten, als unumstößlich galten). Die Entwicklung der bürgerlichen Kultur vollzog sich nicht nur *politisch* im Rahmen der höfischen Gesellschaft, sondern auch *ästhetisch* innerhalb der traditionellen Kunstübung und erlangte erst danach eine größere Selbständigkeit.

Seit der Mitte des 18. Jahrhunderts zeigten sich dann deutliche Neuansätze – im gesamteuropäischen Maßstab vor allem bestimmt durch Rousseaus Preisschriften von 1750 und 1754[14]. Es war die Zeit, in der in Deutschland die drei großen Schriftsteller der Hochaufklärung Klopstock, Lessing und Wieland ins literarische Leben eintraten und in der die Schriften Winckelmanns erschienen, der nicht nur der Begründer der neueren Kunstgeschichte und Archäologie war, sondern auch nachhaltig auf das literarische Antikebild seiner Zeitgenossen und der nachfolgenden Generationen einwirkte. Jetzt erst kam es zum Bruch mit den Gepflogenheiten eines literarischen Klassizismus, setzte ein neues Verhältnis zur Natur und zu den antiken Quellen ein, entwickelten sich ausgeprägt individuelle und deutlich voneinander unterschiedene Konzeptionen: von einer Verherrlichung Griechenlands als eines gesellschaftlichen Leitbildes über eine Orientierung an den antiken Autoren auf Grund nicht der *Autorität*, sondern der *Vernunft* bis hin zu skeptisch-ironischen Distanzierungen oder zu Absagen zugunsten nationalistischer Züge, einer ›nordischen‹ Mythologie und antirömischer Akzente.

Das zuletzt genannte Zurückdrängen der Antikebeziehung war nicht die dominante, wohl aber eine keineswegs zu übersehende Entwicklungslinie. Es schlug sich zunächst – um 1750 – in einer auffallenden Affinität zum Arminius-Sujet nieder.[15] In der Zeit des Siebenjährigen Krieges dann entstand eine patriotische Dichtung,

---

14 Vgl. Hans Robert Jauß: Der literarische Prozeß des Modernismus von Rousseau bis Adorno. In: Epochenschwelle und Epochenbewußtsein (wie Anm. 1), S. 248.
15 Vgl. Rolf Christian Zimmermann: Die kritische Replik der deutschen Spätaufklärung und Klassik auf Arminius-Enthusiasmus und Germanen-Utopie der Epoche. In: Verantwortung und Utopie. Zur Literatur der Goethezeit. Ein Symposion. Hrsg. von Wolfgang Wittkowski. Tübingen 1988, S. 109–133; Irmtraud Sahmland: Christoph Martin Wieland und die deutsche Nation [s. Bibl. 3.2.], S. 131–140; Hans Peter Herrmann: »Ich bin fürs Vaterland zu sterben auch bereit« [s. Bibl. 3.1.]; Arminius und die Varusschlacht [s. Bibl. 1.2.]; Gesa von Essen: Hermannsschlachten [s. Bibl. 3.1.].

die entweder zu einer Bevorzugung *kriegerischer* Motive aus der Antike führte – namentlich zu einer an den sogenannten ›Römeroden‹ des Horaz geschulten Verherrlichung des Todes fürs Vaterland – oder in ein Übertrumpfen des Altertums mündete (»Achill war nicht so groß, als *Friedrich*«): bis hin zu dem Nachweis, daß Patriotismus in den modernen Monarchien noch wichtiger sei als in den antiken Republiken.[16] Schließlich nahm seit der Mitte des 18. Jahrhunderts in mehreren europäischen Ländern das Interesse an der eigenen Vergangenheit zu – wobei nicht allzu scharf zwischen ›germanisch‹, ›keltisch‹, ›skandinavisch‹, ›gälisch‹ und ›britannisch‹ unterschieden wurde. Man gelangte zu der Auffassung, daß die ›keltische‹ Religion unserem Klima, unserer Natur und unseren Bedürfnissen besser entsprochen habe als die griechisch-römische und daß folglich anstelle der antiken die ›keltischen‹ Mythen zu rezipieren und den Barden und Skalden nachzustreben sei. In dieser Atmosphäre konnte eine Fälschung wie der »Ossian« (1760 ff.) des schottischen Schriftstellers James Macpherson (1736–1796) über Jahrzehnte hin eine breite Wirkung erzielen. Die Hinwendung zur keltisch-germanischen Vergangenheit mochte zunächst noch an den Patriotismus der Humanisten erinnern – bald aber zeigte es sich, daß sie auch die Vorstufe zu einem bedenklichen Nationalismus war. Von jetzt an stand die Orientierung an der Antike in einem vielschichtigen Spannungsverhältnis zu einem ›vaterländischen‹ Weltbild.

Um 1770 trat ein erneuter Auf- und Umbruch ein, der die Intentionen der Aufklärung zugleich kritisierte und bewahrte: eine Radikalisierung der weltanschaulichen, politischen und ästhetischen Positionen, eine Absage an tradierte Regeln und ein Pochen auf Originalität – getragen von einer jungen Generation, die zugleich ein intimes, persönliches und völlig unkonventionelles Verhältnis zu den ›Alten‹ hatte. Der Sturm und Drang war freilich eine zeitlich und räumlich begrenzte Jugendbewegung. (Im engeren Sinne trifft der Begriff nur auf den oberrheinischen Dichterkreis um den jungen Goethe zu; in einem weiteren Sinne können wir auch den Göttinger Hain, das Schaffen Wilhelm Heinses und das Frühwerk Schillers dazu rechnen.) In dieselbe Zeit fiel das Spätwerk älterer Aufklärer – in der Philosophie erreichte die Aufklärung sogar erst jetzt mit Immanuel Kant (1724–1803) ihren Höhepunkt –, und das Schaffen einiger Stürmer und Dränger nahm seit den achtziger Jahren wieder eine Wendung ins Normative, mündete ein in die Spätaufklärung oder in die sogenannte Weimarer Klassik. Die ›klassische‹ Phase der deutschen Literatur – repräsentiert vor allem durch das Schaffen Goethes und Schillers vom Ende der achtziger und Anfang der neunziger Jahre des 18. Jahrhunderts bis 1805 – ist ein Reflex einmal der spezifischen deutschen Bedingungen (politische Schwäche des Bürgertums bei gleichzeitiger Gewährung eines Spielraums für künstlerische und intellektuelle Aktivitäten besonders in den relativ autonomen *kleinen* Fürstentümern) und zum anderen der desillusionierenden Erfahrungen aus der Französischen Revolution, die zu einer Konzentration auf das Ästhetische, ja zur Konzeption einer Kunstautonomie führ-

---

16 Vgl. Volker Riedel: Der Tod fürs Vaterland [s. Bibl. 4.2. (Lessing)], S. 133–135. – Zitat: Johann Friedrich von Cronegk: Der Krieg. In: Cronegk: Schriften. Neue vermehrte Ausgabe. Amsterdam 1765, Bd. 2, S. 208.

ten. In dieser Phase kulminierte die vom aufklärerischen Humanitätsideal geprägte Rezeption der griechischen Antike.[17]

Zur selben Zeit aber begann – getragen von Autoren, die in den neunziger Jahren in das literarische Leben eintraten – eine neue Etappe im Verhältnis zur Antike, die sich in einer geradezu existentiellen Intensivierung dieses Verhältnisses und in der Herausbildung einer ›neuen Mythologie‹ niederschlug oder in elegische Klagen über die Vergänglichkeit von Hellas und Rom mündete, die – nach Ansätzen bereits in der Zeit des Sturm und Drangs – zur Betonung orphisch-dionysischer Züge oder zur Entdeckung ›unklassischer‹ Bereiche des ›klassischen‹ Altertums (wie des derb-obszönen, phantastischen und anti-illusionistischen Aristophanes) und damit zu einer deutlichen Problematisierung des tradierten Bildes führte und die schließlich eine ironische und satirische Distanzierung, ja eine Abkehr von den antiken Sujets einleitete. Diese Entwicklungen waren vorrangig *politisch* bedingt – die Antwort auf die revolutionäre Krisensituation in Frankreich konnte entweder eine noch stärkere Verklärung des alten Griechenlands oder das Aufzeigen verwirrender und ›barbarischer‹ Züge bereits innerhalb der Antike sein, und die Ereignisse vom Aufstieg bis zum Sturz Napoleons lenkten das Augenmerk auf die Gegenwart, insbesondere auf die nationale Frage –; sie brachten aber auch die *innerliterarischen* Veränderungen, die das Antikebild im 18. Jahrhundert generell erfuhr, zu einem gewissen Abschluß.

Im vorliegenden Buch wird im allgemeinen nicht von ›Romantik‹, sondern von der ›Zeit der Romantik‹ gesprochen; denn wenn auch das Schaffen vieler Autoren vollständig oder eine Zeitlang romantische Züge trug, so sind bedeutende Schriftsteller wie Jean Paul, Friedrich Hölderlin, Heinrich von Kleist oder Franz Grillparzer (die, mit Ausnahme Jean Pauls, zugleich am produktivsten in der Aufnahme antiker Motive waren) dieser Richtung *nicht* oder nur bedingt zuzurechnen, und Goethe war während der gesamten Aufstiegs-, Blüte- und Verfallszeit der Romantik tätig geblieben. Auch gibt es keine absolute Scheidung zwischen Klassikern und Romantikern – Schiller nannte die »Jungfrau von Orleans« eine »romantische Tragödie«, Goethe den Helena-Akt in »Faust II« eine »klassisch-romantische Phantasmagorie«.

Dabei steht die Phase der Frühromantik noch in vielfältiger Beziehung zur Klassik und zu deren kulturellem Zentrum in Weimar und Jena, erscheint gleichermaßen als letzte Steigerung der aufklärerisch-klassischen Antikerezeption wie als Umschlag in eine betont moderne Kunstauffassung, während in der Zeit der Hoch- und Spätromantik – d. h. in den Jahren der Napoleonischen Kriege und der Restauration – Tendenzen, die sich seit den späten neunziger Jahren des 18. Jahrhunderts andeuteten, voll zum Durchbruch kamen. »Natürlich schrieben die deutschen Dichter weiterhin Oden, Elegien und Epigramme. Natürlich eignete sich – nach Schillers Vorbild – die Götterwelt der Alten weiterhin zu einem Metaphernsystem für die Benennung nachchristlicher, moderner Themen, in der bildenden Kunst wie in der Dichtung. Aber daraus läßt sich nicht auf ein neubegründetes Antiken- oder Griechen-Bild schließen. Die große Dichtung der deutschen

---

17 Vgl. Hans Robert Jauß (wie Anm. 14), S. 255; Wilhelm Voßkamp: Klassik als Epoche. Zur Typologie und Funktion der Weimarer Klassik. In: Epochenschwelle und Epochenbewußtsein (wie Anm. 1), S. 495–504.

Romantik jedenfalls hat nach 1800, von Ausnahmen abgesehen, kein anderes als ein abwehrendes Verhältnis zur Antike.«[18]

Die Jahre 1805/06 bedeuten in mehrfacher Hinsicht einen Einschnitt in der deutschen Geschichte und Literaturgeschichte: Ende des ›Heiligen Römischen Reiches Deutscher Nation‹, Tod Schillers, Ablösung Weimars und Jenas als eines intellektuellen Zentrums. Besonders deutlich wird jetzt auch das Zurücktreten der Antike. War bereits in Schillers »Musenalmanach« seit 1800 der Anteil antiker Motive geringer geworden, so kann man bei Goethe ab 1805 geradezu von einer ›nachklassischen‹ Phase sprechen, und insbesondere in der Lyrikdiskussion ging es um Klassizismus und Romantizismus, um die Gültigkeit antiker oder neuzeitlicher Vorbilder. »Hellenisch Leben, du bist uns verlohren, / So haben das romant'sche wir erkohren«, endete, freilich recht banal, Johann Jakob Mniochs (1765–1804) Gedicht »Hellenik und Romantik«.[19] Die Feudalgesellschaft und ihre unmittelbaren Antipoden hatten eine im wesentlichen universalistische Kultur (das deutsche Kaiserreich verstand sich als Fortsetzung des *imperium Romanum*, Ludwig XIV., die Französische Revolution und Napoleon dachten – sei es in monarchischem, sei es in republikanischem Sinne – in antiken Kategorien), die *res publica litteraria* der Aufklärung und der Weimarer Klassik war international ausgerichtet – wenngleich nationale Akzente bereits seit dem Renaissance-Humanismus und dann wieder von Klopstock und den Stürmern und Drängern gesetzt wurden –, und auch die Frühromantik ist durchaus noch weltoffen gewesen; jetzt aber gewinnen patriotische, ja nationalistische Töne, Motive aus der nordisch-germanischen Götterwelt, aus der Volkspoesie und aus der christlich-mittelalterlichen Literatur sowie politisch motivierte antirömische Invektiven immer stärker an Gewicht. Daß dies keineswegs eine Verengung des Blickfeldes war, zeigt sich an der größeren Empfänglichkeit für andere Literaturen – insbesondere für Shakespeare und das spanische Volkstheater.

Ebenso wie im Verhältnis zu Shakespeare durch die Romantiker eine Entwicklung zum Abschluß gebracht wurde, die bereits bei Johann Elias Schlegel, Lessing und den Stürmern und Drängern eingesetzt hatte, und entscheidende Züge der modernen Rezeption des englischen Dramatikers ausgebildet wurden, finden wir auch einen wichtigen Umschlagpunkt im Verhältnis zum Mythos. Gegenüber einer rein allegorischen Deutung der alten Mythen oder gar gegenüber deren Ablehnung als bloßer Fabeleien hatten bereits Christian Gottlob Heyne, Hamann, Herder und Karl Philipp Moritz Verständnis für diese Form der Naturerklärung und ihre ästhetischen Konsequenzen zu erwecken gesucht; für viele Schriftsteller am Ausgang des 18. Jahrhunderts war der Gebrauch antiker Mythen eine Selbstverständlichkeit – die Romantiker aber (vor allem Friedrich Schlegel, der Philosoph Friedrich Wilhelm Schelling [1775–1854] und der Philologe Georg Friedrich Creuzer [1771–1858] mit seiner »Symbolik und Mythologie der alten Völker, besonders der Griechen« [ab 1810]) sahen den Mythos geradezu als Schlüssel zur Interpretation der Antike, verliehen ihm die Aura einer religiösen Wahrheit und haben damit

---

18 Norbert Miller: Europäischer Philhellenismus zwischen Winckelmann und Byron [s. Bibl. 4.1.], S. 355.
19 Zitiert nach: Gerhard Schulz (wie Anm. 1), Bd. 2, S. 693.

frühere Antike-Konzeptionen nicht nur korrigiert, sondern umgestülpt[20]. Wenn Theoretiker des 19. und 20. Jahrhunderts wie Friedrich Nietzsche oder Max Horkheimer und Theodor W. Adorno ihre Lehren teilweise als Mythen-Exegese vortrugen und wenn Schriftsteller wie Thomas Mann, Erich Arendt oder Franz Fühmann ausdrücklich sich zur Verwendung von Mythen bekannten, dann führten sie Traditionen weiter, die erstmals in der Romantik entwickelt worden waren.

Konkret allerdings trug, neben den historischen Erfahrungen, die Affinität zum Mythos auch zur Abkehr von der Antike bei – insofern sie nämlich die intensive Erforschung nichtantiker Mythologien (vor allem des Orients) in sich einschloß, so daß die griechische Mythologie nicht Mythologie schlechthin, sondern nur eine unter mehreren Mythologien war.

Schließlich hat die Wiederentdeckung des Christentums (insbesondere des katholischen) bei nicht wenigen Autoren das Interesse an der Antike zurückgedrängt; denn anders als in der Tradition vom Frühhumanismus bis zum Ausgang des 18. Jahrhunderts, in der Antike und Christentum entweder miteinander harmonierten oder, wenn man den Gegensatz akzentuierte, Partei für das Altertum ergriffen wurde, nahm nunmehr das autoritativ denkende Christentum an den ›heidnischen‹ Gottheiten und an den ›heidnischen‹ Idealen der antiken Kunst Anstoß. Symptomatisch hierfür ist die Umwertung des Pygmalion-Mythos und des – oft mit einer Diabolisierung der Venus einhergehenden – Motivs von der wiederbelebten Statue.[21]

Eine Politisierung der Antikebezüge schlägt sich im Zusammenhang mit dem griechischen Befreiungskampf gegen die Türken in den zwanziger Jahren im Philhellenismus nieder und leitet bereits zu der wieder stärker sozialkritisch akzentuierten Literatur der dreißiger und vierziger Jahre über. Die *dann* tonangebenden postromantischen Autoren aber sollen – auch wenn sie in ihrer Jugend romantisch geschrieben haben – erst im folgenden Kapitel behandelt werden: *nach* Abschluß der ›Kunstperiode‹.

Frühaufklärung
Von Barthold Hinrich Brockes bis Johann Elias Schlegel

Die frühesten Vertreter einer wenn auch noch vom Barock beeinflußten, so doch im wesentlichen rationalistischen Dichtung waren der Hamburger BARTHOLD HINRICH BROCKES und der über mehrere Jahrzehnte mit Göttingen verbundene Schweizer Albrecht von Haller. Brockes (1680–1747) sah in den Gedichten seines Hauptwerkes »Irdisches Vergnügen in Gott« (1721–1748), einer Mischung von Hirtengedicht und Satire im antiken Sinne (in dieser *Mischung* aber auch schon eine Abkehr von dem traditionellen Gattungsschematismus bezeichnend), in der gesamten Natur Gottes

---

20 Vgl. Wolfgang Müller-Funk: Die Verschwiegenheit des Mythos. Friedrich Creuzers »Symbolik und Mythologie der alten Völker besonders der Griechen« [s. Bibl. 4.2.], S. 124–138.
21 Vgl. S. 211 und 218–220.

persönliches Wirken und eine aufs Moralische gerichtete Weltordnung. Wie Horaz verband er das *prodesse* mit dem *delectare* (den Nutzen mit dem Vergnügen) und zielte darauf, mit Klugheit und Mäßigkeit gut zu leben und glücklich zu sein. Ein tiefes religiöses Empfinden war aufs Diesseits gerichtet und – anders als das pessimistische Weltbild im Zeitalter des Dreißigjährigen Krieges – von einem überzeugten Optimismus getragen. ALBRECHT VON HALLER (1708–1777) hat in seinem berühmtesten Gedicht, »Die Alpen« (1729), bukolische und georgische Elemente mit patriotischen Zügen im Sinne der Taciteischen »Germania« durchsetzt, stand in vielen seiner Gedichte – vor allem aus der Frühzeit – stark unter dem Einfluß klassischer Vorbilder und folgte durchaus noch der Tradition der Barockallegorien. Sein Lieblingsdichter war Vergil, gegenüber dem er Homer ablehnte; er schätzte den *Autor*, distanzierte sich aber von dem *Menschen* Horaz. Haller hatte zeitlebens eine unmittelbare und lebendige Beziehung zur Antike, vor allem zur römischen. Im Alter schrieb er drei Staatsromane, in denen er, in der Tradition antiker politischer Theorien, die Staatsformen Demokratie, Aristokratie und Monarchie diskutierte und vor den Gefahren des Despotismus warnte; der letzte dieser Romane hieß »Fabius und Cato, ein Stück der römischen Geschichte« (1774).

Die bestimmende Gestalt der deutschen Frühaufklärung war der Leipziger Professor JOHANN CHRISTOPH GOTTSCHED (1700–1766), ein Schüler Christian Wolffs. Er hat durch die Herausgabe ›moralischer Wochenschriften‹ – z. T. mit Lukianischem Gedankengut – auf die Bildung des bürgerlichen Geschmacks eingewirkt und ist durch wichtige sprach- und literaturgeschichtliche Arbeiten hervorgetreten. Mit seinem »Versuch einer Übersetzung Anacreons in reimlosen Versen« (1733) hat er als erster das bis dahin in Deutschland übliche Reimschema verlassen, wollte in Wortwahl, Stil und Metrum die Vorbilder möglichst getreu wiedergeben und zu selbständigen lyrischen Gedichten anregen. Bereits 1727 hatte der Leipziger Philologe Johann Friedrich Christ (1700–1776) sich in den »Noctes academicae« theoretisch mit den Anakreonteen beschäftigt und ihre natürliche Einfachheit und innere Geschlossenheit erkannt, und 1732 hatte Ludwig Friedrich Hudemann (1703–1770) unter seinen Gedichten die Übersetzung von sieben anakreontischen Oden veröffentlicht. Gottsched nun öffnete den Weg zur gemeineuropäischen anakreontischen Dichtung und machte Leipzig zu einem ihrer Zentren.[22]

Vor allem aber wollte Gottsched durch die Theaterreform, die er zwar vom Katheder, von der Theorie aus, aber in Zusammenarbeit mit der ›Neuberin‹ (der Schauspielerin und Prinzipalin Friederike Karoline Neuber; 1697–1760) unternahm, eine deutsche Theaterkunst begründen, die sich am klassischen französischen Theater orientierte: eine gereinigte, regelmäßige Tragödie und ein Lustspiel mit hohen Ansprüchen. In der von ihm herausgegebenen »Deutschen Schaubühne« veröffentlichte er dafür von 1741 bis 1745 ›Musterstücke‹ des französischen und des deutschen Theaters. Mit dieser Theaterreform – wohl seiner sichtbarsten Leistung – zielte er darauf, die vorhandenen volkstümlichen Stoffe (insbesondere die Figur des

---

22 Vgl. Herbert Zeman: Die deutsche anakreontische Dichtung [s. Bibl. 4.1.], S. 62, 78, 82, 92–95, 99, 140 und 153.

Harlekin, des ›Hanswurst‹) zu beseitigen, und wollte gleichsam eine höfische Bühnenkunst ohne Hof schaffen.

Mit seinem »Versuch einer Critischen Dichtkunst« (1730, 4. Auflage 1751) stellte sich Gottsched in die Tradition von Poetikern seit Julius Caesar Scaliger bzw. in Deutschland seit Martin Opitz und orientierte sich insbesondere an Boileaus »L'Art poétique« und dessen rationalistischem Klassizismus. Durch die ›Brille‹ seiner Vorgänger sah er faktisch die Werke und Lehren der ›Alten‹[23], wenn er auch vom Prinzip her ihnen allein Norm- und Musterhaftigkeit bescheinigte: In der Vorrede zur »Critischen Dichtkunst« betonte er ausdrücklich, daß er »die Regeln und Lehrsätze des griechischen und römischen Alterthums« vorgetragen und »keine neue Kunstgriffe in der Poesie erdacht«, sondern »allein die alten Wahrheiten [...] fortzupflanzen« gesucht habe[24]; er stellte dem Buch programmatisch die »Ars poetica« des Horaz voran – und der Untertitel der »Deutschen Schaubühne« lautete: »nach den Regeln und Mustern der Alten«. (In den späteren Auflagen strebte er dann nicht nur nach systematischer Vervollständigung, sondern hat auch verbal stärker die klassische französische Theorie und Vorbilder aus neueren Zeiten berücksichtigt.)

Innerhalb seiner Orientierung an der Antike bezog sich Gottsched nicht ausschließlich, wohl aber vorrangig auf die Römer. Er berief sich zwar auf Aristoteles (»Unter den Griechen ist ohne Zweifel Aristoteles der beste Kritikus gewesen«[25]), pries – wenngleich recht pauschal und ohne allzu genaue Kenntnis – Homer und hat auch den »Oidipus« des Sophokles mehrfach lobend erwähnt; doch wenn er »Poeten von gutem Geschmacke« aufzählt und sie als »die Muster, die man jungen Leuten vorlegen muß« darstellt, nennt er von den Dichtern des Altertums nur Terenz, Vergil, Horaz und Ovid[26], und über das Verhältnis der beiden repräsentativen Epiker sagt er: »Unter den Römern hat Virgil das Herz gehabt, sich an die Epopee zu wagen; und die Geschicklichkeit besessen, dem Homer so vernünftig nachzuahmen, daß er ihn in vielen Stücken übertroffen hat. Und dieses war kein Wunder, da er bereits zu viel feinern und gesittetern Zeiten lebte, da man weit bessere Begriffe von Göttern, Tugenden und Lastern, und von allem, was groß, schön und schätzbar war, hatte.«[27]

Gottsched war der Repräsentant einer frühen Phase der deutschen Aufklärung, die, im Geiste der Leibniz-Wolffschen Philosophie, eine Entwicklung des Bürgertums innerhalb des feudalen Ständestaates propagierte und das Ideal eines ›aufgeklärten Despotismus‹ verkündete. Dies zeigt sich stärker noch als in der Theorie in seinen Dichtungen. In den Helden- und Ehrenliedern auf die Herrscher seiner Zeit

---

23 Vgl. Hermann Hettner: Geschichte der deutschen Literatur des achtzehnten Jahrhunderts. Berlin 1961, Bd. 1, S. 264.
24 Johann Christoph Gottsched: Versuch einer Critischen Dichtkunst, durchgehends mit den Exempeln unserer besten Dichter erläutert. Leipzig ⁴1751 (Reprograph. Nachdruck Darmstadt 1982), S. VIII f.
25 Ebd., S. 97.
26 Ebd., S. 131.
27 Ebd., S. 474. – Zu Gottscheds Bewertung des Homer vgl. Thomas Bleicher: Homer in der deutschen Literatur [s. Bibl. 1.2.], S. 204–206.

bietet der Autor den Olymp mit allen Musen auf; im Nekrolog auf August den Starken feiert er diesen Fürsten als einen ›sächsischen Trajan‹.

Im Zusammenhang mit seiner Theaterreform übersetzte Gottsched 1730 Racines »Iphigénie« (1674) und schrieb 1731 nach Joseph Addisons (1672–1719) »Cato« (1713) und François-Michel-Chrétien Deschamps' (1683–1747) »Caton d'Utique« (1715) das Trauerspiel »Der sterbende Cato«. Dabei ging es ihm nicht so sehr um den Konflikt zwischen Republik und Monarchie als um die allgemein-moralische Frage nach der Ergebenheit eines Menschen in das Schicksal – d. h. nach seiner Anpassung an die Umstände –, und Catos rigorose Haltung wird trotz aller Bewunderung für seine Tugendhaftigkeit als verfehlt dargestellt. In der Vorrede heißt es: »Durch seine Tugend erwirbt sich Cato unter den Zuschauern Freunde. Man bewundert, man liebet und ehret ihn. Man wünschet ihm daher auch einen glücklichen Ausgang seiner Sachen. Allein er treibt seine Liebe zur Freyheit so hoch, daß sie sich gar in einen Eigensinn verwandelt. Dazu kömmt seine stoische Meynung von dem erlaubten Selbstmorde. Und also begeht er einen Fehler, wird unglücklich und stirbt: wodurch er denn das Mitleiden seiner Zuhörer erwecket, ja Schrecken und Erstaunen zuwege bringet.«[28]

In einem späteren Stück griff Gottsched auf einen griechischen Stoff zurück – allerdings nicht aus Athen, das für die Autoren der nachfolgenden Generationen leitbildhaft wurde, sondern aus Sparta, das auf Grund seiner hochgradig politischen Ausrichtung eher Verwandtschaft zu Rom zeigte. In »Agis, König zu Sparta« (1751) verkörpern der Titelheld und seine Gegenspieler tugend- bzw. lasterhafte Fürsten, appelliert der Autor an die Herrschenden, moralisch und vernunftgemäß zu handeln. Dabei macht er durchaus reale Mißstände namhaft – sieht ihre Überwindung jedoch nur auf dem Wege der Fürstenerziehung.

Anregungen Gottscheds und der klassischen französischen Tragödie wurden sowohl in deutschsprachigen Trauerspielen (wie z. B. in Theodor Johann Quistorps [1722–1776] »Aurelius, oder Denkmal der Zärtlichen« [1743]) als auch in den Ausläufern des weiterhin lateinischen Jesuitendramas aus der Zeit der frühen Aufklärung aufgegriffen: bei Anton Claus (1691–1754), bei FRANZ NEUMAYR (1697–1765), aus dessen Dramen mit antiken Sujets vor allem die Tragödie »Papinianus« (1733) zu nennen ist, die sich weitgehend an Gryphius anlehnt, aber die scharfe Antithetik des schlesischen Dichters vermeidet und stärker pädagogisch ausgerichtet ist, sowie bei ANDREAS VON FRIZ (1711–1790) und IGNAZ FREIHERRN VON WEITENAUER (1709–1783). Von Friz und Weitenauer stammen – neben anderen Antikestücken – die Odysseus-Tragödien »Penelope« (1757) bzw. »Mors Ulyssis« (Der Tod des Odysseus; 1758), in denen Odysseus ambivalente Züge erhält und seine Heimkehr problematisiert wird.[29]

---

28 Johann Christoph Gottsched: Ausgewählte Werke. Hrsg. von Joachim Birke / P. M. Mitchell. Berlin 1968–1995 = Ausgaben Deutscher Literatur des XV. bis XVIII. Jahrhunderts 6, 7, 16, 17, 39, 40, 45, 53, 54, 60, 69, 70, 78, 80, 81, 91–93, 98, 104, 107, 108, 119, 132, 148, Bd. 2, S. 17.

29 Vgl. Thomas Bleicher (wie Anm. 27), S. 188 f.; Karl-Heinz Habersetzer: Politische Typologie und dramatisches Exemplum [s. Bibl. 3.2. (Gryphius)], S. 95–128, mit Abdruck des Textes von Neumayr auf S. 134–164.

Der Streit zwischen Gottsched und ›den Schweizern‹ – den Züricher Gelehrten JOHANN JAKOB BODMER (1698–1783) und JOHANN JAKOB BREITINGER (1701–1776) – scheint aus der Sicht der Nachwelt mehr um literarische Machtfragen und persönliche Animositäten als um sachliche Diskrepanzen gegangen zu sein. Gemeinsam waren ihnen die Abkehr vom barocken ›Schwulst‹, das Bemühen um eine aufklärerische Dichtungsreform und die Einbindung in die Opitzsche Tradition. Auch in ihrer Verehrung der antiken Muster waren sie nicht weniger stereotyp. Allerdings waren ›die Schweizer‹ weniger höfisch gebunden – dies zeigt sich markant in Bodmers (freilich auf einem Mißverständnis beruhender) Kritik an Lessings »Philotas«[30] – und orientierten sich mehr an englischen denn an französischen Vorbildern (John Milton [1608–1674]), am Gefühl und an der Nachahmung der Natur. Im einzelnen übten sie bisweilen Kritik an einem konventionellen Antikebild und entwarfen Grundzüge einer neuen Auffassung von Homer.

Breitinger vermochte bereits Homer und Vergil differenziert zu charakterisieren und als gleichrangig einzuschätzen: »Homer war der gröste Genius, Virgil der beste Künstler. In dem einen bewundern wir den Werckmeister, in dem andern das Werck. Homer ziehet uns fort, und versetzet uns mit einer ungestümen Gewalt, die nicht auf unsern Beyfall wartet; Virgil ziehet uns durch eine Majestät voller Lieblichkeit an sich. Homer schüttet seine Güter mit einem großmüthigen Ueberfluß aus; Virgil giebt mit Pracht, aber ohne Verschwendung. Homer ergießt seine Schätze gleich dem Nil durch plötzliche Ueberschwemmungen; Virgil ist wie die Flüsse, die niemahls aus ihrem Bette austreten, und die sich in ihrem Laufe allezeit gleich sind.«[31] Bodmer verfaßte eine Reihe von Trauerspielen mit Sujets aus dem Homerischen Umkreis (1760 »Ulysses« und »Electra«, 1772 »Patroclus« [erschienen 1778]), schrieb 1774 das Gedicht »Telemach«, in dem bei einer Begegnung zwischen dem Titelhelden und Nausikaa über den Besuch des Odysseus auf Scheria berichtet wird, und legte noch 1778 – im Alter von achtzig Jahren – eine metrische Homer-Übersetzung vor.

Bodmer hat 1747 das didaktische Märchen »Pygmalion und Elise« geschrieben und vom Ende der fünfziger Jahre bis zu seinem Tode zahlreiche Dramen mit antiken Sujets verfaßt – darunter aus der griechischen Mythologie und Geschichte einen »Oedipus« (1761) nach Sophokles und »Die Rettung in den Mauern von Holz« (1769) nach Herodot. Aus der römischen Geschichte stammen Dramen mit vorrangig ethischen Fragestellungen (»Octavius Cäsar« [1764, erschienen 1768], »Der Tod des Britannicus« [1764, unveröffentlicht], »Cato« [1764, erschienen 1768]) sowie politische Dramen, die entweder republikanische Helden und Märtyrer für die Freiheit verherrlichen (»Marcus Tullius Cicero« [1763], »Thrasea Paetus« [1764, erschienen 1769], »Cajus Gracchus« [1769, erschienen 1773], »Brutus' und Kassius' Tod« [1782]) oder sich gegen Gewaltherrscher wenden (»Julius Cäsar« [1763], »Tarquinius Superbus« [1764, erschienen 1768] und »Nero« [1764, erschienen

---

30 Vgl. S. 138f.
31 Johann Jacob Breitinger: Critische Dichtkunst. Faksimiledruck der Ausgabe von 1740. Mit einem Nachwort von Wolfgang Bender. Stuttgart 1966 = Deutsche Neudrucke. Reihe Texte des 18. Jahrhunderts 1, S. 43. – Zu Bodmers und Breitingers Homerbild vgl. Thomas Bleicher (wie Anm. 27), S. 206–209.

1769]). Ein nennenswerter Einfluß auf die Entwicklung des deutschen Dramas ist von ihnen nicht ausgegangen.

Der Übergang vom Barock zum Klassizismus, von höfischer Bindung zu bürgerlicher Geselligkeit zeigt sich sehr deutlich in der Lyrik. Die Vertreter des sogenannten *älteren* Hallenser Dichterkreises – JAKOB IMMANUEL PYRA (1715–1744) und SAMUEL GOTTHOLD LANGE (1711–1781) – pflegten zwar ebenso wie spätere Dichter des 18. Jahrhunderts die Schäferdichtung, standen aber noch eher in Verbindung zur humanistisch-neulateinischen Renaissancedichtung und waren nicht von weltlicher Lebensfreude, sondern vom Geist des christlichen Epos berührt. Langes pietistisch-religiöse, auf den Ton empfindsamer Freundschaft und moralischer Betrachtung gestimmte, Friedrich II. gewidmete und dabei höchst fehlerhafte Horaz-Übersetzung von 1752 hat ein Jahr darauf die erste der großen Polemiken und rigorosen Abrechnungen Lessings hervorgerufen.[32]

Ein ganz anderer Ton herrschte bei Hagedorn und im *jüngeren* Hallenser Dichterkreis. FRIEDRICH VON HAGEDORN (1708–1754) war wie Brockes durch die bürgerliche Kultur Hamburgs geprägt. Er war ein Anhänger Boileaus und ein guter Kenner der englischen Dichtung, war von der aufklärerischen Funktion der Literatur überzeugt und liebte eine klare Sprache und einen glatten, fließenden Rhythmus. Auf Ordnung und Harmonie gestimmt, vermied er das Grelle und Häßliche; die Liebe war ihm nicht eine zerstörerische Leidenschaft, sondern ein von der Vernunft geleiteter Trieb, ein seelisches Geschehen ohne tragischen Ernst.

Hagedorn war, obwohl er selbst erst ansatzweise auf Anakreon bzw. die diesem zugeschriebene Gedichtsammlung zurückgriff, der Wegbereiter der Rokokodichtung und der Anakreontik in Deutschland. Dabei hat er allerdings gegenüber dem allzu Lockeren in der Poesie seiner Nachfolger auf den sittlichen Gehalt der griechischen Vorbilder hingewiesen – wie in dem Gedicht »Anakreon« aus der erweiterten Ausgabe der »Oden und Lieder« von 1747:

> In Tejos und in Samos
> Und in der Stadt Minervens
> Sang ich von Wein und Liebe,
> Von Rosen und vom Frühling,
> Von Freundschaft und von Tänzen,
> Doch höhnt ich nicht die Götter,
> Auch nicht der Götter Diener,
> Auch nicht der Götter Tempel,
> Wie hieß ich sonst der Weise? /
> Ihr Dichter voller Jugend,
> Wollt ihr bei froher Muße
> Anacreontisch singen,
> So singt von milden Reben,
> Von rosenreichen Hecken,
> Vom Frühling und von Tänzen,
> Von Freundschaft und von Liebe,
> Doch höhnet nicht die Gottheit,
> Auch nicht der Gottheit Diener,
> Auch nicht der Gottheit Tempel.

---

32 Vgl. S. 137.

Verdienet, selbst im Scherzen,
Den Namen echter Weisen.³³

Hagedorn hatte eine innige Beziehung zur antiken Dichtung, insbesondere zu Horaz. Er galt seiner Zeit geradezu als ›deutscher Horaz‹ und hat wesentlich dazu beigetragen, daß das 18. Jahrhundert eine *aetas Horatiana* (ein horazisches Zeitalter) wurde. Das Spektrum seiner bewußten Rezeption reicht von Horaz-Zitaten in seinen Briefen, die meist den pointierten Abschluß eines Gedankens bilden, über von intimer Kenntnis zeugende und geschickt gehandhabte Horaz-Mottos, mehr oder weniger gelehrsame Anspielungen und die philosophisch akzentuierte Berufung auf das römische Vorbild bis zur ausgiebigen Verwendung Horazischer Motive – wie Natur, Liebe, Wein, Freundschaft, Genuß des Daseins und die rechte Art zu leben. Er übertrug Horazens Satire I 9 auf Hamburger Verhältnisse, schrieb wie der römische Dichter Episteln und ließ sich auch in seiner auf die Verbindung des *prodesse* und des *delectare* zielenden Poetik von ihm leiten. Künstlerischer Höhepunkt dieser ›produktiven Rezeption‹ war das bekenntnishafte Gedicht »Horaz« aus den »Moralischen Briefen« von 1751: »Horaz, mein Freund, mein Lehrer, mein Begleiter [...]«³⁴

Im Verhältnis Hagedorns zu Horaz offenbart sich eine tiefe innere Wesensverwandtschaft der beiden Dichter, die sich vor allem in der Verbindung von weltanschaulicher Belehrung und ästhetischem Geschmack, in einer liebenswürdigen Urbanität und in einer ironischen Skepsis niederschlugen. Dabei hat Hagedorns Horaz-Rezeption einen durchaus selektiven Charakter: Der römische Dichter erscheint »als der abgeklärte Weise, als der vorurteilsfreie aufgeklärte Mann, der naturliebende Dichter« und als Verkörperung von »Zufriedenheit, Gelassenheit, Witz und Mittelmaß«³⁵ (im Sinne der *aurea mediocritas*), während die Todes- und Vergänglichkeitsthematik (der sich die Dichter des 17. Jahrhunderts nahe wußten), der *sinnliche* Charakter der Liebesmotivik und die staatspolitischen Aussagen ausgespart bleiben. Verallgemeinernd kann gesagt werden, daß in der Horaz-Rezeption des 18. Jahrhunderts³⁶ sich die Leserwartung eines vorwiegend aus dem Mittelstand stammenden, kulturell aktiven und politisch einflußlosen Publikums niederschlug, während die Bindung des Horaz an Augustus und Maecenas sich in der Regel vom Status der deutschen Aufklärungsschriftsteller und ihrer Rezipienten unterschied, der *politische* also gegenüber dem *unpolitischen* Horaz zurücktrat und die vorurteilsfreie Lebensführung des Römers nicht selten Gegenstand heftiger Polemik war.

Darüber hinaus stellte Hagedorn seiner Beschreibung des Jenaer Paradieses ein Motto aus Vergil voran, übersetzte Lucan und griff in seinen Fabeln, in denen er sich vor allem an Jean de La Fontaine (1621–1695) anschloß, auf Motive zurück, die seit Äsop zum Grundbestand der Gattung gehörten. Mit Erasmus pries er die Vorzüge der Torheit, und in einem Schäfergedicht schloß er sich an Wernicke an.

---

33 Friedrich von Hagedorn: Gedichte. Hrsg. von Alfred Anger. Stuttgart 1968 = Universal-Bibliothek 1321–1323, S. 22.
34 Ebd., S. 151.
35 Wolfgang Pietsch: Friedrich von Hagedorn und Horaz [s. Bibl. 4.2.], S. 186 f.
36 Vgl. Ernst A. Schmidt: Horaz und die Erneuerung der deutschen Lyrik im 18. Jahrhundert [s. Bibl. 4.1.].

Der Schriftsteller stand in einer langen Kunsttradition und hat noch keineswegs eine Erlebnis- und Gelegenheitsdichtung im Sinne Goethes und seiner Zeitgenossen und Nachfolger geschrieben; das Persönliche trat durchaus hinter dem Allgemeingültigen zurück – doch in der Anmut und Subtilität seiner Dichtung, in der Intimität seiner Beziehung zu Horaz, in der Aufhebung der Grenzen zwischen verschiedenen Gattungen und in der Freiheit im Gebrauch der Versmaße und Strophen löste er sich bereits von einer konventionellen Literaturauffassung.

Die in der Nachfolge Hagedorns stehenden Autoren des *jüngeren* Hallenser Dichterkreises JOHANN WILHELM LUDWIG GLEIM (1719–1803), JOHANN PETER UZ (1720–1796) und JOHANN NIKOLAUS GÖTZ (1721–1781) sind die Hauptvertreter der Rokokodichtung und der Anakreontik in Deutschland. Der Begriff ›Rokoko‹ – der ebenso wie der Barockbegriff in den einzelnen Künsten und den verschiedenen Ländern unterschiedliche Nuancierungen aufweist – dient als Bezeichnung für den Übergang vom Barock zum Klassizismus primär in der bildenden Kunst und Architektur, aber auch in der Musik und der Literatur. Es ist im wesentlichen der Stil in der Ära Ludwigs XV., in Frankreich vor allem vom Adel, in England vom gehobenen Bürgertum, in Deutschland auch von weniger begüterten bürgerlichen Beamten und Akademikern getragen. Mit dem Begriff des ›Rokoko‹ verbindet man eine leichte, elegante, spielerische – mitunter auch frivole – Kunst. In der Literatur wurden neben dem Gedicht Gattungen wie Fabel und Verserzählung, Schäferspiel und Epyllion (Kleinepos) bevorzugt. Diese empfindsame Strömung innerhalb der deutschen Aufklärung kam in den vierziger Jahren des 18. Jahrhunderts auf und wurde bis in die siebziger Jahre gepflegt; auch Lessing, Wieland und der junge Goethe haben Rokokohaftes geschrieben.

Der Begriff ›Anakreontik‹ ist mit dem Rokokobegriff eng verbunden, aber nicht identisch; er steht zu ihm im Verhältnis des Besonderen zum Allgemeinen. Der Begriff bezeichnet eine scherzhafte und empfindsame Lyrik, die auf spielerische Weise und in mannigfachen Variationen die Themen ›Liebe‹, ›Wein‹ und ›Freundschaft‹ besang und dabei als ihre klassischen Vorbilder in erster Linie die dem Anakreon zugeschriebenen Gedichte aus hellenistischer Zeit, aber auch Epigramme der »Anthologia Graeca« und die ›geselligen‹ Oden des Horaz betrachtete. Bukolische und idyllische Züge, der *locus amoenus* der Schäferpoesie, eine Vorliebe für ›pikante‹ Motive (wie Diana und Aktäon[37]), die Verklärung des Landlebens und die Sehnsucht nach einem verlorenen Arkadien charakterisierten diese Dichtung, die nur wenig mit dem Alltag und der Wirklichkeit der Autoren und Rezipienten gemeinsam hatte. Anakreon galt – unabhängig von seiner biographischen Wirklichkeit und bisweilen mit Sokrates-Zügen vermischt – als Vorbild einer philosophischen (und zwar epikureischen) Lebenshaltung und als beispielhaft dank seiner Weisheit und seiner Freude an Wein und Liebe. Zugleich ging es – in der Nachfolge Gottscheds, der die Persönlichkeit Anakreons noch außer acht gelassen hatte – um eine unbeschwerte, anmutige Schreibart. Es war eine gesellige, den Lebensgenuß verherrlichende Gelehrtendichtung, gleichermaßen distanziert gegenüber einer Ausrichtung auf das Jenseits wie gegenüber der rationalistischen Nüchternheit des Gottsched-Kreises – allerdings auch nicht frei von Zügen des Philiströsen und ihren

---

37 Vgl. Wolfram Mauser: Diana und Aktäon [s. Bibl. 1.1.], S. 308–310.

anfangs öffentlichen Charakter immer mehr ins Private, in das Besingen einer behaglichen bürgerlichen Atmosphäre verlagernd. Dennoch trug diese Dichtung zur Sensibilisierung und Verfeinerung des Empfindens und der poetischen Ausdrucksmittel bei.[38]

Götz hat 1746 – unter Mitarbeit von Uz – den Band »Die Oden Anakreons in reimlosen Versen. Nebst einigen andern Gedichten« herausgegeben und in der Vorrede die Anmut, Heiterkeit und Zärtlichkeit dieser Poesie hervorgehoben. 1760 erschienen in einer kommentierten und verbesserten Ausgabe »Die Gedichte Anakreons und der Sappho Oden«.

Gleim versuchte ebenfalls, anakreontische Gedichte zu übersetzen; seine eigentliche Leistung aber ist nicht die Übertragung, sondern die Nachahmung. Gleim hat als erster Odenform und Motive dieser Poesie in der deutschen Literatur in größerem Maße wirksam werden lassen; seine Dichtung stand von den vierziger Jahren bis etwa 1770 im Mittelpunkt der scherzhaften weltlichen deutschen Lyrik und hatte Einfluß noch bis ins 19. Jahrhundert. Den Anfang bildete sein »Versuch in scherzhaften Liedern« (1744/45) mit dem für sein gesamtes Schaffen charakteristischen Einleitungsgedicht »Anakreon« – charakteristisch sowohl von seinem einschmeichelnden Rhythmus und der Flexibilität des Ausdrucks her als auch in seiner (von Hagedorns Gedicht sich deutlich unterscheidenden) Ausrichtung auf die Sinnenfreude und in seiner unmittelbaren Beziehung zwischen dem modernen Dichter und dem antiken Vorbild:

> Anakreon, mein Lehrer,
> Singt nur von Wein und Liebe;
> Er salbt den Bart mit Salben,
> Und singt von Wein und Liebe;
> Er krönt sein Haupt mit Rosen,
> Und singt von Wein und Liebe;
> Er paaret sich im Garten,
> Und singt von Wein und Liebe;
> Er wird beim Trunk ein König,
> Und singt von Wein und Liebe;
> Er spielt mit seinen Göttern,
> Er lacht mit seinen Freunden,
> Vertreibt sich Gram und Sorgen,
> Verschmäht den reichen Pöbel,
> Verwirft das Lob der Helden,
> Und singt von Wein und Liebe;
> Soll denn sein treuer Schüler
> Von Haß und Wasser singen?[39]

Gleim setzte seine Nachahmung und Nachdichtung der anakreontischen Poesie 1764 mit der Sammlung »Sieben Kleine Gedichte. Nach Anacreons Manier« und 1766 mit den »Liedern nach dem Anakreon von dem Verfasser des Versuchs in scherzhaften Liedern« fort und hat noch bis ins hohe Alter in anakreontischer Tradition gedichtet. In der Anfangszeit des Siebenjährigen Krieges hat er sich mit den »Grenadierliedern« einer rauheren Tonart bedient (»Berlin sey Sparta!«) und als

---

38 Vgl. Herbert Zeman (wie Anm. 22), passim.
39 Johann Wilhelm Ludwig Gleim: Versuch in Scherzhaften Liedern und Lieder. Hrsg. von Alfred Anger. Tübingen 1964 = Neudrucke deutscher Literaturwerke. N. F. 13, S. 5.

›deutscher Tyrtäus‹ und »Friedrichs [...] Horatz« durchaus volkstümliche – freilich auch erschreckend nationalistische – Züge gezeigt.[40] Wie sehr er auf Grund seines höfischen Engagements bereits in den fünfziger Jahren hinter der *eigentlichen* literarischen Entwicklung zurückgeblieben war, belegt nichts deutlicher als seine Versifizierung des Lessingschen »Philotas«.[41] Als Briefpartner fast sämtlicher Autoren seiner Zeit, als uneigennütziger ›Mäzen‹ mittelloser junger Poeten und als praktisch wirkender Philanthrop war er aber bis zu seinem Lebensende durchaus angesehen.

Uz hat nach seiner Mitarbeit an Götzens Anakreon-Übertragung nur noch selten die anakreontische Schreibart genutzt – etwa in den Gedichten »An Amor« und »Der verlorne Amor« aus den »Lyrischen Gedichten« von 1749. Er wandte sich den gereimten strophischen Liedern und Oden zu und schrieb neben weltlicher auch geistliche Lyrik. Als Vorbilder betrachtete er später eher die römischen Liebeslyriker, vor allem Horaz. Seine Horaz-Übersetzung ist auch heute noch geschätzt. Er hat sogar den Entwicklungsgedanken in den Göttermythos gelegt und damit den Weg zu Schillers philosophischen Gedichten vorbereitet.

Götz hingegen blieb der Anakreontik sein Leben lang treu, versuchte aber – anders als Gleim in seiner ständigen Wiederholung derselben Motive – den anmutigen Stil und die anmutige metrische Formung weiterzuentwickeln. Insgesamt gesehen allerdings ließ der begrenzte Motivkreis der anakreontischen Dichtung diese Strömung zu einer Durchgangsstufe in der Entwicklung der deutschen Literatur werden.

Kraftvoller und von größerer eigenständiger Bedeutung war CHRISTIAN EWALD VON KLEIST (1715–1759), in dessen Werk sich persönliche Aussagen und ernstere weltanschauliche Reflexionen widerspiegeln. Auch er wurde durch Horaz und anakreontische Poesien angeregt und veröffentlichte Schäferdichtungen und Idyllen – am bekanntesten ist »Der Frühling« (1749). In dem Dramenfragment »Seneca« (1758) stand er zwar formal und wegen der allgemein gehaltenen moralischen Postulate noch dem Drama der Gottschedzeit nahe, setzte aber durch die (vom »Sterbenden Cato« deutlich unterschiedene) *Anerkennung* des in stoischer Gelassenheit vollzogenen Selbstmordes, in der Verkündigung eines Ideals der Zurückgezogenheit vom lasterhaften Hofleben und in der starken Akzentuierung des Freundschaftsgedankens neue Akzente. Kleists Stellung in den Auseinandersetzungen seiner Zeit war ambivalent: Der persönlich integre Offizier (ein Vorbild Tellheims in Lessings »Minna von Barnhelm«), der unter der Öde des Militärdienstes litt, verherrlichte dennoch Friedrich II. – z. B. in der »Ode an die preußische Armee« (1757): »Die Nachwelt wird auf Dich als auf ein Muster sehen; / Die künft'gen Helden ehren Dich, / Zieh'n Dich den Römern vor, dem Cäsar *Friederich*, / Und Böhmens Felsen sind Dir ewige Trophäen.«[42] In dem Epyllion »Cissides und Paches« (1758) besang er den Kampf zweier makedonischer Freunde aus dem 4. Jahrhundert v. Chr. gegen eine überlegene Heeresmacht und verkündete

---

40 Johann Wilhelm Ludwig Gleim: Bey Eröffnung des Feldzuges 1756. In: Gleim: Preussische Kriegslieder von einem Grenadier. Stuttgart 1882 = Deutsche Litteraturdenkmale des 18. Jahrhunderts in Neudrucken 4, S. 7.
41 Vgl. S. 138.
42 Ewald Christian von Kleist: Werke. Hrsg. von August Sauer. Berlin 1881–1882, Bd. 1, S. 100 f.

ein höchst fragwürdiges Todespathos: »Tod ist unser Wunsch und Glück, / Wenn wir dadurch des Vaterlandes Wohl / Erkaufen können [...] / Der Tod fürs Vaterland ist ewiger / Verehrung werth. – Wie gern sterb' ich ihn auch, / Den edlen Tod, wenn mein Verhängniß ruft!«[43] Zugleich aber ist das illusionäre Ideal einer Geschlossenheit von Volk, Heer und Heerführer mit der Preisung bürgerlicher Tugenden wie Freiheit und Freundschaft verbunden.

Eine Auflockerung des strengen Rationalismus Gottschedscher Provenienz, Differenzierungen in der komischen und satirischen Dichtung und zugleich eine Entwicklung hin zu einem bürgerlichen Geselligkeitsideal zeichnete sich bei den sogenannten ›Bremer Beiträgern‹ ab, einer Gruppe von Schriftstellern, die in Leipzig studiert hatten und ihre Dichtungen in den in Bremen erscheinenden »Neuen Beiträgen zum Vergnügen des Verstandes und Witzes« (1744–1757) veröffentlichten. Ihr bedeutendster Vertreter war CHRISTIAN FÜRCHTEGOTT GELLERT (1715–1769). Zu seiner Zeit als Volksschriftsteller voll gefühlvoller Frömmigkeit hochgeehrt, ist er heute vor allem noch durch einige seiner Fabeln bekannt. Antike Motive spielen in seinem Werk eine relativ geringe Rolle. In den »Fabeln und Erzählungen« (1746–1748) geht er über die von Aisop und Phaedrus überlieferten Stoffe hinaus und berichtet – meist humorvoll – über Geschehnisse aus dem bürgerlichen Alltag, aus denen sich eine populäre Moral ableiten läßt. Gelegentlich läßt Gellert dabei Venus auftreten, erzählt die Sage von Damokles nach oder verkündet – in dem Gedicht »Epiktet« – stoische Gelassenheit, die er zugleich leicht ironisch in Frage stellt. Den Mythos von Alkestis variiert er in der Verserzählung »Alcest«, in der ein Jüngling für seinen Vater ins Gefängnis gehen will und dadurch den hartherzigen Gläubiger rührt, der ihm seine Tochter zur Frau gibt; in »Der Schäfer und die Sirene« dient ihm die überlieferte Sage zur Entlarvung törichter Wünsche. Gellerts Leipziger akademische Antrittsrede von 1751, »Pro Comoedia commovente« (Über das rührende Lustspiel), ist ein frühes Dokument für die Auflösung des Gattungsschematismus in der Gottschedschen Komödientheorie.[44]

Zu den ›Bremer Beiträgern‹ gehörten u. a. GOTTLIEB WILHELM RABENER (1714–1771) mit Satiren nach Motiven des Martial, des Terenz und vor allem des Theophrast und FRIEDRICH WILHELM ZACHARIÄ (1726–1777), der parodistische Satiren mit mythologischem Götterapparat verfaßte. So parodierte er 1754 die Phaethon-Episode aus Ovids »Metamorphosen« (die Tochter eines Obersten spricht den verwegenen Wunsch aus, dessen Pferde allein zu kutschieren, diese scheuen, und sie stürzt in den See – aus dem sie aber ihr Liebhaber rettet); und in der epischen Dichtung »Murner in der Hölle« (1757) nahm er das Homerische Motiv auf, daß die Seele des unbestatteten Elpenor Odysseus um ein Grab für seinen Leichnam bittet (bei Zachariä geht es um die Leiche eines Katers).

Die Gattung, in der sich – von Gottsched bis Lessing – die wichtigsten Entwicklungen vollzogen, war jedoch die Dramatik – und zwar zunächst die Komödie. Hier spielte JOHANN ELIAS SCHLEGEL (1719–1749) eine hervorragende Rolle beim Übergang in eine neue Phase: das bedeutendste dramatische Talent aus dem Umkreis

---

43 Ebd., S. 263 und 266.
44 Vgl. S. 137.

Gottscheds, ebenfalls zu den ›Bremer Beiträgern‹ gehörend und einer der ersten deutschen Schriftsteller, der die Bedeutung Shakespeares erkannt hatte. Wegweisend war Schlegel vor allem durch seine Komödien, die in ihrer Mischung von Scherz und Ernst auf das ›drame‹ Denis Diderots und auf das sich der Tragikomödie annähernde Lessingsche Lustspiel vorauswiesen. Im tragischen Genre hingegen wandelte er noch stärker in den Bahnen der klassizistischen Tragödie, ihrer allgemein-moraldidaktischen Fragestellungen und ihrer formalen Strenge – wenn auch mit charakteristischen Neuansätzen gegenüber Gottsched. Während seine Komödien in der Gegenwart spielten, verwendete er in mehreren seiner Tragödien antike Sujets.

In den »Trojanerinnen« (1742/43; ursprünglich 1736 unter dem Titel »Hekuba«) bekundete Schlegel – ebenso wie Euripides und Seneca – Mitleid mit den Unterlegenen, klagte Fanatismus und Aberglauben an und zeigte Agamemnon als einen aufgeklärten Monarchen; in »Orest und Pylades« (1739/42) werden Despotismus, Rachgier und nationaler Haß, verkörpert durch Thoas, und aufgeklärtes Fürstentum – in der Gestalt des Hierarchus – sowie in den Titelhelden Freundschaft und Opferbereitschaft einander entgegengestellt und eine Überwindung des Lasters durch die Tugend, eine Versöhnung zwischen Thoas und den Griechen gestaltet. Die durch den Konflikt zwischen Pflicht und Neigung bestimmte »Dido« (1744) ist stärker an der klassischen französischen Tragödie orientiert, und in dem nach französischen Vorbildern verfaßten »Hermann« (1743), in dem germanische ›Rechtschaffenheit‹ und römische ›Lasterhaftigkeit‹ zur Zeit des Augustus einander entgegengesetzt werden, wird im Stil Corneilles ein bewundernswerter, moralisch vollkommener und damit bis zu einem gewissen Grade durch republikanische *virtus* geprägter ›römischer‹ Held im Sinne der heroisch-politischen Barocktragödie vorgestellt.

Neu gegenüber Gottsched ist bei Schlegel zunächst einmal, über die französische Vermittlung hinaus, der Rückgriff auf das antike Drama selbst – hierzu gehört auch die Übersetzung der Sophokleischen »Elektra« von 1739. In einem wahrscheinlich aus demselben Jahr stammenden Brief an seinen Bruder Johann Adolf führte Schlegel aus, daß die Franzosen nur eine vage Vorstellung vom Schauplatz gäben und daß die Fabeln ihrer Stücke nicht mehr als eine Liebesintrige böten, während die Griechen ihre Fabeln sehr überzeugend aus differenziert gestalteten Ereignissen und Charakteren entwickelten. Und mit antihöfischem Akzent fährt er fort: »Noch einen Vorzug haben die Alten, der aber zu unsern Zeiten nicht nachzuahmen steht. Die Griechen waren ein freyes Volk. Sie hatten die hohen Gedanken von den Königen nicht, die wir haben.«[45] Weiterhin sollten die antiken Stoffe der Erregung des Mitleids dienen und das Ideal des empfindsamen Menschen vermitteln. Schließlich ist es bezeichnend, daß Schlegel die Züge eines neuen Menschenbildes ausdrücklich an *griechischen* Stoffen entwickelt, während die römischen Motive eher konventionell behandelt werden. So hat er – noch im Rahmen einer klassizistischen Kunstauffassung – einen freieren Umgang mit den antiken Motiven, eine Wendung von der römischen zur griechischen Antike und eine Bindung bürgerlicher Ideale

---

45 Johann Elias Schlegel: Ausgewählte Werke. Hrsg. von Werner Schubert. Weimar 1963 = Textausgaben zur deutschen Klassik 2, S. 407.

an ebendiese als Gegenbild zur eigenen Zeit erscheinenden griechischen Antike vorbereitet.

Hochaufklärung
Von Friedrich Gottlieb Klopstock bis Christoph Martin Wieland

Seit der Mitte des 18. Jahrhunderts wurden die deutsche Literatur im allgemeinen und ihre Beziehung zur Antike im besonderen durch drei (wenn diese Musilsche Formulierung gestattet ist) ›Großschriftsteller‹ bestimmt: Klopstock, Lessing und Wieland. Hinzu kommt der Theoretiker Winckelmann.

FRIEDRICH GOTTLIEB KLOPSTOCK (1724–1803) war nach seiner Ausbildung in Schulpforta und Jena von früh an ein guter Kenner der antiken Dichtung und Theorie. Er verband die klassisch-humanistische Bildungstradition mit einem tiefen religiösen Gefühl. Höher als die Regeln achtete er die Muster: »In zwanzig Versen des Homer / Liegt wahrer, tiefgedachter Regeln mehr, / Als in des Lehrbuchs ausgedehnten, bis zum Schlafen / Fortplaudernden zehn hundert Paragraphen.«[46]

Mit dem seit 1748 erscheinenden »Messias« – dem ersten bedeutenden deutschen Epos – machte Klopstock den Hexameter und den griechischen Sprachgestus in Deutschland heimisch. In seinen Oden hat er sich – insbesondere auch in formaler Hinsicht – eng an die antiken Vorbilder angelehnt: anfangs als »Lehrling der Griechen« (wie der Titel der ersten Ode aus dem Jahre 1747 lautete), später – im Anschluß an Edward Young – in größerer Eigenständigkeit, in freien Rhythmen und mit durchaus eigenem Sprachstil. Er hat die antiken Versmaße souverän ins Deutsche übertragen und den kunstfertig gestalteten hohen Stil der antiken Odentradition mit einem persönlichen Gefühlston verbunden. Innerhalb der Bindung an das antike Odenverständnis suchte er eigene Erfahrungen zum Ausdruck zu bringen – die nächste Generation dann hat diese Traditionsbindung weitgehend gesprengt und völlig ihr eigenes Empfinden artikuliert. 1755 hat Klopstock dem zweiten Band der »Messias«-Ausgabe die Schrift »Von der Nachahmung des griechischen Sylbenmaßes im Deutschen« vorangestellt, und 1771 hat er in den »Oden und Elegien« die jeweiligen Metren und Versschemata angegeben. Dabei hat er sich allerdings weniger an das griechische als vor allem an das Muster des Horaz gehalten, dessen Oden er noch 1794/95 in den »Grammatischen Gesprächen« übersetzte und an die Spitze der antiken Poesie stellte.

Klopstock wählte die antike Odenform, weil die gereimte Liedstrophe seine Absicht einer freieren sprachlichen Gestaltung in rhythmisch bewegter Rede nicht erfüllen konnte. Das antike Odenmaß ermöglichte ihm den Gleichklang von Verston und Sprachton. Ohne direkt nachzuahmen, versuchte er mit der deutschen Sprache, indem er sie an den griechischen Formen des Hexameters und der

---

46 Friedrich Gottlieb Klopstock: Von wenigen bemerkter Unterschied. In: Klopstock: Werke und Briefe. Historisch-kritische Ausgabe. Berlin, New York 1974 ff., Abt. 1, Bd. 2, S. 34.

Odenmaße erprobte, dasselbe, was Horaz für das Lateinische geleistet hatte. Nach griechischem Vorbild formte er neue rhythmische Einheiten.

Mit Recht durfte sich Klopstock als metrischer Neuerer fühlen; denn vor ihm hatte es nur Ansätze bei der Übernahme griechischer Versmaße gegeben. Er brach mit der Tradition von Opitz und Gottsched, sagte dem Alexandriner ab, und ebenso wie er im Reim eine Bändigung des natürlichen Rhythmus zu verspüren glaubte, empfand er das Auf und Ab der jambischen und trochäischen Versmaße als Zwang. Schließlich lockerte er auch die festen antiken Odenmaße und überließ sich weitgehend seinem rhythmischen Empfinden. Zwischen Freiheit und Formstrenge fand er auf diese Weise eine Übereinstimmung seines inneren Ausdruckswillens mit der äußeren Sprachform. Mit der Rezeption der griechischen Versmaße hat Klopstock als erster der deutschen Lyrik zu dem ihr eigentümlichen Ausdruck verholfen. Nachwirkungen sind noch bis ins 20. Jahrhundert – etwa bei Erich Arendt und Johannes Bobrowski – zu spüren.[47]

Indem Klopstock die klassizistischen Formen sprengte, trug er viel zu einer lebendigeren Beziehung zur Antike bei. Dennoch ist er im Grunde *kein* Vertreter der klassischen deutschen Antikerezeption; ja, bei ihm zeigen sich sogar deutliche Anzeichen einer Abkehr von der Antike zugunsten einer patriotischen und religiösen Poesie, nämlich einer ›vaterländischen‹ Mythologie und biblischer Motive. Schon 1760 polemisierte er in der Schrift »Eine Beurteilung der Winckelmannischen Gedanken über die Nachahmung der griechischen Werke in den schönen Künsten« gegen die uneingeschränkte »Nachahmung der Alten«. Er reduzierte die Verehrung der Griechen insofern, als sie noch nicht in der Lage waren, christliche Vorstellungen auszudrücken, wandte sich gegen die »abstrakten Ideen, die wir allegorische Personen zu nennen pflegen« und verkündete als Ziel, »die wahre heilige und weltliche Geschichte«, insbesondere die des eigenen Vaterlandes, als Sujet aufzugreifen: »Zuerst will ich (so mußte der junge Künstler, der sich fühlt, zu sich selbst sagen) zuerst will ich für die Religion arbeiten! Hierauf soll die Geschichte meines Vaterlandes mein Werk seyn, damit auch ich etwas dazu beitrage, meine Mitbürger an die Thaten unsrer Vorfahren zu erinnern, und denjenigen Patriotismus unter uns wieder aufzuwecken, der sie beseelte! [...] Die heilige Geschichte also, und die Geschichte *meines* Vaterlandes – – Die andern mögen die Geschichte *ihres* Vaterlandes arbeiten. Was geht mich, wie interessant sie auch ist, so gar die Geschichte der Griechen und Römer an?«[48]

Programmatisch ist die Ode »Der Hügel und der Hain« aus dem Jahre 1767, in der die antiken und die ›vaterländischen‹ Gottheiten miteinander konfrontiert werden und der Autor sich zugleich als christlicher Prophet wie als germanischer Barde fühlt:

> Des Hügels Quell ertönet von Zeus,
> Von Wodan der Quell des Hains.
> Weck' ich aus dem alten Untergange Götter

---

47 Zum Einfluß Klopstocks auf die Entwicklung der deutschen Lyrik vgl. Uvo Hölscher: Die »Nachahmung« der Alten und der lyrische Vers der Moderne [s. Bibl. 1.2.]. – Arendt und Bobrowski werden von Hölscher allerdings nicht berücksichtigt.

48 Friedrich Gottlieb Klopstock: Sämtliche Werke. Stereotyp-Ausgabe. Leipzig 1844, Bd. 10, S. 254–261 (Zitat: S. 257).

> Zu Gemählden des fabelhaften Liedes auf; /
> So haben die in Teutoniens Hain
> Edlere Züge für mich!
> Mich weilet dann der Achäer Hügel nicht:
> Ich geh zu dem Quell des Hains!⁴⁹

Und in der Ode »Braga« (1766) wird eine ›nordische‹ Gottheit als dem Apoll und dem Orpheus überlegen besungen: Braga nämlich

> Schwebete den Tanz des Bardiets
> In dem schimmernden Gedüfte! So schön
> Schwang sich Apollo Patareus nicht her! /
> Leichtere Spiele der Bewegungen begann er jetzt,
> Leichtern Bardenton: Lehre, was ich singe, den Hain!
> An dem Hebrus, wie der Grieche das träumt,
> Über der Woge von Krystall erfand /
> Diese Beflüglungen des Stahles, so den Sturm ereilt,
> Thrazens Orpheus nicht! eilete damit auf dem Strom
> Zur Euridize nicht hin!⁵⁰

Ebenso wie germanische stellt Klopstock den antiken Motiven biblische entgegen: »Und wer ist Pindar gegen dich, Bethlems Sohn, / Des Dagoniten Sieger, und Hirtenknab', / O Isaïde, Sänger Gottes, / Der den Unendlichen singen konte!«⁵¹ So heißt es in »Kaiser Heinrich« (1764) – und in der Ode »Aganippe und Phiala« (1764) ist es nicht die Quelle der griechischen Dichtung, sondern die Quelle des Jordans und der heiligen Poesie des Christentums, die »Thuiskons Enkel« vom »eiserne[n] Schlaf« ermuntert.⁵²

In der ›Querelle des anciens et des modernes‹ entscheidet sich Klopstock – in der Ode »An die Dichter meiner Zeit« (1800) – aus ethischen Gründen gegen die ›Alten‹: »Die Neuern sehen heller im Sittlichen, / Als einst die Alten sahn. Durch das reinere / Licht, diese reife Kenntniß, hebt sich / Höher ihr Herz, wie das Herz der Alten.«⁵³

Im Rahmen dieser Konzeption hat Klopstock sogar seine Oden überarbeitet und die griechischen durch germanische Mythen ersetzt. Am 8. September 1767 schrieb er an Michael Denis: »Ich hatte in einigen meiner ältern Oden griechische Mythologie, ich habe sie herausgeworfen, und sowohl in diese als in einige neuere die Mythologie unsrer Vorfahren gebracht.«⁵⁴ So ist in der Erstfassung der Ode »Auf meine Freunde« von 1747 von Dionysos als von »Zevs erhabnem trucknem Sohne« die Rede, in der Neufassung von 1767 von dem Gott Uller, und an die Stelle Pindars ist Ossian, an die des Orpheus der »Zelte [Kelte]« getreten.⁵⁵ In »Braga« wurde die »Dithyrambische Bewegung« durch das »Bardiet« ersetzt, und aus »Die

---

49 Friedrich Gottlieb Klopstock: Oden. Hrsg. von Franz Muncker und Jaro Pawel. Stuttgart 1889, Bd. 1, S. 205.
50 Ebd., S. 189f. – »Patareus« nach dem Ort Patara, der dem Apollon heilig war.
51 Ebd., S. 162.
52 Ebd., S. 159.
53 Ebd., Bd. 2, S. 146f.
54 Klopstock: Werke und Briefe (wie Anm. 46), Abt. 2, Bd. 5/1, S. 24.
55 Klopstock: Oden (wie Anm. 49) Bd. 1, S. 8 f.

Kunst Tialfs« (1767) wurden die Verse getilgt: »Sie tanzten Strophen und Antistrophen, / Ruhten selten Epoden aus. / Sie tanzten den ganzen Pindar durch.«[56]

1769 veröffentlichte Klopstock das von nationalem Selbstgefühl bestimmte, scharf antirömisch gehaltene Bardendrama »Hermanns Schlacht«, dem 1784 und 1789 noch die ›Bardiete‹ »Hermann und die Fürsten« und »Hermanns Tod« folgten. Waren die Arminius-Dramen Johann Elias Schlegels und Justus Mösers[57] durch aufklärerische Emanzipationsgedanken oder durch die Idee des Volkes geprägt, so dominiert hier ein allgemeiner Gegensatz von ›Sklaverei‹ und ›Freiheit‹, der inhaltlich kaum noch konkret faßbar ist.

Es ist allerdings nicht zu übersehen, daß die Deutung der nationalen Vergangenheit zumindest partiell und von den Ansätzen her durch antike Paradigmata bestimmt wird und daß die eigene Bardendichtung motivisch und metrisch an die Antike anknüpft. In dem Aufsatz »Vom deutschen Hexameter« (1779) nennt Klopstock die Versmaße der Ossianischen Gesänge »pindarisch«[58]; und auch die ›Bardiete‹ sind äußerlich wie griechische Tragödien angelegt und greifen inhaltlich auf die römische Ideologie des *bellum iustum* (des gerechten Krieges) und auf historische Leitbilder der Römer – wie Brutus – zurück. Die Schrift »Die Deutsche Gelehrtenrepublik« schließlich (1774) argumentiert zwar nicht mehr von der Universalität des Geistes, sondern von vaterländischer Legitimationsgrundlage und nationalem Überlegenheitsanspruch her, zeigt aber Spuren der antiken Rhetorik.

Klopstocks Verhältnis zur Antike ist – im Unterschied zu demjenigen der meisten nachfolgenden Autoren – zum einen nicht vorrangig oder ausschließlich auf Griechenland fixiert und zum anderen durch die ständige Spannung zwischen einer Verehrung und einer Kritik der ›Alten‹ charakterisiert.

Demgegenüber ist das Werk GOTTHOLD EPHRAIM LESSINGS (1729–1781) zwar ebenfalls noch von einer Aufgeschlossenheit gegenüber der römischen Literatur, jedoch von einer lebenslangen Hochachtung vor den ›Alten‹ bestimmt. In der ›Querelle des anciens et des modernes‹ hat er *grundsätzlich* gegen Charles Perrault Stellung genommen und sich im Sinne der oben erwähnten ›mittleren Haltung‹ zur Vorbildlichkeit der antiken Dichtung bekannt. Dies aber geschah *im einzelnen* keineswegs unkritisch und undifferenziert und zeigt gegenüber seinen Vorgängern beträchtliche Akzentverlagerungen. Die rezeptionsgeschichtlichen Wendepunkte in der deutschen Literatur des 18. Jahrhunderts lassen sich bei diesem Autor mitunter fast *minutiös* verfolgen.[59]

Mit Lessing – Absolvent der Fürstenschule St. Afra zu Meißen und der Universitäten Leipzig und Wittenberg – mündet die Gelehrtentradition des 17. und frühen 18. Jahrhunderts in die moderne kritische Erfahrungswissenschaft. An die Stelle der frühaufklärerischen Regelpoetik ist der souveräne Umgang mit den Regeln (noch nicht die Absage an sie) getreten; statt an der klassischen und nachklassischen französischen Tragödie orientierte sich der Schriftsteller an Shakespeare. Hatte

---

56 Ebd., S. 189 und 219.
57 Vgl. S. 131 und 142.
58 Klopstock: Sämtliche Werke (wie Anm. 48), Bd. 10, S. 117.
59 Im folgenden wird mehrfach Bezug genommen auf: Volker Riedel: Lessing und die römische Literatur [s. Bibl. 4.2.].

Gottsched die alten Autoren in der Tradition der Poetik von Scaliger bis Boileau interpretiert, so ging Lessing ausnahmslos auf die Quellen selbst zurück.

Sie waren ihm (von einigen Jugendäußerungen abgesehen) nicht Autoritäten schlechthin, sondern *begründete* Vorbilder – »[...] zwar mit dem Ansehen des Aristoteles wollte ich bald fertig werden, wenn ich es nur auch mit seinen Gründen zu werden wüßte«, heißt es in der »Hamburgischen Dramaturgie«[60]; und in den »Briefen antiquarischen Inhalts«: »Ich wünschte sehr, daß sich der Eifer [...] für den Ruhm der Alten mehr auf Einsicht, als auf Dankbarkeit gründen möchte!«[61] Im Unterschied zu den Schriftstellern und Theoretikern der nachfolgenden Generation aber ging Lessing davon aus, daß es für die literarischen Gattungen allgemein und zeitlos gültige Gesetze gebe, war also hinsichtlich der Geltung der aus der Antike überkommenen oder aus ihr abgeleiteten Regeln noch bis zu einem bestimmten Grade den Prinzipien seiner Vorgänger verhaftet. Er griff überdies, dem Gegenstand seiner Arbeiten gemäß, meist auf *einzelne* Autoren zurück, aus denen er *ästhetische* Gesetze ableitete; erst seit Mitte der sechziger Jahre und zudem relativ selten – z. B. im »Laokoon« und in der Schrift »Wie die Alten den Tod gebildet« – wies er auf die Antike *als Ganzes* hin: auf ihr Leben, ihre Geschichte, ihre Mythologie.

In diesem Zusammenhang ist auch zu sehen, daß Lessing sich vorrangig in seinen literaturtheoretischen Arbeiten mit den Lehren und Mustern der ›Alten‹ befaßte, daß der Einfluß der Antike auf seine Dichtungen aber von geringerer Bedeutung ist oder durch die theoretische Reflexion vermittelt wurde. Seine poetischen Werke mit antiken Sujets sind zwar von erheblicher sozialer Schärfe – doch im wesentlichen kam es ihm auf eine genaue Kenntnis der Antike, auf die Bereicherung der moderne Kultur durch antikes Gedankengut, nicht aber auf eine Neubeschwörung des klassischen Altertums an.

Insbesondere ein Repräsentant des Übergangs ist Lessing in bezug auf das Verhältnis der römischen zur griechischen Antike. Er wandte sich im Laufe seines Lebens immer stärker zur griechischen als einer ursprünglichen gegenüber der römischen als einer nachahmenden und von der Simplizität des Originals abgehenden Literatur; doch bedeutete dies für ihn weder (wie Ignác Kont in seiner Monographie »Lessing et l'antiquité« meinte) einen prinzipiellen Gegensatz zwischen Griechenland und Rom noch eine grundsätzliche Abkehr von den lateinischen Autoren, deren Werke für ihn vielmehr stets gegenwärtig blieben. Der *Weg* von der politisch geprägten römischen zur kulturell bestimmten griechischen Welt ist deutlich erkennbar – doch hat sein Griechenbild noch nicht den Charakter einer *umfassenden* gesellschaftlichen Utopie.

Allerdings ist Lessings Antikebild nicht allein Ausdruck des *Übergangs* zu einer entwickelteren Antikerezeption, sondern es hat eine durchaus *eigenständige* Bedeutung in der deutschen Literatur- und Wissenschaftsgeschichte. Sein Verhältnis zur griechischen und römischen Literatur ist in hohem Maße philologisch fundiert und vermeidet das Einseitig-Überschwengliche, das Schwärmerisch-Unreale vieler Spä-

---

60 Gotthold Ephraim Lessing: Sämtliche Schriften. Hrsg. von Karl Lachmann, [Vgl. S. 155, Anm. 104!] ³besorgt durch Franz Muncker. Stuttgart / Leipzig / Berlin, Leipzig 1886–1924 (im folgenden: LM), Bd. 10, S. 97.
61 Ebd., S. 255.

teren, die »Selbsttäuschungen« und »weltgeschichtlichen Totenbeschwörungen«[62], die sowohl der politischen Antikerezeption in der Zeit der Französischen Revolution wie der allgemein-menschlichen des deutschen Bürgertums in der Zeit der Weimarer Klassik anhafteten.

Lessings Schaffen ist durch eine enge Verbindung zwischen Philologie, Literaturkritik und Literaturtheorie sowie durch die mehr oder weniger große Nähe von dichterischen und theoretischen Arbeiten gekennzeichnet. Frühzeitig bereits – in der Vorrede zu den »Beyträgen zur Historie und Aufnahme des Theaters« von 1750[63] – hatte er wesentliche Gesichtspunkte seiner Arbeit benannt: theoretische und gattungsgeschichtliche Erörterungen, Vergleiche zwischen zwei alten (vornehmlich griechischen und römischen) sowie zwischen antiken und modernen Autoren sowie Übersetzung eines Werkes – später modifiziert zu Nachdichtungen, Übertragungen von Auszügen und Motivübernahmen.

Am Beginn von Lessings literarischer und kritischer Tätigkeit stand die Beschäftigung mit Plautus: eine Biographie, die Übersetzung der »Captivi« und eine »Kritik« dieses Stückes in den »Beyträgen«, Fragmente *nach* und Reminiszenzen *an* Plautus im frühen Lustspielschaffen sowie die Nachdichtung des »Trinummus« in »Der Schatz« (1750). Gegenüber der jahrhundertelangen Bevorzugung des Terenz war dies ein markanter Neuansatz in der Rezeption der römischen Komödie. Im unmittelbaren literaturgeschichtlichen Kontext ist er vor allem als Beitrag zur Auflösung der ›satirischen Verlachkomödie‹ Gottschedscher Provenienz und zur Herausbildung eines empfindsamen Lustspiels im Sinne Gellerts – dessen Leipziger akademische Antrittsrede »Pro Comoedia commovente« von 1751 er übersetzte und 1754 in der »Theatralischen Bibliothek« veröffentlichte – und Johann Elias Schlegels zu sehen. Spuren einer Plautus-Rezeption lassen sich noch im »Philotas«, in »Minna von Barnhelm« und in »Nathan der Weise« erkennen.

Der römische Ausgangspunkt von Lessings Antikerezeption wird auch in der Beschäftigung mit Horaz deutlich: Im »Vade mecum für den Hrn. Sam. Gotth. Lange« von 1753 und vor allem in den »Rettungen des Horaz« aus dem folgenden Jahre schätzte er den Dichter als »Hauptquelle des Geschmacks«[64] und polemisierte nicht nur gegen eine mangelhafte Übersetzung, sondern bekannte sich auch über den *Künstler* Horaz hinaus zu dem (im 18. Jahrhundert oft als unmoralisch, feige und areligiös verschrienen) *Menschen*, ging also den Schritt von einer selektiven zu einer ganzheitlichen Betrachtung eines antiken Autors. Die poetische Übernahme Horazischer Wendungen beschränkte sich auf einige seiner in anakreontischer Tradition stehenden – allerdings wieder stärker das Trinkliedhafte und Epigrammatisch-Pointierte betonenden und gereimten – Jugendgedichte (darunter das bekenntnishafte »An den Horaz«)[65]; Mottos und Zitate aber finden sich in vielen Lessingschen Schriften und Briefen – und vor allem fühlte sich der moderne Autor dem römischen auf Grund der Vermählung von philosophischer Vernunft und

---

62 Vgl. Karl Marx: Der achtzehnte Brumaire des Louis Bonaparte. In: Karl Marx / Friedrich Engels: Werke. Berlin 1956–1968, Bd. 8, S. 115f.
63 LM, Bd. 4, S. 51–55.
64 Lessing: Selbstrezension der »Rettungen des Horaz«. Ebd., Bd. 5, S. 377.
65 Über Lessing als Anakreontiker vgl. Herbert Zeman: Die deutsche anakreontische Dichtung [s. Bibl. 4.1.], S. 3, 153, 169, 224, S. 229–250.

dichterischer Erfindungsgabe, von »ernstlichsten Lehren der Weisheit« und »freundschaftliche[n] Erinnerungen« wesensverwandt. Von der »Feinheit eines Hofmanns« allerdings, die er zunächst noch akzeptierte, hat er sich bald distanziert.[66]

Auf den ersten Blick überraschend ist der Aufsatz »Von den lateinischen Trauerspielen welche unter dem Namen des Seneca bekannt sind« in der »Theatralischen Bibliothek« von 1754 – tatsächlich allerdings werden in dieser ›produktiven Rezeption‹ Entwicklungstendenzen hin zu einem bürgerlich-empfindsamen Trauerspiel und im konkreten Vergleich zwischen den Herakles-Tragödien Senecas und des Euripides der Beginn einer Wendung zu dem griechischen Vorbild deutlich.[67]

Lessings Entwicklung zum ›Bürgerlichen Trauerspiel‹ und zu einer Tragödie bürgerlichen Gehalts verlief partiell in den Bahnen der heroisch-politischen Tragödie und antiker Sujets. Hatte er bereits 1749 in dem Titelhelden seines Fragment gebliebenen Gegenwartsstückes »Samuel Henzi« einen modernen Brutus gesehen, 1754 in »Miß Sara Sampson« auf die Gestalt der Marwood Züge der Medea übertragen und zur selben Zeit in einem geplanten Stück über Masaniello den neapolitanischen Rebellen des 17. Jahrhunderts als Modernisierung des »alte[n] rasende[n] Herkules«[68] konzipiert, so beschäftigte er sich in der zweiten Hälfte der fünfziger Jahre mit »antityrannischen«[69] Stoffen aus der römischen Geschichte und mit mehreren heroisch-patriotischen Sujets aus dem alten Griechenland. In dem einzigen abgeschlossenen Stück, dem Einakter »Philotas« (1759), stellte Lessing – in einer Zeit, als der ›Tod fürs Vaterland‹ zu einem beliebten literarischen Motiv geworden war (so bei Christian Ewald von Kleist, Johann Friedrich von Cronegk oder Thomas Abbt [1738–1766], aber auch bei Klopstock) – das Übersteigerte und Gefährliche des traditionellen Heldenideals vor Augen und ließ den Gegenspieler der Titelgestalt jeglichem politischen Kalkül absagen: eine Konstellation, die er kurz darauf im Alkibiades-Fragment noch weiter im weltbürgerlichem Sinne ausführte. Spielen dabei die ersten Fragmente und der »Philotas« in einem eher römisch anmutenden, von *spartanischem* Geist geprägten Griechenland, so nimmt der »Alcibiades« auf das *Athen* des 5. Jahrhunderts v. Chr. und damit auf einen Ort und eine Zeit Bezug, die für die spätere klassische Antikerezeption bestimmend geworden sind.

Der »Philotas« – ein kleineres, wenig beachtetes oder über zwei Jahrhunderte hin mißverstandenes Werk – hat kurz nach seinem Erscheinen zwei bemerkenswerte Nachbildungen erfahren, die ein bezeichnendes Licht auf die weltanschaulichen und literarischen Polarisationsprozesse dieser Zeit werfen: Gleim hat eine pathetische Versifizierung des Prosastückes vorgenommen und dabei zwar an einige äußere Züge des Lessingschen Trauerspiels angeknüpft, diese aber ins Höfische umfunktioniert und das Wesen des Werkes gründlich verkannt; Bodmer hat eine Parodie »Polytimet«, zwei ihr vorangestellte theoretische Erörterungen und eine weitere Parodie, die Fabel »Der kindische Held«, verfaßt, in denen er die äußeren Züge des

---

66 Lessing: Rettungen des Horaz. In: LM, Bd. 5, S. 273 f.
67 Vgl. Wilfried Barner: Produktive Rezeption [s. Bibl. 4.2. (Lessing)].
68 Lessing: Brief an Karl Gotthelf Lessing, 14. Juli 1773. In: LM, Bd. 18, S. 86.
69 Lessings Brief an Karl Wilhelm Ramler, 16. Dezember 1770. Ebd., Bd. 17, S. 357.

Stückes kritisch persiflierte und gegen seinen eigenen Willen dessen Wesen durchaus gerecht wurde.[70]

Im selben Jahr wie der »Philotas« erschien die Publikation »Fabeln. Drei Bücher. Nebst Abhandlungen zu dieser Dichtungsart verwandten Inhalts«. In den »Abhandlungen« hat Lessing auf beispielhafte Weise sich auf Äsop und Phaedrus gestützt, um gegenüber dem »anmuthigen poetischen Spielwerke« der Fabeln La Fontaines und seiner Nachfolger den moraldidaktischen Charakter der Gattung herauszuarbeiten, und dann in einem Vergleich der beiden antiken Fabulisten die »Präcision und Kürze« Äsops den »Verzierungen« des Phaedrus vorgezogen[71]; in den »Fabeln« selbst hat er häufig Motive der antiken Vorbilder aufgegriffen und dabei einerseits deren kritischen Gehalt verstärkt – sei es in bezug auf allgemein-moralische Fragen, sei es in bezug auf direkte soziale Polemik – und andererseits sie unmittelbar für literarische und wissenschaftliche Auseinandersetzungen fruchtbar gemacht.

In den beiden theoretischen Hauptwerken – »Laokoon oder über die Grenzen der Malerei und Poesie« (1767) und »Hamburgische Dramaturgie« (1769) – hat Lessing über weite Strecken auf antike Autoren Bezug genommen: auf Homer und Sophokles, auf Vergil und andere römische Epiker, um die Unterschiede zwischen Literatur und bildender Kunst herauszuarbeiten; auf Aristoteles für seine Tragödientheorie, auf Euripides für seine Kritik an der nachklassischen französischen Tragödie und auf Terenz für Bausteine einer Theorie der Komödie. Dabei hat Lessing, sosehr es ihm auch um eine »Rettung des Virgils«[72] ging, im konkreten Vergleich mit Homer stets dem griechischen Dichter den Vorzug gegeben und sich recht massiv vom politischen Charakter der »Aeneis« distanziert; auch den Terenz hat er gegenüber seinem Vorbild Menander geringer eingeschätzt. Mit der Interpretation der Kategorien *kátharsis*, *éleos* und *phóbos* (Reinigung, Mitleid und Furcht) aber und den daraus abgeleiteten Grundsätzen einer wirkungsästhetisch ausgerichteten bürgerlichen Tragödie bezeichnet Lessing einen Höhepunkt der neuzeitlichen Aristoteles-Rezeption.

Auf die kunsthistorischen, philologischen und theologiekritischen Arbeiten des späten Lessing und deren intensive Erörterung antiker Belegstellen kann an dieser Stelle nicht eingegangen werden. In seiner letzten gattungstheoretischen Arbeit – »Zerstreute Anmerkungen über das Epigramm und einige der vornehmsten Epigrammatisten« (1771) – orientierte sich der Schriftsteller, ebenso wie in den »Sinngedichten«, die er zeit seines Lebens verfaßte, vorrangig an Martial. Von 1770 bis 1775 arbeitete er an einem »Spartacus«, in dem er dem antiken Sklavenführer ein verherrlichendes Denkmal setzen wollte (»Ich hoffe [...] aus dem Spartacus einen Helden zu machen, der aus andern Augen sieht, als der beste römische«[73]); 1772 erschien das wohl markanteste Zeugnis seiner *dichterischen* Rom-Rezeption: die »bürgerliche Virginia«[74] »Emilia Galotti«. Mit der Übertragung des Verginia-Sujets aus dem Rom des 5. Jahrhunderts v. Chr. in die Gegenwart und mit der Ersetzung

---

70 Vgl. Volker Riedel: Der Tod fürs Vaterland [s. Bibl. 4.2. (Lessing)]; Ders.: Gleims Bearbeitung des Lessingschen »Philotas« [s. Bibl. 4.2. (Gleim)].
71 LM, Bd. 7, S. 467–470.
72 Lessing: Laokoon, Entwürfe. Ebd., Bd. 14, S. 375.
73 Wie Anm. 69.
74 Lessing: Brief an Friedrich Nicolai, 21. Januar 1758. In: LM, Bd. 17, S. 133.

des öffentlich-politischen, auf einen »Umsturz der ganzen Staatsverfassung« zielenden durch ein bürgerlich-privates, das tragische Schicksal einer Familie gestaltendes Thema hat Lessing ein Werk geschaffen, das gleichermaßen fürstliche Willkür anklagt, die Kollisionen namhaft macht, die aus einem Zusammenstoß der öffentlichen und der familialen Sphäre entstehen, und den Untergang der Heldin – ganz im Sinne der Aristotelischen Konzeption von der tragischen *hamartía* (Schuld) – auch aus dem Fehlverhalten der bürgerlichen Gestalten begründet.

Gemeinsame Züge *mit*, aber auch gravierende Unterschiede *zu* dem Lessingschen Antikebild zeigt desjenige JOHANN JOACHIM WINCKELMANNS (1717–1768), wie er es vor allem in seiner Frühschrift »Gedanken über die Nachahmung der griechischen Werke in der Malerei und Bildhauerkunst« (1754) und in seinem Hauptwerk »Geschichte der Kunst des Altertums« (1764) entwickelt hat. Ebenso wie Lessing grenzte Winckelmann sich von tradierten Interpretationen des Altertums ab und griff unmittelbar auf die Quellen selbst zurück – und ebenso verfocht er bis zu einem gewissen Grade normative Tendenzen: »Der einzige Weg für uns, groß, ja, wenn es möglich ist, unnachahmlich zu werden, ist die Nachahmung der Alten.«[75]

Im Unterschied zu Lessing war Winckelmann nicht nur *vorwiegend*, sondern *ausschließlich* Theoretiker, und sein Interesse galt in erster Linie nicht der Literatur, sondern der bildenden Kunst. Wo Lessing die Leistungen griechischer und römischer Autoren differenziert gegeneinander abwog, dort hat Winckelmann eindeutig die griechische gegenüber der römischen Antike favorisiert (wenn er auch die beiden noch nicht prinzipiell konfrontierte) – und wo es Lessing vor allem um die Ermittlung ästhetischer Gesetze ging, dort sah Winckelmann die »Freiheit« als »die vornehmste Ursache des Vorzugs der Kunst«[76], d.h. er erhob das griechische Altertum fast zu einem gesellschaftlichen Leitbild. In diesen beiden Punkten – Orientierung an Hellas und Sicht über die Kunst hinaus auf das antike Leben – ist Winckelmann der *eigentliche* Wegbereiter der klassischen deutschen Antikerezeption gewesen.

Allerdings war Winckelmann, vom Gang der geschichtlichen Entwicklung her gesehen, nicht nur Lessing *voraus*, sondern auch hinter ihm *zurück*: Wie sehr er auch *faktisch* die Herausbildung einer bürgerlichen Kunstauffassung beförderte, so wußte er sich dennoch *persönlich* mit den Mächtigen seiner Zeit zu arrangieren; und wo Lessing sich schon zu dem natürlichen leidenden Menschen bekannte, wie er von Homer und Sophokles geschildert worden sei, dort insistierte Winckelmann noch darauf, den Schmerz in stoischer Gelassenheit zu ertragen, wie es seiner Interpretation gemäß der Laokoon der bildenden Kunst getan habe[77]. Schließlich ist auch nicht zu übersehen, daß bei Winckelmann bereits viele Einseitigkeiten und Überschwenglichkeiten des klassischen deutschen Antikebildes vorgeprägt waren.

In *einer* Hinsicht gingen die Schriftsteller der nachfolgenden Generationen

---

75 Johann Joachim Winckelmann: Sämtliche Werke. Einzige vollständige Ausgabe. Von Joseph Eiselein. Donaueschingen 1825–1829 (Neudruck Osnabrück 1965), Bd. 1, S. 8. – Zum Verhältnis der beiden Autoren vgl. Volker Riedel: Winckelmann und Lessing [s. Bibl. 4.2.].
76 Ebd., Bd. 4, S. 18.
77 Vgl. ebd., Bd. 1, S. 30f. – Lessing: Laokoon. In: LM, Bd. 9, S. 8 f.

sowohl über Lessing wie über Winckelmann hinaus: in der Abkehr vom Normativen. Im Grunde liegt ja in Winckelmanns Frühschrift ein Widerspruch verborgen zwischen der Erkenntnis von der historischen und geographischen Bedingtheit der griechischen Kunst und dem Postulat ihrer Nachahmung[78] – in der »Geschichte der Kunst des Altertums« hat er dann selbst bereits vorwiegend historisch und kaum noch normativ argumentiert[79]. Für Herder, Schiller und Friedrich Schlegel wird die Hochachtung vor den Griechen einhergehen mit der Einsicht in die grundlegenden Unterschiede zwischen antiker und moderner und damit in die Unwiederholbarkeit der griechischen Kunst. Winckelmann hat nicht nur direkt die Idealisierung der griechischen Antike in der klassischen deutschen Literatur begründet, sondern zugleich bis zu einem gewissen Grade indirekt deren Historisierung vorbereitet, und es konnten an ihn auch Autoren anknüpfen, die (wie Wilhelm Heinse oder Friedrich Hölderlin) ein bedeutend ›sinnlicheres‹ oder stärker gefühlsbetontes Verhältnis zur Antike hatten – sogar die spannungsvolle Beziehung zwischen ›apollinischen‹ und ›dionysischen‹ Elementen ist bei ihm bereits angelegt.[80]

Impulse für ein neues Antikeverhältnis gingen auch von anderen Theoretikern aus. Insbesondere JOHANN GEORG HAMANN (1730–1788) hat mit einer aktualisierenden Deutung antiker Mythen und mit einer *interpretatio christiana* der Antike eine ›Remythisierung‹ des Denkens eingeleitet, die dann von den Romantikern weitergeführt wurde. Er betrachtete sich als »Invalide des Apoll«[81], hat in seinen »Sokratischen Denkwürdigkeiten« (1759) die Sokrates-Gestalt als den Prototyp eines kritischen Philosophen stilisiert und in seinem »Versuch einer Sibylle über die Ehe« (1775) biblische und antike (vor allem Vergilische) Motive aufgegriffen, um Geheimnisse des Lebens zu verkünden. Von einer Griechenbegeisterung in der Art Winckelmanns allerdings hielt er sich fern. MOSES MENDELSSOHN (1729–1786) hat in seinem »Phaidon« (1767) ebenfalls in Sokrates eine Identifikationsfigur der Aufklärung gesehen. Demgegenüber waren Johann Georg(e) Sulzer (1720–1779) mit seiner »Theorie der Schönen Künste« (1771/74), der Lessing-Gegner Christian Adolf Klotz (1738–1771) oder Friedrich Justus Riedel (1742–1785) im wesentlichen noch traditionellen Anschauungen verpflichtet – wenngleich auch bei ihnen Ansätze zu einer Relativierung der klassizistischen Normen, die Abkehr von einer absoluten Kanonisierung der Antike und eine beginnende Einsicht in die Unterschiede der Dichterindividualitäten zu erkennen sind.

Wie in vielen anderen Epochen gibt es natürlich auch in der Hochaufklärung eine Gleichzeitigkeit des Ungleichzeitigen. Während die bedeutendsten Autoren neue Wege beschritten, wirkten im ›literarischen Alltag‹ auch noch ältere Traditionen fort, finden sich Nachklänge früherer Schaffensprinzipien. Heroisch-politische, vom

---

78 Vgl. Peter Szondi: Antike und Moderne in der Ästhetik der Goethezeit [s. Bibl. 4.1.], S. 28–30.
79 Vgl. Jochen Schmidt: Griechenland als Ideal und Utopie [s. Bibl. 4.1.], S. 96 f.
80 Vgl. Max L. Baeumer: Winckelmanns Formulierung der klassischen Schönheit [s. Bibl. 4.2.], S. 70 und 72; Ders.: Winckelmann und Heinse [s. Bibl. 4.2. (Heinse)], S. 52 und 55.
81 Vgl. Sven Aage Jørgensen / Klaus Bohnen / Per Øhrgaard: Aufklärung, Sturm und Drang, frühe Klassik 1740–1789 [s. Bibl. 4.1.], S. 348.

Stoizismus geprägte Tragödien in den Bahnen des klassischen französischen Dramas, wie es Gottsched für Deutschland rezipiert hatte, sind – trotz gelegentlicher Auflockerungen hin zu englischen Vorbildern und zu privaten Konflikten – Friedrich Carl Casimir von Creutz' (1724–1770) »Der sterbende Seneca« (1754), Johann Samuel Patzkes (1727–1787) »Virginia« (1755), Johann Friedrich Freiherr von Cronegks (1731–1758) »Codrus« (1757), Joachim Wilhelm von Brawes (1738–1758) »Brutus« (entstanden 1757/58, gedruckt 1768), Salomon Hirzels (1727–1818) »Junius Brutus« (1781), Christian Felix Weißes (1726–1804) »Befreiung von Theben« (1764) und »Atreus und Thyest« (1767) oder HEINRICH WILHELM VON GERSTENBERGS (1737–1823) Jugendwerke »Turnus« und »Ariadne auf Naxos« (1758). Gerstenberg verkörpert allerdings innerhalb der Aufklärungskonventionen bedeutsame Entwicklungstendenzen: Er lehnte Vergil ab, weil dieser, im Unterschied zu Shakespeare, kein Originaldichter sei, hielt die Gattungspoetik für weniger entscheidend als die Beobachtung des Lebens und schuf mit dem »Ugolino« von 1768 sogar einen Vorläufer für das historische Drama des Sturm und Drangs.

Wie Gerstenberg zeigt auch der Publizist und Historiker JUSTUS MÖSER (1720–1794) bei aller Verwurzelung im aufklärerischen Denken und trotz einer unverkennbar konservativen Grundhaltung dank seinem Verständnis für die Rolle des einfachen Volkes Berührungspunkte mit der Geschichtsauffassung der nachfolgenden Generation. In seiner Jugend – 1749 – hat er die Alexandrinertragödie »Arminius« verfaßt, die zwar in erster Linie nicht den Gegensatz zwischen Germanen und Römern, sondern jene innergermanischen Probleme behandelt, die schließlich zum Tod des Arminius führten, mit der er aber zugleich das von Tacitus überlieferte Bild der Germanen als eines von der Kultur unberührten Naturvolkes in Frage stellte. Während Johann Elias Schlegels »Hermann« von 1743 von aufklärerischem Tugend- und Emanzipationsdenken geprägt ist, gestaltet Möser einen Stoff aus der nationalen Geschichte im Hinblick auf aktuelle Fragestellungen. Später wurde er ein entschiedener Gegner der Winckelmannschen Griechenbegeisterung.

Gegenüber der nüchternen und ausgewogenen Darstellung Mösers, die sowohl der Position des Arminius wie derjenigen seiner Gegner eine partielle Berechtigung zuerkennt, hat CHRISTOPH OTTO FREIHERR VON SCHÖNAICH (1725–1809) mit dem von Gottsched geförderten Heldengedicht »Hermann oder das befreyte Deutschland« (1751) einer konventionellen schwärmerischen Begeisterung für Arminius Ausdruck gegeben.

Auf lyrischem Gebiet verfaßte KARL WILHELM RAMLER (1725–1798), der Catull, Horaz und Martial übersetzte und Sappho in Deutschland bekanntmachte, metrisch vollkommene antikisierende – z. T. anakreontische Motive aufgreifende – Dichtungen mit einer Fülle mythologischen Prunks und gelehrter Anspielungen; Friedrich Grillo (1737–1802) übersetzte Bion, Moschos und Theokrit; Daniel Schiebeler (1741–1771) schrieb ein auf Horaz und Vida fußendes Lehrgedicht »Poetik des Herzens«. In Österreich kam es – bevor auch hier unter norddeutschem Einfluß und im Zuge der josephinischen Aufklärung die Bedeutung des Lateinischen zurückging – nochmals zu einer bemerkenswerten Horaz-Rezeption: Johann Baptist Premlechner (1731–1789) schrieb in elegischem Grundton gehaltene »Carmina Latina« (Lateinische Gedichte; 1771) und »Lucubrationes poeticae et oratoriae« (Poetische und oratorische Nachtarbeiten; 1772); Johann Christoph Regelsberger

(1734–1797) publizierte in seinem Todesjahr eine zweisprachige Ausgabe der »Ars poetica«, in der dieses Gedicht weniger als Norm und Muster denn als Kunstwerk in seiner historischen Spezifik geschätzt wurde.[82]

Stärker noch zeichneten sich in der Gattung der Fabel innerhalb der französischen und der frühaufklärerischen deutschen Tradition eigenständige Entwicklungen ab: Magnus Gottfried Lichtwer (1719–1783) hat seine »Äsopischen Fabeln« in der Art Lessings überarbeitet, und Gottlieb Konrad Pfeffel (1736–1809) gelangte zu einer zunehmend schärferen Sozialkritik.

Ein Dichter wurde in einer traditionellen Gattung sogar zur europäischen Berühmtheit: der von Kleist beeinflußte SALOMON GEßNER (1730–1788), *der* Idyllendichter des 18. Jahrhunderts. 1754 schrieb er in Anlehnung an Longos »Daphnis«; von 1756 bis 1772 veröffentlichte er in fünf Bänden seine »Idyllen«. Gegenüber der barocken Schäferdichtung und gegenüber Gottsched und Johann Adolf Schlegel (1721–1793), die das Wesen der Idylle noch ausschließlich in der Verklärung einer historischen Idealzeit gesehen hatten, setzte er bereits neue – empfindsam-kulturkritische – Akzente. Die Personen und ihre Lebensumstände entsprechen den Gepflogenheiten der neuzeitlichen antikisierenden Schäferdichtung – in ihren Empfindungen und in ihrem bewußten Naturerlebnis aber tragen sie durchaus schon moderne Züge. Geßner projizierte die Gefühle der zeitgenössischen Städtebewohner und Intellektuellen, die in die Natur flohen, in die Kindheit des menschlichen Geschlechtes zurück und verherrlichte ein antik eingekleidetes ideales, tugendhaftes, einfaches und empfindsam getöntes Leben – ein Leben voller Friede und Harmonie, in einer Traumwelt ohne Staat und soziale Unterschiede, ohne Kirche und Priester. Er schildert – wie er in seiner Vorrede von 1756 ausführt – »Züge aus dem Leben glüklicher Leute«: »Sie sind frey von allen den Sclavischen Verhältnissen, und von allen den Bedürfnissen, die nur die unglükliche Entfernung von der Natur nothwendig machet, sie empfangen bey unverdorbenem Herzen und Verstand ihr Glük aus der Hand dieser milden Mutter.« Auch er verherrlicht »ein goldnes Weltalter« – doch neu sind dabei einmal die ausgesprochene Naturnähe und detaillierte Naturbeobachtung und zum anderen deutliche zeitkritische Akzente: Er habe die »Scenen in ein entferntes Weltalter [ge]sezt«; denn »sie erhalten dardurch einen höhern Grad der Wahrscheinlichkeit, weil sie für unsre Zeiten nicht passen, wo der Landmann mit saurer Arbeit unterthänig seinem Fürsten und den Städten den Überfluß liefern muß, und Unterdrükung und Armuth ihn ungesittet und schlau und niederträchtig gemacht haben«. Dennoch hat er gewichtige soziale Themen gemieden, hatte eine Vorliebe für das Zarte im Sinne des Rokoko, verstärkte das Moralische und zielte auf eine Versöhnung von Realität und Fiktion.

Bedeutsam ist, daß sich Geßner nicht an Vergil, sondern ausdrücklich an Theokrit anlehnte: »Ich habe den Theokrit immer für das beste Muster in dieser Art Gedichte gehalten. Bey ihm findet man die Einfalt der Sitten und der Empfindungen am besten ausgedrükt, und das Ländliche und die schönste Einfalt der Natur [...]. Seinen Hirten hat er den höchsten Grad der Naivität gegeben [...]. Ich habe meine

---

82 Vgl. Werner M. Bauer: Horaz in Wien [s. Bibl. 4.1.].

Regeln in diesem Muster gesucht.«[83] Geßner vollzieht also in der Gattung der Idylle jenen Übergang von der römischen zur griechischen Antike, die für die gesamte deutsche Literatur des 18. Jahrhunderts charakteristisch ist – wenn er faktisch allerdings auch noch weitgehend der idealisierten Hirtenwelt verhaftet bleibt, die man auf Vergil zurückführte. Geßner ist gleichermaßen der Nachfahre einer traditionellen wie der Vorläufer einer ›natürlicheren‹ Sicht auf die Antike; Elemente einer höfisch gebundenen moralisierenden Poesie in der Art der Frühaufklärung gehen bereits in eine Überwindung dieser Poesie und in eine Annäherung an die Ideale der ›klassischen‹ Antikerezeption über. So ist es kein Wunder, daß sowohl Sulzer als auch Winckelmann ihn zu schätzen vermochten: Sulzer hob hervor, daß Geßner »auch die sittliche Denkart des Hirten zu schildern, und ihn nicht blos von der Seite der eigentlichen Zärtlichkeit des Herzens zu zeigen« vermochte; Winckelmann schrieb am 17. Januar 1761 an den Dichter: »Sie [die Idyllen] sind so schön, daß ich mich nicht enthalten kann, Ihnen Gedanken zu rauben, welche Sie über lang oder kurz erkennen werden.«[84]

Seit den späten sechziger Jahren allerdings war es mit der stilisierten Antike der Geßnerschen Dichtung vorbei. Herder stellte in der Schrift »Theokrit und Geßner« aus den »Fragmenten über die neuere deutsche Literatur« (1767) die beiden Dichter einander scharf gegenüber, sah arkadisches Ideal und Naturnähe als Gegensätze und orientierte nicht mehr auf eine schöne und harmonische, sondern auf eine kraftvolle und dynamische Natur: »Theokrit malt Leidenschaften und Empfindungen nach einer verschönerten Natur: Geßner Empfindungen und Beschäftigungen nach einem ganz verschönerten Ideal.«[85] (Daß weder Geßner noch Herder dem Theokrit ganz gerecht wurden, kann hier nur angedeutet werden: Theokrit war keineswegs ein ›realistischer‹ Dichter, sondern der Vertreter einer höchst raffinierten Spätkunst, der mit der ironischen Herablassung des Großstädters auf das Leben der sizilianischen Hirten herabblickte.[86]) Goethe griff die Herdersche Kritik in seiner Rezension der Geßnerschen Idyllen-Ausgabe von 1772 in den »Frankfurter Gelehrten Anzeigen« wieder auf. Die Autoren, die nunmehr in dieser Gattung schrieben – Friedrich Maler Müller und vor allem Johann Heinrich Voß – schlugen bereits viel schärfere Töne an, bezogen sich nicht allein auf die utopischen, sondern auch auf die satirisch-realistischen und sozialkritischen Potenzen der Idylle.

Der dritte bedeutende deutsche Schriftsteller, dessen Schaffen um 1750 begann, ist CHRISTOPH MARTIN WIELAND (1733–1813). Während Klopstock sich vor allem an den antiken Versmaßen orientierte und später vom Altertum abwandte und während in Lessings Beziehung zu Griechenland und Rom der *theoretische* Aspekt überwog,

---

83 Salomon Geßner: Idyllen. Kritische Ausgabe. Hrsg. von E. Theodor Voß. Stuttgart 1973 = Universal-Bibliothek 9431–9435, S. 15–18.
84 Johann George Sulzer: Allgemeine Theorie der Schönen Künste. Neue vermehrte Aufl. Leipzig 1786–1787, Bd. 2, S. 487; Johann Joachim Winckelmann: Briefe. In Verbindung mit Hans Diepolder hrsg. von Walther Rehm. Berlin 1952–1957, Bd. 2, S. 113 f.
85 Johann Gottfried Herder: Sämtliche Werke. Hrsg. von Bernhard Suphan. Berlin 1877–1913, Bd. 1, S. 347.
86 Zu Theokrit vgl. Bernd Effe / Gerhard Binder: Die antike Bukolik. Eine Einführung. München, Zürich 1989 = Artemis Einführungen 38, S. 11–37.

ist bei Wieland das gesamte *literarische* Werk – das die Zeit vom Rokoko bis zur Napoleonischen Herrschaft umspannt und nicht nur verschiedene Gattungen umfaßt, sondern auch beträchtliche weltanschauliche und ästhetische Wandlungen aufzeigt – von der Antike bestimmt.

Wielands Romane, Versepen, Singspiele, Übersetzungen und essayistische Arbeiten stehen in einer Traditionslinie, die bis in den Humanismus zurückreicht, und zugleich am Beginn einer Entwicklung, die zur Weimarer Klassik führt. Namentlich seine großen Romane spielen einerseits noch in der Antike und vermeiden das Gegenwartssujet, das seit Goethes »Werther« für die Gattung konstitutiv ist; andererseits aber hat mit ihnen die deutsche Literatur Anschluß an die gesamteuropäische Entwicklung – Henry Fielding (1707–1754), Lawrence Sterne (1713–1768) – gefunden, und sie lassen bereits viel von der eigenen Zeitsituation und dem eigenen Erleben erkennen.

Wieland hegte zeitlebens Sympathie für die Antike, hat sich mehrfach anerkennend über die Humanität und Kultiviertheit der ›Alten‹ geäußert und stand auch dem Winckelmannschen Griechenbild aufgeschlossen gegenüber; aber er vermied nicht nur – im Unterschied zu Winckelmann und vielen Schriftstellern der nachfolgenden Generation – jeden enthusiastischen Überschwang, sondern auch eine grundsätzliche Differenzierung zwischen Griechenland und Rom. An seiner Gedankenwelt und seinem literarischen Werk haben gleichermaßen Cicero und Horaz wie Aristipp, Demokrit und Lukian Anteil – und er hat keineswegs ideale oder gar utopische Zustände geschildert, sondern vielfältige Unvollkommenheiten namhaft gemacht. Programmatisch heißt es in den »Gedanken über die Ideale der Alten« (1777): »[...] warum sollt' ich nicht bekennen, daß die Griechen durch längere und genauere Bekanntschaft vieles von ihren Vorzügen vor andern ältern und neuern Völkern in meinen Augen verloren haben?«[87]

In Wielands Umgang mit dem antiken ›Erbe‹ schlägt sich eine weltoffene, urbane, skeptisch-ironische Haltung nieder, wie sie auch bedeutenden Humanisten (Erasmus von Rotterdam oder Willibald Pirckheimer) eigen war – ja, in seinem Schaffen herrscht, über die konkrete Aufnahme in den einzelnen Werken und die bisweilen jähen Wendungen in seinen Konzeptionen hinaus, ein heiter-überlegenes Klima, das gleichermaßen auf einer inneren Wesensverwandtschaft mit bestimmten Seiten der Antike wie auf einem feinen Gespür für Distanz beruht.

Das Grundthema des Wielandschen Werkes zeigt sich erwartungsgemäß auch in seiner Verwendung antiker Sujets: die Spannung und das Streben nach Ausgleich zwischen Schwärmerei und Skepsis, zwischen Enthusiasmus und Desillusionierung, zwischen platonischem Idealismus und aristippeischem Hedonismus oder zwischen vergeistigter und sinnlicher Liebe.

Wielands Frühwerk hat – nachdem der Autor sich zuvor geradezu materialisti-

---

87 Christoph Martin Wieland: Gesammelte Schriften. Berlin 1909 ff., Abt. 1, Bd. 14, S. 130. – Über das differenzierte Verhältnis Wielands zu Winckelmann vgl. William H. Clark: Wieland and Winckelmann: Saul and the Prophet. In: Modern Language Quarterly 17 (1956), S. 1–16; Ders.: Wieland *contra* Winckelmann? In: The Germanic Review 34 (1959), S. 4–13; Max Kunze: »In Deiner Mine diese stille Größe und Seelenruh' zu sehn!« – Winckelmann bei Wieland. In: Christoph Martin Wieland und die Antike [s. Bibl. 4.2.], S. 65–75.

schen und atheistischen Gedanken genähert hatte – einen ausgesprochen frömmelnd-moralisierenden Charakter. Mit »Die Natur der Dinge« (entstanden 1751, erschienen 1753) wollte der Autor, unter Berufung auf Platon, Aristoteles und Cicero, das materialistische Lehrgedicht des Lukrez widerlegen, mit »Anti-Ovid oder Die Kunst zu lieben« (1752) sich von der erotischen Poesie des spätaugusteischen Dichters und der Anakreontiker distanzieren. 1759 erschien das 1756/57 entstandene »unvollendete Heldengedicht« »Cyrus«, in dem – in Anlehnung an Xenophons »Kyrupädie« – der Titelheld als großer und tugendhafter Feldherr, als Philanthrop und Ideal eines vollkommenen Regenten geschildert wurde und mit dem Wieland Klopstocks religiöses Epos mit einem weltlichen übertreffen sowie Friedrich II. verherrlichen wollte; 1760 folgte »Araspes und Panthea. Eine moralische Geschichte in einer Reyhe von Unterredungen« (im wesentlichen ebenfalls schon 1756/57 verfaßt): Hier übernimmt der junge Araspes, im Vertrauen auf seine noch unerprobte und – wie er meinte – feste Tugend, für Cyrus die Bewachung der Gattin des feindlichen Königs und will, als er sich der Aufgabe nicht gewachsen zeigt, Selbstmord begehen, wird aber von Cyrus gerettet, der sich selbst die größere Schuld zumißt, weil er der unerfahrenen Jugend eine zu schwere Aufgabe zugewiesen habe.

Allerdings sind die moralisierenden und patriotischen Töne schon früh relativiert: In den »Zwölf moralischen Briefen in Versen« (1752) bekennt sich der Dichter ausdrücklich nicht zur stoischen Tugend und zu Politikern wie Alexander, Caesar und Brutus, sondern zu Sokrates, Epikur, Cicero und Horaz – und das Epenfragment »Hermann« (entstanden 1751, erst postum veröffentlicht), reiht sich zwar vom Stoff her in die Arminius-Dichtungen aus der Mitte des 18. Jahrhunderts ein, gestaltet aber vor allem private Schicksale, behandelt – ungeachtet einiger verbaler Bekenntnisse – politische und nationale Themen nur am Rande und verzichtet weitgehend auf Aktualisierungen. Wieland hat es bewußt als Gegenentwurf zu Schönaichs Epos konzipiert.

Gegen Ende der Schweizer Jahre (in denen neben den genannten Werken auch Hexameterhymnen und pindarische Oden entstanden sind) löste sich Wieland von der Frömmelei – so in der Satire »Lucians des Jüngeren wahrhafte Geschichte«, die er aber selbst vernichtete –, und während der Biberacher Zeit (1760–1769) trat er mit einer künstlerisch und intellektuell eindrucksvollen Rokokodichtung hervor. Die »Comischen Erzählungen« von 1765 verfallen gegenüber seinem Frühwerk geradezu ins entgegengesetzte Extrem und wurden von den Zeitgenossen als ›wollüstig‹ empfunden. Es sind witzige Mythentravestien, die auf eine ironisch-elegante, mitunter frivole und derbe Art die erotischen Verwicklungen von Göttern und Heroen schildern, die Begrenztheit moralischer Normen aufzeigen und einen toleranten Umgang mit menschlichen Schwächen empfehlen. Wieland verwendet den Mythos, um sich von jeglichem metaphysischen und religiösen Dogmatismus zu distanzieren. Dabei sind »Das Urteil des Paris« und »Juno und Ganymed« satirisch-burlesk gehalten, und »Aurora und Cephalus« gestaltet den Konflikt zwischen Erotik und Empfindsamkeit auf vorwiegend komische Weise. Die gehaltvollste dieser Verserzählungen aber – »Endymion« (später unter dem Titel »Diana und Endymion«) – nähert sich ernsten, geradezu tragischen Dimensionen. Zunächst einmal verfällt nicht, wie in der Überlieferung, die Mondgöttin Luna, sondern ausdrücklich Diana, die Göttin der Keuschheit, dem schönen Schäfer Endymion[88], so daß das Scheitern einer rigorosen Sinnenfeindschaft und die Verherrlichung des menschlichen Sexuallebens deutlich herausgestellt sind; dann aber wird durch die Gestalt des Fauns, der die Liebenden beobachtet hat und Diana erpreßt, ihm zu Willen zu sein, eine unkultivierte Triebbefriedigung abgelehnt. Den Mythos von Endymion hat Wieland später noch mehrfach aufgegriffen. In den Umkreis der »Comischen Erzählungen« gehören auch »Combabus« (nach Lukian; 1770) sowie »Aspasia« (entstanden 1764, veröffentlicht 1773) – die Geschichte eines platonischen Philosophen und einer Oberpriesterin, deren Versuch einer unkörperlichen Liebe auf die Dauer die entgegengesetzte Wirkung hat.

In Biberach schrieb Wieland von 1761 an »Die Geschichte des Agathon«, die 1766/67 in erster, 1773 in zweiter und 1794 in dritter Fassung erschien: laut Lessing »der erste und einzige Roman für den denkenden Kopf, von klassischem Geschmacke«[89]. Das Werk spielt in einer stilisierten Antike des 4. Jahrhunderts v. Chr. Der Titelheld (›der Gute‹) wächst im Tempelbezirk von Delphi auf, wo er eine schwärmerisch-religiöse Erziehung genießt und sich in platonischer Liebe an Psyche anschließt, aus dem er aber, ernüchtert durch die Heuchelei eines hohen Priesters und die Nachstellungen der Pythia, nach Athen flieht. Hier macht er, getragen von den strengen Idealen seiner Erziehung und von den Ideen Platons, zunächst eine steile politische Karriere, fällt aber dann Intrigen zum Opfer und wird aus der Stadt vertrieben. Er wird von Seeräubern gefangengenommen und als Sklave in Smyrna von dem Philosophen Hippias gekauft, der den Platoniker zum materialistischen Hedonismus bekehren will. Dies scheint mit Hilfe der Hetäre Danae zu gelingen – aber zwischen ihr und Agathon entsteht eine echte Liebe. Als Hippias dem ahnungslosen jungen Mann deren Vergangenheit enthüllt, verläßt dieser Smyrna, um in Syrakus Platons Versuch zu wiederholen, den Tyrannen Dionysius zu einem guten Herrscher zu bilden. Wie im demokratischen Athen am Volk, so scheitert er im ›absolutistischen‹ Syrakus an den Intrigen des Hofes und wird ins Gefängnis geworfen, aus dem ihn der weise Archytas, der Herrscher Tarents, befreit. In Tarent, wo ihm aufs neue Psyche, die sich als seine Schwester herausstellt, und Danae, die nur noch der Tugend leben will, begegnen, findet Agathon ein ideales Staatswesen – freilich von so abstrakt-utopischem Charakter, daß der Roman im Grunde ohne echte Lösung bleibt, die utopische Harmonie sich als vage und ironisch gebrochen erweist. Hinter der abenteuerlichen, vom hellenistischen und barocken Roman beeinflußten Handlung stehen die für Wielands Menschenbild charakteristischen Konflikte zwischen Schwärmertum und Desillusionierung, das Schwanken zwischen seelischer und sinnlicher Liebe und die skeptisch-nüchtern registrierten zeitgenössischen Diskrepanzen zwischen einer von humanistischen Prinzipien bestimmten Gesellschaftskonzeption und den inhumanen Realitäten.

1768 erschien Wielands »Musarion oder Die Philosophie der Grazien«, eine Mischung von Lehrgedicht, Erzählung, Komödie und Idylle, deren Titelheldin wie Danae eine gebildete, selbstbewußte Frau und harmonische Persönlichkeit ist. Der

---
88 Vgl. Wolfram Mauser: Diana und Aktäon [s. Bibl. 1.1.], S. 310–312.
89 Lessing: Hamburgische Dramaturgie. In: LM, Bd. 10, S. 80.

junge Athener Phanias hat Musarions Liebe nicht zu gewinnen vermocht und sich auf sein Landgut zurückgezogen, begleitet von einem stoischen und einem pythagoreischen Philosophen, die sich heftig über die Wahrheit ihrer Lehren streiten. Musarion tritt auf und läßt Phanias das Ungenügende *beider* philosophischen Lehren erkennen: Der Maß und Selbstbeherrschung predigende strenge Stoiker betrinkt sich, der von himmlischen Sphären schwärmende empfindsame Pythagoreer gibt sich den irdischen Freuden mit Musarions Zofe hin. Musarion aber heilt Phanias von der Schwärmerei und erzieht ihn zu einer heiteren, geselligen und genießenden Lebenskunst, in der Sinnlichkeit und Tugend eine Einheit bilden. Goethe schrieb darüber in »Dichtung und Wahrheit«: »Hier war es, wo ich das Antike lebendig und neu wieder zu sehen glaubte. Alles was in Wielands Genie plastisch ist, zeigte sich hier auf's vollkommenste.«[90]

In den letzten Biberacher Jahren und in der Erfurter Zeit (1769–1771) hat Wieland insbesondere eine rokokohafte ›Kleinkunst‹ gepflegt. In dem mit dem Pygmalion-Motiv und anderen mythologischen Gestalten spielenden »heroisch-comischen Gedicht« »Idris« (1768, später unter dem Titel »Idris und Zenide. Ein romantisches Gedicht«) werden abermals Gegensatz und Synthese von Platonismus und Hedonismus reflektiert; in dem Märchenepyllion »Der Neue Amadis« (1771), das ebenfalls den Konflikt zwischen Natur und Schwärmerei und dessen Auflösung gestaltet, lassen sich Züge sokratischer Ironie und Satire erkennen. Weiterhin schrieb Wieland in dieser Zeit die Epyllien »Psyche« (1773 als Fragment erschienen) – in Anlehnung an die Erzählung von Amor und Psyche aus Apuleius' »Metamorphosen«, die er auch im »Agathon« und in anderen Werken rezipierte: mit der Umkehrung, daß Amor die schlafende Psyche trifft –, »Die Grazien« (1770) – eine Persiflage auf empfindsam-schwärmerische Religiosität und ein Preislied auf gefällige und gesellige Philosophie –, »Der verklagte Amor« (begonnen 1771, veröffentlicht 1774) und »Das Leben ein Traum (erschienen 1773, ursprünglicher Titel: »Gedanken bei dem schlafenden Endymion«). Mit dem Plan eines »Pygmalion« wollte sich Wieland einem zuvor – auch in der Antike selbst – relativ selten behandelten Mythos zuwenden, der seit Rousseaus »Pygmalion, scène lyrique« (1762) zu einem bevorzugten literarischen Sujet geworden war, an dem sich gleichermaßen das Thema von der ›Macht der Kunst‹ wie erzieherische Intentionen gestalten ließen[91]. Von ernstem philosophischem Gehalt sind das aufklärerisch-optimistische »Traumgespräch mit Prometheus« (1770), in dem der Schriftsteller gegen Rousseaus Abwertung des Titanen polemisierte, und »Sokrates Mainomenos oder Die Dialogen des Diogenes von Sinope« (1770): ein Werk, in dem das Ideal einer harmonischen Persönlichkeit nur in der Gestalt eines Mannes verwirklicht werden kann, der außerhalb der sozialen Ordnung steht und auf gesellschaftliche Rücksichten verzichten kann. Der kynische Philosoph analysiert scharfsinnig die Schwächen der Einkommens- und Machtverteilung und prophezeit eine Umwälzung, lehnt es aber ab, eine Utopie in der Art der Platonischen »Politeia« zu konzipieren, und zweifelt daran, ob ein künftiger Staat gerecht bleiben werde.

---

90 Johann Wolfgang Goethe: Werke. Hrsg. im Auftrage der Großherzogin Sophie von Sachsen. Weimar 1887–1919, Abt. 1, Bd. 27, S. 91.
91 Vgl. Claudia Weiser: Pygmalion [s. Bibl. 1.1.].

Anfang der siebziger Jahre entstanden zwei Herakles-Stücke, die schlagartig Wielands Position in den literarischen Debatten und Kontroversen dieser Zeit erhellen: 1771, von Christoph Willibald Gluck (1714–1787) angeregt, das Singspiel »Alceste«; 1773 – der Schriftsteller war inzwischen zum Prinzenerzieher nach Weimar berufen worden – zum 16. Geburtstag des Erbprinzen Karl August die dramatische Kantate »Die Wahl des Herkules«. Bereits 1772 war zum Geburtstag Anna Amalias das Singspiel »Aurora« aufgeführt worden. In »Die Wahl des Herkules« griff Wieland noch einmal – wie zuvor schon im »Hermann« – die von dem Sophisten Prodikos erfundene und von Xenophon überlieferte Scheideweg-Allegorie auf, die sich in Renaissance und Barock großer Beliebtheit erfreut hatte. Hier steht Wieland grundsätzlich noch im Rahmen einer höfisch gebundenen Aufklärung – aber er hat die tradierte starre Entgegensetzung von Tugend und Laster verinnerlicht und psychologisch vertieft, den Herakles nicht als einen souveränen Herrscher, sondern als einen schwankenden Menschen in seinen inneren Kämpfen gezeichnet, der nicht durch Geburt Fürst *ist*, sondern durch Einsicht Fürst *wird* und dem für seine künftige Regierung gleichsam bürgerliche Zielvorstellungen nahegelegt werden. Trotz dieser Auflockerungstendenzen aber war Wielands Herakles-Bild für die Dichter der folgenden Generation nicht mehr tragbar. Der Streit entfachte sich allerdings an dem früheren Stück, »Alceste«, dem ein ebenso empfindsames und verinnerlichtes Herakles-Bild zugrunde lag, und namentlich an den »Briefen an einen Freund über das deutsche Singspiel ›Alceste‹«, in denen Wieland die kraftvolle Herakles-Gestalt aus der Euripideischen »Alkestis« kritisiert und ausgeführt hatte, daß erst *er* einen tugendhaften Helden auf die Bühne gestellt habe. Goethe hat 1773 in der Farce »Götter, Helden und Wieland« nicht nur das Herakles-Bild Wielands persifliert, sondern grundsätzlich dessen antikisierenden Dichtungen abgelehnt.[92]

Wieland hat sich denn auch – nachdem er sich 1775 noch in »Das Urteil des Midas« gegen Goethe verteidigt und 1779 eine »Pandora« (die Bearbeitung eines französischen Stückes) geschrieben hatte – von der Bühne zurückgezogen und zugleich die Gattung der rokokohaften Kleinepen aufgegeben. Sein letztes Versepos – »Oberon« (1780) – ist gleichermaßen der Abschluß der deutschen Rokokoliteratur wie, dank seiner Klarheit und Tiefe, seinem Humanitätsglauben und seinem natürlichen Menschenbild, eine Dichtung, die wir zu den frühen Werken der Weimarer Klassik rechnen können. Traditionen der antiken und der Renaissance-Epik werden (wie z.B. bei der Musenanrufung) mit spielerischer Ironie behandelt.

Wielands Hauptleistungen in den folgenden Jahrzehnten waren die Herausgabe des »Teutschen Merkur«, seine Übersetzungen und vier große Romane mit antiken Sujets. 1773 begann der Autor mit der Arbeit an »Die Geschichte der Abderiten« (erschienen 1781): nach dem Bildungsroman »Agathon« der erste moderne satirische Gesellschaftsroman in Deutschland seit Grimmelshausen. Die Handlung spielt gegen Ende des 5. Jahrhunderts v. Chr. in der Stadt Abdera – einem in das antike Griechenland versetzten Schilda, in dem unschwer Züricher, Biberacher und Erfurter Zustände zu erkennen sind. Die Satire richtet sich gegen die Borniertheit und Narrheit des abderitischen Spießbürgertums, dem als Kontrastfigur der weise,

---

92 Vgl. S. 157.

vorurteilsfreie und kosmopolitische ›lachende Philosoph‹ Demokrit gegenübergestellt ist, der allerdings – ebenso wie seine gleichgesinnten Gäste Hippokrates und Euripides – Abdera verläßt. Satirisch-Groteskes und Heiter-Humorvolles gehen dabei oft ineinander über. Berühmt ist die (von Ludwig Fulda [1862–1939] und Friedrich Dürrenmatt dramatisierte) Geschichte vom ›Prozeß um des Esels Schatten‹, in der die Frage, ob jemand, der einen Esel mietet, auch dessen Schatten gemietet hat, fast zum Bürgerkrieg führt und nur dadurch gelöst wird, daß man den unschuldigen Esel zerreißt. Am Ende wandern die Abderiten aus, weil die heiligen Frösche ihrer Schutzgöttin überhandnehmen und sie nicht zu einer rationalen Lösung des Problems in der Lage sind.

Die späteren Romane – in denen das antike Milieu konkreter geschildert wird als im »Agathon« und in den »Abderiten« und die sich dem Genre des historischen Romans annähern – kreisen wieder um das Problem des Schwärmers. Im »Peregrinus Proteus« (1791, ursprünglich unter dem Titel »Geheime Geschichte des Peregrinus Proteus«) – eine Vorstufe war das »Gespräch in Elysium« gewesen (1788) – steht dem wandelbaren, vielgestaltigen Pilger (so könnte der Name übersetzt werden) der Spötter Lukian gegenüber, dem sich der Autor wesensverwandt fühlt. Peregrinus' Versuch, den Widerstreit von epikureischem Genießertum und christlicher Selbstgenügsamkeit, von zynischer Weltverachtung und schwärmerischem Streben nach Weltverbesserung zum Ausgleich zu bringen, wird nicht diskreditiert; ja, im Elysium stellt sich sogar heraus, daß der Mensch, wenn er Mensch bleiben will, über sich selbst hinausstreben muß – doch der Versuch wird als illusionär erwiesen und findet nach zahlreichen Enttäuschungen sein Ende mit dem Freitod des Helden. Erste Erfahrungen der Französischen Revolution werden in differenzierter Art auf das Griechenland des 2. Jahrhunderts nach Chr. übertragen.

Held des Brief- und Dialogromans »Agathodämon« (1799), der die komplizierte Situation der Aufklärung in der Zeit der Französischen Revolution reflektiert, ist der neupythagoreische Wanderlehrer Apollonios von Tyana, der sich von einem schwärmerischen Weltverbesserer zu einem praktischen Wohltäter entwickelt hat. Die Kunst der Täuschung übt er allein zum Nutzen der Menschen aus, die ihn dafür wie ein höheres Wesen verehren und ihm Wunder zuschreiben. Schließlich nimmt er Verbindung mit der Sekte der ›Christianer‹ auf und bekennt, daß Jesus das *ist*, was er nur zu sein *scheint* – warnt allerdings zugleich vor einer künftigen Institutionalisierung und Dogmatisierung des Christentums.

Mit dem unvollendeten Briefroman »Aristipp und einige seiner Zeitgenossen« schließlich (1801) kehrte Wieland in das 4. Jahrhundert v. Chr. zurück. Der hedonistische Philosoph Aristipp war dem Autor von früh an vertraut: Hatte Wieland ihn zunächst konventionell als Wollüstling und Höfling abgelehnt, so hat er sich später gern zu dessen Art des Lebensgenusses bekannt. Der Roman – der mannigfache Parallelen zwischen der Zeit um 400 v. Chr. und um 1800 zieht und dabei insbesondere die Erfahrungen der Französischen Revolution und die Entwicklung der deutschen Philosophie gegen Ende des 18. Jahrhunderts reflektiert – wendet sich gegen jegliche Idealisierung Griechenlands: Der Perikleischen Demokratie werden Demagogie, Hegemoniestreben und letztlich die Schuld an der Hinrichtung des Sokrates vorgeworfen, und die klassizistische Kunst- und Schönheitsauffassung wird ironisch relativiert. Innerhalb des breit dargestellten Spektrums der auf Sokrates zurückgehenden philosophischen Richtungen wird dieser Philosoph selbst, und zwar ohne jede Idealisierung, als ein lebendiges Individuum vorgestellt; und während Platon – namentlich dessen gleichsam ›totalitäre‹ Staatstheorie – scharf abgelehnt wird, gelingt dem Aristipp im persönlichen Bereich ein glückliches, weil im Genuß maßvolles und wohlbedachtes Leben, zu dem auch die Beziehung zu der klugen und schönen Hetäre Lais gehört, solange beide eine dauerhafte und leidenschaftliche Bindung vermeiden. Das individuelle Glück aber erweist sich als labil, die politischen Zustände und Lais selbst bewirken sein Ende, und der Roman bricht resignierend ab. Zwei späte Erzählungen – »Menander und Glycerion« (1804) und »Krates und Hipparchia« (1805) – variieren noch einmal die Thematik von maßvollem Lebensgenuß, harmonischer Liebe und unentrinnbarer Vergänglichkeit.

Von Wielands Vertrautheit mit der Antike zeugen seine zahlreichen und zumeist ausführlich kommentierten Übersetzungen. 1782 übertrug er die »Episteln«, 1787 die »Satiren« des Horaz, 1788/89 Lukian. 1801/02 folgten die sokratischen Dialoge Xenophons, 1803 und 1805 der »Ion« und die »Helena« des Euripides; 1806 und 1813 erschienen die »Vögel« und die »Ritter« des Aristophanes, von 1808 bis 1812 schließlich Ciceros Briefe. Insbesondere die Übertragungen Ciceros, Horaz' und Lukians zeugen von einer engen geistigen Verwandtschaft mit den antiken Autoren – und Wielands Anmerkungen dienen nicht nur deren Erklärung, sondern sind zugleich Bekenntnisse zu ihrer Lebenshaltung, ja, eine Art mittelbarer Autobiographie, in der er eigene Probleme in die griechische und römische Vergangenheit transponierte.

Von Lukian fühlte er sich thematisch – dank den Analogien zwischen dem 2. und dem 18. Jahrhundert, die er zu erkennen meinte – wie formal (von der Kunst des Dialogs her) angezogen; er schätzte ihn ebensosehr als Stoffquelle wie auf Grund seiner skeptisch-ironischen Weltsicht. An Cicero beeindruckten ihn die *humanitas* und *urbanitas*, die Grazie, Heiterkeit und weltmännische Eleganz, die er selbst mit seinen Briefen und Prosaschriften anstrebte – und zugleich fühlte er sich im Alter infolge bitterer politischer und persönlicher Erfahrungen (Französische Revolution und Napoleonische Kriege, Verlust seines Landgutes und Tod seiner Frau) dem scheiternden und resignierenden römischen Schriftsteller verbunden. Den *Politiker* Cicero hingegen und dessen gesellschaftliches Umfeld hat er kaum beachtet. Die Sympathie mit Horaz beruhte auf einer gleichartigen Spannung zwischen Weltleben und Idylle, zwischen Urbanität und ländlicher Zurückgezogenheit, zwischen skeptischer Kulturkritik und Streben nach Harmonie; beide Autoren sahen die Grazie als Inbegriff von Schönheit und Wahrheit – und ihre Lebensumstände auf dem Sabinum bzw. auf dem Landgut in Oßmannstedt waren miteinander vergleichbar. Bemerkenswert ist, daß Wieland von Horaz nur die in elegantem Plauderton gehaltenen Hexameterdichtungen übernahm, nicht aber die ›hohe‹ Form der Oden – obgleich auch hier Berührungspunkte vorlagen, z. B. in der Ausrichtung auf das Maßhalten und auf einen vernünftigen Lebensgenuß oder im Wissen um den Zusammenhang von Liebe und Vergänglichkeit. Offensichtlich lag dem modernen Schriftsteller das offiziöse Pathos vieler politischer Oden nicht – und in seiner Distanz gegenüber Augustus unterschied er sich sogar beträchtlich von dem römischen Dichter. Bereits im »Musarion« hatte der Kosmopolit Wieland über den patriotischen Sänger der sogenannten ›Römeroden‹ gespottet: »Schön, *süß sogar* – zum mindstens singet so / Ein Dichter, der zwar selbst beym ersten Anlaß floh, – / Süß ist's, und ehrenvoll, fürs Vaterland zu sterben.«[93]

Wieland hat die Horazischen Hexameter in fünffüßigen Jamben und damit den Geist und den Ton des Originals in einer Form wiedergegeben, die dem ausgehenden 18. Jahrhundert vertraut war und diese Nachdichtungen lieblich und lebendig machte. Er unterscheidet sich damit grundsätzlich von Johann Heinrich Voß, der exakt die Horazischen Versmaße übernahm und auf diese Weise denn doch recht kalt und steif wirkte. Voß legte den Akzent ausschließlich auf die Ausgangssprache; Wieland (der sich mit dessen Übersetzungsprinzipien expressis verbis 1795 in seinen »Briefen über die Vossische Übersetzung des Homer« auseinandersetzte) hatte eher die Zielsprache im Auge – wenn er auch nicht so weit ging wie Gottsched, der in seiner Alexandriner-Übersetzung der Horazischen »Ars poetica« sich ganz an den zeitgenössischen literarischen Stil gehalten hatte.

Der Aufklärer Christoph Martin Wieland, der mit seinen reifen Leistungen ohne Zweifel zur Weimarer Klassik gezählt werden kann, läßt deutlich werden, welche Nuancierungen das klassische deutsche Antikebild enthält. Sein Werk hat in mancher Hinsicht Züge, die einem *früheren* Antikeverständnis eigentümlich waren – aber in seinem Verzicht auf eine einseitige Orientierung an Griechenland auf Kosten Roms, auf eine Verherrlichung der Antike und auf ein harmonisiertes Griechenbild zeigt sich auch ein historisches Problembewußtsein, das bereits *über seine Zeit hinaus*weist.

Es ist kennzeichnend, daß Wieland nicht das Homerische oder Perikleische Griechenland beschwor, wie es Winckelmann, Herder, Goethe, Schiller, Hölderlin oder Wilhelm von Humboldt in erster Linie taten, sondern sich vorrangig an Griechen vom Ende des 5. Jahrhunderts v. Chr. bis in die frühchristliche Zeit sowie an spätrepublikanischen und frühkaiserzeitlichen römischen Schriftstellern orientierte und daß ihm das Altertum keineswegs ein wenn auch unwiederholbares, so doch mehr oder weniger nachstrebenswertes Vor- und Leitbild war, sondern daß er Parallelen mit der Gegenwart nicht nur im Hinblick auf die Möglichkeit einer vernünftigen und humanen Lebensweise, sondern auch in problematischen Bereichen suchte: im Verfall einer überkommenen Kultur, in der Kleinstaaterei und in mannigfachen Torheiten (während er andererseits dort Ehrenrettungen – etwa der Xanthippe im »Historischen Damenkalender auf 1790« – vornahm, wo in der üblichen Sicht pejorative Momente überwogen). Dieser nüchterne Blick auf die ›Alten‹ und auf die eigene Zeit offenbarte sich nicht zuletzt in seinen Äußerungen zur Politik. So distanzierte sich Wieland schon früh sowohl von der absoluten Monarchie wie von einer diktatorischen Volksherrschaft: In den »Neuen Göttergesprächen«, die er 1791 dem Lukian nachbildete, läßt er Jupiter mit bemerkenswerter Ruhe das Schicksal des französischen Königs kommentieren und ein von Juno gewünschtes Eingreifen zu dessen Gunsten ablehnen – zugleich aber nimmt er selbstkritisch den Optimismus seines »Traumgesprächs mit Prometheus« aus dem

---

93 Wieland (wie Anm. 87), Abt. 1, Bd. 7, S. 165. – Vgl. Horaz: Carmina 2,7,9f. und 3,2,13.

Jahre 1770 zurück: »Prometheus müßte nun einen ganz neuen Lehm finden und daraus eine ganz neue Menschenart bilden.«[94]

Sturm und Drang – Spätaufklärung – Weimarer Klassik
Von Johann Gottfried Herder bis Friedrich Schiller

Der große Anreger und Vermittler für viele Schriftsteller, deren Wirken um 1770 begann, war JOHANN GOTTFRIED HERDER (1744–1803). In erster Linie Theoretiker, hat er, in Anknüpfung an Lessing und Winckelmann, wesentliche Züge des neuen Antikebildes herausgearbeitet. Charakteristika seines Verhältnisses zum Altertum sind die Spannung zwischen der Verehrung und der Historisierung der Antike, die Ausrichtung mehr am antiken Leben als an der antiken Kunst, die Akzentuierung des *Gegensatzes* zwischen Griechenland und Rom, das Interesse am griechischen Mythos sowie die Milderung und Humanisierung der antiken Paradigmata. Was den ersten Punkt betrifft, so hat Herder in seinen frühen Schriften vor allem die *Unterschiede* zwischen Antike und Neuzeit betont und einem verbindlichen Regelsystem abgesagt, während er in seiner Weimarer Zeit mehr auf die *Gemeinsamkeiten* und auf (historisch freilich sehr flexible) Gesetzmäßigkeiten Wert legte.

Schon in den Schriften der Königsberger und der Rigaer Zeit (1762–1769) hatte Herder wesentliche Züge seines Antikebildes entwickelt. So erkannte er in der Schrift »Haben wir jetzt noch das Publikum und Vaterland der Alten?« (1765), daß die geschichtlichen Verhältnisse in Antike und Gegenwart völlig verschieden seien, die Antike somit nicht mehr absolutes Vorbild und Gesetz sein könne. In seinem ersten kritischen Hauptwerk, der an Lessings »Briefe die neueste Literatur betreffend« anknüpfenden Fragmentsammlung »Über die neuere deutsche Literatur« (1766/67, umgearbeitet 1768), forderte er, zu lernen, nicht *was* die ›Alten‹ gedacht, sondern *wie* die ›Alten‹ zu denken, und zu schreiben, nicht wie diese geschrieben *haben*, sondern wie sie unter modernen Zuständen geschrieben *hätten*.[95] Er stellte ihre Leistungen in einen geschichtlichen Zusammenhang – insbesondere mit dem Orient – und überwand damit die klassizistischen Elemente in der Konzeption Winckelmanns. Wenn er auch die neueren deutschen Schriftsteller an den Griechen maß, die er die »Väter aller Litteratur in Europa«[96] nannte, so wußte er doch, daß die griechische Sprache und Kultur nur dem poetisch-schönen Jünglingsalter der Menschheit entspreche und daß diese in ihrem prosaisch-bewegten Mannesalter einen anderen Charakter haben müsse. Schließlich bedauerte er den ungünstigen Einfluß des Lateins auf den Gang der deutschen Bildung und wollte die deutsche Literatur vom »römischen Joch« befreien.[97] In den »Kritischen Wäldern« (1769) dann – deren erster dem Lessingschen »Laokoon« gewidmet ist – ging er historisch-

---

94 Ebd., Abt. 1, Bd. 17, S. 362. – Vgl. ebd., Abt. 1, Bd. 7, S. 405–416.
95 Johann Gottfried Herder: Sämtliche Werke. Hrsg. von Bernhard Suphan. Berlin 1877–1913, Bd. 1, S. 370 und 383.
96 Ebd., Bd. 2, S. 112.
97 Ebd., Bd. 1, S. 362–370.

differenzierter als sein Vorgänger an die Untersuchung ästhetischer Gesetze heran und lehnte eine Verabsolutierung des griechischen Schönheitsideals ab. Selbst die im »Journal meiner Reise im Jahre 1769« vehement vorgetragene Abwendung von der Lateinschule und der Starrheit der lateinischen Sprache sowie die Hinwendung zu einem Unterricht, der von der unmittelbaren Erfahrung der Muttersprache ausgeht, waren bereits 1764 in der Studie »Über den Fleiß in mehreren gelehrten Sprachen« vorbereitet gewesen.

Nachdem Herder 1770/71 in Straßburg enge Bindungen mit Goethe und dessen Freunden knüpfen konnte, hat er in mehreren Schriften der Bückeburger Zeit (1771–1776) entscheidende Positionen der jungen Intellektuellen artikuliert – nicht zuletzt im Hinblick auf das Altertum. In »Auch eine Philosophie der Geschichte zur Bildung der Menschheit« (1774) nahm er den Lebensalter-Vergleich – auf den dann später Hegel und Marx zurückgegriffen haben[98] – wieder auf und formulierte enthusiastisch die *Wunsch*vorstellung: »Griechenland! Urbild und Vorbild aller Schöne, Grazie und Einfalt! Jugendblüthe des Menschlichen Geschlechts – o hätte sie ewig dauren können!«[99] In »Shakespeare« (1773) aber betonte er, daß in der *Realität* die Differenzen gravierend waren. Während Lessing in der »Hamburgischen Dramaturgie« von *der* Tragödie ausgegangen war und die ›Alten‹ wie Shakespeare grundsätzlich in *einem* Sinne interpretiert hatte, setzte Herder bei der griechischen und englischen Wirklichkeit ein und betonte die *Unterschiede* zwischen Antike und Neuzeit in »Geschichte, Tradition, Sitten, Religion, Geist der Zeit, des Volks, der Rührung, der Sprache«[100]. In »Ursachen des gesunknen Geschmacks bei den verschiednen Völkern, da er geblühet« (1775) schließlich verurteilte er Politik und Geschichte vor allem des kaiserzeitlichen Roms: »O ihr Mörder der Menschlichen Freiheit, Unterdrücker der Gesetze des Staats und der Rechte Eurer Mitbürger, an welchen Gräueln der Nachwelt seyd ihr schuldig!«[101]

Auf vielfältige Weise setzte sich Herder auch in seinen Weimarer Jahren (1776–1803) mit Erscheinungen aus der Antike auseinander. Im »Denkmal für Winckelmann« (1777) verband er nochmals die grundsätzliche Verehrung für seinen Vorgänger mit der Kritik an dessen ahistorisch-klassizistischen Zügen; in dem Aufsatz »Plastik« (1778) legte er den Akzent auf die *Humanität* der ›Alten‹. Namentlich der Gegensatz zwischen Griechenland und Rom fand jetzt – in den »Ideen zur Philosophie der Geschichte der Menschheit« (1784–1791) – seine prägnantesten Formulierungen. Im 13. und 14. Buch seines geschichtsphilosophischen Hauptwerkes preist Herder an Griechenland die harmonische Entfaltung des Individuums in und mit der Gesellschaft, Demokratie, Aufklärung, Vaterlandsliebe und Kunst; Rom hingegen sieht er als Verkörperung politischer Inhumanität – und von hier aus zieht er Parallelen zu den zeitgenössischen europäischen Verhältnissen. Während die griechische Sprache »die gebildetste der Welt«, die griechische Mythologie »die reichste und schönste auf der Erde« und die griechische Dichtkunst »vielleicht die vollkommenste ihrer Art« sei, seien bei den Römern »Härtigkeiten und Laster

---

98 Vgl. Reimar Müller: Hegel und Marx über die antike Kultur [s. Bibl. 5.2. (Marx)].
99 Herder (wie Anm. 95), Bd. 5, S. 498.
100 Ebd., S. 217.
101 Ebd., S. 626.

erschienen, vor denen die menschliche Natur zurückschaudern wird, so lange sie Einen Punkt ihrer Rechte fühlet«.[102]

Allerdings werden jetzt auch Tendenzen zu einer ahistorischen Verklärung der griechischen Kultur deutlich (während Herder der *Politik* Athens durchaus kritisch gegenübersteht), und die Sturm-und-Drang-Forderung nach dem Charakteristischen in der Kunst wandelt sich zu einer Analyse der normbildenden griechischen Werke. Die antike Kunst wird für Herder zum »Codex der Humanität in den reinsten, ausgesuchtesten, harmonischen Formen«[103]. Selbst den »Cid« rückte er in die Nähe Homers.

In Weimar vor allem beschäftigte sich Herder – im Anschluß an Lessing – mit den ›kleinen‹ Gattungen Fabel und Epigramm. Auch in der Theorie dieser beiden Gattungen näherte er sich wieder stärker als in den sechziger und siebziger Jahren der Aufstellung von Normen und Regeln an – doch ging er dabei flexibler und differenzierter als sein Vorgänger vor, ersetzte dessen Systematisierung durch eine Historisierung. Lessing hat die Fabel dergestalt definiert, daß »wir einen allgemeinen moralischen Satz auf einen besondern Fall zurückführen, diesem besondern Falle die Wirklichkeit ertheilen, und eine Geschichte daraus dichten, in welcher man den allgemeinen Satz anschauend erkennt«[104]; Herder hingegen führte aus: »Indessen gehe ich der besten Fabeldichter beste Fabeln durch und finde in einer beträchtlichen Anzahl derselben nicht eben einen moralischen Satz kenntlich [...]. Oft sind es wirklich nur interessante Erfahrungssätze, Regeln der Klugheit u. f. [...] es war ein besondrer praktischer Satz, eine Erfahrungslehre für eine bestimmte Situation des Lebens, die er in einer ähnlichen Situation anschaulich und für den gegenwärtigen bestimmten Vorfall anwendbar machen wollte.«[105] Und wo Lessing in strenger Systematisierung das Wesen *des* Epigramms zu bestimmen unternahm, dort unterschied Herder – »genetisch und historisch«[106] – sieben Arten von Epigrammen. Symptomatisch ist auch, daß Lessing bei aller Affinität zur griechischen Literatur der römischen aufgeschlossen gegenüberstand und sich ohne Bedenken an den Spottepigrammen Martials orientierte, Herder aber *prinzipiell* den Griechen den Vorzug gab und seine Theorie ausschließlich auf die Epigramme der »Griechischen Anthologie« stützte.[107]

Herders dichterisches Schaffen stand im Schatten der Theorie, ist aber für sein Antikebild durchaus belangvoll. In Bückeburg hat er das »Drama zur Musik« »Brutus« (1774) und die »Scenen mit Gesang« »Philoktetes« (1774) geschrieben, in Weimar gegen Ende seines Lebens den »Gesang« »Pygmalion. Die wiederbelebte Kunst«, die »Scenen« »Der entfesselte Prometheus« (1802) und das »Drama mit Gesängen« »Admetus Haus. Der Tausch des Schicksals« (1803). Hier wird der

---

102 Ebd., Bd. 14, S. 98 und 151 f.
103 Herder: Brief an Karl Ludwig von Knebel, 13. Dezember 1788. In: Herder: Briefe. Gesamtausgabe 1763–1803. Bearb. von Wilhelm Dobbeck und Günter Arnold. Weimar 1977–1996, Bd. 6, S. 98.
104 Gotthold Ephraim Lessing: Sämtliche Schriften. Hrsg. von Karl Lachmann, ³besorgt durch Franz Muncker. Stuttgart / Leipzig / Berlin, Leipzig 1886–1924, Bd. 7, S. 446.
105 Herder: Sämtliche Werke (wie Anm. 95), Bd. 15, S. 548 f.
106 Ebd., S. 492 f.
107 Vgl. Volker Riedel: Lessing und die römische Literatur [s. Bibl. 4.2.], S. 164 f. und 198–200.

harmonisierende Charakter der Herderschen Humanitätskonzeption besonders deutlich. Brutus erlangt durch seinen Opfertod Unsterblichkeit; im Mythos von Pygmalion verherrlicht der Autor die schöpferischen Potenzen der Kunst, in dem von Alkestis und Admet eine treue eheliche Liebe, die durch das Opfer der Gattin nicht im geringsten problematisiert wird. Der »Philoktetes« besteht aus einem Dialog zwischen dem Titelhelden und Neoptolemos (Odysseus bleibt bezeichnenderweise ausgeklammert!); Herakles appelliert an die Einsicht des Philoktet, und dieser geht nach Troja, nicht weil es der »Wille des Zeus« ist, sondern aus eigener Überzeugung[108]. Im Prometheus-Stück aber – anläßlich dessen Herder die bereits zitierten programmatischen Worte von der Milderung und Vermenschlichung der »harte[n] Mythologie der Griechen« formuliert hatte[109] – findet das Werk des Prometheus seine Vollendung durch Herakles. Allerdings zeichnet sich eine bedeutsame Relativierung ab: Herder tadelt den Geistesübermut und die allzu große Raschheit des Titanen und hebt dessen problematisches Geschenk der »blinden Hoffnung«[110] hervor. Die Erfahrungen der Französischen Revolution haben ihn ähnlich wie zuvor Wieland zu einer Distanzierung von dem antiken Rebellen geführt – Analoges werden wir bei Friedrich Schlegel und bei Goethe finden.

JOHANN WOLFGANG GOETHE (1749–1832) war über sechzig Jahre lang die prägende Gestalt der deutschen Literatur und ihrer Beziehung zur Antike. Alle wesentlichen Tendenzen der Epoche spiegeln sich in seinem Werk, das hinsichtlich der Geltung antiker Paradigmata keineswegs auf Konstanz und innere Einheit reduziert werden kann, sondern vielmehr – sowohl in den einzelnen Phasen seines Lebens als auch in den verschiedenen Bereichen seines Schaffens – bedeutsame Wandlungen und Spannungen zeigt.[111]

Obgleich der Schriftsteller von Jugend an mit dem griechischen und römischen Altertum vertraut war und auch schon in den sechziger Jahren Winckelmanns frühe Schriften und Lessings »Laokoon« und »Wie die Alten den Tod gebildet« gelesen hatte, spielten antike Motive in seinem Schaffen zunächst kaum eine Rolle. In der Lyrik der Leipziger Zeit finden sich nur einige konventionelle allegorische oder travestierende Reminiszenzen in der Art der Rokokolyrik.[112] Der eigentliche Beginn von Goethes intensiver Beschäftigung mit dem Altertum datiert aus der Zeit in Straßburg und der Begegnung mit Herder. In den folgenden Jahren waren seine am stärksten rezipierten antiken Autoren Homer als Dichter eines natürlichen Lebens und Pindar, der als genial-naturhafter, ursprünglicher Dichter galt.

Den charakteristischen Ansatz zur Aufnahme antiker Motive bilden die großen Hymnen aus der ersten Hälfte der siebziger Jahre, deren freie Rhythmen nach dem

---

108 Herder (wie Anm. 95), Bd. 28, S. 78. – Vgl. Sophokles: Philoktet 1415.
109 Vgl. S. 113.
110 Herder (wie Anm. 95), Bd. 28, S. 348.
111 Zum Folgenden vgl. den Artikel »Antike« im »Goethe-Handbuch« und andere Arbeiten des Verfassers zu Goethes Antikerezeption [s. Bibl. 4.2.] sowie weitere einschlägige Artikel im »Goethe-Handbuch«.
112 Zu Goethes Verhältnis zur Anakreontik sowie zur Anakreonteen-Rezeption im Weimar der achtziger Jahre vgl. Herbert Zeman: Die deutsche anakreontische Dichtung [s. Bibl. 4.1.], S. 155, 227 und 290f.

Vorbild Pindars gestaltet sind. In ihnen näherte sich Goethe den ›Alten‹ auf eine schöpferische, originäre, eigenwillige und höchst vielschichtige Weise. Bekennt sich der Autor in »Wandrers Sturmlied« (1772) enthusiastisch zu Pindar und postuliert er in der Anrufung Jupiters, Apollons und des Dionysos mit dithyrambischem Pathos eine Göttergleichheit des Genies in Kunst und Leben, so läßt in der Idylle »Der Wandrer« (1772) die göttliche Natur auf eine schlichte und harmonische Art aus den Trümmern eines antiken Tempels neues Leben hervortreten. Während Goethe 1774 in »Ganymed« das Streben nach einer Einheit von Göttlichem und Menschlichem besingt, artikuliert er in »An Schwager Kronos« einen ungeheuren Lebensanspruch und formuliert in der Ode »Prometheus« eine rebellisch-radikale Kampfansage an irdische und himmlische Gewalten, wobei ihm der Titan zum Vorbild eines schöpferischen Künstlers wird:

> Hier sitz ich, forme Menschen
> Nach meinem Bilde,
> Ein Geschlecht, das mir gleich sei,
> Zu leiden, zu weinen,
> Zu genießen und zu freuen sich,
> Und dein nicht zu achten,
> Wie ich![113]

Damit hatte Goethe zugleich eine zentrale Gestalt für seine dichterische Reflexion der Gegenwart unter Rückgriff auf die Antike gefunden.

Aus den frühen siebziger Jahren stammt zudem eine Reihe von dramatischen Arbeiten mit antiken Sujets. Das »Prometheus«-Fragment von 1773 zeigt gegenüber der Ode einige Differenzierungen: Einmal offenbart der Titan problematische Züge, zum anderen deutet sich in der Liebe zu Minerva ein Moment der Versöhnung an. Die spätere Relativierung des prometheischen Menschenbildes und der Wandel von einer rebellischen zu einer auf Ausgleich bedachten Haltung sind also schon von Anfang an in der Goetheschen Konzeption angelegt. Das Fastnachtsspiel »Satyros oder Der vergötterte Waldteufel« (1773) hat zahlreiche – zumeist ironische – Anklänge an das Prometheus-Thema. Die Farce »Götter, Helden und Wieland« schließlich (1773) ist das erste Zeugnis sowohl für Goethes intensive Beschäftigung mit einer antiken Tragödie wie für seine lebenslange, von Hochachtung geprägte Beziehung zu Euripides. In der Polemik gegen Wielands »Alceste« verbindet sich die Abkehr von dem zaghaften und sittsamen Tugendideal im Griechenbild des Rokoko (»Als wohlgestalter Mann, mittlerer Größe tritt mein Hercules auf«) mit einem Bekenntnis zu dem kraftvollen, übermütigen Herakles der Euripideischen »Alkestis«, der gleichsam zum Vorbild eines Sturm-und-Drang-Helden wird: eines »brave[n] Kerls«, »der mittheilt was er hat«.[114]

Kraftvoll und enthusiastisch war auch die Homer-Rezeption in dem 1773 entstandenen Gedicht »Künstlers Morgenlied«, in dem ein moderner Maler eine »Andacht liturgscher Lecktion / im heiligen Homer« hält, sich geradezu mit den Homerischen Helden identifiziert und nicht nur zu eigenem Schaffen, sondern auch zur kräftigen Ausmalung eines Liebesidylls inspiriert wird. Das Studium des

---

113 Johann Wolfgang Goethe: Werke. Hrsg. im Auftrage der Großherzogin Sophie von Sachsen. Weimar 1887–1919 (im folgenden: WA), Abt. 1, Bd. 2, S. 78.
114 Ebd., Bd. 38, S. 31 und 33.

Homer, die künstlerische Schöpfungskraft und das Bekenntnis zu einer sinnlich-ursprünglichen und zugleich den Mythos einbeziehenden Lebenshaltung sind aufs engste miteinander verbunden.[115]

Das herausragende literarische Zeugnis für Goethes frühe Homer-Rezeption ist der Roman »Die Leiden des jungen Werthers« (1774). Mehrfach kommt der Titelheld auf seine Homer-Lektüre zu sprechen und schildert Wahlheim als eine harmonische, natürliche, idyllische Welt in Analogie zu einigen Gesängen der »Odyssee« – wenn der Autor auch, in einer Balance von Emphase und Ironie, deutlich werden ließ, daß Werther *kein* ›neuer Odysseus‹ ist, sondern in seiner Homer-Begeisterung zum Teil dilettantische und triviale Züge hat, und von Anfang an signalisierte, daß die Idylle scheitern mußte. Es ist bezeichnend, daß die Verschärfung der Wertherschen Krise einhergeht mit der Abkehr von Homer: »Ossian hat in meinem Herzen den Homer verdrängt.«[116]

In der ersten Hälfte der siebziger Jahre hatte Goethe ein starkes inneres Verhältnis zu den Griechen, seine größte und intimste Griechennähe. Sie beruht weniger als in späteren Phasen auf Bewunderung und bedeutet auch keineswegs eine Verabsolutierung; wohl aber gelten die Griechen als beispielhaft für ein natürliches Leben, für kraftvolle Äußerung des eigenen Lebensanspruchs und für rebellische Haltungen. Eine bloße Nachahmung oder gar Wiederherstellung wird nicht gefordert: »Nicht in Rom, in Magna Gräcia; / Dir im Herzen ist die Wonne da!«[117] Der Umgang mit den tradierten Formen und Werken ist äußerst frei. Die Dichtung hat Vorrang gegenüber der Theorie – die Rede »Zum Schäkespears Tag« (1771) und der Aufsatz »Von deutscher Baukunst« (1772) beschränken sich auf pointierte Apostrophierungen griechischer Autoren und Sagengestalten –; der geschichtsphilosophische Anspruch ist der ästhetischen Gesetzgebung übergeordnet. Die Antikerezeption des jungen Goethe ist in ganz überwiegendem Maße eine Rezeption der *griechischen* Antike. Charakteristisch sind in den »Frankfurter Gelehrten Anzeigen« (1772) die Polemik gegen eine Überbewertung Vergils[118] und die Distanzierung vom »Römerpatriotismus«: »Davor bewahre uns Gott, wie vor einer Riesengestalt! wir würden keinen Stuhl finden, darauf zu sitzen; kein Bett, drinnen zu liegen.«[119]

Wie die Zeit bis 1775 ist auch das erste Weimarer Jahrzehnt von einem Primat der Dichtung über die Theorie und der Geschichtsphilosophie über die Ästhetik gekennzeichnet, und die Orientierung an den Griechen ist ebenfalls unverändert. Das Rebellische und Dynamische des frühen Griechenbildes aber weicht jetzt einer Haltung, die eher auf Ausgleich und Einordnung, auf Harmonisierung und Humanisierung gerichtet ist. In enger Verbindung mit Herder entwickelte Goethe nunmehr gegenüber der Sturm-und-Drang-Phase ein milderes und zugleich stärker

---

115 Der junge Goethe. Neu bearb. Ausgabe. Hrsg. von Hanna Fischer-Lamberg. Berlin 1963–1974, Bd. 3, S. 75–77. – Gegenüber der hier wiedergegebenen ersten Fassung hat Goethe in der späteren Fassung des Gedichtes (WA, Abt. 1, Bd. 2, S. 178–181) das Direkt-Erotische gemildert.
116 WA, Abt. 1, Bd. 19, S. 124.
117 Goethe: Sendschreiben. Ebd., Bd. 2, S. 191.
118 Ebd., Bd. 37, S. 200.
119 Ebd., S. 270.

idealisiertes Griechenbild. Durch Herder fand er auch erneuten Zugang zu Winckelmann.

Ab 1777 kam es zu einer intensiven dichterischen Auseinandersetzung mit der Antike in der Lyrik und vor allem in der Dramatik. In dem 1778 entstandenen Monodrama »Proserpina« ist in der erschütternden Klage und der leidenschaftlichen Anklage des in die Unterwelt entführten Mädchens noch der Geist des frühen prometheischen Göttertrotzes lebendig. Das Gefühl der Fremde und der Verzweiflung deutet aber bereits auf den Anfang von »Iphigenie auf Tauris« voraus. Die 1779 entstandene Prosafassung dieses Schauspiels ist der Höhepunkt der Goetheschen Antikebegegnung in den ersten Weimarer Jahren. Die »Iphigenie« ist – dem freien Umgang mit den antiken Vorgaben in der Sturm-und-Drang-Zeit vergleichbar und durchaus unterschieden von der engeren Bindung an diese Vorgaben in der klassischen Phase – modern und antik zugleich. Sie ist ein Drama der menschlichen Autonomie, der – laut Hegel – Verwandlung der »bloß äußerlichen Göttermaschinerie in Subjektives, in Freiheit und sittliche Schönheit«[120]. Im Unterschied zu Euripides ist die Entsühnung des Orest ein ›rein menschlicher‹[121], nicht des Bildraubs im Auftrag der Götter bedürfender Vorgang, und Iphigenie übt – bei aller Frömmigkeit – Kritik an inhumanen Verhaltensweisen der Götter, bewahrt ihre sittliche Integrität, indem sie es ablehnt, Thoas zu betrügen. Menschliche Autonomie im Sinne der Aufklärung und spontanes ›Selbsthelfertum‹, wie es Goethes Dramenhelden aus den siebziger Jahren auszeichnete, haben die mythischen und künstlerischen Vorgaben deutlich modifiziert.[122] Diese auf eine Lösbarkeit von Antinomien zielende Konzeption entbehrt aber weder tragischer Aspekte, noch ist sie einfach in die Antike hineinprojiziert worden: Goethe nennt Tantalos, Ixion und Sisyphos »als Glieder einer ungeheuren Opposition im Hintergrunde meiner Iphigenie«[123] und stellt im Einklang mit Euripides die Ambivalenz des Oresteischen Muttermordes heraus. Auch in seiner Götterkritik kann er durchaus an diesen griechischen Tragiker anknüpfen; und die Wahrheitsliebe seiner Titelheldin ist im Verhalten des Neoptolemos aus dem Sophokleischen »Philoktet« vorgebildet.[124]

Erst ab 1780, also *nach* Abschluß der Prosafassung der »Iphigenie«, hat Goethe intensiver die griechischen Tragiker gelesen und dadurch auch mehr Verständnis für die *Härte* der griechischen Mythologie erhalten. Im Umkreis der »Iphigenie« ist 1781–83 – unter Verwendung von Motiven aus Homer und Euripides – die Prosafassung des Fragments »Elpenor« entstanden. Wie in der »Iphigenie« sollte eine Wiedererkennungsszene zur Entsühnung eines durch frevelhafte Taten befleckten Hauses führen; die Charaktere aber sind schroffer und unerbittlicher gezeichnet. Von Goethes Interesse für die griechische Komödie zeugt die Bearbeitung der

---

120 Georg Wilhelm Friedrich Hegel: Ästhetik. Hrsg. von Friedrich Bassenge. Berlin, Weimar 1965, Bd. 1, S. 225.
121 Vgl. Goethe: An Georg Wilhelm Krüger. In: WA, Abt. 1, Bd. 4, S. 277.
122 Vgl. Wolfdietrich Rasch: Goethes »Iphigenie auf Tauris« als Drama der Autonomie. München 1979; Dieter Liewerscheidt: Selbsthelferin ohne Autonomie – Goethes Iphigenie. In: Goethe-Jahrbuch 114 (1997), S. 219–230.
123 Goethe: Dichtung und Wahrheit. In: WA, Abt. 1, Bd. 28, S. 314.
124 Vgl. Theodorus Cornelis van Stockum: Zum Orestes-Problem in Goethes »Iphigenie auf Tauris« [...] [s. Bibl. 4.2.]; Albin Lesky: Goethe und die Tragödie der Griechen [s. Bibl. 4.2.].

»Vögel« des Aristophanes: eine Satire auf die Zeitverhältnisse und die zeitgenössische Literatur, auf Verführung, Gutgläubigkeit und Anmaßung.

Auch in der Lyrik dieser Zeit finden wir mehrfach antike Reminiszenzen: »Seefahrt« (1776) knüpft an stoische Vorstellungen über eine souveräne Lebensbewältigung an; »Harzreise im Winter« (1777), die letzte Hymne in freien Rhythmen, beginnt mit einem Pindar-Motiv; »Grenzen der Menschheit« (1781) erscheint als Abkehr von den Forderungen nach Göttergleichheit und Göttertrotz in »Wandrers Sturmlied« und »Prometheus«; »Ilmenau« (1783) problematisiert sogar die Gestalt des Titanen: »Ich brachte reine Flamme vom Altar; / Was ich entzündet, ist nicht reine Flamme.«[125] Seit Anfang der achtziger Jahre verwandte Goethe Hexameter und Distichen und verfaßte Gedichte, die – weniger in der Übernahme einzelner Motive als vielmehr in Stil und Geist – durch die »Griechische Anthologie« angeregt sind, auf die Herder 1778 in »Plastik« und ab 1780 durch Übersetzungen nachdrücklich aufmerksam gemacht hatte. Die meisten der kleinen Gedichte, die Goethe 1815 in dem Zyklus »Antiker Form sich nähernd« zusammengefaßt hat, sind in den Jahren vor der Italienreise, in der Zeit seiner engen Zusammenarbeit mit Herder, entstanden. Darüber hinaus schrieb er Gedichte (wie »Anakreons Grab«), die von dem in den achtziger Jahren in Weimar wieder gewachsenen Interesse an Anakreon zeugen.

Die »Wiedergeburt«[126], die Goethe in Italien erlebte und die ihn dazu brachte, auch »den alten Schriftstellern wieder näher zu treten«[127], war vor allem eine ›Wiedergeburt‹ im Zeichen der Antike, die er in Landschaft und Kunstwerken überwältigend spürte. In Italien erst wurde er mit Fragen der Kunst und der Kunstgeschichte enger vertraut; hier fand er einen stärkeren Zugang zu den *tragischen* Dimensionen der griechischen Literatur – insbesondere aber erfuhr er hier eine Steigerung seines Lebensgefühls, das sich dann in der Dichtung der folgenden Jahre niederschlug. Es sind vor allem *griechische* Kunstwerke, die Goethe in Rom und stärker noch auf der Reise nach Neapel und Sizilien interessierten. Römisch-Politischem hingegen stand er distanziert gegenüber: So fand er das Colosseum zwar »ganz herrlich« und »imposant«, wurde jedoch von einem »Schauer« überfallen und war befremdet von der »Masse deß was der Staat war, an und für sich«: »mir ist er, wie Vaterland, etwas Ausschließendes.«[128] In Italien lernte Goethe die Kunst- und Altertumswissenschaftler Karl Philipp Moritz und Heinrich Meyer (1759–1832) kennen, mit denen er auch später noch in enger Verbindung stand. Er vertiefte seine historischen und kunsthistorischen Kenntnisse durch die Lektüre des Livius sowie von Winckelmanns »Geschichte der Kunst des Altertums« und von dessen »Briefen an seine Freunde«. Vor allem aber las er, angeregt durch die antike Atmosphäre und im Hinblick auf seine eigenen Dichtungen, Homer und die griechischen Tragiker.

Während der Italienreise beendete Goethe die Versfassung der »Iphigenie«, für die er sich zunächst an Sophokles, dann aber vor allem an Euripides orientierte und in die nicht zuletzt auch Erfahrungen aus dem öffentlichen Leben seines Gastlandes

---

125 WA, Abt. 1, Bd. 2, S. 145.
126 Goethe: Italienische Reise. Ebd., Bd. 30, S. 233.
127 Ebd., S. 151.
128 Ebd., Bd. 32, S. 37, 116 und 336f.

einflossen. Die Spannung zwischen Betrug und Wahrheit und die problematische Situation Iphigenies sind erst jetzt in voller Schärfe herausgestellt; der vierte Akt, in dem die Konflikte kulminieren, hat deshalb die umfangreichsten Veränderungen erfahren. Im Zusammenhang mit dieser Arbeit dachte Goethe auch an eine »Iphigenie von Delphi«, in der Elektra als leidenschaftliche, unbarmherzige Kontrastfigur zu der Titelheldin hätte auftreten sollen. Das Stück hätte zwar ebenfalls zu einer Wiedererkennung und zu einem versöhnenden Ende geführt; aber die Härte der griechischen Tragik wäre – wie bereits in »Elpenor« – stärker zum Ausdruck gekommen.[129]

In Sizilien – das ihm vielfältige Assoziationen an die »Odyssee« vermittelte – begann Goethe mit der Arbeit an der Tragödie »Nausikaa«, in der er die Begegnung zwischen Odysseus und der phaiakischen Königstochter, die für ihn »eine dramatische Concentration der Odyssee«[130] war, in einer tragisch endenden Liebesgeschichte gestalten wollte. Vermutlich hat die Diskrepanz zwischen der idyllischnatürlichen Welt, als die dem Autor das Land der Phaiaken bei Homer erschien, und dem tragischen Antagonismus von Liebe und Heimkehr ebensosehr dazu beigetragen, daß das Stück Fragment blieb, wie der offenkundige Widerspruch zwischen der sehr modern anmutenden Goetheschen Liebestragödie und dem *nicht*erotischen Charakter der Begegnung zwischen Odysseus und Nausikaa bei Homer.

In der Zeit zwischen der Italienreise und 1805 hat sich Goethe sowohl als Dichter wie als Theoretiker mit der Antike auseinandergesetzt, hat er ihre Literatur wie ihre bildende Kunst studiert und das Altertum gleichermaßen wegen seines beispielhaften Menschentums wie wegen seiner ästhetischen Gesetze geschätzt. Sein Interesse galt vornehmlich den Griechen – aber er war auch empfänglich für die Liebeselegie, die Epigrammatik und das Lehrgedicht der Römer. Es war die Zeit seiner größten Antikeverehrung. Dabei zeigt sich eine gewisse Diskrepanz zwischen der (im großen und ganzen) deutlichen Vermittlung von Antikem und Modernem in seinen Dichtungen und dem (wenn auch nicht uneingeschränkten) Klassizismus seiner theoretischen Aussagen – einem Klassizismus, der sich beträchtlich von der Historisierung der Antike bei Herder, Schiller und Friedrich Schlegel unterschied und eher an die Anfänge von Lessing und Winckelmann erinnerte. (Goethe war zwar mit Winckelmanns frühen Schriften, in denen die antiken Kunstwerke noch weitgehend als zeitlos vorbildlich gepriesen wurden, eng vertraut, hat sich aber mit dessen Hauptwerk, das bereits auf die geschichtliche Entwicklung der antiken Kunst zielte, nur am Rande beschäftigt.[131])

Nach der Rückkehr aus Italien und dem Beginn seines Zusammenlebens mit Christiane Vulpius schrieb Goethe vor allem erotische Lyrik. Erste Zeugnisse sind das Gedicht »Der Besuch« (nach Properz) und das in Distichen verfaßte Epigramm »Süße Sorgen«. Die zwischen Herbst 1788 und Frühjahr 1790 entstandenen sogenannten »Römischen Elegien« – der bedeutendste literarische Ertrag des in Italien gewonnenen neuen Lebensgefühls – verherrlichen ein sinnlich erfülltes, von der Kunst bestimmtes und mythologisch überhöhtes Leben. Dabei dominiert in der

---

129 Ebd., Bd. 30, S. 167f.
130 Ebd., Bd. 31, S. 198.
131 Vgl. Ernst Osterkamp: Goethe als Leser Johann Joachim Winckelmanns [s. Bibl. 4.2.].

direkten Nachbildung antiker Motive und Wendungen die Affinität zu Properz. Entscheidend sind aber nicht so sehr einzelne Reminiszenzen als vielmehr die Rezeption von Sprache und Stil der augusteischen Liebeselegie in einer »Art Koine, in der properzische Elemente überwiegen«[132]. Die Sprachmelodie dieser Elegien erinnert stärker an Tibull, während das Besingen des Liebes*glücks* eher auf Ovid zurückgehen dürfte und die idyllischen Züge sogar im Unterschied zu den Vorbildern eingebracht wurden. Die griechische Mythologie ist vor allem durch Homer präsent, und auch die Epigrammtradition – insbesondere diejenige der »Priapea« – ist weiterhin spürbar. Neben den »Römischen Elegien« schrieb Goethe eine Reihe erotischer Epigramme im Stil der »Griechischen Anthologie«, die er in die »Venezianischen Epigramme« aufnahm, ihres drastischen Inhalts wegen zu Lebzeiten aber zum größten Teil nicht veröffentlichte. Die meisten Gedichte dieser Sammlung gehen auf die wenig glückliche Reise nach Oberitalien im Jahre 1790 zurück und sind in der Art Martials gehalten. An die Stelle einer antikisierenden Verklärung Italiens sind die Reflexion europäischer Zeitgeschichte, die kritische Beobachtung der Französischen Revolution und der italienischen Zustände sowie ein deutlicher antiklerikaler Akzent getreten.

In den Jahren von 1793 bis 1805 wurde Goethes Griechenlandrezeption vor allem durch Homer geprägt. Er las diesen Dichter allein oder mit Freunden, führte Gespräche über ihn, nahm Anteil an der Vossischen Übersetzung und übersetzte selbst. Neben Homer studierte er in dieser Zeit u. a. die Tragiker, Platon, die »Poetik« des Aristoteles, Hippokrates und abermals Winckelmann. Entscheidende Bedeutung für die Antikerezeption dieser Jahre hatte die Freundschaft mit Schiller, der in seinen theoretischen Schriften Züge von Goethes Griechenlandbild mit eigenen Anschauungen verschmolz und dessen Dichtung als »naiv« im Sinne der Griechen charakterisierte[133]. Mit ihm erörterte Goethe das Verhältnis des Epischen zum Dramatischen oder den Unterschied von antiker und moderner Kunst. Des weiteren studierte er Friedrich August Wolfs »Prolegomena ad Homerum«, deren These, daß die Homerischen Epen mehrere Verfasser hätten, er zunächst ablehnte, der er aber bald zustimmend gegenüberstand – namentlich im Interesse seiner eigenen Dichtung: Die Elegie »Hermann und Dorothea« (1796), in der Goethe programmatisch seine Beziehung zu den antiken Autoren verteidigt, schließt mit den Versen: »Denn wer wagte mit Göttern den Kampf? und wer mit dem Einen? / Doch Homeride zu sein, auch nur als letzter, ist schön.«[134] In der Zeit zwischen der Rückkehr aus Italien und den ersten Jahren des 19. Jahrhunderts begannen oder festigten sich auch die Beziehungen zu Wilhelm von Humboldt, Karl Philipp Moritz, Heinrich Meyer, Gottfried Hermann und anderen Kunst- und Altertumswissenschaftlern.

Goethes epische Dichtung stand in diesen Jahren ganz im Zeichen Homers. 1793 schrieb er den »Reineke Fuchs«: die Bearbeitung eines seit dem Mittelalter vielfach behandelten Stoffes, die zwar keine konkrete Beziehung zu den Griechen hat, von

---

132 Georg Luck: Goethes »Römische Elegien« [s. Bibl. 4.2.], S. 182.
133 Friedrich Schiller: Brief an Goethe, 23. August 1794. In: Schiller: Werke. Nationalausgabe. Weimar 1943 ff. (im folgenden: NA), Bd. 27, S. 25 f.
134 WA, Abt. 1, Bd. 1, S. 294.

den Zeitgenossen aber sofort wegen ihres Homerischen Tons geschätzt wurde. Einmal sind die Aktionen der Tiere den Kämpfen um Troja sowie den Taten und Leiden des Odysseus angenähert und erhalten damit ein ähnliches Gewicht wie die Vorgänge aus den alten Epen; zum anderen hat Goethe auf das klassische epische Versmaß, den Hexameter, zurückgegriffen. »Hermann und Dorothea« (1797) ist weniger eine Nachahmung Homers als eine Anverwandlung, eine Verknüpfung von Antikem und Modernem. Vor allem die (auf Vorgänge in Scheria und Ithaka erinnernde) Verklärung des Alltäglichen und Häuslichen, eine gewisse epische Breite, die Übernahme Homerischer Wendungen und Spracheigentümlichkeiten oder auch einzelner Situationen, Bilder und Motive und nicht zuletzt eine Tendenz zum Monumentalen – etwa in der Gestalt des Richters oder der Dorothea selbst – weisen auf das griechische Vorbild hin.[135] Während diese Verbindung von antiken Gestaltungsprinzipien und modernem Stoff zu einem abgeschlossenen und von den Lesern anerkannten Werk führte, ist Goethes Versuch, ein klassizistisches Epos zu schreiben, gescheitert. Mit der »Achilleis« von 1798/99 wollte der Dichter das Geschehen zwischen den Vorgängen der beiden Homerischen Epen – den Tod des Achill – gestalten, sich dabei »nahe an die echten alten Muster halten« und sich möglichst eng an Homer anschließen[136]. Tatsächlich allerdings kollidierte die Homerische Art mit dem empfindsamen Charakter des Titelhelden und dem Motiv der Liebe zwischen Achill und einer trojanischen Königstochter – der Dichter selbst hat den Stoff als »subjectiv« und »pathologisch«, als »durchaus *sentimental*« und »einer modernen Arbeit« angemessen bezeichnet[137]. Das Werk blieb Fragment.

Die Epigrammatik aus der Mitte der neunziger Jahre ging in ihren Traditionsbeziehungen im wesentlichen auf Martial zurück, dem Goethe und Schiller für ihre »Xenien« von 1796 Titel und Motto entnommen hatten. Innerhalb ihrer Zeitkritik und Literatursatire bezogen sich die Verfasser ausdrücklich auf die Antike als Maßstab – z.B. gegenüber den Übersteigerungen des jungen Friedrich Schlegel. Sie definierten »Griechheit« als »Verstand und Maß und Klarheit«, wandten sich gegen das »hitzige Fieber« der »Gräcomanie« und polemisierten gegen eine simplifizierende und harmonisierende Deutung der griechischen Tragödie. Häufig spielten sie parodistisch auf die griechische Mythologie an.[138]

Zwischen 1796 und 1800 hat Goethe mehrere große Gedichte in antiken Versmaßen geschaffen. »Alexis und Dora« (1796), eine tragisch getönte Idylle von Liebe und Eifersucht, lehnt sich nochmals an die Dichtung der Augusteischen Zeit an. Auch »Der neue Pausias und sein Blumenmädchen« (1797) zeigt Anklänge an die augusteische Dichtung, und »Amyntas« (1797) beruht auf dem seit der Antike häufig verwendeten Motiv des von Efeu umschlungenen Baumes als eines Gleichnisses für die Liebe und erinnert an Theokrit und Properz. »Euphrosyne« (1797/98) ist eine

---

135 Vgl. Friedrich Sengle: »Luise« von Voß und Goethes »Hermann und Dorothea«. Zur Frage des Homerisierens. In: Sengle: Neues zu Goethe [s. Bibl. 4.2.], S. 55–65; Dieter Martin: Das deutsche Versepos im 18. Jahrhundert [s. Bibl. 4.1.], S. 266–273, 280–284 und 304–314.
136 Goethe: Brief an Karl Ludwig von Knebel, 15. Mai 1798. In: WA, Abt. 4, Bd. 13, S. 145.
137 Goethe: Briefe an Schiller, 12. und 16. Mai 1798. Ebd., S. 141 und 148.
138 WA, Abt. 1, Bd. 5/1, S. 251 f.

Totenehrung für die Schauspielerin Christiane Becker-Neumann (1778–1797) mit einer Fülle antiker, insbesondere Homerischer Motive (vor allem Reminiszenzen an die Fahrt des Odysseus in die Unterwelt), »Die Metamorphose der Pflanzen« (1798) eine Verbindung von Liebes- und Lehrgedicht mit Anklängen an Lukrez. Die »Metamorphose der Tiere« schließlich (um 1798–1800) ist das wichtigste Zeugnis der Goetheschen Lukrez-Rezeption und zudem im Unterschied zu den bisherigen, in Distichen verfaßten Gedichten in Hexametern, dem Versmaß des antiken Lehrgedichts, geschrieben.

Auch in der Gattung der Ballade hat Goethe griechische Motive verwendet. »Der Zauberlehrling« (1797) geht auf Lukian zurück; »Die Braut von Korinth« (1797) ist einem Stoff aus dem »Buch der Wunder« des Phlegon von Tralles (2. Jahrhundert n. Chr.) frei nachgestaltet. Ähnlich wie in Schillers Gedicht »Die Götter Griechenlandes« werden hier die natürliche Sinnlichkeit der Antike und die asketische Intoleranz des Christentums als des Paradigmas für einen neuen Glauben einander scharf entgegengestellt:

> Und der alten Götter bunt Gewimmel
> Hat sogleich das stille Haus geleert.
> Unsichtbar wird *einer* nur im Himmel
> Und ein Heiland wird am Kreuz verehrt;
> Opfer fallen hier,
> Weder Lamm noch Stier,
> Aber Menschenopfer unerhört.

Der Triumph der Liebenden jedoch ist nur im Tode möglich, und es deutet sich an, daß die Sympathie mit der antiken Lebenshaltung das Wissen um deren Vergänglichkeit einschließt:

> Wenn der Funke sprüht,
> Wenn die Asche glüht,
> Eilen wir den alten Göttern zu.[139]

Auf dramatischem Gebiet wollte Goethe zwischen 1795 und 1797 mit der »Befreiung des Prometheus« wieder auf eine seiner frühen Zentralgestalten zurückgreifen und nunmehr ein »Trauerspiel im altgriechischen Geschmack«[140] schreiben. 1800 ist – mit dem Untertitel »Satyr-Drama«[141] – das »Helena«-Fragment entstanden, die früheste Passage aus »Faust II«. Es entspricht im wesentlichen den Versen 8489–8802 der endgültigen Fassung und hat die Form einer griechischen Tragödie. Die Handlungsmotive stammen vor allem aus dem »Orestes« und den »Troerinnen« des Euripides, der antiken Metrik sind der jambische Trimeter und das Chorlied nachgebildet, und auch die Sprache lehnt sich an das griechische Vorbild an. Goethe fühlte »nicht geringe Lust eine ernsthafte Tragödie« zu schreiben, und war »betrübt«, daß er »das Schöne in der Lage meiner Heldin [...] zunächst in eine Fratze verwandeln« sollte.[142] Erwies sich einerseits (ähnlich wie in der »Achilleis«) das klassische Modell als nicht reproduzierbar, so war es Goethe andererseits noch

---

139 Ebd., Bd. 1, S. 221 und 226.
140 Friedrich Schiller: Brief an Johann Gottfried Körner. In: NA, Bd. 27, S. 175.
141 WA, Abt. 1, Bd. 15/2, S. 65.
142 Goethe: Brief an Schiller, 12. September 1800. In: WA, Abt. 4, Bd. 15, S. 102.

nicht möglich, es in die Konzeption des »Faust« zu integrieren und die verschiedenen Elemente – das Schöne und das Häßliche, das Heroische der Antike und den modernen Zauberspuk – miteinander zu verschmelzen. Das »Satyr-Drama« blieb unvollendet.

In der Zeit zwischen 1797 und 1805 hat sich Goethe intensiv mit kunst- und literarhistorischen Fragen beschäftigt. Erstmals trat die theoretische Auseinandersetzung mit der Antike in starkem Maße neben die dichterische. In Zusammenarbeit mit Schiller entstand von April 1797 an, besonders ab Ende 1797 der Aufsatz »Über epische und dramatische Dichtung«, dessen Gedanken vor allem aus der griechischen Literatur abgeleitet sind. Von 1798 bis 1800 gab Goethe »Die Propyläen« heraus, in denen er – insbesondere in der »Einleitung« und in dem Aufsatz »Über Laokoon« – engagiert die griechische Kunst zum Vorbild der modernen erklärte. Das ausgesprochen klassizistische Programm dieser Zeitschrift war aufs engste mit dem Bemühen verbunden, das zeitgenössische Kunstschaffen zu fördern: nämlich durch Preisaufgaben, in denen Goethe – nicht nur in Auseinandersetzung mit der Romantik, sondern auch in (unausgesprochener) Polemik gegen den an der römischen Geschichte orientierten Neoklassizismus des französischen Malers Jacques-Louis David (1748–1825)[143] – zu Gestaltungen nach Homer und den griechischen Göttersagen aufforderte. Der Widerhall bei den Zeitgenossen war gering. Im Grunde hat Goethe sogar, indem er ein klassizistisches Programm auf hohem Niveau formulierte, dazu beigetragen, daß sich die jungen Künstler vom antiken Kanon abwandten und neuen – romantischen – Intentionen folgten.[144]

Versuche, praktisch auf das geistige Leben der Zeit einzuwirken, unternahm Goethe auch auf dem Gebiet der Pädagogik und des Theaters. Durch seine Kontakte mit Wilhelm von Humboldt und Friedrich August Wolf stand er in enger Verbindung mit den Bestrebungen der neuhumanistischen Bildungsreformer – und als Weimarer Theaterdirektor regte er u.a. Friedrich Hildebrand von Einsiedels Bearbeitung der Terentianischen »Adelphoe« (1802) an, brachte August Wilhelm Schlegels Euripides-Adaptation »Ion« (1802) und Schillers »Braut von Messina« (1803) zur Aufführung.

Höhepunkt und Abschluß dieser Phase in Goethes Schaffen war die von ihm herausgegebene und von ihm, Heinrich Meyer und Friedrich August Wolf verfaßte Schrift »Winckelmann und sein Jahrhundert« (1805): ein die Abwertung Roms einschließendes Bekenntnis zum »Nächsten, Wahren, Wirklichen« des griechischen Menschentums und der griechischen Kunst sowie eine Absage an die romantische Moderne, deren Grundtendenz »in's Unendliche« gehe. Dabei ist die mitunter normative Ausrichtung des Werkes mit einer methodischen Sicht gepaart, wonach die »Griechen in ihrer besten Zeit« als *Beispiele* für »das Einzige, ganz Unerwartete« leistende Menschen gelten, und Goethe war sich der Unwiederholbarkeit des Altertums und des fiktionalen Charakters seines Antikebildes durchaus bewußt: »Aber es ist auch nur eine Täuschung, wenn wir selbst Bewohner Athens und Roms

---

143 Vgl. Reinhold R. Grimm: Die Weimarer Preisaufgaben für bildende Künstler im europäischen Kontext. In: Die schöne Verwirrung der Phantasie [s. Bibl. 4.1.], S. 572–582.
144 Vgl. Ernst Overkamp: Die Geburt der Romantik aus dem Geiste des Klassizismus. Goethe als Mentor der Maler seiner Zeit. In: Goethe-Jahrbuch 112 (1995), S. 135–148.

zu sein wünschten. Nur aus der Ferne, nur von allem Gemeinen getrennt, nur als vergangen muß das Alterthum uns erscheinen.«[145] In den Anmerkungen zu seiner Übersetzung von Diderots »Rameaus Neffe« aus demselben Jahr verwahrte sich der Schriftsteller sogar dagegen, die Griechen und Römer »ausschließlich« als Muster zu nehmen: »Wir haben uns andrer Voreltern zu rühmen und haben manch anderes Vorbild im Auge.«[146]

Das letzte Vierteljahrhundert von Goethes Leben ist charakterisiert durch eine gleichbleibende Hochachtung vor den ›Alten‹ und zugleich durch eine Erweiterung seiner geistigen Interessen über die Antike hinaus. Am Beginn dieser Phase stand die in jambischen Trimetern geschriebene »Pandora« von 1807/08 – ein Stück, das gleichermaßen von der Humanisierung wie von der Problematisierung eines griechischen Mythos durch Goethe zeugt. In diesem Festspiel ist die Titelheldin aus dem unheilbringenden Weib bei Hesiod, das die Götter zur Strafe für den Feuerraub des Prometheus auf die Erde geschickt hatten und das von Epimetheus törichterweise aufgenommen worden war, zu einer Trägerin von Glücksgütern und einem Symbol der Humanität geworden. Angesichts der problematischen Folgen der industriellen Revolution und der machtpolitischen Zentralisierung unter Napoleon jedoch hat Goethe dem tätigen Prometheus dessen kontemplativen, der Vergangenheit zugewandten Bruder Epimetheus entgegengestellt. Der Dichter suchte seine Zeitkritik noch mit dem Glauben an eine Perspektive zu verbinden; denn er gestaltete – unter leichter Bevorzugung des Epimetheus – eine Synthese der beiden Prinzipien in der Heirat der Titanenkinder. Weniger überzeugend wirkt die klassizistische Allegorie »Des Epimenides Erwachen« (1814), die – unter Rückgriff auf die antike Sage von einem Hirten, der in einen Jahrzehnte dauernden Schlaf verfiel und danach zum Seher seines Volkes wurde – Herrschaft und Sturz Napoleons reflektiert, das Verhalten des Autors während des Befreiungskrieges und seine jetzige Rolle zu erklären versucht und in einem Preislied auf den Einklang von »Fürst und Volk«[147] endet.

In der Lyrik wandte sich Goethe verstärkt nichtantiken Bereichen zu, insbesondere dem Orient – im »West-östlichen Divan« (1819) mit dem ausdrücklichen Gegensatz: »Mag der Grieche seinen Thon / Zu Gestalten drücken [...]«[148]. Des weiteren nahm er auf antike Motive eher in freier, allgemein-philosophischer als in konkreter Weise Bezug: wie in dem Gedicht »Urworte. Orphisch« (1817), in das Gedanken unterschiedlicher Herkunft eingeflossen sind, oder in den Gedichten »Eins und Alles« (1821) und »Vermächtnis« (1829) mit ihrer Spannung zwischen herakliteischem Werden und platonischem Sein. Schließlich hat Goethe noch einmal markant an eine antike Erscheinung erinnert und die hoffnungsvolle Aussage des Festspiels von 1807/08 relativiert: mit der Anspielung auf die unwiederbringlich verlorene Pandora in der »Marienbader Elegie«.

Weiterhin befaßte sich Goethe in einer Reihe größerer Prosaschriften mit dem Altertum. Die Ausarbeitung der »Geschichte der Farbenlehre« nötigte ihn zu

---

145 WA, Abt. 1, Bd. 46, S. 22 f., 21 f. und 38.
146 Ebd., Bd. 45, S. 176.
147 Ebd., Bd. 16, S. 380.
148 Goethe: Lied und Gebilde. Ebd., Bd. 6, S. 22.

genauer Beschäftigung mit der antiken Philosophie; in dem Roman »Wilhelm Meisters Wanderjahre« spielt das Sibyllen- und Katabasis-Motiv eine wichtige Rolle; »Dichtung und Wahrheit« und die »Italienische Reise« betonten ausführlich die Bedeutung der Antike im Leben des Autors. Die letztgenannte Schrift dürfte sogar ebensosehr als klassizistisches Bildungsprogramm wie als autobiographische Reisebeschreibung zu lesen sein.

Unverändert blieben Goethes kunsthistorisches Interesse und seine Beschäftigung mit der antiken Literatur – bis hin zu textkritischen Detailproblemen. Anregend war dabei für ihn vor allem der Kontakt mit dem Leipziger Philologen Gottfried Hermann. Goethe las Homer, äußerte sich häufig über ihn und überarbeitete und veröffentlichte 1821 seinen umfangreichen Auszug aus der »Ilias« von 1797. Sein besonderes Augenmerk aber galt jetzt den Tragikern, insbesondere dem Euripides. Während dieser Autor sowohl von August Wilhelm Schlegel wie von Philologen des frühen 19. Jahrhunderts als ein Dichter des Verfalls angesehen und gegenüber Sophokles abgewertet wurde, hat sich Goethe von 1820 bis zu seinem Tode außerordentlich positiv über ihn geäußert. In seinen Dichtungen hat Goethe vor allem jene Tragödien des Euripides rezipiert, die einen versöhnenden Ausgang hatten (»Alkestis«, »Iphigenie bei den Taurern«, »Helena«); als Philologe und Übersetzer aber hat er sich auch Stücken mit tödlichem Ausgang zugewendet: dem »Phaethon« und den »Bakchen«. In der Kontroverse zwischen Hermann und Johann Heinrich Voß auf der einen und Georg Friedrich Creuzer auf der anderen Seite nahm Goethe Partei für die Gegner von Creuzers romantischer Mythostheorie[149]. Er schrieb die Aufsätze »Die tragischen Tetralogien der Griechen« (1823) und »Philoktet, dreifach« (1826) und legte in der Schrift »Nachlese zu Aristoteles' Poetik« (1827) eine Deutung der Aristotelischen Katharsis-Auffassung vor, die zwar nicht der Theorie des Griechen gerecht wurde, wohl aber, indem sie auf eine Versöhnung *innerhalb* der Stücke zielte, seiner eigenen Tragikkonzeption entsprach.

Charakteristisch für diese Seite des Goetheschen Schaffens in den letzten Jahren seines Lebens ist das produktive Verhältnis zur philologischen Arbeit, die enge Verbindung zwischen der historischen Untersuchung, dem Aufzeigen aktueller Aspekte, der Formulierung ästhetischer Positionen und der dichterischen Weiterführung. Die kunstgeschichtlichen und philologischen Interessen führten allerdings *nicht* zu einem geschlossenen ästhetischen System, sondern zeigen in den verallgemeinernden Aussagen teils problematische, teils widersprüchliche Züge. Einerseits ist eine Tendenz zur Verabsolutierung und Kanonisierung nicht zu übersehen. Insbesondere das ›Romantische‹ erfuhr dabei gegenüber dem ›Antiken‹ oder dem ›Klassischen‹ mitunter eine deutliche Abwertung; und an Kleist kritisierte Goethe das düstere Antikebild und eine unzulässige Vermischung von Antikem und Modernem. Andererseits hat der Schriftsteller nicht die Antike schlechthin verherrlicht, sondern sich mehrfach distanziert über die römische Geschichte oder die lateinische Sprache geäußert – und auch bei den Griechen hat er zwar »Künste und Wissenschaften«, nicht aber »ihre übrigen Handlungen und Verhältnisse als musterhaft« angesehen[150] und bei aller Bewunderung sogar irreale Momente ihrer Lebens-

---

149 Vgl. S. 119 f.
150 Goethe: Tagebücher, 31. Januar 1813. In: WA, Abt. 3, Bd. 5, S. 11.

haltung angedeutet: »Unter allen Völkerschaften haben die Griechen den Traum des Lebens am schönsten geträumt.«[151] Goethe hat die Griechen in der Regel weniger als muster- denn als beispielhaft geschätzt, zielte eher auf deren *methodisches* Vorbild und hat durchaus die Diskrepanz zwischen Antike und Moderne akzeptiert. In dem 1813 und 1816 entstandenen Aufsatz »Shakespeare und kein Ende!« war ihm der englische Dramatiker zwar ein »naiver«, aber auch »ein entschieden moderner Dichter, von den Alten durch eine ungeheure Kluft getrennt«[152] – und anders als in den »Propyläen« nahm er in der Zeitschrift »Über Kunst und Altertum« eine vermittelnde Position ein: So lobte er 1818 in dem Aufsatz »Antik und modern« an Raffael, daß dieser »nirgends« »gräcisirt«, sondern »fühlt, denkt, handelt [...] wie ein Grieche«, und verkündete programmatisch: »Jeder sei auf seine Art ein Grieche! Aber er sei's!«[153] Und in dem Aufsatz »Klassiker und Romantiker in Italien, sich heftig bekämpfend« (1820) hielt er es für möglich, daß ein Künstler, »ohne es zu wissen, modern endigt, wenn er antik angefangen hat«.[154] Laut Eckermann bedeutete für Goethe das »Studium der Alten« nichts anderes als ein Studium der »wirklichen Welt« in der *Art* der Alten[155] – und auch den Gegensatz zwischen ›Klassischem‹ und ›Romantischem‹ spielte der Dichter bisweilen gegenüber seinem Gesprächspartner herunter. Die romantische *Bevorzugung* der Moderne auf Kosten der Antike war ihm fremd – einer *Synthese* von ›Klassischem‹ und ›Romantischem‹ hingegen stand er durchaus aufgeschlossen gegenüber.

Höhepunkt der Goetheschen Antikebegegnung in den zwanziger Jahren und zugleich Ausdruck des souveränen Umgangs mit antiken Motiven ist »Faust II«. 1825/26 schrieb Goethe den dritten Akt, den er 1827 unter dem Titel »Helena. Klassisch-romantische Phantasmagorie. Zwischenspiel zu Faust« veröffentlichte. Gegenüber dem Fragment von 1800 hat er zunächst einmal die antiken – insbesondere die Euripideischen – Momente weiter ausgebaut: Stilistisch hat er die jambischen Trimeter im Hinblick auf eine der griechischen noch nähere Diktion überarbeitet und durch trochäische Tetrameter ergänzt, hat das Chorlied zu einer regelmäßigen Komposition umgeformt und antike Gesprächsformen wie die Stichomythie eingeführt. Inhaltlich hat Goethe die Anklänge an den »Orestes« des Euripides verstärkt und die Problematik von dessen »Helena« – das Motiv der nach Ägypten entrückten und den Idolcharakter der trojanischen Helena – hinzugefügt. Bis zum Auftreten Fausts ist der Helena-Akt im wesentlichen ein ›euripideisches‹ Drama, und auch in den späteren Teilen sind noch antike Formen und Motive verwendet – so ist der Sturz des Euphorion dem Euripideischen »Phaethon« nachgebildet und zugleich in Beziehung zu Ikaros gesetzt.

Neben der heroischen Tragödie hat Goethe im dritten Akt von »Faust II« die bukolische Idylle rezipiert und dabei nicht allein auf die antike, sondern sogar mehr

---

151 Goethe: Maximen und Reflexionen, Nr. 298. In: Goethe: Berliner Ausgabe. Berlin, Weimar ²1972, Bd. 18, S. 518.
152 WA, Abt. 1, Bd. 41/1, S. 58.
153 Ebd., Bd. 49/1, S. 154 und 156.
154 Ebd., Bd. 41/1, S. 138.
155 Goethe: Gespräch mit Johann Peter Eckermann, 29. Januar 1826. In: Eckermann: Gespräche mit Goethe in den letzten Jahren seines Lebens. Hrsg. von Regine Otto unter Mitarb. von Peter Wersig. Berlin, Weimar 1982, S. 149.

noch auf die gesamte neuzeitliche Tradition der Pastoraldichtung zurückgegriffen. Von nichtantiken Elementen nutzte er den mittelalterlichen Minnesang, die persische Dichtung – der Übergang vom antiken Metrum zum modernen Reim (Vers 9377–9384) symbolisiert sowohl die Harmonie der Liebenden wie zugleich die Vermählung von Antike und Moderne – und sogar ein Ereignis aus der Zeitgeschichte: den Tod Byrons. Goethe hat, eigenen Aussagen zufolge, mit diesem Werk eine Versöhnung zwischen Klassikern und Romantikern im Sinn gehabt. Aus dem klassizistischen Fragment von 1800, das an dem Widerspruch zu dem modernen Kontext gescheitert war, ist mit der Integration weltliterarischer Traditionen im weitesten Sinne in den zwanziger Jahren eine Dichtung von universellem Charakter geworden.[156] Zugleich aber bedeutet der Ausklang der Helena-Handlung auch eine Verabschiedung der Antike. Helena ist zwar im Sinne des humanen Griechenbildes der klassischen deutschen Literatur gegenüber der Unglücksträgerin, Schuldbewußten und Verwerflichen in den Tragödien des Euripides zu einem Symbol der Schönheit umgewertet worden; aber eine Synthese von Antike und Moderne ist nur vorübergehend im Reich des ästhetischen Scheins – eben als »Phantasmagorie« – möglich. Die geschichtliche Wirklichkeit siegt über die Beschwörung des Altertums: »Ein altes Wort bewährt sich leider auch an mir: / Daß Glück und Schönheit dauerhaft sich nicht vereint.«[157]

Freier noch als im Helena-Akt konnte Goethe mit der Antike in der 1830 entstandenen »Klassischen Walpurgisnacht« schalten, in der er zwar die Vermählung von Faust und Helena vorbereitete, aber geradezu das Bild einer unklassischen Antike schuf. Es dominieren hier die ›niederen‹ Gottheiten, die archaischen und dionysischen Züge; Goethe verwendet ausgiebig Motive aus Aristophanes – insbesondere aus dessen Gelehrtensatire »Die Wolken« – und spart nicht mit spielerisch-ironischen »Piken«[158] auf die Philologen. Bemerkenswert ist, daß der ›Einstieg‹ in die »Klassische Walpurgisnacht« von Rom aus erfolgt, von der Schlacht bei Pharsalos und von Lucans »Bellum civile« her. Auch dadurch wird die rauhe geschichtliche Wirklichkeit von Anfang an als Kontrast zur Welt des ästhetischen Scheins sichtbar.

Im vierten und fünften Akt treten antike Motive deutlich zurück oder werden relativiert. So sind bei Fausts Ende ausgerechnet die Lemuren zugegen, die seiner Schlußvision eine hintergründige Ambivalenz verleihen. Für die Erlösung greift der Dichter – ganz anders als in der antiklerikal akzentuierten Entgegensetzung von Antike und Christentum in seiner klassischen Phase und durchaus in Übereinstimmung mit literarischen Entwicklungstendenzen zu Beginn des 19. Jahrhunderts – unter Verwendung empedokleischer, platonischer und neuplatonischer Gedanken auf die christlich-mittelalterliche Mythologie und auf Dantes »Paradiso« zurück. Und eine der 1831 zuletzt geschriebenen Szenen von »Faust II« ist gleichermaßen eine Reminiszenz an Ovids Geschichte von Philemon und Baucis wie eine definitive Absage an die antike Idylle: »Was sich sonst dem Blick empfohlen, / Mit Jahrhunderten ist hin.«[159]

---

156 Vgl. Horst Rüdiger: Weltliteratur in Goethes »Helena« [s. Bibl. 4.2.].
157 Vers 9939f. In: WA, Abt. 1, Bd. 15/1, S. 239.
158 Goethe: Gespräch mit Eckermann, 21. März 1830. In: Eckermann (wie Anm. 155), S. 350.
159 Vers 11336 f. In: WA, Abt. 1, Bd. 15/1, S. 303.

Die Beziehung zur Antike gehörte zu den wesentlichen Konstanten von Goethes Leben und Schaffen. Die Erweiterung und Vertiefung seines Bildes vom Altertum lag ihm ebenso am Herzen, wie es ihm selbstverständlich war, dessen Vermächtnis auf die eigene Gegenwart zu beziehen und für diese nutzbar zu machen – und zwar vor allem in seinen literarischen, aber auch in seinen theoretischen Arbeiten. Darüber hinaus jedoch war die Antike für ihn nicht nur ein unverzichtbares Bildungsgut und ein unerschöpfliches Reservoir des künstlerischen Schaffens, sondern auch eine tief in seine Geisteswelt hineinwirkende, seine Welterfahrungen und Wertvorstellungen mitbestimmende Lebensmacht.

Studium der griechischen und römischen Kultur, Einwirkung auf den Geschmack der Zeitgenossen, Ermittlung ästhetischer Gesetzmäßigkeiten und dichterisches Schaffen sind bei Goethe eng miteinander verbunden. Verwurzelung in der eigenen Zeit, lebendige persönliche Erfahrung und poetische Neugestaltung antiker Gedanken und Motive finden in seinen Werken zu einer schöpferischen Synthese. Dabei hat Goethe als Theoretiker sich mit konkreten Lehren und Werken der ›Alten‹ beschäftigt und auch als Dichter in sehr unmittelbarem Sinne an antike Vorbilder angeknüpft – aber im allgemeinen überwog der universelle Zugriff. Wichtiger als einzelne Quellen und Einflüsse waren für ihn der innere Gehalt und der Stil eines antiken Autors und einer antiken Gattung, die Rezeption antiker Harmonie und Diesseitigkeit schlechthin. Die Begegnung mit den ›Alten‹ diente in erster Linie der literarischen Auseinandersetzung mit der Gegenwart, der Artikulation des eigenen Lebensgefühls.

Im Rahmen des vor allem von Winckelmann inaugurierten Antikebildes hat Goethe eine gewaltige Entwicklung durchlaufen und sich gleichermaßen als Repräsentant seiner Epoche wie als ein Mensch gezeigt, der bewußt eigene Wege ging – sei es, daß er nachdrücklicher als viele seiner Zeitgenossen auf der Beispielhaftigkeit der griechischen Kunst bestand; sei es, daß er in der Distanz von den Römern weniger apodiktisch war; sei es, daß er manch utopischen Überschwang zu vermeiden wußte. Dank seiner Wesensverwandtschaft mit griechischer Kunst und griechischer Lebenshaltung war Goethe vielleicht der letzte Dichter, der in einer vom Altertum selbst und dann vor allem von der Renaissance an lebendig wirkenden Tradition stand (mit Recht ist er ein *poeta doctus*, ja ein *poeta doctissimus* genannt worden[160]) – und er zeigte zugleich eine hohe Empfänglichkeit für nichtantike Kulturen, suchte immer wieder nach einer Vermittlung zwischen Antike und Moderne und wußte, ebenso wie Hegel oder Heine, daß die ›Kunstperiode‹ ihrem Ende entgegenging.

Am Umbruch in der deutschen Literatur seit 1770 hatten auch Goethes Jugendfreunde Ahteil. JAKOB MICHAEL REINHOLD LENZ (1751–1792) veröffentlichte 1774 fünf »Lustspiele nach dem Plautus für das deutsche Theater«. Er knüpfte an die Plautus-Rezeption des jungen Lessing an – in der »Verteidigung der Verteidigung des Übersetzers der Lustspiele« berief er sich ausdrücklich auf dessen »Schatz«, um

---

160 Horst Rüdiger (wie Anm. 156), S. 90.

die Verwendung einheimischer Sitten in seinen Bearbeitungen zu begründen[161] –, konzentrierte sich aber nicht wie sein Vorgänger auf die ›rührenden‹ Elemente in den Komödien des römischen Dichters, sondern bearbeitete vielmehr – unter den Titeln »Das Väterchen«, »Die Aussteuer«, »Die Türkensklavin«, »Die Entführungen« und »Die Buhlschwester« – die kraftvoll-komischen Stücke »Asinaria«, »Aulularia«, »Curculio«, »Miles gloriosus« und »Truculentus«. Die Plautinischen Komödien dienten ihm in der Handlung wie in der Sprache als Vorbilder eines lebendigen Theaters. Lenz hat sie weniger übersetzt als in die zeitgenössische europäische Welt transponiert. (Die Erstfassungen der »Miles«- und der »Truculentus«-Bearbeitung – »Der großprahlerische Offizier« und »Trukulentus« – hatten sich noch enger an die Vorlagen gehalten.) Dank ihrer zeit- und sozialkritischen Züge stehen diese Stücke in *einer* Reihe mit Lenzens eigenen Dramen. Es ist bemerkenswert, daß der Autor nach Abschluß dieses Bandes eine (erstmals 1991 veröffentlichte) Nachdichtung der von Lessing hochgeschätzten »Captivi« verfaßte – »Freundschaft geht über Natur, oder Die Algierer« –, die sich *nicht* an die turbulente Komik des Plautus anlehnte, sondern bürgerliche Tugenden wie Freundschaft, Vertrauen und Toleranz verkündete, in der Überwindung des Gegensatzes zwischen Christen und Mohammedanern geradezu auf Lessings »Nathan« vorausdeutet und sich durchaus in die Entwicklung des Sturm und Drangs hin zum aufklärerisch-klassischen Humanitätsideal einordnet.

In den 1771 entstandenen und 1774 gedruckten »Anmerkungen über das Theater« ging Lenz ebenso wie Herder vom Unterschied zwischen Antike und Gegenwart aus: Während bei den ›Alten‹ »ein eisernes Schicksal« die Handlung bestimmt habe, suchten wir »den Grund in der menschlichen Seele«.[162] Wie Goethe, dessen Farce er zum Druck beförderte, kritisierte Lenz das rokokohafte Antikebild Wielands (in den vom Autor selbst vernichteten »Wolken« [1775]); in »Menalk und Mopsus« (1775), einer parodistischen und burlesken, nach Vergil gestalteten Ekloge, ahmte er Goethes »Prometheus« nach, und in den »Briefen über die Moralität der Leiden des jungen Werthers« (1774/75, veröffentlicht erst 1918) bezeichnete er den Helden des Goetheschen Romans als einen »gekreuzigte[n] Prometheus«[163]. In dem späten Fragment »Tantalus« (erschienen 1798) schließlich reflektierte er den Abstand des Dichters von der Gesellschaft, besonders vom Weimarer Hof. Tantalus wird von den Göttern aus dem Olymp verbannt; er liebt – wie in der Sage Ixion – Juno, die er mit einer Wolke verwechselt: ein tragischer Held, dessen Schicksal für die Götter nur komisch ist.

Kennzeichnend für die Bedeutung der Prometheus-Figur im Sturm und Drang ist auch HEINRICH LEOPOLD WAGNERS (1747–1779) »Prometheus, Deukalion und seine Rezensenten« (1775): eine Literatursatire, die den »Werther« gegen dessen Kritiker in Schutz nimmt.

FRIEDRICH MAXIMILIAN KLINGER (1752–1831) schrieb 1776 »Die neue Arria«: ein Stück, das – in Anlehnung an die Frau des Caecina Paetus, der im Jahre 42 n. Chr.

---

161 Jakob Michael Reinhold Lenz: Werke und Briefe in drei Bänden. Hrsg. von Sigrid Damm. Leipzig 1987, Bd. 2, S. 694.
162 Ebd., S. 652.
163 Ebd., S. 685.

unter Claudius zum Tode verurteilt worden war – mit dem Ausblick auf den gemeinsamen Liebestod eines Paares endet, das nach einem Putschversuch gegen einen unrechtmäßigen Herrscher gefangengenommen wurde. 1777 folgte »Der verbannte Göttersohn«, ein Herakles-Drama, in dem der antike Heros, analog zu Goethes Prometheus, in einen Rebellen verwandelt wurde, einen Freund der Menschen, der nicht nur zur Mißachtung des Göttervaters, sondern auch zu offenem Aufruhr aufruft: »Ich nehm es auf mit dir Vater Zevs!«[164]

Während Klingers satirischer Roman »Orpheus« (1778–1780) rokokohafte Züge trägt und sein Drama »Medea in Korinth« (1787) noch weitgehend konventionellen Vorstellungen über die unkultivierte und nichterziehbare ›Barbarin‹ verhaftet bleibt, zeichnen sich in dem Drama »Medea auf dem Kaukasus« (1791) verwandte Tendenzen wie in der Weimarer Klassik ab. Medea ist eine übernatürliche Zauberin, die in sich die Sehnsucht nach einer Einordnung in den Bereich des Menschlichen fühlt und in ihrem Streben nach Kultur und Gesittung ebenso wie Iphigenie Menschenopfer verhindert, im Unterschied zu der Goetheschen Heldin aber *nicht* erlöst, sondern scheitert und sich durch ein Selbstopfer entsühnt. Der Konflikt zwischen einer großen Persönlichkeit und der Unterordnung unter die Gesetze erinnert zugleich an Schillersche Fragestellungen. Eine Vorstufe zu Klingers Medea-Rezeption war bereits Helferich Peter Sturz' (1736–1779) Medeafragment gewesen.

Mit der Herakles- und der Medea-Gestalt hat Klinger vielschichtige Sujets aufgegriffen, die für mehrere Schriftsteller der klassisch-romantischen Zeit von Bedeutung waren und an denen noch im 20. Jahrhundert Probleme wie Rebellion und Harmonie oder Humanität und Brutalität höchst kontrovers erörtert worden sind.

Neben Prometheus und Herakles ist auch Niobe als eine Rebellenfigur rezipiert worden – nämlich in dem gleichnamigen, mehr lyrischen als dramatischen Stück (1778) von Friedrich Müller, genannt MALER MÜLLER (1749–1825). Niobe geht nicht in passivem Trotz oder in maßloser Überheblichkeit zugrunde, sondern als ein seiner Würde bewußter Mensch, der sich kämpfend gegen die Götter auflehnt und an dem sich die Erbarmungslosigkeit und Unmenschlichkeit der Mächtigen erweist. Ihre Tragik liegt darin, daß sie die bestehende Weltordnung nicht aufheben kann. Goethes »Prometheus«, Klingers »Verbannter Göttersohn« und Maler Müllers »Niobe« sind paradigmatisch für die Radikalität der Antikerezeption in der Literatur der siebziger Jahre.

Ein Stürmer und Dränger war Maler Müller auch in seinen Idyllen mit klassischen, deutschen und biblischen Stoffen – darunter »Bacchidon und Milon, eine Idylle nebst einem Gesang auf die Geburt des Bacchus, von einem jungen Maler« und »Der Satyr Mopsus, eine Idylle in drei Gesängen. Von einem jungen Maler« (1775). Maler Müller grenzt sich deutlich ab von der Stilisierung in den Idyllen Geßners, ersetzt die harmonisierende durch eine dynamische Naturauffassung und schildert lebhaft die Sinnlichkeit und Triebhaftigkeit des Menschen. Prononcierter als Geßner betont er den *griechischen* Charakter seiner Werke (»Die Idylle ist so griechisch – so griechisch, daß man sie für ein Original eines alten Griechen geben

---

164 Friedrich Maximilian Klinger: Dramatische Jugendwerke. Leipzig 1912–1913, Bd. 3, S. 131.

könnte«) und gestaltet eine ironische Spannung zwischen der antiken Szenerie und der bäuerlichen Sprache: »[...] allein es hat dem Herrn Verfasser [...] gefallen, das Costüm mit Fleiß zu verletzen.«[165] Sein »Faun Molon« gibt sogar einem sozialen Protest gegen einen junkerlichen Kentauren Ausdruck.

Mit seiner wahrscheinlich zwischen 1780 und 1805 entstandenen, erst 1969 veröffentlichten »Iphigenie« wollte Maler Müller ein Gegenbild zu Goethes Stück schaffen. Mit einer Fülle von Figuren und einer Vielfalt der Handlungen versuchte er – mehr der Tradition des Sturm und Drangs als dem harmonisierenden Griechenbild Winckelmanns und der Weimarer Klassik verpflichtet – das Mißverhältnis zwischen einer undurchschaubaren göttlichen Vorsehung und dem planenden Verstand und leidenschaftlichen Gefühl des Menschen zum Ausdruck zu bringen. Er verzichtete auf sittliche Forderungen, stellte vielmehr die Handlungen der Menschen unter das Gesetz ihres Charakters und der äußeren Lage. Eine Lösung der Konflikte zwischen weltlicher und geistlicher Macht kann wie bei Euripides nur Diana als *dea ex machina* bringen.

In den achtziger Jahren begann sich Maler Müller vom Sturm und Drang zu lösen. Bereits in den »Venuskantaten« dieser Zeit wird die Liebe zur sittlichen Forderung, das irdische Leben zur Prüfung der Seele. Später konvertierte der Autor zum Katholizismus, wandte sich einer abstrakten Ideenkunst zu und bekannte sich zur Unvereinbarkeit von Antike und Christentum. Die musikalische »Adonistrilogie« (1825) ist eine »christliche Legende im heidnischen Gewand«. So mündete die Literatur des Sturm und Drangs nicht nur in aufklärerische und klassische, sondern auch in romantische Bahnen.

Ein Pendant zum Straßburger Kreis war der Göttinger Hainbund, ein 1772 unter ›heiligen Eichen‹ gegründeter Freundschafts- und Dichterbund, der sich in der Nachfolge Klopstocks sah und von seinem Programm her – gemäß der Entgegensetzung von Wotan und Zeus in Klopstocks Ode »Der Hügel und der Hain« – eher auf nationale als auf antike Traditionen zielte. Tatsächlich allerdings hatten die Autoren, die dem Hainbund angehörten oder ihm nahestanden, durchaus eine enge Bindung an das Altertum.

Für die Antikerezeption des ausgehenden 18. Jahrhunderts am bedeutendsten war unter ihnen JOHANN HEINRICH VOSS (1751–1826), der, durchdrungen von der konstitutiven Kraft der »alte[n] Literatur« als der »Grundlage unsrer Menschenbildung«[166], prononciert Antike und Gegenwart einander gegenüberstellte: »Ihr Guten, widerstrebet / Der rohen Zeit! / Zur Griechenhöh erhebet / Die Menschlichkeit!«[167] Homer war für ihn »wie in der Erfindung [...] so in der Darstellung das

---

165 Friedrich Müller: Bacchidon und Milon, eine Idylle. Vorbericht des Herausgebers. In: Müller: Idyllen. Nach den Erstdrucken revidierter Text. Hrsg. von Peter-Erich Neuser. Stuttgart 1977 = Universal-Bibliothek 1339, S. 43.
166 Johann Heinrich Voß: Brief an Johann Martin Miller, 19. Oktober 1804. In: Voß: Briefe. Nebst erläuternden Beilagen hrsg. von Abraham Voß. Halberstadt 1829–1833, Bd. 2, S. 148.
167 Voß: Die Bitte. In: Voß: Werke in einem Band. Ausgew. und eingel. von Hedwig Voegt. Berlin, Weimar 1966 = Bibliothek deutscher Klassiker, S. 268.

höchste Ideal«.[168] Durch seine Übersetzung der »Odyssee« (1781, 2., stark überarbeitete Auflage 1793) und der »Ilias« (1793) wurde er *der* deutsche Homer-Übersetzer. Voß vor allem hat den griechischen Epiker und den Hexameter in Deutschland heimisch gemacht. Dabei ging er so weit, sich ausschließlich auf die Seite der ›Alten‹ zu stellen – bis hin zur Nachbildung des quantitierenden Prinzips in der Verslehre – und alle Abweichungen der ›Neueren‹ für verfehlt zu erklären. Hatte er bereits im Vergleich mit Goethe ein ausgesprochen normatives Antikeverhältnis, so wurde er in seiner Heidelberger Zeit (ab 1805) zum erbitterten Gegner der romantischen als einer antiklassizistischen Kunst.

Voß war – der Einschätzung Heinrich Heines zufolge – nach Lessing der konsequenteste Bürger in der deutschen Literatur. In seinen – bei aller Aufnahme antiken Geistes und antiker Motive in der bürgerlichen und bäuerlichen Gegenwart spielenden – Idyllen kehrte er sich ab vom Stile Geßners und ging auch über Maler Müller hinaus. Sowohl in ihrer sozialkritisch-satirischen (»Die Leibeigenen«) wie in ihrer utopischen Ausprägung (»Der siebzigste Geburtstag«, »Luise«) zeigen sie gegenüber der traditionellen neuzeitlichen Bukolik und Georgik einen – dem einige Jahrzehnte zuvor entstandenen ›Bürgerlichen Trauerspiel‹ vergleichbaren – entscheidenden dichterischen Neuansatz, begründeten sie das bürgerliche oder idyllische Epos, das gleichermaßen durch eine antifeudale ›Sicht von unten‹ wie durch eine wunschbildhaft-verklärende Gestaltung eines seinerzeit progressiven (später freilich trivialisierten und banalisierten), auf das Familiäre ausgerichteten Gesellschaftsideals gekennzeichnet ist. Auch in seinen Epigrammen erwies sich Voß als scharfer – vor allem an Martial geschulter – Polemiker.

Voß hat sich sowohl hinsichtlich einer realistischen wie hinsichtlich einer utopisch-überhöhenden Dichtung vornehmlich an den Griechen orientiert: Bei Theokrit sehe man »nichts von idealischer Welt und verfeinerten Schäfern«, sondern er habe »sicilische Natur und sicilische Schäfer, die oft so pöbelhaft sprechen, wie unsre Bauern«, und Homers »Sauhirt« sei, ebenso wie »Theokrit's Waldsänger« »über das Alltägliche erhöht«.[169] Zugleich hatte Voß zur römischen Literatur eine stärkere Affinität als die meisten seiner Zeitgenossen: Mit der Enteignungs- und Befreiungsproblematik griff er auf Vergils erste Ekloge zurück; sein im Revolutionsjahr 1793 entstandenes Gedicht »Junker Kord« ist eine Travestie der vierten Ekloge; in der Idylle »Philemon und Baucis« ist ihm eine Episode aus Ovids »Metamorphosen« beispielhaft für ein intaktes Familienideal; ja, seine Verstheorie entwickelte er sogar zunächst an Hand der Vergilschen »Georgica«.

Voß hat – freilich mit weniger Erfolg – neben Homer noch andere antike Autoren übersetzt (Aischylos, Aristophanes, Theokrit, Vergil, Horaz, Tibull, Properz und Ovid) und ist mit zahlreichen philologischen und pädagogischen Schriften hervorgetreten. Er hat erbitterte Kontroversen ausgefochten – vor allem gegen seinen Göttinger Lehrer Christian Gottlob Heyne und gegen die symbolische Mythendeutung Friedrich Creuzers –: Kontroversen, die einerseits durch ein rigo-

---

168 Voß: Brief an Johann Wilhelm Ludwig Gleim, 5. Januar 1787. In: Voß: Briefe (wie Anm. 166), Bd. 2, S. 282.
169 Voß: Brief an Ernst Theodor Johann Brückner, 20. März 1775. Ebd., Bd. 1, S. 191; Ders.: Brief an Johann Heinrich Campe, 18. September 1792 (zitiert nach: Voß: Ausgewählte Werke. Hrsg. von Adrian Hummel. Göttingen 1996, S. 425).

roses Beharren auf philologischer Exaktheit und uneigennützigem Erkenntnisstreben, andererseits aber auch durch manche Überspitzung – wie die Unterordnung des interpretatorischen unter das textkritische Element der Philologie – und eine nicht immer angemessene Vermischung von Sachlichem und Persönlichem gekennzeichnet sind. Mit seinen pädagogischen Arbeiten und ihrem radikalen Humanitätsideal reiht er sich ein in die Entwicklung der neuhumanistischen Bildungskonzeption.

CHRISTIAN GRAF ZU STOLBERG (1748–1821) wirkte u. a. als Übersetzer Anakreons, Theokrits und der homerischen Hymnen; 1782 erschienen seine »Gedichte aus dem Griechischen«. Als Schriftsteller bedeutender war sein Bruder FRIEDRICH LEOPOLD GRAF ZU STOLBERG (1750–1819), der Satiren, ein Drama »Theseus« und – schlichter und bildhafter als Klopstock – antikisierende Oden schrieb, 1778 Fragmente einer heroisch-ritterlichen »Ilias«-Übersetzung in Hexametern vorlegte und 1782/83 die Aischyleischen Tragödien »Prometheus«, »Sieben gegen Theben«, »Die Perser« und »Die Eumeniden« übersetzte (veröffentlicht 1802). Stolberg hatte ein dämonisches, ja ›dionysisches‹ Antikebild, in dem sich Griechisches und Germanisches miteinander vermischten, und er fand als erster deutscher Dichter einen Zugang zu der urtümlichen Welt des Aischylos. Seine Übersetzungen waren, anders als diejenigen von Voß, vitalistisch, ungeordnet, kämpferisch – und nicht leicht verständlich. In seiner Jugend ein glühender Tyrannenhasser, wurde er später konservativ, nahm Partei gegen Schillers Gedicht »Die Götter Griechenlandes«, trat zum Katholizismus über und überwarf sich mit dem von ihm zunächst geförderten Voß.

Dem Hainbund nahe stand GOTTFRIED AUGUST BÜRGER (1747–1794), der 1767 eine Nachdichtung des spätrömischen »Pervigilium Veneris« (Die Nachtfeier der Venus) und 1771 Proben einer jambischen Homer-Übersetzung verfaßte, dazu 1776 »Gedanken über die Beschaffenheit einer deutschen Übersetzung des Homer« und »An einen Freund über die Deutsche Ilias in Jamben« veröffentlichte.

Die Tatsache, daß seit den siebziger Jahren des 18. Jahrhunderts sich mehrere namhafte Schriftsteller um eine Übertragung des Homer bemühten – hinzu kommt die bereits erwähnte metrische Übersetzung Johann Jakob Bodmers –, zeigt, wie sehr die Werke dieses Dichters dem ästhetischen Geschmack der Zeit entgegenkamen und sich als vorbildlich für das eigene literarische Schaffen erwiesen.

Im Umkreis des Sturm und Drangs ist auch JOHANN JAKOB WILHELM HEINSE (1746–1803) zu sehen, der ein weltliches, ›heidnisches‹, sinnliches Antikebild par excellence entwickelte. 1773 übersetzte er Petrons »Satyricon«; 1774 veröffentlichte er den bereits 1771 geschriebenen Roman »Laidion oder Die eleusinischen Geheimnisse«, den Wieland schlicht als »priapeisch« bezeichnete. In diesem Roman wird in Neapel einem Jüngling das Manuskript der eleusinischen Geheimnisse übergeben, bei dem es sich um die Erzählung der Hetäre Lais von ihrer Entrückung ins Elysium handelt, wo sie ebenso freigebig wie auf Erden ihre Liebe verschenkt. Die Hingabe ans Sinnenglück erscheint als der wahre Eingang zum seligen Leben. Diesseitigkeit, Sinnlichkeit und Frauenemanzipation bestimmen auch Heinses Hauptwerk, »Ardinghello und die glückseligen Inseln« (1787), den ersten Künstler- und Renaissanceroman der europäischen Literatur. In dem Gedanken, daß alle menschlichen Kräfte ihre höchste Entfaltung im Eros finden, steht Heinse Goethes

»Römischen Elegien« nahe; zugleich leitet der Roman von der Sinnlichkeit des Sturm und Drangs zu derjenigen der Romantik über. Heinse läßt Ardinghello zunächst durch das antike Rom streifen und nicht nur dessen Bauten, sondern auch das Leben und die Kämpfe der alten Römer in diesen Mauern bewundern. Zugleich bezieht der Roman erstmals in der deutschen Literatur das moderne Griechenland – insbesondere den Aufstand von 1770 – in seine Handlung ein. Um dem Zwang ihrer italienischen Heimat zu entrinnen, begeben sich seine Akteure nach Ionien (womit der griechische Archipel gemeint ist). Dort errichten sie ihren Idealstaat, der nach Lykurg, Platon und Aristoteles konzipiert ist. Im klassischen Umfeld der ägäischen Inseln setzt sich Ardinghello das Ziel, »der ganzen Regierung der Türken in diesem heitern Klima ein Ende zu machen«[170].

Heinse war, wie aus seinen Schriften, Briefen, Tagebuchaufzeichnungen und Exzerpten hervorgeht, ein ausgezeichneter Kenner der Renaissance und ein Bewunderer der Antike – dies aber aus einer der Kunstauffassung Winckelmanns konträren Geisteshaltung heraus. Hatte er in seiner Jugend Winckelmann verherrlicht und dessen Werke als Quelle, Norm und Maßstab aller Erörterungen über die antike Kunst betrachtet, so hat er ihn später nur noch als sachkundige Autorität für die Beurteilung antiker Kunstwerke akzeptiert und sich in seiner eigenen Konzeption deutlich von ihm entfernt. Auch wenn er sich in seinen Veröffentlichungen weiterhin verbal zu ihm bekannte, hat er sich doch faktisch von ihm gelöst und dies in seinen privaten Aufzeichnungen auch deutlich formuliert. Gegenüber der Winckelmannschen Auffassung einer »idealischen Schönheit«, einer »edlen Einfalt und stillen Größe« verfocht er einen neuen, leidenschaftlichen, sinnlichen, sexuelle Lustvorstellungen einschließenden Schönheitsbegriff. Heinse lehnte Winckelmanns Postulat einer »Nachahmung der Alten« ab und stellte ihm den »Feuergeist der Erfindung« entgegen. In der ›Querelle des anciens et des modernes‹ stand er uneingeschränkt auf seiten der ›Neueren‹. Eine bezeichnende Passage aus seinen Tagebüchern mit Exzerpten aus Winckelmanns »Geschichte der Kunst des Altertums« lautet: »Im Lob der Griechen und der griechischen Künstler ist Winkelmann wirklich unerträglich; Ehrenmacher, gelehrter Pedant, rasend in seinen Citationen. Wo er nur einen Brocken, eine Zeile, eine Sylbe von etwas findet, dehnt er's gleich auf die ganze Nation aus. Über die Kunst der Griechen sind schöne und trefliche Bemerkungen, und nicht so sehr mit Gelehrsamkeit überladen. Nur ist seine Abhandlung über die Schönheit noch im confusen Chaos. [...] Es fehlt ihm der scharfe Blick und Feuergeist der Erfindung, um andern Erfindern den Gang nachzugehen.«[171]

Heinse hat als erster und einziger Schriftsteller seiner Zeit eine der Win-

---

170 Wilhelm Heinse: Ardinghello und die glückseligen Inseln. Kritische Studienausgabe. Hrsg. von Max L. Baeumer. Stuttgart 1975 = Universal-Bibliothek 9792, S. 376.
171 Zitiert nach: Max L. Baeumer: Winckelmann und Heinse [s. Bibl. 4.2. (Heinse)], S. 35. – Zur gegenklassischen Kunstauffassung Heinses vgl. vor allem diese Publikation sowie Ders.: Das Dionysische in den Werken Wilhelm Heinses. Studie zum dionysischen Phänomen in der deutschen Literatur. Bonn 1964 = Abhandlungen zur Kunst-, Musik- und Literaturwissenschaft 19. Zur zeitgenössischen und späteren Heinse-Rezeption vgl. die »Dokumente zur Wirkungsgeschichte« aus der in Anm. 170 genannten »Ardinghello«-Ausgabe.

ckelmannschen grundsätzlich entgegengesetzte Anschauung von der antiken Kunst entwickelt. Ungleich schärfer als Herder hat er gegenüber der klassizistischen Idealisierung der Antike deren Historizität betont. Wenn Heinse in dieser Beziehung auch am stärksten das Empfinden der siebziger Jahre zum Ausdruck brachte, hat er dennoch zunächst wenig Wirkung gehabt – zumal Herder und Goethe nach den Sturm-und-Drang-Jahren sich wieder einer klassizistischen Normgebung annäherten. So hat sich Goethe nach seiner Rückkehr aus Italien auch äußerst kritisch über Heinse geäußert. Eher wirkte seine gegenklassische Kunstauffassung auf spätere Schriftsteller. So übernahm Hölderlin von Heinse die ekstatische Naturverehrung im »Hyperion« und feierte unter ausdrücklicher Berufung auf ihn in mehreren Oden die Wiederkunft der griechischen Götter, vor allem des Dionysos, durch die begeisterten Dichter.[172] Heine berief sich auf ihn, und in Nietzsches Konzeption einer ›dionysischen Kunst‹ lebten Gedanken dieses eigenwilligen Künstlers weiter.[173]

Während FRIEDRICH WILHELM GOTTER (1746–1797) mit seinem Melodrama »Medea« (1775) und seinen Voltaire-Nachbildungen »Orest und Elektra« und »Merope« (1774) in konventionell-klassizistischen Bahnen wandelte und der konservative Schriftsteller FRIEDRICH HEINRICH JACOBI (1743–1819) seinem in der Nachfolge des Goetheschen »Werther« stehenden trivialen Roman »Woldemar, eine Seltenheit aus der Naturgeschichte« (1779) in der zweiten Fassung von 1794 einen Auszug aus Plutarch und Erörterungen über die Moralität griechischer Politiker hinzufügte, steht KARL PHILIPP MORITZ (1756–1793) an einem wichtigen Schnittpunkt zwischen Aufklärung und Romantik, zwischen Antike und Moderne. Die 1783 gegründete Zeitschrift »Gnothi Seauton oder Magazin zur Erfahrungsseelenkunde«, deren Mitherausgeber Moritz war, verbindet griechisches Gedankengut und moderne Psychologie; der »Versuch einer deutschen Prosodie« (1786) regte Goethe zur Versifizierung der »Iphigenie« an; die Abhandlung »Über die bildende Nachahmung des Schönen« (1788), aus der Goethe Passagen in der »Italienischen Reise« wieder abdruckte, gehört zu den Wegbereitern der klassischen deutschen Ästhetik. Mit der Schrift »Über die Würde des Studiums der Altertümer« (1789) knüpfte er an Winckelmann an, ersetzte aber bewußt das Wort ›Nachahmung‹ durch ›Studium‹ und vermied so die Aporie, etwas historisch Einmaliges zur verbindlichen Norm zu erklären. Vor allem mit der »Götterlehre« (1791) schuf Moritz ein bedeutsames Handbuch der griechischen Mythologie, das weniger idealisierend war und stärker auf Ambivalenzen einging als die Schriften Herders und Goethes in deren klassischer Phase.

Kaum berührt von den Fragestellungen des Sturm und Drangs, der Berliner Aufklärung und der Weimarer Klassik war die österreichische Literatur des ausgehenden 18. Jahrhunderts, in der zudem noch verhältnismäßig stark barocke Tradi-

---

172 Zum Verhältnis von Winckelmann, Heinse und Hölderlin vgl. Max L. Baeumer: Eines zu seyn mit Allem. Heinse und Hölderlin. In: Baeumer: Heinse-Studien. Stuttgart 1966, S. 49–91; Bernhard Böschenstein: Winckelmann, Goethe und Hölderlin als Deuter antiker Plastik. In: Hölderlin-Jahrbuch 15 (1967/68), S. 158–179; Elida Maria Szarota: Winckelmanns und Hölderlins Herkules-Deutung [s. Bibl. 4.1.]; Max L. Baeumer: Dionysos und das Dionysische bei Hölderlin [s. Bibl. 4.2.].
173 Vgl. S. 226–228.

tionen nachwirkten. CORNELIUS HERMANN VON AYRENHOFF (1733–1819) schrieb heroisch-politische Tragödien in der Art Gottscheds und der französischen Klassik, die häufig auf die Antike bezogen waren – so sein Erstlingswerk »Aurelius oder Wettstreit der Großmut« (1766) oder (*nach* Lessings »Emilia Galotti«) »Virginia oder Der abgeschaffte Decemvirat« (1790). JOHANN BAPTIST VON ALXINGER (1755–1797) hielt sich in seiner Bewertung der antiken Autoren im wesentlichen an Scaliger und die Jesuiten; seine wachsende Begeisterung für die Antike betrifft vor allem Vergil, während er dem Homer die Verletzung des moralischen Gefühls vorwirft. ALOYS BLUMAUER (1755–1798) verfaßte Lyrik in der Art Hagedorns, Wielands und der Anakreontik.

Am bekanntesten ist Blumauer durch »Die Abenteuer des frommen Helden Aeneas oder Das zweite Buch von Virgils Aeneis. Travestiert« (1782). In diesem Werk der josephinischen Aufklärung, das in der Tradition Wielands und französischer Vergil-Travestien steht, darüber hinaus sogar mit Mitteln der Reformationssatire arbeitet, werden die kirchlichen und politischen Verhältnisse in Österreich scharf und mitunter auch recht derb angegriffen. So speit der Ätna Kapuzen, Rosenkränze, Folterbänke, Ketten, gebratene Menschenglieder und ganze Scheiterhaufen aus. Durch Fama, deren Kunden Journalisten und Kannegießer sind, erfährt Jupiter, daß Aeneas seine Sendung, Rom zu gründen und das Papsttum zu stiften, nicht erfüllen will, und sendet ihm den Befehl, von Dido, die ihn vor das Konsistorium zitiert hatte, zu lassen. Die Wettkämpfe am Grabe des Anchises werden zu einem Spott auf Totenmessen, Ablaßzeremonien und Fakultätswissenschaften. Auf der Fahrt in die Unterwelt findet Aeneas vor allem Kleriker und Gegner Josefs II. Der Schild, den Venus für ihren Sohn bei Vulkan bestellt, wird zum Wirtshausschild, das dem Aeneas die Zukunft verkündet; denn er sieht auf der einen Seite des Wunderbildes Schreckensbilder aus der Geschichte des christlichen Roms, auf der anderen eine Apotheose Kaiser Josefs mit dem Besuch des Papstes zu Wien. Die Vergil-Travestie – die unvollendet blieb und Fortsetzungen, Gegenschriften und Nachahmungen fand – gleicht dem Abgesang an eine Kultur, die sich *überlebt* hat.

Entscheidenden Anteil an der Entwicklung einer *neuen* Kultur und eines *neuen* Antikebildes hingegen hatte FRIEDRICH SCHILLER (1759–1805), der jüngste unter jenen Autoren, die mit ihren Anfängen im weiteren Sinne zum Sturm und Drang gerechnet werden können und die mit ihrem späteren Schaffen die Weimarer Klassik konstituieren.

Bereits aus dem lyrischen Frühwerk – in dem allerdings antike Namen und Begriffe mitunter auf konventionell allegorische Art apostrophiert werden und in dem sich auch bloße Zustandsschilderungen (»Gruppe aus dem Tartarus«) und literaturpolemische Invektiven (»Die Rache der Musen«) finden – ragen einige Gedichte heraus, die von einer engeren Beziehung zum Altertum zeugen: so die 1777 erschienene, ganz in Klopstockscher Diktion gehaltene Ode »Der Eroberer« im Versmaß der dritten asklepiadeischen Strophe und vor allem das im Winter 1778/79 geschriebene und 1781 anonym veröffentlichte, 65 Strophen umfassende Gedicht »Der Venuswagen«, in dem – bald strafend-pathetisch, bald satirisch-skurril – ein Schauprozeß gegen die »Mäze Zypria« geführt wird, der mit ihrer symbolischen Verurteilung zum Tode endet. Freilich wird in den Schlußstrophen eingeräumt, daß es den »weise[n] Venusrichter« auf Erden nicht gibt[174] – und in dem in der »Anthologie auf das Jahr 1782« erschienenen Gedicht »An einen Moralisten« wird das Recht auf Jugend und Liebe gegen einen »strenge[n] Zeno« verteidigt, der selbst als ehemaliger Gefolgsmann der Venus und als ein heuchlerischer »Betagter Renegat der lächelnden Dione« entlarvt wird. Spezifische Züge des Schillerschen Menschenbildes – der Kampf zwischen Pflicht und Neigung wie die Suche nach einer Synthese von »Sinnenglück und Seelenfrieden« – werden somit erstmals an Sujets aus der Antike exemplifiziert. Werden im »Venuswagen« Tugend und Laster einander scharf entgegengesetzt, so wird in dem späteren Gedicht zwar vom »tierische[n] Gefährte[n]« gesprochen, der den »gottgebornen Geist in Sklavenmauren« zwinge, doch die Schlußfolgerung lautet: »Er wehrt mir, daß ich *Engel* werde; / Ich will ihm folgen *Mensch* zu sein.«[175]

Im dramatischen Frühwerk dominieren – nach der »lyrischen Operette« »Semele« (1779/80) im Stil der Ballettoper und des Singspiels sowie in Anlehnung an Ovids »Metamorphosen« – politische Motive, die Schiller vor allem dem Plutarch und der römischen Antike entnahm. Karl Moor stellt in den »Räubern« (Uraufführung 1782) seinem eigenen »Tintengleksenden Sekulum« und »schlappe[n] Kastraten-Jahrhundert« die »grossen Menschen« des Altertums gegenüber, wie sie Plutarch geschildert hatte[176], und bekennt sich im »Römergesang« (IV/5) zu dem Caesarmörder Brutus (das Motiv der Erscheinung von Caesars Geist vor der Schlacht bei Philippi geht auf Plutarch zurück, dessen Brutus-Biographie außerdem für Amaliens Lied »Hektors Abschied« [II/2] anregend gewesen ist) – und Schiller selbst sieht Karl Moor als eine Gestalt, in der sich Brutus- und Catilina-Züge auf leidvolle Art miteinander verknüpfen: »Ein merkwürdiger wichtiger Mensch«, heißt es in der Vorrede zur ersten Auflage, »ausgestattet mit aller Kraft, nach der Richtung, die diese beköm̈t, nothwendig entweder ein Brutus oder ein Katilina zu werden. Unglükliche Konjunkturen entscheiden für das zweyte und erst am Ende einer ungeheuren Verirrung gelangt er zu dem ersten.«[177] Auch der Titelheld des 1783 uraufgeführten »Fiesco« ist in einer Brutus-Tradition angesiedelt – Romano stellt sich ihm mit den Worten vor: »Es ist ein Mahler [...], der [...] gegenwärtig ist, *mit einer tiefen Verbeugung* die grose Linie zu einem Brutuskopfe zu finden.« Tatsächlich aber läßt sich dieser Freiheitskämpfer nicht von den republikanischen Idealen eines Brutus, sondern von caesaristischem Ehrgeiz leiten und strebt nur selbst nach der Tyrannis, so daß er von Verrina, dem eigentlichen Repräsentanten altrömischer Tugend, getötet wird. Schiller stellte das Stück unter ein Motto aus Sallusts »Catilina«: *nam id facinus inprimis ego memorabile existumo sceleris atque periculi novitate* (Denn diese Tat halte ich wegen der Neuheit des Verbrechens und der Gefahr für besonders denkwürdig).[178] Auffallend sind die republikanische Ausrichtung dieser Rom-Rezeption – und bereits deren Problematisierung.

Einen nachhaltigen Einfluß hatte auf Schiller die Begegnung mit dem Altertum im Mannheimer Antikensaal: Im »Brief eines reisenden Dänen« (1785) entwickelt

---

174 NA, Bd. 1, S. 15–23.
175 Ebd., S. 86 f.
176 Ebd., Bd. 3, S. 20 f.
177 Ebd., S. 6.
178 Ebd., Bd. 4, S. 60 und 5. – Vgl. Sallust: Catilina 4,4.

der Schriftsteller zum erstenmal die Vorstellung vom Griechentum als einer Welt der Harmonie und Schönheit; er geht insbesondere auf den Farnesischen Herakles und auf den Torso im Belvedere ein und versteht die Götter als gesteigerte Menschen, Vergöttlichung als Aufgabe und Ziel der menschlichen Geschichte.[179] In den großen Gedichten »Resignation« und »An die Freude«, die der Autor 1786 in der »Thalia« veröffentlichte, werden zwar die weltanschaulich bedeutsamen Aussagen außerhalb eines antiken Ambientes getroffen – doch wie geläufig ihm Vorstellungen aus dem Altertum waren, zeigt sich an den markanten Eingangsversen: »Auch ich war in Arkadien geboren« – »Freude, schöner Götterfunken, / Tochter aus Elisium«.[180]

In den Jahren 1787 bis 1789 fand Schiller in Weimar durch Wieland und Herder sowie im Zusammenhang mit seiner Rezension »Über die Iphigenie auf Tauris« einen neuen Zugang zur Antike. Er las jetzt (in Übersetzungen) Homer und die griechischen Tragiker – an Körner schrieb er darüber: »Du wirst finden, daß mir ein Vertrauter Umgang mit den Alten äusserst wohl thun – vielleicht Classicität geben wird.«[181] Schiller übertrug 1788 die »Iphigenie in Aulis« und den Anfang der »Phoinissen« des Euripides sowie von 1789 bis 1791 – unter dem Titel »Die Zerstörung von Troja« und »Dido« – den zweiten und vierten Gesang von Vergils »Aeneis«. Diese Übersetzung in Stanzen – der 1780 eine hexametrische Übertragung der Verse 34–156 des ersten Gesangs vorausgegangen war: »Der Sturm auf dem Tyrrhener Meer« – ist dem zugleich einfachen wie pathetischen Stil des römischen Nationalepos weitgehend adäquat, setzt aber auch vorsichtig neue Akzente: So tritt Didos leidenschaftliche Liebe spürbar zurück gegenüber dem inneren Konflikt des Aeneas. Schließlich plante Schiller sogar über das Französische eine Übersetzung des Aischyleischen »Agamemnon«. (August Wilhelm Schlegel spottete: »Ohn' alles Griechisch hab' ich ja / Verdeutscht die Iphigenia.«[182])

Poetischer Höhepunkt dieser Phase der Schillerschen Antikerezeption ist das Gedicht »Die Götter Griechenlandes« (1788). Die Antike erscheint hier als ein diesseitig-sinnenfreundliches Goldenes Zeitalter, in dem alle Erscheinungen naturbeseelte Wesen waren, als schöne, entschwundene Welt der Glückseligkeit – im Gegensatz zur prosaischen Gegenwart und ihrer entgötterten Natur. Im Anschluß an Winckelmann und mit deutlichem Bezug auf Lessings Schrift »Wie die Alten den Tod gebildet« wird ein harmonisches Griechenland der Poesie vorgestellt, stark idealisiert (»wie ganz anders, anders war es da!«) und zugleich »ohne Wiederkehr verloren«. Das Griechenlandbild dieses Gedichtes (das freilich stark durch Ovids »Metamorphosen« vermittelt ist) wurde prägend für die Antikerezeption der Weimarer Klassik. Zunächst aber gab es Anlaß zu einer heftigen Debatte, die für die Polarisierung unter den Schriftstellern dieser Zeit symptomatisch ist: Friedrich Leopold zu Stolberg erkannte die antifeudale Brisanz des Gedichtes und verteidigte seine eigenen christlichen Positionen; Georg Forster wandte sich gegen das reaktio-

---

179 Ebd., Bd. 20, S. 102–106.
180 Ebd., Bd. 1, S. 166 und 169.
181 Schiller: Brief an Johann Gottfried Körner, 20. August 1788. Ebd., Bd. 25, S. 97.
182 August Wilhelm Schlegel: Trost bei einer schwierigen Unternehmung. In: Schlegel: Sämtliche Werke. Hrsg. von Eduard Böcking. Leipzig 1846 (Nachdruck Hildesheim, New York 1971), Bd. 2, S. 212.

näre Engagement und das inquisitorische Vorgehen Stolbergs und bekannte sich zu Schillers Utopiebildung; Karl Ludwig von Knebel hingegen machte gegenüber der Schillerschen Idealisierung der Vergangenheit den weltanschaulichen Fortschritt seit der Antike und die Unwiderruflichkeit der historischen Entwicklung geltend. Schiller selbst hat 1793 in der zweiten Fassung des Gedichtes zum einen dessen antichristlichen Akzente gemildert und in eine allgemeine elegische Stimmung aufgelöst und zum anderen den Gedanken der Kunstautonomie stärker akzentuiert: »Was unsterblich im Gesang soll leben / Muß im Leben untergehn.«[183]

Bis zu einem gewissen Grade ein Gegenstück zu den »Göttern Griechenlands« und zugleich die erste prägnante Formulierung von Schillers Programm einer ästhetischen Erziehung ist das Gedicht »Die Künstler« (1788/89), eine »Schilderung dieses Jahrhunderts von seiner beßern Seite«[184]. Die Sehnsucht nach Rückkehr zur Natur und zur Antike hat hier zum Ziel, einen Ausgleich zwischen Natur und Geist zu finden. Die Kunst erscheint als Mittel, den Zwiespalt der menschlichen Natur zu versöhnen, die Schönheit führt uns den Weg zur Wahrheit, und Cypria (Venus als Personifizierung der Schönheit) enthüllt sich als Urania[185] – als Verkörperung der Weisheit. (Die *Verurteilung* der Venus aus dem frühen Gedicht ist längst überwunden.)

Das Gedicht »Die Künstler« läßt deutlich werden, daß die unbedingte Griechenverehrung Schillers, wie sie sich am stärksten in »Die Götter Griechenlands« niederschlug, nur die *eine* Seite seines Antikebildes war; ihr Pendant war die Differenzierung zwischen Antike und Moderne und der Anerkennung für das Eigenrecht der Gegenwart. In der Jenaer Antrittsvorlesung von 1789 heißt es über die Geschichte: »Sie heilt uns von der übertriebenen Bewunderung des Alterthums, und von der kindischen Sehnsucht nach vergangenen Zeiten; und indem sie uns auf unsre eigenen Besitzungen aufmerksam macht, läßt sie uns die gepriesenen goldnen Zeiten Alexanders und Augusts nicht zurückwünschen.«[186]

Eine wichtige Rolle spielte die Antike bei Schillers historischen und philosophischen Studien. Unter den kleineren historischen Schriften ragt der Aufsatz »Die Gesetzgebung des Lykurgus und Solon« (1790) hervor, in dem Schiller die für die klassische deutsche Antikerezeption charakteristische Orientierung an Athen, die sich bereits bei Winckelmann und Lessing abzeichnete, am prägnantesten und zugleich in scharfer Abgrenzung von Sparta formulierte. Der Autor bezeichnet in dieser Schrift die spartanische Verfassung als »in ihrer Art ein vollendetes Kunstwerk«, das aber »im höchsten Grade verwerflich« sei, wenn man es »gegen den Zweck der Menschheit« – nämlich die »Ausbildung aller Kräfte des Menschen« – halte: »Eine einzige Tugend war es, die in Sparta mit Hintansetzung aller andern geübt wurde, Vaterlandsliebe. / Diesem künstlichen Triebe wurden die natürlichsten schönsten Gefühle der Menschheit zum Opfer gebracht.« An Solon hingegen rühmt Schiller, »daß er Achtung hatte für die menschliche Natur, und *nie den Menschen dem Staat, nie den Zweck dem Mittel aufopferte*, sondern den Staat dem Menschen dienen

---

183 NA, Bd. 1, S. 190 und 193 sowie Bd. 2/1, S. 367.
184 Schiller: Brief an Körner, 9. Februar 1789. Ebd., Bd. 25, S. 199.
185 Ebd., Bd. 12, S. 213.
186 Schiller: Was heißt und zu welchem Ende studiert man Universalgeschichte? Ebd., Bd. 17, S. 375.

ließ. Seine Gesetze waren laxe Bänder, an denen sich der Geist der Bürger frey und leicht nach allen Richtungen bewegte, und nie empfand, daß sie ihn lenkten; die Gesetze des Lykurgus waren eiserne Fesseln, an denen der kühne Muth sich wund rieb, die durch ihr drückendes Gewicht den Geist niederzogen.«[187]

Die Bevorzugung des Allgemein-Menschlichen schloß dabei Politisches nicht aus – es erhielt aber jetzt einen *anti*römischen Akzent: In der Einleitung zur »Geschichte des Abfalls der vereinigten Niederlande von der Spanischen Regierung« (1788) machte Schiller auf Analogien zwischen dem Aufstand der Bataver in den Jahren 69/70 n. Chr. gegen die Römer und dem Aufstand der Niederländer gegen die Spanier im 16. Jahrhundert aufmerksam, wobei er die Rede des Gaius Civilis nach den »Historien« des Tacitus in einer verschärften Form nachbildete.[188]

In der Schrift »Über Anmut und Würde« (1793) exemplifizierte Schiller, wie schon in »Die Künstler«, das Venus-Mythologem in zustimmendem Sinne – und zwar wiederum auf markante Weise (wie das Arkadien- und das Elysium-Motiv in den Gedichten aus der »Thalia«) am *Beginn* des Werkes –, und er prägte die berühmten Sätze von der Synthese zwischen »Freyheit« und »Sinnlichkeit«, zwischen »Natur und Sittlichkeit, Materie und Geist, Erde und Himmel« in den griechischen Dichtungen.[189] Im sechsten der 1793/94 veröffentlichten Briefe »Über die ästhetische Erziehung des Menschen« apostrophierte Schiller noch einmal die griechische Antike als Einheit der Gegensätze – Sinne und Geist, Poesie und Spekulation, Vernunft und Materie, Mensch und Gott – und als Vorbild für den Weg aus der zerrissenen Gegenwart.[190] In dem Essay »Über naive und sentimentalische Dichtung« (1795) schließlich erscheint die antike Kunst als ideales Modell, wird aber zugleich aus dem Gefühl des historischen Abstands heraus gesehen. Der Akzent liegt nunmehr auf dem *Gegensatz* von Antike und Moderne. Schiller erkennt, daß die ›naive‹ Kunst der ›Alten‹ zwar vorbildlich, aber auch einmalig und unwiederholbar, die moderne Kunst hingegen bewußt, synthetisch, ›sentimentalisch‹ ist. Er entscheidet somit die ›Querelle des anciens et des modernes‹ ähnlich wie vor ihm Herder und nach ihm Friedrich Schlegel. Bei aller Bewunderung für die Antike wird die Gegenwart in ihrem Eigenwert akzeptiert. Namentlich die Idylle soll »den Menschen, der nun einmal nicht mehr nach *Arkadien* zurückkann, bis nach *Elisium* führ[en]«.[191]

Aus den neunziger Jahren – in denen Schiller sich nochmals intensiv mit griechischen Autoren befaßte, und zwar neben Homer und den Tragikern u. a. auch mit der »Poetik« des Aristoteles – stammt eine Reihe wichtiger (teils gereimter, teils in Distichen verfaßter) Gedichte mit antiken Sujets. In »Das Ideal und das Leben« (1795) – das Gedicht sollte ursprünglich »Das Reich der Formen«, später »Das Reich der Schatten« heißen – werden eine ideale Götterwelt, in der sich »Sinnenglück und Seelenfrieden« vermählen, und die unsäglichen Mühen des irdischen Lebens einander gegenübergestellt und zugleich als in der Perspektive vereinbar angedeutet. Die große Symbolfigur ist Herakles, der dem irdischen und dem

---

187 Ebd., Bd. 17, S. 423 f., 427 und 440 f.
188 Ebd., S. 22 f. – Vgl. Tacitus: Historiae 4,14.
189 Ebd., Bd. 20, S. 251–255 (Zitate: S. 254 f.).
190 Ebd., S. 321–328.
191 Ebd., S. 472.

himmlischen Bereich angehört, der »des Lebens schwere Bahn« gehen und »Alle Plagen, alle Erdenlasten« – bis hin zum Flammentod – erdulden muß, bis er schließlich »des Irdischen entkleidet« und als »Verklärte[r]« von »Des Olympus Harmonien empfangen« wird. Wurden in »Die Götter Griechenlandes« manche Konflikte als allzu harmlos dargestellt (»Orpheus Spiel tönt die gewohnten Lieder, / in Alcestens Arme sinkt Admet, / seinen Freund erkennt Orestes wieder, / seine Waffen Philoktet«[192]), so werden hier Menschliches und Göttliches, Arbeit und Apotheose zu einer Synthese geführt, die Widersprüche nicht ausspart und dennoch in eine harmonische Versöhnung mündet.[193]

»Das Ideal und das Leben« ist der Höhepunkt von Schillers Herakles-Rezeption, zu der – in der Antithese von Pflicht und Neigung, von Tugend und Lust – öfters auch der direkte oder indirekte Rückgriff auf die Allegorie von Herakles am Scheidewege gehört. Es ist eine harmonisierende Herakles-Deutung in der Nachfolge Winckelmanns, der in seiner »Beschreibung des Torso im Belvedere zu Rom« einmal die Bewährung des Herakles im Irdischen schilderte, zum anderen und vor allem aber sich auf den Helden in seiner »vergötterten Gestalt« bezog.[194] Die problematisierenden Züge Lessings, das Übermütige des Goetheschen und das Rebellische des Klingerschen Herakles hingegen bleiben bei Schiller ausgespart. Der Dichter wollte sogar noch einen Schritt weiter gehen und nach dem Eintritt des Herakles in den Olymp eine Idylle über dessen Vermählung mit Hebe schreiben, in der »alles Sterbliche ausgelöscht, lauter Licht, lauter Freyheit, lauter Vermögen« ist und durch die er »mit der sentimentalischen Poesie über die naive selbst triumphier[en]« wollte.[195] Es zeugt von Einsicht in die Erfordernisse der zeitgenössischen Literatur, daß der Schriftsteller diese groß gedachte Konzeption *nicht* zu realisieren versuchte.

Die Gedichte »Die Götter Griechenlandes« (in der ersten Fassung), »Die Künstler« und (in modifizierter Form) »Das Ideal und das Leben« gehören der Gattung der Idylle an, in der – laut Schillers Definition in dem Essay »Über naive und sentimentalische Dichtung« – »die Natur und das Ideal [...] als wirklich vorgestellt« und zum »Gegenstand der Freude« wird. Danach aber beginnt sich der Charakter der Schillerschen Gedichte sukzessive zu ändern; die »Natur« wird (um nochmals den Essay von 1795 zu zitieren) als »verloren« und das »Ideal« als »unerreicht« dargestellt und zum »Gegenstand der Trauer«; an die Stelle der *Idylle* – der höchsten Gattung der sentimentalischen Poesie – tritt die *Elegie*.[196]

---

192 Ebd., Bd. 1, S. 193.
193 Ebd., Bd. 2/1, S. 396 und 400. – Zu Schillers Herakles-Rezeption vgl. vor allem Ursula Wertheim: »Der Menschheit Götterbild« [s. Bibl. 4.2. (Schiller)]; Reinhardt Habel: Schiller und die Tradition des Herakles-Mythos [s. Bibl. 4.2.].
194 Johann Joachim Winckelmann: Sämtliche Werke. Einzige vollständige Ausgabe. Von Joseph Eiselein. Donaueschingen 1825–1829 (Neudruck Osnabrück 1965), Bd. 1, S. 226–231 (Zitat: S. 228). – Nach heutigem Erkenntnisstand stellt der Torso keinen Herakles dar.
195 Schiller: Brief an Wilhelm von Humboldt, 30. November 1795. In: NA, Bd. 28, S. 119 f.
196 Schiller: Über naive und sentimentalische Dichtung. Ebd., Bd. 20, S. 448. – Zur Problematik der späten Schillerschen Lyrik vgl. mehrere Aufsätze in Norbert Oellers' Band »Friedrich Schiller. Zur Modernität eines Klassikers« [s. Bibl. 4.2.].

Gedichte wie »Der Genius« (ursprünglicher Titel: »Natur und Schule«) oder »Die Sänger der Vorwelt« (ursprünglicher Titel: »Die Dichter der alten und neuen Welt«) beschwören die Vorstellung von einem unwiederbringlich verlorenen Goldenen Zeitalter; andere – ebenfalls 1795 entstandene – Gedichte reflektieren die Diskrepanz zwischen der Bedeutung der Dichtkunst und der prekären Stellung des Dichters: sei es satirisch wie in »Pegasus in der Dienstbarkeit« (später unter dem Titel »Pegasus im Joche«), sei es in einer Mischung satirischer und elegischer Elemente wie in »Die Teilung der Erde«.

Dabei ist das bloße Aufzeigen tragischer Konstellationen – wie in dem Gedicht »Odysseus« (1795), in dem der nach unendlichen Mühen heimkehrende Held »jammernd das Vaterland nicht« erkennt[197] – selten; ungleich häufiger ist die – mit Schillers Konzeption vom Erhabenen korrespondierende – Vorstellung von einer Bewältigung des Lebens *trotz* seiner Widersprüche. »Der Spaziergang« (1795) – der ursprüngliche Titel lautete »Elegie« – reflektiert die Ambivalenz der menschlichen Kulturentwicklung, den Umschlag von Freiheit in Sklaverei, und anerkennt, daß die Antike nicht wiederherstellbar ist. Der Dichter gibt aber zugleich der Hoffnung Ausdruck, daß sie uns helfen könne, die richtige Orientierung zu finden: »Und die Sonne Homers, siehe, sie lächelt auch uns!«[198]

In »Klage der Ceres« (1796) besteht zwar von vornherein keine Hoffnung auf eine Befreiung der vom Gott der Unterwelt geraubten Tochter, doch die Göttin tröstet sich damit, sie in »des Lenzes heiterm Glanze« wiederzufinden[199]. Das motivisch eng daran anschließende »Bürgerlied« (1798; später unter dem Titel »Das Eleusische Fest«) legt dann den Akzent sogar vorrangig auf die Kultivierung einer ursprünglich barbarischen Gesellschaft.

Gegen Ende des Jahrhunderts verstärken sich die tragischen Züge. Das Gedicht »Das Glück« aus dem Jahre 1799 – angeregt durch die Pindar-Übersetzungen Wilhelm von Humboldts und in manchen Gedanken über das Glück des Siegers sowie in der Verbindung von Bericht und Reflexion, von Gegenwärtigem und Vergangenem oder von Vergänglichem und Dauerndem dem griechischen Lyriker verpflichtet – gibt philosophische Überlegungen ausschließlich an Beispielen aus der antiken Mythologie wieder. Wird einerseits das frei von den Göttern gewährte Glück gepriesen und höher als alles mühsam Errungene geschätzt und ruft der Dichter dazu auf, durch das *Anschauen* Glücklicher selbst beseligt zu werden, so klingt andererseits das Gedicht in anklagender Resignation aus über die »Blindheit« des Menschen, der »den Gott [...] nicht begreift«.[200]

Die Elegie »Nänie« schließlich (1799) beschwört drei mythologische Trauerfälle und läßt die Unerreichbarkeit eines irdischen Glücks deutlich werden:

> Auch das Schöne muß sterben! Das Menschen und Götter bezwinget,
> Nicht die eherne Brust rührt es des stygischen Zeus.

---

197 Ebd., Bd. 2/1, S. 325.
198 Ebd., S. 314.
199 Ebd., S. 375.
200 Ebd., Bd. 1, S. 411. – In der zweiten Fassung des Gedichtes ist das resignierende Schluß-Distichon entfallen. (Ebd., Bd. 2/1, S. 301.)

Das Schicksal der Eurydike, des Adonis und des Achill machen die Härte des wirklichen Lebens, ja sogar die Ohnmacht der Götter sichtbar; eine Selbstbehauptung des einzelnen ist allein in der elegischen Klage möglich. *Indem aber die Dichtung Vergängliches namhaft macht, vermag sie eine echte Funktion zu erfüllen:*

> Auch ein Klaglied zu sein im Mund der Geliebten, ist herrlich,
> Denn das Gemeine geht klanglos zum Orkus hinab.[201]

Daß das harmonisierende Griechenbild vom Ende der achtziger bis zur Mitte der neunziger Jahre von Schiller in der zweiten Hälfte der neunziger Jahre beträchtlich reduziert wurde, läßt sich auch daran erkennen ›daß der Plan eines »Orpheus in der Unterwelt« von 1797/98 – ebenso wie zuvor die Herakles-Idylle – nicht ausgeführt wurde. In diesem Gedicht sollte Orpheus vor Hades einen Hymnus auf das Leben anstimmen, vom Triumph der Kunst über den Tod künden. Schiller hatte im Frühwerk die Gestalt eines ›siegreichen‹ Orpheus unbedenklich benutzt (»Die seligen Augenblicke«, »Der Triumph der Liebe«) und noch in der ersten Fassung von »Die Götter Griechenlandes« den Sänger (wie schon zitiert) »die gewohnten Lieder« anstimmen lassen; in der zweiten Fassung dieses Gedichtes aber bereits hat er seinen Namen durch den des Linos ersetzt, und nachdem er die Arbeit an der Idylle abgebrochen hatte, erwähnte er in »Nänie« nur noch das *Scheitern* von Orpheus' Bemühen, Eurydike wiederzugewinnen.[202]

In der Weltanschauungslyrik nach der Jahrhundertwende kommen sowohl die Trauer um den Verlust einer menschlichen Harmonie wie das Bekenntnis zu einem dank seiner Problembewußtheit ›erhabenen‹ Leben zum Ausdruck: »Kassandra« (1802) erinnert an eine tragische Konstellation aus der Antike – die Diskrepanz zwischen Erkenntnis und einem (im bürgerlichen Sinne) ›normalen‹ Frauenleben –, während »Das Siegesfest« (1803) – ein Gegenstück zu dem linear-optimistischen Lied »An die Freude« – angesichts des Leids der trojanischen Frauen nach dem Untergang ihrer Stadt, in Erinnerung an die schmerzvollen Ereignisse des Krieges und in Vorausahnung des künftigen Unheils in den Ausruf ausklingt: »Morgen können wirs nicht mehr, / Darum laßt uns heute leben!«[203]

In mehreren Balladen hat Schiller antike Stoffe aufgegriffen. »Der Ring des Polykrates« (1797) zeigt den Zusammenhang zwischen Hybris und Strafe, wobei die Härte des Geschehens (der Tyrann von Samos wurde ans Kreuz geschlagen) im Gedicht selbst ausgespart ist, dem Leser aber gegenwärtig sein sollte. In »Die Kraniche des Ibykus« (1797) wollte Schiller die Möglichkeiten der Kunst aufzeigen, Gerechtigkeit wiederherzustellen. »Die Bürgschaft« (1798) ist ein Lobgesang auf die Freundschaft, die sich auch in einer Extremsituation bewährt, und ein Appell an die Humanisierung politischer Herrschaft. »Hero und Leander« (1801) schließlich zeigt, daß eine große Liebe an den Widrigkeiten der Wirklichkeit scheitert.

Im Vergleich zum lyrischen ist Schillers dramatisches Werk nur in geringem Maße *direkt* von antiken Motiven geprägt. Ein Agrippina- und ein Themistokles-Drama sowie die »Malteser«, für die der Dichter einen antiken Chor vorgesehen hatte, sind

---

201 Ebd., Bd. 2/1, S. 326.
202 Ebd., S. 422.
203 Ebd., S. 193.

nicht über die ersten Anfänge hinausgekommen, und selbst das einzige Stück, mit dem der Autor eine antike Tragödie nachbilden – sich »in der einfachen Tragödie, nach der strengsten griechischen Form [...] versuchen«[204] – wollte, spielt *nicht* im Altertum, sondern im spätmittelalterlichen Sizilien: »Die Braut von Messina« (1803). Die Handlung ist teilweise durch antike Elemente (wie Schicksalsproblematik, Wiedererkennung und Botenberichte) angeregt und zeigt Anklänge an die drei griechischen Tragiker (Gesamtstruktur der »tragische[n] Analysis«[205] und einzelne Motive des Sophokleischen »Oidipus tyrannos«, Motiv der feindlichen Brüder nach den »Phoinissen« des Euripides, Akzeptanz des Schicksals wie in der Aischyleischen »Oresteia«); als Versmaß wird gelegentlich der Trimeter verwendet; vor allem aber hat Schiller den Chor eingeführt, um der Wirkung einer antiken Tragödie möglichst nahezukommen. Dabei war sich der Autor allerdings des Unterschieds zwischen Antike und Moderne wohlbewußt. In der Vorrede führt er aus, daß in einer auf Abstraktion und Innerlichkeit gegründeten Situation die Kunst sich nicht mehr auf die sinnliche Darstellung verlassen könne, sondern dem Bedürfnis nach Reflexion Rechnung tragen müsse. Diese Absonderung der »Reflexion von der Handlung«[206] könne am ehesten durch den Chor erzielt werden – eine völlig moderne Vorstellung; denn auf dem antiken Theater war der Chor der Repräsentant einer gesellschaftlichen Öffentlichkeit. So sollte unter ganz anderen Voraussetzungen ein antikes Element dazu dienen, in der modernen Kunst das ›Poetische‹ zu bewahren. Die »Braut von Messina« ist gewiß keine klassizistische Nachahmung, sondern der Versuch einer schöpferischen Neubelebung der antiken Tragödie, die sich durch Vervielfältigungen tradierter Motive, neuartige Kombinationen und Facettierungen und nicht zuletzt dadurch auszeichnet, daß die tragische Analysis mit einer fortlaufenden Handlung verknüpft ist.

Bereits am 26. Juli 1800 hatte Schiller an Johann Wilhelm Süvern geschrieben, daß er die Sophokleische Tragödie verehre – »aber sie war eine Erscheinung ihrer Zeit, die nicht wieder kommen kann.«[207] Im Unterschied zur antiken Tragödie nämlich bedürfe die moderne des moralischen Appells. So ist denn auch aus dem *Fehlverhalten* (der *hamartía*) der antiken Helden eine deutliche moralische *Schuld* geworden. Trotz dieser faktischen Abweichungen von der antiken Tragikkonzeption aber, trotz des Erfolgs der Uraufführung und trotz positiver Urteile von Körner und Humboldt blieb das Stück in der deutschen Literatur ein vereinzeltes Experiment.

Nichtsdestoweniger war für Schillers dramatisches Schaffen seit den neunziger Jahren das Studium der griechischen Tragiker und des Aristoteles *mittelbar* von großer Bedeutung. »Ehe ich der griechischen Tragödie durchaus mächtig bin und meine dunklen Ahnungen von Regel und Kunst in klare Begriffe verwandelt habe« – so hatte der Dichter bereits am 26. November 1790 an Körner geschrieben –, »lasse ich mich auf keine dramatische Ausarbeitung ein.«[208] Anregungen erhielt er für die Simplizität, Klassizität und Objektivität der dramatischen Gattung, für die strenge Form der tragischen Entwicklung und für die Poetisierung historischer

---

204 Schiller: Brief an Körner, 13. Mai 1801. Ebd., Bd. 31, S. 35.
205 Schiller: Brief an Goethe, 2. Oktober 1797. Ebd., Bd. 29, S. 141.
206 Ebd., Bd. 10, S. 13.
207 Ebd., Bd. 30, S. 177.
208 Ebd., Bd. 26, S. 58.

Stoffe. Schiller sprach in bezug auf den »Wallenstein« vom »unvertilgbaren Unterschied der neuen von der alten Tragödie«: »Aber freilich ist es keine griechische Tragödie und kann keine seyn [...]. Es ist ein zu reicher Gegenstand geworden, ein kleines Universum.«[209] Doch im Vorrang der Handlung vor den Charakteren, in der Bedeutung der Umstände, in der strengen Notwendigkeit des Geschehens und nicht zuletzt in der tragischen Ironie ist viel antikes ›Erbe‹ bewahrt worden.[210] Und »Maria Stuart« ist vor allem dank der formalen Strenge und der analytischen Enthüllung der Vorgeschichte der griechischen Tragödie verpflichtet – Schiller sprach geradezu von einer »Euripideischen Methode«[211].

Es ist bezeichnend, daß ebenso wie Goethe mit »Nausikaa« und »Achilleis« auch Schiller mit seiner »olympischen Idylle« und mit der »Braut von Messina« scheiterte oder zumindest nicht zu einem überzeugenden und dauerhaften Ergebnis gelangte, hingegen dort, wo er – ähnlich wie Goethe mit der »Iphigenie« oder dem Helena-Akt – nicht auf Nachahmung und Restitution, sondern auf eine Integration der antiken Tragödie zielte, Dichtungen hohen Ranges schuf. Die literarische Antikerezeption war dann am produktivsten, wenn die Autoren nicht allzu direkt an die Antike anknüpften, sondern eine Synthese zwischen Klassischem und Modernem suchten.

Die Zeit der Frühromantik
Von Jean Paul bis Ludwig Tieck

Unter den deutschen Schriftstellern, die um 1790 ihr literarisches Schaffen begannen, ragen *als Gruppe* die Frühromantiker hervor – zwei bedeutende *Autoren* aber berühren sich sowohl mit der romantischen Richtung wie mit dem Weimarer Kulturkreis bzw. gehören keiner der damals tonangebenden Strömungen an: Jean Paul und Friedrich Hölderlin.

Im Werk JEAN PAULS (Johann Paul Friedrich Richter; 1763–1825) verbinden sich auf eigentümliche Weise aufklärerische, klassische und romantische Züge, und in seiner Beziehung zum Altertum verkörpert sich eine nachhaltige Spannung zwischen Verehrung und Distanzierung.

Die Schule hatte Jean Paul keine lebendige Anschauung vom Altertum vermittelt und ihm eine bleibende Abneigung gegen Philologen hinterlassen, die durch zu frühen Beginn des altsprachlichen Unterrichts und durch die zerstückelnde Art ihrer Lehrweise in den Schülern kein Verständnis für die Antike erwecken. In seinem ersten Roman, »Die unsichtbare Loge« (1793), trägt ein »Extrablatt« den Titel: »Warum ich meinem Gustav Witz und verdorbne Autores zulasse und klassische verbiete, ich meine griechische und römische?«[212] Jean Paul verehrte und

---

209 Schiller: Brief an Körner, 3. Juni 1797 und 8. Januar 1798. Ebd., Bd. 29, S. 82 und 184.
210 Darüber hinaus lassen sich strukturelle Analogien zur »Ilias« und zur Euripideischen »Iphigenie in Aulis« aufzeigen. (Vgl. Gisela N. Berns: Greek Antiquity in Schiller's »Wallenstein« [s. Bibl. 3.2.].)
211 Schiller: Brief an Goethe, 26. April 1799. In: NA, Bd. 30, S. 45.
212 Jean Paul: Werke. Hrsg. von Norbert Miller. München 1960–1963, Bd. 1, S. 129.

bewunderte die antiken Kunstwerke als »das Schönste, was der menschliche Geist geboren hat« – doch er bezweifelte, daß sie, da sie an bestimmte geschichtliche Voraussetzungen gebunden waren, durch Bildung und Erziehung vermittelt werden könnten: »Die Griechen und Römer wurden Griechen und Römer ohne die formale Bildung von griechischen und lateinischen Autoren – sie wurden es durch Regierung und Klima.«[213]

Viele Kenntnisse hat Jean Paul sich autodidaktisch beigebracht, und namentlich durch Herders Vermittlung wurde er mit dem Antikebild Winckelmanns und der Weimarer Klassik wohlvertraut. Doch er setzte entschieden andere Akzente. In Briefen aus den neunziger Jahren und in der »Vorschule der Ästhetik« (1804, 2. Auflage 1813) gab er einerseits seiner Bewunderung für das Altertum und andererseits der Einsicht in die grundsätzliche Berechtigung einer davon unterschiedenen ›romantischen‹ Poesie Ausdruck. Er bekannte zwar, daß er sich von den antiken Kunstwerken »die Geseze der Schönheit« geben lassen wolle[214], und die »Ilias« und Sophokles »ergriffen [ihn] fast bei den Nerven« – doch er fügte hinzu: »[...] nach den lezten Gesängen der Ilias und dem Ödip zu Kolonos kan man nichts mehr lesen als Shakespear oder Goethe. Sie wirken schön auf meinen Titan, aber nicht als Väter sondern als Lehrer, nicht als plastische Formen dieser Pflanze sondern als reifende Sonnen.«[215] Es ging ihm nicht um ›Nachahmung der Alten‹, sondern um eine Kunst, die, an griechischer Schönheit geschult, sich auf neuer Grundlage entwickelte (»unsere Geister wachsen höhern Gedichten entgegen«[216]); er sah Shakespeare und Goethe als moderne Dichter, in denen die Antike in ›romantischer‹ Verwandlung weiterwirkte[217], und er spürte auch im Altertum ›romantische‹ Züge auf (wie »Ödips Dahinschwinden« am Ende des Sophokleischen »Oidipus auf Kolonos«[218]).

Vor allem aber sah Jean Paul die antike Kultur als etwas Vergangenes, reflektierte den Gegensatz zwischen antiker und moderner Welterfahrung, zwischen dem klassischen Altertum und der bürgerlichen Gegenwart. In einem Gespräch mit Wieland aus dem Jahre 1799 erklärte er: »Ich lasse die alten Griechen gelten, was sie sind; aber es sind doch sehr beschränkte Geister. Welche kindische Vorstellungen haben sie von den Göttern! War's möglich, daß sie dabei edlere und tiefere Gefühle der Menschheit hatten?« Und auf Wielands Einwand, daß die Griechen »die schönste Blüte und das vollkommenste Urbild jugendlicher Menschheitsbildung« gewesen seien, entgegnete er: »Aber jene Jugendzeit ist vorbei, und wir sind Männer geworden. Christliche Titanen haben längst den heidnischen Himmel erstürmt und die Götter in den Tartarus gestürzt. Über uns hat sich ein unendlicher Gotteshimmel und unter uns eine unergründliche Tiefe der Menschheit aufge-

---

213 Ebd., S. 133.
214 Jean Paul: Brief an Christian Otto, 17. Mai 1798. In: Jean Paul: Sämtliche Werke. Historisch-kritische Ausgabe. Weimar 1927ff., Abt. 3, Bd. 3, S. 65.
215 Jean Paul: Brief an Paul Emil Thierot, 8. März 1799. Ebd., S. 163f.
216 Jean Paul: Brief an Karoline Herder, 31. Juli 1797. Ebd., Bd. 2, S. 358.
217 Jean Paul: Die Vorschule der Ästhetik. In: Jean Paul: Werke (wie Anm. 212), Bd. 5, S. 98 und 452.
218 Ebd., S. 98.

tan.«[219] Friedrich Sengle nannte Jean Paul geradezu »ein[en] intelligente[n] Feind des Antikekultes«.[220]

Dieselbe Verbindung von Ehrfurcht vor den ›Alten‹ und Skepsis gegenüber den Philologen wie in der »Unsichtbaren Loge« durchzieht auch die 1807 erschienene Schrift »Levana oder Erziehlehre« (2. Auflage 1814). Auch hier fordert Jean Paul, nicht zu zeitig mit der Lektüre der alten Autoren zu beginnen – doch zugleich verkündet er: »Die jetzige Menschheit versänke unergründlich tief, wenn nicht die Jugend vorher durch den stillen Tempel der großen alten Zeiten und Menschen den Durchgang zum Jahrmarkte des spätern Lebens nähme.[...] Die Alten nicht kennen, heißt eine Ephemere sein, welche die Sonne nicht aufgehen sieht, nur untergehen.«[221]

Auffallend ist, daß an Jean Pauls Antikebild nicht so sehr das Perikleische Athen und die klassische Kunst als vielmehr die stoische Philosophie, die spartanische und römische Geschichte und ganz besonders – in der Nachfolge Rousseaus und des jungen Schiller – Plutarch Anteil haben. Eine zentrale Bezugsfigur für ihn ist Brutus.

Jean Pauls Werk enthält zwar zahlreiche witzige und anekdotische gelehrte Anspielungen auf das Altertum – sie sind in erster Linie durch Herodot und Plutarch vermittelt –; von konstitutiver Bedeutung aber ist der Antikebezug nur in seinem Hauptwerk »Titan« (1800–1803). Dessen Held Albano – der Name spielt offenbar auf Winckelmanns Gönner, den Kardinal Albani, an – wird in der Gestalt »eines zürnenden Musengottes« eingeführt, den man sich gern unter Göttern »im farnesischen Palast oder im klementinischen Museum oder in der Villa Albani« gewünscht hätte. Als Knabe ist er durch seinen ersten Lehrer, den Magister Wehmeier, von den »moralischen Antiken« des Plutarch begeistert worden. Die Beschwörung der antiken Heldengeschichte erweckt in ihm die Sehnsucht nach eigenen heroischen Taten; er wird als »Heros« und »Herkules« bezeichnet – und da er lange Zeit als Graf von Cesara gilt, ist auch eine Beziehung zu Caesar hergestellt. Sogar der Gedanke an seine künftige Geliebte Liane wird dem jungen Mann durch griechische Statuen vermittelt: »[...] o dann ging sein inneres *Kolosseum* voll stiller Götterformen der geistigen *Antike* auf.«[222] Nachdem Albano gleichsam durch eine ›romantische‹ innere Neuschöpfung die Erfahrung des Altertums vorweggenommen hat, führt ihn sein Erzieher Dian – »ein Grieche von Geburt und ein Künstler« – »in die heilige Welt des Homers und des Sophokles ein« und beginnt ihn im Sinne Winckelmanns zu formen.[223] Nach dieser frühen Bekanntschaft allerdings verschwinden auf lange Zeit die klassischen Bilder fast völlig aus dem Roman. Auf der Reise nach Rom dann, die nicht allein der Kunst, sondern auch der Geschichte gilt, dominieren der Zwiespalt zwischen Antike und Gegenwart, die Trauer über die Vergänglichkeit historischer Größe. Zwar glaubt Albano vor dem Kolosseum, »jedes Wort müsse

---

219 Jean Pauls Persönlichkeit. Zeitgenössische Berichte. Gesammelt und hrsg. von Eduard Berend. München, Leipzig 1913, S. 31 f.
220 Friedrich Sengle: Die »Xenien« Goethes und Schillers als Dokument eines Generationskampfes. In: Sengle: Neues zu Goethe [s. Bibl. 4.2.], S. 105.
221 Jean Paul: Werke (wie Anm. 212), Bd. 5, S. 863.
222 Ebd., Bd. 6, S. 13, 102, 17, 33, 75 und 119.
223 Ebd., S. 14 und 131.

groß sein in dieser Stadt« – aber er vergleicht Rom auch mit »dem Blut- und Throngerüst der Menschheit, dem Herzen einer erkalteten Helden-Welt«, und »der Herbstwind der Vergangenheit ging über die Stoppeln«.[224] Auf der Insel Ischia erscheint ihm zunächst eine »große [...] Verschmelzung des Ungeheuern mit dem Heitern, der Natur mit den Menschen, der Ewigkeit mit der Minute«.[225] Doch das harmonische Antikebild Dians, der das Ideal menschlicher Totalität direkt in die Wirklichkeit übertragen will, ist nur noch ein Nachhall unwiederbringlicher Zeit. Albano erkennt das vernichtende Werk der Jahrtausende, dem die ›Alten‹ zum Opfer fielen. Er ist alles andere als ein neuer Caesar – »Titan solte heissen Anti-Titan; jeder Himmelsstürmer findet seine Hölle; wie jeder Berg zulezt seine Ebene aus seinem Thale macht«, schrieb der Autor am 8. September 1803 an Friedrich Heinrich Jacobi[226]. Zum Abschied aus dem Süden singt Dian von Apoll, dem irdische Häßlichkeit nichts anhaben kann – Albanos Lied jedoch verweilt zwar bei der »alten Zeit«, flieht aber zugleich »vor der Zeit, die ihren Gipfel in ihren eignen Krater senkte«.[227]

Jean Paul und die meisten Romantiker gelangten aus der Einsicht in den Kontrast zwischen Antike und Moderne heraus zu einer mehr oder weniger deutlichen Distanzierung vom Altertum; FRIEDRICH HÖLDERLIN (1770–1843) hingegen wandte sich aus ebendieser Einsicht heraus zu dessen um so tieferer Verehrung. Er hatte denselben Ausgangspunkt wie die frühromantischen Dichter (die Französische Revolution und die Kantische Philosophie) und erkannte ebenso wie Friedrich Schlegel oder Novalis grundsätzliche geschichtliche Unterschiede zwischen Antike und Gegenwart – doch er zog daraus entgegengesetzte Schlußfolgerungen: vor allem in dem Aufsatzentwurf »Der Gesichtspunct aus dem wir das Altertum anzusehen haben« aus dem Jahre 1799 und im Brief an seinen Freund Casimir Ulrich Böhlendorff vom 4. Dezember 1803.[228]

In dem Aufsatzentwurf – einem deutlichen Protest gegen Winckelmanns These von der Nachahmung der griechischen Kunst – führt der Schriftsteller aus, »daß das Altertum ganz unserem ursprünglichen Triebe entgegenzuseyn scheint«, und sieht einen Gegensatz zwischen dem modernen »Bildungstrieb«, »der darauf geht, das Ungebildete zu bilden, das Ursprüngliche Natürliche zu vervollkommnen«, und der in sich selbst ruhenden Harmonie der ›Alten‹. Hölderlin befürchtet, daß »eine fast gränzenlose Vorwelt, die wir entweder durch Unterricht, oder durch Erfahrung innewerden, auf uns wirkt und drükt«, so daß wir ebenso wie andere Völker untergehen müßten. Zugleich aber distanziert er sich von einem Traum »von Originalität und Selbstständigkeit«, von dem Glauben, »lauter Neues zu sagen«, da

---

224 Ebd., S. 573, 571 und 581.
225 Ebd., S. 645.
226 Jean Paul. Sämtliche Werke (wie Anm. 214), Abt. 3, Bd. 4, S. 236f.
227 Jean Paul: Werke (wie Anm. 212), Bd. 6, S. 675.
228 Zum Verhältnis zwischen Hölderlin und den Frühromantikern vgl. – neben Gerhard Schulz: Die deutsche Literatur zwischen Französischer Revolution und Restauration [s. Bibl. 4.1.], Bd. 1, S. 161f. – vor allem Gregor Thurmair: Das Gesetz der Dichtung [s. Bibl. 4.2. (Hölderlin)] sowie Wolfgang Binder: Hölderlin und Sophokles [s. Bibl. 4.2.] und Peter Szondi: Überwindung des Klassizismus [s. Bibl. 4.2. (Hölderlin)].

dies nur eine »Reaction, gleichsam eine milde Rache gegen die Knechtschaft« sei, »womit wir uns verhalten haben gegen das Altertum«. Er wendet sich sowohl gegen eine klassizistische Imitation der Antike wie gegen eine romantische Abkehr.[229]

Im Brief an Böhlendorff formuliert Hölderlin, daß den Griechen »das Feuer vom Himmel« und ein »heilige[s] Pathos« »natürlich« und »angeboren« seien, das »Nationelle« und »Eigene« der Neueren aber (»Bei uns ists umgekehrt«) »die Klarheit der Darstellung« und die »abendländische *Junonische Nüchternheit*« sei. Der Autor folgert daraus, daß es »gefährlich« sei, »sich die Kunstregeln einzig und allein von griechischer Vortreflichkeit zu abstrahiren« und »daß [...] wir nicht wohl etwas *gleich* mit ihnen [den Griechen] haben dürfen«. Ebensosehr aber gilt sein »Interesse« »dem, was bei den Griechen und uns das höchste seyn muß, nemlich dem lebendigen Verhältniß und Geschik«, und er schließt: »Aber das eigene muß so gut gelernt seyn, wie das Fremde. Deßwegen sind uns die Griechen unentbehrlich.«[230]

Während die Romantiker sich über ästhetische Normen frei zu erheben suchten, zielte Hölderlin auf Gesetze und Regeln, bekannte sich zur Erlernbarkeit und Berechenbarkeit der Dichtung. Hatte beispielsweise August Wilhelm Schlegel die seit ihrer Übersetzung durch Boileau im Jahre 1674 im gesamten 18. Jahrhundert intensiv diskutierte Pseudo-Longinische Schrift »Über das Erhabene« als veraltet abgelehnt, so griff Hölderlin (freilich ohne sie zu nennen) noch auf sie zurück, wobei es ihm vor allem auf die Verbindung von Begeisterung und Nüchternheit ankam. Die Romantiker – namentlich Friedrich Schlegel – suchten das Wesen der modernen Kunst in der Abkehr von der Antike zu bestimmen; Hölderlin hingegen hatte ein besonders enges Verhältnis zu antiken Stoffen und Formen, zielte zwar auch nicht mehr auf Nachahmung, wohl aber auf Nachfolge und Neuschöpfung des griechischen Ideals. Während die Romantiker die Grenzen zwischen den literarischen Gattungen in einer ›Universalpoesie‹ aufzuheben trachteten, unterschied Hölderlin streng zwischen Lyrischem, Epischem und Dramatischem und suchte deren Untergattungen zu definieren. Die Romantiker differenzierten schließlich in zunehmendem Maße zwischen Antike und Christentum; Hölderlin jedoch suchte Antikes und Christliches aufeinander zu beziehen.

Hölderlins gesamtes Schaffen ist von der Antike geprägt, und zwar wesentlich von der griechischen. Er ist ohne Zweifel der deutsche Schriftsteller mit der innigsten Beziehung zu Griechenland. »Im Arme der Götter wuchs ich groß«, schreibt er 1797/98 in dem Gedicht »Da ich ein Knabe war...«, in dem er seine frühe Vertrautheit mit der Natur als Liebe zu den (ihm damals noch unbekannten) Göttern deutet.[231] Hölderlins Antikebild ist in hohem Maße durch Winckelmann bestimmt, unterscheidet sich von dessen Konzeptionen aber nicht nur durch den Verzicht auf das Nachahmungspostulat, sondern ist auch mehr auf das Dionysische und Sympotische, auf Dynamik und Begeisterung ausgerichtet als dessen von »edler Einfalt und stiller Größe« geprägte Vorstellungen. Ebenso hatte sich schon Wilhelm Heinse gegen das Statische und Statuarische bei Winckelmann gewandt, und in

---

229 Friedrich Hölderlin: Sämtliche Werke. Große Stuttgarter Ausgabe. Stuttgart 1946–1985 (im folgenden: GSA), Bd. 4/1, S. 221.
230 Ebd., Bd. 6/1, S. 425 f.
231 Ebd., Bd. 1/1, S. 267.

einem ähnlichen Sinne sah der junge Friedrich Schlegel die Antike.[232] Dabei ist für Hölderlin, trotz wichtiger theoretischer Aussagen, die Dichtung – anders als bei den Brüdern Schlegel – primär gegenüber der Theorie. Im Unterschied zu Goethe und Schiller betont Hölderlin weniger das Individuelle und Vollendete als das Überindividuell-Allgemeine an der griechischen Kultur: das Volk und die Polis mit ihrem lebendigen Gemeingeist. Der Akzent verlagert sich vom primär ästhetischen zu einem im weiteren Sinne politischen Interesse.

Bereits in den Gedichten aus der Schülerzeit in Denkendorf und Maulbronn (1784–1788) greift Hölderlin antike Sujets auf (»Alexanders Rede an seine Soldaten bei Issus« nach Curtius Rufus und »Hero« nach Ovids »Heroiden«), und er verwendet in einigen Gedichten den Hexameter und antike Odenmaße; als seine Vorbilder sieht er Pindar und Klopstock (»Mein Vorsatz«). Die auf Platon zurückgehende Begeisterungs- und Inspirationsmetaphysik, die von den Jugendgedichten an bis zum Spätwerk für Hölderlin bestimmend war, wurde ihm wohl durch Friedrich Graf zu Stolberg vermittelt. Frühestes Zeugnis für seine lebenslange Beschäftigung mit Homer und für sein besonderes Interesse an dem ersten der ihm zugeschriebenen Epen ist die Übersetzung des Anfangs der »Ilias«. (Auch später hat Hölderlin mehrfach, meist im Zusammenhang mit eigenen Dichtungen, aus griechischen und lateinischen Autoren übersetzt – aus Alkaios, Euripides, Vergil, Horaz, Ovid und Lucan, vor allem aber aus Pindar und Sophokles.)

Die Dichtung aus der Zeit im Tübinger Stift (1788–1793) ist charakterisiert durch die Begeisterung für die Französische Revolution, durch die Begegnung mit Kants kritischer Philosophie und durch eine intensive Rezeption der griechischen Literatur, Philosophie und Mythologie. Von der hohen Verehrung der Griechen, insbesondere Homers, und von den Anregungen durch Winckelmann zeugt das zweite Magister-Specimen von 1790, der Aufsatz »Geschichte der schönen Künste unter den Griechen«, der bereits vieles von den Wertvorstellungen enthält, die Hölderlins spätere Arbeiten prägten. Die sogenannten ›Tübinger Hymnen‹ besingen – mit zahlreichen Anspielungen auf das Altertum – die Ideale einer politisch befreiten und zugleich ästhetisch geprägten Menschheit; gedanklich, sprachlich und formal ist in ihnen der Einfluß Schillers unverkennbar. Diese gereimten Hymnen sind von kosmologischen Harmonievorstellungen bestimmt, von einer ›Vereinigungsphilosophie‹, die auf Platonische und neuplatonische Gedanken zurückgeht. In der »Hymne an die Göttin der Harmonie« wird diese als Schönheit und Liebe erfahrene Einheit mit Urania, der himmlischen Aphrodite, personifiziert.

Zwei der Tübinger Gedichte sind ausdrücklich Griechenland gewidmet. In der – in freien Rhythmen geschriebenen – »Hymne an den Genius Griechenlands« (1790) wird dieser durch »Freiheit«, »Freude« und »Liebe« bestimmte Genius als einmalig bezeichnet (»Dir gleichet keiner / Unter den Brüdern«), als Schöpfer von »Orpheus Liebe« und von »Homeros Gesang«.[233] In dem Gedicht »Griechenland« aus dem Jahre 1793 hingegen ist Hellas zwar ein Idealreich menschlicher Vollendung, doch es überwiegen die elegischen Töne. Das Gedicht führt die Trauer um die verlorene Antike aus Schillers »Die Götter Griechenlandes« weiter:

---

232 Vgl. S. 176 und 203.
233 GSA, Bd. 1/1, S. 125–127.

> Attika, die Heldin, ist gefallen;
> Wo die alten Göttersöhne ruhn,
> Im Ruin der schönen Marmorhallen
> Steht der Kranich einsam trauernd nun [...] /
> Mich verlangt ins ferne Land hinüber
> Nach Alcäus und Anakreon,
> Und ich schlief' im engen Hause lieber,
> Bei den Heiligen in Marathon;
> Ach! es sei die lezte meiner Thränen,
> Die dem lieben Griechenlande rann,
> Laßt, o Parzen, laßt die Scheere tönen,
> Denn mein Herz gehört den Todten an!

Dabei legt Hölderlin einerseits die Betonung weniger auf den Kontrast zwischen der alten Götterwelt und der christlichen Askese als auf die (für immer verlorengegangene) Harmonie der antiken Lebensweise, nähert seine Gedanken einer religiösen Grundstimmung an (»Wo mein Plato Paradiese schuf«). Andererseits aber verherrlicht er nicht so sehr die griechische Kunst als das griechische Leben, wird ein stärkerer gesellschaftlich-politischer Akzent spürbar. Hölderlins Griechenlandbild ist bestimmt von dem Ideal einer Verbindung des Intellektuellen und Künstlers mit der Gemeinschaft des Volkes:

> Ach! es hätt' in jenen bessern Tagen
> Nicht umsonst so brüderlich und gros
> Für das Volk dein liebend Herz geschlagen,
> Dem so gern des Dankes Zähre floß![234]

Hölderlins Begeisterung für ein republikanisches Gemeinwesen schlägt sich auch in dem Fragment einer Lucan-Übersetzung aus den Revolutionsjahren 1789/90 nieder – dem Dokument einer politischen Rom-Rezeption, wie es für die deutsche Literatur jener Zeit *nicht* typisch ist.

Das heroische Pathos der Gedichte aus den neunziger Jahren findet einen charakteristischen Ausdruck in der Rezeption der Herakles-Gestalt. Bereits in der ersten Fassung der »Hymne an die Menschheit« (1791) wird auf den Sieger über die Ungeheuer der Natur, darunter den nemeischen Löwen, angespielt; die Hymne »Dem Genius der Kühnheit« (1793) nennt abermals »Keule« und »Löwenhaut«, und in einer Strophe des 1793/94 in Waltershausen entstandenen, unter einem Motto aus dem Aischyleischen »Prometheus« stehenden Gedichts »Das Schiksaal« wird der stoische Tugendheld besungen, der bereits in der Wiege einen ersten Sieg über Ungeheuer errang.[235] Namentlich in der 1796 zu Beginn der Frankfurter Zeit entstandenen Hymne, die unter dem Titel »An Herkules« bekannt ist, überwiegen rebellisch-aggressive Töne. Das lyrische Subjekt dankt dem antiken Helden, der es vom Knaben zum Manne gemacht und zu höheren Lebenszielen geführt hat. Wie Winckelmann und Schiller fühlt sich auch der junge Hölderlin vor allem von Herakles in seiner »vergötterten Gestalt« angeregt – aber er geht in dreifacher Hinsicht über seine Vorgänger hinaus: Einmal werden die irdischen Taten des

---

234 Ebd., S. 179 f.
235 Ebd., Bd. 1/2, S. 452 sowie Bd. 1/1, S. 176–178 und 184–186.

Alkiden kaum noch reflektiert; zum anderen wird eine *unmittelbare* Beziehung zwischen dem mythischen Helden und dem Dichter hergestellt; und drittens artikuliert sich in dem Gedicht ein ungeheures Selbstbewußtsein, das den Poeten als »Reif [...] zum Königssize« und den Olymp nicht als Heimat der Götter, sondern geradezu als »Beute« erscheinen läßt, die der »Sohn Kronions« mit dem »Vaterlosen«, d. h. dem aus unteren sozialen Schichten Stammenden, teilen soll, so daß auch dieser, obgleich »Sterblich [...] geboren«, »Unsterblichkeit« erlangt, ja, letztlich »kraft des eignen Strebens« dem Halbgott sogar überlegen ist. In der Betonung des Subjektiven und in der Forderung nach Teilhabe an der olympischen Macht kommen Lebensansprüche zum Ausdruck, wie sie *vor* der Französischen Revolution oder von einem *älteren* Zeitgenossen schwerlich zu formulieren gewesen wären. Der postrevolutionäre Dichter hat das Sturm-und-Drang-Ethos, wie es Goethe in seiner Farce gegen Wieland artikuliert hatte, weiter radikalisiert und politisiert und wendet sich dabei nicht nur gegen Fürstenwillkür, sondern auch gegen bürgerliche Enge. Zugleich kündigt sich in der Marginalisierung der irdischen Leistungen ein Überschwang, eine Loslösung vom praktisch Realisierbaren an, die bereits auf das Problematische eines revolutionären Pathos hindeuten.[236]

In der Lyrik der Frankfurter Zeit (1796–1798), die gleichermaßen durch hymnische wie elegische, durch darstellende wie reflektierende Elemente bestimmt ist, finden wir antikisierende Formen (Ode, Elegie, Hymne, Epigramm). Hölderlin verwendet jetzt wieder vorrangig antike Versmaße (Hexameter und Distichon, alkäische und asklepiadeische Strophe) und führt diese zu einer Höhe, wie sie kein deutscher Schriftsteller vor oder nach ihm erreicht hat – etwa in dem Gedicht »An die Parzen«. Reminiszenzen an die Antike durchziehen mehrere dieser Gedichte (»An die Parzen« etwa spielt auf Wendungen in den Oden II 6 und IV 3 des Horaz an, die Hölderlin zur selben Zeit übersetzt hat, als er seine eigene Ode schrieb[237]); ausdrücklich thematisiert ist eine Situation aus dem Altertum in der Kurzode »Sokrates und Alcibiades«, worin der Dichter auf das Ende von Platons »Symposion« anspielt und zugleich die Konstellation umkehrt: Huldigt bei Platon Alkibiades dem Sokrates, so bei Hölderlin der Philosoph dem Jüngling: »[...] es neigen die Weisen / Oft am Ende zu Schönem sich.«[238]

Die Frankfurter Jahre sind die Zeit der Liebe zu Susette Gontard, deren Züge eine innere Verwandtschaft mit denen jener Gestalt aufweisen, die Hölderlin in seinen Dichtungen ›Diotima‹ nannte – in Anlehnung an die Frau, die in Platons »Symposion« nach dem Bericht des Sokrates den Philosophen das Wesen der Liebe gelehrt hatte, und möglicherweise angeregt durch Friedrich Schlegels Aufsatz »Über Diotima« aus dem Jahre 1794. ›Diotima‹ ist nunmehr die Verkörperung des schon früher besungenen Ideals einer universellen kosmischen Harmonie, gleichermaßen das idealisierte Bild Susette Gontards wie eine poetisch-philosophische Kunstfigur. ›Diotima‹ ist eine von Winckelmanns klassizistischem Griechenverständnis und von Platons idealistisch-sublimierender Eros-Konzeption her geprägte Gestalt – wie in

---

236 Ebd., Bd. 1/1, S. 199 f.
237 Vgl. Momme Mommsen: Hölderlins Lösung von Schiller [s. Bibl. 4.2.], S. 95.
238 GSA, Bd. 1/1, S. 260.

den Gedichten so auch in dem 1799 erschienenen Roman »Hyperion«, an dem Hölderlin seit 1792, vor allem aber in der Frankfurter Zeit gearbeitet hat.

In diesem Roman – besonders nachhaltig im letzten Brief des ersten Bandes (dem ›Athenerbrief‹) – stellt Hölderlin der europäischen Wirklichkeit seiner Zeit mit ungeheurer Anteilnahme und Intensität das antike Griechenland gegenüber. Die griechische Polis verkörpert für ihn das Ideal einer naturverbundenen menschlichen Gesellschaft – im antagonistischen Gegensatz zur modernen Entfremdung des Menschen von der Natur und von sich selbst. Eine pantheistische Naturvorstellung und das Ideal einer harmonischen Gesellschaft werden auf die griechische Welt projiziert. Von Adamas wird der Titelheld – der erste Neugrieche in der deutschen Belletristik – in die heroische Welt der Antike eingeführt, in der er sich mehr als in der eigenen zu Hause fühlt. Immer wieder durchbricht der schreibende Hyperion die Schranke zwischen neugriechischer Gegenwart und antiker Vergangenheit, so daß die Menschen der Vergangenheit in der Gegenwart aufs neue zu erwachen scheinen. Das harmonische Dasein eines früheren Menschengeschlechtes erscheint als Leitbild für die Menschen der Zukunft. Zusammen mit Alabanda will Hyperion die antiken Lebensformen erneuern – und Diotima sieht er als Verkörperung eines auf Liebe und Schönheit, auf der Einheit alles Lebendigen beruhenden Daseins; seine Liebeserfahrung erweitert sich ins Geschichtliche und Geschichtsphilosophische. Da in Hyperions und Diotimas Liebe antikes Leben auch in der Moderne zu existieren scheint, gilt die Wiederherstellung der Antike als möglich. Während Goethe vor allem nach Formen der Kunst suchte, in denen sich Gegenwärtiges mit dauernder Gültigkeit darstellen ließ, war Hölderlin politisch motiviert, suchte in der Vergangenheit Muster für eine bessere Zukunft. Hölderlin war – nach Wilhelm Heinse – der einzige deutsche Dichter seiner Zeit, der überhaupt vom Griechenland am Ausgang des 18. Jahrhunderts Kenntnis nahm.

Dabei ist das Griechenlandbild des »Hyperion« in hohem Grade von Homer bestimmt (in den frühen Fassungen herrscht sogar, ebenso wie in dem Aufsatzfragment »An Kallias« von 1794, ein ausgesprochener Homer-Kult), und es zeigt sich – wie auch in anderen Werken – eine besondere Vorliebe für Platon, mit dessen Schriften sich Hölderlin seit 1790 beschäftigt hatte. In einem Brief an Christian Ludwig Neuffer von Ende Juli 1793 – der ersten Erwähnung des Romantitels »Hyperion« – schrieb er: »[...] in den Götterstunden, wo ich aus dem Schoose der beseeligenden Natur, oder aus dem Platanenhaine am Ilissus zurückkehre, wo ich unter Schülern Platons hingelagert, dem Fluge des Herrlichen nachsah, wie er die dunkeln Fernen der Urwelt durchstreift, oder schwindelnd ihm folgte in die Tiefe der Tiefen, in die entlegensten Enden des Geisterlands, wo die Seele der Welt ihr Leben versendet in die tausend Pulse der Natur, wohin die ausgeströmten Kräfte zurückkehren nach ihrem unermeßlichen Kreislauf, oder wenn ich trunken vom Sokratischen Becher, und sokratischer geselliger Freundschaft am Gastmahle den begeisterten Jünglingen lauschte, wie sie der heiligen Liebe huldigen mit süßer feuriger Rede, und der Schäker Aristophanes drunter hineinwizelt, und endlich der Meister, der göttliche Sokrates selbst mit seiner himmlischen Weisheit sie alle lehrt, was Liebe sei – da, Freund meines Herzens, bin ich dann freilich nicht so verzagt, und meine manchmal, ich müßte doch einen Funken der süßen Flamme, die in solchen Augenblicken mich wärmt, u. erleuchtet, meinem Werkchen, in dem ich wirklich lebe u. webe, meinem Hyperion mitteilen können, und sonst auch noch zur Freude der Menschen zuweilen etwas an's Licht bringen.«[239] Hölderlin spielt hier auf den »Phaidros«, den »Timaios« und das »Symposion« an – wobei er das Bild der Akademie und die Reden des Sokrates so eng miteinander verschmolz, daß er die Szenerie des »Phaidros« (die Platane am Ufer der Ilissus) mit Platons Schule in einem Platanenhain am Cephissus wohl weniger irrtümlich miteinander verwechselte als bewußt miteinander verband. Hyperions Bildung durch Adamas, seine Freundschaft mit Alabanda und seine Liebe zu Diotima verweisen jeweils auf Platonische Motive: Adamas auf den Lehrer Platon selbst, Alabanda auf den »Politikos«, Diotima auf das »Symposion«. Die Gestalt des Hyperion zeigt das Gepräge des ganz von Schönheit erfüllten Platonischen Eros; er erscheint als ein Mittler zwischen Göttern und Menschen, dessen Ziel die Einheit mit Gott (die *homoíosis theô*) ist.

Letztlich aber erweist sich dieses Ziel als unerreichbar, und es überwiegt die Einsicht in die Unvereinbarkeit von Antike und Gegenwart. Wie in der Romerfahrung in Jean Pauls »Titan« wird auch bei Hyperions und Diotimas Gang in den Ruinen von Athen vor allem die Sprache der Trümmer vernehmlich[240] – und wie schon in Wielands »Agathon« enthüllt sich auch im »Hyperion« eine Wiedergeburt antiker Ideale als Illusion, scheitert ein schwärmerischer Reformeifer an der Realität. Hölderlin war nicht nur mit der Schönheitskonzeption Platons, sondern auch mit Heraklits Lehre vom Kampf und von der Einheit der Gegensätze vertraut. Das Ideal einer harmonischen Gesellschaft, wie es Hyperion-Hölderlin in die Antike projiziert, kontrastiert aufs schärfste sowohl mit der revolutionären wie mit der nichtrevolutionären elenden Gegenwart. Die Freiheitskämpfer, die Hyperion anführt, rauben und plündern (der Aufstand der Griechen gegen die Türken im Jahre 1770 wirkt wie eine Travestie der Französischen Revolution) – und in Deutschland, wohin sich der Romanheld nach dem gescheiterten Aufstand von 1770 und nach dem Tode Diotimas wendet, findet er nur »Handwerker [...], aber keine Menschen«[241].

Die Gedichte aus der ersten Homburger Zeit (1798–1800) stehen im Zeichen des Abschieds von Susette Gontard und reflektieren auch in anderen Lebensbereichen das Gefühl der Einsamkeit und Entfremdung. So nimmt Hölderlin in der Elegie »Achill« die Klagen des Homerischen Helden um seine verlorene Geliebte auf, und in dem Epigramm »Sophokles« erscheint ihm Freudiges nur in tragisch-elegischer Form sagbar:

> Viele versuchten umsonst das Freudigste freudig zu sagen
> Hier spricht endlich es mir, hier in der Trauer sich aus.[242]

Im »Gesang des Deutschen« setzt Hölderlin zwar an die Stelle der Gewalt die Konzeption einer geistig-kulturellen Erneuerung und hofft, daß »der Athener / Seele« noch bei den Menschen walte, »Wenn Platons frommer Garten auch schon nicht mehr / Am alten Strome grünt« – doch er fragt zugleich angesichts der

---

239 Ebd., Bd. 6/1, S. 86.
240 Ebd., Bd. 3, S. 83–90.
241 Ebd., S. 153.
242 Ebd., Bd. 1/1, S. 305.

Zersplitterung seines Vaterlands: »Wo ist dein Delos, wo dein Olympia, / Daß wir uns alle finden am höchsten Fest?«[243]

Erfahrungen der eigenen Zeit (wie die Enttäuschung über die 1799 gescheiterten Pläne zur Errichtung einer württembergischen Republik) und die Reflexion einer allgemeinen Lebensproblematik bestimmen auch Hölderlins Arbeit an dem Drama »Tod des Empedokles«, dessen drei Fassungen um das Kernproblem der Beziehung zwischen dem hervorragenden Intellektuellen und dem Volk kreisen. Sein Held – die erste *nicht* marginale oder pejorative Gestalt des ›vorsokratischen‹ Philosophen in der deutschen Literatur des 18. Jahrhunderts – trägt partiell Züge des Sokrates und Rousseaus; Motive wie der Opfertod, die Dialektik von Werden und Vergehen und die Hoffnung auf Wiederbelebung – die auch im »Hyperion« und in mehreren Gedichten präsent sind – stehen zugleich in der Tradition orphischen Gedankenguts.

Bereits der ›Frankfurter Plan‹ von 1797/98 hebt den Widerspruch zwischen der universellen Persönlichkeit eines mit prophetischen Ansprüchen auftretenden Philosophen und dem unreifen Volk hervor. In der ersten Fassung von 1798/99 werden zunächst die Konflikte des ›Frankfurter Plans‹ gestaltet: Empedokles wird vom Volk der Agrigentiner, das sich als ebenso barbarisch erweist wie die Exekutoren der Französischen Revolution und wie die griechischen Freiheitskämpfer oder das Volk der Deutschen im »Hyperion«, aus der Stadt vertrieben. Als es ihn aber zurückholen und zum König einsetzen will, entwickelt er die revolutionär-republikanische Begründung einer neuen gesellschaftlichen Ordnung ohne Könige (»Diß ist die Zeit der Könige nicht mehr«[244]), in der die Menschheit zu einer natürlichen, höheren Lebensform finden soll, und besiegelt, jeden Kompromiß mit der Wirklichkeit ablehnend, seine Botschaft durch seinen freiwilligen Tod. In der zweiten Fassung von 1799 hat Hölderlin die Motivierung der gegnerischen Priesterpartei stärker ausgearbeitet, und Empedokles geht als prometheischer Rebell an den gesellschaftlichen Widersprüchen zugrunde, versucht seinen Tod als Opfertod zu motivieren. Die dritte Fassung von 1799/1800 schließlich ist völlig auf das Thema des Todes und des Opfers konzentriert. Empedokles hat die Aufgabe übernommen, Menschen und Götter auszusöhnen, dann aber sein eigenes Glück zu zerbrechen. Er fühlt sich eher am Ende als am Anfang einer Zeit; an die Stelle von Zukunftsgewißheit und Heilsprophetie ist Apokalyptik getreten. In dem Aufsatz »Grund zum Empedokles« (1799) geht Hölderlin auf die »gewaltigen Entgegensezungen von Natur und Kunst« ein und bezeichnet seinen Helden als einen Mann, der »zum Dichter geboren« wurde in einer Zeit, die »nicht Gesang« fordert und in der auch die »eigentliche That« einseitig bleibt, und der sich deshalb, wenn er wirken wollte, zum tragischen Untergang bestimmt sah: »So sollte also Empedokles ein Opfer seiner Zeit werden. *Die Probleme des Schiksaals in dem er erwuchs, sollten in ihm sich scheinbar lösen, und diese Lösung sollte sich als eine scheinbare temporäre zeigen.*«[245]

Die Antikerezeption in Hölderlins Spätwerk – namentlich dem lyrischen – ist vorbereitet durch eine intensive Beschäftigung mit der griechischen Poesie in der

---

243 Ebd., Bd. 2/1, S. 4 f.
244 Ebd., Bd. 4/1, S. 62.
245 Ebd., S. 154 und 156 f.

ersten Homburger Zeit. Schwebte dem Dichter in den früheren Werken und noch im »Hyperion« Griechenland vor allem als freiheitlich-republikanisches Ideal vor, so verschob sich nunmehr sein Interesse mehr auf die poetologisch-technische Seite. Hölderlin versuchte sich bewußt zum Dichter auszubilden und bekannte: »Das innigere Studium der Griechen hat mir dabei geholfen.«[246] Ausschlaggebend waren dabei für ihn drei Autoren: Homer für die epische, Sophokles für die dramatische und Pindar für die lyrische Gattung.

In den Jahren 1800–1805 – in denen sich der Dichter in Stuttgart und Nürtingen, in Hauptwyl bei St. Gallen und in Bordeaux sowie abermals in Homburg und Nürtingen aufhielt – entstanden vor allem Oden (darunter die Endfassung der Ode »Empedokles«, deren Entwurf bereits aus dem Jahre 1797 stammt und in der Bewunderung und Distanzierung sich die Waage halten, sowie »Die Götter« und »Ganymed«), Elegien (wie »Menons Klagen um Diotima«) und Hymnen. Namentlich die Hymnen verdanken Wesentliches dem Studium Pindars, von dem Hölderlin in der ersten Hälfte des Jahres 1800 neun Oden übersetzt (besser gesagt: frei nachgedichtet) hatte, denen einige Jahre später (wahrscheinlich 1803) nochmals übersetzte und erläuterte Fragmente folgten. Dies gilt einmal im sprachlich-stilistischen und strukturellen Sinne: Hier ist Pindar ein Vorbild für den triadischen Bau der Strophen und für deren rhythmische Form – in der ersten dieser Hymnen, »Wie wenn am Feiertage...« (1799/1800), lehnt sich Hölderlin eng an das metrische Schema Pindars an, bis hin zur genauen Entsprechung der einzelnen Verse und Strophen; später kann man eher von ›freien Rhythmen‹ sprechen, mit denen sich der Nachdichter freilich, nach heutigem Erkenntnisstand, von der metrischen Regelmäßigkeit des thebanischen Lyrikers deutlich unterschied. Weiterhin folgt Hölderlin dem griechischen Dichter in der »harten Fügung« (d. h. im Fehlen der sprachlichen Logik, im harten Nebeneinandersetzen von Wörtern ohne Verbindungspartikel, in der syntaktischen Umstellung von Redeteilen, in den teils zu kurzen Sentenzen gepreßten, teils zu langen Perioden ausgedehnten Satzgefügen, durch die der Autor einen außerordentlichen syntaktischen Spannungsreichtum erzielte), sowie in den großartigen Präludien und ruhigen Ausklängen, in der Berufung auf die Überlieferung und in der formalen Gestaltung gedanklicher Übergänge, in Rückverweisen und Antizipationen, in Motivwiederholungen, Akzentverlagerungen und Steigerungen. (Für die Hymne »Der Rhein« [1801] ist Pindars 3. pythische Ode geradezu das Strukturmuster gewesen.) Dies gilt nicht minder in der Themenwahl und -ausführung, in der Übernahme von Motiven und in der Metaphorik: für den Topos des Maßes, dessen Verlust zu Wahnwitz und Gefährdung führt – exemplifiziert an den Mythen von Tantalos, Jason, Semele, Koronis u. a. –, für die programmatische Verbindung von Tat und Lied, d. h. für die Aufgabe des Dichters, die Ereignisse der Zeit in seine Gedichte aufzunehmen, für das Verhältnis von Göttlichem und Menschlichem sowie für Dedikationen, Namensgebungen und Anreden. Dies gilt schließlich für den ›öffentlichen‹ Charakter der Pindarischen Poesie, für »das hohe und reine Frohloken vaterländischer

---

246 Hölderlin: Brief an Christian Gottfried Schütz, Winter 1799/1800 (unvollendeter Entwurf). Ebd., S. 381.

Gesänge«²⁴⁷. In dieser Beziehung berührt sich Hölderlin mit Friedrich Schlegel, nach dessen Auffassung in Pindar »nicht der Dichter, der einzelne Mensch, sondern durch ihn die Stimme des Volks« redet²⁴⁸.

Die bedeutendste Gestaltung des Hölderlinschen Griechenlandbildes finden wir in dem hexametrischen Hymnus »Der Archipelagus« (1800/01). Der Dichter schildert hier das beispielhafte Werden einer idealen Gesellschaft in utopischer Verklärung, eine harmonische Gemeinschaft, in der aus der schöpferischen Kraft eines naturverbundene Menschentums eine glanzvolle Natur entsteht. Natur und Gesellschaft bilden eine große Einheit; ein kosmisch-vollkommenes Leben nach stoischer Vorstellung (Hölderlin stützt sich hierbei vor allem auf Mark Aurel) erzeugt auch eine Polis als gelebte Harmonie. In Athen und Persien stellt Hölderlin eine demokratisch-republikanische und eine auf Zwang und Herrschaft beruhende Ordnung einander gegenüber; der Sieg Athens über die Perser ermöglichte eine politisch-kulturelle Vollkommenheit, die sich der Dichter auch für seine eigene Zeit wünscht und erhofft. Die Hauptpartie des Gedichtes ist politisch – d.h. Griechenland ist für Hölderlin alles andere als ein individualistisches Bildungs- und Kulturideal, eine klassizistische Reduktion aufs Ästhetische (wie es dies, in trivialisierender Weiterführung von Ansätzen der Weimarer Klassik, nicht selten im 19. Jahrhundert gewesen ist).

Dabei vermeidet Hölderlin sowohl eine absolute Verklärung der Antike wie ein uneingeschränktes Nachahmungsgebot. Er glaubt zu erkennen, daß in einer Hypertrophierung des Menschlichen und des Ästhetischen gegenüber dem »Vaterländischen« und Religiösen eine Ursache für den Untergang der Antike zu sehen sei: »Drüben sind der Trümmer genug im Griechenland und die hohe / Roma liegt, sie machten zu sehr zu Menschen die Götter«, lautet eine Variante zum »Archipelagus«²⁴⁹ – und ein Gedichtfragment: »Nemlich sie wollten stiften / Ein Reich der Kunst. Dabei ward aber / Das Vaterländische von ihnen / Versäumet und erbärmlich gieng / Das Griechenland, das schönste, zu Grunde.«²⁵⁰ Die Erinnerung an Griechenland als an ein weltgeschichtliches Ideal aus der Vergangenheit aber soll vor allem dem Aufbau der eigenen künftigen Kultur und Gesellschaft dienen. So heißt es in »Der Archipelagus«:

> Dann, dann, o ihr Freuden Athens! ihr Thaten in Sparta!
> Köstliche Frühlingszeit im Griechenlande! wenn unser
> Herbst kömmt, wenn ihr gereift, ihr Geister alle der Vorwelt!
> Wiederkehret und siehe! des Jahrs Vollendung ist nahe!
> Dann erhalte das Feuer auch euch, vergangene Tage!
> Hin nach Hellas schaue das Volk, und weinend und dankend
> Sänftige sich in Erinnerungen der stolze Triumphtag!²⁵¹

---

247 Hölderlin: Brief an Friedrich Wilmans, Dezember 1803. Ebd., Bd. 6/1, S. 436.
248 Friedrich Schlegel: Von den Zeitaltern, Schulen und Stylen der griechischen Poesie. In: Schlegel: Kritische Ausgabe. München, Paderborn, Wien, Zürich 1958 ff., Bd. 11, S. 246.
249 GSA, Bd. 2/1, S. 645.
250 Ebd., S. 228.
251 Ebd., S. 111.

Direkter noch betont Hölderlin in der Hymne »Germanien« (1801), daß die nachahmende Hinwendung zur Vergangenheit nur zum Verlust der Gegenwart führen würde:

> Nicht sie, die Seeligen, die erschienen sind,
> Die Götterbilder in dem alten Lande,
> Sie darf ich ja nicht rufen mehr [...]
> Und rükwärts soll die Seele mir nicht fliehn
> Zu euch, Vergangene! die zu lieb mir sind.
> Denn euer schönes Angesicht zu sehn,
> Als wärs, wie sonst, ich fürcht' es, tödtlich ists,
> Und kaum erlaubt, Gestorbene zu weken.[252]

Die Gefahr, durch eine allzu intensive Bindung an das antike Griechenland nicht nur aus der unerfüllten und entfremdeten Gegenwartswirklichkeit (aus »dürftiger Zeit«) auszubrechen, sondern auch sich in selbstzerstörerische Klage zu verlieren, war Hölderlin nicht fremd – so in der Elegie »Brod und Wein« (1800/1801), in der er die Trauer um den Untergang der Antike und die Götterferne des modernen Lebens artikulierte:

> Aber Freund! wir kommen zu spät. Zwar leben die Götter,
> Aber über dem Haupt droben in anderer Welt.
> Endlos wirken sie da und scheinens wenig zu achten,
> Ob wir leben, so sehr schonen die Himmlischen uns.
> Denn nicht immer vermag ein schwaches Gefäß sie zu fassen,
> Nur zu Zeiten erträgt göttliche Fülle der Mensch.[253]

In »Mnemosyne« schließlich – der letzten vollendeten Hymne aus dem Jahre 1803 – sieht Hölderlin das antike Griechenland vor allem durch seine Toten bestimmt: »Am Feigenbaum ist mein / Achilles mir gestorben, / Und Ajax liegt / An den Grotten der See, / [...] Und es starben / Noch andere viel.«[254] So kann die Erinnerung an das antike Griechenland den modernen Menschen mit vernichtender Gewalt ergreifen.

Hölderlins Antikebegegnung – das ist auch eine zutiefst schmerzvolle und tragische Überwältigung durch die Antike. An Böhlendorff schrieb der Dichter im November 1802: »[...] wie man Helden nachspricht, kann ich wohl sagen, daß mich Apollo geschlagen.«[255]

Charakteristisch für die späten Gedichte wird die Verbindung von Antike und Christentum. In »Brod und Wein« beschwört der Dichter nicht nur eine Antike, die – anders als bei Winckelmann – das Dionysisch-Orphische, Hymnisch-Begeisternde und Trunkene in sich einschließt, sondern auch einen Christus, der »das himmlische Fest«[256] der Antike vollendet habe. Durch das Abendmahl sei das Vermächtnis der antiken Götter auch heute noch wirksam. In der Hymne »Friedensfeier« (1802/1803), in der, nach dem Frieden von Lunéville, der Beginn eines endgültigen Friedens in der Art eines Pindarischen Siegesfestes besungen wird, ruft Hölderlin

---

252 Ebd., S. 149.
253 Ebd., S. 93.
254 Ebd., S. 198.
255 Ebd., Bd. 6/1, S. 432.
256 Ebd., Bd. 2/1, S. 93.

ebenfalls Dionysos und Christus an; in der Ode »Chiron« (1803) – einer Umarbeitung von »Der blinde Sänger« (1801) – deutet er die Sage von diesem durch Herakles verwundeten und dann, nach der Befreiung des Prometheus, erlösten Kentauren im Sinne heilsgeschichtlich-christologischer Allegorese, und in der Hymne »Patmos« (1802/03) stellt Hölderlin die Insel des Apostels Johannes ausdrücklich dem reichen Zypern gegenüber und schreibt: »Johannes. Christus. Diesen möcht' / Ich singen, gleich dem Herkules«.[257] In der Hymne »Der Einzige« schließlich (1801–1803), die in drei (jeweils unvollständigen) Fassungen vorliegt, nimmt Hölderlin eine Relativierung des frühen Herakles-Gedichtes vor, fühlt sich nicht mehr einem revolutionären Überschwang, sondern einer postrevolutionären Wirklichkeit verpflichtet. »Der Einzige« beginnt mit den für Hölderlins Griechenlandsehnsucht charakteristischen Versen:

> Was ist es, das
> An die alten seeligen Küsten
> Mich fesselt, daß ich mehr noch
> Sie liebe, als mein Vaterland?

In dem Gedicht werden Herakles und Dionysos zu Brüdern Christi erklärt, der zum ersten in diesem »Kleeblatt« von Halbgöttern wird, weil er »allein« wirkte und weil Herakles und Dionysos ihre irdische Gestalt nur notgedrungen, Christus aber die seinige in freiwilliger »Bescheidung« auf sich genommen und somit das Maß der Verwirklichung des Göttlichen im Irdischen ganz erfüllt habe. Was das Herakles-Bild dieser Hymne betrifft, so hat Hölderlin nunmehr die forcierte Ausrichtung auf die Apotheose in der frühen Hymne aufgegeben und orientiert, sich wieder stärker Winckelmann und Schiller annähernd, auf die Einheit von Irdischem und Himmlischem (Herakles wird als Ackermann geschildert, und es klingt das Motiv der Reinigung des Augiasstalles an) – indem er Herakles aber nicht mehr den Olymp erobern, sondern neben Christus thronen läßt, Antike und Christentum also miteinander versöhnt, geht er beträchtlich über die ›klassische‹ Spielart der Antikerezeption hinaus und nähert sich eher ›romantischen‹ Konzeptionen an.[258]

Von Hölderlins Ringen um das Tragische zeugen – nach dem »Empedokles« und mit dessen Problematik sich berührend – die 1804 erschienenen Sophokles-Übersetzungen »Ödipus der Tyrann« und »Antigonä« sowie die dazu gehörigen Anmerkungen: Texte, die alles andere als ›Nebenprodukte‹, sondern vielmehr zentrale Werke des späten Hölderlin sind, in denen sich seine ästhetisch-poetologischen Konzeptionen im Hinblick auf Antike und Moderne (wie sie oben referiert worden sind), nochmals deutlich niederschlagen. Zur Zeit ihres Erscheinens haben diese Stücke fast ausschließlich Ablehnung erfahren – denn es lagen bereits drei andere Sophokles-Übertragungen vor, dem Autor sind (teils infolge der Unzulänglichkeit der von ihm benutzten Sophokles-Ausgaben, teils durch sprachliche Mißverständnisse) Übersetzungsfehler unterlaufen, und seine Anmerkungen wurden als dunkel empfunden –; heute werden diese Stücke als Nachdichtungen oder Bearbeitungen mit eigenen Akzenten geschätzt und haben Drama und Theater des 20. Jahrhunderts nachhaltig beeinflußt.

---

257 Ebd., S. 181.
258 Ebd., S. 153–164.

Hölderlin wollte, wie aus den Briefen an seinen Verleger Friedrich Wilmans hervorgeht, *bewußt* keine Übersetzungen im philologischen Sinne verfassen. Am 28. September 1803 schrieb er: »Ich hoffe, die griechische Kunst, die uns fremd ist, durch Nationalkonvenienz und Fehler, mit denen sie sich immer herum beholfen hat, dadurch lebendiger, als gewöhnlich dem Publikum darzustellen, daß ich das Orientalische, das sie verläugnet hat, mehr heraushebe, und ihren Kunstfehler, wo er vorkommt, verbessere.« Und am 2. April 1804: »Ich glaube durchaus gegen die exzentrische Begeisterung [d. h. in Richtung auf die exzentrische Begeisterung hin] geschrieben zu haben und so die griechische Einfalt erreicht; ich hoffe auch ferner, auf diesem Prinzipium zu bleiben, auch wenn ich das, was dem Dichter verboten ist, kühner exponieren sollte, gegen die exzentrische Begeisterung.«[259] Durch Heraushebung des »Orientalischen«, wie er es hier nennt, und durch »exzentrische Begeisterung« – also (nach der Terminologie des Briefes an Böhlendorff) durch das »Feuer vom Himmel« und das »heilige Pathos« – wollte er das der griechischen Kunst Eigentümliche herausarbeiten, das die Griechen selbst zugunsten der »Klarheit der Darstellung« verleugnet hatten, die ursprünglichen Impulse der Sophokleischen Sprache, die der Tragiker gemildert hatte, freilegen und somit das vollenden, was den Griechen selbst zu vollenden nicht möglich war. In den »Anmerkungen zur Antigonä« variiert der Dichter seine Aussage über das Verhältnis von Antike und Moderne noch einmal dahingehend, daß es die »Haupttendenz« der Griechen gewesen sei, »sich fassen zu können«, d. h. die Ekstase in Form und Maß zu bändigen, während es die »Haupttendenz« der abendländischen Kunst sei, »etwas treffen zu können«, d. h. aus den Regeln auszubrechen und das Wirkliche zu ergreifen.[260]

So sind denn auch für Hölderlins Sophokles-Übersetzung eine Intensivierung des Ausdrucks und eine Akzentuierung des ›Dionysischen‹ charakteristisch – weiterhin eine Betonung religiöser Aspekte: Der Dichter deutet die Tragik des »Oidipus Tyrannos« dahingehend, daß Gott und Mensch im Zorn eins geworden seien (indem sich Oidipus in seiner Hybris eigenmächtig mit Apollon identifizierte) und »daß das gränzenlose Eineswerden durch gränzenloses Scheiden sich reiniget«[261] – d. h. daß Oidipus sein Schicksal annimmt und durch sein Opfer das gestörte Verhältnis zwischen Menschen und Göttern wiederherstellt. Auffallend sind auch eine (wie Brecht es später nannte) ›Durchrationalisierung‹ – »Wir müssen die Mythe nemlich überall *beweisbarer* darstellen«, heißt es in den »Anmerkungen zur Antigonä«[262] – sowie eine Doppelsinnigkeit der Aussagen und eine politische Radikalisierung: Oidipus etwa ist stärker als bei Sophokles ein ›Tyrann‹ im pejorativen Sinne des Wortes, und er hat, im Unterschied zum griechischen Vorbild, ein geheimes Wissen um den wirklichen Sachverhalt. Bei Antigone hingegen sind gerade die Gefahren ihres unmittelbaren – »gesezlos[en]«[263] – Gottesverhältnisses betont. Indem sie sich auf eine ursprünglichere Instanz als auf die Gesetze der Polis beruft, ist sie einerseits Gott besonders nahe, andererseits aber auch, da sie sich wie Gott

---

259 Ebd., Bd. 6/1, S. 434 und 439.
260 Ebd., Bd. 5, S. 269 f.
261 Ebd., S. 201.
262 Ebd., S. 268. – Vgl. S. 315.
263 Ebd.

verhält, dessen Gegnerin und muß vernichtet werden. Sie antizipiert eine neue Gesellschaft und verkörpert zugleich deren Ambivalenz. Keineswegs zufällig spielt – vom »Empedokles« an bis zu den Anmerkungen zu »Oidipus« und »Antigone« – das tragische Motiv des Titanenhaften eine bedeutende Rolle.

Noch in den Gedichten der spätesten Zeit werden Reminiszenzen an die Antike sichtbar: so in dem Fragment des Gesanges »In lieblicher Bläue« eine Anspielung auf das Schicksal des Oidipus, das der Dichter mit seinem eigenen in Bezug setzt, oder in »Die Zufriedenheit« die Beschwörung heroischer Gestalten wie bei Homer, Pindar und Sophokles. Ein Gedicht aus Hölderlins Todesjahr 1843 lautet »Griechenland«.

Der führende theoretische Kopf der Frühromantiker war der schon mehrfach genannte FRIEDRICH SCHLEGEL (1772–1829). Seit 1794 ist er mit Arbeiten zur antiken Literatur hervorgetreten – vor allem mit der großen, für sein Literaturverständnis programmatischen Abhandlung »Über das Studium der Griechischen Poesie« (entstanden 1795/96, veröffentlicht 1797). Schlegel begann als Bewunderer des Altertums; seine Arbeiten stehen zunächst in aufklärerisch-klassischer Tradition und sind undenkbar ohne Winckelmann und die Weimarer Klassik. Seine Sympathie in der ›Querelle des anciens et des modernes‹ lag zunächst eindeutig auf seiten der ›Alten‹. Allerdings setzte bereits der frühe Schlegel neue Akzente, suchte in der Antike nicht Einfachheit und Maß, sondern – ähnlich wie Hölderlin – das Orphisch-Dionysische; Goethe und Schiller sprachen in den »Xenien« geradezu vom »hitzigen Fieber« der »Graecomanie«[264].

Symptomatisch ist, daß der Autor (wie zuvor schon Karl Philipp Moritz) nicht von der ›Nachahmung‹, sondern vom ›Studium‹ der Griechen sprach. Aus der Vorbildlichkeit der ›Alten‹ folgte für ihn *nicht* das Postulat, ihnen nachzueifern. War für die Vertreter der Weimarer Klassik die Antike das Beispiel für ein wahrhaftes Leben und eine große Kunst, so sah Schlegel sie in stärkerem Maße historisch. Sein Weg führte nicht zum Klassizismus, sondern zur romantischen Poesie. Bereits Mitte der neunziger Jahre verbanden sich bei ihm Griechenverehrung und Akzeptanz der modernen Kunst. Die antike Kunst war für ihn schön, objektiv und in sich vollendet, die moderne hingegen interessant, subjektiv und universell: »In den Alten sieht man den vollendeten Buchstaben der ganzen Poesie: in den Neuern ahnet man den werdenden Geist.«[265] Seine Neigung galt beiden: »Das Problem unserer Poesie scheint mir die Vereinigung des Wesentlich-Modernen mit dem Wesentlich-Antiken.«[266] Schlegel focht sozusagen auf beiden Seiten der ›Querelle‹.

Die Kritik an der modernen Poesie schlug dann um in deren Apologetik und in eine Distanzierung von den Autoritäten. »Alles Classische ist regreßiv«, heißt es in einem philosophischen Fragment aus dem Jahre 1797. »Von Homer bis auf d[en]

---

264 Johann Wolfgang Goethe / Friedrich Schiller: Die zwey Fieber. In: Goethe: Werke. Hrsg. im Auftrage der Großherzogin Sophie von Sachsen. Weimar 1887–1919, Abt. 1, Bd. 5/1, S. 251 / Schiller: Werke. Nationalausgabe. Weimar 1943 ff., Bd. 1, S. 348.
265 Friedrich Schlegel: Lyceums-Fragment 93. In: Schlegel (wie Anm. 248), Bd. 2, S. 158.
266 Friedrich Schlegel: Brief an August Wilhelm Schlegel, 27. Februar 1794. Ebd., Bd. 23, S. 185.

letzten Hauch d[er] Alten [...]. – Regreßiv also ist classische Tendenz.«[267] Und im 91. Lyceums-Fragment aus demselben Jahre: »Die Alten sind nicht ein willkürlich auserwähltes Kunstvolk Gottes; noch haben sie den alleinseligmachenden Schönheitsglauben; noch besitzen sie ein Dichtungsmonopol.«[268] Schlegel bekannte sich zu Dante, Shakespeare und Goethe als dem »große[n] Dreiklang der modernen Poesie«[269]. Die Moderne erschien ihm als ständige Mischung verschiedener Elemente, als *Streben* nach Vollendung.

Gegen Ende des Jahrhunderts lehrte er, daß die Moderne die Vollendung gar nicht *wolle*, und entwickelte die Theorie des Fragments. Das Altertum trat in seinen Überlegungen zurück oder wurde sogar zur Quelle romantischer Elemente. Schlegels Äußerungen über die Antike sind oft bissig und aggressiv. So heißt es im 143. Athenäums-Fragment (1798): »Man kann niemand zwingen, die Alten für klassisch zu halten, oder für alt; das hängt zuletzt von Maximen ab.« Das 147. Fragment lautet: »Klassisch zu leben, und das Altertum praktisch in sich zu realisieren, ist der Gipfel und das Ziel der Philologie. Sollte dies ohne allen Zynismus möglich sein?« Und das 151.: »Jeder hat noch in den Alten gefunden, was er brauchte, oder wünschte; vorzüglich sich selbst.«[270]

Bedeutsam für die gesamte romantische Kunsttheorie ist Schlegels als Abhandlung in das »Gespräch über die Poesie« (1800) eingeschaltete »Rede über die Mythologie«. Hier konstatiert der Autor zunächst einen uneingeschränkten Vorzug der antiken Literatur: »Es fehlt, behaupte ich, unsrer Poesie an einem Mittelpunkt, wie es die Mythologie für die der Alten war, und alles Wesentliche, worin die moderne Dichtkunst der antiken nachsteht, läßt sich in die Worte zusammenfassen: Wir haben keine Mythologie.« Dann gibt er seiner Gewißheit Ausdruck, daß »wir [...] nahe daran [sind] eine zu erhalten«, ja, fordert dazu auf, »daß wir ernsthaft daran mitwirken sollen, eine hervorzubringen«. Schließlich aber zeigt es sich, daß die Aussage »Mythologie und Poesie, beide sind eins und unzertrennlich« nur *formal* antiken Vorgaben folgt, *inhaltlich* aber das »Gegenteil« bedeutet: Während die alte Mythologie »überall die erste Blüte der jugendlichen Fantasie« gewesen sei, »sich unmittelbar anschließend und anbildend an das Nächste, Lebendigste der sinnlichen Welt«, müsse die neue Mythologie »aus der tiefsten Tiefe des Geistes herausgebildet werden; es muß das künstlichste aller Kunstwerke sein, denn es soll alle andern umfassen, ein neues Bette und Gefäß für den alten ewigen Urquell der Poesie und selbst das unendliche Gedicht, welches die Keime aller andern Gedichte verhüllt«.[271] ›Mythos gegen Rationalität‹ ist, auf eine kurze Formel gebracht, die Quintessenz dieser Schrift, die allerdings – auch wenn das »Gespräch über die Poesie« unter dem Einfluß von Platons »Symposion« steht – weniger als Antikerezeption im engeren Sinne denn als eine theoretische Konstruktion anzusehen ist.

In Schlegels restaurativer Phase ab 1802 ist die Antike kein Vorbild mehr, sondern völlig in den Gang der Literaturgeschichte eingeordnet. Seine Vorlesungen zur

---

267 Ebd., Bd. 18, S. 26.
268 Ebd., Bd. 2, S. 158.
269 Friedrich Schlegel: Athenäums-Fragment 247. Ebd., S. 206.
270 Ebd., S. 188 f.
271 Ebd., S. 312.

»Geschichte der alten und neuen Literatur« (1812, gedruckt 1815) beginnen zwar mit der Antike – aber ihr waren nur drei der 16 Vorlesungen gewidmet. Die anderen betrafen den Orient, die nordische Welt der Germanen, das Mittelalter und die europäische Literatur seit dem 16. Jahrhundert. Vor allem in diesen Proportionen – nicht so sehr in den Aussagen zur griechischen und römischen Literatur selbst – schlägt sich die gewandelte Auffassung über das Altertum nieder. Daß Schlegel auch noch in seiner Spätphase durchaus mit antiken Symbolen arbeitete, belegen die Hinweise auf die Sibyllenorakel und andere Mysterien zur Begründung einer Literatur mit mythisch-religiösen Zügen in den »Fragmenten zur Poesie und Literatur« und in den »Studien zur Geschichte und Politik«.

Friedrich Schlegel war weniger Schriftsteller als Theoretiker. Das wichtigste literarische Zeugnis seiner Antikerezeption ist die »Idylle über den Müßiggang« aus dem Roman »Lucinde« (1799), einem spezifisch romantischen Werk, das ganz im Sinne des 116. Athenäums-Fragments alle traditionellen Gattungsgrenzen überschreitet. Im Prometheus- und Herakles-Bild dieser »Idylle« offenbaren sich die Wandlungen vom klassischen zum romantischen Antikebild besonders prononciert und provokant: Prometheus, der »Erfinder der Erziehung und Aufklärung«, der »die Menschen zur Arbeit verführt hat«, ist aus einem Symbol für die schöpferischen Fähigkeiten des Menschen zum Prototyp eines ewig unbefriedigten und ewig gefesselten Arbeitenden geworden, dessen unermüdliches und hastiges Tätigsein sich als letztlich sinnlos erweist; für den »vergötterte[n] Herkules« hingegen, »der funfzig Mädchen in einer Nacht für das Heil der Menschheit beschäftigen konnte« und dessen irdische Arbeiten nur en passant erwähnt werden, war »das Ziel seiner Laufbahn [...] ein edler Müßiggang«. »Nur mit Gelassenheit und Sanftmut«, kommentiert Julius, der Held dieses romantischen Romans, »in der heiligen Stille der echten Passivität kann man sich an sein ganzes Ich erinnern, und die Welt und das Leben anschauen. [...] unter allen Himmelsstrichen ist es das Recht des Müßiggangs was Vornehme und Gemeine unterscheidet, und das eigentliche Prinzip des Adels.«[272] Dies ist keine *Absage* an die Antike, wohl aber eine einschneidende *Akzentverlagerung* – bedeutend schärfer als die partiellen Distanzierungen von Prometheus bei Wieland, Herder, Schiller oder Goethe und deutlich unterschieden von der Suche nach einer Synthese zwischen Göttlichem und Menschlichem in den Herakles-Bildern von Winckelmann, Schiller oder Hölderlin.

Aus Schlegels eleganter, aber ziemlich künstlich wirkender Lyrik ragt – abermals ein Beleg für seine Wertschätzung der Herakles-Gestalt – das Lehrgedicht »Herkules Musagetes« (1801) hervor, eine Art ›Metamorphose der Poesie‹ (und als solche ein Gegenstück zu Goethes »Metamorphose der Pflanze«). Schlegel verficht hier den Gedanken einer im Einklang mit den Naturkräften stehenden geistigen Harmonie der Welt durch das Medium der Kunst als Universalpoesie. Der Künstler soll sich dem göttlichen Schöpfer ähnlich empfinden. In diesem Gedicht beginnt auch schon jene Ausrichtung auf die Nation, die in der Folgezeit Schlegels Denken weitgehend bestimmen wird.

Mit seinem »Alarcos« (1802) wollte Friedrich Schlegel »in romantischem Stoff und Costum« »ein Trauerspiel [...] im antiken Sinne des Worts« – und zwar, wie er

---

272 Ebd., Bd. 5, S. 27–29.

in einer Anmerkung hinzufügt, »Vorzüglich nach dem Ideale des Aeschylus« – schaffen.[273] Das Experiment muß als gescheitert angesehen werden.

Friedrichs älterer Bruder AUGUST WILHELM SCHLEGEL (1767–1845) – auch er ein vorzüglicher Kenner der antiken und modernen Dichtung und ebenfalls mehr Theoretiker als Poet – war in seinen Jenaer Vorlesungen noch von einer überzeitlichen Bedeutung der antiken und einer bloß historischen der modernen Kunst ausgegangen; in der Einleitung zu seinen Berliner Vorlesungen über die »Geschichte der romantischen Literatur« (1802/03) aber hat er die Begriffe ›klassisch‹ und ›romantisch‹ deutlich einander gegenübergestellt und den Eigenwert des Romantischen hervorgehoben: »Den Zweifel, welcher sich hie und da noch regt, ob es denn wirklich eine romantische, d. h. eigentümlich moderne, nicht nach den Mustern des Altertums gebildete, und dennoch nach den höchsten Grundsätzen für gültig zu achtende, nicht bloß als wilde Naturergießung zum Vorschein gekommene, sondern zu echter Kunst vollendete, nicht bloß national und temporär interessante, sondern universelle und unvergängliche Poesie gebe: diese Zweifel, sage ich, hoffe ich befriedigend zu heben.«[274]

Zuvor bereits – in den Vorlesungen über »Theorie, Geschichte und Kritik der schönen Künste« (1801) – hatte Schlegel erklärt: »Höchst wesentlich ist für die Kunstgeschichte die Anerkennung des Gegensatzes zwischen dem modernen und antiken Geschmack.« Die ›Querelle des anciens et des modernes‹ habe die alten und die neueren Schriftsteller »nur dem Gerede nicht der Art nach [für] verschieden« gehalten: »[...] gewöhnlich verglich man nur solche Autoren mit den alten, die sich ganz nach dem klassischen Altertum gebildet hatten und auf der Bahn desselben fortzugehen suchten.« Er aber verkündet, daß »die Werke, welche eigentlich in der Geschichte der modernen Poesie Epoche machen, ihrer ganzen Richtung, ihrem wesentlichsten Streben nach mit den Werken des Altertums im Kontraste stehen und dennoch als vortrefflich anerkannt werden müssen.«[275]

Im auffallenden Gegensatz zu diesen theoretischen Konzeptionen war August Wilhelm Schlegel in seinen eigenen Dichtungen eher Klassizist. So schrieb er 1801 einen »Ion«: die freie Umgestaltung des Stoffes von Euripides' Spätwerk, in dem er – ganz im Sinne der Goetheschen »Iphigenie« – den antiken Mythos humanisieren und »ein heroisches Familiengemälde« schaffen wollte, da »alles Menschliche von der Familie« ausgehe[276]. Schlegel hat die Charaktere sämtlicher Hauptgestalten veredelt; er hat die Menschen stärker aus eigener Verantwortung agieren und Apoll als handelnde Person zurücktreten lassen und sowohl auf die Täuschung von Ions Stiefvater Xuthos wie auf Athene als *dea ex machina* verzichtet. Das Hauptgewicht liegt nicht mehr auf der Wiedererkennung von Ion und seiner Mutter Kreusa, sondern auf dem Zusammenfinden einer Familie. Der »Ion« ist am 2. Januar 1802

---

273 Friedrich Schlegel: Literatur. Ebd., Bd. 3, S. 14.
274 August Wilhelm Schlegel: Kritische Schriften und Briefe. Hrsg. von Edgar Lohner. Stuttgart 1962–1974 = Sprache und Literatur 2, 5, 12, 20, 33, 38, 83, Bd. 3, S. 14.
275 Ebd., Bd. 2, S. 24
276 August Wilhelm Schlegel: Ueber den deutschen Ion. Schreiben an den Herausgeber der Zeitung für die elegante Welt. In: Schlegel: Sämtliche Werke. Hrsg. von Eduard Böcking. Leipzig 1846 (Nachdruck Hildesheim, New York 1971), Bd. 9, S. 206 f.

unter Goethes Regie in Weimar uraufgeführt worden. Goethe hatte sich leidenschaftlich dafür engagiert, weil er in dem Werk – noch dazu von einem *jüngeren* Autor – eine Unterstützung seines klassizistischen Theaterprogramms sah, und unterdrückte kritische Stellungnahmen; Schelling glaubte, »daß das Antike in diesem Theil aufhören konnte es zu sein, und unser werden«[277], und Wieland nahm die Aufführung zum Anlaß, selbst den Euripideischen »Ion« zu übersetzen. Dennoch fand das Stück – das kurz darauf noch einmal von Iffland in Berlin inszeniert worden und 1803 erschienen ist – wenig Anklang. Empfanden es die Zeitgenossen als ›unsittlich‹, so erscheint es aus heutiger Sicht im Vergleich nicht nur mit der dichterischen Gestaltungskraft und dem weltanschaulichen Gehalt der Euripideischen Tragödie, sondern auch mit Goethes »Iphigenie«, Hölderlins »Empedokles« oder Kleists »Amphitryon« und »Penthesilea« denn doch recht ›hausbacken‹.

Als Lyriker verherrlichte August Wilhelm Schlegel die schöpferische Kraft des Menschen und die Macht der Kunst. Schiller – in dessen Bahnen er wandelte und gegenüber dem er bereits die für das 19. Jahrhundert symptomatische Harmonisierung und Trivialisierung der Antike einleitete – hat mehrere seiner umfangreichen, thematisch bedeutsamen und künstlerisch vorzüglich gestalteten, letztlich jedoch etwas glatten Gedichte in seinen »Musenalmanach« aufgenommen. In »Pygmalion« (1796) verwandelte Schlegel im Vergleich zu seiner Quelle, den »Metamorphosen« des Ovid, die Belebung der selbstgeschaffenen Statue »aus einem zufälligen Wunder« zum »natürlichen Lohn des Künstlers« für seinen hingebenden Dienst an der Kunst – so die Interpretation Friedrich Schlegels, der das Gedicht über sein Vorbild stellte[278] (selbst allerdings anstelle der von seinem Bruder vorgenommenen *Trennung* zwischen Sinnen- und Seelenliebe in der »Lucinde« die *Synthese* zwischen künstlerischer und erotischer Belebung besang). Das (etwas weitschweifige und banale) Terzinen-Gedicht »Prometheus« (1797) klingt – ganz anders als Friedrichs »Idylle über den Müßiggang« – im Lob des freien Menschen aus. Die Romanze »Arion« (1797) schließlich berührt sich eng mit Schillers »Kranichen des Ibykus« und ist in dessen »Musenalmanach« auch im unmittelbaren Anschluß daran veröffentlicht worden. In beiden Gedichten fällt ein Dichter unter Räuber und Mörder. Bei Schiller wird er ein Opfer, und Kunst und Natur (Theater und Kranichzug) tragen lediglich dazu bei, daß am Ende die irdische Gerechtigkeit wiederhergestellt wird und die Mörder für ihre Tat büßen; bei Schlegel stellt – der antiken Sage entsprechend – der Dichter selbst durch seinen Gesang eine unmittelbare Beziehung zur Natur her und bewegt die Delphine, ihn zu retten. Der Künstler wird zum Gott – und die Räuber werden, als höchste Strafe, von der Kunst ausgeschlossen: »Fern mögt ihr zu Barbaren, / Des Geizes Knechte, fahren; / Nie labe Schönes euren Muth!«[279] Während in Schillers Ballade der düstere Erinyenchor nur den Sieg des Sittengesetzes vorbereitet, kündet Schlegel von einer viel unbedingteren Verehrung der Kunst und des Künstlers. Zudem verbindet sich bei ihm die Verklärung der Kunst mit christlicher Verzeihung.

---

277 Zitiert nach: Gerhard Schulz (wie Anm. 228), Bd. 1, S. 561.
278 Friedrich Schlegel: Musenalmanach für das Jahr 1797. Hrsg. von Schiller. [Rezension.] In: Schlegel (wie Anm. 248), Bd. 2, S. 33.
279 August Wilhelm Schlegel: Sämtliche Werke (wie Anm. 276), Bd. 1, S. 210.

Das Arion-Sujet erwies sich als paradigmatisch für eine romantische Universalpoesie. Im selben Jahr wie Schlegel hat Ludwig Tieck eine Ballade »Arion« mit dem Dank des geretteten Dichters enden lassen und dem Schicksal der Mörder nicht weiter nachgefragt, während Novalis, der die Sage in seinem »Heinrich von Ofterdingen« nacherzählte, die poesiefeindlichen Mörder an Zwistigkeiten unter sich selbst zugrunde gehen läßt. In Philipp Otto Runges (1777–1810) großer Aquarellzeichnung »Arions Meerfahrt« (1809) hat der Stoff danach auch noch einen bildkünstlerischen Ausdruck gefunden.

Bemerkenswert für die Wandlungen des Antikebildes um 1800 ist August Wilhelm Schlegels Elegie »Rom« aus dem Jahre 1805: ein großer Abgesang auf die Antike in ihren eigenen Formen. Das Gedicht führt in einer Überfülle von Mythologie und Gelehrsamkeit ein großes Panorama römischer Geschichte, Aufstieg und Untergang der letzten Hauptstadt antiken Lebens vor:

> Hast du das Leben geschlürft an Parthenope's üppigem Busen,
> Lerne den Tod nun auch über dem Grabe der Welt.

Der Geist »tiefsinniger Schwermuth«, der den modernen »Wanderer« bei »oft weilendem Gang durch des Ruins Labyrinth« anfällt, wirkt wie eine Antizipation von Byrons ›Weltschmerz‹, der seit dessen »Childe Harold« (1812) Europa erfaßte:

> Altert die Welt? und indeß wir Spätlinge träumen, entlöst sich
> Ihr hinfälliger Bau schon in lethäisches Graus?
> Mit gleichmüthigem Sinne der Dinge Beschluß zu erwarten,
> Kein unwürdiger Ort wäre die ewige Stadt.

Wenn Schlegel auch im Blick auf die »edle Gefährtin« (Germaine von Staël, der er das Gedicht gewidmet hat) im Epilog eine »freudige Wiedergeburt« erwägt, so überwiegt doch der Gedanke von einem grundsätzlichen Kreislauf aus dem Elementaren zurück ins Elementare.[280]

Schlegels Rom-Elegie zeigt anschaulich die Vielschichtigkeit des Verhältnisses zwischen Antike und Christentum, zwischen Vergangenheit und Gegenwart, zwischen klassischer und romantischer Kunst, das zu Beginn des 19. Jahrhunderts im Werk der wegweisenden Schriftsteller zum Ausdruck kam. Das Wissen um eine Spät- und Endzeit verbindet den Verfasser dieser Elegie mit Schiller, der in dem Lied »An die Freunde« (1803) die Verse geprägt hat: »Aber Rom in allem seinem Glanze / Ist ein Grab nur der Vergangenheit«[281], mit der Romerfahrung in Jean Pauls »Titan« und dem Athenbild in Hölderlins »Hyperion«, mit dem Goethe des Helena-Aktes sowie mit Hegels und Heines Erkenntnis vom Ende der ›Kunstperiode‹[282].

August Wilhelm Schlegels Gedicht und der Tod Schillers haben WILHELM VON HUMBOLDT zu einer eigenen, in trochäischen Stanzen verfaßten und Caroline von

---

280 Ebd., Bd. 2, S. 21 und 30.
281 Friedrich Schiller (wie Anm. 264), Bd. 2/1, S. 226.
282 Vgl. Georg Wilhelm Friedrich Hegel: Ästhetik. Hrsg. von Friedrich Bassenge. Berlin, Weimar 1965, Bd. 1, S. 21f., 24, 110f. und 581; Heinrich Heine: Die deutsche Literatur von Wolfgang Menzel. In: Heine: Historisch-kritische Gesamtausgabe der Werke. Hrsg. von Manfred Windfuhr. Hamburg 1973–1997, Bd. 10, S. 247f.; Ders.: Die romantische Schule. Ebd., Bd. 8/1, S. 125.

Wolzogen gewidmeten Rom-Elegie (1806) angeregt, die gleichfalls von einer melancholischen Stimmung geprägt ist:

> So von Oed' und Kummer trüb umschwebet,
> Blicken, wie durch zarten Trauerflor,
> Roms Gefild', und einsam klagend strebet
> Trümmer dicht an Trümmer nur hervor.

Diese Stimmung aber steht im Kontrast zu einer letztlich dominierenden Lobpreisung der ›ewigen Stadt‹:

> Mag dahin das Rad der Zeit auch eilen,
> Wird die Siebenhügelstadt genannt.
> Ewig hiess sie in der Vorwelt Munde,
> Ewig tönt der Nachwelt ihre Kunde.

Bezeichnenderweise geht Humboldt im Rahmen seines hellenozentrischen Antikebildes nicht nur auf die römische Geschichte ein, sondern verherrlicht auch Griechenland, dessen Kultur durch Rom bewahrt wurde:

> Ewig hätt' Homeros uns geschwiegen,
> Hätte Rom nicht unterjocht die Welt.[283]

Für das Werk von NOVALIS (Friedrich von Hardenberg; 1772–1801) sind antike Motive fast ausschließlich im Hinblick auf die Kunstthematik bedeutsam gewesen. Bereits unter seinen (eher konventionell anmutenden) dichterischen Jugendarbeiten, in denen er mehrfach griechische Sujets aufgegriffen hat, ragt eine Verserzählung »Orpheus« hervor, und auch von seinen frühen Übersetzungsversuchen aus Homer, Pindar, Theokrit, Vergil und Horaz sind – neben der anhaltenden Beschäftigung mit Vergils 4. Ekloge – vor allem Verse aus dessen »Georgica« über den thrakischen Sänger erwähnenswert. In »Die Lehrlinge von Sais« (geschrieben 1798) und im »Heinrich von Ofterdingen« (entstanden 1799/1800, veröffentlicht 1802) finden sich gelegentliche Reminiszenzen an griechische Sagen und philosophische Lehren (etwa an Eros und Perseus in »Klingsohrs Märchen«). Im zweiten Kapitel des Romans aber erzählen Kaufleute die bereits erwähnte Sage von Arion, durch die Heinrich zum ersten Male vom Wesen des Dichtertums erfährt.[284]

Für den zweiten Teil des »Heinrich von Ofterdingen« hatte Novalis eine »Geschichte des Orpheus« geplant. In den »Vorarbeiten zum Roman« findet sich die auf Orpheus und dessen Tod bezügliche Notiz: »*Auflösung eines Dichters in Gesang –* er soll geopfert werden unter wilden Völkern«; und Wendungen wie »der Dichter in *der Hölle*« und »Der Dichter verliert seine Geliebte« lassen im mittelalterlichen Kontext ebenfalls Orpheus-Motive anklingen. Wie aus den »Berliner Papieren« hervorgeht, sollte Heinrich »Nach Griechenland verschlagen« werden und in die Gärten der Hesperiden kommen; ja, das dritte Kapitel des zweiten Teils sollte den

---

283 Wilhelm von Humboldt: Gesammelte Schriften. Hrsg. von der Königlich Preußischen Akademie der Wissenschaften. Berlin 1903–1935 (Photomechan. Nachdruck 1968), Bd. 9, S. 29, 25 und 35.
284 Novalis: Schriften. Hrsg. von Paul Kluckhohn und Richard Samuel. Stuttgart ³1977ff., Bd. 1, S. 211–213.

Titel »Das Alterthum« tragen. Novalis schrieb: »Die Erzählung [...] von dem Dichter, der seine Geliebte verlohren hat, muß nur auf Heinrichen angewandt werden. [...] Heinrich gerät unter Bacchantinnen – Sie tödten ihn – der Hebrus tönt von der schwimmenden Leyer. Umgekehrtes Märchen. / Mathilde steigt in die Unterwelt und holt ihn. / Poëtische Parodie auf Amphion.«[285]

Während Hölderlin vorrangig auf die Antike fixiert ist und von dorther zur Verbindung mit dem Christentum gelangt, sieht Novalis das Altertum als *einen* Bereich unter mehreren und zielt entweder auf eine Synthese zwischen Christentum und ›Heidentum‹ unter dem Primat des ersteren oder auf deren ausgesprochenen Gegensatz. Im Plan zur Fortsetzung des »Heinrich von Ofterdingen« heißt es: »Die entferntesten und verschiedenartigsten Sagen und Begebenheiten verknüpft. Dies ist eine Erfindung von mir. [...] Hinten wunderbare Mythologie. [...] Hinten die Poëtisierung der Welt – Herstellung der Märchenwelt. Aussöhnung der kristlichen Relig[ion] mit der heydnischen.«[286] In der fünften der im Jahre 1800 erschienenen »Hymnen an die Nacht« aber stellt der Dichter der heiteren diesseitigen Welt der Antike als unbewältigten Fremdkörper den Tod gegenüber: »Es war der Tod, der dieses Lustgelag / Mit Angst und Schmerz und Thränen unterbrach.«[287] In unmittelbarer Auseinandersetzung mit Schillers Gedicht »Die Götter Griechenlandes« beschränkt er sich nicht auf eine Klage über den Untergang der griechischen Götter und auf eine Anklage gegen die disharmonische Gegenwart, sondern besingt die Erlösungstat Christi, durch die der Tod überwunden und eine neue Harmonie in einem jenseitigen Liebesreich begründet wurden.

Die Antike ist für Novalis kein nachzuahmendes Vorbild, sondern etwas, was erst durch den schöpferischen Künstler der Gegenwart entsteht. »[...] man irrt sehr, wenn man glaubt, daß es Antiken giebt. Erst jezt fängt die Antike an zu entstehen. Sie wird unter den Augen und der Seele des Künstlers. Die Reste des Alterthums sind nur die specifischen Reitze zur Bildung der Antike.«[288] Tatsächlich allerdings heißt dies für ihn, daß antike Motive in seinem dichterischen Werk nur noch von marginaler oder unterschwelliger Bedeutung sind – etwa in der Aufnahme orphischen Gedankenguts in der Todes- und Wiederkehr-Motivik der »Hymnen an die Nacht«. Es ist aufschlußreich, daß in Tiecks Bericht über die Fortsetzung des »Heinrich von Ofterdingen« nur pauschal auf den Aufenthalt in Griechenland und Rom eingegangen und auf das Orpheus-Motiv überhaupt nicht hingewiesen wird.

Stärker ausgeprägt war die Antikerezeption im Werk LUDWIG TIECKS (1773–1853). Es dominieren satirische Elemente, das Thema der Kunst und die vielschichtige Problematik des Verhältnisses von Altertum und Gegenwart, von Antike und Christentum. In Stücken wie »Der gestiefelte Kater« (1797) hat der Schriftsteller in Aristophanischer Art Literatursatiren geschrieben, die theatralische Illusion durchbrochen und mit dem Publikum gespielt; in dem Briefroman »William Lovell« (1795/96) ist die Suche nach einer phantastischen Antike als Kontrast zur phili-

---

285 Ebd., S. 337, 342 und 344 f.
286 Ebd., S. 345–347.
287 Ebd., S. 143.
288 Novalis: Über Goethe. Ebd., Bd. 2, S. 640.

strösen Gegenwart mit desillusionierenden Zügen gepaart. In der Komödie »Die verkehrte Welt« (entstanden 1797, erschienen 1800) stellt Tieck dem Vertreter der Aufklärung und einer kunstfeindlichen Volksherrschaft Scaramuz, der den Apoll spielt, den echten Apollon als Verkörperung antiker Schönheit gegenüber, der die Kunst aus der Misere der Gegenwart führen soll. Auch in »Der neue Herkules am Scheidewege« (1800) hat der Autor das tradierte Sujet ins Kunstprogrammatische gewendet: Der Held hat zwischen dem Dienst an der verdorbenen Gesellschaft und dem Dienst an der Kunst zu wählen.

Ambivalent ist die Verwendung des ›klassischen‹ Antikebildes in den Novellen »Der getreue Eckart und der Tannhäuser« (1799) und »Der Runenberg« (entstanden 1801, erschienen 1804). Im »Getreuen Eckart« lebt die Welt der ›heidnischen‹ Götter als ein Paradies aller Lüste und Sinnenfreuden wieder auf – doch es wird zugleich betont, daß diese Götter durch den christlichen Gott unter die Erde verbannt worden sind; im »Runenberg« wird der Pygmalionmythos als ironische Satire auf den Schöpfergestus inszeniert: Als belebtes Marmorbild erscheint eine geheimnisvolle und betörende Verführerin, vor deren Dämonie der Künstler sich nicht zu retten vermag. Die Märchennovelle »Die Vogelscheuche« (1835) wird durch die romantische Konzeption einer ›neuen Mythologie‹ geprägt, und der historische Roman »Vittoria Accorombona« von 1840 zielt auf eine Synthese von Klassik und Romantik, von Renaissance und Christentum im Zeichen der Kunst.

Tieck hat sich – wie aus theoretischen und persönlichen Äußerungen hervorgeht – ausgiebig mit der antiken (und zwar überwiegend der griechischen) Literatur befaßt. Dabei nahm er zwischen 1789 und 1791 eine ablehnende Haltung ein, während man von 1792 bis 1819 geradezu von einer »romantischen Verherrlichung« sprechen kann. In seiner Dresdner Zeit (1819–1841) hat er mehrfach antike Autoren rezitiert, und seine Potsdamer Inszenierungen von 1841 bis 1853 – allen voran diejenige der Sophokleischen »Antigone«, die erste neuzeitliche Inszenierung eines *originalen* antiken Stückes überhaupt – können sogar als ein Höhepunkt in seiner Beschäftigung mit den griechischen Tragikern bezeichnet werden. Gerade ein Autor wie Tieck belegt, daß in der Romantik, trotz vieler Vorbehalte, durchaus noch eine produktive Beziehung zum Altertum bestand und daß diese in der Mitte des 19. Jahrhunderts sogar in eine neue Phase der Antikerezeption – die der Aufführung griechischer Stücke – überzuleiten vermochte.

Die Zeit der Hoch- und Spätromantik
Von Heinrich von Kleist bis Franz Grillparzer

Ebenso wie Jean Paul und Friedrich Hölderlin war HEINRICH VON KLEIST (1777–1811) – der bedeutendste der Autoren, die nach der Jahrhundertwende zu schreiben begannen – *kein* Romantiker im strengen Sinne des Wortes. Unter den Schriftstellern seiner Generation hatte er die wohl intensivste Beziehung zur Antike – eine Beziehung allerdings, die zugleich, markanter als bei seinen Zeitgenossen, eine Umwertung des harmonisierenden und idealisierenden Antikebildes in der Art Winckelmanns und seiner Nachfolger bedeutete.

Der »Amphitryon« von 1807 trägt zwar die Bezeichnung »Lustspiel« und war ursprünglich als reine Bearbeitung des Molièreschen Stückes geplant – tatsächlich aber stellt der Autor in starkem Maße *tragische* Momente vor Augen, wie sie dem Stoff in der vorplautinischen Tradition inhärent waren. Höchst problematisch ist bereits die Gestalt des Jupiter. Traditionell als der große Liebende gezeichnet, der einen Helfer der Menschen zeugt, erscheint er bei Kleist in verschiedenen Funktionen: als vollendeter Mensch und als olympischer Gott, als Inkarnation des (pantheistisch verstandenen) Göttlichen überhaupt und als der strafende Gott des Alten Testaments, als etwas Widergöttliches und Teuflisches und als einsame, unvollendete Gottheit, die der Liebe zu einer irdischen Frau bedarf. Qual und Gefühlsverwirrung der Alkmene aber erreichen ihren Höhepunkt, als sie vor die Wahl gestellt wird, zwischen den beiden Amphitryonen den richtigen zu wählen, und sich gegen ihren Gatten ausspricht, indem sie »Solch einen Bau gemeiner Knechte / Vom Prachtwuchs dieser königlichen Glieder« unterscheidet. Ihr Bekenntnis zu Jupiter und ihre Verurteilung des Amphitryon sind in einer solchen Schärfe vorgetragen, daß die Enthüllung der Wahrheit nur zu Verzweiflung führen kann:

> Laß ewig in dem Irrtum mich, soll mir
> Dein Licht die Seele ewig nicht umnachten.

Als Jupiter dann doch die Wahrheit kundtut und das Stück zu einem feierlich-religiösen Abschluß gebracht wird, so daß Amphitryon sich durch den Besuch des Gottes und durch die Ankündigung der Geburt des Herakles sogar geehrt und erhöht fühlt, verbleibt der Alkmene nichts anderes als ein ambivalentes »Ach!«. Im Grunde ist der Konflikt unlösbar geworden.[289]

Kleist hat, verzweifelt über die postrevolutionäre Wirklichkeit der bürgerlichen Gesellschaft und erschüttert durch die Erfahrungen seines Lebens und seiner philosophischen Studien, Trug, Verwirrung und Identitätsverlust in geradezu tragischem Ton gestaltet und nur noch einen vagen Ausblick auf eine transzendente Synthese für möglich gehalten. Das Stück ist von den Zeitgenossen im Spannungsfeld zwischen Antike und Moderne, zwischen Altertum und Christentum gesehen worden. Hatte Adam Müller (1779–1829) in seiner Vorrede erklärt, daß Kleist »nach einer gewissen *poetischen Gegenwart*« strebe, »in der sich das Antike und Moderne [...] dennoch wohlgefallen werden«, das Stück somit zustimmend als Vermittlung zwischen Antike und Moderne interpretiert, so kritisierte es Goethe als »das seltsamste Zeichen der Zeit«. Er erblickte darin eine romantische »Deutung der Fabel ins Christliche«, eine »Überschattung der Maria vom Heiligen Geist« und den Versuch, »die beiden entgegengesetzten Enden eines lebendigen Wesens durch Contorsionen« zusammenzubringen. Goethe sah in der Vermischung des Göttlichen und Menschlichen das Symptom einer grundsätzlichen Störung der universellen Weltordnung und tadelte, daß Kleist, während die ›Alten‹ eine »Verwirrung der Sinne« gestalteten, auf eine »Verwirrung des Gefühls« hinausgehe.[290] Der prinzipielle Gegensatz zwischen dem Antikebild der Weimarer Klassik und dem der nachklassischen Autoren kommt hierin paradigmatisch zum Ausdruck. Allerdings

---

289 Heinrich von Kleist: Werke und Briefe in vier Bänden. Hrsg. von Siegfried Streller in Zsarb. mit [...]. Berlin, Weimar 1978, Bd. 1, S. 402, 404 und 406.
290 Zitiert nach: Ebd., S. 610.

dienen – im Unterschied zu einer Annäherung des griechischen Mythos an das Christentum kirchlicher Konvention, wie sie für viele Romantiker typisch war – die christlichen Anklänge bei Kleist weniger der Aufrechterhaltung als gerade der Säkularisation und Aufhebung des Glaubens.

Prononcierter noch sind die Abkehr vom ›klassischen‹ Antikebild und die Entgötterung der Welt in der »Penthesilea« (1808), einer Tragödie, die erstmals in aller Schärfe die ›dunklen Seiten‹ der Antike in den Blickpunkt rückt und wie eine ›Gegen-Iphigenie‹, eine Abgrenzung von der Einheit zwischen Göttlichem und Menschlichem bei Hölderlin und eine Antizipation des ›dionysischen‹ Antikebildes von Nietzsche und Schriftstellern des 20. Jahrhunderts wirkt. Wo Winckelmann, Herder, Goethe und andere Autoren bewußt eine Humanisierung und Harmonisierung der Antike vornahmen, dort bezog sich Kleist vor allem auf ›barbarische‹ Züge – die es sehr wohl bei Homer und den Tragikern ebenfalls gab. So erinnert die »Penthesilea« an das Wahnsinnsmotiv in den »Bakchen« sowie an die Jagdmetaphorik in dieser Tragödie und im »Hippolytos« des Euripides. Es verwundert nicht, daß Goethe sich auch mit diesem Stück »nicht befreunden« konnte und daß sowohl Kleists Zeitgenossen wie auch die Schriftsteller der nachfolgenden Generationen ihm entweder ratlos oder entrüstet gegenüberstanden. Das erste vorbehaltlose Bekenntnis zur »Penthesilea« stammt von Detlev von Liliencron aus dem Jahre 1884, und erst zu Beginn des 20. Jahrhunderts, im Vorfeld und im Zeichen des Expressionismus, war es weithin anerkannt. Noch Georg Lukács aber hat in seinem Essay »Die Tragödie Heinrich von Kleists« (1936) dem Stück (ebenso wie dem »Amphitryon«) Modernisierung und Enthumanisierung der Antike vorgeworfen: »[...] sie tragen die Gefühlsanarchie einer entstehenden neuen Barbarei in die Antike hinein.«[291] Damit zielte er faktisch freilich weniger auf Kleist selbst als auf präfaschistische und faschistische Deutungen und Mythologisierungen des Dichters.

Das Stück widerspiegelt die Gebrechlichkeit des Menschen und der Welt. Der Konflikt entsteht zunächst aus der Kollision der Liebe mit dem Gesetz des Amazonenstaates, das die Männer nur als Instrumente zur Fortpflanzung betrachtet, die erobert und nach vollendeter Pflicht wieder heimgesandt werden müssen, und das keinen Platz für die Liebe und damit für die Selbstverwirklichung des Individuums kennt. Die (um 1800 weniger erkannte denn erahnte) matriarchalische Welt der Amazonen nun stößt mit der nur auf Besitz und Herrschaft gerichteten patriarchalischen Welt vor Troja zusammen – in der ebensowenig nach Liebe gefragt wird. Kleist gestaltet weder einen bloßen Konflikt zweier Individuen noch einen Antagonismus von ›Natur‹ und ›Unnatur‹ (der Amazonenstaat verkörpert *keine* höhere Ordnung, wie es, aus der Sicht des 20. Jahrhunderts heraus, manche Interpreten darstellen), sondern einen Zusammenstoß zweier miteinander unvereinbarer gesellschaftlicher Systeme und Konventionen, die gleichermaßen dem Anspruch der Liebenden entgegenstehen. Die Liebe zwischen Penthesilea und Achill will sowohl das patriarchalische Besitzergreifen der Frau durch den Mann wie die matriarchalische Eroberung des Mannes durch die Frau negieren und führt, indem sie allen ›realen‹ menschlichen Lebensformen widerstrebt, zu einem entsetzlichen Untergang.

---

291 Zitiert nach: Ebd., Bd. 2, S. 648.

Die Tragik entsteht auch deshalb, weil die beiden Liebenden ganz auf ihre beschränkte, dem Irren ausgesetzte menschliche Erkenntnisfähigkeit angewiesen sind, die sich letztlich als eine säkularisierte Religiosität erweist. Penthesilea fühlt sich vom »Gott der Liebe« ereilt, als sie Achill trifft; Achill selbst aber, der »Göttersohn«, fordert von ihr: »Du sollst den Gott der Erde mir gebären!« Gemeint ist ein Wesen, von dem Prometheus sagen könnte: »Hier ward ein Mensch, so hab ich ihn gewollt!«[292] Auch bei Kleist ist der prometheische Anspruch nicht realisierbar. In den Wirrnissen dieser Liebe und leidend unter dem Zusammenstoß miteinander unvereinbarer Anforderungen versucht Penthesilea dann, durch Grausamkeit Göttliches in Menschliches einzubringen. In der überlieferten Sage wird die Amazonenkönigin getötet und soll in den Skamander geworfen oder für die Hunde liegengelassen werden – bei Kleist tötet sie den geliebten Achill in Verkennung von dessen wirklichen Absichten und stürzt sich dann mit Hunden auf die Leiche, um sie zu zerfleischen. In ihrem Gefühl und schließlich auch in ihrem Handeln macht sie sich zur Göttin Diana, die Aktäon tötet und ihn zerreißen läßt. Zugleich nimmt sie Züge einer Mänade, Furie, Meduse, Hekabe und Persephone an. Als äußerste Erfüllung einer freien Individualität bleibt ihr nur ein als Kampfestod verkleideter Selbstmord. Das gesamte Stück ist von Anspielungen an die Unterwelt durchwoben.

Hat Kleist die Fragment gebliebene Tragödie »Robert Guiskard« (1802–1803 und 1807–1808), in der sich – ähnlich wie in Schillers »Braut von Messina« – Antikes, Mittelalterliches und Modernes miteinander verbinden, nach dem Vorbild des Sophokleischen »Oidipus Tyrannos« – insbesondere nach dessen dramatischem ›Einstieg‹, der Pest – konzipiert, so ist das zwischen 1802 und 1807 entstandene, 1808 uraufgeführte Lustspiel »Der zerbrochne Krug« von der analytischen Struktur – d. h. der allmählichen Enthüllung der *vor* Beginn des Stückes liegenden Handlung – her eine Paraphrase dieser antiken Tragödie, ihre systematische Transformierung aus dem Tragisch-Erhabenen ins Komisch-Alltägliche. Personen, Motive und Situationen erweisen das Stück geradezu als ein negatives Spiegelbild des Sophokleischen Musters. Dem Titelhelden ›Schwellfuß‹, der aus rückhaltlosem Willen zur Wahrheit heraus eine unentdeckte, ihm selbst unbekannte Tat aufhellen will, entspricht der durch seinen Klumpfuß charakterisierte Dorfrichter Adam, der die Enthüllung einer unentdeckten, ihm wohlbekannten Tat mit allen Tricks zu verhindern sucht. Der Schreiber Licht – Adams Nachfolger – ist eine Parodie auf Kreon; Brigitte hat die Rolle des Boten und Hirten übernommen.

Die im Jahre 1808 entstandene »Hermannsschlacht« geht stofflich auf Tacitus' »Annalen« zurück und greift einen Vorgang auf, der bereits in Huttens lateinischem Dialog »Arminius«, in Casper von Lohensteins Roman »Großmütiger Feldherr Arminius«, in den Arminius-Dramen Johann Elias Schlegels und Justus Mösers, in Christoph Otto von Schönaichs (1725–1809) Versepos »Hermann oder das bedrohte Deutschland«, in Wielands Jugendwerk »Hermann« und vor allem in Klopstocks »Bardieten für die Schaubühne« »Hermanns Schlacht«, »Hermann und die Fürsten« und »Hermanns Tod« gestaltet worden war. Kleists Stück ist ein von übersteigertem Haß gegen die Napoleonische Fremdherrschaft erfüllter Aufruf zum nationalen

---

292 Ebd., S. 86.

Befreiungskampf mit scharfen antirömischen Akzenten – so wie Kleist auch in dem antinapoleonischen Haßgesang »Germania an ihre Kinder« auf die »Römerüberwinderbrut«[293] der germanischen Frühzeit anspielt. Im Unterschied zur Stofftradition, namentlich zu den Stücken Schlegels und Klopstocks, hat der Autor allerdings keine heroische Tragödie geschrieben, sondern seinem Helden aggressive und machiavellistische Züge verliehen.

›Unklassisch‹ und schockierend sind auch einige gelegentliche Anspielungen – so wenn in »Prinz Friedrich von Homburg« (entstanden 1809–1811, aufgeführt und veröffentlicht 1821) der Titelheld vom Kurfürsten sagt, daß er »den Brutus spielen« wolle (den älteren Brutus, der seine Söhne wegen Ungehorsams hinrichten ließ), und daraus in bezug auf das gesamte Altertum verallgemeinert, daß er ihm »Wie die Antike starr entgegenkömmt«.[294]

Mit der Dichtung Kleists ist »ein weitgehender Schlußpunkt in der mythologischen Debatte erreicht« worden, an der sich fast alle deutschen Dichter um 1800 beteiligt hatten. In der Folgezeit sind nur mehr oder weniger isoliert stehende Konzeptionen entwickelt worden, ehe sich dann um 1900 ein neuer ästhetischer Bezugsrahmen für den antiken Mythos herausbildete. Diese neuere Antikerezeption ist im wesentlichen nicht in den Bahnen Goethes, sondern in den Bahnen Kleists verlaufen, der somit als »Klassiker der Moderne« bezeichnet werden kann.[295]

Erwähnenswert ist, daß es in der deutschen Literatur zu Beginn des 19. Jahrhunderts eine relativ umfangreiche dramatische Antikerezeption gab. Sie war allerdings häufig nicht frei von klassizistischen, eklektizistischen und epigonalen Zügen, nahm Elemente des Rührstücks in sich auf, vollzog eine Wendung ins Christliche oder ließ es bei einer äußerlichen Beziehung bewenden.[296]

So näherte sich HEINRICH JOSEPH VON COLLINS (1771–1811) »Regulus« (1802) trotz seines römisch-öffentlichen Sujets bedenklich dem ›Familiengemälde‹ Kotzebuescher Art; die historischen Fragestellungen blieben (laut Goethe) »völlig unfruchtbar«. Ebensowenig Anklang fand die Verherrlichung ›vaterländischer Tugend‹ in »Polyxena« und »Die Horatier und Curiatier« (1804). Von Collins »Coriolan« (1804) überlebte nur Beethovens Ouvertüre. Weitere »sogenannte poetische Stücke« (wie August Wilhelm Schlegel sie in seiner »Regulus«-Kritik bezeichnete) stammen von JOHANN DANIEL FALK (1786–1826), der 1803 ein »dramatisches Gedicht« »Prometheus« und 1804 einen »Amphitryon« schrieb, in dem Jupiter angesichts von Alkmenes schlichtem Gottvertrauen auf eine Vereinigung mit der Geliebten verzichtet, so daß der antike Mythos einen christlichen Ausgang erhielt. Literarhistorisch bedeutsam ist, daß Heinrich von Kleist einige Züge *seines* »Amphitryon« dem Falkschen Stück entnahm. 1806 erschienen FRIEDRICH HILDEBRAND VON EINSIEDELS (1750–1828) »Lustspiele des Terenz«: weniger eine Übersetzung als eine Bearbeitung mit Milderungen und Annäherungen an das bürgerliche Rühr-

---

293 Ebd., Bd. 3, S. 316.
294 Ebd., Bd. 2, S. 393.
295 Jörg Ennen: Götter im poetischen Gebrauch [s. Bibl. 4.1.], S. 350 und 352.
296 Vgl. Gerhard Schulz: Die deutsche Literatur zwischen Französischer Revolution und Restauration [s. Bibl. 4.1.], Bd. 1, S. 564–570 sowie Bd. 2, S. 570–576 und 583–585.

stück, in eleganter Sprache und nach klassizistischen Harmonievorstellungen verfaßt. Einsiedel hat auch Plautinische Komödien bearbeitet; mehrere seiner Stücke wurden unter Goethes Leitung in Weimar gegeben; die »Brüder« (nach den »Adelphoe« des Terenz) hatten sowohl in Weimar wie in Berlin einen beträchtlichen Erfolg und erlebten auch noch in späteren Jahren einige Aufführungen.[297]

FRIEDRICH VON AST (1778–1841) nahm in seinem »Krösus« (1805) einen auf Platon und Herodot zurückgehenden Stoff um Gyges zur Grundlage. In diesem Stück kommt Atys, der jüngste Sohn des lydischen Königs Kroisos, der als einziger Erbe vor Unheil geschützt werden soll, durch übertriebene Vorsicht zu Tode. Antike Schicksalsauffassung und christliche Erlösungshoffnung verbinden sich zu einem schwärmerischen Konservatismus. Stärker noch ausgeprägt ist die religiöse Interpretation bei FRIEDRICH WILHELM VON SCHÜTZ (1756–1834), der in zwei nach den Regeln antiker Poetik und Metrik komponierten Dramen aus dem Jahre 1807 den Triumph christlichen Geistes verkündete. In »Niobe« deutet er das Leiden und die Versteinerung der Heldin als Strafe dafür, daß sie die Macht der Gaia und des Schicksals über den Himmel und die Götter stellt und »der Liebe seel'ges Schauen« im Innern nicht zu erfahren vermag; in »Der Graf und die Gräfin von Gleichen« – hier erinnern nur noch Trimeter und Chor an die Antike – triumphiert das Christentum über die orientalische Religion.

Auch AUGUST KOTZEBUES (1761–1819) »Octavia« (1800) ist in diesem Zusammenhang zu nennen, in der die Einheit der Familie von Antonius und der Titelheldin durch die »Buhlerin« Kleopatra zerstört wird. In »Die Ruinen von Athen« (1812), einem »Nachspiel mit Chören und Gesängen«, hat Kotzebue sogar das Thema vom Gegensatz zwischen dem antiken und dem modernen Griechenland aufgegriffen: Minerva kehrt nach zweitausendjährigem Schlaf in ihr »geliebtes Athen« zurück, wo sie nur »erhabene Trümmer« und Bauwerke findet, die durch den Islam umfunktioniert wurden. Daraufhin wendet sie sich nach Pest, wo das königliche Stadttheater eingeweiht wurde, zu dessen feierlicher Eröffnung Kotzebue das Stück geschrieben hat – ein sentimentales, allerdings von Beethoven vertontes und mit viel Beifall bedachtes Werk.[298]

Schließlich wurden sogar die berüchtigten ›Schicksalsdramen‹, die im Anschluß an Schillers »Braut von Messina« entstanden, partiell in antiker Tradition gesehen. Es blieb dies freilich ein äußerlicher Zug, der die tragische Tiefe der griechischen Tragödie nicht im mindesten erreichte.

Für die Erzählprosa und die Lyrik nach 1805/06 ist die Rezeption antiker Motive nicht mehr konstitutiv – wenn auch die Schriftsteller dieser Zeit mit dem klassischen Altertum wohlvertraut waren und sich durchaus noch eine Reihe von Anspielungen findet. Wie erst vor kurzem erforscht worden ist, hat ein Autor wie JOHANN PETER HEBEL (1760–1826), der außerhalb der herrschenden literarischen Strömungen seiner Zeit stand, nicht nur griechische und römische Motive in seine

---

297 Zu Falk und Einsiedel vgl. Barbara R. Kes: Die Rezeption der Komödien des Plautus und Terenz im 19. Jahrhundert [s. Bibl. 1.2.], S. 97–177 und 201–282.
298 Vgl. Johannes Irmscher: Der Philhellenismus in Preußen als Forschungsaufgabe [s. Bibl. 4.1.], S. 209 f.

Gedichte aufgenommen, sondern auch in sein »Schatzkästlein des rheinischen Hausfreundes« (1811) mehrfach Analogien zu antiken Mythen oder stoisches und epikureisches Gedankengut einfließen lassen.

ERNST THEODOR AMADEUS HOFFMANN (1776–1822) verwendete häufig lateinische Zitate, ließ mehrfach das Motiv der Venus bzw. des belebten Kunstwerkes anklingen (»Die Geschichte vom verlorenen Spiegelbild« [1814], »Die Elixiere des Teufels« [1815/16], »Der Kampf der Sänger« [1818]) und brachte in den »Lebens-Ansichten des Katers Murr« (1820/22) eine satirische Desillusionierung des Arkadien-Motivs. Insbesondere nutzte er – so in »Der goldne Topf« (1814), im »Kater Murr« oder am Schluß des Märchens »Meister Floh« (1822) – das Verwandlungsthema aus Ovids »Metamorphosen«. Während dieses Thema bei dem römischen Dichter allerdings einen rationalen Charakter hat, wird es bei Hoffmann romantisch und sentimental; Verwandlung als umdeutende Verwechslung erscheint unter christlichem Einfluß als etwas Irrationales und Dämonisches, als Blendwerk und Zauberei.

Verhältnismäßig intensiv war die Beziehung zur Antike im Werk ACHIM VON ARNIMS (1781–1831). In mehreren Erzählungen finden wir eine knappe, überraschende, gelegentlich verrätselte Beziehung einer Figur oder Situation der Handlungsebene zu einem antiken Motiv – und zwar meist mit komischem Effekt. Dabei gestaltet Arnim satirisch die Diskrepanz zwischen Anspruch und Wirklichkeit oder deutet mit ironischer Distanz archaische Verhaltensweisen und die triebhaft-destruktive Natur des Menschen an – so in »Mistris Lee« aus der Novellensammlung »Der Wintergarten« (1809) oder in der Novelle »Maria Melück Blainville« (1812) durch den Bezug auf den Amazonen- bzw. auf den Proserpina- und den Phaedra-Mythos. Dagegen dienen in der »Bade-Unterhaltung« »Fürst Ganzgott und Sänger Halbgott« (1818) die Hinweise auf Titan und Orpheus dem Aufzeigen heilender und gesunder Kräfte, und in der Erzählung »Holländische Liebhabereien« aus dem Zyklus »Landhausleben« (1826) haben die Mythologeme eine überwiegend positive Bedeutung. Jupiter und Vertumnus zwar werden satirisch gesehen, Ikarus aber erscheint als ein vorbildlicher, Prometheus als ein zugleich tragischer und komischer Held, und die römische Fruchtbarkeitsgöttin Pamona symbolisiert das Goldene Zeitalter und steht für eine intakte Natur.

Während Arnim in diesen Erzählungen die antike Mythologie nur benutzt, um die Figuren und Ereignisse der Handlungsebene zu überhöhen, zu verfremden und mit einer anderen Bedeutungsschicht anzureichern, wird in der Erzählung »Raphael und seine Nachbarinnen« (1824) und im Drama »Die Päpstin Johanna«, das als Skizze bereits 1810 in den Roman »Die Gräfin Dolores« eingefügt war, aber erst postum veröffentlicht wurde, die Rezeption der Antike zu einem wesentlichen Motiv der Handlungsebene selbst. Charakteristisch für Arnim und darüber hinaus für das romantische Antikeverhältnis generell ist dabei die ausdrückliche Thematisierung der wiederbelebten antiken Mythologie als Opposition zum christlichen Glauben, als ›Heidentum‹. Die Hauptfiguren beider Werke durchleben zuerst eine Zeit natürlich-unschuldiger Beziehung zu den antiken Mythen und den Götterstatuen, die diese repräsentieren – im weiteren Verlauf der Handlung aber entwickelt sich diese Beziehung zu einem (vorübergehenden) schuldhaften Verfallensein an das ›Heidentum‹.

In der Erzählung aus Raffaels Jugend werden zum einen Motive aus dem mythologischen Märchen von Amor und Psyche aufgegriffen; zum anderen sind die antiken Mythen in den Götterstatuen im Hof eines benachbarten Töpfers gegenwärtig – darunter einer Mädchenstatue, die als Psyche gedeutet wird. Die Beziehung des jungen Künstlers zu den Nachbarstöchtern Benedetta und Ghita steht zunehmend unter dem Zeichen einer Antithese zwischen Psyche und Venus, zwischen himmlischer und irdischer Liebe. Die Mädchenstatue belebt sich, und erschrocken durch dieses Wunder, entscheidet sich Raffael zunächst für die irdische Liebe. Er geht den Weg in die Welt – die Kunst aber bewahrt sein besseres Selbst, und die Statue der Psyche wird später als Madonnenbild verehrt.

In dem im 10. Jahrhundert angesiedelten Drama lebt Johanna zuerst im natürlichen Einverständnis zwischen Christentum, Naturverehrung und antiker Mythologie, zu der sie durch antike Götterstatuen und die Schriften der ›Alten‹ ein inniges Verhältnis gewinnt. Dann aber wendet sie sich – hier greift Arnim, wie zuvor schon Novalis, Gedankengänge aus Schillers Gedicht »Die Götter Griechenlandes« in verschärfter Form und unter negativem Akzent wieder auf – ausdrücklich gegen das Christentum. Während in Schillers Gedicht der Untergang der alten Welt betrauert und ihr in einer christlich-rationalistischen Welt nur noch ein Weiterleben in der Kunst zugestanden wird, glaubt Johanna an die reale Macht der alten Götter. Sie verspricht Apollo die Wiedereinführung des ›Heidentums‹ und schmückt dessen Statue – die belebte Bildsäule aber versteinert angesichts einer Prozession, und Johanna verfällt dem Willen der Venusfürstin, der Fürstin Reinera, die mit ihrer Hilfe (und jetzt erhält Arnims romantische Konzeption einen entschieden frauenfeindlichen Akzent) die Weltherrschaft der Frau errichten will, die den Mann zu ihrer Ehre kämpfen läßt und mit freier Liebe belohnt. Eine Versöhnung zwischen diesem erneuerten ›Heidentum‹ und dem Christentum ist nicht möglich: Das römische Venusreich wird durch den deutschen Kaiser vernichtet, Johanna findet über Reue und Buße in eine christliche Ehe, und ein zum Christentum bekehrter 'Heide' führt als Papst die Kirche wieder aus der Verderbnis heraus.

Die Antike steht in diesen beiden Werken für ›Natürlichkeit‹ im negativen Sinne des Triebhaften – symbolisiert durch die unerschöpfliche Sinnlichkeit und Vitalität einer zur Teufelin werdenden Venusgestalt. Wenn in beiden Werken die Auseinandersetzung mit der Antike an das Motiv der Statuenbelebung gebunden wird, dann zeugt dies von der Hochschätzung der bildenden Kunst seit Winckelmann – nunmehr aber im romantischen Sinne der Unterlegenheit der antiken Kunst gegenüber dem christlichen Glauben. Die *interpretatio christiana* ist aufs engste verschmolzen mit einer Kritik an der Nachahmung antiker Kunst und mit der Ablehnung der autonomen Kunstauffassung der Klassik.

Diese grundsätzliche Absage an die Antike aus ästhetischer, nationaler und prononciert religiöser Sicht schließt allerdings *nicht* das Bemühen um eine Synthese zwischen Antike und Christentum aus – im Zeichen und unter dem Primat der christlichen Kunst, als Integration der antiken Statuen in ein neues Leben. Die Raffael-Rezeption seit dem 18. Jahrhundert ist äußerst vielschichtig gewesen: Für Winckelmann und Goethe war er der moderne Künstler, dessen Kunst der Vollkommenheit der antiken Klassik am nächsten kam; für Heinse verkörperte er die sinnliche Freiheit des Renaissance-Menschen; die Romantiker stilisierten ihn zum christlichen Maler schlechthin.²⁹⁹ Arnim nun läßt im Verlauf seiner Novelle die verschiedenen Deutungen anklingen und führt sie zu einem christlichen Ziel: Echte Teilhabe an den alten Bildern besteht weder in der Wiederbelebung der antiken Mythologie noch in der sinnlichen Hingabe an ihre Schönheit, sondern allein im Hinzufügen christlicher Vollkommenheit. Nur so kann eine Statue zum Urbild von Raffaels Madonnen werden.

Die Problematisierung bzw. die negative Bewertung des Motivs von der belebten Statue ist kennzeichnend für den Umgang mehrerer Dichter der Hoch- und Spätromantik mit der Antike. Im Jahrhundert der Aufklärung ist der Pygmalion-Mythos ein Symbol für die schöpferischen Potenzen der Kunst gewesen, und noch für die Brüder Schlegel war er beispielhaft für die Erfüllung einer poetischen Utopie. Doch bereits in Tiecks »Runenberg« ist er ambivalent geworden – und in CLEMENS BRENTANOS (1778–1842) Roman »Godwi oder Das steinerne Bild der Mutter« (1801/02) hat die Marmorstatue *kein* Leben gewinnen können. Auch in den »Romanzen vom Rosenkranz« (1803–1818) hat dieser Dichter – der nur selten auf die Antike Bezug nahm und in seinem Leben und Werk allenfalls versteckte Analogien zu Orpheus spüren ließ – den Venusring als Zeichen dämonischer Verstricktheit gedeutet.³⁰⁰

Geradezu symptomatisch für die Absage an eine Wiederbelebung der Antike ist JOSEPH FREIHERR VON EICHENDORFFS (1788–1857) Novelle »Das Marmorbild« aus dem Jahre 1819, in der das Motiv der aus dem Grabe wiederkehrenden verführerischen Frau Venus und das Motiv der lebendig werdenden Marmorstatue aufs engste miteinander verschmolzen sind. Zum ersten Male hat Eichendorff Aspekte dieser Thematik in dem Märchen »Die Zauberei im Herbste« (1809) behandelt; später hat er nochmals in den Novellen »Aus dem Leben eines Taugenichts« (1826) und »Eine Meerfahrt« (1835), in dem 1852 geschriebenen Versepos »Julian« sowie in anderen Werken darauf zurückgegriffen. Sein Bruder Wilhelm hatte bereits 1816 das Gedicht »Die zauberische Venus« geschrieben, in dem ein Bräutigam seinen Ring an den Finger einer Venusstatue steckt, die daraufhin lebendig wird und ihn verführt.³⁰¹

In der Novelle »Das Marmorbild« ist Florio fasziniert von dem marmornen Bild einer Venus, dem er in der Nacht an einem Weiher begegnet; am hohen Mittag findet er die Züge der Göttin in der Gestalt einer »hohe[n] schlanke[n] Dame von wundersamer Schönheit« wieder, die ihn am späten Abend in ein marmornes Schloß einführt, das einem ›heidnischen‹ Tempel gleicht und wo ihn Venus in das Geheimnis der Liebe einweihen will. Als jedoch »ein altes frommes Lied« erklingt, kann er sich (anders als der Held von Tiecks »Runenberg«) dem Bann entziehen –

---

299 Vgl. Wilhelm Hoppe: Das Bild Raffaels in der deutschen Literatur von der Zeit der Klassik bis zum Ausgang des 19. Jahrhunderts. Frankfurt a. M. 1935 = Frankfurter Quellen und Forschungen 8.
300 Vgl. Gonthier-Louis Fink: Pygmalion und das belebte Marmorbild [s. Bibl. 4.1.]; Claudia Weiser: Pygmalion [s. Bibl. 1.1.], S. 62–130.
301 Gedichte 1800–1830. Nach den Erstdrucken in zeitlicher Folge. Hrsg. von Horst Schillemeit. München 1970 = Epochen der deutschen Lyrik. Hrsg. von Walther Killy. Bd. 7, S. 212–215.

so wie später der ›Taugenichts‹ aus dem von der Antike geprägten verführerischen Rom flieht.

Die antiken Götter sind nach dieser Konzeption zu verführerischen Dämonen, zu Chiffren für die Verderbtheit der Welt und zu einem »teuflische[n] Blendwerk« geworden und werden durch Symbole des christlichen Glaubens überwunden – insbesondere Venus, die im »Marmorbild« auch Züge der Diana trägt, die in Verbindung steht mit der Sphinx, den Sirenen und dem Mythos vom todesverfallenen Narkissos und deren Gegenbild die Jungfrau Maria ist. Die gesamte Novelle ist durchzogen von einer immanenten Polemik gegen Wilhelm Heinses Bild der Antike als einer Welt ›heidnischen‹ Sinnengenusses.[302]

Eichendorff hat – in der Erzählung »Auch ich war in Arkadien« (1832) – das Arkadienmotiv, ähnlich wie E. T. A. Hoffmann, satirisch behandelt; in seinen Gedichten spielt er auf antike Motive oft nur in versteckter Form an – wie in der berühmten »Mondnacht« auf den Mythos von Uranos und Gaia oder auf die ›Seele‹ aus einem Gedicht Kaiser Hadrians. Überhaupt kann in der Lyrik der Spätromantik nicht mehr von einer substantiellen Antikerezeption gesprochen werden. So hat beispielsweise Ludwig Uhland (1787–1862) zwar in seiner Jugend eine Passage aus den »Punica« des Silius Italicus übersetzt, in seinen späteren Werken aber keinen wesentlichen Rückgriff auf das Altertum mehr vorgenommen. Friedrich Rückert (1788–1866) hingegen, der ab 1814 eine Trilogie von – wie er meinte – aristophanischen Komödien verfaßt hatte, ohne allerdings über einige motivische und formale Anklänge hinaus auch an die burleske politische Satire des griechischen Dichters heranzureichen, hat vor allem in seinem Spätwerk zahlreiche Dichtungen in antikem Geist und in antiken Formen vorgelegt; doch ebenso wie er mit seiner antinapoleonischen Trilogie keinen Erfolg gehabt hatte (nach »Napoleon und der Drache« [1815] und »Napoleon und seine Fortune« [1818] ist der »Leipziger Jahrmarkt« erst 1913 veröffentlicht worden), blieb er auch mit seinen antikisierenden Dichtungen – im Unterschied zu den Adaptationen der orientalischen Poesie – bereits bei seinen Zeitgenossen völlig unbeachtet.

Selbst der bedeutendste literarische Repräsentant des deutschen Philhellenismus, der im Geist der griechischen Antike erzogene Philologe Wilhelm Müller (1794–1827), hat zwar mehrfach antike Motive anklingen lassen, und in seinen »Griechenliedern« berufen sich die Akteure immer wieder auf ihre heroische Vergangenheit – doch während bei Hölderlin das Interesse am Griechenland der Gegenwart zu einer Intensivierung der Antikerezeption beigetragen hatte, dominiert jetzt stets das aktuelle Anliegen, und der literarische Philhellenismus war weitgehend christlich getönt. Müller neigt entschieden dazu, von der antiken Vergangenheit Abstand zu halten, ja sich in romantischem Sinne von ihr abzuwenden:

> Laßt die alten Tempel stürzen! Klaget um den Marmor nicht,
> Wenn die Hand des blinden Heiden seine schöne Form zerbricht!
> Nicht in Steinen, nicht in Asche wohnt der Geist der alten Welt,
> In den Herzen der Hellenen steht sein königliches Zelt.

---

302 Joseph Freiherr von Eichendorff: Sämtliche Werke. Historisch-kritische Ausgabe. Regensburg / Stuttgart, Berlin, Köln, Mainz / Tübingen 1908 ff., Bd. 5/1, S. 50, 80 und 79.

Griechenland gilt als Teil eines modernen, christlichen, liberalen Europas; die antike Welt ist nur insofern von Bedeutung, als dieses liberale Europa ihr als Lehrmeisterin eines freien, kultivierten Lebens Dank schuldet:

> Ohne die Freiheit, was wärest du, Hellas?
> Ohne dich, Hellas, was wäre die Welt?[303]

Ein Nachfahre der klassisch-romantischen ›Kunstperiode‹ war FRANZ GRILLPARZER (1791–1872), in dessen Werk zugleich Traditionen der Barockliteratur und einer vornehmlich an lateinischen Autoren ausgerichteten Rhetorikkultur nachwirken. So zeigt sich in seinen Dramen weniger eine Tragik im antiken Sinne als vielmehr ein ausgesprochener Gut-Böse-Dualismus. Drei seiner Stücke haben Sujets aus der griechischen Sage und Geschichte – vermittelt jeweils, neben anderen Quellen, durch die elegischen Dichtungen Ovids, zu dem Grillparzer auch in seinem Gedicht »An Ovid« (1812/13), in dem Gedichtzyklus »Tristia ex Ponto« (abgeschlossen 1833, veröffentlicht 1835) und in anderen Äußerungen eine besondere Affinität offenbarte: teils aus einer in den habsburgischen Ländern noch lebendigen überindividuellen Stiltradition heraus, teils, weil er eine Verbindung herstellte zwischen seiner eigenen Einsamkeit und der Verbannung Ovids, ebenso wie dieser auf seiner Unschuld beharrte und daraus ein markantes Selbstbewußtsein entwickelte.

In »Sappho« (1818) behandelte Grillparzer – in der Nachfolge von Goethes »Tasso«, aber weniger im öffentlichen denn im privaten Bereich – den Konflikt zwischen Kunst und Leben. Der begnadeten Dichterin, die in uneingeschränkter Freiheit wirken kann und zugleich Anerkennung, ja Ruhm genießt, ist es nicht möglich, ihr Dichtertum abzulegen und ein ›normales‹ Lebens- und Liebesglück zu finden. Sie sieht in Phaon den Mann, dessen Aufgabe es sei, sie »von der Dichtkunst wolkennahen Gipfeln / In dieses Lebens heitre Blüten-Täler / Mit sanft bezwingender Gewalt herabzuziehn«. Für Phaon aber ist sie eine irdischen Interessen entrückte »Erhabne Frau«, die nur ihrer Kunst zu leben habe, und er wendet sich der jungen Melitta zu. Für Sappho bleibt als einziger Ausweg von der Freitod »in des Meeres heil'gen Fluten«: »Es war auf Erden ihre Heimat nicht – / Sie ist zurück gekehrt zu den Ihren!«[304] Die wichtigsten Anregungen für die um Gegenliebe betende Sappho und für ihre Klage um den verlorenen Jüngling erhielt Grillparzer durch Sapphos Aphrodite-Hymnus und durch Ovids »Heroides«, während er die Eifersucht auf eine konkrete Liebhaberin modernen Werken und Vorstellungen entnahm. Das Geschehen aus der griechischen Antike wird bestimmt durch einen unlösbaren Antagonismus.

Die Trilogie »Das goldene Vließ« von 1821 – eine Dramatisierung der Argonautenfahrt und der Sage von Jason und Medea im Anschluß an Euripides und Seneca und ebenfalls durch die Ovid-Lektüre (sowie durch moderne Medea-Dramen)

---

303 Wilhelm Müller: Alte und neue Tempel / Hellas und die Welt. In: Müller: Werke, Tagebücher, Briefe. Hrsg. von Maria-Verena Leistner. Berlin 1994, Bd. 1, S. 262 und 271.
304 Franz Grillparzer: Sämtliche Werke. Historisch-kritische Gesamtausgabe. Hrsg. von August Sauer / Reinhold Backmann. Wien 1909–1949, Abt. 1, Bd. 1, S. 268, 270 und 372 f.

beeinflußt – stellt vor allem den Kontrast zweier ethnisch, sozial und religiös extrem unterschiedlicher Kulturen vor Augen. Die ersten beiden Stücke – »Der Gastfreund« und »Die Argonauten« –, in denen die Vorgeschichte des in den antiken Tragödien allein behandelten Kindermordes geschildert wird, spielen in der ›barbarischen‹ Kolchis; das dritte – »Medea« – führt Jason und Medea in Korinth vor. Exil und Entfremdung, Verrat und Desillusionierung sind die entscheidenden Motive dieses Werkes, das jeden Versuch, das Schicksal zu bewältigen, scheitern läßt. Während das Vlies zu einem bloßen Symbol der Gewalt geworden ist, wird Kreusa – eine Gestalt, die in ihrer Reinheit und Güte an Goethes »Iphigenie« erinnert – schuldig, indem sie zur Zerstörung der Liebe von Jason und Medea beiträgt, und findet ein schreckliches Ende. Zentralfigur der gesamten Trilogie ist Medea: einerseits eine ins Ungeheure gesteigerte Zauberin und Barbarin, andererseits aber eine Seherin mit durchaus humanen Zügen, die die Verlogenheit der hellenischen Kulturträger-Ideologie und den Egoismus, das Machtstreben, die Selbstgefälligkeit und die Verblendung Jasons durchschaut, die Vergeblichkeit ihrer Bemühungen um Assimilation erkennt und bewußten Widerstand gegen die Normen der griechischen Kultur leistet. Nicht so rigoros wie Kleist, doch unverkennbar läßt Grillparzer Züge der Antike hervortreten, die im ›klassischen‹ Griechenlandbild ausgeklammert blieben, so daß auch *sein* Stück Züge einer ›Gegen-Iphigenie‹ trägt.

In »Des Meeres und der Liebe Wellen« (1831) schließlich – einer Neugestaltung des Hero-und-Leander-Sujets, das bereits Schiller für eine Ballade genutzt hatte – versucht Grillparzer, die klassische antike und die moderne romantische Richtung miteinander zu verbinden. Hauptquellen sind ein Kleinepos des Musaios aus dem 5. Jahrhundert n. Chr., das die antike Tradition des Stoffes zusammenfaßte, und abermals Ovids »Heroides«, denen Grillparzer die entscheidenden dramatischen Situationen entnommen hat. Die Klassizität des Stoffes und der Sprache paart sich mit einer durchaus modernen Gestaltung des Konfliktes. Dieser beruht auf dem Widerstreit von Physis und Nomos, von Natur und Satzung (während in Kleists »Penthesilea« zwei kontradiktorische Gesetze aufeinanderprallten). Die Naturwürde des Menschen steht über den Prinzipien einer Ordnungsmacht; nicht der Empörer gegen die Ordnung, sondern deren beamteter Hüter, der sich anmaßt, die Menschennatur im Namen einer Autorität zu regulieren, wird der Hybris schuldig gesprochen. Zugrunde allerdings gehen die Liebenden – und zwar nicht durch Naturgewalten, sondern durch den Eingriff eines ›Recht‹ und ›Ordnung‹ verkörpernden Gegenspielers. In »Des Meeres und der Liebe Wellen« ist das Interesse auf das Innere der weiblichen Hauptfigur konzentriert – wie überhaupt Grillparzers Antikerezeption (stärker als die der Weimarer Klassik) durch eine auffallende Verinnerlichung geprägt ist. Grillparzer war weniger der Griechenutopie Winckelmanns, Goethes oder Schillers als einer elegisch-empfindsamen Gestaltung individueller Grundsituationen verpflichtet. Dies löst den Dichter freilich auch aus der Entwicklung der zeitgenössischen Dramatik heraus, die – vor allem bei Grabbe und Büchner – auf das Geschichtsdrama hin ausgerichtet ist.[305]

---

305 Zu »Des Meeres und der Liebe Wellen« und zur Sonderstellung Grillparzers in den dreißiger Jahren des 19. Jahrhunderts vgl. Von 1830 bis zum Ausgang des 19. Jahrhunderts [s. Bibl. 5.1.], Bd. 1, S. 194–200.

ZWISCHEN ROMANTIK UND NATURALISMUS
Vom Beginn bis zum Ende des 19. Jahrhunderts

Die europäische Literatur des 19. Jahrhunderts – im internationalen Maßstab vor allem repräsentiert durch Schriftsteller wie Honoré de Balzac (1799–1850), Charles Dickens (1812–1870) und Lew Nikolajewitsch Tolstoi (1828–1910) – stand *im großen und ganzen* im Zeichen des Realismus, einer – im Unterschied zur Romantik – der ›wirklichen‹, sich mehr und mehr verbürgerlichenden Welt zugewandten Richtung. *Im einzelnen* freilich kann sie, insbesondere in Deutschland, keineswegs auf diesen Begriff reduziert werden – so wie andererseits sowohl frühere als auch spätere literarische Strömungen realistische Elemente enthielten. Als Epochenbegriff sollte der Terminus ›Realismus‹ deshalb nur mit Zurückhaltung verwendet werden. Im Hinblick auf die deutsche Literatur wird im folgenden von der Zeit zwischen Romantik und Naturalismus gesprochen: von der Zeit zwischen dem Ende der ›Kunstperiode‹ (das sich seit den zwanziger Jahren abzeichnete und das mit der Pariser Julirevolution von 1830 und mit dem Tode Hegels [1831] und Goethes [1832] signifikant wurde – wenn auch romantische Züge bis in die Zeit der Revolution von 1848/49 präsent blieben) und dem Aufkommen der im engeren Sinne ›modernen‹ literarischen Strömungen um die Jahrhundertwende, dem Naturalismus und den postnaturalistischen Richtungen.

Das deutsche Bildungswesen dieser Zeit entwickelte sich – mit einigen Abstrichen – im wesentlichen in Humboldtschen Bahnen. Das Humanistische Gymnasium war der einzige Schultyp, der zum Universitätsstudium führte, und man kann bei den ›Gebildeten‹ von einer fundierten und gesicherten Kenntnis der griechischen und lateinischen Sprache und Kultur ausgehen. Die Altertumswissenschaften, die zunächst weitgehend im Banne des neuhumanistischen Ideals gestanden hatten, dann aber – zumindest prinzipiell – mehr und mehr von einer Verklärung Griechenlands abkamen und zu einer historisch-philologischen Disziplin wurden, erlebten eine bis ins 20. Jahrhundert hinein dauernde Entfaltung und strahlten auch auf andere Bereiche des geistigen Lebens aus. Nicht zuletzt war das 19. Jahrhundert in Deutschland auch eine Blütezeit der Übersetzungen aus dem Griechischen und Lateinischen.

Trotz der gesicherten Stellung der ›Humaniora‹ hat die literarische Antikerezeption im Laufe des 19. Jahrhunderts beträchtlich an Bedeutung verloren – nicht so sehr im quantitativen Sinne, wohl aber im weltanschaulichen Anspruch und/oder im künstlerischen Niveau. Die Entwicklung, die sich seit 1800, namentlich seit 1805/06, angebahnt hatte, setzte sich also verstärkt fort. Einerseits kam es zu Trivialisierungen und epigonalen Nachahmungen. Während sich die ›klassischen‹ Autoren der Distanz zum Altertum bewußt waren und durchaus auch die ›dunklen Seiten‹ der Antike ahnten, dominieren nunmehr Glättungen und Harmonisierungen, eine Erhebung der Antike ins Statische und Statuarische – so hat etwa Gustav Schwab (1792–1850) ausdrücklich die »*schönsten* Sagen des klassischen Altertums« nacherzählt (1836/37). In zunehmendem Maße – deutlich seit 1866, dem Jahr des Sieges von Preußen über Österreich – zeigen sich dann auch nationalistische Usurpationen.[1]

Andererseits finden wir gerade bei einigen von *den* Schriftstellern, die die literarische Entwicklung im 19. Jahrhundert auf Dauer am stärksten prägten, keine oder nur eine mehr oder weniger marginale Antikerezeption – und bei anderen sind entweder das Bewußtsein vom unwiderruflichen Ende des Altertums und einer an ihm orientierten Kunst oder eine sorgfältige Verschmelzung von Antikem und Modernem, von Überliefertem und Eigenem charakteristisch. Dies schließt spürbare Akzentverlagerungen in sich ein: So wurde – nachdem bereits Goethe die Aristophanischen »Vögel« nachgebildet sowie Tieck und Rückert mitunter in der Art des Aristophanes gedichtet hatten – der griechische Komödiendichter zum Vorbild für eine sich bewußt von der Kunstautonomie abkehrende, politisch engagierte Literatur; so wurden – in der Art Heinrich von Kleists – gerade die ambivalenten Seiten der Antike betont; so wurde das romantische Motiv der Statuenbelebung von der Kunst auf das Leben insgesamt übertragen – und die in einer Verteufelung ›heidnischer‹ Gottheiten gipfelnde romantische Konfrontation von Antike und Christentum mündete in eine erneute Anerkennung des Sensualismus.

Mit der Problematisierung des griechisch-römischen Altertums korrespondiert die Kritik an den antikisierenden Zügen in der Dichtung der Weimarer Klassik, namentlich Goethes, aus der Zeit des Vormärz und der Revolution von 1848. So herrscht in Gottfried Gervinus' »Geschichte der Deutschen Dichtung« eine ambivalente Mischung von Verständnis und Distanz, und Julian Schmidt und mit besonderer Vehemenz Hermann Hettner in seiner »Romantischen Schule« von 1850 übten Fundamentalkritik an der als Flucht aus der Wirklichkeit verstandenen Antikerezeption der Weimarer Klassik – eine Haltung, die sich später, mit der zunehmenden Kanonisierung Goethes, milderte.[2]

Der Rückgang der Antikerezeption ist allerdings nicht nur auf ein neues Wirklichkeitsverständnis der Literatur selbst zurückzuführen, das sich dann auch darin niederschlug, daß man – anders als die Romantiker – in den ästhetischen Debatten auf eine Auseinandersetzung mit der Antike weitgehend verzichtete; er resultiert ebensosehr aus problematischen Erscheinungen in Schule und Wissenschaft selbst.

---

1 Vgl. Reinhart Herzog: Antike-Usurpationen in der deutschen Belletristik seit 1866 [s. Bibl. 1.2.].
2 Vgl. Volker Riedel: Antike [s. Bibl. 4.2. (Goethe)], S. 70.

So hat sich im Humanistischen Gymnasium der gesellschaftlich aktivierende und damit eigentlich humanistische Antrieb der Humboldtschen Überlegungen immer mehr zugunsten einer verinnerlichten Persönlichkeitsbildung verflüchtigt, der Unterricht erstarrte nicht selten in lebensfremder Paukerei, und die Schule hat sich zu einer Einrichtung entwickelt, die der sozialen Selektion diente und eine gesellschaftliche Elite heranbilden sollte.[3] Die Altertumswissenschaften aber waren seit dem Übergang des deutschen Bürgertums vom Liberalismus zum Nationalismus keineswegs frei von Heroisierungen und politischen Inanspruchnahmen der ›Alten‹. So hat selbst der ›alte Achtundvierziger‹ Theodor Mommsen als Sekretär der Königlich Preußischen Akademie der Wissenschaften sich verpflichtet gefühlt, in Reden zu Kaisergeburtstagen den römischen Prinzipat und die gegenwärtige Monarchie als wesensverwandt zu charakterisieren, Friedrich II., Wilhelm II. und Augustus miteinander in Beziehung zu setzen und Parallelen zwischen dem Übergang Roms von der Republik zum Kaiserreich und der Etablierung des deutschen Kaisertums von 1871 aufzuzeigen – wenn er auch brieflich sein »elendes Schicksal« beklagte, »in diesem sich regenerierenden Junker- und Pfaffenstaat als Ornamentsstück figurieren zu müssen«[4]. Sein Schwiegersohn Ulrich von Wilamowitz-Moellendorff dann hat *ohne* inneren Vorbehalt bereits 1877 zum 80. Geburtstag Wilhelms I. mit gefälligen Blicken auf die ›Reichsgründung‹ die panegyrische Rede »Von des attischen Reiches Herrlichkeit« gehalten[5], und seine Interpretation des (in der Antike höchst widersprüchlichen) Herakles als eines makellosen dorischen Helden erfolgte unter dem Vorzeichen des preußischen Tugendideals: »Mensch gewesen, Gott geworden; Mühen erduldet, Himmel erworben.«[6]

Wenn manche dieser problematischen Züge in vollem Umfang auch erst im letzten Drittel des 19. Jahrhunderts offenkundig wurden (und dann im 20. Jahrhundert ihren Tiefpunkt erlebten), so zeichnete sich doch schon früh eine Trennung von Wissenschaft und Literatur, von Philologie und allgemeiner Bildungswelt ab. War die Dichtung bis weit ins 18. Jahrhundert hinein in hohem Maße von Gelehrten getragen gewesen und hatten um 1800 Schriftsteller, Theoretiker und Philologen eng zusammengearbeitet, so ging mit der Entwicklung der Philologie zu einer wissenschaftlichen Spezialdisziplin dieser Zusammenhalt verloren – und damit der Einfluß der Antike auf die Literatur.

Zählt die Antikerezeption auch nicht zu den konstitutiven Merkmalen der

---

3 Vgl. Dieter Dietrich: Zur Geschichte des gymnasialen Lateinunterrichts im Wilhelminischen Deutschland. In: Das Altertum 19 (1973), S. 38–55 und 20 (1974), S. 41–64; Walter Jens: Antiquierte Antike? [s. Bibl. 1.1.]; Johannes Irmscher: Das Antikebild unserer Gegenwart [s. Bibl. 1.1.], S. 6 f.; Manfred Landfester: Humanismus und Gesellschaft im 19. Jahrhundert [s. Bibl. 5.1.].
4 Theodor Mommsen: Brief an W. Henzen, 4. Dezember 1882. (Zitiert nach: Ines Stahlmann: Imperator Caesar Augustus. Studien zur Geschichte des Principatsverständnisses in der deutschen Altertumswissenschaft bis 1945. Darmstadt 1988, S. 213.) – Vgl. Ders.: Reden und Aufsätze. Berlin 1905, S. 104–115, 168–184 und passim.
5 Ulrich von Wilamowitz-Moellendorff: Reden und Vorträge. Berlin ³1913, S. 30–66.
6 Ulrich von Wilamowitz-Moellendorff: Euripides Herakles. Berlin 1959, Bd. 2, S. 38. – Vgl. Carsten Zelle: Der Abgang des Herakles. Einige Beobachtungen in Hinsicht auf Friedrich Nietzsche und Ulrich von Wilamowitz-Moellendorff. In: Herakles / Herkules [s. Bibl. 1.1.], Bd. 1, S. 211–228.

deutschen Literatur im 19. Jahrhundert, so spielt sie doch bei einer Reihe von Autoren eine Rolle – nicht mehr so sehr in der Rezeption von Werken, Gattungen oder Lehren, wohl aber in der Aufnahme von Motiven. Nicht weniger bedeutsam ist, daß in diesem Jahrhundert die Weichen für das folgende gestellt wurden und sich Züge herausbildeten, die erst im zwanzigsten voll zum Tragen kamen. In gewissem Sinne ist – nach einer Formulierung Manfred Landfesters[7] – die Antikerezeption des 19. Jahrhunderts ein ›Laboratorium‹ für diejenige des zwanzigsten. Dies gilt – wie bereits ausgeführt – schon für Hölderlin und Kleist; dies gilt vielleicht mehr noch als für die Literatur selbst für die Philosophie.

Auf der einen Seite haben KARL MARX (1818–1883) und FRIEDRICH ENGELS (1820–1895) Grundzüge eines sozialkritisch akzentuierten Antikebildes entwickelt, das sich nachhaltig bei nicht wenigen Autoren des 20. Jahrhunderts – am markantesten bei Bertolt Brecht – niederschlug. Beide Denker haben häufig auf die künstlerischen, philosophischen, wissenschaftlichen und gesellschaftlich-politischen Leistungen des griechischen und römischen Altertums Bezug genommen. Sie schätzten die Potenzen des Polisdemokratie und des auf »Totalität« ausgerichteten griechischen Menschenbildes und bekundeten insbesondere – in deutlicher Anknüpfung an Gedankengut der klassischen deutschen Literatur und Philosophie – eine hohe Wertschätzung der griechischen Kunst. (So greift Marx in der »Einleitung zur Kritik der politischen Ökonomie« auf den Lebensalter-Vergleich zurück, bezeichnet die griechische Antike als »die gesellschaftliche Kindheit der Menschheit, wo sie am schönsten entfaltet« und führt aus – wenngleich mit charakteristischen Einschränkungen –, daß ihre Werke »für uns noch Kunstgenuß gewähren und in gewisser Beziehung als Norm und unerreichbare Muster gelten«.[8]) Zugleich aber analysierten diese Theoretiker die sozialen Antagonismen der Antike und die Beschränktheit jener »Totalität«, die nur »Befriedigung auf einem borniertem Standpunkt« gewährte[9], grenzten sich ab von den »weltgeschichtlichen Totenbeschwörungen« und »Selbsttäuschungen« der bürgerlichen Antikerezeption um 1800[10].

Auf der anderen Seite hat FRIEDRICH NIETZSCHE (1844–1900) dem harmonischen und ›apollinischen‹ Antikebild der Klassik ein rauschhaftes und ›dionysisches‹ entgegengestellt und sich ebensosehr von einem sokratisch-theoretisierenden wie vom religiösen Weltbild jüdischer und christlicher Provenienz distanziert. Nietzsche hat von 1854 bis 1864 das Humanistische Gymnasium in Naumburg und die Fürstenschule Schulpforta besucht, von 1864 bis 1869 in Bonn und Leipzig Klassische Philologie studiert und ist von 1869 bis 1879 bzw. 1876 Professor an der Universität und Lehrer am Pädagogium Basel gewesen. Die Antike hatte einen großen Einfluß auf sein Frühwerk, insbesondere auf die Schrift »Die Geburt der Tragödie aus dem Geiste der Musik« (1872), und dann wieder auf die späten Arbeiten »Der Antichrist« und »Ecce homo« (mit dem Kapitel »Was ich den Alten verdanke«) von 1888. Sie war aber auch in seiner mittleren Schaffensperiode stets präsent. Mit den Entwürfen

---

7 In verschiedenen Vorträgen und Diskussionsbeiträgen.
8 Karl Marx / Friedrich Engels. Werke. Berlin 1956–1968, Bd. 13, S. 642.
9 Karl Marx: Grundrisse der Kritik der politischen Ökonomie. Berlin ²1974, S. 387f.
10 Karl Marx: Der achtzehnte Brumaire des Louis Bonaparte. In: Karl Marx / Friedrich Engels (wie Anm. 8), Bd. 8, S. 115f.

zu einem Empedokles-Drama und mit seinen »Dionysos-Dithyramben« (1888) gehört Nietzsche – in dieser Beziehung Hölderlin verwandt – auch in die Geschichte der *literarischen* Antikerezeption. Den Philosophen interessierten das archaische und aristokratische Griechenland – das ihm geradezu eine antimoderne, antidemokratische und antisozialistische Gegenutopie war –, die griechische Tragödie, die dionysische Religion und die vorsokratische Philosophie (einschließlich der sogenannten orphischen Schriften), aus der er, historisch-philologisch nur partiell berechtigt, die Lehre von der »ewigen Wiederkunft« ableitete.

Auf das Antikebild der deutschen Literatur wirkte vor allem die Konzeption des ›Dionysischen‹ ein. In der Schrift von 1872 hatte Nietzsche – damals noch ein Verehrer Richard Wagners – das Tragische aus dem ›Dionysischen‹ gedeutet, Apollon und Dionysos als kosmologische und anthropologische Prinzipien zu erklären und sich zu einem Kult *beider* Gottheiten zu bekennen versucht. Kunst – wie sie sich vor allem in der attischen (und in der Wagnerschen) Tragödie manifestierte – ist für Nietzsche das Produkt des Widerstreits und der Versöhnung von ›Apollinischem‹ und ›Dionysischem‹. Die attische Tragödie sei dadurch zustande gekommen, daß der rauschhafte ›dionysische‹ Untergrund der Welt, der sich im Satyrchor ein erstes Mal in einem Kunstgebilde sublimiert hatte, später durch die Bildner- und Verklärungskraft des ›Apollinischen‹ vollends aufgehoben wurde. Bei Aischylos und Sophokles habe das ›Dionysische‹ im Chor und das ›Apollinische‹ in den Sprechpartien fortgelebt; Euripides aber, angestiftet durch Sokrates und die Sokratik, habe den Mythos und den Dionysos aus der Tragödie vertrieben und damit das Ende der Gattung eingeleitet. In den achtziger Jahren verlagerte sich der Akzent bei Nietzsche immer stärker auf das ›Dionysische‹ – bis hin zur Antithese »Dionysos oder der Gekreuzigte« am Schluß von »Ecce homo«.

Die Konzeption des ›Dionysischen‹ und die Korrelation des ›Apollinischen‹ und ›Dionysischen‹ waren nicht Nietzsches Erfindung, sondern hatte eine lange Vorgeschichte – er aber hat dieses Begriffspaar total generalisiert und als Erklärungsmuster für Religion, Kunst und Kulturgeschichte überhaupt genommen. ›Dionysische‹ Elemente der Antike waren bereits bei Wilhelm Heinse und den Romantikern – bis zu einem gewissen Grade auch in Goethes »Klassischer Walpurgisnacht« – betont worden; Dionysos selbst wurde rezipiert von Friedrich Hölderlin. Bei diesem Dichter allerdings sind Christus und Dionysos Brüder, gekennzeichnet durch Gleichrangigkeit und harmonische Wechselbeziehung; sie haben kulturstiftende, heilsgeschichtliche Aufgaben, und Dionysos steht in einem innigen Verhältnis zu anderen Kräften der Natur – besonders zu Herakles. Bei Nietzsche hingegen sind Christus und Dionysos Kontrahenten; Christus ist dem Dionysos nachgeordnet, und beide haben keine heilsgeschichtlichen Funktionen mehr, sondern sind bloße Symbole. Nietzsches Hypothese, daß die Griechen ihre gesamte Kunstanschauung in den beiden Gottheiten Apollon und Dionysos ausgedrückt hätten, ist in dieser Absolutheit ebensowenig haltbar wie die Entgegensetzung von ›apollinisch‹ und ›dionysisch‹ als einer Typologie jeglichen künstlerischen Schaffens.[11] In ihrer Aus-

---

11 Vgl. Martin Vogel: Apollinisch und Dionysisch [s. Bibl. 5.2. (Nietzsche)]; Max L. Baeumer: Heinse und Nietzsche. Anfang und Vollendung der dionysischen Ästhetik. In: Baeumer: Heinse-Studien. Stuttgart 1966, S. 92–124; Ders.: Nietzsche and the Tradition of the

richtung auf ein Antikebild jenseits aller Glätte und Harmonie aber war sie gegenüber einer steril konventionell gewordenen Verehrung des klassischen Altertums von nachhaltiger Bedeutung.

Vorbereitet war Nietzsches antiklassische Orientierung nicht mehr an den hellen, heiteren, humanen, sondern an den tragischen und düsteren Seiten der Antike bis zu einem gewissen Grade durch die romantische Mythenforschung sowie durch die Baseler Altertumsforscher Johann Jakob Bachofen (1815–1887) und Jacob Burckhardt (1818–1897) – und bekräftigt wurde sie durch das religionsgeschichtliche Werk »Psyche. Seelenkult und Unsterblichkeitsglaube der Griechen«, das Nietzsches Freund Erwin Rohde (1845–1898) in den Jahren 1890 und 1894 veröffentlichte. Auch neue archäologische Entdeckungen lenkten das Interesse weg von der harmonischen Kunst der Klassik und des Hellenismus hin zu der spannungsvolleren archaischen Kunst. Dennoch ist *sein* Antikebild – ebenso wie dasjenige Winckelmanns und der Weimarer Klassik – letztlich mehr Modell und Konstruktion als wissenschaftlich gesichert; und mit der Polemik Ulrich von Wilamowitz-Moellendorffs gegen die »Geburt der Tragödie« war ein deutlicher Bruch zwischen Gräzistik und Ästhetik, zwischen den Altertumswissenschaften und der Literatur und Philosophie vollzogen. Auch Nietzsches spätere Wirkung betraf weniger Philologen als Schriftsteller oder Theoretiker außerhalb der ›Zunft‹ (wie Walter Benjamin, Karl Löwith und Gershom Scholem). Weitergeführt wurde die psychologisierende Richtung durch Sigmund Freud (1856–1939), der einen zentralen Begriff seiner Theorie – den ›Ödipuskomplex‹ – dem bekannten thebanischen Mythos und Sophokleischen Stück entnahm.

Sowohl die Marxsche wie die Nietzschesche Philosophie haben sich in der politischen Praxis als pervertierbar erwiesen – und wenn auch dem Urheber nicht einfach alle Taten und Untaten seiner Schüler angelastet werden dürfen, so kann man doch vor dieser Pervertierbarkeit nicht die Augen verschließen. Sie betraf allerdings mehr die programmatischen und ideologischen Lösungsvorschläge als die kritischen Problemanalysen dieser Denker, die auf jeden Fall intellektuell faszinierend waren und ohne die weite Bereiche der literarischen Antikerezeption im 20. Jahrhundert kaum denkbar wären.

Die deutsche Literatur zwischen ›Kunstperiode‹ und Naturalismus wurde zunächst von Autoren bestimmt, deren Anfänge in der Zeit der Romantik lagen und deren Werk teilweise noch von romantischen Zügen und von der Auseinandersetzung mit diesen – darüber hinaus auch vom Anknüpfen an vorromantische Traditionen – geprägt ist. Ihr Schaffen fällt weitgehend in die Zeit der Metternichschen Restauration und des Vormärz. Die Schriftsteller gehörten den unterschiedlichsten weltanschaulichen und literarischen Richtungen an, und es nicht möglich, diese Phase der

---

Dionysian. In: Studies in Nietzsche and the Classical Tradition [s. Bibl. 5.2], S. 165–189; Ders.: Das moderne Phänomen des Dionysischen und seine ›Entdeckung‹ durch Nietzsche. In: Nietzsche-Studien 6 (1977), S. 123–153; Helmut Pfotenhauer: Dionysos. Heinse – Hölderlin – Nietzsche. In: Hölderlin-Jahrbuch 26 (1988/89), S. 38–59; Uwe Beyer: Christus und Dionysos [s. Bibl. 5.2. (Nietzsche)], S. 431–441; Renate Schlesier: Olympische Religion und chthonische Religion: Creuzer, K. O. Müller und die Folgen. In: Schlesier: Kulte, Mythen und Gelehrte [s. Bibl. 1.1.], S. 21–31.

deutschen Literatur durch einen einheitlichen Begriff zu charakterisieren. Der Terminus ›Biedermeier‹ (im Sinne einer auf seelische Ruhe, Gelassenheit und innere Zufriedenheit in einer ›kleinen Welt‹ ausgerichteten Geisteshaltung) trifft nur auf einzelne Autoren zu – und angesichts ihres Lebensweges und der unterschwelligen Spannungen auch *ihres* Werkes selbst für diese nur bedingt –; der Terminus ›Vormärz‹ aber erfaßt ebenfalls nur einzelne Schriftsteller und muß zeitlich allzusehr ausgedehnt werden, um die gesamte Phase zu bezeichnen. Wenn Friedrich Sengle von ›Biedermeier*zeit*‹ spricht, dann vermeidet er zwar damit einer Reduzierung auf das ›Biedermeierliche‹, legt aber den Akzent einseitig auf die konservative Richtung. Im vorliegenden Buch wird – vorrangig im Hinblick auf die Antikerezeption – das Charakteristische dieser Phase im Übergang vom Romantischen zum Realistischen gesehen.

In der zweiten Hälfte des 19. Jahrhunderts wirkten vornehmlich jene Autoren, die seit den vierziger Jahren literarisch tätig waren und zu deren prägenden sozialen Erfahrungen die Revolution von 1848/49 gehörte – wie auch immer sie darauf reagierten. Es ist die Zeit, in der, international gesehen, der bürgerliche Realismus dominierte und in der auch die (wie sich im Laufe eines Jahrhunderts herausgestellt hat) bedeutendsten deutschen Schriftsteller als Realisten bezeichnet werden können. Daneben schrieben jedoch – und dies gerade auf dem Gebiet der Antikerezeption – nicht wenige Autoren, die sich eher klassizistischen und romantizistischen Traditionen verpflichtet fühlten oder die zu einer tendenziösen Interpretation der Vergangenheit neigten, so daß die Bezeichnung ›*Zeit* des bürgerlichen Realismus‹ gewählt wurde.[12]

Während die Revolution von 1848/49 einen Einschnitt in der deutschen Literatur des 19. Jahrhunderts bedeutete, war die ›Reichsgründung‹ von 1871 literarisch ohne größeren Belang – abgesehen von der Tatsache, daß jetzt die nationalistischen Tendenzen voll zum Zuge kamen. Bestimmend für die künstlerisch anspruchsvolle Belletristik blieben die älteren Prosa-Autoren – zu einem Neuansatz kam es erst seit Mitte der achtziger Jahre durch die Naturalisten. Für die Neuorientierung in der Antikerezeption sind dann sogar erst die *post*naturalistischen Strömungen bestimmend gewesen.

Nachromantik und Frührealismus
Von Heinrich Heine bis Eduard Mörike

Die Schriftsteller, die in den zwanziger Jahren des 19. Jahrhunderts in das literarische Leben eintraten, haben sich in ihrem Verhältnis zur Antike deutlich von den Romantikern oder von einem nur wenige Jahre älteren, aber noch stark der ›Kunstperiode‹ verhafteten Autor wie Franz Grillparzer abgehoben.

HEINRICH HEINE (1797–1856) war zeitlebens von der Antike fasziniert – doch er sah sie als eine definitiv vergangene Zeit, hat sich mit ihr vorwiegend in elegischem

---

12 Zur Problematik der Periodisierung und der Terminologie vgl. Claude David: Zwischen Romantik und Symbolismus [s. Bibl. 5.1.].

Sinne identifiziert und sie nicht selten travestiert. Bereits im lyrischen Frühwerk – im »Buch der Lieder« (1827) – wird sie in erster Linie relativiert und ironisiert. Zwar vergleicht sich der Autor in dem Zyklus »Die Heimkehr« (entstanden 1823/24, veröffentlicht 1826) wegen seiner unglücklichen Liebe mit dem »unglücksel'ge[n] Atlas«, der »Die ganze Welt der Schmerzen« tragen muß[13], und zu Beginn des zweiten Zyklus von »Die Nordsee« (entstanden 1825/26, veröffentlicht 1826/27) begrüßt er das Meer mit dem Jubelruf »Thalatta! Thalatta!«[14] oder schildert ein Gewitter in anerkennender Weise mit ständigen Anklängen an griechische Mythen[15] – doch in zwei Gedichten aus dem ersten Zyklus der »Nordsee« und in drei weiteren Gedichten mit antiken Sujets aus dem zweiten Zyklus überwiegt die Distanz.

In »Die Nacht am Strande« tritt ein Fremdling in eine Hütte und verkündet der »wunderschöne[n] Fischertochter: »[...] mit mir kommt / Die alte Zeit, wo die Götter des Himmels / Niederstiegen zu Töchtern der Menschen, / Und die Töchter der Menschen umarmten, / Und mit ihnen zeugten / Zeptertragende Königsgeschlechter / Und Helden, Wunder der Welt.« Was *er* jedoch von ihr verlangt, ist »Thee mit Rum«, um einer Erkältung vorzubeugen.[16] In »Poseidon« liest das von Homer begeisterte lyrische Ich die »Odyssee« und identifiziert sich mit deren leidendem Helden. »Seufzend sprach ich: Du böser Poseidon, / Dein Zorn ist furchtbar, / Und mir selber bangt / Ob der eignen Heimkehr.« Der Meergott aber beschwichtigt das »Poetlein«, das ihn niemals erzürnt hat, das weder Troja zerstört noch Polyphem geblendet hat und das »niemals rathend beschützt / Die Göttin der Klugheit, Pallas Athene«.[17] Wird in dem Gedicht »Untergang der Sonne« eine trostlose und zankerfüllte Ehe zwischen Poseidon und der Sonne glossiert[18], so sind im »Gesang der Okeaniden« Ironie und Pathos auf subtile Weise miteinander verschmolzen: Ein junger Mann prahlt am Meeresstrand in überspanntem Selbstbewußtsein von seiner Liebe und seiner Geliebten; die Okeaniden aber belehren ihn, was für ein Tor er sei, und vergleichen ihn mit Niobe und (unter Anspielung auf Aischylos) mit einem keineswegs vorbildhaften Prometheus. Er solle vernünftig sein und die Götter ehren. Die mythischen Gestalten selbst werden hier ernst genommen; der Spott trifft den desillusionierten Jüngling.[19]

Höhepunkt von Heines früher Antikebegegnung ist das (bereits im Titel an Schiller anklingende) Gedicht »Die Götter Griechenlands«. Das lyrische Ich glaubt in den vorüberziehenden Wolken die antiken Götter zu erkennen – als besiegte und machtlose Gottheiten. »Und längst ist erloschen / Das unauslöschliche Göttergelächter.« Der Dichter bekennt unumwunden: »Ich hab' Euch niemals geliebt, Ihr Götter! / Denn widerwärtig sind mir die Griechen, / Und gar die Römer sind mir verhaßt.« Er sieht sie mit Distanz, da sie es stets »mit der Parthei der Sieger gehalten«

---

13 Heinrich Heine: Ich unglücksel'ger Atlas! In: Heine: Historisch-kritische Gesamtausgabe der Werke. Hrsg. von Manfred Windfuhr. Hamburg 1973–1997, Bd. 1/1, S. 235.
14 Heine: Meergruß. Ebd., S. 395–399.
15 Heine: Gewitter. Ebd., S. 399–401.
16 Ebd., S. 365–369 (Zitate: S. 367 und 369).
17 Ebd., S. 369–371 (Zitat: S. 371).
18 Ebd., S. 403–407.
19 Ebd., S. 407–411.

haben; doch er hat auch Mitleid mit ihnen und möchte für sie kämpfen – zumal die neuen, siegreichen Götter feig und triste sind. Auch Schiller hatte die Diskrepanz zwischen Antike und Gegenwart gestaltet – doch wo der ›klassische‹ Dichter noch eine ästhetische Utopie entwickelte (wenn auch in der zweiten Fassung seines Gedichtes mit resignierenden Tönen), dort kennt Heine nur noch den Rückblick; er weiß, daß die Zeit des Altertums endgültig vorbei ist und daß es sich bei den Göttern nur um »Wolken« handelt.[20]

Eine Art Resümee dieser frühen Antike-Travestien – die zugleich Travestien der deutschen Klassik sind, allerdings auch elegische Züge nicht ausschließen – ist die fünfteilige Romanze »Unterwelt« aus den 1844 veröffentlichten »Neuen Gedichten«. (Die ersten vier Abschnitte waren bereits 1840, der fünfte ist 1842 entstanden.) Im ersten Teil beklagt sich Pluto, im zweiten Proserpina, jeweils in einem Monolog, über das »Ehejoch«, unter dem sie zu seufzen haben; im dritten Teil dann wird »[d]ie verrückte Göttin« Ceres eingeführt, »Deklamirend jene Klage, / Die Euch allen wohlbekannt«. Heine läßt sie einfach die drei Eingangsstrophen von Schillers »Klage der Ceres« zitieren, die in diesem Kontext nicht mehr tragisch, sondern rein satirisch wirken. Im vierten Teil der Romanze bietet Pluto seiner »Schwiegermutter« nur allzugern einen Kompromiß an und entläßt seine Gattin für jährlich sechs Monate in die Oberwelt. Die witzig-pointierte Lösung von Konflikten aus dem Alltag einer konventionellen Ehe ist aber nicht das letzte Wort: Im fünften Abschnitt folgen noch acht Verse, in dem das »Herzeleid« der Betroffenen und wohl auch des Dichters selbst – es bleibt offen, wer wen anspricht – namhaft gemacht werden: »Verfehlte Liebe, verfehltes Leben!«[21]

Gelegentliche – meist ironische – Anspielungen auf die Antike finden wir mehrfach in Heines Lyrik: sei es, daß ein Mythos glossiert wird (wie in »Psyche«, wo die Göttin sich achtzehnhundert Jahre kasteit, »Weil sie Amorn nackend sah«[22], oder in »Mythologie«, wo Leda, die sich von einem Schwan betören ließ, schlicht eine »Gans« genannt wird[23]); sei es zum Zwecke politischer Polemik – wie in dem Gedicht »Zur Beruhigung«, in dem der Autor darlegt, daß es unter den Deutschen weder einen Brutus noch einen Caesar gibt, in »Der neue Alexander«, einer Parodie auf Friedrich Wilhelm IV., oder in den »Wanderratten« mit einem Seitenhieb auf den Redner Cicero[24].

Verschiedene Nuancen des satirischen Umgangs mit antiken Motiven zeigen sich in dem Versepos »Deutschland. Ein Wintermärchen« (1844). Im 11. Caput akzeptiert der Dichter die Ergebnisse der Schlacht im Teutoburger Wald bei gleichzeitiger Abgrenzung von jeglicher nationalistischen Instrumentalisierung des Hermann-Mythos – ein Thema, auf das Heine mehrfach zu sprechen gekommen ist –[25]; im letzten Caput bezeichnet er sich als Sohn des Aristophanes und bekennt, daß er im

---

20 Ebd., S. 413–417.
21 Ebd., Bd. 2, S. 96–99.
22 Ebd., S. 88.
23 Ebd., Bd. 3/1, S. 99.
24 Ebd., Bd. 2, S. 125 f. und 146–148; Bd. 3/1, S. 334–336.
25 Ebd., Bd. 4, S. 114–116. – Vgl. Winfried Woesler: »Enkel Hermanns und Thusneldens«. Heines Kritik an der Funktionalisierung des Hermann-Mythos. In: Arminius und die Varusschlacht [s. Bibl. 1.2.], S. 399–409.

36. Caput den Schluß von dessen »Vögeln« »ein bischen nachzuahmen« versucht habe[26]. Aristophanes in seiner Verbindung des Politischen mit dem Sexuellen und Fäkalischen ist derjenige antike Dichter, dem sich Heine am nächsten fühlte. Hatte er sich in »Die Bäder von Lukka« aus dem dritten Teil der »Reisebilder« (entstanden 1829, erschienen 1830) vor allem im Zusammenhang mit der Aristophanes-Rezeption August von Platens auf den attischen Komödiendichter bezogen[27], so wurde er bald selbst von zeitgenössischen Kritikern als ›deutscher Aristophanes‹ angesehen. In den »Geständnissen« (1854) nennt er sich dann sogar, leicht verfremdet, den »sogenannten deutschen Aristophanes«.[28]

Satirische und elegische Züge verbinden sich im 18. Caput von »Deutschland«, in dem der Autor sich in der Festungsstadt Minden wie Odysseus in der Höhle des Polyphem fühlt und im Traum sich als Prometheus sieht, dem der preußische Adler die Leber aus der Brust frißt.[29] Die Gestalt des Titanen wird in Heines Schriften häufig beschworen – und zwar stets, bei grundsätzlicher Anerkennung seiner Verdienste um die Emanzipation der Menschheit, als ein Leidender und Scheiternder.[30] So schreibt der Dichter am 21. August 1851 von seiner Pariser ›Matratzengruft‹ aus an Julius Campe: »Ich leide außerordentlich viel, ich erdulde wahrhaft prometheische Schmerzen, durch Rancüne der Götter, die mir grollen, weil ich den Menschen einige Nachtlämpchen, einige Pfennigslichtchen mitgetheilt.«[31] Und in den »Aphorismen und Fragmenten« vergleicht er nicht nur sich selbst, sondern alle Menschen mit dem gefolterten Titanen: »Die Erde der große Felsen woran die Menschheit der eigentliche Prometheus, gefesselt ist und vom Geyer zerfleischt wird – Sie hat das Licht gestohlen u. leidet Marter«[32]

Seit den dreißiger Jahren wird Heines Werk durchzogen von dem Kontrast zwischen dem Hellenischen und dem Nazarenischen, zwischen dem jüdisch-christlichen Spiritualismus und dem in einer heiteren, daseinsbejahenden Götterwelt – vor allem in der Liebesgöttin Venus – sich verkörpernden antiken Sensualismus. Dabei gehört Heines Sympathie, anders als bei den Romantikern, der Antike – doch er weiß zugleich von deren notwendigem Untergang. Erstmals stellt der Autor in »Die Stadt Lukka« aus dem vierten Teil der »Reisebilder« (entstanden 1829/30, erschienen 1831) die »traurige Zeit« des Christentums und die Welt der »vorigen heiteren Götter« gegenüber – und betont, daß für die »armen gequälten Menschen« nur ein *leidender* Gott wirklich geliebt werden kann.[33] In den Schriften »Zur Geschichte der Religion und Philosophie in Deutschland« (1834) und »Elementargeister« (1837) bezieht er in den Gegensatz des Hellenischen und Nazarenischen die *Verteufelung* der ›heidnischen‹ Gottheiten (nicht nur der Venus, sondern auch des Jupiter und der Diana) durch das siegreiche Christentum mit ein – in

---

26 Ebd., S. 155 f.
27 Ebd., Bd. 7/1, S. 137 und 148 f.
28 Ebd., Bd. 15, S. 56.
29 Ebd., Bd. 4, S. 131–133.
30 Vgl. Hans Blumenberg: Arbeit am Mythos [s. Bibl. 1.1.], S. 644–654; Markus Küppers: Heinrich Heines Arbeit am Mythos [s. Bibl. 5.2.], S. 242–269.
31 Heine: Säkularausgabe. Werke – Briefwechsel – Lebenszeugnisse. Berlin, Paris 1970 ff., Bd. 23, S. 112.
32 Ebd., Bd. 12, S. 233.
33 Heine: Historisch-kritische Gesamtausgabe der Werke (wie Anm. 13), Bd. 7/1, S. 173.

beiden Werken unter Hinweis auf die Tannhäuser-Legende, die er 1836 auch in einem Gedicht nachgestaltet hat und in eine Satire auf das zeitgenössische Deutschland ausklingen ließ, in »Elementargeister« zudem mit der Nacherzählung der Sage vom Marmorbild, die schon der Eichendorffschen Novelle zugrunde gelegen hatte.[34]

Im 18. und 19. Caput des Versepos »Atta Troll. Ein Sommernachtstraum« (entstanden 1841/42, erschienen 1843) nimmt Heine nochmals auf die Verteufelung der antiken Götter in der christlichen Welt Bezug – er schildert hier einen nächtlicher Spuk, in dessen Mitte Diana steht, die für ihre »Sünde« an Aktäon büßt und sich der »Wollust« ergibt[35] –; ihren Höhepunkt aber findet die gesamte Problematik in den zwischen 1846 und 1853 entstandenen und zwischen 1851 und 1854 veröffentlichten drei mythologischen Prosatexten »Die Göttinn Diana«, »Der Doktor Faust« und »Die Götter im Exil«. Im ersten Text – dem Libretto zu einer Ballettpantomime – wird das Venus-Tannhäuser-Motiv des früheren Gedichtes mit dem Diana-Bild der visionären Jagd aus dem »Atta Troll« verknüpft. Diana, eine durch den Sieg des Christentums vertriebene ›Göttin im Exil‹, erzählt einem jungen deutschen Ritter, daß die alten Götter nicht tot seien, sondern sich nur versteckt hielten. Sie nehmen an einem großen, von Apollon und Dionysos zelebrierten Freudenfest teil. Diana erscheint mit ihren Nymphen, mit Apoll und dessen Musen sowie mit Dionysos und dessen Bacchanten und Satyrn in der mittelalterlichen Burg des Geliebten und fährt zum Venusberg, wohin der Ritter ihr folgt. Er sieht Diana als Anführerin der wilden Jagd durch die Lüfte reiten und wird vom treuen Eckart erschlagen, der wenigstens die Seele des Ritters retten will. Diana bittet die unterirdischen Gottheiten, ihn wieder zum Leben zu erwecken; dies gelingt dem Dionysos, und das Stück klingt aus mit einem rückhaltlosen Sieg des Sensualismus über den christlich-germanischen Spiritualismus, dem Venus eine göttliche »Glorie der Verklärung« verleiht.[36]

In dem Tanzpoem »Der Doktor Faust« knüpft Heine zwar an sensualistische und ›hellenische‹ Motive Goethes an, grenzt sich aber letztlich von dessen Erlösungskonzept ab. Im Zentrum steht die Begegnung Fausts mit Helena in deren Inselreich in der Ägäis als Vision einer harmonischen Einheit. Im Kontrast dazu steht die christliche Moderne, in der Askese und Ausschweifung, Bigotterie und Blasphemie, Gott und Teufel, Christnacht und Walpurgisnacht einander bedingen und hervorbringen. Faust wendet sich vom Treiben auf dem Blocksberg ab und glaubt in Helenas Welt den Dualismus von Sensualismus und Spiritualismus überwunden zu haben. Erfüllung aber ist nur als ästhetischer Schein möglich; die »blühenden Menschen« der Antike werden durch eine Hexe in »knöcherne Gespenster« verwandelt. Helena erscheint als »die schönste Frau der Poesie«, der Dichter als Retter und Rächer verratener Werte – doch Heldentum und Schönheit müssen untergehen; das Bemühen, der Dichtung mit den Mitteln des Phantastischen eine über die Zeiten fortdauernde Bedeutung zu verleihen, scheitert. Nach der Zerstörung

---

34 Ebd., Bd. 8/1, S. 58–60; Bd. 9, S. 46–64; Bd. 2, S. 53–60.
35 Ebd., Bd. 4, S. 53–60.
36 Ebd., Bd. 9, S. 65–76 (Zitat: S. 76).

seiner ›hellenischen‹ Vision sucht Faust Zuflucht im Juste milieu – und dies bedeutet seine endgültige Verdammung. In »Erläuterungen« setzt sich Heine expressis verbis mit dem (wie er es sieht) apolitischen Klassizismuskult Goethes auseinander.[37]

In dem dritten, nichtdramatischen Text schließlich versuchte Heine eine letzte Metamorphose der »armen Heidengötter«, eine Darstellung der Götter unter den Bedingungen des Exils in einer modernen, christlichen, prosaischen Welt. Während es bei Apollo, Mars, Bacchus, Merkur, Neptun und Pluto volkstümliche Traditionen gibt, muß der große Jupiter der Wut und Rache »ikonoklastische[r] Zeloten« weichen und führt ein kümmerliches Exildasein auf einer arktischen Kanincheninsel. Seine unverkennbare Größe wird in einem erniedrigten Schicksal gezeigt – eine unverkennbare Anspielung auf die Situation des exilierten und ans Krankenlager gefesselten Dichters. Hatte Heine in »Göttin Diana« und »Doktor Faust« die antiken Götter mit der Welt und den Werten des Mittelalters konfrontiert, so setzte er sie nunmehr dem Existenzkampf unter modernen Bedingungen aus. Das von Schiller angeschlagene Thema der ›Götter Griechenlands‹ vermochte er nach deren religiöser Entmachtung nur noch als tragische Parodie zu gestalten. Dabei weist er mit seiner Mischung von Mythos, Ironie und Psychologie schon auf charakteristische Gestaltungsweisen Thomas Manns voraus.[38]

Anspielungen auf das Altertum verstärken sich noch einmal im lyrischen Schaffen der fünfziger Jahre. Im »Romanzero« (1851) kehren wichtige Leitmotive aus den mythologischen Texten wieder: Fall und Untergang von ›Größe‹, ›Schönheit‹ und ›Heldentum‹, Sieg und Triumph der ›Schlechten‹, das Bekenntnis des Dichters zu den verratenen und untergegangenen Werten, die ›Verteufelung‹ der entmachteten Götter und das Motiv des Exils. In dem Gedicht »Nächtliche Fahrt« wird eine »arme Schönheit« beschworen – »Als wär sie ein welsches Marmorbild, / Dianens Konterfei«, der das lyrische Subjekt selbst – »mir träumt, / Daß ich ein Heiland sei« – den Tod gibt.[39] In »Der Apollogott« aber ist der Gott der Musen zwar trotz seines Exils seiner Heimat verbunden: »Wohl tausend Jahr' aus Grácia / Bin ich verbannt, vertrieben – / Doch ist mein Herz in Grácia, / In Grácia geblieben« – doch er wird nur noch von einer jungen Nonne bewundert, während er für einen Vertreter der bürgerlichen Welt zum bloßen Scharlatan herabgesunken ist.[40]

Hat Heine im »Epilog« zu den »Gedichten« von 1853 und 1854 sowie in einer Variante zu »Der Scheidende« ein Bekenntnis zum Leben unter Anspielung auf Achill in der Unterwelt abgelegt[41], so ist sein letztes großes Gedicht, »An die Mouche«, von tiefer Resignation geprägt – vom ewigen Gegensatz zwischen religiöser und antiker Weltanschauung, zwischen »Barbaren und Helenen«:

O dieser Streit wird end'gen nimmermehr,
Stets wird die Wahrheit hadern mit dem Schönen,

---

37 Ebd., S. 77–121 (Zitate: S. 93 und 95).
38 Ebd., S. 123–145 (Zitat: S. 126). – Die Ausführungen zu den drei mythologischen Texten nehmen Bezug auf: Von 1830 bis zum Ausgang des 19. Jahrhunderts [s. Bibl. 5.1.], Bd. 2, S. 456f.
39 Ebd., Bd. 3/1, S. 55f.
40 Ebd., S. 32–36 (Zitat: S. 34).
41 Ebd., S. 236 und Bd. 3/2, S. 1505.

> Stets wird geschieden seyn der Menschheit Heer
> In zwey Parthey'n: Barbaren und Helenen.⁴²

Heines Poesie – das ist, bei aller Vertrautheit mit dem Altertum, der erschütternde nachromantische Abschied von der Antike.

Eine im Hinblick auf seine eigene Zeit ausgesprochen problematisierende Interpretation der Antike unternahm CHRISTIAN DIETRICH GRABBE (1801–1836). In dem frühen Fragment »Marius und Sulla« (1823) hat er den römischen Diktator mit Napoleonzügen ausgestattet und die Ansicht vermittelt, daß Rom nur durch den Despotismus zu retten sei. Antiaristokratische Tendenzen paaren sich mit antikapitalistischen; die Geschichte erscheint als ein sinnloses Spiel – wenn auch am Schluß mit Sullas Rücktritt noch eine demokratische Hoffnung offenbleibt. Grabbe schuf in den dreißiger Jahren mit »Napoleon oder die Hundert Tage« (1831), »Hannibal« (1834) und »Hermannsschlacht« (1835/36 entstanden, postum 1838 erschienen) ein bedeutendes dramatisches Werk, das vor allem durch die Spannung zwischen der großen historischen Persönlichkeit und ihrem begrenzten realen Handlungsspielraum geprägt wird. Im Hannibal-Stück – das Ereignisse aus einem Zeitraum von siebzig Jahren (216 bis 146 v. Chr.) zusammenfaßt – wird der Titelheld ein Opfer seiner philisterhaften Landsleute, die, kurzsichtig nur auf den nächstliegenden Handelsvorteil bedacht, seinen Feldzug gegen Rom sabotieren und damit selbst zur Vernichtung Karthagos beitragen. Der Dichter läßt den Herausforderer Roms die historische Überlegenheit des Gegners empfinden, wodurch sich seine Entfremdung von der Heimat freilich noch verschärft. Karthago nimmt ihn nicht wieder auf; einsam und noch tiefer erniedrigt als Napoleon stirbt der vertriebene und verratene Hannibal im Exil. Grabbes Verachtung der Bourgeoisie und ihres Krämergeistes paart sich mit einem desillusionierenden Blick auf die Römer, die nur den Untergang Karthagos, nicht aber die Errichtung einer glücklicheren und gerechteren Welt zu bewirken vermögen. Auch in der »Hermannsschlacht« lassen die borniert-kurzsichtigen Bauern den politisch weitblickenden Helden im Stich; anders als bei Kleist steht nicht Hermann, sondern das Volk im Mittelpunkt des Stückes, dominieren nicht die antirömischen nationalen Züge, sondern die inneren sozialen Konflikte – wenn auch ein tragischer Ausgang vermieden wird und das Werk im 20. Jahrhundert eine bedenkliche nationalistische Rezeptionsgeschichte erfahren hat.

GEORG BÜCHNER (1813–1837) hat auf die Gestaltung antiker Sujets verzichtet, bringt aber in »Dantons Tod« (1835) zahlreiche – meist parodistische – Anspielungen auf die griechische Mythologie sowie auf die griechische und vor allem die römische Geschichte, durch die er »das wieder auferstandene Römertum«⁴³ aus der Zeit der Französischen Revolution treffend charakterisiert und zugleich entlarvt. Republikanischen Vorbildgestalten wie dem älteren und dem jüngeren Brutus oder dem Cato von Utica (dem bereits die wichtigste von Büchners Schulreden gegolten hatte) stehen die Reminiszenzen an Caesar und Nero in den Äußerungen über

---

42 Ebd., Bd. 3/1, S. 389–397 (Zitat: S. 396).
43 Karl Marx: Der achtzehnte Brumaire des Louis Bonaparte. In: Karl Marx / Friedrich Engels: Werke. Berlin 1956–1968, Bd. 8, S. 116.

Robespierre gegenüber – und wenn Danton die Revolution einen Saturn nennt, der die eigenen Kinder frißt, oder St. Just sie mit den Töchtern des Pelias vergleicht (»sie zerstückt die Menschheit um sie zu verjüngen«) und dabei übersieht, daß die Verjüngung eben *nicht* zustande kam, dann ist mit *einem* Satz die tragische Hybris des revolutionären Anspruchs entlarvt[44]. Einen Teil seiner Anspielungen konnte Büchner unmittelbar den Quellen entnehmen. In dem Lustspiel »Leonce und Lena« (1836) hat er von diesem Stilmittel nur sparsam – wenngleich ebenfalls pointiert – Gebrauch gemacht.[45]

Ansonsten war die Rezeption der Antike für die Dramatik der Restaurationszeit und des Vormärz nicht konstitutiv. Friedrich von Uechtritz' (1800–1875) »Alexander und Darius« (1827) blieb im Verklärend-Epigonalen; im umfangreichen Schaffen KARL GUTZKOWS (1811–1878) ist die Tragödie »Nero« (1835) zwar nicht vom Thema (Opposition gegen die Autonomie des Staates), wohl aber vom Stoff her eine Randerscheinung gewesen (zudem war Rom im Grunde nur die Kulisse für zeitgenössische Kritik) – und ROBERT PRUTZ' (1816–1872) aristophanische Komödie »Die politische Wochenstube« (1843) orientierte sich an dem griechischen Dichter vor allem in dramaturgischer Hinsicht.

KARL IMMERMANN (1796–1840) – ebenfalls ein Verehrer des Aristophanes – hat in seiner ästhetischen Abhandlung »Über den rasenden Ajax des Sophokles« (1826) nicht nur die Unterschiede zwischen antiker und moderner Tragödie analysiert, sondern ist – ganz anders als Hölderlin, der daraus die Notwendigkeit ableitete, uns an den ›Alten‹ zu schulen – zu einer eindeutigen Absage gekommen: »Die Frage, ob Nachahmung der Alten im echten Sinne schon stattgefunden habe, ob sie überhaupt möglich sei? muß demnach verneint werden. Unser Trauerspiel ist ein andres Gewächs, als ihre Tragödie. [...] / Es scheint daher richtiger zu sein, wenn wir den ehrwürdigen Nachlaß verschwundner Zeiten, ohne die Anmaßung, ihn vermehren zu wollen, betrachten, und unsre Kraft daran stärken, uns desto frischer die *uns* gesetzten Preise zu erkämpfen.«[46]

Immermann hat als Dramatiker nur in seinem Jugendwerk »König Periander und sein Haus« (1823) – einem Trauerspiel im Anschluß an Herodot und in der Art der romantischen Schicksalstragödie – auf einen antiken Stoff zurückgegriffen. Auch in seinem erzählerischen Werk spielt nur *einmal* ein griechischer Mythos eine Rolle: in der 1823 entstandenen, 1825 veröffentlichten und 1829 nochmals überarbeiteten Novelle »Der neue Pygmalion«, in der Werner, ein begüterter Adliger mit sozialreformerischen Ambitionen zur Zeit der Französischen Revolution, sich eine Frau aus den Unterschichten zur Gattin heranziehen will. Das Vorhaben gelingt erst dann, als ein befreundeter Maler sie als Modell auf ein Piedestal stellt und sie als

---

44 Georg Büchner: Sämtliche Werke, Briefe und Dokumente in zwei Bänden. Hrsg. von Henri Poschmann. Frankfurt a. M. 1992–1999 = Bibliothek deutscher Klassiker 84 und 169, Bd. 1, S. 31 und 55.

45 Vgl. Hans-Georg Werner: »Meine Herren, meine Herren, wißt ihr auch, was Caligula und Nero waren? Ich weiß es.« Die Funktionsveränderung romantischer Thematik und Motivik in Büchners »Leonce und Lena«. In: Werner: Literarische Strategien. Studien zur deutschen Literatur 1760 bis 1840. Stuttgart, Weimar 1993, S. 271–284.

46 Karl Immermann: Werke in fünf Bänden. Unter Mitarb. von [...] hrsg. von Benno von Wiese. Frankfurt a. M. 1971–1977, Bd. 1, S. 604.

geliebte und beseelte Statue zu ihrem ›neuen Pygmalion‹ Werner herabsteigt. Das kleine Werk, das den Mythos vom Künstlerischen ins Pädagogische transponiert, ist dank seiner literaturgeschichtlichen Stellung zwischen Romantik und Realismus nicht uninteressant: Ludwig Tieck hat 1825 den Stoff ebenfalls gestaltet und dabei völlig ins Beschauliche gewendet (»Der Gelehrte«); Gottfried Keller hat ihn Jahrzehnte später mehrfach variiert und gleichermaßen erweitert wie vertieft[47].

Mehr im literarhistorischen Kontext als im Rahmen eines schriftstellerischen Gesamtwerkes selbst ist auch WILLIBALD ALEXIS' (Georg Wilhelm Heinrich Häring; 1798–1871) Erzählung »Das Bild der Venus« (1831) erwähnenswert – eine Neuversion des von Eichendorff im »Marmorbild« gestalteten romantischen Sujets, auf die Heinrich Heine in den »Elementargeistern« Bezug nimmt und die ebenfalls im Werk Gottfried Kellers eine Rolle spielt. Insgesamt gesehen, ist allerdings die Aufnahme antiker Motive in der Erzählliteratur dieser Zeit – auch bei Schriftstellern, die gute Kenner des Altertums waren – von noch geringerer Relevanz als in der Dramatik. Charles Sealsfield (Karl Anton Postl; 1793–1864) und Jeremias Gotthelf (Albert Bitzius; 1797–1854) verwenden sie nur selten, und auch für ADALBERT STIFTER (1805–1868) sind sie nicht charakteristisch – mit *einer* (zwar späten, aber hochbedeutsamen) Ausnahme: in dem Roman »Der Nachsommer« (1857).

In diesem Roman durchläuft Heinrich Lee ein Bildungsprogramm, in das die antiken Sprachen und Literaturen sowie Platonische Gedanken integriert sind, ohne herausgehoben zu werden – im Zentrum des Romans aber steht, als »das wichtigste und ausschlaggebende Symbol des ganzen Buches«[48], eine antike Marmorstatue von vollendeter Schönheit, die völlig nach den Vorstellungen Winckelmanns als harmonische Persönlichkeit in »edler Einfalt« und »stiller Größe« gebildet ist. Nachdem Heinrich zunächst achtlos an ihr vorübergegangen ist, erlebt er – im neunten der siebzehn Kapitel des Romans – diese Statue als Sinnbild schlichter Stille während eines drohenden Gewitters und im Kontrast zu dieser äußeren Unruhe. Er erfährt geradezu eine Wiedergeburt aus Schönheit, gewinnt in den anschließenden Gesprächen Einblicke in das Wesen der Kunst und in die humanistischen Werte der Antike, fühlt sich durch die Statue an Nausikaa erinnert und lernt in ihrem Zeichen Natalie kennen und lieben. »Der Weg zu Natalie und zum Anschauen ihres sinnenden Wesens, ihres inneren Maßes, ihrer reinen Liebeskraft geht über diese Statue.«[49]

Die Lyrik vom Ausklang der ›Kunstperiode‹ bis zur Mitte des 19. Jahrhunderts ist gekennzeichnet einmal durch das Weiterleben einer konventionellen Mythologie (insbesondere Amor und Venus) bei einer Reihe von heute unbekannten Autoren, zum anderen durch einen weitgehenden Verzicht auf derartige Motive bei so bedeutenden Dichtern wie Annette von Droste-Hülshoff (1797–1848) oder Nikolaus Lenau (Nikolaus Franz Niembsch Edler von Strehlenau; 1802–1850) und drittens durch eine eigenwillige, auf unterschiedliche Weise gleichermaßen Nähe

---

47 Vgl. S. 250 f.
48 Peter A. Schoenborn: Adalbert Stifter. Sein Leben und Werk. Bern 1992, S. 418.
49 Walther Rehm: Nachsommer. Zur Deutung von Stifters Dichtung. München 1951 = Sammlung Überlieferung und Auftrag 7, S. 50.

wie Ferne zur Antike bekundende Form der Rezeption bei AUGUST GRAF VON
PLATEN und Eduard Mörike.

Im Werk Platens (August Graf von Platen-Hallermünde; 1796–1835) paaren sich
eine demokratische Haltung und ein scharfer Antiklerikalismus mit einer deutlichen
Tendenz zum Klassizistischen. Bereits 1813 hat er sich in der Ode »Die Sänger des
Altertums« zu Homer, Sappho, Anakreon und Pindar sowie zu Vergil und Horaz
bekannt und gelobt, ihnen nachzueifern – und zwischen 1826 und 1828 schrieb er
in dem Sonett »Sophokles«: »Du bist ins Innre dieser Welt gedrungen / [...] Du hast
den Rausch der Poesie getrunken, / Und schimmerst nun in strahlender Vollendung.«[50]

Platen war einer der größten Formkünstler der deutschen Sprache. Von früh an in
der Übertragung griechischer und römischer Dichter geübt, hat er in einer Zeit,
deren Geschmack dem ›hohen Stil‹ nicht gerade günstig war, die literarischen
Gattungen der Antike gepflegt (Oden, Hymnen, Eklogen und Idyllen, Epigramme,
Heroiden) und antike Versmaße verwendet – die metrischen Schemata hat er seinen
Oden vorangestellt. Dabei hat er – fern einer rein antikisierenden Poesie – allerdings
nur selten antike Stoffe behandelt und hat sich ebensosehr wie am Altertum auch an
der Renaissance (Sonette) und an der orientalischen Poesie geschult (Ghaselen). In
»Odoaker«, dem Fragment eines Versepos aus den Jahren 1818/19 – hat Platen die
Muse angerufen, Griechenland zu verlassen und die eigene nationale Geschichte zu
besingen, und in seinen Balladen und Liedern, seinen Gelegenheits- und Zeitgedichten hat er durchaus in modernen Formen geschrieben. Die Bevorzugung
klassischer Formen war nicht zuletzt eine Flucht aus der zeitgenössischen Gesellschaft, und das Bekenntnis zur Antike war zugleich eine Absage an die Misere der
Gegenwart. So identifiziert sich Platen in dem Sonett »An Winckelmann« (1826)
ausdrücklich mit dessen ›Heidentum‹ und stellt »das Licht des Göttlichen« dem
»Predigtbuch der Frommen« gegenüber – und in einem anderen Sonett aus demselben Jahre polemisiert er:

> Was habt ihr denn an euerm Rhein und Ister,
> Um neben dem Hellenenvolk zu thronen? [...] /
> Die nie ihr kanntet jene zwei Geschwister,
> Freiheit und Kunst, die dort in schönern Zonen
> Auf's Haupt sich setzten der Vollendung Kronen,
> Ihr haltet euch für Griechen, ihr Philister?[51]

Unter Platens Balladen behandeln »Das Grab im Busento« (1820) und »Der Tod
des Carus« (1830) Stoffe aus der Spätantike: den Tod des Westgotenkönigs Alarich
und des römischen Kaisers Marcus Aurelius Carus.

In den satirischen Komödien »Die verhängnisvolle Gabel« (1826) und »Der
romantische Ödipus« (1828) setzte sich der Dichter mit der Schicksalstragödie und
mit einer Dramatik auseinander, in der gesellschaftlich relevante Themen durch eine
romantische Liebesgeschichte überlagert waren. Das zweite Stück – eine Literatursatire auf Immermann – ist abermals ein zumindest indirektes Bekenntnis zu

---

50 August von Platen: Sämtliche Werke. Historisch-kritische Ausgabe. Hrsg. von Max Koch
und Erich Petzet. Leipzig 1910, Bd. 4, S. 26f. und Bd. 3, S. 232.
51 Ebd., Bd. 3, S. 190 und 231f. (Zitat: S. 231).

Sophokles, und beide Werke stehen unmittelbar in der Tradition des Aristophanes, vor allem der »Frösche«. Sie sind freilich kaum bühnenwirksam, beziehen sich allein auf die literatursatirischen, nicht auf die politischen, sozialen und philosophischen Intentionen des attischen Komödiendichters und sind insbesondere mit den *phantastischen* Zügen seiner Stücke nicht vergleichbar. Platens Aristophanes-Rezeption wirkt recht forciert und ist – im Unterschied zu derjenigen seines Gegenspielers Heine – nicht so sehr auf den Inhalt und die Gestaltungsmittel als vielmehr allein auf die Form ausgerichtet.

Während Platen – ebenso wie Heine, Grabbe und Büchner – den gesellschaftlichen Spannungen seiner Zeit Ausdruck gab, wurzelt EDUARD MÖRIKE (1804–1875) – ähnlich wie Stifter – vorwiegend im Privaten. Die stofflichen Anklänge an die Antike sind bei ihm noch geringer als bei Platen – aber wo dieser in vielen seiner Gedichte auch moderne Inhalte in authentischer antiker Form wiederzugeben versuchte, dort offenbart sich bei Mörike eher eine innere Wesensverwandtschaft mit dem Altertum, die sich in einem geschmeidigen Umgang mit antiken Metren und Motiven und vor allem in einem »antikischen Ton«[52] niederschlägt.

Vereinzelte Reminiszenzen finden sich bei Mörike von Anfang an – beispielsweise im Peregrina-Zyklus aus dem Roman »Maler Nolten« (1832) –; seit 1835 aber ist, parallel zu einer erneuten Beschäftigung mit griechischen und römischen Dichtern, sein gesamtes lyrisches Schaffen durch eine intensive Auseinandersetzung mit der antiken Literatur bestimmt. Er verfaßte Epigramme und Elegien, Idyllen und komische Verserzählungen, Oden, Episteln und Heroiden und nutzte dazu Hexameter und Distichen, Senare (jambische Trimeter), phaläkische Elfsilbler und das alkäische Odenmaß. Allerdings sind die Übergänge zwischen den einzelnen Gattungen fließend; Mörike griff auch auf andere als die von der Gattungskonvention festgelegten Versmaße zurück und schrieb darüber hinaus in Blankversen und ungereimten, fortlaufenden Trochäen, in Reimversen und freien Rhythmen – und die Odenstrophe, die ihm allzu feierlich erschien, verwendete er nur parodistisch (»An Philomele« [1841], »An einen Liebenden« [1842, Endfassung 1867], »Katholischer Gottesdienst«[1845]). Humoristische, parodistische und satirische Züge tragen auch einige seiner kleinepischen Werke: »Häusliche Szene« (1852; hier spricht teilweise der Mann in Hexametern, die Frau in Pentametern), »Märchen vom sichern Mann« (1838; eine Paraphrase auf Homer und die antike Mythologie) oder »Idylle vom Bodensee« (1846; eine Parodie auf Vossens »Luise« und Goethes »Hermann und Dorothea«).

1840 hat Mörike eine Auswahl antiker Dichtung – Homerische Hymnen, Kallinos und Tyrtaios, Theognis, Theokrit, Bion, Moschos, Catull, Horaz und Tibull – unter dem Titel »Classischen Blütenlese« veröffentlicht (es handelt sich, neben einigen eigenen Übersetzungen, vor allem um bearbeitete ältere Übertragungen); 1855 erschien der Band »Theokrit, Bion und Moschos« mit elf von ihm übersetzten Idyllen des Theokrit, 1864 »Anakreon und die sogenannten anakreontischen Lieder« – eine Übertragung, die den bedeutsamen Schlußpunkt einer jahrhundertelangen Beschäftigung mit diesem Zweig der griechischen Poesie darstellt. Homer, Ana-

---

52 Renate von Heydebrand: Eduard Mörikes Gedichtwerk [s. Bibl. 5.2.], S. 253.

kreon und Theokrit, Catull, Horaz und Tibull sind auch jene antiken Dichter, die Mörike am stärksten für seine eigenen Werke rezipierte. Es war keineswegs die *ganze* Antike, zu der er sich hingezogen fühlte, sondern die Wesensverwandtschaft betraf vor allem das Idyllische und Musische, das Anmutige und Harmonische, das »heilige Maß« und die Verklärung eines glücklichen – wenn auch nicht ungefährdeten – privaten Lebensraumes.⁵³ Die aggressiven politischen Gedichte Catulls blieben dabei ebenso am Rande wie die patriotischen des Horaz, und auch jene Oden, in denen der Dichter der Augusteischen Zeit seinen Ruhm verkündete, ließ der moderne Autor unbeachtet.

In seinen eigenen Werken hat Mörike mitunter direkte Zitate und Anspielungen gebracht – so in dem frühen Gedicht »An eine Äolsharfe« (1837), das ein Horazisches Motto trägt, formal verschiedene Horazische Odenformen paraphrasiert und inhaltlich der ›hohen‹ hymnischen Ode nahekommt, durch seine subjektiv-empfindsame Haltung aber auch wieder von ihr unterschieden ist –; er hat tradierte Sujets frei nachgestaltet – wie in dem späten Gedicht »Erinna an Sappho« (1863), das an die Gattung der Heroide erinnert, strophisch und metrisch locker gefügt ist und auf einfühlsame Weise das Thema des Sterbenmüssens reflektiert –; vor allem aber ist ihm, fern jeder Nachahmung, eine *Verschmelzung* antiker und moderner Elemente gelungen: So ist das 1851 entstandene Gedicht »Denk es, o Seele«, das Mörike 1856 an den Schluß seiner Novelle »Mozart auf der Reise nach Prag« gestellt und als böhmisches Volkslied bezeichnet hat, tatsächlich einem Gedicht des Anakreon nachgebildet.

Der Einfluß der Antike zeigt sich bei Mörike in erster Linie nicht stofflich und auch nur in bestimmtem Maße von der Form her, sondern vor allem im Streben nach klassischem Ebenmaß und ruhiger Schönheit, im freien Spiel mit antiken Metren und Motiven, in einer intensiven Sprach- und Versbehandlung und in der Neigung zu epigrammatischer Knappheit. Wenn Gottfried Keller den Dichter einmal gesprächsweise den »Sohn des Horaz und einer feinen Schwäbin«⁵⁴ nannte, dann dürfte dies weniger auf die *imitatio* eines bestimmten Autors als vielmehr auf die Vermählung von Antike und Gegenwart zielen, die in Mörikes Werk insgesamt zum Ausdruck kommt.

Die Zeit des bürgerlichen Realismus
Von Friedrich Hebbel bis Conrad Ferdinand Meyer

Seit dem Beginn des 19. Jahrhunderts war die Dramatik die bevorzugte Gattung für die Aufnahme antiker Sujets gewesen (Kleist, Grillparzer, Grabbe). Dies setzte sich auch *nach* den vierziger Jahren fort – vornehmlich bei Autoren, die noch in vorrevolutionärer Zeit wurzeln, und unter Verstärkung der resignativen Züge.

FRIEDRICH HEBBEL (1813–1863) ist erst spät mit der Antike bekannt geworden, war aber seit seiner Reise nach Paris, Rom und Neapel (1843/45) ein Bewunderer

---

53 Vgl. Herbert Meyer: Eduard Mörike. Stuttgart 1950, S. 122 f.
54 Adolf Frey: Erinnerungen an Gottfried Keller. Leipzig ³1919, S. 31.

der griechischen Plastik, der griechischen Tragödie und der Komödien des Aristophanes. Einige seiner Gedichte entlehnen ihren Stoff antiken Kunstwerken (Apoll von Belvedere, Juno Ludovisi) oder der alten Geschichte – am bedeutendsten ist »Diocletian« (1863): ein Gedicht, in dem es nicht um ein historisch getreues Bild des römischen Kaisers, sondern um das innere Erleben eines Menschen kurz vor seinem Tode geht. In seinen Überlegungen zur Tragödie hat sich Hebbel vor allem mit den *Unterschieden* zwischen Antike und Moderne – etwa in bezug auf die Gestaltung objektiver oder subjektiver Prozesse – befaßt, und auch in seinem einzigen Stück mit einem antiken Sujet strebte er nicht nach einer Nachahmung der ›Alten‹, sondern nach einer Verschmelzung antiker und moderner Fragestellungen.

Nachdem Hebbel bereits in »Herodes und Mariamne« (aufgeführt 1849, veröffentlicht 1850) den Machtkampf zwischen Octavian und Antonius berührt und den römischen Hauptmann Titus eingeführt hatte, der am Schluß des Stückes den zusammenbrechenden König auffängt, schrieb er 1853/54 streng nach klassizistischen Regeln die geschlossenste seiner Tragödien: »Gyges und sein Ring« (veröffentlicht 1856, aufgeführt erst 1881). In diesem Stück um die Problematik von Macht, Tradition und persönlicher Leistung ist der aus dem Geschlecht des Herakles stammende lydische König Kandaules gegenüber Herodot – der Hauptquelle des modernen Autors – zu einer bedeutend vielschichtigeren, dank seinen Reformbestrebungen historisch bedeutsameren und auf Grund seines Scheiterns hochgradig tragischen Gestalt geworden, während Gyges gegenüber Platon – von dem Hebbel das Motiv des unsichtbar machenden Rings übernommen hat – sittlich veredelt wurde und Kandaules' Gattin Rhodope (die bei den antiken Gewährsmännern mehr Objekt als Subjekt ist und nicht einmal einen eigenen Namen erhalten hat) zu einer gleichrangigen Gestalt aufgewertet wurde.[55]

»Gyges und sein Ring« ist – in den Jahren nach der gescheiterten Revolution – die Tragödie des zu früh gekommenen und des seiner Aufgabe nicht gewachsenen Revolutionärs, die in die Einsicht mündet: »[...] rühre nimmer an den Schlaf der Welt!«[56] Kandaules' Aufbegehren gegen überholte Sittengesetze bedeutet zugleich – indem er verlangt, daß Rhodope von Gyges nackt gesehen werde, damit dieser ihm ihre Schönheit bestätige – eine überhebliche und pietätlose Mißachtung seiner Mitmenschen; sein ungeduldiger Vorgriff auf die Zukunft führt zu tragischer Schuld. Kandaules hat zwar die Relativität der bestehenden Weltordnung erkannt – aber er wollte eine Welt umgestalten, die für eine revolutionäre Erneuerung, wie sie einst Herakles geleistet hatte, noch nicht reif war, und er selbst verfügte nicht über die Kraft seines Ahnherrn, die fragwürdig gewordenen alten Werte durch neue zu ersetzen. Rhodope verlangt von Gyges, daß er Kandaules tötet, und nach der

---

55 Zum detaillierten Vergleich zwischen Herodot, Platon und Hebbel vgl. Silke Frost: Die Rezeption der antiken Sage von Gyges in Friedrich Hebbels »Gyges und sein Ring«. Jena 1999 [Maschinenschriftl. Abschlußarbeit am Institut für Altertumswissenschaften der Universität Jena]. – Zu Hebbels Verhältnis zur Antike in »Gyges und sein Ring« vgl. weiterhin Karl Reinhardt: Gyges und sein Ring [s. Bibl. 1.1.]; Hugo Matthiesen: Gyges und sein Ring [s. Bibl. 5.2. (Hebbel)]; Von 1830 bis zum Ausgang des 19. Jahrhunderts [s. Bibl. 5.1.], Bd. 1, S. 695 f.; Regina Pichler: Die Gygesgeschichte in der griechischen Literatur und ihre neuzeitliche Rezeption [s. Bibl. 1.1.].
56 Friedrich Hebbel: Werke. Hrsg. von Gerhard Fricke, Werner Keller und Karl Pörnbacher. München 1963–1967, Bd. 2, S. 68.

Eheschließung mit Gyges – durch die sich bei Herodot und Platon ein bloßer Machtwechsel vollzogen hat – tötet sie sich selbst, um dem Gesetz der absoluten Reinheit zu genügen.

RICHARD WAGNER (1813–1883) war von früh an für das klassische Altertum begeistert; am nachhaltigsten wirkte auf ihn Aischylos, dessen »Promethie« er in hohem Maße in seinen »Ring des Nibelungen« transponierte und dessen »Orestie« er noch 1880 vortrug und für das »Vollendetste in jeder Beziehung« erklärt haben soll[57]. In seinen theoretischen Schriften »Die Kunst und die Revolution« (1849), »Das Kunstwerk der Zukunft« (1849) und »Oper und Drama« (1851) orientierte sich Wagner ständig an der griechischen Kunst und am griechischen Leben. Drei Hauptgedanken können als Leitbilder seines kunsttheoretischen Programms bezeichnet werden: daß die Tragödie der Griechen eine religiöse Feier – ein Festspiel – war, daß ihr Stoff die Volkssage als poetisch-sinnlicher Ausdruck der Weisheit des Volkes gewesen ist und daß die Tragödie ein Gesamtkunstwerk war, in dem Dichtung, Musik und Tanz eine lebendige Einheit bildeten. Es ging Wagner dabei nicht um eine direkte Nachahmung – so lehnte er etwa die Potsdamer »Antigone«-Inszenierung von 1841 ab –, sondern um eine Erneuerung des Mythos, dessen Stoff er der germanisch-nordeuropäischen Sage entnahm und dessen Zielrichtung »ideal-sozialistisch« und »menschheitlich« sein sollte[58]. Herr der Tragödie sollte Apollon gemeinsam mit Jesus sein, der amphitheatralische Schauraum des griechischen in den Innenraum des modernen Theaters transformiert werden.

Nachdem Wagner bereits in »Rienzi, der letzte der Tribunen« (entstanden 1840, aufgeführt 1842) eine Beziehung zwischen dem italienischen Humanisten Rienzo und dem frühen Rom hergestellt hatte – ausdrücklich durch die Pantomime von Lucretia und dem älteren Brutus im zweiten Akt – und im »Fliegenden Holländer« (entstanden 1841, aufgeführt 1843), seiner eigenen Aussage gemäß, von einer Wesensverwandtschaft zwischen der Titelgestalt und dem Homerischen Odysseus ausgegangen war, hat er im »Tannhäuser« (entstanden 1843/44, aufgeführt 1845), unter dem Einfluß Heines, die antik-heidnische und die christlich-mittelalterliche Welt einander entgegengestellt und eine Spannung zwischen Sensualismus und Spiritualismus, zwischen Hellenen- und Nazarenertum gestaltet, deren gegensätzliche Pole von Venus und Wolfram verkörpert werden. (Übrigens zeigt sich in Tannhäusers Bindung an Venus und in seiner Rückkehr zu Elisabeth auch eine Analogie zur Bindung des Odysseus an Kirke und Kalypso und zu seiner Heimkehr zu Penelope.) Im »Lohengrin« (entstanden 1846–1848, aufgeführt 1850) ist die Beziehung zwischen dem Titelhelden und Elsa derjenigen zwischen Zeus und Semele nachgebildet. In »Tristan und Isolde« (entstanden 1857–1859, aufgeführt 1865) werden zu Beginn der Euripideische »Hippolytos« und im zweiten Akt die Klagen aus den Aischyleischen »Choephoren« transparent; Archetyp des Hans Sachs in »Die Meistersinger von Nürnberg« (entstanden 1862–1867, aufgeführt 1868) ist der Sokrates aus dem Platonischen »Symposion«, und seine Schlußansprache erinnert an die Einsetzung des Areopags in den »Eumeniden« des Aischylos. Im »Parsifal«

---

57 Vgl. Wolfgang Schadewaldt: Richard Wagner und die Griechen [s. Bibl. 5.2.], Bd. 2, S. 351. – Die folgenden Ausführungen sind vor allem diesem Aufsatz verpflichtet.
58 Vgl. ebd., S. 355.

schließlich (entstanden 1877–1882, aufgeführt 1882) ähneln die Gestalten des leidenden Helden und des (allzu) reinen Jünglings an den Titelhelden und an Neoptolemos aus dem Sophokleischen »Philoktet«.

Höhepunkt der Wagnerschen Antikerezeption ist die von 1853–1874 entstandene und zwischen 1869 und 1876 aufgeführte Tetralogie »Der Ring des Nibelungen«, in der nicht nur eine Spannung zwischen der ›hellenisch‹-optimistischen Welt Siegfrieds und dem resignativen Grundgestus des mythischen, mit einer ›Götterdämmerung‹ endenden Weltgedichts herrscht, sondern der germanische Sagenstoff bewußt mit der Götterwelt der »Ilias« und vor allem mit der Struktur der Aischyleischen »Promethie« verschmolzen ist. 1849 hatte Wagner ein Achilleus-Drama geplant; im »Ring« deuten vor allem Liebe und Streit zwischen Wotan und Fricka an das ebenso charakterisierte Verhältnis zwischen Zeus und Hera, in der Beziehung zwischen Wotan und Brünnhilde spiegelt sich diejenige zwischen Zeus und Athene, und Siegfried trägt Züge Achills. Wie die griechische gerät auch die germanische Götterwelt in Unordnung – während aber bei Homer, Hesiod und Aischylos die Bedrohung überwunden wird, hat Wagner nur in der ›optimistischen‹ Frühfassung von »Siegfrieds Tod« an eine Sicherung der ewigen Macht der Götter durch die Apotheose von Siegfried und Brünnhilde gedacht, die endgültige – ›pessimistische‹ – Fassung jedoch mit deren Untergang beschlossen.

Die ersten drei Dramen nun hat Wagner in Anlehnung an die Prometheus-Trilogie entwickelt, wie sie Johann Gustav Droysen rekonstruiert hatte. (Laut Droysen hat die Trilogie mit dem »Prometheus Pyrphoros« begonnen, dem der »Prometheus Desmotes« und der »Prometheus Lyomenos« folgten; nach heutigem Erkenntnisstand ist der »Pyrphoros« das letzte Stück und behandelt nicht den Feuerraub, sondern die Einsetzung des Prometheus-Kultes. Das erst im 20. Jahrhundert entdeckte Problem der Echtheit des »Gefesselten Prometheus« spielt in diesem Zusammenhang keine Rolle.) Dem Raub des Rheingoldes (der ursprüngliche Titel des ersten Dramas lautete: »Der Raub«) folgt in der »Walküre« die Gestaltung einer Brünnhilde, die wie Prometheus ein Kind der Erdgöttin ist, durch Wissen, rebellischen Geist und große Menschenliebe geprägt ist und schließlich auf einem Felsen gefesselt wird. Im dritten Stück dann erinnert die Befreiung Brünnhildes durch Siegfried an die Befreiung des Prometheus durch Herakles. Besonders eng sind die Beziehungen zum »Prometheus Desmotes« im dritten Akt der »Walküre«: Der Auftritt der Okeaniden ist zum Walkürenritt geworden; in der Szene zwischen Waltraute und Brünnhilde schimmert die Okeaniden-Prometheus-Parodos durch (in der ursprünglichen Fassung handelte es sich um eine dieser Parodos noch direkter nachgebildete Szene zwischen den Walküren und Brünnhilde in »Siegfrieds Tod«); ebenso wie Prometheus der Io, der Ahnin seines künftigen Befreiers Herakles, den Weg weist, weist ihn Brünnhilde der mit ihrem künftigen Befreier Siegfried schwangeren Sieglinde; schließlich erscheint bei Aischylos Hermes, bei Wagner Wotan selbst, und die unbeugsamen Rebellen werden in die Tiefe versenkt bzw. eingeschlossen.

In den germanischen Quellen des Stückes ist die Geschichte des Rings, auf dem ein Fluch ruht, nicht mit dem Götterschicksal verbunden – erst durch den Rückgriff auf Homer und vor allem auf Aischylos hat Wagner aus der Sage ein Weltgedicht gemacht. Bei beiden Dichtern verfügt ein Gegner der Götter über eine starke

Waffe. Während aber bei Aischylos das Wissen des Prometheus um eine Bedrohung der Götterherrschaft schließlich zur Versöhnung zwischen Zeus und dem Titanen führt, nutzt bei Wagner Siegfried sein Schwert, um Wotans Speer zu zerschlagen. Aus dem drohenden Untergang der Götterherrschaft in der griechischen Sage ist bei dem modernen Dramatiker ein tatsächlicher Untergang geworden.

Von Bedeutung sind schließlich Wagners – von Schillers Vorrede zur »Braut von Messina« beeinflußte – theoretische Auseinandersetzung mit der Rolle des Chores und dessen praktische Verwendung in seinen eigenen Stücken. Bis zum »Lohengrin« spielte der Chor eine wichtige Rolle; gemäß seiner Funktion in den antiken Tragödien, wie sie im 19. Jahrhundert verstanden wurde, hatte er die Handlung zu kommentieren und zu reflektieren sowie Hinweise für das Verständnis des Stückes zu geben. In »Rheingold«, »Walküre« und »Siegfried« sowie in »Tristan und Isolde« hat Wagner dann die kommentierend-reflektierende Rolle des Chores in das Orchester verlegt und zu diesem Zweck die Leitmotivtechnik entwickelt. In »Götterdämmerung«, »Meistersinger« und »Parsifal« jedoch hat er dem Chor eine neue Funktion zugewiesen, nämlich die einer Brechung der Handlung, und ihn selbst zu einer handelnden Person gemacht – womit er, nach heutigem Verständnis, in seinem letzten Stück der antiken Tragödie am nächsten gekommen ist.

Richard Wagner hat alles andere als eine Imitation der Griechen angestrebt und sich ebensosehr von einer klassizistischen Verklärung wie von einer naiven Erneuerung der griechischen Tragödie ferngehalten – aber er hat wie kein anderer deutscher Dichter aus der zweiten Hälfte des 19. Jahrhunderts aus der geschichtlichen Distanz heraus die alten Archetypen aufgenommen und umgewandelt.

Die zweite Hälfte des 19. Jahrhunderts war, quantitativ und in der Regel sogar vom Erfolg bei den Zeitgenossen her gesehen, eine Blütezeit des historischen Dramas – ästhetisch belangvolle und die weitere literarische Entwicklung bestimmende Werke sind allerdings nicht entstanden. Im Vordergrund stand – wie sich schon zu Beginn des Jahrhunderts bei Heinrich von Collin angedeutet hatte – die Römertragödie, wobei sich nunmehr der Schwerpunkt zunehmend von der Republik zum Prinzipat und zur Spätantike verlagerte. Während Gustav Freytag mit der Tragödie »Die Fabier« noch soziale Konflikte zwischen Patriziern und Plebejern zur Sprache brachte, entwickelten Franz Bacherl (1808–1869) und FRIEDRICH HALM (Eligius Franz Joseph Freiherr von Münch-Bellinghausen; 1806–1871) bereits in den fünfziger Jahren mit den von Arminius' Witwe Thusnelda dominierten Stücken »Die Cherusker in Rom« (entstanden 1850, veröffentlicht 1856) bzw. »Der Fechter von Ravenna« (1854) deutschtümelnde Germanen- und Römerbilder. Emanuel Geibel und Paul Heyse dann konzentrierten sich auf – mehr oder weniger patriotisch überhöhte – individuelle Probleme.[59]

Der zu seiner Zeit erfolgreichste Dramatiker war ADOLF WILBRANDT (1827–1911), der Verfasser mehrere Römerdramen. Während er in »Gracchus der Volkstribun« von 1872 das politische Thema weitgehend privatisiert und das

---

59 Vgl. Fritz Martini: Deutsche Literatur im bürgerlichen Realismus [s. Bibl. 5.1.], S. 213–215 und 220–222; Ulrich Klein: Thusnelda-Motiv und Römerbild bei deutschtümelnden Autoren des 19. Jahrhunderts – gezeigt an einem Aspiranten für das Wiener Hoftheater. In: Arminius und die Varusschlacht [s. Bibl. 1.2.], S. 411–417. – Zu Freytag, Geibel und Heyse vgl. S. 245–249.

Geschehen allein auf Rache für die Ermordung des Bruders zurückgeführt, in
»Arria und Messalina« aus demselben Jahr vor allem in den Orgien und Ausschreitungen des Stoffes geschwelgt und im »Nero« von 1876 eine blutrünstige erotische
Tragödie mit Mutter- und Gattinnenmord verfaßt hatte, hat er mit dem im 3. und
4. Jahrhundert n. Chr. in Syrien spielenden »Meister von Palmyra« (1889) ein
Ideendrama geschaffen, das unbezähmbare ›heidnische‹ Lebensgier und christliche
Askese (in Verbindung mit Schopenhauerschem Gedankengut) thematisiert. Aus
heutiger Sicht beruht Wilbrandts Bedeutung weniger auf seinen klassizistisch-epigonalen Dramen als auf den Inszenierungen (bearbeiteter) griechischer Tragödien, die er als Direktor des Wiener Burgtheaters herausbrachte und mit denen er
– nachhaltiger als es durch die verhältnismäßig exklusiven Potsdamer Aufführungen
seit 1841 geschah – die attischen Tragiker auf der modernen Bühne heimisch
machte.

Nero war auch Gegenstand weiterer Dramen der ›Gründerzeit‹, in denen das
Grausame und Schauerliche, ja, sogar das im offiziellen Diskurs tabuisierte Sexuelle
(bis hin zum Inzestuösen) dominierten und in denen mit nationalistischem Pathos
eine Analogie zwischen dem römischen Caesarentum und Napoleon III. gezogen
wurde.[60]

Im komischen Genre schrieb ADOLF VON WINTERFELD (1824–1888) 1860 eine
Bearbeitung des Terentianischen »Phormio« unter dem Titel »Der Winkelschreiber«,
in der er, der Tradition der Plautus- und der Terenz-Adaptationen Falks und
Einsiedels folgend, die ›positiven‹ Werte Ehe und Familie akzentuierte. 1869 hat er
unter demselben Titel einen dreibändigen Roman veröffentlicht.[61] »Der Raub der
Sabinerinnen« (1885) von FRANZ UND PAUL VON SCHÖNTHAN (1849–1913 bzw.
1853–1905) wirkt dank seiner treffsicheren Typisierung und Komik und dank
seinem Spott über das akademische Lesedrama eines Gymnasialprofessors auch
heute noch recht frisch.

Klassizistische und epigonale Tendenzen waren in der zweiten Jahrhunderthälfte in
allen literarischen Gattungen verbreitet, blühten aber besonders in der Lyrik und in
der Versepik. Beispielhaft hierfür war der sogenannte ›Münchener Dichterkreis‹.
Während Platen und Mörike antiker Form und antikem Geist auf eigenwillige
Weise Ausdruck zu geben vermochten, schrieb der schon genannte EMANUEL
GEIBEL (1815–1884), das Haupt dieses Kreises, allzu glatt und harmonisierend. (Eine
wichtige übersetzerische Leistung gelang ihm allerdings mit dem »Klassischen
Liederbuch« von 1875.)

Die Antike war für Geibel eine idealisierte Welt der Feierlichkeit und Schönheit,
die Welt einer trivialisierten Humanität, aus der sich kaum noch Impulse zur
Bewältigung von Gegenwartsproblemen ableiten ließen. So lobt in »Herakles auf
dem Oeta« aus den »Neuen Gedichten« von 1856 der Held unter Schmerzen Zeus,

---

60 Vgl. Fritz Martini (wie Anm. 59), S. 224 f.; Peter Sprengel: Geschichte der deutschsprachigen Literatur 1870–1900 [s. Bibl. 5.1.], S. 439–441; Horst Thomé: Römerdramen des 19. Jahrhunderts [s. Bibl. 5.1.]. – In diesen Publikationen wird auch auf Römerdramen weiterer Autoren und mit anderen Sujets (vorwiegend aus der Kaiserzeit) eingegangen.
61 Vgl. Barbara R. Kes: Die Rezeption der Komödien des Plautus und Terenz im 19. Jahrhundert [s. Bibl. 1.2.], S. 178–196.

der ihn den Weg zum Heil führt – und in dem Gedicht »Der Tod des Perikles« aus der Sammlung »Spätherbstblätter« (1877) verkündet der athenische Staatsmann: »Doch ziemt mir's nicht zu klagen. Eine Welt / Von Schönheit, aufgeblüht in Stein und Erz / Und goldner Rede, bleibt als Zeugin stehn, / Was diese Stadt vermocht und was ich war.«[62] Mitunter geraten seine Verse zu einer unfreiwilligen Parodie ihrer selbst.[63] Sogar wenn Geibel ein düsteres Geschehen schildert, verzichtet er nicht auf eine harmonische Perspektive – wie in der Ballade »Der Tod des Tiberius« aus den »Neuen Gedichten«, die mit einem Ausblick auf den künftigen Sieg der christlichen Germanen endet. Dabei war er sich – in »Der Bildhauer des Hadrian« aus demselben Band – durchaus der Fragwürdigkeit einer Spätzeit bewußt:

> Wohl bänd'gen wir den Stein, und küren,
> Bewußt berechnend, jede Zier,
> Doch, wie wir glatt den Meißel führen,
> Nur vom Vergangnen zehren wir.
> O trostlos kluges Auserlesen,
> Dabei kein Blitz die Brust durchzückt!
> Was schön wird, ist schon da gewesen,
> Und nachgeahmt ist, was uns glückt.[64]

Mit der Tragödie »Sophonisbe« von 1868, für die er 1869 den Schillerpreis erhielt, griff Geibel auf ein bereits von Casper von Lohenstein behandeltes Sujet zurück. Gegenüber den hochpolitischen und erotisch brisanten Fragestellungen dieses barocken Dramas gestaltete er einen recht konstruiert wirkenden Konflikt zwischen Sophonisbes Patriotismus und ihrer (natürlich erst *nach* Syrax' Tod aufflammenden) Liebe zu dem wankelmütigen Masinissa und Bewunderung für den edlen Römer Scipio.

PAUL HEYSE (1830–1914) – neben Geibel der wichtigste Vertreter des ›Münchener Dichterkreises‹ und ebenfalls zu seiner Zeit hochgeehrt (1910 hat er als erster deutscher Dichter den Nobelpreis erhalten) – hat mit seinen frühen Verserzählungen »Urica« (1851) und »Perseus« (1852) eine mythisch-allegorische Auseinandersetzung mit der Revolution geführt. Seine Lyrik mit antiken Sujets ist geschmeidiger und subtiler als diejenige Geibels, ist offen für Humoristisches – wie »Amor in der Mauser« – oder für Problematisches – wie das Gedicht »Odysseus«, dessen Titelheld auch dann, wenn ihm Penelope das Glück der Heimat vorstellt, vom Schiffbruch und von seiner Rettung durch eine Frau träumt, »Die ich nun ewig entbehre«: »O seliges Wagen, o Heldengeschick / Wie soll ich nun tragen ein ruhiges Glück?«[65] »Telegonos« freilich belegt, daß auch bei ihm – im Unterschied zur Überlieferung, nach der Odysseus von der Hand seines Sohnes den Tod findet – letztlich die versöhnenden Züge überwiegen.

---

62 Emanuel Geibel: Gesammelte Werke in acht Bänden. Stuttgart, Berlin [4]1906, Bd. 4, S. 11.
63 »Als Odysseus fortgezogen, / Heimwärts vom Phäakenstrand, / Und sein Schiff am Saum der Wogen / Fern im Abendrot verschwand, / Zu des heil'gen Felsens Zinne / Schritt empor Nausikaa, / Die mit kummerschwerem Sinne / Ihren Gastfreund scheiden sah.« (Geibel: Nausikaa. 1858. Ebd., S. 5.)
64 Ebd., Bd. 3, S. 102f.
65 Paul Heyse: Werke. Hrsg. von Bernhard und Johanna Knick, Hildegard Korth. Frankfurt a. M. 1980, Bd. 1, S. 138f.

Heyse bevorzugte in mehreren – thematisch, psychologisch und dramaturgisch besser als Geibels »Sophonisbe« gelungenen – Stücken die erotischen gegenüber den politischen Komponenten (wie bereits in »Die Sabinerinnen« von 1859, für die er ebenfalls mit dem Schillerpreis ausgezeichnet worden war) und die von Liebesgeschichten überlagerte Spannung zwischen einer edlen, freien und starken Persönlichkeit und der ihr widerstrebenden Umwelt: so im »Hadrian« von 1865 und im »Alkibiades« von 1880. Darüber hinaus ist er mit erzählerischer Prosa wie der von einer Mulattin in München handelnden Novelle »Medea« (1896) und dem Roman »Die Geburt der Venus« (1909) hervorgetreten.

Eine ähnlich epigonal-klassizistische Position wie der ›Münchener Dichterkreis‹ vertrat der österreichische Schriftsteller ROBERT HAMERLING (Rupert Johann Hammerling; 1830–1889), der allerdings stärker die Schönheit und Sinnlichkeit der antiken Kultur betonte. 1858 ist er mit der lyrisch-epischen Dichtung »Venus im Exil« hervorgetreten, 1865 hat er in dem jambischen Epos »Ahasverus in Rom« unter nationalistischen Auspizien das prachtliebende und ausschweifende Leben im Rom der Nerozeit (mit Analogien zum Paris Napoleons III.) verurteilt und 1882 mit dem Kleinepos »Amor und Psyche« (nach Apuleius) ein unterhaltsames Werk im Geschmack seiner Zeit geschaffen. In dem dreibändigen Roman »Aspasia« (1876) versuchte er das Ideal der Kalokagathie zu verlebendigen.

Die Gattung des Versepos – im Grunde schon in der vorrevolutionären Zeit anachronistisch geworden – erfreute sich in der zweiten Jahrhunderthälfte großer Beliebtheit bei einem politisch und ästhetisch konservativen Publikum. Der Hexameter allerdings wurde nur noch selten verwendet, und auch antike Sujets standen weniger im Vordergrund als nationale (germanische oder mittelalterliche). Eine gewisse Verbindung ergab sich durch das Thema der Völkerwanderung – wie in dem gleichnamigen Hauptwerk Hermann Linggs (1820–1905) aus den Jahren 1866/68. Während HEINRICH LEUTHOLD (1827–1879) – ebenso wie Lingg ein Angehöriger des ›Münchener Dichterkreises‹ – ohne näheren Bezug auf die Gegenwart in dem Epos »Penthesilea« (1868) in Anlehnung an Platens Balladendichtung die Taten der Amazonin besang und in »Hannibal« (1871) die Siegesfeier der Karthager schwülstig ausmalte, veröffentlichte SIEGFRIED LIPINER (1856–1911) unter dem Eindruck der Pariser Kommune 1876 das Stanzen-Epos »Der entfesselte Prometheus«, in dem er Befreiung mit Schrecken gleichsetzte und den prometheischen Emanzipationsanspruch des Volkes als triebhafte Verirrung desavouierte, den Titanen selbst aber durch Christus erlösen ließ – ein künstlerisch wenig gelungenes Werk, das gleichwohl bezeichnenderweise den Beifall Nietzsches fand[66].

Ein Nachfahre älterer Versdichtung – nicht zuletzt der Goetheschen »Pandora« – ist der zu seiner Zeit berühmte Schweizer Schriftsteller CARL SPITTELER (1845–1924), Nobelpreisträger von 1919. Im Jahre 1881 veröffentlichte er sein Versepos »Prometheus und Epimetheus«, an dem er seit Ende der sechziger Jahre gearbeitet hatte (Neufassung 1924 unter dem Titel »Prometheus der Dulder«). In diesem Werk sinkt Epimetheus in die niedere Welt der praktischen Menschenliebe hinab und scheitert mit seinem Versuch, eine politische Ordnung allein auf der

---

66 Vgl. Jonas Fränkel: Wandlungen des Prometheus. Bern 1910 = Berner Universitätsschriften 2, S. 29 f.

sozialen Verantwortung des menschlichen Gewissens zu begründen, der Künstler Prometheus aber, der das Angebot zur Weltherrschaft abgelehnt hatte und allein das Göttliche (Pandora) zu begreifen vermag, steigt nach tragischem Leid ins Übermenschliche empor, vertreibt die Dämonen und versöhnt sich mit seinem Bruder. Von 1897 bis 1904 entstand Spittelers Hauptwerk, »Olympischer Frühling« (erschienen 1905, zweite Fassung 1910): der – antinaturalistische – Versuch einer mythischen Sinngebung der Gegenwart, in dem Bilder aller Götterwelten aus der Antike, dem Christentum und dem Osten sich mit modernen Phänomenen vermischen. In der ersten Fassung hat diese epische Komödie eine ausgesprochen pessimistische Tendenz, wird die Fragwürdigkeit des menschlichen Lebens in die Götterwelt transponiert: Nachdem in »Die Auffahrt« ein neues Göttergeschlecht aus der Unterwelt in den Olymp eingezogen ist, in »Hera, die Braut« die Wettkämpfe um Hera geschildert werden, in denen Apollon siegt, dann aber durch Verrat Braut und Weltherrschaft an Zeus verliert, und in »Die hohe Zeit« die Gegner sich wieder versöhnt haben, rauschende Feste feiern und zu Entdeckungsfahrten ins Weltall aufbrechen, mündet in »Ende und Wende« diese glückliche Zeit im Streit, und Zeus ruft die Götter heim und kehrt sich vom Menschengeschlecht ab. Der Schluß der zwischen 1904 und 1909 entstandenen zweiten Fassung – aufgeteilt in »Der hohen Zeit Ende« und »Zeus« – ist weniger düster: Der Göttervater schickt Herakles als Vorboten eines neuen, duldenden Menschentums auf die Erde, so daß zumindest die Hoffnung auf einen irdischen Frühling anklingt. Es sind Versepen, die, unter dem Einfluß Jacob Burckhardts, an der Renaissance geschult sind und die eigenartig zeitfremd und epigonal wirken.

In der erzählerischen Prosa aus der zweiten Jahrhunderthälfte findet sich zunächst einmal – analog zum historischen Drama – eine große Anzahl historischer Romane. Sie waren stärker auf eine Bildung des Publikums und auf eine populäre Vermittlung der Antike als auf künstlerisches Niveau bedacht (die Verfasser dieser oft recht stereotypen ›Professorenromane‹ waren meist Altertumswissenschaftler und Altsprachenlehrer) und verkündeten mehr oder weniger direkt nationalistische Tendenzen. Bevorzugte Gegenstände waren die römische Kaiserzeit und vor allem die Auseinandersetzungen zwischen Germanen und Römern in der Spätantike. (Der Schönheitskult der griechischen Klassik in Hamerlings »Aspasia« war hier eine Ausnahme.) Ein Vorläufer war bereits Wilhelm Adolf Beckers (1796–1846) »Gallus, oder Römische Scenen aus der Zeit Augusts zur genaueren Kenntnis des römischen Privatlebens« (1838) gewesen. Der – wenn man so sagen darf – ›Klassiker‹ auf diesem Gebiet war der Historiker Felix Dahn (1834–1912) mit seinem belletristischen Hauptwerk »Ein Kampf um Rom« (entstanden 1854–1862 und 1874, veröffentlicht 1876).

Zuvor schon waren die ersten, in der Zeit der Völkerwanderung spielenden Teile von GUSTAV FREYTAGS (1816–1895) Romanzyklus »Die Ahnen« (1872–1881) erschienen. Hatte dieser Autor in der bereits erwähnten Tragödie »Die Fabier« (1859), zu der er durch Theodor Mommsens »Römische Geschichte« angeregt worden war, sowie in dem im Leipziger Universitätsmilieu spielenden Roman »Die verlorene Handschrift« (1864), der von der vergeblichen Suche nach einem Tacitus-Manuskript handelt, noch mehr oder weniger nationalliberale Positionen der nachrevolutionären Ära vertreten, die freilich stets auf einen Ausgleich zwischen Oben und Unten zielten, so wollte er nunmehr vor allem das neue ›Reich‹ und dessen Traditionen verherrlichen.

FELIX DAHNS vierbändiger Roman nun handelt von der letzten Phase der Ostgotenherrschaft in Italien vom Tode Theoderichs bis zur Schlacht am Vesuv (526–552) und verkündet die Überlegenheit der Germanen, die zwar durch römische Intrigen besiegt werden, aber auf künftige Triumphe hoffen dürfen. Nationalistische und rassistische Tendenzen paaren sich mit einer klischeehaften Kolportagetechnik und einem pathetischen Stil. Während die in den fünfziger und sechziger Jahren verfaßten Teile noch relativ liberale Gedanken enthalten, verkünden die später entstandenen uneingeschränkt den nach der ›Reichsgründung‹ sich ausbreitenden Chauvinismus und formten auf Jahrzehnte das Welt- und Geschichtsbild breiter Kreise der deutschen Bevölkerung.

Dahn hat – neben seinen wissenschaftlichen Veröffentlichungen – noch weitere epische, lyrische und dramatische Werke veröffentlicht (darunter den Roman »Julian der Abtrünnige« [1893]), und in seinem Gefolge sind zahlreiche seinerzeit vielgelesene und heute vergessene lehrhafte, idealisierende und trivialisierende Römerromane erschienen – so von Ernst Eckstein (1845–1900) »Die Claudier« (1882), »Prusias« (1884) und »Nero« (1889), von Wilhelm Walloth (1856–1932) »Octavia« (1885), »Paris der Minne« (1886), »Der Gladiator« (1888), »Tiberius« (1889) und »Ovid« (1890) sowie von Georg Ebers (1837–1898), dem populärsten Vertreter des ›Professorenromans‹, über zehn Romane, die in Ägypten spielen und in denen u.a. Kleopatra, Hadrian und Caracalla auftreten. Sogar der liberale, mit der naturalistischen Bewegung verbundene FRITZ MAUTHNER (1849–1923) veröffentlichte 1891 den Roman »Hypatia« – der aber war möglicherweise als Parodie auf Wilhelm II. gedacht.[67]

Mehrere der heute noch – vor allem durch ihre Prosawerke, aber auch durch ihre Lyrik – bekannten realistischen Schriftsteller aus der zweiten Hälfte des 19. Jahrhunderts haben entweder kaum mit antiken Sujets und Motiven gearbeitet oder sie – der Wirklichkeit ihrer Zeit bzw. der vorangehenden Jahrhunderte entsprechend – dazu benutzt, die Atmosphäre, in der ihre Werke handeln, zu kennzeichnen. Dies gilt insbesondere für die Gestalt des Philologen und Schulmannes oder überhaupt des humanistisch Gebildeten. So deutet der Erzähler in der Rahmenhandlung von THEODOR STORMS (1817–1888) Novelle »Aquis submersus« (1877), der das Gymnasium seiner Heimatstadt besucht, die Inschrift »C.P.A.S.« auf einem alten Bildnis zu Recht als »Culpa patris aquis submersus« (durch Schuld des Vaters im Wasser versunken) – es ist symptomatisch, daß eine Novelle wie »Psyche« (1875), in der er versuchte, über die Darstellung eines ›humanistischen‹ Milieus hinaus, ein antikes Motiv direkt mit der Handlung zu verflechten, denn doch recht forciert wirkt. WILHELM RAABES (1831–1910), der einmal prononciert erklärt hat: »Für die antike Welt ist mein Verständnis und meine Teilnahme eine geringe«[68], hat gleichwohl – wenn auch oft parodierend – in seine Romane und Erzählungen über 500 antike

---

67 Vgl. Fritz Martini (wie Anm. 59), S. 448 f.; Hannu Riikonen: Die Antike im historischen Roman des 19. Jahrhunderts [s. Bibl. 5.1.]; Peter Sprengel (wie Anm. 60), S. 177–180.
68 Vgl. Hans Oppermann: Das Bild der Antike bei Wilhelm Raabe [s. Bibl. 5.2.] S. 59.

Zitate eingeflochten, und in seinem Roman »Pfisters'Mühle« (1884) vertieft sich der Chemiker Dr. Asche zum Ausgleich gegenüber seinem Beruf und seiner Familie in die Lektüre Homers. In THEODOR FONTANES (1819–1898) Roman »Frau Jenny Treibel« (1893) schließlich repräsentiert der weltläufige und allem Neuen in Wissenschaft und Leben gegenüber aufgeschlossene Gymnasiallehrer Willibald Schmidt die intellektuelle Gegenposition zur besitzbürgerlichen Welt der Titelfigur. Fontane nahm zwar hin und wieder auf ein antikes Motiv Bezug (z.B. in dem Gedicht »Ikarus« [1891]), stand aber, insgesamt gesehen, dem klassischen Bildungsgut recht reserviert gegenüber[69] – und für den Gang der Handlung in »Frau Jenny Treibel« spielt das Fachgebiet Willibald Schmidts folglich auch eine eher untergeordnete Rolle.

Von größerer Bedeutung ist die Antike bei den Schweizer Schriftstellern GOTTFRIED KELLER und Conrad Ferdinand Meyer. In Kellers (1819–1890) erzählerischem Werk werden antike Motive oft auf subtile Art mit der Handlungsebene verwoben. So kommt der Held des Romans »Der grüne Heinrich« (erste Fassung 1854/55, zweite Fassung 1879/80) nicht nur mit der griechischen Baukunst und Poesie in Berührung, sondern bezieht auch – freilich (im Unterschied zu Stifter) nicht ohne Distanz – die Begegnung zwischen Odysseus und Nausikaa unmittelbar auf sich selbst und Dortchen Schönfund: »›O‹, dachte er, ›da es noch hie und da eine Nausikaa gibt, so werde ich auch mein Ithaka noch erreichen! Aber welch närrische Odysseen sind dies im neunzehnten Jahrhundert christlicher Zeitrechnung!« Im Zwiespalt zwischen Judith und Anna scheint sogar die romantische Alternative zwischen ›heidnisch‹-sinnlicher und christlich-geistiger Lebenswelt wieder auf – und zwar so weit, daß Heinrich Anna vorwiegend in Bildern sieht und daß Judith als moderne Venus mit einem »Marmorbild« verglichen wird. Bezeichnenderweise hat Keller bei der Überarbeitung des Romans das Nausikaa-Motiv zwar ausführlicher, aber weniger programmatisch verwendet und mit der als anstößig empfundenen Badeszene auch das »Marmorbild« getilgt.[70]

In Kellers Novellen werden mehrfach das Motiv der Statuenbelebung bzw. – weniger unmittelbar als in versteckter und verschlüsselter Form – die Pygmalion-Problematik aufgegriffen. Die zum Leben erweckte Statue hat zentrale Bedeutung für die »Sieben Legenden« (1872), die ursprünglich als Teil einer Novellensammlung »Die Galatea« geplant waren. In diesen Novellen, die teils im spätantiken Alexandria, teils im christlichen Mittelalter spielen, gelingt es dem Autor, antike und christliche Mythen – die in der Vorlage streng voneinander geschieden waren – auf anmutige Weise miteinander zu verbinden, eine Beziehung zwischen Juno, Venus und der Jungfrau Maria herzustellen und die romantische Antithese in eine (wenn auch nicht vollständige) erotisch-diesseitige Synthese aufzulösen. Im »Sinngedicht« von 1882 aber ist einmal die Rahmenhandlung eine ›Galatea-Novelle‹ – der Naturforscher Reinhart ist auf der Suche nach einer Frau, die er, gemäß einem

---

69 Vgl. Hubert Ohl: Melusine als Mythos bei Theodor Fontane. In: Mythos und Mythologie in der Literatur des 19. Jahrhunderts [s. Bibl. 1.2.], S. 293.
70 Gottfried Keller: Sämtliche Werke in sieben Bänden. Hrsg. von Thomas Böning, Gerhard Kaiser, Kai Kaufmann, Dominik Müller und Peter Villwock. Frankfurt a. M. 1985–1996 = Bibliothek deutscher Klassiker 125, 3, 133, 43, 46, 68 und 137, Bd. 2, S. 803 und 521. – Vgl. ebd., Bd. 3, S. 774 und 439.

Logauschen Epigramm, durch einen Kuß zu errötendem Lachen bringen, also wie Pygmalion beleben könnte, und wird (eine wichtige Neuakzentuierung!) selbst durch die Liebe gebildet –, und zum anderen sind auch die Binnennovellen Variationen des Pygmalion- Mythos. Wie in Immermanns Erzählung »Der neue Pygmalion« oder in Berthold Auerbachs (Moses Baruch; 1812–1882) Novelle »Die Frau Professorin« (1843), in der ein bildender Künstler an einem Mädchen aus den Unterschichten Gefallen findet und aus dem schönen Malermodell eine ebenbürtige Lebenspartnerin bilden will, geht es in diesen von Reinhard und von Lucie erzählten Geschichten jeweils um – teils erfolgreiche, teils scheiternde – Versuche eines gesellschaftlich und bildungsmäßig höherstehenden Mannes, sich eine Frau zu erziehen, bzw. um die aktive Rolle der Frau innerhalb dieser Versuche. Damit hat sich Keller – der auch in »Die Leute von Seldwyla« (1856 und 1874) und in den »Züricher Novellen« (1878) derartige Fragen anklingen ließ – nicht nur von der Künstlerthematik, sondern auch von einer allzu direkten Beziehung auf das tradierte Sujet gelöst.[71]

In einigen wenigen Gedichten hat Keller antike Motive entweder travestiert (»Aktäon« [1852], »Venus von Milo« [1878]) oder zu einem Bekenntnis zu ›heidnischer‹ Lebensfreude genutzt (»Cyprier« [1848]). Zeitkritik übte er in den »Gesammelten Gedichten« von 1888 in einem Zyklus mit dem Titel »Pandora (Antipanegyrisches)«.

Während Keller antike Motive eher in *verhüllter* Form anklingen ließ, hat CONRAD FERDINAND MEYER (1825–1898) – wenn auch stärker in der Lyrik als in der erzählerischen Prosa – als einziger unter den auch heute noch in breiteren Leserkreisen bekannten Schriftstellern aus der zweiten Hälfte des 19. Jahrhunderts Sujets aus dem Altertum *unmittelbar* gestaltet.

Für Meyer war die antike Vergangenheit lebendig und gegenwärtig – so erwähnt er in dem Roman »Jörg Jenatsch« (1876) die römische Herkunft Bündner Geschlechter oder die römischen Säulen in der Schweizer Landschaft, und in dem Gedicht »Der Triumphbogen« (1876/77) erscheint Klio nicht in Archiven und Pergamenten, sondern als Schnitterin. Dabei galt sein Interesse sowohl den Römern wie den Griechen: dem Geschichtsbewußtsein Vergils und Lucans Psychologie ebenso wie dem Dichter Homer oder den Philosophen Sokrates und Platon. Der Schriftsteller war bereits durch Schule und Lektüre mit den alten Autoren vertraut, hatte auch Interesse an Sprache und Grammatik, zeigte aber Distanz gegenüber allem Philologisch-Akademischen. In seinen Briefen finden wir zwar mehrfach griechische und lateinische Zitate; in seine Erzählungen sind lateinische Ausdrücke und Sätze eingeflochten – namentlich bei Schulreminiszenzen, Urkunden und Grabschriften –; wir finden Anspielungen an und Gespräche über antike Autoren, und in dem Versepos »Huttens letzte Tage« (1871) nimmt, trotz der Ersetzung antiker durch christliche und deutsche Namen, die Antike einen breiten Raum ein: Hutten vergleicht sich mit Odysseus, Philoktet und Sisyphos oder spricht von Helena. Der Autor läßt Hutten sich aber auch gegen Erasmus wenden, und in der

---

71 Vgl. Claudia Weiser: Pygmalion [s. Bibl. 1.1.], S. 147–154; Dominik Müller: Kommentar. In: Keller (wie Anm. 70), Bd. 6, S. 926 f.

Novelle »Plautus im Nonnenkloster« (1882) betrachtet er den Humanisten Poggio, der seine Ziele nur durch einige Lügen zu erreichen vermag, mit spöttischer Distanz. Für ihn war die Antike kein ›Bildungserlebnis‹, sondern unmittelbare Empfindung.

Prägend für Meyers gesamtes Schaffen war sein Rom-Aufenthalt im Jahre 1858, der ihm die bildende Kunst der Antike und zugleich deren Spiegelung in der Renaissance nahebrachte. In Gedichten wie »Der Botenlauf« (1860; angeregt durch das Denkmal des Kastor und Pollux auf der Piazza del Quirinale), »Der Musensaal« (1864; nach einem Saal im Vatikanischen Museum), »Die gegeißelte Psyche« (1866/67; nach einem Marmorbild im Kapitolinischen Museum), »Der tote Achill« (1869; nach einem Marmorsarg im Vatikan) oder »Die sterbende Meduse« (1878; angeregt durch die Medusa Ludovisi im Nationalmuseum) wird diese Faszination spürbar.

Meyer hat episch vorgeformte Stoffe ins Lyrische transponiert: in »Nächtliche Fahrt« (1873) die Reise Telemachs und der Athene nach dem dritten Gesang der »Odyssee«, in »Pentheus« (1878) und »Die gefesselten Musen« (1882) Episoden aus Ovids »Metamorphosen«. Dabei hat er auf Details verzichtet; sein Interesse – dies gilt auch für das dem Plutarch nachgestaltete Gedicht »Thespesius« (1863) oder für die schon erwähnte »Sterbende Meduse« – liegt weniger auf dem äußeren Geschehen als auf den Vorgängen im Innern der handelnden Personen, und er interpretiert die Ereignisse aus der Sicht des Opfers, mit Sympathie für die Scheiternden.

Häufig hat Meyer historische Stoffe in Balladen gestaltet, in denen sich derselbe Zug zur Konzentration, zur Verlagerung des Akzents vom Äußeren ins Innere feststellen läßt. Genannt seien das Alexandergedicht »Der trunkene Gott« (1862; ohne eine bestimmte antike Quelle), »Tarpeja« (1869; nach Livius), »Der Ritt in den Tod« (zwischen 1861 und 1864; ebenfalls nach Livius) – das Gedicht handelt vom Sieg und Untergang des Titus Manlius, des Sohnes des Konsuls aus dem Jahre 340 v. Chr. – und »Die wunderbare Rede« (1865) nach Dio Cassius: eine Ballade, die am Ende des zweiten Jahrhunderts n. Chr. spielt, als Septimius Severus gegen Rom zieht, und in der die Göttin Roma selbst die nahende Katastrophe verkündet. Mehrere Gedichte handeln von Caesar: »Das verlorene Schwert« (1860) nach einer von Plutarch überlieferten Anekdote, in der die Mühen vor dem Sieg betont werden, »Das Heiligtum« (zwischen 1861 und 1864) nach Lucan – hier siegt Caesar über die alten Götter Galliens – und »Das Geisterroß« (1865; nach Plutarch und Theodor Mommsen), eine Hommage für Vercingetorix. Auch das Gedicht »Das Joch am Leman« (zwischen 1861 und 1864) gestaltet ein (für die Römer unglückliches) Ereignis, über das Caesar in »De bello Gallico« berichtet. In Meyers historischen Balladen überwiegt eindeutig die römische Geschichte – im »Gesang der Parze« (1860; nach einem von Mommsen überlieferten Grabepigramm) ist es dem Dichter sogar gelungen, Glück und Leid eines römischen Menschenlebens beispielhaft zu erfassen.

In seine lyrischen Texte hat Meyer mitunter – nicht in kühler Gelehrsamkeit, sondern aus der unmittelbaren Empfindung heraus – philosophische Gedanken aufgenommen: So spricht Hutten über das Rätsel des Todes mit Anklängen an Platons »Apologie«, und das Verhältnis zwischen Eros und Thanatos reflektiert der Dichter in »Das Ende des Festes« (1891) im Anschluß an dessen »Symposion«:

> Da mit Sokrates die Freunde tranken
> Und die Häupter auf die Polster sanken,
> Kam ein Jüngling, kann ich mich entsinnen,
> Mit zwei schlanken Flötenbläserinnen. /
> Aus den Kelchen schütten wir die Neigen,
> Die gesprächesmüden Lippen schweigen,
> Um die welken Kränze zieht ein Singen ...
> Still! Des Todes Schlummerflöten klingen![72]

Dieses Gedicht zeugt zugleich von Meyers enger Bindung an die bildende Kunst – es wurde angeregt von Anselm Feuerbachs Gemälde »Gastmahl des Platon« –, von seiner engen Vertrautheit mit dem Sujet und von der Intensität seiner Arbeit mit den antiken Motiven. Die ursprüngliche Fassung nämlich lautete »Der sterbende Julian« und behandelte allein die Todesproblematik an Hand eines biographischen Berichtes des Historikers Ammianus Marcellinus über Julian Apostata.

Wie nahe Meyer dem Altertum stand, belegen schließlich Gedichte wie »Die Schule des Silen« (1875) oder »Die Ampel« (1876). Lehrt in dem ersten Werk, dessen Stoff frei erfunden ist, der Silen den Bacchus, die Menschen zu beglücken, so erhält in dem zweiten der Dichter im Traume von der Muse eine Ampel zum Geschenk, die zwar am nächsten Morgen verschwunden ist, die er aber bei seiner Geliebten wiederfindet.

Die Stoffe von Meyers erzählerischer Prosa stammen ausnahmslos *nicht* aus der Antike; dennoch sind Reminiszenzen an sie unverkennbar – am deutlichsten natürlich in »Plautus im Nonnenkloster«, der Novelle von der Entdeckung eines antiken Codex, in der die Plautinische und die frömmelnde Atmosphäre des spätmittelalterlichen Klosterlebens miteinander kontrastieren und mancher Zug des römischen Komödiendichters übernommen wurde: aus der »Aulularia« das Motiv der zwei Töpfe, aus dem »Amphitruo« das der listigen Täuschung und generell die Intrige, die turbulente Schlußszene und sogar die Schlußformel. »Jörg Jenatsch« wird partiell durch Taciteisches bestimmt und bringt – ebenso wie einige Novellen – gelegentlich Anspielungen auf Livius; es zeigen sich auch motivische Anklänge an Homer, Vergil und Ovid. »Die Richterin« erinnert an die Byblis-Sage aus Ovids »Metamorphosen«; »Die Leiden eines Knaben« sind gleichsam eine moderne Pentheus-Geschichte; in »Der Heilige« steht (neben anderen Vergil- und gelegentlichen Homer-Reminiszenzen) die bekannte Sentenz »Sunt lacrimae rerum« am Wendepunkt der Geschichte. »Angela Borgia« schließlich spielt auf Homerische Situationen und verschiedene antike Urbilder an. Primär aber ist für diesen Schriftsteller aus dem Zeitalter des bürgerlichen Realismus stets der Funktionszusammenhang im modernen Kontext.

Mit der Aufnahme antiker Motive in einen neuzeitlichen Stoff steht Conrad Ferdinand Meyer ebenso wie mit seiner Affinität zur Renaissance, zur bildenden Kunst und zur Psychologisierung an der Schwelle zur Antikerezeption des 20. Jahrhunderts.

---

72 Conrad Ferdinand Meyer: Sämtliche Werke. Historisch-kritische Ausgabe. Besorgt von Hans Zeller und Alfred Zäch. Bern 1958–1996, Bd. 1, S. 191.

VOM NATURALISMUS BIS ZUR GEGENWART
Vom Ende des 19. bis zum Ende des 20. Jahrhunderts

Für die deutsche Literatur des 19. Jahrhunderts hatte die Antike, namentlich der griechische Mythos, trotz ›humanistischer‹ Bildung, einer engen Vertrautheit mit *dem* und einer – nicht mehr so sehr im wissenschaftlichen, wohl aber im pädagogischen Bereich – idealisierenden Sicht auf *das* Altertum, keine konstitutive Bedeutung gehabt. Das 20. Jahrhundert hingegen hat ungeachtet seiner deutlichen Abkehr von den ›Humaniora‹, der Historisierung und Problematisierung der Denkweise und seiner (im traditionellen Sinne verstanden) ausgesprochenen Antikeferne mehrere gewichtige Werke hervorgebracht. Theoretische Kenntnis und künstlerische Verlebendigung des Altertums sind keineswegs deckungsgleich.

Der Umschlag setzte – historisch gesehen – ein mit dem Übergang ins Zeitalter des Imperialismus bzw. – literaturgeschichtlich gesehen – in den verschiedenen Strömungen der postnaturalistischen Dichtung. War das 19. Jahrhundert eine Zeit gewesen, die trotz aller politischen Unsicherheit und allem sozialen Elend noch in relativ ›normalen‹ Bahnen verlief, deren Krisen beherrschbar zu sein schienen und die weitgehend durch »das sich selbst bestimmende Subjekt des klassisch liberalen Denkens« geprägt und erfahren wurde, so war es nunmehr mit der traditionellen Subjektphilosophie im Sinne von Kant, Hegel und dem jungen Marx zu Ende; das Individuum wurde von Kräften bestimmt, die dem Alltagsbewußtsein undurchsichtig blieben.[1] Das 20. Jahrhundert war eine Zeit geschichtlicher Extremsituationen: vom inneren Brüchigwerden der bürgerlichen Ordnung in der Zeit um 1900 und von deren äußerem Zusammenbruch während des ersten Weltkrieges über die Erfahrungen des Faschismus und der stalinistischen Deformierung des Sozialismus, des Exils und des zweiten Weltkrieges bis hin zu den Konfrontationen des ›Kalten Krieges‹, zum Zusammenbruch des ›sozialistischen Lagers‹ und zu den globalen Konflikten zwischen ›erster‹ und ›dritter‹ Welt. Unter diesen Bedingungen war – trotz eines unverkennbaren Rückgangs der ›Humaniora‹ – die Hinwendung

---

1 Vgl. Terry Eagleton: Ästhetik. Die Geschichte ihrer Ideologie. Stuttgart, Weimar 1994, S. 326f.

zu den großen Paradigmata menschlicher Erfahrung, wie sie in den alten Mythen und den alten Kunstwerken Gestalt gewonnen hatten, nahezu zwangsläufig.

Zur Verstärkung des Interesses an *griechischen* Sujets trug – neben der erneuten Affinität zum Mythos – auch bei, daß Griechenland (das im 19. Jahrhundert von allen deutschen Schriftstellern nur Emanuel Geibel besucht hatte) für Reisende leichter zugänglich geworden war und daß die Besetzung Griechenlands durch deutsche Truppen im zweiten Weltkrieg, der Bürgerkrieg nach 1945 und schließlich die Obristenherrschaft von 1967 bis 1974 den Kontrast zwischen antiker Demokratie und aktueller Machtausübung deutlich werden ließen. Zugleich brachte die stärkere Ausrichtung auf geschichtliche und politische Sujets eine – im Verhältnis zum 18. Jahrhundert – spürbare Hinwendung zur *römischen* Antike mit sich.

Es ist im historischen Kontext verständlich, daß die Rezeption der Antike im 20. Jahrhundert weder eine Rückkehr zur Norm- und Musterhaftigkeit antiker Vorbilder bedeutete – in dieser Hinsicht sind die Entscheidungen des 18. Jahrhunderts bis heute unwiderruflich – noch in der verklärend-idealisierenden Art Winckelmanns und seiner Nachfolger geschehen konnte. Vielmehr dominierte ein kritisch-problematisierender Umgang mit den antiken Vorgaben; die meisten Autoren haben das Altertum als eine Zeit ungeheurer sozialer Spannungen gesehen, haben die *Härte* der alten Mythen hervorgehoben, die Konflikte psychologisch hinterfragt und die Antike weniger in ›apollinischem‹ als in ›dionysischem‹ Geiste interpretiert. Symptomatisch ist die hohe Affinität zur Unterwelts-Symbolik (Hades, Demeter). Nicht selten wurde entweder der Gegensatz zwischen Altertum und Gegenwart betont, oder es wurden Spuren verfolgt, die bei den antiken Autoren erst keimhaft angelegt und vor allem in der Rezeptionsgeschichte verdrängt worden waren.

Die beiden entscheidenden konzeptionellen Denker aus der Mitte und vom Ende des 19. Jahrhunderts – Karl Marx und Friedrich Nietzsche – gelangten jetzt nicht nur im politischen, sondern auch im geistig-künstlerischen Bereich zu hoher Bedeutung. Nietzsches Einfluß betraf zunächst mehr den Renaissancekult als die Antikerezeption; langfristig aber wirkte auch sein ›dionysisches‹ Antikebild – zumal in Verbindung mit Sigmund Freuds Rückgriff auf die alte Mythologie bei der Interpretation tiefenpsychologischer Phänomene. Die sozialkritische Deutung kam im wesentlichen erst seit dem ersten Weltkrieg zum Durchbruch und prägte zwar zunächst *vorwiegend*, später aber keineswegs *ausschließlich* das Schaffen sozialistischer Schriftsteller.

Nicht ohne Wirkung auf das literarische Antikebild blieb weiterhin Oswald Spenglers (1880–1936) Hauptwerk »Der Untergang des Abendlandes« (1918) mit seiner Betonung der Verfallssymptome auch der antiken Kultur – und dies sogar bei Schriftstellern, die den ideologischen Intentionen des Spenglerschen Werkes ablehnend gegenüberstanden.

Durch den kritisch-problematisierenden Umgang mit den Vorgaben unterscheidet sich die Antikerezeption des 20. Jahrhunderts am deutlichsten von der auf Zustimmung, Bewunderung, Identifikation, ja Nachahmung ausgerichteten Haltung, die für das Verhältnis früherer Generationen zum klassischen Altertum charakteristisch war. Bereits 1958 nannte Werner Kohlschmidt als charakteristisch für die Antikerezeption seit dem Naturalismus den »Wandel vom einst sicheren Bildungsideal zum Symbol der eigenen unsicheren Existenz« und schrieb: »Der Zeiger weist auf eine *freie* Auseinandersetzung mit einer hohen Gegebenheit, deren Bedeutung nicht mehr übernommen wird, so daß sie einfach nach geschichtlichen Brüchen wieder gelten soll, sondern deren Werte kritisch und selbstkritisch an der Not der Zeit gemessen werden.«[2] Konservative Autoren, die auf einer mehr oder weniger epigonalen Bewahrung der tradierten Muster bestanden, gehörten – trotz zahlreicher äußerer Ehrungen – kaum noch zu den bestimmenden Persönlichkeiten der modernen Literaturentwicklung.

Konnten die Schriftsteller des 20. Jahrhunderts in ihrer ›nichtklassischen‹ Interpretation der Antike partiell an Autoren wie Hölderlin oder Kleist anknüpfen, so standen sie in deutlichem Gegensatz zur traditionell humanistischen Bildung. Es ist bezeichnend, daß einerseits Vertreter der ›Humaniora‹, wenn sie den alten humanistischen Anspruch aufrechtzuerhalten versuchten, als ohnmächtige oder scheiternde Helden dargestellt werden (wie in Alfred Döblins »November 1918«, in Thomas Manns »Doktor Faustus« oder in Friedrich Dürrenmatts »Besuch der alten Dame«) und daß andererseits, in der Nachfolge Nietzsches, sowohl bei Theoretikern wie Ernst Bloch, Ludwig Gurlitt und Walter Benjamin als auch in der Literatur der Kaiserzeit bzw. der ersten deutschen und österreichischen Republik eine ausgesprochen kritische Haltung gegenüber dem Gymnasium als einem Ort sinnentleerter spießbürgerlicher Konventionen und einer Einrichtung zur Stabilisierung des Obrigkeitsstaates dominierte – etwa in Detlev von Liliencrons »Poggfred«, in Hermann Hesses »Unterm Rad« oder in Leonhard Franks »Die Räuberbande« – und daß sich diese Kritik nicht selten auf den altsprachlichen Unterricht konzentrierte (wie in Thomas Manns »Buddenbrooks«, in Heinrich Manns »Professor Unrat«, in Albert Ehrensteins »Der Tod Homers oder Das Martyrium eines Dichters« oder in Georg Kaisers satirischem Lustspiel »Der Geist der Antike«).[3] Nach den Erfahrungen der Nazizeit und des zweiten Weltkrieges wurde diese Tradition in Heinrich Bölls »Wanderer, kommst du nach Spa...« und in Alfred Anderschs »Der Vater eines Mörders« fortgesetzt.

Zur Distanzierung von der Antike trug allerdings nicht nur die Schule, sondern auch die Wissenschaft bei, die es kaum noch vermochte, eine produktive Beziehung zwischen Altertum und Gegenwart herzustellen. Der letzte großangelegte Versuch, die Antike als ein gesellschaftliches Leitbild aufzustellen – der sogenannte ›Dritte Humanismus‹ –, war im wesentlichen eine *konservative* Antwort auf die Krisensituation der zwanziger Jahre (auf die Niederlage Deutschlands im ersten Weltkrieg, auf die Novemberrevolution und die Demokratie); er trug quasi-religiöse Züge und bot in seiner – ihn vom ›Neuhumanismus‹ unterscheidenden – Ausrichtung nicht auf das Individuum, sondern auf den Staat, auf einen elitären Herrschafts- und Bildungsbegriff keinen Schutz gegen den Nationalsozialismus – sofern sich nicht sogar

---

2 Werner Kohlschmidt: Die deutsche Literatur seit dem Naturalismus und die Antike [s. Bibl. 6.1.], S. 591.
3 Vgl. ebd., S. 576f.; Hubert Cancik: Nietzsches Antike [s. Bibl. 5.2.], S. 82–84; Klaus Westphalen: Hat »Unrat« wirklich gelebt? Zur Typisierung des Gymnasiallehrers in wilhelminischer Zeit. In: Der altsprachliche Unterricht 30 (1987) 2, S. 41–54; Martin Brunkhorst: Literatur und Leidenschaft. Das Bild des Philologen bei Heinrich Mann, Vladimir Nabokov und Brigitte Kronauer. In: Verstehen wir uns? [s. Bibl. 1.1.], S. 67–99.

einige seiner Vertreter mit diesem zu arrangieren suchten. (Bezeichnenderweise bürgerte sich der Begriff ›Dritter Humanismus‹ erst ein, als sich Assoziationen zum ›Dritten Reich‹ herstellen ließen.)

Problematischer noch waren die Versuche einer *direkten* Aktualisierung der Antike und der Weimarer Klassik, wie sie bereits im letzten Drittel des 19. Jahrhunderts eingesetzt hatten. So engagierte sich Ulrich von Wilamowitz-Moellendorff nicht nur zu Beginn des ersten Weltkrieges *politisch* im Sinne der offiziellen deutschen Politik, sondern leitete auch 1916 ein *wissenschaftliches* Werk – »Die Ilias und Homer« – mit den Worten ein: »Der Krieg ist wenn nicht der Vater so der Geburtshelfer dieses Buches. Als seine Dauer gebot und sein siegreicher Verlauf [!] gestattete, die Gedanken auch noch auf etwas anderes zu richten als die Gefahr des Vaterlandes, vermochte ich doch nur bei einem Reinen, Großen, Ganzen zu verweilen.«[4]

Welch fatale Konsequenzen eine Verabsolutierung des Antikebildes von 1800 haben konnte, sobald sie sich mit einer nationalistischen Ideologie paarte, zeigt das Beispiel Richard Newalds. In einem – bereits von der Terminologie her äußerst bedenklichen – Aufsatz aus dem Jahre 1934 bekannte er sich nicht nur zu der Auffassung, daß »sich auch unter uns die antiken Symbole erweisen als ruhige Führer, wie die Sterne, die hoch über uns aus einer unendlichen Welt herniederstrahlen«, und meinte, daß jede »zeitgebunden[e]« Abweichung von diesen Mustern ein Mißverständnis sei und »die Reinheit des antiken Erbgutes zerstört«, sondern er stellte auch einen *organischen* Zusammenhang zwischen ›Griechentum‹ und ›Deutschtum‹ her: »Die Erben des Römertums, die sich als unmittelbare Fortsetzer und Bluterben des klassischen Altertums fühlen, beanspruchen das Vorrecht einer klassischen Poesie, während die nordisch-germanischen Völker einem anderen, freieren Formideal nachleben, das ihnen mehr durch das Griechentum verkörpert wird. [...] In allem übt das Griechentum auf die deutsche Seele eine größere Anziehung aus als das Römertum, weil es dem Volksempfinden näher kommt. [...] Für das deutsche Volk wird die Eroberung des Griechentums zu einer ewigen Aufgabe.«[5]

Ein Tiefpunkt in der Pervertierung der ›deutsch-antiken Begegnung‹ war die Interpretation der Euphorion-Gestalt in Hermann Pongs' Aufsatz »Faust und die Ehre« aus dem Jahre 1944. Pongs nimmt seinen Ausgangspunkt von »Büchern, die

---

4 Ulrich von Wilamowitz-Moellendorff: Die Ilias und Homer. Berlin 1916, S. 1.
5 Richard Newald: Die Antike in den europäischen Literaturen. In: Germanisch-Romanische Monatsschrift 22 (1934), S. 107 und 113–115. – Newald – einer der besten Kenner des Nachlebens der Antike in den dreißiger bis fünfziger Jahren des 20. Jahrhunderts – hat in diesem Aufsatz sich nicht nur einer ausgesprochen nationalsozialistischen Terminologie bedient, sondern auch, im *logischen* Widerspruch zu seiner sonstigen Antikeverehrung, aber im *psychologisch-existentiellen* Einklang mit seinen persönlichen und ideologischen Ambitionen, einem *gegen* die Antike gerichteten ›nordischen‹ Ideal zu gehuldigt: »[...] überall da, wo Germanenstämme ehemaligen Römerboden besiedelten [...] – also bei Nadlers Altstämmen, neigt man zu dem harmonischen Ideal. Aus dem Neusiedelland aber kamen immer wieder [...] Impulse einer nordischen, freien Kunst, deren Formideal uns am reinsten die nordischen Sagas verkörpern, sie haben mit der Antike nichts mehr zu tun. / Übertragen auf das Rassenproblem würde sich wohl in einer Gesamtschau der europäischen Literaturgeschichte zeigen lassen, daß das germanische Formelement immer in den Zeiten eines gesteigerten Nationalgefühls in den Vordergrund tritt und von bewußten Vertretern der Rasse gepflegt wird.« (S. 114.)

aus dem Zeitgeist heraus ins Volk hinein geschrieben sind«, behauptet, daß »der Mythos Fausts [...] mit Rosenbergs Mythus des 20. Jahrhunderts [...] sich [...] nah [...] berührt«, und deutet den Sohn von Faust und Helena »als ein[en] einzige[n] Fanfarenstoß der ungebändigten, in ihr Schicksal vorwärtsstürzenden Ehre, die den stärkeren Glanz der Volksehre in sich aufgenommen hat: ›Krieg! ist das Losungswort! / Sieg! und so klingt es fort.‹ Ein Vers heroischer als der andere [...] bis zu dem letzten heldenhaften: ›Und der Tod / ist Gebot, / das versteht sich nun einmal.‹ / Solcher Durchbruch zum Heroischen kann nur hervorgehen aus der Berührung mit den urtümlichen Kräften der Antike.«[6]

Gewiß sind nicht wenige Wissenschaftler entweder ins Exil gegangen oder haben in Deutschland ihre persönliche Integrität zu wahren gewußt. Doch wenn namhafte Vertreter der altertumswissenschaftlichen Disziplinen nicht davor zurückscheuten, Parallelen zwischen der augusteischen und der faschistischen ›Erneuerung‹ oder zwischen Perikles und Hitler zu ziehen und mittels eines heroischen Antikebildes das NS-Regime ideologisch zu legitimieren, dann war das verbale Bekenntnis zum ›klassischen Altertum‹ zugleich eine faktische Abkehr vom humanistischen Antikebild des 18. Jahrhunderts. Hinzu kommt, daß führende Nationalsozialisten wie Hitler selbst, Rosenberg oder Darré das griechische und römische Altertum für ihre Zwecke in Anspruch genommen haben. Man kann zwar nicht von einem genuin faschistischen Antikebild sprechen – der Nationalsozialismus fühlte sich, anders als die italienische Spielart des Faschismus, weniger dem Altertum selbst verpflichtet, als daß er sich generell der ›Größe‹ einer ›Hochkultur‹ gleichsetzen wollte, und innerhalb der grundsätzlichen Affinität zum Mythos überwog das Anknüpfen an ›nordische‹ Traditionen –; aber ein teils traditionelles, teils verstärkt militantes Verhältnis zur Antike ließ eine recht enge Verschmelzung von NS-Ideologie, Altertumswissenschaften und literarischer Instrumentalisierung der Antike zu – und verstärkte bei den Gegnern des Regimes die Distanz gegenüber einer derart instrumentalisierbaren Erscheinung.

Wie die Epik der realistischen Schriftsteller aus der zweiten Hälfte des 19. Jahrhunderts, so war auch der Naturalismus mit seiner Hinwendung zur sozialen Problematik der Gegenwart weitgehend antikefern. Erst in der postnaturalistischen Literatur mit ihren (im einzelnen nicht scharf zu trennenden) impressionistischen, neuromantischen, neoklassischen, jugendstilhaften und symbolistischen Elementen[7] setzte eine Antikerezeption größeren Ausmaßes ein. Diese Literatur, die – wie

---

6 Hermann Pongs: Faust und die Ehre. In: Dichtung und Volkstum. N. F. des Euphorion 44 (1944), S. 78, 81 und 94 f.

7 Zu den terminologischen Problemen der Literatur der ›Jahrhundertwende‹ – deren entscheidendes Merkmal (um den Titel einer Schrift von Hermann Bahr zu zitieren) die ›Überwindung des Naturalismus‹ ist – vgl. Jahrhundertwende. Manifeste und Dokumente zur deutschen Literatur 1890–1910. Hrsg. von Erich Ruprecht und Dieter Bänsch. Stuttgart 1981, S. XVII f.; Wörterbuch der Literaturwissenschaft. Hrsg. von Claus Träger. Leipzig 1986, S. 372. – Adolph Gorr (The Influence of Greek Antiquity on Modern German Drama [s. Bibl. 6.1.]) hat zwar eine systematische Rubrizierung dieser Literatur in Impressionismus, Neo-Romantizismus, Neo-Klassizismus und Symbolismus vorgenommen, sich aber dann faktisch selbst wieder davon abgewendet, indem er mehrere Dramen in verschiedenen Gruppen interpretierte.

Heinrich Mann bereits 1892 ausführte – das vom Naturalismus aufgehäufte »Thatsachenmaterial« verwertete und daraus »Gefühlswerthe« zog, sah das »Endziel aller ihrer Bestrebungen« darin, »Sensationen zu erwecken«, und eine »intime Seelenanalyse« diente dazu, »das Unerklärliche festzustellen«.[8]

Die Jahre vor und die Jahre nach 1900 waren im wesentlichen eine Zeit äußerer Sekurität; die künftigen Krisen wurden vorerst seismographisch antizipiert und schlugen sich künstlerisch vor allem in einer *inneren* Problematisierung des Lebens nieder. In der Literatur der ›Jahrhundertwende‹ (wie diese Phase zumeist in der Wissenschaft bezeichnet wird) war die differenzierte Aufnahme antiker Sujets deshalb vorwiegend psychologisch und von der Befindlichkeit des Individuums her bestimmt.

Gegen Ende dieses Zeitraums aber zeichnete sich immer stärker auch die *äußere* Brüchigkeit der überkommenen Ordnung ab, die dann mit dem ersten Weltkrieg, mit der russischen Oktoberrevolution von 1917 und der deutschen Novemberrevolution von 1918 offenkundig wurde und die ihre Fortsetzung mit der Errichtung der faschistischen Diktatur in Deutschland im Jahre 1933, mit der Vertreibung vieler bedeutender deutscher Schriftsteller und mit der Entfesselung des zweiten Weltkrieges fand. Für die meisten Autoren, die nunmehr ins literarische Leben eintraten, deren Werk in den Jahren von etwa 1908 bis 1925 expressionistische Züge trug und die oft auch noch bestimmend für die literarische Entwicklung der folgenden Jahrzehnte waren – für diese Autoren ist eine Radikalisierung des Umgangs mit antiken Motiven charakteristisch. Insbesondere verstärkten sich Tendenzen, die schon in der Literatur der Jahrhundertwende deutlich geworden waren: die parodistische Umkehrung der tradierten Motive und die Umdeutung der ehemals idealistisch-klassizistischen Auffassung ins Modern-Natürliche oder Archaisch-Ursprüngliche, ins Jüdisch-Christliche oder ins Orientalische, ins Chthonisch-›Dionysische‹ oder ins Sozialkritisch-Antimilitaristische – auf jeden Fall jenseits der Vorstellungen Winckelmanns, Goethes und anderer Intellektueller des 18. Jahrhunderts.

Was dabei namentlich die verschiedenen Spielarten des Expressionismus betrifft, so besteht eine paradoxe Situation. Die Antike hat für die programmatischen Verlautbarungen dieser Bewegung entweder keine Rolle gespielt oder ist sogar entschieden attackiert worden: »[...] ein heulendes Automobil«, heißt es in Filippo Tommaso Marinettis (1876–1944) programmatischem »Manifest des Futurismus« aus dem Jahre 1909, »das auf Kartätschen zu laufen scheint, ist schöner als der ›Sieg bei Samothrake‹.«[9] Sowohl in zeitgenössischen als auch in späteren Anthologien und in Darstellungen durch die Autoren selbst ist der Beziehung zum Altertum keine größere Bedeutung beigemessen worden – Gottfried Benn etwa schrieb noch 1955 in seiner Einleitung zu der Anthologie »Lyrik des expressionistischen Jahrzehnts«

---

8 Heinrich Mann: Neue Romantik. In: Die Gegenwart. Bd. 42, Nr. 29 vom 16. Juli 1892, S. 40–42.
9 Expressionismus. Manifeste und Dokumente zur deutschen Literatur 1910–1920. Mit Einleitungen und Kommentaren hrsg. von Thomas Anz und Michael Stark. Stuttgart 1982, S. 588. – In den Ausführungen über den Expressionismus wird teilweise auf die im Entstehen begriffene Dissertation »Antikerezeption in der expressionistischen deutschen Literatur« von Antje Göhler Bezug genommen.

über den Expressionismus: »Trug seine Fahne über Bastille, Kreml, Golgatha, nur auf den Olymp gelangte er nicht oder auf ein anderes klassisches Gelände«.[10] Die Polemik gegen den Expressionismus konnte sich gerade von einer traditionellen Auffassung des Altertums leiten lassen[11], und in der Forschung zu dieser literarischen Phase oder Strömung wird die Antike in der Regel nur marginal behandelt.[12] Tatsächlich allerdings haben nicht wenige Autoren mit antiken Motiven gearbeitet – und dies nicht nur durch gelegentliche Rückgriffe, sondern auf durchaus substantielle Art und in einigen Fällen während ihres gesamten Schaffens. Immerhin hieß eine zwischen 1914 und 1921 von Ernst Blass (1890–1939) herausgegebene Zeitschrift »Die Argonauten«.

Steht die Literatur im Zeitraum vom Ende des ersten bis zur Mitte des fünften Jahrzehnts – also von der Vorbereitung des ersten bis zum Ausgang des zweiten Weltkrieges – zunächst im Zeichen einer *künstlerischen* Strömung – des Expressionismus –, so ist sie in der Zeit ab 1933 vorrangig durch *politische* Erscheinungen bestimmt: durch die nationalsozialistische Diktatur und durch das Exil. Gerade unter den extremen Bedingungen der Verbannung haben nicht wenige Autoren entweder ihre Beschäftigung mit antiken Sujets verstärkt fortgesetzt oder sogar erstmals zu derartigen Sujets gegriffen.

Nicht *alle* Schriftsteller dieses Zeitraums zeigen den oben skizzierten problematisierenden Umgang mit dem antiken ›Erbe‹. Eine Reihe von Autoren – teilweise in der Kaiserzeit wurzelnd, teilweise noch das geistige Klima nach 1945 bestimmend – blieb einem eher konventionellen Antikebild verpflichtet. Dabei gibt es keine lineare Beziehung zwischen literarischem Stil und politischer Parteinahme. Während sich ein ›Modernist‹ wie Gottfried Benn eine Zeitlang den Nazis anschloß, sind mehrere ›Traditionalisten‹ – zumeist aus ›rassischen‹ Gründen – ins Exil gegangen; andere haben versucht, in ›innerer Emigration‹ Distanz zu wahren und eine betont unpolitische Literatur zu schreiben, und sogar ein aus dem Expressionismus hervorgegangener sozialistischer Autor wie Johannes R. Becher hat sich zu einer dezidiert affirmativen Aufnahme antiker Sujets entschlossen. Im großen und ganzen aber kann gesagt werden, daß gerade eine traditionelle Sicht auf das ›klassische Altertum‹ eher mit einem konservativen Weltbild korrespondierte.

In der Literatur der späten vierziger und der fünfziger Jahre wird die Rezeption antiker Motive weitgehend durch die geschichtlichen Erfahrungen aus der Kriegs- und Nachkriegszeit geprägt: durch Terror und Tod, durch Exil und Heimkehr, durch Anpassung und Widerstand, durch Aufbruch und Desillusionierung. Dabei finden wir zunächst in größerem Maße Elemente der Identifizierung und der Affirmation – sowohl als Nachklang traditionell ›humanistischer‹ Haltungen wie auch als Versuch einer ›Aneignung‹ des antiken ›Erbes‹ für sozialistische Zielvorstellungen. Danach aber überwiegt eindeutig der kritisch-problematisierende Umgang.

---

10 Gottfried Benn: Gesammelte Werke in vier Bänden. Hrsg. von Dieter Wellershoff. Wiesbaden 1958–1961, Bd. 4, S. 390.
11 Vgl. S. 310f.
12 So enthält z.B. der »Neue Pauly« weder einen Artikel »Expressionismus« noch in dem Artikel »Deutschland« Ausführungen zu dieser Richtung.

Entscheidende Momente der Antikerezeption in der Zeit nach dem zweiten Weltkrieg hatten sich bereits während des Krieges entwickelt: in den späten Dramen Gerhart Hauptmanns und Georg Kaisers, im Werk von Johannes R. Becher und Bertolt Brecht. Überhaupt kann das Jahr 1945 nur bedingt als ›Kahlschlag‹ oder ›Stunde Null‹ bezeichnet werden; ebensosehr wurden ältere Traditionen unterschiedlichster Art fortgesetzt oder kamen sogar erst jetzt wirklich zur Geltung. Im folgenden werden Schriftsteller, die bereits vor 1933 bzw. 1945 mit größeren Werken an die Öffentlichkeit getreten waren und stärkere Resonanz gefunden hatten, in dem Kapitel »Expressionismus – ›Drittes Reich‹ – Exil« behandelt, Autoren hingegen, deren Anfänge zwar auch bereits in dieser Phase lagen, deren Hauptwerk aber – namentlich im Hinblick auf die Rezeption antiker Stoffe und Motive – erst nach 1945 entstand, in dem Kapitel »Nach dem zweiten Weltkrieg«.

Eine wichtige literarische Voraussetzung sowohl für das gestiegene Interesse an Sujets aus dem Altertum im allgemeinen wie auch für die problematisierende Deutung der alten Mythen im besonderen war die Antikerezeption in der französischen Dramatik seit dem Ende der zwanziger Jahre: bei André Gide (1869–1951) und Jean Giraudoux (1882–1944), bei Jean Cocteau (1889–1963) und Jean Anouilh (1910–1987), bei Jean-Paul Sartre (1905–1980) und Albert Camus (1913–1950). Hinzu kamen der US-amerikanische Dramatiker Eugene O'Neill (1888–1953) und die englischen bzw. amerikanischen Lyriker und Essayisten T. S. Eliot (1888–1965) und Ezra Pound (1885–1972). Es war dies eine Rezeption, die vor allem die Krise der bürgerlichen Welt reflektierte und dabei stark vom Existentialismus geprägt war. Teilweise hat sie die tradierten Sujets psychologisch vertieft, teils aber auch einer betont antimilitaristischen Haltung Ausdruck gegeben – wie in Giraudoux' »La Guerre de Troie n'aura pas lieu« (Der Trojanische Krieg wird nicht stattfinden; 1935) oder in Sartres »Les Troyennes« (Die Troerinnen; 1965).

Oft ließen diese Dramen die Ambivalenz der Vorgänge deutlich werden – geradezu paradigmatisch in Anouilhs »Antigone« von 1942. In diesem Stück erscheint die Konfrontation zwischen Kreon und Antigone als ewig und unvermeidbar und wird zugleich durch den Terminus ›Rolle‹ in Frage gestellt, der anzeigt, daß die Protagonisten sich nicht mehr mit ihrer Position identifizieren; Kreon ist, in resignativer Umkehr der antiken Vorgabe, ein im Grunde musischer Mensch, der notgedrungen die Regierungsgeschäfte übernahm und als desillusionierter ›Realist‹ bemüht ist, sein Möglichstes zu tun, während seiner Gegenspielerin etwas Unvernünftiges, Zweideutiges, Maßloses anhaftet; und die Tragik verläuft fern dem normalen Alltagsleben (die Wächter spielen unbeteiligt Karten). Anouilhs »Antigone« ist ein Endspiel voller Trauer und Resignation, zeigt eine deutliche Distanzierung von den Sophokleischen Wertungen und konnte sowohl als ein Kollaborations- wie als ein Résistancedrama gedeutet werden.

Dieser Umgang mit der Antike erlaubte ein breites Spektrum unterschiedlicher Konzeptionen, Haltungen sowohl der Resignation wie des Aufbruchs. So gibt Giraudoux in seiner »Électre« von 1937 das konsequente Streben der Titelheldin nach Gerechtigkeit skeptisch-ironischer Kritik anheim, während Sartre in seinem Gegenentwurf »Les Mouches« (Die Fliegen; 1943) in der Tat des Orestes eine freigewählte Handlung verherrlicht, in der sich die absolute Freiheit des Menschen bestätigt. Zuvor bereits war in Gides »Œdipe« (1930) der Held als Repräsentant eines rigorosen Individualismus erschienen, in Cocteaus »La Machine infernale« (Die Höllenmaschine; 1932) hingegen der Vollzug eines unausweichlichen Schicksals, die Hilflosigkeit des Menschen in der Konfrontation mit ›höheren Mächten‹ geschildert worden.

Der kritisch-problematisierende Umgang mit dem antiken ›Erbe‹ in der Literatur korrespondiert mit der theoretischen Reflexion. Während Odysseus für Walter Benjamin (1892–1940) noch der Prototyp des Aufklärers war, steht er bei Max Horkheimer (1895–1973) und Theodor W. Adorno (1903–1969) bereits am Anfang der bedenklichen Vorgeschichte des bürgerlichen Subjekts. Diesen Autoren zufolge »legt die Odyssee insgesamt Zeugnis ab von der Dialektik der Aufklärung«, ist sie »der Grundtext der europäischen Zivilisation«. Sie sehen in Odysseus das »Urbild [...] des bürgerlichen Individuums« und im »Moment der Lüge«, im »Moment des Betrugs« das »Urbild der odysseischen List«.[13] Ernst Bloch (1885–1977) aber bekennt sich ausdrücklich zu dem *nicht*homerischen Odysseus, sieht ihn mit Dante (den er allerdings zu einseitig interpretiert) als symbolisch für »menschliche Grenzüberschreitung«. Ein Kapitel aus »Das Prinzip Hoffnung« lautet: »Odysseus starb nicht in Ithaka, er fuhr zur unbewohnten Welt«. Bloch wendet sich gegen die Auffassung, »daß ein redlicher Hausvater durch alle Gefahren hindurch immer wieder danach strebe, zu den Seinen zurückzukehren«. (An anderer Stelle glossierte er bissig die Vorstellung eines »braven Hausvaters auf Reisen, der während aller Fährnisse und besonders bei allen Verführungen stets nachhause denkt und bei der schönen Kalypso am dringendsten«.) Die Heimkehr sei zwar »eine bedeutende Kategorie«, berge aber auch »Gefahren und Verderbungen«.[14]

Nicht nur in bezug auf die Antikerezeption, sondern generell kann um 1960 ein stärkerer Einschnitt in der Entwicklung der deutschen Literatur konstatiert werden. Bis dahin war das literarische Leben weitgehend durch Autoren bestimmt, deren soziale Erfahrungen noch aus der Zeit vor dem zweiten Weltkrieg stammten oder die wesentlich durch Faschismus, Exil und Krieg geprägt waren – nunmehr traten die Vertreter einer jüngeren Generation hervor, die die Zeit der nationalsozialistischen Diktatur als Kinder und Jugendliche erlebt hatten und deren Kriegserfahrungen mehr und mehr von den Entwicklungen nach 1945 überlagert wurden.

Auch politisch bedeuteten diese Jahre einen Einschnitt: Mit dem Beitritt der BRD zur NATO und dem Beitritt der DDR zum Warschauer Pakt (1955), mit der Gründung zunächst der Bundeswehr und dann der Nationalen Volksarmee (1956) sowie mit dem Bau der ›Mauer‹ (1961) war die Zweistaatlichkeit, die sich in der Folge des zweiten Weltkrieges herausgebildet hatte, gefestigt und für fast drei Jahrzehnte eine wie auch immer fragwürdige politische Stabilisierung eingetreten. Die Literatur entwickelte sich nunmehr, stärker als zuvor, im wesentlichen im

---

13 Max Horkheimer/Theodor W. Adorno: Dialektik der Aufklärung. In: Horkheimer: Gesammelte Schriften. Frankfurt a. M. 1985–1996, Bd. 3, S. 67–73.
14 Ernst Bloch: Gesamtausgabe. Frankfurt a. M. 1959–1978, Bd. 5, S. 1201–1206. – Vgl. Ders.: Naturstimme und Klarheit. In: IV. Deutscher Schriftstellerkongreß. Januar 1956. Protokoll. Berlin 1956, 2. Teil, S. 90.

jeweiligen gesellschaftlichen Umfeld – mit gravierenden Unterschieden namentlich in der Antikerezeption.[15]

Während in der Literatur der Bundesrepublik Deutschland und Österreichs sowie in der deutschsprachigen Literatur der Schweiz und der Exilländer die Antikerezeption keineswegs zu den bestimmenden Elementen gehörte, war sie für die Literatur – darüber hinaus auch für die bildende Kunst – der DDR (einschließlich ihrer ›Dissidenten‹) geradezu konstitutiv. Die Aufnahme von Stoffen, Werken und Motiven aus dem griechischen und römischen Altertum bot die Möglichkeit, eine Dichtung *grundsätzlicher* Art sowohl hinsichtlich des geschichtsphilosophischen Anspruchs wie hinsichtlich der künstlerischen Form zu schaffen, und erlaubte es, einer Beschränkung auf Sujets aus der unmittelbaren Gegenwart und damit einer jahrzehntelang propagierten engen Realismusauffassung zu entgehen. Vor allem aber konnten auf einer metaphorischen Abstraktionsebene Probleme der eigenen Zeit behandelt werden, die man bei aktuellen Stoffen nicht so vorbehaltlos hätte aussprechen dürfen. Die Antikerezeption ist deshalb als »nachdrücklichste[r] und folgenreichste[r] Vorgang« innerhalb der künstlerischen ›Erbeaneignung‹ in der DDR-Literatur bezeichnet worden.[16]

Sie entwickelte sich im wesentlichen im Einklang mit Marxschen Zielvorstellungen; ihre Vertreter waren mehr oder weniger sozialistischem Ideengut verbunden und im Prinzip auch gewillt, den sich darauf berufenden Staat zu stärken – doch abgesehen von einigen ausgesprochen affirmativ gesinnten Schriftstellern, die sich in einer uneingeschränkten Verherrlichung des Bestehenden gefielen, entstanden vor allem Werke, die den kulturpolitischen Erwartungen im großen und ganzen, teils auf Dauer, teils zumindest auf längere Zeit, *nicht* entsprachen. Die bedeutendsten Autoren scheuten vor einer (verschlüsselten) Kritik an den Realitäten ihres Staates, vor einer Gestaltung tragischer Aspekte in der Geschichte und Gegenwart der Arbeiterbewegung nicht zurück und trugen somit zu einer Schärfung des Problembewußtseins und letztlich zur Überwindung der von ihren Intentionen her neuen und humanistischen, faktisch aber zunehmend anachronistisch, ineffektiv und menschenverachtend gewordenen Ordnung bei. Stabilisierung, Kritik und Destruktion des Systems bildeten eine charakteristische Symbiose.

Dabei haben sich einmal mehrere Autoren Sujets aus der römischen Geschichte zugewendet, die es erlaubten, gezielt *politische* Fragestellungen zu behandeln –

---

15 Ob es in der Zeit nach dem zweiten Weltkrieg in den beiden deutschen Staaten eine zweigeteilte deutschsprachige Literatur oder zwei deutschsprachige Literaturen gab, ist in dieser Abstraktheit eine scholastische Frage. Da im Verhältnis zur Antike beträchtliche Unterschiede bestehen, empfiehlt sich innerhalb der jeweiligen Phasen und Themenkreise eine weitgehend gesonderte Behandlung. Nicht gerechtfertigt allerdings ist die Entscheidung des »Neuen Pauly«, die Antikerezeption in der DDR-Literatur in einem eigenen Artikel zu behandeln, diejenige in der BRD aber unter dem Begriff »Deutschland« zu erfassen und dabei die österreichische, die deutschsprachige schweizerische und die im Exil entstandene Literatur stillschweigend unter den *politischen* Begriff ›Deutschland‹ zu subsumieren. Wenn im folgenden westdeutsche, österreichische, schweizerische und Exilautoren ebenfalls im Zusammenhang behandelt werden, dann geschieht dies in Anbetracht der weitgehend gemeinsamen Produktions-, Distributions- und Rezeptionsbedingungen der *Literatur*.

16 Werner Mittenzwei: Die Antikerezeption des DDR-Theaters [s. Bibl. 6.1.], S. 524.

bereits Michail Bulgakow (1891–1940) hatte in seinem Roman »Master i Margarita« (Meister und Margarita) Analogien zwischen dem julisch-claudischen und dem Stalinschen Regime aufgezeigt[17] –; zum anderen aber wurde die anfangs bevorzugte Rezeption männlicher Helden wie Prometheus, Herakles, Odysseus oder Ikaros zunehmend durch die Aufnahme mythischer *Frauen*gestalten ergänzt und somit auf die weiterhin ungelöste Geschlechterproblematik aufmerksam gemacht. Namentlich Kassandra, die über Jahrtausende in der Literatur kaum eine Rolle gespielt hatte (noch bei Gerhart Hauptmann ist sie eine Nebenperson), wurde – nach Ansätzen in den dreißiger und vierziger Jahren des 20. Jahrhunderts – geradezu eine Schlüsselfigur des modernen Antikeverständnisses[18], und der Medea-Mythos konnte gleichermaßen als Ausdruck der Barbarisierung in den Geschlechterbeziehungen interpretiert wie zum Ausgangspunkt einer radikalen Umwertung genommen werden.

Die Antikerezeption der DDR-Literatur, die in den fünfziger Jahren bereits in der Lyrik eingesetzt hatte, erlebte ihren Höhepunkt in den sechziger und frühen siebziger Jahren, und zwar vor allem in der Dramatik, ist aber danach keineswegs abgeklungen, sondern ist einmal in ein breiteres Spektrum von Traditionsbeziehungen (etwa zur Romantik) eingemündet, und hat zum anderen eine gewisse Schwerpunktverlagerung hin zur erzählerischen und essayistischen Prosa erfahren.

Im Laufe der siebziger und in den achtziger Jahren haben dann auch Schriftsteller aus der Bundesrepublik Deutschland, aus Österreich, der Schweiz und den Exilländern – und zwar sowohl ältere wie junge Autoren – wieder in stärkerem Maße antike Sujets aufgegriffen. Nunmehr wurden hier ebenfalls ein kritisch-problematisierender Umgang mit den tradierten Mythen, die Behandlung der Frauenthematik und die Bevorzugung der Prosa charakteristisch.

Ob der Zerfall des ›sozialistischen Lagers‹ in Europa und die Osterweiterung der NATO in den Jahren nach 1989 sowie der in diesem Rahmen erfolgende Zusammenbruch der DDR und ihr Beitritt zur BRD nicht nur einen politischen, sondern auch einen literarischen Einschnitt darstellen, kann erst aus größerer Distanz heraus beurteilt werden. Was die Antikerezeption betrifft, so scheint sich, vom gegenwärtigen Erkenntnisstand her, eine Weiterführung jener Tendenzen abzuzeichnen, die sich zunächst in der Literatur der DDR herausgebildet hatten und an denen später auch ›westliche‹ Autoren einen bedeutenden Anteil hatten.

---

17 Vgl. Stephanie West: Tacitean Sidelights on »The Master and Margarita«. In: International Journal of the Classical Tradition 3 (1996/97), S. 473–484.
18 Vgl. Thomas Epple: Der Aufstieg der Untergangsseherin Kassandra [s. Bibl. 1.1.], besonders S. 242–260 und 278–378.

Naturalismus und ›Jahrhundertwende‹
Von Gerhart Hauptmann bis Thomas Mann

Von der Antikeferne des Naturalismus ist *ein* Autor auszunehmen – zumindest in seinen nichtnaturalistischen Schaffensphasen: GERHART HAUPTMANN (1862–1946), ein »versprengter Grieche« und »halber Hellene«[19]. Nach ersten Anregungen auf der Kunstschule in Breslau (seit 1880) hat er sich während seines Studiums in Jena (1882/83) – einer Stadt, deren antike Atmosphäre er später zu rühmen wußte[20] – in die Geschichte und Kunst des Altertums vertieft. 1883 fuhr er zum erstenmal nach Italien, und während seines zweiten römischen Aufenthaltes in den Jahren 1883/84 versuchte er, Bildhauer zu werden. Die Beziehungen zur Antike waren damals noch nicht allzu eng und gingen einher mit dem Interesse für die Germanen; in seinen Dichtungen bis zum Ende der achtziger Jahren blieben die Antike-Reminiszenzen weitgehend äußerlich und epigonal. Zu Hauptmanns frühesten Arbeiten gehören die Fragmente »Athalarich«, »Hermannslied«, »Das Erbe des Tiberius« und »Germanen und Römer« (ein vordergründiges Hermannsdrama in der Nachfolge Kleists) sowie Pläne zu einem Lykophron-Drama nach Herodot und zu einem »Perikles«. Das Versepos »Promethidenlos« (1885), in dessen 11. Gesang der Geist des Tiberius erscheint, ist vor allem eine illusionslose Auseinandersetzung mit seiner eigenen künstlerischen Lebenshaltung. Aus der Zeit von Hauptmanns Hinwendung zum Naturalismus stammt der Band »Das Bunte Buch« (1888) mit Gedichten wie »Kanephore«, »Hoch im Bergland von Arkadien« und vor allem »Der Tod des Gracchus«, in dem er seine Sympathie mit dem sozialen Engagement des Tiberius Gracchus bekundet.

Von nun an zeigen sich in Gerhart Hauptmanns veröffentlichtem Werk für fast zwei Jahrzehnte kaum antike Einflüsse. Wohl aber gab es (neben einer subtilen Übertragung von Elementen der griechischen Tragödie in die Novellen »Fasching« [1887] und »Bahnwärter Thiel« [1888]) eine religiöse Unterströmung und eine Hinwendung zum Mythos – am deutlichsten spürbar in der »Versunkenen Glocke« (1897) mit Anklängen an eine (auch in anderen Texten zu findende) Synthese von Dionysos und Christus in der Art Hölderlins (und damit in Abkehr von der Entgegensetzung dieser beiden Gottheiten bei Nietzsche). Vorausgegangen war diesem Stück der Entwurf eines »Helios«-Dramas (1896), in dem sich ›heidnische‹ Naturverbundenheit und Lebensbejahung mit dem Motiv des Sonnenstaates des Jamblichos und anderen utopischen Elementen verbanden. In diesen Werken ist erstmals über den stofflichen Einfluß hinaus eine innere Affinität zu antiker Lebenshaltung festzustellen. Um die Jahrhundertwende las Hauptmann Platon und andere antike Autoren, und Reminiszenzen an antike Motive – insbesondere an die Gewalt des Eros – traten wieder stärker hervor. So werden im Entwurf zu dem Drama »Antonius und Kleopatra« (1898) Liebe und Lebenslust in dionysischer Begeisterung

---

19 Gerhart Hauptmann: Das Abenteuer meiner Jugend. In: Hauptmann: Sämtliche Werke. Centenar-Ausgabe. Hrsg. von Hans-Egon Hass / Martin Machatzke. Darmstadt 1962–1974, Bd. 7, S. 877; Ders.: Festspiel in deutschen Reimen. Ebd., Bd. 2, S. 999.
20 Vgl. Gerhart Hauptmann: Das Abenteuer meiner Jugend. Ebd., Bd. 7, S. 885f., 889–891 und 901.

und ein Tod in Trotz und Schönheit besungen, im »Hirtenlied« (1898/99) wird antikes Lebensgefühl spürbar, und in dem Prosafragment »Das Fest« (1900) bestehen in den Motiven Wein, Freundschaft und Liebe Anklänge an Platons »Symposion«. Antike Stimmungen scheinen auf in den Gedichten »Die Weihe« (1903) und »Col die Rodi« (1904); in dem Drama »Die Jungfern vom Bischofsberg« (1904) finden wir nicht nur eine schroffe und ironische Ablehnung einer schulmäßigen Griechenverehrung, sondern auch eine Mischung von lichter Heiterkeit und leichter Schwermut, ja, eine geradezu ›dionysischen‹ Gehalt; und in den Dramen »Und Pippa tanzt!« (1905) und »Gabriel Schillings Flucht« (1906) spielt die Sehnsucht nach dem südlichen Sonnenland eine wichtige Rolle.

Der Durchbruch zur Welt der Antike im Jahre 1907 war somit vielfach vorbereitet. In diesem Jahr unternahm Hauptmann eine Fahrt nach Griechenland, über die er das Reisetagebuch »Griechischer Frühling« veröffentlichte. Ausschlaggebend war für ihn nicht mehr das ›apollinisch‹-heitere Hellas der deutschen Klassik, sondern (trotz mancher Divergenzen zu Nietzsche) das ›dionysisch‹-düstere, naturhaft-elementare, das ihm den Zugang zur Tragödie, zu ihrem Schrecken, ihren Morden und ihren Menschenopfern eröffnete. Der wichtigste dichterische Ertrag dieser Reise und zugleich Hauptmanns erster ernsthafter stofflicher Rückgriff auf die Antike war das von 1907 bis 1912 entstandene, 1914 veröffentlichte und uraufgeführte Drama »Der Bogen des Odysseus«. Es ist charakteristisch, daß Hauptmann sich nicht, wie Goethe, von der heiteren Welt der Phaiaken, sondern von dem blutigen Geschehen nach der Heimkehr des Odysseus angezogen fühlte; die Tötung der Freier wird nicht nur als angemessen empfunden, sondern auch in all ihrer ›dionysischen‹ Wildheit, Düsternis und Urtümlichkeit gezeigt. Das Stück hält sich weitgehend im Homerischen Rahmen, setzt aber zugleich neue Akzente: Der Dichter zeigt das Leid und die Verstörung des Odysseus sowie die Erneuerung seiner Kräfte bei der Ankunft auf Ithaka; er gestaltet neben den heroischen auch idyllische Züge; er läßt einen Konflikt zwischen Odysseus und Telemach anklingen und variiert in einer durchaus modernen Art das Kirke-Motiv – Züge dieser Nymphe nämlich sind auf die im Stück *nicht* auftretende Penelope übergegangen, die mit den Freiern spielt und Odysseus bezaubert, während die Freier geradezu als die Schweine der Kirke erscheinen. Vor allem aber betont Hauptmann die soziale Komponente der Handlung, die ausschließlich in der Hütte des Schweinehirten Eumaios spielt.

Nicht so sehr durch unmittelbare stoffliche Bezüge als vielmehr durch ein antikes Lebensgefühl oder durch mittelbare Anklänge an antike Landschaften, an griechische Mythen (Eros, Dionysos, Demeter, Persephone, Prometheus) oder an das Gedankengut Heraklits, Empedokles', Platons und der Gnosis sind mehrere Werke zwischen dem Ende des ersten und der Mitte des dritten Jahrzehnts des 20. Jahrhunderts gekennzeichnet: die Dramen »Kaiser Karls Geisel« (1907), »Griselda« (1908), »Die Ratten« (1911), »Indipohdi« (1920) und »Veland« (1925), die Epen »Anna« (1921), »Die Blaue Blume« (1923), »Der Große Traum« (1914–1932) und »Mary« (1923–1936) sowie die Romane »Der Narr in Christo Emanuel Quint« (1910) und »Die Insel der Großen Mutter« (1924). Im (seinerzeit von offizieller Seite vehement abgelehnten) »Festspiel in deutschen Reimen« (1913) verkündet Athene-Deutschland eine neue, vom Eros bestimmte friedliche Zeit; die von Longos'

»Daphnis und Chloe« angeregte Novelle »Der Ketzer von Soana« (1918) ist geradezu ein Hymnos auf Eros, Phallos und Dionysos – und das Epos »Till Eulenspiegel« (1928) ist nicht nur über weite Teile von antiken Reminiszenzen durchzogen, sondern gipfelt im 15. bis 17. Abenteuer in der Fahrt des Helden nach Hellas als einer südlichen, friedlichen und wahrhaftigen Welt, in seinem tausendjährigen naturhaft-sinnlichen Leben mit Baubo und in seinem Ritt auf dem weisen Kentauren Cheiron, der ihn an die Lösung der Lebensrätsel heranführt.

In den dreißiger und vierziger Jahren hat sich Hauptmann wieder stärker der Antike *unmittelbar* zugewendet. Zunächst fand sie für etwa ein Jahrzehnt vor allem in Gedichten (wie »Zueignung«, »Anstieg«, »Hylas« oder »Die Hand« – einem Text, in dem eine Einheit von Prometheus und Christus, von Kaukasos und Golgatha gestaltet wird), in dem Dramolett »Die drei Palmyren« und in den Versdichtungen »Helios und Phaethon«, »Der Knabe Herakles« und »Der Heros« ihren Niederschlag. (Der zuletzt genannte Text handelt von der Vermählung des toten Achill mit der geopferten Polyxena.) Auch die von 1924 bis 1936 dominierende Auseinandersetzung mit der »Hamlet«-Problematik hält das Interesse an der Antike wach: insofern Hauptmann Hamlet im Zusammenhang mit Orestes sieht.

Nachdem der Schriftsteller 1939 am Fragment eines Winckelmann-Romans gearbeitet hatte, in dem er die Spannung zwischen Griechen- und Christentum, zwischen Schönheit und Dämonie gestalten wollte, stellt die Atriden-Tetralogie aus den vierziger Jahren den gewaltigen Schlußakkord seines Werkes dar. Sie ist – auch wenn sie weniger historisch-rational als mythisch-irrational geprägt ist und in ihrer archaisierenden Umdeutung griechischer Mythen keineswegs eine bewußte Auseinandersetzung mit dem Faschismus darstellt – eine der erschütterndsten Reflexionen des zweiten Weltkrieges in der deutschen Literatur, wirkt – um einen Ausdruck aus Thomas Manns »Doktor Faustus« zu gebrauchen – wie eine ›Zurücknahme‹ klassischer Traditionen.

Mit den Tragödien »Iphigenie in Aulis« (1940/43), »Agamemnons Tod« (1942), »Elektra« (1944) und »Iphigenie in Delphi« (1940; das Schlußstück der Tetralogie ist als erstes entstanden) hat Hauptmann aus den Erfahrungen der vierziger Jahre heraus und folglich in höchst problematisierender Weise einen Stoff neugestaltet, der für die drei großen griechischen Tragiker und dann wiederum für die Literatur des 18. Jahrhunderts von zentraler Bedeutung war.

In »Iphigenie in Aulis« zeichnet Hauptmann eine aus den Fugen geratene Welt. Scheinbar ewige Werte haben ihre Gültigkeit verloren; Agamemnon ist anfangs von Zweifeln zerquält (»Tod ist Wahrheit – Leben nicht!«) und versteigt sich dann in blutigste Ekstase; Achill unterwirft sich blind den Befehlen des ewigen Willens. War für Euripides am Ende des Peloponnesischen Krieges der Trojafeldzug Paradigma für den Freiheitskampf Griechenlands gegen die erneut drohenden Perser, so ist er für Hauptmann nichts als ein sinnloser Raubkrieg, vom Volk verflucht (»Was ist uns Ilion?«) und dennoch, infolge raffinierter Demagogie, enthusiastisch begrüßt. Euripides läßt seine Iphigenie in rührenden Worten um ihr Leben bitten und, nach einer psychologisch gut motivierten Wandlung, in schlichter Bewußtheit sich dem unabwendbaren Schicksal unterziehen. Hauptmanns Iphigenie hingegen, anfangs übertrieben naiv, weiht sich, nachdem sie von der geforderten Opferung erfahren hat, in verzücktem Tanz dem Tod und einer überspannt ersehnten Unsterblichkeit. Schizophrene Verzückung, schwankend zwischen dem dämonischen Aufschrei »Den Sieg! Den Sieg! Den Sieg!« und dem geflüsterten Zweifel »Was geht uns Troja an? Was Helena?«, reißt sie in das blutige Vorspiel eines sinnlosen Krieges. Selbst als sie durch Artemis vom Tode befreit wird, geschieht dies nur, damit »sich im Grausen fürchterlicher Not / das Tantalidenschicksal ihr erneut«.

Die Einakter »Agamemnons Tod« und »Elektra« folgen in ihrem äußeren Handlungsverlauf den beiden ersten Stücken der Aischyleischen »Oresteia« – aber welcher Unterschied des inneren Gehalts! Ist bei dem attischen Dichter die tiefe Tragik aufgehoben in einem Weltbild, das Versöhnung und Lösung kennt, folgt dem Weg von der Tat zum Leid der Weg vom Leid zum Lernen, so vollzieht sich bei Hauptmann ein tückisches, unentrinnbares Schicksal. Die Tötung Klytaimestras – bei Aischylos das Werk eines Mörders und eines Retters zugleich, bei Sophokles sogar der Ausdruck gerechten Gerichts – ist bei Hauptmann zu einer Tat blutdürstiger Wölfe geworden, in denen nichts Menschliches mehr geblieben ist. Näher steht Hauptmanns »Elektra« derjenigen des Euripides, der in einer Zeit verfallenden staatlichen Lebens vor allem das Inhumane des Mythos hervorhob. Doch gegenüber dem von dem Tiermenschen Elektra inszenierten nächtlichen Spuk in dem zerfallenen Demetertempel ist die Tragödie des Euripides geradezu in einer ›natürlichen‹ Sphäre angesiedelt.

»Iphigenie in Delphi« schließlich steht in Beziehung sowohl zur Euripideischen wie zur Goetheschen Iphigenie-Konzeption. Hauptmann hat es zwar vermieden, selbst das Geschehen im Taurerlande zu schildern; das Schlußstück seiner Tetralogie aber weist stets auf die Goethesche Darstellung hin – mit dem schmerzlichen Unterschied, daß die humanen Funktionen, die Goethes Iphigenie zu erfüllen hatte, und die dem Zuschauer und Leser gegenwärtig sind, *nicht* erfüllt wurden: Hauptmanns Iphigenie hat weiterhin Menschen geopfert und Orestes nicht von dem Fluch erlöst, der über dem Geschlecht der Tantaliden herrschte – ja, selbst das ›funktionslose‹ Wiedererkennen der Geschwister bei Euripides hat es hier nicht gegeben.

In Delphi nun werden Elektra und Orest von den Erinyen befreit – aber das Wiederfinden der drei Geschwister hat nichts mehr von dem Großen und Rührenden an sich, das Goethe dieser Szene in seiner geplanten »Iphigenie in Delphi« geben wollte: Die Heimkehr in die Gemeinschaft der Geschwister ist der Opferpriesterin nicht mehr möglich (»In Wahrheit ist bei euch mir alles fremd«); sie scheint die Gestalt der Unterweltsgöttin Persephoneia angenommen zu haben und gehört nur noch den Toten an. Die Schlußworte des Goetheschen Thoas sind auch die Abschiedsworte von Hauptmanns Iphigenie; doch das »Leb wohl!« ist zugleich ein »Auf Nimmerwiedersehn!«. In der Nähe des Apollontempels stürzt sie sich in den Abgrund.[21]

Hauptmanns Antikebild steht nicht in klassisch-klassizistischer Tradition, sondern weist – bei allem Bekenntnis zu einer ungebrochenen Sinnlichkeit – vor allem tragische, ›dionysische‹ Züge auf. Es ist mehr von der Natur, der Religion und der bildenden Kunst als von Sprache und Literatur geprägt und zeigt eine auffallende Distanz zu Rom. Seine Affinität zur Antike hat nicht unwesentlich dazu beige-

---

21 Ebd., Bd. 3, S. 889, 935, 936 und 939 sowie 1066 und 1086.

tragen, daß von allen naturalistischen Schriftstellern vor allem *er* über den Naturalismus hinausgewachsen ist.

Hauptmanns gleichaltriger Zeitgenosse FRANK WEDEKIND (1864–1918), einer der schärfsten Kritiker des Wilhelminischen Reiches und der bürgerlichen Moral überhaupt, hat bereits in seinen Lulu-Tragödien »Erdgeist« (1895) und »Die Büchse der Pandora« (1902), in denen er die menschliche Sexualität als eine ursprüngliche, elementare, die Normen der Gesellschaft sprengende Kraft darstellte, für sein aktuelles Anliegen ein antikes Symbol genutzt. In seinem Drama »Herakles« dann (1917) liegt der Akzent auf dem leidenden und enttäuschten Helden, dem insbesondere die Liebe – vor allem in Form der bürgerlichen Ehe – keine Erfüllung gewährt. Als besonders schmachvoll erscheint der Dienst bei Omphale, die ihn zwingt, Frauenkleider anzulegen, und ihn zunächst daran hindert, Deianeira zu retten und Prometheus zu befreien. Die Befreiung des Prometheus aber ist von Anfang an das Ziel und schließlich – mit entschieden antiolympischem Akzent – der Höhepunkt seiner Taten und seines Lebens überhaupt.

Mit Wedekinds Drama beginnt eine neue Etappe der Herakles-Rezeption. Gegenüber der umfangreichen und gedanklich wie ästhetisch hochstehenden Aufnahme des Sujets in der zweiten Hälfte des 18. und zu Beginn des 19. Jahrhunderts war im weiteren Verlauf des 19. Jahrhunderts ein beträchtlicher Rückschlag eingetreten. Vollzog sich einerseits eine Popularisierung und Trivialisierung des harmonischen Herakles-Bildes der Klassik (wie bei Gustav Schwab, der die Untaten des Herakles nur knapp berichtete, die Tugenden des Helden aber groß herausstellte und insbesondere der Scheideweg-Allegorie eine hohe Bedeutung beimaß), so auf der anderen Seite eine Stilisierung des dorischen Helden zum preußischen Tugendideal – beispielhaft bei Wilamowitz[22]. Wedekind nun hat Herakles wieder ernst genommen und zum Gegenstand einer geschichtsphilosophisch intendierten Dichtung gemacht – und der antike Held wird nur noch partiell als eine vorbildliche, in hohem Maße aber als eine problematische Gestalt empfunden. In *dieser* Tradition vor allem steht die umfangreiche Herakles-Rezeption in der zweiten Hälfte des 20. Jahrhunderts.

Die in der postnaturalistischen deutschen Literatur einsetzende Antikerezeption wird vor allem von drei Dichtern repräsentiert: Stefan George, Hugo von Hofmannsthal und Rainer Maria Rilke. – Die formstrenge Dichtung STEFAN GEORGES (1868–1933) ist gleichermaßen an der Antike, am französischen Symbolismus und an südlicher Landschaft geschult. Nachdem der Autor bereits während seiner Gymnasialzeit die Gedichte »Die Najade«, »Die Sirene« und »Ikarus« geschrieben und Henrik Ibsens Frühwerk »Catilina« übersetzt hatte, ist der 1892 erschienene Gedichtband »Algabal« das erste bedeutende Zeugnis seiner Antikebegegnung und zugleich beispielhaft für wesentliche Elemente seines Verhältnisses zum Altertum überhaupt. Er zeugt von seiner Affinität zu Rom und zur Spätantike, vor allem aber von der Verbindung des Aristokratischen mit dem Ästhetischen, des Nietzscheschen Herrenmenschentums mit der modernen Künstlerproblematik. Der römische ›Kin-

---

22 Vgl. S. 225.

derkaiser‹ Marcus Aurelius Antoninus, genannt Elagabal(us) oder Heliogabal(us) (geboren 204, Kaiser seit 218, ermordet 222), der aus der syrischen Großgrundbesitzer- und Priesteraristokratie stammte und den Kult des spätantik-syrischen Sonnengottes zur Reichsreligion erheben wollte, galt – nicht zuletzt auf Grund seiner homo- wie heterosexuellen Ausschweifungen – als Typ eines amoralischen orientalischen Lüstlings und eines skrupellosen, sich selbst vergötternden Machtpolitikers. George, der mit den antiken Quellen (der Elagabalbiographie des Lampridus in der »Historia Augusta«, dem 79. Buch des Cassius Dio und dem 5. Buch Herodians) gut vertraut war, gestaltete ihn als Symbol eines übersteigerten Machtwillens und einer Flucht aus der Wirklichkeit, einer ungeheuren und unmenschlichen Selbstüberhebung, die im Grunde einem verdrängten Minderwertigkeitsgefühl entsprang, und zugleich eines dandyhaft-solipsistischen Künstlers, dessen Lust zur Selbstbespiegelung zu einem als Selbstopfer inszenierten ›glorreichen Tod‹ führt.

Die »Hirten- und Preisgedichte« (1895) sind ruhiger und gelassener gehalten, gelten nicht mehr einem machtberauschten einzelnen, sondern Grundzügen menschlichen Verhaltens. Sie stehen – weniger von der äußeren Situation als vom inneren Wesen her – in der Tradition der antiken Bukolik und greifen insbesondere auf Vergil und Horaz zurück. Doch auch sie offenbaren aus einer aristokratischen Haltung heraus sadistische und masochistische Züge, feiern das Menschenopfer als Selbstaufgabe des einzelnen im Dienste einer Gemeinschaft (»Auszug der Erstlinge«), und an die Stelle antiker Unschuld und Naivität ist eine höchst moderne Kulturflucht getreten. Erst im »Teppich des Lebens« (1900) ist die Antike aus einer Maske, durch die ein Künstler des ›fin de siècle‹ spricht, zu einem verinnerlichten Vorbild geworden.

In den Gedichten auf Maximin, einen frühverstorbenen jugendlichen Freund, aus dem Band »Der siebente Ring« (1907) verherrlicht George nach griechischem Vorbild den schönen, vergöttlichten Menschen. Während in den »Hirten- und Preisgedichten« die Antike Sinnbild allgemein-menschlicher Verhaltensweisen war, ist die Eros-Thanatos-Thematik des »Siebenten Rings« ausdrücklich im Altertum selbst verwurzelt.

In dem Band »Das Neue Reich« (1928) – namentlich in den Gedichten »Goethes letzte Nacht in Italien« und »Hyperion« – versuchte sich George in Anknüpfung an Goethe und Hölderlin Hellas zu vergegenwärtigen. Er reflektierte die Goethesche Wiedergeburt in Italien, die Spannung zwischen Norden und Süden bzw. die Fremdheit unter dem eigenen Volk, die Lobpreisung Griechenlands und den Untergang der alten Götter, der zu einer Einigung aller Götter aus den großen Religionen des Abendlandes überleiten sollte.

Stefan George verstand sich als ein Hüter antiker Normen, hat durch den Kreis von Künstlern und Wissenschaftlern, den er um sich scharte, und durch die von ihm herausgegebenen »Blätter für die Kunst« über mehrere Jahrzehnte das deutsche Geistesleben beeinflußt und dabei insbesondere zu einem vertieften Antikeverständnis bei nicht wenigen Archäologen, Historikern und Religionshistorikern beigetragen. Seine Verlebendigung des Altertums hatte allerdings hochgradig religiöse Züge und sollte zugleich den Weg bahnen zu einer elitär-konservativen ›Erneuerung‹ Deutschlands.

Die geschichtliche Stellung Georges und seines Antikebildes ist höchst ambivalent. In seiner Ausrichtung auf das ›Volkliche‹ und auf den Gedanken von ›Führer und Gefolgschaft‹ war er nicht unbeteiligt an einer Entwicklung, die im ›gebildeten‹ Bürgertum zu einer Akzeptanz des Nationalsozialismus führte; zugleich aber lehnte er persönlich die primitive Ideologie der Nazis ab und verließ 1933 Deutschland. Ein Teil seiner Anhänger wurde später zu Gegnern des NS-Regimes. Wie wenig seine Zeitkritik der offiziellen Erwartungshaltung entsprach, zeigt bereits das Gedicht »Der Krieg« von 1917, in dem der Dichter unter Rückgriff auf alttestamentliche Motive und auf die 16. Epode des Horaz Deutschlands Niederlage vorausgesagt hat.

Georges Pathos ist stark von Plutarch geprägt – und aus dem Kreis um ihn haben sich Friedrich Gundolf (1880–1931) und Ernst Kantorowicz (1895–1963) in ihren monumentalen Büchern »Caesar. Geschichte seines Ruhms« (1924) und »Kaiser Friedrich der Zweite« (1927) nachhaltig an diesem Autor orientiert.

Wo George antik sein wollte und das Altertum als pathetischen Imperativ auffaßte, dort gingen bei HUGO VON HOFMANNSTHAL (1874–1929) Antike und Moderne ungezwungen ineinander über. Dieser Dichter hatte zeit seines Lebens eine tiefe Verbundenheit mit dem Altertum und war sich zugleich stets des Abstands zu ihm bewußt.

Von früh an las Hofmannsthal antike und antikisierende Autoren, und seine ersten Dramen orientierten sich an den Dialogen Platons und Lukians und an Ovids »Heroides«. Einige Gedichte Hofmannsthals könnte man wie bei Goethe mit dem Titel ›Antiker Form sich nähernd‹ bezeichnen; Elegien und Epigramme sind in Distichen verfaßt. In Gedichten wie »Mein Garten« und »Welt und ich« hat er darüber hinaus auch antike Motive aufgegriffen, um die Problematik des Künstlers zu gestalten: In »Mein Garten« (1891) spielte er auf die Midas-Legende aus Ovids »Metamorphosen« an, rückte den phrygischen König in die Nähe des Pygmalion und stellte einen natürlich-lebendigen und einen kulturell-erstarrten Bereich einander gegenüber, der die Welt der Schönheit als unlebendig und als künstliches Paradies erscheinen läßt (die künstlerische Formung des Lebens wird von Hofmannsthal auch in anderen Schriften als tödliche Vergoldung gedeutet); in »Welt und ich« (1893) wird der Dichter, der die Last der ganzen Welt im Kopf trägt, mit Atlas verglichen. Das Hauptgebiet von Hofmannsthals Antikerezeption aber war die Dramatik.

Anklänge – teils bekenntnishafter, teils problematisierender Art – finden wir bereits in den lyrischen Dramen der 1890er Jahre. In »Der Tod des Tizian« (1892) ruft der sterbende Maler »Es lebt der große Pan«[23] und verklärt damit den Augenblick des Todes zur höchsten Lebensintensität. In »Der Tor und der Tod« (1893) wird das Bild eines Todes entworfen, das an Lessing und Schiller anklingt:

> Steh auf! Wirf dies ererbte Grau'n von dir!
> Ich bin nicht schauerlich, bin kein Gerippe!
> Aus des Dionysos, der Venus Sippe,
> Ein großer Gott der Seele steht vor dir.

---

23 Hugo von Hofmannsthal: Sämtliche Werke. Kritische Ausgabe. Veranstaltet vom Freien Deutschen Hochstift. Frankfurt a. M. 1975 ff., Bd. 3, S. 42.

Claudio, der ›Tor‹ – eine künstlerische Existenz ohne künstlerische Produktivität – erfährt im Augenblick seines Todes das Verfehlte und Sinnlose seines Lebens. Dabei gehört zu den Beschäftigungen des »Ewigspielende[n]« auch die Lektüre des Horaz, dem der von Claudio verratene Freund einen »spöttisch-klugen, nie bewegten Sinn« bescheinigt.[24] Und in »Der weiße Fächer« (1897) wird der – unausgesprochenen – Lehre Heraklits vom ewigen Fluß der Dinge ironischerweise die Wendung entgegengestellt: »ein Wind / [...] trocknet alles.«[25] Mit dem 1893 entstandenen Einakter »Idylle« – später unter die Gedichte aufgenommen – hat der Autor eine Szene »nach einem antiken Vasenbild«[26] geschaffen, in dem sich die Werte der Ordnung, des Besitzes und der Familie, die von dem Schmied vertreten werden, und die Sehnsucht seiner Frau nach künstlerischer Ungebundenheit gegenüberstehen. Sie flieht mit einem jungen Zentauren und wird von ihrem Mann mit dem Speer des Fabelwesens, den er feilen sollte, niedergestreckt.

Zu den frühesten Arbeiten Hugo von Hofmannsthals gehört das Dramenfragment »Alexander«. Zwischen 1892 und 1918 beschäftigte er sich mit einer Bearbeitung der »Bakchen« des Euripides; 1894 schloß er die Nachdichtung von dessen »Alkestis« ab, die – ebenso wie der »Tod des Tizian« und »Der Tor und der Tod« – durch einen (wohl von Nietzsche vermittelten) ›dionysischen‹ Todesbegriff charakterisiert ist und mit der er die Vorlage psychologisch vertiefen wollte. Wo Euripides einen Tatbestand schilderte, dort legte Hofmannsthal Wert auf Stimmung und Atmosphäre, auf den Seelenkampf und die Trauer des Admet, auf die Opfer- und Todesbereitschaft der Alkestis und auf einen Herakles, der über das Verhältnis zwischen Tod und Leben nachsinnt und der zum göttlichen Mittler zwischen den liebenden Gatten wird.

Im ersten Jahrzehnt des 20. Jahrhunderts schrieb Hofmannsthal u. a. ein »Vorspiel zur Antigone des Sophokles«, einen »Prolog zur Lysistrata des Aristophanes« und die Tanzdichtung »Amor und Psyche«; es entstanden Notizen zu »Leda und der Schwan«, »Jupiter und Semele« und »König Kandaules«. Höhepunkte dieser Phase waren die »Elektra« von 1903 und die Oidipus-Rezeption der Jahre 1904 und 1905.

Die »Elektra« war ursprünglich als eine »Bearbeitung« der Sophokleischen Tragödie konzipiert, entwickelte sich aber zu »eine[r] neue[n], durchaus persönliche[n] Dichtung«[27], in der sich Hofmannsthal nicht nur mit Sophokles, sondern auch mit Shakespeare und Goethe auseinandersetzte. Im Unterschied zum »Hamlet« wird die Tat mit Ironie behandelt; im Unterschied zur »Iphigenie« ist das humane, weltverändernde Ziel entfallen. Wie im ›Chandos-Brief‹ von 1902 erscheint kein sinnvolles Handeln mehr möglich. Hofmannsthal ging es um eine psychologische Differenzierung der Frauenfiguren, um die Durchleuchtung der »physiologischen Untergründe« der Seele.[28] Nicht rein menschliches Handeln befreit vom Fluch

---

24 Ebd., S. 70 und 76 f.
25 Ebd., S. 173.
26 Ebd., S. 53.
27 Hugo von Hofmannsthal: Das Spiel vor der Menge. In: von Hofmannsthal: Gesammelte Werke in zehn Einzelbänden. Hrsg. von Bernd Schoeller in Beratung mit Rudolf Hirsch. Frankfurt a. M. 1979–1980, Bd. 3, S. 104.
28 Vgl. Matthias Mayer: Hugo von Hofmannsthal [s. Bibl. 6.2.], S. 59.

blutiger Taten, sondern es dominiert das allein auf sich selbst gestellte Individuum in seiner Triebhaftigkeit. Gegenüber Sophokles hat der Dichter die Handlung vom Sonnenaufgang zum Sonnenuntergang verlagert, das Tragische ins Kultische transponiert und auf jegliche kathartische Wirkung verzichtet. Teils hat er in Anlehnung an Erwin Rohdes »Psyche« an vorolympische Opferbräuche angeknüpft, teils sogar künstliche Riten und Kulte erfunden. Eine hysterische und ekstatische – gleichermaßen grausam-archaische wie neurotisch-moderne – Elektra lebt völlig in der Erinnerung an die Ermordung Agamemnons und in der Antizipation des Mordes an Klytaimestra und Aigisth; sobald die Rache vollzogen ist, stirbt sie. Gegenüber naturalistischen Konzeptionen wird Elektra nicht durch die Umstände, sondern von ihrem eigenen Innern, ihrer Sexualität beherrscht; gegenüber der Goetheschen »Iphigenie« und gegenüber dem von Winckelmann begründeten Antikebild wirkt das düstere Werk – hierin Gerhart Hauptmanns vier Jahrzehnte später entstandener Atriden-Tetralogie vergleichbar – wie ein Gegenentwurf, eine ›Zurücknahme‹.

Dabei hält es sich eher an den Sophokleischen Rahmen als spätere Neugestaltungen des Sujets in Jean Giraudoux' »Électre« oder in Jean-Paul Sartres »Les Mouches«; wenn wir die Sophokleische Tragödie nicht im landläufigen Sinne ›optimistisch‹ interpretieren, sondern auch *deren* ambivalente Züge bedenken, ist Hofmannsthals Version der antiken sogar keineswegs kraß entgegengesetzt. Das Stück hat eine zentrale Bedeutung in der Ästhetik Hofmannsthals und der Jahrhundertwende; ja, es gehört zu jenen Werken, die der problematisierenden Antikebeziehung in der Literatur des gesamten 20. Jahrhunderts präludieren. In der Vertonung von Richard Strauss (1864–1949) ist es auch für die moderne Oper wegweisend. Einen geplanten zweiten Teil – »Orest in Delphi« – hat Hofmannsthal nicht ausgeführt.

Weniger erfolgreich war Hofmannsthal in seiner Auseinandersetzung mit dem Oidipus-Sujet. 1904 schrieb er – in Anlehnung an Josephin Péladans (1859–1918) »Œdipe et la Sphinx« (1903)[29] – das Versdrama »Ödipus und die Sphinx«, eine Gestaltung der Vorgeschichte des Sophokleischen »Oidipus Tyrannos«; 1905 übersetzte er diese Tragödie selbst und arbeitete an einem unvollendeten Nachspiel unter dem Titel »Des Ödipus Ende« (nach Sophokles' »Oidipus auf Kolonos«). Hofmannsthal hatte, insgesamt gesehen, ein distanziertes Verhältnis zu Sigmund Freud, hat aber öfters tiefpsychologische Erkenntnisse in seine Werke übernommen – nach der »Elektra« vor allem, vom Sujet her naheliegend, in der Oidipus-Rezeption. In »Oidipus und die Sphinx« offenbart sich die Problematik der menschlichen Existenz nicht mehr in der Enthüllung eines tragischen Irrtums oder in der allgemeinen Unsicherheit des Menschen, sondern ganz in der triebhaften Bindung des Helden an seine Mutter. Im Grunde löst nicht Oidipus das Rätsel das Sphinx, sondern sie das seine; die Begegnung des Oidipus mit der Sphinx ist eine Begegnung mit seinen eigenen unbewußten Wünschen. Vergangenheit und Zukunft, Traum und Wirklichkeit werden auf mystische Weise eins, wenn das Orakel verkündet:

---

29 Vgl. Inge Stephan: Musen & Medusen [s. Bibl. 6.1.], S. 36. – Dort auch Hinweis auf: Gertrud Prellwitz: Oedipus oder das Rätsel des Lebens. Tragödie in fünf Akten. Freiburg i. Br. 1898.

> [...] des Erschlagens Lust
> hast du gebüßt am Vater, an der Mutter
> Umarmens Lust gebüßt, so ist's geträumt
> und so wird es geschehen.[30]

Das Verhängnis ist unausweichlich und wird im Sinne eines Selbstopfers des Oidipus gedeutet.

Damit war Hofmannsthals Auseinandersetzung mit dem antiken Drama für eine Zeitlang beendet. Allerdings arbeitete er zwischen 1905 und 1921 am Plan einer »Semiramis«, in der das orgiastische Element aus »Elektra« und »Oidipus« in den Vordergrund tritt und matriarchalische Gedanken in der Art Bachofens dominieren, und Beziehungen zur Elektra- und Oidipus-Problematik lassen sich auch in Werken mit nichtantiken Sujets nachweisen.

Von 1911 bis 1916 entstand, in verschiedenen Bearbeitungen, die Operndichtung »Ariadne auf Naxos« – nach der »Elektra« und dem »Rosenkavalier« das dritte Werk aus der Zusammenarbeit mit Richard Strauss. Es ist ein kühnes spielerisches Experiment, in dem *opera seria* und *opera buffa*, die heroische Antike im Geschmack des 17. Jahrhunderts und die Masken der *commedia dell'arte* sich auf eine ironische Weise verbinden. Der eigentlichen mythischen Opernhandlung geht ein Vorspiel mit einer Komödiantentruppe voraus. Die Welt Ariadnes als eines Symbols menschlicher Einsamkeit und die Welt Zerbinettas, die sich nach Treue sehnt und sie in jedem Manne zu finden meint, werden aufs lebendigste miteinander verschränkt. Ariadne und Bacchus erfahren eine (freilich auf einem gegenseitigen Mißverständnis beruhende) Verwandlung in ihr wahres Selbst, die mehr ist als ein bloßer Partnertausch, wie ihn Zerbinetta im Wechsel von Theseus zu Bacchus zu erblicken meint.

In seinem letzten Lebensjahrzehnt beschäftigte sich Hofmannsthal mit einer neuen Alkestis-Version, in der es zu einem Gespräch des Witwers mit seiner verstorbenen Frau kommen sollte, mit einer politischen Komödie unter dem Titel »Timon der Redner«, die in der Spätantike gespielt und den Niedergang des Adels und den Aufstieg von »Geld u. Wort«[31] persifliert hätte, mit Entwürfen zu den Opern »Danae oder Die Vernunftheirat« und »Amor und Psyche« sowie vor allem mit der »Ägyptischen Helena« (1923), dem nächsten Gemeinschaftswerk mit Richard Strauss. Hofmannsthal greift hier die von Euripides gestaltete (und auch von Goethe in »Faust II« erwähnte) Version auf, wonach vor Troja nur um ein Phantom Helenas gekämpft wurde, die wirkliche Helena aber nach Ägypten entführt worden und Ihrem Gatten treu geblieben war. Es geht darum, Phantom und Realität wieder zusammenzubringen und Helena und Menelaos wirklich miteinander zu versöhnen. Anders als in den früheren Werken verzichtet Hofmannsthal in dieser mythologischen Oper bewußt auf Psychologisierung.

1908 hatte Hofmannsthal – ein Jahr nach Gerhart Hauptmann – Griechenland kennengelernt. In seiner Reiseprosa (»Augenblicke in Griechenland« [1908–1914], »Griechenland« [1922], »Sizilien und wir« [1925]) hat der Autor einerseits sich bewußt in die Tradition von Winckelmann und Goethe gestellt, andererseits aber

---

30 Hugo von Hofmannsthal: Sämtliche Werke (wie Anm. 23), Bd. 6, S. 26.
31 Ebd., Bd. 12, S. 152.

sich auch von ihnen distanziert, da sie »das Schöne zu nahe an ein [...] entnervtes Anmutiges« gerückt hätten, und die Erkenntnis geäußert, »wie eng die Schönheit mit der Kraft verschwistert ist und die Kraft mit allem Furchtbaren und Drohenden des Lebens«.[32] Über das klassische Griechenlandbild ging er zudem insofern hinaus, als er Erfahrungen nicht nur der archaischen Kunst, sondern auch des Orients reflektierte: »Die Kultur, die uns trägt, [...] ist in den Grundfesten der Antike verankert. Aber auch diese Grundfesten selber sind kein Starres und kein Totes, sondern ein Lebendes. Wir werden nur bestehen, sofern wir uns eine neue Antike schaffen: und eine neue Antike ersteht uns, indem wir die griechische Antike, auf der unser geistiges Dasein ruht, vom großen Orient aus neu anblicken.«[33]

Nach dem Zusammenbruch des Habsburgerreiches und mit zunehmendem Alter suchte Hofmannsthal – in Annäherung an Vorstellungen des ›Dritten Humanismus‹ – in der Antike immer stärker ein festes Fundament, eine ordnende Macht und ein verpflichtendes Erbe. Insbesondere mit der Rede »Vermächtnis der Antike« von 1926 stellte er sich weitgehend in den Rahmen einer traditionellen und konservativen humanistischen Bildung, wurde ihm Griechenland zum Synonym für Geist schlechthin. In seinen Dichtungen hingegen erwies er sich als ein subtiler und sensibler Seismograph der krisenhaften Erschütterungen im 20. Jahrhundert.

Hofmannsthal ist der erste deutsche Dichter der Moderne mit einer *umfassenden* Antikerezeption. Zugleich steht er in den kulturellen Traditionen Österreichs, wie sie sich seit dem Barock herausgebildet und vor allem in Grillparzer ihren Ausdruck gefunden hatten. Hierin berührt er sich mit dem post- und antinaturalistischen Kritiker Hermann Bahr (1863–1934), der, wie zahlreiche Zitate belegen, ein guter Kenner der Antike war und in seinen Essays »Dialog vom Marsyas« (1905) in Anlehnung an Platons »Symposion« Fragen der Kunst, des Lebens und der Politik erörterte.

Hatte Hofmannsthal ein vor allem von der Literatur geprägtes ursprüngliches Verhältnis zum klassischen Altertum, so hat RAINER MARIA RILKE (1875–1926) erst relativ spät und über die bildende Kunst Zugang zu ihm gefunden. Gegenüber dem Pathos Stefan Georges überwiegt bei ihm die intime Nachempfindung und psychologisch eindringliche Deutung tragischer Konstellationen aus den griechischen Mythen.

Rilke ist in seiner Jugend ohne Beziehung zur Antike gewesen und erst durch sein Erlebnis der antiken Plastiken im Pariser Louvre, durch seine Reisen nach Italien und durch seine Zusammenarbeit mit Auguste Rodin mit ihr vertraut geworden. Seit den »Neuen Gedichten« (1907/08) aber hat er sich mehrfach auf antike Gestalten – zumeist Künstler oder Kunstwerke – bezogen. Beide Teile der »Neuen Gedichte« beginnen mit Sonetten auf Apollon-Statuen, die Bedeutung und Gefährdung der Kunst bis hin zu heutigen Rezipienten namhaft machen: »Früher Apollo« (auf eine aus Athen stammende Jünglingsfigur um 530 v. Chr.) und

---

32 Hugo von Hofmannsthal: Griechenland. In: von Hofmannsthal: Gesammelte Werke (wie Anm. 27), Bd. 7, S. 634.
33 Hugo von Hofmannsthal: K. E. Neumanns Übertragung der buddhistischen heiligen Schriften. Ebd., Bd. 9, S. 156.

»Archaischer Torso Apollos« (auf einen Torso aus Milet). Ist in dem ersten Gedicht der junge Apoll ein Gott, der nicht verhindert, »daß der Glanz // aller Gedichte uns fast tödlich träfe«, so ruft in dem zweiten das trotz seiner Bruchstückhaftigkeit vollendete Kunstwerk zur Umgestaltung unseres persönlichsten Daseins auf: »Du mußt dein Leben ändern.«[34]

Die erschütterndsten Gedichte des Bandes und zugleich die bemerkenswertesten Zeugnisse für Rilkes selbständige und differenzierte Auseinandersetzung mit der Antike sind »Alkestis« und »Orpheus. Eurydike. Hermes«. Alkestis stirbt für ihren Gatten, da sie mit ihrer Hochzeit ohnehin »Abschied über Abschied« von ihrem bisherigen Leben nehmen muß – Rilke, der sich auf Wilamowitz' Übersetzung der Euripideischen Tragödie von 1906 stützte, griff auf die ursprüngliche Version der Sage zurück, wonach sich das Geschehen bereits am Tage der Hochzeit vollzog –; die künftige Wiederkehr aus dem Totenreich wird nur vage angedeutet, und Herakles bleibt völlig außer Betracht.[35]

Schärfer noch ist die Kluft zwischen den Bereichen des Lebens und des Todes in dem 1904 entstandenen Gedicht »Orpheus. Eurydike. Hermes«, das weniger auf Vergil und Ovid (bei denen Hermes nicht in Erscheinung tritt) als auf die Dreifiguren-Reliefs in Paris, Rom und Neapel zurückgeht. Vor- und Nachgeschichte des Mythos bleiben ausgeblendet; Gegenstand des Gedichtes ist allein der Aufstieg aus der Totenwelt. Orpheus erscheint als der große Liebende und Künstler, der seine Frau – die »So-geliebte« – aus dem Hades zurückholen will. Eurydike jedoch war bereits »voll von ihrem großen Tode«; und als Hermes die Worte sprach: »Er hat sich umgewendet«, »begriff sie nichts und sagte leise: *Wer*?« Orpheus – »irgend jemand, dessen Angesicht / nicht zu erkennen war« – muß sehen, wie Eurydike »unsicher, sanft und ohne Ungeduld« in die Unterwelt zurückkehrt. Aus dem tradierten Bild einer treuen Gattenliebe und des Schmerzes über einen endgültigen Abschied ist ein Symbol für die grundsätzliche Unvereinbarkeit der Daseinsbereiche geworden.[36]

Andere Gedichte dieses Bandes mit antiken Motiven sind im ersten Teil »Römische Sarkophage«, »Tanagra«, »Hetären-Gräber« und »Geburt der Venus« – eine Verherrlichung dieses Vorganges, die jedoch zu einem düsteren Schluß führt: »Am Mittag aber [...] / hob sich das Meer noch einmal auf und warf / einen Delphin an jene selbe Stelle, / Tot, rot und offen.«[37] Im zweiten Teil folgen »Kretische Artemis«, »Leda« (ein Gedicht, in dem Zeus zwar als Schwan glücklich wird, in dem aber auch das Erschreckende des Geschehens nicht ausgespart bleibt), »Delphine«, »Klage um Antinous«, »Eine Sibylle« und »Die Insel der Sirenen« – eine Wiederaufnahme des Homerischen Sujets in einer überraschenden Variante: Odysseus beobachtet die Insel, auf der »es [...] manchmal singt« und vor der er nur »Stille« erlebt. Das Motiv

---
34 Rainer Maria Rilke: Werke in drei Bänden. Hrsg. von Horst Nalewski. Leipzig 1978, Bd. 1, S. 399 und 467.
35 Ebd., S. 456–459 (Zitat: S. 456).
36 Ebd., S. 453–456 (Zitate: S. 455 und 456).
37 Ebd., S. 460–462 (Zitat: S. 462).

ist später von Franz Kafka und Bertolt Brecht wieder aufgegriffen und verschärft worden.[38]

Von besonderem Gewicht sind – im ersten Teil der »Neuen Gedichte« – die Sappho-Gedichte »Eranna an Sappho«, »Sappho an Eranna« und »Sappho an Alkaios«, die die Unvereinbarkeit von Kunst und Liebe namhaft machen und in der griechischen Lyrikerin ein Urbild des Dichtertums sehen. Anklänge an Sappho sind von nun an in vielen Rilkeschen Gedichten zu spüren; im Rahmen seines Gesamtwerkes leitet die historisch-legendäre Gestalt dieser Dichterin über zu dem mythischen Sänger Orpheus.

Nachdem Rilke auch in dem Roman »Die Aufzeichnungen des Malte Laurids Brigge« (1910) auf Sappho Bezug genommen und in den »Duineser Elegien« (1912/22) die Krisenerfahrung der Gegenwart in einer antiken Gattung – und mit Anklängen an Bilder und Gedanken aus dem Altertum – reflektiert hatte, wandte er sich mit seinem letzten Gedichtband, »Die Sonette an Orpheus« (1922), nochmals jener mythischen Gestalt zu, die ihm schon in den »Neuen Gedichten« als Symbol für die Tragik von Leben, Liebe und Kunst erschienen war. Der Akzent ist aber nunmehr von der Klage auf die Rühmung verlagert; die tragische Künstlerkonzeption, die – nach Vorläufern in Goethes »Tasso« oder in Grillparzers »Sappho« – bei Hugo von Hofmannsthal, Heinrich und Thomas Mann und zahlreichen anderen Schriftstellern der Jahrhundertwende ihren Ausdruck fand, wird in einer neuen Affirmation aufgehoben. Orpheus, der das Reich der Toten wie das Reich der Lebenden kennt, erscheint als ein wahrer, wissender Dichter, der in Anbetracht alles Leides das Leben rühmen darf: »Nur im Raum der Rühmung darf die Klage / gehn, die Nymphe des geweinten Quells«, heißt es im achten Sonett des ersten Teils – und im neunten:

> Nur wer die Leier schon hob
> auch unter Schatten,
> darf das unendliche Lob
> ahnend erstatten. /
> Nur wer mit Toten vom Mohn
> aß, von dem ihren,
> wird nicht den leisesten Ton
> wieder verlieren. /
> Mag auch die Spieglung im Teich
> oft uns verschwimmen:
> *Wisse das Bild.* /
> Erst in dem Doppelbereich
> werden die Stimmen
> ewig und mild.

Das Wissen vom Tod erlaubt einen intensiven Lebensgenuß und einen hohen Erkenntnisgewinn. Orpheus wird hymnisch als der große Sänger gepriesen, der gegenüber dem »Durchtobtsein« der modernen industriellen Gesellschaft Ewiges verkündet und eine Rückkehr in die Welt der Kunst und des Mythos erlaubt:

---

[38] Ebd., S. 469f. (Zitat: S. 470). – Vgl. Clayton Koelb: Kafka and the Sirens [s. Bibl. 6.2.]; Volker Riedel: Die schweigenden Sirenen [s. Bibl. 6.1.]. – Vgl. S. 294 und 313.

Wandelt sich rasch auch die Welt
wie Wolkengestalten,
alles Vollendete fällt
heim zum Uralten. /
Über dem Wandel und Gang,
weiter und freier,
währt noch dein Vor-Gesang,
Gott mit der Leier. /
Nicht sind die Leiden erkannt,
nicht ist die Liebe gelernt,
und was im Tod uns entfernt, /
ist nicht entschleiert.
Einzig das Lied überm Land
heiligt und feiert.

Rilke macht den mythischen Sänger zu einem Symbol poetischer Zuversicht und erkennt dem ästhetischen Leben eine höhere Wahrheit zu als dem zeitlichen Dasein (der »Maschine«).

Die Sonette des ersten Teils nehmen noch auf Situationen des Mythos Bezug – auf die Tiere, die dem Gesang des Orpheus lauschen, im ersten und auf seinen Tod durch die »verschmähten Mänaden« im 26. Sonett: »O du verlorener Gott! Du unendliche Spur! / Nur weil dich reißend zuletzt die Feindschaft verteilte, / sind wird die Hörenden jetzt und ein Mund der Natur.« Im zweiten Teil aber löst sich Rilke immer stärker von dem antiken Sänger und reflektiert persönliche sowie Erfahrungen seiner Zeit.³⁹

Gelegentlich nahmen auch andere Lyriker der Jahrhundertwende antike Motive auf. So hat DETLEV VON LILIENCRON (1844–1909), der seit der Mitte der achtziger Jahre literarisch tätig war, in den Gedichten »Hunger«, »Die Rache der Najaden«, »An der Grenze« und »Acherontisches Frösteln« teils antike Mythen parodiert, teils ihre Unterweltssymbolik übernommen (in beiden Punkten ist ihm später Gottfried Benn gefolgt)⁴⁰. RICHARD DEHMEL (1863–1920) veröffentlichte 1893 die sozialkritisch-missionarische Ballade »Der befreite Prometheus« und eine Reihe von Venus-Gedichten, die er – zusammen mit anderen erotischen Dichtungen – 1907 in den Band »Die Verwandlungen der Venus. Erotische Rhapsodie mit einer moralischen Ouvertüre« aufnahm und in denen er sich zu den Metamorphosen der Göttin von der Prostituierten bis zur Erlöserin bekannte⁴¹. ARNO HOLZ (1863–1929) gab seinem lyrischen Hauptwerk, in dem er der Spannung zwischen der Berliner Alltagswelt um 1900 und einem in der Phantasie beschworenen Land der Natur, der Kindheit und der Liebe Ausdruck verlieh, den Titel »Phantasus« (1898/99, erweitert 1913 und 1924/25, Gesamtausgabe erst 1961/62 aus dem Nachlaß) nach dem Sohn des Schlafgottes Hypnos, der – eine Gestalt wie Proteus – durch seine vielen Verwandlungen in den Menschen das Gaukelspiel der Träume hervorruft. ELSE LASKER-SCHÜLER (1869–1946) nannte sich ›Prinz von Theben‹ und veröffentlichte

---

39 Ebd., S. 615–652 (Zitate: S. 621, 621 f., 626, 627, 638, 632).
40 Vgl. Werner Kohlschmidt: Die deutsche Literatur seit dem Naturalismus und die Antike [s. Bibl. 6.1.], S. 577 f.; Friedrich Wilhelm Wodtke: Die Antike im Werk Gottfried Benns [s. Bibl. 6.2.], S. 82.
41 Vgl. Werner Kohlschmidt (wie Anm. 40), S. 578.

1902 den Gedichtband »Styx«. Ihr Gedicht »An Apollon« allerdings – erschienen 1943 in Jerusalem in dem Band »Mein blaues Klavier« – ist eine erschütternde Absage an den Gott, der »Brand an meines Herzens Lande« legte und »Nicht mal sein Götterlächeln / [...] zum Pfande« ließ.[42]

Direkter als im »Phantasus« hat Arno Holz in seinem Gedichtband »Dafnis« (1903) antike Motive verwendet: einem parodistischen Zyklus nach Kaspar Stielers »Geharnischter Venus« von 1660, in dem in antikisierender Schäfermaske die Sinnenfreude verherrlicht und nicht mit pikanten erotischen Details gespart wird. Ebenfalls satirische und humoristische Züge trug die Antikerezeption in CHRISTIAN MORGENSTERNS (1871–1914) »Horatius travestitus« (1897), einem Band Horaz-Parodien, in dem Themen und Versmaße des römischen Dichters in das Berlin um 1900 verpflanzt worden sind. Beide Werke sind vergnüglich zu lesen, setzen allerdings eine gewisse Kenntnis der griechischen und lateinischen Sprache und Kultur voraus und zeugen von der Lebendigkeit der antiken Traditionen im gebildeten deutschen Bürgertum der Jahrhundertwende.

Konventionell wirkt die Aufnahme mythologischer Motive (Dionysos, Ariadne, Orpheus) bei dem aus dem George-Kreis hervorgegangenen und lange dessen exklusivem Ästhetizismus verhafteten Dichter und konservativen Kunstkritiker KARL WOLFSKEHL (1869–1948), der sich später, unter den Erfahrungen des Exils, von antiken Traditionen ab- und jüdischen Sujets (Hiob) zuwandte.

Dem George-Kreis stand weiterhin eine Zeitlang der mit Hofmannsthal befreundete Lyriker und Kulturhistoriker RUDOLF BORCHARDT nahe (1877–1945), der Dichtungen in antiken Formen« (bis hin zu »Jamben« unter Rückgriff auf Archilochos und Horaz[43]), Übersetzungen (Homerische Hymnen, Sappho, Pindar, Tacitus) und traditionsbewußte, in einem preziösen Stil geschriebene Vorträge und Essays (u. a. über Vergil und Horaz) veröffentlichte, in denen er eine geistige Kontinuität vom Altertum über die Renaissance bis zur Gegenwart konstatierte, seine Affinität insbesondere auch zur *römischen* Antike bekundete und (wie in der Rede »Die Antike und der deutsche Völkergeist« von 1927) die deutsche Kultur als Fortsetzung der antiken pries. Bestimmte problematische Züge im Werk der ›Meister‹ treten bei ihm noch deutlicher hervor – etwa in dem Aufsatz »Über Alkestis« (1910) das Motiv des ›Selbstopfers‹[44]. Obgleich der Schüler Friedrich Leos frühzeitig eine ursprünglich geplante philologische Laufbahn abgebrochen hat und lange Zeit – ab 1922 ständig – in Italien lebte, stand er bis in die zwanziger Jahre hinein in engem Kontakt zum akademischen Leben in Deutschland und pflegte intensive Beziehungen mit konservativen Gelehrten (wie Konrad Burdach und Josef Nadler). Trotz seiner Verehrung für Mussolini und zeitweiligen Sympathien mit dem Nationalsozialismus wurde er aus rassischen Gründen von den Nazis verfemt, mußte 1933 seinen Aufenthalt in Italien in ein Exil umwandeln und entwickelte sich zu einem scharfen Kritiker des NS-Regimes ›von rechts‹.

---

42 Else Lasker-Schüler: Werke und Briefe. Kritische Ausgabe. Hrsg. von Norbert Oellers, Heinz Rölleke und Itta Shedletzky. Frankfurt a. M. 1996ff., Bd. 1/1, S. 302.
43 Vgl. Ernst A. Schmidt: Notwehrdichtung [s. Bibl. 1.1.], S. 29f. und 283–340.
44 Vgl. Hildegard Cancik-Lindemaier: Opferphantasien [s. Bibl. 6.1.]. – Cancik-Lindemaier weist nach, daß *Selbst*opfer, mit denen der Tod fürs Vaterland sakralisiert werden sollte, *keine* Begründung in der Antike haben (in der vielmehr Menschen geopfert *werden*).

Konservativer Humanismus und eine von Antike, Christentum und deutscher Klassik geprägte Geistigkeit – die ihn Distanz zum Nationalsozialismus wahren ließ – kennzeichnen das lyrische und essayistische Werk RUDOLF ALEXANDER SCHRÖDERS (1878–1962), der u.a. Oden in der Art des Horaz und zahlreiche Übersetzungen (Homer, Vergil, Horaz) verfaßte.

Gegenüber dem Schaffen Hauptmanns, Wedekinds und Hofmannsthals wirkt die postnaturalistische Dramatik klassizistisch und epigonal. Genannt seien Paul Ernsts (1866–1933) »Demetrios« (1905), »Ariadne auf Naxos« (1912) und »Kassandra« (1915) sowie seine nach dem Vorbild des Sophokleischen »Oidipus« aufgebaute »Brunhild« (1909), Alfred Momberts (1872–1942) Aion-Trilogie (»Aeon, der Welt-Gesuchte«, »Aeon zwischen den Frauen« und »Aeon vor Syrakus« [1907–1911]) sowie »Aiglas Herabkunft« (1929) und »Aiglas Tempel« (1931), Herbert Eulenbergs (1876–1949) »Kassandra« (1903) und »Ikarus und Dädalus« (1912) sowie Otto Borngräbers (1874–1916) »Althäa und ihr Kind« (1912).[45]

Daß ein künstlerisch ambitioniertes und mehr oder weniger vage formuliertes Lebensgefühl um die Jahrhundertwende sich an Erscheinungen aus der Antike auszurichten versuchte, belegen die Titel von Zeitschriften wie »Pan« (Berlin 1896–1900) oder »Ver sacrum« (Wien 1898–1903).[46]

Wie schon in der Literatur früherer Epochen zu beobachten war, spielt die Antike in der Lyrik und Dramatik der Jahrhundertwende eine stärkere Rolle als in der erzählerischen Prosa. (Die Zeit des historischen Romans wird erst in den dreißiger Jahren, unter den Bedingungen des Exils, anbrechen.) Berührungen finden wir aber auch in dieser Gattung – vor allem bei Heinrich und Thomas Mann.

HEINRICH MANN (1871–1950) »feiert« in »Die Göttinnen oder Die drei Romane der Herzogin von Assy« (1903) »die große heidnische Sinnlichkeit«[47]. Violante – auf der Handlungsebene des Romans eine Dame der modernen internationalen Gesellschaft – spielt auf der Reflexionsebene die mythologischen Rollen der Diana, der Minerva und der Venus (nach diesen Gottheiten sind die einzelnen Bände der Trilogie genannt): »Im ersten Theile glüht sie vor Freiheitssehnen, im zweiten vor Kunstempfinden, im dritten vor Brunst.«[48] Auch auf den Hades-und-Persephone-Mythos wird angespielt. Allerdings handelt es sich nicht so sehr um eine Beschwörung der antiken Gestalten als vielmehr um Symbole für Lebenshaltungen, die in der Verehrung der ›Jahrhundertwende‹ für die Renaissance wurzeln.

Der Persephone-Mythos und die Unterweltsmotivik werden auch in den Novellen des Bandes »Flöten und Dolche« (1904) beschworen, insbesondere in der wichtigsten von ihnen, »Pippo Spano«. Hier werden der Renaissancekult und die

---

45 Vgl. Adolph Gorr: The Influence of Greek Antiquity on Modern German Drama [s. Bibl. 6.1.].
46 Vgl. Ingo Storz: »Heiliger Frühling« als Kulturformel der Moderne [s. Bibl. 6.1.].
47 Heinrich Mann: Brief an Inés Schmied, 25. Juli 1905. Zitiert nach: Gerhard Loose: Der junge Heinrich Mann. Frankfurt a. M. 1979 = Das Abendland. N. F. 10, S. 58.
48 Heinrich Mann: Brief an Albert Langen, 2. Dezember 1900. In: Heinrich Mann 1871–1950. Werk und Leben in Dokumenten und Bildern. Mit unveröffentlichten Manuskripten und Briefen aus dem Nachlaß. Ausstellung und Katalog: Sigrid Anger unter Mitarb. von Rosemarie Eggert und Gerda Weißenfels. Berlin, Weimar 1971, S. 87f.

Suche nach einer mythisch-antiken Identität des modernen europäischen Menschen kritisch hinterfragt und als moralisch zwiespältig erwiesen. In der Novelle »Mnais« (1906) beschreibt der Autor die Entdeckung und Wiederbelebung einer antiken Statue, greift das romantische Motiv einer Ästhetisierung der Liebe und einer Erotisierung der Kunst auf.

Als problematischer wird das Verhältnis von Kunst und Leben in der Novelle »Die Rückkehr vom Hades« (1911) reflektiert – zu einer Zeit, als Heinrich Mann »den Weg [...] von der Behauptung des Individualismus zur Verehrung der Demokratie«[49] abgeschlossen hatte. In dieser Novelle erörtert der Schriftsteller an einem (von ihm erfundenen) Geschehen aus der Antike die ambivalente Situation des Künstlers in seiner eigenen Zeit. Pandion (der ›Allgöttliche‹) gibt vor, im Hades gewesen zu sein, wo sich die Taten der Vorfahren – der Kampf um Helena und der Freiheitskampf der Griechen gegen die Perser – ständig erneuern, und will, mit einem Anspruch auf Auserwähltheit, der durch Reminiszenzen an Orpheus, Homer und Vergil gestützt wird, diese Taten seinen Zuschauern als vorbildliche Ideale verkünden. Der ›Hades‹ ist hier das Symbol für den Bereich der Kunst, die der Dichter dem Volk vermitteln will; Helena erscheint als das ideale Prinzip des Schönen schlechthin. Pandion verkörpert Heinrich Manns eigene ästhetische Postulate jener Zeit, wie sie sich in dem Roman »Die kleine Stadt« oder in dem Essay »Geist und Tat« niederschlagen – und es ist erstaunlich, mit welcher Skepsis er bereits in dieser Novelle seine Postulate in Frage stellt. Das ›Volk‹ nämlich interessiert sich nicht für Helena, hält Pandion für einen Betrüger und läuft ›schlechten Komödianten‹ nach. Die Kunst – so das Fazit – bleibt auch unter demokratischen Leitvorstellungen von der Realität isoliert.[50]

Mit »Die Rückkehr vom Hades« ist die Rezeption der Antike im Werk Heinrich Manns faktisch abgeschlossen – von gelegentlichen Reminiszenzen abgesehen. So lernt in dem Roman »Die Armen« (1917) Balrich Latein, um sich für seinen Kampf gegen Heßling zu rüsten, und in dem Schauspiel »Das gastliche Haus« (1924) wird auf die Sage von Danae angespielt. Die meisten Anklänge finden sich, der Atmosphäre der Spätrenaissance gemäß, in dem Roman »Die Vollendung des Königs Henri Quatre« (1938). Hier wird Heinrich mit Caesar verglichen und nennt selbst seinen Sohn Caesar, und wir finden Zitate aus Lukrez, Vergil, Horaz und Martial. Höhepunkt ist – in Anlehnung an die humanistischen Festspiele in der Art des Konrad Celtis und anderer Schriftsteller – die Aufführung eines allegorischen Theaterstückes mit »Personen aus den Sagen der Alten«, in dessen Rahmen Heinrich von Mars »die leibhaftige Venus« erhält.[51]

Zuvor bereits – in dem Roman »Professor Unrat« (1905) – hatte Heinrich Mann

---

49 Heinrich Mann: Autobiographie (1910). Ebd., S. 122.
50 Zur Antikerezeption des jungen Heinrich Mann vgl. Renate Werner: Skeptizismus, Ästhetizismus, Aktivismus [s. Bibl. 6.2. (Heinrich Mann)], S. 108–116; Hans Wanner: Individualität, Identität und Rolle [s. Bibl. 6.2. (Heinrich Mann)], S. 63–101, 160–202 und 235f.; Gerhard Loose (wie Anm. 29), S. 58f. – Zu »Die Rückkehr vom Hades« vgl. Renate Werner, S. 214–229; Hendrik Harbers: Ironie, Ambivalenz, Liebe. Zur Bedeutung von Geist und Leben im Werk Heinrich Manns. Frankfurt a. M., Bern, New York, Nancy 1984 = Europäische Hochschulschriften 1, 768, S. 255–258.
51 Heinrich Mann: Gesammelte Werke. Red.: Sigrid Anger. Berlin, Weimar 1965 ff., Bd. 12, S. 21f. und passim, 219 und 343–361 (Zitate: S. 345 und 348).

einen Altsprachenlehrer grimmig persifliert. Ohne Sinn für die Schönheit der antiken Dichtungen traktiert dieser Lehrer die alten Autoren und arbeitet an einem nie zum Abschluß gelangenden grundlegenden Werk über die Partikel bei Homer. Seine Schüler sind ihm »katilinarische Existenzen«, während er sein eigenes Verhältnis mit der »Künstlerin Fröhlich« unter Hinweis auf Perikles und Aspasia verteidigt. Als er von seinem Schüler Lohmann, einem angehenden Literaten, »eifrigeres Studium des Homer« verlangt, entgegnet dieser, »die wenigen, wirklich poetischen Stellen bei Homer seien längst überboten«, z. B. von Zola – »falls Sie den überhaupt kennen«.[52]

Kritik am Altsprachenunterricht der Jahrhundertwende übte auch THOMAS MANN (1875–1955) in dem Roman »Buddenbrooks« (1901), in dem Verse über das Goldene Zeitalter aus Ovids »Metamorphosen« traktiert werden, die ganz im Gegensatz zu der tristen Schulmisere stehen. Später hat der Autor zwar die Bedeutung des antiken Menschentums betont, aber sehr wohl (in dem bekannten Essay von 1936) zwischen ›Humaniora‹ und ›Humanismus‹ unterschieden, vor einer Überbewertung der »alt-philologische[n] Gelehrsamkeit« gewarnt und einen »militante[n] Humanismus« gefordert.[53]

In seiner Jugend hatte Thomas Mann keine enge Bindung an die Antike. Einzige Ausnahme war das erstmals 1838 erschienene »Lehrbuch der griechischen und römischen Mythologie für höhere Töchterschulen und die Gebildeten des weiblichen Geschlechts« von Friedrich Nösselt (1781–1850), worin er »unersättlich las«[54] und das den Grund für sein Interesse an Religionsgeschichte und Mythologie legte. In seinem literarischen Werk sind antike Stoffe und Motive auf den ersten Blick nicht allzu häufig, mehr oder weniger verdeckt aber durchaus spürbar.

Nachdem Thomas Mann in seiner 1901 entstandenen Novelle »Gladius Dei« Kritik an einem verflachten Philhellenismus geübt und in den Gesprächen aus dem Drama »Fiorenza« (1906) gleichsam antikes Bildungsgut ausgebreitet hatte, fand seine Beziehung zum Altertum den ersten deutlichen Niederschlag in »Der Tod in Venedig« (1913). Die Eros-Thanatos-Motivik dieser Novelle weckt Erinnerungen an Winckelmanns Tod in Triest, stellt sich als Kontrast zu dem heroischen Antikebild Stefan Georges dar und ist nicht zuletzt eine versteckte Polemik gegen Heinrich Manns »Göttinnen« (deren unproblematische Verherrlichung individueller Lebenslust der Autor allerdings bereits selbst nicht mehr teilte). Gustav Aschenbachs Fahrt nach Venedig und seine Gondelfahrt zum Lido sind eine Katabasis, eine Hadesfahrt, von Hermes als Totengeleiter und von einem modernen Charon gelenkt. Der Knabe Tadzio, zu dem den alternden Künstler eine homoerotische Neigung ergreift, erscheint wie ein Abbild klassischer Statuen und wird mit Eros, Ganymed, Hyakinthos und Narziß verglichen; doch die Schönheit und Vollkommenheit, die mit dem Griechischen verbunden wird, erweist sich als gefährlich und tödlich, die Reminiszenzen an Homer, an das klassische Athen, an Xenophon und an Platonische

---

52 Ebd., Bd. 4, S. 150 und 158.
53 Thomas Mann: Humaniora und Humanismus. In: Mann: Gesammelte Werke in dreizehn Bänden. Frankfurt a. M. ²1974, Bd. 10, S. 343–348.
54 Thomas Mann / Karl Kerényi: Gespräch in Briefen. Zürich 1960, S. 177.

Dialoge – vor allem »Phaidros«, aber auch »Menon« und »Symposion« – gehen von einer Aura antikisierender Klassizität über ins Dionysisch-Rauschhafte. In der Schlußszene ist Tadzio ein Hermes Psychopompos, ein Führer und Seelengeleiter ins Totenreich. Aschenbachs »Umfangenheit«[55] von der Antike ist tatsächlich ein Weg in Chaos und Barbarei. Das Antikebild dieses Werkes – auf das u. a. Nösselts »Lehrbuch« und Erwin Rohdes »Psyche« eingewirkt hatten – ist wesentlich geprägt durch das ›Dionysische‹ im Sinne Nietzsches.

In dem Roman »Der Zauberberg« (1924) – einer Katabasis auf die Berge, mit ironischen Anklängen an den Abstieg des Odysseus in den Hades – spielt ebenfalls, wenn auch unsichtbar, Hermes eine Rolle. Im ›hermetischen‹ Raum dieser Unterwelt ist Hermes sowohl in bestimmten Situationen (wie der »Kahnfahrt im Zwielicht«) als auch in Personen präsent: in Hofrat Behrens und Dr. Krokowski, in Madame Chauchat und Mynheer Peeperkorn, in Naphta und Settembrini – in diesem allerdings nicht nur durch die Nähe zum Tode, sondern auch im pädagogischen Sinne als Beschützer des Lebens. Settembrini bedient sich (vom Dichter leicht ironisiert) gern antiker Zitate, Sentenzen und Mythologeme und schätzt die Antike als eine lebensfrohe Epoche – in dem zentralen Kapitel »Schnee« aber geht Hans Castorps Traum über von einer südlichen, ›apollinischen‹ Ideallandschaft zu einem ›dionysischen‹ Blutmahl im Tempel der Demeter und Persephone. An die Stelle des Winckelmannschen Griechenideals ist die Welt des Magischen und des Chthonischen getreten.

Die Novelle »Mario und der Zauberer« (1930) ist durch eine Distanzierung vom antiken Süden bestimmt (»die Sonne Homers und so weiter«[56]), und in »Joseph und seine Brüder« (1933–1943) sind zahlreiche antike und nichtantike mythische Motive miteinander verflochten. Das Ägypten-Bild dieser Roman-Tetralogie ist entscheidend durch Herodot bestimmt; die meisten Anklänge an den ägyptischen Mythos von Isis und Osiris gehen auf Plutarch zurück, dem der Autor auch noch weitere mythologische Details verdankt; es finden sich Beziehungen zu Hesiods »Theogonie«, zu den Homerischen Hymnen auf Hermes und Demeter sowie zu den »Metamorphosen« des Apuleius. Im Motiv der Höllenfahrt klingt das Schicksal des Dionysos und des Adonis an; auf die Gestalt der Mut-em-enet wurden Züge der Phaidra und der Kleopatra übertragen. Joseph selbst erscheint als Bruder des Hermes, und Hermes wird zur eigentlich beherrschenden Figur des Buches – nunmehr sichtbar und in vielfacher Funktion: als Totengeleiter, Dieb und Naturdämon, als Gott des Handels und als Erfinder der Schrift, der Zahl, der Rhetorik und der Laute. In der Gestalt dieses schelmisch-hochstaplerischen Gottes und seines irdischen Imitators bahnt sich eine Synthese von ›Apollinischem‹ und ›Dionysischem‹ an.

---

55 Thomas Mann: Gesammelte Werke (wie Anm. 53), Bd. 8, S. 518. – Zum »Tod in Venedig« vgl. – neben den in der Bibl. unter Thomas Mann genannten Arbeiten – Renate Werner (wie Anm. 50), S. 117–121 und 131; Hans Wanner (wie Anm. 50), S. 102–113, 203–215 und 237; Lillian Feder: Mythical Symbols of the Dissolution und Reconstitution of the Self in Twentieth Century Literature [s. Bibl. 6.1.], S. 72–79. – In den Ausführungen über Thomas Mann wird vor allem auf die Publikationen von Walter Jens und Willy R. Berger Bezug genommen.

56 Thomas Mann: Gesammelte Werke (wie Anm. 53), Bd. 8, S. 664.

Im »Doktor Faustus« (1947) hingegen (in dem die Anspielungen auf das Altertum allerdings deutlich zurücktreten) dominiert wieder das Dämonische und Diabolische, das ›dionysische‹ Element der Antike – Anklänge an Hermes gelten nunmehr dem Seelenverführer –; die Hoffnungen des Serenus Zeitblom, eines in seiner humanistischen Bildung und in seiner Liebe zur Antike und zur deutschen Klassik deutlich persiflierten Altsprachenlehrers, auf eine Bändigung der chthonischen Mächte zu geordneter Harmonie bleiben blaß und vergeblich.

Der an Hartmann von Aue anknüpfende Gregorius-Roman »Der Erwählte« (1951) greift das Inzest-Motiv des Oidipus-Mythos auf. Thomas Mann hat sowohl die Sophokleische Tragödie selbst als auch Karl Reinhardts Sophokles-Monographie gelesen, hat im Verhältnis von Schuld, Buße und Erhöhung Konstellationen der *beiden* Oidipus-Tragödien übernommen und hat des Oidipus Suche nach sich selbst sowie das Nicht-Wissen-Wollen der Iokaste auf Grigorß und Sibylla übertragen.

Die Erzählung »Die Betrogene« (1953) zeigt – über die Vermittlung Bachofens – nochmals Anklänge an die Geschichte von Amor und Psyche aus den »Metamorphosen« des Apuleius. Ein humoristischer Ausklang der lebenslangen Beschäftigung mit der Hermes-Gestalt ist schließlich die Rezeption des *Schelmen* Hermes als des Gottes der Diebe im »Felix Krull« (1954) – am deutlichsten in der Affäre zwischen Krull und Diane Houpflé.

Der Mythos ist bei Thomas Mann psychologisiert, intellektualisiert, parodiert und ironisiert – aber stets präsent.

Expressionismus – ›Drittes Reich‹ – Exil
Von Georg Heym bis Bertolt Brecht

Für nicht wenige deutsche Schriftsteller, deren Schaffen zwischen dem ersten und dem dritten Jahrzehnt des 20. Jahrhunderts begann, spielen antike Motive eine – zumindest für bestimmte Phasen – beträchtliche, bisweilen sogar eine zentrale Rolle. Dies gilt bereits für einen der Autoren, die am Anfang des literarischen Expressionismus standen: für GEORG HEYM (1887–1912). In den Jahren 1907/08 und 1910 entstand – in Anlehnung an Thukydides – das Drama »Der Feldzug nach Sizilien« (ursprünglicher Titel: »Der Athener Ausfahrt«), in dem der Dichter seine Verehrung für das klassische Athen und zugleich sein Empfinden für die Zerstörung antiker Schönheit zum Ausdruck brachte: Der schöne und edle Alkibiades unterliegt dem häßlichen Krüppel Gylippos (der mit dem historischen spartanischen Feldherrn nur noch den Namen gemeinsam hat, so wie auch die politischen Momente völlig hinter die persönlichen zurückgetreten sind). Aus dem Jahre 1908 stammen außerdem die dramatischen Fragmente »Iugurtha«, »Antonius in Athen« (ein Text über den Konflikt von Ruhm und Liebe), »Spartacus«, »Lucius Sergius Catilina« und »Die Heimkehr des Odysseus« (in enger Anlehnung an Homer), aus dem Jahre 1910 die ironische dramatische Szene »Der Wahnsinn des Herostrat«. Im »Iugurtha« geht es nochmals um den ästhetischen Gegensatz von Schönheit und Häßlichkeit, im »Spartacus« und im »Catilina« um politische Fragen, ja geradezu um Modelle für Revolutionen. Bringt Heym dem Führer des Sklavenaufstands uneingeschränkte

Sympathie entgegen, so verkörpert der Putschist (für den er sich ebenso wie für Jugurtha an Sallust orientierte) Pessimismus und Resignation. Es ist auffallend, daß sich Heym weitgehend an den Stoffen orientierte, die ihm das Gymnasium vermittelt hatte – und es ist bezeichnend, daß ihm die Antike als Exempel für gegenwärtige Fragen offenbar schon bald nicht mehr genügte und er sich bereits 1909 in seinen dramatischen und epischen Werken neueren Epochen zuwandte – vor allem der Renaissance, der Französischen Revolution und der Zeit Napoleons.

In Heyms Lyrik stehen antike Sujets im Jahre 1910 im Vordergrund und treten danach ebenfalls zurück. Besondere Bedeutung kommt den Gedichten »Dionysos« und »Marathon« zu. In »Dionysos« werden – unter dem Einfluß Nietzsches, aber auch in Anknüpfung an romantische und nachromantische Themen – der Untergang der griechischen Götter und der griechischen Kultur sowie der Sieg des Christentums beklagt und ausdrücklich die Wiederkehr des Dionysos und der Sturz seines Widersachers herbeigesehnt:

> Kehr wieder Gott, dem Pentheus einst erlag.
> Du Gott der Feste und der Jugendzeit.
> Kehr wieder aus des Waldes grünem Reich. /
> Kehr wieder, Gott. Erlösung, rufen wir.
> Erlöse uns vom Kreuz und Marterpfahl.
> Tritt aus dem Walde. Finde uns bereit. /
> Wir wolln dir wieder Tempel bauen, Herr.
> Wir wollen Feuer an die Kirchen legen,
> Vergessen sei des Lebens Traurigkeit.[57]

»Marathon« aber – ein Zyklus von 22 Sonetten – verherrlicht ganz nach athenischem Selbstverständnis den Kampf der »Freien gegen die Despoten«:

> Erhabne Größe der Demokratien,
> Das Recht Europas zieht mit euch zum Meere.
> Das Heil der Nachwelt tragt ihr auf dem Speere:
> Der freien Völker große Harmonien.[58]

Charakteristische Texte sind weiterhin »Kypris«, ein Preislied auf die Liebesgöttin, »Styx«, eine Beschwörung der Unterwelt, und der Entwurf »Odysseus«, der das schwere Schicksal des Homerischen Helden und dessen (unhomerische) Verhöhnung durch die Götter besingt.

Heym hat einigen Gedichten und sogar einer postum veröffentlichten Gedichtsammlung (»Umbra vitae« [1912]) lateinische oder griechische Titel gegeben, vor allem aber auf antike Gestalten (wie Faunen, Korybanten oder die abgeschiedenen Seelen in der Unterwelt) in Texten angespielt, die das Grausige, Gefährliche und Tödliche seiner als Endzeit empfundenen Gegenwart zum Ausdruck brachten. Im Rahmen seiner ins Mythische wachsenden Gesellschaftskritik wirken diese archaisch anmutenden Anspielungen gespenstisch, dämonisierend und parodistisch.

Von großer Bedeutung waren die griechische Landschaft und die griechische Mythologie für THEODOR DÄUBLER (1876–1934). In seinem über 30 000 Verse umfassenden, kaum entschlüsselbaren lyrischen Epos »Das Nordlicht« mit den drei

---

57 Georg Heym: Dichtungen und Schriften. Hrsg. von Karl Ludwig Schneider. Hamburg, München 1960ff., Bd. 1, S. 17.
58 Ebd., S. 27.

Teilen »Das Mittelmeer«, »Pan, Orphisches Intermezzo« und »Sahara« versuchte er antik-›heidnische‹ und christliche Symbole miteinander zu verbinden. Es ist von 1898 bis 1910 entstanden, wurde 1910 in der Florentiner Ausgabe und in überarbeiteter Fassung 1921 in der Genfer Ausgabe veröffentlicht; die dritte, 1926–1930 entstandene (Athener) Fassung blieb ungedruckt. Unvollendet blieb sein Griechenlandbuch, in dem er sich aufs neue mit der Antike auseinandersetzen wollte; zwei Teile daraus sind 1923 unter dem Titel ›Der heilige Berg Athos. Eine Symphonie III‹ und »Sparta. Ein Versuch« erschienen. Antike Motive sind auch in viele seiner Gedichte eingeflossen – wie in das beeindruckende und bedrückende Sonett »Perseus« (1908), dessen Titelheld selbst Züge der Meduse annimmt.

Auch andere expressionistische Lyriker haben auf antike Mythen zurückgegriffen. So ist – beispielsweise – für GEORG TRAKL (1887–1914) Orpheus eine Grundfigur der poetischen Leidensgeschichte (in der dritten Fassung des Gedichtes »Passion«), GUSTAV SACK (1885–1916) stellt einen noch in tiefster Qual den Göttern trotzenden Prometheus vor, und MAX HERRMANN-NEIẞE (1886–1941) zeigt einen Prometheus, der sein Schicksal beklagt, blickt mitleidvoll auf das Ende des Odysseus und seiner Gefährten und verfaßt 1938 das beklemmende Gedicht über »Kassandra seit 1933«[59].

YWAN GOLL (1891–1950) veröffentlichte 1918 die siebenteilige »Dithyrambe« »Der neue Orpheus« und 1924 ein Gedicht gleichen Titels. Orpheus ist für Goll »der ewige Dichter der Welt«. Da aber die Menschen ihn nicht kannten und er die Menschen vergessen hatte und nur »fern wie die Geliebte in der Unterwelt« fühlte, »stieg« er »in die menschliche Unterwelt«: »Als Gott der Kunst mußte er sie befrein.« Als Unterwelt erscheinen ihm der Boulevard und die Absinthschenke, das Globus-Kino und das Café. Er wird zwar berühmt, findet aber nicht viel Verständnis; erkennend, daß er die Menschen nicht befreien wird, flieht er in »seine Landschaft«, die Wildnis, zurück. Aber auch dort fühlt er sich einsam und gibt sich selbst die Schuld an seinem Scheitern: »Orpheus war zu tief in sie [die Menschen] gestiegen. Er hatte sie zu schnell befreien wollen. Er hatte sich zu sehr nach der Geliebten umgeblickt. / [...] Er hatte der Menschen Leid nicht verstanden. Er hatte sich zu sehr nach ihrer Liebe umgeblickt. Er hatte ihr schwarzes Antlitz gesehn, und nicht ihr rotes Herz.« Im dritten Jahrtausend kehrt er zu den Menschen zurück und sieht, daß sie ihm inzwischen eine Kathedrale gebaut haben und seinem Gesang folgen: »Orpheus Kunst war ihr Glaube geworden.« Durch seinen Gesang hat er die Menschheit erlöst: »Allen Geknechteten klirrten die Ketten. Alle Gottlosen hörten den Himmel rauschen. Alle glaubten, glaubten, glaubten. / [...] Ewiges Fest bereitete sich vor. / Keiner war mehr allein. Nie wieder allein. Die Völker auferstanden in diesem kristallenen Dom. / Der Himmel war niedergekommen. Die Menschen küßten sich. / Fern in Nacht und Geschichte lag die tägliche Unterwelt. Orpheus der Befreier sang. Er führte die Menschheit hinaus zur Absolution.«[60]

Das Aufbruchspathos aus dem Revolutionsjahr wird sechs Jahre später zurückgenommen:

---

59 Vgl. S. 303.
60 Ywan Goll: Die Lyrik in vier Bänden. Hrsg. und kommentiert von Barbara Glauert-Hesse. Berlin 1996, Bd. 1, S. 93–111.

Orpheus
Musikant des Herbstes
Trunken vom Sternenmost
Hörst du die Drehung der Erde
Heute stärker knarren als sonst?
Die Achse der Welt ist rostig geworden
Abends und morgens steilen Lerchen zum Himmel
Suchen umsonst das Unendliche
Löwen langweilen sich
Bäche altern
Und die Vergißmeinnicht denken an Selbstmord

Orpheus zieht resigniert durch die moderne Welt (»Vergessen hat er Griechenland«), versinkt im Alltag, wird zum Zyniker, findet und verliert Eurydike (»die unerlöste Menschheit«). Das Gedicht endet mit den Versen: »Orpheus allein im Wartesaal / Schießt sich das Herz entzwei!«[61] Golls Orpheus-Gedichte sind zur selben Zeit wie Rilkes »Sonette an Orpheus« entstanden und zeugen ebenso von der Diskrepanz des Künstlers zur Wirklichkeit – doch an die Stelle der Rühmung ist zunächst ein quasi-religiöses Pathos und dann Verzweiflung getreten.

Auffallend ist bereits seit dem ersten Jahrzehnt des 20. Jahrhunderts die Hinwendung zum Kriegsthema in der Dramatik. Nachdem durch André Gides »Philoctète ou Le Traité des trois Morales« (Philoktet oder Der Traktat der drei Moralen) von 1899 das Interesse an dem Sujet der zuvor wenig rezipierten Sophokleischen Tragödie geweckt und zugleich – ganz im Gegensatz zu dem ausgewogenen Verhältnis von Individuum und Gemeinschaft in der Vorlage – der Akzent auf einen triumphierenden Individualismus gelegt worden war[62], schrieb 1906 Rudolf Pannwitz »Philoktetes. Ein Mysterium« und 1909 KARL VON LEVETZOW »Der Bogen des Philoktet«. Levetzow (1871–1945) – in der Nachfolge Hermann Bahrs, dem er seine Tragödie gewidmet hat, ein ausgesprochen antinaturalistischer Schriftsteller – läßt (auch wenn er Odysseus als einen gewissenlosen, verlogenen und egoistischen Machtmenschen vorstellt) den Krieg recht unproblematisch erscheinen, verleiht der Tragödie idyllisch-bukolische Züge und löst den Konflikt relativ rasch: Dem Titelhelden, einem bewußten Tat-Menschen von heroischer, fast göttlicher Größe, gelingt es, Neoptolemos (der hier der Sohn des Herakles und der Deianeira ist) auf den Weg der Erkenntnis zu führen; er übergibt ihm den Bogen und befreit sich vom Gift, indem er Selbstmord begeht. RUDOLF PANNWITZ (1881–1969) – ein hymnisch-visionärer frühexpressionistischer Dichter, der sich Nietzsche und George verpflichtet fühlte und zusammen mit Otto Zur Linde (1873–1938) den exklusiven ›Charon-Kreis‹ und die gleichnamige Zeitschrift gegründet hatte – stellt einen Philoktet vor, der den zynischen Beutemacher Odysseus und die Griechen verflucht, ja, sich sogar von Herakles distanziert, aber ebenfalls dem Neoptolemos den Bogen ausliefert, damit Troja falle und dieser Ruhm erwerbe. In Wirklichkeit triumphiert er selbst als der wahre Eroberer von Troja, erhebt sich innerlich über Herakles und die Griechen und erweist sich noch im Zusammenbrechen als ein

---
61 Ebd., S. 247–250.
62 Vgl. Eckard Lefèvre: Sophokles' und André Gides »Philoctète«. In: Antike Dramen – neu gelesen, neu gesehen [s. Bibl. 6.1.], S. 29–54.

wissender, heroischer, allen anderen überlegener Mensch. Pannwitz hat den »Philoktetes« 1913 als zweite seiner – Nietzsche gewidmeten – »Dionysischen Tragödien« veröffentlicht; die anderen Stücke dieses Bandes sind »Der Tod des Empedokles. Ein Tragödien-Schluß« (dem Philosophen gelingt es hier, das Volk zu gewinnen und sich zum König zu machen, bevor er freiwillig aus dem Leben scheidet), »Der glückliche König Kroisos. Eine Schicksalskomödie« (ein Stück über Hybris und Einsicht in der Niederlage, unter Verwendung des Midas-Motivs), »Die Befreiung des Oidipus. Ein dionysisches Bild« (eine Verherrlichung des Theseus als eines vorbildlichen Herrschers) und »Iphigenia mit dem Gotte. Ein apollinisches Spiel« (hier führt das Wiederfinden der Geschwister in Delphi zugleich zu einer Synthese von Apollon und Dionysos). Das philosophisch ambitionierte Werk dieses Autors, der einer krisenhaften Kultur geistige Werte unterschiedlichster Herkunft entgegenstellen wollte und dabei von einer Lösbarkeit der Krise dank dem Heroismus des einzelnen ausging, hat allerdings nur wenig Anklang gefunden.

Von einem ganz anderen Blickwinkel aus führt in die Welt des Trojanischen Krieges ein Jugendwerk STEFAN ZWEIGS (1881–1942): das Drama »Tersites« von 1907 (Uraufführung 1908; 2., veränderte Auflage 1919). In seiner Autobiographie »Die Welt von gestern« bekennt der Autor, daß seine »innere Einstellung« »unweigerlich nie die Partei der sogenannten ›Helden‹« genommen, sondern daß er »Tragik immer nur im Besiegten« gesehen habe.[63] Das antimilitaristische Engagement Zweigs, die Kritik am Zusammenspiel von kriegerischer Gewalt, Frauenfeindschaft und Unfähigkeit zu menschlicher Bindung vor allem in der Person des Achill sind unverkennbar – wenn auch in dem Titelhelden nicht so sehr der sozial Erniedrigte und politisch Unangepaßte als der geradezu sexualpathologisch ›Schlechtweggekommene‹ vorgeführt wird. Tersites (Zweig benutzt diese Schreibweise) wirbt um die Zuneigung Achills, der ihn zwar zunächst vor den Schlägen des Odysseus und des Menelaos beschützt, letztlich aber genauso wie die anderen Griechen verachtet. Er hofft in Teleia (einer Gestalt mit Zügen der Briseis und der Penthesilea) eine Vertraute zu gewinnen. Diese liebt Achill, wird von ihm aber zurückgestoßen und für Patroklos vorgesehen, während Achill selbst sich zu Patroklos hingezogen fühlt und Helena begehrt. Teleia benutzt Tersites, um Achill zu provozieren, sie zu töten; Tersites selbst verkündet triumphierend den Tod des Patroklos und wird schließlich von Achill getötet.

Aus dem Jahre 1911 stammen REINHARD JOHANNES SORGES (1892–1916) Drama »Odysseus«, in dem Telemachos von den Freiern ermordet wird, und das dramatische Fragment »Prometheus«, in dem das Bekenntnis zu dem antiolympischen Menschenfreund, der Traum von einem ›neuen Menschen‹, die Faszination von Nietzsches ›Übermenschentum‹ und eine misogyne Grundhaltung eine eigenartige Synthese eingehen. Prometheus hat mit Athenes Hilfe die Menschen geschaffen, muß aber erleben, wie sie die Geschenke der Pandora entgegennehmen und durch Krankheiten bestraft werden und wie sie ihn teils als Heiland anbeten, teils aber auch an Zeus verraten. Er vernichtet einen Teil der Menschheit, wird an den Felsen

---

63 Zitiert nach: Knut Beck: Nachbemerkung. In: Stefan Zweig: Gesammelte Werke in Einzelbänden. Tersites – Jeremias. Zwei Dramen. Frankfurt a. M. 1982, S. 333.

geschmiedet und zerbricht seine Ketten. Ohne weibliche Mitarbeit schafft er den ›neuen‹, göttergleichen Menschen.⁶⁴

Höhepunkt der expressionistischen Dramatik sind zwei Stücke aus der Zeit des ersten Weltkrieges: WALTER HASENCLEVERS »Antigone« und Franz Werfels »Troerinnen«. Hasenclever (1890–1940) hatte schon früh Interesse an der Antike gezeigt, in dem Gedichtband »Der Jüngling« (1913) Artemis als Göttin des Mondes und des Todes besungen und in dem 1908/09 entstandenen und erst 1992 veröffentlichten Stück »Das Reich«, aus dem 1918 ein Auszug unter dem Titel »Antonius und Kleopatra auf dem Meere« erschienen war, die Tragödie einer Frau geschrieben, die ein von Rom befreites Idealreich aufbauen will, dann aber dem Rausch der Macht verfällt und sich und ihren Liebhaber zugrunde richtet. In der 1916 verfaßten und 1917 uraufgeführten und mit dem Kleistpreis ausgezeichneten »Antigone« ist Kreon als imperialistischer Herrscher gezeichnet, der nicht nur mit typischen Vaterzügen der expressionistischen Literatur (insbesondere aus Hasenclevers »Sohn« von 1914), sondern auch mit Machtattributen und Redensarten Wilhelms II. versehen ist. Als wichtigste Neuerung gegenüber Sophokles ist – neben den christlichen Tendenzen des Stückes – die Aktivität des Volkes als des eigentlichen Gegenspielers von Kreon hervorzuheben. (Im Personenverzeichnis erscheint das Volk von Theben programmatisch an erster Stelle.) Die Siegesfeier zu Beginn des Stückes bedeutet für die einfachen Menschen nur einen vorläufigen Abschluß des Krieges; Kreons Bestattungsverbot bewegt nur wenige; die Forderungen lauten: Brot und Frieden. Die Mehrzahl des Volkes steht zunächst auf seiten des Herrschers, läßt ihren Haß gegen die Oberen auf Antigone umlenken und fordert deren Tod; dann aber wendet sie sich ihrer Liebesbotschaft zu und verweigert Kreon den Gehorsam. Aus dem Aufbegehren droht ein Aufstand zu werden. Kreon läßt die Stadt anzünden, um sich zu retten, vollzieht jedoch schließlich an sich selbst ein ›Gottesgericht‹. Die Überlebenden, durch das Opfer Antigones geläutert, ziehen aus der zerstörten Stadt, um unter der Führung eines Mannes aus dem Volke ein neues Gemeinwesen aufzubauen. In dem mythologischen Sujet hat Hasenclever somit ein wichtiges zeitgeschichtliches Anliegen gestaltet.

Die Aktualität des Antigone-Sujets im 20. Jahrhundert zeigt sich, bezogen auf den ersten Weltkrieg, auch in REINHARD GOERINGS (1887 – vermutlich 1936) durch die Skagerrakschlacht von 1916 angeregtem Drama »Seeschlacht« (1917), in dem die Sophokleische Tragödie ernsthaft ›parodiert‹ wird, und in ALFRED DÖBLINS (1878–1957) Roman-Tetralogie »November 1918« (1937–1950, vollständig erschienen erst 1978), in der sich der Autor, aus den späteren Erfahrungen heraus, mit der verratenen Revolution auseinandersetzte und in der Antigone als Vertreterin der althergebrachten Ordnung, Kreon aber als der eigentliche Rebell erscheint. In diesem Roman ist der Altphilologe Friedrich Becker ein tragisch scheiternder Bewahrer humanistischer Ideale. Als er vor seinen nationalistisch gesinnten Schülern die »Antigone« des Sophokles behandelt, wird er wegen seines unpatriotischen Antimilitarismus abgelehnt. (Döblin hatte das Antigone-Motiv bereits in der

---

64 Vgl. Armin Arnold: Die Literatur des Expressionismus [s. Bibl. 6.1.], S. 135–137.

1904/11 entstandenen und 1913 veröffentlichten Erzählung »Die Ermordung einer Butterblume« aufgegriffen.) Von erneuter Brisanz erwies sich das Sujet im zweiten Weltkrieg und nicht minder unter den machtpolitischen Konstellationen des ›Kalten Krieges‹.

Bereits 1913/14 sind FRANZ WERFELS (1890–1945) »Troerinnen« entstanden. Das Stück ist 1915 erschienen und 1916 uraufgeführt worden. In ihm finden – ebenso wie bei Hasenclever durch christliche Motive angereichert – die Verzweiflung des Dichters über den Krieg und seine Sympathie mit den besiegten, leidenden und gefangenen Frauen ihren Ausdruck, wobei sich Werfel vor allem auf das Schicksal der Hekuba konzentrierte (über die er im Umkreis des Dramas auch ein Gedicht geschrieben hat). Anders als Hasenclevers Drama, das gegenüber Sophokles entscheidende Änderungen vornahm, lehnt sich das Werfelsche allerdings verhältnismäßig eng an das Euripideische Vorbild an. Hat der Autor in den »Troerinnen« die Gefahr eines *drohenden* Krieges ausgemalt, so identifizierte er sich nach dessen *tatsächlichem* Ausbruch in dem Ende 1914 geschriebenen Dialog »Euripides oder Über den Krieg« – einem Streitgespräch zwischen Euripides und Alkibiades im Elysium – mit dem attischen Tragiker, der die Schrecken des Krieges namhaft zu machen wußte. Die Tragödie des Euripides war seit Martin Opitz' Nachdichtung während des Dreißigjährigen Krieges wenig beachtet worden; unter den Erfahrungen des 20. Jahrhunderts jedoch wurde sie nach Werfel auch noch von Jean-Paul Sartre, Mattias Braun und Walter Jens bearbeitet.

GEORG KAISER (1878–1945) schrieb – neben einer Reihe von Stücken, in denen antike Motive eine eher marginale Rolle spielen – zunächst den Einakter »Hyperion« (1911), die Komödie »Der Fall des Schülers Vehgesack« (1914) – eine Parodie auf die Verführung Helenas durch Paris –, die Tragikomödie »Rektor Kleist« (1914) – eine Invektive auf das Humanistische Gymnasium –, das Tanzspiel »Europa« (1915), in dem das von Zeus entführte Mädchen die alte müde Kultur Kretas ablehnt und in sein Vaterhaus zurückkehrt, und das von der Vernichtung eines verblendeten ›Übermenschen‹ handelnde Lustspiel »Der Zentaur« (1916). Im Jahre 1920 wurde das Stück »Der gerettete Alkibiades« veröffentlicht, in dem Kaiser, unter dem Einfluß Nietzsches, ein bewußtes Gegenbild zu dem Griechenland Winckelmanns und Goethes schuf. Sokrates erscheint hier als ein rationalistischer Zerstörer des Instinkts, dessen Tod eine Selbstreinigung bedeutet und die ›Rettung‹ des Alkibiades für ein ganzheitliches Leben bewirkt. Das Stück ist eine Mischung aus Tragödie und Satyrspiel; Brecht entnahm ihm später Motive für seinen »Verwundeten Sokrates«. Die Komödie »Der Geist der Antike« von 1923 ist eine Persiflage auf eine sinnentleerte, zur leeren Konvention erstarrte ›humanistische‹ Bildung.

Antike Stoffe behandelte Kaiser – nachdem er in den dreißiger Jahren ein Nietzsche-Drama »Ariadne« geplant hatte – nochmals in seinem Spätwerk während des zweiten Weltkrieges: in der sogenannten ›Hellenischen Trilogie‹, den 1943, 1944 und 1945 geschriebenen Versdramen »Zweimal Amphitryon«, »Pygmalion« und »Bellerophon«. Mit dem ersten der drei Stücke reiht sich Kaiser auf charakteristische Weise in eine über zweitausendjährige Tradition ein. War nach Kleists »Amphitryon« von 1807 das Sujet mehr als einhundert Jahre lang nicht mehr gestaltet worden, so hatte sich 1929 Jean Giraudoux ihm wieder zugewandt mit dem geistvollen, geradezu artistisch raffinierten Lustspiel »Amphitryon 38«. Ganz im Gegensatz dazu schrieb Kaiser das bitterste und düsterste aller Amphitryon-Dramen der Weltliteratur – ein Drama der Abrechnung mit Nationalismus und Militarismus, das sich von seinem Umgang mit dem tradierten Sujet her mit Gerhart Hauptmanns Atriden-Tetralogie berührt, von seinem Anliegen her aber bedeutend historischer und moderner wirkt:

> Ihr habt den Tod geschändet durch den Mord,
> den ihr mit schaler Heuchelei umlügt
> in Krieg der Männer – männerwürd'ges Tun.
> Es ekelt einen Gott es zu vernehmen –
> blutrünstiges Geschwätz von Schlacht und Sieg,
> da Menschen über Menschen triumphieren,
> die den zerfetzten Leib am Boden schleifen![65]

Mit diesen Worten geißelt Kaisers Zeus die Kriegslüsternheit der Thebaner. Der Autor hat das Stück ausdrücklich nicht als Lustspiel bezeichnet und auf jegliche Situationskomik verzichtet. Amphitryon ist ein bornierter Militarist, der aus Kriegslust seine junge Frau unberührt gelassen hat, durch den listigen Einsatz von Ziegen seinen Krieg siegreich beendet und sofort in den nächsten zieht, während Zeus, als Ziegenhirt verkleidet, mit Alkmene – einer Frau voller menschlicher Größe – den Herakles zeugt.

Im »Pygmalion« greift Kaiser eine häufig erörterte Problematik auf. Er billigt zwar dem leidenden Künstler eine gleichsam messianische Funktion zu, legt aber den Akzent auf die Unvereinbarkeit von Hoffnung und Realität und läßt nach zahlreichen Mißverständnissen die belebte Statue wieder zu Stein werden. »Bellerophon« schließlich – die Variation eines nur selten rezipierten Stoffes – handelt von der Isolation des Künstlers in der Gesellschaft. Der Titelheld ist dem Saitenspiel ergeben und soll auf Veranlassung des eifersüchtigen Königs Proitos getötet werden. Er entgeht zwar diesem Schicksal und tötet die Chimaera – aber ihm ist kein bleibendes Glück in der Menschenwelt beschieden, und Apollon versetzt ihn und seine Frau unter die Sterne. Die Götter können die Welt nicht mehr erlösen; sie können nur einzelne begnadete Menschen zu sich emporziehen.

Der sowohl als Maler wie als Schriftsteller bekannte OSKAR KOKOSCHKA (1886–1980) schrieb 1910 »Mörder, Hoffnung der Frauen« (gedruckt 1913) – eine an Kleists »Penthesilea« und an Hofmannsthals »Elektra« anknüpfende Tragödie vom Geschlechterkampf – und 1915/17 »Orpheus und Eurydike« (veröffentlicht 1919): ein Drama, in dem sich die Kriegserfahrung, eine schwere Verwundung und eine krisenhafte Liebesbeziehung zu Alma Mahler-Werfel niederschlagen, in der die Nähe von Künstlertum und Tod namhaft gemacht werden und dessen Konflikte im Grunde unlösbar sind; erst im Nachspiel deutet sich eine vage Hoffnung an.[66]

Ein bedeutender Beitrag zur dramatischen Antikerezeption aus spätexpressionistischer Zeit war die »Medea« HANS HENNY JAHNNS (1894–1959): 1924 als (erst

---

65 Georg Kaiser: Werke. Hrsg. von Walter Huder. Frankfurt a. M., Berlin, Wien 1970–1972, Bd. 6, S. 511.
66 Vgl. Oswald Panagl: Orfeo cantante – Diva Medea. Griechischer Mythos im europäischen Musiktheater. In: Janus 20 (1999), S. 37f.

postum veröffentlichte) Prosafassung entstanden, 1926 als Versfassung erschienen und uraufgeführt, 1959 noch einmal überarbeitet. Jahnns Stück, das den Mythos gleichermaßen archaisiert wie modernisiert, spielt in einer wilden, düsteren, vorgeschichtlichen Antike. Der Autor hat Medea zu einer Negerin gemacht – allerdings nicht nur, um aus einer antirassistischen und sozialkritischen Haltung heraus ihre Außenseiterrolle zu betonen und gegen Fremdenfeindschaft zu protestieren, sondern auch deshalb, weil er das Triebhafte, Urwüchsige, Animalische dieser Gestalt hervorheben wollte. Medeas Kinder sind als pubertierende Knaben gestaltet, bei denen die homosexuelle Komponente als wertvoller denn Heterosexualität und Fortpflanzung erscheint und zu denen die Mutter eine inzestuöse Zuneigung hat, die ihren Endpunkt in der Tötung der Söhne findet. In dem Roman »Perrudja« (1929) hat Jahnn das Motiv von Pegasus und den Kentauren aufgegeriffen und die Problematik von Mischwesen gestaltet.

Erwähnenswert aus einer Reihe weiterer dramatischer Arbeiten ist Paul Adlers (1878–1946) Szenenbild »Tod des Prometheus« (1916). Berthold Viertel (1885–1953) übersetzte 1923 die »Bacchantinnen« des Euripides; Johannes Tralow (1882–1968) inszenierte 1923 die »Orestie« und 1924 die »Medea« in einer von ihm für die Bühne bearbeiteten Fassung; Max Mell (1882–1971) adaptierte 1932 Aischylos' »Sieben gegen Theben« als christliches Sippendrama. Der österreichische Expressionist FRANZ THEODOR CSOKOR (1885–1969) wandte sich erst unter den Erfahrungen von Exil und zweitem Weltkrieg antiken Sujets zu; in Werken wie »Kalypso« (1944) – einer Tragödie aus dem jugoslawischen Partisanenkampf –, »Medea Postbellica« (1947) und der Trilogie »Olymp und Golgatha« (1954) mit den Stücken »Kalypso«, »Caesars Witwe« und »Pilatus« dominiert – ähnlich wie im Spätwerk Georg Kaisers – eine antimilitaristische Haltung.

Die bedeutendste Auseinandersetzung mit der Antike in der erzählerischen Prosa finden wir im Werk FRANZ KAFKAS (1883–1924), in dem bestimmte Grundkonstellationen griechischer Mythen zumeist weniger auf direkte denn auf unterschwellige Art aufgenommen sind: so das Labyrinth-Motiv in den Romanen »Der Prozeß« (entstanden 1914/15) und »Das Schloß« (entstanden 1921/22) sowie in der Erzählung »Der Bau« (1923), das Ovidische Motiv der ›Metamorphose‹ in »Die Verwandlung« (1912) oder der Konflikt zwischen Theseus und Hippolytos in »Das Urteil« (1912). Typologisch bedingte existentielle Gemeinsamkeiten verbinden Kafka mit Sophokles – namentlich die zur Katastrophe treibende Situation tragischen Nichtwissens, die Reaktion des seiner Identität nicht bewußten einzelnen auf zunächst unverständliche Anklagen und die Verknüpfung von Schuld und Schicksal, von Versagen und Verhängnis rücken den »Prozeß« in die Nähe des »Oidipus Tyrannos«. Geradezu ein ›Urmodell‹ vieler seiner scheiternden Gestalten ist (obgleich der Name nur ein einziges Mal genannt wird) Sisyphos. Daß dies keine von außen in die Werke hineinprojizierten Bezüge sind, sondern daß Kafka seine Lebensproblematik – insbesondere seinen Vaterkomplex – bewußt in einem mythologischen Rahmen sah, wird aus einem Brief an Max Brod vom April 1921 deutlich, in dem sich der Autor als »einen anonymen Griechen« porträtiert, der infolge eines »väterlichen Fußtritts ausgefahren« ist und »unter väterlichem Fluch« vor Troja kämpft. Von den heroischen Kriegen der Griechen, wie sie in der »Ilias«

reflektiert wurden, unterscheiden sich diese Kämpfe erheblich: »Hekuba ist ihm natürlich nichts, aber auch Helena ist nicht entscheidend«.[67]

In seinem literarischen Werk hat Kafka auch *ausdrücklich* auf antike Mythen Bezug genommen: vor allem in den kurzen Prosatexten »Das Schweigen der Sirenen«, »Prometheus« und »Poseidon« aus den Jahren 1917, 1918 und 1920. Es sind jeweils verfremdende und entheroisierende, deformierende und destruierende Neudeutungen, die eine gravierende Umwertung des tradierten Mythos darstellen. In dem ersten Text »haben [...] die Sirenen eine noch schrecklichere Waffe als den Gesang, nämlich ihr Schweigen«. Odysseus aber »hörte« entweder »ihr Schweigen nicht«, weil er glauben wollte, sie sängen und er allein sei in der Lage, den Gesang ungefährdet zu vernehmen, oder er war so »listenreich«, daß er tatsächlich ihr Schweigen bemerkte und ihnen und den Göttern nur *vorspielte*, ihren Gesang zu hören. Auch in Rilkes Gedicht »Die Insel der Sirenen« haben die Fabelwesen überraschenderweise geschwiegen – doch das Geschehen vollzog sich noch im Rahmen der Homerischen Version. Bei Kafka haben wir eine radikal andere Situation: Nicht Odysseus, sondern ein namenloser Erzähler berichtet, die Seeleute spielen fast keine Rolle, und Odysseus hat nicht ihnen, sondern sich selbst die Ohren mit Wachs verstopft. Die Sirenen verstehen nicht, was geschieht, und werden selbst von Verführern zur Verführten, so daß sich die Geschichte »als ein beiderseitiges Mißverständnis von geradezu metaphysischen Ausmaßen«[68] erweist. Der Leser oder Zuhörer erhält zwei Deutungsvarianten und somit keine Gewißheit, wie sich die Sache wirklich verhält.[69] Es ist ein ähnliches Spielen mit Homerischen Motiven, wie wir es aus James Joyces »Ulysses« kennen.

In »Prometheus« berichtet Kafka sogar vier – sich wechselweise relativierende – Versionen der Sage: Nach der ersten wurde der Titan am Kaukasus festgeschmiedet und von Adlern gefoltert; nach der zweiten wurde er »eins« mit dem Felsen; nach der dritten »wurde [...] sein Verrat vergessen, die Götter vergaßen, die Adler, er selbst«; nach der vierten schließlich »wurde man des grundlos Gewordenen müde« – »Die Götter wurden müde, die Adler wurden müde, die Wunde schloß sich müde.« Die Sage, die »das Unerklärliche zu erklären« versucht, läßt der Schriftsteller »im Unerklärlichen enden«.[70] Im letzten der drei Texte schließlich wird der »Gott der Meere« ironischerweise als »Verwalter aller Gewässer« vorgestellt, der keineswegs mit dem Dreizack die Fluten durchfährt, sondern ununterbrochen rechnet und »die Meere kaum gesehn« hat – eine bittere Persiflage auf die moderne Bürokratie.[71]

Umstülpungen der antiken Vorgaben finden wir auch in der Erzählung »Der Jäger Gracchus« (1917), in der ein ziemlich verbürgerlichter Charon auftritt, in »Der neue Advokat« (1917), wo das Streitroß Alexanders des Großen zu einem Advokaten geworden ist, der »fern dem Getöse der Alexanderschlacht« sich in die Gesetzbücher versenkt, oder in »Ein Bericht für eine Akademie« (1919): Hier wird an Achill ein

---

67 Franz Kafka: Briefe 1902–1924. Frankfurt a. M. 1975 = Fischer-Bücherei 1575, S. 313f.
68 Heinz Politzer: Das Schweigen der Sirenen [s. Bibl. 6.2.], S. 17.
69 Franz Kafka: Sämtliche Erzählungen. Hrsg. von Paul Raabe. Frankfurt a. M., Hamburg 1970, S. 350f.
70 Ebd., S. 351f.
71 Ebd., S. 353f.

einziges Merkmal genannt – seine verwundbare Ferse.[72] Selbst wenn Kafka die tradierten Versionen beibehält, geschieht dies mit ironischer Distanzierung – wie in einem Fragment aus dem Jahre 1920: »Im Zirkus wird heute eine große Pantomime, eine Wasserpantomime gespielt, die ganze Manege wird unter Wasser gesetzt werden, Poseidon wird mit seinem Gefolge durch das Wasser jagen, das Schiff des Odysseus wird erscheinen und die Sirenen werden singen, dann wird Venus nackt aus den Fluten steigen, womit der Übergang zur Darstellung des Lebens in einem modernen Familienbad gegeben sein wird.«[73]

1920 hat Kafka in der Erzählung »Der Geier« noch einmal den Prometheus-Mythos aufgegriffen. Jetzt läßt er den Befreiten zugleich mit seinem Folterer zugrunde gehen: »Der Geier [...] flog auf, weit beugte er sich zurück, um genug Schwung zu bekommen und stieß dann wie ein Speerwerfer den Schnabel durch meinen Mund tief in mich. Zurückfallend fühlte ich befreit, wie er in meinen alle Tiefen füllenden, alle Ufer überfließenden Blut unrettbar ertrank.«[74] Kafkas Prometheus-Rezeption wird in der Forschung als Destruktion und ›Endstufe‹ des Mythos gesehen, als typische ›Endzeitdichtung‹ – vergleichbar André Gides Erzählung »Le Prométhée mal enchaîné« (Der schlecht gefesselte Prometheus; 1899), die eine groteske Wendung ins Banale und Absurde nimmt: indem nämlich Prometheus seinen Felsen verläßt, über einen Pariser Boulevard promeniert und schließlich den Geier verspeist.[75] Was bei Gide jedoch mit geistvoller Ironie behandelt wird, ist bei Kafka eine tragische existentielle Erfahrung – und die Umdeutung der Sage steht nicht nur am *Ende* einer tradierten Mythenrezeption, sondern zugleich am *Beginn* eines radikalen Umgangs mit den klassischen Sujets.

Für zwei expressionistische Autoren ist die Antike in mehreren literarischen Gattungen von konstitutiver Bedeutung gewesen: für ALBERT EHRENSTEIN und Gottfried Benn. – Für Ehrenstein (1886–1950) war sie vorrangig ein »Spiegel für die Dissonanzen des modernen Lebens«[76]; in seinen Antike-Bildern schlägt sich das Krisenbewußtsein der bürgerlichen Intelligenz seiner Zeit nieder – insbesondere auch die Problematik des Dichters selbst: Entpersönlichung, Identitätskrise, Zerstörung des Ich, sexuelle Frustration, Liebesmangel, Vater-Sohn-Konflikt – nicht zuletzt Krieg und soziale Ungerechtigkeit. Die mythische Überlieferung wird verfremdet, travestiert, in neue Zusammenhänge gestellt. Ehrenstein aber war nicht nur Mythenzerstörer, sondern auch Mythenschöpfer, versuchte, ein alternatives Antikebild zu konstruieren, das Griechentum, Judentum und die chinesische Kultur miteinander kombinierte.

Dem jungen Ehrenstein war Hellas zunächst ein Land der Flucht, des Traumes,

---

72 Ebd., S. 328–332, 139 f. und 167.
73 Franz Kafka: Hochzeitsvorbereitungen auf dem Lande und andere Prosa aus dem Nachlaß. Hrsg. von Max Brod. Frankfurt a. M. 1953, S. 304.
74 Franz Kafka: Sämtliche Erzählungen (wie Anm. 69), S. 366.
75 Vgl. Karlheinz Stierle: Mythos als ›Bricolage‹ und zwei Endstufen des Prometheusmythos [s. Bibl. 6.2. (Kafka)]; Hans Blumenberg: Arbeit am Mythos [s. Bibl. 1.1.], S. 685–689.
76 Armin A. Wallas: Albert Ehrenstein [s. Bibl. 6.2.], S. 9. – Die Ausführungen über Ehrenstein stützen sich vor allem auf diese Publikation.

der Phantasie – freilich keine Idylle, sondern ein Ort, wo er mit existentiellen Problemen konfrontiert war. Charakteristisch für das (zumeist fragmentarische) Frühwerk, in dem antike Themen im Mittelpunkt stehen, ist der spielerische Umgang mit den überlieferten Mythen – so im Plan eines Bellerophon-Dramas (1904), einer Satire auf die Geschlechterbeziehung, in der ein unter Liebesmangel leidender Mann die unerfüllte Sehnsucht nach Lust und Liebe durch Verachtung und sexuelle Diffamierung der Frau kompensiert, oder in »Die Pest in Korinth«, einer persiflierenden Parodie auf den Oidipus-Mythos, in der Oidipus die Sphinx vergewaltigt, sie zur Hausfrau und Dienstmagd degradiert und eine patriarchalische Herrschaft errichtet. Das gestörte Verhältnis des modernen bürgerlichen Individuums zur Welt wird unter antiker Maske erörtert in den Erzählungen »Silanus aus Ambrakia« und »Leben und Tod des reichen Quintanus Asper« (1908). Dabei werden in erster Linie sexuelle Obsessionen und Phantasien auf die Antike projiziert – wie in »Meine Orestie« und »Tetralogarithmus einer Orestie«.

Die 1912 veröffentlichte Erzählung »Apaturien« ist eine Travestie des Danaiden-Mythos. Die Sage vom Männermord der Danaos-Töchter symbolisiert für den jungen Autor das krisenhafte Verhältnis von Männern und Frauen in einer Zeit verdrängter und entfremdeter Sexualität. Die Spannung zwischen der Sehnsucht *nach* und der Unfähigkeit *zur* Liebe, die zu Frauenverachtung und zur Degradierung der Frau zu einem Objekt des Besitzes und der Triebbefriedigung führt, schließlich der Zusammenhang zwischen Sexualität und Gewalt (wie er auch in Hofmannsthals »Elektra« und »Ödipus und die Sphinx« oder in Stefan Zweigs »Tersites« thematisiert wurde) enthüllen die Krise in der Geschlechterbeziehung zugleich als eine Krise der bürgerlich-patriarchalischen Gesellschaft.

Hat Ehrenstein in der Erzählung »Tubutsch« (1911) die Lebenswelten des modernen Wiens, des Judentums und der klassischen Antike (in der Gestalt des Marius auf den Ruinen) durch den Aspekt des Scheiterns miteinander kombiniert, so wurde ihm in dem Filmdrehbuch »Der Tod Homers oder: das Martyrium eines Dichters« (1913) Homer zur (leicht ironisierten) Symbolfigur des leidenden und exilierten Schriftstellers, wobei er dessen Umhergetriebensein mit dem Schicksal des Odysseus und dessen Selbstmord mit dem der Sappho assoziierte. Der Text endet in einer bissigen Satire auf das Humanistische Gymnasium: Ein Altsprachenlehrer mit dem bezeichnenden Namen Methusalem Leichenstil nämlich stellt den griechischen Dichter in den Dienst der Vermittlung eines engen Moralkodex und einer Beförderung militaristischer Tugenden. Wenn Leichenstil, »um schneller zu avancieren, sich allen bildlichen Schmuck des achilleischen Schilds auf den Bauch tätowieren« ließ, dann zeigt dies an, daß die Rezeption der Antike nur noch mechanisch und aus Karrieregründen erfolgt und nicht mit dem Kopf, sondern mit dem Bauch geschieht.[77]

Ehrensteins Antikerezeption gewann zunehmend an politischem und gesellschaftlichem Gewicht. Nachdem er in der Erzählung »Saccumum« (entstanden 1909, veröffentlicht 1911) den Untergang einer etruskischen Stadt als Parabel auf den Zynismus der Macht, die Ohnmacht der Intellektuellen und das hedonistisch-

---

77 Albert Ehrenstein: Werke. Hrsg. von Hanni Mittelmann. München 1987 ff. Bd. 2, S. 194.

apolitische Verhalten der Ästheten in der österreichischen Gegenwart beschrieben hatte, hat er – einer der wenigen Schriftsteller, die von Anfang an konsequente Gegner des Krieges gewesen sind – in antiken Sujets sich mit der militaristischen Politik seiner Zeit auseinandergesetzt: so in den Gedichten »Der Kriegsgott« (1914; auch unter dem Titel »Ares« erschienen) und »Das sterbende Europa«, worin ebenfalls Ares als Inkarnation des ersten Weltkrieges erscheint und die tradierten Gewaltverhältnisse und Schuldzuweisungen umgekehrt sind (Abel tötet Kain, Goliath David, Nestor Memnon, Christus Judas). 1918 gab Ehrenstein Hölderlins Übersetzungen der Sophokleischen Tragödien »Oidipus Tyrannos« und »Antigone« heraus und akzentuierte in dem Essay »Die Verblendung« die Aktualität dieser Stoffe. In Abgrenzung von einem konventionell harmonisierenden Antikebild (in dessen Rahmen nicht zuletzt auch die Hölderlinschen Übersetzungen über ein Jahrhundert lang geringgeschätzt worden waren) klagt er mit dem Oidipus-Mythos den Krieg als Mord und Kreislauf der Gewalt an, sieht in Oidipus und Kreon männliche Gewalttäter und erkennt in Antigone das Urbild einer Kriegsgegnerin, die Möglichkeiten einer Frau, alternative Haltungen gegenüber dem Krieg zu entwickeln.

In mehreren Gedichten zwischen 1914 und 1933 hat sich Ehrenstein an Hand mythischer oder historischer Sujets aus der Antike höchst differenziert mit der Problematik des Krieges, der Liebe, des Künstlertums und des (vergeblichen) Versuchs eines Aufbruchs auseinandergesetzt: in »Tod des Elpenor« (ursprünglich unter dem Titel »Der Tod des Eurylochos«), »Antinoos« (einem Gedicht, das sich sowohl auf den Freier der Penelope wie auf den Liebling des Hadrian bezieht und gleichermaßen das Ideal griechischer Schönheit beschwört wie dessen Scheitern an der Brutalität von Machthabern reflektiert), »Nausikaa« (einem Text über die Tragik unerwiderter Liebe), »Eros« (einer an dem freien und harmonischen Geschlechtsleben der Antike orientierten Kritik an der Sexualheuchelei der bürgerlichen Gesellschaft und an der Käuflichkeit der ehelichen Liebe), »Bellerophon« (einer Distanzierung von dem Gewalttäter und Kriegführer und einer Identifizierung mit den Träumen, dem Idealismus, der Resignation und dem Scheitern des Helden), »Ikaros« (einer Sympathieerklärung für den auffliegenden und scheiternden Knaben, dessen Illusionen von der Realität zerstört werden), »Julian« (einem Gedicht über den scheiternden und verzweifelnden Gott-Sucher Julian Apostata), »Kimpiuk« (über einen fiktiven Sohn des Poseidon, der Lebenswillen *und* Hinfälligkeit des Lebens symbolisiert) und »Alexander« (einer – vorsichtigen – Verteidigung dieses ›Helden‹ unter dem Aspekt des Todes und der Resignation).

1918 veröffentlichte Ehrenstein unter dem Titel »Milesische Märchen« eine Nachdichtung Lukians (überarbeitete und erweiterte Neuausgabe 1925), die im wesentlichen eine Modernisierung der Wielandschen Übersetzung war. Ehrenstein hat dabei einmal einige Auslassungen, Einfügungen und Verstärkungen vorgenommen und zum anderen eine satirische Abrechnung mit Wissenschaft, Literatur und Militär der Gegenwart eingearbeitet sowie die erotische Dimension verstärkt bzw. aktualisiert (Krise des traditionellen Rollenverhaltens im Geschlechtlichen, Hetären als Wiener Freudenmädchen). Lukian war für Ehrenstein eine Identifikationsfigur und ein Vorbild für seine eigene Gesellschaftssatire, ein Autor des geistigen Widerstands und der Zerstörung tradierter Mythen, Werte und Normen. Hierin berührt er sich mit Kurt Tucholsky (1890–1934), der – ebenfalls 1918 – ein bekenntnishaftes Gedicht auf Lukian geschrieben hat, mit dessen aggressivem Spott er sich eng verbunden fühlte und den er als einen Kämpfer für Aufklärung und Geistesfreiheit schützte. Ähnlich wie Ehrenstein hat auch Tucholsky Kritik am Gymnasium und am Altsprachenunterricht geübt, und in seinem Werk finden sich überdies zahlreiche antike Reminiszenzen (abgewandelte Zitate, kurze Versuche im Lateinischen, witzig-verfremdender Gebrauch der antiken Mythologie, gelehrt-ironische Hinweise auf Griechen und Römer).

Ehrenstein stand – insbesondere nach seiner Orientreise im Jahre 1929 – sowohl der zeitgenössischen Gesellschaft auf Griechenland und Zypern, die durch den modernen Tourismus bedroht war, als auch den Philologen und Archäologen, die die Antike zu schematisieren und historisch einzuordnen, das subversive Potential ›heidnischer‹ Vitalität zu domestizieren und das klassische Altertum im Dienste sozialer und politischer Repression zu interpretieren versuchten, kritisch gegenüber und suchte nach einem alternativen, unkonventionellen Zugang zur Antike. Diese ›andere Antike‹ sollte für ihn keine beschauliche Gegenwelt und kein idyllisches Refugium sein, sondern ein Reservat der Freiheit, der Sinnlichkeit, der Ursprünglichkeit, des Widerstands und der Rebellion. Der Autor war gleichermaßen der griechischen wie der jüdischen Geistesgeschichte verbunden und zunehmend von der chinesischen Lebenswelt beeindruckt; insbesondere stellte er in seinen Notizbüchern aus den dreißiger Jahren eine Beziehung her zwischen dem ruhelosen Wanderer und sinnenfreudigen und künstlerisch kreativen Odysseus und dem ›ewigen Juden‹ (als Gegensätze zu dem asketischen Erlöser Christus). Mittels der Odysseus-Gestalt als eines Bindegliedes zwischen griechischer und jüdischer Geisteswelt schien ihm die Antike auch noch in der Gegenwart lebensfähig zu sein.

In den dreißiger und vierziger Jahren beschäftigte sich Ehrenstein mit Fragen des Matriarchats – anders aber als etwa Oskar Kokoschka hat er nicht ein Ideal matriarchaler Gewaltlosigkeit verkündet, sondern es vielmehr aus seinem Wissen um die reale Benachteiligung der Frau in der bürgerlichen Gesellschaft heraus ironisiert. Auch ihm war die Männergeschichte eine Geschichte von Brutalität, Unterdrückung und Gewaltausübung und die Frauengeschichte eine Geschichte von Leid, Repression und Vergewaltigung – doch in der Erzählung »Die Mumie der Kleopatra« ist die Titelheldin Täterin und Opfer zugleich, agiert selbst (wenn auch letztlich erfolglos) nach patriarchalen Spielregeln. Sosehr Ehrenstein die utopischen und produktiven Potenzen der Antike herauszuarbeiten suchte – dominant blieb für ihn die parodistische Kritik an der modernen Gesellschaft.

Auch für GOTTFRIED BENN (1886–1956) ist der stete Bezug auf die Antike bei gleichzeitiger Abkehr von der humanistischen Bildungsidee Winckelmanns, Goethes und Wilhelm von Humboldts charakteristisch – im Unterschied zu Ehrenstein allerdings nicht nur ohne sozialkritische Züge, sondern eine Zeitlang sogar mit einer hochgradigen Affinität zu einem reaktionären Staatswesen. Benn begann als ›dionysischer Rauschkünstler‹ im Zeichen Nietzsches (wenn er auch das *Wort* ›dionysisch‹ relativ selten gebrauchte); später wurden ihm eher Orpheus und Apollon (bzw. Pallas Athene) zu Identifikationsfiguren.

Dionysos und das Dionysische waren für den jungen Benn »Ausdruck eines stürmisch gegen die Welt der Ratio, der Technik und Naturwissenschaft revoltierenden, nach antik-heidnischem Sinnenrausch begehrenden Lebensgefühls«.[78] Zu diesem Umkreis gehörten für ihn auch Odysseus, Ithaka und Ikaros. Mehrfach beschwört Benn die Vision eines sinnlichen Glücks in südlicher Insellandschaft – oft im Gegensatz zu einer banalen und verächtlichen Alltagswelt. Hierzu gehören die Gedichte »Gefilde der Unseligen« (1910), »Gesänge« (1913), »Gräber« (1913), »Ikarus« (1915), »Karyatide« (1916) und »Fleisch« (1913–1917) – ein Zyklus, in dem die im Leichenkeller liegenden Toten zu dionysischem Lebensgenuß auffordern: »Brecht aus und laßt die Krüppel mähen! / O strömt euch aus! O blüht euch leer! / Denkt: Ithaka: die Tempel wehen / Marmorschauer von Meer zu Meer.«[79] Ähnliche Gedanken bestimmen – in Anlehnung an Heinrich Manns italienische Romane – die Prosa-Texte »Gehirne« (1915) und »Die Insel« (1916) oder die dramatischen Skizzen »Etappe«, »Karandasch« und vor allem »Ithaka« (1914). In diesem Werk sind ›Dionysos‹ und ›Ithaka‹ der Kampfruf einer aus der Welt der Wissenschaft und des Universitätsbetriebes heraustrebenden Jugend. Als ein Professor seinen Medizinstudenten eine Antwort auf die Frage nach dem Sinn des Lebens verweigert, erschlagen sie ihn: »Wir sind die Jugend. Unser Blut schreit nach Himmel und Erde und nicht nach Zellen und Gewürm. Ja, wir treten den Norden ein. Schon schwillt der Süden die Hügel hoch. Seele, klaftere die Flügel weit; ja, Seele! Seele! Wir wollen den Traum. Wir wollen den Rausch. Wir rufen Dionysos und Ithaka!«[80]

Die Sehnsucht nach einem ›dionysischen‹ Leben war allerdings von früh an gepaart mit einer zynisch-bitteren Entlarvung dieses Traumes – so in einer Ikaros-Parodie in dem Gedicht »Gesänge« von 1913: »Da fiel uns Ikarus vor die Füße, / schrie: Treibt Gattung, Kinder! / Rein ins schlechtgelüftete Thermopylä! – / Warf uns einen seiner Unterschenkel hinterher, / schlug um, war alle.«[81]

Seit 1920 ist eine Wandlung des Bennschen Antikebildes festzustellen, eine Vertiefung, Vergeistigung, Verinnerlichung. Er nahm weitere Bereiche des antiken Lebens und der antiken Kunst in sich auf und sah die Antike als Ursprungsort des abendländischen Geistes. In den Essays »Das moderne Ich« (1920) und »Das letzte Ich« (1921) bekannte sich Benn nochmals zur dionysischen Ekstase, ließ aber auch orphische und apollinische Züge gelten; in »Der Garten von Arles« (1920) verband er Nietzsches Auffassung vom ›dionysischen‹ Griechen mit Oswald Spenglers tragisch-pessimistischer Geschichtsphilosophie und erschien ihm Kleopatra als ambivalentes Symbol des Ewig-Weiblichen; und in »Alexanderzüge mittels Wallungen« (1924) stellte er eine Analogie zwischen Hellenismus und Gegenwart in bezug auf einen skeptischen Nihilismus, aber auch auf einen heroischen Kampf gegen diesen Nihilismus her. Wie Benn 1955 in »Doppelleben« bekannte, haben Nietzsche und Spengler ihn am tiefsten beeinflußt. Hatte er sich von Nietzsche vor allem zur Vision eines vitalistisch-orgiastischen Rausches inspirieren lassen, so lenkte Spengler seinen Blick auf Form, Zucht und Staat, zugleich aber auch auf Vergänglichkeit und

---

78 Friedrich Wilhelm Wodtke: Die Antike im Werk Gottfried Benns [s. Bibl. 6.2.], S. 14. – Die Ausführungen über Benn stützen sich vor allem auf diese Publikation.
79 Gottfried Benn: Gesammelte Werke in vier Bänden. Hrsg. von Dieter Wellershoff. Wiesbaden 1958–1961, Bd. 3, S. 34.
80 Ebd., Bd. 2, S. 303.
81 Ebd., Bd. 3, S. 26.

Untergang. Anregungen empfing Benn weiterhin von Bachofen, Erwin Rohde und in besonderem Maße aus Hippolyte Taines (1828–1893) »Philosophie de l'art« (Philosophie der Kunst; 1865).

Benn löst sich nunmehr von einer unreflektierten und äußerlichen Verherrlichung der »Südlichkeiten« und verkündet eine differenzierte und innerliche Beziehung zum »Südmotiv« – programmatisch in dem Gedicht »Erst wenn« (1925): »Nicht die Olivenlandschaft / nicht das Tyrrhenische Meer / sind die große Bekanntschaft: / die weißen Städte sind leer [...]. // Leer steht die Weinzisterne, / [...] und hilft nicht auszubreiten, / was im Gehirne schlief: / sie bietet Südlichkeiten, / doch nicht das Südmotiv. // [...] erst wenn die Schöpfungswunde / sich still eröffnet hat, / steigt die Verströmungsstunde / vom Saum der weißen Stadt.«[82]

Die Antike ist für Benn in dieser Zeit (etwa in dem vor 1927 entstandenen Gedicht »Valse triste«) einerseits Präfiguration der Schicksalsverfallenheit und Todesbedrohtheit der Menschen – dabei läßt er, anders als Spengler, den »Verfall« bereits in sehr früher Zeit, bei den »Pharaonen« und den »Parthenongötter[n]«, beginnen –, bietet aber andererseits (und auch dies im Unterschied zu Spengler) die Hoffnung auf Auferstehung in der Kunst: »in Blut und Wunden zeuge / die Form, das Auferstehn«.[83] Symbolfigur ist ihm nunmehr (möglicherweise unter dem Einfluß Rilkes) Orpheus – wie in dem Gedicht »Orphische Zellen« (zwischen 1922 und 1927):

> Wer nie das Haupt verhüllte
> und niederstieg, ein Stier,
> ein rieselnd Blut erfüllte
> das Grab und Sargrevier,
> wen nie Vermischungslüste
> mit Todesschweiß bedrohn,
> der ist auch nicht der Myste
> aus der phrygischen Kommunion.[84]

Die orphische Sicht der Antike war bis in die vierziger Jahre präsent. In diesem Umkreis wird jetzt auch Odysseus gesehen, »der nach den Qualen / *schlafend* die Heimat fand«[85] (»Wer bist du –« [1925]) und ebenso wie Orpheus ein Schattenbeschwörer war (»Quartär« [1946]), oder es wird das Weiterleben Achills und Helenas nach ihrem Tode auf der Insel Leuke besungen (»V. Jahrhundert« [1945]). Letzter Höhepunkt war (nach dem Suizid von Benns Ehefrau) das Gedicht »Orpheus' Tod« von 1946, in dem der Magier und Totenbeschwörer seine Zauberkraft verloren hat und Eurydike – anders als bei Rilke – im Totenreich *keine* Ruhe findet, am Schicksal des Dichters also nunmehr allein die tragischen Aspekte betont werden: in bewußter Auseinandersetzung mit Ovids »Metamorphosen« und deren Übersetzung durch Johann Heinrich Voß.[86]

Darüber hinaus aber ist Benns orphische Phase auch ein Übergang von der dionysisch-irrationalen zur apollinisch-intellektualistischen Sicht auf das Altertum

---

82 Ebd., S. 99.
83 Ebd., S. 72 f.
84 Ebd., S. 76.
85 Ebd., S. 109.
86 Ebd., S. 191–193.

gewesen. Wo Orpheus stärker die Nachtseite der Antike verkörpert, dort steht Apollon für ihre Tagseite. Zeugnisse dieser neuen Interpretation sind die Essays »Kunst und Staat« (1927), »Nach dem Nihilismus« (1931), »Rede auf Stefan George« (1934) und »Bekenntnis zum Expressionismus« (1933) – ein Text, in dem er die Entwicklung vom ›Dionysischen‹ zum ›Apollinischen‹ als ein Gesetz bezeichnete, das seinem und dem Schaffen anderer Expressionisten zugrunde gelegen habe.

Wie problematisch diese Konzeption war, offenbart sich am stärksten in Benns Essay »Dorische Welt. Die Geburt der Kunst aus der Macht« von 1934 – laut Klaus Theweleit Benns »*faschistischster Text* [...] ohne einen einzigen *direkten* Bezug zur bestehenden faschistischen Realität«[87]. Benn verkündet hier, in Anlehnung an Burckhardt, Nietzsche und Taine, am Beispiel Spartas, das praktisch ein einziges, durch Körperertüchtigung mobil gemachtes Heer gewesen sei, daß jede Kultur auf Sklavenarbeit beruhe und daß die Blütezeit des Griechentums nur in Verbindung gesehen werden könne mit der Unterdrückung der Mehrheit der Bevölkerung, mit staatlichem Terror und mit der Vernichtung staatsfeindlicher Menschen. Hatte sich das Antikebild des 18. Jahrhunderts vorrangig an Athen orientiert, so war bereits bei Hofmannsthal eine Annäherung von Athen und Sparta in konservativem Sinne vorgenommen worden; bei Benn ist die Umkehrung in der Bewertung uneingeschränkt vollzogen. Sein Geschichtsbild dieser Jahre ist geprägt durch Gewalt, Terror und Führertum, durch Antifeminismus und durch das Bekenntnis zum totalen Staat. Er beanspruchte zu dieser Zeit eine führende Rolle in der nationalsozialistischen Kulturpolitik – ehe er, als ihm diese verweigert wurde, mit den Nazis brach.

In den späteren Arbeiten tritt das ›Apollinische‹ in einer eher unpolitischen, vergeistigten, ästhetisierten Form hervor. Zentrales Symbol des Apollinischen wird nunmehr Athene als höchstes Symbol des künstlerischen Menschen (vor allem in dem Essay »Pallas« von 1943 und in der Novelle »Der Ptolemäer« von 1947), und auch Sokrates wird als ein entschiedener Vertreter des männlich-apollinischen Erkenntnisstrebens gewürdigt. Benn ist überzeugt von der existentiellen Bedeutung der antiken Mythen auch für den neuzeitlichen Menschen – »Starben die Götter? Nein, sie leben her!«[88] (»Wer Wiederkehr in Träumen weiß –« [1940]) – wie für die moderne Kunst (»Mittelmeerisch« [um 1943]). Mit dem Zusammenbruch des Faschismus gibt Benn seine extrem ›dorische‹ und antifeministische Position auf, verbindet die antike Welt mit dem Christentum und zeigt sich an matriarchalischen Zügen der Antike interessiert.

Allerdings hat Benn (anders als Stefan George) nicht den Anspruch erhoben, eine neue Religion zu verkünden, sondern die antiken Mythen in durchaus verhaltener Weise rezipiert. Er war sich der tragischen Seiten der Antike wohl bewußt (»Europa ist der Erdteil der Abgründe und der Schatten. Denken Sie doch, daß im hellsten

---

87 Klaus Theweleit: Buch der Könige [s. Bibl. 1.1.], Bd. 2x, S. 673. – Zu dem Aufsatz »Dorische Welt« vgl. auch: Friedrich Kittler: Benns Lapidarium. In: Weimarer Beiträge 40 (1994) 1, S. 10f.; Inge Stephan: »Dorische Welt« und »Neues Reich«. Die Verschränkung von Mythos und Faschismus bei Gottfried Benn. In: Stephan: Musen & Medusen [s. Bibl. 6.1.], S. 84–105. – Von Friedrich Wilhelm Wodtke (vgl. Anm. 78) wird Benns Engagement für den Nationalsozialismus entschieden verharmlost.
88 Gottfried Benn (wie Anm. 79), Bd. 3, S. 433.

Griechenland Prometheus an den Felsen mußte und wie er litt!«[89]), und er hat mehrfach den Mythos als Fiktion enthüllt: so in den Gedichten »Sieh die Sterne, die Fänge« (1927) »Du mußt dir alles geben« (1929) – »Du mußt dir alles geben, / Götter geben dir nicht«[90] – oder »Verlorenes Ich« (1943), in dem es heißt: »die Mythe log«.[91] Beispielhaft ist Benns letztes Gedicht »Nike«, das nicht die Gestalt einer vorwärtsstürmenden, sondern einer opfernden Siegesgöttin beschwört, nicht Behauptungen formuliert, sondern Fragen stellt und Nike in der Nähe zum Tode sieht. Dionysisches, Orphisches, Apollinisches und Christliches ist in diesem Gedicht gleichsam miteinander verbunden:

> Die Nike opfert – was enthält die Schale:
> Blut oder Wein – ist das ein Siegesschluß,
> wenn sie am Abend sich vom Liebesmahle
> erhebt und schweigt und steht und opfern muß? /
> Sie senkt auf dieser attischen Lekythe
> die Stirn, hat Pfeil und Messer abgetan,
> wo blickt sie hin, erblickt sie schon die Mythe
> vom Heiligen mit Pfeil: – Sebastian? /
> Sie schlug mit Zeus die Heere der Titanen
> und stieß den Fels gen Kronos in der Schlacht,
> Apollon, Kore zogen dann die Bahnen –
> wem opfert sie – was sieht sie in der Nacht?[92]

Seit Ende der zwanziger Jahre, besonders intensiv nach 1933 erschien in Deutschland – die Tradition der historischen Dramen und Romane aus der zweiten Hälfte des 19. Jahrhunderts fortführend und mehr oder weniger Gedanken aus Oswald Spenglers »Untergang des Abendlandes« aufgreifend – eine nationalistische Trivialliteratur, die die Antike nicht nur aktualisierte, sondern geradezu usurpierte. Mirko Jelusichs (1886–1969) »Caesar« von 1929 erlebte innerhalb von zehn Jahren 99 Auflagen; von Hans Friedrich Bluncks (1888–1961) »Geiserich« von 1936 wurde 1940 das 240. Tausend gedruckt. Erwähnt seien unter den Romanen noch Hans Heycks (1891–1972) »Sulla« (1931) – gewidmet »dem Führer des kommenden Reichs«–, Jelusichs »Hannibal« (1934), Franz Spundas (1889–1963) »Romulus« (1934) und Günther Birkenfelds (1901–1966) »Leben und Taten des Caesar Augustus« (1934), unter den Theaterstücken Eberhard Wolfgang Möllers (1906–1972) »Untergang Karthagos« (1938) und vor allem die Mythenstücke und Historien Curt Langenbecks (1908–1953) und Ernst Bacmeisters (1874–1971) – z. B. »Alexander« (1934) bzw. »Kaiser Konstantins Taufe« (1937). Bevorzugte Themen waren der Militarismus Spartas, die Auseinandersetzung zwischen den Griechen und den ›östlichen‹ Persern oder zwischen den Römern und den ›semitischen‹ Puniern, der römische Bürgerkrieg (als prototypisch für die ›Systemzeit‹), die Augusteische Restauration (als Antizipation des faschistischen ›Führerstaates‹) und die Zeit der

---

[89] Gottfried Benn: Brief an Käthe von Porada. Zitiert nach: Hans Blumenberg: Arbeit am Mythos (wie Anm. 75), S. 229.
[90] Gottfried Benn: Gesammelte Werke (wie Anm. 79), Bd. 3, S. 132.
[91] Ebd., S. 215.
[92] Ebd., S. 307.

Völkerwanderung bzw. der Spätantike überhaupt. Die Affinität der Nazis zum Mythos brachte auch in der Lyrik entsprechende Usurpationen hervor.[93]

Wie sehr die innerhalb Deutschlands und Österreichs entstandene Literatur auch dann, wenn sie *nicht* offen faschistisch war, von der Nazi-Ideologie beeinflußt wurde, zeigt sich beispielhaft an der Kassandra-Rezeption: Während in Gedichten der Exilschriftsteller Heinz Politzer (1910–1978), Max Herrmann-Neiße und Richard Friedenthal (1896–1979) aus den Jahren 1933, 1938 und 1943 an der Gestalt der Warnerin, der niemand Glauben schenkte, geradezu apokalyptische Voraussagen der Shoah getroffen werden, wird in HANS SCHWARZ' (1890–1976) Tragödie »Kassandra« von 1941 das Ende der Seherin als heroisches Totenopfer fürs Vaterland gedeutet, und ERIKA MITTERERS (geb. 1906) Erzählung »Die Seherin« von 1943 ist eine schwülstig-inzestuöse Geschichte, in der Agamemnon in Kassandra eine Wiedergängerin der Iphigenie zu erblicken meint und von Klytaimestra wegen dieser ›blutschänderischen Verbindung‹ getötet wird.[94] Nicht minder problematisch vom zeitgeschichtlichen Kontext her ist ein heroisierendes Gedicht wie Georg Brittings (1891–1964) »Was hat, Achill . . .« von 1938.

Mehrere Autoren, die vom Expressionismus nicht berührt waren, versuchten seit den zwanziger Jahren in einem betont konservativen, traditionell ›humanistischen‹ Sinne an die Antike bzw. an die klassische deutsche Literatur anzuknüpfen. Dabei haben sie – sei es vorübergehend, sei es über längere Zeit – ebenso wie Gottfried Benn mehr oder weniger stark mit den Nationalsozialisten sympathisiert. Der österreichische Schriftsteller JOSEF WEINHEBER (1892–1945) dichtete in antiken Odenmaßen und schloß sich dabei vor allem Hölderlin an. HANS CAROSSA (1878–1956) sah antike Dichter als seine geistige Heimat und nahm insbesondere auch lateinische Traditionen auf. FRIEDRICH GEORG JÜNGER (1898–1977) fühlte sich Klopstock, Goethe und Hölderlin verbunden und war von antikem Lebens- und Formgefühl geprägt. Sein älterer Bruder ERNST JÜNGER schließlich (1895–1998) berief sich seit Anfang der dreißiger Jahre ebenfalls auf antike Traditionen, die er betont heroisch-elitär interpretierte.

Die Brüder Jünger sind – gemeinsam mit ERHART KÄSTNER (1904–1974) – repräsentativ für eine neue Phase der im nationalsozialistischen Deutschland entstandenen Literatur. Ist seit dem Überfall auf die Sowjetunion im Jahre 1941 der forcierte Pangermanismus generell in Richtung auf eine ›Abendland‹-Ideologie modifiziert worden, so konnte dazu die dezidiert klassizistische Interpretation der griechischen Antike in den Reisebüchern »Gärten und Straßen« (Ernst Jünger; 1942), »Griechenland« (Erhart Kästner; 1942 – überarbeitet 1953 unter dem Titel »Ölberge, Weinberge«) und »Wanderungen auf Rhodos« (Friedrich Georg Jünger; 1943) beitragen, die gleichermaßen von den Brutalitäten des Krieges ablenkten wie die deutschen Soldaten im Sinne der heroisierten Homerischen Epen verherrlich-

---

93 Vgl. Reinhart Herzog: Antike-Usurpationen in der deutschen Belletristik [s. Bibl. 1.2.], S. 11.

94 Vgl. Thomas Epple: Der Aufstieg der Untergangsseherin Kassandra [s. Bibl. 1.1.], S. 204–216 und 228–231; Inge Stephan: »Was geht uns Kassandra an?« Zur Rekonstruktion von Männlichkeit in Hans Erich Nossacks frühen Nachkriegstexten. In: Stephan: Musen & Medusen (wie Anm. 31), S. 162–167.

ten.⁹⁵ In dem Essay »Philemon und Baucis. Der Tod in der mythischen und in der technischen Welt« hat Ernst Jünger im Jahre 1974 nochmals in einer nicht-problematisierenden Weise auf die Antike Bezug genommen und im Rahmen einer Ovid-Interpretation das Daheim-Sein im Mythos dem banalen technischen Tod in der Moderne gegenübergestellt.

Anders als die eben genannten Autoren hielten OSKAR LOERKE und Wilhelm Lehmann zum Nationalsozialismus Distanz – insbesondere Loerke hat die »Jahre des Unheils« mit Entsetzen verfolgt. Mit ihren Gedichten versuchten sie vom Beginn ihres Schaffens an gegenüber den Wirrnissen der Zeit das Bild einer harmonischen Natur vor Augen zu stellen und auf diese Weise humanistische Werte innerlich zu bewahren. Dabei haben sie auch antike Mythen mit einbezogen: Loerke (1884–1941) z. B. in dem Nausikaa-Gedicht »Ans Meer« (1930), in dem trotz des Untergangs des Altertums und des Zerfalls der christlichen Welt die Hoffnung auf das Beharren des tätigen Menschen ausgedrückt wird (»Ans Meer mit ihrer Wäsche fährt / Nausikaa«⁹⁶) ; WILHELM LEHMANN (1882–1968) in dem aus den vierziger Jahren stammenden und 1950 veröffentlichten Gedicht »Daphne«, in dem Mythos und Natur in eins gesetzt und – entgegen der antiken Sage – in einem ›ewigen Liebesspiel‹ Schrecken und Tod überwunden werden: »Apollon schreckt nicht mehr, und heiter / Birgt Daphne sich in meiner Hand.«⁹⁷

Ein erschütterndes Zeitdokument ist ARNO NADELS (1870–1943) »Der weissagende Dionysos«: ein Torso, an dem der Autor 25 Jahre lang gearbeitet hat und in dem er, an Nietzsche anknüpfend, in hymnischer wie in elegischer Form versuchte, Motive der griechischen Mythen mit mystischen Erfahrungen des Ostjudentums zu verbinden und eine poetische Gegenwelt zum Deutschland seiner Zeit zu gestalten. Das »Gedichtwerk« des nach Auschwitz verschleppten Schriftstellers ist erst 1959 erschienen.

Politisch akzentuiert war die Rezeption antiker Sujets in PERCY GOTHEINS (1896–1944) »Tyrannis. Scene aus altgriechischer Stadt« (1939) – ihr Verfasser wurde im KZ Neuengamme ermordet -⁹⁸ und in ALBRECHT HAUSHOFERS (1903–1945) klassizistischen Schauspielen »Scipio« (1934), »Sulla« (1938), »Augustus« (1939) und »Die Makedonen« (1941, unveröffentlicht), in denen in verschlüsselter Form eine geistige Durchdringung der staatlichen Macht gefordert und der Krieg als Mittel der Politik verurteilt wurde⁹⁹. (Haushofer, zunächst im nationalsozialistischen Partei- und Staatsapparat tätig, trat in immer stärkere Distanz zum Hitler-Regime, hatte Verbindungen zu den Verschwörern des 20. Juli 1944 und wurde am 23. April 1945 von

---

95 Vgl. Gerhard Lohse / Horst Ohde: Mitteilungen aus dem Lande der Lotophagen. [Teil I.] [s. Bibl. 6.1.], S. 145–147.
96 Oskar Loerke: Gedichte und Prosa. Hrsg. von Peter Suhrkamp. Frankfurt a. M. ²1958, Bd. 1, S. 341 f. (Zitat: S. 342).
97 Wilhelm Lehmann: Gesammelte Werke in acht Bänden. Hrsg. von Agathe Weigel-Lehmann, Hans-Dieter Schäfer und Bernhard Zeller. Stuttgart 1982 ff., Bd. 1, S. 172. – Vgl. Bernd Witte: Von der Trümmerlyrik zur neuen Subjektivität [s. Bibl. 6.1.], S. 11–14.
98 Vgl. Reinhart Herzog (wie Anm. 93), S. 21.
99 Vgl. Hans Oppermann: Die Antike in Literatur und Kunst der Gegenwart [s. Bibl. 6.1.], S. 46 f.

der SS erschossen; seine bedeutendste Dichtung waren die postum erschienenen »Moabiter Sonette«.)

In strikter Entgegensetzung zu den nationalistischen Usurpationen der Antike im nationalsozialistischen Deutschland verstärkte sich in den dreißiger und vierziger Jahren die Aufnahme antiker Sujets in der Exilliteratur. Charakteristisch ist das Spätwerk ÖDÖN VON HORVÁTHS (1901–1938), namentlich seine Komödie »Pompeji« und deren Vorstufe, die Posse »Ein Sklavenball« (1937). Horváth rezipiert in diesem Werk in einem erstaunlichen Maße Plautinische Motive, um seine satirische Kritik an gesellschaftlichen und rassistischen Vorurteilen, am faschistischen Führertum und am faschistischen Frauenbild zu artikulieren und um die Frage nach der Rolle der Sklaven und nach einer moralischen Umkehr zu erörtern. Es ist nachgewiesen worden, daß Horváth sich in einem bestimmten Maße einer ähnlichen Terminologie bediente wie Oswald Spengler – namentlich beim Plebejer-Begriff – und daß er auch Spenglersches Gedankengut übernahm (Kulturzyklentheorie, Analogien zwischen römischer Antike und Gegenwart), sich aber zugleich kritisch-ironisch von dessen Caesarenbild distanzierte und weder die Verherrlichung des Preußentums noch die präfaschistischen Tendenzen in dessen Schriften teilte. Horváth hat in das Geschehen aus dem Jahre 79 n. Chr., entgegen den historischen Tatsachen, bewußt die Gestalt des Apostels Paulus und damit die Dimension der christlichen Liebe eingeführt, die für ihn ein »Gegenentwurf zum vorherrschenden Caesaren-Mythos seiner Zeit«[100] wurde.

Zu einem wichtigen Genre der antifaschistischen Exilliteratur wurde der historische Roman, der es erlaubte, Gegenwartsprobleme in einer verallgemeinernden Form zu gestalten und damit der Reflexion der eigenen Zeit zu dienen, und der zugleich mit Resonanz bei einem außerdeutschen Publikum rechnen konnte. Bereits 1932 war LION FEUCHTWANGERS (1884–1957) Roman »Der jüdische Krieg« entstanden, in dem der Autor in historischer Verfremdung die Gefahr des Faschismus und den Gegensatz von Nationalismus und Internationalismus gestaltete. Flavius Josephus, zunächst Anhänger seines Volkes im Kampf gegen die Römer, begreift, daß der Aufstand im Namen eines engen nationalen Selbstbewußtseins zum Untergang des Judentums führen müßte, und sieht seine Aufgabe schließlich darin, Chronist des jüdischen Krieges zu sein, bekennt sich zu einer weltbürgerlichen Haltung, die zwischen den Gegensätzen vermitteln soll. Die Erfahrungen des Jahres 1933 veranlaßten Feuchtwanger zu einer grundsätzlichen Modifizierung seiner Konzeption. In der 1939/40 abgeschlossenen Fassung wurde die biographische Erzählung zu einem Gesellschaftsroman ausgeweitet, der die sozialen Aspekte der Kämpfe zwischen Rom und den Juden erfaßte und die Entwicklung des Josephus von einem militanten Nationalismus über ein humanes Weltbürgertum zu erneuter Parteinahme für die aufständischen Juden führte. Angesichts der aktuellen Konfrontationen wurde die kosmopolitische Geistigkeit also mit realen politischen Konstellationen in Bezug gesetzt.

Mit dem Roman »Der falsche Nero« (1936) wollte Feuchtwanger ein satirisches

---

100 Peter Gros: Plebejer, Sklaven und Caesaren [s. Bibl. 6.2. (Horváth)], S. 122.

Gleichnis für den Aufstieg und den künftigen Sturz Hitlers schaffen, die Demagogie und den Populismus der Nazis und zugleich deren Manipulation durch ihre Hintermänner entlarven. Allzu direkte Analogien zwischen zwei äußerst verschiedenartigen geschichtlichen Vorgängen lassen den Roman allerdings nicht sehr überzeugend wirken.

1947 schrieb Feuchtwanger die Erzählung »Odysseus und die Schweine oder Das Unbehagen an der Kultur«, in der Odysseus erneut von Ithaka ins Land der Phaiaken aufbricht, wo er das Eisen und die Schrift kennenlernt, von wo aus er aber schließlich resignierend in sein provinzielles Ithaka zurückkehrt. Mit Motiven wie der Rückständigkeit Ithakas, der Problematisierung der Heimkehr, der inneren Widersprüchlichkeit des Odysseus sowie dem Wiederaufbruch des Helden klingen hier Motive an, die für die Odysseus-Rezeption der Folgezeit bedeutsam wurden.

Von großem Gewicht ist die Aufnahme antiker Sujets bei HERMANN BROCH (1886–1951). Seit 1935 arbeitete Broch an einem Roman über den Aufstieg des Faschismus und seines Massenwahns, der in einem Alpendorf der dreißiger Jahre spielt und – im Zusammenhang mit dem Ritualmord an einem jungen Mädchen – eine Variante des Demeter-Mythos darstellt. Die erste Fassung ist 1935/36 entstanden, erstmals 1953 veröffentlicht worden und hat den Titel »Die Verzauberung«. 1936 arbeitete Broch an einer zweiten Fassung, für die ein Exposé mit dem Titel »Demeter oder die Verzauberung« vorliegt. 1951 entstand das Fragment der dritten Fassung, das im allgemeinen unter der Bezeichnung »Demeter« zitiert wird. Broch hatte auch geplant, das Werk zu einer Trilogie mit dem Gesamttitel »Demeter« auszuweiten.

Während diese Arbeit Fragment blieb, gehört der 1945 erschienene Roman »Der Tod des Vergil« inzwischen zu den ›Klassikern‹ des 20. Jahrhunderts. Broch war von seinem Bildungsgang her nicht allzu eng mit der Antike vertraut, hat aber ein geradezu modern anmutendes Antikebild. In Kontakt mit Vergil ist er durch Theodor Haeckers (1879–1945) Schrift »Vergil, Vater des Abendlandes« aus dem Jahre 1931 und durch dessen »Bucolica«-Übersetzung gekommen. Vergil ist – und zwar wesentlich auf Grund des Haeckerschen Buches – in den dreißiger Jahren (und darüber hinaus) vor allem im konservativen, nicht-demokratischen und anti-republikanischen Sinne interpretiert worden; Broch aber nutzt die Gestalt des römischen Dichters, um Probleme wie die Bedeutung und den Wert der Kunst und ihre Stellung zur Politik unter den Erfahrungen von Faschismus und Exil zu behandeln. In der Unterredung zwischen Augustus und Vergil, zwischen dem Staatsmann und dem Intellektuellen und Individualisten, werden grundsätzliche Fragen über den Antagonismus von Wahrheit und Schönheit, von öffentlicher Bedeutungslosigkeit und weltlichem Ruhm sowie über die Verantwortung des schöpferischen einzelnen erörtert. Wird einerseits der Dichter als Heilsbringer und Schöpfer eines neuen Mythos verehrt, der Liebe und Verbundenheit unter den Menschen verkündet, so wird andererseits auch seine Manipulation durch die Macht deutlich.

Broch hat philosophisches Gedankengut aus der Antike übernommen und in bestimmtem Maße die historische Wirklichkeit der Augusteischen Zeit lebendig werden lassen. Es gibt strukturelle Gemeinsamkeiten zwischen seiner Vergil- und der Vergilschen Aeneas-Gestalt: Beide sind ›Sprachrohre‹ des Dichters und Reisende, die unter Mühen ein vorgegebenes Ziel erreichen, sind in ihrer Umgebung isoliert und sind zutiefst religiöse Menschen. Schließlich wird auch durch Mottos und Zitate ein antikes Ambiente vor Augen gestellt. Deutlicher aber noch sind die Anklänge an die zeitgeschichtliche Situation, die Darstellungen menschlicher Grunderfahrungen wie kriegerische Zerstörung oder Schicksal des Exulanten (*fato profugus* lautet des erste Motto des Romans – nach dem Vers 1,2 der »Aeneis«).

In der ersten Fassung des Romans – der Erzählung »Die Heimkehr des Vergil« von 1936 – sowie in der zweiten, der Erzählung gegenüber erweiterten Fassung herrscht eine apokalyptische Stimmung, wird der Augusteische Prinzipat als eine Zeit des Verfalls, ja, als eine Endzeit gedeutet. In den späteren Fassungen wird die Kritik an der Macht beibehalten – namentlich durch das Motiv, daß der römische Dichter die Vernichtung des unvollendeten »Aeneis«-Manuskriptes nicht so sehr aus künstlerischen denn aus politischen Gründen gewünscht habe, weil er zunehmend in Distanz zu Augustus geraten sei –; zugleich aber nehmen mythische Elemente zu, Vergil wird dem Orpheus angenähert und erwartet eine (auf Christus vorausdeutende) neue Welt.

In den dreißiger und vierziger Jahren kam es auch bei einer Reihe sozialistischer Autoren zu einer stärkeren Aufnahme antiker Motive. In der Lyrik JOHANNES R. BECHERS (1891–1958) hatte sich bereits zwischen 1916 und 1922 nicht nur eine Vorliebe für Anspielungen auf Vorgänge und Gestalten des Altertums innerhalb moderner Sujets gezeigt, sondern der Autor hatte auch mehrfach Gedanken geäußert, die auf eine programmatische Bedeutung der Antike als eines Vorbildes für die eigene Epoche hinweisen. Charakteristisch sind dabei von früh an ein sozialkritischer Akzent, der Widerstand gegen eine etablierte Ordnung und ein universeller emanzipatorischer Anspruch. So hat er in der »Ode der Sappho« (1917) das Gebet an Aphrodite, in dem die griechische Dichterin die Göttin um Erfüllung ihrer Liebessehnsucht bittet, umgewandelt in einen Aufruf zur Befreiung der Menschheit: »Sappho! Unendliche! Baum der Brüder! Utopie-Menschheit.«[101] In den Gedichten »Spartakus«, »An Spartakus. Fragment« und »Tod des Spartakus. Ein Requiem« (1919) identifiziert Becher nicht nur den Sklavenaufstand aus dem 1. Jahrhundert v. Chr. mit den sozialen Kämpfen der Gegenwart, sondern er apostrophiert auch »das werktätige Volk« mit Gedankengut aus der Aufstiegs- und Blütephase der griechischen Poleis – »O Mensch du der Mitte! / O Mensch du Maß aller Dinge!« – und läßt somit Spartacus zum Repräsentanten des Altertums schlechthin werden.[102] Der hymnische Charakter und das bisweilen geradezu messianische Sendungsbewußtsein dieses Gedichtes deuten bereits auf die allzu linearen Züge des Becherschen Geschichtsbildes hin – allerdings bezieht er die Niederlage revolutionärer Bewegungen hier durchaus in die poetische Aussage ein. Auch in dem Gedicht »Penthesilea« (1920) reflektiert der Schriftsteller die Gefährdungen des Menschen und verkündet zugleich eine optimistische Perspektive: Die »Liebenden« sind zwar »versunken« und unauffindbar«, werden aber zugleich »heiliggesprochen« (»Und gewiß ist: / Der Kuß / Er wird überdauern / Den / Wechsel der / Welten«),

---

101 Johannes R. Becher: Gesammelte Werke. Berlin, Weimar 1966–1981, Bd. 1, S. 414–416 (Zitat: S. 415).
102 Ebd., Bd. 2, S. 20, 25–29 und 39–46 (Zitat: S. 46).

und der »leidende[n] Menschheit« wird die Kraft zuerkannt, die Sage zu erlösen.[103]

Die produktivste Phase in Bechers Aufnahme antiker Sujets waren die späten dreißiger und frühen vierziger Jahre. Anknüpfend an die frühen Spartacus-Gedichte, bemühte er sich in dieser Zeit, eindrucksvolle revolutionäre Leitbilder zu schaffen. Prometheus ist ihm – in dem gleichnamigen Gedicht von 1940 – ein Held, der trotz seiner schweren Strafe der Zuversicht auf eine künftige Befreiung durch die von ihm geschaffenen Menschen Ausdruck gibt; in dem Sonett »Odysseus« (1938) entwickelt Becher geradezu das Paradigma eines intellektuell herausragenden und moralisch integren Revolutionärs, der »das Spiel des Schicksals« durchschaut und »an seiner Seele keinen Schaden« nimmt[104]; Ikaros wird in mehreren Gedichten – am prägnantesten in »Dädalus und Ikarus« (1941) – als Symbol menschlicher Entdeckerfreude und sozialer Befreiung vorgestellt, wobei teilweise sein tragisches Scheitern nicht ausgeklammert, teilweise aber auch in einem optimistischen Gesamtbild aufgehoben wird.

In anderen Gedichten stellt Becher den Kontrast zwischen dem klassischen Altertum und der bürgerlichen Wirklichkeit der vierziger Jahre heraus (»Das Land der Griechen mit der Seele suchend ...«, »Im Namen aller ...«, »Der Lehrer«), liefert ihm die Antike Vorbilder für eine geschichtsbewußte Lebenshaltung (»Rom«, »Thermopylä«) oder glaubt er gar in der sowjetischen Gegenwart der dreißiger Jahre eine kontinuierliche Weiterentwicklung und Verwirklichung klassischer Ideale zu erblicken (»Beneidenswerte Menschen«, »Hymne auf ein Schiff«, »Jalta«).

Bechers Antikebild ist hochgradig affirmativ, zielt auf eine Identifizierung zwischen klassischem Gedankengut und eigener gesellschaftlicher Zielvorstellung. Dabei zeigen sich zwei unterschiedliche Tendenzen: In einigen Gedichten sieht er von der Härte der geschichtlichen Kämpfe und dem Leid des einzelnen nicht ab, erblickt er den historischen Fortschritt in der *Überwindung* von Konflikten; in anderen Aussagen jedoch zeigt er ein recht lineares Bild dieses Fortschritts, eine *Harmonisierung* der Widersprüche. Auf diese Weise erscheinen nicht nur die tradierten Sujets statuarisch, abstrakt und sozial unverbindlich, sondern es werden vor allem auch die Konflikte der Gegenwart verharmlost, weder die Härte des Exilantendaseins noch die sowjetische Wirklichkeit jener Zeit erfaßt. So enthüllt etwa das Gedicht »Ithaka« (1940) ausgesprochen provinzielle Züge – die Götter spielen eine unproblematische Rolle, und angesichts der Heimkehr verblassen die Schmerzen der Irrfahrt und die daraus gewonnenen Erkenntnisse gar zu leicht. Ein kaum noch übertreffbarer Tiefpunkt in der ›Aneignung‹ des ›Erbes‹ dürfte es sein, wenn ein Hirtenjunge bei Suchum (so der Titel eines Gedichtes von 1938) in Erinnerung an die antike Kolchis und in griechischer Sprache vor einer Herde von Rindern ein Loblied auf Stalin anstimmt.

Eine Reihe lyrischer und essayistischer Aussagen zur Antike ist schließlich aus den letzten Lebensjahren des Schriftstellers überliefert. Auch hier handelt es sich einerseits um Gedichte, die bei aller Zuversicht das Leid des Menschen nicht völlig aussparen und Züge eines dialektischen Geschichtsbildes enthalten; andererseits aber

---

103 Ebd., S. 492–502 (Zitate: S. 500 und 502).
104 Ebd., S. 74.

knüpft Becher uneingeschränkt an die affirmativen Tendenzen der Zeit um 1940 an. Charakteristisch für die erste Art sind aus dem Band »Schritt der Jahrhundertmitte« (1958) der Gedichtzyklus »Macht der Poesie. Drei Legenden aus dem Altertum«, in dem sich der Autor zu den griechischen »Zauberdichtern« Amphion, Arion und Orpheus bekennt, aber die Tragik orpheischen Singens wenigstens anklingen läßt, und das Sonett »Laokoon«, in dem Leid und Tod des trojanischen Priesters sichtbar werden, dann aber sein »Schmerz« durch die Kunst zum »Triumph« wird.[105] Daneben finden sich linear-optimistische Texte, die – wie der Essay »Macht der Poesie« (1955) – in der Sowjetunion die klassischen Ideale der Antike und des Bürgertums verwirklicht sehen oder – wie das »Planetarische Manifest« (1958) – als paradigmatisch für das »Jahrhundert der Revolutionen«, das »Zeitalter der Wissenschaft« einen untragischen Ikaros und einen untragischen Prometheus apostrophieren[106].

Durch Johannes R. Becher vor allem ist die sozialistische deutsche Literatur mit antiken Motiven angereichert worden. Anklänge hatte es zuvor bei einem sozialdemokratischen Schriftsteller gegeben, der unter dem Namen »G. M. Scaevola« publizierte und in seinen Gedichten und Stücken öfters – teils analogisierend, teils kontrastierend – Anspielungen auf das Altertum, insbesondere auf Prometheus, brachte; RUDOLF LEONHARD (1889–1953) leitete seine »Spartakussonette« von 1921, die sich auf den revolutionären Kampf des internationalen Proletariats im 20. Jahrhundert bezogen, mit dem Gedicht »An Spartakus!« ein – 1928 folgte noch das eng an den Mythos angelehnte Hörspiel »Orpheus« –; und 1925 verfaßte WILHELM TKACZYK (1907–1982) das Gedicht »Prometheus in der Fabrik«, in dem er den antiken Rebellen mit einem modernen Proletarier identifizierte.[107] Becher ist ohne Zweifel ein wichtiger Wegbereiter für die Antikerezeption nach 1945 im all-

---

105 Ebd., Bd. 6, S. 325–327 und 421.
106 Ebd., S. 448–453 (Zitat: S. 449).
107 G. M. Scaevola [d. i.?]: Prometheus' Volk. In: Scaevola: Gedichte und Stücke. Berlin 1977 = Textausgaben zur frühen sozialistischen Literatur in Deutschland 20, S. 17f.; Ders.: Des Volkes Wille – das oberste Gesetz! Ebd., S. 27–29; Ders.: Die französische Revolution. Episch-dramatische Dichtung in zwölf lebenden Bildern. Ebd., S. 44; Rudolf Leonhard: An Spartakus! In: Leonhard: Ausgewählte Werke in Einzelausgaben. Ausw. und Zsstellung: Maximilian Scheer. Berlin 1961–1970, Bd. 3, S. 93; Wilhelm Tkaczyk: Prometheus in der Fabrik. In: Tkaczyk: Gesammelte Werke in einem Band. Der Tag ist groß. Dichtungen und Nachdichtungen. Halle 1972, S. 9 f. (vgl. Alfred Klein: Prometheus 1925. Revolutionäre Arbeiterlyrik und kapitalistischer Alltag. In: Klein: Wirklichkeitsbesessene Dichtung. Zur Geschichte der deutschen sozialistischen Literatur. Leipzig 1977 = Reclams Universal-Bibliothek 683, S. 205–297). – Andere im Arbeitermilieu angesiedelte Prometheus-Dichtungen stammen von Otto Kilian (Abschiedsgruß an Karl Liebknecht. In: Kilian: Das seltsame Erlebnis. Dichtungen aus der Gefängnishaft. Erster Teil. Der singende Kerker. Halle 1920, S. 20f.), Kurt Kläber (Wir. In: Kläber: Revolutionäre. Erzählungen aus den Kämpfen des Proletariats 1918–1925. Leipzig 1925, S. 5), Heinrich Lersch (Das Feuer? Wo es herkommt? In: Lersch: Mensch im Eisen. Gesänge von Volk und Werk. Stuttgart, Berlin, Leipzig 1925, S. 109f.) und Josef Luitpold (Die Rückkehr des Prometheus. Berlin 1927). (Vgl. Friedrich Falk: Die religiöse Symbolik der deutschen Arbeiterdichtung der Gegenwart. Eine Untersuchung über die Religiosität des Proletariats. Stuttgart 1930 = Veröffentlichungen des orientalischen Seminars der Universität Tübingen 3, S. 176–178.)

gemeinen gewesen und hat auch im besonderen Themen angeschlagen, die noch für die Folgezeit von Belang waren – sein konkreter Umgang mit dem ›Erbe‹ des griechischen und römischen Altertums aber war nicht unproblematisch und hatte auf die Dauer nur eine relativ geringe Wirkung. Wir werden bald sehen, daß er zwar in einem gewissen Maße Nachfolger gefunden hat und daß auch die ›offizielle‹ Kulturpolitik eine Aufnahme antiker Sujets in der Becherschen Art bevorzugte, daß aber alle bedeutenden Leistungen der Antikerezeption in der DDR-Literatur in einer dem Becherschen Verhältnis zum Altertum entgegengesetzten kritisch-problematisierenden Richtung zustande kamen.

Dabei ist allerdings zu berücksichtigen, daß das ausgesprochen affirmative Antikebild der dreißiger Jahre nicht *nur* Ausdruck eines problematischen Klassizismus, sondern *auch* eine Reaktion auf die Position Gottfried Benns gewesen ist, die sich eine Zeitlang als offizielle Position des nationalsozialistischen Regimes zu etablieren schien. Namentlich ALFRED KURELLA (1895–1975) hat in seinem im September 1937 in der Zeitschrift »Das Wort« unter dem Pseudonym Bernhard Ziegler erschienenen Aufsatz »Nun ist dies Erbe zu Ende...« die entsprechende Polemik geführt. Ausgehend von Benns Satz, daß »das Erbe von vierhundert Jahren« zu Ende sei, wählt er als Beispiel für die »Selbstzersetzung des bürgerlichen Denkens« bei diesem Schriftsteller »die Stellung zur Antike«: Nachdem er zunächst dessen literarische Verwendung antiker Motive in modernem Kontext abgelehnt hat, gilt seine Kritik vor allem dem Aufsatz »Dorische Welt«, in dem er eine »Synthese« aller »zersetzenden Umdeutungen« am »klassischen Bild der Antike der Winckelmann-Goethe« im 19. Jahrhundert erblickt. Die »Entdeckung der dorischen Welt« sei eine »Rückkehr auf niedrigerer, niedrigster Stufe zu der Position, von der aus die Liquidierung der jakobinischen Etappe der bürgerlichen Auffassung von der Antike vor hundert Jahren begonnen hatte«. Da selbst Nietzsche »für die Bourgeoisie der imperialistischen Endphase unerträglich« geworden sei, sei eine »neue Liquidation [...] fällig« gewesen: »die Zusammenkoppelung von Apoll und Dionysos, von hellem und dunklem Griechenland, von Intellekt und élan vital«. Demgegenüber fordert Kurella, die Antike als »Edle Einfalt und stille Größe« zu sehen, den »Formalismus« als »Hauptfeind einer Literatur, die wirklich zu großen Höhen strebt« zu betrachten und »Volksnähe und Volkstümlichkeit« als »Grundkriterien jeder wahrhaft großen Kunst« zu bejahen.[108]

ERNST BLOCH hat im Juni 1938 in seinem Artikel »Diskussionen über Expressionismus« vehement gegen diese Verabsolutierung des ›klassischen Erbes‹ protestiert und den unkonventionellen Umgang mit antiken Motiven in der modernen Literatur grundsätzlich anerkannt; denn in den »Ausbrüchen« der Expressionisten könne man »ein revolutionär Produktives wahrnehmen«: »Auch wenn es noch soviel ›klassisches Erbe‹, das heißt zur damaligen Zeit: klassischen Schlendrian ›zersetzt‹ hat. Dauernder Neuklassizismus oder der Glaube, daß alles, was nach Homer und Goethe hervorgebracht wurde, unrespektabel sei, ist allerdings keine Warte, um die Kunst der vorletzten Avantgarde zu beurteilen.« Gegen Kurellas Reduzierung des ›Erbes‹ auf »die Winckelmann-Antike, die edle Einfalt, stille Größe, die Kultur des

---

108 Zitiert nach: Begriffsbestimmung des literarischen Expressionismus [s. Bibl. 6.1.], S. 73–76.

unzerfallenen Bürgertums, die Welt vor hundert und noch mehr Jahren« erinnert er daran, »daß die Zeit des Klassizismus nicht nur die Zeit des aufsteigenden deutschen Bürgertums war, sondern auch der Heiligen Allianz« und daß »die Winckelmann-Antike keinesfalls ohne feudale Gelassenheit ist«.[109]

Mochte in der Auseinandersetzung mit dem Nationalsozialismus dem Beharren auf einem traditionellen Antikeverständnis noch eine partielle Berechtigung zukommen, so offenbarte sich das Sterile dieser Position in der Nachkriegszeit. Obwohl selbst hochgebildet, mit antiker und neuzeitlicher Literatur und Kunst vertraut und in seinem eigenen literarischen Schaffen sogar bestimmten Auflockerungstendenzen zugänglich (der 1939–1941 entstandene, 1961 veröffentlichte Roman »Kleiner Stein im großen Spiel«, geplant als erster Band eines Zyklus »Das Kraut Moly«, führt einen modernen Odysseus vor, der den Verlockungen der Kirke, der Verzauberung durch das nationalsozialistische Deutschland zu erliegen beginnt), hat Kurella, der über anderthalb Jahrzehnte eine führende kulturpolitische Rolle in der DDR spielte, zwar, unter Berufung auf Marx, der altertumswissenschaftlichen Forschung aufgeschlossen, neuen künstlerischen Tendenzen aber ablehnend gegenübergestanden[110].

Daß die Aufnahme antiker Motive in der Literatur der dreißiger Jahre recht äußerlich geschehen konnte, belegt auf dramatischem Gebiet FRIEDRICH WOLFS (1888–1953) »Trojanisches Pferd« (1937), das eine vordergründige Beziehung zwischen der alten Sage und einer zeitweiligen Taktik der Komintern gegen den Faschismus herstellt. Im übrigen lassen sich sogar die Versuche von Schriftstellern, die *zeitweise* der kommunistischen Bewegung angehört hatten, mittels antiker Exempel historische Einsichten zu vermitteln, auf diese Zeit zurückführen: In ARTHUR KOESTLERS (1905–1983) Roman »Die Gladiatoren« nämlich (entstanden 1934–1939, in englischer Sprache veröffentlicht 1941) wird aus Enttäuschung über die Politik der kommunistischen Parteien das Scheitern einer sozialen Revolution thematisiert.[111]

Auf eine sensible und unpathetische Art hat ANNA SEGHERS (Netty Radványi; 1900–1983) auf antike Motive zurückgegriffen. In der Erzählung »Sagen von Artemis« (1937) hat sie die griechische Göttin als ein kompliziertes, vielfach schillerndes Wesen lebendig werden lassen, dabei allerdings auf grausame Züge, wie Artemis sie gegen Aktaion oder Niobe offenbarte, verzichtet und sie als ein natürliches, menschliches Wesen geschildert. Mehrere Jäger erzählen von Begegnungen mit der Göttin, die für sie eine schicksalhafte Bedeutung erlangt haben – ausschlaggebend dafür aber war stets, wie die Menschen selbst diese Begegnungen aufgefaßt haben, welche Vorstellungen sie von der Göttin hatten. Obgleich sie in Wäldern lebt und einer frühen geschichtlichen Entwicklungsstufe verhaftet ist, trauert Artemis nicht darüber, daß durch Stadtgründungen ihr Bereich geschmälert wird, sondern bekennt sich zum geschichtlichen Fortschritt, der durch Athene

---

109 Zitiert nach: Ebd., S. 98–100.
110 Vgl. Alfred Kurella: Grußadresse an die Arbeitskonferenz »Das klassische Altertum in der sozialistischen Kultur«. In: Wissenschaftliche Zeitschrift der Friedrich-Schiller-Universität Jena. Gesellschafts- und sprachwissenschaftliche Reihe 18 (1969) 4, S. 6. – Vgl. S. 393.
111 Vgl. Wolfgang Schuller: Spartacus heute. In: Antike in der Moderne [s. Bibl. 1.1.], S. 297–300.

verkörpert wird. In der kurzen Erzählung »Der Baum des Odysseus« aus den »Drei Bäumen« von 1940 schildert Anna Seghers die Rückkehr des Helden in ein normales Leben, die sich in einer schlichten und menschlichen Art, ohne heroische Reminiszenzen und in Abwendung von den Göttern, im wesentlichen aber innerhalb des Homerischen Rahmens vollzieht. »Das Argonautenschiff« von 1948 schließlich ist eine Neudeutung des Mythos unter dem Aspekt der Stellung des einzelnen in seiner Umwelt. Jason, durch das Goldene Vlies »vor Zeit und Unbill« geschützt, ist nicht mit seinem Schiff zugrunde gegangen, »wie es das Volk seit langem in Liedern und Märchen erzählte«[112], sondern lebt noch Jahrhunderte und versucht, den Menschen, denen er begegnet, die Augen über die unwürdigen Verhältnisse zu öffnen und sie zu deren Änderung zu bewegen. Er hat erkannt, daß das menschliche Dasein nicht von den Göttern bestimmt wird, sondern daß es allein auf die Aktivität des einzelnen ankommt. Seghers übernimmt also zustimmend das Motiv des klug Handelnden und führt es über den antiken Rahmen hinaus aus einem göttlichen Bezugssystem in ein soziales. Dennoch ist der Schluß von Jasons Leben tragisch: Er bringt nicht nur Erkenntnis, sondern auch Leid unter seine Mitmenschen – und als er sich zurücksehnt aus der Gegenwart, in der er sich zu bewähren hat, in die heroische Vergangenheit, als er sich im Schatten der Argo lagert und nicht das heraufziehende Unwetter beachtet, wird er von dem Schiff erschlagen: als Folge nicht eines unabänderlichen Schicksals, sondern seines eigenen Versagens.

Anna Seghers vertritt grundsätzlich eine ähnliche Richtung sozialistischer Antikerezeption wie Johannes R. Becher. Sie nimmt zustimmend auf antike Mythen Bezug, arbeitet deren humanistischen Gehalt heraus und sucht ihn sozial zu konkretisieren. Anders als Becher aber vermeidet sie jegliches Pathos – und in der Nachkriegszeit reflektiert sie in bedeutend höherem Maße tragische und problematische Züge, namentlich die Ängste, Unsicherheiten und verdrängten Erfahrungen der Heimkehr. Noch schärfer sind die Unterschiede zu Becher in der Antikerezeption Brechts.

BERTOLT BRECHT (1898–1956) ist derjenige ›linke‹ Schriftsteller aus der ersten Hälfte des 20. Jahrhunderts, der sich am stärksten mit antiken Motiven befaßt hat und dessen kritisch-problematisierender Umgang mit den Vorgaben beispielhaft für weite Bereiche der Antikerezeption in der zweiten Hälfte des 20. Jahrhunderts – vor allem, aber nicht *nur* in der DDR – gewesen ist.

In einigen sporadischen Äußerungen des Frühwerkes dominierte die provokante Absage: So hat Brecht in die 1923/24 gemeinsam mit Lion Feuchtwanger geschriebene Historie »Leben Eduards des Zweiten von England« gegenüber Christopher Marlowe eine Passage eingeführt, in der die Geschichte des Trojanischen Krieges im Hinblick auf den Anteil der »Hure« Helena[113] als warnendes Exempel erzählt wird;

---

112 Anna Seghers: Gesammelte Werke in Einzelausgaben. Berlin, Weimar 1975–1980, Bd. 10, S. 141 und 143. – Vgl. – neben den Arbeiten von Inge Diersen und Walter Pallus – Olaf Reincke: Antigone oder Anni H. [s. Bibl. 6.1.], S. 5; Inge Stephan (wie Anm. 31), S. 10–12.
113 Bertolt Brecht: Werke. Große kommentierte Berliner und Frankfurter Ausgabe. Berlin, Weimar, Frankfurt a. M. 1988–1998, Bd. 2, S. 22 f.

Alexander der Große wurde als Paradigma der ›großen Männer‹ mit sarkastischer Polemik bedacht (im Entwurf des Stückes »Alexander und seine Soldaten« sowie in den Gedichten »Von den großen Männern«, »Der gordische Knoten« und »Timur, höre ich«)[114]; und gegen den Horaz-Vers *dulce et decorum est pro patria mori* hatte bereits der Augsburger Gymnasiast in einem Aufsatz aus dem Jahre 1916 protestiert: »Der Ausspruch, daß es süß und ehrenvoll sei, für das Vaterland zu sterben, kann nur als Zweckpropaganda gewertet werden. [...] Nur Hohlköpfe können die Eitelkeit so weit treiben, von einem leichten Sprung durch das dunkle Tor zu reden, und auch dies nur, solange sie sich weitab von der letzten Stunde glauben. Tritt der Knochenmann aber an sie selbst heran, dann nehmen sie den Schild auf den Rücken und entwetzen, wie des Imperators feister Hofnarr bei Philippi, der diesen Spruch ersann.«[115] Wieland und Heine hatten auf den pikanten Widerspruch zwischen diesem Vers aus der zweiten der sogenannten ›Römeroden‹ und der Flucht bei Philippi noch spöttisch hingewiesen; für den jungen Brecht hingegen wurde er zum Anlaß einer ebenso sarkastischen wie prinzipiellen Abrechnung mit dem militanten Pathos des ersten Weltkrieges – vergleichbar den Schlußversen von Wilfred Owens (1893–1918) berühmtem Antikriegsgedicht »Dulce et Decorum Est« von 1917/18:

> My friend, you would not tell with such high zest
> To children ardent for some desperate glory,
> The old Lie: Dulce et decorum est
> Pro patria mori.[116]

Distanz gegenüber Horaz durchzieht auch Brechts Gedicht »Über die Bauart langdauernder Werke« vom Anfang der dreißiger Jahre. Hier betrifft sie das Selbst- und Sendungsbewußtsein des römischen Dichters. Dem Schlußgedicht des Oden-Zyklus aus dem Jahre 23 v. Chr. und seinem vielzitierten Eingangsvers *Exegi monumentum aere perennius* (Ein Denkmal dauerhafter als Erz habe ich mir errichtet) wird die Erkenntnis entgegengestellt, daß der Wert eines Werkes nicht auf dessen langwährendem Nachruhm und dessen gleichsam kanonischer Geltung beruhe, sondern auf dessen Nützlichkeit und Veränderbarkeit in den Konflikten der Gegenwart. Kühl und lakonisch schreibt Brecht: »Der Wunsch, Werke von langer Dauer zu machen / Ist nicht immer zu begrüßen.«[117]

Prägnantestes Zeugnis dieser Phase sind die »Berichtigungen alter Mythen« aus dem Jahre 1933 – drei kurze Prosatexte, die die Fragestellungen Kafkas von 1917 bis 1920 in verschärfter Form fortsetzen. In »Odysseus und die Sirenen« fragt sich der Autor, ob die Sirenen »angesichts des angebundenen Mannes« wirklich gesungen oder nicht eher »auf den verdammten, vorsichtigen Provinzler« geschimpft haben; denn sie hätten ihre Kunst wohl kaum an Menschen verschwendet, die »keine Bewegungsfreiheit besaßen«. In »Gyges und sein Ring« überlegt er, im Anschluß an

---

114 Ebd., Bd. 10/1, S. 319f. sowie Bd. 13, S. 336f., 353f. und 362. – Vgl. Klaus Schuhmann: Der Lyriker Bertolt Brecht 1913–1933. Berlin 1964 = Neue Beiträge zur Literaturwissenschaft 20, S. 98–102.
115 Otto Müllereisert: Augsburger Anekdoten um Bert Brecht. In: Erinnerungen an Brecht. Zsgest. von Hubert Witt. Leipzig ²1966 = Reclams Universal-Bibliothek 117, S. 18.
116 Wilfred Owen: The Poems. London 1985, S. 117.
117 Bertolt Brecht: Werke (wie Anm. 113), Bd. 14, S. 36–38 (Zitat: S. 38).

und in Abkehr von Herodot und Friedrich Hebbel, ob es tatsächlich nur um die »Schönheit« oder nicht vielmehr um die »Liebeskunst« von Kandaules' Frau gegangen sei. Und im »König Ödipus« nimmt er an, daß der Held, »jedenfalls nach heutigen Begriffen«, »von der Tragweite seiner Taten [...] eine Ahnung hat«, da sonst seine Verzweiflung nicht so begründet wäre.[118]

Das Horaz-Gedicht vom Anfang der dreißiger Jahre und die »Berichtigungen alter Mythen« zeigen allerdings bereits, daß Kritik nicht Ablehnung und Abwertung schlechthin ist, sondern Entscheidung, Differenzierung, Weiterführung. In den Jahren des Exils nimmt Brecht dann auch in unterschiedlicher Weise auf antike Motive Bezug. So erinnert er in dem Gedicht »Die Medea von Lodz« (1934) an die Frau aus der Fremde, die – gemäß der voreuripideischen Version der Sage – *keine* Kindermörderin ist, sondern die in Griechenland nicht heimisch wurde und von den Korinthern verurteilt und gesteinigt worden ist: ein barbarisches Geschehen aus der Vorzeit, das im faschistischen Deutschland erneut Wirklichkeit wurde: »Zwischen Tram und Auto und Hochbahn / Wird das alte Geschrei geschrien / 1934 / in unserer Stadt Berlin.«[119] In dem Gedicht »Fragen eines lesenden Arbeiters« von 1938 stellt er der traditionellen ideologischen Geschichtsschreibung eine ›Sicht von unten‹ entgegen und fragt nach dem Anteil der unmittelbaren Produzenten, die für die Siege der »großen Männer« die »Spesen« zu zahlen haben.[120]

Hat Brecht in der Parabel »Die Horatier und die Kuriatier« (1938) in erster Linie ein Lehrstück über Kampftaktik geschrieben und dabei ein von Livius überliefertes Ereignis aus der römischen Frühgeschichte zwar politisch und sozial akzentuiert, im wesentlichen aber zustimmend übernommen, so setzt er in der Fragment gebliebenen »Pluto-Revue« von 1939 der märchenhaften Lösung im »Plutos« des späten Aristophanes – hier verteilt der blinde Gott des Reichtums seine Gaben an die Bösen, der sehende aber an die Guten – angesichts unlösbar gewordener sozialer Widersprüche eine härtere Lesart entgegen: Nur der blinde Gott hilft den Armen, der sehende aber wieder den Reichen: »Es werden Maulkörbe verteilt, der erste an Aristophanes.«[121]

Auch in dem in der zweiten Hälfte der dreißiger Jahre entstandenen, ursprünglich als Drama geplanten und Fragment gebliebenen Roman »Die Geschäfte des Herrn Julius Cäsar« überwiegt die kritisch-problematisierende Sicht: Der Schriftsteller versuchte hier, eine Destruktion ideologischer Geschichtslegenden vorzunehmen und Erkenntnisse zu vermitteln über das Verhältnis von inneren Konflikten und äußerem Krieg sowie über die historische Funktion von scheinbar über den Klassengegensätzen stehenden und mit pseudorevolutionären Phrasen arbeitenden Diktatoren. Obgleich Brecht dabei bedeutend sorgfältiger vorgeht als Feuchtwanger im »Falschen Nero«, werden doch auch bei ihm die Grenzen in der Aufnahme geschichtlicher Sujets deutlich. Der Autor hat darauf hingewiesen, daß die »gründung eines imperiums und die etablierung einer diktatur [...] auf streng historischer grundlage geschildert« würden, daß der Roman »keine verkleidete hitler- oder

---

118 Ebd., Bd. 19, S. 338–341.
119 Ebd., Bd. 14, S. 240f.
120 Ebd., Bd. 12, S. 29.
121 Ebd., Bd. 10/2, S. 829. – Vgl. auch die Wiederaufnahme des Motivs in dem 1947–1950 entstandenen Fragment »Der Wagen des Ares« (ebd., S. 938–953).

mussolinibiographie« sei, sondern daß unsere Epoche nur »gewisse phänomene reproduziert« – doch er mußte zugleich erkennen: »Die Verhältnisse liegen so sehr anders in der Antike [...]. Caesar bedeutet immerhin einen Fortschritt und die Anführungszeichen zu Fortschritt sind riesig schwer zu dramatisieren. Man kann so schwer deutlich machen, daß dieses Fortschreiten für die neuen Diktatoren wegfällt!«[122]

Wo Brecht Vorgänge, Personen und Werke aus dem Altertum mit Sympathie betrachtete, dort geschah dies schlicht und unpathetisch (wie in dem Gedicht »Heimkehr des Odysseus« [1936]), mit deutlicher Entheroisierung (wie in dem Gedicht »Der Schuh des Empedokles« [um 1938] oder in der Erzählung »Der verwundete Sokrates« [1939], in der der Philosoph bezeichnenderweise aus einem Bildhauer zu einem *Schuster* geworden ist) und mit Anteilnahme am Schicksal der ›kleinen Leute‹ (wie in der Erzählung »Cäsar und sein Legionär« [1942]). Es ist auffallend, daß Brecht zwar historischen Persönlichkeiten und den ideologischen Ansprüchen im Werk antiker Autoren mit Skepsis, Philosophen und den künstlerischen Aussagen dieser Autoren aber höchst aufgeschlossen gegenüberstand. So hat er denn auch in den »Briefen über Gelesenes« aus den Jahren 1942/43 eine aktualisierende Deutung zweier Passagen aus der Horazischen Epistel II 1 vorgenommen und aus ihnen Ratschläge für Schriftsteller seiner eigenen Zeit abgeleitet. Es geht Brecht nicht um eine Identifizierung mit Horaz, sondern er tritt dem römischen Dichter bewußt und eigenständig gegenüber (»So wenigstens / Verstehe ich diese Stelle«) – aber er fühlt sich ihm aufs tiefste verpflichtet, versucht dessen Gedanken weiterzuführen und liest ihn »Mit Vergnügen«.[123]

In drei Stücken der Nachkriegszeit hat Brecht an Hand antiker Sujets die Problematik von Krieg und Frieden, von Anpassung und Widerstand gestaltet. 1947 schrieb er »Die Antigone des Sophokles. Nach der Hölderlinschen Übersetzung für die Bühne bearbeitet«. Dieses Werk mit einem politisch exakt bestimmten Konflikt, dem Bekenntnis zu einer Widerstandskämpferin gegen einen reaktionären Tyrannen, der Verknüpfung zwischen persönlichem Schicksal und öffentlichen Belangen sowie der stärkeren Bewahrung Sophokleischer Züge ist das faktische Gegenstück zur »Antigone« Anouilhs. Brecht wurde damit in mehrfacher Hinsicht beispielgebend für die Antikerezeption der kommenden Jahrzehnte: für die exponierte Rolle der Dramatik, für die Affinität zum Genre der Bearbeitungen, für die sozialkritische Akzentuierung, die Politisierung und die »Durchrationalisierung«[124] des Stoffes, für ein differenziertes Verhältnis von Weiterführung und Entgegensetzung und nicht zuletzt auch für die Hochschätzung der Hölderlinschen Übersetzung. Brecht hat in seiner Bearbeitung die religiösen und religiös motivierten ethischen Momente der Sophokleischen Tragödie radikal politisiert und hat aus dem siegreichen

---

122 Akademie der Künste Berlin-Brandenburg, Bertolt-Brecht-Archiv, Sign. 348/07 und 187/34 (zitiert nach: Herbert Claas: Die politische Ästhetik Bertolt Brechts vom Baal zum Caesar. Frankfurt a. M. 1977 = edition suhrkamp 832, S. 232f.); Bertolt Brecht: Brief an Karl Korsch, Ende Oktober / Anfang November 1937. In: Brecht: Werke (wie Anm. 57), Bd. 29, S. 57f.
123 Bertolt Brecht: Werke (wie Anm. 113), Bd. 15, S. 113f.
124 Bertolt Brecht: Antigonemodell 1948. Ebd., Bd. 25, S. 74.

Verteidigungskrieg der Thebaner einen Raubkrieg »Gegen das ferne Argos«[125] gemacht, der zum Zerfall der thebanischen Staatsspitze führt; Kreon, der bei Sophokles nicht aus Bosheit und Willkür, sondern aus einer Übersteigerung staatlicher Anforderungen und somit aus einer folgenschweren Verkennung der Bedürfnisse des menschlichen Zusammenlebens heraus einen schweren Frevel begeht, ist bei Brecht zum eindeutigen Exponenten einer reaktionären Ordnung geworden, und Antigone, die in der Vorlage aus der Tiefe ihres Gefühls und aus einer starken religiösen Bindung heraus handelt, stellt sich bewußt der Tyrannei Kreons entgegen, ist eine »große Figur des Widerstands«[126]. Dabei ist Brecht keineswegs einer linearen Schwarz-Weiß-Malerei verfallen, sondern er hat Antigone durchaus als eine tragische Gestalt im antiken Sinne – d. h. als eine Person mit einer *megále hamartía* – vorgeführt; ja, er hat sie nicht nur nicht von Schuld freigesprochen, sondern jene Fehltat oder relative Schuld, die sie sich bei Sophokles durch die schroffe Unbedingtheit ihres Verhaltens und durch ihren Gesetzesbruch auflud, sogar noch gesteigert: Auch sie hat »Gegessen vom Brot, das in dunklem Fels / Gebacken war« und sich erst dann gegen das Unrecht aufgelehnt, als es nach Theben »Tödlich zurückkam«.[127]

Im Textbuch zu der Oper »Das Verhör des Lukullus« bzw. »Die Verurteilung des Lukullus« von 1951, das auf das Hörspiel »Das Verhör des Lukullus« von 1939 zurückgeht, rechnet Brecht nochmals mit der Verherrlichung ›großer Männer‹ in der traditionellen Geschichtsschreibung ab; die ›kleinen Leute‹, die das Totengericht stellen, fällen das Urteil: »ins Nichts mit ihm und ins Nichts mit / Allen wie er!«[128] Und die Bearbeitung von Shakespeares »Coriolan« (1952/53) weist Aspekte auf, die nicht nur für das Verhältnis des Schriftstellers zu diesem Stoff, sondern für seine Antikerezeption überhaupt charakteristisch sind: eine *kritische* Haltung gegenüber dem Geschehen, das von Livius und Plutarch vom Standpunkt des Senats aus überliefert und von Shakespeare in derselben Tendenz gestaltet worden war; die Verlagerung des Interesses von dem ›großen Mann‹ hinweg auf die Seite des Volkes (aus der Tragödie *des* Coriolan wird geradezu eine Tragödie *gegen* Coriolan); ein Rückgriff über Shakespeare hinaus auf die antiken Quellen im Hinblick auf materielle Interessen der Plebs und auf die Auseinandersetzungen zwischen Patriziern und Plebejern im größeren Zusammenhang der römischen Geschichte; schließlich eine Lösung des Konfliktes, die »positiv für die Gesellschaft« ist.[129]

Kennzeichnend für Brechts Antikerezeption ist der hohe Anteil historischer (im Vergleich zu den ansonsten bevorzugten mythischen) Sujets und die starke Affinität zu Rom. Der Schriftsteller trägt damit der Bedeutung des Staatlich-Politischen im 20. Jahrhundert gegenüber der vom Bürgertum des 18. Jahrhunderts betonten

---

125 Bertolt Brecht: Die Antigone des Sophokles. Nach der Hölderlinschen Übertragung für die Bühne bearbeitet. Ebd., Bd. 8, S. 201.
126 Bertolt Brecht: Antigonemodell 1948 (wie Anm. 124).
127 Bertolt Brecht: Die Antigone des Sophokles (wie Anm. 125), S. 228. – Vgl. Volker Riedel: Antikerezeption in der Literatur der DDR [s. Bibl. 6.1.], S. 126–131.
128 Bertolt Brecht: Werke (wie Anm. 113), Bd. 6, S. 143 und 173. – In der Erzählung »Die Trophäen des Lukullus« hatte Brecht den römischen Feldherrn nicht seiner kriegerischen Eroberungen, wohl aber der Kirsche wegen, die er aus Asien nach Europa gebracht hat, in die Geschichte eingehen lassen (ebd., Bd. 19, S. 306) – im Hörspiel und in der Oper kann auch diese *eine* gute Tat, die für ihn spricht, seine vielen Untaten nicht aufwiegen.
129 Bertolt Brecht: Zur Bearbeitung des Coriolan. In: Theater der Zeit 19 (1964) 7, S. 5.

individuellen und kulturellen Sphäre Rechnung. Berühmt sind die Sätze aus dem Jahre 1951, in denen er Karthago als Exempel schlechthin für die Gefährlichkeit und Sinnlosigkeit von Kriegen und als nachdrückliche Warnung für die Gegenwart nimmt: »Das große Carthago führte drei Kriege. Es war noch mächtig nach dem ersten, noch bewohnbar nach dem zweiten. Es war nicht mehr auffindbar nach dem dritten.«[130]

Vor allem unterscheidet sich das Brechtsche Antikebild grundlegend von demjenigen Johannes R. Bechers. Becher orientierte auf die Kontinuität humanistischer Haltungen und auf eine lineare Verherrlichung des Sozialismus – Brecht ließ die Brüche und Widersprüche in der Tradition deutlich werden und stand auch der Sowjetunion »Positiv kritisch«[131] gegenüber. Wo Becher in dem Gedicht »Beneidenswerte Menschen« antike Ideale als frühe Ausprägungen humanistischer Haltungen sieht, dort stellt Brecht sie in dem Gedicht »Verurteilung antiker Ideale« als Quellen sozialer Fehlhaltungen in Frage; während in Bechers »Hymne auf ein Schiff« die olympischen Götter ihre Überholtheit zugeben, da die von ihnen repräsentierten Werte nunmehr Wirklichkeit geworden seien, sind sie in Brechts Gedicht »Die Verwandlung der Götter« Exponenten ungerechter Gesellschaftssysteme, stehen paradigmatisch für die Ideologie aller Herrschenden. Für Becher ist Prometheus eine uneingeschränkte Identifikationsfigur; Brechts Beschäftigung mit dem Sujet hingegen führt zu einer Herausarbeitung der Ambivalenz dieser Gestalt, ja zu einer Verurteilung des Titanen, der seine Bindung an die Götter nicht aufgibt und dessen Erfindung des Feuers der Beginn von »ungeheuren entartungen« ist. Wo Becher schließlich »des Menschen Elend« allzu rasch durch »des Menschen Größe« aufgehoben sieht, dort klammert Brecht Leid und Tragik nicht aus seinem Weltbild aus – am eindrucksvollsten in dem Gedicht »Beim Lesen des Horaz« aus den »Buckower Elegien« von 1953, in dem er noch einmal das Thema des *aere perennius* anklingen läßt und das zugleich an Sturm-, Flut- und Unwetterbilder in mehreren Horaz-Gedichten erinnert. Der Gedanke der Dauerhaftigkeit ist Brecht jetzt nicht mehr, wie zu Beginn der dreißiger Jahre, verdächtig; er steht nunmehr Horaz sehr nahe – doch an die Stelle des optimistischen Pathos, des dichterischen Selbstbewußtseins und des Vertrauens auf Götter und Helden bei dem römischen Dichter sind nüchterne Sachlichkeit und nachdenkliche Skepsis getreten:

Selbst die Sintflut
Dauerte nicht ewig.
Einmal verrannen
Die schwarzen Gewässer.
Freilich, wie wenige
Dauerten länger.[132]

---

130 Bertolt Brecht: Offener Brief an die deutschen Künstler und Schriftsteller. In: Brecht: Werke (wie Anm. 113), Bd. 23, S. 156.
131 Bertolt Brecht: Journal Dänemark 1938/39. Ebd., Bd. 26, S. 327. – Zum Verhältnis zwischen Becher und Brecht vgl. Volker Riedel: Grundzüge, Entwicklungstendenzen und Problematik der Becherschen Antikerezeption [s. Bibl. 6.2.], S. 220f. und 224; zu Brechts Prometheus-Rezeption vgl. Ders.: Stabilisierung, Kritik, Destruktion [s. Bibl. 6.1.], S. 185.
132 Bertolt Brecht: Werke (wie Anm. 113), Bd. 12, S. 315. – Zu Brechts Horaz-Rezeption vgl. Volker Riedel: Zwischen Ideologie und Kunst [s. Bibl. 6.1.], S. 296–299.

Nach dem zweiten Weltkrieg
Von Elisabeth Langgässer bis Peter Huchel

In den Jahren nach 1945 ist eine Reihe von Werken älterer, zumeist christlich-humanistisch geprägter konservativer Schriftsteller veröffentlicht worden, die während der Nazizeit – teils verfemt und verfolgt – in Deutschland geblieben waren und jetzt den Höhepunkt ihres Schaffens erlebten. In diesen Werken verbinden sich Betroffenheit und Zuversicht, Abscheu weniger vor den faschistischen Verbrechen als vor den Leiden der Kriegs- und Nachkriegszeit und der Versuch, das Unrecht als eine Art ›Heimsuchung‹ zu enthistorisieren und zu mystifizieren. Die Autoren strebten nach einer geradezu künstlichen Erneuerung klassizistischer Traditionen, die das historische Chaos verdrängen und eine harmonisierend-restaurative Ideologie des Immergleichen verkünden sollten.

Im Werk ELISABETH LANGGÄSSERS (1899–1950), die im Jahre 1936 als ›Halbjüdin‹ mit Schreibverbot belegt und 1944 trotz schwerer Krankheit zu Zwangsarbeit verpflichtet worden war, verbinden sich christliche (katholische) und mythische Symbole. Seit den Novellen »Triptychon des Teufels« (Mars – Merkur – Venus; 1932), dem Roman »Proserpina« (1933) und dem Zyklus »Tierkreisgedichte« (1935) hat sie in starkem Maße mit antiken Motiven gearbeitet und insbesondere die Thematik von Unter- und Oberwelt behandelt. Auffallend ist von Anfang an die Tendenz zur Versöhnung, zur Erlösung durch Gnade – so in dem 1935 veröffentlichten Gedicht »Daphne«, in dem Verfolgung und Flucht zugleich einen Halt »am Rande unsrer Welt« bedeuten[133].

In dem von 1947 bis 1950 entstandenen und 1950 erschienenen Roman »Märkische Argonautenfahrt« begeben sich im Sommer 1945 sieben Personen, die auf unterschiedliche Weise schuldig geworden waren, auf eine dem mythischen Vorbild folgende Pilgerreise von Berlin nach dem Kloster Anastasiendorf in der südlichen Mark Brandenburg, um in einer *civitas Dei* Heilung und Läuterung zu finden. Die Reise enthüllt sich immer mehr als Hadesfahrt und Abstieg zur Hölle und zeigt vielfältige Beziehungen zum Demeter-Persephone-Mythos. Die historischen Unterschiede zwischen Tätern und Opfern sind weitgehend verwischt; einander entgegengestellt werden vor allem ›gute‹ – d. h. entsexualisierte – Frauen und ›böse‹ Mütter, die ihre Sexualität ausleben und ihre Kinder töten und deren mythisches Urbild Medea ist.

In enger Verbindung zu diesem Roman stehen die Gedichte des unvollendeten Zyklus »Metamorphosen« (erschienen 1951), worin ebenfalls die Unterwelt-Motivik und das Thema der Versöhnung dominieren. In der »Demetrischen Hymne« wird Demeter (anders als in der Sage) durch ihr Verbleiben in der Unterwelt zur Erlöserin ihrer Tochter, die eine mystische Auferstehung in Analogie zur Auferstehung Christi erlebt; in »Frühlingsmond« steigt Aeneas in die Unterwelt hinab, um an sein Ziel zu gelangen; in »Frühling 1946« gleicht das lyrische Subjekt einem Odysseus, der, in Analogie zu Christus, aus dem Totenreich wieder aufersteht und dem »zum Lohne« und »Ohne zu verführen« eine Nausikaa erscheint, die als

---

133 Elisabeth Langgässer: Gesammelte Werke. Hamburg 1959, Bd. 1, S. 222.

Gegenbild zum Reich des Pluto und der Gorgo figuriert[134] – und »Arachne« verschmilzt antike und biblische Motive (die Weberin Arachne, das Goldene Vlies, die Gorgo-Meduse bzw. Eva, Maria und Christus) sowie Mythos, Natur und Heilsgeschichte miteinander und endet in einer Apologie der katholischen Kirche.

Versuche, die deutsche Katastrophe episch zu bewältigen, sind – neben der »Märkischen Argonautenfahrt« – die Erzählung »Die getreue Antigone« aus dem Band »Der Torso« (1948), in der ein einfaches Mädchen aus dem Volk, dessen Bruder von den Nazis ermordet worden ist, das Grab eines SS-Mannes pflegt, sowie die Erzählungen »Das Labyrinth der Kinder« und »Der Schulausflug« aus dem Band »Das Labyrinth« (1949), die nochmals das Proserpina-Motiv aufnehmen. Erschütternder biographischer Hintergrund ist die Deportation von Elisabeth Langgässers ältester (unehelicher) Tochter nach Auschwitz. Die Schriftstellerin – der es gelang, ihre Familie und ihre anderen Kinder zu retten – ›verarbeitete‹ diese Problematik dergestalt, daß sie nicht die Leiden der Tochter, sondern die der Mutter thematisierte, die politische Verantwortung sexualisierte und Mitleid mit ›allen Opfern‹ hatte.[135] Die Tochter hat Auschwitz überlebt und sich später von diesen mythisierenden Konstruktionen distanziert.[136]

Von zunächst starker internationaler Resonanz war die Prosa HANS ERICH NOSSACKS (1901–1977), in der der Autor, der 1933 Veröffentlichungsverbot erhalten hatte, in enger Bindung an den Existentialismus die Frage nach dem Sinn des Daseins angesichts von Untergang und Zerstörung erörterte und dabei mehrfach auf antike Mythen (Orpheus, Daidalos) zurückgriff. In thematischer Nähe zu der 1943 geschriebenen, 1948 veröffentlichten Erzählung »Der Untergang« – einem Bericht über die Bombenangriffe auf Hamburg vom 24. Juli bis 3. August 1943 – steht der 1947 geschriebene »Bericht eines Überlebenden« »Nekyia«, in dem die Katastrophe in den Dimensionen des Trojanischen Krieges, des Odysseus und der Aischyleischen »Orestie« gedeutet wird. Der Titel erinnert an die Unterweltsfahrt des Odysseus im elften Gesang des Homerischen Epos, auf der dieser u. a. die abgeschiedenen Seelen seiner Mutter und des Agamemnon traf. Der Erzähler wird in seine Kindheit und zu seiner Mutter zurückgeführt, die – ohne daß der Name genannt würde – als Klytaimestra erkennbar wird, die ihren Mann töten half, und der Erzähler selbst wird zu Orest, der sie töten mußte. Der Gattenmord Klytaimestras erscheint als verzweifelte Reaktion auf die seelenzerstörende Kriegsmentalität der Männer und somit – in Umwertung des Mythos – als keineswegs unberechtigt; indem sich dann Klytaimestra im Einverständnis mit ihrem Sohn selbst den Tod gibt und diesen vom Gebot des Muttermordes befreit, wird der Geschlechterfluch der Atriden gebrochen und zugleich eine Aussöhnung zwischen Mann und Frau bewirkt. Die Frage nach der konkreten Schuld tritt zurück hinter die Suche nach einer Sinngebung des Grauens. Aus Not und Schmerz erwächst eine Schutzschicht, die eine gewisse Sicherheit gewährt; Leben scheint wieder möglich zu sein, und die

---

134 Ebd., S. 158.
135 Vgl. Inge Stephan: »Der Ruf der Mütter«. Schulddiskurs und Mythenallegorese in den Nachkriegstexten von Elisabeth Langgässer. In: Stephan: Musen & Medusen [s. Bibl. 6.1.], S. 133–160; Dies.: Medea, meine Schwester? [s. Bibl. 6.1.], S. 12f.
136 Cordelia Edvardson: Gebranntes Kind sucht das Feuer. München 1986.

durchaus kritisch intendierte Umdeutung des Mythos mündet ins Hoffnungsfrohe und Utopische, ja geradezu in Harmonie.[137]

In der von 1942 bis 1946 geschriebenen, 1948 veröffentlichten Erzählung »Kassandra« wird durch Telemachos die Problematik der sich fremd gewordenen Ehepartner (Agamemnon und Klytaimestra, Odysseus und Penelope) reflektiert und Kassandra als eine ungewöhnliche Frau vorgestellt, die nur als Bündnispartnerin für einen einsamen männlichen Helden (Orestes) in Frage gekommen wäre. Auch hier deuten sich Parallelen zwischen der Bombardierung Hamburgs und dem Trojanischen Krieg an – doch jegliche historische und politische Profilierung ist aufgegeben zugunsten einer ›ewigen‹ Geschlechterproblematik und einer Heroisierung ›männlicher‹ Verhaltensweisen. Mehr, als es dem Autor bewußt war, und im Grunde im Widerspruch zu seiner Distanzierung vom nationalsozialistischen Regime steht Nossack bis zu einem gewissen Grade im Banne der Kassandra-Rezeption der frühen vierziger Jahre und unterscheidet sich grundlegend von der Aufnahme dieser Gestalt bei Exilautoren und in der DDR-Literatur oder von der historischen Problematisierung des Odysseus bei Horkheimer und Adorno.[138]

Eine mehr metaphysische als historische Deutung der deutschen Katastrophe hat auch HERMANN KASACK (1896–1966) in seinem 1942–1944 und 1946 geschriebenen, 1947 veröffentlichten Roman »Die Stadt hinter dem Strom« unternommen. Der Aufenthalt in einer nur von Toten bewohnten Höhlen- und Ruinenstadt läßt das ›Dritte Reich‹ als eine antike und danteske Unterwelt erscheinen.

In der Dramatik der Nachkriegszeit gab es zunächst eine eher konventionelle Antikerezeption – die allerdings, im Unterschied zu den Werken Langgässers, Nossacks und Kasacks, ohne größere Wirkung war. 1946 schrieb Horst Lange (1904–1971) »Die Frau, die sich Helena wähnte«, 1947 Bernt von Heiseler (1907–1969) einen »Philoktet«, ECKART PETERICH (1900–1968) eine »Nausikaa« und Hans Schwarz eine »Iphigenie in Aulis«, 1948 Ilse Langner (1899–1987) »Iphigenie kehrt heim« und Egon Vietta (1903–1959) »Iphigenie in Amerika«. Den Iphigenie-Dramen ist gemeinsam, daß sie eine düstere Welt schildern und dennoch eine zukunftsfrohe Lösung andeuten. (Peterich hat noch 1959 das Lustspiel »Alkmene« verfaßt, in dem Zeus, gerührt von der sittlichen Vollkommenheit der Frau, auf die Vereinigung mit ihr verzichtet und den Herakles geistig zeugt.) Als beispielhaft sei das Stück BERNT VON HEISELERS – eines vom George-Kreis beeinflußten Schriftstellers – vorgestellt, das sich gleichermaßen von der individualistischen Haltung und dem freien Schalten mit der Sophokleischen Vorlage in den »Philoktet«-Adaptationen vom Beginn des 20. Jahrhunderts wie von der Macht- und Militarismuskritik in denen der sechziger und siebziger Jahre abhebt. Heiseler hat sich in der Handlung eng an Sophokles angeschlossen und zugleich die tragischen Dimensionen und die problematische Ambivalenz von dessen Stück zugunsten einer

---

137 Vgl. Geschichte der deutschen Literatur von 1945 bis zur Gegenwart [s. Bibl. 6.1.], S. 49f. – Im vorliegenden und im folgenden Kapitel wird mehrfach auf diese Publikation Bezug genommen.

138 Vgl. Thomas Epple: Der Aufstieg der Untergangsseherin Kassandra [s. Bibl. 1.1.], S. 217–222; Inge Stephan: »Was geht uns Kassandra an?« Zur Rekonstruktion von Männlichkeit in Hans Erich Nossacks frühen Nachkriegstexten. In: Stephan: Musen & Medusen (wie Anm. 135), S. 161–185. – Vgl. S. 263, 303 und 390f.

christlich-verinnerlichten Ergebenheit in das Schicksal aufgegeben. Heiselers »Philoktet« läßt zwar die Schrecken des Krieges sichtbar werden, ist aber kein Antikriegsstück. Der Krieg erscheint als ein Schicksal, das zu ertragen ist, und als eine Notwendigkeit, die das ganze Volk überzieht und der sich niemand verweigern darf. Philoktet akzeptiert zunächst seine Einsamkeit und zieht dann willig in den Krieg, nicht von Herakles, sondern von Neoptolemos überzeugt. Die Intrige wird gegenüber dem antiken Vorbild stark eingeschränkt, und selbst dem Odysseus sind Regungen des Widerwillens gegen sein Tun nicht fremd. Zum Schluß mündet das – bisweilen an Herder erinnernde – Gewissensdrama in ein Chorlied mit theologischem Anspruch. Heiseler reflektiert Erfahrungen der Kriegs- und Nachkriegszeit (1941 hatte er einen »Caesar« geschrieben, den die Nazis verboten hatten); doch seine Haltung zeugt nicht von einer geschichtsbewußten Auseinandersetzung mit der Vergangenheit, sondern von einer Mystifizierung des Unrechts. In dem Essay »Der Dichter als Tröster« (1953) erklärt er, daß »Unheil [...] aus den Wurzeln alter Irrungen« im deutschen Volk einen »Nährboden« gefunden habe, daß darauf »eine Strafe, die jedes Maß überstieg« gefolgt sei und daß schließlich die »Macht des Bösen« die Deutschen verlassen habe, »um die Sieger zu beherrschen und wieder neues Unheil auf das alte zu häufen«.[139]

Diese literarische Antikerezeption korrespondiert mit den Inszenierungen antiker Tragödien an den deutschen Bühnen der vierziger und fünfziger Jahre und mit altphilologischen Deutungen namentlich des Sophokleischen »Oidipus Tyrannos«, in denen Tragik aus einer ontologisch vorgegebenen Schuld im Sinne Martin Heideggers erklärt und mittels eines metaphysischen Denkansatzes das eigene politisch-moralische Fehlverhalten kompensiert wurde.[140]

Produktiver ist die bereits in den vierziger Jahren einsetzende problematisierende Aufnahme antiker Motive bei Autoren, die die Erfahrungen der Kriegs- und Nachkriegszeit bewußt und kritisch zu reflektieren vermochten. MAX FRISCH (1911–1991) hat in der »Chinesischen Mauer« von 1946, einem Stück gegen Nuklearwaffen, neben verschiedenen anderen historischen Personen auch Brutus und Kleopatra auftreten lassen, und in »Biedermann und die Brandstifter« (1953) den Chor der griechischen Tragödie – insbesondere aus der Sophokleischen »Antigone« – persifliert. Später erhalten mythische Personen vor allem im Romanwerk eine wesentliche Funktion für das Problem der Identität. Urbild des Niemand in »Stiller« (1954) ist Odysseus; und im »Homo faber« (1957) entwickelt der Autor an Hand des Oidipus-Motivs eine kritische Sicht auf den modernen Techniker, der die Natur zu beherrschen meint und über sich selbst so wenig Bescheid weiß, daß er – unwissend – seine eigne Tochter liebt. Er erkennt das Verfehlte seines Lebens (»Leben ist nicht Stoff, nicht mit Technik zu bewältigen«), sieht, daß er sich der

---

139 Bernt von Heiseler: Gesammelte Essays zur alten und neuen Literatur. Stuttgart 1966/67, Bd. 2, S. 189. – Zu den Iphigenie-Dramen vgl. Lieselotte Blumenthal: Iphigenie von der Antike bis zur Moderne [s. Bibl. 1.1.], S. 37–40.
140 Vgl. Gerhard Lohse / Horst Ohde: Mitteilungen aus dem Lande der Lotophagen. Teil II [s. Bibl. 6.1.]; Gerhard Lohse: Die Rezeption der griechischen Tragödie auf dem deutschen Theater nach 1945 und der Regisseur Gustav Rudolf Sellner [s. Bibl. 6.1.]; Volker Riedel: Lesarten des Oidipus-Mythos [s. Bibl. 1.1.], S. 68 f.

jungen Frau gegenüber verhalten habe, »als gebe es kein Alter, daher widernatürlich«[141], und wird wie der Sophokleische Held erst durch sein Scheitern sehend.

FRIEDRICH DÜRRENMATT (1921–1990) hat sich bereits während seines Studiums mit Aristophanes und den griechischen Tragödiendichtern auseinandergesetzt, und zu seinen frühesten Prosa-Arbeiten gehören »Das Bild des Sisyphos« (1945), »Die Stadt« (1946) – eine Erzählung in der Tradition Kafkas, in der der Autor (wie zuvor schon in der unveröffentlichten »Komödie« von 1943) das Labyrinth-Motiv aufgreift – und »Der Tunnel« (1947) mit einer Reminiszenz an das Höhlengleichnis und einer Absage an die Ideenwelt Platons: Von Dürrenmatts ›Höhle‹ ist kein ›Ausblick‹ mehr möglich.

Das erste erfolgreiche Stück des Schriftstellers war die Komödie »Romulus der Große« von 1948. Dürrenmatt hat aus dem letzten römischen Kaiser, der im Jahre 476 als Jüngling von Odoaker abgesetzt worden war, einen wohlbeleibten, schon seit zwei Jahrzehnten regierenden Herrscher von fünfzig Jahren gemacht, der nur deshalb die Macht gesucht hat und behält, um durch konsequentes Nichtstun und Nichtregieren – er züchtet Hühner – das blutige und überlebte römische Weltreich zu liquidieren. Wie Frischs »Chinesische Mauer« handelt auch Dürrenmatts »Romulus« von einer Endzeit und vom Verhältnis zwischen Geist und Macht, zwischen Moral und Politik. In der Gestalt des als »Narren verkleideten Weltenrichter[s]« scheint der utopische Gegenentwurf einer humanen Politik Wirklichkeit zu werden – zumindest in der ersten Fassung der Komödie. Ließ nach dieser Version Dürrenmatt »einen Helden nicht an der Zeit, sondern eine Zeit an einem Helden zugrunde gehen«[142], so ist in der zweiten Fassung von 1957 – insgesamt gibt es fünf Fassungen – das Stück zu einer resignativen Satire geworden. Odoaker schickt Romulus in den Ruhestand und führt das Reich unter anderen Vorzeichen, aber nach den hergebrachten Maximen weiter. Romulus wird zu einem als Weltenrichter verkleideten Narren, zu einer tragikomischen Gestalt; angesichts der Willkür weltpolitischer Umbrüche erweist sich der einzelne als machtlos; der elitäre Anspruch der Nachkriegsintellektuellen und ihre radikalen Lösungsversuche fallen der Kritik anheim. An dieser Überarbeitung wird der Wandel von Dürrenmatts Geschichtsbild und ästhetischer Konzeption beispielhaft deutlich: An die Stelle von Problemlösungen tritt das Durchspielen unaufhebbarer Konflikte.

1951 schrieb Dürrenmatt das Hörspiel »Der Prozeß um des Esels Schatten«, eine Bearbeitung des vierten Teils von Wielands Roman »Die Geschichte der Abderiten«. In dieser Kritik an der westeuropäischen Nachkriegsgesellschaft (insbesondere auch an der Schweiz) wird nicht nur, wie bei Wieland, der Esel zerrissen, sondern Abdera selbst geht in Flammen auf.[143]

In »Herkules und der Stall des Augias« (1954 als Hörspiel verfaßt, 1962 als – in der Aussage noch verschärfte – Komödie überarbeitet) resigniert der Held angesichts einer übermächtigen Bürokratie und läßt den Stall ungereinigt: »Arg spielte uns

---

141 Max Frisch: Homo faber. Ein Bericht. Frankfurt a. M. 1957, S. 212.
142 Friedrich Dürrenmatt: Anmerkungen zu »Romulus der Große«. In: Dürrenmatt: Werkausgabe in dreißig Bänden. Zürich 1980 = Diogenes-Taschenbuch 250, Bd. 2, S. 120f.
143 Vgl. Cesare Cases: Wieland, Dürrenmatt und die Onoskiamachia. In: Cases: Stichworte zur deutschen Literatur. Kritische Notizen. Wien, Frankfurt a. M., Zürich 1969, S. 253–276.

eure heißgeliebte Antike mit. Der Mist blieb Sieger.«[144] Immerhin ist es seinem Gegenspieler gelungen, wenigstens etwas Mist in Humus zu verwandeln und als bescheidenes Refugium einen Garten für sich zu errichten, an dem sein Sohn Phyleus weiterarbeiten wird. In der Bühnenfassung ist die gesellschaftskritische Aussage noch verschärft: Phyleus verfolgt Herkules, weil er Deianeira entführt hat, und hofft, ihn zu töten.

Antike-Reminiszenzen finden sich bei Dürrenmatt auch außerhalb mythischer Sujets. So ist »Der Besuch der alten Dame« (1955) u.a. eine Parodie des Schicksalsdramas, enthält Anklänge an »Medea« und »Antigone« und kritisiert in der Gestalt des Lehrers einen Altphilologen, dessen humane Appelle ohnmächtig verhallen und der dann selbst mit demagogischer Rhetorik der Inhumanität zum Siege verhilft. »Die Physiker« (1961) spielen in ihrer Kritik an den Gefahren des technischen Potentials an den Euripideischen »Herakles« an.

Genannt seien weiterhin das (unveröffentlichte) Kabarettstück »Die Hochzeit der Helvetia mit dem Merkur« (1963), eine Adaptation von Shakespeares Jugendwerk »Titus Andronicus« (1970), das Dürrenmatt als eine absurde Komödie der Politik auffaßte, die Erzählung »Der Tod des Sokrates«, auf deren Grundlage der Autor auch ein Sokrates-Drama plante, die Erzählung »Das Sterben der Pythia«, die – in der Art Kafkas und Brechts – antike Mythen ›berichtigt‹ (Oidipus fällt durch Zufall, als Opfer einer schlechtgelaunten Pythia), Essays wie »Prometheus« und »Gedankenfuge« (mit Ausführungen zum »Fall Antigone«) sowie Reden und Interviews. In seinen theoretischen Schriften zum Theater hat sich Dürrenmatt mehrfach mit Sophokles, Aristophanes und Aristoteles auseinandergesetzt.

Auffallend ist eine verstärkte Hinwendung zu antiken Sujets in den späten Prosatexten. In »Stoffe« (1981) greift Dürrenmatt nochmals das Labyrinth-Motiv auf; in »Minotaurus« (1985) deutet er das Ungeheuer als leidende Kreatur und sieht Theseus als beispielhaft für einen Menschen, der sich gerade in einer offenkundig aussichtslosen Situation den Herausforderungen der Welt stellt – dies aber in der Maske des Minotauros tut. In »Der Auftrag« (1986) treten Achill als Massenmörder und Polyphem als gewissenloser Technokrat auf; »Midas oder Die schwarze Leinwand« schließlich (1991 postum erschienen) thematisiert an der alten Sage das moderne Verhältnis zwischen geschäftlichem Erfolg und Ruin.

Skepsis und Resignation bestimmen vorrangig Dürrenmatts Umgang mit den antiken Motiven, die er fast stets in einem der traditionellen Ausprägung gegenüber konträren Sinne verwendet. Von zentraler Bedeutung ist dabei das Thema des Labyrinths: die Vorstellung einer unbegreiflichen und sinnlosen Welt, die gleichwohl zu immer neuen Fragen und Erkenntnisversuchen herausfordert. Der Essay »Dramaturgie des Labyrinths« von 1977 ist geradezu ein Schlüsseltext dieses Schriftstellers.

Historisch ungleich konkreter und in ihrer antimilitaristischen Polemik bedeutend schärfer als die Arbeiten Elisabeth Langgässers oder Hans Erich Nossacks ist HEINRICH BÖLLS (1917–1985) Erzählung »Wanderer, kommst du nach Spa...« aus dem Jahre 1949 – eine Abrechnung mit einer (wie sie sich selbst empfand) ›humanisti-

---

144 Friedrich Dürrenmatt (wie Anm. 142), Bd. 8, S. 105.

schen‹ Bildung, die die Antike auf einige aus dem Zusammenhang gerissene patriotische Schlagworte und die Weimarer Klassik auf die Vermittlung gerade *dieses* ›Erbes‹ reduzierte und somit selbst zur kriegerischen ›Ertüchtigung‹ der deutschen Jugend und zu ihrem sinnlosen Sterben beitrug. (»Wanderer, kommst du nach Sparta, verkündige dorten, du habest / Uns hier liegen gesehn, wie das Gesetz es befahl«, ist die Schillersche Version des dem Simonides zugeschriebenen Epigramms auf die Gefallenen von Thermopylae.[145]) Böll hat auch später gelegentlich auf antike Motive angespielt; von einer substantiellen Antikerezeption kann in seinem Gesamtwerk aber nicht geprochen werden.

Betroffenheit kennzeichnet auch die frühe Mythosrezeption INGEBORG BACHMANNS (1926–1973). In der kurzen, an Kafka erinnernden Erzählung »Das Lächeln der Sphinx« (1949) hat sie einen Oidipus vorgestellt, der durch seine Wißbegier dazu getrieben wird, nicht nur die Geheimnisse der Erde und des Himmels, sondern auch die der Menschen zu ergründen – und der dies dadurch zu erreichen sucht, daß er sie hinrichtet. Wie für Böll ist auch für Ingeborg Bachmann die ausdrückliche Übernahme antiker Motive nur für den Beginn ihres Schaffens charakteristisch.

Anders bei ARNO SCHMIDT (1914–1979), der zwar auch nur in den vierziger und frühen fünfziger Jahren Antike-Erzählungen schrieb, dessen späteres Werk aber – neben dem Spiel mit anderen literarischen Materialien (Shakespeare, Wieland, Richard Wagner, Jacques Offenbach, James Joyce und Rainer Maria Rilke) – in hohem Maße antike Mythen travestiert, variiert und transformiert.

Nachdem Schmidt bereits Mitte der vierziger Jahre in den »Dichtergesprächen im Elysium« sich an die Gattung der Totengespräche angelehnt und u. a. zu Wieland als Vermittler Lukians bekannt sowie in der (erst 1975 veröffentlichten) Erzählung »Pharos oder von der Macht der Dichter« einen misanthropischen Einsiedler auf einer winzigen Leuchtturminsel mit Poseidon verglichen hatte, veröffentlichte er 1949 in dem Band »Leviathan oder Die beste der Welten« neben der Titelgeschichte die Erzählungen »Enthymesis oder W. I. E. H.« (1946) und »Gadir oder Erkenne dich selbst« (1948). In der ersten Erzählung begibt sich Philostratos, ein fiktiver Schüler des Geographen Eratosthenes von Kyrene (um 284 – um 202 v. Chr.), auf eine Vermessungsexkursion nach Ägypten. Sein ursprünglicher Glaube an die ›Güte‹ von Menschen und Göttern und seine romantische Sehnsucht nach einer höheren Vollkommenheit sind längst einem pessimistischen Menschenhaß gewichen (W. I. E. H. heißt: ›Wie ich euch hasse‹); er durchschaut die Entwicklung Roms zur Weltmacht und zu einem (dem nationalsozialistischen Deutschland vergleichbaren) »Wolfsstaat« und sieht in dem Römer Aemilian die Personifikation einer angewandten, kriegsorientierten, die Welt unterwerfenden Wissenschaft, so daß er ihn schließlich tötet. Auch »Gadir oder Erkenne dich selbst« ist gegen eine der Kriegführung dienenden angewandten Wissenschaft gerichtet. In dieser Parabel über die Problematik des Intellektuellen in einer erkenntnisfeindlichen Welt führt der Entdeckungsreisende Pytheas von Massilia, der seit 316 v. Chr. von den Karthagern wegen angeblicher Spionage auf einer Insel bei dem heutigen Cadiz eingekerkert

---

145 Friedrich Schiller: Der Spaziergang. In: Schiller: Werke. Nationalausgabe. Weimar 1943 ff., Bd. 2/1, S. 311.

ist, bei Ausbruch des 1. Punischen Krieges (264) ein Tagebuch. Die von ihm geplante Flucht gelingt nur im Fiebertraum; tatsächlich stirbt er.

Zur Gruppe der Antike-Erzählungen gehören weiterhin »Alexander oder Was ist Wahrheit« (entstanden 1949, erschienen 1953) und »Kosmas oder Vom Berge des Nordens« (entstanden 1954, erschienen 1959). In der ersten Erzählung begibt sich Lampon, ein fiktiver Lieblingsschüler des Aristoteles und Verehrer Alexanders des Großen, auf eine Reise nach Babylon. Desillusioniert über den verehrten König, in dem er einen diktatorischen Kriegsverbrecher erkennt (auch hier werden Parallelen zu Hitler deutlich) und nicht minder das Versagen des Theoretikers Aristoteles reflektierend, organisiert er einen Aufstand der Intellektuellen; dieser gelingt zwar – doch in den Diadochenkämpfen geht das »Gewürge« der »Wölfe« weiter. »Kosmas« schließlich spiegelt bereits Erfahrungen der Adenauer-Ära wider; die Erzählung spielt im 6. Jahrhundert n. Chr. am Schwarzen Meer: Der Umbruch vom polytheistischen ›Heidentum‹ zum monotheistischen Christentum hat keine Humanisierung der »wölfischen« Geschichte gebracht, sondern sogar zu kulturellen Verlusten geführt, zur Ablösung einer vernunftorientierten antiken Wissenschaftlichkeit durch eine glaubensorientierte autoritäre Kulturfeindlichkeit.

In diesen vier Erzählungen (die übrigens eine präzise Topographie der Antike vermitteln und von einer intensiven Beschäftigung mit antiken Geographen und Historikern zeugen) hat das klassische Altertum für den modernen Autor keine utopiebildende Kraft mehr, vermittelt aber geistige und künstlerische Anregungen zur Auseinandersetzung mit der Geschichte des 20. Jahrhunderts. Arno Schmidt war einer der ersten Autoren, die sich antiker Motive zur Kritik an der jüngsten Vergangenheit und auch schon an der Adenauerschen Restaurationspolitik bedienten. Fern jeder Mystifizierung, hat er die Konflikte politisch akzentuiert – nicht so sehr im historisch-konkreten Kontext, wohl aber im Hinblick auf allgemeine Invarianten der Geschichte. Vorbild für ein derartiges historisch fundiertes poetisches Spiel war ihm insbesondere Wieland.

Weniger auffällig sind antike Motive auch in den meisten anderen Arbeiten Arno Schmidts präsent – bis hin zu dem Monumentalwerk »Zettels Traum« (1970), in dem mehrfach auf die »Metamorphosen« des Ovid angespielt wird (Daphne, Orpheus, Pygmalion u. a.), ja diese römische Dichtung geradezu als Gewährstext für Wandelbares und Gewandeltes und für die Spiegelung sexueller Vorgänge genutzt wird. Öfters fühlte sich der Autor von Wielands Romanen angeregt oder übernahm dessen Verfahren, die überlieferten Verwandlungssagen seinerseits wieder zu verwandeln. Selten sind unmittelbare inhaltliche Übernahmen, häufig hingegen formale Wiederholungen der Figurenkonstellationen.

Charakteristisch ist der Prosazyklus »Kühe in Halbtrauer« (1964); fast jede der zehn Erzählungen variiert Grundmuster antiker Mythen. So arbeiten »Der Sonn' entgegen« und »Piporakemes« mit der Hades-Motivik, »Schwänze« und »Großer Kain« – eine Kontrafaktur des Mythos um Attis und Adonis – mit der Dichotomie von Eros und Thanatos; in der Titelgeschichte erscheint ein Heidedorf als arkadische Idylle; »Kundisches Geschirr« transponiert den Mythos von Apollon und Daphne und spielt (wie schon Wielands »Abderiten«) auf die Verwandlung der lykischen Bauern in Frösche an; »Die Abenteuer der Sylvesternacht« sind eine moderne Odysseus-Geschichte. Höhepunkt ist »Caliban über Setebos«, eine im Alltagsmilieu der Gegenwart angesiedelte travestierende Replik auf den Orpheus-Mythos, die sich zugleich auf Mozarts »Entführung aus dem Serail«, auf Jacques Offenbachs »Orpheus in der Unterwelt« und vor allem auf Rilkes »Sonette an Orpheus« bezieht und sich in der Aufnahme von Versatzstücken eines antiken Mythos an Joyces »Ulysses« anlehnt. Der Titel spielt auf Shakespeares »The Tempest« und auf Robert Brownings Gedicht »Caliban upon Setebos or Natural Theology in the Islands« von 1864 an, eine Reflexion über die Unvollkommenheit der Welt und über ihr Verhältnis zu dem Schöpfergott.

In dieser Erzählung – deren einzelne Kapitel nach den neun Musen benannt sind – begibt sich der Triviallyriker Georg Düsterhenn auf die Suche nach seiner Jugendliebe Fiete Methe, genannt Rieke, in ein niedersächsisches Dorf nahe der Grenze zur DDR. Während der Busfahrt macht er die Bekanntschaft von vier Jägerinnen, die wie er im Dorfgasthof Quartier nehmen. Er beobachtet Knecht und Hausmagd (die keine andere als Rieke ist) beim Geschlechtsverkehr in einem Stall und später die vier Jägerinnen bei lesbischen Liebesspielen. Diese stürzen sich rasend auf ihn, um ihn zu zerfleischen, doch es gelingt ihm zu fliehen.

Georg – auch ›Orje‹ – ist ein völlig entheroisierter, opportunistischer und geldgieriger moderner Orpheus; sein Vater hieß A. Paul (in englischer Aussprache an ›Apoll‹ erinnernd), seine Mutter Moosedear (nach der Muse Kalliope). Das niedersächsische Dorf, in das er fährt, hat Züge von Schmidts Heimatort Bargfelde und heißt – in Anspielung an ein schlesisches Dorf, an das Land der ›Schatten‹, vor allem aber an den Altphilologen Wolfgang Schadewaldt – ›Schadewalde‹. Die Fahrt, die einer Hadesfahrt gleicht, wird nicht mehr aus treuer Liebe unternommen, sondern weil der Dichter sich für ein neues Werk »schmalzig stimmen« will. ›Schadewalde‹ ist ein provinzieller Hades, über das der Altnazi O. Tulp (Anagramm für ›Pluto‹) herrscht; Rieke (›Eurydike‹) war dem modernen Orpheus durch eine Natter aus Bautzen (Aristäus aus Böotien) abspenstig gemacht worden. Nicht Orpheus will Eurydike in die Oberwelt zurückführen, sondern sie führt ihn auf sein Zimmer – und er verliert sie endgültig, nicht weil er sich aus übermäßiger Liebe nach ihr umwendet, sondern weil er sich aus Furcht vor Impotenz nicht zu erkennen gibt. Schließlich zerreißen ihn nicht die verschmähten Mänaden (Meg und Alex entsprechen Megära und Allekto), sondern er selbst erweist sich als Voyeur, und er vermag sich zu retten.

Der Orpheus-Mythos ist nicht nur Folie der Erzählung, sondern wird in aller Konsequenz strukturell nacherzählt. Zugleich spielt der Autor mit weiteren Mythen: Georg hat als Voyeur auch Hermes-Züge und erinnert durch seinen Gang in die Unterwelt an Odysseus und Aeneas, seine Jugendliebe hat (als Fiete) einen Bezug auf Aphrodite und als Führerin in der Unterwelt auf die Sibylle von Cumae (zum »Kuh-Mäh« geworden). O. Tulp ist zugleich Pluto und Dionysos, die Jägerinnen sind Mänaden und Erinyen in einem – »Jägerinnyen«. Tulps Knecht mit dem Netzhemd (dem Nessushemd) ist Hercules (entscheidend ist in seinem Namen die Silbe ›cul‹), der mit Rieke im Augiasstall koitiert – und immer wieder finden sich Anspielungen auf Gestalten und Orte der Unterwelt.

Die rezipierten Mythen sind völlig ins Triviale transponiert, mittels psychoanalytischer Deutungen auf Sexualia und Fäkalia bezogen und dienen der Abrechnung mit einer Gegenwart, die als ein einziges Totenreich erscheint, und mit einer

Kunst, die nicht mehr von einer Macht des Gesanges kündet, sondern keinen anderen Zweck hat als die Karriere des Künstlers. Vor allem hat Schmidt die düsteren Momente des Orpheus-Mythos exponiert und mit der ebenso düsteren Welt Calibans verbunden.

In den späten vierziger und in den fünfziger Jahren gab es in der Literatur der BRD eine beträchtliche Aufnahme antiker Motive. Dominierend waren, von einer kritischen, antifaschistischen Position aus, die Krieg-Frieden-Thematik sowie Aufrüstungspolitik und Anti-Atom-Bewegung im Zeichen des ›Kalten Krieges‹. Jetzt wurde – im Unterschied zu den vierziger Jahren – auch die Mythenrezeption in den westlichen Literaturen und in der Exilliteratur aufgenommen. Das Mythische erschien nicht mehr als Verdrängung des Politischen, sondern als ein Kernstück des Humanen.

Punktuelle Zitationen (Odysseus, Messalina) finden wir in WOLFGANG KOEPPENS (1906–1996) Roman »Tauben im Gras« (1951); in mehreren Heimkehrergeschichten sind Analogien zu Odysseus eingestreut – etwa in HANS WERNER RICHTERS (1908–1993) Roman »Die Geschlagenen« (1949). Markanter ist die Odysseus-Rezeption in ERNST SCHNABELS (1913–1986) Roman »Der sechste Gesang« (1956), der an Hand des antiken Mythos Kriegsgefangenschaft, Flucht und Heimkehr reflektiert und dabei insbesondere auf die Erlebnisse des Odysseus bei den Phäaken und auf seine Begegnung mit Nausikaa Bezug nimmt. Schnabel läßt am phäakischen Königshof Homer selbst auftreten und Partien aus seinem noch unvollendeten Epos vortragen. Dadurch wird Odysseus mit seinem eigenen Mythos, mit seinem ›Bild‹ konfrontiert, überdenkt sein Leben und betreibt endlich seine Rückkehr – eine relativ harmlose Variante von Mythenadaptation, die zu einem ironischen Happy end führt. 1958 hat Schnabel in dem Roman »Ich und die Könige« eine Aktualisierung der Sage von Daidalos vorgenommen, der als ›Ingenieur‹ über seine Reise um das Mittelmeer berichtet.

RUDOLF HAGELSTANGE (1912–1984) stellte in den Mittelpunkt seines Troja-Romans »Spielball der Götter« (1959) Paris, der mit den Menschen zu spielen glaubte und am Ende, vom tödlichen Pfeil getroffen, erkennen muß, daß die Götter mit ihm gespielt haben.

Pazifismus und Skepsis verbinden sich auch in WOLFGANG HILDESHEIMERS (1916–1991) Hörspiel »Das Opfer Helena« von 1955 (Schauspielfassung 1959). Wie in Jean Giraudoux' »La Guerre de Troie n'aura pas lieu« (Der Trojanische Krieg wird nicht stattfinden; 1935) Hektors und Odysseus' Versuch, den Frieden zu bewahren, an der Aggressivität und Irrationalität der anderen scheitert, so schlägt hier Helenas Versuch fehl, den Krieg zu vermeiden – und zwar am Zusammenspiel von Menelaos und Paris. Menelaos leitet selbst die Liebesbeziehung zwischen Helena und Paris ein, um einen Vorwand zum Krieg gegen Troja zu haben. Helena durchschaut die Intrige und will mit Paris nicht nach Troja, sondern auf eine Insel fliehen, von wo aus sie die Verantwortung für die Affäre auf sich zu nehmen und Menelaos den Kriegsgrund zu entziehen beabsichtigt – Paris aber segelt mit ihr nach Troja, weil er nur zu dem Zweck nach Mykene entsandt worden war, um sie zu entführen und den Krieg auszulösen: »Ich war also das erste Opfer des Trojanischen Krieges. Ich war das Opfer des Menelaos und des Paris, das Opfer der Griechen und der

Trojaner. Aber letzten Endes war ich doch nur mein eigenes Opfer: ich liebte die Männer. Aber die Männer lieben Krieg.«[146]

Als stiller Protest gegen die Remilitarisierung der beiden deutschen Staaten wirkte LEOPOLD AHLSENS (geb. 1927) Hörspiel »Philemon und Baukis« von 1955 (Bühnenfassung 1956), das zeigt, wie der Krieg Beteiligte und Unbeteiligte gleichermaßen physisch und seelisch zerstört, und dabei die schon in Goethes »Faust« problematisierte Ovidische Idylle als unzeitgemäß und wirklichkeitsfern enthüllt. Ein altes griechisches Ehepaar hat 1944 den Partisanenführer Petros, aber auch zwei von den Partisanen verfolgte verwundete deutsche Soldaten versteckt, obwohl die Nazis zur selben Zeit in einem Nachbardorf Geiseln erschießen. Sie werden daraufhin von Petros zum Tode verurteilt. Die Ablehnung des Krieges ist eindeutig, und die Schuld der Deutschen wird nicht verkleinert – aber gleichermaßen wird auch der Terror der Befreiungsbewegung entlarvt. Realpolitik und Humanität erscheinen als unvereinbare Gegensätze; es bewährt sich zwar eine unbeirrbare Liebe – doch einer perversen Welt kann man nur durch den Tod entrinnen.

Mehrfach nutzte MATTIAS BRAUN (geb. 1933) griechische Tragödien, um gegen Militarismus und Inhumanität zu protestieren. 1957 bearbeitete er die »Troerinnen« und 1958 die »Medea« des Euripides, 1960 die »Perser« des Aischylos.

Am Ende dieser Phase eines ›aufklärerischen‹ Theaters steht PETER RÜHMKORFS (geb. 1929) Stück »Was heißt hier Volsinii? Bewegte Szenen aus dem klassischen Wirtschaftsleben« (1969), in dem soziale Auseinandersetzungen in einer etruskischen Stadt und deren – von der eigenen Oberschicht betriebene – Eroberung durch die Römer als Modell für Revolution, Konterrevolution und Intervention vorgestellt werden.

In diesem Zusammenhang ist auch FRITZ KORTNERS (1892–1970) Fernsehstück »Die Sendung der Lysistrata« (1960) zu sehen, eine Aristophanes-Adaptation, die – vordergründig wegen ihrer damals als freizügig wirkenden Erotik, hauptsächlich aber wegen ihrer antimilitaristischen Zielrichtung – für beträchtlichen Wirbel im bundesdeutschen Kulturleben sorgte und erst nach monatelanger Verzögerung zu später Stunde ausgestrahlt werden durfte. Die »Lysistrate« des Aristophanes hatte auch in Ewan MacColls (geb. 1915) bereits 1939 entstandenem Stück »Operation Olive Branch« (Operation Ölzweig) in den fünfziger Jahren einen Siegeszug über die europäischen Bühnen angetreten und ist (wie wir bald sehen werden) noch in den siebziger und achtziger Jahren von mehreren Autoren – Rolf Hochhuth, Walter Jens, Erich Fried und Joachim Knauth – adaptiert worden.

Bemerkenswert ist, daß nach 1950 einige ältere Autoren, die zuvor kaum antike Motive aufgegriffen hatten, sich jetzt Sujets aus dem Altertum zuwandten. FERDINAND BRUCKNER (Theodor Tagger; 1891–1958) – der vor 1933 erfolgreiche österreichische Dramatiker, der 1951 aus dem Exil in den USA nach Deutschland zurückkehrte – schrieb 1952 die Verstragödie »Pyrrhus und Andromache«; Kafkas Freund und Herausgeber MAX BROD (1884–1968) – im Exil in Israel lebend – beschwor in dem Roman »Armer Cicero« (1955) die politischen und mehr noch die privaten Probleme des alternden römischen Intellektuellen in widriger Zeit;

---

146 Wolfgang Hildesheimer: Gesammelte Werke in sieben Bänden. Hrsg. von Christiaan Lucas Hart Nibbrig und Volker Jehle. Frankfurt a. M. 1991, Bd. 5, S. 203.

ARNOLT BRONNEN (1895–1959) veröffentlichte nach einem widersprüchlichen Entwicklungsgang, der ihn von ›links‹ nach ›rechts‹ und dann wieder nach ›links‹ geführt hatte, und nach seiner Übersiedelung von Österreich in die DDR im Jahre 1956 das Buch »Aisopos. Sieben Berichte aus Hellas«, das in der Tradition sozialkritischer Romane mit antiken Sujets steht.

Weniger aufs Politische denn aufs Private ausgerichtet sind FRIEDERIKE MAYRÖCKERS (geb. 1924) Prosatexte »Mythologische Stücke« aus dem Band »Larifari« (1956) sowie DIETER WELLERSHOFFS (geb. 1925) Hörspiel »Der Minotauros« (1960), das die Abtreibungsproblematik aufgreift, und später noch seine Novelle »Die Sirene« (1980), in der ein Akademiker mittleren Alters in den hypnotischen Bann einer Frau gerät, die er nur durch ihre Stimme bei Telefongesprächen kennt.

Insgesamt gesehen, handelt es sich bei der Antikerezeption in der westdeutschen Literatur der fünfziger Jahre um ein begrenztes Phänomen, und nur noch wenige Werke sind heute bekannt. Es war in erster Linie eine politisch engagierte Kunst, die in dieser Art nicht weitergeführt wurde, sondern – vergleichbar dem Rückgang antiker Sujets in der realistischen Erzählprosa aus der zweiten Hälfte des 19. Jahrhunderts – in den Schatten der großen Romane von Heinrich Böll, Günter Grass, Martin Walser, Siegfried Lenz (geb. 1926) und anderen Schriftstellern trat, in deren Gesamtwerk die Rezeption der Antike eher am Rande steht: bei GÜNTER GRASS (geb. 1927) in der von früh an vorhandenen, aber erst 1979 in dem Prosatext »Kopfgeburten oder die Deutschen sterben aus« bekannten Affinität zu Albert Camus' »Le mythe de Sisyphe« (Der Mythos von Sisyphos; 1942), die ihn auch zu dem griechischen Mythos selbst führte, oder in der Parodie auf Brechts »Coriolan«-Inszenierung »Die Plebejer proben den Aufstand« (1966); bei MARTIN WALSER (geb. 1927) in dem »Monodram« »Nero läßt grüßen oder Selbstporträt des Künstlers als Kaiser« aus dem Jahre 1986. Das Schaffen zweier Lyriker (Marie Luise Kaschnitz und Günter Eich) allerdings blieb – nicht vordergründig, jedoch kontinuierlich – der Antike verbunden, und für *einen* Autor spielte sie von den fünfziger Jahren an sogar eine dominierende Rolle: für WALTER JENS (geb. 1923).

In Jens' Erzählung »Das Testament des Odysseus« (1957) erörtert der Held am Ende seines Lebens in einem Bericht an seinen Enkel die Rolle der Intellektuellen und das Problem der Vermeidbarkeit von Kriegen. Er hat zwar dank seiner Klugheit einen Kampf unter den Bewerbern der Helena verhindert – aber es steht nicht gut um sein ›image‹ als »Retter Griechenlands«, da er nur dazu beitrug, »einen zweiten, größeren zu entfachen«. Ebenso mißglückte sein Versuch, die Zerstörung Trojas zu vereiteln. Dann aber verzichtete er auf eine Heimkehr nach Ithaka, die nur zu einem »Bürgerkrieg« geführt hätte, und opferte seinen Anspruch für das Wohl des Landes. Im Anklang an Brechts »Verhör des Lukullus« erklärt Odysseus »im Namen der Gerber und Gärtner, der Tischler und Schreiber, der Dichter und Maurer, der Handwerksmeister und Matrosen« die Bewahrung des Friedens zu seinem eigentlichen Vermächtnis.[147] Diese Konzeption eines zwar über weite Strecken seines Lebens scheiternden, aber moralisch integren und dank seiner Selbstüberwindung am Ende sogar erfolgreichen Helden wurde von Jens später problematisiert; an die

---

147 Walter Jens: Zur Antike. München ²1978, S. 225–282 (Zitate: S. 242f. und 281).

Stelle einer von resignativer Melancholie begleiteten Zuversicht trat eine erhebliche Distanzierung. Bereits in dem Reisebericht »Die Götter sind sterblich« (1959), der – neben weiteren Anklängen an die antike Mythologie und Reflexionen über das Verhältnis zwischen antiker und moderner Kunst – zahlreiche Reminiszenzen an den Homerischen Helden aufweist, wirft ihm der Autor sein Verhalten gegen Palamedes vor und fragt, ob Odysseus nicht nach seiner Heimkehr ein zweites Mal aufgebrochen sei. Auch in »Herr Meister« (1963), einem Roman über die Situation in einer deutschen Universitätsstadt im Jahre 1933, werden »Berührungspunkte« zu dem »bunte[n] und schillernde[n]« Charakter des Odysseus aufgezeigt, der als »Niemand« und »ebenbürtiges Kind« des Sisyphos erscheint und dessen Heimkehr nach Ithaka nicht unproblematisch ist.[148]

Nachdem Jens Ende der fünfziger und Anfang der sechziger Jahre eine Reihe von Übersetzungen, Bearbeitungen und Nacherzählungen verfaßt hatte, die sich mehr oder weniger an das Original hielten (1958 eine Nacherzählung der »Ilias« und der »Odyssee« und eine Übertragung der »Antigone«, 1962, 1963 und 1965 Übertragungen der »Orestie«, des »König Ödipus« und des »Aias«), hat er später eigenständige Schauspiele, Hörspiele und Fernsehspiele nach antiken Stoffen oder Stükken verfaßt. Ein geistvolles Spiel ist »Die Verschwörung« (1969), ein Fernsehstück über die Ermordung Caesars, die dieser selbst inszeniert habe (einschließlich der Rede des Antonius), um sein offenkundiges Scheitern in welthistorischen Ruhm umzumünzen. Die Sympathie des Autors gehört einem Sklaven des Diktators.

In dem Fernsehspiel »Der tödliche Schlag« (1974) – einer (von Heiner Müller nicht unbeeinflußten) Adaptation des Sophokleischen »Philoktet« – tritt wieder die Problematik des Intellektuellen in den Vordergrund: Philoktet hat einen tödlichen, Troja niederschmetternden Schlag erdacht, möchte aber sein Wissen nicht anwenden, da dies nur einen Kreislauf von Untergang und Vernichtung in Gang setzen würde. Er nimmt den Rückruf an die Spitze des Griechenheeres an, um den Krieg zu beenden, verrät aber sein Wissen und seine Absichten dem skrupellosen Machtpolitiker Odysseus. Dieser tötet ihn, modifiziert dessen Idee vom ›tödlichen Schlag‹ zum ›Trojanischen Pferd‹, und mit der Lüge von dem durch Trojaner umgebrachten Philoktet treibt er die kriegsmüden Griechen wieder in den Kampf. Das Fazit lautet: »Moral und Vernunft werden so lange Niederlagen erleiden, wie Denken und Reden nicht von gleich starkem Handeln begleitet wird.«[149]

Das Stück »Der Untergang« (1982), das in relativ enger Anlehnung an die »Troerinnen« des Euripides geschrieben ist (und diese nach den Adaptationen von Franz Werfel, Jean-Paul Sartre und Mattias Braun zur im 20. Jahrhundert ›aktuellsten‹ griechischen Tragödie gemacht hat), ist ein eindrucksvolles Anti-Kriegs-Stück aus der Hoch-Zeit des ›Kalten Krieges‹, in dem viele Motive dem Vorbild entnommen werden konnten (Odysseus als Urheber von Astyanax' Tod oder das künftige Unglück der Sieger); doch die prinzipielle Kritik an dem Krieg, die ›Sicht von unten‹ (auf das Schicksal der einfachen Troerinnen), der Opportunismus des Talthybios oder die Selbstbewußtheit der besiegten Andromache (die bei Euripides mit Neoptolemos zieht, bei Jens aber den Freitod wählt) sind in der Nachdichtung

---

148 Walter Jens: Herr Meister. Dialog über einen Roman. München 1963, S. 113–133.
149 Hans-Rainer John: Denkspiel [s. Bibl. 6.2. (Jens)].

spürbar verstärkt. Auch in »Die Friedensfrau« (1986) – einer freien Bearbeitung der Aristophanischen »Lysistrate« – hat Jens den Abscheu vor den Schrecken des Krieges und die Solidarität der Frauen deutlicher hervorgehoben, wenn auch dadurch, daß er die Titelheldin aus einer Gleichaltrigen zu einer alten (und von dem Bettstreik nicht berührten) Frau machte, ihre Argumentation weniger überzeugend wirkt.

Antimilitaristisches Engagement kennzeichnet nicht zuletzt Jens' Essayband »Mythen der Dichter«, in dem er u. a. die ›Helden‹ des Trojanischen Krieges als (gescheiterte) Kriegsdienstverweigerer darstellt, an Odysseus das »Doppelgesicht des Intellektuellen« aufzeigt, dazu auffordert, die Geschichte des Palamedes zu schreiben, und an Antigone, Elektra und Lysistrate den Aspekt der Frauenemanzipation, den Widerstand gegen *jede* Unterdrückung betont.

Walter Jens ist gleichermaßen Schriftsteller wie Gelehrter; er hat neben seinem schriftstellerischen ein umfangreiches altphilologisches, germanistisches, rhetorisches und rezeptionsgeschichtliches œuvre vorgelegt, und er hat, als Präsident des deutschen PEN-Zentrums und als Präsident der Berliner Akademie der Künste eine engagierte kulturpolitische Arbeit geleistet – ein *homme de lettres* aus humanistischem und aufklärerischem Geist.

MARIE LUISE KASCHNITZ (Freifrau von Kaschnitz-Weinberg; 1901–1974) hatte 1946 die (bereits 1943 fertiggestellten) Essays »Griechische Mythen« veröffentlicht, die auf eine Verschmelzung des Menschen mit der Natur zielen und die tragischen Aspekte der alten Sage zu mildern versuchen. (In »Die Nacht der Argo« beispielsweise ist Medea zwar eine schwermütige, düstere, bittere und enttäuschte Frau, hat aber weder ihren Bruder noch ihre Kinder getötet.) Das unhistorische Natur- und Schicksalsverständnis dieser Interpretationen schlug sich auch in mehreren der seit Ende der zwanziger Jahre entstandenen Gedichte aus dem Zyklus »Südliche Landschaft« nieder, und nicht minder überwiegen in der Ballade »Semele« und in den Gedichten »Sphinx«, »Nike von Samothrake« und »Das Labyrinth« aus dem Zyklus »Dunkle Zeit« (alle 1947 in dem Band »Gedichte« veröffentlicht) bei aller Rätselhaftigkeit und Gefährdung einfühlsame, zuversichtliche Züge. Offenbaren sich damit bestimmte Berührungspunkte mit einer konservativen Weltanschauung, deren politische Konsequenzen die Schriftstellerin eigentlich verabscheute[150], so hat sie sich, ihrer eigenen Aussage aus dem Jahre 1972 zufolge, nach dem zweiten Weltkrieg »aus dem Bann des Mythologischen und dem der südlichen Landschaft gelöst«[151] – nicht im Sinne einer Absage an derartige Motive, wohl aber im Sinne einer Hinwendung zu den Mitmenschen und ihrer Not.

In den Rom-Gedichten »Ewige Stadt« (1952) und »Sizilischer Herbst« (1957) werden die nachdenklichen, verhaltenen Aussagen häufiger, und in Gedichten wie »Narziß« (1957), »Nausikaa« (1965) und »Charon« (1972) tut sich ein waches Gespür für die Tragik des menschlichen Lebens kund: »Knabe Narziß gebeugt / Über lichtloses Wasser / Suchend sein Spiegelbild / Tief unter keinem Himmel«, heißt es

---

150 Vgl. Inge Stephan: Medea, meine Schwester? (wie Anm. 135), S. 9 f.
151 Marie Luise Kaschnitz: Nachwort zur Neuauflage der Griechischen Mythen. In: Kaschnitz: Gesammelte Werke. Hrsg. von Christian Büttrich und Norbert Miller. Frankfurt a. M. 1981–1989, Bd. 1, S. 690.

über den mythischen »Auswanderer«; die phäakische Königstochter wünscht zwar das Wiederkommen des »Fremdling[s]«, doch sie weiß auch, daß er nach Ithaka in sein Alter und in seinen Tod fahren wird – und Charons Fähre geht »Hinüber / Nicht wieder / Herüber«.[152]

Marie Luise Kaschnitz schrieb auch Hörspiele mit antiken Sujets – 1952 »Jasons letzte Nacht«, 1960 »Die Reise des Herrn Admet« (beide 1962 veröffentlicht) – und gab 1966 mit einem einleitenden Essay Grillparzers »Medea« heraus.

GÜNTER EICH (1907–1972) begann, in der Tradition der Naturlyrik Oskar Loerkes und Wilhelm Lehmanns, mit relativ linearen Gedichten über die Lebendigkeit antiker Gestalten in der Gegenwart (»Aurora« und »Abgelegene Gehöfte« [1948]) und ließ in dem Gedicht »Im Nebel ertastet der Uferrand« (1950) das lyrische Subjekt Charons Namen »ohne Entsetzen« aussprechen[153] – später hat er die antiken Motive ebenfalls differenzierter verwendet. So beschwört er in dem Gedicht »Ende des Sommers« (1955) mit mehreren versteckten Anspielungen auf antikes Gedankengut im Kreislauf der Natur den Zusammenhang von Tod, Vergänglichkeit und vager Hoffnung[154], und in »Freund und Horazleser« (1972) stellt er die Maximen des römischen Dichters über ein angemessenes Verhältnis zum Tod – also den Aufruf zu maßvollem Lebensgenuß – rundweg in Frage:

> Sag mir nicht wieder: Horaz
> und sterben lernen.
> Keiner hat es gelernt,
> es fiel sie nur an
> wie die Geburt.[155]

In dem Text »Ein Nachwort von König Midas« (1970) schmäht Eich Apollon, dessen Gesang so böse sei wie die Macht, der er dient, und bekundet seine Sympathie mit Marsyas, dessen Lied wenigstens für einen Augenblick die etablierte Ordnung erschütterte.

Andere Dichter haben in den fünfziger Jahren und später in ihrer Lyrik nur vereinzelt antike Elemente verwendet – so Hilde Domin (geb. 1912) und Paul Celan (1920–1970), Ingeborg Bachmann, Hans Magnus Enzensberger (geb. 1929) und Peter Rühmkorf.[156]

In der Literatur, die in der DDR entstanden war, setzte die Hinwendung zur Antike Anfang der fünfziger Jahre ein: und zwar zunächst in der Lyrik, die als die subjektivste und intimste der literarischen Gattungen am frühesten und sensibelsten auf Erscheinungen reagierte, die ›an der Zeit sind‹. Vorausgegangen sind in der unmittelbaren Nachkriegszeit – neben Johannes R. Becher, Bertolt Brecht und Anna Seghers, die an ihre Arbeiten vor 1945 anknüpfen konnten – Stephan Hermlin und Louis Fürnberg.

Im lyrischen Frühwerk STEPHAN HERMLINS (Rudolf Leder; 1915–1997) domi-

---

152 Ebd., Bd. 4, S. 275, 388 und 440.
153 Günter Eich: Gesammelte Werke. Hrsg. von Axel Vieregg. Frankfurt a. M. 1991, Bd. 1. S. 23 f.
154 Vgl. Manfred Seidensticker: Metamorphosen [s. Bibl. 6.1.], S. 136 f.
155 Günter Eich (wie Anm. 153), Bd. 1, S. 220.
156 Vgl. Unterm Sternbild des Hercules [s. Bibl. 6.1.], passim.

nieren elegisch-problematisierende Züge. Namentlich sein Bekenntnis zu Odysseus und Ikaros erwächst erst aus der Reflexion ihres Leides und ihres Scheiterns. Bereits in den »Stanzen vom ausgehenden Oktober« (1943) wird ein bitteres Odysseus-Schicksal beschworen, innerhalb dessen die Begegnung mit Nausikaa nur den Charakter eines zwar hoffnungsvollen, aber flüchtigen glücklichen Moments hat.[157] Deutlicher noch wird in der 1945 entstandenen »Ballade von dem Unbekannten von Gien« das Leid der Verbannung in Odysseus-Metaphern reflektiert. Zwar klingt die Hoffnung auf Rückkehr an – »Blutiger Phoenix aus den zerschmetterten Stücken / Unserer Städte und Standbilder kehr ich zurück« –; aber der Dichter besingt nicht eine wirkliche Heimkehr, sondern den künstlerischen Ausdruck des Leides in der Büste eines unbekannten Jünglings: Die Hand des Bildhauers habe »meines Schmerzes Gestalten / Sinnreich und grauenvoll [...] aufs verlassene Feld« gebannt, und in dem Kunstwerk allein werde er »Von des Gefechtes Mühlen wiederkehren«.[158] Erst in »Die Zeit der Wunder« (1947) beschwört Hermlin die Gestalt des sich bewährenden Helden, der den Verführungen widerstand – doch diese auf die Zeit des Widerstands bezogene Zuversicht wird von der Gesamtaussage des Gedichtes, von den Enttäuschungen der Nachkriegszeit her sofort wieder aufgehoben. Noch in der Erzählung »Kassberg« (1968) gibt Hermlin seinem Wissen Ausdruck, daß es für einen modernen Odysseus keine einfache Heimkehr geben kann: »Die Freier sind fort, und mit ihnen Penelope.«[159]

In dem Gedicht »Flug des Ikarus« reflektiert das lyrische Subjekt weniger den Flug als dessen Ende, besingt den »ikarische[n] Hügel«, die letzte Ruhestätte des Helden, und nähert sich dem Ikaros unter dem Aspekt des Todes, durch den erst er zum »endlich Geretteten« wird.[160] In dem auf Pieter Breughels Gemälde bezogenen Sonett »Landschaft mit dem Sturz des Ikarus« klagt der Dichter die Gleichgültigkeit der Umwelt an (»Ist niemand der // Ikarus dich bejammert?«) und konstatiert, daß Daidalos uns »Irgendwo im Azur [...] / Leuchtend-gleichgültig in die Umarmung nimmt«.[161] In der »Ballade vom Gefährten Ikarus« schließlich gilt dieser zwar als ein Symbol, das aus »den Ebenen« in »die Höhe«, in die »Unendlichkeit« führt – doch erst, nachdem er an den geschichtlichen Disharmonien zerbrochen ist.[162]

Aus derselben Haltung heraus gestaltet Hermlin in »Abschied des Orpheus« jenen Augenblick, da der thrakische Sänger Eurydike für immer verliert[163]; und die »Ballade von den Unsichtbar-Sichtbaren in den großen Städten« hatte in der Erstfassung mit den Worten begonnen: »O Eurydike als wir durch die Wälder des

---

157 Stephan Hermlin: Die Straßen der Furcht. Singen 1947, S. 39. – In späteren Veröffentlichungen trägt das Gedicht den Titel »Stanzen II«. Vgl. Ders.: Gedichte. Leipzig ²1971 = Reclams Universal-Bibliothek 124, S. 33. – Zur Antikerezeption Hermlins vgl. Volker Riedel: Antikerezeption in der Literatur der DDR [s. Bibl. 6.1.], S. 78 f., 104, 114 f., 120 f. und passim.
158 Stephan Hermlin: Die Straßen der Furcht (wie Anm. 157), S. 62 f.
159 Stephan Hermlin: Erzählungen. Berlin, Weimar ²1970, S. 259.
160 Stephan Hermlin: Die Straßen der Furcht (wie Anm. 157), S. 21.
161 Ebd., S. 45.
162 Stephan Hermlin: Gedichte (wie Anm. 157), S. 45 f.
163 Stephan Hermlin: Die Straßen der Furcht (wie Anm. 157), S. 28.

Grauens / Schritten«.[164] In der Lyrik der fünfziger Jahre hat Hermlin nicht mehr auf antike Motive zurückgegriffen – allerdings hat er für das Gedicht »Der Tod des Dichters«, einen Nachruf auf Johannes R. Becher, das asklepiadeische Versmaß gewählt. 1974 schließlich veröffentlichte er eine Nacherzählung der Argonautensage, in der ebenfalls die tragischen und elegischen Züge überwiegen und der anfangs mit Sympathie gezeichnete Jason immer stärker mit Distanz gesehen wird, bis er schließlich, erstarrt und resignierend, als ein Mann erscheint, der um des großen Zieles willen Lüge, Verrat und Verbrechen auf sich genommen hat und als Gescheiterter dem Tod entgegenlebt.

Die Antikerezeption Stephan Hermlins wird in der Sekundärliteratur kaum beachtet; doch auch wenn sie in seinem Werk keine zentrale Rolle spielt, hat sie ein durchaus eigenes Gewicht. Als Ausdruck einer tiefen emotionalen Betroffenheit über die schmerzlichen Invarianten geschichtlicher Prozesse hat sie bereits in den vierziger Jahren manche spätere Entwicklung antizipiert.

Nachdenkliche Züge prägen auch das Gedicht »Der neue Odysseus« von 1948, in dem sich LOUIS FÜRNBERG (1909–1957) – ein vorrangig auf eine ›glückliche Zukunft‹ orientierter Lyriker – zwar grundsätzlich zu dem antiken Helden und zu dessen Nachfolge bekennt und der Hoffnung Ausdruck gibt, daß sogar die menschenfeindlichen Sirenen und Kyklopen humanisiert werden können, sich aber zugleich als einen »tatenarme[n] Odysseus ohne Ithaka« sieht, als einen Menschen, der nicht zu Hause angekommen ist und nicht einfach das frühere Leben wieder aufnehmen kann.[165] Sogar Johannes R. Becher hat 1946 in dem Gedicht »Heimkehrer« ein düsteres, geradezu tragisches Odysseus-Bild beschworen, das frühere Aussagen gleichsam zurücknimmt und sich von späteren unterscheidet: Der Dichter geht, »ein Niemand, durch ein Niemandsland«, und modifiziert seine überschwenglichen Vorstellungen aus den Exiljahren angesichts der neuen Erfahrungen: »Ich muß noch lange, lange heimwärts gehn.«[166]

An der in den fünfziger Jahren einsetzenden lyrischen Antikerezeption haben vor allem zwei Autoren einen gewichtigen Anteil: Erich Arendt und Georg Maurer. Bedeutsam, wenn auch weniger zentral waren antike Motive für Peter Huchel und Johannes Bobrowski. Daneben erschienen die späten Dichtungen Bechers und Brechts, und die Anfänge Heiner Müllers liegen ebenfalls in dieser Zeit. Auf Becher und Brecht war schon an früherer Stelle eingegangen worden; da Müllers Arbeiten erst in den sechziger Jahren veröffentlicht wurden, sollen sie erst dann im Zusammenhang vorgestellt werden.

Die nachdenklichen Züge in der Lyrik nach 1945 sind zu Beginn der fünfziger Jahre zunächst einmal wieder verdrängt wurden. Es überwog nunmehr – aus der Situation des Sieges über den Faschismus und des (wie man meinte) Aufbaus einer

---

164 Stephan Hermlin: Zwölf Balladen von den Großen Städten. Zürich 1945, S. 23. – In der späteren Fassung wird die elegische Anrede ersetzt durch die Worte »Sage mir doch, als wir durch die Wälder des Grauens / Schritten«. (Ders.: Gedichte [wie Anm. 157], S. 52.)
165 Louis Fürnberg: Gesammelte Werke in sechs Bänden. Berlin, Weimar 1964–1973, Bd. 2, S. 392. – Vgl. Hans Richter: Der neue Odysseus. Zu einem Gedicht und zur Dichtung Louis Fürnbergs. In: Richter: Verse, Dichter, Wirklichkeiten. Aufsätze zur Lyrik. Berlin, Weimar 1970, S. 158–172.
166 Johannes R. Becher: Gesammelte Werke. Berlin, Weimar 1966–1981, Bd. 5, S. 454.

neuen Ordnung heraus – die zustimmend-identifizierende Bezugnahme auf das antike ›Erbe‹, eine Rezeption griechischer Mythen in der bekenntnishaften Art Bechers. Angesichts der Realitäten der Nachkriegszeit aber – des ›Kalten Krieges‹ unter den siegreichen Alliierten, der Spaltung Deutschlands, der Kolonialpolitik der Westmächte, der restaurativen Tendenzen in der BRD, des in zunehmendem Maße (namentlich seit dem XX. Parteitag der KPdSU im Jahre 1956) bekannt werdenden Terrors in der Stalinzeit, der fortwährenden Pervertierungen des ›realen Sozialismus‹ und der 1953 in der DDR, 1956 in Polen und Ungarn und 1961 abermals in der DDR offenkundig werdenden innersozialistischen Konflikte –: angesichts dieser Realitäten gewannen im Verhältnis zu dem antiken ›Erbe‹ immer stärker kritisch-problematisierende Züge an Bedeutung.

ERICH ARENDT (1903–1984) war bereits vor 1933 mit ersten (expressionistischen) Gedichten hervorgetreten und ist auch während seiner Exilzeit schriftstellerisch tätig gewesen – seine charakteristischen Werke aber stammen erst aus der Zeit nach dem zweiten Weltkrieg. Am Anfang dieser Entwicklung stand der Band »Trug doch die Nacht den Albatros« (1951), in dem er vorwiegend Gedichte aus der Exilzeit, zusammengestellt unter dem Gesichtspunkt der Heimkehr, publizierte. Programmatisch ist das Einleitungsgedicht »Ulysses' weite Fahrt«, das 1950, im Jahr der Rückkehr Arendts aus Kolumbien, entstanden ist, das auf Grund seiner Stellung innerhalb des Bandes die gesamte Exilzeit im Lichte der »Odyssee« sieht und das zusammen mit dem abschließenden Teil – »Heimkehr« – dessen thematische Klammer bildet. Odysseus steht hier als Metapher für *bewußt* ins Exil gegangene Antifaschisten. Er hat durch »Wind und Stillen« sein Lächeln in unbekannte und barbarische Gefilde getragen; obgleich »Von Schmerz gewölbt«, rührte er an »Horizonte«, ließ »Fels« und »Ödheit« lebendig werden und führte Natur und Menschen zu Gesang und friedvoller Arbeit. Das Gedicht reflektiert das grundsätzliche Erkenntnisstreben, die eigene Entschlußkraft und das menschenfreundliche Wirken des Helden, an dem nicht nur Historisches, sondern auch Aktuelles aufgezeigt wird: Der Dichter schildert, wie er in ein Fischerdorf auf den Balearen hinabsteigt, wo klerikal abgesegneter faschistischer Terror wütet, und wie er dennoch auf den Stirnen der Bewohner den klaren Glanz der »Unerschrockenheit« findet, den »Fels der Welt« tönen hört und »Ulysses' Lächeln [...] hier in jedem Mann begegnen« kann. Vergangenheit und Gegenwart bilden eine vom Dichter bejahte Einheit, soziale und poetische Aktivitäten existieren trotz Leid und Gewalt und lassen voller Zuversicht auf neue Vollendung hoffen.[167]

Bereits in dem auf eine Italienreise im Jahre 1955 zurückgehenden »Gesang der sieben Inseln« aber (1956) überwiegen die distanzierenden Töne. Das Verhalten der griechischen Fürsten gegenüber den Anklagen des (von Arendt mit Sympathie gezeichneten) Thersites im zweiten Gesang der »Ilias« zerstört den Nimbus eines »gerechten Krieges«; und Helenas »Bereitschaft« und »Unersättlichkeit« wird mit den Untaten der Faschisten im spanischen Bürgerkrieg, »Menelaos Flotte« mit der britischen Aggression gegen Ägypten im Jahre 1956 auf *eine* Stufe gestellt. Indem der Dichter in dem gesamten Zyklus die Meer- und Schiffsmotivik beschwört, setzt

---

167 Erich Arendt: Aus fünf Jahrzehnten. Gedichte. Rostock 1968, S. 84.

er sich in ständige Beziehung zu Odysseus – doch nur noch vom natürlichen Geschehen her identifizierend, vom geschichtlichen her aber mit Distanz. Mag auch der »Zusammenklang« von »Fels und Flut«, von Meer- und Insellandschaft Analogien zwischen dem lyrischen Subjekt und dem Homerischen Helden andeuten – es überwiegen die Diskrepanzen. »Wir tranken nicht den hellen Wein von Chios«, sagt der moderne Autor, sich von der Haltung der »Odyssee« abgrenzend (Chios galt als die Insel Homers), und er hebt die Distanz zu dem tradierten Antikebild hervor: »Das stand im Buch der Kindheit nicht, Palmen-Eiland. [...] Nike war nicht am Bug. / Uns trug kein Gott her.« Die Seeleute leiden unter »Schändende[r] Armut« – und der antike Odysseus, der auch auf seinen Irrfahrten Abenteuer und Vergnügungen zu finden wußte (»wähnend, / Kirke wär unter Säuen die Untreue wert«), wird nun als »Abtrünniger« bezeichnet. Arendt zielt mit seiner kritischen Haltung über die Homerischen Epen hinaus auf die gesamte Antike und sieht sie im Gegensatz zum ›klassischen‹ Griechenlandbild:

> Gräber, doldenumlogen. Und das schöngesteilte, das Licht
> antiken Säulenfriedens: Lug um Lug! [...]
> Ausgesät sind [...]
>   die Drachenzähne der Macht... Lockruf tönt...
> aus dem beinernen Schalltrichter der Geschichte![168]

Die zwischen 1954 und 1958 entstandenen und 1959 veröffentlichten »Flug-Oden« nehmen vor allem auf Ikaros Bezug. In der Verbindung von Aufbruch und Absturz, von Leid und Zuversicht, von Problematik und Unantastbarkeit steht das Ikaros-Symbol gleichermaßen für eine vorwärtsdeutende Aufnahme eines antiken Sujets wie für die Akzentuierung tragischer Momente der Geschichte. Nicht zufällig sind in die zehn Oden dieses Bandes vier Elegien eingelagert. Arendt artikuliert Erkenntnisfähigkeit, Schöpfertum und Emanzipationsstreben des Menschen – bis hin zur Andeutung einer möglichen *Heimkehr* des Ikaros –, doch er klammert auch dessen krisenhafte Gefährdungen nicht aus, betrauert den tragischen Untergang des Ikaros und ruft zu Bewußtheit und Vorsicht auf: »Nicht genügt, / meerschwalbenhaft, ein Sehnen, / und des Taggewölbten Zorn, er kennt / keine Nachsicht. [...] // Wie die Mohnblüte / der unsterblichen Liebe / in Flammen verhaucht: aschenlos – / Ikarus, dein Erkennen war.« Es zeigt sich, daß ein ikarischer Flug mehr sein muß als ein Flug des Ikaros – und die »Flug-Oden« klingen aus mit der Apostrophierung eines Menschen, dessen »Traum« »tätig« geworden und dessen »Trauer« »gereift« ist, der Schmerz und Tod in sein Weltbild aufgenommen hat und dennoch »gedankenvoll / die Bahnen der Gestirne« zieht. Mit einer Reminiszenz an das erste Stasimon aus der Sophokleischen »Antigone« klingt der Zyklus aus: »Zerstörend ist / und segnend, Erde, / Erderschütternder / dein Mensch.« Die »Flug-Oden« sind die letzten Gedichte, in denen Arendt noch der Hoffnung auf eine gesellschaftliche Umgestaltung Ausdruck gegeben hat (»Aurora / kündete den gesetzlichen Tag, / eine Möglichkeit / dem Menschen«); doch gegenüber der recht linearen Ikaros-Rezeption Johannes R. Bechers haben die elegischen und tragischen Züge – ebenso wie bei Stephan Hermlin – bereits einen hohen Stellenwert.[169]

---

168 Ebd., S. 268–277.
169 Ebd., S. 296 und 319–323.

Wesentliche Impulse erfuhr das Welt-, Geschichts- und Menschenbild Erich Arendts durch drei Reisen zu den italienischen, französischen, spanischen und griechischen Mittelmeerinseln in den Jahren 1957, 1958 und 1960, die sich in vier Bildbänden mit großangelegten Vor- oder Nachworten niederschlugen: »Inseln des Mittelmeeres« (1959), »Griechische Inselwelt« (1962), »Säule Kubus Gesicht« (1966) und »Griechische Tempel« (1970). In diesen Essays über Antike und Mittelmeer orientierte der Autor nachdrücklich auf die natürliche Verflochtenheit des menschlichen Lebens, distanzierte sich von linear-optimistischen Vorstellungen über den Verlauf der Geschichte, richtete sich aus auf grundsätzliche Fragen des Daseins und bekundete nicht zuletzt seine Hochachtung vor Kunst und Kultur. Ihre zentralen Themen sind das Erleben einer elementaren Landschaft voller »Härte und Schönheit«, die in ihrer Ambivalenz den Menschen gleichermaßen bedroht wie stärkt, die Leiden der Menschen »in den Fängen der Geschichte«, die in ständiger Auseinandersetzung mit Natur und Geschichte errungene »Lebensschönheit« des mittelmeerischen Menschen und das Selbstbehauptungsvermögen des geduldig schaffenden und erkennenden Subjekts. ›Geschichte‹ ist für Arendt fast ausschließlich durch »große[s] Unheil« geprägt, ist ein »Joch«, ein »Schreckensgesicht der Gewalt und Unterdrückung«. Nur zwei Epochen sind davon ausgenommen: »der frühe minoische Traum« und »die kurze weithin strahlende Zeit der Klassik«.[170] Diesen Epochen allerdings spricht er – wenn auch der zweiten bereits mit Einschränkungen – in einer bisweilen an Winckelmann erinnernden Weise und nicht ohne utopische Idealisierungen einen humanen Charakter, eine bis in die Gegenwart wirkende humanisierende Kraft zu. Für Erich Arendt ist die Welt des Mittelmeeres und des griechisch-römischen Altertums kein Bildungsgut oder gar eine Fluchtposition; sie beruht auch nicht auf einer bloß intellektuellen Affinität – sondern sie ist eine zutiefst persönliche Grunderfahrung, sein Werk ist in hohem Maße Erlebnisdichtung. Seinen bedeutendsten poetischen Niederschlag fand dieses ›Erlebnis‹ in dem zwischen 1961 und 1964 entstandenen und 1967 erschienenen Gedichtband »Ägäis«.

In diesem Zyklus gestaltet Arendt die Schönheit, aber auch die Härte und Unerbittlichkeit der mittelmeerischen Welt, die tragischen individuellen Erfahrungen der Liebe und des Alterns, der Vergänglichkeit und der Vergeblichkeit sowie die Antinomien des geschichtlichen und sozialen Lebens, die teils mit der Härte der Landschaft korrespondieren, teils aber auch aus ihren eigenen Gesetzmäßigkeiten abgeleitet werden. So beschwört er – um nur *ein* Beispiel zu nennen – in »Schatten Meere« Leid, Scheitern und Untergang von Liebenden aus der antiken Sage und Geschichte: Antonius und Kleopatra, Theseus und Ariadne und den legendären Freitod der Sappho.[171] Zugleich zeigt Arendt aber auch Geduld, Ausdauer und Beharrungsvermögen des Menschen und die Potenzen der Kunst, zur Überwindung natürlicher und sozialer Aporien beizutragen. Geschichtsphilosophischer Höhepunkt des Zyklus sind die sieben Gedichte des dritten Teils.

»Odysseus' Heimkehr«, das erste dieser Gedichte, ist im wesentlichen eine Replik

---

170 Erich Arendt / Katja Hayek-Arendt: Griechische Inselwelt. Leipzig 1962, S. 5 und 9 f.; Dies.: Inseln des Mittelmeeres. Von Sizilien bis Mallorca. Leipzig 1959, S. 7 f.
171 Erich Arendt: Aus fünf Jahrzehnten (wie Anm. 167), S. 354–356.

auf das Sonett von 1950. An die Stelle einer zuversichtlichen Identifizierung mit dieser Gestalt sind die Reflexion ihres Scheiterns und eine spürbare Distanzierung getreten. Zunächst haben Odysseus und das lyrische Subjekt denselben Ausgangspunkt: »Hinfällige Stunde / und / das Gedächtnis des Todes groß.« Während im folgenden aber das lyrische Subjekt die Handlungen des Odysseus kommentiert, objektiviert und verallgemeinert, überläßt dieser sich seinem Schmerz ohne Widerstand. Er erinnert sich der vergangenen zwanzig Jahre in Verzweiflung (»*Blick, der läßt, der / verrät* -«), denkt an das Meer, das ihn »*nicht trägt*«, sondern »*trägt und / verwirft*«, an verlorene Illusionen (»*welcher / Himmel nicht / ward begraben*«), an die Vergeblichkeit des Trojanischen Krieges (»*schwarz, wie Todnacht, jedes / Troja umsonst*«). Tod, Schmerz, Verrat, Zweifel, Leere und Scheitern – aus diesen Erfahrungen, die er nicht bewältigt hat, setzt sich die Grundhaltung des heimkehrenden Odysseus zusammen. Als das lyrische Subjekt, das diese Haltung zunächst versteht und nachempfindet, sie in den geschichtlichen Verhältnissen begründet sieht, das Übermaß des Verzweifelns erkennt, beginnt es sich von Odysseus abzuwenden. Daß er den Aufenthalt bei Kirke nicht nutzte, um gegen die Unmenschlichkeit dieser Zauberin zu kämpfen, sondern sich auf sein provinzielles Ithaka und seinen fragwürdigen Ruhm beschränkte, führt zur endgültigen Absage:

> Größeres
> wollten die Meere! Nicht
> das Dach, die Fahne Rauch
> überm Herzen, eine
> Schwertspitze Rost,
> verblätternd
>   Ruhm. Du aber,
> Hundsgebell in den Ohren,
> ließest,
> die mit der Tiere
> Verenden spielte, und
> eine Welle des Vorjahrs, fremd
> war sie.

Odysseus ist »unterm Ausgeträumt / des Himmels« ein »Scheiternder«, der unter widrigen Umständen seinem Leben keinen Sinn zu geben vermochte.[172]

Die folgenden drei Gedichte beschreiben ebenso gnadenlos die Härte der gesellschaftlichen Konflikte: »Troja« malt in düsteren Farben den Untergang der Stadt, die Verwüstungen des Krieges, aus dem der »Maskenblick unsres / Leids« keine Hoffnung sieht; in »Ende des Polykrates« ist der ans Kreuz geschlagene Tyrann von Samos »ein / sich windendes Schwert / aus Qual« (Schiller hatte dieses Schicksal in seiner bekannten Ballade nur angedeutet, bei Arendt ist es als mörderische Folge des Würfelspiels der Machtpolitik der einzige Gegenstand des Gedichtes); Motive wie »Blut«, »Opfer«, »Tod«, »Verrat« und »Nacht« bestimmen das Atriden-Gedicht »Spruch«, in dem zwar die Möglichkeit der Reue und ein »Traum, zerstückt« erwogen, der fehlerhafte Kreislauf aber nie durchbrochen wird: »Nacht, / eisenfunkelnd, immer.«[173]

---

172 Ebd., S. 370–373. – Die recte gedruckten Worte werden vom lyrischen Subjekt, die kursiv gedruckten von Odysseus gesprochen.
173 Ebd., S. 374–379.

Erst im fünften Gedicht deutet sich eine Umkehr an. Das Thukydides-Motto kündet zwar auch in dieser »Elegie« von allgegenwärtigem Leid; doch der Dichter appelliert: »Uns die / unwiederbringliche Erde!« und ruft dazu auf, sich den Anforderungen der Geschichte zu stellen: »Leg / die Stirn / unters lautlose / Fallbeil Zeit.« Nicht aus einem Verdämmern in Illusionen, die durch die Realität ständig widerlegt werden, sondern nur aus einem klaren (wenn auch zunächst passiven) Erkennen läßt sich Hoffnung schöpfen: »Erglimmt, greifbar, / ein Flugkorn, noch / der Tag?«[174] Ebenso ist »Nach dem Prozeß Sokrates« nicht nur eine bittere Klage über die Märtyrer und eine herbe Anklage gegen die Meuchelmörder aller Zeiten (»Blutwimper, schwarz: / das Jahrhundert«), die einerseits faschistische Züge tragen (»Gleichgeschaltet / mit abwaschbaren / Handschuhn«), andererseits aber für die Urheber der Stalinschen Schauprozesse stehen (»Nach den Prozessen« lautete der ursprüngliche Titel), sondern das Gedicht ist zugleich ein Bekenntnis zu bewußt auf sich genommenem Leiden und zu stolzem Beharren, das eine deutliche Verstärkung gegenüber der passiven Einsicht der »Elegie« ist: »knie nicht -«.[175]

In »Stunde Homer« schließlich wird noch einmal der »Wolfshunger Geschichte« reflektiert: »- und unterm Tagstern / hebt wie eh das Meerhaupt / hebt das alte / Entsetzen, und // Erinnern geht / durch die Hohlader Zeit -«. Der Dichter gedenkt der Irrfahrten des Odysseus, des vergeblichen Schmerzes der Nausikaa, des Untergangs von Troja und des Leids der Kassandra, die vergeblich gewarnt hatte, der Pervertierung der Liebe durch den Tod, verkörpert in Achilleus und Penthesilea. Die Götter sind von menschlichem Leid unberührt, erscheinen als fremde und bösartige Macht. Homer aber wird in das Gedicht eingeführt als »blind / wie der wissende / Fels, singend / in deiner Nacht«. Das *Wissen* um die Härte der Geschichte, das Formulieren ihrer Gesetze, das geduldige Beharrungsvermögen des Subjekts lassen eine Überwindung des tödlichen Kreislaufs ahnen:

Einer nur, nacht-
geschlagen sein Aug,
hob
die Träne
          die wog
wie Menschenmut und
Verbrechen, Tod-
und-Tod. Da erst /
begann
das Singen:
         Spätfels
         Geduld![176]

Der Gedanke, daß bei der Bewältigung historischen Leids die Kunst eine überragende Rolle spielt, daß der Tragik der Geschichte bis zu einem gewissen Grade die Bewußtheit des Subjekts gegenübersteht, durchzieht vom Einleitungs- bis zum Schlußgedicht des »Ägäis«-Zyklus, von »Steine von Chios« bis zu »Ankunft«, den gesamten Band, und er korrespondiert mit Aussagen aus den Essays, aus späteren

---

174 Ebd., S. 380 f.
175 Ebd., S. 382 f.
176 Ebd., S. 384–387.

Gedichten und aus einer Reihe von Interviews. Dabei ist für Arendt charakteristisch, daß er das menschliche Leid nie als etwas schlechthin Aufgehobenes, sondern stets als etwas Gegenwärtiges sieht und daß die Menschen erst nach langer Qual ihr »Maß« zu finden vermögen: »Niobe« aus dem Band »Feuerhalm« (1973) besingt die Selbstbehauptung des Menschen trotz unendlichen Leides und betont zugleich den künstlerischen Aspekt des Motivs (das Gedicht ist Wieland Förster gewidmet, der Schmerz und die Bewährung der gequälten Frau verschmelzen mit der Gestaltung von Schmerz und Bewährung im Schaffen eines modernen Künstlers); und in »Archäolog« aus dem Band »Zeitsaum« (1978) heißt es, den Schluß von »Stunde Homer« variierend: »spät erst / kam / PINDAR.«[177]

In den Gedichtbänden, die Erich Arendt nach »Ägäis« veröffentlicht hat, sind antike Motive weiterhin präsent, aber nicht mehr dominant. Der Dichter beschwört hier abermals den Trojanischen Krieg als Beginn einer tödlichen Geschichte und die Vergeblichkeit von Kassandras Sehertum, apostrophiert Homer, der im Erkennen und Namhaftmachen des Leides, in der Ablehnung jeglicher Lüge seine spezifische Funktion erfüllt, und greift noch einmal – und wiederum mit neuen Akzenten – das Odysseus-Sujet auf: in dem Gedicht »Mit stummen Fischern« aus dem Band »Memento und Bild« (1976). Ein Odysseus, der nicht mehr auf bloße Heimkehr erpicht ist, sondern dem »Wasser, Fels und Scholle« zur »Heimstatt« werden, der Leid und Scheitern auf sich nimmt und dennoch seine »untilgbare Fährte« zieht: ein solcher Odysseus vermag dem Hölderlin-Motto von Teil I des Gedichtbandes zu entsprechen: »[...] daß im Finstern für uns einiges Haltbare sei«.[178]

Wie Erich Arendt durchlief auch GEORG MAURER (1907–1971) eine Entwicklung von einer zustimmend-identifizierenden zu einer kritisch-distanzierten Verwendung antiker Motive – wenngleich er, insgesamt gesehen, stärker harmonisierenden Zügen verhaftet blieb. Am Beginn seines lyrischen Schaffens standen die Gedichtbände »Die Elemente« und »Lob der Venus«, in denen Maurer unter dem Zeichen der antiken Liebesgöttin eine Synthese von individuellem Liebes- und Glücksanspruch, gesellschaftlichen Belangen und den Gesetzmäßigkeiten der Natur besang und in denen sich im Bekenntnis zu einer diesseits- und sinnenfreudigen Antike der Übergang von christlichen zu sozialistischen Positionen abzeichnete.

Im Zyklus »Die Elemente« (1951/52) trägt die dritte der vier Tetralogien den Titel »Eros«; die Liebe erscheint ebenso wie Natur, Kunst und Arbeit als elementare Triebkraft. Das erste dieser Gedichte – »Erwachende Erde« – führt eine ebenso wunderbare wie natürlich-heitere Liebe zwischen einem Hirten und der dem Meere entstiegenen Aphrodite vor, die völlig ihrer göttlichen Züge entkleidet und mit einem irdischen Mädchen verschmolzen ist. Das Gedicht ist dem »Homerischen Hymnos an Aphrodite« nachgebildet, der von der Liebe der Göttin zu Anchises handelt – während aber in der Vorlage die Göttin sich ihrem Liebhaber zu erkennen gibt, ihre einmalige Liebesvereinigung der Zeugung des Aeneas dient, also in die Geschichte des trojanischen Herrscherhauses eingebettet ist, und sich zugleich die

---

177 Erich Arendt: Feuerhalm. Gedichte. Leipzig 1973 = Insel-Bücherei 986, S. 25 f.; Ders.: Zeitsaum. Gedichte. Leipzig 1978, S. 113.
178 Erich Arendt: Memento und Bild. Gedichte. Leipzig 1976, S. 101 f.

Gefährdung dieser Liebe andeutet, sind bei Maurer Göttin und Mädchen eins geworden, die Liebe ist krönender Bestandteil eines normalen Hirtenalltags und eine Steigerung, nicht eine latente Bedrohung des Lebens. Das zweite Gedicht – »Fluten« – zeigt zwar die Zerstörung dieser idyllischen Harmonie auf; diese aber hat irdische Ursachen, die Göttin selbst hat nichts Bedrohliches an sich. Im dritten Gedicht bereits – »Wirbel« – wird beim Tanz der Dorfjugend wiederum eine Einheit von Göttlichem und Menschlichem deutlich; Aphrodite ist Schöpferin und Mittelpunkt des Tanzes und zugleich Teil des einfachen Volkes. Im vierten Gedicht schließlich – »Gluten« – wird die Göttin mit der Welt der Arbeit konfrontiert, erscheint die Liebe als das große Prinzip, das sich in Gemeinschaft mit der Arbeit verwirklicht; damit leitet das Gedicht zugleich zur vierten Tetralogie über.[179]

Im »Lob der Venus« (1954/55) ist das Bekenntnis zu dem allumfassenden Symbol der Liebe – das sogar eine Verschwisterung der sinnlichen Venus mit der keuschen Diana in sich einschließt – in konkrete Beziehung gebracht mit dem Kampf gegen destruktive Kräfte. In dem Zyklus »Minotaurus« steht das Ungeheuer der griechischen Sage als Symbol für die politische Bedrohung von Liebe und Schönheit in der Gegenwart; das lyrische Subjekt möchte wie Theseus und Perseus die Mächte der Zerstörung bekämpfen, und die Göttin der Liebe soll es in diesem Kampfe leiten: »O möchte Venus mich wie Theseus lenken, / mir Ariadnes Herz und Faden schenken.«[180]

Seit Mitte der fünfziger Jahre aber gewinnt Maurer eine distanzierte Sicht auf die sozialen, politischen und ideologischen Grundlagen der Antike. Nachdem bereits »Hannibals Zug über die Alpen« ein ernüchterndes Bild der römischen Geschichte geboten hatte, bezeichnen Gedichte wie »Hausherr Odysseus«, »Prometheus« und »Variationen auf Abstrakta und Konkreta«, in denen der Autor die apostrophierten Gestalten grundsätzlich mit Zustimmung sieht und zugleich auf Mängel und Unvollkommenheiten aufmerksam macht, exakt das Heraufkommen kritischer Momente innerhalb einer prinzipiell bejahenden Verwendung antiker Motive, den Übergang von der Becherschen zur Brechtschen Position in der Antikerezeption der DDR-Literatur. In »Hausherr Odysseus« aus dem 1958–1962 entstandenen Zyklus »Gestalten der Liebe« sagt Maurer einer gar zu einschichtigen, geradlinigen Interpretation des Homerischen Helden als eines (wie Ernst Bloch glossierte) »braven Hausvaters auf Reisen« ab und legt den Akzent auf den etwas prekären Punkt der erotischen Abenteuer; in »Prometheus« aus dem 1964 erschienenen Band »Variationen« betont er das Leid des Titanen, seine Ohnmacht und die langwährende Auswegslosigkeit seiner Strafe; in den »Variationen auf Abstrakta und Konkreta« aus demselben Band wirft er sogar die Frage auf, ob nicht auch »die Millionen Promethiden« nach dem Sturz der *alten* die Etablierung einer *neuen* Götterherrschaft erleben müssen, reflektiert er die Erfahrung, daß nach der Befreiung von einer traditionellen Herrschaft und Ideologie alle Macht und Verehrung auf die Person

---

179 Georg Maurer: Werke in zwei Bänden. Hrsg. von Walfried Hartinger, Christel Hartinger und Eva Maurer. Halle (Saale), Leipzig 1987, Bd. 1, S. 308–313.
180 Georg Maurer: Lob der Venus. Berlin 1956, unpag.

eines mit gleichsam religiösem Anspruch auftretenden Spitzenfunktionärs konzentriert wurden.[181]

Höhepunkt dieser kritisch-problematisierenden Sicht auf das Altertum ist das Gedicht »Antike« aus dem 1954–1960 entstandenen Zyklus »Geschichtsbilder«, das sich eng mit Erich Arendts »Gesang der sieben Inseln« berührt. An Hand der »Ilias« wird herbe und ironische Kritik an der Unbedenklichkeit und Launenhaftigkeit, an den Konflikten und am Einverständnis der Herrschenden geübt: an der Verführung des Zeus durch Hera, an der Götterschlacht und der darauffolgenden Aussöhnung der Götter. Wo Arendt »das Licht / antiken Säulenfriedens« als »Lug um Lug« bezeichnet, dort entlarvt Maurer – die Polemik gegen die »Ilias«-Welt ebenso auf das Altertum überhaupt ausdehnend – den schönen Schein des antiken Selbstverständnisses (»Von Homer lassen sie den Vorhang rauschend aufziehn, / und in die Kulissen fällt das hellenische Licht«) und deutet zugleich an, daß einst »Ambrosia und Nektar zu Ende« gehen können »für die irdischen Herrn«.[182]

Distanz zur Welt des Trojanischen Krieges durchzieht mehrere Gedichte der sechziger Jahre – wobei Maurer allerdings, anders als der Elegiker Arendt, öfters noch einer Hoffnung auf Umkehr Ausdruck gibt –; als Paradigma für eine sinnlich-natürliche und vom Musischen bestimmte Lebenshaltung hingegen hält der Dichter die Antike auch noch in der Gegenwart für lebendig: nämlich in drei Gedichten aus dem Band »Kreise«. In »Unverlorener Olymp« (1962/63) erscheint eine Liebesszene zwischen einem Gott und einer Göttin durch die moderne Geliebte reproduzierbar; »Im Badezimmer« (1962/63) zeigt das lyrische Subjekt selbst im Alltag ganz in einer antiken, von der Muse bestimmten Gedankenwelt; in »Antike auf märkischem Sand« (1966/67) distanziert sich Maurer von einer durch Mars repräsentierten kriegerischen Antike, wie sie in höfisch-militärischen Kreisen rezipiert wurde, und bekennt sich zu einer durch Venus verkörperten und in einem Mädchen von heute neu erwachenden Lebenshaltung.[183]

Maurer unterscheidet genau zwischen sozialen, politischen und ideologischen Erscheinungen des Altertums und humanen Zügen seines Lebens und entwickelt nur in bezug auf diese ein ungebrochenes Antikebild. So stellt er in dem Gedicht »Phryne« geradezu plakativ eine destruktive Eroberungspolitik und die konstruktiven Potenzen menschlicher Liebesfähigkeit einander gegenüber: Die Hetäre verspricht, mit dem verdienten Gold Theben wieder aufzubauen, und will die Inschrift anbringen: »Seht, geschleift von Alexander, / von Phryne, der Kokotte, wieder aufgerichtet!«[184]

Ist die antike Liebesgöttin, anders als im Werk der frühen fünfziger Jahre, nicht mehr der Hauptgegenstand von Maurers Antikerezeption und erfährt sie mitunter auch (wie in »Antike« oder »Hausherr Odysseus«) bestimmte Relativierungen, so verstärken sich gegen Ende seines Lebens – in »Gestalten und Gedanken« (1968/69) – die bitteren Töne, die dunklen, distanzierenden Züge. In dem Gedicht »Eros« wird der Gott als furchtbar geschildert, führt die Liebe zu leidvollen und schreckli-

---

181 Georg Maurer: Werke in zwei Bänden (wie Anm. 179), Bd. 1, S. 440f. – vgl. S. 263 – sowie Bd. 2, S. 45 f. und 57–63 (Zitat: S. 59).
182 Ebd., Bd. 1, S. 431 f.
183 Ebd., Bd. 2, S. 11, 17 und 178 f.
184 Ebd., Bd. 2, S. 53.

chen Erfahrungen – und in dem Gedicht »Schönheit« zeigt der Autor gnadenlos auf, wie Venus zur Verschleierung sozialer Antagonismen dienen kann: »Verdächtig Versöhnende du! [...] Wir sollten dir fluchen, daß du / zwischen deinen Wimpern erträglich machst, / was unerträglich ist.« Während aber bei Erich Arendt die tiefe emotionale Betroffenheit über historisches Unrecht und über die individuellen Leidenschaften des Menschen überwiegt und ein Ausweg nur im Gestaltwerden des Leides gesehen wird, neigt Georg Maurer eher zur Versöhnung. In »Schönheit« werden letztlich die Menschen selbst für ihr Schicksal verantwortlich gemacht und an Venus, trotz aller Gefährdungen, die schöpferischen Züge betont: »Und ein Alter in der Menge sagte: Mit dieser werden wir / ewig nicht fertig. Uns bleibt nichts als einander zu helfen.«[185]

JOHANNES BOBROWSKI (1917–1965) ist ein Dichter, der seiner Herkunft nach mit den antiken Literaturen – einschließlich der klassischen Versmaße – eng vertraut war, in dessen Prosa die Gelehrtenatmosphäre des 18. Jahrhunderts präsent ist und in dessen Lyrik antike Motive sich zwanglos einfügen, der diese Beziehung aber hinter dem zentralen Thema seines Werkes, der Auseinandersetzung zwischen den Deutschen und ihren östlichen Nachbarvölkern, zurücktreten ließ und viele seiner Antike-Gedichte zu Lebzeiten nicht veröffentlichte. So wie er sich formal von einer strengen Nachbildung der griechischen Versschemata löste und nur noch freie Anklänge an sie verwendete, schritt er auch inhaltlich von einer an klassischen Vorstellungen geschulten Verehrung des Altertums weiter zu einer nüchterneren und sachlicheren, ja sogar elegischen und anklagenden Sicht auf antike Vorgänge. Dabei ist neben einer kritisch-distanzierenden für ihn eine besonders sensibilisierte und kunstintensive Antikerezeption charakteristisch.

Symptomatisch für die zustimmende Sicht auf die Antike aus den fünfziger Jahren ist das Gedicht »Pindar« (1956), in dem Bobrowski verkündet, wie das gewaltige Lied des griechischen Dichters – dem er auch in kompositorischer Hinsicht, durch die triadische Struktur vieler seiner Werke, verpflichtet war – »aus Trauer stammt, aus dem Schweigen voll Nachtglanz« und sich im »jubelnde[n] Mittag von Hellas, wo unausdenkliche Sonne / aufging«, zu universeller Schönheit erhebt. Die Kunst erscheint als große Möglichkeit der Humanisierung, der Überwindung des als solchen namhaft gemachten Leides. Hierin berührt sich die Aussage des Gedichtes mit der poetischen Konfession Erich Arendts – doch im Unterschied zu Arendts immer wieder erneuerten Klagen über menschliches Leid wird in Bobrowskis Gedicht die Trauer bald aufgehoben in einem großen Lobgesang auf das klassische Griechenland. Diese vor allem ästhetisch vollkommene Antike schließt auch die Götterwelt harmonisch in sich ein:

> Pindar singt, der Liebende singt deinen Völkern, Hellas, den Völkern der Erde
> zu: ihrer ernstlichen Schönheit Lied, er sitzt
> auf des Apollon Geheiß
> aufgetanen Augs beim Mahl
> deiner Götter, Griechenland.[186]

---
185 Ebd., Bd. 2, S. 297f.
186 Johannes Bobrowski: Gesammelte Werke in sechs Bänden. Hrsg. von Eberhard Haufe. Berlin 1987ff., Bd. 2, S. 293f.

Dagegen erscheinen bereits im »Viktorianischen Lied von der italienischen Schönheit« (1957), das mit der Erinnerung an den Brudermord des Romulus endet, die Götter als Wesen, die am menschlichen Leid keinen Anteil nehmen; und 1959, in »Trauer um Jahnn«, klagt Bobrowski sie sogar eines zynisch-ästhetisierenden Sadismus an:

> Einst
> die belustigten Götter
> über den Tartarus
> riefen mit schönen Stimmen:
> Hängt ihn kopfunter,
> dann wächst ihm der Fels in den Mund.[187]

Die Wandlung läßt sich auch in Bobrowskis Sappho-Rezeption erkennen. Das Gedicht »Sappho« aus dem Jahre 1956 ist ein Preislied auf die antike Lyrikerin, die »dem Länderfremden« in ihres »Verses / Stufe eine Zeit, ein Verweilen« gönnt; sie hilft dem lyrischen Ich, »dem Chaos [zu] entkommen für den / Zug eines Atems«. Wie die Pindarische Lyrik »aus Trauer stammt«, so sind auch Sapphos Lieder für Bobrowski »goldne Nägel im Bogentore / dieser Nacht« – die Bejahung griechischer Dichtung erfolgt unter Einbeziehung des tragischen Untergrundes antiken wie modernen Lebens –; wird aber in »Pindar« in erster Linie Hellas und das idealisierte Griechenlandbild der deutschen Klassik verherrlicht, so ist die Aussage des Sappho-Gedichtes verhaltener: Die Kunst vermag den Taumel des faschistischen Krieges auf Dauer nicht vergessen zu lassen. In dem 1964 entstandenen Gedicht »Mit Liedern Sapphos« ist der trotz aller Gedämpftheit spürbare bekenntnishafte Ton des früheren Werkes gänzlich aufgegeben; auch die Nachbildung der sapphischen Strophe ist einer freieren, der antiken nur noch angenäherten Versform gewichen. Indem aber Bobrowski – unter Anlehnung an Sapphische Wendungen – die Wirkung ihrer Kunst über die räumliche Distanz hinweg auf Solon beschreibt, läßt er symbolhaft auch die zeitliche Dauer ihrer Dichtung deutlich werden. Die unmittelbare Beziehung auf das lyrische Subjekt und dessen Situation unter widrigen historischen Bedingungen ist entfallen, so daß durch die Versachlichung der Aussage sogar eine stärkere Identifizierung mit Sappho erzielt ist.[188]

PETER HUCHEL (1903–1981) – von 1949 bis 1962 Chefredakteur von »Sinn und Form«, danach in der DDR verfemt, bis er 1971 ausreisen durfte – berührt sich in seiner Rezeption antiker Motive eng mit Erich Arendt. Wenn sie sich auch erst in Gedichten seit 1963 niederschlägt, so ist sie doch durch ähnliche Erfahrungen wie die seines Freundes geprägt und führt zu einer verwandten elegischen Haltung – mit dem Unterschied, daß selbst die Hoffnung auf einen Ausweg im Bereich der Kunst aufgegeben ist. Entsetzen über die Geschichte und Trauer über den Verlust kultureller Werte prägen drei wichtige Texte des Bandes »Chausseen Chausseen«: »Polybios« ist eine umfassende Klage über die Unbilden der Geschichte; das Gedicht »An taube Ohren der Geschlechter« beginnt mit einer Schilderung der nordafrikanischen Wüste, die einst »ein Land mit hundert Brunnen« gewesen war, beschwört die von

---

187 Ebd., Bd. 1, S. 36.
188 Ebd., Bd. 2, S. 292 und Bd. 1, S. 206.

Polybios berichteten Tränen des Scipio Aemilianus beim Untergang Karthagos, die der Sorge um das künftige Schicksal Roms gelten, und läßt die Vergänglichkeit der Geschichte und die Vergeblichkeit alles historischen Wissens als zeitenüberdauerndes Gesetz erkennen (»Und der es aufschrieb, gab die Klage / An taube Ohren der Geschlechter«)[189]; »Der Garten des Theophrast« – zuerst im letzten von Huchel redigierten Heft von »Sinn und Form« erschienen und gleichsam als ein Epitaph auf diese Zeitschrift gedacht – gibt einer persönlichen und gesellschaftlichen Krisensituation Ausdruck und ruft dazu auf, die Erinnerung an die alten Denker zu bewahren in einer Zeit, da ihr Vermächtnis nicht mehr zählt: »Tot ist der Garten [...]. / Sie gaben Befehl, die Wurzel zu roden.«[190]

»Chausseen Chausseen« enthält weiterhin das Odysseus-Gedicht »Hinter den weißen Netzen des Mittags«, das nicht den siegreichen Heimkehrer, sondern den Schiffbrüchigen zeigt, der nur vorübergehend in Nausikaas Gegenwart Freundschaft und Liebe findet und für den »immer noch / Die rauhe Klage« charakteristisch ist[191], sowie eine »Elegie«, die von der griechischen Landschaft her den Zugang zu Homer findet – doch beschworen wird nicht nur der »Mann auf Chios«, der als Blinder ein Sehender ist und dessen Kithara »Siebensaitig« tönt, sondern auch jener, der am Ende seines Lebens nach Ios aufbrach und, der Legende nach, starb, als er ein Rätsel *nicht* zu lösen vermochte[192].

Auch unter den erstmals 1972 in dem Band »Gezählte Tage« erschienenen Gedichten finden wir elegische Töne. Namentlich in »Alkaios« wird das Schicksal des altgriechischen Dichters, der mehrmals in die Verbannung gehen mußte, mit dem des Autors verknüpft, der in einer Zeit, als »mit eisernen Pfählen / die Grenze gesetzt« worden war, verfemt und isoliert wurde und schließlich ausreisen mußte: »Die Spur verlischt.« (Das Motiv der »zerbrochene[n] Ruder« greift das der zerbrochenen Masten am Ende von Arendts Gedicht »Odysseus' Heimkehr« wieder auf.)[193] Zugleich wird bei allem Leid und bei aller Bitternis eine gewisse Versöhnung spürbar: In »Odysseus und die Circe« wird der Held zwar bedroht und verhöhnt, sieht aber zum Schluß »die Augen einer Quelle« – auf die gegenwärtige Situation bezogen: gewinnt der Dichter in einer politisch und menschlich verödeten Welt durch die schmerzhafte Begegnung mit dieser Welt Kraft für seine Arbeit –[194]; und in dem Gedicht »Aristeas«, das auf Herodots Erzählung von einem Apollonpriester zurückgeht, der von den Toten aufzuerstehen vermochte, berichtet der legendäre Wanderer von Ländern, in denen »das Vergangene ohne Schmerz« ist[195].

Düsternis dagegen bestimmt die Antike-Gedichte in Huchels letztem Gedichtband von 1979, »Die neunte Stunde«: »Niemand wird finden / das Grab des Odysseus [...] // Mein ist alles, sagte der Staub« – diese Verse sind die Quintessenz

---

189 Peter Huchel: Gesammelte Werke in zwei Bänden. Hrsg. von Axel Vieregg. Frankfurt a. M. 1984, Bd. 1, S. 152f.
190 Ebd., S. 155.
191 Ebd., S. 122f.
192 Ebd., S. 115f.
193 Ebd., S. 214.
194 Ebd., S. 198f.
195 Ebd., S. 207.

des Gedichtes »Das Grab des Odysseus«, das mit zahlreichen Reminiszenzen an »Ilias« und »Odyssee« arbeitet und letztlich den Mythos als eine Erfindung Homers enthüllt.[196] Das Gedicht »Melpomene«, das sich auf Herodots Bericht über den Zug des Darius gegen die Skythen bezieht, macht die Härte und Vergeblichkeit aller Kriegszüge deutlich.[197] Das Aristeas-Gedicht von 1972 wird nochmals unter dem Titel »Aristeas I« abgedruckt und durch die Replik »Aristeas II« gleichsam ›zurückgenommen‹: Der alte, vereinsamte Aristeas, von Apollon verbannt und nunmehr verschollen, kann sich nur noch an frühere, glücklichere Erlebnisse erinnern und wartet auf den Tod.[198] In »Persephone« schließlich wird alles irdische Leben durch die Unterwelt bestimmt:

> Die Abgründige kam,
> stieg aus der Erde,
> aufgleißend im Mondlicht.
> Sie trug die alte Scherbe im Haar,
> die Hüfte an die Nacht gelehnt. /
> Kein Opferrauch, das Universum
> zog in den Duft der Rose ein.[199]

Die sechziger bis neunziger Jahre
Von Peter Hacks bis Michael Köhlmeier

Am Beginn dieser Phase stand die Aufführung von Peter Hacks' Bearbeitung des Aristophanischen »Friedens« im Jahre 1962 am Deutschen Theater in Berlin – einer der größten Bühnenerfolge nach 1945 im deutschsprachigen Raum. PETER HACKS (geb. 1928) hatte sich in seinem Frühwerk vor allem mit der Entlarvung von Mechanismen der feudalen und bürgerlichen Vergangenheit beschäftigt und diese mit »Die Sorgen und die Macht« (1959) und »Moritz Tassow« (1961) zu einer kritischen Sicht auf die sozialistische Gegenwart weiterentwickelt – und war damit an unüberwindliche Tabus gestoßen. Dennoch wäre es zu einseitig, die Hinwendung zu antiken Stoffen nur aus einer resignativen Flucht zu erklären. Hacks hat sich in sehr prononcierter Weise zum Sozialismus bekannt und ging seit Anfang der sechziger Jahre davon aus, in einer ›postrevolutionären‹ Gesellschaft zu leben, in der ein Autor nicht mehr in aufklärerischem Sinne »die Klassengesellschaft zu widerlegen« und »Neues vorzubringen oder gar zu entdecken« brauche, sondern auf klassische Art »sich damit beschäftigen« könne, »Altes neu anzulegen, Bekanntes (oder jedenfalls Nicht-Fremdes) in großer und tiefer Weise vorzutragen«. Er meinte, daß die »Harmonie der sozialistischen Gesellschaft« auch eine »sozialistische Klassik« hervorbringe.[200] Dies bedeutete für ihn zugleich eine zustimmend-identifizierende

---

196 Ebd., S. 231 f.
197 Ebd., S. 230 f.
198 Ebd., S. 233 f.
199 Ebd., S. 249.
200 Peter Hacks: Interview. In: Hacks: Die Maßgaben der Kunst. Gesammelte Aufsätze 1959–1994. Hamburg 1996, S. 72; Ders.: Literatur im Zeitalter der Wissenschaften. Ebd., S. 15; Ders.: Versuch über das Theaterstück von morgen. Ebd., S. 32 f.

Beziehung zu früheren ›klassischen‹ Autoren (wie Aristophanes und Goethe) und zu tradierten Sujets wie denjenigen des Amphitryon und des Herakles.

Der klassizistische Ansatz der Hacksschen Poetologie erklärt den relativ hohen Anteil ›positiver‹ Verhaltensweisen, die auffällige Identifikation mit Gestalten seiner Werke. Dennoch hält der Vorwurf, daß er die Widersprüche der Wirklichkeit in Harmonien auflöse, genauerer Analyse nicht stand. Einmal weiß der moderne Autor sehr wohl, daß Kunst »von den Fehlern der Welt« lebt, bezeichnet als Gegenstand seiner Arbeiten »das Verhältnis der Utopie zur Realität« bzw. die Widersprüche des »emanzipierten Menschen [...]« zu einer nicht oder nicht vollkommen emanzipierten Gesellschaft« und meint, daß die »sozialistische Klassik« eine kritische Kunst »ohne jegliche restaurative und apologetische Züge« sei.[201] Zum anderen hat er seine theoretischen Positionen in der dichterischen Praxis mehr und mehr modifiziert.

Mit der Bearbeitung der »Eirene« aus dem Jahre 421 v. Chr. hat Hacks eine Thematik aufgegriffen, die in den Jahren des ›Kalten Krieges‹ von zentraler Bedeutung war und die auch bei anderen Autoren eine Hinwendung zu den Antikriegskomödien des Aristophanes gebracht hatte – namentlich zur »Lysistrate«.[202] Das politische Anliegen ist scharf herausgearbeitet: Kriegs- und Friedenskräfte sind klar einander entgegengesetzt, wobei der moderne Autor gegenüber dem griechischen Vorbild die programmatischen Züge noch verstärkt hat. So verurteilt Hermes prinzipiell die kriegführenden Menschen; Trygaios und Herbstfleiß (die Theoria des Aristophanes) lassen sich in feierlichen Worten über Kriegstreiber und die Segnungen des Friedens aus – und der Protagonist verbietet einem athenischen Knaben nicht nur ein Kriegs-, sondern lehrt ihn auch ein Friedenslied. Bereits die ›positiven‹ Aussagen aber haben nichts Platt-Didaktisches an sich. Trygaios ist kein Held im konventionellen Sinne, der »erhabene Zwecke« hat und »aufs Ganze« geht, sondern »ein Held und ein Bock auch«, auf Essen, Trinken und Sexualität bedacht: Er hat »den plattesten Zweck« und »will seinen kleinen Teil« und hat gerade dadurch »den erhabensten Erfolg« und gewinnt »das Ganze«. Trygaios ist ein Held ›von unten‹, der nichts als sein eigenes Leben führen will – dies aber nicht anders erreichen kann, als daß er die »Ursachen des Krieges« ausrottet und die Welt ändert.[203]

Hacks' zweites Antikestück, die »Operette für Schauspieler« »Die schöne Helena« von 1964, ist wiederum eine Bearbeitung – diesmal eines modernen Werkes, des Librettos von Henri Meilhac und Ludovic Halévy zu Jacques Offenbachs »La belle Hélène«. Die »Schöne Helena« ist ebenso wie der »Frieden« ein Antikriegsstück; der Partei des Krieges, verkörpert durch Jupiter, seinen Priester Kalchas und die griechischen Feldherren, wird mit Entschiedenheit die Partei der Liebe, vertreten durch Venus, Paris und Helena, entgegengestellt – ja, der Konflikt dieser beiden Gruppen wird programmatisch und gegenüber Offenbach deutlich akzentuiert als Kampf zwischen »Liebe« und »Roheit« interpretiert, der in der Perspektive mit dem

---

201 Peter Hacks: Das Poetische. Vorwort. Ebd., S. 7 und 10; Ders.: Interview. Ebd., S. 72; Ders.: Versuch über das Theaterstück von morgen. Ebd., S. 33.
202 Vgl. S. 328.
203 Peter Hacks: Stücke nach Stücken. Berlin, Weimar ²1969, S. 68; Ders.: Götter, welch ein Held! Zu »Der Frieden«. In: Hacks: Die Maßgaben der Kunst (wie Anm. 200), S. 1006 f.

Sieg der Liebe enden werde[204]. Diese lineare Gegenüberstellung von ›Gut‹ und ›Böse‹, die zudem recht rasch über die Leiden des Krieges hinweggeht und allzu optimistisch zum Sieg des ›Guten‹ führt, wird in späteren Werken einer mehr dialektischen Konzeption weichen.

Nach der Aristophanes- und der Offenbach-Bearbeitung hat Peter Hacks mit dem »Amphitryon« von 1967 erstmals ein eigenständiges Antikestück vorgelegt: ein Stück jedoch, dessen Reiz sich zu einem guten Teil aus seinen weltliterarischen Traditionsbeziehungen ergibt. Insbesondere vereinigte er darin die »kraftvolle« Zeichnung der Plautinischen Alkmene, »geschickte« dramatische Konfrontationen Molières, die »Sinnlichkeit« John Drydens und die »Tiefe« Heinrich von Kleists – darüber hinaus den wirkungsvollen dramatischen ›Einstieg‹ Jean Giraudoux' und die militaristische Borniertheit von Georg Kaisers Amphitryon.[205] Hacks hat die ›klassischen‹ Situationen nicht einfach übernommen, sondern zumeist parodistisch umgekehrt: Die Skala reicht vom souveränen Spiel mit überlieferten komischen Motiven und vom direkten Gegensatz zu deren traditioneller Gestaltung über Alkmenes bewußte Bejahung ihrer Liebe zu Jupiter bis zum Aufzeigen gleich starker, aber völlig entgegengesetzter tragischer Antinomien wie bei Kleist.

Der »Amphitryon« ist eine höchst vielschichtige Komödie: burlesk und witzig, sinnlich-heiter und zugleich ernst und nahezu tragisch – ein Stück mit viel Situationskomik, aber auch mit programmatischen Perspektivvorstellungen menschlichen Zusammenlebens und deren Kontrast zu einer unvollkommenen und widerspruchsvollen Wirklichkeit. Die unterschiedlichen Positionen sind dabei nicht mehr mechanisch einander entgegengesetzt, sondern – auf hoher Abstraktionsebene – dialektisch miteinander vermittelt. Die Liebe zwischen Jupiter und Alkmene – eine sinnlich erfüllte Beziehung, die sich als Selbstzweck gilt, d.h. weder auf eine Ehe noch auf die Erzeugung des Herakles zielt, und in ihrer Spannung zwischen Chaos und Schöpfung eine universelle Bedeutung erhält –: diese Liebe ist im »Amphitryon« beispielhaft für »statthabendes Glück, Störung der Ordnung und Vorwegnahme der Utopie«[206]. Freilich ist sie nur eine ephemere Macht; denn Jupiter läßt sich zum Olymp zurückrufen und überläßt seine Geliebte einem Mann recht durchschnittlicher Art. Ein ›happy end‹ in herkömmlichem Sinne ist von nun an keinem Hacksschen Antikestück mehr eigen.

Das nächste Werk, der »Prexaspes« von 1968, geht auf Herodot zurück. Mit dieser »Beamtentragödie«[207], die in Persien während des Übergangs der Macht von Kambyses zu Darius spielt, hat Hacks erstmals ein ausgesprochen *politisches* Stück geschrieben sowie Analogien zwischen dem orientalischen Despotismus, dem Absolutismus und dem ›realen Sozialismus‹ aufgezeigt. Darius ist ein ›aufgeklärter Despot‹, sozusagen ein idealer Herrscher der *Nach*-Stalin-Zeit. Von den Intentionen des Autors her ist dies durchaus positiv gemeint – von der Sache her ist es entlarvend.

1969 hat Hacks noch einmal eine ›olympische Komödie‹ in der Tradition des »Amphitryon« geschrieben: »Omphale«. Sie spielt in einer im Prinzip emanzipierten

---

204 Peter Hacks: Stücke nach Stücken (wie Anm. 203), S. 140 und 157.
205 Peter Hacks: Zu meinem »Amphitryon«. In: Hacks: Die Maßgaben der Kunst (wie Anm. 200), S. 1015.
206 Peter Hacks: Das Poetische. Vorwort. Ebd., S. 10.
207 Peter Hacks: Die deutschen Alexandriner. Zu »Prexaspes«. Ebd., S. 1016.

›postrevolutionären‹ Gesellschaft, in der die Dinge zur »Stimmigkeit« und zur »höchst / Möglichen Wohlfahrt« geordnet sind und Herakles wie Omphale nur noch ihrer Liebe leben wollen. Sie erstreben ihre menschliche Vervollkommnung durch die Sehnsucht nach Geschlechtertausch – ein Vorgang, der im Altertum und auch bei den meisten neueren Autoren als tragische Verirrung und tiefe Schmach galt und ausgerechnet durch den von Hacks hart bekämpften Friedrich Schlegel eine Aufwertung erfahren hatte. Dieses ›Glück‹ aber wird noch von außen – durch das Ungeheuer Lityerses – bedroht, so daß Herakles nochmals in den Kampf zieht. Das Ende ist doppelbödig: Herakles steckt seine Keule in die Erde, wo sie zu einem Ölbaum – dem Symbol des Friedens – wird; zuvor aber ist es zu einem Streit unter den Herakles-Söhnen um die Nachfolge gekommen. Herakles hat den Streit zwar noch einmal salomonisch gelöst, so daß Omphale »hell den Weg in die Jahrhunderte« zu sehen meint – doch der Keim einer künftigen Problematik wird bereits sichtbar[208]: einer Problematik, die Hacks dann im »Numa« thematisiert hat.

In dieser 1971 entstandenen, in einer »Sozialistischen Republik Italien« spielenden Komödie hat Hacks die politische Ausrichtung des »Prexaspes« auf komödiantische Art weitergeführt und stärker als bisher neben sozialistischen Zielvorstellungen sozialismusinterne Konflikte offenkundig werden lassen. (Sie ist deshalb in der DDR nie veröffentlicht worden.) Hacks greift hier bezeichnenderweise auf ein Sujet nicht aus dem griechischen Mythos, sondern aus der römischen Geschichte zurück – auf den zweiten römischen König, Numa Pompilius, der, laut Livius, die von Romulus durch Waffengewalt gegründete Stadt durch Rechtssatzungen und Kultbräuche gleichsam ein zweites Mal gegründet hat –, und er nimmt die in sagenhafter Ausschmückung überlieferten Vorgänge als exemplarisch für ein sozialistisches Gemeinwesen. Numa ist für den Autor der »mittlere Held«, der – als »eine Forderung unseres Zeitalters« – dank seiner »bewußtseinsmäßigen Überlegenheit« und der daraus resultierenden »gesellschaftlichen Ranghöhe« das öffentliche wie das private Leben regelt und auf heitere und souveräne Art regiert. Dieser Konzeption gemäß führt er – in einer Zeit, in der »Kardinalfragen« auszusterben beginnen – auf friedlichem Wege weiter, was sein Vorgänger in revolutionärer Umwälzung geschaffen hatte, und verkörpert geradezu das Ideal eines »vollkommenen Herrschers«.[209]

Was auf den ersten Blick wie ein harmonischer ›sozialistischer Klassizismus‹ anmutet, erweist sich freilich als ein Werk voller komischer und satirischer Elemente und voller scharfer Attacken auf die sozialistische Realität. Der Konflikt, den Numa zu lösen hat, ist von farcenhafter Nichtigkeit, wird aber bis in die oberste Staatsspitze getragen. Numa löst schließlich den Streit, indem er ihn *nicht* löst, und lädt statt dessen zu den Saturnalien ein, auf denen er selbst als römischer König auftritt. Dies bedeutet wiederum kein ›happy end‹ traditioneller Art. Die Beendigung des Rechtsstreites führt nicht – wie es der Erwartungshaltung der Zuschauer entsprechen würde – zur Versöhnung des Liebespaares, sondern zu dessen definitiver Trennung: »Gut, geben wir der rauhen Wahrheit statt / Und enden, anders als wir gerne hätten.«

---

208 Peter Hacks: Ausgewählte Dramen. Berlin, Weimar 1972, S. 363 und 411f.
209 Peter Hacks: Numa oder die Mitte. In: Hacks: Die Maßgaben der Kunst (wie Anm. 200), S. 1034–1036.

Deutlicher noch kontrastieren mit einem harmonisierenden Gesellschaftsbild die Gestalten der zwei »Politbureau«-Mitglieder Sabino und Romano, die zu Beginn des Stückes um die Nachfolge des Romulus streiten, die Grundsätze ›sozialistischer Kulturpolitik‹, die auf »Sittenplanung« und auf Stärkung des »moralisch-politische[n] Bewußtsein[s] des Volkes« zielen, sowie das sittliche und intellektuelle Niveau der »Repräsentanten von Staat und Partei«, die mit dem Begründer ihrer Ideologie nichts mehr im Sinn haben.[210]

Utopiekritik ist ein Charakteristikum von Hacks' nächster Antike-Adaptation: dem Libretto zu der »Komischen Oper nach Aristophanes« »Die Vögel« von 1973. Hatte der Autor im »Frieden« ein ›optimistisches‹ Stück und eine ›positive‹ Gestalt des griechischen Komödiendichters rezipiert, so nunmehr ein recht hintergründiges Werk, das in einem Reich scheinbar idyllischer Harmonie mannigfache Ungerechtigkeiten aufzeigt. Hacks hat dabei die Aussagen des Aristophanes durchweg verschärft. Die Abkehr Liebingers und Hoffmeiers (wie die beiden Griechen bei ihm heißen) von der krisenerschütterten attischen Demokratie und der Ehewütigkeit der Frauen erscheint nur anfangs als berechtigt und wird zunehmend mit satirischer Distanz geschildert; denn hinter ihrem Mißfallen an der Demokratie verbirgt sich das Mißfallen an der Arbeit. Vor allem aber erweist sich die Stadt, die im Reich der Vögel errichtet werden soll, nicht so sehr als eine Stadt der »Muße«, der »Liebe« und ohne »Pflicht noch Plage« denn vielmehr als eine Stätte der Irrealität, der Mediokrität und der Inhumanität. Während Liebingers erotische Erwartungen rasch enttäuscht werden, enthüllt die von Hoffmeier erdachte und von den Vögeln begeistert aufgenommene Verfassung das Selbstgefällige und Verbrecherische dieses ›Wolkenkuckucksheims‹. Die Vögel singen: »Wir sind die Größten, wir sind die Himmlischen, wir sind die Götter« – in der Tat aber erheben sie nur ihre eigene durchschnittliche Lebensart zur allgemein-verbindlichen: »Schluß mit / Dauerndem Anspruch, grenzlosem Drang und / Hoher Bemühung.« Die Menschen jedoch sollen auf drastische (und tödliche!) Weise gezwungen werden zu fliegen, während jene Vögel, die als »Verächter [...] der Vogelfreiheit« gelten, zum Schmaus gebacken werden. Das angebliche Reich der Freiheit erweist sich als eine mörderische Despotie der Mittelmäßigkeit. Prometheus schließlich, der bei Aristophanes zwar etwas ängstlich und intrigant ist, aber den glücklichen Ausgang der Komödie vorbereitet, ist bei Hacks zu einer zwiespältigen und erbärmlichen Figur, zu einem opportunistischen Subalternen geworden.[211]

Eine Verbindung von Komik und Utopiekritik kennzeichnet auch »Rosie träumt« von 1974, eine »Legende nach Hrosvith von Gandersheim«, die in der Zeit der Diokletianischen Christenverfolgungen spielt. Roswitha, eine Tochter Diokletians, lehnt es als heimliche Christin ab, Gallikan zu heiraten, vermeidet aber auch den Märtyrertod und versucht statt dessen, Gallikan durch einige Wunder zum Christen zu bekehren. Die entscheidende Pointe findet sich in der Schlußszene. Roswitha hat Gallikan bis zu einem gewissen Grade bekehrt, sie sterben gemeinsam und kommen in den Himmel – doch es stellt sich heraus, daß dieser in jeder Hinsicht unvollkommen ist, daß der Weg zu Gott noch weit ist und daß es für die »Lehre«

---

210 Peter Hacks: Sechs Dramen. Düsseldorf 1978, S. 171, 180, 117 und 104.
211 Peter Hacks: Oper. Berlin, Weimar 1975, S. 169, 179, 185 und 188.

»natürlich keinerlei Beweise« gibt. Sogar die Jungfrau Maria kann auf die Frage, ob sie an Gott glaube, nur antworten: »Je nun, mein Kind, ich denke, man muß glauben, wenn man noch kann.« Das Stück endet in Ironie und Resignation angesichts der Desillusionierung über eine Theorie, die für die nächste Zukunft eine endgültige Befreiung und Erlösung versprochen hatte, und über eine Praxis, die dieses Ziel immer weiter hinausschob.[212]

Die Jahre zwischen 1967 und 1974 sind der Höhepunkt der Hacksschen Antikerezeption. In dieser Zeit zeichnet sich eine deutliche Akzentverlagerung von den utopischen Zielvorstellungen zu den Unvollkommenheiten der Realität – vom »Tagtraum« zur »Wirklichkeit«[213] – ab, die sich im weiteren Verlauf der siebziger Jahre noch verstärkt. Gegen Ende dieses Jahrzehnts wandte sich Hacks nochmals zwei antiken Sujets zu.

Hintergründiger als auf den ersten Blick ersichtlich ist das Schauspiel »Senecas Tod« von 1977. Der römische Philosoph wird von Hacks als Vertreter eines Haltungsethos vorgestellt, das sich unter widrigen geschichtlichen Umständen als »Vorwegnahme menschlicher Selbstbestimmung« erweist und das der Autor im »Wertzusammenhang des Bolschewismus« interpretiert. Der Grundkonflikt zwischen dem emanzipierten Menschen und einer nicht emanzipierten Gesellschaft ist beibehalten, und das »mündige und eigenverantwortliche Betragen« Senecas wird weiterhin als »Vorwegnahme«, als »eine Form der Hoffnung« gedeutet[214] – die Frage aber, wie die unvollkommene Realität diesem Ziele angenähert werden könne (ein Aspekt, der in den früheren Stücken dominant war): diese Frage bleibt offen.

1979 verfaßte Peter Hacks eine Bearbeitung des Goetheschen Festspiels »Pandora« – ein »Ideendrama«, in dem das Verhältnis von Tätigkeit und Muße auf grundsätzliche Weise erörtert wird und Arbeit, Kunst und Liebe in einen vielschichtigen Zusammenhang gebracht werden, in dem Hacks Perspektivvorstellungen entwickelt, die weitgehend Marxschen Überlegungen verpflichtet sind und die in extremer Weise mit der realen Gegenwart kontrastieren. In diesem Stück und in dem Begleitessay »Saure Feste« wird der tätige Prometheus nicht nur (wie bei Goethe) als einseitig vorgestellt, sondern bekommt ausdrücklich Unrecht, und sein dichtender und liebender Bruder Epimetheus (der bei Goethe in seiner Kontemplativität ebenso einseitig erschienen war) erhält Recht: »Prometheus wird in die Segensherrschaft der Pandora nicht einbezogen. Er bleibt, ins mürrische Abseits tretend, am Rande und auf der Erde, während Epimetheus seinen durch Liebe erwirkten Anspruch erfüllt kriegt und als Pandoras Gatte ins Götterreich aufgehoben wird.«[215] Die Vermählung der Titanenkinder ist (im Unterschied zu Goethe) nicht nur keine Lösung des Konfliktes, sondern vielmehr der Herd neuer Konflikte und führt zu deren gemeinsamem Untergang.

Nachdem Hacks 1983 in dem Gegenwartsstück »Barby« ein satirisches Aperçu auf die Kollision zwischen antiken Werten und den Banalitäten der Gegenwart gebracht

---

212 Peter Hacks: Stücke nach Stücken 2. Berlin 1985, S. 157–160.
213 Peter Hacks. Ein Drosseljahr. Zu »Die Vögel«. In: Hacks: Die Maßgaben der Kunst (wie Anm. 200), S. 1051.
214 Peter Hacks: Seneca-Essai. Ebd., S. 1088.
215 Peter Hacks: Saure Feste. Zu »Pandora«. Ebd., S. 1116f.

hatte, hat er nach dem Zusammenbruch der DDR mit seiner 1991 geschriebenen Komödie »Der Geldgott« noch einmal – allerdings in einer sehr freien Bearbeitung – auf ein Stück des Aristophanes zurückgegriffen: auf dessen Spätwerk »Plutos« aus dem Jahre 388 v. Chr., eine Komödie mit märchenhaft-utopischen Zügen, in der zunächst der blinde Gott des Reichtums seine Gaben an die ›Bösen‹ verteilt und die ›Guten‹ leer ausgehen läßt, dann aber von seiner Blindheit geheilt wird und die ungerechte Verteilung der Güter beendet. Die harmonisierende Lösung – die allerdings, genau betrachtet, nicht ganz ohne Ironie ist und zumindest eine gewisse Selbstgefälligkeit der zu Reichtum gelangten ›Guten‹ enthüllt – war bereits von Brecht in Frage gestellt worden. Hacks nun hat die Pervertierung der Menschen durch ihr Streben nach Reichtum persifliert und nicht mit bissigen Kommentaren zu der sogenannten ›Wende‹ gespart.

Eine *theoretische* Modifikation seines Erkenntnisstandes aus der Mitte der sechziger Jahre auf Grund der neueren Erfahrungen hat Hacks nicht unternommen; als *Dichter* aber hat er die drastischen, phantastischen und politischen Züge sowie die facettenreiche – ebensosehr auf befreiendes Lachen wie auf nachdenkliche Betroffenheit zielende – Komik des Aristophanes voll genutzt und nach der Reduzierung einer Emanzipationsbewegung auf borniere Machterhaltung auch die Erfahrungen einer vom Monetären bestimmten Gesellschaft sehr genau reflektiert.

In der »Operette für Schauspieler« »Orpheus in der Unterwelt« (1994) schließlich, mit der sich Hacks nach der »Schönen Helena« wiederum einem antiken Sujet in der Version Jacques Offenbachs zuwandte, hat der Schriftsteller versucht, Erfahrungen aus der Zeit nach der ›Wende‹ dergestalt zu verarbeiten, daß Orpheus den (etwas langweiligen) Sozialismus, Pluto den verführerischen (allerdings impotenten) Kapitalismus und Eurydike das Volk verkörpert, das sich zunächst in die Unterwelt verlocken und danach – enttäuscht – von Orpheus (nicht recht glaubwürdig) retten läßt.

Neben Peter Hacks war seit den sechziger Jahren HEINER MÜLLER (1929–1995) der für die Rezeption der Antike tonangebende Dramatiker der DDR – ein Autor, der beispielhaft für den kritisch-problematisierenden Umgang mit den tradierten Sujets gewesen ist. Die alten Mythen waren für ihn »sehr frühe Formulierungen kollektiver Erfahrungen«, die er nutzen konnte, um heutige Probleme – insbesondere die Kollisionen zwischen den Interessen des Individuums und denen der Gesellschaft sowie die Widersprüche des individuellen Verhaltens – in aller Schärfe zu gestalten. Dies betraf einmal (im Sinne der Marxschen Geschichtsauffassung) Epochenkonflikte grundsätzlicher Art, die er gleichermaßen beim Übergang von der Gentil- zur Klassengesellschaft wie bei der angestrebten »Aufhebung der Klassengesellschaft« sah; und zum anderen betraf es (nunmehr als Weiterentwicklung von Marxens Denkansätzen im Lichte ›realsozialistischer‹ Erfahrung) die »Konfrontation mit der Macht«, die »Grunderfahrung [...] Staat als Gewalt« – historisch konkret: »Der Zweite Weltkrieg und die Folgen. Hitler und Stalin.«[216] So dominieren denn in

---

216 Heiner Müller: Die Form entsteht aus dem Maskieren. Ein Gespräch mit Olivier Ortolani. In: Müller: Gesammelte Irrtümer. Interviews und Gespräche. Frankfurt a. M. 1986 = Theaterbibliothek, S. 149; Ders.: Gespräch mit Bernard Umbrecht. In: Müller:

seinen Dichtungen mit antiken Motiven Krieg und Mord, Gewalt und Scheitern und immer wieder die Ambivalenzen und Unvollkommenheiten eines emanzipatorischen Aufbruchs.

Hacks und Müller werden oft als Antipoden angesehen. Dies trifft im großen und ganzen für die sechziger Jahre zu, in denen Hacks antike Motive überwiegend in bejahendem, ja geradezu bewunderndem Sinne und zugleich philosophisch verallgemeinernd, sozial konkretisierend und politisch aktualisierend zur Gestaltung menschlicher Vervollkommnungsprozesse verwendete. Wie wir gesehen haben, dominierten aber auch bei ihm in den späteren Werken Tendenzen, die auf eine Distanzierung von der Gegenwart zielten und die antiken Vorgaben in differenzierterem Licht erscheinen ließen.

Heiner Müller hatte auf Grund seiner Schulbildung und seiner Lektüre von früh an eine enge Beziehung zur Antike. Bereits aus der Zeit um 1950 stammen mehrere Gedichte mit antiken Sujets und der Entwurf einer Szene von der Ermordung des Agamemnon – sie sind allerdings erst bedeutend später veröffentlicht worden. Es sind frühe Zeugnisse für die kritische Distanz des Autors gegenüber seinem Staat, die sich vor allem in der gespannten Beziehung zwischen dem einzelnen und der Gemeinschaft und im Konflikt zwischen Dichter und Macht niederschlägt. Bemerkenswert ist, wie unheroisch die antiken Gestalten schon in diesen ersten Gedichten erscheinen und wie der Tod des Atriden in einer an Brecht geschulten ›Sicht von unten‹ durch ein »Gespräch der Bediensteten [...] in der Küche« reflektiert wird[217]. Das Gedicht »Tod des Odysseus« (später unter dem Titel »Ulyss«) gilt nicht dem Homerischen Heimkehrer, sondern dem Wiederaufbrechenden aus Dantes »Inferno« in seiner Ambivalenz von Wissensdurst und Scheitern. Orpheus findet den Tod unter den Pflügen, für die in seinem Lied kein Platz gewesen war (»Orpheus gepflügt«). Die »Geschichten von Homer« bringen nicht nur eine charakteristische Aufwertung der Thersites-Gestalt, sondern stellen darüber hinaus die Frage nach der Verantwortung des Künstlers. Im ersten Teil des Gedichtes wird dem Verfasser der »Ilias« von seinem Schüler vorgeworfen, er gebe dem Thersites »die richtigen Worte«, dann aber gebe er »mit eignen / Worten ihm unrecht«, und Homer begründet sein Verhalten damit, daß er aus »Hunger« nach dem »Fleischtopf« zu »Gefallen der Fürsten« geschrieben habe; im zweiten Teil aber wird das Bild eines bedenklichen Opportunisten zu dem eines geschickten Taktikers modifiziert, der dank seiner Anpassungsfähigkeit immerhin die »richtigen Worte« fand: »Die Wahrheit, gekleidet in Lüge, bleibt Wahrheit.«[218]

Sowohl von der Struktur wie vom Verhältnis zwischen der Verurteilung des politischen Engagements und der Anerkennung der künstlerischen Leistung her

---

Rotwelsch. Berlin 1982 = Internationaler Merve Diskurs 104, S. 117; Ders.: Mauern: Gespräch mit Sylvère Lotringer. Ebd., S. 78 und 74; Ders.: Zehn Deutsche sind dümmer als fünf. Gespräch mit Uwe Wittstock. In: Müller: Gesammelte Irrtümer 3. Texte und Gespräche. Frankfurt a. M. 1994 = Theaterbibliothek, S. 154; Ders: Waren Sie privilegiert, Heiner Müller? Ein Gespräch mit Robert Weichinger. Ebd., S. 88.

217 Heiner Müller: Gespräch der Bediensteten im Palast des Agamemnon während dieser ermordet wird in der Küche. In: Explosion of a Memory. Heiner Müller DDR. Ein Arbeitsbuch. Hrsg. von Wolfgang Storch. Berlin 1988, S. 160 f.

218 Heiner Müller: Werke. Hrsg. von Frank Hörnigk. Frankfurt a. M. 1998 ff., Bd. 1, S. 44, 49 und 16 f.

korrespondieren mit den »Geschichte von Homer« die Gedichte »Leben des Horaz« und »Apologie Horaz« – später zu einem einzigen Gedicht unter dem Titel »Horaz« zusammengefaßt. Im »Leben des Horaz« entwirft Müller das Bild eines eigennützigen Opportunisten, dessen frühe Parteinahme für Brutus bereits egoistischen Motiven entsprang, der nach Philippi seine »Lektion« lernte und die »Laufbahn« wechselte, von Maecenas ein Landgut »für einen Platz in den Oden« geschenkt bekam und schließlich seinen Weg in den Nachruhm machte: »*aere perennius* Liebling der Philologen«. Der Verurteilung von Horaz' *Leben* aber folgt eine Verteidigung seiner *Kunst*. In der »Apologie Horaz« nämlich zollt Müller dem Satiriker, der, in prononcierter Abkehr von politischem Heroismus, natürliche Töne findet, in provokanter Art durchaus Anerkennung:

> Dreiundzwanzig Dolchstöße, der zweite tödlich
> In ein fallsüchtiges Fleisch, was sind sie
> Gegen den Furz des Priap in der achten Satire.[219]

Die meisten dieser frühen Texte zeugen von Müllers Vorliebe für Gestalten aus dem Umkreis des Trojanischen Krieges – jenes Ereignisses, das der Autor auch noch in einem seiner letzten Interviews als beispielhaft für historische Prozesse ansah[220]. Im Zusammenhang mit dem Trojanischen Krieg stand dann auch der zwischen 1958 und 1964 verfaßte »Philoktet«: Müllers erstes Drama mit einem antiken Sujet, das zugleich paradigmatisch ist für seinen Umgang mit dem antiken ›Erbe‹. Der »Philoktet« ist *nicht* eine Bearbeitung der Sophokleischen Tragödie, die nur am Schluß stärkere Eingriffe in die Vorlage aufweist, sondern ein eigenständiges Stück, das fortwährend auf Sophokles Bezug nimmt und somit am ehesten als Replik auf das Werk des attischen Dichters bezeichnet werden kann. Vorausgegangen war das Gedicht »Philoktet 1950«, in dem der Dichter einen unheroischen, ja farcenhaften Helden vorstellte und ostentativ auf die göttliche Harmonie verzichtete, mit der die Sophokleische Tragödie endet, Philoktet aber immerhin noch mit den Griechen zurückkehren ließ und damit die Möglichkeit eines – wenn auch fragwürdigen – gemeinsamen Handelns einräumte.[221] Im Drama ist die Kritik an dem Geschehen total geworden.

Heiner Müller hat die Grundkonstellationen der Sophokleischen Tragödie beibehalten, ja, er hat die Handlung sogar noch gestrafft und ganz auf die drei Hauptpersonen des Sophokles konzentriert. Doch die Charaktere sind bei ihm brutaler, die Motivationen zweifelhafter, die Konflikte schärfer als bei dem attischen Dichter. In fast jedem Detail ist das Müllersche Stück gegenüber der Vorlage zugespitzt; die deutlichste Änderung – die Ersetzung des *deus ex machina* Herakles durch Neoptolemos' Tötung des Philoktet und den Mißbrauch von dessen Leichnam – ist nur der Schlußpunkt einer lange vorbereiteten Umwertung. Der Titelheld ist aus einem leidenden und enttäuschten, dennoch menschenfreundlichen, standhaften und Vertrauen suchenden Mann zu einem mißtrauischen und hassenden Individualisten geworden, der sich zudem selbst als ein potentieller Täter entlarvt. Neoptolemos ist bei Müller ein naiver Idealist, der sich angesichts der Kon-

---

219 Ebd., S. 19.
220 Vgl. Heiner Müller: Zehn Deutsche sind dümmer als fünf (wie Anm. 216), S. 166.
221 Heiner Müller: Werke (wie Anm. 218), Bd. 1, S. 15.

sequenzen seiner Haltung zum Mörder entwickelt. Odysseus schließlich wurde von einem mit bedenklichen Mitteln arbeitenden Realpolitiker, der mit seiner Intrige scheitert und vom feierlichen Ende der Tragödie ausgeschlossen bleibt, zu einem Zyniker des machtpolitischen Pragmatismus, der den anderen überlegen ist, sogar einen offenkundigen Fehlschlag zu einer Stärkung seiner Position zu nutzen weiß und das letzte Wort behält. Müller hat mehrfach darauf hingewiesen, daß er drei falsche Haltungen vorgeführt hat und daß es keine Identifikationsfigur gibt. Eine Lösung kann er nur außerhalb des Stückes, durch eine »Änderung des Modells« sehen.[222]

Es sind krasse und brutale Vorgänge, die der moderne Autor an einem griechischen Sujet reflektiert – griechen*fremd* aber sind sie keineswegs. Müller nämlich hat mit seiner durchgehenden Problematisierung des Sophokleischen Stückes dessen Aussagen weniger ins Gegenteil verkehrt als vielmehr weitergeführt und das, was bei Sophokles noch mehr oder weniger verborgen und von einer transzendenten Hoffnung überlagert war, verstärkt und offenkundig gemacht. Zudem hat Müller bei seiner Zuspitzung und Politisierung der Konflikte offensichtlich über Sophokles hinaus auch auf den (nicht erhalten gebliebenen, aber relativ gut erschließbaren) »Philoktet« des Euripides zurückgegriffen[223] und Motive, die in dem Sophokleischen Stück keine Rolle spielen, aus anderen Quellen übernommen. Der eigentliche Gegenpol des Müllerschen »Philoktet« ist eher in der klassischen deutschen Antikerezeption des 18. Jahrhunderts zu sehen. Ob der Autor Herders »Philoktetes« von 1774 kannte, in dem der griechische Mythos auf programmatische Weise humanisiert und harmonisiert worden war, ist nicht sicher – mehrfach aber spielt er parodistisch auf Wendungen der Goetheschen »Iphigenie« an.

Zur geschichtsphilosophischen Dimension seines Stückes hat Müller selbst verschiedene Deutungen vorgetragen. In einem 1966 veröffentlichten Gespräch hat er es – unter Anspielung auf ein Marx-Wort – auf »Vorgänge [...] in Klassengesellschaften mit antagonistischen Widersprüchen« bezogen, die »für uns« »Vorgeschichte« seien, und auch im Prolog und in den Anmerkungen zum Schluß hat er eine derartige Interpretation nahegelegt. In einem Gespräch aus dem Jahre 1981 jedoch nannte er den »Philoktet« ohne taktische Absicherung »ein Zeichen oder Bild für die sozialistische Revolution in der Stagnation, im Patt«, »ein Stück über das Patt des sowjetischen Sozialismus [...] und allgemeiner über die Russische Revolution im Kontext der Weltrevolution« oder kurz »ein Stück über den Stalinismus«. 1983 schließlich machte der Autor vor allem auf *allgemeine* Invarianten der Geschichte »auf dem Hintergrund des möglichen Selbstmords der Gattung« aufmerksam.[224]

---

222 Vgl. Heiner Müller: Drei Punkte. In: Müller: Texte 6. Mauser. Berlin 1978 = Rotbuch 184, S. 73; Ders.: Mauern (wie Anm. 216), S. 77.
223 Vgl. Carl Werner Müller: Patriotismus und Verweigerung. Eine Interpretation des euripideischen »Philoktet«. In: Müller: Philoktet. Beiträge zur Wiedergewinnung einer Tragödie des Euripides aus der Geschichte ihrer Rezeption. Stuttgart, Leipzig 1997 = Beiträge zur Altertumskunde 100, S. 41 f.
224 Heiner Müller in: Gespräch mit Heiner Müller. In: Sinn und Form 18 (1966), S. 43; Ders.: Mauern (wie Anm. 216), S. 74–77; Ders.: Brief an den Regisseur der bulgarischen Erstaufführung von »Philoktet« am Dramatischen Theater Sofia. In: Heiner Müller

Eine zentrale Gestalt des Müllerschen Werkes ist Herakles – bereits in der Überlieferung ein höchst widersprüchlicher Held, der ein hart arbeitender Helfer der Menschen war, seine Arbeiten aber in göttlichem Auftrag und zur Stabilisierung der olympischen Weltordnung vollbrachte und dessen Tugenden oft von charakterlicher Unbeherrschtheit, sexueller Maßlosigkeit und tragischen Verirrungen überlagert waren. Es ist eine Gestalt, in der die Wandlungen und Verschärfungen der Müllerschen Zeitkritik besonders deutlich werden.

In »Herakles 5« von 1964 – einer Art Satyrspiel zum »Philoktet«, das auf einen antiken *Stoff*, nicht aber auf ein bestimmtes *Werk* zurückgreift – ist Herakles ein sinnlich-derber, auf sein eigenes Wohl bedachter Plebejer, der während seiner fünften Arbeit, der Reinigung des Augiasstalles, in der Auseinandersetzung mit dem Zyniker Augias und in zunehmender Abgrenzung von Zeus seine Mittel immer gezielter einzusetzen lernt, seine körperlichen durch geistige Kräfte ergänzt und »Fluß« und »Flüssellenker« in einem wird. Indem er, statt einzelne Übel zu bekämpfen, die Ursache der Übel von Grund auf zu beseitigen unternimmt, zerreißt er – eine Kontrastfigur zum Herakles Friedrich Dürrenmatts – den Augias, holt den Himmel herunter und greift nach Hebe. Aus dem traditionellen Vollstrecker göttlichen Willens ist ein kraftvoller Anti-Olympier geworden.[225] Diese utopische Komödie zeugt von einem vernunft- und technikgläubigen Optimismus, vom Vertrauen in die Beherrschung der Natur und in die Befreiung des Menschen von tradierten Herrschaftsmechanismen. Es ist allerdings das letzte Werk Heiner Müllers, das zu einem offenkundig glücklichen Ende führt – und im Grunde kündigt sich auch bereits eine versteckte Ambivalenz an: Die Situation des Herakles als eines Knechtes der Thebaner hat sich auch *nach* dem Sturz der Götter nicht geändert. Später werden immer mehr die problematischen Seiten des Helden, die zwiespältigen Züge des Emanzipationsprozesses betont.

Die Kollisionen, die mit dem Aufbau einer neuen Ordnung verbunden sind, zeigen sich – als Spezifizierung der *allgemeinen* Problematik politischer Mechanismen im »Philoktet« – zunächst in Müllers »Ödipus Tyrann«, einer Bearbeitung des Sophokleischen »Oidipus Tyrannos« nach der Übersetzung Friedrich Hölderlins, die 1967 unter der Regie von Benno Besson am Deutschen Theater in Berlin uraufgeführt wurde. Wie der Dichter im »Ödipuskommentar« dazu ausführt, ist der antike Held für ihn ein Mensch, »der aus blutigen Startlöchern aufbricht«, der auf Grund seiner Einzigartigkeit und Vereinzeltheit sich gegenüber seinen Mitbürgern überhebt (»ich und kein Ende«) und der »Auf der eigenen Spur vom eigenen Schritt überholt« wird. Er verkörpert einen hervorragenden Intellektuellen in politisch exponierter Stellung, der gleichwohl seine eigene Position *nicht* reflektiert. Da er die Bedingungen seines Aufstiegs – Vatermord und Inzest – nicht durchschaut, kehren diese sich gegen ihn, und sein Ende ist Verzweiflung: »So lebt er, sein Grab, und kaut seine Toten.«[226]

Müller hat in dieser Bearbeitung durch einige Akzentverlagerungen die Aussagen

---

Material. Texte und Kommentare. Hrsg. von Frank Hörnigk. Leipzig 1989 = Reclams Universal-Bibliothek 1275, S. 67.
225 Heiner Müller: Stücke. Berlin 1975, S. 176.
226 Heiner Müller: Werke (wie Anm. 218), Bd. 1, S. 157f.

des Stückes verschärft. So ist Oidipus bei ihm ausdrücklich ein Tyrann im pejorativen Sinne des Wortes; gegenüber Kreon und Teiresias verhält er sich noch aggressiver als in der Vorlage, und die Sympathien des Chores mit ihm sind geringer. Der moderne Oidipus ist von noch übermütigerem Stolz geprägt als der antike; und sogar seine Selbstblendung wird als Sprung in die »Welt des reinen Gedankens«[227] und damit als ein unangemessener Ausweg interpretiert. Oidipus hat bei Müller – wie schon in Brechts »Berichtigungen alter Mythen« – ein zumindest unterschwelliges Wissen um den tatsächlichen Sachverhalt. Wo Sophokles und Hölderlin *allgemeine* Phänomene ansprechen, dort verwendet Müller prononciert Macht-Vokabeln.

Direkter noch reflektiert der Autor das Phänomen sozialistischer Machtausübung – die für Stalin paradigmatische Dialektik von Verdienst und Verbrechen – im »Horatier« von 1968: einem Stück, das auf ein Ereignis aus der (sagenhaft überhöhten) römischen Geschichte zurückgeht. Müller hat sich relativ eng an den Bericht des Livius über das Geschehen zur Zeit des dritten römischen Königs, Tullus Hostilius, gehalten, dabei aber wichtige neue Akzente gesetzt – vor allem beim Ende. Läßt das römische Volk bei Livius gegenüber dem Horatier, der nicht nur die drei feindlichen Curiatier, sondern auch seine eigene, den Tod ihres Bräutigams beklagende Schwester getötet hat, *admiratione magis virtutis quam iure* (eher aus Bewunderung für seine Tapferkeit als der Rechtslage entsprechend) Milde walten und bestraft ihn statt mit Hinrichtung nur mit schmachvoller Entsühnung, so entscheidet es in dem modernen Stück rigoros, den Horatier als Sieger über Alba Longa zu ehren und als Mörder seiner Schwester hinzurichten: »Dem Sieger den Lorbeer. Dem Mörder das Beil.« Wird im »Ödipus Tyrann« der Verzicht auf kritische Selbstanalyse *immanent* als gefährlich erkannt, so wird hier *expressis verbis* gefordert, »die unreine Wahrheit« nicht zu scheuen: »Tödlich dem Menschen ist das Unkenntliche.«[228]

Die Verbindung konstruktiver und destruktiver Potenzen, die Ambivalenz des revolutionären Aufbruchs findet ihren Höhepunkt in »Zement« von 1972, einer Dramatisierung von Fjodor Gladkows gleichnamigem heroisierendem Revolutions- und Produktionsroman von 1924, den Müller durch den Rückgriff auf griechische Mythen in vielschichtiger Weise vertieft und problematisiert. So wird ein in der Tradition zumeist ›glücklicher‹ Vorgang wie die Heimkehr des Odysseus aus heutiger Sicht ironisch hinterfragt. In einem *harten* Mythos hingegen wie demjenigen der Medea werden Analogien zum komplizierten Leben der Gegenwart aufgezeigt, und auch der brudermörderische Kampf zwischen Eteokles und Polyneikes aus den Aischyleischen »Sieben gegen Theben« wird mit dem Bürgerkrieg analogisiert. Im Tableau von Achills Rache wiederum wird ein krasser Vorgang aus der Antike zunächst noch brutalisiert – Achill (ein »Vieh« wie in Christa Wolfs »Kassandra«) schneidet dem *lebenden* Hektor die Sehnen heraus –, dann aber im Kontrast zu den Aufgaben der eigenen Zeit gesehen: Der moderne Achill verzichtet auf Rache und bindet seinen Gegner in den Neuaufbau des Zementwerkes ein. Am aussage-

---

227 Vgl. Heiner Müller: Sophokles, Ödipus Tyrann. Nach Hölderlin. Berlin, Weimar 1969, S. 9, 16, 101 und 153.
228 Heiner Müller: Stücke (wie Anm. 225), S. 215 und 218. – Vgl. Livius 1,26,12.

kräftigsten für die differenzierte Verwendung antiker Motive ist die Reflexion der Emanzipationsproblematik an den Gestalten Prometheus und Herakles.

Nachdem Müller bereits in seiner Bearbeitung des »Prometheus Desmotes« (1967/68) auf die Inkonsequenzen des Helden aufmerksam gemacht, die Diskrepanzen zwischen dem auf seine Leistungen eitlen Titanen und den Menschen angedeutet und das Leiden des Prometheus herausgestellt hatte, ist der Titan in der Szene »Befreiung des Prometheus« – in der Nachfolge Brechts – zu einem unvollkommenen, steckengebliebenen Helden geworden, der in der Auseinandersetzung zwischen Göttern und Menschen kompromißbereit war. Als Gefesselter lehnt er die Befreiung ab; als Befreiter aber erklärt er sich zum ›Sieger der Geschichte‹ – eine provokante Anspielung darauf, daß sich als Ergebnis der proletarischen Revolution ganz andere Schichten Privilegien zu verschaffen vermochten: »Prometheus arbeitete sich an den Platz auf der Schulter seines Befreiers zurück und nahm die Haltung des Siegers ein, der auf schweißnassem Gaul dem Jubel der Bevölkerung entgegenreitet.«[229]

Aufschlußreich ist, daß sich auch Herakles für Müller nur noch bedingt als Identifikationsfigur eignet. In »Befreiung des Prometheus« agiert er zwar als ein siegreicher Helfer der Unterdrückten, wenngleich er sich bereits allzu leicht von dem befreiten Titanen an den Rand drängen läßt; in »Herakles 2 oder die Hydra« jedoch werden die Akzente anders gesetzt. Müller betont jetzt weniger den Sieg als die Härte des Kampfes (»die Handschrift seiner Arbeiten und Tode«); er hebt hervor, daß es sich nicht einfach um einen Kampf mit einem äußeren Feind, sondern um einen Kampf mit sich selbst, mit den eigenen Ursprüngen und Bindungen handelt (»Tod den Müttern«) – und er macht die Tragik und innere Widersprüchlichkeit des sozialistischen Revolutionärs namhaft: Die »Fangarme« der Natur sind »von seinen eigenen Händen Füßen Zähnen nicht zu unterscheiden«, und es unterlaufen ihm »Schläge gegen die Eigensubstanz«. Dieses Intermedium ist gleichermaßen durch sozialistische Intentionen wie durch deren hochgradige Problematisierung bestimmt; Wolfgang Heise nannte es den wichtigsten Text des Autors überhaupt.[230]

Die Dialektik von Emanzipation und Destruktion wird in »Zement« auch an einem speziellen Aspekt behandelt: an der Emanzipation der Frau. »Zement« ist das erste Antikestück Heiner Müllers, in dem eine Frau eine wichtige Rolle spielt. Von nun an wird die Thematik mehrfach begegnen und vor allem an zwei Gestalten aufgezeigt werden, welche die Gewalt, die gegen sie verübt wurde, in Gewalt gegen andere verwandeln: an Medea und an Elektra. Im »Medeakommentar« aus der Gladkow-Adaptation steht dem Verzicht auf das traditionelle Familienleben noch die politische Aktivität gegenüber, und ein Kind wird nicht umgebracht, sondern stirbt. Im »Medeaspiel« von 1974 jedoch wird der Leidens- und Befreiungsprozeß der Frau ganz auf die Abfolge »Geschlechtsakt – Geburtsakt – Tötungsakt« gestellt – und in dem Stück »Verkommenes Ufer Medeamaterial Landschaft mit Argonauten« aus dem Jahre 1982 steigert Medea die Anklagen gegen den »Kolonisator« Jason bis ins

---

229 Ebd., S. 342–344 (Zitat: S. 344).
230 Ebd., S. 358–361. – Vgl. Ein Gespräch zwischen Wolfgang Heise und Heiner Müller. In: Müller. Gesammelte Irrtümer 2. Interviews und Gespräche. Frankfurt a. M. 1990 = Theaterbibliothek, S. 66.

maßlos Egozentrische. Der Medea-Mythos ist in jüngster Zeit vor allem durch Christa Wolf rezipiert worden, die in ihrer kritischen Abgrenzung von Euripides auf ältere Versionen zurückgriff – Müller, im Gegensatz dazu, führt gerade den Barbarismus der Euripideischen Version zu Ende.[231]

Elektra aber ist für den Schriftsteller eine Gestalt, die, um ihren geschichtlichen Auftrag zu erfüllen, auf ihre Weiblichkeit und Mütterlichkeit verzichtet. Wird bereits im »Elektratext« von 1969 die Geschichte der Tantaliden als eine Abfolge brutalen Mordens vorgestellt, die von den Geschwistern Orestes und Elektra beendet wird (wobei Müller die versöhnliche Version des Sophokles mit der härteren des Aischylos kontaminiert), so wird in der »Hamletmaschine« von 1977 Elektra als eine Ophelia apostrophiert, die *nicht* Selbstmord begangen hat und zur Revolte aufruft, aber die Wahrheit nur auf inhumane Art zu verkünden weiß: »Nieder mit dem Glück der Unterwerfung. Es lebe der Haß, die Verachtung, der Aufstand, der Tod. Wenn sie mit Fleischermessern durch eure Schlafzimmer geht, werdet ihr die Wahrheit wissen.«[232]

Seit Anfang der siebziger Jahre ist auch bei Heiner Müller ein gewisses Abklingen der Antikerezeption – besser gesagt: eine Einbettung antiker in andere Traditionen – zu verspüren. In seinen Stücken zur deutschen Geschichte dominieren andere historische und mythologische Motive (neben Ereignissen aus dem 20. Jahrhundert insbesondere das »Nibelungenlied« und Friedrich II. von Preußen) – aber in »Germania Tod in Berlin« führt der Autor den deutschen Bruderzwist, unter Berufung auf Tacitus, bis auf die Konfrontation zwischen Arminius und Flavus zurück, und ausgerechnet den Schädelverkäufer, den »die Geschichte an die Friedhöfe verwiesen hat« und der gegen das »Leichengift der zeitlichen Verheißung« immun geworden ist, läßt er mit parodistischem Sarkasmus Vergils vierte Ekloge zitieren; die Szene »Das Laken oder die unbefleckte Empfängnis« aus »Die Schlacht« knüpft an das Vorspiel zu Brechts Bearbeitung der Sophokleischen »Antigone« an, und in »Leben Gundlings Friedrich von Preußen Lessings Schlaf Traum Schrei« steht die Szene »Die Inspektion« – eine bittere Satire auf das Verhältnis von Geist und Macht nicht nur im friderizianischen Preußen – unter dem Motto »Et in Arcadia ego«.[233]

Eine andere Form der Verbindung antiker und neuzeitlicher Motive zeigt sich in dem Stück »Anatomie Titus Fall of Rome Ein Shakespearekommentar« aus dem Jahre 1987, einer Variation auf das in der Spätzeit Roms spielende und wegen seiner Häufung von Morden, Schändungen, Verstümmelungen und Kannibalismus berüchtigten Shakespeareschen Frühwerkes »Titus Andronicus«, zu dessen literarischen Quellen Ovids »Metamorphosen« und Senecas Tragödien »Troades« und »Thyestes« gehören. Müller hat die Ovid-Reminiszenzen noch enger als Shakespeare mit der Handlung verwoben – und während in der Vorlage am Schluß des Stückes die Ordnung wiederhergestellt wird, verzichtet Müller auf ein »letzte[s] Happyend«. Der Schriftsteller hat das Werk als ein Nord-Süd-Stück, als ein Drama

---

231 Heiner Müller: Texte 3. Die Umsiedlerin oder Das Leben auf dem Lande. Berlin 1975 = Rotbuch 134, S. 17; Ders.: Stücke. Berlin 1988 = dialog, S. 186–191 (Zitat: S. 191).
232 Heiner Müller: Texte 6 (wie Anm. 222), S. 97.
233 Heiner Müller: Stücke. Texte über Deutschland (1957–1979). Leipzig 1989 = Reclams Universal-Bibliothek 1263, S. 214, 112 und 273–275.

vom Aufstieg der ›dritten‹ Welt bezeichnet. Die römische Geschichte erscheint als Paradigma für ein fehlerhaftes politisches Verhalten, als »Lektion, die gelernt werden muß, Training der Auferstehung«. Nur in der gnadenlosen Darstellung möglicher Katastrophen sieht Müller den Beitrag der Kunst zu ihrer Verhinderung. Wie schon im »Philoktet« entwickelt er aus dem Stück selbst keine Perspektive; es kommt ihm, ebenso wie Brecht, nicht darauf an, daß die Gestalten, sondern darauf, daß die Zuschauer lernen: »[...] die Aktualität der Kunst ist morgen.«[234]

Zu Beginn der neunziger Jahre greift Müller noch einmal seine ›Zentralgestalt‹ Herakles auf – aber nunmehr *den* Herakles, der wie Medea seine Kinder mordet. In »Zement« war auf diese Tat mehr am Rande angespielt worden – jetzt wird sie mit makabrem Sarkasmus dem tradierten Dodekathlos hinzugefügt. Wie Müller in einem Interview ausführte, hatte er bereits in den sechziger Jahren die Idee zu einem »Herakles 13« gehabt: »Die dreizehnte Arbeit des Herakles ist die Befreiung Thebens von den Thebanern. Herakles sieht nur noch Feinde. Er sieht in jedem befreiten Thebaner einen Agenten der Hydra. Diese Masken werden immer realer für ihn, und er dreht durch.«[235] Eine Ausführung des Entwurfs hielt Müller nach den Ereignissen von 1989/90 nicht mehr für erforderlich; geschrieben hat er allerdings eine Nachdichtung des Euripideischen Botenberichts, in der er gegenüber dem attischen Tragiker einige Wendungen krasser und pointierter formuliert und im Interesse einer prägnanten, das Widersinnige des Vorganges heraushebenden Darstellung der Katastrophe Ergänzungen vorgenommen hat.[236]

1991 bearbeitete Müller für die Freie Volksbühne in Berlin die »Perser« des Aischylos. Ihn faszinierte an diesem Stück über den Zusammenbruch eines großen Reiches der »Blick auf Geschichte, der Vergangenheit und Zukunft einbezieht, wenn er auf die Gegenwart gerichtet ist«, das Wissen darum, daß »die Sieger von heute [...] die Besiegten von morgen« und Siege somit sinnlos sind. Auf den ›positiven‹ Aspekt der Tragödie, die Verherrlichung der athenischen Demokratie, geht Müller nicht ein; was *ihn* interessiert, ist die Tatsache, daß in diesem »einzige[n] Beispiel in der Weltliteratur« »ein Angehöriger eines Siegervolkes ein Stück über die Besiegten schreibt, durchaus aus der Sicht der Besiegten«. So erfahre man nicht nur etwas über Aischylos, sondern auch über die Gegenwart, »weil die Grundsituation sich nicht so sehr geändert hat. Das was sich am wenigsten geändert hat, ist die Condition Humaine, die menschliche Substanz oder das Kontinuum.«[237]

Es ist bemerkenswert, daß gerade in den neunziger Jahren die Bemühungen des Dichters verstärkt dem Aischylos galten. Er bereitete ein Opernlibretto vor, das sich mit einem »Digest zur Orestie« befaßte, und hob dabei abermals die Aktualität des Aischylos für eine Zeit hervor, in der »sich soviel angehäuft [hat] an Schuld, an

---

234 Heiner Müller: Philoktet [...]. Berlin 1988 = dialog, S. 156 und 161. – Vgl. Ders.: Was ein Kunstwerk kann, ist Sehnsucht wecken nach einem anderen Zustand der Welt. Ein Gespräch mit Urs Jenny und Hellmuth Karasek. In: Müller: Gesammelte Irrtümer (wie Anm. 216), S. 140.
235 Heiner Müller: Zehn Deutsche sind dümmer als fünf (wie Anm. 216), S. 155.
236 Heiner Müller: Werke (wie Anm. 218), S. 237–240.
237 Aischylos übersetzen. Ein Gespräch mit Heiner Müller. In: Aischylos: Die Perser. Übertragung Peter Witzmann. Bearbeitung Heiner Müller. Berlin 1991, S. 76–78 und 84.

Bewußtsein von Schuld, an Verbrechen und an Kenntnis von Verbrechen, daß es plötzlich nicht mehr möglich ist zu entscheiden«. Anders als Goethe in der Versfassung der »Iphigenie« habe der attische Tragiker die »Barbarei« nicht durch »Glätte« »wegzudrücken« versucht.[238]

Aus dieser nachdenklichen Haltung heraus hat Müller im Jahre 1994 in dem Gedicht »Feldherrngefühle« – ebenso wie zuvor schon Peter Huchel – auf den von Polybios überlieferten Bericht von den Tränen des jüngeren Scipio angesichts des zerstörten Karthagos zurückgegriffen: »Wann haben wir einen Sieger weinen sehn / In Erwartung des Tags der kommen wird«. Und ein Jahr zuvor bereits hatte er in dem Gedicht »Senecas Tod«, das sich eng an die Schilderung des Tacitus hält, über die unausgesprochenen Gedanken des Philosophen reflektiert.[239] Andere späte Gedichten erörtern die ewige Wiederkehr von Krieg und Gewalt an Hand einer Tacitus-Stelle und am Sturz Sejans und seines Denkmals (»Klage des Geschichtsschreibers«, »Rechtsfindung«) oder stellen, vom Aspekt des Scheiterns aus, Analogien her zwischen dem Trojanischen Krieg bzw. der römischen Kaiserzeit und dem ›realen Sozialismus‹ (»Ajax zum Beispiel«, »ajax«, »Mommsens Block«).

Heiner Müllers Weltbild ist ein eminent tragisches. Die entscheidende Motivation seines Schreibens war die Erfahrung des Sozialismus als *Tragödie* – und von dieser Position aus rezipierte er die *antike* Tragödie, in der es »um die Zuspitzung und um Pathos« ging, um »das Treiben des Gedankens bis hin in die Konsequenz, bis zum Paradoxen«[240]. Die Antike ist für ihn weder Denkmal noch Leitbild – aber gerade dadurch, daß sie jenseits aller Monumentalität und Klassizität zur Vergewisserung und Gestaltung der eigenen Erfahrungen zu dienen vermag, erweist sie sich als höchst lebendig in den Auseinandersetzungen der Gegenwart. Andererseits ist es gerade die antike Fundierung, die seine Zeitkritik über eine bloße Zeitgebundenheit hinausführt. Müllers »Arbeit am Mythos« (um die Formulierung Hans Blumenbergs aufzugreifen), sein Weiterdenken der überlieferten Versionen ist von schockierender Eindringlichkeit. »Fürs Leben können Sie bei uns nichts lernen«, heißt es bereits provokativ im Prolog zum »Philoktet«[241]; und an anderer Stelle gab der Autor zu verstehen, daß aus ›negativen‹ Beispielen mehr zu lernen sei als aus ›positiven‹[242]. Optimismus beruhe auf der Fähigkeit zu vergessen und zu verdrängen – die Welt aber sei ein Schlachthaus, und er wolle Verdrängungen stören und die Auslöschung von Gedächtnis bekämpfen.[243] Hart und illusionslos proklamierte der Autor: »Antworten und Lösungen interessieren mich nicht. Ich kann keine anbieten. Mich interessieren Probleme und Konflikte.«[244] Indem er aber auf die Wirk-

---

238 Alexander Kluge / Heiner Müller: »Ich schulde der Welt einen Toten«. Gespräche. Hamburg 1995, S. 95–107.
239 Heiner Müller: Werke (wie Anm. 218), Bd. 1, S. 289 und 250f.
240 Ich muß mich verändern, statt mich zu interpretieren. Auskünfte des Autors Heiner Müller. In: Müller: Gesammelte Irrtümer 2 (wie Anm. 230), S. 24.
241 Heiner Müller: Stücke (wie Anm. 225), S. 181.
242 Geschichte und Drama. Ein Gespräch mit Heiner Müller. (Redigiert von Reinhold Grimm und Jost Hermand.) In: Basis. Jahrbuch für deutsche Gegenwartsliteratur 6 (1976) = suhrkamp taschenbuch 340, S. 54.
243 Ernst Schumacher: Theater nach Brecht. Gespräch mit Heiner Müller 1984. In: Sinn und Form 48 (1996), S. 827–830.
244 Heiner Müller: Mauern (wie Anm. 216), S. 65.

lichkeit *als Künstler* reagierte, vermied er zugleich, an ihr verzweifeln zu müssen: »Was ich gut beschreiben kann, das kann mich nicht mehr deprimieren. Mich deprimiert nichts, was ich beschreiben kann.«[245]

Die Hoch-Zeit der Antikerezeption in der DDR-Dramatik waren die sechziger und frühen siebziger Jahre. JOACHIM KNAUTH (geb. 1931) begann mit der Komödie »Die sterblichen Götter« (entstanden und als Hörspiel uraufgeführt 1960, erschienen 1961), die dem Bericht des Livius über den Auszug der Plebejer auf den Heiligen Berg im Jahre 494 v. Chr. frei nachgestaltet ist. Die Akzente sind ähnlich verändert wie in Brechts »Coriolan«: Die Darstellung des römischen Geschichtsschreibers wird kritisch hinterfragt, die Sympathie des Autors liegt ausschließlich auf seiten der Plebs, und der Konflikt endet mit einem Sieg der Plebejer. Neu gegenüber Livius – und in dieser Form auch bei Brecht nicht vorhanden – ist die ideologiekritische Tendenz: Die Senatoren identifizieren sich mit den unsterblichen Göttern und werden durch den Gang der Ereignisse als sterblich entlarvt. Knauth wandte sich später Bearbeitungen zu; am gelungensten ist die der Aristophanischen »Ekklesiazusen« unter dem Titel »Weibervolksversammlung« (1965). In der Tradition des Hacksschen »Friedens« sympathisiert er hier mit dem Engagement der Frauen für die Lösung einer gesellschaftlichen Krise – und wenn er auch gegenüber dem griechischen Komödiendichter die Kritik an sozialutopischen Vorstellungen verschärft, so deutet er doch deren Korrigierbarkeit an und läßt das Stück »schön«[246] enden. Sehr eng an die Vorlagen angelehnt sind die Bearbeitungen des – auch schon zuvor von anderen Autoren adaptierten[247] – Plautinischen »Miles gloriosus« unter dem Titel »Der Maulheld« (1968) und der »Lysistrate« des Aristophanes (1975). Während Hacks und Müller von Bearbeitungen zu eigenständigen Werken fortgeschritten sind, verharrte Knauth auf einer Form der literarisch-dramaturgischen Beschäftigung mit der Antike, die nur eine *erste* Phase dieser Beschäftigung gewesen ist.

Als wenig produktiv erwies sich HANS PFEIFFERS (1925–1995) Versuch einer linear-mechanischen Entgegensetzung von antiker Vergangenheit und sozialistischer Gegenwart in der Komödie »Begegnung mit Herkules« (1966), in der moderne Arbeiter auf Grund ihrer Klugheit und Stärke den heroischen Muskelhelden und durch Omphale korrumpierten Liebhaber überflüssig machen. Gegenüber dem weltanschaulich-ästhetischen Niveau des Hacksschen »Amphitryon« erscheint das 1965/66 entstandene gleichnamige Stück ARMIN STOLPERS (geb. 1934) mit seiner unbekümmerten Persiflierung des antiken Mythos eher als burlesker Schwank und handfester Theaterspaß – trotz einiger kräftiger politischer und ideologischer Invektiven auf die faktische Macht eigentlich ohnmächtiger Machthaber.

Sowohl von der kritisch-problematisierenden Grundhaltung wie z. T. von den

---

245 Heiner Müller: Das Wiederfinden der Biographien nach dem Faschismus. Auszüge aus einem in Genf geführten Interview über die Inszenierung »Die Schlacht«. In: Müller: Gesammelte Irrtümer 2 (wie Anm. 230), S. 13 f.
246 Joachim Knauth: Stücke. Berlin 1973, S. 109.
247 Erika Wilde: Der Weiberheld. Lustspiel (frei nach Plautus: »Miles gloriosus«). Berlin 1950; Egon Günther: Das gekaufte Mädchen. Ein Lustspiel in zwei Akten frei nach »Mercator« von Titus Maccius Plautus. Berlin 1965.

Sujets her berühren sich mit der Müllerschen Antikerezeption die Dramatiker HARTMUT LANGE und Stefan Schütz, die allerdings – anders als Müller – in den sechziger bzw. achtziger Jahren die DDR verlassen haben. Noch vor seiner Übersiedelung in der BRD hat Lange (geb. 1937) die Trilogie »Der Hundsprozeß – Zwischenspiel – Herakles« (erschienen 1967) geschrieben. Nachdem Lange im ersten Teil eine bittere und groteske Abrechnung mit Stalin vorgenommen hat, kündigt er im zweiten ironisch an, daß den »Schatten des gesellschaftlichen Lebens« »erfreulichere[-] Sachen« aus der »Heiterkeit der Antike« folgen werden. Stalin nämlich habe nicht nur Verbrechen begangen, sondern sich auch Verdienste erworben und sei insofern »verwandt mit einem berühmteren Vorgänger, [...] einem gewissen Halbgott mit dem Namen Herakles«, so daß »Herakles als Metapher für Dshugaschwili und Dshugaschwili als Metapher für Herakles« verwendet wird. Im Schlußstück der Trilogie freilich tritt ein Herakles auf, von dem zwar *gesagt* wird, daß er »ein Wohltäter der Menschheit« und »Riese an Arbeitskraft« sei, von dem aber nur Verbrechen *gezeigt* werden.[248] Somit ist das Stück »Herakles« nicht eine Relativierung, sondern vielmehr eine Verschärfung und Verallgemeinerung der Aussagen aus dem »Hundsprozeß«.

In »Die Ermordung des Aias oder Ein Diskurs über das Holzhacken« (1971) greift Lange ebenso wie Müller auf das Sujet des Trojanischen Krieges zurück und bezieht es noch unmittelbarer auf Vorgänge des ›realen Sozialismus‹. Nach dem Tode Achills (d. i. Lenins) streiten Aias (d. i. Trotzki), der den klassischen kämpferischen Heroismus – die Idee der Weltrevolution – vertritt, und Odysseus (d. i. Stalin), der statt dessen auf eine stupide Arbeitsmoral – den administrativ-zentralistischen Aufbau des Sozialismus in *einem* Lande – orientiert, um die Waffen Achills. Aias und Palamedes (d. i. Bucharin), die auf der ›Wahrheit‹ ihrer Lehre bestehen, werden getötet; der pragmatische Realpolitiker Odysseus hingegen, der mit taktischen Täuschungen arbeitet und Diskrepanzen zwischen Idee und Wirklichkeit durch Terror aufhebt, setzt sich durch. Das Prinzip des »Holzhackens« führt zum Bau des Trojanischen Pferdes und erweist sich – so die sarkastische Quintessenz des Stückes – als die der Realität einzig angemessene Strategie.

In »Staschek oder Das Leben des Ovid« schließlich (1972) behandelt Lange das Verhältnis des Künstlers zur politischen Macht als ein allgemeines, die unterschiedlichen Gesellschaftssysteme übergreifendes Phänomen. Lange konfrontiert hier Ovid als einen nonkonformistischen Schriftsteller, der von den Machthabern unausweichlich verfolgt wird, und Horaz als einen Heuchler und Opportunisten par excellence, der sich durch »poetische Offerten« ein angenehmes Leben verschafft. Staschek, der »von jenseits der Elbe« kam, hat ›diesseits der Elbe‹ genau dieselben Erfahrungen – im Prolog heißt es:

> Ihr seht in diesem Stück, wie jemand flieht
> Und was er floh, dort, wo er ankommt, sieht.
> Das neue Land erlaubt ihm keinen Blick
> Als in den Spiegel, und der zeigt – zurück.[249]

---

248 Hartmut Lange: Vom Werden der Vernunft und andere Stücke fürs Theater. Zürich 1988 = Diogenes Taschenbuch 21 676, S. 121 und 125.
249 Ebd., S. 309.

STEFAN SCHÜTZ (geb. 1944) hat sein Stück »Odysseus' Heimkehr« (1972) Heiner Müller gewidmet. Dieses Werk bricht in extremer Form mit einer harmonisierenden Vorstellung vom klassischen Altertum und stellt das wohl düsterste Odysseus- und Ithaka-Bild in der deutschen Literatur vor. Das Ideal einer normalen und unproblematischen Heimkehr wird gleichermaßen durch die Umstände wie durch Odysseus' eigenes Handeln schneidend widerlegt. Auf Ithaka herrschen barbarische Zustände: Die Menschen sind von Schorf überzogen, Penelope ist mit zahllosen Freiern ins Bett gegangen, Telemach – von zynischer Machtgier besessen – schreckt vor keinem Mittel zurück, um Herrscher von Ithaka zu werden, nicht einmal vor der Heirat mit der eigenen Mutter. Odysseus jedoch preist zunächst in maßloser Form seine Heimkehr als Ende des Leidens und Anfang eines neuen Lebens, schwankt dann ständig zwischen Aufbegehren und Anpassung, will die Zustände auf Ithaka auf dem Wege einer Palastrevolution – durch Manipulierung und Erpressung ›hinter den Kulissen‹ – ändern und selbst an die Macht kommen. Er wird getötet – seine »Gedanken« aber werden von Telemach aufgegriffen und dienen der ideologischen Stabilisierung von dessen Herrschaft: Telemach sorgt nicht für Heilung vom Schorf, sondern läßt Kratzmaschinen aufstellen, durch die jene, die sich seiner Herrschaft anpassen, einige Linderung erfahren – und während der Kratzprozedur erzählt er ihnen eine idyllisch-verlogene Odysseus-Legende.

Während Schütz in »Odysseus' Heimkehr« ein antikes Geschehen zur totalen Abrechnung mit barbarischen Methoden der Machtausübung nutzte und die Homerischen Vorgaben radikal ins Negative wendete, ist er in seinem zweiten Antikestück – »Die Amazonen (Antiope und Theseus)« – von 1974 differenzierter vorgegangen. Der Autor deutet hier – im Anschluß an die Interpretation, aber in Abkehr von der Bewertung Bachofens – den Konflikt zwischen den Athenern und den Amazonen im Sinne der Auseinandersetzung zwischen Vater- und Mutterrecht. Dabei erscheint die patriarchalische Gesellschaft als eine inhumane und brutale Ausbeuterordnung, zugleich aber als historisch produktiver, während die Amazonen zwar mit Sympathie gezeichnet werden, letztlich aber der geschichtlichen Entwicklung nicht gewachsen sind. Der Versuch von Theseus und Antiope, durch Liebe reale Gegensätze zu überwinden und eine höhere Ordnung zu stiften, enthüllt sich als ebenso utopisch-illusionär wie in Peter Hacks' »Omphale« – führt aber nicht zu einer (nur unterschwellig problematisierten) Verbindung von gegenwärtigem Kampf und perspektivischer Harmonie, sondern unweigerlich in die Katastrophe.

Im »Laokoon« von 1979 werden Verblendung und Leichtgläubigkeit der Trojaner – vor allem des Priamos – vor Augen gestellt; der Priester, der um das kommende Unheil weiß, opfert seine Söhne und sich selbst, um einen »letzten Beweis« für seine Erkenntnis zu erbringen, und erntet nur Spott und Unverständnis. Das Stück schließt in tragischer Ironie mit dem Satz: »Der Krieg ist beendet.«[250]

»Spectacle Cressida« (1984) – keine Bearbeitung der Shakespeareschen Tragikomödie »Troilus and Cressida«, sondern eine Replik auf sie – verbindet die antimilitaristische und die antipatriarchalische Komponente des Schützschen Schaffens. Der Autor führte in einer Schlußbemerkung aus, daß Geoffrey Chaucer (um

---

250 Stefan Schütz: Wer von euch. Stücke nach der Antike. Frankfurt a. M. 1992 = Theater Funk Fernsehen, S. 155 und 158.

1340–1400) und Shakespeare das Archaische des Stoffes unterschätzt hätten und daß er selbst an dem Versuch gescheitert sei, Krieg, Helden und Liebe auf den Rücken derer darzustellen, »die ungenannt verscharrt werden«. »So konnte ich nur noch den Abgang der Geschichte formulieren [...]. Dem Urknall des Patriarchats den Endknall entgegensetzen.« Das Stück mündet in einen an Heiner Müllers »Herakles 2 oder die Hydra« anspielenden Aufruf, der antiplutokratische, antifaschistische, kommunistische und feministische Forderungen provokant miteinander verbindet.[251]

Die matriarchalische Thematik beherrscht auch die späteren Stücke »Die Bakchen nach Euripides« (1987) – eine Nachdichtung ohne größere Eingriffe –, »Orestobsession« (1989) – eine Invektive auf Kapitalismus *und* Sozialismus, auf Männermacht und bürgerliche Familie, in der sich Orest (ebenso wie der Held von Müllers »Hamletmaschine«) weigert, den Tod seines Vaters zu rächen – und das Satyrspiel »Wer von euch« (1992), in dem antike und germanische Mythen sowie die Geschichte des 20. Jahrhunderts in eins gesetzt werden (»Kreon, Hagen und Hitler«, Brunhild als »Medusa des Nordens«) und das Patriarchat zum Urheber der Atomkraft erklärt wird[252].

Schütz' Hauptwerk der achtziger Jahre aber ist der monumentale Roman »Medusa« (1986) – eine radikale Kritik an der patriarchalischen Männerwelt von der Antike bis zum Faschismus und insbesondere auch am ›realen Sozialismus‹, in gewissem Sinne ein Gegenentwurf zu Peter Weiss' »Ästhetik des Widerstands«. Im ersten Teil des Romans – »Kathedrale des Ichs« – tritt Marie Flaam (die an James Joyces Marion Bloom erinnert) zusammen mit ihrer Führerin Gorgo Sappho eine (von Dante inspirierte) Traumreise durch das bürokratische Inferno der sozialistischen Gesellschaft an; der zweite Teil – »Anabasis« – ist ein Rückblick auf die Zeit nach 1945, in der Marie Flaam mit dem KZ Buchenwald und mit einer Kinderrepublik konfrontiert war, deren Erziehungsmaximen auf die Auslöschung jeglicher Subjektivität zielten; im dritten Teil schließlich – »Free play of love« – verkündet Gorgo Sappho die Utopie von einem gewaltfreien Spiel der Geschlechter.

Bezüge zum Titel des Romans finden sich im Text als Ganzem, der durch seinen Umfang und seine Ungegliedertheit gleichsam erstarrt und versteinernd wirkt, in der Hauptgestalt, vor allem aber in ihrem mythischen *alter ego* Gorgo Sappho, die in einer großen Rede am Ende des ersten Teils den Mythos erzählt, die Enthauptung der Medusa durch Perseus als Wende von der Frauenkultur zum Patriarchat deutet und sich selbst als eine in der gesamten Geschichte wirkende Helferin der Frauen gegen die Männer bezeichnet. Zugleich wird in ihrer Gestalt die historische Dimension der Sappho angesprochen, die als Synonym für eine gewaltlose, sich selbst genügende Liebe steht. Der patriarchalischen Welt des Perseus gehören die sinnenfeindlichen Philosophen Parmenides und Platon und die olympischen Gottheiten Zeus und Athene an – diese hat in der KZ-Aufseherin Ilse Koch eine furchtbare Wiederauferstehung erfahren.

Daß antike Sujets in der Dramatik auch nach Mitte der siebziger Jahre wenn nicht dominant, so doch stets präsent waren, belegen – neben einigen anderen

---

251 Ebd., S. 197 und 195.
252 Ebd., S. 304–307. – Noch unveröffentlicht sind Stefan Schütz' Stücke »Seneca« und »Iokaste Felsen Meer«.

Autoren – JOCHEN BERG und Gerhard Müller. Berg (geb. 1948) behandelt in der 1983 erschienenen Tetralogie »Niobe. Klytaimestra. Iphigeneia. Niobe am Sipylos« auf vielschichtige Weise Fragen der Machtpolitik und der Frauenemanzipation. Im ersten Stück stellt er eine Frau vor, die zwar auf Grund eines Fehlverhaltens die Strafe der Götter herausfordert und nicht in der Lage ist, »in das geschehen ein[zu]greifen«, die sich aber insofern aus den gewohnten Bahnen zu befreien beginnt, als sie zu dem »wunsch zur selbsterziehung zu stein« gelangt. Klytaimestra hat bereits »die kleider der herrschaft« abgelegt, ersticht den heimkehrenden Agamemnon, den »krieger als sieger« – »ich will nicht wieder schauplatz deiner geschichte werden« – und tötet, als Aigisthos diese Tat als nützlich für seine eigene Herrschaft interpretiert, auch ihren Liebhaber: »nicht für dich geschah dies. [...] herrschen heißt nur untergang oder mord.« Indem ihre Abkehr vom machtpolitischen Kalkül aber selbst mit den Mitteln der Machtpolitik erfolgt, indem sie »das letzte werkzeug in dem männerwerk« wurde, ist sie zugleich »die letzte«, die an das »töten« erinnert, und wird von Orestes umgebracht. Einen wirklichen Bruch mit den Gewohnheiten der Männerwelt vollzieht erst Iphigenie, die – in Anlehnung nicht so sehr an das Euripideische als an das Goethesche Stück – das Gesetz des Menschenopfers im Taurerlande aufgehoben hat und dem König, der es gegenüber Orest und Pylades wieder anwenden will, die Wahrheit sagt. Zwar kann sie ihn – im Unterschied zu der Goetheschen Heldin – nicht überzeugen; doch die Taurer selbst verurteilen den Brauch und zwingen Thoas, die Griechen freizulassen. Das humane Ethos dieser Frau hat einen politisch und religiös motivierten Wahn überwunden. Weniger versöhnlich ist der Ausgang des letzten Stückes, in dem der Chor durch die versteinte Niobe als »denkmal des nie zu versiegenden leidens« belehrt und »gereinigt« zu werden wünscht, aber einsehen muß, daß er keine »richtungsweisenden lehren« erhält. An mehreren antiken Mythen wird das Entsetzen der Geschichte vorgeführt; die Götter zeigen »in strahlender schönheit [...] ihr bedrohliches lächeln«. Am Ende steht nicht eine Erlösung, sondern die Ambivalenz der Geschichte, die Gefährdung jeglichen Fortschritts.[253]

Ein problematisierender Umgang mit antiken Motiven charakterisiert auch GERHARD MÜLLERS (geb. 1935) Libretti zu Georg Katzers Opern »Gastmahl oder Über die Liebe« (1987) und »Antigone oder Die Stadt« (1990). Im ersten Stück entnimmt der Autor außer dem Titel einige Gedanken aus Platons »Symposion« und schaltet sehr frei mit den geschichtlichen Vorgängen zwischen 416 und 399 v. Chr. Er vermittelt eine Aristophanes-Atmosphäre (namentlich im Motiv des Privatfriedens aus den »Acharnern« und im Sokrates-Bild aus den »Wolken«) und kritisiert zugleich, wie schon Hacks in den »Vögeln«, den utopischen Charakter der Aristophanischen Friedenskonzeption. Während Sokrates und andere Gäste, die sich dem Kriegsdienst entzogen haben, sich teils derben Vergnügungen, teils der realen Situation wenig angemessenen Gesprächen widmen, bauen die untereinander rivalisierenden Feldherren Nikias und Alkibiades ihre Macht aus. Beide berufen sich demagogisch auf Sokrates und wollen einander in dessen Namen umbringen – tatsächlich zum Tode verurteilt aber wird der Philosoph. Mit dem zweiten Stück greift Müller, in der Endphase der DDR, nochmals auf jenes Stück zurück, das

---

253 Jochen Berg: Niobe. Klytaimestra. Iphigeneia. Niobe am Sipylos. Berlin 1983.

Brecht zu Beginn der sozialistischen Literatur nach 1945 bearbeitet hatte. Er interpretiert die Sophokleische Tragödie ausdrücklich nicht als eine Familien-, sondern als eine politische Tragödie und weist auf deren beklemmende Aktualität in den Bruderkriegen der Gegenwart hin. Sichtbar werden das Schema der Schauprozesse, der Personenkult um einen als Befreier auftretenden Diktator und die Wechselwirkung von Demagogie und Widerstand. Ein Staat, der den Streit nicht »begräbt«, der Konflikte nur durch Terror zu bewältigen versucht, muß untergehen.[254]

Bedeutend war – vor allem in den sechziger und frühen siebziger Jahren – der Anteil der Antikerezeption in der Lyrik. An die Seite Arendts, Maurers, Huchels und Bobrowskis traten nunmehr Autoren wie Hanns Cibulka, Heinz Czechowski, Karl Mickel, Volker Braun, Peter Gosse, Günter Kunert und viele andere. Die Verwendung antiker Motive wurde geradezu ein Charakteristikum weltanschauungslyrischer Dichtungen – wie sich insbesondere in der Anthologie »In diesem besseren Land« (1966) zeigte. Kaum *ein* Schriftsteller entzog sich gänzlich antiken Sujets – sie schlugen sich sogar in den Anthologien jüngster Autoren, in den aller zwei Jahre erscheinenden »Auswahl«-Bänden mit dem Untertitel »Neue Lyrik – Neue Namen« oder in den »Schülergedichten« unter dem Titel »Offene Fenster«, nieder; ja, die ›Antikewelle‹ war nicht frei von Elementen einer Modeerscheinung. Im folgenden soll es in erster Linie darum gehen, Autoren vorzustellen, die sich in größerem Maße mit antiken Motiven beschäftigten – öfters nicht nur in lyrischen, sondern auch in dramatischen oder in epischen und essayistischen Texten.

HANNS CIBULKAS (geb. 1920) Ausgangspunkt war – im »Sizilianischen Tagebuch« von 1960, das sich auf die Kriegsgefangenschaft des Autors bezog, und in einigen Gedichten des Bandes »Zwei Silben« (1959) – der (auch in den späteren Tagebüchern immer wieder erwähnte) Kontrast zwischen dem idealisierten Antikebild der deutschen Klassik und der Wirklichkeit des zweiten Weltkrieges (»Unerbittliche Landschaft«) bzw. auch zwischen Altertum und Sozialismus, zwischen »Apollos Mund« und »Lenins Wort« (»Pro domo«)[255]. Später – in dem Tagebuch »Sanddornzeit« (1971) und in mehreren Gedichten der Bände »Windrose« (1968) und »Lichtschwalben« (1973) – hat er die Unvereinbarkeit von Antike und Gegenwart aufgegeben: Einerseits wurde ihm das Altertum selbst problematischer, andererseits sah er die eigene Zeit als organisches Hinauswachsen über die Antike, als eine bewußte Weiterführung progressiver Gedanken der Vergangenheit (»Mit dir, Gedanke«, »Selbstgespräch 1967«, »Mathematik«, »Botschaft«, »Sibylle von Cumä«, »Klio«). So identifizierte er beispielsweise, Fürnberg zitierend und ihm folgend, das Schicksal seiner Generation mit dem des Odysseus, mit dessen Erkenntnissuche und Standhaftigkeit, und ging zugleich mit seinem Bekenntnis zu einer antigöttlichen Haltung des Menschen über Homer hinaus. In dem Gedicht »Sirenen« stellt sich das lyrische Subjekt *bewußt* den Verführungen (»ich brauche / kein Wachs für das Ohr, / keinen

---

254 Gastmahl oder Über die Liebe. Oper in drei Akten nach antiken Motiven. Musik von Georg Katzer. Libretto von Gerhard Müller. In: Theater der Zeit 42 (1987) 12, S. 59–64; Antigone oder Die Stadt. Oper in zwei Akten. Libretto von Gerhard Müller. Musik von Gerhard Katzer. Ebd. 45 (1990) 8, S. 65–72.
255 Hanns Cibulka: Zwei Silben. Gedichte. Weimar 1959, S. 32.

Mast, / an den man mich bindet«) und schärft daran seine Gedanken.[256] Cibulka bekundete, bei voller Anerkennung der sozialen Spannungen, ein inniges Vertrautsein mit den geistigen und künstlerischen Leistungen des Altertums – programmatisch in dem Gedichtband »Lebensbaum« (1977), dessen drei Abschnitte »Erato«, »Euterpe« und »Kalliope« überschrieben sind, in dem Band »Nachtwache« (1989), in dem überarbeitete Tagebuchnotizen über die Militärzeit in Süditalien und Sizilien im Jahre 1943, Wehrmachtsberichte und Reflexionen aus den achtziger Jahren, insbesondere im Hinblick auf Empedokles, der »den Menschen das Leben menschlicher machen« wollte[257], miteinander verbunden sind, und in der Tagebucherzählung »Die Heimkehr der verratenen Söhne« (1996), die ebenfalls auf Empedokles Bezug nimmt. Auch wenn Cibulka krisenhaften Gefährdungen Ausdruck gab (wie in dem Band »Der Rebstock« [1980]), geschah dies als »eine Liebeserklärung an das Leben«[258]. Insgesamt überwiegen bei diesem Schriftsteller die zustimmend-identifizierenden Züge; innerhalb deren aber hat er – differenzierter vorgehend als etwa Becher – bedeutsame Neuakzentuierungen vorgenommen.

HEINZ CZECHOWSKI (geb. 1935) veröffentlichte zu Beginn seines lyrischen Schaffens ein Prometheus-Gedicht, das noch ganz in der Tradition von ›G. M. Scaevola‹, Wilhelm Tkaczyk und Johannes R. Becher stand: Ein moderner Proletarier ist »an den Kessel geschmiedet« und wird vom Adler gefoltert; aber während die Herrschenden Beschlüsse gegen ihn fassen, spottet er der Götter, duldet nicht länger die Qual und befreit sich selbst. Antike und Gegenwart werden miteinander identifiziert; die moderne Arbeiterbewegung erscheint als die Weiterführung rebellischer Haltungen aus einer großen Vergangenheit.[259] Czechowski hat dieses Gedicht freilich in keine seiner Buchausgaben übernommen und ist danach im wesentlichen andere Wege gegangen. Wie Cibulka aus den Erfahrungen des zweiten Weltkrieges heraus beklagte auch er, in der Situation der Nachkriegszeit und des ›Kalten Krieges‹, die Diskrepanz zwischen Antike und Gegenwart, den Verlust einer harmonischen antikischen Heiterkeit. Er vermeidet allerdings den schrillen Kontrast zwischen einst und jetzt und kann bereits auf dem differenzierteren Antikeverständnis aufbauen, wie es Arendt und Maurer entwickelt hatten, so daß er bereits früh zu einer Kritik am Altertum kommt. In dem Gedicht »Sagora« aus dem Band »Wasserfahrt« (1967) wird zunächst ein an klassischen Vorbildern geschultes Antikebild beschworen: »Hier bleibe ich, abseits / Von der Arena, hier / Unterm Himmel: unendliches Blau, / Orpheus singt / In den Lüften.« Dieses Bild aber wird sofort als illusionär entlarvt: »Eher gibt Wasser der Stein, / Eh wir von Träumen leicht / Einziehen wieder ins heitre Gefild / Antikischer Lust. // Sklave wärst du gewesen, / Hättest Steine geschichtet.« Die Antike ist kein gesellschaftliches Leitbild, und ihre Kunst ist vergänglich: »Orpheus' Gesang / Ging vorbei.«[260] Czechowski beschränkt

---

256 Hanns Cibulka: Windrose. Gedichte. Halle (Saale) 1968, S. 63.
257 Hanns Cibulka. Nachtwache. Tagebuch aus dem Kriege Sizilien 1943. Leipzig 1989, S. 101.
258 Vgl. Horst Schiefelbein: Schreiben – das ist meine Liebeserklärung an das Leben. ND-Gespräch mit dem Schriftsteller Hanns Cibulka. In: Neues Deutschland, 2. September 1980.
259 Neue Deutsche Literatur 11 (1963) 8, S. 86.
260 Heinz Czechowski: Wasserfahrt. Gedichte. Halle (Saale) 1967, S. 24 f.

sich aber nicht auf die soziale Zwiespältigkeit der Antike, sondern zeigt eine innige und feinfühlige persönliche Verbundenheit mit ihr, ist der Lyrik Arendts und Maurers und der unmittelbaren Lebensbeziehung dieser Dichter zum klassischen Altertum verpflichtet. Nicht wenige seiner Gedichte zeugen von einer direkten Betroffenheit des lyrischen Subjekts, und in dem Gedicht »Diana« – vergleichbar Maurers »Antike auf märkischem Sand« – erscheint eine Freundin als wiedergeborene antike Göttin[261].

Aufschlußreich sind die Wandlungen in Czechowskis Rezeption antiker Gestalten. Hat er sich in dem Gedicht »Zweifel« von 1967 noch völlig mit Odysseus als dem Prototyp einer wissenschaftlichen Lebenshaltung identifiziert und ihn im Einklang mit den Forschern und Entdeckern der Renaissance und des 20. Jahrhunderts, ja mit modernen Revolutionären gesehen, so betont er zugleich im selben Jahre in »Blick durch die Gärten: Novemberschnee« die Unwiederholbarkeit der antiken Situation: »Eingefroren liegt Scheria, / Weiß bis zum Rande die See.« Nicht nur das friedliche, idyllische Leben auf der Insel der Phaiaken, sondern auch die Welt der Kunst ist bedroht: »Wo sind die Lieder, Nausikaa? [...] Vogelkrallen schreiben die Odyssee.« Die Diskrepanz zwischen Antike und Gegenwart – jetzt aber nicht mehr geschichtlich, sondern ausschließlich privat motiviert – durchzieht auch das Gedicht »Odysseus -« aus dem Band »Schafe und Sterne« (1974): »Wo / Ist mein Ithaka« fragt das lyrische Subjekt; die Antwort lautet: »Die Schiffe liegen auf Kiel.« In »The Shark« schließlich aus dem Band »Was mich betrifft« (1981) distanziert sich der Dichter einerseits von einer sich selbst vergessenden Menschheit und läßt andererseits Odysseus im Kampf mit dem Meerungeheuer untergehen.[262] Prononcierter noch ist die Umkehrung beim Prometheus-Sujet: In einem Gedicht aus dem Jahre 1982 (veröffentlicht 1987 in dem Band »Kein näheres Zeichen«) verwenden die Menschen die Erfindungen des Titanen zu selbstsüchtigen Zwecken, verehren ihn nur äußerlich und schlagen ihn schließlich ans Kreuz. Dabei stellt Czechowski einen unmittelbaren Bezug zu Goethes Ode von 1774 her – und zwar in polemischem Sinne. Heißt es bei Goethe: »Hier sitz' ich, forme Menschen / Nach meinem Bilde, / Ein Geschlecht, das mir gleich sei«, so bei Czechowski: »Also schuf ich dieses Geschlecht / Nach meinem Bilde [...] // Hier stehe ich nun, / Beladen mit ihrer Schuld.«[263]

Desillusionierung und Trivialisierung dominieren dann auch in den Antikegedichten des Bandes »Wüste Mark Kolmen« (1996): in »Der stürzende Ikarus« (»Der Flug, der zum Fluch wurde, ist uns vertraut. [...] Und diesen Misthaufen, in den Ikarus stürzt, / Nennen wir einfach Geschichte«), in »Aus den Schaufenstern der Innenstädte«, wo Hephaistos von Aphrodite an Zeus verraten wird, »Der sich gerade noch / Ein Bier bestellt und / Eine Marlboro anzündet«, oder in »Orpheus hat einen Fehler gemacht«: »Bleib bei deiner Leier, Alter / Sing du und laß die anderen // Sich umdrehen nach den Weibern / [...] Eurydike // Ist nicht im Hades Sie lebt jetzt mit Hephaistos [...] // Das Unerträgliche / nimmt Gestalt an // Pack

---

261 Heinz Czechowski: Schafe und Sterne. Gedichte. Halle (Saale) 1974, S. 120f.
262 Heinz Czechowski: Wasserfahrt (wie Anm. 260), S. 46; Ders.: Schafe und Sterne (wie Anm. 261), S. 119; Ders.: Was mich betrifft. Gedichte. Halle (Saale), Leipzig 1981, S. 82f.
263 Heinz Czechowski: Kein näheres Zeichen. Gedichte. Halle (Saale), Leipzig 1987, S. 136.

du deinen Koffer und fahr / Über den Acheron Vergiß aber nicht // Deine Flaschen«.[264]

Differenziert gemäß dem jeweiligen Sujetzusammenhang ist die Verwendung antiker Motive bei KARL MICKEL (1935–2000). Sein wichtigster Text ist ohne Zweifel das Gedicht »Odysseus in Ithaka« aus dem Jahre 1965, dessen Titel der Autor auch dem 1976 erschienenen Auswahlband seiner bis dahin entstandenen Gedichte gegeben hat. Es ist ein Bekenntnis zu Odysseus im Gegensatz zu dem – nicht zuletzt in der sozialistischen Literatur der dreißiger bis fünfziger Jahre – tradierten (Homerischen) Odysseus-Bild. Odysseus erkennt bei seiner Heimkehr, daß nach den Erfahrungen seines Lebens Ithaka nur scheinbar ein humanes Refugium, tatsächlich aber zu klein für ihn geworden ist, da es sich noch in den Banden einer mythisch-religiös bestimmten Welt befindet und seine Wiedergewinnung mit neuem Blutvergießen verquickt wäre: »Für Kirkes Schatten soll ich / Dreihundert abtun? Keinen. Troja reicht.« Er erkennt, daß er, der auf seinen Irrfahrten mit Göttern seinen Willen gekreuzt, »klaglos« gelitten, »seines Feinds Poseidon Kraft« auf seine »Schwachheit« gestülpt und so überdauert hat, sich auf Ithaka wieder in ein göttliches Bezugssystem stellen müßte. Um die während des Krieges und der Irrfahrt gewonnenen Erfahrungen zu bewahren, muß er aufs neue von Ithaka aufbrechen – und zwar bewußt und in einer neuen Gemeinschaft. Mit »wenig Freunden« geht er, »auf der öden See / Wo keiner war, errichten ein Gefährt: / Ein schwankend flüchtig sicheres, die Erd«. Der Ausgang ist ungewiß:

> Die Welt ein Schiff! Voraus ein Meer des Lichts
> Uns hebt der Bug, so blicken wir ins Nichts[265]

»Odysseus auf Ithaka«, vor allem als Gedicht bekannt, ist auch ein Teil des Dramas »Nausikaa« (dritter Aufzug, viertes Bild). Die Handlung dieses Mitte der sechziger Jahre entstandenen Dramas knüpft partiell an Feuchtwangers Erzählung »Odysseus und die Schweine« an, macht aber stärker als diese auf die Ambivalenzen einer entstehenden Klassengesellschaft aufmerksam. Nausikaa entwickelt ein Programm, durch das sie mit Odysseus' Hilfe »des Landes Wohlfahrt« befördern will; Odysseus aber, geradezu stupide auf seine Heimkehr nach Ithaka bedacht, lehnt die Heirat mit ihr ab, so daß sie aus Verzweiflung, Enttäuschung und Haß in die Ehe mit Euryalos einwilligt, der eine unproduktive Gewaltherrschaft errichtet. Sie läßt Euryalos töten und errichtet nun selbst eine Diktatur – ökonomisch progressiv, sozial ambivalent und ideologisch konservativ und demagogisch: indem sie nämlich – ähnlich wie später bei Stefan Schütz Telemachos – durch den Mythos von Odysseus ihre Herrschaft rituell abstützt, nach deren Etablierung ihn aber auch zynisch wieder fallenläßt. Mickel hatte »Nausikaa« zusammen mit »Einstein« unter dem Untertitel »Die Schrecken des Humanismus in zwei Stücken« veröffentlicht: Die Titelheldin verkörpert den Übergang von Menschenfreundlichkeit in Terror beim Aufbau einer neuen Gesellschaft. Odysseus jedoch, anfangs weniger als Nausikaa den Anforderungen der Geschichte gewachsen, erweist sich, dank dem Erkenntnisprozeß, den er bei seiner Rückkehr nach Ithaka durchmacht, gegen Schluß des Stückes als pro-

---

264 Heinz Czechowski: Wüste Mark Kolmen. Gedichte. Zürich 1997, S. 38, 40 und 127.
265 Karl Mickel: Schriften. Halle (Saale), Leipzig 1990 ff., Bd. 1, S. 76 f.

duktiver: Im vierten Bild des vierten Aufzuges – in komprimierter Form auch veröffentlicht als Gedicht mit dem Titel »Säulen des Herakles« – ruft er, als seine Matrosen umkehren wollen, zur Weiterfahrt; der letzte, der bei ihm ausharrt, trägt Poseidons Züge. So macht Odysseus selbst seinen Widerpart dem Fortschritt dienlich. Mickels Odysseus ist – wie schon derjenige in Heiner Müllers »Tod des Odysseus« – weniger ein Homerischer als ein Dantescher Held; seine Worte sind teils eine Paraphrasierung, teils eine Übersetzung von Versen aus dem »Inferno«. Dantes Odysseus-Gestalt ist für beide Autoren anregend durch die Dialektik von Wissensdurst und Scheitern, von Tragik und Perspektivebewußtsein. Der Aufbruch in die Zukunft wird nicht als bloße Heimkehr und als lineares Fortschreiten, sondern als ein widersprüchlicher Vorgang begriffen, der bittere Momente nicht ausschließt. Während aber bei Dante – und in seinem Gefolge bei Sebastian Brant und anderen Autoren – auch der ›neue Odysseus‹ verdammt wurde, integrieren ihn die modernen Schriftsteller in einen vielschichtigen Entwicklungsprozeß.[266]

In einigen Gedichten ordnet sich Mickel noch jener Tradition ein, die entweder die Gegenwart als Gegensatz zur Antike begreift – so in dem Gedicht »Demselben« (1964): »Nicht meine Schulter ists, die Demeter / Abnagte aus Versehn [...] / Mein Vater heißt nicht Tantalos, ich heiße / nicht Pelops folglich« – oder die eine Identifizierung mit einem antiken Helden vornimmt: wie in dem Gedicht »Entfesselter Prometheus« (1969), in dem der Autor in äußerst komprimierter, ja ›hermetischer‹ Form und auf einer hohen Abstraktionsebene die Selbstbefreiung des Titanen und den Sturz der olympischen Götter andeutet: »Er kam, die Lösung war er selber.«[267] In anderen Gedichten hat Mickel antike Texte parodiert – wie in der »Elegie. Nach Catull«, in der er das 70. Gedicht des neoterischen Dichters über die Unglaubwürdigkeit von Liebesschwüren mit dessen 32. Gedicht über die sexuelle Potenz des Liebhabers kontaminierte, und in der »Ode nach Horaz II/13«, in der aus dem stürzenden Baum die einstürzende Decke eines Abtritts geworden ist (Mickel drückt dies etwas derber aus)[268] –, oder er hat antike Motive und Genres auf drastische Weise in Gegenwartsgedichte über die Liebe und über das Fußballspiel eingebracht (»Anakreons Art«, »Nach Sappho«, »Nänie«).

In seinen Bearbeitungen antiker Werke hat Mickel vor allem die Konflikte verschärft. Aus dem Jahre 1971 stammt die »Komödie nach Aristophanes« »Weiberherrschaft«, in der er – wie er 1988 bekannte – »den blinden Fleck in den Augen des Verfassers wie seiner Figurinen soziologisch objektiviert« hat. (Er bemerkte dazu allerdings: »ob ich letzteres heute wieder tun würde, weiß ich nicht.«)[269] Während Knauth in seiner Bearbeitung der »Ekklesiazusen« trotz aller Modifizierungen der Utopie einen harmonischen Schluß wählte, läßt Mickel seine Nachdichtung mit der Verzweiflung des Jünglings enden, der von mehreren alten Frauen begehrt wird: »Darf ich mit euch tauschen, Danaiden? / Warum bin ich wie Tantalos nicht glücklich? / Sisyphos, ich bitte um den Stein!«[270] Anfang der achtziger Jahre hat

---
266 Karl Mickel: Einstein / Nausikaa. Die Schrecken des Humanismus in zwei Stücken. Berlin 1974 = Rotbuch 116, S. 53 f. und 72–75. – Vgl. Dante: Inferno 26,112–120.
267 Karl Mickel: Odysseus in Ithaka (wie Anm. 265), S. 87 und 124.
268 Ebd., S. 46 und 126.
269 Ebd., Bd. 4, S. 7.
270 Ebd., S. 58.

Mickel die »Apologie« des Apuleius dramatisiert. Er hielt sich dabei relativ eng an die Vorlage – nur am Ende ersetzte er die juristische Argumentation des Römers durch eine derbe Erzählung –; der Stil aber ist in der Regel salopper, die Argumentation des Angeklagten aggressiver und die Sprache prägnanter, gelegentlich auch politisiert.

Mickels Beschäftigung mit antiken Sujets ist öfters zugleich eine Auseinandersetzung mit den harmonisierenden Vorstellungen der Wiener und der Weimarer Klassik. So hat er in »La clemenza di Tito« – dem Prolog für die Aufführung der Mozart-Oper 1978 in der Berliner Staatsoper – nicht auf die humanistischen Potenzen dieses aufklärerischer Fürstenerziehung dienenden Werkes Bezug genommen, sondern in knapper, lakonischer Form und in salopper Sprache das Makabre der Handlung akzentuiert: »Sextus wird den Bestien vorgeworfen / Vitellia gekrönt / Sie soll ihn losbitten. / Rettet sie ihn nicht, ist sie gerettet / Vom Löwenmagen in des Kaiser Brautbett / Das ist zu viel / Da dreht sie durch / Gesteht / Und darf, wie Sextus, gnadenhalber atmen.« Das Gedicht »Fünfte Ode und Scholion« – geschrieben für die Aufführung von Glucks »Orpheus und Eurydike« in einer Neufassung durch Hans Werner Henze 1986 in der Wiener Staatsoper – beginnt mit den bezeichnenden Worten: »Andere erzählen die Fabel anders«, und deutet, Archaisches und Aktuelles mischend, den Mythos auf äußerst unheroische Art. Und der für das Programmbuch der »Penthesilea«-Inszenierung 1992 am Wiener Burgtheater entstandene Text »Kleists Welt-Theater« bekennt sich ausdrücklich zu dem Gegenpol von »Zauberflöte« und »Iphigenie«.[271]

PETER GOSSE (geb. 1938) akzentuiert die Kompliziertheit der geschichtlichen Prozesse, betont die Widersprüche in den antiken Vorgängen und findet zu einer zustimmenden Aufnahme alter Motive *entgegen* der Konvention. Nachdem in dem Gedicht »Wer weiß, wer es war« (1968) die traditionell ›positive‹ Sicht auf Prometheus noch zu einer künstlerisch wenig überzeugenden Lösung geführt hatte, hat er in den »Drei Sonetten zu Prometheus« aus dem Jahre 1982 einen ungeheuren Lebensanspruch formuliert, der Bestrafung und Qual bewußt in Kauf nimmt.[272] Charakteristisch für diesen Autor sind zwei große Gedichte aus dem Band »Ortungen« (1975): »Munterung an Dädalus« und »Kreon sagt an«. In dem ersten Gedicht wird dem von guten, aber unnützen Sehnsüchten geleiteten Ikaros in seinem strahlenden Untergang der glanzlos-nüchterne, aber sein Ziel erreichende Taktiker Daidalos entgegengestellt (»Solang du ein Kerl bist, folge dem Sohn nicht!« lautet der Eingangsvers); im zweiten Gedicht erscheint die Märtyrer-Gestalt der Antigone bei aller Sympathie für ihren Mut zu humanem Handeln als Warnbild für ein zu frühes, noch nicht zeitgemäßes »Vorprellen«, für eine noch nicht realisierbare Humanität (»Hier // lebte Antigone, eine Feier der Menschen, / Thebens zu weit vor gezeugte Seele, / zu früh war sie natürlicher Mensch, / zu früh war sie zart«), während Kreon als »ein Kerl / von der zartren Art Zartheit, der krassen, / der möglichen« bezeichnet wird, der mit seiner Härte auf das gegenwärtig Machbare zielt und dadurch allein das Werk des Eteokles weiterzuführen vermag. Die Literatur

---

271 Ebd., Bd. 2, S. 31f. und 61; Neue Deutsche Literatur 40 (1992) 12, S. 117f.
272 Peter Gosse: Antiherbstzeitloses. Gedichte. Halle (Saale) 1968, S. 12; Neue Deutsche Literatur 30 (1982) 12, S. 71f.

– so formulierte Gosse in dem Essay »Von Sozialismus und sozialistischem Gedicht« – müsse den gegenwärtigen Prozeß in all seinen Widersprüchen gestalten und habe weder »ein verklärend-verkleisterndes Zukunftsideal vor unsere Wirklichkeit zu halten« noch »mit einem ethisch-maximalistischen Gegenwartsideal unserer Wirklichkeit Vorhaltungen zu machen«.[273]

Eine kritisch-umwertende Sicht auf Mythos und Geschichte bestimmt auch die drei Hörspiele »Tadmor«, »Ostern 30« – ein Stück um Jesus und Barabas – und »Orpheus«, die 1986 in dem Band »Erwachsene Mitte« erschienen sind. In »Orpheus« werden gerade die bedenklichen Züge des thrakischen Sängers betont und durch die Gestalt eines nüchtern-realistischen Gegen-Orpheus relativiert. »Tadmor« spielt in der zweiten Hälfte des dritten Jahrhunderts in der syrischen Oasen- und Karawanenstadt Palmyra (dem heutigen Tadmor), die sich von Rom unabhängig gemacht und ihr Herrschaftsgebiet erweitert hatte, dann aber von Kaiser Aurelianus zurückerobert wurde. Gosse verdeutlicht gleichermaßen die Inhumanität, Demagogie und letztendliche Sinnlosigkeit einer kriegerischen Machtpolitik – »Einhundert Jahre später war Rom verfallen« – wie auch den irrealen und illusionären Charakter von Sozialutopien zur falschen Zeit. Das Scheitern des neuplatonischen Philosophen und Prinzenerziehers Longinos, der in Palmyra einen Idealstaat Platonischer Prägung errichten will, wird ohne Mitleid und Trauer geschildert – ja, Gosse zeigt auf, daß eine zu früh gekommene Utopie in ihr Gegenteil umschlägt und Palmyra im Grunde kein »dissidentes Un-Rom«, sondern vielmehr »die schon Rom-ähnliche Konkurrenz« war, die ihrerseits Eroberungspolitik betrieb.[274]

Charakteristisch für weite Teile des Werkes von VOLKER BRAUN (geb. 1939) ist – neben einer starken Affinität zu historischen Sujets, namentlich zum kaiserzeitlichen Rom, und einer Rezeption nicht nur literarischer Motive, sondern auch antiker Theorien – die Verbindung von Affirmation und radikaler Kritik. Auch bei diesem Schriftsteller standen am Anfang – in dem Band »Provokation für mich« (1965) – Gedichte, die in der sozialistischen Gegenwart eine lineare Überwindung vergangener Schranken sahen (in »Die fliegende Frau« wird Valentina Tereschkowa, die erste Kosmonautin, als ein untragischer Ikarus besungen, in »Adonis der Atomzeit« ein selbstbewußter junger Mann der Gegenwart ins Antigöttliche gesteigert, während sein tragisches Schicksal ausgeklammert bleibt[275]); und noch später waren ihm gelegentlich mechanische Kontraste und Analogien nicht fremd: so in »Das Vogtland« (1967), wo die »tüchtige[n] Söhne / Sisyphos'« mit ihrem Ahnherrn zwar noch die Mühen, nicht aber mehr die Sinnlosigkeit ihrer Arbeit teilen, oder in »Karl Marx« (1974), wo der Gesellschaftstheoretiker aus dem 19. Jahrhundert mit Herakles verglichen wird, der uns »Diese zwölf mal zwölf / Übermenschlichen Arbeiten« abgenommen habe[276]. Als produktiver erwies sich das Verfahren, die »Archetypen« – wie er es in einem Gespräch ausdrückte – weder einfach zu übernehmen noch

---

273 Peter Gosse: Ortungen. Gedichte und Notate. Halle (Saale) 1975, S. 23–25 und 26–31.
274 Jürgen Engler: Gespräch mit Peter Gosse. In: Gosse: Erwachsene Mitte. Gedichte, Geschichten, Stücke, Essays. Leipzig 1986 = Reclams Universal-Bibliothek 1144, S. 289.
275 Volker Braun: Provokation für mich. Gedichte. Halle (Saale) 1965, S. 61 f. und 11.
276 Volker Braun: Gedichte. Leipzig ²1976 = Reclams Universal-Bibliothek 51, S. 57 f. und 113.

einfach in Frage zu stellen, sondern »zunächst diese Geschichten preis[zu]geben, um zu zeigen, wieviel von ihnen sich erhalten und wieviel sich verkehrt hat«[277], d. h. antike Motive dergestalt zustimmend zu rezipieren, daß er ihre ursprüngliche Aussage partiell ins Gegenteil verkehrt und damit für allgemeine und aktuelle Aussagen öffnet. Beispielhaft hierfür ist der »Prometheus« von 1967, in dem Braun zwar das Pathos der Goetheschen Ode nutzt und sogar einzelne Wendungen aufgreift – wie das Motiv des Herdes oder das Thema der Zeit –, doch das Gedicht mit einer deutlichen Abkehr von dem traditionellen Prometheus-Bild ausklingen läßt: Nicht der Titan bringt den Menschen das Feuer, damit sie sich in einer gegebenen Ordnung einrichten, sondern sie selbst tragen es in den Himmel, um eine Welt zu erbauen, die ihnen gemäß ist. »[...] der Prometheus« – betonte der Autor – »kann für uns nicht ein abtrünniger Halbgott sein, der den Menschen etwas bringt, das sie sich zu ihrem Wesen machen, sondern im Prometheus selbst muß das menschliche Wesen entdeckt werden.«[278]

Diese gleichermaßen zustimmende wie problematisierende Behandlung eines antiken Motivs charakterisiert vor allem zwei wichtige Texte des Bandes »Training des aufrechten Gangs« (1979). In der Platon-Replik »Höhlengleichnis« hat Braun die idealistisch-aristokratische Erziehungskonzeption aus dem siebenten Buch der »Politeia« radikal ins Materialistisch-Revolutionäre umgestülpt und zugleich die poetische Bildkraft und den progressiven, die Entwicklung des menschlichen Denkens befördernden Gehalt des Platonischen Gleichnisses genutzt. In den drei großen Rom-Gedichten aber – »Der Teutoburger Wald«, »Das Forum« und »Neuer Zweck der Armee Hadrians« – wird zunächst in der Art Heiner Müllers mit der »Vorgeschichte der Menschheit« von der Schlacht im Jahre 9 n. Chr. bis zum zweiten Weltkrieg und zur Nachkriegszeit abgerechnet; sodann identifiziert das lyrische Subjekt die Akteure verschiedener Geschichtsepochen untereinander und mit sich selbst, reflektiert es die Vergänglichkeit politischer Größe, den Zusammenhang von Zerstörung und Wiederaufbau sowie illusionäre Selbsttäuschungen – eine Problematik, die ausdrücklich auch auf den Aufbau des Sozialismus bezogen wird –; schließlich wird ihm die Armee Hadrians, die nicht mehr zum Kriegführen, sondern zum Bauen genutzt worden sei, zum Exempel für eine postrevolutionäre Gesellschaft, die zwar die alten Einrichtungen nicht – wie ursprünglich verkündet – abschaffe, wohl aber mit neuem Inhalt fülle.[279]

Soviel Illusionäres dieser Konzeption anhaften mochte – weder hat der sozialistische Staat »die Menschen [...] mächtig zu machen« vermocht »ihrer selbst«, noch hat er mehr als eine *ephemere* Stabilisierung der gesellschaftlichen Verhältnisse gebracht –, so erlaubte sie doch einen kritischen Blick sowohl auf die politische wie auf die technische Problematik der Gegenwart. So hat Volker Braun seinen »Prometheus« von 1967 in verschiedenen, zunehmend schärferen Fassungen veröffentlicht. Begann das Gedicht ursprünglich mit dem allgemein gehaltenen Appell »Weg,

---

277 Volker Braun: Interview. In: Braun: Es genügt nicht die einfache Wahrheit. Notate. Leipzig 1975 = Reclams Universal-Bibliothek 640, S. 130f.
278 Volker Braun: Gedichte (wie Anm. 276), S. 69–71. – Vgl. Ders.: Interview (wie Anm. 277), S. 132.
279 Volker Braun: Training des aufrechten Gangs. Gedichte. Halle (Saale) 1979, S. 60f. und 26–31.

blinde Hoffnung, die unsre Städte / Beschlägt, süßer Dunst«, so heißt es seit 1976 in konkreter Anspielung auf ›realsozialistische‹ Gepflogenheiten: »Weg, blinde Hoffnung, die unsre Städte / Beschlägt, süßer Dunst / Der Tribünen«; und 1979 hat er den Titel in »Prometheus 8« geändert, hat in der sechsten Strophe den Glauben *an* und die Hoffnung *auf* uns selbst entfallen lassen und hat in der Schlußstrophe die Worte »Auf diese Zeit nicht, auf nichts / Vertrauend als auf uns« radikalisiert zu: »Auf diese Zeit nicht, auf nichts / vertrauend«. Jeglicher Rest einer gläubigen Hoffnung ist aufgegeben zugunsten einer schonungs- und illusionslosen Analyse. In dem Gedicht »Schwester des Prometheus« vom Ende der siebziger Jahre wird die Polemik gegen Behäbigkeit und Selbstgefälligkeit noch schärfer akzentuiert – und in dem Prosatext »Verfahren Prometheus« von 1982 (der Titel ist mehrdeutig!) ist der Titan der Bringer eines höchst zwiespältigen Fortschritts, gleichermaßen durch den »Jubel-« wie durch den »Entsetzensschrei des Planeten« »unsterblich« geworden.[280]

Dennoch blieb Braun – bei aller Kritik, die er übte, und bei allen Repressionen, die er erfuhr – sozialistischen Idealen verbunden und hat die Ereignisse nach 1989 mit resignierender Verzweiflung kommentiert. Das Stück »Iphigenie in Freiheit« (1991) – in erster Linie eine Goethe-Replik – ist eine sarkastische Persiflage auf die Realisierung des klassischen Humanitätsideals in einer auf Maximalprofit ausgerichteten ›Wohlstandsgesellschaft‹; und das als Nachruf auf Heiner Müller geschriebene Gedicht »Plinius grüßt Tacitus« fragt nach den Motiven, die den älteren Plinius bewegen mochten, »mitten in die Katastrophe« zu fahren, obwohl er »den Verfall vorausgesagt« hatte, und es fragt, warum der moderne Schriftsteller – sei es Braun, sei es Müller – »mitten in der Katastrophe / Meines Jahrhunderts *Die verratene Revolution* / Mit allen Verrätern« geblieben sei, obwohl er »den Untergang (bändeweise) beschrieben« habe, und konstatiert, wie er nunmehr »einer anderen Katastrophe *The Triumph of the West*« anheimfiel.[281]

Erwähnt zu werden verdient, daß Braun in den »Berlinischen Epigrammen« an die Tradition Goethes und Martials anknüpft und daß er in den achtziger und neunziger Jahren mehrfach, meist persiflierend, mit Anspielungen auf antike Motive oder antike Zitate arbeitet – wobei er gleichermaßen auf sozialistische wie auf kapitalistische Verhältnisse zielt. So vergleicht er etwa die Opfer der Stalinschen Schauprozesse mit den Büßenden in der Unterwelt oder kritisiert, unter Anspielung auf ein Wort des Augustus, »nach den Obsessionen der Diktatur die Aggression der Freiheit«: »Varus Varus / Gib mir meine Illusionen wieder.« Pointiert kontaminiert er Zitate des älteren und des jüngeren Cato: »Im übrigen bin ich der Meinung / Daß der Sozialismus zerstört werden muß, und / Mir gefällt die Sache der Besiegten.«[282]

Die kritische Grundhaltung zielt bei den bisher genannten Autoren auf eine Analyse der Gegenwart im Rahmen der sozialistischen Ordnung und auf einen

---

280 Volker Braun. Gedichte. Leipzig ³1979 = Reclams Universal-Bibliothek 51, S. 47f. und 136; Ders.: Texte in zeitlicher Folge. Halle (Saale), Leipzig 1989–1993, Bd. 8, S. 263–265 (Zitat: S. 264).
281 Volker Braun: Tumulus. Frankfurt a. M. 1999, S. 17–19.
282 Volker Braun: Schlemihl. In: Braun: Langsamer knirschender Morgen. Gedichte. Halle (Saale), Leipzig 1987, S. 116f.; Ders.: Verbannt nach Atlantis. In: Braun: Texte in zeitlicher Folge (wie Anm. 280), Bd. 10, S. 119–123; Ders.: Das Theater der Toten. Ebd., S. 56f.

Umgang mit antiken Motiven, der diesen Motiven nach einer grundlegenden Umwertung eine Berechtigung zuerkennt. Bei GÜNTER KUNERT (geb. 1929) hingegen führt sie zu einer Absage an den Sozialismus und zu einer weitgehenden Distanzierung vom Altertum. Am Anfang stand allerdings auch bei ihm eine Affirmation, die sogar von überschwenglichen Zügen nicht frei war: In »Penelope 1960« wartet eine Frau von heute in grenzenlosem Vertrauen auf ihren Geliebten; »Shakehands, Catull« (1961) ist eine Identifizierung mit den erotischen und den Spottgedichten des römischen Dichters; »Ikarus 64« bekennt sich zu den kühnen Taten des Helden und spart problematische Züge zwar nicht aus, betrachtet sie aber als aufgehoben im historischen Prozeß: »Denn Tag wird. / Ein Horizont zeigt sich immer. / Nimm einen Anlauf.« In dem Gedicht »Der Untergang Etruriens« (1961) stellt Kunert – in ähnlicher Weise, wie acht Jahre später Peter Rühmkorf – ganz orthodox einen Modellfall dafür auf, daß herrschende Klassen sich lieber einer ausländischen Herrenschicht unterwerfen, als ihren Besitz mit den Unterdrückten des eigenen Landes zu teilen.[283]

Diesen frühen bekenntnishaften Gedichten aber folgen seit Mitte der sechziger Jahre in zunehmendem Maße mahnende, warnende, resignative Töne. Kunert bevorzugt nunmehr ›gebrochene‹ Helden und düstere Motive; Vergänglichkeit, Vergeblichkeit und Inhumanität erscheinen als allgemeine, überzeitliche Invarianten geschichtlicher Prozesse, und auch die Kunst wird von dieser Problematik nicht ausgenommen. Gegenüber der naiven Odysseus-Rezeption in »Penelope 1960« gestaltet Kunert in den »Nausikaa«-Gedichten von 1965/66 zwar noch eine sensualistische Thematik von weltumspannender Bedeutung, macht aber zugleich deutlich, daß es sich nur um einen glücklichen Moment innerhalb eines vergänglichen Prozesses handelt. In den Prosa-Werken »Verzauberung« (1965) und »Nach der Lektüre Homers« (1973) distanziert er sich von den ästhetisch-ideologisch harmonisierenden sowie von den sozial bedenklichen Zügen des Odysseus, der seine Gefährten unbarmherzig dem Untergang preisgibt, während er selbst »dank seinen Beziehungen, seinen Tricks, seiner völligen Charakterlosigkeit, die sich allem und jedem anpaßt, durchkommt«.[284] Anders als in »Ikarus 64« überwiegt später die tragische Deutung des Mythos – bis hin zur elegisch-melancholischen Absage in dem Gedicht »Unterwegs nach Utopia I« (1980): »Vögel: fliegende Tiere / ikarische Züge / mit zerfetztem Gefieder / gebrochenen Schwingen / [...] unterwegs nach Utopia / wo keiner lebend hingelangt / wo nur Sehnsucht / überwintert.«[285]

Die Wandlungen lassen sich auch an Kunerts Prometheus-Rezeption verfolgen. Hat der Autor 1968 in dem Gedicht »Yannis Ritsos nicht zu vergessen« auf die lange Dauer der Strafe und die Ungewißheit einer Befreiung aufmerksam gemacht und 1975 in der Prosaskizze »Am Anfang und Ende: Prometheus« die Befreiung sogar als ein unwahrscheinliches Wunder hingestellt, so läßt er den Titanen 1981 in »Prometheus II« »zu Recht von den Göttern bestraft« werden, weil er den Menschen mit

---

283 Günter Kunert: Das kreuzbrave Liederbuch. Berlin 1961 = Die Reihe 54, S. 57f.; Ders.: Notizen in Kreide. Gedichte. Leipzig ²1975 = Reclams Universal-Bibliothek 369, S. 62f., 139 und 83f. -Vgl. S. 328.
284 Günter Kunert: Offener Ausgang. Gedichte. Berlin, Weimar 1972 = Edition Neue Texte, S. 41f.
285 Günter Kunert: Unterwegs nach Utopia. Gedichte. Berlin, Weimar 1980, S. 78.

dem »Geschenk des Feuers« die »Gabe der Vorausschau« genommen habe, und in »Durchblick II« (1988) trägt er die Schuld an den brennenden Städten.[286]

Eine wichtige Rolle spielt für Kunert die Orpheus-Gestalt. In einem Zyklus von sechs Gedichten aus den sechziger Jahren reflektiert der Autor über das Verhältnis von Glück und Vergänglichkeit (»Nichts ist so unwiederholbar wie Glück«) und über die Funktion der Kunst, wendet er sich gegen oberflächliche Lebenshaltung und illusionären Optimismus. Die Hoffnung, daß Orpheus und Eurydike »aus verstorbenem Gestern« herausschreiten (»Hinter der Kunst kommt / die Zukunft voran«), wird von der Wirklichkeit widerlegt; Künste, die nicht nur die Tiere, sondern auch den Hades rühren, »bedeuten eine ernstliche Gefahr« und haben zur Folge, daß Orpheus von den Mänaden zerrissen wird; sobald er aber selbst einer beschönigenden Scheinkunst huldigt und den Hörer nicht nur »von seinen Leiden«, sondern auch von »Gerechtigkeit und / eigenem Leben« ablenkt, trifft ihn sarkastische Ablehnung.[287]

Bereits Mitte der sechziger Jahre ist Kunerts pessimistisches Geschichtsbild (anders als im »Untergang Etruriens«) auf *beide* Systeme bezogen. In dem Gedicht »Geschichte« wird der angeschlagene Kapitalismus, der trotz seiner Verluste noch furchtbar ist und den Blick in die Zukunft verstellt, mit Polyphem verglichen; die Arbeiterklasse aber erscheint – pointiert mittels einer sarkastischen Brecht-Parodie – 49 Jahre nach der Oktoberrevolution nicht als ein befreiter, sondern als ein begrabener Sisyphos:

> Die Revolution wo finden wir sie und wieder.
> Unterm tückischen Marmor liegt siebenmal siebenfach
> Sisyphos verdammt und unaufweckbar.
> Lang lebe die unbesiegliche Inschrift.[288]

Mit der Gestalt des Sisyphos hat sich Kunert – wenngleich weniger direkt politisch – mehrfach auseinandergesetzt. In dem Prosatext »Traum des Sisyphos« (1968) ist er ein Symbol der Entfremdung, deren Aufhebung nur im Traume möglich ist – und auch da erst nach einem Rollenwechsel, wodurch der Sieg des Menschen über die Natur nur um den Preis seiner Menschlichkeit möglich ist: nachdem der Stein zu Sisyphos, Sisyphos aber zu Stein (»hart und unerbittlich«) geworden ist, der »mitleidlos, zornlos« den »lebendigen Brocken sisyphosgesichtigen Fleisches« in den Abgrund stößt. Nicht Sisyphos wird frei von der Mühe des nutzlosen Emporbringens, sondern der Stein von der Last des Emporgebrachtwerdens.[289] »Sisyphos 1982« dann gipfelt in der Aufforderung, den Stein zurückrollen zu lassen, freiwillig auf jeglichen Fortschritt zu verzichten.

---

286 Günter Kunert: Offener Ausgang (wie Anm. 284), S. 69–71; Ders.: Der Mittelpunkt der Erde. Berlin 1975, S. 70; Ders.: Verspätete Monologe. München 1981, S. 189; Ders.: Die befleckte Empfängnis. Gedichte. Berlin, Weimar 1988, S. 99.
287 Günter Kunert: Warnung vor Spiegeln. Gedichte. München 1970 = Reihe Hanser 33, S. 31–36.
288 Günter Kunert: Verkündigung des Wetters. Gedichte. München 1966, S. 26 f. – Vgl. Bertolt Brecht: Die unbesiegliche Inschrift. In: Brecht: Werke. Große kommentierte Berliner und Frankfurter Ausgabe. Berlin, Weimar, Frankfurt a. M. 1988–1998, Bd. 12, S. 39 f.
289 Günter Kunert: Kramen in Fächern. Geschichten, Parabeln, Merkmale. Berlin, Weimar 1968, S. 105.

Kunert nimmt Kassandra als Exempel, um vor geschichtlicher Leichtgläubigkeit und linearem Optimismus zu warnen, und läßt sie in totaler Desillusioniertheit enden[290]; Rom steht am Beginn einer von Verbrechen und Vergänglichkeit geprägten Geschichte; auf Vergängliches deuten etruskische Nekropolen und Pompeji, der Golf von Neapel und die Höhle der Cumäischen Sibylle. Athene als »Figurierte Vernunft« bringt »die schwärzesten / Schatten seit je« hervor[291]; Rilkes archaischer Torso Apollos ist zersprungen; Pygmalion macht nicht den Stein zur Geliebten, sondern die Geliebte zu Stein; und das bittere Fazit des Gedichtes »Alexanderschlacht« lautet: »Das Abendland ist gerettet für alle / künftigen Kriege.«[292]

Diese Position, die sich spätestens in den siebziger Jahren verfestigt hat, wird in den Antikegedichten der neunziger Jahre nur noch variiert. Es dominieren die Unterweltsmotivik (»Am Styx« u. a.), das Thema der Vergänglichkeit und Vergeblichkeit (etwa in den Gedichten auf die Trümmer von Ephesus, Priene, Milet und Gordion), die Denunziation aller Emanzipationsversuche (»Heraklesträumerei«) und die Einsicht in die Sinnlosigkeit der Geschichte (»An Clio«): »Du hast die Erde / mit Blut getränkt, mit Leichen gedüngt / und bloßes Erinnern geerntet. / Ich bin deiner Spur gefolgt / [...] Vergebliche Umschau.«[293]

In der Lyrik zeigt sich am deutlichsten, was mutatis mutandis für große Teile der gesamten DDR-Literatur gilt: Zunächst einmal geht eine mehr oder wenige naive Zustimmung zum Sozialismus einher mit einem Verhältnis zum antiken ›Erbe‹, das sich entweder als reine Identifikation und Weiterführung unter neuen Vorzeichen oder als mechanisch-linearer Kontrast kundtut. Auch das Frühwerk von Autoren, die später als Kritiker des Systems hervorgetreten sind, ist bis in die sechziger Jahre hinein oft noch recht sozialismusgläubig gewesen. Später dann bedeutete die Kritik am ›realen Sozialismus‹ meistens zugleich eine Kritik an den tradierten Versionen.

Diese Entwicklung läßt sich auch bei weiteren Schriftstellern konstatieren. Sie zeigt sich (wie punktuell schon zu sehen war) besonders markant an den Wandlungen des Bildes von Prometheus, Herakles, Odysseus oder Ikaros. Als beispielhaft sei dies an der Prometheus-Rezeption dargestellt. In der Nachfolge Bechers hat es zunächst relativ viele konventionell-affirmative Gedichte gegeben, in denen der Titan als ein moderner Proletarier besungen wurde und in sozialistischem Umfeld sogar harmonisierende, ja messianische Züge erhielt: »Genosse Prometheus, ans Werk! Unser Traumbild wird dichter und dichter«; oder: »[...] du bist es, der das Leben heilt und mit sich eint«.[294] Später aber erschien der Titan eher als para-

---

290 Günter Kunert: Entlassung. In: Kunert: Kurze Beschreibung eines Momentes der Ewigkeit. Kleine Prosa. Leipzig 1980 = Reclams Universal-Bibliothek 820, S. 105 f.; Ders.: Keine Neuigkeit aus Troja. In: Kunert: Unterwegs nach Utopia (wie Anm. 285), S. 74; Ders.: Mein Troja. In: Kunert: Die befleckte Empfängnis (wie Anm. 286), S. 129.
291 Günter Kunert: Athene fortzeugend Verhängnis. In: Kunert: Die befleckte Empfängnis (wie Anm. 286), S. 120.
292 Günter Kunert: Offener Ausgang (wie Anm. 287), S. 45.
293 Günter Kunert: Mein Golem. Gedichte. München, Wien 1996, S. 35.
294 Manfred Streubel: Experiment Gegenwart. In: Streubel: Zeitansage. Gedichte aus zehn Jahren 1957–1967. Halle (Saale) 1968, S. 97 f. (Zitat: S. 98); Uwe Berger: Nachkommen. In: Berger: Gesichter. Gedichte. Berlin, Weimar 1968, S. 49–54 (Zitat: S. 49).

digmatisch für die ambivalenten Seiten des technischen wie des gesellschaftlichen Fortschritts. In ANDREAS REIMANNS (geb. 1946) Gedicht »Zweitgesicht des Prometheus« (veröffentlicht 1966) leidet er mehr als durch den Adler durch »ein andres, kaltes feuer« – nämlich unter dem Bewußtsein, für die verderblichen Wirkungen des Feuerraubs verantwortlich zu sein:

> Da riß verzweifelt er an seinen ketten,
> um seine menschen vor sich selbst zu retten. [...]
> Wen preisen wir? Ist er der lobgewohnte?
> Ich seh ihn ewig um die öfen schleichen,
> entstellt vom vorwurf des gesichtes züge.
> Denn er gedenkt hephaistos flammenwiege.[295]

Was Reimann in breit ausladenden Stanzen beschreibt, formuliert RAINER KIRSCH (geb. 1934) im Jahre 1982 in dem Distichon »Prometheus oder Das Ende vom Lied« lakonisch:

> Groß in Gesängen rühmten die Alten den Schaffer Prometheus,
> Weil er das Feuer uns gab; wir heute schlucken den Rauch.[296]

Aus demselben Jahr stammt ADOLF ENDLERS (geb. 1930) »Statement Ende März 82«, eine Montage verschiedenartigster Nachrichten, welche die Bedrohung der menschlichen Existenz und die Sinnentleerung des politischen und kulturellen Lebens sowohl in der ›östlichen‹ wie in der ›westlichen‹ Welt veranschaulichen und auf eine Ablösung des Prometheus durch Zeus hindeuten: »Prometheus, einst angeschmiedet, jetzt *angestellt*?«[297] In ähnlicher Weise nehmen andere Autoren weniger auf die segensreichen denn auf die zerstörerischen Potenzen des Feuers Bezug, lassen Prometheus entweder zum selbstgefälligen Spießer werden oder in einer engstirnigen, alltäglichen Welt verkümmern und sich nach seinem Felsen oder seinem Geier zurücksehnen, beschwören einen antiolympischen Rebellen, der sich von den Menschen distanziert, weil sie ihm nicht geholfen haben, oder gestalten seine Vermarktung als Schauobjekt für Touristen.[298] WILHELM BARTSCH (geb. 1950) stellt in dem Gedicht »Beurteilung des Prometheus« (1982) den »Kollegen P.« sogar pikanterweise einer selbstgefälligen Polit-Bürokratie gegenüber.[299]

---

295 Andreas Reimann: Zweitgesicht des Prometheus. In: Sonntag 21 (1966) 43, S. 3.
296 Rainer Kirsch: Prometheus oder Das Ende vom Lied. In: Kirsch: Kunst in Mark Brandenburg. Gedichte. Rostock 1988, S. 13.
297 Adolf Endler: Statement Ende März 82. In: Prometheus 1982. Unbeliebte Kunst aus der DDR. Hrsg. von Roland Rittig und Rüdiger Ziemann. Halle (Saale), Zürich 1995, S. 84 f. (Zitat: S. 85).
298 Vgl. Helga Königsdorf: Respektloser Umgang. Berlin, Weimar 1986 = Edition Neue Texte, S. 77; Olaf Trunschke: Prometheus. In: Neue Deutsche Literatur 32 (1983) 8, S. 106 f.; Ralph Grüneberger: Erich Prometheus. In: Grüneberger: Frühstück im Stehen. Gedichte. Halle, Leipzig 1986, S. 40; Holger Teschke: Prometheus' Lamento. In: Teschke: Bäume am Hochufer. Gedichte 1975–1984. Berlin, Weimar 1985 = Edition Neue Texte, S. 48; Steffen Mensching: Auf dem Felsen. In: Mensching: Erinnerung an eine Milchglasscheibe. Gedichte. Halle, Leipzig 1984, S. 28; Reinhard Hofmann: Fatum Prometheus. In: Neue Deutsche Literatur 33 (1985) 12, S. 134 f.; Jo Fabian: Prometheus Erinnerung nach vorn. Szenische Skizze für das Theater. In: Theater der Zeit 43 (1988) 4, S. 54–58.
299 Wilhelm Bartsch: Übungen im Joch. Gedichte. Berlin, Weimar 1986 = Edition Neue Texte, S. 106 f.

Schließlich hat SARAH KIRSCH (geb. 1935), die in den ersten Jahrzehnten ihres Schaffens fast nie auf antike Motive Bezug genommen hatte, noch Jahre nach ihrem Weggang aus der DDR ein bitteres Prometheus-Gedicht geschrieben – »Die Verdammung« (1984) –, worin der Titan sich *so* sehr an den Adler gewöhnt hat, daß er ihn liebt und ihm Tugend andichtet, und noch während des Verfalls der Göttermacht unfähig ist, sich zu erheben.[300] Erst nach dem Zusammenbruch des ostdeutschen Staates scheint die Auseinandersetzung mit dieser Gestalt an Bedeutung verloren zu haben.[301]

Unter den Lyrikern, die erstmals in den achtziger und neunziger Jahren hervorgetreten sind, hat THOMAS ROSENLÖCHER (geb. 1947) die desillusionierende Rezeption von Gestalten wie Dädalus und Odysseus weitergeführt, und BARBARA KÖHLER (geb. 1959) sind einige bemerkenswert subjektive Anverwandlungen antiker Motive gelungen. Vor allem aber hat DURS GRÜNBEIN (geb. 1962) in seinen Gedichten aus den Jahren 1994 bis 1999, die – z. T. nach Vorabdrucken – 1999 in dem Band »Nach den Satiren« erschienen sind, antike Themen behandelt. Dabei hat er – in der Nachfolge Brechts, Heiner Müllers und Volker Brauns – mit geschichtsphilosophischem Anspruch und in ernüchternder Diktion in erster Linie auf die römische Geschichte zurückgegriffen. Im Abschnitt »Historien« reflektiert er in mehreren Gedichten auf die Kaiserzeit zwischen Tiberius und Julian Apostata (»Klage eines Legionärs aus dem Feldzug des Germanicus an die Elbe«, »Der Misanthrop auf Capri«, »Bericht von der Ermordung des Heliogabal durch seine Leibwache«, »Julianus an seinen Freund«) über die Sinnlosigkeit und Grausamkeit von Krieg und Politik, sieht Rom als Modell für eine verfallende Gesellschaft. Er bezieht sich auf kynisches und frühchristliches Gedankengut (»Aporie Augustinus«, »Gegen die philosophischen Hunde. Ein Veteran schlägt zurück«) sowie auf die nachklassische römische Literatur: In seinen Nachruf auf Heiner Müller nimmt er eine Replik auf das Gedicht des sterbenden Hadrian über die Seele auf, und mehrfach knüpft er an Juvenal an. Im Abschnitt »Nach den Satiren« hat sich Grünbein sogar ausdrücklich in die Nachfolge Juvenals gestellt. Die Analogien zur Gegenwart beziehen sich nunmehr bereits auf die *post*sozialistische Gesellschaft. In einem Interview bekannte der Autor: »Für mich sind Dichter wie Horaz oder Juvenal nicht irgendwelche lateinischen Klassiker, sondern sie haben mir direkt etwas zu sagen.« Vor seinen Augen steht nicht eine feierlich-erhabene Antike, sondern eine Literatur, die eine der unseren verwandte Gesellschaft kritisch beschreibt: »Mir liegt Juvenal sehr viel näher als etwa Stefan George.«[302]

Die Antikerezeption der DDR-Literatur hatte in den fünfziger Jahren in der Lyrik begonnen; seit Hacks' »Frieden« und Müllers »Philoktet« befand sich das Zentrum auf dem Gebiet der Dramatik – später hat dann auch die Prosa eine unübersehbare

---

300 Sarah Kirsch: Katzenleben. Gedichte. Stuttgart 1984, S. 75.
301 Vgl. Rüdiger Bernhardt: Der stürzende Prometheus und die Werkzeugmacher. Wie ein strapazierter Mythos nach der Wende abgelöst wurde. In: WendePunkte. Nach dem Herbst 89. Zsst. und Red.: Christoph Kuhn. Halle (Saale) 1999, S. 154–164.
302 Tausendfacher Tod im Hirn. Büchner-Preisträger Durs Grünbein über Utopien, das Ende der DDR und die Zukunft der Lyrik. In: Der Spiegel, Nr. 41, 9. Oktober 1995, S. 224.

Bedeutung erlangt: also jene Gattung, die, im Unterschied zu der weltanschaulich-metaphorischen Abstraktionsebene lyrischer Aussagen und zur Gestaltung großer Entwicklungslinien und zugespitzter Konfliktsituationen, wie sie für das Drama charakteristisch ist, am stärksten die Realitäten des Lebens in ihren vielfältigen Nuancierungen und in ihrer Verflochtenheit von Alltag und Geschichte aufzuzeigen vermag. (Auf das Genre der kulturhistorischen Romane – meist Kinder- und Jugendbücher –, das vorrangig auf die unterhaltsame Vermittlung von Kenntnissen über die griechisch-römische Antike und die ihr benachbarten Kulturkreise, einschließlich ihrer Nachwirkung, und höchstens am Rande auf die Spiegelung aktueller Erfahrungen in antikem Gewand zielt, kann nicht weiter eingegangen werden. Hier gab es von den fünfziger Jahren an eine gewisse Kontinuität, wobei das Bestreben deutlich wurde, historische Umbrüche in den Mittelpunkt zu rücken, die Rolle der Volksmassen zu betonen und sich von nationalistischen Konstruktionen in der Art Felix Dahns abzugrenzen.[303])

Bahnbrechend auf dem Gebiet der erzählerischen Prosa wirkte FRANZ FÜHMANN (1922–1984). Von früh an mit der Antike vertraut und durch seinen Militäreinsatz in den Jahren 1943/44 auf die Vergangenheit Griechenlands hingewiesen, hatte dieser Schriftsteller zunächst, in dem Gedicht »Nikos Belojannis« (1953), die kommunistischen Partisanen im griechischen Bürgerkrieg nach 1945 mit Prometheus, Herakles und »den Gefallenen von Thermopylä« verglichen und von ihnen – ganz in der Art Johannes R. Bechers – gehofft, daß sie die antiken Ideale, von denen sich das Griechenland der Gegenwart abgekehrt hatte, auf höherer Ebene weiterführen würden.[304] Erst seit Mitte der sechziger Jahre sind antike Motive in starkem Maße in Fühmanns erzählerischem Werk hervorgetreten – und nun nicht mehr in einem linear-affirmativen Sinne, sondern höchst differenziert. In der Erzählung »König Ödipus« (1966) erörtern zwei während des zweiten Weltkrieges in Griechenland stationierte deutsche Soldaten gemeinsam mit ihrem Hauptmann, einem Gräzisten, die Frage, warum Oidipus, der an seinen Taten – Vatermord und Inzest – offenkundig unschuldig war, sich dennoch selbst bestrafte. Sie gelangen zu dem Ergebnis, daß Oidipus »Sinnbild des Zusammenstoßes zweier Menschheitsepochen« und »im Zusammenprall [...] des Mutterrechts mit dem Vaterrecht« und der daraus folgenden Umwertung aller moralischen Maßstäbe »zermahlen« worden sei – ja, sie erkennen, daß sie selbst sich in einer analogen Situation befinden, daß sie Gesetzen einer überlebten Welt gefolgt und somit ohne subjektive moralische Schuld objektiv schuldig geworden sind. Der Hauptmann schießt sich eine Kugel in den Kopf – »und da seine Hand zitterte, schoß er sich durch beide Augen«.[305]

Mit dem Oidipus-Mythos und dessen Deutung aus dem Umwälzungsprozeß von einer matrilinearen in eine patriarchalische Gesellschaft hat Fühmann ein künst-

---

303 Vgl. Ernst Günther Schmidt: Die Antike in Lyrik und Erzählliteratur der DDR [s. Bibl. 6.1.], Jg. 18, S. 131–135; Ders.: Die Antike in Lyrik und Erzählliteratur der DDR. Die letzten zehn Jahre [s. Bibl. 6.1.], S. 22–24.
304 Franz Fühmann: Die Nelke Nikos. Gedichte. Berlin 1953, S. 88–92.
305 Franz Fühmann: König Ödipus. Gesammelte Erzählungen. Berlin, Weimar 1966, S. 300–302.

lerisches Bild gefunden, das es ihm erlaubte, einer gegenwärtigen Epochenauseinandersetzung einen hohen Grad von Anschaulichkeit und Verallgemeinerungswürdigkeit zu geben. Zugleich gipfelt in diesem Mythos und in dessen Beziehung zu den deutschen Soldaten des zweiten Weltkrieges Fühmanns novellistische Abrechnung mit dem Nationalsozialismus. Im Lichte dieser Erzählung enthüllen sich sogar seine früheren Kriegsnovellen – ihrem Kern nach – als ›Oidipus-Geschichten‹: insofern nämlich, als subjektiv redliche Soldaten, in Schein und Verblendung befangen, durch die Wirklichkeit entlarvt werden und von einer illusionären Höhe in furchtbares Elend stürzen. Fühmanns Erzählung ist ein Jahr vor Heiner Müllers Bearbeitung der Sophokleischen Tragödie erschienen und berührt sich mit diesem Werk im kritischen Umgang mit dem tradierten Sujet, in der Zurückführung der Oidipus-Problematik auf den Übergang von der mutter- zur vaterrechtlichen Ordnung und in der Politisierung der Konflikte – wo aber Müller bereits auf sozialismusinterne Widersprüche zielte, dort nutzte Fühmann den Mythos und die Tragödie allein zur Auseinandersetzung mit der faschistischen Ideologie.

Dem »König Ödipus« folgte eine Phase der Nach- und Neuerzählungen, der Vermittlung des antiken ›Erbes‹, der Aufbereitung von Traditionen. Im »Hölzernen Pferd« von 1968 lehnte sich Fühmann nicht nur inhaltlich eng an Homer an, sondern war auch bemüht, einen Eindruck von der ästhetischen Vollkommenheit der alten Epen zu vermitteln. Er konzentrierte sich vor allem auf die iliadischen Handlungselemente und berichtete nur relativ knapp über die Vorgeschichte und die letzte Phase des Trojanischen Krieges, und er folgte genau dem Aufbau der Homerischen Epen: allgemein der Verbindung kriegerischer und friedlicher Momente; in der »Ilias«-Adaptation dem Wechsel zwischen Sieg und Niederlage der Griechen und zwischen Einzelkämpfen und Massenszenen sowie der Steigerung der Kampfhandlungen; in derjenigen der »Odyssee« der Verknüpfung von Handlungs- und Berichtsebene, von Telemachos- und Odysseus-Geschichte und dem Zusammenspiel verschiedener Handlungsstränge auf Ithaka.

Dennoch hat Fühmann sowohl am äußeren Gang der Handlung als auch an den Charakteren und Haltungen der Personen und an der Wertung des Geschehens zahlreiche Änderungen vorgenommen, die einmal der Straffung und zum anderen der inhaltlichen Neuakzentuierung dienen – insbesondere dem Zurückdrängen kriegerischer zugunsten friedlicher und versöhnender Züge, der Sympathie mit den einfachen Menschen, der Problematisierung des iliadischen Götterbildes und einer Differenzierung im Menschenbild der beiden Epen. Generell betrachtet Fühmann die kriegerischen Handlungen um Troja mit kritischer Distanz, während er sich liebevoll in die Welt der »Odyssee« versenkte; ja, er scheute nicht davor zurück, die *Unterschiede* im Götterbild der *zwei* Epen bis zum *Gegensatz* innerhalb *eines* Werkes zu steigern. In der »Ilias«-Adaptation wird von den Göttern als von »urbösen oberen Wesen« gesprochen, die »böse und unbekümmert um menschliches Glück« sind; im zweiten Teil des »Hölzernen Pferdes« hingegen heißt es: »[...] wenn sie auch Unsterbliche waren, so fühlten sie doch wie Menschen fühlen, und Jammern und Erbarmen waren ihren Seelen nicht fremd«. Gegenüber der »Ilias« hat Fühmann beträchtliche Änderungen im Menschenbild vorgenommen – teils wird das kriegerische Heroentum mit Distanz und Ablehnung gesehen, teils wird es gemildert und humanisiert –; Odysseus hingegen ist wie in der Vorlage ein umsichtiger, kluger und verständnisvoller Mensch.[306]

In der kritischen Sicht auf den Trojanischen Krieg geht Fühmann mit den meisten seiner literarischen Zeitgenossen konform (wenn er auch, dank seiner Konzentration auf die iliadischen Züge, jene Kraßheit vermeidet, die Heiner Müller oder Hartmut Lange am Philoktet- oder Aias-Sujet aufzeigen); mit der ungebrochen zustimmenden Sicht auf Odysseus aber steht er noch in der Tradition der dreißiger bis frühen fünfziger Jahre und hebt sich von vielen anderen Autoren ab, die bereits die problematischen Züge dieses Helden betonten.

Das »Hölzerne Pferd« konnte sowohl in seiner Kritik an den ›Oberen‹ der »Ilias«-Welt wie in seiner Sympathie mit dem ›positiven Helden‹ Odysseus noch als im Einklang mit dem idealisierenden Selbstverständnis der sozialistischen Gesellschaft befindlich interpretiert werden. Mit der Arbeit an dem »mythologischen Roman« »Prometheus« aber ging Fühmann nicht nur den Weg von der *Nach-* zur *Neuer-*zählung eines antiken Mythos, von der *Bearbeitung* eines überlieferten zur Schaffung eines *eigenen* Werkes, sondern er vollzog zugleich den Schritt von einer grundsätzlichen Übereinstimmung mit dem ›realen Sozialismus‹ zu dessen kritischer Analyse. Fühmanns Beschäftigung mit dem Prometheus-Sujet ist nicht nur die umfassendste und am stärksten geschichtsphilosophisch akzentuierte Rezeption des Titanen in der neueren deutschen Literatur, sondern an ihr läßt sich zugleich unmittelbar die *Entwicklung* des Prometheus-Bildes erkennen.

Im »Hölzernen Pferd« hatte Fühmann an konzeptionell und kompositionell zentraler Stelle das Kapitel »Thersites erzählt von Prometheus« eingefügt, in dem der Vertreter des einfachen Volkes über den (bei Homer noch nicht vorkommenden) Mythos berichtet und nicht allein die Möglichkeit des Trotzes gegen die Götter, sondern auch deren endgültigen Sturz andeutet. Eine ebensolche ungebrochene Sicht auf den antiken Helden – die mit dem Prometheus-Bild Bechers und anderer Autoren korrespondiert – äußerte Fühmann in der Konzeption seines Prometheus-Buches, wonach der gerechte Empörer gegen die Willkürherrschaft des Zeus am Ende den »Tyrannen« besiegt.[307]

Diese Konzeption ist bereits im ersten (und einzig vollendeten) Band des Prometheus-Romans, »Die Titanenschlacht« (1974), beträchtlich modifiziert. Das erste Hauptthema des Bandes zwar – die Dialektik von Voraussicht und Aktivität des Subjekts und von objektivem Gang der Geschichte – scheint noch im Rahmen einer optimistischen Perspektivvorstellung zu stehen; doch das zweite Hauptthema – die Ambivalenz von Progressivität und Demagogie in der Genealogie der politischen Macht, die Entwicklung des Zeus vom Befreier zum Despoten – zielt deutlich auf Wesensmerkmale des ›realen Sozialismus‹. Prometheus selbst, der, desillusioniert über das Reich der Olympier, Menschen bildet und eine Welt der Liebe, der Gerechtigkeit und des Glücks schaffen will, ist bereits keine uneingeschränkt positive Gestalt mehr, sondern mit unverkennbaren Mängeln behaftet:

---

306 Franz Fühmann: Das Hölzerne Pferd. Die Sage vom Untergang Trojas und von den Irrfahrten des Odysseus. Nach Homer und anderen Quellen neu erzählt. Berlin 1968, S. 7 f. und 199.
307 Ebd., S. 149–157; Akademie der Künste Berlin-Brandenburg, Franz-Fühmann-Archiv, Sign. 183.

seiner Gutgläubigkeit gegenüber den Kampfzielen und seiner Hilflosigkeit gegenüber den Intrigen der Götter.

Nach Abschluß der »Titanenschlacht« begann dann eine grundlegende konzeptionelle Neuorientierung. Wie aus dem Entwurf zu den ersten sechs Kapiteln des zweiten Bandes – postum 1996 unter dem Titel »Die Zeugung« erschienen – sowie aus weiteren Vorarbeiten zum Fortgang des Werkes hervorgeht, hat Fühmann den Titanen zunehmend kritisch gesehen. Prometheus wollte seinen Geschöpfen zwar ein »Paradies« und eine »Stätte des Glücks« schaffen, hat sie aber zugleich durch den Bau eines »Schutzwalles« von der Außenwelt abgekapselt. Die »Sorge um ihr Wohl« war untrennbar verknüpft mit der »Sorge um seinen Besitz«[308], und in einer Symbiose von Erziehungswillen, Unredlichkeit und Selbsttäuschung suchte der Titan die Menschen an ihrer wirklichen Entfaltung zu hindern, so daß diese schließlich nicht nur über die olympischen Götter, sondern auch über ihn hinauswachsen sollten. Mitte der siebziger Jahre aber hat der Autor die Arbeit am »Prometheus« abgebrochen.

Auch in seinem essayistischen Werk hat sich Fühmann mit antikem Gedankengut auseinandergesetzt. Vor allem in dem großen Essay »Das mythische Element in der Literatur« (1974) verteidigt er nachdrücklich die Aktualität der alten Mythen, in denen er »Jahrtausende, vielleicht Jahrmillionen alte eingeschliffene Menschenerfahrung im Prozeß des Findens seiner selbst als Entfaltung seines Existenzwiderspruchs von natürlichem und gesellschaftlichem Wesen« verkörpert sieht. Auf Grund der Möglichkeit, »die individuelle Erfahrung [...] an Modellen von Menschheitserfahrung zu messen«, erklärt er das, was für die antike Poesie der Mythos leistete, sogar zum bestimmenden Wesen des Poetischen überhaupt.[309]

Aufs engste mit dem Essay von 1974 korrespondieren Fühmanns Mythenadaptationen vom Ende der siebziger und Anfang der achtziger Jahre, vor allem die drei Erzählungen des Bandes »Der Geliebte der Morgenröte« (1978) – neben der Titelgeschichte »Marsyas« und »Hera und Zeus« – sowie das damit im Zusammenhang stehende »Netz des Hephaistos« (1980). Es handelt sich bei diesen Geschichten um gleichnishafte Modelle als verallgemeinernde Widerspiegelung widerspruchsvoller Prozesse »des Menschheitsaußens *wie* Menscheninnern«, um die Darstellung konkreter Vorgänge als existentieller und elementarer, um das Erheben sozialer Erfahrungen ins philosophisch und psychologisch Grundsätzliche. An Episoden der griechischen Mythologie werden gesellschaftliche und seelische Vorgänge in äußerster Konzentriertheit vor Augen geführt, wird jeglicher linearen Sicht auf die Geschehnisse (wie sie nach der Konzeption des Autors den Gut-Böse-Relationen des »Märchens« eigentümlich ist) abgeschworen und deren innere Widersprüchlichkeit groß herausgestellt.

Werden in »Der Geliebte der Morgenröte« an Hand der Sage von Eos und Tithonos die Gefühllosigkeit und Selbstherrlichkeit der Götter und die verderblichen Folgen ihres Eingriffs in die menschliche Sphäre aufgezeigt, so verdeutlicht »Hera und Zeus« (die Ausgestaltung einer Episode aus der »Ilias«) den Widerspruch

---

308 Franz Fühmann: Prometheus. Die Zeugung. Rostock 1996, S. 13–27.
309 Franz Fühmann: Erfahrungen und Widersprüche. Versuche über Literatur. Rostock 1975, S. 164 und 208.

»von natürlichem und gesellschaftlichem Wesen«[310], die Dialektik von Determiniertheit und Freiheit und die Unerbittlichkeit und Strenge politischen Handelns, zugleich aber auch die Möglichkeit listigen Agierens für die Schwächeren. »Marsyas« und »Das Netz des Hephaistos« reflektieren das komplizierte Verhältnis von Geist und Macht am Schicksal von Künstlern, die einerseits von den Herrschenden unterdrückt werden, andererseits aber auch nicht ihrer sozialen Position gemäß handeln. Marsyas hat in einfältiger Überheblichkeit Apollon zum Wettkampf herausgefordert und unterliegt, weil die Schiedsrichter, die Musen, der Sphäre seines Gegners angehören, also auf Grund der prinzipiellen Unvereinbarkeit der ästhetischen Positionen. Indem Marsyas akzeptierte, daß ein Repräsentant der ›Oberen‹ die Bedingungen bestimmte, hat er das Spezifische seiner Kunst verkannt und sich selbst zur Ohnmacht verdammt – indem er aber für seine Überhebung grausam bestraft wurde, konnte er dennoch in späteren Epochen aufständischen Rebellen als Symbol der Freiheit dienen. Härter noch ist die Abrechnung sowohl mit der Willkür der Machthaber wie mit den Anpassungsversuchen eines Künstlers im »Netz des Hephaistos«. Der Schmiedegott hat sich nicht wie sein Freund Prometheus »auf die Seite derer geschlagen, die das Andere zu den Oberen sind«, sondern sich mit den Göttern arrangiert, ohne wirkliche Anerkennung zu finden. Sein Versuch, mittels eines kunstvollen Netzes nicht nur Ares und Aphrodite während ihrer Umarmung zu fesseln, sondern zugleich durch dieses geniale Kunstwerk seine Isolation zu durchbrechen und sein Anderssein gegenüber den Mächtigen zu überwinden, scheitert – die Götter kommentieren nur lachend seine List, und den Gedanken an ein Aufbegehren gibt er schnell wieder auf. Er akzeptiert, daß Poseidon als Richter auftritt, der scheinbar über den Parteien steht, tatsächlich aber als Angehöriger der Herrschenden in einem Konflikt zwischen Herrschenden und Unterdrückten entscheidet; und schließlich geht Hephaistos den Weg vom individuellen Opportunismus zum sozialen Verrat und schmiedet mit den »unlösbaren Fesseln« seines Netzes Prometheus an den Kaukasus.[311]

Charakteristisch ist, daß Fühmann jetzt nicht mehr wie im »Hölzernen Pferd« zu Homer »hinführen« und »Nacherzählungen von Homer« schaffen will, sondern daß er die Mythen »für mich, für meine Probleme genommen« hat, für »meine Fragen, meine Nöte, Ängste, Obsessionen«.[312] Dabei offenbaren sich im Spätwerk dieses Schriftstellers gegenüber dem »Hölzernen Pferd« bedeutsame Wandlungen in der Sicht auf die Homerischen Epen. Während die in den sechziger Jahren mit kritischer Distanz gesehene Welt der »Ilias« differenziert, konkretisiert und partiell aufgewertet wird, erfährt die anfangs zustimmend interpretierte Welt der »Odyssee« ebenso wie zuvor bereits bei Arendt, Maurer, Kunert oder Mickel eine deutliche Problematisierung. Auf der einen Seite hat Fühmann seine »Ilias«-Adaptation als verfehlt angesehen, weil sie noch der »mechanisierten« Konzeption der Märchen verhaftet war, noch nicht dem »vieldimensionalen« Gehalt der Mythen gerecht wurde[313]; auf der anderen Seite hat er in einer Reflexion über Wieland Försters

---
310 Ebd., S. 202.
311 Franz Fühmann: Irrfahrt und Heimkehr des Odysseus. Prometheus. Der Geliebte der Morgenröte und andere Erzählungen. Rostock 1980, S. 380 f.
312 Akademie der Künste Berlin-Brandenburg, Franz-Fühmann-Archiv, Sign. 247.
313 Vgl. Volker Riedel: Die Antike im Werk Franz Fühmanns [s. Bibl. 6.2.], S. 269.

Plastik »Das Paar« (1977) tragische Züge des Odysseus-Schicksals sichtbar werden lassen, in dem Text zum Ballett »Kirke und Odysseus« (1983) die von Odysseus und seinen Soldaten repräsentierte Welt als eine Welt des Krieges und der Unmenschlichkeit vorgestellt und in dem Hörspiel »Die Schatten« (1983) die Gefährten des Odysseus als Menschen gezeigt, die aus all ihren Erfahrungen – vor Troja wie in der Unterwelt – nichts gelernt haben.

Neben der Krieg-Frieden-Thematik der »Odyssee«-Variationen stand in zwei Mythenadaptationen aus Fühmanns letztem Lebensjahr die Fortführung von Problemen des Bandes »Der Geliebte der Morgenröte« und der Erzählung »Das Netz des Hephaistos«: der unheilvollen Folgen des Eingriffs in andere gesellschaftliche Sphären und der prekären Situation der Erniedrigten und Unterdrückten. In »Nephele« gestaltete Fühmann am Mythos von Ixion und der Wolke, die dieser an Heras Statt umarmte, die Tragik eines Wesens, das vom Herrscher nur zu einem einzigen Zweck geschaffen und danach »weggetan« wurde; in »Baubo« hinterfragte er die Sage von Demeter und Persephone und ließ eine einfache Frau aus dem Volk die eigentliche Retterin der Menschen sein – mit dem Ergebnis, daß sie als Hexe verschrien und schließlich vergessen wurde.[314]

In weiteren Werken hat Fühmann Gestaltungsprinzipien, die er an den mythischen Sujets gewonnen hatte, in andere Bereiche übernommen: Im »Ohr des Dionysios« (1983) erörterte er das Verhältnis zwischen einer maßvollen Machtausübung und einem maßlosen Machtmißbrauch an einem historischen Sujet (der Kontext der Erzählung, der erst durch die Nachlaßpublikation »Im Berg« bekannt wurde, verdeutlicht, mit welcher Betroffenheit der Autor hiermit auf sicherheitspolitische Maßnahmen des sozialistischen Staates zielte)[315]; in »Der Haufen« (1981) nutzte er ein antikes Motiv (den Fangschluß »Sorites«) zur Satire auf pseudowissenschaftlichen Dogmatismus und bürokratisches Administrieren in der Gegenwart.

Aus dem Jahre 1983 stammt schließlich das (wie es im Manuskript hieß) »Libretto für eine Rockoper« »Alkestis«. Das Stück ist eine groteske Polit- und Militärsatire; auf eine Befreiung der Alkestis durch Herakles wird gänzlich verzichtet; statt dessen wird der dritte Akt in einer »roten« (optimistischen) und in einer »schwarzen« (pessimistischen) Variante gespielt. Sie unterscheiden sich dadurch, daß in der ersten Alkestis und Admet zusammen sterben, in der zweiten aber Alkestis allein den Tod findet – und sie haben gemeinsam, daß (ähnlich wie in Mickels »Nausikaa« oder in Schütz' »Heimkehr des Odysseus«) eine demagogische Gewaltherrschaft begründet wird, deren ideologische Grundlage die Verklärung von Alkestis' Opfertod ist. In der ›optimistischen‹ Variante ist ihr Träger ein neuer König, in der ›pessimistischen‹ Admet selbst. In dieser kritischen Hinterfragung des früher oft allzu harmonisch aufgefaßten Mythos vom Opfertod der Gattin und von ihrer glücklichen Rückkehr aus der Unterwelt zeigen sich Gemeinsamkeiten mit anderen zeitgenössischen Autoren: Rolf Schneider läßt in seiner Nacherzählung der Herakles-Sage nicht Alkestis, sondern eine beliebige andere, ihr ähnlich sehende Frau zu Admet zurück-

---

314 Franz Fühmann: Das Ohr des Dionysios. Nachgelassene Erzählungen. Rostock 1975, S. 73–91 (Zitat: S. 91) und 54–72.
315 Ebd., S. 44–53. – Vgl. Franz Fühmann: Im Berg. Texte und Dokumente aus dem Nachlaß. Rostock 1991, S. 112f.

kehren, und Heiner Müller schildert in »Bildbeschreibung« eine »Landschaft jenseits des Todes«, die »als eine Übermalung der ›Alkestis‹ gelesen werden kann« und in der das freiwillige Opfer der Gattin als Ermordung durch ihren Mann interpretiert wird und ihre Rückkehr zu ihm nur zu ihrer abermaligen Tötung führt.[316]

Franz Fühmanns Werk zeugt in beispielhafter Weise von den Krisen und Umbrüchen des 20. Jahrhunderts. Sowohl in seiner Abrechnung mit dem Faschismus wie in seiner Auseinandersetzung mit den intellektuellen und moralischen Deformationen des ›realen Sozialismus‹ schlägt sich eine schonungslose Intensität nieder, die nicht davor zurückscheut, intimste persönliche Erfahrungen und tiefste eigene Betroffenheit namhaft zu machen. Wie Heiner Müller reflektiert er die Entwicklung des Sozialismus vor allem als ein *tragisches* Phänomen. Die Kraft und die Tiefe seines Werkes ist nicht zuletzt seinem ständigen Bemühen verdankt, die Erkenntnisse und Erfahrungen, die im Mythos, in der Kunst und im Denken der Antike ihren Ausdruck gefunden hatten, auf ihre Brauchbarkeit und Lebendigkeit für die eigene Epochenproblematik hin neu zu befragen.

Im Gefolge von Fühmanns Nacherzählung der Homerischen Epen und seiner Neuerzählung des Prometheusmythos entstanden mehrere Kinder- und Jugendbücher mit antiken Sagen. Aufschlußreich ist, daß das Herakles-Sujet *zweimal* aufgegriffen wurde: von HANNES HÜTTNER und von Rolf Schneider. Hüttner (geb. 1932) hat im ersten Band seines »Herakles« – »Die zwölf Abenteuer« (1979) – den antiken Helden noch weitgehend einfühlsam gestaltet. Herakles ist hier ein Verbündeter einfacher, arbeitender Menschen, der durch seine Taten ihr Los zu erleichtern und humane Verhältnisse einzuführen bestrebt ist – viel stärker dem pro-olympischen Helden der Hacksschen als dem anti-olympischen der Müllerschen Stücke verpflichtet. Er erfüllt seine Aufgaben im Auftrag von Zeus, und ein Höhepunkt seines Wirkens ist der Aufenthalt in Lydien, wo er dank seiner Klugheit und seinem sozialen Empfinden Ungeheuer überwindet, Sklaven befreit und technische Verbesserungen einführt und wo er in der Liebe zu Omphale gleichermaßen die Potenzen mutterrechtlicher Verhältnisse nutzt wie mit der Sehnsucht nach einem Geschlechtertausch ein vollkommenes Menschentum erstrebt. Der zweite Band von Hüttners »Herakles« aus dem Jahre 1987 jedoch steht (wie sich nach und nach herausstellt) unter einem ironischen Motto: »Der Dank der Götter«. Gegenüber der ursprünglichen Einbindung des Herakles in die olympische Ordnung zeigen sich nunmehr deutliche Auflockerungstendenzen: Der Alkide distanziert sich immer stärker von den Sprüchen der Götter; er erkennt, daß sie den Menschen nicht wohlgesinnt gegenüberstehen; der Vorausblick auf das olympische Dasein des Helden ist skeptisch gehalten, und die Apotheose wird recht unterkühlt berichtet. Herakles wird gleichsam von einem Hacksschen zu einem Müllerschen Helden. Dabei enthüllt er nicht wenige problematische Züge: Er ist teils übermäßig naiv,

---

316 Franz Fühmann: Alkestis. Stück mit Musik. Rostock 1989. – Vgl. Rolf Schneider: Die Abenteuer des Herakles. Berlin 1978, S. 145–149; Heiner Müller: Werke (wie Anm. 218), Bd. 2, S. 119.

teils »einsam und ratlos«, handelt jähzornig und »vorschnell«[317] und wird zum Krieger und Mörder. Selbst sein Einsatz in Lydien ist letzten Endes erfolglos.

ROLF SCHNEIDER (geb. 1932) stellt in seinen »Abenteuern des Herakles« von 1978 sogar von vornherein einen fragwürdigen, mehr durch Kraft als durch Klugheit charakterisierten, oftmals egoistischen Heroen dar, hebt die Gegensätze zwischen sozialen Anforderungen und göttlicher Zielstellung hervor, verstärkt die widersprüchlichen Züge des Alkiden und zeigt ihn in einem ständigen Schwanken zwischen Fehlverhalten und Einsicht. Die zentralen Aussagen des Buches ergeben sich aus dem Gegensatz zwischen Göttlichem und Menschlichem. Anstatt ein ganzer Mensch werden zu wollen, entscheidet sich der Halbgott dafür, ein ganzer Gott zu werden. Im Bestreben, einen »Heilsplan« zu erfüllen, vollbringt er mehr oder weniger sinnlose Abenteuer, ergibt sich kriegerischen, alkoholischen und sexuellen Ausschweifungen und lädt entsetzliche Verbrechen auf sich. Er ist ein Held, der seinen Auftrag nicht erfüllt, mit dem »alles [...] eigentlich heroisch mißraten« ist und der, als er am Ende seines Lebens seine Fehler erkennt und nicht mehr in den Olymp aufgenommen werden will, ein letztes Mal manipuliert und unter die Götter versetzt wird: damit er nicht auf Grund seiner späten Erkenntnisse im Gedächtnis der Menschen als Rebell weiterlebt.[318]

Auch in den anderen Neuerzählungen antiker Sagen werden gegenüber konventionell-harmonisierenden Vorstellungen (wie sie insbesondere durch Gustav Schwab vermittelt wurden) gewisse Problematisierungen vorgenommen. Stephan Hermlin – wie bereits erwähnt – hat die Argonautensage auf tragisch-elegische Weise berichtet; GERHARD HOLTZ-BAUMERT (1927–1996) legt in »Daidalos & Ikaros« (1984) ebenso wie Peter Gosse in seinem Gedicht »Munterung an Dädalus« den Akzent nicht auf den kühnen Knaben in seinem strahlenden Untergang, sondern auf den sorgsam planenden und handelnden Vater, der durch Klugheit und Fleiß sein Ziel erreicht; WERNER HEIDUCZEK (geb. 1926) läßt in »Orpheus und Eurydike« (1983) die Titelheldin als Paradigma für die Vergänglichkeit der Liebe und Herakles als einen Mann auftreten, der zwar im großen und ganzen das Rechte tut, aber nur durch Körperkraft hervorsticht und wenig Klugheit besitzt.

Heiduczek hat sich auch in seinen eigenen Werken mehrfach mit antikem Gedankengut auseinandergesetzt: vor allem in der Erzählung »Mark Aurel oder ein Semester Zärtlichkeit« (1971), in der ein hochbegabter junger Mann, der mit dem Leben nicht zurechtkommt, sich in stoische Gelassenheit und Weltverachtung flüchtet, aber auch in dem Roman »Abschied von den Engeln« (1968) mit einer Prometheus- und einer Sisyphos-Reminiszenz sowie einer Polemik gegen einen reaktionären Altsprachenlehrer oder in dem Roman »Tod am Meer« (1977) mit einer kritischen Diskussion des prometheischen Anspruchs, des Platonischen Höhlengleichnisses und des Verhaltens des Horaz.

Weitere Zeugnisse für die Antikerezeption in der erzählerischen Prosa sind u. a. IRMTRAUD MORGNERS (1933–1990) Romane »Leben und Abenteuer der Trobadora Beatriz nach Zeugnissen ihrer Spielfrau« (1974) und »Amanda. Ein Hexenroman« (1983) mit Anspielungen auf den Pandora-, den Orpheus- und den Teiresias-Mythos

---

317 Hannes Hüttner: Herakles. Der Dank der Götter. Berlin 1987, S. 58 und 63.
318 Rolf Schneider (wie Anm. 316), S. 181 und 192.

sowie mit der Behandlung mutterrechtlicher Fragen, WALDTRAUT LEWINS (geb. 1937) Roman-Trilogie aus der römischen Gesellschaft des ersten vorchristlichen Jahrhunderts (»Herr Lucius und sein Schwarzer Schwan«, »Die Ärztin von Lakros«, »Die stillen Römer« [1973–1979]; der letzte Band enthält eine recht ausführliche Auseinandersetzung mit Vergils vierter Ekloge), Romane und Essays von VOLKER EBERSBACH (geb. 1942) – so der Petronius-Roman »Der Schatten eines Satyrs« (1985; ebenfalls mit zahlreichen Vergil-Reminiszenzen), der Roman »Tiberius« (1991) und der Essayband »Rom und seine unbehausten Dichter« (1985), in denen insbesondere das prekäre Verhältnis von Geist und Macht sowie das Scheitern der Konzeption vom ›guten Herrscher‹ angesichts der politischen Realitäten umfassend reflektiert werden – oder HEINZ ZANDERS (geb. 1939) Romane »Johann Wagners Reise nach Venedig« (1981) und »Das sanfte Labyrinth« (1984) mit einer verinnerlichten Rezeption des Diana- bzw. des Theseus-, Ariadne- und Minotauros-Motivs.

THOMAS BRASCH (geb. 1945) hat in dem Prosaband »Vor den Vätern sterben die Söhne« (1977) seine Kritik am DDR-Alltag mythologisch überhöht – am eindrucksvollsten in der Geschichte »Der Zweikampf« mit dem auch von Fühmann rezipierten Marsyas-Motiv –; HANS-JOACHIM SCHÄDLICH (geb. 1935) schildert in der Skizze »Diese ein wenig überlebensgroße Statue« aus »Versuchte Nähe« (ebenfalls 1977) den Fund einer guterhaltenen Herrscherstatue, die Züge sowohl von Lenin wie von Augustus trägt, und weist damit auf konstante Elemente in alter wie neuer Geschichte und Herrscherverehrung hin.

Weniger politisch relevant ist die durch eine Ambivalenz von Zuwendung und Abkehr gekennzeichnete Medea-Rezeption zweier Autorinnen, die ebenso wie Brasch und Schädlich die DDR verlassen haben. Von HELGA M. NOVAK (Maria Karlsdottir; geb. 1935) ist seit längerem ein Roman »Medea-Briefe« angekündigt. Bisher hat sie das Motiv in mehreren Gedichten behandelt – darunter im »Brief an Medea« (1977), worin sie ausdrücklich betont, daß die Kolcherin *keine* Mörderin war, daß eine Mordtat aber, im Zuge der Emanzipation aus der traditionellen patriarchalischen Familie, durchaus verständlich wäre. Zugleich wirft die Autorin ihr vor, sich überhaupt auf eine Mutterschaft eingelassen zu haben.[319] Ein anderer ›Brief an Medea‹ – KATJA LANGE-MÜLLERS (geb. 1951) Prosatext »Doch ich hoffe, Medea hört mich nicht« (1990) – handelt von der Begegnung der Ich-Erzählerin mit der mythischen Figur im Gefängnis. Medea erscheint als eine Gefangene der herrschenden Sexualvorstellungen und verschmilzt mit der Erzählerin zu einer negativen Einheit. Anders als in Brechts Medea-Gedicht von 1934 oder in den Medea-Texten Heiner Müllers tritt die soziale Problematik zurück hinter einer ›ewigen‹ psychologischen Gegebenheit.[320]

1985 ist FRANK WEYMANNS (1948–1997) Erzählung »Unvollständiger Bericht

---

319 Helga M. Novak: Grünheide, Grünheide. Gedichte 1955–1980. Darmstadt, Neuwied 1983, S. 96. – Vgl. Inge Stephan: Medea, meine Schwester? [s. Bibl. 6.1.], S. 13–17.
320 Es geht mir verflucht durch Kopf und Herz. Vergessene Briefe an unvergessene Frauen. Hrsg. von Gabriele Kreis und Jutta Siegmund-Schultze. Hamburg 1990, S. 160–167. – Vgl. Inge Stephan: Medea, meine Schwester? (wie Anm. 319), S. 17–19; Dies.: Orte der Medea. Zur typographischen Inszenierung des Fremden in Texten von Bertolt Brecht und Katja Lange-Müller. In: Stephan: Musen & Medusen [s. Bibl. 6.1.], S. 197–206.

über einen selbstverschuldeten Sieg« erschienen, die vor allem vom literaturgeschichtlichen Kontext her aufschlußreich ist. Weymann hat auf Epeios, den Erbauer des Trojanischen Pferdes, und auf Sinon, der die Troer überredet, es in ihre Stadt aufzunehmen, Züge des Thersites übertragen, wie sie von Erich Arendt, Heiner Müller oder Franz Fühmann herausgebildet worden waren – gehörte aber deren Sympathie noch uneingeschränkt dem Vertreter der unteren Volksschichten, so läßt Weymann nicht schlechthin positive, sondern mehr oder weniger verführ-, manipulier- und mißbrauchbare Helden auftreten, reflektiert er die Tatsache, daß auch Menschen aus dem Volk nicht vor einem Fehlverhalten gefeit sind.[321] Weymanns Erzählung korrespondiert mit dem differenzierten Troja-Bild in Fühmanns Spätwerk – vor allem aber mit dem Troja-Bild jener Autorin, die in den achtziger und neunziger Jahren zur namhaftesten Vertreterin der Antikerezeption in der deutschen Prosaliteratur geworden ist: mit Christa Wolf.

CHRISTA WOLF (geb. 1929) hat in den ersten Jahrzehnten ihres literarischen Schaffens nur gelegentlich auf antike Motive zurückgegriffen: In »Der geteilte Himmel« (1963) findet sich eine Reminiszenz an Orpheus und Eurydike; in »Kein Ort. Nirgends« (1979) nimmt die Autorin auf Prometheus, Orpheus und Sisyphos Bezug – und vor allem in »Selbstversuch« (1973) wird die Beziehungsproblematik zwischen Mann und Frau durch eine Anspielung auf die zweimalige Geschlechtsumwandlung des Teiresias verschärft. Mit der Erzählung »Kassandra« und den ihr vorangestellten vier »Vorlesungen« aus dem Jahre 1983 aber hat die Autorin sofort eines der markantesten Dokumente der neueren Antikerezeption geschaffen, das gleichermaßen vom *Nicht*abklingen dieser Rezeption, von der erhöhten Bedeutung der Prosa in diesem Zeitraum und von der Problematisierung überkommener Motive zeugt. (In dem Essay »Kleists ›Penthesilea‹« kehrt sie sich prononciert vom Antikebild der Weimarer Klassik ab und bekundet ihre Affinität zu demjenigen Heinrich von Kleists: »Auch sie ist eine Aufnahme antiker Themen. Aber anders als in den Werken der Klassiker die Antike ans Licht gehoben wird, bricht hier der Strom, der so lange unterirdisch floß, hervor – reißend, zerstörerisch, zum Entsetzen der am klassischen Humanismusbegriff Gebildeten.«[322])

Die Gestalt der trojanischen Priesterin war seit den fünfziger Jahren schon von mehreren Autoren beschworen worden (außer von Erich Arendt und Günter Kunert auch von Johannes Bobrowski und Jürgen Rennert [geb. 1943]), um den Qualen einer Frau in einem barbarischen Krieg und der Nutzlosigkeit ihres Wissens Ausdruck zu geben, um vor leichtgläubigem Optimismus zu warnen und um an das Mitgefühl und das Problembewußtsein des Lesers zu appellieren. Christa Wolf nun, erschüttert über die existentielle Bedrohung der Menschheit im letzten Drittel des 20. Jahrhunderts, spürt in den Geschehnissen um Troja den historischen Wurzeln eines militaristischen und frauenfeindlichen Denkens nach. Angesichts der harten Konfrontationen in der Zeit des ›Kalten Krieges‹ ist »Kassandra« eine Abrechnung mit Krieg und Machtpolitik, mit Gewalt und ideologischer Manipulation – eine

---

321 Frank Weymann: Das dunkle Zimmer. Erzählungen. Berlin 1985, S. 134–195.
322 Christa Wolf: Die Dimension des Autors. Essays und Aufsätze, Reden und Gespräche 1959–1985. Berlin, Weimar 1986, Bd. 2, S. 210.

Abrechnung, die sich (in ihrer Absolutheit nicht unumstritten) in der Auseinandersetzung mit einer patriarchalisch strukturierten Welt und mit der Verderblichkeit eines einseitigen Rationalismus vollzieht und in der unerbittlich nach dem Preis für den gesellschaftlichen und technischen Fortschritt gefragt und jeglichem ›Heldentum‹ abgesagt wird.

Zugleich läßt die Autorin ihre Heldin immer wieder nach den Möglichkeiten eines humanen Lebens noch im Angesicht des Todes suchen, bleibt die Frage, wie man leben sollte, stets latent – auch wenn der Leser von vornherein den tödlichen Ausgang kennt. Männlichem Machtwahn und männlicher Blutgier wird als Gegenbild das Bemühen einiger Frauen um ein vom Eros bestimmtes humanes Verhalten entgegengestellt – ohne daß im geringsten Illusionen über eine dauerhafte Realisierung dieses Verhaltens unter den gegebenen Bedingungen erweckt würden.

Programmatisch ist die Absage der Titelgestalt an einen gemeinsamen Aufbruch mit Aineias, der einen Neuanfang bedeuten und zu einer Neugründung Trojas führen sollte: »Bald, sehr bald wirst du ein Held sein müssen. / [...] Einen Held kann ich nicht lieben. Deine Verwandlung in ein Standbild will ich nicht erleben. / [...] Gegen eine Zeit, die Helden braucht, richten wir nichts aus, das wußtest du so gut wie ich. [...] Du würdest weit, sehr weit gehen müssen, und was vorn ist, würdest du nicht wissen.«[323]

Die Schriftstellerin hat (gestützt vor allem auf Robert Ranke-Graves' »Griechische Mythologie«) eine radikale Umpolung der tradierten Betrachtungsweise vollzogen und sich – in der Erzählung selbst implizit, in den sie begleitenden Vorlesungen auch explizit – von Homer und Aischylos abgegrenzt: insbesondere durch die Abwertung der griechischen Feldherrn, allen voran Achilleus und Agamemnon, sowie durch die Aufwertung der Klytaimestra. Die Wendung »Achill das Vieh«, mit der das aristokratische Heldenideal Homers ins Gegenteil verkehrt wurde, dürfte inzwischen schon fast zu einem geflügelten Wort geworden sein.

Tatsächlich allerdings sind die Intentionen der antiken Dichter und der modernen Autorin nicht *absolut* kontrovers: Den Homerischen »Kampfbeschreibungen« zwar (an die Wolf, ihren eigenen Worten zufolge, »nicht anknüpfen« kann, die ihre »Tradition nicht sein« können[324]) ist die Konzeption der Schriftstellerin deutlich entgegengesetzt – doch die »Ilias« enthält durchaus friedliche und versöhnende Züge; und wenn Aischylos auch die Problematik ganz aus der Sicht des Mannes gestaltete und Christa Wolfs Akzentverlagerung zu einer wesentlich von weiblichen Belangen geprägten Welt eine unverkennbare Replik auf dessen »Agamemnon« darstellt, so hat der attische Tragiker doch den Krieg nicht verherrlicht, ist ihm das Mitgefühl mit der gefangenen Priesterin nicht fremd und hat er sogar am Schluß der »Eumeniden« Verluste bei der Durchsetzung des vaterrechtlichen Prinzips angedeutet. Die Schriftstellerin hat zahlreiche Episoden der Erzählung erfunden – vor allem den Versuch einiger Frauen, im Ida-Gebirge eine vom Eros bestimmte humane Gegenwelt zu errichten –; Personen- und Handlungsführung, Requisiten

---

323 Christa Wolf: Kassandra. Vier Vorlesungen. Eine Erzählung. Berlin, Weimar 1983, S. 342 f.
324 Christa Wolf: Berliner Begegnung. In: Wolf: Die Dimension des Autors (wie Anm. 322), Bd. 1, S. 441. – Vgl. auch Dies.: Antwort an einen Leser. Ebd., S. 452.

und Szenerie aber sind weitgehend – und nicht *nur* polemisch – durch den Aischyleischen »Agamemnon« geprägt, und in der Aussage gibt es intentionale Parallelen zum Ausklang der »Orestie«.[325]

In »Medea. Stimmen« (1996) sind zentrale Anliegen Christa Wolfs – die Polemik gegen Gewalt und Manipulation, die Ablehnung des Patriarchats, das Infragestellen bloßer Rationalität, die mutterrechtlichen Potenzen aus einem frühen Entwicklungszustand der Menschheit, die Überlegenheit einer klugen, gefühlvollen Frau und das Bemühen um die Errichtung einer weiblichen Gegenwelt – wieder aufgenommen. Da dieses Werk nicht mehr von der Extremsituation eines Krieges handelt, können Fragen des menschlichen Zusammenlebens und der Ausübung politischer Macht grundsätzlicher behandelt werden. Des weiteren sind sowohl die männlichen wie die weiblichen Gestalten stärker differenziert. Vor allem aber haben (ohne daß man das Werk auf einen simplen Ost-West-Konflikt reduzieren sollte) die Erfahrungen seit dem Zusammenbruch des ›sozialistischen Lagers‹ in Europa und dessen Rückkehr in die ›westliche Welt‹ dazu beigetragen, problematische Züge in *beiden* Staaten – in der ›barbarischen‹ Kolchis wie in dem ›zivilisierten‹ Korinth – namhaft zu machen. Während Helga M. Novak und Katja Lange-Müller die Konflikte der Medea weitgehend privat motiviert haben, hat Christa Wolf die historische und die Geschlechter-Dimension wieder zusammengeführt.

Die Schriftstellerin hat sich programmatisch von der Euripideischen Version der Kindermörderin Medea abgewendet, die, von wenigen Ausnahmen (wie Brecht) abgesehen, fast die gesamte Rezeption dieser Gestalt in der Weltliteratur bestimmt hat – doch auch diese Polemik gegen ein tradiertes Motiv ist keine Abgrenzung von der Antike schlechthin, sondern vielmehr ein sehr genau durch antike Vorgaben fundierter Rückgriff auf den Mythos, wie er *vor* Euripides bekannt war, ja, sie kann geradezu als eine Wiederentdeckung der voreuripideischen Versionen verstanden werden – wie überhaupt eine kritische Antikerezeption nicht selten zwar eine Abgrenzung von tradierten Ausprägungen, zugleich aber auch eine Bezugnahme auf den ursprünglichen Gehalt der alten Mythen ist. Ein kritisch-problematisierender Umgang mit dem antiken ›Erbe‹ muß nicht in einer Verschärfung und Barbarisierung liegen (wie in der Medea-Rezeption Heiner Müllers), sondern kann auch in der Herausarbeitung humaner Potenzen in extrem düsteren und ›negativen‹ Gestalten bestehen. Bei allen provokanten Umwertungen der tradierten Versionen lassen sowohl »Kassandra« wie »Medea« viel Antikes lebendig werden.

Die Antikerezeption der DDR-Literatur ist zwar gelegentlich aus politischen Gründen abgelehnt worden: So soll Erich Honecker bereits 1951 kritisiert haben, daß die Künstler »in die antike Zeit ausweichen«, statt aktuelle Probleme konkret zu behandeln[326]; im »Kulturpolitischen Wörterbuch« von 1978 – in dem man auf einen Artikel ›Antike‹ völlig verzichten zu können glaubte – findet sich die Bemerkung, daß »sinnbildhafte Bedeutungen, die mit dem mythologischen Ursprung von Gestalten und Konflikten verbunden sind, kaum mehr in der Gegenwart lebendig

---

325 Vgl. Katherina Glau: Christa Wolfs »Kassandra« und Aischylos' »Orestie« [s. Bibl. 6.2.].
326 Dieter Borkowski: Für jeden kommt der Tag ... Stationen einer Jugend in der DDR. Berlin 1990, S. 277.

sind«[327]; und in der Zeitschrift »Theater der Zeit« erschien 1969 eine besonders vehemente Invektive[328]. Grundsätzlich aber ist sie – eingedenk der Hochachtung, die Marx dem Altertum entgegengebracht hatte – nie in Frage gestellt worden. Zurückgewiesen allerdings wurde über lange Zeit ihr dominierend kritischer Charakter.

In zwei großangelegten theoretischen Gemeinschaftsarbeiten, die 1970 in den »Weimarer Beiträgen« veröffentlicht worden sind, wurde jener ›Aneignung des Erbes‹ der Vorzug gegeben, »bei der die Werke der antiken Dramatik aus ihrem historischen Kontext heraus interpretiert werden«, während das Phänomen der Bearbeitungen und die dichterisch-produktive Verwendung antiker Motive außer Betracht blieben, oder es wurde von »Destruktion des klassischen Bildes«, »Aufbau utopischer oder abstrakter Konzeptionen einer subjektivistischen Selbstverwirklichung«, »Begründung anthropologischer Thesen über den Geschichtsverlauf in Epochenumschwüngen« und einer »skeptizistischen Sicht auf die Historie gesprochen.«[329]

Hans Koch hat Karl Mickels Gedicht »Odysseus in Ithaka« als »Bruch mit der ›eigenen‹ Tradition« empfunden und dem Autor vorgeworfen, daß er sich »in Linien spätbürgerlicher Antike-Rezeption« stelle; denn »›geschichtlicher Auftrag‹, ›moralische Verpflichtung‹ gegenüber der Heimat« und eine »›sittliche Verpflichtung‹ Penelope gegenüber« verlangten das Verbleiben des Odysseus auf Ithaka.[330] Alfred Kurella meinte, daß Heiner Müllers »Ödipus Tyrann« eine »Abwertung der Antike« darstelle, durch die Sophokles' »künstlerische und menschliche Substanz in ihr Gegenteil verkehrt« werde.[331] Und die Autoren des elften Bandes der »Geschichte der deutschen Literatur« verfaßten über Erich Arendts »Ägäis«-Zyklus, vor allem über das Gedicht »Odysseus' Heimkehr«, ein geradezu denunziatorisches Verdikt.[332]

Wilhelm Girnus polemisierte 1966 gegen die Abwertung des Odysseus in Heiner Müllers »Philoktet« (wobei er nicht davor zurückscheute, die bei Sophokles ambivalente Gestalt mit Hilfe von Homer-Zitaten zu einer positiven Figur zu erklären)[333]

---

327 Kulturpolitisches Wörterbuch. Berlin ²1978, S. 514.
328 Klaus Wolf: Überlegungen zu den Möglichkeiten sozialistischer Dramatik der Gegenwart. In: Theater der Zeit 21 (1969) 9, S. 43 f.
329 Robert Weimann / Werner Bahner / Hans Kaufmann / Reimar Müller / Rainer Rosenberg / Hans-Günther Thalheim / Reinhard Weisbach: Zur Tradition des Realismus und Humanismus. Kontinuität und Hauptentwicklungslinien des humanistischen und realistischen Kunsterbes. In: Weimarer Beiträge 16 (1970) 10, S. 45; Manfred Naumann / Karlheinz Barck / Eberhard Dieckmann / Rosemarie Lenzer / Dieter Schlenstedt: Die Funktion der Erbeaneignung bei der Entwicklung der sozialistischen Kultur. Ebd. 9, S. 29 f.
330 Hans Koch: Haltungen, Richtungen, Formen. In: Forum 20 (1966) 15/16, S. 7 f.
331 Alfred Kurella: Grußadresse an die Arbeitskonferenz »Das klassische Altertum in der sozialistischen Kultur«. In: Wissenschaftliche Zeitschrift der Friedrich-Schiller-Universität Jena. Gesellschafts- und sprachwissenschaftliche Reihe 18 (1969) 4, S. 6.
332 Geschichte der Literatur der Deutschen Demokratischen Republik [s. Bibl. 6.2.], S. 723–725.
333 Wilhelm Girnus in: Gespräch mit Heiner Müller (wie Anm. 224), S. 42 f.

und attackierte 1983 Christa Wolfs »Kassandra«[334]. Wie neuralgisch noch in den achtziger Jahren reagiert wurde, belegt auch das Schicksal der Mappe »Prometheus 1982. Graphiken, Texte und Kompositionen«, die anläßlich von Goethes 150. Todestag vorbereitet worden war und deren Veröffentlichung auf Grund der kritischen Deutung des Titanen unter ›realsozialistischen‹ Erfahrungen unterblieb.[335]

Zwar hat sich in den frühen siebziger Jahren im Verhältnis zum ›kulturellen Erbe‹ eine Modifizierung abgezeichnet, und der Anspruch auf »die bloße Vollstreckung großer humanitärer Ideale und Utopien der Vergangenheit« wurde von der Konzeption der ›kritischen Aneignung‹ abgelöst, wonach »die großen Kunstleistungen früherer Gesellschaftsepochen aus ihren sozialen Bedingungen und damit auch in ihrer teilweisen Widersprüchlichkeit zu begreifen« seien.[336] Doch blieb dieser Denkansatz im wesentlichen nur für theoretische und historische Forschungen in den Geisteswissenschaften produktiv[337], während er für die politische und kulturpolitische Praxis kaum eine Rolle spielte. Der kritisch-problematisierende Charakter der literarischen Antikerezeption wurde zwar jetzt wissenschaftlich reflektiert[338], aber nur versteckt auf sozialismusinterne Kritik bezogen[339].

In der deutschen Literatur der sechziger Jahre, die in der BRD, in Österreich, in der Schweiz und in den Exilländern entstanden ist, war die Beschäftigung mit antiken Sujets nicht konstitutiv. Erst danach setzte wieder – sowohl bei älteren Autoren als auch bei Schriftstellern, die ab 1960 ins literarische Leben eintraten – in größerem Maße eine Antikerezeption ein. Besonders auffallend geschah dies in der erzählerischen Prosa, bei österreichischen Autoren und durch Schriftsteller*innen*.

Zuvor gibt es – mit Ausnahme von Walter Jens – nur in der Lyrik eine stärkere Affinität zu antiken Motiven. Dabei zeigen sich ähnliche Tendenzen wie in der DDR-Lyrik. Gegenüber einer zustimmend-identifizierenden Rezeption, wie sie in den vierziger und fünfziger Jahren überwog, trat nunmehr stärker ein kritisch-problematisierender Umgang mit den überlieferten Sujets hervor – und zwar insbesondere in bezug auf die Geschichte. Eine bewußt harmonisierende Deutung der Antike nahm allein MARGARETE HANNSMANN (geb. 1921) vor, die seit 1960 durch das Erlebnis der griechischen Landschaft Zugang zum antiken Mythos

---

334 Wilhelm Girnus: Wer baute das siebentorige Theben? Kritische Bemerkungen zu Christa Wolfs Beitrag in Sinn und Form 1/83. In: Sinn und Form 35 (1983), S. 439–447; Ders.: Kein »Wenn und Aber« und das poetische Licht Sapphos. Noch einmal zu Christa Wolf. Ebd., S. 1096–1105.
335 Vgl. Prometheus 1982 (wie Anm. 297); Prometheus heute. Eine Materialsammlung für den Unterricht. Red.: Paul D. Bartsch. Halle (Saale) 1999, S. 58–101.
336 Kurt Hager: Zu Fragen der Kulturpolitik der SED. 6. Tagung des Zentralkomitees der SED, 6./7. Juli 1972. Berlin 1972, S. 57.
337 Vgl. Dialog über Tradition und Erbe. Ein interdisziplinäres Kolloquium des Forschungsbereichs Gesellschaftswissenschaften der Akademie der Wissenschaften der DDR im März 1973. Hrsg. von Dieter Schiller und Helmut Bock. Berlin 1976.
338 Vgl. Rüdiger Bernhardt: Antikerezeption im Werk Heiner Müllers [s. Bibl. 6.2.]; Ders.: Odysseus' Tod – Prometheus' Leben [s. Bibl. 6.1.].
339 In meiner eigenen Arbeit »Antikerezeption in der Literatur der DDR« [s. Bibl. 6.1.] hatte ich es unternommen, das Werk von Autoren, die der offiziellen Erwartungshaltung *nicht* entsprachen – insbesondere den Unterzeichnern der ›Biermann-Petition‹ von 1976 –, als beispielhaft für eine genuin sozialistische Antikerezeption darzustellen.

gefunden hatte.³⁴⁰ Die Unterschiede zwischen ost- und westdeutschen Lyrikern sind weniger prinzipieller als gradueller Art: So besteht bei diesen eine stärkere Vertrautheit mit der südlichen Landschaft, und der tragisch-elegische Grundton wurzelt weniger im Weltanschaulich-Politischen als in der persönlichen Betroffenheit.

KARL KROLOW (1915–1999) schrieb 1962 das nachdenkliche Gedicht »Stele für Catull«, in dem das Bekenntnis zu dem römischen Dichter ausdrücklich dem Toten und dem von ihm besungenen *passer mortuus* (dem toten Sperling aus dem dritten seiner »Carmina«) gilt; 1970 folgte eine (verschlüsselte) Hommage an Horaz: »Bleibendes Bild im Winter« – ein Gedicht, das als Variation auf die ersten acht Verse der Soracte-Ode (I 9) zu lesen ist und zugleich auf die Wendung *aere perennius* (dauerhafter als Erz) aus der Ode III 30 anspielt.³⁴¹ Höhepunkt des von einer intimen Kenntnis der alten Literaturen zeugenden Umgangs mit antiken Motiven ist der Zyklus »Herodot oder der Beginn von Geschichte« aus dem Jahre 1983. Die ersten acht dieser 15 Gedichte spielen auf Episoden des Herodoteischen Werkes an und lassen die naive Verwunderung des ›Vaters der Geschichtsschreibung‹ erkennbar werden; mit dem neunten Gedicht aber setzt der Blick in eine schlimme Zukunft ein, wie sie sich folgerichtig aus den unvoreingenommen betrachteten Anfängen der Historie ergibt: »Ich sah GESCHICHTE. / Ich sah sie entstehen, / noch ohne Auguren.« Nicht nur das düstere Geschichtsbild, sondern auch der Stil des Gedichtes erinnern an Peter Huchel: »Ich wollte, ich könnte vergessen, / was nach mir kam, / viel später oder bald schon, / jedenfalls nach meiner Zeit.«³⁴² Die späteren Texte – wie »Vexier-Gedicht« (1984) oder »Natur« (1988) – sind von hintergründiger Ironie.

ROSE AUSLÄNDER (1901–1988) hat in den sechziger und siebziger Jahren öfters antike Mythen nachgestaltet: zunächst mit einem hoffnungsvollen Ausblick auf die Lösbarkeit von Konflikten – wie in »Nausikaa« (1965) und »Im Labyrinth« (1967) –, später im Ton tiefer Betroffenheit über tragische Grundsituationen des Lebens: wie in »Ikarus« (1977), »Odysseus« (1977) und »Orpheus und Eurydike« (1979). Odysseus – um nur dieses *eine* Beispiel zu nennen – ist »ein Schatten im Schattenreich« und verflucht sein »verhaßtes Heldentum«; weder Penelope noch Kirke noch Nausikaa hat er geliebt, und von Kalypso empfängt er »das Gift deiner Wahrheit«.³⁴³

In der Lyrik CHRISTOPH MECKELS (geb. 1935) zeigen sich unterschiedliche Tendenzen im Umgang mit antiken Motiven: Läßt er in »Chimärenjagd« (1962), »Hekate« (1967) und »Argonautenballade« (1969) an den alten Mythen Bedrohliches, Gefahrvolles, Ungewisses und Vergebliches sichtbar werden, so sind »Pluto«, »Chimäre« und »Der alte Orpheus« aus dem Band »Bei Lebzeiten zu singen« (1967)

---

340 Vgl. Margarete Hannsmann: Antike griechische Mythen in meiner Lyrik. In: Europäischer Philhellenismus [s. Bibl. 1.1.], S. 157–174.
341 Kurt Krolow: Gesammelte Gedichte. Frankfurt a. M. 1965, S. 232 f.; Ders.: Gesammelte Gedichte 2. Frankfurt a. M. 1975, S. 119.
342 Kurt Krolow: Gesammelte Gedichte 3. Frankfurt a. M. 1985, S. 155–173 (Zitate: S. 164 und 167).
343 Rose Ausländer: Ich höre das Herz des Oleanders. Gedichte 1977–1979. Frankfurt a. M. 1984, S. 43.

bittere oder humoristische Persiflagen. Aus dem parodistischen Spiel kann aber auch eine Absage an die überlieferten Vorgänge erwachsen: Das lyrische Ich läßt sich von der Meduse *nicht* versteinen (»An Gorgo« [1967]) oder bricht – in dem Gedicht »Odysseus« aus dem Jahre 1974 – als ›neuer Odysseus‹ auf aus seinem von Homer festgeschriebenen Schicksal und beginnt sein eigenes Leben zu führen:

> Nicht länger Stoff für irgendetwas
> ausser mir selber. Keine Krone
> kein Ithaka, und keine Heimkehr
> in ein rechtmässiges Bett. Vergänglich
> ein vom Tod geschüttelter Knochen
> Glück oder Unglück
> arm, reich, rechtlos
> schüttle ich ab, ich schüttle alles ab
> und schlag mich durch ins sterbliche Licht
> und komme, zu leben![344]

Charakteristisch für ERICH FRIED (1921–1988) sind geschliffene, pointierte, paradoxe Formulierungen, durch die die überlieferten Situationen in einem neuen Licht erscheinen. So wird in »Vorahnung des Endsiegs« die Sinnlosigkeit von Sisyphos' Arbeit so weit zugespitzt, daß der Stein sich abnutzt und für den Helden »Nichts als die Qual« bleibt, »seine Qual / überlebt zu haben«; in »Behauptungen Polyphems« wird die Torheit des Kyklopen in immer neuen Variationen des »Niemand« durchgespielt; in »Antike Großstadtschnauze (nach Sueton)« ist »Neros Braut« »ein Knabe / aber um Sitte und Anstand / nicht zu verletzen / kurz vor der Hochzeit / entmannt« – und die Römer wünschen, daß bereits Neros Vater sich eine solche Frau genommen hätte. Die »freie Wahl [...] / zwischen Scylla / und Charybdis« schließlich wird als »Klassische Entscheidungsfreiheit« persifliert, die keiner überlebt, der diese Konstellation anerkennt.[345]

Erich Fried hat 1970 eine Übersetzung und 1979 eine Bearbeitung der Euripideischen »Bakchen« verfaßt und 1985 – ein Jahr vor Walter Jens – die »Lysistrate« des Aristophanes bearbeitet. Ebenso wie Jens hat er die Aussagen des Stückes politisch verschärft und aktualisiert – und zwar namentlich durch den Epilog.

Ironische Pointierungen bevorzugten außer Erich Fried auch Ernst Jandl (1925–2000) und Cyrus Atabay (1929–1996) – und ARNFRID ASTEL (geb. 1933) griff nicht nur auf die Gattung und die Stilmerkmale des antiken Epigramms zurück, sondern knüpfte auch inhaltlich an Martial an, ja, bekannte sich, zumindest indirekt, dazu, ein »neuer Martial« zu sein. Dies schließt drastische Auseinandersetzungen nicht aus: Zunächst deutet er Martials Maxime *parcere personis – dicere de vitiis* (die Menschen schonen, ihre Fehltritte bloßstellen [10,33,10]) nicht als Vornehmheit oder Feigheit, sondern folgendermaßen: »er wollte die Schweine / ganz einfach nicht verewigen.« Dann aber stellt er sie sofort in Frage: »Wer von der Scheiße redet, / muß auch von den Arschlöchern reden, / [...] das Verbrechen hat / Namen und Anschrift.« Jeglicher Heroisierung der Antike sagt Astel ab mit dem

---

344 Christoph Meckel: Ausgewählte Gedichte 1955–1978. Königstein/Ts. 1979 = Das Gedicht 2, S. 77 f. (Zitat: S. 78).
345 Erich Fried: Gesammelte Werke. Hrsg. von Volker Kaukoreit und Klaus Wagenbach. Berlin 1993, Bd. 1, S. 407 und 409; Bd. 2, S. 77 und 11.

Epigramm: »WER ist eigentlich dieser Achill, / fragte die Schildkröte / und fraß weiter an ihrem Salatblatt.«[346]

Relativ häufig und früher als bei anderen Epikern und Dramatikern kam es zu einer Aufnahme antiker Motive in der gesellschaftskritischen Literatur ROLF HOCHHUTHS (geb. 1931). Nachdem er bereits 1966 in der Erzählung »Die Berliner Antigone« das seit Hasenclever und Brecht in antimilitaristischem Sinne verwendete tragische Sujet für die Gestaltung eines Vorganges aus dem zweiten Weltkrieg genutzt hatte, stellte er in der Komödie »Lysistrate und die NATO« (1974) das beliebte Aristophanische Motiv in einen aktuellen politischen und sozialen Zusammenhang: Die Frauen auf einer kleinen griechischen Insel, die 1967 eine Militärbasis für die NATO werden sollte, hindern durch einen Bettstreik ihre Männer am Verkauf des Bodens. Hochhuth konnte dabei zwei Themen miteinander verbinden: die Kritik an der Rüstungspolitik und die Forderung nach Emanzipation der Frau. In dem Essayband »Täter und Denker« (1987) ging der Schriftsteller mehrfach auf Themen der Antike – insbesondere auf die Gestalt Caesars – ein, und in der Erzählung »Julia oder der Weg zur Macht« (1994) hinterfragte er Vorgänge aus der Zeit des Augustus und des Tiberius. In »Wessis in Weimar. Szenen aus einem besetzten Land« (1993) schließlich nutzte er das Philemon-und-Baucis-Motiv, das bereits in Goethes »Faust« im Kontrast zu der Ovidischen Idylle gestaltet worden war, zur Polemik gegen die Methoden, mit denen die ›Einigung‹ Deutschlands betrieben wurde.

ALFRED ANDERSCH (1914–1980) knüpfte mit der »Schulgeschichte« »Der Vater eines Mörders« (1980) an eine Thematik an, die in der Literatur aus den ersten Jahrzehnten des 20. Jahrhunderts mehrfach behandelt worden war und die auch Böll in der unmittelbaren Nachkriegszeit aufgegriffen hatte: die Verbindung von ›klassischer Bildung‹ und borniert-militantem Despotismus – und er verschärfte sie aus den seitherigen Erfahrungen heraus: Der autoritäre Griechischlehrer, der im Jahre 1928 an einem Münchner Gymnasium seinen Schüler quält, ist der Vater Heinrich Himmlers.

Von geschichtsphilosophischer und kunsttheoretischer Programmatik zeugt die Antikerezeption in PETER WEISS' (1916–1982) Roman »Die Ästhetik des Widerstands« (1975–1981). Aus der Sicht der siebziger Jahre entwickelt Weiss ein gewaltiges Panorama des antifaschistischen Widerstandskampfes, den er in einen zweitausendjährigen Prozeß sozialer Kämpfe einordnet, und er stellt zugleich die Frage nach einer radikalen ›Aneignung‹ des künstlerischen ›Erbes‹ zur Lösung der eigenen existentiellen Fragen. Dabei spielen der Große Fries des Pergamon-Altars und die Deutung des Herakles – laut Walter Jens »der eigentliche Protagonist« des Romans, »imposant noch in seiner Zwiespältigkeit«[347] – eine exponierte Rolle. Der Roman beginnt mit einem konspirativen Treffen zwischen Hans Coppi, Horst Heilmann und dem Erzähler im Berliner Pergamon-Museum. Sie deuten die Darstellung des Kampfes zwischen den Göttern und Giganten als mythische Verkleidung sozialer

---

346 Arnfrid Astel: Neues (& altes) vom Rechtsstaat & von mir. Alle Epigramme. Frankfurt a. M. 1978, S. 12, 14f. und 405.
347 Walter Jens: Herakles als Nothelfer [s. Bibl. 6.2.], S. 384.

Auseinandersetzungen mit dem Ziel, den Herrschenden »ein Denkmal ihrer eignen Größe und Unsterblichkeit« zu errichten und die Unterdrückten im Zaum zu halten – zugleich aber entdecken sie an dem Pergamon-Fries auch noch einen neuen, verborgenen Sinn: Indem er den Gestalten des gequälten und unterlegenen, aber immer wieder sich empörenden Volkes breiten Raum gibt, erweist er sich auch als Paradigma für das Leid und für die Widerstandsfähigkeit der einfachen Menschen. In den »Notizbüchern« schreibt der Autor dazu: »Völlig gleichgültig, was ein Kunstwerk für seine Epoche bedeutete, wir können es doch nur von unserer Gegenwart her aufnehmen, ihm die Inhalte geben, die für uns aktuell sind, und die sich vielleicht grundlegend unterscheiden von denen, die einmal der Absicht des Urhebers entsprachen.«

Herakles nun ist für Weiss ambivalent par excellence: »Variationen Gigantomachie. Herakles' ungewisse Stellung. Die Giganten verkörpern das Volk. Die Götter die Oberklasse. – Wo steht Herakles?« heißt es in den »Notizbüchern«. Da auf dem Pergamon-Fries die Gestalt des Alkiden nicht erhalten geblieben ist, sehen sich die jungen Widerstandskämpfer veranlaßt, »uns nun selbst ein Bild dieses Fürsprechers des Handelns zu machen«. Sie deuten ihn zunächst als einen Repräsentanten des Volkes, als einen Entrechteten und Aufrührer, »der durch Tapferkeit und ausdauernde Arbeit die Zeit der Bedrohungen beenden würde«. Heilmann weiß zwar, daß Herakles »sich der Sage nach mit den Göttern im Kampf gegen die Giganten verbündet hatte«; doch er überlegt: »Ihnen, den Unterworfnen, zur Hilfe müßte Herakles kommen«, und sieht ihn als einen Mann, der den Schritt getan habe »weg vom Privileg eines Bündnisses mit dem Olymp auf die Seite der Irdischen«. Bald aber muß Heilmann erkennen, daß Herakles Fehler begangen hat, daß er durch seine Unbedachtheit, Sinnlichkeit und Maßlosigkeit korrumpierbar wurde und daß er durch seine Handlungen im Grunde nur »die eigne Schwäche und Vereinsamung zu überwinden« trachtete. Er bedenkt, daß sich Monarchen auf Herakles berufen konnten und daß dieser sich selbst dem herrschenden System anpaßte. Zu Beginn der »Hadeswanderung«, des Leidensweges der Kämpfer aus der ›Roten Kapelle‹, kommt es zu einer großen Auseinandersetzung. Heilmann bekennt sich weiterhin zu Herakles, dessen »Beistand« zur eigenen Selbstbehauptung und Erlösung erforderlich sei; er sieht ihn als vorbildlich an und noch in seinen Irrtümern und Verblendungen als einen Verwandten. Für Coppi hingegen ist Herakles ein »tragischer Held«, der mit seiner Kraft geprotzt und sie verschwendet habe, kein »Verbündeter der Musen«, sondern ein »Räuber und Kolonisator«.

In dem Roman von Peter Weiss erscheint Herakles zu einer Zeit, da einerseits der Faschismus sich auf dem Höhepunkt seiner Macht befand und den Erniedrigten und Beleidigten wenig Handlungsspielraum zur Verfügung stand, andererseits aber aus einer Bewegung der Unterschichten sich eine unmenschliche Diktatur entwickelt hatte, als eine höchst zwiespältige Gestalt. Es wird deutlich, daß Herakles (wie es in den »Notizbüchern« heißt) nur »die *potentielle* Kraft der arbeitenden Menschen« verkörpert, daß eine völlige Identifizierung allein mit dem *leidenden* Herakles möglich ist und daß es letztlich auf die Aktivität der Unterdrückten selbst ankommt, die mythische Figur mithin verabschiedet wird: »[...] es würde kein Kenntlicher kommen, den leeren Platz zu füllen, sie müßten selber mächtig werden dieses einzigen Griffs, dieser weit ausholenden und schwingenden Bewegung, mit der sie den furchtbaren Druck, der auf ihnen lastete, endlich hinwegfegen könnten.«[348]

Die Herakles-Rezeption von Heiner Müller und Hartmut Lange, von Rolf Schneider und Peter Weiss verdeutlicht, daß die Auseinandersetzung mit der antiken Gestalt bei Schriftstellern sozialistischer Provenienz vor allem eine Auseinandersetzung mit dem sogenannten ›realen Sozialismus‹ ist – und daß sie sich grundsätzlich sowohl von der Tugendallegorese in Renaissance und Barock wie von dem harmonischen Herakles-Bild Winckelmanns, Schillers oder Hölderlins unterscheidet. Allerdings erinnert sie in ihrer anti-olympischen Akzentuierung an Klinger und in ihrer Orientierung auf einen Protagonisten, der aus dem Volke kommt oder mit dem Volke verbündet ist und unweigerlich in »Raserei« verfällt, an Lessings »modernen Herkules« Masaniello.

Peter Weiss' ›Arbeit am Mythos‹ gilt nicht nur der Herakles-Gestalt und dem Pergamon-Altar; sie betrifft auch (wie bereits angedeutet) die Hades- und Höllen-Symbolik sowie – wenn auch nicht so offenkundig wie in dem Roman von Stefan Schütz – das Motiv der Meduse, das sich hinter den Bildern des Schreckens verbirgt und das vor allem mit zwei Kunstwerken in Beziehung steht, die eine ähnliche leitmotivische Funktion haben wie der Kampf der Götter und Giganten: mit Théodore Géricaults (1791–1824) »Das Floß der Meduse« und mit Pablo Picassos (1881–1973) »Guernica«, auf dem Pegasus ebenso fehlt wie Herakles auf dem Großen Fries des Pergamon-Altars. Weitere Bezugnahmen auf die Antike finden wir in Weiss' Roman bei Karin Boye als einer leidenden Niobe und bei Lore Bischoff, die als eine selbstbewußte Niobe sich in Nike verwandelt und – als einzige zentrale Gestalt des Romans, die, auf Grund ihrer listigen Verstellungen, überlebt – sogar Züge eines positiv gesehenen Odysseus annimmt.

1980 veröffentlichte GRETE WEIL (1906–1999) den Roman »Meine Schwester Antigone«, der zwar den Versuch einer Identifikation zwischen der mythischen Gestalt und der Ich-Erzählerin schildert, diesen Versuch aber scheitern läßt. Eine Jüdin, die den Faschismus in einem Versteck überlebte, während ihr Mann im Konzentrationslager umkam, wird von der Frage gequält, warum sie keinen Widerstand geleistet habe; in einer Vision erscheint ihr Antigone – im Unterschied zu ihr eine wirkliche Widerstandskämpferin und vor dem Leid der Shoah nicht mehr gewillt, der Haltung des ›Mitliebens‹ zu folgen – und erschießt den Hauptsturmführer.[349]

In den achtziger und neunziger Jahren haben sich (wie sich schon bei Grete Weil und bei den Frauengestalten von Peter Weiss andeutete) mehrere Autoren und vor allem Autorinnen an Hand antiker Sujets mit der Situation der Frau befaßt – ein Ausdruck dafür, daß primär politisch motivierte Konfrontationen in stärkerem Maße von der Geschlechterproblematik ergänzt, überlagert oder verdrängt wurden. CHRISTINE BRÜCKNER (geb. 1921) und HELGA HEGEWISCH (geb. 1931) verfaßten

---
348 Peter Weiss: Notizbücher 1971–1980. Frankfurt a. M. 1981 = edition suhrkamp 1067, S. 602, 177 und 604f.; Ders.: Die Ästhetik des Widerstands. Roman. Frankfurt a. M. 1975–1981, Bd. 1, S. 11, 14, 18–25 und 46 sowie Bd. 3, S. 169–171 und 267f.
349 Vgl. Sigrid Weigel: Die Stimme der Medusa [s. Bibl. 6.1.], S. 298–303.

Texte über Sappho (»Vergeßt den Namen des Eisvogels nicht« [1983] bzw. »Ich aber schlafe allein« [1992]); BARBARA FRISCHMUTH (geb. 1941) stellte in dem Stück »Daphne und Io am Rande der wirklichen Welt« (1982) das Schicksal zweier Opfer männlicher Sexualität dar und übertrug in der Roman-Trilogie »Herrin der Tiere« (1986), »Über die Verhältnisse« (1987) und »Einander Kind« (1990) den Demeter-Mythos in die österreichische Gegenwart; besonders nachdrücklich aber war – ebenso wie bei Heiner Müller und Christa Wolf, bei Helga M. Novak und Katja Lange-Müller – das Interesse an Medea[350].

Während bei ELISABETH JELINEK (geb. 1946) in dem Stück »Krankheit oder Moderne Frauen« (1987) Frauen, die an den Vergewaltigungen und Allmachtsphantasien von Männern zugrunde gegangen sind, als Vampire auferstehen und ihre Rache (bis hin zum Kindermord) als Ausdruck ihrer Emanzipation erscheint oder in dem Roman »Lust« (1989) eine von ihrem Mann und ihrem Geliebten gleichermaßen ausgebeutete Ehefrau ihr Kind erstickt, sind andere Autoren bestrebt, Medeas Tat abzumildern und die Täterin zu rehabilitieren. So wird in OLGA RINNES Studie »Medea. Das Recht auf Zorn und Eifersucht« (1988) Medea als Opfer der religiösen und politischen Umwälzungen beim Übergang vom Matriarchat zum Patriarchat dargestellt und der Kindermord als mißverstandene kultische Handlung entschärft – und in URSULA HAAS' (geb. 1943) Roman »Freispruch für Medea« (1987), in dem sich die Heldin weigert, die Welt der Lüge und des Verrats, der Macht und des Krieges fortzusetzen, ist aus dem Kindermord eine Abtreibung geworden. Wie eine Antizipation der Wolfschen »Medea« muten einige Passagen aus DAGMAR NICKS (geb. 1926) »Medea, ein Monolog« von 1988 an. In dieser lyrischen Mythen-Reprise ist Medea keine Kindermörderin, sondern sie ist als Fremde verleumdet, und ihre Kinder sind von den Korinthern gesteinigt worden.

HUBERT FICHTE (1935–1986) hat sich vor allem in mehreren Essays aus den postum veröffentlichten Bänden »Geschichte der Empfindlichkeit« (»Homosexualität und Literatur«) mit antiken Werken und Autoren (»Mein Freund Herodot« [1980], »Männerlust – Frauenlob. Anmerkungen zur Sapphorezeption und zum Orgasmusproblem« [1983] und »Patroklos und Achilleus. Anmerkungen zur Ilias« [1985]) sowie mit rezeptionsgeschichtlichen Fragen befaßt: 1983 mit dem Werk Arnfrid Astels unter dem Titel »Ein Neuer Martial« und 1986 mit Casper von Lohenstein und dessen Tragödie »Agrippina«, die er 1978 bearbeitet hatte. Darüber hinaus finden sich in mehreren seiner Prosawerke Hinweise auf die griechische Antike, und in dem frühen dramatischen Text »Ödipus auf Häknäss« (um 1960/61, veröffentlicht 1992) sowie in dem Hörspiel »Ich bin ein Löwe / Und meine Eltern sind Eichen und Steine« (1985) setzte er sich mit Sophokles und Empedokles auseinander.

Seit Ende der siebziger Jahre finden sich im Werk von PETER HANDKE (geb. 1942) häufiger Reflexe der Antike. Im Unterschied zu den meisten anderen Schriftstellern des 20. Jahrhunderts faszinieren ihn aber nicht so sehr Stoffe und Motive als menschliche Grundsituationen sowie »die gekonnte Form des Erzählens« und »eine

---

350 Vgl. Elke Wedel: Medea, meine Schwester? In: Sinn und Form 40 (1988), S. 248–254; Barbara Feichtinger: Medea – Rehabilitation einer Kindsmörderin? Zur Medea-Rezeption moderner deutschsprachiger Autorinnen. In: Grazer Beiträge 18 (1992), S. 205–234.

ganz bestimmte Handhabung von Sprache«, die als »Spiegel einer bestimmten Weltsicht verstanden wird«, die Anmut der ›kleinen Gegenstände‹ und das den Dingen gemäße Wort in schlichter, schlanker Sprache.[351] So ist ihm Homer ein »Helfer« für die Erzählung »Langsame Heimkehr« (1979); in der »Kindergeschichte« (1981) bezieht er sich, obgleich sie von mehr oder weniger alltäglichen Friedensereignissen handelt, in der Erzählhaltung auf Thukydides – insbesondere beim Strukturieren der Zeit mit Hilfe der Jahreszeiten –; für das »Dramatische Gedicht« »Über die Dörfer« (1981) stand Aischylos Pate, und auf »Der Chinese des Schmerzes« (1983) – die Geschichte eines Altsprachenlehrers, der vom Betrachter zum ›Eingreifer‹ wird, einen Neonazi tötet und eine Pilgerreise zum Geburtsort Vergils unternimmt – wirkten die »Georgica« dieses Dichters ein. In seiner Übersetzung des »Prometheus Desmotes« (1986) hat sich Handke eng an das Original gehalten und den griechischen Text in all seiner Fremdheit mit den Mitteln der deutschen Sprache wiederzugeben versucht.

Das »Durchscheinen von Mythologischem im Alltäglichen« (Sabine Wilke) ist für mehrere Werke von BOTHO STRAUß (geb. 1944) charakteristisch: in den Stücken »Der Park« (1983), »Die Fremdenführerin« (1986), »Die Zeit und das Zimmer« (1989) und »Schlußchor« (1991), aber auch in den Theaterkritiken, in den frühen Texten von der Erzählung »Theorie der Drohung« (1975) bis zu dem Stück »Kalldewey, Farce« (1981) und in der späteren Prosa (»Der junge Mann« [1984], »Niemand anderes« [1987]). Elemente der alten Mythen (wie Orpheus, der trojanische Sagenkreis, die Atriden, Pan, Marsyas, Medea, Pentheus und die rasenden Mänaden oder Diana und Aktäon) werden immer wieder in modernen Varianten durchgespielt. 1996 erschien dann ein Werk, das den bisherigen Rahmen des Straußschen Schaffens verließ und sich der Antike direkt zuwandte: »Ithaka. Schauspiel nach den Heimkehr-Gesängen der Odyssee«, eine – im Rahmen der modernen Antikerezeption – überraschend konservative Homer-Dramatisierung. Die Heimkehr nach Ithaka, der göttliche Beistand, ja das »Abschlachten« der Freier und die »Mordlust« des Odysseus und seiner Gefährten erfahren nicht die geringste Problematisierung. Odysseus wird wieder König; aus »göttlichem Spruch« entsteht »der Vertrag«; »Herrscher und Untertanen lieben einander wie früher«, und »aus dem Gedächtnis des Volks wird Mord und Verbrechen des Königs getilgt«. Eine *so* einfache Rückkehr in die Normalität ist aus den Erfahrungen unseres Jahrhunderts heraus schwer nachzuvollziehen.[352]

Auffallender noch ist das konventionelle, harmonisierende und zudem noch gegenüber den ›klassischen‹ Vorstellungen erheblich reduzierte Antikebild MICHAEL ENDES (1929–1995) in den ›Märchenromanen‹ »Momo« (1973) und »Die unendliche Geschichte« (1979). Der Versuch, eine neue Mythologie zu begründen, geht im Grunde noch hinter die Traditionen der romantischen Aufklärungskritik zurück.

Ganz und gar nicht harmonisierend ist die Verwendung antiker Motive in FRITZ ZORNS (Fritz Angst; 1944–1976) autobiographischem Buch »Mars« (1977), in dem

---

351 Zitate nach: Bernadette Schnyder: »Ja das sind so die seltsamen Abenteuer des Übersetzens« [s. Bibl. 6.2. (Handke)].
352 Botho Strauß: Ithaka. Schauspiel nach den Heimkehr-Gesängen der Odyssee. München, Wien 1996, S. 82 f. und 103.

die Krebserkrankung des Autors unmittelbar auf die bürgerliche Familie zurückgeführt wird. Als Belege dafür, daß schon die Griechen den tödlichen Charakter des Familienlebens erkannt hatten, nennt Zorn die Mythen von Oidipus, Phaedra und Iphigenie, vor allem aber von Kronos, der seine Kinder frißt.

Weniger kraß, aber ebenfalls auf Dissonanzen ausgerichtet sind die Antike-Reminiszenzen im Romanwerk von PATRICK SÜSKIND (geb. 1949) – in »Das Parfüm« (1985) wird der Held ebenso von der Meute im Rausch verschlungen wie Dionysos von den Mänaden – oder von HELMUT KRAUSSER (geb. 1964): »Melodien oder Nachträge zum quecksilbernen Zeitalter« (1993) bringt Anklänge an den Orpheus-Mythos; in »Thanatos« (1996), einem psychologischen Roman um einen Literaturwissenschaftler, dessen Persönlichkeit immer mehr zerstört wird und der schließlich zum Mörder wird, erweist sich eine süddeutsche Landschaft um den Fluß Acher (Acheron) als vom Tod beherrscht.

Während INGE MERKEL (geb. 1922) in dem Roman »Eine ganz gewöhnliche Ehe« (1989) die Beziehung zwischen Odysseus und Penelope ironisch ins Allgemein-Menschliche transponiert und *beiden* erotische Affären zuschreibt und STEN NADOLNY (geb. 1942) in dem Roman »Ein Gott der Frechheit« (1994) auf amüsante Weise von einem Hermes erzählt, der Anfang der neunziger Jahre eine Reise durch Europa unternimmt, hat sich GISBERT HAEFS (geb. 1950) – neben anderen, weniger anspruchsvollen Autoren – dem Genre des (kultur)historischen Romans zugewendet (»Hannibal« [1989], »Alexander« [1992/93], »Troja« [1997]).

Historisch-politisch und geschichtsphilosophisch relevant ist CHRISTOPH RANSMAYRS (geb. 1954) »Die letzte Welt« (1988), ein Roman um Ovid, dessen kritische Haltung zwar nicht von Anpassungsversuchen und zeitweiliger Vereinnahmung frei gewesen ist, der aber schließlich als Dissident und Opfer eines Tyrannen nach Tomi verbannt worden war. Der Erzähler, Cotta, bricht aus Rom zu einer Erkundungsfahrt ans Schwarze Meer auf, um Aufklärung über das Schicksal des Dichters zu erhalten, dessen Tod durch ein Gerücht gemeldet worden war, und um festzustellen, ob die »Metamorphosen« tatsächlich vernichtet sind. Seine Recherchen sind von erschreckenden Erfahrungen begleitet. Er vermag Ovid nicht mehr aufzuspüren, begegnet aber den Figuren seiner Dichtung in seltsamen Verwandlungen als lebenden Personen in alltäglichem und banalem Milieu. Cotta findet nicht den geschriebenen Text der »Metamorphosen«; die Ovidische Dichtung konstituiert sich vielmehr gleichsam aus dem Ovidischen Leben und aus den Recherchen des Erzählers. Ransmayr hat seinem Roman als Anhang ein »Ovidisches Repertoire« beigegeben, so daß der Kontrast zwischen der Entwicklung der Welt vom Chaos bis zur Zeit von Caesar und Augustus und der Erstarrung der Geschichte in einer Welt, welche die augusteische Vergangenheit und die moderne Welt der Technik und des ›Totalitarismus‹ in eins setzt, augenfällig wird. Alle Bilder und Erfahrungen werden austauschbar, jeder Sinn der Geschichte erlischt.

Ransmayrs Buch gilt als das wichtigste Zeugnis der sogenannten ›Postmoderne‹ in der literarischen Antikerezeption. Der Roman der ›Moderne‹ hatte trotz seiner subtileren formalen Mittel letzten Endes noch an den mimetischen Darstellungsabsichten des realistischen Schreibens festgehalten, zielte auf Entdeckung und Information und begriff sich als ästhetisches Erkenntnisinstrumentarium. Nunmehr aber werden charakteristisch der Verlust der Historizität – die ›wirkliche‹ Geschichte als ein sich nach bestimmten Gesetzlichkeiten entwickelnder Prozeß löst sich als Fiktion auf; es gibt nur eine Geschichte unserer Vorstellungen, Bilder, Erzählungen und Stereotypen –, die Aufhebung traditioneller Bedeutungszusammenhänge, der Verzicht auf die Vorstellung eines schöpferischen Ichs und auf dessen Korrelate in der Kunst, die Fragmentierung und Diskontinuität der Ereignisse, die Hinwendung zum Alltäglichen und Trivialen, die Dominanz von Zitat, Imitation und Mehrfachkodierung sowie der Bezug nicht auf die Wirklichkeit, sondern auf bereits vorhandene künstlerische Systeme, die ausdifferenziert oder erweitert werden.[353]

Weniger artifiziell, doch stärker noch durch die Verquickung des göttlichen und menschlichen Geschehens aus dem Umkreis der Homerischen Epen mit einem modernen Ambiente charakterisiert ist die Odysseus-Tetralogie MICHAEL KÖHLMEIERS (geb. 1949) – eine Verquickung, die gleichermaßen Tragisches und Barbarisches aus den alten Mythen wie das Menschlich-Allzumenschliche, ganz und gar Unheroische der Gestalten, ja das Profane der Vorgänge deutlich werden läßt und der Ironie und Persiflage viel Raum gibt. Bisher sind zwei Romane erschienen: 1995 »Telemach« und 1997 »Kalypso«. Im Gegensatz zu Botho Strauß' »Ithaka« dominiert bei Köhlmeier (der auch mehrfach antike Sagen nacherzählt hat) eine hochgradig problematisierende Sicht auf die kriegerischen Ereignisse, die in der Tradition von Autoren wie Heiner Müller, Franz Fühmann, Walter Jens und Christa Wolf steht (deren Achilleus-Bild aus der »Kassandra« auf das »Vieh« Neoptolemos übergegangen ist). Im ersten Roman – der den Gesängen 1 bis 4 der »Odyssee« nachgebildet ist – erweist sich Telemachos von Anfang an als ein wenig kämpferischer Held, den Athene an seinen Auftrag, die Freier zu töten, heranführen will – ein Vorhaben, das mißlingt, weil der junge Mann angesichts der Kriegsgreuel, von denen er erfährt, auf eine weitere Suche nach seinem Vater verzichtet: »Die Göttin sah, daß sie ihr Ziel nicht erreicht hatte, daß sie diesen Menschen zwar zur äußersten Erschöpfung getrieben und das Grauen in seiner Seele aufgewühlt hatte, daß er zuletzt aber in seinem eigenen Willen geblieben war.« Von Odysseus selbst wird zwar als von einem klugen und im großen und ganzen maßvollen Menschen berichtet – doch es wird auch nicht verschwiegen, daß er in seiner Rache an Palamedes aus kühler Überlegung heraus Unrecht tat.

Gegenstand des zweiten Romans ist der – im fünften Gesang der »Odyssee« verhältnismäßig knapp behandelte – Aufenthalt des Odysseus auf der Insel Ogygia, von dem aus mehrfach Rückblicke auf die früheren Ereignisse geworfen werden. Odysseus – mit dem Tode vertraut und begierig nach ewigem Leben – erhält von Kalypso das Angebot, in der Liebe zu ihr unsterblich zu werden, und entschließt sich dennoch, nach Ithaka zurückzukehren: weil er Penelope und Telemach vermißt und eingedenk des Schicksals anderer Sterblicher, die Göttinnen allzu nahe standen. Er hatte zwar in Kalypso »die Ungeheuerlichkeit einer Sexualität gefunden«, die ihn »über alle wahnhaft erträumten Höhen hinaushob« – doch er sah auch ihre »Unfähigkeit, den Ernst eines fremden Lebens zu erfassen«. So klug Odysseus auf der Gegenwartsebene des Romans erscheinen mag: in der Vergangenheit hatte er sich als ein Mensch erwiesen, der, nach anfänglichem Widerstand, sich im Interesse totaler Kriegführung manipulieren und korrumpieren ließ und schließlich drei

---

353 Vgl. Geschichte der deutschen Literatur seit 1945 [s. Bibl. 6.1.], S. 817f.

schwere Verbrechen begangen hat: die Opferung der Iphigenie, die Hinrichtung des Palamedes und die Ermordung des Astyanax. Angesichts einer zweitausendjährigen, höchst kontroversen literarischen Tradition kann der Lösung, die Köhlmeier für das Thema ›Die Heimkehr des Odysseus‹ vorschlagen wird, mit großer Spannung entgegengesehen werden.[354]

Das ›klassische Erbe‹ ist für die meisten Schriftsteller unserer Zeit weder Norm und Muster noch ein Gegenstand von Feierlichkeit und Andacht – aber es erweist sich als höchst produktiv für die Erörterung aktueller Fragen. Das Verhältnis von Krieg und Frieden, von männlicher und weiblicher Weltsicht oder von Vernunft und Emotionalität läßt sich an den großen Gestalten der alten Mythen ebenso reflektieren wie der Kontrast von Macht und Menschlichkeit, die Ambivalenz der Sexualität in ihrer Steigerung des Lebensgefühls *und* in ihrer Nähe zu Aggression und Unterwerfung oder die Verpflichtung des Menschen, zwischen Manipulation und Selbstbestimmung zu entscheiden. Darüber hinaus ist der kritisch-problematisierende Umgang mit den tradierten Sujets nicht nur eine grundsätzlich ebenso berechtigte Form der Antikerezeption wie die Idealisierung Griechenlands in der zweiten Hälfte des 18. Jahrhunderts und berührt sich nicht allein mit den ›unklassischen‹, differenzierenden Herakles-, Medea- oder Niobe-Bildern bei Lessing, Klinger und Maler Müller oder mit der ›Barbarisierung‹ und Parodierung des Altertums bei Kleist und Büchner, sondern er vermag sogar an Gedanken und Gestaltungen aus der Antike selbst anzuknüpfen. Er ist zu einem guten Teil in dem äußerst vielschichtigen und widersprüchlichen Charakter der alten Mythen begründet, ja, hat Dimensionen des Altertums erkennen lassen, die jahrhundertelang im Zeichen einer Verklärung der Antike wenig beachtet oder verdrängt worden waren. So hat etwa Hermann Brochs »Tod des Vergil« Fragen impliziert, die inzwischen auch Eingang in die Wissenschaft gefunden haben, und ist nicht ohne Einfluß darauf gewesen, daß heute Vergil bedeutend vielschichtiger interpretiert wird, als dies, namentlich in Deutschland, in der ersten Hälfte des 20. Jahrhunderts üblich war – und Heiner Müllers »Philoktet« hat uns die Augen geöffnet für Spannungen, die hintergründig bereits in dem Sophokleischen Stück selbst liegen.

Literarische Antikerezeption beruht primär *nicht* – wie noch in einer Publikation aus dem Jahre 1995 formuliert wurde – auf der »schöpferische[n] und formende[n] Kraft der klassischen Literatur«, auf der »universale[n] Geltung der griechischen Literatur aufgrund ihrer allgemeinen und zeitlosen Prinzipien«, die im Sinne der Kontinuität erneuert werden[355], sondern auf der »Offenheit und Adaptationsfähigkeit« des griechischen Mythos als »Symbol und Chiffre für die Probleme und Situationen« späterer Epochen[356]. Brecht hat es anläßlich seiner Bearbeitung der Sophokleischen »Antigone« abgelehnt, den »Geist der Antike zu beschwören« und »philologische Interessen [zu] bedien[en]«: »Selbst wenn man sich verpflichtet

---

354 Michael Köhlmeier: Telemach. Roman. München, Zürich 1995, S. 482; Ders.: Kalypso. Roman. München, Zürich 1997, S. 317 und 321.
355 Evangelos Konstantinou: Vorwort. In: Europäischer Philhellenismus (wie Anm. 340), S. 9.
356 Hellmut Flashar: Griechische Tragödie auf der Bühne der Gegenwart und im Gewand der Gospel-Musik [s. Bibl. 6.1.], S. 13 f.

fühlte, für ein Werk wie die Antigone etwas zu tun, könnten wir das nur so tun, indem wir es etwas für uns tun lassen.«[357] Und Adorno forderte ein Traditionsverhältnis ohne Leitbildcharakter: »Dichtung errettet ihren Wahrheitsgehalt nur, wo sie in engstem Kontakt mit der Tradition diese von sich abstößt. Wer die Seligkeit, die sie in manchen ihrer Bilder stets noch verheißt, nicht verraten will, die verschüttete Möglichkeit, die unter ihren Trümmern sich birgt, der muß von der Tradition sich abkehren, welche Möglichkeit und Sinn zur Lüge mißbraucht. Wiederzukehren vermag Tradition einzig in dem, was unerbittlich ihr sich versagt.«[358]

Daß gerade in Zeiten krisenhafter Erschütterungen, geschichtlicher Umbrüche und scheinbarer Antikeferne Sujets aus dem griechischen und römischen Altertum in Abkehr von konventionellen Interpretationen und unter Betonung von Brüchen und Diskontinuitäten zur Erörterung aktueller Fragen dienen können, zeugt von der Lebendigkeit und Wirksamkeit dieses ›Erbes‹. Das Altertum ist kein Denkmal oder ›Bildungsgut‹, wohl aber ein Modell, das bedeutende Möglichkeiten bietet, sich auf spezifisch künstlerische Weise mit der eigenen Situation auseinanderzusetzen.

---

357 Bertolt Brecht: Antigonemodell 1948. In: Brecht: Werke (wie Anm. 288), Bd. 12, S. 74.
358 Theodor W. Adorno: Über Tradition. In: Adorno: Gesammelte Schriften. Hrsg. von Rolf Tiedemann. Frankfurt a. M. 1971–1986, Bd. 10/1, S. 320.

BIBLIOGRAPHIE

1. Allgemeine historische und theoretische Arbeiten 407
    1.1. Antikerezeption in mehreren Epochen und Literaturen 407
    1.2. Antikerezeption in mehreren Epochen der deutschen Literatur 415
2. Renaissance – Humanismus – Reformation 419
    2.1. Übergreifende Literatur 419
    2.2. Literatur zu einzelnen Autoren 422
3. Barock 426
    3.1. Übergreifende Literatur 426
    3.2. Literatur zu einzelnen Autoren 427
4. Aufklärung – Klassik – Romantik 430
    4.1. Übergreifende Literatur 430
    4.2. Literatur zu einzelnen Autoren 435
5. Zwischen Romantik und Naturalismus 453
    5.1. Übergreifende Literatur 453
    5.2. Literatur zu einzelnen Autoren 454
6. Vom Naturalismus bis zur Gegenwart 459
    6.1. Übergreifende Literatur 459
    6.2. Literatur zu einzelnen Autoren 464

1. Allgemeine historische und theoretische Arbeiten

1.1. Antikerezeption in mehreren Epochen und Literaturen

Acta conventus neo-Latini Amstelodamensis. Proceedings of the Second International Congress of Neo-Latin Studies Amsterdam 19–24 August 1973. Ed. by P. Tuynman, G. C. Kuiper and E. Keßler. München 1979 = Humanistische Bibliothek 1,26

Acta conventus neo-Latini Guelpherbytani. Proceedings of the Sixth International Congress of Neo-Latin Studies Wolfenbüttel 12 August to 16 August 1985. Ed. by Stella P. Revard, Fidel Rödle, Mario A. Di Cesare. Binghamton, New York 1988 = Medieval & Renaissance Texts & Studies 53

Acta conventus neo-Latini Lovaniensis. Proceedings of the First International Congress of Neo-Latin Studies Louvain 23–28 August 1971. Ed. by J. Ijsewijn and E. Keßler. München 1973 = Humanistische Bibliothek 1,20

Aischylos und Pindar. Studien zu Werk und Nachwirkung. Hrsg. von Ernst Günther Schmidt. Berlin 1981 = Schriften zur Geschichte und Kultur der Antike 19

Albrecht, Michael von: Geschichte der römischen Literatur. Von Andronicus bis Boethius. Mit Berücksichtigung ihrer Bedeutung für die Neuzeit. 2 Bde. München, New Providence, London, Paris ²1994

Ders.: Rom: Spiegel Europas. Texte und Themen. Heidelberg 1988 = Sammlung Weltliteratur 2,3

Amphitryon. Ein griechisches Motiv in der europäischen Literatur und auf dem Theater. Hrsg. von Max Kunze, Dieter Metzler und Volker Riedel. Münster, Hamburg 1993 = Untersuchungen zum Nachwirken der Antike 1

Amphitryon. Plautus, Molière, Dryden, Kleist, Giraudoux, Kaiser. Vollständige Dramentexte. Hrsg. von Joachim Schondorff. Mit einem Vorwort von Peter Szondi. München, Wien 1964 = Theater der Jahrhunderte

Antike Dramentheorien und ihre Rezeption. Hrsg. von Bernhard Zimmermann. Stuttgart 1992 = Drama 1

Antike heute. Hrsg. von Richard Faber und Bernhard Kytzler. Würzburg 1992

Die Antike in der europäischen Gegenwart. Referate, gehalten auf dem Symposium der Joachim-Jungius-Gesellschaft der Wissenschaften Hamburg am 23. und 24. Oktober 1992. Hrsg. von Walther Ludwig. Göttingen 1993 = Veröffentlichung der Joachim-Jungius-Gesellschaft der Wissenschaften Hamburg 72

Antike in der Moderne. Hrsg. von Wolfgang Schuller. Konstanz 1985 = Xenia 15

Antike Mythen in der europäischen Tradition. Hrsg. von Heinz Hofmann. Tübingen 1999 = Attempto Studium generale

Das antike Theater. Aspekte seiner Geschichte, Rezeption und Aktualität. Hrsg. von Gerhard Binder und Bernd Effe. Trier 1998 = Bochumer Altertumswissenschaftliches Colloquium 33

Antike Tradition und Neuere Philologien. Symposium zu Ehren des 75. Geburtstages von Rudolf Sühnel. Hrsg. von Hans-Joachim Zimmermann. Heidelberg 1984 = Supplemente zu den Sitzungsberichten der Heidelberger Akademie der Wissenschaften. Philos.-hist. Kl. 1/1983

Antike und europäische Welt. Aspekte der Auseinandersetzung mit der Antike. Hrsg. von Maja Svilar und Stefan Kunze. Bern, Frankfurt a. M., New York 1984 = Berner kulturhistorische Vorlesungen

Antikerezeption, Antikeverhältnis, Antikebegegnung in Vergangenheit und Gegenwart. Eine Aufsatzsammlung. Hrsg. von Jürgen Dummer und Max Kunze. 3 Bde. Stendal 1983 = Schriften der Winckelmann-Gesellschaft 6

Antikerezeption, deutsche Klassik und sozialistische Gegenwart. Hrsg. von Johannes Irmscher. Berlin 1979 = Schriften der Winckelmann-Gesellschaft 5

Aylen, Leo: Greek Tragedy and the Modern World. London 1964

Barner, Wilfried: Neuphilologische Rezeptionsforschung und die Möglichkeiten der Klassischen Philologie. In: Barner: Pioniere, Schulen, Pluralismus [s. d.], S. 329–352

Ders.: Pioniere, Schulen, Pluralismus. Studien zu Geschichte und Theorie der Literaturwissenschaft. Tübingen 1997

Beller, Manfred: Philemon und Baucis in der europäischen Literatur. Stoffgeschichte und Analyse. Heidelberg 1967 = Studien zum Fortwirken der Antike 3

Blumenberg, Hans: Arbeit am Mythos. Frankfurt a. M. ²1981

Ders.: Wirklichkeitsbegriff und Wirkungspotential des Mythos. In: Terror und Spiel [s. d.], S. 11–66

Blumenthal, Lieselotte: Iphigenie von der Antike bis zur Moderne. In: Natur und Idee. Andreas Bruno Wachsmuth zugeeignet. Hrsg. von Helmut Holtzhauer. Weimar 1966, S. 9–40

Böschenstein, Renate: Medea – der Roman der entflohenen Tochter. In: Fathers and Mothers in Literature. Ed. by Henk Hillenaar and Walter Schönau. Amsterdam, Atlanta, Ga. 1994 = Psychoanalysis and Culture 6, S. 7–28

Borinski, Karl: Die Antike in Poetik und Kunsttheorie vom Ausgang des klassischen Altertums bis auf Goethe und Wilhelm von Humboldt. 2 Bde. Leipzig 1914–1924 = Das Erbe der Alten 9–10

Bradner, Leicester: The Latin Drama of the Renaissance (1340–1640). In: Studies in the Renaissance 4 (1957), S. 31–70

Bremer, Dieter: Prometheus-Variationen. Ein Mythos in der Renaissance und die Renaissance eines Mythos. In: Wiener Studien 104 (1991), S. 261–284

Buck, August: Humanismus. Seine europäische Entwicklung in Dokumenten und Darstellungen. Freiburg i. Br., München 1987 = Orbis academicus 1,16

Classical and Modern Literature. A Quarterly. Terre Haute, Indiana 1 (1980/81) ff.

Classical Influences on European Culture A. D. 1500–1700. Proceedings of an International Conference held at King's College, Cambridge, April 1974. Ed. by R. R. Bolgar. Cambridge 1976

Classical Influences on Western Thought A. D. 1650–1870. Proceedings of an International Conference held at King's College, Cambridge, March 1977. Ed. by R. R. Bolgar. Cambridge 1979

Corte, Francesco della: La Presenza classica. Letterature classiche e moderne comparate. Genova 1971

Curtius, Ernst Robert: Europäische Literatur und lateinisches Mittelalter. Bern, München ⁹1978

Dahnke, Hans-Dietrich: Erbe und Tradition in der Literatur. Leipzig 1977 = Einführung in die Literaturwissenschaft in Einzeldarstellungen

Denkzettel Antike. Texte zum kulturellen Vergessen. Hrsg. von Gerburg Treusch-Dieter, Wolfgang Pircher und Herbert Hrachovec. Berlin 1989 = Reihe Historische Anthropologie 9

Dickinson, Hugh: Myth on the Modern Stage. Urbana, Chicago, London 1969

Dörrie, Heinrich: Der heroische Brief. Bestandsaufnahme, Geschichte, Kritik einer humanistisch-barocken Literaturgattung. Berlin 1968

Ders.: Die schöne Galatea. Eine Gestalt am Rande des griechischen Mythos in antiker und neuzeitlicher Sicht. München 1968

Epple, Thomas: Der Aufstieg der Untergangsseherin Kassandra. Zum Wandel ihrer Interpretation vom 18. Jahrhundert bis zur Gegenwart. Würzburg 1993 = Würzburger Beiträge zur deutschen Philologie 9

Das Erbe der Antike. (Red.: Fritz Wehrli.) Zürich, Stuttgart 1963

Etter, Else-Lilly: Tacitus in der Geistesgeschichte des 16. und 17. Jahrhunderts. Basel, Stuttgart 1966 = Basler Beiträge zur Geschichtswissenschaft 103

Europäische Bukolik und Georgik. Hrsg. von Klaus Garber. Darmstadt 1976 = Wege der Forschung 355

Europäischer Philhellenismus. Antike griechische Motive in der heutigen europäischen Literatur. Hrsg. von Evangelos Konstantinou. Frankfurt a. M., Berlin, Bern, New York, Paris, Wien 1995 = Philhellenische Studien 4

Faszination des Mythos. Studien zu antiken und modernen Interpretationen. Hrsg. von Renate Schlesier. Basel, Frankfurt a. M. 1985

Finsler, Georg: Homer in der Neuzeit von Dante bis Goethe. Italien, Frankreich, England, Deutschland. Hildesheim, New York 1973 [Reprograph. Nachdr. der Ausg. 1912]

Flashar, Hellmut: Antikes Drama auf der Bühne Europas. In: Gymnasium 100 (1993), S. 193–207
Ders.: Eidola. Ausgewählte Kleine Schriften. Hrsg. von Manfred Kraus. Amsterdam 1989
Ders.: Inszenierung der Antike. Das griechische Drama auf der Bühne der Neuzeit 1585–1990. München 1991
Frenzel, Elisabeth: Stoffe der Weltliteratur. Ein Lexikon dichtungsgeschichtlicher Längsschnitte. Stuttgart ^{8}1992 = Kröners Taschenausgabe 300
Friedrich, Wolf Hartmut: Vorbild und Neugestaltung. Sechs Kapitel zur Geschichte der Tragödie. Göttingen 1967 = Kleine Vandenhoeck-Reihe 249 S
Fritz, Kurt von: Antike und moderne Tragödie. Neun Abhandlungen. Berlin 1962
Fuhrmann, Manfred: Die Antike und ihre Vermittler. Bemerkungen zur gegenwärtigen Situation der Klassischen Philologie. Konstanz 1969 = Konstanzer Universitätsreden 9
Ders.: Brechungen. Wirkungsgeschichtliche Studien zur antik-europäischen Bildungstradition. Stuttgart 1982
Ders.: Europas fremd gewordene Fundamente. Aktuelles zu Themen aus der Antike. Zürich 1995
Galinsky, Gotthard Karl: The Herakles Theme. The Adaptions of the Hero from Homer to the Twentieth Century. Oxford 1972
Die Gegenwart der Griechen im neueren Denken. Festschrift für Hans-Georg Gadamer zum 60. Geburtstag. Hrsg. von Dieter Henrich, Walter Schulz, Karl-Heinz Volkmann-Schluck. Tübingen 1960
Gelzer, Thomas: Die Rezeption der antiken Literatur – »renascentes litterae« in der Neuzeit. In: Antike und europäische Welt [s. d.], S. 53–83
Gilg-Ludwig, Ruth: Medea und Phaedra, Semiramis und Kleopatra in ihrer literarischen Überlieferung. In: Actes du IVe Congrès de l'Association Internationale de Littérature Comparée, Fribourg 1964, rédigés par François Jost. The Hague, Paris 1966, S. 1068–1078
Glaser, Horst Albert: Prometheus' Wanderung aus der Antike in die Renaissance – und weiter. In: Comparatistica 6 (1994), S. 3–13
Glei, Reinhold F.: Die Turnus-Tragödie J. J. Wolfs (1591). Mit einem Anhang: Neulateinische Dramatisierungen der Aeneis. In: Das antike Theater [s. d.], S. 253–293
Greiner, Bernhard: Der Ikarus-Mythos in Literatur und bildender Kunst. In: Michigan Germanic Studies 8 (1985), S. 51–126
Hamburger, Käte: Von Sophokles zu Sartre. Griechische Dramenfiguren antik und modern. Stuttgart 1962 = Sprache und Literatur 1
Heinemann, Karl: Die tragischen Gestalten der Griechen in der Weltliteratur. 2 Bde. Leipzig 1920 = Das Erbe der Alten. N. F. 3–4
Herakles / Herkules. Hrsg. von Ralph Kray und Stephan Oettermann. Bd. 1: Metamorphosen des Heros in ihrer medialen Vielfalt / Bd. 2: Medienhistorischer Aufriß. Repertorium zur intermedialen Stoff- und Motivgeschichte. Basel, Frankfurt a. M. 1994
Hess, Peter: Epigramm. Stuttgart 1989 = Sammlung Metzler 248
Highet, Gilbert: The Classical Tradition. Greek and Roman Influences on Western Literature. New York, London ^{8}1978
Die Hirtenflöte. Bukolische Dichtungen von Vergil bis Geßner. Hrsg. von Harry C. Schnur und Rainer Kößling. Leipzig 1978 = Reclams Universal-Bibliothek 690

Hölscher, Uvo: Das nächste Fremde. Von Texten der griechischen Frühzeit und ihrem Reflex in der Moderne. München 1994

Hofmann, Heinz: Orpheus. In: Antike Mythen in der europäischen Tradition [s. d.], S. 153–198

Homer. Ed. by Katherine Callen King. New York, London 1994 = Classical Heritage 5 = Garland Reference Library of the Humanities 1531

Hübner, Kurt: Die Wahrheit des Mythos. München 1985

Humanismus in Europa. Hrsg. von der Stiftung »Humanismus heute« des Landes Baden-Württemberg. Mit einem Geleitwort von Helmut Engler. Heidelberg 1998 = Bibliothek der klassischen Altertumswissenschaften. N. F. 2,103

Hunger, Herbert: Lexikon der griechischen und römischen Mythologie mit Hinweisen auf das Fortwirken antiker Stoffe und Motive in der bildenden Kunst, Literatur und Musik des Abendlandes bis zur Gegenwart. Wien ^{8}1988

Hypatia. Essays in Classics, Comparative Literature, and Philosophy. Presented to Hazel E. Barnes on her Seventieth Birthday. Ed. by William M. Calder III, Ulrich K. Goldsmith, Phyllis B. Kenevan. Boulder, Colorado 1985

Ijsewijn, Jozef: Companion to Neo-Latin Studies. Amsterdam, New York, Oxford 1977

Ders.: Companion to Neo-Latin Studies. Part I: History and Diffusion of Neo-Latin Literature. Second entirely rewritten edition. Leuven / Louvain 1990 = Supplementa humanistica Lovaniensia 5

International Journal of the Classical Tradition. New Brunswick, N. J. 1 (1994/95) ff.

Irmscher, Johannes: Das Antikebild unserer Gegenwart. Tendenzen und Perspektiven. Berlin 1979 = Sitzungsberichte der Akademie der Wissenschaften der DDR, Jg. 1979, Nr. 4/G

Ders.: Probleme der Aneignung des antiken Erbes. Berlin 1976 = Sitzungsberichte der Akademie der Wissenschaften der DDR, Jg. 1976, Nr. 6/G

Jauß, Hans Robert: Literarische Tradition und gegenwärtiges Bewußtsein der Modernität. In: Jauß: Literaturgeschichte als Provokation [s. d.], S. 11–66

Ders.: Literaturgeschichte als Provokation. Frankfurt a. M. ^{4}1974 = edition suhrkamp 418

Ders.: Poetik und Problematik von Identität und Rolle in der Geschichte des Amphitryon. In: Identität. Hrsg. von Odo Marquard und Karlheinz Stierle. München 1979 = Poetik und Hermeneutik 8, S. 213–253

Jens, Walter: Antiquierte Antike? Perspektiven eines neuen Humanismus. In: Jens: Republikanische Reden. München ^{2}1976, S. 41–58

Ders.: Mythen der Dichter. Modelle und Variationen. Vier Diskurse. München 1993

Kannicht, Richard: Pandora. In: Antike Mythen in der europäischen Tradition [s. d.], S. 127–151

Kenkel, Konrad: Medea-Dramen. Entmythisierung und Remythisierung. Euripides, Klinger, Grillparzer, Jahnn, Anouilh. Bonn 1979 = Studien zur Germanistik, Anglistik und Komparatistik 63

Kirk, G[eoffrey] S[tephan]: Griechische Mythen. Ihre Bedeutung und Funktion. Berlin 1980

Knox, Bernard: Backing into the Future. The Classical Tradition and its Renewal. New York, London 1994

Latacz, Joachim: Achilleus. Wandlungen eines europäischen Heldenbildes. Stuttgart, Leipzig 1995 = Lectio Teubneriana 3

Lebel, Maurice: Mythes anciens et drame moderne. Montréal, Paris 1977

Lebende Antike. Symposion für Rudolf Sühnel. Hrsg. von Horst Meller und Hans-Joachim Zimmermann. Berlin 1967

Lebendige Antike. Rezeptionen der Antike in Politik, Kunst und Wissenschaft der Neuzeit. Kolloquium für Wolfgang Schiering. Hrsg. von Reinhard Stupperich. Mannheim 1995 = Mannheimer Historische Forschungen 6

Lefèvre, Eckard: Humanismus und humanistische Bildung. In. Humanismus in Europa [s. d.], S. 1–43

Lindberger, Örjan: The Transformations of Amphitryon. Stockholm 1956 = Acta universitatis Stockholmiensis 1

Literarische Symbolfiguren. Hrsg. von Werner Wunderlich. Von Prometheus bis Švejk. Beiträge zu Tradition und Wandel. Bern, Stuttgart 1989 = Facetten deutscher Literatur. St. Galler Studien 1

Lohse, Gerhard: Antikes Drama und modernes Theater. Zu Hellmut Flashars »Inszenierung der Antike«. In: Göttingische Gelehrte Anzeigen 250 (1998), S. 65–103

Ludwig, Walther: Litterae Neolatinae. Schriften zur neulateinischen Literatur. München 1989 = Humanistische Bibliothek 1,35

Ders.: Die neuzeitliche lateinische Literatur seit der Renaissance. In: Einleitung in die lateinische Philologie. Unter Mitw. von [...] hrsg. von Fritz Graf. Stuttgart, Leipzig 1997 = Einleitung in die Altertumswissenschaft, S. 323–356

Martial. Ed. by John Patrick Sullivan. New York, London 1993 = The Classical Heritage 3

Martindale, Charles: Redeeming the Text. Latin Poetry and the Hermeneutics of Reception. Cambridge 1993 = Roman Literature and its Contexts

Mauser, Wolfram: Diana und Aktäon. Zur Angst-Lust des verbotenen Blicks. In: Sehnsucht und Sirene. Vierzehn Abhandlungen zu Wasserphantasien. Hrsg. von Irmgard Roebling. Pfaffenweiler 1992 = Thetis – Literatur im Spiegel der Geschlechter 1, S. 293–327

Meeuse, Piet: De jacht op Proteus. Essays. Amsterdam 1992 = BB Literair

Modern Myths. Ed. by David Bevan. Amsterdam, Atlanta, Ga. 1993 = Rodopi Perspectives on Modern Literature 10

Moorman, Eric M. / Uitterhoeve, Wilfried: Lexikon der antiken Gestalten. Mit ihrem Fortleben in Kunst, Dichtung und Musik. Stuttgart 1995 = Kröners Taschenausgabe 468

Mueller, Martin: Children of Oedipus and other Essays on the Imitation of Greek Tragedy 1550–1800. Toronto, Buffalo, London 1980

Müller, Reimar: Menschenbild und Humanismus der Antike. Studien zur Geschichte der Literatur und Philosophie. Leipzig 1980 = Reclams Universal-Bibliothek 841

Murray, Gilbert: The Classical Tradition in Poetry. The Charles Eliot Norton Lectures. New York ²1957 = Vintage Books K-47

Musik in Antike und Neuzeit. Hrsg. von Michael von Albrecht und Werner Schubert. Frankfurt a. M., Bern, New York 1987 = Quellen und Studien zur Musikgeschichte von der Antike bis in die Gegenwart

Mythographie der frühen Neuzeit. Ihre Anwendung in den Künsten. Hrsg. von Walther Killy. Wiesbaden 1984 = Wolfenbütteler Forschungen 27

Mythos – Realisation von Wirklichkeit? Vorträge aus dem II. Verlagskolloquium 1987 in Bochum. Hrsg. von Kunibert Bering und Werner L. Hohmann. Essen 1988

Mythos und Moderne. Begriff und Bild einer Rekonstruktion. Hrsg. von Karl Heinz Bohrer. Frankfurt a. M. 1983 = edition suhrkamp 1144

Nation und Literatur im Europa der Frühen Neuzeit. Akten des I. Internationalen Osnabrücker Kongresses zur Kulturgeschichte der Frühen Neuzeit. Hrsg. von Klaus Garber. Tübingen 1989 = Frühe Neuzeit 1

Nesselrath, Heinz-Günther: Herakles als tragischer Held in und seit der Antike. In: Tragödie [s. d.], S. 307–331

Nixon, Paul: Martial and the Modern Epigram. New York 1963 = Our Dept to Greece and Rome

Panofsky, Erwin: Hercules am Scheidewege und andere antike Bildstoffe in der neueren Kunst. Leipzig, Berlin 1930 = Studien der Bibliothek Warburg 18

Petersmann, Gerhard: Deus sum: commutavero. Von Plautus' »Amphitruo« zu Peter Hacks' »Amphitryon«. In: Der altsprachliche Unterricht 37 (1994) 2, S. 25–33

Pfeiffer, Rudolf: Die Klassische Philologie von Petrarca bis Mommsen. München 1982 = Becksche Elementarbücher

Pichler, Regina: Die Gygesgeschichte in der griechischen Literatur und ihre neuzeitliche Rezeption. Diss. München 1986

Poetik und Geschichte. Viktor Žmegač zum 60. Geburtstag. Hrsg. von Dieter Borchmeyer. Tübingen 1989

Prometheus. Mythos der Kultur. Hrsg. von Edgar Pankow und Günter Peters. München 1999 = Literatur und andere Künste

Propyläen Geschichte der Literatur. Literatur und Gesellschaft der westlichen Welt. Bd. 3: Renaissance und Barock. 1400–1700. Berlin 1984

Pygmalion. Die Geschichte des Mythos in der abendländischen Kultur. Hrsg. von Mathias Mayer und Gerhard Neumann. Freiburg i. Br. 1997 = Rombach Wissenschaften, Reihe Litterae 45

Rehm, Walther: Europäische Romdichtung. München ²1960

Reinhardstoettner, Karl von: Plautus. Spätere Bearbeitungen plautinischer Lustspiele. Ein Beitrag zur vergleichenden Litteraturgeschichte. Leipzig 1886 = Die klassischen Schriftsteller des Altertums in ihrem Einflusse auf die späteren Litteraturen 1

Reinhardt, Karl: Gyges und sein Ring. In: Reinhardt: Vermächtnis der Antike. Gesammelte Essays zur Philosophie und Geschichtsschreibung. Göttingen 1960, S. 175–183

Renatae Litterae. Studien zum Nachleben der Antike und zur europäischen Renaissance. August Buck zum 60. Geburtstag am 3. 12. 1971 dargebracht von Freunden und Schülern. Hrsg. von Klaus Heitmann und Eckhart Schroeder. Frankfurt a. M. 1973

Riedel, Volker: Forschungen zum Nachleben der Antike als interdisziplinäre Aufgabe. In: Riedel: Literarische Antikerezeption [s. d.], S. 9–21

Ders.: Lesarten des Oidipus-Mythos. In: Riedel: Literarische Antikerezeption [s. d.], S. 65–79

Ders.: Literarische Antikerezeption. Aufsätze und Vorträge. Jena 1996 = Jenaer Studien 2

Ders.: Metamorphosen des Odysseus-Bildes. – In: Deutschunterricht 51 (1998) 9, S. 394–406

Ders.: Wandlungen des Prometheus-Bildes in Literatur und Philosophie. In: Deutschunterricht 50 (1997) 7/8, S. 367–377

Ders.: Zwischen Tragik und Komik. Zur Geschichte des Amphitryon-Stoffes von Hesiod bis Hacks. In: Riedel: Literarische Antikerezeption [s. d.], S. 32–45

Roloff, Hans-Gert: Neulateinische Literatur. In: Propyläen Geschichte der Literatur [s. d.], Bd. 3, S. 196–230

Roma aeterna. Lateinische und griechische Romdichtung von der Antike bis in die

Gegenwart. Ausgew., übers. und erläutert von Bernhard Kytzler. Zürich, München 1972 = Bibliothek der alten Welt 100

Rüdiger, Horst: Ein Stiefkind der Komparatistik: das Nachleben der Antike. In: Literary Theory and Criticism. Festschrift. Presented to René Wellek in Honor of his Eightieth Birthday. Part II: Criticism. Ed. by Joseph P. Strelka. Bern, Frankfurt a. M., New York 1984, S. 1229–1243

Schadewaldt, Wolfgang: Hellas und Hesperien. Gesammelte Schriften zur Antike und zur neueren Literatur. 2 Bde. Zürich, Stuttgart ²1970

Schindler, Wolfgang: Mythos und Wirklichkeit in der Antike. Berlin 1988

Schlesier, Renate: Kulte, Mythen und Gelehrte. Anthropologie der Antike seit 1800. Frankfurt a. M. 1994 = Fischer Wissenschaft

Schmidt, Ernst A.: Achill. In: Antike Mythen in der europäischen Tradition [s. d.], S. 91–125

Ders.: Notwehrdichtung. Moderne Jambik von Chénier bis Borchardt (mit einer Skizze zur antiken Jambik). München 1990

Schmitz-Emans, Monika: Die Doppelgänger der Doppelgänger. [Zur Rezeption von Plautus' »Menaechmi« und »Amphitruo«.] In: Das antike Theater [s. d.], S. 295–344

Segal, Charles: Orpheus. The Myth of the Poet. Baltimore, London 1989

Steiner, George: Die Antigonen. Geschichte und Gegenwart eines Mythos. München, Wien 1988

Stemplinger, Eduard: Die Ewigkeit der Antike. Gesammelte Aufsätze. Leipzig 1924

Ders.: Das Fortleben der horazischen Lyrik seit der Renaissance. Leipzig 1906

Ders.: Horaz im Urteil der Jahrhunderte. Leipzig 1921 = Das Erbe der Alten 2,5

Sullivan, John Patrick: Martial: The Unexpected Classic. A Literary and Historical Study. Cambridge 1991, S. 253–312

Szlezák, Thomas Alexander: Ödipus nach Sophokles. In: Antike Mythen in der europäischen Tradition [s. d.], S. 199–220

Terror und Spiel. Probleme der Mythenrezeption. Hrsg. von Manfred Fuhrmann. München 1971 = Poetik und Hermeneutik 4

Theweleit, Klaus: Buch der Könige. Basel, Frankfurt a. M. Bd. 1: Orpheus und Eurydike. 1988 / Bd. 2x: Orpheus am Machtpol. Zweiter Versuch im Schreiben ungebetener Biographien, Kriminalroman, Fallbericht und Aufmerksamkeit. 1994 / Bd. 2y: Recording Angel's Mysteries. Zweiter Versuch im Schreiben ungebetener Biographien, Kriminalroman, Fallbericht und Aufmerksamkeit. 1994

Tradita et Inventa. Beiträge zur Rezeption der Antike. Hrsg. von Manuel Baumbach. Heidelberg 2000 = Bibliothek der klassischen Altertumswissenschaften. N. F. 2,106

Tragödie. Idee und Transformation. Hrsg. von Hellmut Flashar. Stuttgart, Leipzig 1997 = Colloquium Rauricum 5

Trilse, Christoph: Nachwirkung der antiken Kultur. In: Kulturgeschichte der Antike. Von einem Autorenkollektiv unter Leitung von Reimar Müller. Bd. 2: Rom. Berlin 1978 = Veröffentlichungen des Zentralinstituts für Alte Geschichte und Archäologie der Akademie der Wissenschaften der DDR 6,2, S. 563–620

Ders.: Der Rückweg zum Mythos. Einige Betrachtungen zum spätbürgerlichen Antikebild. In: Weimarer Beiträge 19 (1973) 12, S. 129–155

Verstehen wir uns? Zur gegenseitigen Einschätzung von Literatur und Wissenschaft. Anselm Maler zum 60. Geburtstag. Hrsg. von Friedrich W. Block. Frankfurt a. M., Berlin, Bern, New York, Paris, Wien 1996

Wychgram, Marianne: Quintilian in der deutschen und französischen Literatur des Barocks und der Aufklärung. Langensalza 1921 = Pädagogisches Magazin 803

Zeitgenosse Horaz. Der Dichter und seine Leser seit zwei Jahrtausenden. Hrsg. von Helmut Krasser und Ernst A. Schmidt. Tübingen 1996

Zelle, Carsten: Die doppelte Ästhetik der Moderne. Revisionen des Schönen von Boileau bis Nietzsche. Stuttgart, Weimar 1995

»Zerstörung, Rettung des Mythos durch Licht«. Hrsg. von Christa Bürger. Frankfurt a. M. 1986 = Hefte für Kritische Literaturwissenschaft 5 = edition suhrkamp 1329

Zielske, Harald: Drama und Theater in England, den Niederlanden und Deutschland. In: Propyläen Geschichte der Literatur [s. d.], Bd. 3, S. 131–173

Ziolkowski, Theodore: Vergil und die Moderne. In: Poetik und Geschichte [s. d.], S. 136–149

Ders.: Virgil and the Moderns. Princeton, N. J. 1993.

1.2. Antikerezeption in mehreren Epochen der deutschen Literatur

Arminius und die Varusschlacht. Geschichte – Mythos – Literatur. Hrsg. von Rainer Wiegels und Winfried Woesler. Paderborn, München, Wien, Zürich 1995

Aulich, Johanna J. S.: Orphische Weltanschauung der Antike und ihr Erbe bei den Dichtern Nietzsche, Hölderlin, Novalis und Rilke. Frankfurt a. M., Berlin, Bern, New York, Paris, Wien 1998 = German Studies in Canada 10

Bauer, Werner M.: Antikerezeption (Neuzeit). In: Literatur-Lexikon [s. d.] 13 (1992), S. 32–39

Billeter, Gustav: Die Anschauungen vom Wesen des Griechentums. Leipzig, Berlin 1911

Bleicher, Thomas: Homer in der deutschen Literatur (1450–1740). Zur Rezeption der Antike und zur Poetologie der Neuzeit. Stuttgart 1972 = Germanistische Abhandlungen 39

Böschenstein, Bernhard: Studien zur Dichtung des Absoluten. Zürich, Freiburg i. Br. 1968

Böschenstein-Schäfer, Renate: Idylle. Stuttgart ²1977 = Sammlung Metzler 63

Das Breslauer Schultheater im 17. und 18. Jahrhundert. Einladungsschriften zu den Schulactus und Szenare zu den Aufführungen »förmlicher Comödien« an den protestantischen Gymnasien. Hrsg. und mit einem Nachw. versehen von Konrad Gajek. Tübingen 1994 = Rara ex bibliothecis Silesiis 3

»Der Buchstab tödt – der Geist macht lebendig«. Festschrift zum 60. Geburtstag von Hans-Gert Roloff. Hrsg. von James Hardin und Jörg Jungmayr. 2 Bde. Bern, Berlin, Frankfurt a. M., New York, Paris, Wien 1993

Butler, E[liza] M[arian]: The Tyranny of Greece over Germany. A Study of the Influence exercised by Greek Art and Poetry over the Great German Writers of the eigteenth, nineteenth and twentieth Centuries. Cambridge 1935 [Reprint Boston 1958; dt. u. d. T.: Deutsche im Banne Griechenlands. Berlin 1948]

Cancik, Hubert: Antik – Modern. Beiträge zur römischen und deutschen Kulturgeschichte. Stuttgart, Weimar 1998

Cholevius, Carl Leo: Geschichte der deutschen Poesie nach ihren antiken Elementen. 2 Bde. Leipzig 1854–1856

Conrady, Karl Otto: Zu den deutschen Plautusübertragungen. Ein Überblick von Albrecht von Eyb bis zu J. M. R. Lenz. In: Euphorion 48 (1954), S. 373–396

Cysarz, H.: Antikisierende Dichtung. In: Reallexikon der deutschen Literaturgeschichte 1 (1958), S. 84–94

Das deutsche Drama. Vom Barock bis zur Gegenwart. Interpretationen. Hrsg. von Benno von Wiese. 2 Bde. Düsseldorf 1958

Deutscher Horaz in fünf Jahrhunderten. Hrsg. von Richard Newald. Berlin 1933 = Literarhistorische Bibliothek 5

Deutsches Literatur-Lexikon. Biographisch-bibliographisches Handbuch. Begründet von Wilhelm Kosch. 3., völlig neu bearb. Aufl. Bern, München 1968 ff.

Dietze, Walter: Abriß einer Geschichte des deutschen Epigramms. In: Dietze: Erbe und Gegenwart. Aufsätze zur vergleichenden Literaturwissenschaft. Berlin, Weimar 1972, S. 247–391

Essen, Gesa von: Hermannsschlachten. Germanen- und Römerbilder in der Literatur des 18. und 19. Jahrhunderts. Göttingen 1998 = Veröffentlichung aus dem Göttinger Sonderforschungsbereich 529 »Internationalität nationaler Literaturen« B 2

Frenzel, Herbert A. / Frenzel, Elisabeth: Daten deutscher Dichtung. Chronologischer Abriß der deutschen Literaturgeschichte. München ^{30}1997

Fuhrmann, Manfred: Übersetzungen antiker Autoren. In: Die Antike in der europäischen Gegenwart [s. 1.1.], S. 19–30

Gedichte und Interpretationen. Stuttgart = Universal-Bibliothek 7890–7895 und 9632. Bd. 1: Renaissance und Barock. Hrsg. von Volker Meid. 1988 / Bd. 2: Aufklärung und Sturm und Drang. Hrsg. von Karl Richter. 1983 / Bd. 3: Klassik und Romantik. Hrsg. von Wulf Segebrecht / Bd. 4: Vom Biedermeier zum Bürgerlichen Realismus. Hrsg. von Günter Häntzschel. 1983 / Bd. 5: Vom Naturalismus bis zur Jahrhundertmitte. Hrsg. von Harald Hartung. 1983 / Bd. 6: Gegenwart. Hrsg. von Walter Hinck. 1985 / Bd. 7: Gegenwart II. Hrsg. von Walter Hinck. 1997.

Germanistik und Komparatistik. DFG-Symposion 1993. Hrsg. von Hendrik Birus. Stuttgart, Weimar 1995 = Germanistische-Symposiens-Berichtsbände 16

Geschichte der deutschen Literatur. Kontinuität und Veränderung. Vom Mittelalter bis zur Gegenwart. Hrsg. von Ehrhard Bahr. Tübingen, Basel ^{2}1998

Geschichte der deutschen Literatur von den Anfängen bis zur Gegenwart. Begründet von Helmut de Boor und Richard Newald. [Die einzelnen Bände sind innerhalb der jeweiligen Epochen verzeichnet]

Geschichte der deutschen Literatur von den Anfängen bis zur Gegenwart. Hrsg. von Klaus Gysi [u. a.; Bd. 1–5] / Hans-Günther Thalheim [u. a.; Bd. 6–12]. [Die einzelnen Bände sind innerhalb der jeweiligen Epochen verzeichnet]

Gössmann, Wilhelm: Deutsche Nationalität und Freiheit. Die Rezeption der Arminius-Gestalt in der Literatur von Tacitus bis Heine. In: Heine-Jahrbuch 16 (1977), S. 71–95

Grimm, Gunter E.: Die Suche nach der eigenen Identität. Deutsche Literatur im 16. und 17. Jahrhundert. In: Propyläen Geschichte der Literatur [s. 1.1.], Bd. 3, S. 326–369

Habermann, Paul: Antike Versmaße und Strophen- (Oden-)formen im Deutschen. In: Reallexikon der deutschen Literaturgeschichte [s. d.] 1 (1958), S. 70–84

Hatfield, Henry: Aesthetic Paganism in German Literature. From Winckelmann to the Death of Goethe. Cambridge, Mass. 1964

Ders.: Clashing Myths in German Literature. From Heine to Rilke. Cambridge, Mass. 1974

Herzog, Reinhart: Antike-Usurpationen in der deutschen Belletristik seit 1866 (mit Seitenblicken auf die Geschichte der Klassischen Philologie). In: Antike und Abendland 23 (1977), S. 10–27

Hess, Günther: Deutsche Literaturgeschichte und neulateinische Literatur. Aspekte einer gestörten Rezeption. In: Acta conventus neo-Latini Amstelodamensis [s. 1.1.], S. 493–538

Hölscher, Uvo: Die »Nachahmung der Alten« und der lyrische Vers der Moderne. In: Hölscher: Das nächste Fremde [s. 1.1.], S. 282–302

Irmscher, Johannes: Neograeca in Germania im 18. und 19. Jahrhundert. – In: Graeca recentiora in Germania. Deutsch-griechische Kulturbeziehungen vom 15. bis 19. Jahrhundert. Hrsg. von Hans Eideneier. Wiesbaden 1994 = Wolfenbütteler Forschungen 59, S. 199–218

Kaiser, Gerhard: Wandrer und Idylle. Goethe und die Phänomenologie der Natur in der deutschen Dichtung von Geßner bis Gottfried Keller. Göttingen 1977

Kelletat, Alfred: Zum Problem der antiken Metren im Deutschen. In: Der Deutschunterricht 16 (1964) 6, S. 50–85

Kes, Barbara R.: Die Rezeption der Komödien des Plautus und Terenz im 19. Jahrhundert. Theorie – Bearbeitung – Bühne. Amsterdam 1988

Kontroversen, alte und neue. Akten des VII. Internationalen Germanisten-Kongresses Göttingen 1985. Hrsg. von Albrecht Schöne. 11 Bde. Tübingen 1986

Kühlmann, Wilhelm / Wiegand, Hermann: Neulateinische Literatur. In: Literatur-Lexikon [s. d.] 14 (1993), S. 151–158

Lateinische Gedichte deutscher Humanisten. Lateinisch und Deutsch. Ausgew., übers. und erl. von Harry C. Schnur. Stuttgart 1967 = Universal-Bibliothek 8739–8745

Literatur-Lexikon. Hrsg. von Walther Killy. Bd. 1–12: Autoren und Werke deutscher Sprache / Bd. 13–14: Begriffe, Realien, Methoden / Bd. 15: Register. Gütersloh, München 1988–1993

Meid, Volker: Metzler-Literatur-Chronik. Werke deutschsprachiger Autoren. Stuttgart, Weimar 1993

Mommsen, Momme: Lebendige Überlieferung. George – Hölderlin – Goethe. Bern, Berlin, Frankfurt a.M., New York, Paris, Wien 1999 = Germanic Studies in America 69

Mythos und Mythologie in der Literatur des 19. Jahrhunderts. Hrsg. von Helmut Koopmann. Frankfurt a.M. 1979 = Studien zur Philosophie und Literatur des 19. Jahrhunderts 36

Newald, Richard: Die deutsche Literatur vom Späthumanismus zur Empfindsamkeit 1570–1750. München ⁷1975 = Geschichte der deutschen Literatur von den Anfängen bis zur Gegenwart. Begründet von Helmut de Boor und Richard Newald 5

Ders.: Klassisches Altertum und deutsche Literatur. In: Deutsche Philologie im Aufriß. Unter Mitarb. zahlreicher Fachgelehrter hrsg. von Wolfgang Stammler. Bd. 2. Berlin, Bielefeld ²1957, Sp. 2521–2554

Nolte, Fred Otto: German Literature and the Classics: A Bibliographical Guide. In: Harvard Studies and Notes in Philology and Literature 18 (1935), S. 125–163

Reallexikon der deutschen Literaturgeschichte. Begründet von Paul Merker und Wolfgang Stammler. 2. Aufl. Hrsg. von Werner Kohlschmidt und Wolfgang Mohr [Bd. 1–3] / Klaus Kanzog und Achim Maßer [Bd. 4–5]. Berlin, New York 1958–1988

Rehm, Walther: Götterstille und Göttertrauer. Aufsätze zur deutsch-antiken Begegnung. Bern 1951

Ders.: Orpheus. Der Dichter und die Toten. Novalis – Hölderlin – Rilke. Düsseldorf 1950

Reinhardt, Karl: Tradition und Geist. Gesammelte Essays zur Dichtung. Hrsg. von Carl Becker. Göttingen 1960

Ders.: Von Werken und Formen. Vorträge und Aufsätze. Godesberg 1948
Riedel, Volker: Aristoteles, Lessing, Goethe und Fragen der modernen Wirkungsästhetik. In: Riedel: Literarische Antikerezeption [s. 1.1.], S. 22–31
Ders.: Herakles-Bilder in der deutschen Literatur des 17. bis 20. Jahrhunderts. In: Riedel: Literarische Antikerezeption [s. 1.1.], S. 46–64
Ders.: Das Nachleben der Antike in den deutschsprachigen Ländern. In: Einleitung in die klassischen Altertumswissenschaften. Ein Informationsbuch von einem Autorenkollektiv unter Leitung von Johannes Irmscher. Berlin 1986, S. 340–342
Robertson, J[ohn] G[eorge]: The Gods of Greece in German Poetry. Oxford 1924
Roloff, Hans-Gert: Neulateinisches Drama. In: Reallexikon der deutschen Literaturgeschichte [s. d.] 2 (1965), S. 645–678
Rüegg, Walter: Die Antike als Begründung des deutschen Nationalbewußtseins. In: Antike in der Moderne [s. 1.1.], S. 267–287
Schadewaldt, Wolfgang: Antike Tragödie auf der modernen Bühne. Zur Geschichte der Rezeption der griechischen Tragödie auf der heutigen Bühne. In: Schadewaldt: Hellas und Hesperien [s. 1.1.], Bd., 2, S. 622–650
Schäfer, Eckart: Deutscher Horaz. Conrad Celtis, Georg Fabricius, Paul Melissus, Jacob Balde. Die Nachwirkung des Horaz in der neulateinischen Dichtung Deutschlands. Wiesbaden 1976
Schlaffer, Heinz: Musa iocosa. Gattungspoetik und Gattungsgeschichte der erotischen Dichtung in Deutschland. Stuttgart 1971 = Germanistische Abhandlungen 37
Schmitz, Victor A.: Den alten Göttern zu. In: Castrum Peregrini 134/135 (1978), S. 23–34
Schnur, Harry C.: The Humanist Epigram and ist Influence on the German Epigram. In: Acta conventus neo-Latini Lovaniensis [s. 1.1.], S. 557–576
Schönberger, Otto: Aneignungen antiker Gedanken in deutscher Literatur. In: Gymnasium 91 (1985), S. 496–506
Sengle, Friedrich: Das historische Drama in Deutschland. Geschichte eines literarischen Mythos. Stuttgart ²1969
Sparn, Walter: Hercules Christianus. Mythographie und Theologie in der frühen Neuzeit. In: Mythographie der frühen Neuzeit [s. 1.1.], S. 73–108
Stachel, Paul: Seneca und das deutsche Renaissancedrama. Studien zur Literatur- und Stilgeschichte des 16. und 17. Jahrhunderts. Berlin 1907 [Reprint New York, London 1967] = Palaestra 46
Stockum, Th[eodorus] C[ornelis] van: Von Friedrich Nicolai bis Thomas Mann. Aufsätze zur deutschen und vergleichenden Literaturgeschichte. Groningen 1962
Streller, Siegfried: Wortweltbilder. Studien zur deutschen Literatur. Berlin, Weimar 1986
Strich, Fritz: Die Mythologie in der deutschen Literatur von Klopstock bis Wagner. 2 Bde. Halle (Saale) 1910
Wehrli, Max: Deutsche und lateinische Dichtung im 16. und 17. Jahrhundert. In: Das Erbe der Antike [s. 1.1.], S. 135–151
Weiser, Claudia: Pygmalion. Vom Künstler und Erzieher zum pathologischen Fall. Eine stoffgeschichtliche Untersuchung. Frankfurt a. M., Berlin, Bern, New York, Paris, Wien 1998 = Europäische Hochschulschriften 1, 1673
Wohlleben, Joachim: Die Sonne Homers. Zehn Kapitel deutscher Homer-Begeisterung. Von Winckelmann bis Schliemann. Göttingen 1990 = Kleine Vandenhoeck-Reihe 1554

2. Renaissance – Humanismus – Reformation

2.1. Übergreifende Literatur

Alfen, Klemens / Fochler, Petra / Lienert, Elisabeth: Deutsche Trojatexte des 12. bis 16. Jahrhunderts. Repertorium. In: Die deutsche Trojaliteratur des Mittelalters und der Frühen Neuzeit. Materialien und Untersuchungen. Hrsg. von Horst Brunner. Wiesbaden 1990 = Wissensliteratur im Mittelalter 3, S. 7–197

Asmuth, Bernhard: Der Humanismus in den Niederlanden, besonders bei Erasmus und Lipsius. In: Humanismus in Europa [s. 1.1.], S. 111–157

Baron, Frank: Plautus und die deutschen Frühhumanisten. In: Studia humanitatis. Ernesto Grassi zum 70. Geburtstag. Hrsg. von Eginhard Hora und Eckhard Keßler. München 1973 = Humanistische Bibliothek 1,16, S. 89–101

Bernstein, Eckhard: German Humanism. Boston, Mass. 1983 = Twayne's World Author Series 690

Braden, Gordon: Renaissance Tragedy and the Senecan Tradition. Anger's Privilege. New Haven, London 1985

Bernstein, Eckhard: Die Literatur des deutschen Frühhumanismus. Stuttgart 1978 = Sammlung Metzler 168

Buck, August: Die antiken Autoren aus der Sicht Dantes und Petrarcas. In: Die Rezeption der Antike [s. d.], S. 9–22

Ders.: Renaissance: Krise und Neubeginn. In: Buck: Studia humanitatis. Gesammelte Aufsätze 1973–1980. Festgabe zum 70. Geburtstag. Hrsg. [...] von Bodo Guthmüller, Karl Kohut, Oskar Roth. Wiesbaden 1981, S. 9–22

Burger, Heinz Otto: Renaissance – Humanismus – Reformation. Deutsche Literatur im europäischen Kontext. Bad Homburg v. d. H., Berlin, Zürich 1969 = Frankfurter Beiträge zur Germanistik 7

Deutsche Dichter der frühen Neuzeit (1450–1600). Ihr Leben und Werk. Hrsg. von Stephan Füssel. Berlin 1993

Deutsche Literatur des 16. Jahrhunderts. Hrsg. von Adalbert Elschenbroich. 2 Bde. München, Wien 1981

Deutsche Lyriker des sechzehnten Jahrhunderts. Ausgew. und hrsg. von Georg Ellinger. Berlin 1893 = Lateinische Litteraturdenkmäler des XV. und XVI. Jahrhunderts 7

Der deutsche Renaissancehumanismus. Abriß und Auswahl von Winfried Trillitzsch. Leipzig 1981 = Reclams Universal-Bibliothek 900

Die deutsche und lateinische Fabel in der Frühen Neuzeit. Bd. 1: Ausgewählte Texte. Hrsg. von Adalbert Elschenbroich / Bd. 2: Adalbert Elschenbroich: Grundzüge einer Geschichte der Fabel in der Frühen Neuzeit. Kommentar zu den Autoren und Sammlungen. Tübingen 1990

Ellinger, Georg: Geschichte der neulateinischen Literatur Deutschlands im sechzehnten Jahrhundert. Berlin, Leipzig. Bd. 1: Italien und der deutsche Humanismus in der neulateinischen Lyrik. 1929 / Bd. 2: Die neulateinische Lyrik Deutschlands in der ersten Hälfte des sechzehnten Jahrhunderts. 1929 / Bd. 3/1: Geschichte der neulateinischen Lyrik in den Niederlanden vom Ausgang des fünfzehnten bis zum Beginn des siebzehnten Jahrhunderts. 1933

Ders. / Rüstow, Brigitte: Neulateinische Dichtung Deutschlands im 16. Jahrhundert (mit Ausschluß des Dramas). In: Reallexikon der deutschen Literaturgeschichte [s. 1.2.] 2 (1965), S. 620–645

Engel, James E.: Renaissance, Humanismus, Reformation. Bern, München 1969 = Handbuch der deutschen Literaturgeschichte. Abt. II: Bibliographien. Bd. 4
Fochler, Petra: Fiktion als Historie. Der Trojanische Krieg in der deutschen Literatur des 16. Jahrhunderts. Wiesbaden 1990 = Wissensliteratur im Mittelalter 4
Die Frühzeit des Humanismus und der Renaissance in Deutschland. Hrsg. von Hans Rupprich. Leipzig 1938 [Nachdr. Darmstadt 1964] = Deutsche Literatur in Entwicklungsreihen. Reihe Renaissance und Humanismus 1
Füssel, Stephan: »Barbarus sum fugiat...« – Über das Verhältnis der Humanisten zur Volkssprache. In: Pirckheimer-Jahrbuch 1 (1985), S. 71–110
Galle und Honig. Humanistenepigramme. Hrsg. von Harry C. Schnur und Rainer Kößling. Lateinisch und Deutsch. Leipzig 1982 = Reclams Universal-Bibliothek 942
Geschichte der deutschen Literatur von 1480 bis 1600. Von Joachim G. Boeckh, Günter Albrecht, Kurt Böttcher, Klaus Gysi, Paul Günter Krohn. Berlin ³1983 = Geschichte der deutschen Literatur von den Anfängen bis zur Gegenwart. Hrsg. von Klaus Gysi [u. a.] / Hans-Günther Thalheim [u. a.] 4
Graecogermania. Griechischstudien deutscher Humanisten. Die Editionstätigkeit der Griechen in der italienischen Renaissance (1469–1523). Weinheim, New York 1989 = Ausstellungskataloge der Herzog August Bibliothek 59
Grundpositionen der deutschen Literatur im 16. Jahrhundert. Von Ingeborg Spriewald, Hildegard Schnabel, Werner Lenk, Heinz Entner. Berlin, Weimar 1972
Hess, Günter: Deutsch-lateinische Narrenzunft. Studien zum Verhältnis von Volkssprache und Latinität in der satirischen Literatur des 16. Jahrhunderts. München 1971 = Münchener Texte und Untersuchungen zur deutschen Literatur des Mittelalters 41
Humanismus und Renaissance in den deutschen Städten und an den Universitäten. Hrsg. von Hans Rupprich. Leipzig 1935 = Deutsche Literatur in Entwicklungsreihen. Reihe Humanismus und Renaissance 2
Humanistische Lyrik des 16. Jahrhunderts. Lateinisch und deutsch. In Zsarb. mit [...] hrsg. von Wilhelm Kühlmann, Robert Seidel und Hermann Wiegand. Frankfurt a. M. 1997 = Bibliothek der frühen Neuzeit 1,5 = Bibliothek deutscher Klassiker 146
Johne, Renate: Aristophanes-Studien im deutschen Renaissance-Humanismus. Zum »Eckius dedolatus« Willibald Pirckheimers. In: Antike Dramentheorien und ihre Rezeption [s. 1.1.], S. 159–168
Könneker, Barbara: Die deutsche Literatur der Reformationszeit. Kommentar zu einer Epoche. München 1975
Dies.: Deutsche Literatur im Zeitalter des Humanismus und der Reformation. In: Renaissance und Barock. Hrsg. von August Buck. Bd. 2. Frankfurt a. M. 1972 = Neues Handbuch der Literaturwissenschaft 10, S. 145–176
Dies.: Die Rezeption der aesopischen Fabel in der deutschen Literatur des Mittelalters und der frühen Neuzeit. In: Die Rezeption der Antike [s. d.], S. 209–224
Dies.: Wesen und Wandlung der Narrenidee im Zeitalter des Humanismus. Brant – Murner- Erasmus. Wiesbaden 1966
Krapf, Ludwig: Germanenmythus und Reichsideologie. Frühhumanistische Rezeptionsweisen der taciteischen »Germania«. Tübingen 1979 = Studien zur deutschen Literatur 59
Kühlmann, Wilhelm / Wiegand, Hermann: Humanismus. In: Literatur-Lexikon [s. 1.2.] 13 (1992), S. 421–427
Ludwig, Walther: Catullus renatus – Anfänge und frühe Entwicklung des catullischen Stils in der neulateinischen Dichtung. In: Ludwig: Litterae Neolatinae [s. 1.1.], S. 162–194

Mertens, Dieter: Deutscher Renaissance-Humanismus. In: Humanismus in Europa [s. 1.1.], S. 187–210

Michael, Wolfgang F.: Das deutsche Drama der Reformationszeit. Bern, Frankfurt a. M., Nancy, New York 1984

Newald, Richard: Probleme und Gestalten des deutschen Humanismus. Studien. Kleinere Schriften zur Literatur- und Geistesgeschichte. Berlin 1963

Rädle, Fidel: Die »Theophilus«-Spiele von München (1596) und Ingolstadt (1621). Zu einer Edition früher Jesuitendramen aus bayerischen Handschriften. In: Acta conventus neo-Latini Amstelodamensis [s. 1.1.], S. 886–897

Renaissance, Humanismus, Reformation. Hrsg. von Josef Schmidt. Stuttgart 1976 = Die deutsche Literatur. Ein Abriß in Text und Darstellung. Hrsg. von Otto F. Best und Hans-Jürgen Schmitt 3 = Universal-Bibliothek 9609

Renaissance – Reformation. Gegensätze und Gemeinsamkeiten. Vorträge hrsg. von August Buck. Wiesbaden 1984 = Wolfenbütteler Abhandlungen zur Renaissanceforschung 5

Renaissance und Humanismus in Mittel- und Osteuropa. Eine Sammlung von Materialien. Hrsg. von Johannes Irmscher. 2 Bde. Berlin 1962 = Deutsche Akademie der Wissenschaften zu Berlin. Schriften der Sektion für Altertumswissenschaft 32

Renaissanceliteratur und frühbürgerliche Revolution. Studien zu den sozial- und ideologiegeschichtlichen Grundlagen europäischer Nationalliteraturen. Hrsg. von Robert Weimann, Werner Lenk und Joachim-Jürgen Slomka. Berlin, Weimar 1976

Die Rezeption der Antike. Zum Problem der Kontinuität zwischen Mittelalter und Renaissance. Vorträge gehalten anläßlich des ersten Kongresses des Wolfenbütteler Arbeitskreises für Renaissanceforschung in der Herzog August Bibliothek Wolfenbüttel vom 2. bis 5. September 1978. Hrsg. von August Buck. Hamburg 1981 = Wolfenbütteler Abhandlungen zur Renaissanceforschung 1

Rüdiger, Horst: Die Wiederentdeckung der antiken Literatur im Zeitalter der Renaissance. In: Geschichte der Textüberlieferung der antiken und mittelalterlichen Literatur. Bd. 1. Zürich 1961, S. 511–580

Rüstow, Brigitte: Humanismus. In: Reallexikon der deutschen Literaturgeschichte [s. 1.2.] 2 (1965), S. 693–727

Rupprich, Hans: Die deutsche Literatur vom späten Mittelalter bis zum Barock. München. T. 1: Das ausgehende Mittelalter, Humanismus und Renaissance 1370–1520. ²1994 / T. 2: Das Zeitalter der Reformation 1520–1570. 1973 = Geschichte der deutschen Literatur von den Anfängen bis zur Gegenwart. Begründet von Helmut de Boor und Richard Newald 4/1–2

Schmitt, Wolfgang O.: Pindar und Zwingli. Bemerkungen zur Pindar-Rezeption im frühen 16. Jahrhundert. In: Aischylos und Pindar [s. 1.1.], S. 303–322

Spätmittelalter, Humanismus, Reformation. Texte und Zeugnisse. Hrsg. von Hedwig Heger. München. Bd. 1: Spätmittelalter und Frühhumanismus. 1975 / Bd. 2. Blütezeit des Humanismus und der Reformation. 1978 = Die deutsche Literatur. Texte und Zeugnisse. Hrsg. von Walther Killy 2,1–2

Worstbrock, Franz Josef: Deutsche Antikerezeption 1450–1550. T. 1: Verzeichnis der deutschen Übersetzungen antiker Autoren. Mit einer Bibliographie der Übersetzer. Boppard a. Rh. 1976 = Veröffentlichungen zur Humanismusforschung 1

2.2. Literatur zu einzelnen Autoren

Rudolf Agricola

Dooren, Wim van: Agricolas Lobrede auf die Philosophie und ihre Stellung innerhalb der italienischen Renaissance. In: Rudolf Agricola [s. d.], S. 67–82

Rudolf Agricola. 1444–1485. Protagonist des nordeuropäischen Humanismus zum 550. Geburtstag. Hrsg. von Wilhelm Kühlmann. Bern, Berlin, Frankfurt a. M., New York, Paris, Wien 1994

Wiegand, Hermann: »Mentibus at vatum deus insidet ...« Zu Rudolf Agricolas lateinischer Dichtung. In: Rudolf Agricola [s. d.], S. 261–291

Heinrich Bebel

Barner, Wilfried: Humanistische Bildungswerbung, schwäbisch. Zu Heinrich Bebels »Comoedia« vom Jahre 1501. In: Barner: Pioniere, Schulen, Pluralismus [s. 1.1.], S. 23–45

Sebastian Brant

Könneker, Barbara: Eyn wis man sich do heym behalt. Zur Interpretation von Sebastian Brants »Narrenschiff«. In: Germanisch-Romanische Monatsschrift. N. F. 14 (1964), S. 46–77

Dies.: Wesen und Wandlung der Narrenidee im Zeitalter des Humanismus [s. 2.1.]

Manger, Klaus: Das »Narrenschiff«. Entstehung, Wirkung und Deutung. Darmstadt 1983 = Erträge der Forschung 186

Joachim Camerarius

Schäfer, Eckart: Bukolik und Bauernkrieg. Joachim Camerarius als Dichter. In: Joachim Camerarius (1500–1574). Beiträge zur Geschichte des Humanismus im Zeitalter der Reformation. Hrsg. und eingel. von Frank Baron. München 1978 = Humanistische Bibliothek 1,24

Konrad Celtis

Barner, Wilfried: Über das Negieren von Tradition. Zur Typologie literaturprogrammatischer Epochenwenden in Deutschland. In: Epochenschwelle und Epochenbewußtsein. Hrsg. von Reinhart Herzog und Reinhart Koselleck. München 1987 = Poetik und Hermeneutik 12, S. 3–51. [Über Celtis S. 16–22 und 45–47]

Füllner, Rosemarie: Natur und Antike. Untersuchungen zu Dichtung, Religion und Bildungsprogramm des Conrad Celtis. Diss. Göttingen 1956 [Maschinenschr.]

Schäfer, Eckart: Conrad Celtis‹ Ode an Apoll. Ein Manifest neulateinischen Dichtens in Deutschland. In: Gedichte und Interpretationen [s. 1.2.], Bd. 1, S 83–93

Ders.: Deutscher Horaz [s. 1.2.], S. 1–38

Euricius Cordus

Binder, Gerhard / Müller, Armgard: »Est propior cantu fletus«. Die 6. Ekloge des Euricius Cordus und die vergilische Bukolik. In: Compar(a)ison (1993) 2, S. 193–215

Ijsewijn, Jozef: Euricius Cordus als Epigrammatiker. In: »Der Buchstab tödt – der Geist macht lebendig« [s. 1.2.], S. 1047–1065

Müller, Armgard: Das »Bucolicon« des Euricius Cordus und die Tradition der Gattung. Text, Übersetzung, Interpretation. Trier 1997 = Bochumer Altertumswissenschaftliches Colloquium 27

Paschou, Ionna: Euricius Cordus, »Bucolicon«. Kritische und kommentierte Ausgabe. Hamburg 1997 = Hamburger Beiträge zur Neulateinischen Philologie 1

Schmidt, Paul Gerhard: Euricius Cordus. In: Acta conventus neo-Latini Guelpherbytani [s. 1.1.], S. 307–313

»Eckius dedolatus«

Johne, Renate: Aristophanes-Studien im deutschen Renaissance-Humanismus. Zum »Eckius dedolatus« Willibald Pirckheimers [s. 2.1.]

Erasmus von Rotterdam

Könneker, Barbara: Wesen und Wandlung der Narrenidee im Zeitalter des Humanismus [s. 2.1.]

Phillips, Margaret Mann: Erasmus and the Classics. In: Erasmus. Ed. by T. A. Dorey. London 1970 = Studies in Latin Literature and its Influence, S. 1–30

Waszink, J. H.: Die Bedeutung des Erasmus für die Klassische Erziehung. In: Gymnasium 84 (1977), S. 184–199

Albrecht von Eyb

De Felip-Jaud, Elisabeth: Albrecht von Eybs Übertragung der »Menaechmen« des T. Maccius Plautus. Eine frühhumanistische Realienkunde. In: Daphnis 24 (1995), S. 241–262

Georg Fabricius

Schäfer, Eckart: Deutscher Horaz [s. 1.2.], S. 39–64

Nikodemus Frischlin

Barner, Wilfried: Nikodemus Frischlins ›satirische Freiheit‹. In: Barner: Pioniere, Schulen, Pluralismus [s. 1.1.], S. 47–68

Rädle, Fidel: Einige Bemerkungen zu Frischlins Dramatik. In: Acta conventus neo-Latini Guelpherbytani [s. 1.1.], S. 289–297

Helius Eobanus Hessus

Gräßer-Eberbach, Ingeborg: Helius Eobanus Hessus. Der Poet des Erfurter Humanistenkreises. Erfurt 1993

Vredeveld, Harry: The »Bucolicon« of Eobanus Hessus: Three Versions of Pastoral. In: Acta conventus neo-Latini Guelpherbytani [s. 1.1.], S. 375–382

Ulrich von Hutten

Honemann, Volker: Der deutsche Lukian. Die volkssprachigen Dialoge Ulrichs von Hutten. In: Ulrich von Hutten 1488–1988 [s. d.], S. 37–55

Roloff, Hans-Gert: Der »Arminius« des Ulrich von Hutten. In: Arminius und die Varusschlacht [s. 1.2.], S. 211–238

Schäfer, Eckart: Ulrich von Hutten als lateinischer Poet. In: Ulrich von Hutten 1488–1988 [s. d.], S. 57–78

Ulrich von Hutten 1488–1988. Akten des Internationalen Ulrich-von-Hutten-Symposions 15.–17. Juli 1988 in Schlüchtern. Hrsg. von Stephan Füssel. In: Pirckheimer-Jahrbuch 4 (1988)

JAKOB LOCHER

Coppel, Bernhard: Jakob Locher und seine in Freiburg aufgeführten Dramen. In: Acta conventus neo-Latini Amstelodamensis [s. 1.1.], S. 258–272

Heidloff, Günter: Untersuchungen zu Leben und Werk des Humanisten Jakob Locher Philomusus (1471–1528). Münster 1975

PETRUS LOTICHIUS SECUNDUS

Ludwig, Walther: Petrus Lotichius Secundus and the Roman Elegists: Prolegomena to a Study of Neo-Latin Elegy. In: Ludwig: Litterae Neolatinae [s. 1.1.], S. 202–217

Schäfer, Eckart: Zwischen deutschem Volkslied und römischer Elegie. Imitatio und Selbstfindung in Lotichius' »De puella infelici«. In: Gedichte und Interpretationen [s. 1.2.], Bd. 1, S. 96–110

Schmidt, Peter Leberecht: »... unde utriusque poetae elegans artificium admirari licebit«. Zur Ovid-Rezeption (am. 2,6) des Petrus Lotichius Secundus (el. 2,7). In: Der altsprachliche Unterricht 23 (1980) 6, S. 54–71

Zon, Stephen: Petrus Lotichius Secundus. Neo-Latin Poet. New York, Francfort on the Main, Berne 1983 = American University Studies 1, 13

PETER LUDER

Barner, Wilfried: »Studia toto amplectenda pectore«. Peter Luders Heidelberger Programmrede vom Jahre 1456. In: Barner: Pioniere, Schulen, Pluralismus [s. 1.1.], S. 3–21

Baron, Frank E.: The Beginnings of German Humanism: The Life and Work of the Wandering Humanist Peter Luder. Diss. Berkeley, Calif. 1966

MARTIN LUTHER

Junghans, Helmar: Der junge Luther und die Humanisten. Weimar 1984

Stolt, Birgit: Luthers Zweisprachigkeit. In: Acta conventus neo-Latini Lovaniensis [s. 1.1.], S. 639–645

PHILIPP MELANCHTHON

Berwald, Olaf: Philipp Melanchthons Sicht der Rhetorik. Wiesbaden 1994 = Gratia 25

Hofmann, Heinz: Melanchthon als Interpret antiker Dichtung. In: Neulateinisches Jahrbuch 1 (1999), S. 99–128

Knape, Joachim: Philipp Melanchthons »Rhetorik«. Tübingen 1993 = Rhetorik-Forschungen 6

Philipp Melanchthon in Südwestdeutschland. Bildungsstationen eines Reformators. Hrsg. von Stefan Rhein, Armin Schlechter, Udo Wennemuth. Karlsruhe 1997

Pohlke, Reinhard: Melanchthon und sein Griechischlehrer Georg Simler – zwei Vermittler des Griechischen in Deutschland. In: Philipp Melanchthon in Südwestdeutschland [s. d.], S. 39–62

Scheible, Heinz: Melanchthon. Eine Biographie. München 1997

Wetzel, Richard: Melanchthons Verdienste um Terenz unter besonderer Berücksichtigung ›seiner‹ Ausgaben des Dichters. In: Philipp Melanchthon in Südwestdeutschland [s. d.], S. 101–128

500 Jahre Philipp Melanchthon (1497–1560). Akten des interdisziplinären Symposiums

vom 25.–27. April 1997 im Nürnberger Melanchthon-Gymnasium. Hrsg. von Reinhold Friedrich und Klaus A. Vogel. In: Pirckheimer-Jahrbuch 13 (1998)

PAULUS MELISSUS SCHEDE
Schäfer, Eckart: Die Aura des Heiligenbergs. Eine späte petrarkistische Ode des Paulus Melissus (Schede). In: Gedichte und Interpretationen [s. 1.2.], Bd. 1, S. 113–123
Schäfer, Eckart: Deutscher Horaz [s. 1.2.], S. 65–108

THOMAS MURNER
Bernstein, Eckhard: Die erste deutsche Äneis. Eine Untersuchung von Thomas Murners Äneis-Übersetzung aus dem Jahre 1515. Meisenheim am Glan 1974 = Deutsche Studien 23
Könneker, Barbara: Wesen und Wandlung der Narrenidee im Zeitalter des Humanismus [s. 2.1.]

THOMAS NAOGEORG
Roloff, Hans-Gert: Thomas Naogeorgs Satiren. In: Daphnis 16 (1987), S. 363–385

WILLIBALD PIRCKHEIMER
Holzberg, Niklas: Willibald Pirckheimer. Griechischer Humanismus in Deutschland. München 1981 = Humanistische Bibliothek 1,41
Johne, Renate: Aristophanes-Studien im deutschen Renaissance-Humanismus. Zum »Eckius dedolatus« Willibald Pirckheimers [s. 2.1.]

JOHANNES REUCHLIN
Sicherl, Martin: Johannes Reuchlin als Begründer des Griechischen in Deutschland. In: Gymnasium 100 (1993), S. 530–547

HANS SACHS
Abele, Wilhelm: Die antiken Quellen des Hans Sachs. T. 1 und 2. Beilage zum Programm der Realanstalt in Cannstatt 1897 und 1899
Dortmund, Annette: Terenz-Rezeption bei Hans Sachs. Zur Rolle des Buchdrucks in der Antikerezeption des Humanismus. In: Hans Sachs im Schnittpunkt von Antike und Neuzeit [s. d.], S. 151–155
Hans Sachs im Schnittpunkt von Antike und Neuzeit. Akten des interdisziplinären Symposions vom 23./24. September 1994 in Nürnberg. Hrsg. von Stephan Füssel. In: Pirckheimer-Jahrbuch 10 (1995)
Holzberg, Niklas: Möglichkeiten und Grenzen humanistischer Antikerezeption: Willibald Pirckheimer und Hans Sachs als Vermittler klassischer Bildung. In: Hans Sachs im Schnittpunkt von Antike und Neuzeit [s. d.], S. 9–29
Holzberg, Niklas: Das Verhältnis der Spielhandlung zu der »angeheneckten lehr« in der Lucretia-Tragödie des Hans Sachs. In: »Der Buchstab tödt – der Geist macht lebendig« [s. 1.2.], S. 533–552
Könneker, Barbara: Hans Sachs. Stuttgart 1971 = Sammlung Metzler 94
Wingen-Trennhaus, Angelika: Die Quellen des Hans Sachs. Bibliotheksgeschichtliche Forschungen zum Nürnberg des 16. Jahrhunderts. In: Hans Sachs im Schnittpunkt von Antike und Neuzeit [s. d.], S. 109–149

PANKRATZ BERNHAUBT GEN. SCHWENTER
Wuttke, Dieter: Die Histori Herculis des Nürnberger Humanisten und Freundes der Gebrüder Vischer, Pangratz Bernhaubt gen. Schwenter. Materialien zur Erforschung des deutschen Humanismus um 1500. Köln, Graz 1964 = Beihefte zum Archiv für Kulturgeschichte 7

JOHANNES SECUNDUS
Godman, Peter: Johannes Secundus and Renaissance Latin Poetry. In: Review of English Studies. N. S. 39 (1985), S. 258–272
Godman, Peter: Literary Classicism and Latin Erotic Poetry of the Twelfth Century and the Renaissance. In: Latin Poetry and the Classical Tradition. Essays in Medieval and Renaissance Literature. Ed. by Peter Godman and Oswyn Murray. Oxford 1990 = Oxford-Warburg-Studies, S. 149–182
Murgatroyd, Paul: Johannes Secundus »Elegia Sollemnis« 1. In: International Journal of the Classical Tradition 4 (1997/98), S. 526–531

JOHANNES SPRENG
Pfeiffer, Rudolf: Die Meistersingerschule in Augsburg und der Homerübersetzer Johannes Spreng. München, Leipzig 1919 = Schwäbische Geschichtsquellen und Forschungen 2
Urban, Ingrid: Antike Dichtung in den weltlichen Liedern des Meistersängers Johannes Spreng. In: Euphorion 55 (1961), S. 146–162

HEINRICH STEINHÖWEL
Dicke, Gerd: Heinrich Steinhöwels »Esopus« und seine Fortsetzer. Untersuchungen zu einem Bucherfolg der Frühdruckzeit. Tübingen 1994 = Münchener Texte und Untersuchungen zur deutschen Literatur des Mittelalters 103

3. Barock

3.1. Übergreifende Literatur

Alexander, Robert J.: Das deutsche Barockdrama. Stuttgart 1984 = Sammlung Metzler 209
Aurnhammer, Achim: Deutschland II. Barock. In: Der Neue Pauly 13 (1999), Sp. 779–792
Barner, Wilfried: Barockrhetorik. Untersuchungen zu ihren geschichtlichen Grundlagen. Tübingen 1970
Barocklyrik. Hrsg. von Herbert Cysarz. 3 Bde. Leipzig 1937 [Reprographischer Neudruck Darmstadt 1964] = Deutsche Literatur in Entwicklungsreihen. Reihe Barock
Conrady, Karl Otto: Lateinische Dichtungstradition und deutsche Lyrik des 17. Jahrhunderts. Bonn 1962 = Bonner Arbeiten zur deutschen Literatur 4
Deutsche Barockforschung. Dokumentation einer Epoche. Hrsg. von Richard Alewyn. Köln, Berlin 1965 = Neue Wissenschaftliche Bibliothek 7. Literaturwissenschaft
Deutsche Barocklyrik. Ausw. und Nachw. von Max Wehrli. Basel, Stuttgart ³1962 = Sammlung Klosterberg. N. F.
Deutsche Dichter des 17. Jahrhunderts. Ihr Leben und Werk. Unter Mitarb. zahlreicher Fachgelehrter hrsg. von Harald Steinhagen und Benno von Wiese. Berlin 1984

Gedichte 1600–1700. Nach den Erstdrucken in zeitlicher Folge hrsg. von Christian Wagenknecht. München 1969 = Epochen der deutschen Lyrik. Hrsg. von Walther Killy 4

Geschichte der deutschen Literatur von 1600 bis 1700. Von Joachim G. Boeckh, Günter Albrecht, Kurt Böttcher, Klaus Gysi, Paul Günter Krohn, Hermann Strobach. Berlin 1962 = Geschichte der deutschen Literatur von den Anfängen bis zur Gegenwart. Hrsg. von Klaus Gysi [u. a.; Bd. 1–5] / Hans-Günther Thalheim [u. a.; Bd. 6–12] 5

Haufe, Eberhard: Die Behandlung der antiken Mythologie in den Textbüchern der Hamburger Oper 1678–1738. Frankfurt a. M., Berlin, Bern, New York, Paris, Wien 1994 = Mikrokosmos 37

Levy, Richard: Martial und die deutsche Epigrammatik des siebzehnten Jahrhunderts. Diss. Heidelberg 1903

Lohmeier, Anke-Marie: Beatus ille. Studien zum »Lob des Landlebens« in der Literatur des absolutistischen Zeitalters. Tübingen 1981 = Hermaea. N. F. 44

Meid, Volker: Barocklyrik. Stuttgart 1986 = Sammlung Metzler 227

Ders.: Der deutsche Barockroman. Stuttgart 1974 = Sammlung Metzler 128

Reichelt, Klaus: Barockdrama und Absolutismus. Studien zum deutschen Drama zwischen 1650 und 1700. Frankfurt a. M., Bern 1981 = Arbeiten zur mittleren deutschen Literatur und Sprache 8

Rötzer, Hans Gerd: Der Roman des Barock 1600–1700. Kommentar zu einer Epoche. München 1972

Solbach, Andreas: Evidentia und Erzähltheorie. Die Rhetorik anschaulichen Erzählens in der Frühmoderne und ihre antiken Quellen. München 1994 = Figuren 2

Studien zur deutschen Literatur im 17. Jahrhundert. Autoren: Heinz Entner, Werner Lenk, Ingrid Schiewek, Ingeborg Spriewald. Berlin, Weimar 1984

Szarota, Elida Maria: Geschichte, Politik und Gesellschaft im Drama des 17. Jahrhunderts. Bern, München 1976

Szyrocki, Marian: Die deutsche Literatur des Barock. Eine Einführung. Stuttgart 1987 = Universal-Bibliothek 9924

Tissot, Will: Simson und Herkules in den Gestaltungen des Barock. Diss. Greifswald 1932

Trunz, Erich: Der Übergang der Neulateiner zur deutschen Dichtung. In: Trunz: Deutsche Literatur zwischen Späthumanismus und Barock. Acht Studien. München 1995, S. 207–227

Weisz, Jutta: Das deutsche Epigramm des 17. Jahrhunderts. Stuttgart 1979 = Germanistische Abhandlungen 49

Wiedemann, Conrad: Barockdichtung in Deutschland. In: Renaissance und Barock. Hrsg. von August Buck. Bd. 2. Frankfurt a. M. 1972 = Neues Handbuch der Literaturwissenschaft 10, S. 177–201

Wir vergehn wie Rauch von starken Winden. Deutsche Gedichte des 17. Jahrhunderts. Hrsg. von Eberhard Haufe. 2 Bde. Berlin 1985

3.2. Literatur zu einzelnen Autoren

ANTON ULRICH

Haile, H. G.. »Octavia: Römische Geschichte« – Anton Ulrich's Use of the Episode. In: Journal of English and German Philology 57 (1958), S. 611–632

Jacob Balde

Behrens, Doris: Jacob Baldes Auffassung von der Satire. In: Jacob Balde und seine Zeit [s. d.], S. 109–126

Classen, Carl Joachim: Barocke Zeitkritik in antikem Gewande. Bemerkungen zu den medizinischen Satiren des »Teutschen Horatius« Jacob Balde S. J. In: Daphnis 5 (1976), S. 67–125

Gegenschatz, Ernst: Der Barockdichter Jakob Balde, ein christlicher Horaz. In: Tradition und Rezeption. Hrsg. von Peter Neukam. München 1984 = Dialog Schule & Wissenschaft. Klassische Sprachen und Literaturen 18, S. 56–107

Häußler, Reinhard: Drei Gedichte an den Schlaf: Statius – Balde – Hölderlin. In: arcadia 13 (1978), S. 113–145

Jacob Balde und seine Zeit. Akten des Ensisheimer Kolloquiums 15.–16. Oktober 1982. Hrsg. von Jean-Marie Valentin. Bern, Frankfurt a. M., New York 1986 = Jahrbuch für Internationale Germanistik A 16

Kühlmann, Wilhelm: »Magni fabula nominis«. Jacob Baldes Meditationen über Wallensteins Tod. In: Gedichte und Interpretationen [s. 1.2.], Bd. 1, S. 190–197

Schäfer, Eckart: Deutscher Horaz [s. 1.2.], S. 109–260

Ders.: »Die Verwandlung« Jacob Baldes. Ovidische Metamorphose und christliche Allegorie. In: Jacob Balde und seine Zeit [s. d.], S. 127–156

Schmidt, Peter L.: Balde und Claudian: Funktionsgeschichtliche Rezeption und poetische Modernität. In: Jacob Balde und seine Zeit [s. d.], S. 157–184

Schönberger: Lucan, Iacob Balde und Dürer. In: Schönberger: Aneignungen antiker Gedanken in deutscher Literatur [s. 1.2.], S. 496–502

Thill, André: Vergil-Rezeption im Werke Jacob Baldes (1604–1668). In: Würzburger Jahrbücher für die Altertumswissenschaft. N. F. 8 (1982), S. 129–136

Johannes Bisselius

Wiegand, Hermann: Marianische Liebeskunst: Zu den Anfängen der Lateinischen Lyrik des Johannes Bisselius S. J. (1601–1682). In: Acta conventus neo-Latini Guelpherbytani [s. 1.1.], S. 383–393

Paul Fleming

Kühlmann, Wilhelm: Ausgeklammerte Askese. Zur Tradition heiterer erotischer Dichtung in Paul Flemings Kußgedicht. In: Gedichte und Interpretationen [s. 1.2.], Bd. 1, S. 177–186

Pyritz, Hans: Paul Flemings Liebeslyrik. Zur Geschichte des Petrarkismus. Göttingen 1963 = Palaestra 234

Tropsch, Stephan: Flemings Verhältnis zur römischen Dichtung. Graz 1895 = Grazer Studien zur deutschen Philologie 3

Christoffel von Grimmelshausen

Trappen, Steffen: Grimmelshausen und die menippeische Satire. Tübingen 1994

Weydt, Günther: Grimmelshausens Bildung – mit einem Nachtrag: »Simplicissimus« und »Odyssee«. In: Kontroversen, alte und neue [s. 1.2.], Bd. 7, S. 170–175

Weydt, Günther: Hans Jacob Christoffel von Grimmelshausen. Stuttgart ²1979 = Sammlung Metzler 99

Ders.: Nachahmung und Schöpfung im Barock. Studien um Grimmelshausen. Bern, München 1968

ANDREAS GRYPHIUS

Arend, Stefanie: Zwei Leben: Vom »artifex naturae« zum stoischen Weisen. Die Aktualisierung des Senecaischen »secundum naturam vivere« in Gryphius' Drama »Papinian« (1659). In: Tradita et Inventa [s. 1.1.], S. 217–233

Die Dramen des Andreas Gryphius. Eine Sammlung von Einzelinterpretationen. Hrsg. von Gerhard Kaiser. Stuttgart 1968

Habersetzer, Karl-Heinz: Politische Typologie und dramatisches Exemplum. Studien zum historisch-ästhetischen Horizont des barocken Trauerspiels am Beispiel von Andreas Gryphius' »Carolus Stuardus« und »Papinianus«. Stuttgart 1985 = Germanistische Abhandlungen 55

Mannack, Eberhard: Andreas Gryphius. Stuttgart ²1986 = Sammlung Metzler 76

Schings, Hans-Jürgen: Großmüttiger Rechts-Gelehrter Oder Sterbender Æmilius Paulus Papinianus. In: Die Dramen des Andreas Gryphius [s. d.], S. 170–203

Ders.: Die patristische und stoische Tradition bei Andreas Gryphius. Untersuchungen zu den Dissertationes funebres und Trauerspielen. Köln, Graz 1966 = Kölner germanistische Studien 2

Wentzlaff-Eggebert, Friedrich-Wilhelm: Dichtung und Sprache des jungen Gryphius. Die Überwindung der lateinischen Tradition und die Entwicklung zum deutschen Stil. Berlin ²1966

JOHANN CHRISTIAN GÜNTHER

Dahlke, Hans: Johann Christian Günther. Seine dichterische Entwicklung. Berlin 1960 = Neue Beiträge zur Literaturwissenschaft 10

Gajek, Konrad: Johann Christian Günthers Beziehung zum schlesischen Schultheater. In: Johann Christian Günther [s. d.], S. 47–75

Hoff-Purviance, Linda: Der deutsche Ovid. In: Text und Kritik. H. 74/75: Johann Christian Günther. München 1982, S. 31–39

Dies.: The ›German Ovid‹? Diss. North Western University, Evanston, Illinois 1980

Johann Christian Günther (1695–1723). Oldenburger Symposium zum 300. Geburtstag des Dichters. Hrsg. von Jens Stüben. München 1997 = Schriften des Bundesinstituts für ostdeutsche Kultur und Geschichte 10

Osterkamp, Ernst: Scherz und Tugend. Zum historischen Ort von Johann Christian Günthers erotischer Lyrik. In: Text und Kritik. H. 74/75: Johann Christian Günther. München 1982, S. 42–60

Stenzel, Jürgen: Pegasus im Joche. Johann Christian Günthers Dankepistel »Als er unverhofft von etlichen Gönnern aus Breßlau favorable Briefe erhielt«. In: Gedichte und Interpretationen [s. 1.2.], Bd. 1, S. 395–402

Wiegand, Hermann: Poeta doctus. Zu Johann Christian Günthers lateinischer Dichtung. In: Johann Christian Günther [s. d.], S. 123–135

CHRISTIAN HOFMANN VON HOFMANNSWALDAU

Rotermund, Erwin: Christian Hofmann von Hofmannswaldau. Stuttgart 1963 = Sammlung Metzler 29

CHRISTIAN KNORR VON ROSENROTH

Battafarano, Italo Michele: Eine alchemisch-esoterische Friedensutopie: Knorr von Rosenroths »Conjugium Phoebi & Palladis«. In: Battafarano: Glanz des Barock.

Forschungen zur deutschen als europäischer Literatur. Bern, Berlin, Frankfurt a. M.,
New York, Paris, Wien 1994 = Iris 8

FRIEDRICH VON LOGAU

Fritzmann, Anna: Friedrich von Logau. The Satirist. Bern, Frankfort on the Main, New
York 1983 = European University Studies 1, 725

Hempel, Paul: Die Kunst Friedrichs von Logau. Berlin 1917 [Reprint New York 1967] =
Palaestra 130

DANIEL CASPER VON LOHENSTEIN

Asmuth, Bernhard: Daniel Casper von Lohenstein. Stuttgart 1971 = Sammlung Metzler
97

Asmuth, Bernhard: Lohenstein und Tacitus. Eine quellenkritische Interpretation der
Nero-Tragödien und des »Arminius«-Romans. Stuttgart 1971 = Germanistische
Abhandlungen 36

Brancaforte, Charlotte: Lohensteins Preisgedicht »Venus«. Kritischer Text und Untersuchung. München 1974

Juretzka, Joerg C.: Zur Dramatik Daniel Casper von Lohensteins. »Cleopatra« 1661 und
1680. Meisenheim am Glan 1976 = Deutsche Studien 18

Spellerberg, Gerhard: Daniel Caspers von Lohenstein »Arminius«-Roman: Frühes Zeugnis des deutschen Chauvinismus oder Beispiel eines hochhumanistischen Patriotismus?
In: Arminius und die Varusschlacht [s. 1.1.], S. 249–263

Szarota, Elida Maria: Lohensteins Arminius als Zeitroman. Sichtweisen des Spätbarock.
Bern, München 1970

MARTIN OPITZ

Alewyn, Richard: Vorbarocker Klassizismus und griechische Tragödie. Analyse der »Antigone«-Übersetzung des Martin Opitz. Sonderausgabe. Darmstadt 1962 = Libelli 79

Becker-Cantarino, Barbara: Satyra in nostri belli levitatem. Opitz' »Lob des Krieges
Gottes Martis«. In: Deutsche Vierteljahrsschrift für Literaturwissenschaft und Geistesgeschichte 48 (1974), S. 291–317

Drux, Rudolf: Martin Opitz und sein poetisches Regelsystem. Bonn 1976 = Literatur
und Wirklichkeit 18

Szyrocki, Marian: Martin Opitz. München ²1974 = Edition Beck

CHRISTIAN WEISE

Christian Weise. Dichter – Gelehrter – Pädagoge. Beiträge zum ersten Christian-Weise-Symposium aus Anlaß des 350. Geburtstages, Zittau 1992. Hrsg. von Peter Behnke
und Hans-Gert Roloff. Bern, Berlin, Frankfurt a. M., New York, Parts, Wien 1994 =
Jahrbuch für Internationale Germanistik A 37

Jacobsen, Eric: Christian Weise und Seneca. In: Orbis Litterarum 8 (1959), S. 355–362

4. Aufklärung – Klassik – Romantik

4.1. Übergreifende Literatur

Altenhöner, Ingrid: Die Sibylle als literarische Chiffre bei Johann Georg Hamann –
Friedrich Schlegel – Johann Wolfgang Goethe. Frankfurt a. M., Berlin, Bern, New
York, Paris, Wien 1997 = Europäische Hochschulschriften 1,1646

Anger, Alfred: Literarisches Rokoko. Stuttgart ²1968 = Sammlung Metzler 25
Antike und Moderne in der Literaturdiskussion des 18. Jahrhunderts. Hrsg. und eingel. von Werner Krauss und Hans Kortum. Berlin 1966 = Deutsche Akademie der Wissenschaften zu Berlin. Schriftenreihe der Arbeitsgruppe zur Geschichte der deutschen und französischen Aufklärung 7
Anton, Herbert: Romantische Deutung griechischer Mythologie. In: Die deutsche Romantik. Poetik, Formen und Motive. Hrsg. von Hans Steffen. Göttingen ³1978 = Kleine Vandenhoeck-Reihe 1250, S. 277–288
Baeumer, Max L.: Die romantische Epiphanie des Dionys. In: Monatshefte für deutschen Unterricht, deutsche Sprache und Literatur 57 (1965), S. 225–236
Ders.: Die zeitgeschichtliche Funktion des dionysischen Topos in der romantischen Dichtung. In: Gestaltungsgeschichte und Gesellschaftsgeschichte. Literatur-, kunst- und musikwissenschaftliche Studien. Fritz Martini zum 60. Geburtstag. In Zsarb. mit Käte Hamburger hrsg. von Helmut Kreuzer. Stuttgart 1969, S. 265–283
Bauer, Werner M.: Horaz in Wien. Überlegungen zum Rezeptionswandel antiker Stilmuster in der neulateinischen Dichtung der josephinischen Zeit. In: Sprachkunst 10 (1979), S. 24–38
Ders.: Utopie und Exercitatio. Überlegungen zum Unterschied der Antikenrezeption in der deutschen und in der österreichischen Literatur des 18. Jahrhunderts. In: Virtus et Fortuna. Zur Deutschen Literatur zwischen 1400 und 1720. Festschrift für Hans-Gert Roloff zu seinem 50. Geburtstag. Hrsg. von Joseph P. Strelka und Jörg Jungmayr. Bern, Frankfurt a. M., New York 1983, S. 592–620
Beetz, Manfred: »In den Geist der Alten einzudringen«. Altphilologische Hermeneutik als Erkenntnis- und Bildungsinstrument der Weimarer Klassik. In: Klassik und Moderne [s. d.], S. 27–55
Behrmann, Alfred: Das Transmontane oder die Reise nach dem gelobten Lande. Deutsche Schriftsteller in Italien 1755–1808. Heidelberg 1996 = Beiträge zur neueren Literaturgeschichte 3,145
Beutler, Ernst: Vom griechischen Epigramm im 18. Jahrhundert. Leipzig 1909 = Probefahrten 15
Böhm, Benno: Sokrates im achtzehnten Jahrhundert. Studien zum Werdegange des modernen Persönlichkeitsbewußtseins. Neumünster 1966 = Kieler Studien zur deutschen Literaturgeschichte 4
Braemer, Edith: Goethes Prometheus und die Grundpositionen des Sturm und Drang. Berlin, Weimar ³1968 = Beiträge zur deutschen Klassik 8
Buck, August: Vorromantik und Rückkehr zur Antike in der europäischen Literatur des XVIII. Jahrhunderts. In: arcadia 1 (1966), S. 5–17
Deutsche Dichter der Romantik. Ihr Leben und Werk. Unter Mitarb. zahlreicher Fachgelehrter hrsg. von Benno von Wiese. Berlin ²1983
Deutsche Dichter des 18. Jahrhunderts. Ihr Leben und Werk. Unter Mitarb. zahlreicher Fachgelehrter hrsg. von Benno von Wiese. Berlin 1977
Deutsche Idyllentheorien im 18. Jahrhundert. Mit einer Einführung und Erläuterungen hrsg. von Helmut J. Schneider. Tübingen 1988 = Deutsche Text-Bibliothek 1
Dichtung des Rokoko. Nach Motiven geordnet und hrsg. von Alfred Anger. Tübingen ²1969 = Deutsche Texte 7
Emmersleben, August: Die Antike in der romantischen Theorie. Die Gebrüder Schlegel und die Antike. Berlin 1937 = Germanische Studien 191
Ennen, Jörg: Götter im poetischen Gebrauch. Studien zu Begriff und Praxis der antiken Mythologie um 1800 und im Werk H. von Kleists. Münster 1998 = Zeit und Text 13

Fink, Gonthier-Louis: Pygmalion und das belebte Marmorbild. Wandlungen eines Märchenmotivs von der Frühaufklärung bis zur Spätromantik. In: Aurora. Jahrbuch der Eichendorff-Gesellschaft 43 (1983), S. 92–123

Franke, Olga: Euripides bei den deutschen Dramatikern des achtzehnten Jahrhunderts. Leipzig 1929 = Das Erbe der Alten 2,16

Fuhrmann, Manfred: Die Querelle des Anciens et des Modernes, der Nationalismus und die Deutsche Klassik. In: Fuhrmann: Brechungen [s. 1.1.], S. 129–149

Ders.: Von Wieland bis Voß. Wie verdeutscht man antike Autoren? In: Jahrbuch des Freien Deutschen Hochstifts 1987, S. 1–22

Gockel, Heinz: Mythos und Poesie. Zum Mythosbegriff in Aufklärung und Frühromantik. Frankfurt a. M. 1981 = Das Abendland. N. F. 12

Griechenland als Ideal. Winckelmann und seine Rezeption in Deutschland. Hrsg. von Ludwig Uhlig. Tübingen 1988 = Deutsche Text-Bibliothek 4

Gutjahr, Ortrud: Iphigenie – Penthesilea – Medea. Zur Klassizität weiblicher Mythen bei Goethe, Kleist und Grillparzer. In: Frauen: MitSprechen, MitSchreiben. Beiträge zur literatur- und sprachwissenschaftlichen Frauenforschung. Hrsg. von Marianne Henn und Britta Hufeisen. Stuttgart 1997 = Stuttgarter Arbeiten zur Germanistik 349, S. 223–243

Heise, Wolfgang: Zur Antikerezeption in der klassischen deutschen Literatur. In: Heise: Realistik und Utopie. Aufsätze zur deutschen Literatur zwischen Lessing und Heine. Berlin 1982 = Literatur und Gesellschaft, S. 36–54

Ders.: Zur Krise des Klassizismus. Ebd., S. 177–226

Herrmann, Hans Peter: »Ich bin fürs Vaterland zu sterben auch bereit.« Patriotismus oder Nationalismus im 18. Jahrhundert? Lesenotizen zu den deutschen Arminiusdramen 1740–1808. In: Gesellige Vernunft. Zur Kultur der literarischen Aufklärung. Festschrift für Wolfram Mauser zum 65. Geburtstag. Hrsg. von Ortrud Gutjahr, Wilhelm Kühlmann, Wolf Wucherpfennig. Würzburg 1993, S. 119–144

Hiebel, Frederick: The Modern View of Hellas and German Romanticism. In: The Germanic Review 29 (1954), S. 31–39

Hoffmeister, Gerhart: Deutsche und europäische Romantik. Stuttgart ²1990 = Sammlung Metzler 170

Howard, Martha Walling: The Influence of Plutarch in the Major European Literatures of the Eighteenth Century. Chapel Hill 1970 = University of North Carolina Studies in Comparative Literature 50

Irmscher, Johannes: Der Philhellenismus in Preußen als Forschungsanliegen. Berlin 1966 = Sitzungsberichte der Deutschen Akademie der Wissenschaften zu Berlin. Klasse für Sprachen, Literatur und Kunst, Jg. 1966, Nr. 2

Italienbeziehungen des klassischen Weimar. Hrsg. von Klaus Manger. Tübingen 1997 = Reihe der Villa Vigoni 11

Jauß, Hans Robert: Ästhetische Normen und geschichtliche Reflexion in der »Querelle des Anciens et des Modernes«. In: Perrault, Charles: Parallèle des anciens et des modernes en ce qui regarde les arts et les sciences. Mit einer einleitenden Abhandlung von H. R. Jauß und kunstgeschichtlichen Exkursen von M. Imdahl. München 1964 = Theorie und Geschichte der Literatur und der schönen Künste 2, S. 8–64

Ders.: Schillers und Schlegels Replik auf die »Querelle des Anciens et des Modernes«. In: Jauß: Literaturgeschichte als Provokation [s. 1.1.], S. 67–106

Jørgensen, Sven Aage / Bohnen, Klaus / Øhrgaard, Per: Aufklärung, Sturm und Drang, frühe Klassik 1740–1789. München 1990 = Geschichte der deutschen Literatur von den Anfängen bis zur Gegenwart. Begründet von Helmut de Boor und Richard Newald 6

Jørgensen, Sven-Aage: Zum Bild der unklassischen Antike. In: Deutsche Literatur zur Zeit der Klassik. Hrsg. von Karl Otto Conrady. Stuttgart 1977, S. 65–75

Kastinger Riley, Helene M.: Das Bild der Antike in der Deutschen Romantik. Amsterdam 1981 = German Language and Literature Monographs 10

Kaiser, Gerhard: Die Phänomenologie des Idyllischen in der deutschen Literatur. In: Kaiser: Wandrer und Idylle [s. 1.2.], S. 11–106

Kapitza, Peter K.: Ein bürgerlicher Krieg in der gelehrten Welt. Zur Geschichte der Querelle des Anciens et des Modernes in Deutschland. München 1981

Klassik und Moderne. Die Weimarer Klassik als historisches Ereignis und Herausforderung im kulturgeschichtlichen Prozeß. Hrsg. von Karl Richter und Jörg Schönert. Walter Müller-Seidel zum 65. Geburtstag. Stuttgart 1983

Lohse, Gerhard: Die Homerrezeption im »Sturm und Drang« und deutscher Nationalismus im 18. Jahrhundert. In: International Journal of the Classical Tradition 4 (1997/98), S. 195–231

Martin, Dieter: Das deutsche Versepos im 18. Jahrhundert. Studien und kommentierte Gattungsbibliographie. Berlin, New York 1993 = Quellen und Forschungen zur Sprach- und Kulturgeschichte der germanischen Völker. N. F. 103 (227)

Miller, Norbert: Europäischer Philhellenismus zwischen Winckelmann und Byron. In: Propyläen Geschichte der Literatur. Literatur und Gesellschaft der westlichen Welt. Bd. 4: Aufklärung und Romantik. Berlin 1983, S. 315–366

Mülder-Bach, Inka: Im Zeichen Pygmalions. Das Modell der Statue und die Entdeckung der »Darstellung« im 18. Jahrhundert. München 1998

Newald, Richard: Von Klopstock bis zu Goethes Tod 1750–1832. T. 1: Ende der Aufklärung und Vorbereitung der Klassik. München ^{7}1985 = Geschichte der deutschen Literatur von den Anfängen bis zur Gegenwart. Begründet von Helmut de Boor und Richard Newald 6.1

Nisbet, H[ugh] B[arr]: Lucretius in Eighteenth-Century Germany. With a Commentary on Goethe's »Metamorphose der Tiere«. In: Modern Language Review 81 (1986), S. 97–115

Petersdorff, Dirk von: Mysterienrede. Zum Selbstverständnis romantischer Intellektueller. Tübingen 1996 = Studien zur deutschen Literatur 139

Pöggeler, Otto: Idealismus und neue Mythologie. In: Europäische Romantik I. Von Karl Robert Mandelkow in Verbindung mit [...]. Wiesbaden 1982 = Neues Handbuch der Literaturwissenschaft 14, S. 179–204

Rehm Walther: Griechentum und Goethezeit. Geschichte eines Glaubens. Bern, München ^{4}1968

Ders.: Römisch-französischer Barockheroismus und seine Umgestaltung in Deutschland. In: Rehm: Götterstille und Göttertrauer [s. 1.2.], S. 11–61

Schmidt, Ernst A.: Horaz und die Erneuerung der deutschen Lyrik im 18. Jahrhundert. In: Zeitgenosse Horaz [s. 1.1.], S. 255–310

Schmidt, Ernst Günther: Jenaer Gräzistik um 1800. In: Evolution des Geistes: Jena um 1800. Natur und Kunst, Philosophie und Wissenschaft im Spannungsfeld der Geschichte. Hrsg. von Friedrich Strack. Stuttgart 1994 = Deutscher Idealismus 17, S. 245–269

Schmidt, Jochen: Griechenland als Ideal und Utopie bei Winckelmann, Goethe und Hölderlin. In: Hölderlin-Jahrbuch 28 (1992/93), S. 94–110

Die schöne Verwirrung der Phantasie. Antike Mythologie in Literatur und Kunst um 1800. Hrsg. von Dieter Burdorf und Wolfgang Schweickard unter Mitarb. von Annette Gerstenberg. Tübingen 1998

Schulz, Gerhard: Die deutsche Literatur zwischen Französischer Revolution und Restauration. München. T. 1.: Das Zeitalter der Französischen Revolution 1789–1806. 1983 / T. 2: Das Zeitalter der Napoleonischen Kriege und der Restauration 1806–1830. 1989 = Geschichte der deutschen Literatur von den Anfängen bis zur Gegenwart. Begründet von Helmut de Boor und Richard Newald 7/1–2

Szondi, Peter: Antike und Moderne in der Ästhetik der Goethezeit. In: Szondi: Poetik und Geschichtsphilosophie I. Frankfurt a. M. ^{5}1991 = suhrkamp taschenbuch wissenschaft 40

Taminiaux, Jacques: La nostalgie de la Grèce à l'aube de l'Allemagne classique. In: Hölderlin und die Griechen [s. 4.2.], S. 27–43

Ders.: La nostalgie de la Grèce à l'aube de l'idéalisme Allemand. Kant et les Grecs dans l'itinéraire de Schiller, de Hölderlin et de Hegel. La Haye 1967

Tismar, Jens: Herakles als Leitfigur bei Wieland, Goethe und Hölderlin. In: Text und Kontext 13 (1985), S. 37–48

Uhlig, Ludwig: Apotheose und Medienwechsel – Herkules in der Goethezeit. In: Herakles / Herkules [s. 1.1.], Bd. 1, S. 149–158

Ders.: Der Torso des Herkules bei Winckelmann, Schiller und Goethe. In: Akten des VII. Internationalen Germanisten-Kongresses Basel 1980. Hrsg. von Heinz Rupp und Hans-Gert Roloff. Bern, Frankfurt a. M., Las Vegas 1980 = Jahrbuch für Internationale Germanistik A 8,4, S. 322–326

Vom Ausgang des 17. Jahrhunderts bis 1789. Von einem Autorenkollektiv. Ltg.: T. 1 (1700–1770) Werner Rieck in Zsarb. mit Paul Günter Krohn / T. 2 (1770–1789) Hans-Heinrich Reuter in Zsarb. mit Regine Otto. Berlin 1979 = Geschichte der deutschen Literatur von den Anfängen bis zur Gegenwart. Hrsg. von Klaus Gysi [u. a.; Bd. 1–5] / Hans-Günther Thalheim [u. a.; Bd. 6–12] 6

Weltliteratur. Die Lust am Übersetzen im Jahrhundert Goethes. Ausstellung und Katalog: Reinhard Tgahrt in Zsarb. mit [...]. Marbach 1982 = Marbacher Kataloge 37

Wiedergeburt griechischer Götter und Helden. Homer in der Kunst des 18. Jahrhunderts. Eine Ausstellung der Winckelmann-Gesellschaft im Winckelmann-Museum Stendal. 6. November 1999 bis 9. Januar 2000. Hrsg. von Max Kunze. Mainz 1999

Witte, Bernd: Genie. Revolution. Totalität. Mythische Tendenzen der Kunstepoche. In: »Zerstörung, Rettung des Mythos durch Licht« [s. 1.1.], S. 19–42

Zeman, Herbert: Die deutsche anakreontische Dichtung. Ein Versuch zur Erfassung ihrer ästhetischen und literarhistorischen Erscheinungsformen im 18. Jahrhundert. Stuttgart 1972 = Germanistische Abhandlungen 38

1789–1830. Von Autorenkollektiven. Ltg. und Gesamtbearb. Hans-Dietrich Dahnke (1789–1806) und Thomas Höhle in Zsarb. mit Hans-Georg Werner (1806–1830). Berlin 1978 = Geschichte der deutschen Literatur von den Anfängen bis zur Gegenwart. Hrsg. von Klaus Gysi [u. a.; Bd. 1–5] / Hans-Günther Thalheim [u. a.; Bd. 6–12] 7

4.2. Literatur zu einzelnen Autoren

ACHIM VON ARNIM

Henckmann, Gisela: ». . . wie die alten Amazonen der Fabelwelt«. Die antike Mythologie im Werk Achim von Arnims. In: Klassik und Moderne [s. 4.1.], S. 272–288

FRIEDRICH AST

Patsch, Hermann: Friedrich Asts »Krösus« – ein vergessenes Trauerspiel aus dem Kreis der Jenaer Romantik. In: Geist und Zeichen. Festschrift für Arthur Henkel zu seinem sechzigsten Geburtstag [...] hrsg. von Herbert Anton, Bernhard Hajek, Peter Pfaff. Heidelberg 1977, S. 305–319

JOHANN JAKOB BODMER

Scenna, Anthony: The Treatment of Ancient Legend and History in Bodmer. New York 1937 [Reprint 1966] = Columbia University Germanic Studies. N. S. 5

CLEMENS BRENTANO

Fetzer, John F.: Romantic Orpheus. Profiles of Clemens Brentano. Berkeley, Los Angeles, London 1974

FRIEDRICH CREUZER

Müller-Funk, Wolfgang: Die Verschwiegenheit des Mythos. Friedrich Creuzers »Symbolik und Mythologie der alten Völker besonders der Griechen«. In: Denkzettel Antike [s. 1.1.], S. 124–138

JOSEPH VON EICHENDORFF

Beller, Manfred: Narziß und Venus. Klassische Mythologie und romantische Allegorie in Eichendorffs Novelle »Das Marmorbild«. In: Euphorion 62 (1968), S. 117–142
Breuer, Dieter: Marmorbilder. Zum Venus-Mythos bei Eichendorff und Heinse. In: Aurora. Jahrbuch der Eichendorff-Gesellschaft 41 (1981), S. 183–194
Frühwald, Wolfgang: Die Erneuerung des Mythos. Zu Eichendorffs Gedicht »Mondnacht«. In: Gedichte und Interpretationen [s. 1.2.], Bd. 3, S. 395–407
Köhnke, Klaus: Die Inkarnation des Mythos. Zu Eichendorffs Novelle »Die Entführung«. In: Aurora. Jahrbuch der Eichendorff-Gesellschaft 40 (1980), S. 7–18
Lindemann, Klaus: Von der Naturphilosophie zur christlichen Kunst. Zur Funktion des Venusmotivs in Tiecks »Runenberg« und Eichendorffs »Marmorbild«. In: Literaturwissenschaftliches Jahrbuch der Görres-Gesellschaft. N. F. 15 (1974), S. 101–121
Pikulik, Lothar: Die Mythisierung des Geschlechtstriebes in Eichendorffs »Marmorbild«. In: Mythos und Mythologie in der Literatur des 19. Jahrhunderts [s. 1.2.], S. 159–172
Riemen, Alfred: Der gesellschaftsbezogene Mythos in Eichendorffs Spätwerk. Ebd., S. 173–184
Woesler, Winfried: Frau Venus und das schöne Mädchen mit dem Blumenkranze. Zu Eichendorffs »Marmorbild«. In: Aurora. Jahrbuch der Eichendorff-Gesellschaft 45 (1985), S. 33–48

FRIEDRICH HILDEBRAND VON EINSIEDEL
Fambach, Oscar: Einsiedels Übersetzung der Adelphoe des Terenz in der deutschen Bühnen- und Kritikgeschichte. In: Jahrbuch des Freien Deutschen Hochstifts 1968, S. 59–129

JOHANN DANIEL FALK
Sembdner, Helmut: Johann Daniel Falks Bearbeitung des Amphitryon-Stoffes. Ein Beitrag zur Kleistforschung. Berlin 1971
Ders.: Kleist und Falk [s. 4.2. (Kleist)]

SALOMON GESSNER
Fechner, Jörg-Ulrich: Mythographische Variationen bei Salomon Gessner. In: Mythographie der frühen Neuzeit [s. 1.1.], S. 181–207

JOHANN WILHELM LUDWIG GLEIM
Bohnen, Klaus: Der »Blumengarten« als »Quell von unserm Wissen«. Johann Wilhelm Ludwig Gleims Gedicht »Anakreon«. In: Gedichte und Interpretationen [s. 1.2.], Bd. 2, S. 114–123
Riedel, Volker: Gleims Versifizierung des Lessingschen »Philotas«. In: Riedel: Literarische Antikerezeption [s. 1.1.], S. 152–164

JOHANN WOLFGANG GOETHE
Alewyn, Richard: Goethe und die Antike. In: Alewyn: Probleme und Gestalten. Essays. Frankfurt a. M. 1982 = suhrkamp taschenbuch 845, S. 255–270
Altenhöner, Ingrid: Die Sibylle als literarische Chiffre [...] [s. 4.1.]
Anglet, Andreas: Der reflektierte Mythos in Goethes »Klassischer Walpurgisnacht«. In: Jahrbuch des Freien Deutschen Hochstifts 1992, S. 129–160
Barner, Wilfried: Altertum, Überlieferung, Natur. Über Klassizität und autobiographische Konstruktion in Goethes »Italienischer Reise«. In: Goethe-Jahrbuch 105 (1988), S. 64–92
Ders.: Geheime Lenkung. Zur Turmgesellschaft in Goethes »Wilhelm Meister«. In: Goethe's Narrative Fiction. The Irvine Goethe Symposium. Ed. by William J. Lillyman. New York 1983, S. 85–109
Böckmann, Paul: Die Humanisierung des Mythos in Goethes »Pandora«. In: Jahrbuch der Deutschen Schillergesellschaft 9 (1965), S. 323–345
Borchmeyer, Dieter: Goethes »Pandora« und der Preis des Fortschritts. In: Cent cinquantième anniversaire de la mort de Goethe. Actes du colloque tenu à Strasbourg (23–25 septembre 1982). In: Études Germaniques 38 (1983), S. 17–31
Braemer, Edith: Goethes Prometheus und die Grundpositionen des Sturm und Drang [s. 4.1.]
Bremer, Dieter: »Wenn starke Geisteskraft [...]«. Traditionsvermittlungen in der Schlußszene von Goethes Faust. In: Goethe-Jahrbuch 112 (1995), S. 287–307
Brendel, Otto J.: Iphigenie auf Tauris – Euripides und Goethe. In: Antike und Abendland 27 (1981), S. 52–97
Brown, Kathrin / Stephens, Anthony: »... Hinübergehn und unser Haus entsühnen«. Die Ökonomie des Mythischen in Goethes »Iphigenie«. In: Jahrbuch der Deutschen Schillergesellschaft 32 (1988), S. 94–115

Constantine, David: »Achilleis« und »Nausikaa«. Goethe in Homer's World. In: Homer [s. 1.1.], S. 111–131

Deiters, Franz-Josef: Goethes »Iphigenie auf Tauris« als Drama der Grenzüberschreitung oder: Die Aneignung des Mythos. In: Jahrbuch des Freien Deutschen Hochstifts 1999, S. 14–51

Dreisbach, Elke: Goethes »Achilleis«. Heidelberg 1994 = Beiträge zur neueren Literaturgeschichte 3,130

Gelzer, Thomas: Aristophanes in der »Klassischen Walpurgisnacht«. In: J. W. Goethe – Fünf Studien zum Werk. Hrsg. vom Anselm Maler. Frankfurt a. M., Bern, New York 1983, S. 50–84

Ders.: Die Bedeutung der klassischen Vorbilder beim alten Goethe. In: Classical Influences on Western Thought [s. 1.1.], S. 309–326

Ders.: Das Fest der »Klassischen Walpurgisnacht«. In: Aufsätze zu Goethes »Faust II«. Hrsg. von Werner Keller. Darmstadt 1992 = Wege der Forschung 445, S. 123–137

Ders.: Goethes »Helena« und das Vorbild des Euripides. In: Tragödie [s. 1.1.], S. 199–234

Ders.: Helena im Faust. Ein Beispiel für Goethes Umgang mit der antiken Mythologie. In: Mythographie der frühen Neuzeit [s. 1.1.], S. 223–253

Ders.: »... die Philologen werden daran zu tun finden«. Dichter und Philologen im Umkreis von Goethes »Helena«. In: Verstehen wir uns? [s. 1.1.], S. 171–195

Goethes Rückblick auf die Antike. Beiträge des deutsch-italienischen Kolloquiums Rom 1998. Hrsg. von Bernd Witte und Mauro Ponzi. Berlin 1999

Grumach, Ernst: Goethe und die Antike. Eine Sammlung. 2 Bde. Berlin 1949

Gutjahr, Ortrud: Iphigenie – Penthesilea – Medea [s. 4.1.]

Henkel, Arthur: Versuch über »Wandrers Sturmlied«. In: Die Gegenwart der Griechen im neueren Denken [s. 1.1.], S. 59–76

Irmscher, Johannes: Antikebild und Antikeverständnis in Goethes Winckelmann-Schrift. In: Goethe-Jahrbuch 95 (1978), S. 85–111

Jähnert, Gabriele: Probleme der Antikeaneignung Goethes im poetischen Werk nach 1800, dargestellt am Beispiel des Festspiels »Pandora«. Diss. Humboldt-Universität Berlin 1988 [Maschinenschr.]

Jamme, Christoph: Vom »Garten des Alcinous« zum »Weltgarten«. Goethes Begegnung mit dem Mythos im aufgeklärten Zeitalter. In: Goethe-Jahrbuch 105 (1988), S. 93–114

Japp, Uwe: Modernität als Mangel. Antike und Moderne bei Goethe. In: Japp: Literatur und Modernität. Frankfurt a. M. 1987 = Das Abendland. N. F. 17, S. 100–147

Kurdi, Imre: Die Unvergleichbarkeit des Gleichen [s. 4.2. (Kleist)]

Lefèvre, Eckard: Goethe als Schüler der alten Sprachen oder Vom Sinn der Tradition. In: Gymnasium 92 (1985), S. 288–298

Lesky, Albin: Goethe und die Tragödie der Griechen. In: Jahrbuch des Wiener Goethe-Vereins 74 (1970), S. 5–17

Lohmeier, Dieter: Goethes »Nausikaa«-Fragment. In: Jahrbuch des Freien Deutschen Hochstifts 1974, S. 1–16

Ders.: Griechische Muster in Goethes Lyrik. In: Goethe-Jahrbuch 108 (1991), S. 47–59

Luck, Georg: Goethes »Römische Elegien« und die augusteische Liebeselegie. In: arcadia 2 (1967), S. 5–17

Maaß, Ernst: Goethe und die Antike. Berlin, Stuttgart; Leipzig 1912

Meissler, Hans Jürgen: Goethe und Properz. Bochum 1987

Mosès, Stéphane: Das wiedergefundene Eden. Goethes Märchen »Der neue Paris«. In: Mosès: Spuren der Schrift. Von Goethe bis Celan. Frankfurt a. M. 1987, S. 13–38

Müller, Reimar: Weltanschauung und Traditionswahl in Goethes Winckelmann-Schrift. In: Müller: Menschenbild und Humanismus der Antike [s. 1.1.], S. 287–302

Neymeyr, Barbara: Navigation mit »virtus« und »fortuna«. Goethes Gedicht »Seefahrt« und seine stoische Grundkonzeption. In: Goethe-Jahrbuch 115 (1998), S. 29–44

Nisbet, H[ugh] B[arr]: Lucretius in Eighteenth-Century Germany [s. 4.1.]

Osterkamp, Ernst: Goethe als Leser Johann Joachim Winckelmanns. In: Ars naturam adiuvans. Festschrift für Matthias Winner zum 11. März 1996. Hrsg. von Victoria von Flemming und Sebastian Schütze. Mainz 1996, S. 572–582

Petersen, Uwe: Goethe und Euripides. Untersuchungen zur Euripides-Rezeption in der Goethezeit. Heidelberg 1974 = Studien zum Fortwirken der Antike 8

Pütz, Peter: Nähe und Ferne zur Antike: »Iphigenie und »Maria Stuart« [s. 4.2. (Schiller)]

Rahe, Konrad: Antikes Heidentum und heidnisches Christentum in Goethes »Venezianischen Epigrammen«. In: Antike und Abendland 43 (1997), S. 158–173

Raulet, Gérard: Hielt Goethe von der Antike denn so viel? In: Von der Natur zur Kunst zurück. Neue Beiträge zur Goethe-Forschung. Gotthart Wunberg zum 65. Geburtstag. Hrsg. von Moritz Baßler, Christoph Brecht und Dirk Niefanger. Tübingen 1997, S. 127–142

Riedel, Volker: Antike. In: Goethe-Handbuch. Stuttgart, Weimar 4/1 (1998), S. 52–71

Ders.: Aristoteles, Lessing, Goethe und Fragen der modernen Wirkungsästhetik [s. 1.2.]

Ders.: Goethe und Homer. In: Wiedergeburt griechischer Götter und Helden [s. 4.1.], S. 243–259

Ders.: Goethe und seine Zeit im Spannungsfeld zwischen Antike und Moderne. (Festvortrag auf der Jahreshauptversammlung der Winckelmann-Gesellschaft am 5. Dezember 1998 in Stendal.) In: Mitteilungen der Winckelmann-Gesellschaft 62 (1999), Beilage

Ders.: Goethe und Voß. Zum Antikeverständnis zweier deutscher Schriftsteller um 1800. In: Johann Heinrich Voß. Kulturräume in Dichtung und Wirkung. Hrsg. von Andrea Rudolph. Dettelbach 1999, S. 19–46

Ders.: Goethes Beziehung zur Antike. In: Deutschunterricht 52 (1999), S. 283–293

Ders.: Vom Festspiel zum Ideendrama [s. 6.2. (Hacks)]

Riedel, Wolfgang: Eros und Ethos. Goethes »Römische Elegien« und »Das Tagebuch«. In: Jahrbuch der Deutschen Schillergesellschaft 40 (1996), S. 147–180

Riedl, Gerda: »Klassische« Literaturproduktion als Entwurf und Provokation. Eine vergleichende Betrachtung zur VI. Römischen Elegie Goethes und Properz II, 29 B. In: Goethe-Jahrbuch 109 (1992), S. 45–56

Rüdiger, Horst: Goethe und Europa. Essays und Aufsätze 1944–1983. Berlin, New York 1990

Ders.: Goethes »Römische Elegien« und die antike Tradition. Ebd., S. 233–261

Ders.: Goethes und Schillers Übertragungen antiker Dichtungen. Ebd., S. 1–24

Ders.: Weltliteratur in Goethes »Helena«. Ebd., S. 89–116

Ruppert, Hans: Goethe und die Altertumswissenschaftler seiner Zeit. Mit den von Goethe und Heyne gewechselten Briefen. In: Forschungen und Fortschritte 33 (1959), S. 230–236

Schadewaldt, Wolfgang: Goethestudien. Natur und Altertum. Zürich, Stuttgart 1963

Schmidt, Jochen: Griechenland als Ideal und Utopie bei Winckelmann, Goethe und Hölderlin [s. 4.1.]

Schwindt, Jürgen Paul: Dido, Klopstock und Charlotte Buff. Vergilreminiszenz(en) in Goethes »Werther«? In: Antike und Abendland 42 (1996), S. 103–118

Schwinge, Ernst-Richard: Goethe und die Poesie der Griechen. Stuttgart 1986 = Akademie der Wissenschaften und der Literatur Mainz. Abhandlungen der Geistes- und sozialwissenschaftlichen Klasse. Jg. 1986, Nr. 5

Sengle, Friedrich: Goethes historischer Ort zwischen Klassizismus und Romantik. In: Sengle: Neues zu Goethe [s. d.], S. 211–234

Ders.: Goethes Ikarus-Flug. Zur Forcierung des Klassizismus im Achilleis-Plan. Ebd., S. 69–85

Ders.: »Luise« von Voß und Goethes »Hermann und Dorothea«. Zur Funktion des Homerisierens. Ebd., S. 49–68

Ders.: Neues zu Goethe. Essays und Vorträge. Stuttgart 1989

Sprengel, Peter: Sizilien als Mythos. Das Sizilienbild in Goethes »Italienischer Reise«. In: Ein unsäglich schönes Land. Goethes »Italienische Reise« und der Mythos Siziliens. Hrsg. von Albert Meier. Palermo 1987, S. 158–179

Stockum, Th[eodorus] C[ornelis] van: Deutsche Klassik und antike Tragödie. Zwei Studien. II. Goethes Versuch der Neubelebung der antiken Tragödie: der Helena-Akt in Faust II. In: van Stockum: Von Friedrich Nicolai bis Thomas Mann [s. 1.2.], S. 136–151

Ders.: Zum Orestes-Problem in Goethes »Iphigenie auf Tauris« und in der altgriechischen Tragödie. Ebd., S. 152–175

Tismar, Jens: Herakles als Leitfigur bei Wieland, Goethe und Hölderlin [s. 4.1.]

Trevelyan, Humphry: Goethe and the Greeks. Cambridge 1941 [Neudr. New York 1982; dt. u. d. T.: Goethe und die Griechen. Hamburg 1949]

Uhlig, Ludwig: Der Torso des Herkules bei Winckelmann, Schiller und Goethe [s. 4.1.]

JOHANN CHRISTOPH GOTTSCHED

Conrady, Karl Otto: Gottsched – Sterbender Cato. In: Das deutsche Drama [s. 1.2.], S. 61–79

FRANZ GRILLPARZER

Albrecht, Michael von: Der verbannte Ovid und die Einsamkeit des Dichters im frühen XIX. Jahrhundert. Zum Selbstverständnis Franz Grillparzers und Aleksandr Puškins. In: von Albrecht: Rom: Spiegel Europas [s. 1.1.], S. 433–469

Bauer, Werner M.: Grillparzer und Ovid. Ein Beitrag zur Rezeption der Antike in der Literatur Österreichs. In: Für all, was Menschen je erfahren, ein Bild, ein Wort und auch das Ziel. Beiträge zu Grillparzers Werk. Hrsg. von Joseph P. Strelka. Bern, Berlin, Frankfurt a. M., New York, Paris, Wien 1995 = Neu Yorker Beiträge zur Österreichischen Literaturgeschichte 2, S. 9–57

Gutjahr, Ortrud: Iphigenie – Penthesilea – Medea [s. 4.1.]

Hartel, Wilhelm von: Grillparzer und die Antike. Entwurf eines Vortrages. In: Jahrbuch der Grillparzer-Gesellschaft 17 (1907), S. 165–189

Kenkel, Konrad: Medea-Dramen [s. 1.1.], S. 62–82

Neumann, Gerhard: »Das goldene Vließ«. Die Erneuerung der Tragödie durch Grillparzer. In: Tragödie [s. 1.1.], S. 258–286

Schmidt-Dengler, Wendelin: Grillparzer liest Euripides. Notizen zu einem ungewöhnlichen Lektürevorgang. In: Jahrbuch der Grillparzer-Gesellschaft. 3. Folge 18 (1991/92), S. 329–340

Schwering, Julius: Franz Grillparzers hellenische Trauerspiele, auf ihre litterarischen Quellen und Vorbilder geprüft. Paderborn 1891

Stockum, Th[eodorus] C[ornelis] van: Grillparzers Medea-Trilogie »Das Goldene Vließ« (1818–1820) und ihre antiken Vorbilder. In: Neophilologus 47 (1963), S. 120–125

Wagner, Fred: Et in Vindobona Tristia. In: Grillparzer und die europäische Tradition. Londoner Symposium 1986. Hrsg. von Robert Pichl, Alexander Stillmark, Fred Wagner und W. E. Yates. Wien 1987, S. 113–131

Werner, Hans-Georg: Verteufelt human. Über den Zusammenhang zwischen Goethes »Iphigenie« und Grillparzers »Goldenem Vließ«. In: Werner: Literarische Strategien. Studien zur deutschen Literatur 1760 bis 1840. Stuttgart, Weimar 1993, S. 229–242

Friedrich von Hagedorn

Klein, Alfons: »Die Lust, den Alten nachzustreben«. Produktive Rezeption der Antike in der Dichtung Friedrich von Hagedorns. St. Ingbert 1990 = Saarbrücker Beiträge zur Literaturwissenschaft 25

Pietsch, Wolfgang Josef: Friedrich von Hagedorn und Horaz. Untersuchungen zur Horaz-Rezeption in der deutschen Literatur des 18. Jahrhunderts. Hildesheim, Zürich, New York 1988 = Studien zur Vergleichenden Literaturwissenschaft 2

Albrecht von Haller

Ischer, Anna: Albrecht v. Haller und das klassische Altertum. Bern 1928 = Sprache und Dichtung 41

Johann Georg Hamann

Altenhöner, Ingrid: Die Sibylle als literarische Chiffre [...] [s. 4.1.]

Jørgensen, Sven-Aage / Ringleben, Joachim: Der »Eckelname« des Narziß. Interpretation einer rätselhaften Stelle in Hamanns »Aesthetica in nuce«. In: Jahrbuch des Freien Deutschen Hochstifts 1998, S. 28–63

Johann Peter Hebel

Gerigk, Horst-Jürgen: Johann Peter Hebel und die antike Mythologie. In: Die schöne Verwirrung der Phantasie [s. 4.1.], S. 111–124

Staffhorst, Gertrud: Johann Peter Hebel und die Antike. Spuren einer lebendigen Beziehung. Karlsruhe 1990

Wilhelm Heinse

Baeumer, Max L.: Winckelmann und Heinse. Die Sturm-und-Drang-Anschauung von den bildenden Künsten. Stendal 1997 = Schriften der Winckelmann-Gesellschaft 14

Johann Gottfried Herder

Malsch, Wilfried: Hinfällig geoffenbartes Urbild. Griechenland in Herdes typologischer Geschichtsphilosophie. In: Jahrbuch der Deutschen Schillergesellschaft 30 (1986), S. 161–195

Menges, Karl: Herder und die »Querelle des Anciens et des Modernes«. Eine wirkungsgeschichtliche Replik. In: Kontroversen, alte und neue [s. 1.2.], Bd. 8, S. 154–160

Müller, Reimar: Die Stellung Griechenlands in Herders Geschichtskonzeption. In: Müller: Menschenbild und Humanismus der Antike [s. 1.1.], S. 255–286

Nisbet, Hugh Barr: Herder und Lukrez. In: Johann Gottfried Herder. 1744–1803. Hrsg.

von Gerhard Sander. Hamburg 1987 = Studien zum achtzehnten Jahrhundert 9, S. 77–87
Nünlist, René: Homer, Aristoteles und Pindar in der Sicht Herders. Bonn 1971 = Studien zur Germanistik, Anglistik und Komparatistik 9
Piccioni, Alida Flira: Griechische Mythologie und Italienerfahrung bei Herder. In: Die schöne Verwirrung der Phantasie [s. 4.1.], S. 77–92
Reuter, Hans-Heinrich: Herder und die Antike. In: Impulse 1 (1978), S. 89–135; 2 (1979), S. 134–206

FRIEDRICH HÖLDERLIN

Albrecht, Michael von: Horazens Römeroden und Hölderlins vaterländische Hymnen, mit besonderer Berücksichtigung der »Friedensfeier«. In: von Albrecht: Rom: Spiegel Europas [s. 1.1.], S. 423–430
Allemann, Beda: Hölderlin zwischen Antike und Moderne. In: Hölderlin-Jahrbuch 24 (1984/85), S. 29–62
Aulich, Johanna J. S.: Orphische Weltanschauung der Antike [...] [s. 1.2.]
Baeumer, Max L.: Dionysos und das Dionysische bei Hölderlin. In: Hölderlin-Jahrbuch 18 (1973/74), S. 97–118
Behre, Maria: »Des dunkeln Lichtes voll« – Hölderlins Mythokonzept Dionysos. München 1987
Beißner, Friedrich: An Kallias. Ein Aufsatz Hölderlins über Homer. In: Beißner: Hölderlin. Reden und Aufsätze. Weimar 1961, S. 31–51
Ders.: Hölderlins Übersetzungen aus dem Griechischen. Stuttgart ²1961
Benn, M[aurice] B[ernhard]: Hölderlin and Pindar. 's-Gravenhage 1962 = Anglica Germanica 4
Bennholdt-Thomsen, Anke: Die Bedeutung der Titanen in Hölderlins Spätwerk. In: Hölderlin-Jahrbuch 25 (1986/87), S. 226–254
Beyer, Uwe: Christus und Dionysos [s. 5.2. (Nietzsche)]
Binder, Wolfgang: Hölderlin und Sophokles. Eine Vorlesung, gehalten im Sommersemester 1984 an der Universität Zürich. Tübingen 1992 = Turm-Vorträge 1992
Birkenhauer, Theresia: Legende und Dichtung. Der Tod des Philosophen und Hölderlins Empedokles. Berlin 1996
Böschenstein, Bernhard: Göttliche Instanz und irdische Antwort in Hölderlins drei Übersetzungsmodellen. Pindar: Hymnen – Sophokles – Pindar-Fragmente. In: Hölderlin-Jahrbuch 29 (1994/95), S. 47–63
Ders.: Hölderlins »Oedipus« – Hölderlins »Antigone«. In: Hölderlin und die Moderne. Hrsg. von Gerhard Kurz, Valérie Lawitschka, Jürgen Wertheimer. Tübingen 1995 = attempto studium generale, S. 224–239
Ders.: Hölderlins späteste Gedichte. In: Böschenstein: Studien zur Dichtung des Absoluten [s. 1.2.], S. 59–80
Ders.: Die Transfiguration Rousseaus in der deutschen Dichtung um 1800. Hölderlin – Jean Paul – Kleist. In: Böschenstein: Studien zur Dichtung des Absoluten [s. 1.2.], S. 11–24
Böschenstein, Renate: Hölderlins Oedipus-Gedicht. In: Hölderlin-Jahrbuch 27 (1990/91), S. 131–151
Bremer, Dieter: »Versöhnung ist mitten im Streit«. Hölderlins Entdeckung Heraklits. In: Hölderlin-Jahrbuch 30 (1996/97), S. 173–199

Erhart, Walter: »In guten Zeiten giebt es selten Schwärmer«. Wielands »Agathon« und Hölderlins »Hyperion«. In: Hölderlin-Jahrbuch 28 (1992/93), S. 173–191

Frank, Manfred: Hölderlin über den Mythos. In: Hölderlin-Jahrbuch 27 (1990/91), S. 1–31

Franz, Michael: »Platons frommer Garten«. Hölderlins Platonlektüre von Tübingen bis Jena. In: Hölderlin-Jahrbuch 28 (1992/93), S. 111–127

Gaier, Ulrich: Hölderlin und der Mythos. In: Terror und Spiel [s. 1.1.], S. 295–340

George, Emery E.: Hölderlin and the Golden Chain of Homer. Including an Unknown Source. Lewiston, N. Y., Queenston, Ont., Lampeter, Dyfed, Wales 1992

Giese, Peter Christian: Der Philosoph und die Schönheit. Anmerkungen zu Hölderlins Ode »Sokrates und Alcibiades«. In: Hölderlin-Jahrbuch 25 (1986/87), S. 125–140

Harrison, R[obin] B.: Hölderlin and Greek Literature. Oxford 1975

Hölderlin: Christentum und Antike. Hrsg. von Valérie Lawitschka. Tübingen 1991 = Turm-Vorträge 1989/90/91

Hölderlin und die Griechen. Hrsg. von Valérie Lawitschka. Tübingen 1988 = Turm-Vorträge 1987/88

Hölscher, Uvo: »Dort bin ich, wo Apollo ging...« Hölderlins Weg zu den Griechen. In: Hölscher: Das nächste Fremde [s. 1.1.], S. 303–319

Ders.: Empedokles und Hölderlin. Frankfurt a. M. 1965

Hötzer, Ulrich: Die Gestalt des Herakles in Hölderlins Dichtung. Freiheit und Bindung. Stuttgart 1956 = Forschungen zur Kirchen- und Geistesgeschichte. N. F. 1

Jenseits des Idealismus. Hölderlins letzte Homburger Jahre (1804–1806). Hrsg. von Christoph Jamme und Otto Pöggeler. Bonn 1988 = Neuzeit und Gegenwart 5

Killy, Walther: Welt in der Welt. Friedrich Hölderlin. In: Killy: Wandlungen des lyrischen Bildes. Göttingen [8]1998 = Kleine Reihe V&R 4008, S. 36–62

Knigge, Meinhard: Hölderlin und Aias oder Eine notwendige Identifikation. In: Hölderlin-Jahrbuch 24 (1984/85), S. 264–282

Kocziszky; Éva: Die Empedokles-Fragmente als Übersetzung. In: Hölderlin-Jahrbuch 26 (1988/89), S. 134–161

Koppenfels, Martin von: Der Moment der Übersetzung. Hölderlins »Antigonä« und die Tragik zwischen den Sprachen. In: Zeitschrift für Germanistik. N. F. 6 (1996), S. 349–367

Kranz, Walther: Empedokles. Antike Gestalt und romantische Neuschöpfung. Zürich 1949 = Erasmus-Bibliothek

Lampenscherf, Stephan: »Heiliger Platon, vergieb...« Hölderlins »Hyperion« oder Die neue Platonische Mythologie. In: Hölderlin-Jahrbuch 28 (1992/93), S. 128–151

Lehle, Christiane: Aias im »Hyperion«. In: Hölderlin-Jahrbuch 30 (1996/97), S. 239–254

Lossau, Manfred: Hölderlins Sophokleschöre. In: Hölderlin-Jahrbuch 30 (1996/97), S. 255–265

Mieth, Günter: Friedrich Schillers »Spaziergang« – eine Anregung für Hölderlins poetische Aneignung der Antike? In: Hölderlin und die Griechen [s. d.], S. 44–53

Ders.: Pindar und Hölderlin. In: Aischylos und Pindar [s. 1.1.], S. 323–330

Mommsen, Momme: Dionysos in der Dichtung Hölderlins mit besonderer Berücksichtigung der »Friedensfeier«. In: Mommsen: Lebendige Überlieferung [s. 1.2.], S. 135–184

Ders.: Hölderlins Lösung von Schiller. Zu Hölderlins Gedichten »An Herkules« und »Die Eichbäume« und den Übersetzungen aus Ovid, Vergil und Euripides. Ebd., S. 53–106

Ders.: Traditionsbezüge als Geheimschicht in Hölderlins Lyrik. Zu den Gedichten »Die Weisheit des Traurers«, »Der Wanderer«, »Friedensfeier«, »Brod und Wein«. Ebd., S. 185–216

Pusch, Annekatrin: Hölderlins »Lucan«. In: Zeitschrift für Germanistik. N. F. 6 (1996), S. 324–336

Rehm, Walther: Orpheus. Der Dichter und die Toten [s. 1.2.]

Reinhardt, Karl: Hölderlin und Sophokles. In: Reinhardt: Tradition und Geist [s. 1.2.], S. 381–397

Reschke, Renate: Bemerkungen zur Antikerezeption bei Friedrich Hölderlin. Zum Modell eines künstlerisch-ästhetischen Erbes. In: Wissenschaftliche Zeitschrift der Friedrich-Schiller-Universität Jena. Gesellschafts- und sprachwissenschaftliche Reihe 21 (1972), S. 427–436

Schadewaldt, Wolfgang: Die Empedokles-Tragödie Hölderlins. In: Schadewaldt: Hellas und Hesperien [s. 1.1.], Bd. 2, S. 261–275

Ders.: Hölderlin und Homer. Ebd., Bd. 2, S. 189–261

Ders.: Hölderlins Übersetzung des Sophokles. Ebd., Bd. 2, S. 275–287

Ders.: Hölderlins Weg zu den Göttern. Ebd., Bd. 2, S. 167–175

Schmidlin, Guido: Zur Konstellation zwischen Hölderlin, Hegel und Schelling im Jahre 1803. [Über die Ode »Chiron«.] In: Hölderlin-Jahrbuch 28 (1992/93), S. 204–217

Schmidt, Jochen: Griechenland als Ideal und Utopie bei Winckelmann, Goethe und Hölderlin [s. 4.1.]

Ders.: Hölderlins geschichtsphilosophische Hymnen »Friedensfeier« – »Der Einzige« – »Patmos«. Darmstadt 1998

Ders.: Kommentar. In: Hölderlin, Friedrich: Sämtliche Werke und Briefe in drei Bänden. Hrsg. von Jochen Schmidt. Frankfurt a. M. 1992–1994, Bd. 1, S. 483–1095 / Bd. 2, S. 923–1495 / Bd. 3, S. 731–1011

Ders.: Natur und Kultur in Hölderlins »Archipelagus«. In: Hölderlin: Der Archipelagus. Faksimile der Homburger Handschrift. Nürtingen 1987, S. 55–81

Ders.: Tragödie und Tragödientheorie. Hölderlins Sophokles-Deutung. In: Hölderlin-Jahrbuch 29 (1994/95), S. 64–82

Schulz, Ruth-Eva: Herakles – Dionysos – Christus. Interpretationen zu Hölderlins Hymne »Der Einzige«. In: Die Gegenwart der Griechen im neueren Denken [s. 1.1.], S. 233–260

Seebaß, Friedrich: Hölderlins Sophocles-Übertragungen im zeitgenössischen Urteil. In: Philologus 77 (1921), S. 413–421

Seifert, Albrecht: Hölderlin und Pindar. Eggingen 1998 = Schriften der Hölderlin-Gesellschaft 22

Ders.: Die Rheinhymne und ihr Pindarisches Modell. Struktur und Konzeption von Pythien 3 in Hölderlins Aneignung. In: Hölderlin-Jahrbuch 23 (1982/83), S. 79–133

Ders.: Untersuchungen zu Hölderlins Pindar-Rezeption. München 1982 = Münchner Germanistische Beiträge 32

Szarota, Elida Maria: Winckelmanns und Hölderlins Herkulesdeutung [s. 4.2. (Winckelmann)]

Szondi, Peter: Überwindung des Klassizismus. Der Brief an Böhlendorff vom 4. Dezember 1801. In: Szondi: Hölderlin-Studien. Mit einem Traktat über philologische Erkenntnis. Frankfurt a. M. 1967, S. 85–104

Thomasberger, Andreas: »Der Gesichtspunct aus dem wir das Altertum anzusehen haben«. Grundlinien des Hölderlinschen Traditionsverständnisses. In: Hölderlin-Jahrbuch 24 (1984/85), S. 189–194

Thurmair, Gregor: Das Gesetz der Dichtung. Hölderlins Rezeption der griechischen Poesie. In: Klassik und Moderne [s. 4.1.], S. 254–271
Tismar, Jens: Herakles als Leitfigur bei Wieland, Goethe und Hölderlin [s. 4.1.]
Vöhler, Martin: Hölderlins Longin-Rezeption. In: Hölderlin-Jahrbuch 28 (1992/93), S. 152–172
Wackwitz, Stephan: Friedrich Hölderlin. Stuttgart, Weimar ²1997 = Sammlung Metzler 215
Ders.: Trauer und Utopie um 1800. Studien zu Hölderlins Elegienwerk. Stuttgart 1982 = Stuttgarter Arbeiten zur Germanistik 104

Ernst Theodor Amadeus Hoffmann
Albrecht, Michael von: Die Verwandlung bei E. T. A. Hoffmann und bei Ovid. In: von Albrecht: Rom: Spiegel Europas [s. 1.1.], S. 147–176

Wilhelm von Humboldt
Behrmann, Alfred: Humboldts Elegie »Rom«: 1806. In: Behrmann: Das Transmontane oder die Reise nach dem gelobten Lande [s. 4.1.], S. 154–175
Glazinski, Bernd: Antike und Moderne. Die Antike als Bildungsgegenstand bei Wilhelm von Humboldt. Aachen 1992 = Reihe Pädagogik
Müller, Reimar: Zum Antikebild Wilhelm von Humboldts. In: Müller: Menschenbild und Humanismus der Antike [s. 1.1.], S. 303–315
Stadler, Peter Bruno: Wilhelm von Humboldts Bild der Antike. Zürich, Stuttgart 1959 = Erasmus-Bibliothek

Jean Paul
Böschenstein, Bernhard: Antikes im »Titan«. In: Böschenstein: Studien zur Dichtung des Absoluten [s. 1.2.], S. 51–58
Ders.: Jean Pauls Romankonzeption. Ebd., S. 25–44
Golz, Jochen: Welt und Gegen-Welt in Jean Pauls »Titan«. Stuttgart, Weimar 1996 = Germanistische Abhandlungen 78
Hartmann, Karl: Jean Pauls Verhältnis zur Antike. In: Jean-Paul-Blätter 17 (1942), S. 69–86
Schlaffer, Heinz: Epos und Roman. Tat und Bewußtsein. Jean Pauls »Titan«. In: Schlaffer: Der Bürger als Held. Sozialgeschichtliche Auflösungen literarischer Widersprüche. Frankfurt a. M. 1973 = edition suhrkamp 624, S. 15–50
Sieveking, Gerhart: Jean Pauls Stellung zur Antike und ihrem Wiederaufleben im Neuhumanismus. Diss. Hamburg 1925 [Maschinenschr. und gedruckter Auszug]
Sprengel, Peter: Herodoteisches bei Jean Paul. Technik, Voraussetzungen und Entwicklung des »gelehrten Witzes«. In: Jahrbuch der Jean-Paul-Gesellschaft 10 (1975), S. 213–248
Ders.: Heroische Anekdoten. Jean Pauls Plutarch-Rezeption. In: Antike und Abendland 24 (1978), S. 171–190

Heinrich von Kleist
Ennen, Jörg: Götter im poetischen Gebrauch [s. 4.1.]
Essen, Gesa von: Hermannsschlachten [s. 1.2.], S. 145–194
Goldammer, Peter: Heinrich von Kleists »Penthesilea«. Kritik der Rezeptionsgeschichte als Beitrag zur Interpretation. In: Impulse 1 (1978), S. 200–231

Gutjahr, Ortrud: Iphigenie – Penthesilea – Medea [s. 4.1.]
Kaiser, Gerhard: Mythos und Person in Kleists »Penthesilea«. In: Kaiser: Wandrer und Idylle [s. 1.2.], S. 209–239
Kurdi, Imre: Die Unvergleichbarkeit des Gleichen / Die Gleichheit des Unvergleichbaren. Goethes »Iphigenie« und Kleists »Penthesilea«. Versuch einer literarhistorischen Ortsbestimmung. In: Die Unzulänglichkeit aller philosophischen Engel. Festschrift für Zsuzsa Széll. Hrsg. von Imre Kurdi und Péter Zalán. Budapest 1996 = Budapester Beiträge zur Germanistik 28, S. 47–59
Müller-Seidel, Walter: »Penthesilea« im Kontext der deutschen Klassik. In: Kleists Dramen. Neue Interpretationen. Hrsg. von Walter Hinderer. Stuttgart 1981, S. 144–171
Ders.: Die Vermischung des Komischen mit dem Tragischen in Kleists Lustspiel »Amphitryon«. In: Jahrbuch der Deutschen Schillergesellschaft 5 (1961), S. 118–135
Riedel, Volker: »Amphitryon« bei Kleist und Hacks [s. 6.2. (Hacks)]
Schadewaldt, Wolfgang: Der »Zerbrochene Krug« von Heinrich v. Kleist und Sophokles' »König Ödipus«. In: Schadewaldt: Hellas und Hesperien [s. 1.1.], Bd. 1, S. 333–340
Sembdner, Helmut: Kleist und Falk. Zur Entstehungsgeschichte von Kleists »Amphitryon«. In: Jahrbuch der Deutschen Schillergesellschaft 13 (1969), S. 361–396
Streller, Siegfried: Kleist und die Antike. In: Streller: Wortweltbilder [s. 1.2.], S. 161–168
Szarota, Elida Maria: Antikes und Modernes in Kleists »Amphitryon«. In: Kwartalnik Neofilologiczny 8 (1961), S. 389–410
Witkowski, Wolfgang: Arminius aktuell: Kleists »Hermannsschlacht« und Goethes Hermann. In: Arminius und die Varusschlacht [s. 1.2.], S. 367–388

FRIEDRICH MAXIMILIAN KLINGER
Guthke, Karl S.: Klingers Fragment »Der verbannte Göttersohn«, Lenzens »Tantalus« und der humoristische Fatalismus und Nihilismus der Geniezeit. In: Worte und Werte. Bruno Markwardt zum 60. Geburtstag. Hrsg. von Gustav Erdmann und Alfons Eichstaedt. Berlin 1961, S. 111–122
Kenkel, Konrad: Medea-Dramen [s. 1.1.], S. 35–61

FRIEDRICH GOTTLIEB KLOPSTOCK
Elit, Stefan: Übersetzen als internationaler Dichterwettstreit. Klopstocks Übersetzung horazischer Oden als doppelter poetischer Überbietungsversuch. In: Tradita et Inventa [s. 1.1.], S. 281–295
Essen, Gesa von: Hermannsschlachten [s. 1.2.], S. 99–143
Hellmuth, Hans-Heinrich: Metrische Erfindung und metrische Theorie bei Klopstock. München 1973 = Studien und Quellen zur Versgeschichte 4
Hilliard, Kevin: Klopstock in den Jahren 1764 bis 1770: Metrische Erfindung und die Wiedergeburt der Dichtung aus dem Geiste des Eislaufs. In: Jahrbuch der Deutschen Schillergesellschaft 33 (1989), S. 145–184
Kaiser, Gerhard: Klopstock als Patriot. In: Kaiser: Pietismus und Patriotismus im literarischen Deutschland. Ein Beitrag zum Problem der Säkularisation. Frankfurt a.M. ^{2}1973 = Wissenschaftliche Paperbacks Literaturwissenschaft, S. 267–290

JAKOB MICHAEL REINHOLD LENZ

Bauer, Roger: Die Komödientheorie von Jakob Michael Reinhold Lenz, die älteren Plautus-Kommentare und das Problem der »dritten« Gattung. In: Aspekte der Goethezeit. Hrsg. von Stanley A. Corngold [u. a.]. Göttingen 1977, S. 11–37

Bauer, Roger: »Plautinisches« bei Jakob Michael Reinhold Lenz. In: Europäische Komödie. Hrsg. von Herbert Mainusch. Darmstadt 1990, S. 289–303

Guthke, Karl S.: Klingers Fragment »Der verbannte Göttersohn«, Lenzens »Tantalus« [...] [s. 4.2. (Klinger)]

Kes-Costa, Barbara R.: »Freundschaft geht über Natur«. On Lenz's Rediscovered Adaptation of Plautus. In: Space to Act. The Theater of J. M. R. Lenz. Ed. by Alan C. Leidner and Helga S. Madland. Columbia 1993, S. 162–173

Luserke, Matthias / Weiß, Christoph: Arbeit an den Vätern. Zur Plautus-Bearbeitung »Die Algierer« von J. M. R. Lenz. In: Lenz-Jahrbuch 1 (1991), S. 59–75

Pelzer, Jürgen: Das Modell der »alten« Komödie. Zu Lenz' »Lustspielen nach dem Plautus«. In: Orbis Litterarum 42 (1987), S. 168–177

GOTTHOLD EPHRAIM LESSING

Barner, Wilfried: Lessing und die griechische Tragödie. In: Tragödie [s. 1.1.], S. 161–198

Ders.: Produktive Rezeption. Lessing und die Tragödien Senecas. Mit einem Anhang: Lessings Frühschrift »Von den lateinischen Trauerspielen welche unter dem Namen des Seneca bekannt sind« (1754). München 1973

Ders.: »Vaterland« und »freywilliges Elend«. Über Lessings »Alcibiades«. In: Poetik und Geschichte [s. 1.1.], S. 22–36

Chiarini, Gioachino: Lessing e Plauto. Napoli 1983 = Forme materiali e ideologie del mondo antico 22

Jens, Walter: Lessing und die Antike. In: Jens: Zur Antike. München ²1978, S. 100–118

Kommerell, Max: Lessing und Aristoteles. Untersuchung über die Theorie der Tragödie. Frankfurt a. M. ⁴1970

Kont, Ignác: Lessing et l'antiquité. Étude sur l'hellénisme et la critique dogmatique en Allemagne au XVIIIᵉ siècle. 2 Bde. Paris 1894–1899

Norden, Eduard: Lessing als klassischer Philologe. In: Norden: Kleine Schriften zum klassischen Altertum. Berlin 1966, S. 621–638

Riedel, Volker: Aristoteles, Lessing, Goethe und Fragen der modernen Wirkungsästhetik [s. 1.2.]

Ders.: Gleims Versifizierung des Lessingschen »Philotas« [s. 4.2. (Gleim)]

Ders.: Lessing und die römische Literatur. Weimar 1976

Ders.: Lessings Verhältnis zur Antike. Grundzüge, historischer Stellenwert und aktuelle Bedeutung. In: Riedel: Literarische Antikerezeption [s. 1.1.], S. 83–98

Ders.: Literaturkritik und klassische Philologie bei Lessing. Ebd., S. 108–117

Ders.: Der Tod fürs Vaterland. Lessings »Philotas« und seine Tragödienfragmente mit Stoffen aus der griechischen Geschichte. Ebd., S. 132–151

Ders.: Winckelmann und Lessing [s. 4.2. (Winckelmann)]

Sichtermann, Helmut: Lessing und die Antike. In: Lessing und die Zeit der Aufklärung. Vorträge gehalten auf der Tagung der Joachim-Jungius-Gesellschaft der Wissenschaften Hamburg am 10. und 11. Oktober 1967. Göttingen 1968 = Veröffentlichung der Joachim-Jungius-Gesellschaft der Wissenschaften Hamburg, S. 168–193

Woesler, Winfried: Lessings »Emilia« und die Virginia-Legende bei Livius. In: Zeitschrift für deutsche Philologie 116 (1997), S. 161–171

Zeller, Rosmarie: Die Rezeption des antiken Dramas im 18. Jahrhundert. Das Beispiel der Merope (Maffei, Voltaire, Lessing). In: Tragödie [s. 1.1.], S. 142–160

JUSTUS MÖSER
Krebs, Roland: Von der Liebestragödie zum politisch-vaterländischen Drama. Der Hermannstoff im Kontext der deutsch-französischen Beziehungen. Zu Johann Elias Schlegels und Justus Mösers Hermannstücken. In: Arminius und die Varusschlacht [s. 1.2.], S. 291–308
Stauf, Renate:; Justus Mösers »Arminius« und die Frage der deutschen Identität um 1750. In: Möser-Forum 1 (1989), S. 28–45
Dies.: »... und die kleinen städtischen Republiken der Griechen waren gewiß nur Puppenwerke gegen die nordischen Staaten...« Germanenmythos und Griechenmythos als nationale Identitätsmythen bei Möser und Winckelmann. In: Arminius und die Varusschlacht [s. 1.2.], S. 309–322

KARL PHILIPP MORITZ
Jamme, Christoph: »Sprache der Phantasie«. Karl Philipp Moritz' ästhetische Mythologie. In: Die schöne Verwirrung der Phantasie [s. 4.1.], S. 45–60

FRIEDRICH MÜLLER, GENANNT MALER MÜLLER
Perels, Christoph: Maler Müllers »Iphigenia«. Zum Spielraum der Antike-Rezeption in der Goethezeit. In: Jahrbuch des Freien Deutschen Hochstifts 1984, S. 157–197

WILHELM MÜLLER
Doblhofer, Ernst: »Ich schnitt' es gern in alle Rinden ein«. Zur Geschichte eines antiken Motivs. In: Antike und Abendland 42 (1996), S. 174–188

NOVALIS
Aulich, Johanna J. S.: Orphische Weltanschauung der Antike [...] [s. 1.2.]
Mähl, Hans-Joachim: Die Idee des goldenen Zeitalters im Werk des Novalis. Studien zur Wesensbestimmung der frühromantischen Utopie und zu ihren ideengeschichtlichen Voraussetzungen. Tübingen ²1994
Rehm, Walther: Orpheus. Der Dichter und die Toten [s. 1.2.]
Schulz, Gerhard: »Mit den Menschen ändert die Welt sich«. Zu Friedrich von Hardenbergs 5. »Hymne an die Nacht«. In: Gedichte und Interpretationen [s. 1.2.], Bd. 3, S. 202–215

FRIEDRICH RÜCKERT
Kranz, Christa: Friedrich Rückert und die Antike. Bild und Wirkung. Schweinfurt 1965 = Rückert-Studien 2

FRIEDRICH SCHILLER
Albrecht, Michael von: Tacitus' »Historien« in niederländischer Spiegelung und in Schillers Sicht. In: von Albrecht: Rom: Spiegel Europas [s. 1.1.], S. 27–37
Berns, Gisela N.: Greek Antiquity in Schiller's »Wallenstein«. Chapel Hill, London 1985 = University of North Carolina Studies in the German Languages and Literatures 104
Binder, Hermann: Schiller und Virgil. In: Deutsche Vierteljahrsschrift für Literaturwissenschaft und Geistesgeschichte 24 (1959), S. 101–128

Borchmeyer, Dieter: Hektors Abschied. Schillers Aneignung einer homerischen Szene. In: Jahrbuch der Deutschen Schillergesellschaft 16 (1972), S. 277–298

Dahnke, Hans-Dietrich: Die Debatte um »Die Götter Griechenlandes«. In: Debatten und Kontroversen. Literarische Auseinandersetzungen in Deutschland am Ende des 18. Jahrhunderts. Hrsg. von Hans-Dietrich Dahnke und Bernd Leistner. Berlin, Weimar 1989, Bd. 1, S. 193–269

Frick, Werner: Schiller und die Antike. In: Schiller-Handbuch [s. d.], S. 91–116

Fuhrmann, Manfred: Sprachgewänder. Schillers Neuschöpfungen der Antike. In: Fuhrmann: Europas fremd gewordene Fundamente [s. 1.1.], S. 134–139

Gerhard, Melitta: Antike Götterwelt in Wielands und in Schillers Sicht. Zur Entstehung und Auffassung der »Götter Griechenlands«. In: Schiller 1759/1959 [s. d.], S. 1–11

Dies.: Schiller und die griechische Tragödie. Weimar 1919 [Nachdruck Hildesheim 1978] = Forschungen zur neueren Literaturgeschichte 54

Habel, Reinhardt: Schiller und die Tradition des Herakles-Mythos. In: Terror und Spiel [s. 1.1.], S. 265–294

Hatfield, Henry: Schiller, Winckelmann, and the Myth of Greece. In: Schiller 1759/1959 [s. d.], S. 12–35

Haupt, Johannes: Geschichtsperspektive und Griechenverständnis im ästhetischen Programm Schillers. In: Jahrbuch der Deutschen Schillergesellschaft 18 (1974), S. 407–430

Janz, Rolf-Peter: Antike und Moderne in Schillers »Braut von Messina«. In: Unser Commercium. Goethes und Schillers Literaturpolitik. Hrsg. von Wilfried Barner, Eberhard Lämmert, Norbert Oellers. Stuttgart 1984 = Veröffentlichungen der Deutschen Schillergesellschaft 42, S. 329–349

Jarislowsky, Johanna: Schillers Übertragungen aus Vergil im Rahmen der deutschen Aeneis-Übersetzung des 18. Jahrhunderts. Jena 1928 = Jenaer germanistische Forschungen 12

Jauß, Hans Robert: Schillers und Schlegels Replik auf die »Querelle des Anciens et des Modernes« [s. 4.1.]

Kaiser, Gerhard: Von Arkadien nach Elysium. Schiller-Studien. Göttingen 1978

Koopmann, Helmut: Mythologische Reise zum Olymp. [Über »Das Ideal und das Leben«.] In: Gedichte und Interpretationen [s. 1.2.], Bd. 3, S. 83–98

Ders.: Schiller und das Ende der aufgeklärten Geschichtsphilosophie. In: Schiller heute [s. d.], S. 11–25

Ders.: Schiller und die dramatische Tradition. In: Schiller-Handbuch [s. d.], S. 137–154

Koopmann, Helmut: Schillers »Wallenstein«. Antiker Mythos und moderne Geschichte. Zur Begründung der klassischen Tragödie um 1800. In: Teilnahme und Spiegelung. Festschrift für Horst Rüdiger. In Zsarb. mit Dieter Gutzen hrsg. von Beda Allemann und Erwin Koppen. Berlin, New York 1975, S. 263–274

Latacz, Joachim: Schiller und die griechische Tragödie. In: Tragödie [s. 1.1.], S. 235–257

Lützeler, Paul Michael: »Die große Linie zu einem Brutuskopfe«: Republikanismus und Cäsarismus in Schillers »Fiesco«. In: Monatshefte für deutschen Unterricht, deutsche Sprache und Literatur 70 (1978), S. 15–28

Müller, Ulrich: Vergils »Aeneis« in den Übersetzungen von Friedrich Schiller und Rudolf Alexander Schröder. Ein Vergleich. In: Jahrbuch der Deutschen Schillergesellschaft 14 (1970), S. 347–365

Oellers, Norbert: Friedrich Schiller. Zur Modernität eines Klassikers. Frankfurt a. M., Leipzig 1996

Ders.: Das Glück. Ebd., S. 163–177

Ders.: »Herkules im Himmel« und »Orpheus in der Unterwelt«. Zu zwei Gedichtplänen Schillers. Ebd., S. 192–208

Ders.: Das verlorene Schöne in bewahrender Klage. Zu Schillers »Nänie«. Ebd., S. 178–191

Prader, Florian: Schiller und Sophokles. Zürich 1954 = Beiträge zur deutschen Literatur- und Geistesgeschichte 7

Pütz, Peter: Nähe und Ferne zur Antike: »Iphigenie und »Maria Stuart«. In: Unser Commercium. Goethes und Schillers Literaturpolitik. Hrsg. von Wilfried Barner, Eberhard Lämmert, Norbert Oellers. Stuttgart 1984 = Veröffentlichungen der Deutschen Schiller-Gesellschaft 42, S. 289–302

Reinhardt, Hartmut: Schillers »Wallenstein« und Aristoteles. In: Jahrbuch der Deutschen Schillergesellschaft 20 (1976), S. 278–337

Ritzer, Monika: Not und Schuld. Zur Funktion des »antiken« Schicksalsbegriffs in Schillers »Braut von Messina«. In: Schiller heute [s. d.], S. 131–150

Rüdiger, Horst: Goethes und Schillers Übertragungen antiker Dichtungen [s. 4.2. (Goethe)]

Schadewaldt, Wolfgang: Antikes und Modernes in Schillers »Braut von Messina«. In: Schadewaldt: Hellas und Hesperien [s. 1.1.1.], Bd. 2, S. 144–166

Ders.: Der Weg Schillers zu den Griechen. Ebd., Bd. 2, S. 127–133

Schiller heute. Hrsg. von Hans-Jörg Knobloch und Helmut Koopmann. Tübingen 1996 = Stauffenburg-Colloquium 40

Schiller 1759/1959. Commemorative American Studies. Ed. by John F. Frey. Urbana, Ill. 1959 = Illinois Studies in Language and Literature 46

Schiller-Handbuch. Hrsg. von Helmut Koopmann. Stuttgart 1998

Schmidt, Ernst Günther: Plutarch in der deutschen Klassik: Friedrich Schillers Projekt eines Themistokles-Dramas. In: International Journal of the Classical Tradition 1 (1994/95) 4, S. 99–111

Schmitt, Arbogast: Zur Aristoteles-Rezeption in Schillers Theorie des Tragischen. Hermeneutisch-kritische Anmerkungen zur Anwendung neuzeitlicher Tragikkonzepte auf die griechische Tragödie. In: Antike Dramentheorien und ihre Rezeption [s. 1.1.], S. 191–213

Stockum, Th[eodorus] C[ornelis] van: Deutsche Klassik und antike Tragödie. Zwei Studien. I. Schillers »Braut von Messina«, ein gelungener Versuch der Neubelebung der antiken Tragödie? In: van Stockum: Von Friedrich Nicolai bis Thomas Mann [s. 1.2.], S. 118–135

Storz, Gerhard: Schiller und die Antike. In: Jahrbuch der Deutschen Schillergesellschaft 10 (1966), S. 189–204

Uhlig, Ludwig: Schiller und Winckelmann. In: Impulse 8 (1985), S. 7–24

Ders.: Der Torso des Herkules bei Winckelmann, Schiller und Goethe [s. 4.1.]

Weigand, Hermann: »Oedipus tyrannus« und »Die Braut von Messina«. In: Schiller 1759/1959 [s. d.], S. 171–202

Wentzlaff-Eggebert, Friedrich Wilhelm: Schiller und die Antike. In: Wentzlaff-Eggebert: Belehrung und Verkündigung. Schriften zur deutschen Literatur vom Mittelalter bis zur Neuzeit. Berlin, New York 1975, S. 254–267

Wertheim, Ursula: »Der Menschheit Götterbild«. Weltanschauungs- und Gattungsprobleme am Beispiel von Schillers Herakles-Rezeption. In: Braemer, Edith / Wertheim, Ursula: Studien zur deutschen Klassik. Berlin 1960 = Germanistische Studien, S. 331–397

AUGUST WILHELM SCHLEGEL
Emmersleben, August: Die Antike in der romantischen Theorie [s. 4.1.]
Grosse-Brockhoff, Annelen: Das Konzept des Klassischen [s. Friedrich Schlegel]
Reichard, Georg: August Wilhelm Schlegels »Ion«. Das Schauspiel und die Aufführungen unter der Leitung von Goethe und Iffland. Bonn 1987 = Mitteilungen zur Theatergeschichte der Goethezeit 9
Stockum, Th[eodorus] C[ornelis] van: August Wilhelm Schlegels Drama »Ion« und sein griechisches Vorbild. In: van Stockum: Von Friedrich Nicolai bis Thomas Mann [s. 1.2.], S. 176–192

FRIEDRICH SCHLEGEL
Altenhöner, Ingrid: Die Sibylle als literarische Chiffre [s. 4.1.]
Bohrer, Karl Heinz: Friedrich Schlegels Rede über die Mythologie. In: Mythos und Moderne [s. 1.1.], S. 52–82
Emmersleben, August: Die Antike in der romantischen Theorie [s. 4.1.]
Grosse-Brockhoff, Annelen: Das Konzept des Klassischen bei Friedrich und August Wilhelm Schlegel. Köln, Wien 1981 = böhlau forum litterarum 11
Jauß, Hans Robert: Schillers und Schlegels Replik auf die »Querelle des Anciens et des Modernes« [s. 4.1.]
Klin, Eugeniusz: Entwicklung und Funktion des Antike-Vorbildes bei Friedrich Schlegel und Hegel. In: Zum Problem der Geschichtlichkeit ästhetischer Normen [s. 5.1.], S. 114–121
Riedel, Volker: Prometheus und Herakles. Fragen an Friedrich Schlegels »Idylle über den Müßiggang«. In: Riedel: Literarische Antikerezeption [s. 1.1.], S. 173–179

JOHANN ELIAS SCHLEGEL
Bünemann, H.: Elias Schlegel und Wieland als Bearbeiter antiker Tragödien. Studie zur Rezeption der Antike im 18. Jahrhundert. Leipzig 1928 = Form und Geist 3
Essen, Gesa von: Hermannsschlachten [s. 1.2.], S. 57–97
Krebs, Roland: Von der Liebestragödie zum politisch-vaterländischen Drama [s. 4.2. (Möser)].

FRIEDRICH LEOPOLD ZU STOLBERG
Beck, Adolf: Die Aischylos-Übersetzungen des Grafen F. L. zu Stolberg. Gräfenhainichen 1937

LUDWIG TIECK
Lindemann, Klaus: Von der Naturphilosophie zur christlichen Kunst [s. 4.2. (Eichendorff)]
Nottelmann-Feil, Mara: Ludwig Tiecks Rezeption der Antike. Literarische Kritik und Reflexion griechischer und römischer Dichtung im theoretischen und poetischen Werk Tiecks. Frankfurt a. M., Berlin, Bern, New York, Paris, Wien 1996 = Mikrokosmos 43

JOHANN HEINRICH VOSS
Beiträge zu Werk und Wirken von Johann Heinrich Voß (1751–1826). Zsgest. von Volker Riedel. Neubrandenburg 1989
Freiheit durch Aufklärung: Johann Heinrich Voß (1751–1826). Materialien einer Tagung

der Stiftung Mecklenburg (Ratzeburg) und des Verbandes Deutscher Schriftsteller (Landesbezirk Nord) in Lauenburg/Elbe am 23.–25. April 1993. Hrsg. von Wolfgang Beutin und Klaus Lüders. Frankfurt a. M., Berlin, Bern, New York, Paris, Wien 1995 = Bremer Beiträge zur Literatur- und Ideengeschichte 12

Fuhrmann, Manfred: Von Wieland bis Voß [s. 4.1.]

Häntzschel, Günter: Johann Heinrich Voß. Seine Homer-Übersetzung als sprachschöpferische Leistung. München 1977 = Zetemata 68

Kelletat, Alfred: Voß und die Nachbildung antiker Metren in der deutschen Dichtung. (Ein Beitrag zur deutschen Versgeschichte seit Klopstock.) Diss. Tübingen 1949 [Maschinenschr.]

Marquardt, Marion: Johann Heinrich Voß – ein Bürger ohne Republik. In: Johann Heinrich Voß. Kulturräume in Dichtung und Wirkung. Hrsg. von Andrea Rudolph. Dettelbach 1999, S. 1–18

Riedel, Volker: Goethe und Voß [s. 4.2. (Goethe)]

Schneider, Helmut J.: Bürgerliche Idylle. Studien zu einer literarischen Gattung des 18. Jahrhunderts am Beispiel von Johann Heinrich Voß. Diss. Bonn 1975

Sengle, Friedrich: »Luise« von Voß und Goethes »Hermann und Dorothea« [s. 4.2. (Goethe)]

CHRISTOPH MARTIN WIELAND

Bantel, Otto: Wieland und die griechische Antike. Diss. Tübingen 1953 [Maschinenschr.]

Böhm, Hans: Die Traditionswahl der Antike und ihre gesellschaftliche Funktion im Werk des jungen Wieland. Diss. Halle (Saale) 1962 [Maschinenschr.]

Braunsperger, Gerhard: Aufklärung aus der Antike: Wielands Lukianrezeption in seinem Roman »Die geheime Geschichte des Philosophen Peregrinus Proteus«. Frankfurt a. M., Berlin, Bern, New York, Paris, Wien 1993 = Europäische Hochschulschriften 1,1373

Bünemann, H.: Elias Schlegel und Wieland als Bearbeiter antiker Tragödien [s. 4.2. (Johann Elias Schlegel)]

Christoph Martin Wieland. Epoche – Werk – Wirkung. Von Sven-Aage Jørgensen, Herbert Jaumann, John A. McCarthy, Horst Thomé. München 1994 = Arbeitsbücher zur Literaturgeschichte

Christoph Martin Wieland und die Antike. Eine Aufsatzsammlung. Stendal 1986 = Beiträge der Winckelmann-Gesellschaft 14

Cölln, Jan: Philologie und Roman. Zu Wielands erzählerischer Rekonstruktion griechischer Antike im »Aristipp«. Göttingen 1998 = Palaestra 303

Curran, Jane v.: Wieland's Revival of Horace. In: International Journal of the Classical Tradition 3 (1996/97) 2, S. 171–184

Czapla, Ralf Georg: Die Metamorphose der Metamorphose [s. 6.2. (Arno Schmidt)]

Erhart, Walter: Entzweiung und Selbstaufklärung. Christoph Martin Wielands »Agathon«-Projekt. Tübingen 1991 = Studien zur deutschen Literatur 115

Erhart, Walter: »In guten Zeiten giebt es selten Schwärmer« [s. 4.2. (Hölderlin)]

Fuhrmann, Manfred: Nichts Neues unter der Sonne. Das Verdikt über Wieland und sein Bild der Antike. In: Fuhrmann: Europas fremd gewordene Fundamente [s. 1.1.], S. 125–129

Ders.: Von Wieland bis Voß [s. 4.1.]

Ders.: Wielands Horaz: ein philologischer Weg zu einer philosophischen Betrachtung des

Lebens. In: Antikes Denken – Moderne Schule. Hrsg. von Hans Werner Schmidt und Peter Wülfing. Heidelberg 1988 = Gymnasium. Beihefte 9, S. 193–210

Hofmann, Michael: Ironische Arbeit am Mythos und kritische Selbstreflexion der Aufklärung. Christoph Martin Wielands »Comische Erzählungen« (1765). In: Jahrbuch der Deutschen Schillergesellschaft 42 (1998), S. 23–41

Jaumann, Herbert: Der deutsche Lukian. Kontinuitätsbruch und Dialogizität, am Beispiel von Wielands »Neuen Göttergesprächen« (1791). In: Der deutsche Roman der Spätaufklärung. Fiktion und Wirklichkeit. Hrsg. von Harro Zimmermann. Heidelberg 1990 = Neue Bremer Beiträge 6, S. 61–90

Kurth-Voigt, Lieselotte: C. M. Wielands Endymion. Variationen eines antiken Mythos. In: MLN 97 (1982), S. 470–496

Lautwein, Thomas: Erotik und Empfindsamkeit. C. M. Wielands »Comische Erzählungen« und die Gattungsgeschichte der europäischen Verserzählung im 17. und 18. Jahrhundert. Frankfurt a. M., Berlin, Bern, New York, Paris, Wien 1996 = Studien zur Neueren Literatur 3

Lefèvre, Eckard: Wielands Augustusbild. In: Römische Geschichte und Zeitgeschichte in der deutschen und italienischen Altertumswissenschaft während des 19. und 20. Jahrhunderts. I: Caesar und Augustus. Hrsg. von Karl Christ und Emilio Gabba. Como 1989 = Biblioteca di Athenaeum 12, S. 71–87

Manger, Klaus: Klassizismus und Aufklärung. Das Beispiel des späten Wieland. Frankfurt a. M. 1991 = Das Abendland. N. F. 18

Monecke, Wolfgang: Wieland und Horaz. Köln, Graz 1964 = Literatur und Leben. N. F. 7

Müller, Hendrik: »Apuleius reversus« – Wielands fragmentarisches Gedicht »Psyche«. In: Tradita et Inventa [s. 1.1.], S. 271–280

Reuter, Hans-Heinrich: Die Philologie der Grazien. Wielands Selbstbildnis in seinen Kommentaren der Episteln und Satiren des Horaz. In: Christoph Martin Wieland. Hrsg. von Hansjörg Schelle. Darmstadt 1981 = Wege der Forschung 171, S. 251–306

Sahmland, Irmtraud: Christoph Martin Wieland und die deutsche Nation. Patriotismus, Kosmopolitismus und Griechentum. Tübingen 1990 = Studien zur deutschen Literatur 108

Sengle, Friedrich: Wieland. Stuttgart 1949

Thomé, Horst: Die Übersetzungen aus der antiken Literatur im Kontext der Altersromane. In: Christoph Martin Wieland [s. d.], S. 145–148

Tismar, Jens: Herakles als Leitfigur bei Wieland, Goethe und Hölderlin [s. 4.1.]

Werner, Jürgen: »Können Sie mir auf die Spur verhelfen, wer zuerst den Diogenes den rasenden Sokrates genannt habe?« In: Das Lächeln des Sokrates. Sokrates-Studien IV. Hrsg. von Herbert Kessler. Kusterdingen 1999 = Die Graue Edition 25, S. 217–245

Wipperfürth, Susanne: Wielands geschichtsphilosophische Reflexionen. Frankfurt a. M., Berlin, Bern, New York, Paris, Wien 1995 = Europäische Hochschulschriften 1,1516

Wirth, Gerhard: Wieland und Cicero. In: Helikon 15/16 (1975/76), S. 9–70

JOHANN JOACHIM WINCKELMANN

Baeumer, Max L.: Winckelmann und Heinse [s. 4.2. (Heinse)]

Ders.: Winckelmanns Formulierung der klassischen Schönheit. In: Monatshefte für deutschen Unterricht, deutsche Sprache und Literatur 65 (1973), S. 61–75

Böschenstein, Bernhard: Apoll und sein Schatten. Winckelmann in der deutschen Dichtung der beiden Jahrhundertwenden. In: Johann Joachim Winckelmann [s. d.], S. 327–342

Johann Joachim Winckelmann. 1717–1768. Hrsg. von Thomas W. Gaehtgens. Hamburg 1986 = Studien zum 18. Jahrhundert 7

Lange, Wolfgang: Watteau und Winckelmann oder Klassizismus als antik drapiertes Rokoko. In: Deutsche Vierteljahrsschrift für Literaturwissenschaft und Geistesgeschichte 72 (1998), S. 376–410

Miller, Norbert: Winckelmann und der Griechenstreit. Überlegungen zur Historisierung der Antike-Anschauung im 18. Jahrhundert. In: Johann Joachim Winckelmann [s. d.], S. 239–264

Namowicz, Tadeusz: Die aufklärerische Utopie. Rezeption der Griechenauffassung J. J. Winckelmanns um 1800 in Deutschland und Polen. Warszawa 1978 = Dissertationes universitatis Varsoviensis 133

Osterkamp, Ernst: Goethe als Leser Johann Joachim Winckelmanns [s. 4.1. (Goethe)]

Riedel, Volker: Winckelmann und Lessing. Gemeinsamkeiten und Unterschiede im klassischen deutschen Antikebild. In: Riedel: Literarische Antikerezeption [s. 1.1.], S. 99–107

Ders.: Winckelmannsches Gedankengut in Erich Arendts Bildbänden zur Welt des Mittelmeeres [s. 6.2. (Arendt)]

Schadewaldt, Wolfgang: Winckelmann und Homer. – In: Schadewaldt: Hellas und Hesperien [s. 1.1.], Bd. 2, S. 37–73

Ders.: Winckelmann und Rilke [s. 6.2. (Rilke)]

Schmidt, Jochen: Griechenland als Ideal und Utopie bei Winckelmann, Goethe und Hölderlin [s. 4.1.]

Szarota, Elida Maria: Winckelmanns und Hölderlins Herkulesdeutung. In: Beiträge zu einem neuen Winckelmannbild. Hrsg. von Berthold Häsler. Berlin 1973 = Schriften der Winckelmann-Gesellschaft 1, S. 75–87

Uhlig, Ludwig: Schiller und Winckelmann [s. 4.2. (Schiller)]

Ders.: Der Torso des Herkules bei Winckelmann, Schiller und Goethe [s. 4.1.]

5. Zwischen Romantik und Naturalismus

5.1. Übergreifende Literatur

Ahlers, Nicole: Das deutsche Versepos zwischen 1848 und 1914. Frankfurt a. M., Berlin, Bern, New York, Paris, Wien: Lang 1998 = Hamburger Beiträge zur Germanistik 26

L'Antichità nell'Ottocento in Italia e Germania / Die Antike im 19. Jahrhundert in Italien und Deutschland. A cura di / Hrsg. von Karl Christ – Arnoldo Monigliano. Bologna, Berlin 1988 = Annali dell'Istituto storico italo-germanico in Trento. Contributi / Jahrbuch des italienisch-deutschen historischen Instituts in Trient. Beiträge 2

David, Claude: Zwischen Romantik und Symbolismus 1820–1885. Gütersloh 1966 = Geschichte der deutschen Literatur

Häntzschel, Günter: Der deutsche Homer im 19. Jahrhundert. In: Antike und Abendland 29 (1983), S. 49–89

Landfester, Manfred: Humanismus und Gesellschaft im 19. Jahrhundert. Untersuchungen zur politischen und gesellschaftlichen Bedeutung der humanistischen Bildung in Deutschland. Darmstadt 1988

Martini, Fritz: Deutsche Literatur im bürgerlichen Realismus 1848–1898. Stuttgart ³1974 = Epochen der deutschen Literatur. Geschichtliche Darstellungen 5/2

Riikonen, Hannu: Die Antike im historischen Roman des 19. Jahrhunderts. Eine literatur- und kulturgeschichtliche Untersuchung. Helsinki 1978 = Commentationes Humanarum Litterarum 59

Sengle, Friedrich: Biedermeierzeit. Deutsche Literatur im Spannungsfeld zwischen Restauration und Revolution 1815–1848. 3 Bde. Stuttgart 1971–1980

Sprengel, Peter: Geschichte der deutschsprachigen Literatur 1870–1900. Von der Reichsgründung bis zur Jahrhundertwende. München 1998 = Geschichte der deutschen Literatur von den Anfängen bis zur Gegenwart. Begründet von Helmut de Boor und Richard Newald 9,1

Thomé, Horst: Römertragödien des 19. Jahrhunderts. Ein vorläufiger Bericht. In: Konflikt – Grenze – Dialog. Kulturkontrastive und interdisziplinäre Textzugänge. Festschrift für Horst Turk zum 60. Geburtstag. Hrsg. von Jürgen Lehmann, Tilman Lang, Fred Lönker und Thorsten Unger. Frankfurt a.M., Berlin, Bern, New York, Paris, Wien 1997, S. 157–172

Von 1830 bis zum Ausgang des 19. Jahrhunderts. Von einem Autorenkollektiv. Ltg. und Gesamtbearb. Kurt Böttcher. T. 1: In Zsarb. mit Rainer Rosenberg (1830–1848), Helmut Richter (1849–1870). Mitarb. Kurt Krolop / T. 2: In Zsarb. mit Paul Günter Krohn und Peter Wruck. Berlin 1975 = Geschichte der deutschen Literatur von den Anfängen bis zur Gegenwart. Hrsg. von Klaus Gysi [u. a.; Bd. 1–5] / Hans-Günther Thalheim [u. a.; Bd. 6–12] 8

Zelle, Carsten: Der Abgang des Herakles. Einige Beobachtungen in Hinsicht auf Friedrich Nietzsche und Ulrich von Wilamowitz-Moellendorff. In: Herakles / Herkules [s. 1.1.], Bd. 1, S. 211–228

Zum Problem der Geschichtlichkeit ästhetischer Normen. Die Antike im Wandel des Urteils des 19. Jahrhunderts. Berlin 1986 = Sitzungsberichte der Akademie der Wissenschaften der DDR. Jg. 1986, Nr. 1/G

5.2. Literatur zu einzelnen Autoren

Georg Büchner

Koopmann, Helmut: Dantons Tod und die antike Welt. Zur Geschichtsphilosophie Georg Büchners. In: Zeitschrift für deutsche Philologie 84 (1965), Sonderheft, S. 22–41

Schaub, Gerhard: Georg Büchner und die Schulrhetorik. Untersuchungen und Quellen zu seinen Schülerarbeiten. Bern, Frankfurt a.M. 1975 = Regensburger Beiträge zur deutschen Sprach- und Literaturwissenschaft 3

Sigmund Freud

Höhler, Gertrud: Die Schlüsselrolle des Ödipusmythos. Zu Sigmund Freuds Mythosbegriff. In: Mythos und Mythologie in der Literatur des 19. Jahrhunderts [s. 1.2.], S. 321–339

Schlesier, Renate: Auf den Spuren von Freuds Ödipus. In: Antike Mythen in der europäischen Tradition [s. 1.1.], S. 281–300

Christian Dietrich Grabbe

Ehrlich, Lothar: Christian Dietrich Grabbes »Hermannsschlacht«. Werk und Mythos. In: Arminius und die Varusschlacht [s. 1.2.], S. 389–397

Essen, Gesa von: Hermannsschlachten [s. 1.2.], S. 195–244

Oellers, Norbert: Die Niederlagen der Einzelnen durch die Vielen. Einige Bemerkungen über Grabbes »Hannibal« und »Die Hermannsschlacht«. In: Christian Dietrich Grabbe (1801–1836). Ein Symposium. Hrsg. von Werner Broer und Detlev Kopp unter Mitwirkung von Michael Vogt. Tübingen 1987, S. 114–128

FRIEDRICH HEBBEL

Matthiesen, Hugo: Gyges und sein Ring. Eine Untersuchung über die Quellen. In: Hebbel-Jahrbuch 1965, S. 129–155

Sickel, Paul: Hebbel und die Antike. In: Neue Jahrbücher für Wissenschaft und Jugendbildung 4 (1928), S. 440–447

Stemplinger, Eduard: Hebbels Verhältnis zur Antike. Eine Säkularstudie. In: Stemplinger: Die Ewigkeit der Antike [s. 1.1.], S. 97–111

HEINRICH HEINE

Koopmann, Helmut: Heinrich Heine und die Politisierung des Mythos. In: Mythos und Mythologie in der Literatur des 19. Jahrhunderts [s. 1.2.], S. 141–158

Küppers, Markus: Heinrich Heines Arbeit am Mythos. Münster, New York 1994 = Internationale Hochschulschriften D 61

Sternberger, Dolf: Heinrich Heine und die Abschaffung der Sünde. Düsseldorf 1972

Ders.: Heinrich Heines Götter. In: Das Altertum und jedes neue Gute. Für Wolfgang Schadewaldt zum 15. März 1970. Hrsg. von Konrad Geiser. Stuttgart, Berlin, Köln, Mainz 1970, S. 167–194.

Wiese, Benno von: Mythos und Mythentravestie in Heines Nordseegedichten und in seinem Gedicht »Unterwelt«. Ebd., S. 123–140

Ders.: Signaturen. Zu Heinrich Heine und seinem Werk. Berlin 1976

Winkler, Markus: Mythisches Denken zwischen Romantik und Realismus. Zur Erfahrung kultureller Fremdheit im Werk Heinrich Heines. Tübingen 1995 = Studien zur deutschen Literatur 138

KARL IMMERMANN

Maierhofer, Waltraud: Immermann als »Poet und Kriminaljurist«. Zu den frühen Erzählungen: »Der neue Pygmalion« und »Der Karneval und die Somnambüle«. In: »Widerspruch, du Herr der Welt!« Neun Studien zu Karl Immermann. Hrsg. von Peter Hasubek. Bielefeld 1990, S. 68–99

Springer, Mirjam: »Verwesende Zeit«. Die Erzählungen Karl Immermanns. Frankfurt a. M., Berlin, Bern, New York, Paris, Wien 1995 = Historisch-kritische Arbeiten zur deutschen Literatur 17

Wiese, Benno von: Karl Immermann. Sein Werk und sein Leben. Bad Homburg v. d. H., Berlin, Zürich 1969

Windfuhr, Manfred: Immermanns erzählerisches Werk. Zur Situation des Romans in der Restaurationszeit. Gießen 1957 = Beiträge zur deutschen Philologie 14

GOTTFRIED KELLER

Anton, Herbert: Mythologische Erotik in Kellers »Sieben Legenden« und im »Sinngedicht«. Stuttgart 1970 = Germanistische Abhandlungen 31

Neumann, Gerhard: Der Körper des Menschen und die belebte Statue. Zu einer Grundformel in Gottfried Kellers »Sinngedicht«. In: Pygmalion [s. 1.1.], S. 555–591

Karl Marx

Fiedler, Renate / Erb, Teja: Gedanken zur Antikerezeption bei Karl Marx. In: Das Altertum 15 (1969), S. 34–47

Marxism and the Classics. In: Arethusa 8 (1975) 1, S. 5–225

McCarthy, George E.: Marx and the Ancients. Classical Ethics, Social Justice, and Nineteenth-Century Political Economy. Savage, Maryland 1990

Müller, Reimar: Hegel und Marx über die antike Kultur. In: Müller: Menschenbild und Humanismus der Antike [s. 1.1.], S. 316–355

Ders.: Paradigma Antike. Marx über die historischen Bedingungen der Produktion und Aneignung von Literatur und Kunst. In: Zum Problem der Geschichtlichkeit ästhetischer Normen [s. 5.1.], S. 46–54

Ders.: Zur theoretischen Grundlegung der Antikerezeption bei Karl Marx. In: Dialog über Tradition und Erbe. Ein interdisziplinäres Kolloquium des Forschungsbereichs Gesellschaftswissenschaften der Akademie der Wissenschaften der DDR im März 1973. Hrsg. von Dieter Schiller und Helmut Bock. Berlin 1976, S. 95–97

Prawer, Siegbert S.: Karl Marx und die Weltliteratur. München 1983

Sannwald, Rolf: Marx und die Antike. Zürich 1957 = Staatswissenschaftliche Studien. N. F. 27

Staden, Heinrich von: Greek Art and Literature in Marx's Aesthetics. In: Arethusa 8 (1975) 1, S. 119–144

Conrad Ferdinand Meyer

Albrecht, Michael von: Conrad Ferdinand Meyer und die Antike. In: von Albrecht: Rom: Spiegel Europas [s. 1.1.], S. 75–131

Burkhard, Marianne: C. F. Meyer und die antike Mythologie. Zürich 1966 = Zürcher Beiträge zur deutschen Literatur- und Geistesgeschichte 25

Kofler, Wolfgang: Poggios Plautus: Poetik und Rezeption in Conrad Ferdinand Meyers Novelle »Plautus im Nonnenkloster«. In: Tradita et Inventa [s. 1.1.], S. 429–440

Kraeger, Heinrich: Conrad Ferdinand Meyer. Quellen und Wandlungen seiner Gedichte. Berlin 1901 = Palaestra 16

Morel, Willy: Antikes bei Conrad Ferdinand Meyer. In: Das humanistische Gymnasium 44 (1933), S. 25–38

Eduard Mörike

Dorner, Franz: Eduard Mörike und sein Verhältnis zur Antike. Diss. Wien 1963 [Maschinenschr.]

Flad, Eugen: Eduard Mörike und die Antike. Eine literarische Studie. Diss. Münster 1916

Heydebrand, Renate von: Eduard Mörikes Gedichtwerk. Beschreibung und Deutung der Formenvielfalt und ihrer Entwicklung. Stuttgart 1972

Müller, Joachim: Eduard Mörike, Erinna an Sappho. Eine Interpretation. In: Eduard Mörike. Hrsg. von Victor G. Doerksen. Darmstadt 1975 = Wege der Forschung 446, S. 303–319

Pöhlmann, Egert: Lyrische Variationen. Anakreontische Motive bei Eduard Mörike. In: Antike und Abendland 14 (1968) S. 52–62

Rückert, Gerhard: Die Epistel als literarische Gattung. Horaz – Mörike – Brecht. In: Wirkendes Wort 22 (1972), S. 58–70

Ders.: Mörike und Horaz. Nürnberg 1970 = Beiträge zur Sprach- und Kunstwissenschaft 34

Rupprecht, Gerda: Mörikes Leistung als Übersetzer aus den klassischen Sprachen. Gezeigt durch Vergleich mit anderen Übersetzungen, besonders mit den von ihm neugestalteten Übersetzungen. Diss. München 1958

Schuster, Mauriz: Eduard Mörike und Catullus. In: Zeitschrift für die österreichischen Gymnasien 67 (1916), S. 385–416

Ders.: Mörikes Verhältnis zu Horaz und Tibull. In: Bayerische Blätter für das Gymnasial-Schulwesen 65 (1929), S. 220–240

Stemplinger, Eduard: Mörikes Verhältnis zur Antike. In: Stemplinger: Die Ewigkeit der Antike [s. 1.1.], S. 85–96

Storz, Gerhard: Eduard Mörike. Stuttgart 1967

FRIEDRICH NIETZSCHE

Aulich, Johanna J. S.: Orphische Weltanschauung der Antike [s. 1.2.]

Beyer, Uwe: Christus und Dionysos. Ihre widerstreitende Bedeutung im Denken Hölderlins und Nietzsches. Münster, Hamburg 1992 = Philosophie 11

Borchmeyer, Dieter: Nietzsches Décadence-Kritik als Fortsetzung der »Querelle des Anciens et des Modernes«. In: Kontroversen, alte und neue [s. 1.2.], Bd. 8, S. 176–183

Cancik, Hubert: Nietzsches Antike. Vorlesung. Stuttgart, Weimar 1995

Ders. / Cancik-Lindemaier, Hildegard: Philolog und Kultfigur. Friedrich Nietzsche und seine Antike in Deutschland. Stuttgart, Weimar 1999

Groddeck, Wolfram: Die »Dionysos-Dithyramben«. Bedeutung und Entstehung von Nietzsches letztem Werk. In: Nietzsche, Friedrich: »Dionysos-Dithyramben«. Berlin, New York 1991, Bd. 2 = Monographien und Texte zur Nietzsche-Forschung 23/2

Howald, Ernst: Friedrich Nietzsche und die klassische Philologie. Gotha 1920

Knight, Arthur Harold John: Some Aspects of the Life and Work of Nietzsche, and particularly of his Connection with Greek Literature and Thought. London 1933

Landfester, Manfred: Kommentar. In: Nietzsche, Friedrich: Die Geburt der Tragödie. Schriften zu Literatur und Philosophie der Griechen. Hrsg. und erläutert von Manfred Landfester. Frankfurt a. M. 1994, S. 373–688

Latacz, Joachim: Fruchtbares Ärgernis: Nietzsches »Geburt der Tragödie« und die gräzistische Tragödienforschung. Basel 1998 = Basler Universitätsreden 94

Mattenklott, Gert: Nietzsche und die Ästhetik der Verzauberung. In: Sinn und Form 48 (1996), S. 485–503

Nietzsche und die antike Philosophie. Hrsg. von Daniel W. Conway und Rudolf Rehn. Trier 1992 = Bochumer Altertumswissenschaftliches Colloquium 11

Pfaff, Peter: Der verwandelte Orpheus [s. 6.2. (Rilke)]

Pöschl, Viktor: Nietzsche und die klassische Philologie. In: Philologie und Hermeneutik im 19. Jahrhundert. Zur Geschichte und Methodologie der Geisteswissenschaften. Hrsg. von Hellmut Flashar, Karlfried Gründer, Axel Hartmann. Göttingen 1979, S. 141–155

Reibnitz, Barbara von: Ein Kommentar zu Friedrich Nietzsche, »Die Geburt der Tragödie aus dem Geiste der Musik« (Kap. 1–12). Stuttgart, Weimar 1992

Schlechta, Karl: Der junge Nietzsche und das klassische Altertum. Mainz 1948 = Universitas Moguntina. Reden und Aufsätze 1

Der Streit um Nietzsches »Geburt der Tragödie«. Die Schriften von E. Rohde, R.

Wagner, U. v. Wilamowitz-Moellendorff. Zsgest. und eingel. von Karlfried Gründer. Hildesheim 1969 = Olms Paperbacks 40

Studies in Nietzsche and the Classical Tradition. Ed. by James C. O'Flaherty, Timothy F. Sellner, and Robert M. Helm. Chapel Hill ²1976 = University of North Carolina Studies in the Germanic Languages und Literatures 85

Vogel, Manfred: Apollinisch und Dionysisch. Geschichte eines genialen Irrtums. Regensburg 1966 = Studien zur Musikgeschichte des 19. Jahrhunderts 6

August von Platen

Jobst, Hanns: Über den Einfluß der Antike auf die Dichtung August von Platens. München 1928 = Schriften der Platen-Gesellschaft 5

Wilhelm Raabe

Baß, Josef: Griechisches bei Raabe. In: Mitteilungen für die Gesellschaft der Freunde Wilhelm Raabes 20 (1930), S. 36–42

Friese, Hans: Wilhelm Raabe und die Antike. Ebd. 32 (1942), S. 104–115

Metzger, Max: Wilhelm Raabe und die Antike. Ein Beitrag zur Wirkungsgeschichte des Altertums. Diss. Freiburg i. Br. 1949 [Maschinenschr.]

Oppermann, Hans: Das Bild der Antike bei Wilhelm Raabe. In: Jahrbuch der Raabe-Gesellschaft 1966, S. 58–79

Carl Spitteler

Schmidt-Henkel, Gerhard: Carl Spitteler oder die revidierte Mythologie. In: Schmidt-Henkel: Mythos und Dichtung. Zur Begriffs- und Stilgeschichte der deutschen Literatur im neunzehnten und zwanzigsten Jahrhundert. Bad Homburg v. d. H., Berlin, Zürich 1967, S. 89–131

Ders.: Mythos und Mythologie in Carl Spittelers »Olympischem Frühling«. In: Mythos und Mythologie in der Literatur des 19. Jahrhunderts [s. 1.2.], S. 307–320

Stauffacher, Werner: Carl Spitteler. Biographie. Zürich, München 1973

Adalbert Stifter

Domandl, Sepp: Wiedergeburt aus der Schönheit. Der »Kern« in Adalbert Stifters »Nachsommer«. In: Adalbert-Stifter-Institut des Landes Oberösterreich 32 (1983), S. 45–60

Salm, Carola: Reale und symbolische Ordnungen in Stifters »Nachsommer«. Frankfurt a. M., Bern, New York, Paris 1991 = Europäische Hochschulschriften 1,1254

Seidler, Herbert: Die Bedeutung der Mitte in Stifters »Nachsommer«. In: Adalbert-Stifter-Institut des Landes Oberösterreich 6 (1957), S. 59–86

Sjögren, Christine Oertal: The Marble Statue as Idea. Collected Essays on Adalbert Stifter's »Der Nachsommer'. Chapel Hill 1972 = University of North Carolina Studies in the Germanic Languages and Literatures 72

Richard Wagner

Lesueur, R.: La tradition homérique et ses rapports avec le drame musical wagnérien: l'anneau des Nibelungen. In: Colloque l'épopée gréco-latine et ses prolongements européens. Éd. par R. Chevallier. Paris 1981 = Caesarodunum 16 bis = Calliope 2, S. 297–306

Meier, Mischa: Chöre und Leitmotive in den Bühnenwerken Richard Wagners: Von der griechischen Tragödie zum Musikdrama. In: Tradita et Inventa [s. 1.1.], S. 389–406

Schadewaldt, Wolfgang: Richard Wagner und die Griechen. Drei Bayreuther Vorträge. In: Schadewaldt: Hellas und Hesperien [s. 1.1.], Bd. 2, S. 341–405

Stemplinger, Eduard: Die Antike bei Richard Wagner. In: Stemplinger: Die Ewigkeit der Antike [s. 1.1.], S. 112–127

Trilse, Christoph: Richard Wagners Verhältnis zur Antike – Verwerfen und benutzen. In: Zum Problem der Geschichtlichkeit ästhetischer Normen [s. 5.1.], S. 319–329

Walther, Helmut G.: Richard Wagner und der (antike) Mythos. In: Antike Mythen in der europäischen Tradition [s. 1.1.], S. 261–280

Wege des Mythos in der Moderne. Richard Wagner, »Der Ring des Nibelungen«. Eine Münchner Ringvorlesung. Hrsg. von Dieter Borchmeyer. München 1987 = dtv 4468

Wilberg, Petra-Hildegard: Richard Wagners mythische Welt. Versuche wider den Historismus. Freiburg i. Br. 1996 = Rombach Wissenschaft-Reihe Musicae 1

ADOLF WILBRANDT

Stockum, Th[eodorus] C[ornelis] van: Ein vergessenes deutsches Drama: Adolf Wilbrandts »Der Meister von Palmyra« (1889). In: van Stockum: Von Friedrich Nicolai bis Thomas Mann [s. 1.2.], S. 254–273

6. Vom Naturalismus bis zur Gegenwart

6.1. Übergreifende Literatur

Antike Dramen – neu gelesen, neu gesehen. Beiträge zur Antikenrezeption in der Gegenwart. Hrsg. von Karl Hölz, Lothar Pikulik, Norbert Platz und Georg Wöhrle. Frankfurt a. M., Berlin, Bern, New York, Paris, Wien 1998 = Trierer Studien zur Literatur 31

Arnold, Armin: Die Literatur des Expressionismus. Sprachliche und thematische Quellen. Stuttgart, Berlin, Köln, Mainz 1966 = Sprache und Literatur 35

Begriffsbestimmung des literarischen Expressionismus. Hrsg. von Hans Gerd Rötzer. Darmstadt 1976 = Wege der Forschung 380

Bernhardt, Rüdiger: »Nenne mir, Muse, den Mann, den vielgewandten...«. Bemerkungen zur Odysseus-Gestalt in der Lyrik der DDR. In: Wissenschaftliche Zeitschrift der Martin-Luther-Universität Halle-Wittenberg. Gesellschafts- und sprachwissenschaftliche Reihe 23 (1974) 6, S. 77–89

Ders.: Odysseus' Tod – Prometheus' Leben. Antike Mythen in der Literatur der DDR. Halle, Leipzig 1983

Ders.: Rezeption antiker Mythen in der Literatur der DDR. In: Innere und äußere Integration der Altertumswissenschaften. Konferenz zur 200. Wiederkehr der Gründung des Seminarium Philologicum Halense durch Friedrich August Wolf am 15. 10. 1787. Beiträge hrsg. von Joachim Ebert und Hans-Dieter Zimmermann. Halle 1989 = Kongreß- und Tagungsberichte der Martin-Luther-Universität Halle-Wittenberg. Wissenschaftliche Beiträge 1989/36 (C 47), S. 196–203

Binder, Gerhard: »Augusteische Erneuerung« – Altertumswissenschaft und altsprachlicher Unterricht in Deutschland 1933–1945. In: Saeculum Augustum I. Herrschaft und Gesellschaft. Hrsg. von Gerhard Binder. Darmstadt 1987 = Wege der Forschung 266, S. 44–58

Cancik-Lindemaier, Hildegard: Opferphantasien. Zur imaginären Antike der Jahrhundertwende in Deutschland und Österreich. In: Der altsprachliche Unterricht 30 (1987) 3, S. 90–104

Deutsche Lyrik nach 1945. Hrsg. von Dieter Breuer. Frankfurt a. M. 1988 = suhrkamp taschenbuch 2088

Dönt, Eugen: Bemerkungen zu antiken griechischen Formen und Motiven in der neuzeitlichen, vor allem deutschen Literatur. In: Europäischer Philhellenismus [s. 1.1.], S. 55–65

Emmerich, Wolfgang: Antike Mythen auf dem Theater der DDR. Geschichte und Poesie, Vernunft und Terror. In: Dramatik der DDR. Hrsg. von Ulrich Profitlich. Frankfurt a. M. 1987 = suhrkamp taschenbuch 2072, S. 223–265

Ders.: Das Erbe des Odysseus: Der zivilisationskritische Rekurs auf den Mythos in der neueren DDR-Literatur. In: Studies in GDR Culture and Society 5 (1985), S. 173–188.

Ders.: Prometheus – Epimetheus. Goethe in der DDR. In: Bremer Ortsvereinigung der Goethe-Gesellschaft in Weimar. Jahresheft 1995, S. 11–32

Ders.: Zu-Ende-Denken. Griechische Mythologie und neuere DDR-Literatur. In: Kontroversen, alte und neue [s. 1.2.], Bd. 10, S. 216–224

Engelhardt, Michael von: Das alte und das neue Ithaka. Antiker Mythos in der Lyrik der DDR am Beispiel Odysseus. In: Studies in GDR Culture and Society 5 (1985), S. 189–204

Ders. / Rohrmoser, Michael: Kassandra – Odysseus – Prometheus. Modelle der Mythos-Rezeption in der DDR-Literatur. In: L 80. H. 34 (1985), S. 62–76

Expressionismus. Lyrik. Hrsg. von Martin Reso in Zsarb. mit Silvia Schlenstedt und Manfred Wolter. Berlin, Weimar 1969

Feder, Lillian: Mythical Symbols of the Dissolution and Reconstitution of the Self in Twentieth-Century Literature. In: Classical Mythology in Twentieth-Century Thought and Literature. Ed. by Wendell M. Aycock, Theodore M. Klein. Lubbock, Texas 1980 = Proceedings of the Comparative Literature Symposium, Texas Tech University 11

Feichtinger, Barbara: Medea – Rehabilitation einer Kindsmörderin? Zur Medea-Rezeption moderner deutscher Autorinnen. In: Grazer Beiträge 18 (1992), S. 205–234

Flashar, Hellmut: Griechische Tragödie auf der Bühne der Gegenwart und im Gewand der »Gospel«-Musik. – In: Antike Dramen – neu gelesen, neu gesehen [s. d.], S. 11–19

Fuhrmann, Manfred: Mythos als Wiederholung in der griechischen Tragödie und im Drama des 20. Jahrhunderts. In: Terror und Spiel [s. 1.1.], S. 121–143

Gadamer, Hans-Georg: Nausikaa. In: Der altsprachliche Unterricht 37 (1994) 2, S. 6–10

Gelbrich, Dorothea: Antikerezeption in der Lyrik der DDR. Versuch über einige Grundlinien. In: Weimarer Beiträge 19 (1973) 11, S. 42–62

Dies.: Antikerezeption in der sozialistischen deutschen Lyrik des zwanzigsten Jahrhunderts. Die Begründung einer neuen Rezeptionstradition im lyrischen Schaffen Bechers, Brechts, Maurers und Arendts. Diss. Leipzig 1974 [Maschinenschr.]

Geschichte der deutschen Literatur von 1945 bis zur Gegenwart. Hrsg. von Wilfried Barner. München 1994 = Geschichte der deutschen Literatur von den Anfängen bis zur Gegenwart. Begründet von Helmut de Boor und Richard Newald 12

Geschichte der Literatur der Deutschen Demokratischen Republik. Von einem Autorenkollektiv unter Ltg. von Horst Haase und Hans-Jürgen Geerdts, Erich Kühne, Walter

Pallus. Berlin 1976 = Geschichte der deutschen Literatur von den Anfängen bis zur Gegenwart. Hrsg. von Klaus Gysi [u. a.; Bd. 1–5] / Hans-Günther Thalheim [u. a.; Bd. 6–12] 11

Glenn, Jerry: Hofmannsthal, Hacks, and Hildesheimer: Helen in the Twentieth Century. In: Seminar 5 (1969), S. 1–18

Gorr, Adolph: The Influences of Greek Antiquity on Modern German Drama. Diss. Philadelphia 1934

Habermehl, Peter / Seidensticker, Bernd: Deutschland V. 20. Jahrhundert (ab 1918). In: Der Neue Pauly 13 (1999), Sp. 817–828

Heine, Roland: Mythenrezeption in den Dramen von Peter Hacks, Heiner Müller und Hartmut Lange. Zum Versuch der Grundlegung einer »sozialistischen Klassik«. In: Colloquia Germanica 14 (1981), S. 239–260

Huchthausen, Liselot: Antike-Rezeption in der Lyrik junger Dichter der DDR 1964–1984. In: Philologus 131 (1987), S. 132–146

In diesem besseren Land. Gedichte der Deutschen Demokratischen Republik seit 1945. Ausgew. von Adolf Endler und Karl Mickel. Halle 1966

Irmscher, Johannes: Altsprachlicher Unterricht im faschistischen Deutschland. In: Jahrbuch für Erziehungs- und Schulgeschichte 5/6 (1965/66), S. 223–271

Klein, Alfred: Prometheus 1925. Revolutionäre Arbeiterlyrik und kapitalistischer Alltag. In: Klein: Wirklichkeitsbesessene Dichtung. Zur Geschichte der deutschen sozialistischen Literatur. Leipzig 1977 = Reclams Universal-Bibliothek 683, S. 205–197

Kohlschmidt, Werner: Die deutsche Literatur seit dem Naturalismus und die Antike. In: Reformatio 7 (1958), S. 575–591

Kühnert, Friedmar: Das klassische Altertum in der sozialistischen Literatur. In: Wissenschaftliche Zeitschrift der Friedrich-Schiller-Universität Jena. Gesellschafts- und sprachwissenschaftliche Reihe 18 (1969) 4, S. 45–48

Landfester, Manfred: Dritter Humanismus. In: Der Neue Pauly 13 (1999), Sp. 877–883

Lasso de la Vega, José S.: Helenismo y literatura contemporánea. Madrid 1967 = El Soto 3

Lehmann, Hans-Thies: Mythos und Postmoderne – Botho Strauß, Heiner Müller. In: Kontroversen, alte und neue [s. 1.2.], Bd. 10, S. 249–255

Lermen, Birgit: »Über der ganzen Szenerie fliegt Ikarus«. Das Ikarus-Motiv in ausgewählten Gedichten von Autoren aus der DDR. In: Deutsche Lyrik nach 1945 [s. d.], S. 284–305

Lindner, Margrit: Antikerezeption in der Dramatik der DDR – Ein Beitrag zur Aneignung des Erbes in der Literatur der DDR. Diss. Leipzig 1972 [Maschinenschr.]

Literatur der BRD. Von einem Autorenkollektiv. Ltg.: Hans Joachim Bernhard. Berlin 1983 = Geschichte der deutschen Literatur von den Anfängen bis zur Gegenwart. Hrsg. von Klaus Gysi [u. a.; Bd. 1–5] / Hans-Günther Thalheim [u. a.; Bd. 6–12] 12

Lohse, Gerhard: Die Rezeption der griechischen Tragödie auf dem deutschen Theater nach 1945 und der Regisseur Gustav Rudolf Sellner. In: Antike und Abendland 41 (1995), S. 72–94

Ders. / Ohde, Horst: Mitteilungen aus dem Lande der Lotophagen. Zum Verhältnis von Antike und deutscher Nachkriegsliteratur. [Teil I.] In: Hephaistos 4 (1982), S. 139–170 / Teil II: Der »König Ödipus« des Sophokles und die deutsche Vergangenheitsbewältigung nach 1945. Ebd. 5/6 (1983/84), S. 163–226

Losemann, Volker: Nationalsozialismus und Antike. Studien zur Entwicklung des Faches Alte Geschichte 1933–1945. Hamburg 1977 = Historische Perspektiven 7

MacDonald, Marianne: Ancient Sun, Modern Light. Greek Drama on the Modern Stage. New York 1992

Malthan, Paul: Spiegelungen der Antike in der dramatischen Literatur der Gegenwart. In: Gymnasium 77 (1970), S. 171–198

Mittenzwei, Werner: Die Antikerezeption des DDR-Theaters. Zu den Antikestücken von Peter Hacks und Heiner Müller. In: Mittenzwei: Kampf der Richtungen. Strömungen und Tendenzen der internationalen Dramatik. Leipzig 1978 = Reclams Universal-Bibliothek 716, S. 524–556

Die Modernität des Expressionismus. Hrsg. von Thomas Anz und Michael Stark. Stuttgart, Weimar 1994 = Metzler-Studienausgabe

Näf, Beat: Von Perikles zu Hitler? Die athenische Demokratie und die deutsche Althistorie bis 1945. Bern, Frankfurt a. M., New York 1986 = Europäische Hochschulschriften 3,308

Oppermann, Hans: Die Antike in Literatur und Kunst der Gegenwart. In: Der altsprachliche Unterricht (1956) 10, S. 40–76

Preußer, Heinz-Peter: Mythos als Sinnkonstruktion. Zur Rezeption der griechischen Antike bei Christa Wolf, Heiner Müller, Stefan Schütz und Volker Braun. Diss. Freie Universität Berlin 1998 [Maschinenschr.]

Ders.: Troia als Emblem. Mythisierungen des Krieges bei Heiner Müller, Christa Wolf, Stefan Schütz und Volker Braun. In: Literaten und Krieg. Hrsg. von Heinz Ludwig Arnold. München 1994 = Text + Kritik 124, S. 61–73

Reincke, Olaf: Antigone oder Anni H.? Über die Möglichkeit und Unmöglichkeit von mythologischen Bildern in Dichtungen unserer Tage. In: Sonntag 21 (1966) 43, S. 3–6

Reuffer, Petra: Geschlechtertausch und Androgynität – Zum Teiresias-Motiv bei Virginia Woolf, Irmtraud Morgner und Christa Wolf. In: Mythos – Realisation von Wirklichkeit? Vorträge aus dem II. Verlagskolloquium 1987 in Bochum. Hrsg. von Kunibert Bering und Werner L. Hohmann. Essen 1988, S. 127–136

Rezeption des Altertums in modernen literarischen Werken. Hrsg. von Horst Gericke. Halle 1980 = Kongreß- und Tagungsberichte der Martin-Luther-Universität Halle-Wittenberg. Wissenschaftliche Beiträge 1980/36 (F 23)

Riedel, Volker: Antikerezeption in der Literatur der Deutschen Demokratischen Republik. Berlin 1984 = Veröffentlichung der Akademie der Künste der DDR

Ders.: Macht und Ohnmacht der Kunst. Zu einem Aspekt der Antikerezeption in der DDR-Literatur der siebziger Jahre. In: Weimarer Beiträge 30 (1984), S. 593–608

Ders.: Die schweigenden Sirenen. In: The Language of Silence. Turku [in Vorbereitung]

Ders.: Stabilisierung, Kritik, Destruktion. Wandlungen des Antikebildes in der Literatur der DDR. In: Riedel: Literarische Antikerezeption [s. 1.1.], S. 183–193

Ders.: »... wir heute schlucken den Rauch«. Zur Prometheus-Kritik in der DDR-Literatur. In: Prometheus [s. 1.1.], S. 177–192

Ders.: Zehn Beobachtungen zur Antikerezeption in der neueren DDR-Literatur. In: Philologus 133 (1989), S. 104–127

Ders.: Zwischen Ideologie und Kunst. Bertolt Brecht, Heiner Müller und Fragen der modernen Horaz-Forschung. In: Riedel: Literarische Antikerezeption [s. 1.1.], S. 295–310

Rohrwasser, Michael / Engelhardt, Michael von: Mythos und DDR-Literatur. In: Michigan Germanic Studies 8 (1985), S. 13–50

Schivelbusch, Wolfgang: Sozialistisches Drama nach Brecht. Drei Modelle: Peter Hacks –

Heiner Müller – Hartmut Lange. Darmstadt, Neuwied 1974 = Sammlung Luchterhand 139

Schlenstedt, Silvia: Gedanken zur Verwendung mythologischer Motive in der sozialistischen Dichtung. In: Weimarer Beiträge 18 (1972) 8, S. 186–192

Dies.: Umgang mit einer mythischen Figur. Das Ikarus-Motiv in der neueren DDR-Lyrik. In: Neue Deutsche Literatur 35 (1987) 8, S. 94–109

Schmidt, Ernst Günther: Die Antike in Lyrik und Erzählliteratur der DDR. In: Wissenschaftliche Zeitschrift der Friedrich-Schiller-Universität Jena. Gesellschafts- und sprachwissenschaftliche Reihe 18 (1969) 4, S. 123–141; 20 (1971) 5, S. 5–62

Ders.: Die Antike in Lyrik und Erzählliteratur der DDR. Die letzten zehn Jahre (1969–1978). In: Rezeption des Altertums in modernen literarischen Werken [s. d.], S. 7–31

Ders.: Zur Interpretation und Rezeption frühgriechischer Lyrik. In: Die Antike in der sozialistischen Kultur. Internationale Arbeitskonferenz des Instituts für Altertumswissenschaften der Friedrich-Schiller-Universität Jena 27.–29. Juni 1973. Jena 1973 = Wissenschaftliche Beiträge der Friedrich-Schiller-Universität Jena, S. 93–109

Schmidt-Berger, Ute: Die deutsche Antigone: Sophie Scholl. In: Der altsprachliche Unterricht 37 (1994) 2, S. 80–94

Secci, Lia: Il mito greco nel teatro tedesco espressionista. Roma 1969 = Studi di filologia tedesca 2

Seidensticker, Bernd: DDR II. Literatur, Musik und bildende Kunst. In: Der Neue Pauly 13 (1999), Sp. 689–699

Ders.: Exempla. Römisches in der literarischen Antikerezeption nach 1945. In: Gymnasium 101 (1994), S. 7–42

Ders.: Metamorphosen. Zur Antikerezeption in der deutschen Literatur nach 1945. In: Antike heute [s. 1.1.], S. 128–154

Ders.: Non omnis moriar: Zum 27. November 1993. In: Der altsprachliche Unterricht 36 (1993) 6, S. 6–11

Ders.: The Political Use of Antiquity in the Literature of the German Democratic Republic. In: Illinois Classical Studies 17 (1992), S. 347–367

Ders.: »Shakehands, Catull«. Catull-Rezeption in der deutschsprachigen Lyrik der Gegenwart. In: Der altsprachliche Unterricht 37 (1994) 2, S. 34–49

Siegrist, Christoph: Mythologie und antike Tragödie in der DDR. In: Tragödie [s. 1.1.], S. 348–367

Simon, Manfred: Zur Bearbeitung von Plautuskomödien durch DDR-Autoren. In: Wissenschaftliche Zeitschrift der Friedrich-Schiller-Universität Jena. Gesellschafts- und sprachwissenschaftliche Reihe 18 (1969) 4, S. 70–75

Stanzel, Karl-Heinz: Zeitgenössische Adaptionen der Odyssee bei Inge Merkel, Michael Köhlmeier und Botho Strauß. In: Antike Mythen in der europäischen Tradition [s. 1.1.], S. 69–89

Stephan, Inge: Medea, meine Schwester? Medea-Texte von Autorinnen im 20. Jahrhundert. In: Frauen: MitSprechen, MitSchreiben. Beiträge zur literatur- und sprachwissenschaftlichen Frauenforschung. Hrsg. von Marianne Henn und Britta Hufeisen. Stuttgart 1997 = Stuttgarter Arbeiten zur Germanistik 349, S. 1–23

Dies.: Musen & Medusen. Mythos und Geschlecht in der Literatur des 20. Jahrhunderts. Köln, Weimar, Wien 1997 = Literatur – Kultur – Geschlecht. Kleine Reihe 9

Storz, Ingo: »Heiliger Frühling« als Kulturformel der Moderne. Erinnerung und kultureller Raum in der Kunst der Jahrhundertwende. In: Tradita et Inventa [s. 1.1.], S. 473–486

Streller, Siegfried: Der gegenwärtige Prometheus. In: Streller: Wortweltbilder [s. 1.2.], S. 232–254

Tismar, Jens: Herakles in der DDR-Dramatik. In: Text und Kontext 11 (1983), S. 56–72

Trilse, Christoph: Antike und Theater heute. Betrachtungen über Mythologie und Realismus, Tradition und Gegenwart, Funktion und Methode, Stücke und Inszenierungen. Berlin ²1979 = Literatur und Gesellschaft

Ders.: Antike-Adaptionen des spätbürgerlichen Theaters. In: Das Altertum 18 (1972), S. 34–48; 19 (1973), S. 38–55; 20 (1974), S. 41–64

Ders.: Probleme der Antikerezeption in Theater und dramatischer Literatur der Gegenwart. In: Antikerezeption, deutsche Klassik und sozialistische Gegenwart [s. 1.1.], S. 53–63

Ders.: Prometheus in der sozialistischen Literatur der DDR. In: Aischylos und Pindar [s. 1.1.], S. 339–350

Unterm Sternbild des Hercules. Antikes in der Lyrik der Gegenwart. Hrsg. von Bernd Seidensticker und Peter Habermehl. Frankfurt a.M., Leipzig 1996 = insel taschenbuch 1789

Vom Ausgang des 19. Jahrhunderts bis 1917. Von einem Autorenkollektiv unter Ltg. von Hans Kaufmann unter Mitarb. von Silvia Schlenstedt. Berlin 1974 = Geschichte der deutschen Literatur von den Anfängen bis zur Gegenwart. Hrsg. von Klaus Gysi [u. a.; Bd. 1–5] / Hans-Günther Thalheim [u. a.; Bd. 6–12] 9

Weglage, Matthias: Bilder vom Sturz. Der Ikarus-Mythos in der zeitgenössischen Lyrik. In: Der altsprachliche Unterricht 37 (1994) 2, S. 50–68

Weigel, Sigrid: Die Stimme der Medusa. Schreibweisen in der Gegenwartsliteratur von Frauen. Dülmen-Hiddingsel 1987

Wilke, Sabine: Poetische Strukturen der Moderne. Zeitgenössische Literatur zwischen alter und neuer Mythologie. Stuttgart 1992

Willers, Dietrich: Antike in der Belletristik des 20. Jahrhunderts. Eine Dokumentation. In: Hefte des Archäologischen Seminars der Universität Bern (1987) 12, S. 21–39

Witte, Bernd: Von der Trümmerlyrik zur Neuen Subjektivität. Tendenzen der deutschen Nachkriegsliteratur am Beispiel der Lyrik. In: Deutsche Lyrik nach 1945 [s. d.], S. 10–42

1917–1945. Von einem Autorenkollektiv unter Ltg. von Hans Kaufmann in Zsarb. mit Dieter Schiller. Berlin 1973 = Geschichte der deutschen Literatur von den Anfängen bis zur Gegenwart. Hrsg. von Klaus Gysi [u. a.; Bd. 1–5] / Hans-Günther Thalheim [u. a.; Bd. 6–12] 9

6.2. Literatur zu einzelnen Autoren

ERICH ARENDT

Bernhardt, Rüdiger: Erich Arendts Gedicht »Steine von Chios«. Versuch einer Interpretation. In: Weimarer Beiträge 21 (1975) 1, S. 20–46

Gelbrich, Dorothea: Epochenerlebnis und Geschichtlichkeit antiker Landschaft. Besonderheiten der Antikerezeption Erich Arendts. In: Lyriker im Zwiegespräch. Traditionsbeziehungen im Gedicht. Hrsg. von Ingrid Hähnel. Berlin, Weimar 1981, S. 17–62

Riedel, Volker: Härte und Schönheit. Landschaft, Mensch und Kunst in Erich Arendts Essays über Antike und Mittelmeer. In: Hommage au Doyen Weiss. Nice 1996 =

Publications de la Faculté des Lettres, Arts, et Sciences humaines de Nice. Nouvelle série 27, S. 499–519

Ders.: Homer-Rezeption und poetische Konfession Erich Arendts. In: Riedel: Literarische Antikerezeption [s. 1.1.], S. 226–244

Ders.: Tragik und Bewußtheit. Ästhetisch-poetologische Konzeptionen Erich Arendts. In: Zeitschrift für Germanistik. N. F. 1 (1991), S. 609–622

Ders.: Winckelmannsches Gedankengut in Erich Arendts Bildbänden zur Welt des Mittelmeeres. In: Riedel: Literarische Antikerezeption [s. 1.1.], S. 245–253

Toliver, Suzanne Shipley: Exile and the Elemental in the Poetry of Erich Arendt. Bern, Frankfurt a. M., Nancy, New York 1984 = European University Studies 1,766

Wichner, Ernest: Homer, Odysseus und der »Engel der Geschichte«. In: Erich Arendt. München 1984 = Text und Kritik 82/83, S. 90–110

HERMANN BAHR

Jäkel, Siegfried: Hermann Bahr und die Antike. In: Grazer Beiträge 20 (1994), S. 213–236

JOHANNES R. BECHER

Riedel, Volker: Grundzüge, Entwicklungstendenzen und Problematik der Becherschen Antikerezeption. In: Riedel: Literarische Antikerezeption [s. 1.1.], S. 213–225

WALTER BENJAMIN

Cancik, Hubert: »Wie die europäischen Menschen Griechentum in ihr Werk versponnen«. Hellenisches bei Walter Benjamin. In: global benjamin 2. Hrsg. von Klaus Garber und Ludger Rehm. München 1999, S. 856–871

Janz, Rolf-Peter: Mythos und Moderne bei Walter Benjamin. In: Mythos und Moderne [s. 1.1.], S. 363–381

GOTTFRIED BENN

Homann, Renate: Literatur als inhärente Komparatistik. Gottfried Benns Gedicht »Orpheus' Tod«. In: Germanistik und Komparatistik [s. 1.2.], S. 92–110

Homeyer, Helene: Gottfried Benn und die Antike. In: Zeitschrift für deutsche Philologie 79 (1960), S. 113–124

Meyer, Theo: Gottfried Benn und die lyrische Tradition. In: Traditionen der Lyrik. Festschrift für Hans-Henrik Krummacher. Hrsg. von Wolfgang Düsing in Verbindung mit [...]. Tübingen 1997, S. 183–204

Schlesier, Renate: »Dionysische Kunst«. Gottfried Benn auf Nietzsches Spuren. In: MLN 108 (1993), S. 517–528

Wodtke, Friedrich Wilhelm: Die Antike im Werk Gottfried Benns. Wiesbaden 1963

Wood, Frank: Gottfried Benn's Attic Triptych. In: The Germanic Review 36 (1961), S. 298–307

JOHANNES BOBROWSKI

Minde, Fritz: Johannes Bobrowskis Lyrik und die Tradition. Frankfurt a. M., Bern 1981 = Europäische Hochschulschriften 1, 420

Rittig, Roland: Der »Zuchtmeister«. Bemerkungen zur Tradition Klopstocks im Schaffen Johannes Bobrowskis. In: Johannes Bobrowski. Selbstzeugnisse und neue Beiträge über sein Werk. Red.: Gerhard Rostin in Zsarb. mit Eberhard Haufe und Bernd Leistner. Berlin 1975, S. 151–166

Ders.: Zur Bedeutung der klassischen Odentradition für Johannes Bobrowski. In: Erworbene Tradition. Studien zu Werken der sozialistischen deutschen Literatur. Hrsg. von Günter Hartung, Thomas Höhle und Hans Georg Werner. Berlin, Weimar 1977, S. 148–193

Schmidt, Ernst Günther: Die Sappho-Gedichte Johannes Bobrowskis. In: Das Altertum 18 (1972), S. 49–61

Seidler, Manfred: Bobrowski, Klopstock und der antike Vers. In: Lebende Antike [s. 1.1.], S. 542–554

Ter-Nedden, Eberhard: Über die beiden Sappho-Gedichte Johannes Bobrowskis. In: Expedition Literatur: Wissenschaft – Didaktik – Texte. Festschrift für Frau Hedwig Klüber zum 65. Geburtstag am 2. September 1978. Hrsg. von Peter Conrady und Hermann Friedrich Hugenroth. Münster 1979, S. 58–74

RUDOLF BORCHARDT

Rudolf Borchardt und seine Zeitgenossen. Hrsg. von Ernst Osterkamp. Berlin, New York 1997 = Quellen und Forschungen zur Literatur- und Kulturgeschichte 10 (244)

Ott, Ulrich: Borchardt und die klassische Altertumswissenschaft. In: Rudolf Borchardt 1877–1945. Referate des Pisaner Colloquiums. Hrsg. von Horst Albert Glaser in Verbindung mit Enrico De Angelis. Frankfurt a. M., Bern, New York, Paris 1987 = Akten internationaler Kongresse auf den Gebieten der Ästhetik und Literaturwissenschaft 4, S. 295–320

Poiss, Thomas: Rudolf Borchardt und die universitäre Altphilologie (Friedrich Leo). In: Rudolf Borchardt und seine Zeitgenossen [s. d.], S. 56–72

VOLKER BRAUN

Preußer, Heinz-Peter: Mythos als Sinnkonstruktion [s. 6.1.]

Ders.: Troia als Emblem [s. 6.1.]

Reid, J. H.: Elektra, Iphigenie, Antigone: Volker Braun's Women and the »Wende«. In: Women and the »Wende«. Social Effects and Cultural Reflections of the German Unification Process. Ed. by Elizabeth Boa and Janet Wharton. Amsterdam 1994 = German Monitor 31, S. 189–199

BERTOLT BRECHT

Barner, Wilfried: »Durchrationalisierung« des Mythos? Zu Bertolt Brechts »Antigonemodell 1948«. In: Zeitgenossenschaft. Zur deutschsprachigen Literatur im 20. Jahrhundert. Festschrift für Egon Schwarz zum 65. Geburtstag. Hrsg. von Paul Michael Lützeler in Verbindung mit [...]. Frankfurt a. M. 1987, S. 191–210

Brechts Antigone des Sophokles. Hrsg. von Werner Hecht. Frankfurt a. M. 1988 = suhrkamp taschenbuch 2075

Brunkhorst, Martin: Bertolt Brecht. In: Brunkhorst: Shakespeares »Coriolanus« in deutscher Bearbeitung. Sieben Beispiele zum literarästhetischen Problem der Umsetzung und Vermittlung Shakespeares. Berlin, New York 1973 = Komparatistische Studien 3, S. 108–137

Bunge, Hans-Joachim: Antigonemodell 1948 von Bertolt Brecht und Caspar Neher. Zur Praxis und Theorie des epischen (dialektischen) Theaters Bertolt Brechts. Diss. Greifswald 1957 [Maschinenschr.]

Buono, Franco: Odysseus, Kandaules, Ödipus und Brecht. In: Buono: Zur Prosa Brechts. Aufsätze. Frankfurt a. M. 1973 = suhrkamp taschenbuch 88, S. 61–91

Dahlke, Hans: Cäsar bei Brecht. Eine vergleichende Betrachtung. Berlin, Weimar 1968
Dieckmann, Friedrich: »Die Tragödie des Coriolan«. Shakespeare im Brecht-Theater. In: Sinn und Form 17 (1965), S. 463–489
Feuerlicht, Ignace: Bertolt Brecht's »Das Verhör des Lukullus«. In: Monatshefte für deutschen Unterricht, deutsche Sprache und Literatur 75 (1993), S. 369–383
Fingerhut, Karl-Heinz: Berichtigung alter Mythen [s. 6.2. (Kafka)]
Gebhardt, Peter: Brechts »Coriolan«-Bearbeitung. In: Jahrbuch der Deutschen Shakespeare-Gesellschaft West 1972, S. 113–135
Grathoff, Dirk: Dichtung versus Politik: Brechts »Coriolan« aus Günter Grassens Sicht. In: Brecht heute – Brecht today. Jahrbuch der Internationalen Brecht-Gesellschaft 1 (1971), S. 168–187
Kaufmann, Hans: Bertolt Brecht. Geschichtsdrama und Parabelstück. Berlin 1962 = Germanistische Studien
Kuczynski, Jürgen: Coriolanus: Plutarch – Shakespeare – Brecht. In: Theater der Zeit 16 (1961) 4, S. 43–52
Lind, L. R.: Bertolt Brecht and the Latin Classics. In: Classical and Modern Literature 8 (1987/88), S. 265–273
Mittenzwei, Werner: Brechts Verhältnis zur Tradition. Berlin ⁴1976 = Literatur und Gesellschaft
Morley, Michael: Brecht's »Beim Lesen des Horaz«: An Interpretation. In: Monatshefte für deutschen Unterricht, deutsche Sprache und Literatur 63 (1971), S. 372–379
Olivieri-Treder, Uta: Geziemendes über Brecht und Kafka. In: Brecht-Jahrbuch 1977. Frankfurt a. M. = edition suhrkamp 906, S. 100–110
Riedel, Volker: Zwischen Ideologie und Kunst [s. 6.1.]
Ries, Wolfgang: Bukolik in Buckow? Brecht, Horaz und die Bedingungen künstlerischen Schaffens. In: Das Altertum 22 (1976), S. 186–189
Ders.: Herrscher und Dichtung. Notizen zu Bertolt Brechts Gedicht »Briefe über Gelesenes« und seinem römischen Vorbild. In: Wirkendes Wort 25 (1978), S. 327–329
Ders.: Schemel oder Priap, Schemel oder Tisch. Produktive Horaz-Lektüre in Brechts »Galilei«. In: Gymnasium 83 (1976), S. 415–422
Rösler, Wolfgang: Vom Scheitern eines literarischen Experiments. Brechts »Manifest« und das Lehrgedicht des Lukrez. In: Gymnasium 82 (1975), S. 1–25
Ders.: Zweimal »Antigone«: Griechische Tragödie und episches Theater. In: Der Deutschunterricht 31 (1979) 6, S. 42–58
Rückert, Gerhard: Die Epistel als literarische Gattung [s. 5.2. (Mörike)]
Schmitz, Heinz: Brecht und Horaz. In: Gymnasium 83 (1976), S. 404–415
Schuhmann, Klaus: Der Lyriker Bertolt Brecht 1913–1933. Berlin 1964 = Neue Beiträge zur Literaturwissenschaft 20
Schumacher, Ernst: Drama und Geschichte. Bertolt Brechts »Leben des Galilei« und andere Stücke. Berlin 1965
Symington, Rodney T. K.: Brecht und Shakespeare. Bonn 1970 = Studien zur Germanistik, Anglistik und Komparatistik 2
Verweyen, Theodor: »Die Tragödie des Coriolanus« bei Brecht und Grass oder Über die Verarbeitung literarischer Modelle. In: Poetica 16 (1984), S. 246–275
Wagner, Frank Dietrich: Brechts antike Mythen. In: Heinrich-Mann-Jahrbuch 16 (1998), S. 89–114
Ders.: Tapferkeit. Brechts verwundeter Sokrates. Ebd., S. 115–132
Weisstein, Ulrich: Imitation, Stylization, and Adaptation: The Language of Brecht's

»Antigone« and its Relation to Hölderlin's Version of Sophocles. In: The German Quarterly 46 (1973), S. 581–604

Werner, Jürgen: Der Stückeschreiber und der Sohn der Hebamme. Brecht und das Erbe: der Fall Sokrates. Stuttgart, Leipzig 1998 = Sitzungsberichte der Sächsischen Akademie der Wissenschaften zu Leipzig, Philol.-Hist. Kl. 136,1

Witzmann, Peter: Antike Tradition im Werk Bertolt Brechts. Berlin 1964 = Lebendiges Altertum 15

Ders.: Bertolt Brecht, Beim Lesen des Horaz. In: Das Altertum 14 (1968), S. 55–64

GEORG BRITTING

Schirnding, Albert von: »Ein Mann begegnet seinem Tod«. Zu Georg Brittings Gedicht »Was hat, Achill ...« In: Gedichte und Interpretationen [s. 1.2.], Bd. 5, S. 394–404

HERMANN BROCH

Brochs Tod des Vergil. Hrsg. von Paul Michael Lützeler. Frankfurt a. M. 1988 = suhrkamp taschenbuch 2095

Koebner, Thomas: Vergil als Leitfigur? Zu Hermann Brochs »Der Tod des Vergil«. In: Würzburger Jahrbücher für die Altertumswissenschaft. N. F. 8 (1982), S. 161–170

Tost, Otto: Die Antike als Motiv und Thema in Hermann Brochs Roman »Der Tod des Vergil«. Innsbruck 1996 = Innsbrucker Beiträge zur Kulturwissenschaft 53

Ziolkowski, Theodore: Broch's Image of Vergil and its Context. In: Modern Austrian Literature 13 (1980) 4, S. 1–30

HANS CAROSSA

Privat, Marga: Hans Carossa und die Antike. In: Das humanistische Gymnasium 44 (1933), S. 230–232

FRIEDRICH DÜRRENMATT

Burkard, Martin: Dürrenmatt und das Absurde. Gestalt und Wandlung des Labyrinthischen in seinem Werk. Bern, Berlin, Frankfurt a. M., New York, Paris, Wien 1991 = Zürcher germanistische Studien 28

Donald, Sydney G.: Of Mazes, Men and Minotaurs: Friedrich Dürrenmatt and the Myth of the Labyrinth. In: New German Studies 14 (1986/87), S. 187–231

Gallati, Ernst: »Herkules und der Stall des Augias«: Mythos, Parodie und Poesie. In: Zu Friedrich Dürrenmatt. Hrsg. von Armin Arnold. Stuttgart 1982 = Literaturwissenschaft – Gesellschaftswissenschaft 60, S. 110–123

Graeser-Isele, Eva-Maria: Mythologische Orte als Lebensmuster? Der Weg von Dürrenmatts Erzählung »Die Stadt« (1946) zur Ballade »Minotaurus« (1985). In: Gymnasium 94 (1987), S. 539–552

Hartigan, Karelisa von: Herakles in a Technological World: An Ancient Myth Transformed. In: Classical and Modern Literature 5 (1984/85) 1, S. 33–38.

Knapp, Gerhard P.: Friedrich Dürrenmatt. Stuttgart, Weimar ²1993 = Sammlung Metzler 196

Schmitz, Heinz: Oedipus bei Dürrenmatt. Zur Erzählung »Das Sterben der Pythia«. In: Gymnasium 92 (1985), S. 199–208

Schmitz, Michael: Friedrich Dürrenmatts Aristophanes-Rezeption. Eine Studie zu den mutigen Menschen in den Dramen der 50er und 60er Jahre. St. Ottilien 1989 = Dissertationen. Philosophische Reihe 5

Schmitz-Emans, Monika: Dädalus als Minotaurus [s. 6.2. (Kafka)]
Smith Wolfe, Susan: Lovers, Labours, and Cliff Top Meals: The Architectonics of Dürrenmatt's two »Herkules« Dramas. In: Seminar 20 (1984), S. 279–289

ALBERT EHRENSTEIN
Wallas, Armin A.: Albert Ehrenstein. Mythenschöpfer und Mythenzerstörer. München 1994 = Reihe Forschungen 5

MICHAEL ENDE
Wilke, Sabine: Mythos und Phantasie in dürren Zeiten: Verwandlungen eines romantischen Topos in den Texten Michael Endes. In: Wilke: Poetische Strukturen der Moderne [s. 6.1.], S. 169–222

HUBERT FICHTE
Koller, Reinhold: Die Rolle des Altgriechischen im Werk von Hubert Fichte. In: Leben, um eine Form der Darstellung zu erreichen. Studien zum Werk Hubert Fichtes. Hrsg. von Hartmut Böhme und Nikolaus Tiling. Frankfurt a.M. 1991, S. 227–244

ERICH FRIED
Janka, Markus: Der Dichter, der Professor und die »Friedensfrau«: Die »Lysistrate«-Bearbeitungen von Erich Fried (1979/85) und Walter Jens (1986) in der Tradition der modernen Aristophanesrezeption. In: Tradita et Inventa [s. 1.1.], S. 575–599

FRANZ FÜHMANN
Riedel, Volker: Die Antike im Werk Franz Fühmanns. In: Riedel: Literarische Antikerezeption [s. 1.1.], S. 254–272
Ders.: Franz Fühmanns »Prometheus«. In: Weimarer Beiträge 26 (1980) 2, S. 73–96
Ders.: Gedanken zur Antike-Rezeption in der Literatur der DDR. Franz Fühmanns Erzählung »König Ödipus«. In: Weimarer Beiträge 20 (1974) 11, S. 127–145
Schrade, Andreas: Franz Fühmanns Bearbeitung des Prometheus-Mythos. In: Selbsterfahrung als Welterfahrung. DDR-Literatur in den siebziger Jahren. Hrsg. von Horst Nalewski und Klaus Schuhmann. Berlin, Weimar 1981, S. 41–65

STEFAN GEORGE
Dörr, Georg: Der Dichter als »Körper des Alls«. Zu L. Klages' Buch über Stefan George (1912) – mit einem Hinweis auf C. G. Jungs Archetypen-Lehre. In: Antike in der Moderne [s. 1.1.], S. 49–69
Hennecke, Günter: Stefan Georges Beziehung zur antiken Literatur und Mythologie. Die Bedeutung antiker Motivik und der Werke des Horaz und Vergil für die Ausgestaltung des locus amoenus in den Hirten- und Preisgedichten Stefan Georges. Diss. Köln 1964
Lasso de la Vega, José S.: Stefan George y el mundo clasico. In: Lasso de la Vega: Helenismo y literatura contemporánea [s. 6.1.], S. 117–156
Marwitz, Herbert: Stefan George und die Antike. In: Würzburger Jahrbücher für die Altertumswissenschaft 1 (1946), S. 226–257
Mommsen, Momme: »Ihr kennt eure Bibel nicht!« Bibel- und Horazanklänge in Stefan Georges Gedicht »Der Krieg«. In: Mommsen: Lebendige Überlieferung [s. 1.2.], S. 1–26

Rüdiger, Horst: Georges Begegnung mit der Antike. In: Die Antike 11 (1935), S. 236–254

Schultz, H. Stefan: Stefan George und die Antike. In: Deutsche Beiträge zur geistigen Überlieferung 5 (1965), S. 203–238

Tritle, Lawrence A.: Plutarch in Germany: The Stefan George Kreis. In: International Journal of the Classical Tradition 1 (1994/95) 3, S. 109–121

GÜNTER GRASS

Brunkhorst, Martin: Günter Grass. In: Brunkhorst: Shakespeares »Coriolanus« in deutscher Bearbeitung [s. 6.2. (Brecht)], S. 138–156

Grathoff, Dirk: Dichtung versus Politik [s. 6.2. (Brecht)]

Hensing, Dieter: Günter Grass und die Geschichte – Camus, Sisyphos und die Aufklärung. In: Günter Grass: ein europäischer Autor? Hrsg. von Gert Labroisse und Dick van Stekelenburg. Amsterdam, Atlanta, Ga. 1992 = Amsterdamer Beiträge zur neueren Germanistik 35, S. 85–121

Verweyen, Theodor: »Die Tragödie des Coriolanus« bei Brecht und Grass [s. 6.2. (Brecht)]

PETER HACKS

Glenn, Jerry: Hofmannsthal, Hacks, and Hildesheimer [s. 6.1.]

Heine, Roland: Mythenrezeption in den Dramen von Peter Hacks, Heiner Müller und Hartmut Lange [s. 6.1.]

Laube, Horst: Peter Hacks. Velber 1972 = Dramatiker des Welttheaters 680 = dtv 6868

Mittenzwei, Werner: Die Antikerezeption des DDR-Theaters [s. 6.1.]

Riedel, Volker: »Amphitryon« bei Kleist und Hacks. Traditionsbeziehungen in Peter Hacks' Komödie »Amphitryon«. In: Impulse 3 (1981), S. 153–176

Ders.: Facetten des Komischen in den Antikestücken von Peter Hacks. In: Laughter down the Centuries. Vol. III. Ed. by Siegfried Jäkel, Asko Timonen & Veli-Matti Rissanen. Turku 1997 = Annales universitatis Turkuensis B 221, S. 213–232

Ders.: Vom Festspiel zum Ideendrama. Peter Hacks' Bearbeitung der Goetheschen »Pandora«. In: Riedel: Literarische Antikerezeption [s. 1.1.], S. 273–294

Ritter, Heidi: Vom »aufklärerischen« zum »klassischen« Theater. Untersuchungen zum Traditionsverhältnis in den Dramen von Peter Hacks. Diss. Halle 1977 [Maschinenschr.]

Scheid, Judith R.: »Enfant terrible« of Contemporary East German Drama. Peter Hacks in His Role as Adaptor and Innovator. Bonn 1977 = Studien zur Germanistik, Anglistik und Komparatistik 65

Schindler, Wolfgang: Peter Hacks' Seneca-Essay. Anfragen, Bemerkungen. In: Rezeption des Altertums in modernen literarischen Werken [s. 6.1.], S. 69–84

Schivelbusch, Wolfgang: Sozialistisches Drama nach Brecht [s. 6.1.]

Schleyer, Winfried: Die Stücke von Peter Hacks. Tendenzen – Themen – Theorien. Stuttgart 1976 = Literaturwissenschaft – Gesellschaftswissenschaft 20

Schottlaender, Rudolf: Heiner Müllers »Philoktet« und Peter Hacks' »Frieden«. In: Wissenschaftliche Zeitschrift der Friedrich-Schiller-Universität Jena. Gesellschafts- und sprachwissenschaftliche Reihe 18 (1969) 4, S. 67–70

Schütze, Peter: Peter Hacks. Ein Beitrag zur Ästhetik des Dramas. Antike und Mythenaneignung. Kronberg/Ts. 1976 = Literatur im historischen Prozeß 6 = Scriptor Taschenbücher 110

Trilse, Christoph: Das Werk des Peter Hacks. Berlin 1980 = Schriftsteller der Gegenwart 5

Peter Handke

Marschall, Susanne: Mythen der Metamorphose – Metamorphose des Mythos bei Peter Handke und Botho Strauß. Mainz ²1994 = Germanistik im Gardez! 1

Schnyder, Bernadette: »Ja das sind so die seltsamen Abenteuer des Übersetzens« – Zu Peter Handkes »Prometheus«-Übersetzung und seiner Begegnung mit der Antike. In: Poetica 20 (1988), S. 1–31

Wolf, Jürgen: Visualität, Form und Mythos in Peter Handkes Prosa. Opladen 1991

Walter Hasenclever

Kasties, Bert: Walter Hasenclever. Eine Biographie der deutschen Moderne. Tübingen 1994 = Studien und Texte zur Sozialgeschichte der Literatur 46, S. 161–168

Meyer, Herbert: Walter Hasenclevers »Antigone«. In: Zeit der Moderne. Zur deutschen Literatur von der Jahrhundertwende bis zur Gegenwart. Bernhard Zeller zum 65. Geburtstag. Hrsg. von Hans-Henrik Krummacher, Fritz Martini und Walter Müller-Seidel. Stuttgart 1984, S. 161–170

Raggam, Miriam: Walter Hasenclever. Leben und Werk. Hildesheim 1973, S. 97–109

Riedel, Antje: Aspekte der Biographie, Weltanschauung und Antikerezeption bei Walter Hasenclever und Franz Werfel anhand der Stücke »Antigone« und »Troerinnen«. Leipzig 1992 [Maschinenschriftl. Diplomarbeit am Germanistischen Institut der Universität Leipzig]

Gerhart Hauptmann

Alt, Karin: Die Erneuerung des griechischen Mythos in Gerhart Hauptmanns Iphigenie-Dramen. In: Grazer Beiträge 12/13 (1985/86), S. 337–368

Delvaux, Peter: Antiker Mythos und Zeitgeschehen. Sinnstruktur und Zeitbezüge in Gerhart Hauptmanns Atriden-Tetralogie. Amsterdam, Atlanta, Ga. 1992 = Amsterdamer Publikationen zur Sprache und Literatur 100

Ders.: Leid soll lehren. Historische Zusammenhänge in Gerhart Hauptmanns Atriden-Tetralogie. Amsterdam, Atlanta, Ga. 1994 = Amsterdamer Publikationen zur Sprache und Literatur 110

Hodge, James L.: The Dramaturgy of »Bahnwärter Thiel«. In: Mosaic 9 (1975/76) 3, S. 97–116

Ders.: How Hauptmann solved the »Agamemnon Problem«. In: Classical and Modern Literature 12 (1991/92), S. 15–27

Klańska, Maria: »Der Bogen des Odysseus« von Gerhart Hauptmann als Beispiel seiner Auffassung der Antike. In: Gerhart Hauptmann. »Nu jaja! – Nu nee nee!« Beiträge eines Colloquiums. Hrsg. von Rüdiger Bernhardt. Lübeck-Travemünde 1998 = Travemünder Protokolle 4, S. 13–22

Mayer, Hans: Griechischer Frühling. In: Gerhart Hauptmann. Hrsg. von Hans Joachim Schrimpf. Darmstadt 1976 = Wege der Forschung 207, S. 328–336

Meinert, Dietrich: Hellenismus und Christentum in Gerhart Hauptmanns Atriden-Tetralogie. Cape Town, Amsterdam 1964 = Balkema Academic and Technical Publications

Santini, Daria: Gerhart Hauptmann zwischen Modernität und Tradition. Neue Per-

spektiven zur Atriden-Tetralogie. Berlin 1998 = Veröffentlichungen der Gerhart-Hauptmann-Gesellschaft 8
Schadewaldt, Wolfgang: Gerhart Hauptmann und die Griechen. Zum »Bogen des Odysseus«. In: Schadewaldt: Hellas und Hesperien [s. 1.1.], Bd. 2, S. 406–410
Sprengel, Peter: Gerhart Hauptmanns Idyllendichtung »Die drei Palmyren« und ihre Vorbilder bei Goethe und Wilbrandt. In: Jahrbuch des Freien Deutschen Hochstifts 1996, S. 264–289
Ders.: Die Wirklichkeit der Mythen. Untersuchungen zum Werk Gerhart Hauptmanns aufgrund des handschriftlichen Nachlasses. Berlin 1982 = Veröffentlichungen der Gerhart-Hauptmann-Gesellschaft 2
Stockum, Th[eodorus] C[ornelis] van: Gerhart Hauptmanns Atriden-Tetralogie. In: van Stockum: Von Friedrich Nicolai bis Thomas Mann [s. 1.2.], S. 334–361
Voigt, Felix A[lfred]: Gerhart Hauptmann und die Antike. Berlin 1965
Witkowski, Leon: Gerhart Hauptmanns Atriden-Tetralogie und Aischylos. In: Aischylos und Pindar [s. 1.1.], S. 331–338

Bernt von Heiseler

Lefèvre, Eckard: Sophokles' und Bernt von Heiselers »Philoktet«. In: Orchestra. Drama – Mythos – Bühne. Festschrift für Hellmut Flashar anläßlich seines 65. Geburtstages. Hrsg. von Anton Bierl und Peter von Möllendorff unter Mitw. von Sabine Vogt. Stuttgart, Leipzig 1994, S. 211–223

Stephan Hermlin

Ertl, Wolfgang: Stephan Hermlin und die Tradition. Bern, Frankfurt a. M., Las Vegas 1977 = Europäische Hochschulschriften 1,206
Mehnert, Elke: Zu einigen Aspekten der Antikerezeption Stephan Hermlins. In: Weimarer Beiträge 31 (1985) 4, S. 621–629

Georg Heym

Mautz, Kurt: Mythologie und Gesellschaft im Expressionismus. Die Dichtung Georg Heyms. Frankfurt a. M., Bonn 1961
Seiler, Bernd W.: Die historischen Dichtungen Georg Heyms. Analyse und Kommentar. München 1972

Wolfgang Hildesheimer

Glenn, Jerry: Hofmannsthal, Hacks, and Hildesheimer [s. 6.1.]
Simon, Frank-Joachim: Die Schöne und der Krieg. Helena und der Trojanische Krieg in Euripides' »Troaden« und »Orest« sowie in W. Hildesheimers Hörspiel »Das Opfer Helena«. In: Affirmation und Kritik. Zur politischen Funktion von Kunst und Literatur im Altertum. Hrsg. von Gerhard Binder und Bernd Effe. Trier 1995 = Bochumer Altertumswissenschaftliches Colloquium 20, S. 253–276

Hugo von Hofmannsthal

Bohnenkamp, Klaus E.: »... eine aufregende Handlung«. Hugo von Hofmannsthals »Bacchen«- und »Pentheus«- Entwürfe. In: Jahrbuch des Freien Deutschen Hochstifts 1998, S. 193–230
Ders.: Des Ödipus Ende. Hugo von Hofmannsthals Entwürfe zu einer Neufassung des sophokleischen »Ödipus auf Kolonos«. Ebd. 1999, S. 198–245

Bohrer, Karl Heinz: Die Wiederholung des Mythos als Ästhetik des Schreckens. Hugo von Hofmannsthals Nachdichtung von Sophokles' »Elektra«. In: Bohrer: Das absolute Präsens. Die Semantik ästhetischer Zeit. Frankfurt a. M. 1994 = suhrkamp taschenbuch wissenschaft 1055, S. 62–91
Esselborn, Karl G.: Hofmannsthal und der antike Mythos. München 1969
Fick, Monika: Ödipus und die Sphinx. Hofmannsthals metaphysische Deutung des Mythos. In: Jahrbuch der Deutschen Schillergesellschaft 32 (1988), S. 259–290
Glenn, Jerry: Hofmannsthal, Hacks, and Hildesheimer [s. 6.1.]
Jens, Walter: Hofmannsthal und die Griechen. Tübingen 1955
Kuhn, Ortwin: Mythos – Neuplatonismus – Mystik. Studien zur Gestaltung des Alkestisstoffes bei Hugo von Hofmannsthal, T. S. Eliot und Thornton Wilder. München 1972 = Das Wissenschaftliche Taschenbuch. Abt. Geisteswissenschaften
Lenz, Eva-Maria: Hugo von Hofmannsthals mythologische Oper »Die ägyptische Helena«. Tübingen 1972 = Hermaea. N. F. 29
Mayer, Mathias: Hugo von Hofmannsthal. Stuttgart, Weimar 1993 = Sammlung Metzler 273
Nehring, Wolfgang: Ödipus und Elektra – Theater und Psychologie bei Hofmannsthal. In: Wir sind aus solchem Zeug wie das zu träumen... Kritische Beiträge zu Hofmannsthals Werk. Hrsg. von Joseph T. Strelka. Bern, Berlin, Frankfurt a. M., New York, Paris, Wien 1992, S. 239–255
Newiger, Hans-Joachim: Hofmannsthals »Elektra« und die griechische Tragödie. In: Newiger: Drama und Theater. Ausgewählte Schriften zum griechischen Drama. Stuttgart 1996 = Drama. Beihefte 3, S. 137–163
Rey, William H.: Weltentzweiung und Weltversöhnung in Hofmannsthals Griechischen Dramen. Philadelphia 1962 = University of Pennsylvania Studies in Germanic Languages and Literatures
Schmidt-Dengler, Wendelin: Dichtung und Philologie. Zu Hugo von Hofmannsthals »Alkestis«. In: Literaturwissenschaftliches Jahrbuch. N. F. 15 (1974), S. 157–177
Steingruber, Elisabeth: Hugo von Hofmannsthals Sophokleische Dramen. Winterthur 1956
Vogel, Juliane: Priesterin künstlicher Kulte. Ekstasen und Lektüren in Hofmannsthals »Elektra«. In: Tragödie [s. 1.1.], S. 287–306

Arno Holz
Cowen, Roy C.: Arno Holz »Daphnis«: Die Parodie als naturalistische Kunst. In: Neophilologus 60 (1976), S. 421–431

Ödön von Horváth
Gros, Peter: Plebejer, Sklaven und Caesaren. Die Antike im Werk Ödön von Horváths. Bern, Berlin, Frankfurt a. M., New York, Paris, Wien 1996 = Europäische Hochschulschriften 1,1550

Peter Huchel
Habermehl, Peter: Das Verstummen des Mythologen. Ein Versuch zu den drei Odysseus-Gedichten Peter Huchels. In: Antike und Abendland 42 (1996), S. 155–173
Hutchinson, Peter: »Der Garten des Theophrast« – Ein Epitaph für Peter Huchel? In: Über Peter Huchel. Hrsg. von Hans Mayer. Frankfurt a. M. 1973 = edition suhrkamp 647, S. 81–95

Hans Henny Jahnn

Archaische Moderne. Der Dichter, Architekt und Orgelbauer Hans Henny Jahnn. Hrsg. von Hartmut Böhme und Uwe Schweikert. Stuttgart 1996

Bell, Robert F.: A Woman Scorned: The »Medea« Plays of Euripides, Hans Henny Jahnn, and Jean Anouilh. In: Classical and Modern Literature 1 (1980/81), S. 177–186

Hohl, Siegmar: Das Medea-Drama von Hans Henny Jahnn. Eine Interpretation unter besonderer Berücksichtigung der Problematik des Mythischen. Diss. München 1966

Kenkel, Konrad: Medea-Dramen [s. 1.1.], S. 83–105

Kremer, Detlef: Das Geschlecht der Kentauren. Hans Henny Jahnns »Perrudja« und die »Metamorphose zum Realen«. In: Archaische Moderne [s. d.], S. 200–216

Muschg, Walter: Zu Hans Henny Jahnns »Medea«. In: Worte und Werte. Bruno Markwardt zum 60. Geburtstag. Hrsg. von Gustav Erdmann und Alfons Eichstaedt. Berlin 1961, S. 276–280

Schulz, Genia: Eine andere Medea. In: Archaische Moderne [s. d.], S. 110–126

Elfriede Jelinek

Szczepaniak, Monika: Dekonstruktion des Mythos in ausgewählten Prosawerken von Elfriede Jelinek. Frankfurt a.M., Berlin, Bern, New York, Paris, Wien 1998 = Europäische Hochschulschriften 1,1694

Walter Jens

Irmscher, Johannes: Walter Jens' »Der Untergang«. In: Der Friedensgedanke im antiken Drama. Protokoll eines Kolloquiums. Red.: Maria Erxleben. Stendal 1987 = Beiträge der Winckelmann-Gesellschaft 15, S. 87–95

Janka, Markus: Der Dichter, der Professor und die »Friedensfrau« [s. Erich Fried]

John, Hans-Rainer: Denkspiel. Der tödliche Schlag von Walter Jens. In: Theater der Zeit 43 (1988) 2, S. 4

Ernst Jünger

Engel, Marcel: Im Morgenrot Herodots. Ernst Jünger und die Antike. In: Antaios 6 (1965), S. 473–487

Gruenter, Rainer: Philemon und Baucis. Zum fünfundneunzigsten Geburtstag Ernst Jüngers. In: Merkur 44 (1990), S. 313–320

Franz Kafka

Allemann, Beda: Kafka und die Mythologie. In: Zeitschrift für Ästhetik und allgemeine Kunstwissenschaft 20 (1975), S. 129–144

Exemplifizierung von Interpretationsmodellen an einem Text: Franz Kafkas Erzählung »Das Schweigen der Sirenen«. In: Kultureller Wandel und die Germanistik in der Bundesrepublik. Vorträge des Augsburger Germanistentags 1991. Hrsg. von Johannes Janota. Tübingen 1993, Bd. 3, S. 123–176. [Enthält: Kremer, Detlef: Tönende, schweigende Sirenen. Franz Kafkas Erzählung »Das Schweigen der Sirenen« (S. 127–133); Menke, Bettina: Das Schweigen der Sirenen: Die Rhetorik und das Schweigen (S. 134–162); Wellbery, David E.: Scheinvorgang. Kafkas »Das Schweigen der Sirenen« (S. 163–176)]

Fingerhut, Karl-Heinz: Berichtigung alter Mythen. Zu Franz Kafkas und Bert Brechts Umgestaltung der Sirenen-Episode des 12. Gesangs der Odyssee. In: Die Schulwarte 24 (1971) 1, S. 45–57

Foulkes, A. P.: An Interpretation of Kafka's »Das Schweigen der Sirenen«. In: Journal of English and German Philology 64 (1965), S. 98–104

Koelb, Clayton: Kafka and the Sirens: Writing as Lethetic Reading. In: Homer [s. 1.1.], S. 191–207

Krusche, Dietrich: Die kommunikative Funktion der Deformation klassischer Motive: »Der Jäger Gracchus«. Zur Problematik der Kafka-Interpretation. In: Der Deutschunterricht 25 (1973) 1, S. 128–140

Leadbeater, Lewis W.: Euripidean Elements in Kafka's »The Judgment«. In: Classical and Modern Literature 9 (1988/89) S. 27–37

Liska, Vivian: Stellungen. Zu Franz Kafkas »Poseidon«. In: Zeitschrift für deutsche Philologie 115 (1996), S. 226–238

Mosès, Stéphane: Franz Kafka: »Das Schweigen der Sirenen«. In: Mosès: Spuren der Schrift. Von Goethe bis Celan. Frankfurt a. M. 1987, S. 52–72

Nagel, Bert: Kafka und die Weltliteratur. Zusammenhänge und Wechselwirkungen. München 1983 = Winkler Literaturwissenschaft

Olivieri-Treder, Uta: Geziemendes über Brecht und Kafka [s. 6.2. (Brecht)]

Politzer, Hans: Das Schweigen der Sirenen. In: Politzer: Das Schweigen der Sirenen. Studien zur deutschen und österreichischen Literatur. Stuttgart 1968, S. 13–41

Rath, Norbert: Mythos-Auflösung. Kafkas »Das Schweigen der Sirenen«. In: »Zerstörung, Rettung des Mythos durch Licht« [s. 1.1.], S. 86–110

Samuel, Günter: Schrift-Körper in tonloser Fernsicht. Kafkas Sirenen-Text. In: Wirkendes Wort 40 (1990), S. 49–66

Schmitz-Emans, Monika: Dädalus als Minotaurus. Zu Labyrinth-Motiv und Sprachreflexion bei Kafka und Dürrenmatt. In: Zeitschrift für Germanistik. N. F. 3 (1993), S. 526–544

Sokel, Walter H.: Odysseus und das Gesetz der Macht. In: Sokel: Franz Kafka – Tragik und Ironie. Zur Struktur seiner Kunst. München, Wien 1964, S. 215–226

Stierle, Karlheinz: Mythos als ›Bricolage‹ und zwei Endstufen des Prometheusmythos. In: Terror und Spiel [s. 1.1.], S. 455–472

Urzidil, Johannes: Umgang mit Sirenen. In: Urzidil: Da geht Kafka. Erweiterte Ausgabe. München 1966 = dtv 390, S. 37–44

Weissberg, Liliane: Singing of Tales. Kafka's Sirens. In: Kafka and the Contemporary Critical Performance. Centenary Readings. Ed. by Alan Udoff. Bloomington, Indianapolis 1987, S. 165–177

Georg Kaiser

Steiner, Carl: Georg Kaiser. Ein moderner »Mythenmacher«. In: Georg Kaiser. Eine Aufsatzsammlung nach einem Symposium in Edmonton/Kanada. Hrsg. und eingel. von Holger A. Pausch und Ernest Reinhold. Berlin, Darmstadt 1980 = Agora 31, S. 41–56

Todd, Robert B.: Socrates dramatised: Georg Kaiser and others. In: Antike und Abendland 27 (1981), S. 116–129

Wiese, Peter von: Georg Kaiser: Pygmalion. In: Das deutsche Drama. Vom Barock bis zur Gegenwart. Interpretationen II. Hrsg. von Benno von Wiese. Düsseldorf ²1958, S. 328–340

Michael Köhlmeier

Stanzel, Karl-Heinz: Zeitgenössische Adaptionen [...] [s. 6.1.]

GÜNTER KUNERT

Drux, Rudolf: Zurück ins Paradies. Über das Phantastische in Günter Kunerts Geschichten. In: Günter Kunert [s. d.], S. 169–189

Greiner, Bernhard: Texte des Erstarrens, Bilder des Buchstabierens: Grenzüberschreitung in Poesie und Malerei der DDR (am Beispiel von Günter Kunert und Bernhard Heisig). In: Jahrbuch zur Literatur in der DDR 4 (1985), S. 23–68

Günter Kunert. Beiträge zu seinem Werk. Hrsg. von Manfred Durzak und Hartmut Steinecke. München, Wien 1992

Hartung, Harald: Ikarus, Kassandra, graue Fee. Über Günter Kunerts neuere Lyrik oder Wie tödlich ernst kann es ein Dichter meinen? In: Neue Rundschau 101 (1990) 4, S. 63–69

Hinderer, Walter: »Schaffen heißt: seinem Schicksal Gestalt geben«. Apokalyptische Aspekte in Günter Kunerts Gedichtsammlungen »Unterwegs nach Utopia«, »Abtötungsverfahren«, »Stilleben« und »Fremd daheim«. In: Günter Kunert [s. d.], S. 22–39

Kahn, Lisa: Orpheus in the East. Günter Kunert's Orpheus Cycle. In: Modern Language Quarterly 38 (1977), S. 78–96

HARTMUT LANGE

Heine, Roland: Mythenrezeption in den Dramen von Peter Hacks, Heiner Müller und Hartmut Lange [s. 6.1.]

Hertling, Ralf: Das literarische Werk Hartmut Langes. Hoffnung auf Geschichte und Glaube an die Kunst – Dramatik und Prosa zwischen 1960 und 1992. Frankfurt a. M., Berlin, Bern, New York, Paris, Wien 1994 = Bochumer Schriften zur deutschen Literatur 41

Schivelbusch, Wolfgang: Sozialistisches Drama nach Brecht [s. 6.1.]

ELISABETH LANGGÄSSER

Vieregg, Axel: Das Gedicht als Mysterium. Zu Elisabeth Langgässers »Daphne«. In: Gedichte und Interpretationen [s. 1.2.], Bd. 5, S. 348–359

KARL VON LEVETZOW

Lefèvre, Eckard: Sophokles' und Karl von Levetzows »Philoktet«. In: Lenaika. Festschrift für Carl Werner Müller. Stuttgart, Leipzig 1996, S. 385–410

OSKAR LOERKE

Schönberger, Otto: Bildungserlebnis und Seinswahrheit. Stufen der Enthüllung im Gedicht »Pompejanischer Abend« von Oskar Loerke. In: Würzburger Jahrbücher für die Altertumswissenschaft. N. F. 16 (1990), S. 247–256

HEINRICH MANN

Wanner, Hans: Individualität, Identität und Rolle. Das frühe Werk Heinrich Manns und Thomas Manns Erzählungen »Gladius Dei« und »Der Tod in Venedig«. München ^{2}1977 = tuduv-Studien. Reihe Sprach- und Literaturwissenschaft 5

Werner, Renate: Skeptizismus, Ästhetizismus, Aktivismus. Der frühe Heinrich Mann. Düsseldorf 1972 = Literatur in der Gesellschaft 11

THOMAS MANN

Berger, Willy R.: Thomas Mann und die antike Literatur. In: Thomas Mann und die Tradition. Hrsg. von Peter Pütz. Frankfurt a.M. 1971 = Athenäum Paperbacks Germanistik 2, S. 52–100

Gronicka, André von: Myth Plus Psychology: A Stylistic Analysis of »Death in Venice«. In: Thomas Mann. A Collection of Critical Essays. Ed. by Henry Hatfield. Englewood Cliffs, N.J. 1964 = Twentieth Century Views

Gustafson, Lorraine: Xenophon und »Der Tod in Venedig«. In: The Germanic Review 21 (1946), S. 209–214

Jens, Walter: Der Gott der Diebe und sein Dichter. Thomas Mann und die Welt der Antike. In: Jens: Zur Antike. München ²1978, S. 119–135

Koopmann, Helmut: Mythus und Psychologie. In: Koopmann: Die Entwicklung des »intellektuellen Romans« bei Thomas Mann. Untersuchungen zur Struktur von »Buddenbrooks«, »Königliche Hoheit« und »Der Zauberberg«. Bonn ²1971 = Bonner Arbeiten zur deutschen Literatur 5, S. 147–168

Lasso de la Vega, José S.: Humanismo y mito clasico en la obra de Thomas Mann. In: Lasso de la Vega: Helenismo y literatura contemporánea [s. 6.1.], S. 79–115

Lehnert, Herbert: Thomas Mann's Early Interest in Myth and Edwin Rohde's »Psyche«. In: Publications of the Modern Language Association of America 79 (1964), S. 297–304

Makoschey, Klaus: Quellenkritische Untersuchungen zum Spätwerk Thomas Manns. »Joseph der Ernährer«, »Das Gesetz«, »Der Erwählte«. Frankfurt a.M. 1998 = Thomas-Mann-Studien 17

Nicklas, Hans W.: Thomas Manns Novelle »Der Tod in Venedig«. Analyse des Motivzusammenhangs und der Erzählstruktur. Marburg 1968 = Marburger Beiträge zur Germanistik 21

Sagave, Pierre-Paul: Antike Welt und moderner Geist in Thomas Manns Doktor Faustus. In: Das Altertum und jedes neue Gute. Für Wolfgang Schadewaldt zum 15. März 1970. Hrsg. von Konrad Gaiser. Stuttgart, Berlin, Köln, Mainz 1970, S. 229–236

INGE MERKEL

Stanzel, Karl-Heinz: Zeitgenössische Adaptionen [...] [s. 6.1.]

IRMTRAUD MORGNER

Reuffer, Petra: Geschlechtertausch und Androgynität [s. 6.1.]

Streller, Siegfried: Göttinnen, Seherinnen, Hexen. Zur Goethe-Rezeption in Christa Wolfs »Kassandra« und Irmtraud Morgners Hexenroman »Amanda«. In: Streller: Wortweltbilder, [s. 1.2.], S. 255–271

HEINER MÜLLER

Bernhardt, Rüdiger: Antikerezeption im Werk Heiner Müllers. In: Weimarer Beiträge 22 (1976) 3, S. 83–122

Ders.: Antikerezeption im Werk Heiner Müllers. Diss. B Halle 1978 [Maschinenschr.]

Ders.: Heiner Müllers »Prometheus« (nach Aischylos) – eine Neudeutung. In: Rezeption des Altertums in modernen literarischen Werken [s. 6.1.], S. 51–67

Clasen, Adolf: Zu Heiner Müllers »Philoktet«. Analyse einer Rezeption. In: Anregung 37 (1991), S. 14–26

Domdey, Horst: Mythos als Phrase: Zur Funktion des Dionysosmythos in Texten Heiner Müllers. In: Michigan Germanic Studies 8 (1982), S. 151–168

Gruber, Bettina: Mythen in den Dramen Heiner Müllers. Zu ihrem Funktionswandel in den Jahren 1958 bis 1982. Essen 1989 = Germanistik in der Blauen Eule 11

Heine, Roland: Mythenrezeption in den Dramen von Peter Hacks, Heiner Müller und Hartmut Lange [s. 6.1.]

Kraus, Manfred: Heiner Müller und die griechische Tragödie. Dargestellt am Beispiel des »Philoktet«. In: Poetica 17 (1985), S. 299–339

Lehmann, Hans-Thies: Mythos und Postmoderne [s. 6.1.]

MacDonald, Marianne: Theodoros Terzopoulos' Production of Heiner Müller's »Medeamaterial«: Myth as Matter. In: MacDonald: Ancient Sun, Modern Light [s. 6.1.], S. 147–158

Maltzan, Carlotta von: Zur Bedeutung von Geschichte, Sexualität und Tod im Werk Heiner Müllers. Frankfurt a. M., Bern, New York, Paris 1988 = Europäische Hochschulschriften 1,1047

Meister, Monika: Geschichte, Landschaft und das Theater Heiner Müllers. Zur Lesart und Umschreibung antiker Mythen. In: Denkzettel Antike [s. 1.1.], S. 66–75

Mittenzwei, Werner: Die Antikerezeption des DDR-Theaters [s. 6.1.]

Ders.: Eine alte Fabel, neu erzählt. Heiner Müllers »Philoktet«. In: Mittenzwei: Kampf der Richtungen. Strömungen und Tendenzen der internationalen Dramatik. Leipzig 1978 = Reclams Universal-Bibliothek 716, S. 511–523

Preußer, Heinz-Peter: Mythos als Sinnkonstruktion [s. 6.1.]

Ders.: Troia als Emblem [s. 6.1.]

Profitlich, Ulrich: Über den Umgang mit Heiner Müllers »Philoktet«. In: Basis. Jahrbuch für deutsche Gegenwartsliteratur 10 (1989) = suhrkamp taschenbuch 589, S. 142–157

Raddatz, Frank-Michael: Dämonen unterm Roten Stern. Zu Geschichtsphilosophie und Ästhetik Heiner Müllers. Stuttgart 1991

Riedel, Volker: Antikerezeption in den Dramen Heiner Müllers. In: Das antike Theater [s. 1.1.], S. 345–384

Ders.: Zwischen Ideologie und Kunst [s. 6.1.]

Schottlaender, Rudolf: Heiner Müllers »Philoktet« und Peter Hacks' »Frieden« [s. 6.2. (Hacks)]

Schulz, Genia: Heiner Müller. Stuttgart 1980 = Sammlung Metzler 197

Dies.: Medea. Zu einem Motiv im Werk Heiner Müllers. In: Weiblichkeit und Tod in der Literatur. Hrsg. von Renate Berger und Inge Stephan. Köln, Wien 1987, S. 241–264

Suárez Sánchez, Fernando: Individuum und Gesellschaft. Die Antike in Heiner Müllers Werk. Frankfurt a. M., Berlin, Bern, New York, Paris, Wien 1998 = Helicon 23

Wieghaus, Georg: Zwischen Auftrag und Verrat. Werk und Ästhetik Heiner Müllers. Frankfurt a. M., Bern, New York, Nancy 1984 = Europäische Hochschulschriften 1, 764

Wilke, Sabine: Das Theater im Reich der Notwendigkeit: Heiner Müllers Umgang mit dem Mythos als Modell. In: Wilke: Poetische Strukturen der Moderne [s. 6.1.], S. 39–79

RUDOLF PANNWITZ

Lefèvre, Eckard: Sophokles' und Rudolf Pannwitz' »Philoktetes«. In: Antike und Abendland 43 (1997), S. 33–45

CHRISTOPH RANSMAYR

Angelova, Penka: Christoph Ransmayrs Romanwerk oder Was heißt und zu welchem Ende verläßt man die Universalgeschichte? In: Geschichte der österreichischen Literatur. Hrsg. von Donald G. Daviau und Herbert Arlt. St. Ingbert 1996 = Österreichische und internationale Literaturprozesse 3, S. 416–433

Bartsch, Kurt: Dialog mit Antike und Mythos. Christoph Ransmayrs Ovid-Roman »Die letzte Welt«. In: Modern Austrian Literature 23 (1990) 3/4, S. 121–133

Christensen, Peter G.: The Metamorphosis of Ovid in Christoph Ransmayr's »The Last World«. In: Classical and Modern Literature 12 (1991/92), S. 139–151

Epple, Thomas: Christoph Ransmayr, Die letzte Welt. Interpretation. München 1992 = Oldenbourg-Interpretationen 59

Die Erfindung der Welt. Zum Werk von Christoph Ransmayr. Hrsg. von Uwe Wittstock. Frankfurt a. M. 1997 = Fischer-Taschenbücher 13 433

Fuhrmann, Manfred: Christoph Ransmayr, Die letzte Welt. Mit einem Ovidischen Repertoire. [...] In: Arbitrium 7 (1989), S. 250–254

Ders.: Mythos und Herrschaft in Ch. Wolfs »Kassandra« und Ch. Ransmayrs »Die letzte Welt«. In: Der altsprachliche Unterricht 37 (1994) 2, S. 11–24

Gindele, Jochen: »Immer wieder anders und neu« – Christoph Ransmayrs Roman »Die letzte Welt« und das Werk Ovids. Ein Vergleich. In: Tradita et Inventa [s. 1.1.], S. 601–614

»Keinem bleibt seine Gestalt«. Ovids »Metamorphoses« und Christoph Ransmayrs »Letzte Welt«. Essays zu einem interdisziplinären Kolloquium. Hrsg. von Helmuth Kiesel und Georg Wöhrle. Bamberg 1990 = Fußnoten zur neueren deutschen Literatur 20

Kiel, Martin: Nexus. Postmoderne Mythenbilder – Vexierbilder zwischen Spiel und Erkenntnis. Mit einem Kommentar zu Christoph Ransmayrs »Die letzte Welt«. Frankfurt a. M., Berlin, Bern, New York, Paris, Wien 1996 = Europäische Hochschulschriften 1,1566

Moog-Grünewald, Maria: Über die ästhetische und poetologische Inanspruchnahme antiker Mythen bei Roberto Calasso, »Le nozze di Cadmo e Armonia«, und Christoph Ransmayr, »Die letzte Welt«. In: Antike Mythen in der europäischen Tradition [s. 1.1.], S. 243–260

Töchterle, Karlheinz: Spiel und Ernst – Ernst und Spiel. Ovid und »Die letzte Welt« von Christoph Ransmayr. In: Antike und Abendland 38 (1992), S. 95–106

Vollstedt, Barbara: Ovids »Metamorphoses«, »Tristia« und »Epistulae ex Ponto« in Christoph Ransmayrs Roman »Die letzte Welt«. Paderborn, München, Wien, Zürich 1998 = Studien zur Geschichte und Kultur des Altertums. N. F. 1,13

Wilke, Sabine: Die Dialektik von Aufklärung und Mythos in der letzten Welt: Christoph Ransmayrs Texte zwischen Moderne und Postmoderne. In: Wilke: Poetische Strukturen der Moderne [s. 6.1.], S. 223–261

RAINER MARIA RILKE

Aulich, Johanna J. S.: Orphische Weltanschauung der Antike [...] [s. 1.2.]

Böschenstein, Bernhard: Antike Gottheiten in den französischen Gedichten Rilkes. In: Rilke heute. Der Ort des Dichters in der Moderne. Red.: Vera Hauschild. Frankfurt a. M. 1997 = suhrkamp taschenbücher 2599, S. 214–235

Freedman, Ralph: Gods, Heroes, and Rilke. In: Hereditas. Seven Essays on the Modern Experience of the Classical. Ed. with an Introduction by Frederic Will. Austin, Texas 1964, S. 3–30

Haussmann, Ulrich: Die Apollosonette Rilkes und ihre plastischen Urbilder. Berlin 1947 = Kunstwerk und Deutung 2
Himmel, Hellmuth: Rilke und Sappho. In: Rainer Maria Rilke [s. d.], S. 185-213
Höhler, Gertrud: Rainer Maria Rilkes »Orpheus«. In: Mythos und Mythologie in der Literatur des 19. Jahrhunderts [s. 1.2.], S. 367-385
Kohlschmidt, Werner: Rilke und die Antike. In: Kohlschmidt: Rilke-Interpretationen. Lahr 1948, S. 37-78
Mielert, Harry: Rilke und die Antike. In: Die Antike 16 (1940), S. 51-62
Pfaff, Peter: Der verwandelte Orpheus. Zur »ästhetischen Metaphysik« Nietzsches und Rilkes. In: Mythos und Moderne [s. 1.1.], S. 290-317
Por, Peter: Die orphische Figur. Zur Poetik von Rilkes »Neuen Gedichten«. In: Zeitschrift für Germanistik. N. F. 3 (1993), S. 501-515
Rainer Maria Rilke. Hrsg. von Rüdiger Görner. Darmstadt 1987 = Wege der Forschung 638
Rehm, Walther: Orpheus. Der Dichter und die Toten [s. 1.2]
Rüdiger, Horst: Rilkes Begegnung mit der Antike. In: Das humanistische Gymnasium 47 (1936), S. 87-94
Schadewaldt, Wolfgang: Winckelmann und Rilke. Zwei Beschreibungen des Apollon. In: Schadewaldt: Hellas und Hesperien [s. 1.1.], Bd. 2, S. 95-116
Segal, Charles: Orpheus in Rilke: The Hidden Roots of Being. In: Segal: Orpheus [s. 1.1.], S. 118-154
Sprengel, Peter: Orphische Dialektik. Zu Rilkes Sonett »Sei allem Abschied voran« (Sonette an Orpheus II, 13). In: Gedichte und Interpretationen [s. 1.2.], Bd. 5, S. 245-252
Tschiedel, H. J.: Orpheus und Eurydice. Ein Beitrag zum Thema: Rilke und die Antike. In: Rainer Maria Rilke [s. d.], S. 285-318
Zinn, Ernst: Rilke und die Antike. In: Antike und Abendland 3 (1948), S. 201-250

HANS JOACHIM SCHÄDLICH
Fuhrmann, Helmut: Kryptische Aufklärung über den wahren Stand der Dinge: Zu einem Prosatext von Hans Joachim Schädlich. In: Verstehen wir uns? [s. 1.1.], S. 47-61

ARNO SCHMIDT
Albrecht, Wolfgang: Arno Schmidt. Stuttgart, Weimar 1998 = Sammlung Metzler 312
Czapla, Ralf Georg: Die Metamorphose der Metamorphose. Ovid-Transformationen bei Christoph Martin Wieland und Arno Schmidt. In: Zettelkasten 14 (1994), S. 59-81
Ders.: Mythos, Sexus und Traumspiel. Arno Schmidts Prosazyklus »Kühe in Halbtrauer«. Paderborn 1993 = Literatur- und Medienwissenschaft 15
Drews, Jörg: Caliban Casts Out Ariel. Zum Verhältnis von Mythos und Psychoanalyse in Arno Schmidts Erzählung »Caliban über Setebos«. In: Gebirgslandschaft mit Arno Schmidt. Grazer Symposion 1980. Hrsg. von Jörg Drews. München 1992, S. 46-65
Gradmann, Stefan: Das Ungetym. Mythos, Psychoanalyse und Zeichensynthesis in Arno Schmidts Joyce-Rezeption. München 1986
Habermehl, Peter: »Seltene Schützen im Sandmeer«. Anmerkungen zu Arno Schmidts erster Erzählung »Enthymesis oder W. I. E. H.«. In: Der altsprachliche Unterricht 37 (1994) 2, S. 69-79

Herzog, Reinhart: Glaucus adest. Antike-Identifizierungen im Werk Arno Schmidts. In: Bargfelder Bote. Lfg. 14. 1975 [unpag.]

Huerkamp, Josef: »Gekettet an Daten & Namen«. Drei Studien zum »authentischen« Erzählen in der Prosa Arno Schmidts. München 1981 = Bargfelder Bote. Sonderlieferung

Kaiser, Joachim: Des Sengers Phall. Assoziation, Dissoziation, Wortspiel, Spannung und Tendenz in Arno Schmidts Orpheus-Erzählung »Caliban über Setebos«. Eine Nachprüfung. In: Bargfelder Bote. Lfg. 5–6. 1973 [unpag.]

Kuhn, Dieter: Erläuterungen zu Arno Schmidts »Alexander oder Was ist Wahrheit«. In: Bargfelder Bote. Lfg. 75–76. 1984, S. 3–29

Ringel, Michael: »Auf dem Fluß«. Die Spiegelung der antiken Geodäsie in »Enthymesis«, »Gadir« und »Alexander«. In: Zettelkasten 14 (1995), S. 31–56

Steinwender, Ernst Dieter: Mythos und Psychoanalyse in der Erzählung »Großer Kain«. In: Bargfelder Bote. Lfg. 65–66. 1982, S. 3–23

Steinwender, Ernst Dieter: Odysseus in der ›Midlife-Crisis‹ oder Der Gang zu den Müttern. Zu »Die Abenteuer der Sylvesternacht«. In: Bargfelder Bote. Lfg. 54. 1981, S. 3–13

Wohlleben, Robert: Götter und Helden in Niedersachsen. Über das mythologische Substrat des Personals in »Caliban über Setebos«. In: Bargfelder Bote. Lfg. 3. 1973 [unpag.]

STEFAN SCHÜTZ

Janz, Marlies: Das Ich und die Gleichen. Versuch über Stefan Schütz. In: Dramatik der DDR. Hrsg. von Ulrich Profitlich. Frankfurt a. M. 1987 = suhrkamp taschenbuch 2072, S. 167–185

Jucker, Rolf: »Dem Chaos anarchisch« begegnen. Zur Rekonstruktion der Utopiekonzeption in Stefan Schütz' Roman »Medusa« anhand der Figuren »Gorgo Sappho« und »Naphtan«. Bern, Berlin, Frankfurt a. M., New York, Paris, Wien 1991 = Europäische Hochschulschriften 1,1279

Knittel, Anton Philipp: »Des eignen Auftrags höllische Erinnerung«. Stefan Schütz' mythopoetische Memoria des Monströsen. In: Stefan Schütz [s. d.], S. 55–65

Ders.: Medusas Metamorphosen. Stefan Schütz' »Medusa« und Peter Weiss' »Die Ästhetik des Widerstands«. In: Orbis Litterarum 46 (1991), S. 305–320

Lernout, Geert: Stefan Schütz' Alptraum der Geschichte. Zur Lokalisierung von »Medusa« in Moderne und Postmoderne. In: Stefan Schütz [s. d.], S. 44–54

Preußer, Heinz-Peter: Mythos als Sinnkonstruktion [s. 6.1.]

Ders.: Troia als Emblem [s. 6.1.]

Ders.: Vom Urknall zur finalen Katastrophe. Patriarchat und Matriarchat bei Stefan Schütz. In: Stefan Schütz [s. d.], S. 33–43

Stefan Schütz. Red.: Rolf Jucker. München 1997 = Text und Kritik 134

Schulze-Reimpell, Werner: Im Westen nie angekommen. Der Dramatiker Schütz nach der Ausreise. In: Stefan Schütz [s. d.], S. 11–19

ANNA SEGHERS

Diersen, Inge: Problematische Heimkehr. Im Spannungsfeld zwischen Exil und Heimkehr. »Das Argonautenschiff«. In: Unerwünschte Erfahrung. Hrsg. von Ursula Heukenkamp. Berlin, Weimar 1990, S. 72–99

Pallus, Walter: »Der Schriftsteller wächst mit der Teilnahme seiner Leser«. Weiterführung und Neuansatz epischer Gestaltung bei Anna Seghers. In: Neuanfänge. Studien zur frühen DDR-Literatur. Hrsg. von Walter Pallus und Gunnar Müller-Waldeck. Berlin, Weimar 1986, S. 172–225

Botho Strauß
Greiner, Bernhard: Wiedergeburt des Tragischen aus der Aktivierung des Chors? Botho Strauß' Experiment »Anschwellender Bocksgesang«. In: Jahrbuch der Deutschen Schillergesellschaft 40 (1996), S. 362–378
Lehmann, Hans-Thies: Mythos und Postmoderne [s. 6.1.]
Marschall, Susanne: Mythen der Metamorphose – Metamorphose des Mythos bei Peter Handke und Botho Strauß [s. 6.2. (Handke)]
Stanzel, Karl-Heinz: Zeitgenössische Adaptionen [...] [s. 6.1.]
Wilke, Sabine: »Das Durchscheinen von Mythologischem im Alltäglichen«: Anverwandlungen klassischer Mythologie bei Botho Strauß. In: Wilke: Poetische Strukturen der Moderne [s. 6.1.], S. 119–167

Kurt Tucholsky
Braun, Eugen: »Freund! Vetter! Bruder! Kampfgenosse!« Zum Lukian-Bild Kurt Tucholskys. In: Satura lanx. Festschrift für Werner A. Krenkel zum 70. Geburtstag. Hrsg. von Claudia Klodt. Hildesheim, Zürich, New York 1996 = Spudasmata 62, S. 125–152

Frank Wedekind
Mounier, Dorothee: Wedekinds »Herakles«. Untersuchungen zu Funktion und Rezeption einer mythologischen Dramenfigur. Frankfurt a. M., Bern, New York, Nancy 1984 = Europäische Hochschulschriften 1,797
Mounier, Dorothee: Wedekinds »Herakles« als Wendepunkt der neueren Herakles-Dramatik. In: Herakles / Herkules [s. 1.1.], Bd. 1, S. 231–250

Peter Weiss
Bergh, Magnus / Munkhammar, Birgit: Über die Mythen in der »Ästhetik des Widerstands«. In: »Zerstörung, Rettung des Mythos durch Licht« [s. 1.1.], S. 199–216
Birkmeyer, Jens: Bilder des Schreckens. Dantes Spuren und die Mythosrezeption in Peter Weiss' Roman »Die Ästhetik des Widerstands«. Wiesbaden 1994
Huber, Andreas: Herakles-Variationen. Arbeit am Mythos in der »Ästhetik des Widerstands« von Peter Weiss. In: Herakles / Herkules [s. 1.1.], Bd. 1, S. 251–262
Ders.: Mythos und Utopie. Eine Studie zur »Ästhetik des Widerstands« von Peter Weiss. Heidelberg 1990 = Reihe Siegen 96
Jens, Walter: Herakles als Nothelfer. Peter Weiss. In: Jens: Reden. Leipzig, Weimar 1989 = Gustav Kiepenheuer Bücherei 89, S. 375–389
Knittel, Anton Philipp: Medusas »Metamorphosen« [s. 6.2. (Schütz)]
Melberg, Arne: Helden und Opfer in der »Ästhetik des Widerstands«. In: »Zerstörung, Rettung des Mythos durch Licht« [s. 1.1.], S. 217–227
Riedel, Volker: Pergamon-Altar und Herakles-Motiv in Peter Weiss' Roman »Die Ästhetik des Widerstands«. In: Das Altertum 31 (1985), S. 51–57

Franz Werfel
Foltin, Lore B.: Franz Werfel. Stuttgart 1972 = Sammlung Metzler 115
Riedel, Antje: Aspekte der Biographie, Weltanschauung und Antikerezeption bei Walter Hasenclever und Franz Werfel [...] [s. 6.2. (Hasenclever)]

CHRISTA WOLF
Christa Wolfs Medea. Voraussetzungen zu einem Text. Mythos und Bild. Hrsg. von Marianne Hochgeschurz. Berlin 1998
Cramer, Sibylle: Eine unendliche Geschichte des Widerstands. Zu Christa Wolfs Erzählungen »Kein Ort. Nirgends« und »Kassandra«. In: Christa Wolf. Materialienbuch. Hrsg. von Klaus Sauer. Darmstadt, Neuwied ³1987, S. 121–142
Erinnerte Zukunft. 11 Studien zum Werk Christa Wolfs. Hrsg. von Wolfram Mauser. Würzburg 1985
Fuhrmann, Manfred: Christa Wolf, Kassandra. Erzählung. [...] Voraussetzungen einer Erzählung: Kassandra. Frankfurter Poetik-Vorlesungen. [...] In: Arbitrium 2 (1984), S. 209–215
Ders.: Christa Wolf über »Penthesilea«. In: Kleist-Jahrbuch 1986, S. 81–92
Ders.: Mythos und Herrschaft in Ch. Wolfs »Kassandra« und Ch. Ransmayrs »Die letzte Welt« [s. 6.2. (Ransmayr)]
Gerdzen, Rainer / Wöhler, Klaus: Matriarchat und Patriarchat in Christa Wolfs »Kassandra«. Würzburg 1991
Glau, Katherina: Christa Wolfs »Kassandra« und Aischylos' »Orestie«. Zur Rezeption der griechischen Tragödie in der deutschen Literatur der Gegenwart. Heidelberg 1996 = Beiträge zur neueren Literaturgeschichte 3,147
Hörnigk, Therese: Christa Wolf. Berlin 1989 = Schriftsteller der Gegenwart 26
Kaufmann, Hans. Wider die trojanischen Kriege. Christa Wolfs »Kassandra«. In: Kaufmann: Über DDR-Literatur. Beiträge aus 25 Jahren. Berlin, Weimar 1986, S. 215–230
Kuhn, Anna K.: Christa Wolfs »Kassandra«: Kanon, Umdeutung, Utopie. In: Jahrbuch zur Literatur in der DDR 4 (1985), S. 135–172
Neumann, Gerhard: Christa Wolfs »Kassandra«. Die Archäologie der weiblichen Stimme. In: Erinnerte Zukunft [s. d.], S. 233–264
Nicolai, Rosemarie: Christa Wolf »Kassandra«. Quellenstudien und Interpretationsansätze. In: Literatur für Leser (1985), S. 137–155
Preußer, Heinz-Peter: Mythos als Sinnkonstruktion [s. 6.1.]
Ders.: Troia als Emblem [s. 6.1.]
Renner, Rolf Günter: Mythische Psychologie und psychologischer Mythos. Zu Christa Wolfs »Kassandra«. In: Erinnerte Zukunft [s. d.], S. 265–290
Renner, Rolf Günter: »Mythos plus Psychologie«: Zu Christa Wolfs »Kassandra«. In: Michigan Germanic Studies 8 (1985), S. 127–149
Reuffer, Petra: Geschlechtertausch und Androgynität [s. 6.1.]
Ries, Wolfgang: Bewundert viel und viel gescholten, Aischylos. Christa Wolf auf der Suche nach der historischen Kassandra. In: Wirkendes Wort 35 (1985), S. 5–17
Roser, Birgit: Mythenbehandlung und Kompositionstechnik in Christa Wolfs »Medea. Stimmen«. Frankfurt a.M., Berlin, Bern, Bruxelles, New York, Wien 2000 = Münchener Studien zur literarischen Kultur in Deutschland 32
Streller, Siegfried: Göttinnen, Seherinnen, Hexen [s. 6.2. (Morgner)]
Ders.: Selbstbildnis im Angesicht des Todes. Christa Wolf, »Kassandra. Vier Vorlesungen. Eine Erzählung«. In: Streller: Wortweltbilder [s. 1.2.], S. 220–231
Weber, Sabine: Die Medea-Gestalt in der Antike und bei Christa Wolf. Jena 1997 [Maschinenschriftl. Abschlußarbeit am Institut für Altertumswissenschaften der Universität Jena]
Weigel, Sigrid: Vom Sehen zur Seherin. Christa Wolfs Umdeutung des Mythos und die

Spur der Bachmann-Rezeption in ihrer Literatur. In: Christa Wolf. Ein Arbeitsbuch. Studien – Dokumente – Bibliographie. Hrsg. von Angela Drescher. Berlin, Weimar 1989, S. 169–203

Wilke, Sabine: »Kreuz- und Wendepunkte unserer Zivilisation nach-denken«. Christa Wolfs Stellung im Umfeld der zeitgenössischen Mythos-Diskussion. In: Wilke: Poetische Strukturen der Moderne [s. 6.1.], S. 81–118

REGISTER

Im Personen- und Werkregister werden historische Personen vollständig nachgewiesen. Lediglich die Verfasser von Sekundärliteratur sind allein dann berücksichtigt, wenn sie wörtlich zitiert werden oder wenn sich weiterführende Bemerkungen zu ihnen finden. Mythische und poetische Figuren sind insoweit erfaßt, als sie für das Thema des vorliegenden Buches eine größere Bedeutung haben. Literarische Werke werden nur genannt, wenn es sich um Anonyma, Kollektiva oder Periodica handelt. Das Sach- und Ortsregister ist auf Begriffe beschränkt worden, die für die Antikerezeption in der deutschen Literatur unmittelbar relevant sind. Hauptstellen sind in beiden Registern kursiv gedruckt.

Personen- und Werkregister

Abbt, Thomas 138
Abel, Michael 69
Achilleus 32, 46, 117, *163*, 185, 196, 200, 213 f., 234, 243, 252, 268, 289, 294–296, 300, 307, 323, 339, 357, 363, 391, 397, 400, 403
»Acta eruditorum« 105
Addison, Joseph 123
Adenauer, Konrad 325
Adler, Paul 293
Admetos 54, 155 f., 183, 273, 275, 277, 332, 386 f.
Adonis 185, 284, 325, 373
Adorno, Theodor Wiesengrund 120, 263, 320, 405
Aegisthus s. Aigisthos
Aeneas s. Aineias
Aeolus s. Aiolos
Aeschylus s. Aischylos
Aesopus s. Aisopos
Agamemnon 33, 131, 268, 274, 303, 319 f., 353, 366, 391
Agis IV., König von Sparta 123
Agricola, Georg *73*, 93
Agricola, Johannes 60
Agricola, Rudolf 18, *24*, 26 f., 52
Agrippina, Iulia (Agrippina minor) 98, 185

Agrippina, Vipsania (Agrippina maior) 99
Ahlsen, Leopold 328
Aias 57, 200, 236, 363, 383
Aigisthos 274, 366
Aineias 18, 58, 102, 105 f., 178, 180, 306 f., 318, 326, 340, 391
Aiolos 56
Aischylos 174 f., 180, 186, 193, 206, 227, 230, 242–244, 269, 293, 319, 328, 330, 357–361, 391 f., 401
– s.a. Tragiker, griechische
Aisopos 22 f., 51, 53, 61, 67 f., 126, 130, 139, 329
Aktaion 55, 104, 127, 214, 233, 311, 401
Alardus, Wilhelm 69
Alarich 238
Albani, Alessandro 189
Albertinus, Aegidius 68
Albertus Magnus 30
Alberus, Erasmus 66 f.
Albrecht, Michael von 5
Albrecht von Mainz, Erzbischof 44
Alewyn, Richard 84
Alexander VI., Papst 35
»Alexanderroman« 23
Alexandros III., der Große, König von Makedonien 23, 34, 45, 55, 100, 146,

181, 231, 252, 294, 297, 299, 313, 325, 342, 378
Alexis, Willibald 237
Alkaios 192f., 345
Alkestis 54, 130, 149, 156f., 183, 273, 275, 277, 280, 386f.
Alkibiades 138, 194, 247, 285, 291, 366
Alkmene 21, 74, 212, 215, 292, 320, 348
Alphonsus, Petrus 23
Altenstaig, Johannes 38
Alxinger, Johann Baptist von 178
Ammianus Marcellinus 253
Amor s. Eros
Amphion 309
Amphitryon 21, 74, 212f., 215, 291f. 347f., 362
Anakreon 64, 69, 92, 107, 121, 125–128, 160, 175, 193, 238–240
– s.a. Anakreontik; Dichtung, anakreontische
Anchises 340
Andersch, Alfred 257, 397
Andreae, Johann Valentin 74
Andromache 330
Andromeda 55
Angelus Silesius s. Scheffler, Johannes
Anna Amalia, Herzogin von Sachsen-Weimar-Eisenach 149
»Anonymus Neveleti« 23
Anouilh, Jean 262, 315
»Anthologia Graeca« (Griechische Anthologie) 64, 90, 92, 107, 127, 155, 160, 162
Antigone 88, 202f., 262, 290f., 297, 315f., 319, 323, 331, 366f., 372, 397, 399
»Antike heute« 8
»Die Antike in der europäischen Gegenwart« 8
Antinoos 297
Antiope 364
Anton Ulrich von Braunschweig-Wolfenbüttel, Herzog 102f.
Antonius, Marcus 27, 55, 98, 216, 241, 285, 290, 330, 337
Aphrodite (Venus) 32, 35f., 38, 42f., 54, 56, 59, 62, 70, 79, 93, 97, 99–101, 120, 130, 175, 178f., 181f., 192, 217–220, 232f., 237, 242, 247, 250, 272, 277, 279, 281f., 286, 295, 307, 326, 340–343, 347, 369, 385
Apollon (Phoebus) 26f., 29f., 79, 101, 107, 134, 141, 157, 190, 200, 202, 206, 210, 218, 226f., 233f., 241f., 248, 256, 267, 269, 276f., 279, 284, 289, 292, 298, 300–302, 304, 310, 325f., 332, 343, 346, 367, 378, 385
Apollonios von Tyana 150

»Apollonius rex Tyri« 22
Apuleius 23, 66, 93, 148, 247, 284f., 372
Arachne 319
Archilochos 280
Arendt, Erich 120, 133, 334, 335–340, 342–345, 367–369, 385, 390, 393
Ares (Mars) 56, 79, 87, 97, 100f., 234, 282, 297, 342, 385, 401
»Die Argonauten« 261
Ariadne 275, 280, 337, 341, 390
Arion 207–209, 309
Ariosto, Lodovico 102
Aristeas 345f.
Aristippos 145, 150f.
Aristophanes 54, 57–60, 70, 151, 160, 169, 174, 195, 210, 220, 224, 231f., 236, 239, 241, 273, 314, 322, 328, 331, 346–348, 350, 352, 362, 366, 371, 396f.
Aristoteles 44, 55, 71, 78, 86, 116, 122, 136, 139, 146, 162, 167, 176, 182, 186, 325
– s.a. Aristotelismus
Arminius (Hermann) 45, 99, 116, 131, 135, 142, 146, 149, 214f., 231, 235, 244, 266, 359
Arnim, Achim von 217–219
Arria maior 171f., 245
Artemis (Diana) 28f., 55, 92, 104, 127, 146f., 173, 214, 220, 232–234, 269, 281, 290, 311, 341, 369, 390, 401
Aspasia 247, 283
Ast, Friedrich von 216
Astel, Arnfrid 396f., 400
Astyanax 330, 404
Atabay, Cyrus 396
Athene (Minerva; Pallas) 35f., 38, 41, 79, 92, 101, 157, 206, 216, 230, 243, 252, 267, 281, 289, 298, 301, 311f., 365, 403
Attis 325
Atlas 230, 272
Auerbach, Berthold 251
Augeias 201, 322f., 356
August II., der Starke, König von Polen (Friedrich August I., Kurfürst von Sachsen) 106, 123
Augustinus, Aurelius 49, 96
Augustus, Imperator Caesar (Gaius Octavius) 27, 33, 42, 79f., 92, 98f., 102, 107, 126, 131, 151, 163, 181, 225, 240f., 248, 302, 306f., 313, 375, 389, 397, 402
Aurelianus, Lucius Domitius 373
Aurora s. Eos
Aurpach, Johannes 64
Ausländer, Rose 395
Avancini, Nikolaus 93, 97
Avianus 23
Aylen, Leo 5

Ayrenhoff, Cornelius Hermann von 178
Ayrer, Jakob 71, 74

Bacchus s. Dionysos
Bacherl, Franz 244
Bachmann, Ingeborg *224*, 332
Bachofen, Johann Jakob 228, 275, 285, 300
Bacmeister, Ernst 302
Bacon, Francis 115
Bahr, Hermann 259, 276, 288
Balde, Jacob *91f.*, 94
Balzac, Honoré de 223
Baptista, Johannes 73, 93
Barclay, John 87, 99, 102 f.
Barth, Caspar von 89
Bartsch, Wilhelm 379
»Batrachomyomachia« (Froschmäusekrieg) 44, 63, 67, 92
Baubo 268, 386
Baucis 169, 174, 304, 328, 397
Bebel, Heinrich 38, *42 f.*
Becher, Johannes Robert 261 f. *307–310*, 312, 317, 322, 334–336, 341, 368, 378, 381, 383
Becker-Neumann, Christiane 164
Beckers, Wilhelm Adolf 248
Beckh, Johann Joseph 101
Beethoven, Ludwig van 215
Bellerophon 291 f., 296 f.
Benjamin, Walter 228, 257, 263
Benn, Gottfried 260 f., 295, *298–302*, 303, 310
Berg, Jochen 366
Berger, Uwe 378
Bernhaupt, Pankratz s. Schwenter
Besser, Johann (von) 106
»Bibel« 6, 16, 32, 35, 39 f., 44, 49–51, 53, 58–60, 63, 65, 70–74, 92, 94, 96, 105, 107, 134, 141, 172, 212, 272
Bidermann, Jacob *73 f.*, 93
Biermann, Wolf 394
Binder, Georg 60
Bion 142, 239
Birck, Sixt 60
Birken, Sigmund von 84
Birkenfeld, Günther 302
Bisselius, Johannes 92
Blackwell, Thomas 112
»Blätter für die Kunst« 271
Blass, Ernst 261
Bloch, Ernst 257, 263, 310 f., 341
Blumauer, Aloys 178
Blumenberg, Hans 7, 361
Blunck, Hans Friedrich 302
Bobrowski, Johannes 133, 334, *343 f.*, 367, 390

Boccaccio, Giovanni 81
Bodmer, Johann Jakob *124 f.*, 139, 175
Boeckh, August 115
Böhlendorff, Casimir Ulrich 190 f., 200, 202
Böll, Heinrich 257, *323 f.*, 329, 397
Boethius, Anicius Manlius Severinus 23, 95, 100
Boileau-Despréaux, Nicolas 85, 93, 105–108, 110, 116, 122, 125, 136, 191
Boltz, Valentis 55
Boor, Helmut de 11
Borchardt, Rudolf 280
Borngräber, Otto 281
Boye, Karin 399
Brant, Sebastian 25, *31–35*, 37 f., 40, 42, 68, 71, 371
Brasch, Thomas 389
Braun, Mattias 291, *328*, 330
Braun, Volker 367, *373–375*, 380
Brawe, Joachim Wilhelm von 142
Brecht, Bertolt 5, 202, 226, 262, 278, 285, 291, *312–317*, 323, 329, 332, 334, 341, 352 f., 357–360, 362, 367, 377, 380, 389, 392, 397, 404 f.
Brecht, Levin 58 f.
Breitinger, Johann Jakob 124
Brentano, Clemens von 219
Breughel, Pieter, d. Ä. 333
Briseis 46, 289
Britannicus, Tiberius Claudius Caesar 96
Britting, Georg 303
Broch, Hermann 5, *306 f.*, 404
Brockes, Barthold Hinrich 120 f.
Brod, Max 293, 328
Bronnen, Arnolt 329
Browning, Robert 326
Bruckner, Ferdinand 328
Brückner, Christine 399 f.
Brülow, Kaspar 72 f.
Bruni, Leonardo 19
Brutus, Lucius Iunius (Brutus maior) 215, 242
Brutus, Marcus Iunius (Brutus minor) 68, 72 f., 135, 138, 146, 155 f., 179, 189, 231, 235, 321, 354
»Buch von den sieben weisen Meistern« 23
Bucharin, Nikolai Iwanowitsch 363
Buchner, Augustus 83, *89*
Bucholtz, Andreas Heinrich 102
Büchner, Georg 222, *235 f.*, 239, 404
Bürger, Gottfried August 175
Bulgakow, Michail Afanasjewitsch 265
Burckhardt, Jacob 228, 248, 301
Burdach, Konrad 280
Burmeister, Johannes 69, *74*
Busche, Hermann von dem 44

Byblis 253
Byron, George Gordon Noël, Lord 169, 208

Caecina Paetus 171 f.
Caesar, Gaius Iulius 24, 68, 70, 72 f., 92, 105, 129, 146, 179, 189 f., 231, 235, 252, 272, 282, 314 f., 330, 354, 397, 402
– s.a. Caesarentum
Calaminus, Georgius 71 f.
Calvin, Johann 49
Camerarius, Joachim *61 f.*, 77
Campano, Giovanni Antonio 18 f.
Campe, Julius 232
Camus, Albert 262, 329
Cancik-Lindemaier, Hildegard 280
Canitz, Friedrich Rudolf Freiherr von 106
Caracalla (Marcus Aurelius Severus Antoninus) 95 f.
Carossa, Hans 303
Carus, Marcus Aurelius 238
Casaubonus, Isaac 86
Cassius Dio Cocceianus, Lucius Claudius 95, 98, 252, 271
Catilina, Lucius Sergius 179, 283
Cato, Marcus Porcius (Cato maior) 79, 121, 375
– s.a. »Dicta Catonis«
Cato, Marcus Porcius (Cato minor) *123*, 235, 375
Catullus, Gaius 24, 30, 63, 72, 89 f., 92, 100, 107, 142, 239 f., 371, 376
Celan, Paul 332
Celsus, Aulus Cornelius 31
Celtis, Konrad 16 f., 24, *25–31*, 32, 35, 37, 43 f., 47, 52, 58, 61, 63, 65, 69, 99, 282
Ceres s. Demeter
Cervantes Saavedra, Miguel de 50, 103 f.
Charon 54, 102, 283, 294, 331 f.
»Charon« 288
Charybdis 33, 56, 396
Chaucer, Geoffrey 364 f.
Cheiron 201, 268
– s.a. Kentauren
Chelidonius, Benedictus *38*, 58
Chénier, André 112
Chimaira 292
Cholevius, Carl Leo 3, 8, 11
Christ, Johann Heinrich 121
Christus, Jesus 21, 37, 40, 43, 50, 63, 72, 74, 89, 92, 94, 97, 150, 200 f., 210, 227, 234, 242, 247, 266, 268, 297 f., 307, 318 f., 373
Chytraeus, Nathan 69
Cibulka, Hanns 367 f.
Cicero, Marcus Tullius 15, 19, 21, 23 f., 30–32, 34, 39, 43, 45–47, 52, 62, 70, 78, 89, 91, 145 f. *151*, 231, 328
»El Cid« 155
Civilis, Gaius 182
Clajus, Johannes 66
»Classical and Modern Literature« 5
Claudianus, Claudius 44, 79, 92, 102, 106 f.
Claudius Caesar Augustus Germanicus, Tiberius 172
Clodius Pulcher, Publius 33
Cocteau, Jean 262 f.
Collin, Heinrich Joseph von 215, 244
Constantinus I., der Große, Flavius Valerius 73, 93
Coppi, Hans 397 f.
Cordus, Euricius 24, *47 f.*, 61, 81, 92
Coriolanus, Gnaeus Marcius 316, 329
Corneille, Pierre 57, 82, 94, 97, 131
Corte, Francesco della 5
Corvinus, Laurentius 25, 27
Cressida 364 f.
Creutz, Carl Casimir von 142
Creuzer, Georg Friedrich 119, 167, 174
Cronegk, Johann Friedrich von 138, 142
Crusius, Johannes Paul 72 f.
Csokor, Franz Theodor 293
Cupido s. Eros
Curius Dentatus, Manlius 32
Curtius Rufus, Quintus 192
Czechowski, Heinz 367, *368–370*
Czepko, Daniel 93

Dach, Simon 83, *90*
Dacier, Anne Lefèvre 112
Däubler, Theodor 286 f.
Dahn, Felix *248 f.*, 381
Daidalos 310, 327, 333, 372, 388
Damokles 130
Danae 33, 282
Dante Alighieri 34, 169, 204, 263, 353, 365, 371
Dantiscus, Johannes 63
Danton, Georges 235 f.
Daphne 304, 318, 325, 400
Daphnis 72, 79, 89, 92, 97, 143
Dareios I., persischer König 348
Dares Phrygius 66
Darré, Walter 259
Dasypodius, Petrus 58
David, Jacques-Louis 165
»Decoctio« 58
Dehmel, Richard 279
Deianeira 270, 288, 323
Demeter (Ceres) 20, 37, 184, 231, 256, 267, 284, 306, 318 f., 371, 386, 400
Demodokos 56

Demokritos 145, 150
Demosthenes 43, 52
Denis, Michel 134
Descartes, René 115
Deschamps, François-Michel-Chrétien 123
»Deutsche Klassik und Revolution« 3
»Deutsche Schaubühne« 121 f.
Diana s. Artemis
Dickens, Charles 223
Dickinson, Hugh 5
»Dicta Catonis« 31
Dictys Cretensis 56 f., 66
Diderot, Denis 112, 131, 166
Dido 33, 55, 60, 70, 105, 131, 178, 180
Diocletianus, Gaius Aurelius Valerius 74, 241, 350
Diogenes 55, 93, 148
Diomedes 56
Dionysios I., Tyrann von Syrakus 147, 386
Dionysos (Bacchus) 20, 29, 34, 37, 79, 87, 101, 134, 141, 157, 169, 172, 177, 191 f., 200 f., 203, 213, 226 f., 233 f., 253, 256, 260, 266–269, 272 f., 275, 280, 284–286, 289, 298–300, 302, 304, 310, 326
Diotima 194–196
Distelmayer, Cleophas 58
Döblin, Alfred 257, *290 f.*
Domin, Hilde 332
Dorpius, Martinus 66
Droste-Hülshoff, Annette von 237
Droysen, Johann Gustav 243
Dryden, John 348
Dürer, Albrecht 30, 38, 46, 62
Dürrenmatt, Friedrich 150, 257, *322 f.*, 356
Dugo Philonius, Johannes 58
»Dunkelmännerbriefe« s. »Epistolae obscurorum virorum«

Eagleton, Terry 255
Ebers, Georg 249
Ebersbach, Volker 389
Eck, Johannes 49, 57
Eckermann, Johann Peter 168
»Eckius dedolatus« 46, *57 f.*
Eckstein, Ernst 249
Edvardson, Cordelia 319
Ehrenstein, Albert 257, *295–298*
Eich, Günter 329, *332*
Eichendorff, Joseph Freiherr von *219 f.*, 233, 237
Eichendorff, Wilhelm Freiherr von 219
Einsiedel, Friedrich Hildebrand von 165, *215 f.* 245
Eireneios (Irenaeus) 68
Elagabalus (Marcus Aurelius Antoninus) 271
Elektra 161, 262, 269, *273 f.*, 275, 331, 358 f.

Eliot, Thomas Stearns 262
Elisabeth, Landgräfin von Thüringen 242
Elpenor 297
Empedokles 169, *197*, 198, 201, 227, 267, 289, 315, 368, 400
Enea Silvio s. Piccolomini, Enea Silvio
Ende, Michael 401
Endler, Adolf 379
Endymion 146 f.
Engels, Friedrich 226
Engod, Johann 64
Ennen, Jörg 215
Enzensberger, Hans Magnus 332
Eos (Aurora) 384
Epeios 389
Epicharis 98
Epikuros 33, 38, 43, 146
– s.a. Epikureismus
Epimetheus 366, 247 f., 351
»Epistolae obscurorum virorum« (Dunkelmännerbriefe) *43 f.*, 57, 68
Erasmus von Rotterdam, Desiderius 17, 25, 28, *38–41*, 42, 44, 46, 48–50, 52 f., 55, 58, 65, 67 f., 70, 73, 77, 103, 126, 145, 251
Eratosthenes aus Kyrene 324
Ernesti, Johann August 114
Ernst, Paul 281
Eros (Amor; Cupido) 32, 38, 42, 59, 79, 146, 209, 214, 218, 231, 237, 246 f., 252, 266–268, 271, 283, 285, 297, 325, 342 f.
– s.a. Liebe
Eteokles 357, 372
Eugen von Savoyen, Prinz 105 f.
Eulenberg, Herbert 281
Eumaios 267
Euphorion 258 f.
Euripides 25, 53, 61, 71–73, 100, 131, 138 f., 149–151, 157, 159 f., 164 f., 167–169, 173, 180, 186 f., 192, 206 f., 213, 227, 242, 268, 273, 275, 277, 291, 293, 323, 328, 330, 355, 359 f., 365 f., 392, 396
– s.a. Tragiker, griechische
Europa 291
»Europäischer Philhellenismus« 8, 404
Euryalos 370
Euryalus 91
Eurydike 91, 185, 277, 288, 300, 326, 333 f., 352, 373, 377, 388, 390
Eyb, Albrecht von 18, *19–21*, 22, 25, 39, 42, 55, 65

Fabricius, Georg 63
Fabricius Luscinus, Gaius 32
Falk, Johann David 215, 245
Faunus s. Pan
Faustus, Johann 7, 68, 73, 168 f., 233 f., 258 f.

Feind, Barthold 106
Fénelon, François de Salignac de la Mothe 85, 107, 112
Feuerbach, Anselm 253
Feuchtwanger, Lion *305f.*, 312, 314, 370
Feyerabend, Siegmund 66
Fichte, Hubert 400
Fielding, Henry 145
Fischart, Johann *67f.*, 88
Flashar, Hellmut 404
Flavus 359
Fleming, Paul 17, 83, *89f.*
Förster, Wieland 340, 385f.
Fontane, Theodor 250
Forster, Georg 180f.
Frank, Leonhard 257
Freud, Sigmund 228, 256, 274
Freytag, Gustav 244, *248f.*
Fried, Erich 328, *396*
Friedenthal, Richard 303
Friedrich I., König in Preußen 107
Friedrich I., der Siegreiche, Kurfürst von der Pfalz 23
Friedrich II., deutscher König und römischer Kaiser 272
Friedrich II., der Große, König von Preußen 117, 125, 129, 146, 225, 359
Friedrich III., deutscher König und römischer Kaiser 18, 27
Friedrich III., der Weise, Kurfürst von Sachsen 26
Friedrich Wilhelm, Kurfürst von Brandenburg (der ›Große Kurfürst‹) 105, 215
Friedrich Wilhelm IV., König von Preußen 231
Frisch, Max 321f.
Frischlin, Nicodemus *70f.*, 91
Frischmuth, Barbara 400
Friz, Andreas von 123
»Froschmäusekrieg« s. »Batrachomyomachia«
Fühmann, Franz 6, 120, *381–387*, 389f., 403
Fürnberg, Louis 332, *334*, 367
Fulda, Ludwig 150
Fulgentius 35
Funckelin, Jacob 38

Gaia 216, 220
Gail, Anton 112
Galatea 79, 250f.
Gamerius, Hannardus 58
Ganymedes 283
Geibel, Emanuel 244, *245f.*, 247, 256
Gellert, Christian Fürchtegott *130f.*, 137
George, Stefan 5, *270–272*, 276, 280, 283, 288, 301, 320, 380
Gerhardt, Paul 83

Géricault, Théodore 399
Germanicus, Iulius Caesar 99
Gerstenberg, Heinrich Wilhelm von 142
Gervinus, Gottfried 224
»Geschichte der deutschen Literatur« (Berlin) 393
»Geschichte der deutschen Literatur« (München) 11
Gesner, Johann Matthias 114
Geßner, Salomon *143f.*, 172, 174
Geta Augustus, Publius Septimius 95
Gibertus, Johannes 95
Gide, André 262f., 288, 295
Giraudoux, Jean 262, 274, 291f., 327, 348
Girnus, Wilhelm 393f.
Gladkow, Fjodor Wassiljewitsch 357f.
Gleim, Johann Wilhelm Ludwig 113, *127–129*, 138f.
Gluck, Christoph Willibald 149, 372
Gnaphaeus, Gulielmus 59
Goering, Reinhard 290
Goethe, Johann Wolfgang 9–11, 29f., 41, 63, 108, 115, 117f., 127, 144f., 148f., 152, 154, *156–170*, 171–177, 180, 183, 187f., 192, 194f., 203–208, 212f., 215f., 218, 221–224, 227, 233f., 239, 267, 269, 271–275, 278, 291, 298, 303, 310, 328, 347, 351, 355, 361, 366, 369, 374f., 394, 397
Götz, Johann Nikolaus 127–129
Goll, Ywan 287f.
Gontard, Susette 194, 196
Gorgo s. Medusa
Gorr, Adolph 11, 259
Gosse, Peter 367, *372f.* 388
Gothein, Percy 304
Gotter, Friedrich Wilhelm 177
Gotthart, Georg 72
Gotthelf, Jeremias 237
Gottsched, Johann Christoph 105, *121–124*, 127, 129–131, 133, 136f., 142f., 152
Grabbe, Christian Dietrich 222, *235*, 239f.
Gracchus, Gaius Sempronius 244f.
Gracchus, Tiberius Sempronius 245, 266
Grass, Günter 329
Gratius, Ortwin 44
Greff, Joachim 60
Greflinger, Georg 96f.
Gregorius 285
Gretser, Jakob 73
»Griechische Anthologie« s. »Anthologia Graeca«
Grillo, Friedrich 142
Grillparzer, Franz 5, 118, 211, *221f.*, 240, 276, 278, 332

Grimmelshausen, Johann Jakob Christoffel von 85, 96, *103f.*
Grob, Johannes 93
Grünbein, Durs 380
Grünpeck, Joseph 37f.
Gryphius, Andreas 17, 80, 83, 85, *93–96*, 97–100, 123
Guarini, Guarino 21f.
Günther, Johann Christian 90, 104, *107f.*
Gundolf, Friedrich 272
Gurlitt, Ludwig 257
Gutzkow, Karl 236
Gyges 241f., 313f.
Gylippos 285

Haas, Ursula 400
Habrecht, Isaac 78f.
Hacks, Peter 5, *346–352*, 353, 362, 364, 366, 380, 387
Hades s. Pluton
Hadrianus Augustus, Traianus 100, 220, 246f., 249, 297, 374, 380
Haecker, Theodor 306
Haefs, Gisbert 402
Hagedorn, Friedrich von *125–127*, 128, 178
Hagelstange, Rudolf 327
Hager, Kurt 394
Halévy, Ludovic 347
Haller, Albrecht von 120f.
Hallmann, Johann Christian 100f.
Halm, Friedrich 246
Hamann, Johann Georg 119, *141*
Hamburger, Käte 5
Hamerling, Robert 247f.
Hamlet 268
Handke, Peter 400f.
Hannibal 45, 58, 92, 99, 235, 247, 340
Hannsmann, Margarete 394f.
Hardenberg, Friedrich von s. Novalis
Harsdörffer, Georg Philipp 83, *90f.*, 104
Hartlieb, Johannes 23
Hartmann von Aue 285
Hasenberg, Johann 58
Hasenclever, Walter 11, *290*, 291, 397
Haugwitz, August Adolph von 101
Hauptmann, Gerhart 5, 10, 262, 265, *266–270*, 274f., 281, 292
Haushofer, Albrecht 304f.
Hausmann, Nikolaus 50
Hebbel, Friedrich *240f.*, 314
Hebe 183, 356
Hebel, Johann Peter 216f.
Hecuba s. Hekabe
Hederich, Benjamin 115
Hegel, Georg Wilhelm Friedrich 154, 159, 170, 208

Hegendorff, Christoph 25
Hegewisch, Helga 399f.
Heidegger, Martin 321
Heiduczek, Werner 388
Heilmann, Horst 397f.
Heine, Heinrich 170, 174, 208, *229–235*, 237, 239, 242, 313
Heinrich IV., König von Frankreich 282
Heinrich Julius von Braunschweig, Herzog 64, *74f.*, 94
Heinse, Wilhelm 117, 141, *175–177*, 191f., 195, 218, 220, 227
Heinsius, Daniel 78, 86f.
Heise, Wolfgang 358
Heiseler, Bernt von 320f.
Hekabe (Hecuba) 131, 214, 291, 294
Hektor 179, 327, 357
Helene 33, 68, *164*, *168f.*, 187, 208, 233, 251, 259, 269, 275f., 282, 289, 291, 294, 300, 312, 327, 329, 335, 347f.
Heliodoros 66, 80, 87, 101
Henze, Hans Werner 372
Hephaistos 369, 384f.
Hera (Iuno) 35f., 55, 100, 106, 152, 171, 191, 241, 243, 248, 342, *384–386*
Herakles (Hercules) 21, 30, 32, *34–38*, 55, 74, 79, 90, 102f., 106, 138, *149*, 156f., 172, 180, *182f.*, 185, 189, *193f.*, 201, 205, 211f., 225, 241, 243, 245f., 248, 265, *270*, 273, 277, 288, 292, 320–323, 326, 347–349, 354, *356–360*, 362f., 371, 373, 378, 381, 386, *387f.*, *397–399*, 404
Heräus, Gustav 105
Herakleitos 166, 196, 267, 273
Herder, Johann Gottfried 11, 110, 113, 119, 141, 144, 152, *153–156*, 158–161, 171, 177, 180, 182, 188, 205, 213, 321, 355
Hermann s. Arminius
Hermes (Mercurius) 29, 37f., 74, 234, 243, 277, *283–285*, 326, 347, 402
Hermlin, Stephan *332–334*, 336, 388
Hero 185, 222
Herodianos, Ailios 95, 271
Herodotos 53, 124, 189, 216, 236, 241f., 266, 284, 314, 345f., 348, 395, 400
Herrmann, Gottfried 115, 162, 167
Herrmann-Neiße, Max 287, 303
Hesiodos 31f., 53, 66, 91, 166, 243, 284
Hesse, Hermann 257
Hessus, Helius Eobanus *46f.*, 61f., 81, 107
Hettner, Hermann 224
Heyck, Hans 302
Heym, Georg 285f.
Heyne, Christian Gottlob 114, 119, 174
Heyse, Paul 244, *246f.*
Highet, Gilbert 4

Hildesheimer, Wolfgang 327f.
Himmler, Heinrich 397
Hippokrates 150, 162
Hippolytos 293
Hirschberg, Valentin Theocritus von 88
Hirzel, Salomon 142
»Historia Augusta« 95, 271
»Historia von D. Johann Fausten« 68
Hitler, Adolf 259, 304, 306, 314, 325, 352, 365
Hochhuth, Rolf *328*, 397
Hochstraten, Jakob von 57
Hölderlin, Friedrich 4, 118, 141, 152, 177, 187, *190–203*, 207f., 210f., 226f., 236, 257, 266, 271, 297, 303, 315, 340, 356, 399
Hoffmann, Ernst Theodor Amadeus 217, 220
Hofmannsthal, Hugo von 5, 270, *272–276*, 278, 280f., 292, 296, 301
Hofmannswaldau, Christian Hofmann von 47, *96*, 107
Hohberg, Wolfgang Helmhard Freiherr von 102
Holtz-Baumert, Gerhard 388
Holtzwart, Matthias 65
Holz, Arno 279f.
»Homerische Hymnen« 175, 239, 280, 284, 340f.
Homeros 21, 28, 31–33, 35, 43f., 46f., 52f. *56f.*, 62, *65f.*, 67f., 70, 72, 79, *83f.*, 85, 91, 97, 100, 103f., 106f., 112, 121f., 124, 130, 132, *139f.*, 152, *156–158*, 159, 161, *162–165*, 167, *173f.*, 175, 178, 180, 182, 184, 188f., 192, 195, 198, 203, 209, 213, 230, 238f., 242f., 250–253, 258, 263, 281–286, 294, 296, 303, 310, 312, 319, 327, 330, 335f. *339f.*, 341f., 345f., 353f., 364, 367, 369–371, 376, *382f.*, 384–387, 391, 393, 396, 401
Honecker, Erich 392
Horatius 357
– s.a. Horatier
Horatius Flaccus, Quintus 24, *26–28, 30f.*, 35, 39, 47, 58, 60, 62f., 68, *69*, 70f., 79, 81, 84, 86f., 89f. *91f.*, 93, 96, 102, 106f., 116f., 121f., 125, *126f.*, 129, 132f. *137f.*, 142f., 145f. *151f.*, 174, 192, 194, 209, 238–240, 271, 273, 280–282, 313–315, 317, 332, 354–363, 371, 380, 388, 395
Horkheimer, Max 120, 263, 320
Horváth, Ödön von 305
Hroswith von Gandersheim 350f.
Huchel, Peter 318, 334, *344–346*, 361, 367, 395
Hudemann, Ludwig Friedrich 121

Hübner, Thomas 90
Hüttner, Hannes 387f.
Humboldt, Wilhelm von *114f.*, 152, 162, 165, 184, 186, *208f.*, 223, 225, 298
Hutten, Ulrich von 16, 21, 43, *44f.*, 46, 57f., 69, 99, 103, 214, 251
Hyakinthos 283
Hypermestra 56

Iason 106, 198, 221f., 312, 332, 334, 358
Ibsen, Henrik 270
Ibykos 185
Iffland, August Wilhelm 207
Ikaros 33, 217, 265, 297, 299, 308f., 333, 336, 369, 372f., 376, 378, 388
Immermann, Karl *236f.*, 251
»In diesem besseren Land« 367
»International Journal of the Classical Tradition« 5
Io 243, 400
Iokaste 54, 285
Iphigeneia *159f.*, 172f., 213, 222, *268f.*, 289, 303, 320, 366, 375, 402f.
Irenaeus s. Eirenaios
Ischyrius, Christian 59
Iugurtha 285f.
Iulianus, Flavius Claudius (Julian Apostata) 249, 253, 297, 380
Iuno s. Hera
Iup(p)iter s. Zeus
Iuvenalis, Decimus Iunius 44, 58, 60, 70, 92f., 102, 107, 380
Ixion 159, 171, 386

Jacobi, Friedrich Heinrich 177, 190
Jahnn, Hans Henny *292f.*, 344
Jamblichos 266
Jandl, Ernst 336
Jauß, Hans Robert 6
Jean Paul (Johann Paul Friedrich Richter) 118, *187–190*, 196, 208, 211
Jelinek, Elisabeth 400
Jelusich, Mirko 302
Jens, Walter 291, 328, *329–331*, 394, 396f., 403
Jesus von Nazareth s. Christus, Jesus
Johanna, Päpstin 217f.
Johannes, Apostel 201
Johannes von Saaz (Tepl) 37
John, Hans-Rainer 330
Joseph II., römisch-deutscher Kaiser 142, 178
Josephus, Flavius 305
Joyce, James 294, 324, 326, 365
Jünger, Ernst 303f.

Jünger, Friedrich Georg 303
Junius, Samuel 72

Kästner, Erhart 303
Kafka, Franz 278, *293–295*, 313, 322–324, 328
Kaiser, Georg 257, 262, *291f.*, 293, 348
Kalchas 347
Kaldenbach, Christoph 84, *90*
Kallimachos 70
Kallinos 239
Kalliope 326
Kallisto 100f.
Kalypso 32, 56, 242, 263, 395, 403
Kambyses 348
Kandaules 241, 314
Kant, Immanuel 117, 190, 192, 255
Kantorowicz, Ernst 272
Karl V., deutscher König und römischer Kaiser 38, 41
Karl August, Herzog (später Großherzog) von Sachsen-Weimar-Eisenach 149
Kasack, Hermann 320
Kaschnitz, Marie Luise 329, *331f.*
Kassandra 185, 265, 287, *303*, 320, 339f., 378, *390–392*
Kastor 252
Katzer, Georg 366
Keller, Gottfried 237, 240, *250f.*
Kerckmeister, Johannes 25
Kirke 32f., 56, 104, 242, 267, 311, 336, 338, 345, 370, 386, 395
Kirsch, Rainer 379
Kirsch, Sarah 380
Klaj, Johann 83, *91*
Kleio (Klio) 53, 251, 378
Kleist, Christian Ewald von *129f.*, 138
Kleist, Heinrich von 118, 167, 207, *211–215*, 222, 224, 226, 235, 240, 257, 266, 291f.348, 372, 390, 404
Klemperer, Viktor 110
Kleopatra VII., Königin von Ägypten 55, *98*, 99, 216, 249, 284, 290, 298f., 321, 337
Klinger, Friedrich Maximilian *171f.*, 183, 399, 404
Klio s. Kleio
Klopstock, Friedrich Gottlieb 113, 116, 119, *132–135*, 138, 144, 146, 173, 175, 178, 192, 214f., 303
Klotz, Christian Adolf 141
Klytaimestra 54, 269, 303, 319f., 366, 391
Knauth, Joachim 328, *362*, 371
Knebel, Karl Ludwig von 181
Koch, Hans 393
Koch, Ilse 365
Kochanowski, Jan 68

Köhler, Barbara 380
Köhlmeier, Michael 346, *403f.*
König, Johann Ulrich von 106
Koeppen, Wolfgang 327
Körner, Gottfried 186
Koestler, Arthur 311
Kohlschmidt, Werner 256f.
Kokoschka, Oskar *292*, 298
Konstantinou, Evangelos 404
Kont, Ignác 136
Kore s. Persephoneia
Koronis 198
Kortner, Fritz 328
Kotzebue, August von 215f.
Krausser, Helmut 402
Kreon 214, 262, 290, 297, 316, 357, 365, 372
Kroisos 92, 101, 216, 289
Krolow, Karl 395
Kronos (Saturnus) 236, 302, 402
Kues, Nikolaus von *18*, 28
»Kulturpolitisches Wörterbuch« 392f.
Kunert, Günter 367, *376–378*, 385, 390
Kurella, Alfred 310f., 393
Kyros 54f., 146

La Fontaine, Jean de 126, 139
Laelius, Gaius 32
Laertes 33
Landfester, Manfred 226
Lang, Vincenz 29
Lange, Hartmut *363*, 383, 399
Lange, Horst 320
Lange, Samuel Gotthold *125*, 137
Lange-Müller, Katja *389*, 392, 400
Langenbeck, Curt 302
Langgässer, Elisabeth *318f.*, 320, 323
Langner, Ilse 320
Laokoon 139f., 309, 364
Lasker-Schüler, Else 279f.
Lasso de la Vega, José 5
Lauremberg, Johann 93
Leandros 33, 185, 222
Lebel, Maurice 5
Leda 231, 277
Lehmann, Wilhelm *304*, 332
Leibniz, Gottfried Wilhelm 115, 122
Lemnius, Simon 58, *62f.*
Lenau, Nikolaus 237
Lenin, Wladimir Iljitsch 363, 367, 389
Lenz, Jakob Michael Reinhold 170f.
Lenz, Siegfried 329
Leo, Friedrich 280
Leonhard, Rudolf 309
Leopold I., römisch-deutscher Kaiser 98–102

Lessing, Gotthold Ephraim 47, 116, 119, 124f., 127, 129–132, *135–140*, 141, 143f., 147, 153–156, 161, 171, 174, 178, 180f., 183, 399, 404
Leuthold, Heinrich 247
Levetzow, Karl von 288
Lewin, Waldtraut 389
Lichtwer, Magnus Gottfried 143
Liliencron, Detlev von 213, 257, *279*
Lingg, Hermann 247
Lipiner, Siegfried 247
Lipsius, Justus *73*, 95
Livius, Titus 53–56, 65, 72, 91, 99, 160, 252f., 314, 316, 349, 357, 362
Locher, Jakob 25, *34–36*, 38, 65
Loerke, Oskar *304*, 332
Löwith, Karl 228
Logau, Friedrich von 85, *92*, 251
Lohenstein, Daniel Casper von *97–100*, 102, 214, 246, 400
(Pseudo-)Longinos s. »Perì hýpsus«
Longinos, Kassios 116, 191, 373
Longos 80, 143, 267f.
Lotichius Secundus, Johannes *63f.*, 69
Louis s. Ludwig
Lucanus, Marcus Annaeus 91f., 94, 102, 105, 126, 169, 192f., 251f.
Luck, Georg 162
Lucretia 33, 54, 91, 242
Lucretius Carus, Titus 34, 81, 96, 146, 164, 282
Lucullus, Lucius Licinius 316
Luder, Peter *21f.* 24, 27, 35
Ludwig XIV. (Louis XIV), König von Frankreich 110, 119, 127
Ludwig XV. (Louis XV), König von Frankreich 127
Ludwig XVI. (Louis XVI), König von Frankreich 152
Ludwig von Anhalt-Köthen, Fürst 90
Luis de León, Fray 68
Lukács, Georg 113, 213
Lukianos 23, 37, *43–45*, 57, 61, 70, 73, 121, 145–147, 150, *151*, 152, 164, 272, 297f., 324
Luther, Martin 16, 41f., 44, 46f. *48–52*, 53, 55, 57f., 62, 66f., 70
Lykurgos 176, 181f.
»Lyrik des expressionistischen Jahrzehnts« 260f.
Lysistrate 328, 330, 397

MacColl, Ewan 328
Machiavelli, Niccolò 82
Macpherson, James 116
Macropedius, Georgius 59

Maecenas, Gaius Cilnius 27, 126, 354
Männling, Johann Christoph 106
Mahler-Werfel, Alma 292
»Maistre Pathelin« 43
Manlius, Titus 252
Mann, Heinrich 257, 260, 278, *281–283*, 299
Mann, Thomas 5, 120, 234, 257, 266, 268, 278, 281, *283–285*
Marcus Aurelius Antoninus 199, 388
Maria 21, 46, 59, 74, 92, 212, 220, 319, 351
Marinetti, Filippo Tommaso 260
Marino, Gianbattista 84f., 102
– s.a. Marinismus
Marius, Gaius 33, 235, 296
Marlowe, Christopher 312
Mars s. Ares
Marsyas 33, 57, 276, 332, 384f., 389, 401
Martialis, Gaius Valerius 44, 47, 69, 73, 90, 92f., 102, 130, 139, 142, 155, 162f., 174, 282, 375, 396f., 400
Marx, Karl 112f., 137, 154, *226*, 228, 255f., 311, 351f., 355, 373, 393
Masaniello (Tommaso Aniello) 138, 399
Maurer, Georg 334, *340–343*, 367–369, 385
Mauthner, Fritz 249
Maxentius, Marcus Aurelius Valerius 73, 93
Maximilian I., deutscher König und römischer Kaiser 27–30, 35, 37f., 42, 44, 52, 102
Mayer, Johann 72
Mayröcker, Friederike 329
Meckel, Christoph 395f.
Medeia (Medea) 9, 33, 58, 100, 138, 172, 177, *221f.*, 247, 265, 292f., 314, 318, 329, 331, 357–360, 389, *392*, *400*, 401, 404
Medusa (Gorgo) 214, 252, 287, 319, 365, 396, 399
Meilhac, Henri 347
Melanchthon, Philipp 49, *52f.*, 55, 61f., 65, 70
Melissus Schede, Paulus 68f.
Mell, Max 293
Melpomene 346
Menandros 70, 139
Mencke, Johann Burkhard 106
Mendelssohn, Moses 141
Menelaos 33, 275, 289, 327, 335
Mercurius s. Hermes
Merkel, Inge 402
Messalina, Valeria 33, 245, 327
Messalla Corvinus, Marcus Valerius 31
Metternich, Klemens Lothar Wenzel Fürst von 228
Meyer, Conrad Ferdinand 240, 250, *251–253*
Meyer, Heinrich 160, 162, 165
Michaelis, Johann David 114

Mickel, Karl 367, *370–372*, 385 f., 393
Midas 93, 149, 272, 289, 323, 332
Miller, Norbert 118 f.
Milton, John 124
Minerva s. Athene
Minotauros 323, 341, 389
– s.a. Labyrinth
Mithradates (Mithridates) VI. Eupator, König von Pontos 33
Mittenzwei, Werner 264
Mitterer, Erika 303
Mnioch, Johann Jakob 119
Möller, Eberhard Wolfgang 302
Mörike, Eduard 229, 238, *239 f.*, 245
Möser, Justus 135, *142*, 214
Molière (Jean-Baptiste Poquelin) 212, 348
Molsheim, Jakob 61
Mombert, Alfred 281
Mommsen, Theodor 225, 248, 252
Morgenstern, Christian 280
Morgner, Irmtraud 388 f.
Morhof, Daniel Georg 105
Moritz, Karl Philipp 119, 160, 162, *177*, 203
Moritz von Hessen, Landgraf 74
Mors s. Thanatos
Morus, Thomas 40
Moscherosch, Johann Michael 79, 103
Moschos 142, 239
Mozart, Wolfgang Amadeus 326, 372
Müller, Adam 212
Müller, Friedrich (Maler Müller) 114, *172 f.*, 174, 404
Müller, Gerhard 366 f.
Müller, Heiner 5, 320, 334, *352–362*, 363–365, 371, 374 f., 380, 382 f., 387, 389 f., 392 f., 399 f., 403 f.
Müller, Wilhelm 220 f.
Murner, Thomas *41 f.*, 67, 71
Musaios 212
Musil, Robert 132
Mussolini, Benito 280, 315
Mutianus Rufus, Konrad 46

Nadel, Arno 304
Nadler, Josef 258, 280
Nadolny, Sten 402
Naogeorg, Thomas 16, 59, *60*
Napoléon I., Kaiser der Franzosen 109, 118 f., 145, 151, 166, 214, 220, 235, 286
Napoléon III., Kaiser der Franzosen 245, 247
Narkissos 33, 220, 283, 331 f.
Nausikaa 124, 161, 237, 250, 297, 304, 318 f., 327, 331–333, 339, 345, 369 f., 376, 395
– s.a. Phaiaken

Neoptolemos 156, 159, 243, 288, 321, 330, 354 f., 403
Nephele 386
Neptunus s. Poseidon
Nero Claudius Caesar Augustus Germanicus 55, 73, 75, 92, 96, *98*, 103, 235 f., 245, 247, 305 f., 329, 396
Nestor 33
»Neue Lyrik – Neue Namen« 367
»Der Neue Pauly« 261, 264
Neuffer, Christian Ludwig 195
Neuber, Friederike Karoline 121
Neukirch, Benjamin 106 f.
Neumayr, Franz 123
Nevelet, Isaac Nicolas s. »Anonymus Neveleti«
Newald, Richard 11, 74 f., 258
»Nibelungenlied« 359
Nick, Dagmar 400
Nietzsche, Friedrich 4, 114, 120, 177, 213, *226–228*, 247, 256 f., 266 f., 270, 284, 286, 288 f., 291, 298–301, 304, 310
Nike 302, 336, 399
Nikias 366
Niobe 55, 172, 216, 230, 311, 340, 366, 399, 404
Nösselt, Friedrich 283 f.
Nolte, Fred Otto 11
Nossack, Hans Erich *319 f.*, 323
Novak, Helga Maria *389*, 392, 400
Novalis (Friedrich von Hardenberg) 190, 208, *209 f.*, 218
Numa Pompilius 349 f.
Nythart, Hans 25, 55

Octavia (minor) 216
Octavia, Claudia 98, 103
Octavius, Gaius s. Augustus, Imperator Caesar
Odoaker 238, 322
Odysseus (Ulysses) *33 f.*, 44, *56 f.*, 58, 65, 83, 97, 101, *104*, 106, 123 f., 130, 156, 158, 161, 163 f., 184, 230, 232, 242, 246, 250 f., 263, 265, 267, 277, 284–287, 289, 294–296, 298–300, 306, 308, 311–313, 315, 318–321, 325–327, 329–331, 333 f. *335–340*, 341, 345 f., 353, 355, 357, 363 f., 367–369, *370 f.*, 376, 378, 382 f., 386, 393, 395 f., 399, 401 f. *403 f.*
Offenbach, Jacques 324, 326, 347 f., 352
»Offene Fenster« 367
Oidipus (Oedipus) *202 f.*, 214, 228, 238 f., 262 f. *273–275*, 285, 289, 293, 296 f., 314, 321–324, *356 f.*, *381 f.*, 402
Omphale 55, 270, *348 f.* 362, 387
O'Neill, Eugene 262

Opitz, Martin 60, 70, 77f., 80, 83f. *85–89*, 90–93, 95, 97, 99f., 102, 104–106, 108, 116, 122, 124, 133, 291
Orestes 32, 131, 183, 262, 268f., 274, 296, 319f., 359, 365f.
Orpheus 78, 91, 103, 134, 166, 172, 183, 185, 192, 200, 203, 209f., 217, 219, *277–279*, 280, 282, *287f.*, 298, 300–302, 307, 309, 319, 325, *326f.*, 333f., 352f., 368–370, 373, 377, 388, 390, 401f.
Ossian 116, 159, 181, 211
Ovidius Naso, Publius 21f., 24, 28–30, 33, 44, *46f.*, 53, 55, 57f., 62f., 65f., 69, 73f., 79, 84, 90, 92f. *96f.*, 100, 102–104, 106, *107f.*, 122, 130, 146, 162, 169, 174, 179f., 192, 207, 217, 221f., 252f., 272, 277, 283, 293, 300, 304, 325, 328, 359, 363, 397, 402
Owen, John 92, 105
Owen, Wilfred 313

Paganus, Petrus 65
Palamedes 56, 95, 330f., 363, 403f.
Pallas s. Athene
Pan (Faunus) 147, 272, 401
»Pan« 281
Pandora 149, 166, 248, 270, 289, 351, 388
Pannwitz, Rudolf 288f.
Papinianus, Aemilius Paulus *95f.*, 98, 123
Paris *35f.*, 38, 54, 56, 291, 327, 347
Parmenides 365
Parrhasios 84
Patroklos 32, 289, 400
Patzke, Johann Samuel 142
Paul s. Jean Paul
Paulus, Apostel 40, 305
Pegasus 293, 399
Péladan, Josephin 274
Peleus 33
Pelias 236
Pelops 371
Penelope 32, 56, 106, 242, 246, 267, 297, 320, 333, 364, 376, 393, 395, 402f.
Penthesilea *213f.*, 247, 289, 307, 339
Pentheus 253, 286, 401
»Perì hýpsus« (Über das Erhabene) 116, 191
Perikles 150, 152, 189, 246, 259, 283
Perrault, Charles 110, 135
Persephoneia (Kore; Proserpina) 102, 158, 214, 217, 231, 267, 269, 281, 284, 302, 318f., 346, 386
Perseus 55, 209, 287, 341, 365
Persius, Aules Flaccus 60, 70, 93, 107
»Pervigilium Veneris« 175
Peterich, Eckart 320

Petrarca, Francesco 18, 20, 24, 36, 80f.
– s.a. Petrarkismus
Petronius Arbiter, Gaius oder Titus 175
Petrus, Apostel 68
Peuerbach, Georg von 19
Pfeffel, Gottlieb Konrad 143
Pfefferkorn, Johannes 43f., 46, 57
Pfeiffer, Hans 362
Pfitzer, Johann Nikolaus 68
Phaedrus 130, 139
Phaethon 33, 130
Phaidra (Phaedra) 33, 100, 217, 284, 402
Philemon 169, 174, 304, 328, 397
Philoktetes 155f., 183, 251, 288f., 320f., 330, *354f.*, 356, 360f., 383
Phlegon von Tralles 164
Phoebus s. Apollon
Phokylides von Milet 35
Phryne 342
Picasso, Pablo 399
Piccolomini, Enea Silvio (Pius II., Papst) *18*, 19, 21, 36
Pietsch, Johann Valentin 105
Pietsch, Wolfgang 126
Pindaros 53, 79, 85, 94, 134f., 146, *156f.*, 160, 184, 192, *198f.*, 200, 203, 209, 238, 280, 340, 343f.
Pinicianus, Johannes 38
Pirckheimer, Hans 19
Pirckheimer, Willibald 17, 19, 43, 45, *46*, 57, 67, 145
– s.a. »Eckius dedolatus«
Piso, Gaius Calpurnius 98
Pius II., Papst s. Piccolomini, Enea Silvio
Planciades, Fabius 35
Planudes, Maximos 23
Platen, August Graf von 232, *238f.*, 245, 247
Platon 17, 30–32, 40, 43, 45, 79–81, 91, 103, 145–148, 151, 162, 166, 169, 176, 192f. *194–196*, 204, 216, 237, 241f., 251–253, 266f., 272, 276, 283f., 322, 365f., 373f., 388
– s.a. Neuplatonismus
Plautus, Titus Maccius 18, *20f.*, 25, 35, 55, 57–61, 68, 72, 74, 90, 94, *137*, *170f.*, 212, 216, 245, *252f.*, 305, 348, 362
Plinius Caecilius Secundus, Gaius (Plinius minor) 89, 375
Plinius Secundus, Gaius (Plinius maior) 104, 375
Pluton (Hades) 37, 40, 101, 104, 184f., 231, 234, 256, 281f., 319, 326, 352
Plutarchos 53, 66, 68, 98, 177, 179, 189, 252, 272, 284, 316
Plutos 54, 104, 314, 352

Poggio Bracciolini, Gian Francesco 23, 252
Politzer, Heinz 294, 303
Pollux 252
Polybios 344f., 361
Polykrates 92, 185, 338
Polyneikes 357
Polyphemos 44, 67, 104, 230, 232, 323, 377, 396
– s.a. Kyklopen
Pompeius Magnus, Gnaeus 33 f.
Polyxene 163, 268
Pongs, Hermann 258f.
Poseidon (Neptunus) 230, 234, 294f., 297, 324, 370f.
Postel, Christian He(i)nrich 106
Pound, Ezra 262
Premlechner, Johann Baptist 142
Prexaspes 348f.
Priamos 33, 364
»Priapea« 162
Priscianus 70
Prodikos 34, 36, 149
Prokne 33
Prometheus 148, 153, *155–157*, 160, 164, 166, 171f., 197, 205, 207, 214, 217, 230, 232, 242–244, 247f., 265–268, 270, 279, 289f. *294f.*, 302, 308f., 317, 341f., 350f., 358, 368f., 371f. *374f.*, 376f. *378–380*, 381, *383*, 385, 387f., 390, 394
»Prometheus 1982« 394
»Die Propyläen« 165168
Proserpina s. Persephoneia
Propertius, Sextus 22, 62f., 81, 107, 161–163, 174
Proteus 279
Prutz, Robert 236
Psyche 148, 218, 231, 247, 252, 285
Ptolemaios, Klaudios 20
Pygmalion 33, 120, 124, 148, 155f., 207, 211, 219, *236f.*, *250f.*, 272, 291f., 325, 378
– s.a. Statue
Pylades 32, 131, 183, 366
Pyra, Jakob Immanuel 125
Pyramus 93
Pythagoras 32, 43
Pytheas von Massilia 324f.

Quintilianus, Marcus Fabius 19, 24, 52, 86, 89, 116
Quistorp, Theodor Johann 123

Raabe, Wilhelm 249f.
Rabelais, François 43, 67f., 103
Rabener, Gottlieb Wilhelm 130
Rachel, Joachim 93

Racine, Jean 112, 123
Raffael (Raffelo Santi) 168, 217–219
Ramler, Karl Wilhelm 142
Ranke-Graves, Robert 391
Ransmayr, Christoph 402f.
Rebhun, Paul 16, *60*
Regelsberger, Johann Christoph 142f.
Reimann, Andreas 379
Reinhardt, Karl 285
»Reinke de Voß« 66f., 163
Reiske, Johann Jakob 114
Remus 55
Rennert, Jürgen 390
Rettenpacher, Simon 101 f.
Reuchlin, Johannes 17, 25, 29, *43*, 44, 46f., 57, 59, 77
Reutter, Christian 105
Rexius, Johannes Baptista 65
»Rhetorica ad Herennium« 19
Rhodius, Theodorus 72
Rhodope 241f.
Richter, Hans Werner 327
Richter, Johann Paul Friedrich s. Jean Paul
Riedel, Friedrich Justus 141
Riedel, Volker 394
Rienzo, Cola di 18, 242
Rilke, Rainer Maria 11, 270, *276–279*, 288, 294, 300, 324, 326, 378
Rimicius 23
Rinne, Olga 400
Rist, Johannes 83, *91*, 92
Ritsos, Jannis 376
Robespierre, Maximilien 236
Rodin, Auguste 276
Rohde, Erwin 228, 274, 284, 300
Rollenhagen, Georg 48, 67
Romulus 55, 344, 349
»Romulus« 23, 66
Romulus Augustulus 322
Ronsard, Pierre de 68f., 86
Rosenberg, Alfred 259
Rosenlöcher, Thomas 380
Rosenroth, Christian Knorr von 101
Roth, Caspar 69
Rousseau, Jean-Jacques 112, 116, 148, 189, 197
Rubeanus, Crotus *43*, *44*, 46
Rudolf II., deutscher König und römischer Kaiser 73
Rückert, Friedrich *220*, 224
Rüdiger, Horst 3
Rühmkorf, Peter *328*, 332, 376
Rulmann, Heinrich 93
Runge, Philipp Otto 208
Rupprich, Hans 64

Sabinus, Georg 62
Sachs, Hans 16, 21, 38, 43, *53–57*, 59, 65, 67, 71, 242
Sack, Gustav 287
Saint-Just, Louis-Antoine de 236
Sallustius Crispus, Gaius 24, 33, 179, 286
Sappho 142, *221*, 238, 240, 278, 280, 296, 307, 337, 344, 365, 399 f.
Sarbievus, Mathias Casimirus 91
Sartre, Jean-Paul 262, 274, 291, 330
Saturnus s. Kronos
Savonensis, Guilelmus 19
Scaevola, G. M. (d. i.?) 309, 368
Scaevola, Gaius Mucius 55
Scaliger, Julius Caesar 83, 86, 122, 136, 178
Schadewaldt, Wolfgang 326
Schädlich, Hans-Joachim 389
Schäfer, Eckart 91
Schaeve, Heinrich 93
Schaidenreisser, Simon 56, 65, 103
Schede s. Melissus Schede, Paulus
Scheffler, Johannes (Angelus Silesius) 93
Schelling, Friedrich Wilhelm 119, 207
Schiebeler, Daniel 142
Schiller, Friedrich 11, 110, 112, 117–119, 129, 141, 152 f., 161–165, 172, 175, *178–187*, 189, 192 f., 201, 203, 205, 207 f., 210, 214, 218, 222, 230 f., 244, 324, 338, 399
Schlegel, August Wilhelm 165, 167, 180, 191 f. *206–208*, 215, 219
Schlegel, Friedrich 110, 119, 141, 156, 161, 163, 182, 190–192, 194, 199, *203–306*, 207, 219, 349
Schlegel, Johann Adolf 131, 143
Schlegel, Johann Elias 119 f. *130–132*, 135, 137, 214 f.
Schmidt, Arno 324–327
Schmidt, Julian 224
Schnabel, Ernst 327
Schneevogel, Paul *37*, 68
Schneider, Rolf 386 f. *388*, 399
Schnüffis, Laurentius von 97
Schoch, Johann Georg 97
Schönaich, Christoph Otto Freiherr von *142*, 146, 214
Schönthan, Franz von 245
Schönthan, Paul von 245
Scholem, Gershom 228
Schopenhauer, Arthur 245
Schopper, Hartmann 67
Schottenius, Hermann 58
Schröder, Rudolf Alexander 281
Schütz, Friedrich Wilhelm von 216
Schütz, Heinrich 88 f.
Schütz, Stefan 363, *364 f.*, 370, 386, 399

Schupp, Johann Balthasar 103
Schwab, Gustav 224, 270, 388
Schwarz, Hans 303, 320
Schwarzenberg, Johann von 21
Schwenter (Pangratz Bernhaupt) 38
Scipio Aemilianus Africanus, Publius Cornelius (Scipio minor) 32, 246, 345, 361
Scipio Africanus, Publius Cornelius (Scipio maior) 45, 99
Scylla 33, 396
Sealsfield, Charles 237
Secundus, Johannes 63, 89, 107
Seghers, Anna *311 f.*, 372
Seianus, Lucius Aelius 92, 100, 361
Semele 198, 142
Seneca, Lucius Annaeus 20, 25, 35, 43, 57, 59, 61, *72 f.*, 74, 80, *87 f.*, 90 f., 94 f. *96*, 97 *98 f.*, 100–102, 104, 106, 129, 131, *138*, 351, 359, 361
Sengle, Friedrich 189, 229
Septimius Severus, Lucius 95, 252
Shakespeare, William 53, 57, 72, 74, 82, 94, 97, 119, 131, 135, 142, 154, 158, 168, 188, 204, 273, 316, 323 f., 326, 359, 364 f.
Siber, Adam 63
Sibylle 166, 326, 378
Sidney, Sir Philip 68, 88
Sieder, Johann 66
Silesius, Angelus s. Scheffler, Johannes
Silius Italicus, Tiberius Catius 220
Simon, Magier 68
Simonides 324
»Sinn und Form« 344 f.
Sisyphos 159, 241, 293, 329 f., 371, 373, 377, 388, 390, 396
Sokrates 32, 43, 68, 78, 127, 141, 146, 148, 150 f., 194 f., 197, 227, 242, 251, 253, 291, 301, 315, 323, 339, 366
Solon 181 f., 344
Sophokles 25, 53, 59, 61, 72 f. *88*, 95, 122, 124, 131, 139 f., 159 f., 167, 186, 188 f., 192, 196, 198, 201–203, 211, 214, 227 f., 236, 238 f., 242 f., 262, 269, 273 f., 281, 285, 288–291, 293, 297, 315 f., 320–322, 330, 336, 354–357, 359, 367, 382, 393, 400, 404 f.
  – s.a. Tragiker, griechische
Sophonisbe 99, 246
Sorge, Reinhard Johannes 289 f.
Spangenberg, Wolfhart 72
Spartacus 139, 285 f., 307–309
Spartianus, Aelius 95
Spee von Lengenfeld, Friedrich von 89
Spengler, Oswald 256, 299 f., 302, 305
Sphinx 274, 296, 324
Spitteler, Carl 247 f.

Spreng, Johannes 65 f.
Spunda, Franz 302
Staël, Anne-Louise-Germaine de 208
Stalin, Jossif Wissarionowitsch 265, 308, 335, 339, 348, 352, 355, 357, 363, 375
Statius, Publius Papinius 24, 92 f., 102, 107
Steinhöwel, Heinrich 22 f., 32, 42, 51, 65, 67
Stephanus, Henricus 64
Sterne, Lawrence 145
Steyndorffer, Maternus 59 f.
Stieler, Kaspar 97, 280
Stifter, Adalbert 237, 239, 250
Stigelius, Johannes 62
Stimmer, Tobias 71
Stöckel, Leonhard 16, 60
Stolberg, Christian Graf zu 175
Stolberg, Friedrich Leopold Graf zu 175, 180 f., 192
Stolper, Armin 362
Storm, Theodor 249
Strauß, Botho 401, 403
Strauss, Richard 274 f.
Streubel, Manfred 378
Sturm, Johannes 61
Sturz, Helferich Peter 172
Süskind, Patrick 402
Suetonius Tranquillus, Gaius 98, 396
Süvern, Johann Wilhelm 186
Sulla, Lucius Cornelius 235
Sulzer, Johann Georg 113, 141, 144
Swift, Jonathan 103
Symmachus, Quintus Aurelius Memmius 100

Tacitus, Publius Cornelius 19, 28, 42, 45, 82, 98 f., 121, 142, 182, 214, 248 f., 253, 280, 359, 361, 375
– s.a. Tacitismus
Taine, Hippolyte 300 f.
Tannhäuser 233, 242
Tantalos 159, 171, 198, 371
– s.a. Tantaliden
Tarpeia 252
Tasso, Torquato 49, 68, 102
Tatius Alpinus, Marcus 66
Teiresias 55, 104, 357, 388, 390
Telegonos 33 f., 246
Telemachos 124, 252, 267, 289, 320, 364, 370, 382, 403
Tepl, Johannes s. Johannes von Saaz
Terentius Afer, Publius 19–21, 24 f., 31, 53, 55, 57 f. 59, 60 f., 68, 70, 74, 80, 90 f., 122, 130, 137, 139, 165, 215 f., 245
Tereschkowa, Walentina Wladimirowna 373
»Der Teutsche Merkur« 149

Thanatos 252, 271, 283, 325, 402
– s.a. Tod
»Theater der Zeit« 393
Themistokles 185
Theoderich der Große, König der Ostgoten 100, 249
Theodosius I., der Große, Flavius 93, 107
Theognis 53, 239
Theokritos 61, 81, 142–144, 163, 174 f., 209, 239 f.
Theophilus, Bischof 73
Theophrastos 91, 130, 345
Thersites 289, 335, 353, 383, 390
Theseus 106, 275, 289, 293, 337, 341, 364, 390
Theweleit, Klaus 301
Thisbe 93
Thomasius, Christian 115
Thrasea Paetus, Publius Clodius 73
Thukydides 285, 339, 401
Thusnelda 244
Tiberius Caesar Augustus 99 f., 246, 266, 380, 389, 397
Tibullus, Albus 22, 62 f., 69, 81, 90, 107, 162, 174, 239 f.
Tieck, Ludwig 187, 208, 210 f., 219 f., 224, 237
Tiridates, armenischer König 103
Tithonos 384
Titus Flavius Vespasianus 372
Tizian (Tiziano Vecellio) 272
Tkaczyk, Wilhelm 309, 368
Tolstoi, Lew Nikolajewitsch 223
Traianus, Marcus Ulpius 123
Trakl, Georg 287
Tralow, Johannes 293
Triller, Caspar Ernst 105
Triller, Daniel Wilhelm 108
Tritonius, Petrus 31
Tröster, Johannes 21
Troilos 364 f.
Trotzki, Lew Dawidowitsch 363
Tscherning, Andreas 89
Tucholsky, Kurt 297 f.
Tullus Hostilius 357
Tungern, Arnold von 57
Tyrtaios 129, 239

»Über das Erhabene« s. »Perì hýpsus«
»Über Kunst und Altertum« 168
Uechtritz, Friedrich von 236
Uhland, Ludwig 220
Ulrich von Württemberg, Herzog 44
Ulysses s. Odysseus
Uranos 220
Uz, Johann Peter 127–129

Valerius Maximus 53
Valla, Lorenzo 16, 38
Varus, Publius Quinctilius 375
Venus s. Aphrodite
»Ver sacrum« 281
Vercingetorix 252
Vergilius Maro, Publius 5, 17, 21 f., 24, 28,
  30–32, 39, 42, *46f.*, 53, 58, 62 f., 66,
  68–71, 78, 81, 83, 85, 87, 89 f., 92, 94,
  102, 106, 112, 121 f., 124, 126, 139,
  141–144, 158, 171, 174, 178, 180, 192,
  209, 238, 251, 253, 271, 277, 280–282,
  306f., 359, 389, 401, 404
Verginia 54, 139 f.
Vespasianus, Titus Flavius 103
Vico, Giovanni Battista 112
Vida, Marco Girolamo 86, 142
Virdung, Michael 72 f.
Viertel, Berthold 293
Vietta, Egon 320
Voltaire (François-Marie Arouet) 177
Vondel, Jost van der 94 f.
Voß, Johann Heinrich 4, 144, 152, 162,
  167, *173–175*, 239, 300
Vulpius, Christiane 161

Wagner, Heinrich Leopold 171
Wagner, Richard 227, *242–244*, 324
Waldis, Burkhard 66, 67, 71
Wallenstein, Albrecht von 92
Walloth, Wilhelm 249
Walser, Martin 329
Watt, Joachim 37
Weckherlin, Georg Rodolf 89
Wedekind, Frank 270, 281
Weil, Grete 399
»Weimarer Beiträge« 393
Weinheber, Josef 303
Weise, Christian 84, *104f.*
Weiss, Peter 365, *397–399*
Weiße, Christian Felix 142
Weitenauer, Ignaz Freiherr von 123
Wellershoff, Dieter 329
Werfel, Franz 11, 290, *291*, 330
Wernicke, Christian 105
Weymann, Frank 389 f.
Wickram, Jörg 65
Wieland, Christoph Martin 4, 10 f., 66, 113,
  116, 127, 132, *144–153*, 156 f., 171, 175,
  178, 180, 188, 194, 196, 205, 207, 214,
  297, 313, 322, 324 f.

Wilamowitz-Moellendorff, Ulrich von 225,
  228, 258, 270, 277
Wilbrandt, Adolf 244 f.
Wilhelm I., deutscher Kaiser 225, 249
Wilhelm II., deutscher Kaiser 225, 290
Wilke, Sabine 401
Wilmans, Friedrich 202
Wimpfeling, Jakob 25, *41*, 42
Winckelmann, Johann Joachim 4, 14, 116,
  132 f. *140f.*, 142, 144 f., 152–154, 156,
  160–162, 165 f., 170, 173, 176 f., 180 f.,
  183, 188–194, 200 f., 203, 211, 213, 218,
  222, 228, 237 f., 256, 268, 275, 284, 291,
  298, 310 f., 337, 399
Winterfeld, Adolf von 245
Wodtke, Friedrich Wilhelm 301
Wolf, Christa 357, 359, *390–392*, 394, 400,
  403
Wolf, Friedrich 311
Wolf, Friedrich August 114 f., 162, 165
Wolff, Christian 115, 121 f.
Wolfram von Eschenbach 242
Wolfskehl, Karl 280
Wolzogen, Caroline von 208 f.
Wood, Robert 112
»Das Wort« 310 f.
Wyle, Niklas von 23

Xanthippe 152
Xenophon 24, 53, 55, 146, 149, 151, 283

Young, Edward 112, 132

Zachariä, Friedrich Wilhelm 130
Zander, Heinz 389
Zenon von Kition 179
Zesen, Philipp von 84, *91*
Zeus (Iuppiter) 37, 55, 57, 68, 74, 100 f.,
  104, 106, 133 f., 152, 156 f., 172 f., 178,
  194, 212, 215, 217, 232, 234, 242–246,
  248, 277, 289, 291 f., 302, 320, 342, 347 f.,
  356, 365, 369, 379, 383–385, 387
Zeuxis 84
Zincgref, Julius Wilhelm 86
Ziolkowski, Theodore 5
Zola Émile 283
Zorn, Fritz 401 f.
Zschorn, Johann 66
Zweig, Stefan *289*, 296
Zwingli, Huldrych 48 f., 59

Sach- und Ortsregister

›Abendland‹-Ideologie 303
Abgrenzung s. Distanzierung
Abkehr s. Distanzierung
Abklingen s. Antikerezeption, Rückgang
Absage s. Distanzierung
Abschied s. Distanzierung
Absolutismus 81f., 95, 97f., 104, 109, 112, 147, 152, 348
Abstand s. Distanz
Adaptation s. Bearbeitung; Nachdichtung; Nacherzählung; Parodie
Adel 47, 58, 62, 102, 127, 140, 275
– s.a. Absolutismus; Feudalismus; Kultur, aristokratische; Rittertum
Ägypten 98, 249, 275, 284, 324, 335
– s.a. Mythen, ägyptische
Ästhetik 111, 114f., 117, 136, 140, 154, 158, 161, 167, 177, 192, 199, 270, 397
– s.a. Erziehung, ästhetische
Affirmation s. Zustimmung
Afrika 97
Aktualisierung 141, 258, 302f., 396f.
Aktualität 6, 9, 87, 198
Alexandreia 250
Alexandriner 69, 86f., 99, 102, 106, 133, 142, 152
Allegorie 15, 23, 25, 32, 36, 58, 65, 79, 87, 96, 101, 105, 119, 121, 125, 156, 166, 178, 183, 246, 282, 399
Altertum s. Antike
Altertumswissenschaften 3, 8, 10, 14, 114f., 223–225, 228, 248, 255, 257–259, 311, 404
– s.a. Philologie, klassische
Altphilologie
– s. Philologie, klassische
Altsprachenlehrer 248, 250, 282f., 285, 296, 388, 397, 401
– s.a. Sprachen, alte; Unterricht, altsprachlicher
Amazonen 213, 247, 364
Ambivalenz s. Widersprüchlichkeit
Anakreontik 96, 105, 125, *127–129*, 137, 146, 178
– s.a. Dichtung, anakreontische
Analogie 373, 380
Anspielung 21f., 90, 142, 156, 160, 189, 192, 194, 216, 235, 239f., 251, 253, 266, 282, 285f., 298, 307, 375, 390, 402
Anthologie 19f., 23, 25, 39, 42, 260, 367
Antifaschismus 305, 327, 335, 397
Antike
– und Christentum 39, 46, 48f., 80, 83f., 88, 120, 164, 169, 173, 188, 191, 193, 200f., 208, 210f., 213, 217f., 224, 232f., 242, 245, 250, 268, 286f., 325
– und Kultur, deutsche 83, 258, 280
– und Moderne 3–9, 18, 47, 84, 110f., 119, 141, 143, 153f., 159, 161, 163, 165, 167–171, 173, 180–182, 186–191, 195f., 199f., 202–204, 206, 208, 210, 212, 214, 216, 222, 224, 227, 231, 233, 236, 238, 241, 256, 272, 276, 301, 304, 308, 351, 361, 367f., 371, 380, 391f., 402
– s.a. Geschichte, antike; Kunst, antike; ›Querelle des anciens et des modernes‹; Spätantike
Antikerezeption 3–5
– deutsche, klassische 8, 113, 116, 133, 138, 140f., 144, 152f., 159, 169, 173, 180f., 201, 205, 213, 222, 226, 258f., 276, 310, 336, 344, 355f., 367
– – s.a. Klassik, deutsche; Klassik, Weimarer
– historisch-methodische 8f., 111, 141, 153, 165, 168
– – s.a. Historisierung; Historizität
– kritisch-problematisierende s. Kritik; Problematisierung
– normative 8f., 111, 141, 153f., 165, 174
– – s.a. Norm
– punktuelle 9, 111, 126, 136
– Rückgang 16, 105, 109, 116–119, 223f., 265, 359, 390
– universelle 9, 111, 136
– Ursachen 6f.
– zustimmend-identifizierende s. Identifizierung; Zustimmung
– 18. Jahrhundert 4f., 8, 11, 37, 226, 258
– 19. Jahrhundert 4, 8, 11, 199, 207, 223–227
– 20. Jahrhundert 4f., 8, 11f., 226, 228, 253, 256
Antiklerikalismus 17, 42–45, 47f., 162, 238
Antimilitarismus 260, 262, 289f., 292f., 297, 313, 320, 323, 328, 330f., 364f., 397
Anweisung s. Poetik; Regeln, literarische
apollinisch s. Apollon
Apotheose 37, 183, 201, 387
Araber 14, 17
Arbeiter s. Proletariat
Archäologie 10, 116, 228, 271, 298
Archaik 112, 223, 227f., 260, 364f., 372
Archaisierung 260, 268, 274, 293
Argonauten 221, 312, 318, 334, 358f.
Arianismus 100
Aristokratie s. Kultur, aristokratische

Aristotelismus 17, 49
Arkadien 127, 144, 180, 182, 217, 220, 325, 359
Athen 9, 78, 84, 112, 123, 138, 147, 155, 165, 181, 189, 196, 199, 208, 216, 246, 283, 285, 301, 350, 360, 364
Atriden 268, 292, 319, 338, 353, 401
Aufbruch s. Wiederaufbruch
Aufführung 21, 25, 28f., 32, 35–38, 50, 53, 59, 71–73, 165, 207, 211, 216, 242, 245, 282, 321, 346
– s.a. Theater
Aufklärung 11, 104–106, 108, *109–153*, 154, 159, 171, 173, 177f., 187, 203, 205, 211, 219, 263, 298, 328, 331, 372, 401
– s.a. Frühaufklärung; Hochaufklärung; Spätaufklärung
Augsburg 19, 21, 37, 65, 313
Ausgabe s. Edition
Autonomie s. Kunstautonomie
Autor s. Schriftsteller

Ballade 164, 185, 238, 252
Bamberg 19f.
›Barbaren‹ 80, 118, 172, 213, 222, 234, 361
Barbarisierung 213, 265, 359, 392, 404
Barden 117, 133–135
Barock 4, 10f., 18, 29, 37, 67, 69, 73, *77–108*, 115, 120f., 124f., 127, 131, 143, 147, 149, 177f., 221, 245, 276, 399
– s.a. Frühbarock; Hochbarock; Spätbarock
Basel 15, 19, 21, 226, 228
Bauern 17, 47, 58, 62, 81, 173f.
– s.a. Georgik
Bauernkrieg 47f., 58
Bearbeitung 4, 21, 74, 80, 87, 171, 201, 215, 245, 273, 293, 315f., 328, 330, 348, 354, 362, 371, 383, 393, 396
– s.a. Nachdichtung
Befreiung s. Emanzipation; Freiheit
Begeisterung s. Verehrung
Beispiel s. Exempel
Beiträger s. Bremer Beiträger
Befreiungskampf, griechischer 159
Bekenntnis s. Identifizierung
Belebung s. Statue
Benediktinerdrama 101
Berlin 114f., 177, 206f., 216, 279f., 318, 346, 356, 397
Betroffenheit 369, 387, 395
Bewunderung s. Verehrung
Biberach 146–149
Biedermeier 229
Bild s. Statue
Bildende Kunst 36–38, 89, 118, 127, 139f., 160, 176, 208, 218, 241, 250–253, 264, 266, 269, 276f., 340, 397–399
– s.a. Statue
Bildung 8f., 41, 100, 103, 114, 133, 165, 167, 170, 175, 187, 199, 225, 237, 248–250, 252, 257, 261, 272, 276, 280, 283, 285, 291, 298, 303, 323f., 397
Bildungswesen s. Schule; Universität
Böhmen 18, 29, 37, 240
Bonn 226
BRD s. Bundesrepublik Deutschland
Bremer Beiträger 130f.
Breslau 25, 107, 266
Brief 43–47, 63, 89f., 102, 125, 239, 57, 68
Buchdruck 13f., 31f.
Buckow 317
Bückeburg 154f.
Bürgerliches Trauerspiel 113, 138, 174
Bürgertum 8, 15, 48, 55, 61, 72, 85, 91, 95, 104, 106, 108, 117, 122, 127, 129f., 137, 140, 149, 171, 174, 188, 194, 212, 223, 225, 234f., 250, 255, 262f., 270, 272, 280, 295–298, 308, 310f., 316f., 346, 402
– s.a. Kultur, bürgerliche; Kultur, städtische; Realismus
Bukolik 46f., 79, 81, 89, 92, 121, 127, 168f., 174, 271
– s.a. Ekloge; Idylle; Schäferdichtung
Bundesrepublik Deutschland, 1949–1990 263–265, 325, 327–329, 335, 363
Byzanz 80, 94

Caesarentum 245, 305
China 295, 298
Chor 79, 87, 95, 99, 164, 168, 185f., 216, 244, 321
Christentum 14, 17, 20, 28, 30, 35f., 40f., 43, 46f., 49–51, 55f., 61, 65, 69, 73f., 88, 91–93, 95f., 103f., 110, 119f., 125, 133, 141, 150, 171, 180f., 207, 215f., 220f., 226, 246, 248, 260, 280, 290f., 302, 304f., 318, 321, 325, 340, 350, 380
– und Antike 39, 46, 48f., 80, 83f., 88, 120, 164, 169, 173, 188, 191, 193, 200f., 208, 210f., 213, 217f., 224, 232f., 242, 245, 250, 268, 286f., 325
– s.a. Antiklerikalismus; Arianismus; Gegenreformation; Jesuiten; Katholizismus; Kirche; Kirchenkampf; Literatur, geistliche; Mythen, christliche; Papst; Protestantismus; Reformation; Religion; Theologie; Verteufelung
Curiatier 55f., 64f., 357

Dämonisierung s. Verteufelung
Danaiden 296, 371

Daseinsfreude s. Diesseitigkeit
DDR *263–265*, 310–312, 320, 329, 332, 334f., 344, 349, 352, 362f., 366f., 378, 380, 389, 392–395
Delphi 147, 161, 269, 274, 289
Demokratie 112, 121, 147, 150, 154, 199, 226f., 235, 238, 256f., 282, 286, 306, 350, 360
Desillusionierung s. Illusionen
Despotismus 121f., 131, 199, 235, 286, 348, 350, 383, 402
– s.a. Tyrann
Destruktion 6, 264, 294f., 358, 393
detailliert s. Antikerezeption, punktuelle
deutsch s. Antikerezeption, deutsche, klassische; Geschichte, deutsche; Kaiser, deutsche; Klassik, deutsche; Kultur, deutsche; Literatur, deutsche; Literatur, frühneuhochdeutsche; Sprache, deutsche
Deutsche Demokratische Republik s. DDR
Deutschland s. Bundesrepublik Deutschland; Nationalsozialismus; Norddeutschland; ›Reichsgründung‹; Süddeutschland; Südwestdeutschland; Weimarer Republik
Diabolisierung s. Verteufelung
Dialog 43f., 53–55, 57, 151, 272
Dichter s. Schriftsteller
Dichtergesellschaften 90
Dichtung
– anakreontische 64, 68, 87, 89, 105, 107, 121, 142
– – s.a. Anakreontik
– elegische 24, 48, 80f., 92, *107f.*, 113, 118, 142, 181, 183f., 192f., 222, 229–232, 304, 333f., 336, 342–345, 376, 395
– – s.a. Elegie
– hymnische 304, 307
– – s.a. Hymne
– idyllische 104, 127, 157f., 161f., 182f., 185, 267, 288, 325, 328, 341, 350, 397
– – s.a. Idylle
– satirische 15, 25, 32, 40, 42, 44f., 57, 60, 62, 67f., 71, 87, 92, 118, 130, 144, 148–150, 159, 163, 171, 174, 178, 184, 210f., 217, 220, 231–233, 238f., 296f., 305f., 349–351, 386
– – s.a. Satire
– s.a. Erlebnisdichtung; Gelehrtendichtung; Jesuitendichtung; Literatur; Nachdichtung
Didaktik s. Moraldidaktik; Lehrgedicht; Pädagogik
Diesseitigkeit 14, 23f., 37, 44, 50f., 61, 64, 105, 116, 121, 125, 175, 180, 210, 232f., 250f., 266, 284
– s.a. Literatur, weltliche; Sinnlichkeit

Differenzierung 82, 145, 181, 262, 297, 315, 332, 358, 364, 368, 370, 381f., 392, 404
Diktatur 314f., 375, 398
dionysisch s. Dionysos
Disharmonie s. Widersprüchlichkeit
Diskrepanz s. Kontrast
Dissonanz s. Widersprüchlichkeit
Distanz 11, 14, 145, 170, 211, 217, 224, 230, 238, 244, 250–252, 255, 266, 269, 272, 304, 313, 334, 341f., 350, 357, 382, 385
Distanzierung 8, 116, 118f., 138, 144, 169, 187, 190f., 198, 203, 205, 213, 218, 235f., 257, 262, 270, 284, 294f., 297, 312, 315, 335–338, 340–343, 353–355, 359, 376, 389, 391f., 396, 405
Distichon 22, 35, 60f., 66, 105, 160f., 164, 182, 194, 239, 272
Drama 18, 28, 35, 41, 53f., 78, 80–82, 85f., 88, 93, 96, 105, 124f., 129, 142, 201, 221
– historisches 233, 244, 248, 302
– s.a. Benediktinerdrama; Fastnachtsspiel; Festspiel; Jesuitendrama; Komödie; Satyrspiel; Schicksalsdrama; Schuldrama; Schwank; Tragödie
Dramatik 24f., 48, 57–61, 70–75, 79f., 93, 97, 100–102, 106, 113, 116, 130f., 149, 157, 159, 162, 164f., 179, 185–187, 191, 198, 215, 222, 235–238, 240, 262, 265, 272, 281, 288–293, 311, 315, 320f., 352, 362–367, 380f., 397
Dreißigjähriger Krieg 64, 80, 82, 84, 87, 91f., 94, 102, 104, 115, 121, 291
Dresden 211
›Dritte Welt‹ 245, 359f.
›Dritter Humanismus‹ 13, *257f.*, 276
›Drittes Reich‹ s. Nationalsozialismus

Edition 10, 25, 31f., 35, 39, 43, 46, 49f., 52, 61, 63, 65, 89
Ehe 56, 60, 68, 156, 231, 245, 270, 297, 320
– s.a. Familie
Eigenständigkeit s. Originalität
Ekloge 46f., 61f., 64, 69, 71, 81, 89, 102, 113, 120, 171, 238
– s.a. Bukolik
Elegie 22, 29f., 44, 47, 61, 63f., 68f., 81, 107, 113, 118, 161f., 194, 198, 239, 272, 278, 317, 336, 339, 376
– s.a. Dichtung, elegische
Elsaß 41, 71f.
Elysium 180, 182, 291
Emanzipation 135, 142, 175, 232, 247, 307f., 331, 347–349, 351–353, 356, 358, 366, 376, 378, 383, 389, 397, 400
– s.a. Freiheit

Emigration s. Exil
Empfindsamkeit 127, 131, 137, 143, 146, 148f.
Ende s. Vergänglichkeit
England 14, 68, 77, 84, 99, 109, 112, 115, 124f., 127, 142, 262
Entgegensetzung s. Distanzierung
Entheroisierung 7, 294, 353f., 372, 403
Enthumanisierung s. Barbarisierung
Entwicklung 264f., 334f., 369, 378–380, 385
Epigonentum 69, 105, 215, 224, 236, 245, 247f., 257, 266, 281
Epigramm 15, 30, 44, 47f., 61–63, 68–70, 73, 82, 86, 90–93, 96f., 102, 105, 114, 118, 127, 137, 139, 155, 161–163, 174, 194, 238f., 251, 272, 396f.
Epik 15, 64–67, 80, 97, 102, 106, 113, 162f., 191, 198, 252
– s.a. Epos; Epyllion; Erzählprosa; Erzählung; Novelle; Roman; Versepik; Verserzählung
Epikureismus 39, 63, 84, 96, 127, 150, 217
Epistel s. Brief
Epoche, literarische 3, 8, 10f.
Epochenumbruch s. Umbruch, historischer
Epode 27, 30, 91f.
Epos 85, 94, 105f., 113, 122, 138, 146, 163, 174, 382
Epyllion 127, 148f.
Erfurt 19, 21, 24, 44, 46, 48, 61, 68, 148f.
Erinyen (Furien) 94, 214, 326
Erlebnisdichtung 79, 108, 111, 127, 337
Erneuerung s. Neuansatz
Erotik 22f., 30f., 61, 64, 92, 97–100, 146, 161, 245, 247, 250, 328
– s.a. Liebe; Sexualität; Sinnlichkeit
Erzählprosa 16, 65, 113, 216, 229, 237, 247–251, 253, 259, 265, 281, 293, 319, 329, 380f., 388–390, 394, 397
– s.a. Erzählung; Novelle; Roman
Erzählung 23, 65f., 217, 324f.
– s.a. Nacherzählung; Verserzählung
Essayistik 265, 280, 308f., 323, 383, 400
Erziehung
– ästhetische 182
– s.a. Moraldidaktik; Pädagogik
Ethik s. Moral
Etrusker 296f., 328, 376–378
Europa s. Südeuropa; Westeuropa
Exempel 6f., 9, 32, 56, 113, 154, 161, 165, 168, 256, 286, 311, 313, 354, 360, 367, 374, 378f., 388
– s.a. Modell
Exil 64, 107, 221, 233–235, 245, 259–261, 263–265, 272, 280f., 285, 293, 296, 303, 305–309, 314, 320, 327f., 335, 394, 402
Existentialismus 219, 262
Expressionismus 213, 260f. *285–303*, 310, 335

Fabel 15, 23, *51–53*, 55, 62, 66f., 114, 126f., 130, *139*, 143, *155*
Familie 140, 174, 206, 215f., 245, 273, 295, 358, 365, 402
– s.a. Ehe
Faschismus 213, 245, 259, 263, 268, 301f., 305f., 311, 334f., 339, 344, 365, 387, 398f.
– s.a. Antifaschismus; Nationalsozialismus
Fastnachtsspiel 20, 38, 53, 57, 71, 101f.
Fazetie 42, 70
Ferrara 24
Ferne s. Distanz
Festspiel 25, 29, 73, 88, 100, 166, 242, 282
Feudalismus 81, 84, 119, 122, 131, 174, 180, 235, 311, 346
– s.a. Absolutismus; Adel; Kultur, aristokratische; Rittertum
Fides 15, 59
Fortschritt 181, 308, 311f., 315, 378
Fortuna 79, 105
Frankfurt a. M. 193f., 197
Frankfurt a. d. O. 61
Frankreich 64, 68f., 79, 81, 86, 89f., 99, 106, 110, 112, 115, 118, 124, 127, 143, 262, 270
– s.a. Klassik, französische; Revolution, französische
Frau 19f., 23, 55, 91, 96–98, 100, 166, 175, 185, 213, 218, 222, 236f., 251, 265, 270, 273, 289f., 297f., 301, 305, 319, 330f., 358f., 362, 365f., 389f., 393, 397, 399f., 404
– s.a. Geschlechtertausch; Matriarchat
Freiburg i. Br. 35, 41
Freiheit 78, 112, 123f., 131, 135, 140, 182, 184, 198, 221, 262, 282, 286, 298, 350, 375, 385
– s.a. Emanzipation
Freundschaft 131, 138, 185, 267
Frieden 101, 143, 267, 315, 327, 347, 349, 366, 382, 386, 404
früh s. Neuzeit, frühe
Frühaufklärung 116, *120–132*, 135, 143f., 190f.
Frühbarock 84, *85–96*
Frühhumanismus 17, *18–24*, 53, 120
Frühneuhochdeutsch s. Literatur, frühneuhochdeutsche
Frührealismus 229

Frühromantik 118f. *187–211*
Fürsten 17, 47, 78, 88f., 95, 122f., 194
– s.a. Absolutismus; Feudalismus; Kultur, höfische
Fürstenschule 63, 132, 135, 226
Furcht 139
– s.a. Schrecken
Furien s. Erinyen

Gattung, literarische 3, 8–10, 15, 53, 61, 64, 69f., 79f., 82, 85, 90f., 96, 111, 114, 120, 127, 136f., 139, 142, 145, 191, 226, 238–240, 278, 295, 332
Gedicht 63, 66, 87, 89, 96, 102, 107, 182, 196f., 203, 297, 353
– s.a. Gelegenheitsgedicht; Lehrgedicht; Meistergesang
Gedichte, vermischte s. Silven
Gefühl s. Lebensgefühl; Nationalgefühl
Gegenreformation 53, 73, 93
Gegensatz s. Kontrast
Gegenwart s. Moderne
Geist und Macht s. Intellektuelle
geistlich s. Literatur, geistliche
Gelegenheitsgedicht 61, 63f., 68, 79, 104–106, 127, 238
Gelehrtendichtung 47, 61, 79f., 85, 88f., 104f., 127
Genie s. Originalität
Gentilgesellschaft 7, 352
Georgik 81, 87, 121, 127, 174
Germanen 117, 133, 205, 258, 247
– und Griechen 175
– und Römer 4, 45, 99, 131, 135, 142, 215, 231, 244, 248f., 266, 374
– s.a. Götter, germanische; Mythen, germanische
Geschichte 9f., 181, 186f., 189, 235, 256, 314, 316, 325, 336f., 339, 344f., 355, 366, 372f., 376, 378, 386, 389, 394f., 402
– antike 11, 32, 45, 102f., 136, 189, 394
– deutsche 83, 103, 133, 238, 359
– griechische 83, 123f., 133, 138, 235
– römische 47, 71, 96f., 121, 124, 133, 138, 154, 165, 167, 179, 189, 209, 235, 244, 249, 252, 264f., 314, 316, 341, 349, 357, 359, 362, 380, 389
geschichtlich s. historisch
Geschichtsphilosophie 6, 9, 111, 154, 158, 195, 264, 270, 299, 337, 355, 380, 383, 397, 402
Geschichtsschreibung 4, 19, 21, 314, 316
Geschlechtertausch 349, 387, 390
Geselligkeit s. Kultur, bürgerliche
Gesellschaft 154, 192, 198f., 213, 244f., 288, 292, 352

– s.a. Dichtergesellschaften; Gentilgesellschaft; Sprachgesellschaften
Gesellschaftskritik s. Sozialkritik
Gesetz s. Poetik; Recht; Regeln, literarische
Gespräch s. Dialog
Giganten 397–399
Glauben s. Religion
Glaubenskampf s. Kirchenkampf
Götter
– germanische 119, 133f.
– griechische 20, 30, 55, 74, 79, 91, 100, 102, 118, 129f., 133f., 146, 157, 159f., 164–166, 169, 171f., 177, 180, 182, 184f., 188, 191–194, 196f., 198, 200–203, 205, 211, 217, 220, 224, 230–234, 243f., 248, 271, 281, 286f., 292, 294, 300f., 308, 311f., 317, 327, 341–343, 354, 356, 358, 363, 366, 368, 370f., 373, 382–385, 403
– s.a. die einzelnen Gottheiten
Göttingen 114f., 120, 174
Göttinger Hain 117, 173
Goldenes Zeitalter 180, 183f., 217, 283
Goten 100, 249
›Graecomanie‹ 163
Griechen 30, 106, 133, 142, 167, 172, 180, 191
– und Germanen 175
– und Römer 9, 15, 75, 81, 88, 111f., 114, 122, 131f., 135f., 138, 140, 144f., 152–155, 158, 166f., 165f., 174, 258
– s.a. Befreiungskampf, griechischer; Geschichte, griechische; Götter, griechische; Kunst, griechische; Literatur, griechische; Tragiker, griechische
Griechenland 7–9, 26f., 83, 103, 135, 150, 153, 162, 180, 182, 192f., 195, 198–200, 209f., 238, 256, 271, 295f., 336, 381
– 18./19. Jahrhundert 120, 176, 195, 216, 220
– 20. Jahrhundert 256, 267, 275, 298, 381
– s.a. Philhellenismus
Gymnasium, humanistisches 215, 223–226, 245, 249f., 257, 270, 286, 291, 296, 298, 313, 397
– s.a. Altsprachenlehrer; Schule; Unterricht, altsprachlicher

Habsburger 13, 72, 81f., 96f., 100, 102, 221, 276
Hades s. Unterwelt
Härte 8, 113, 156, 159, 161, 185, 256, 308, 337, 346, 358
Hain s. Göttinger Hain
Halle (Saale) 114f., 125, 127
Hamartia s. Schuld

Hamburg 88, 91, 106, 115, 120, 125f., 319f.
Handschriften 18, 20, 248, 253
Harmonie 41, 113, 115, 143f., 154f., 157f., 169, 172, 180, 183, 185, 190, 192–196, 199, 205, 233, 237, 239, 270, 285, 297, 304, 320, 341, 343, 349f., 354, 368, 371, 399
Harmonisierung 8, 80, 88, 152, 156, 158, 163, 173, 183, 185, 207, 211, 213, 216, 224, 226, 228, 245, 297, 308, 318, 340, 346f., 350, 352, 355, 372, 376, 378, 386, 394f., 401
Hebraismus-Streit 43f., 46, 48
Heidelberg 19, 21, 24, 43, 64, 85, 174
›Heidentum‹ s. Antike und Christentum; Diesseitigkeit; Sinnlichkeit
Heimkehr 261, 263, 267, 306, 308, 312, 327, 329f., 333–335, 337f., 340, 345, 353, 357, 364, 366, 370f., 396, 401, 403
Hellenismus 112, 127, 147, 228, 299
Heroide 46f., 63, 73f., 96, 238f.
Heroisierung 12, 131, 138, 141f., 178, 193, 195, 206, 215, 225, 259, 267, 283, 286, 289, 303, 354, 357, 363
– s.a. Entheroisierung
Hexameter 26, 38, 42, 86, 132, 135, 146, 151f., 160, 163f., 174f., 180, 192, 194, 239, 247
Hirtendichtung s. Bukolik; Idylle
Hirtengedicht s. Ekloge
Hirtenlied s. Ekloge
Historiographie s. Geschichtsschreibung
historisch s. Antikerezeption, historisch-methodische; Drama, historisches; Roman, historischer; Umbruch, historischer
Historisierung 14, 141, 153, 155, 161, 203, 232, 255
– s.a. Antikerezeption, historisch-methodische
Historizität 6, 177, 203
– s.a. Antikerezeption, historisch-methodische
Hochachtung s. Verehrung
Hochaufklärung 116, *132–153*
Hochbarock 84, *96–104*, 108, 145
Hochhumanismus 17, *24–48*, 53, 59, 61, 75
Hochromantik 118, *211–220*
Hof s. Absolutismus; Feudalismus; Fürsten; Kaiser, deutsche; Kultur, höfische
Holland s. Niederlande
Homburg v. d. H. 196–198
Horatier 55f., 64f.
– s.a. Horatius
Humaniora 9, 223, 255, 257, 283

Humanisierung 113f., 153, 156, 158, 166, 185, 206, 213, 334, 337, 343, 355, 383, 392
Humanismus s. ›Dritter Humanismus‹; Frühhumanismus; Gymnasium, humanistisches; Hochhumanismus; Neuhumanismus; Renaissance-Humanismus; Späthumanismus
Humanisten 14, 17, 20f., 24, 27–30, 32, 37f., 41, 44, 46f., 52, 54, 57–59, 61f., 65, 67, 69, 73, 77, 85, 87f., 99, 102, 106f., 117, 145, 282, 321, 331
– italienische 15, 18–20, 31, 38, 242, 252
– s.a. Programmrede, humanistische; Renaissance-Humanismus
Humanität 7, 13, 41, 113, 118, 147, 149, 154–156, 166, 169, 171f., 175, 222, 237, 245, 269, 273, 280, 283, 290, 304, 317, 328, 366, 372, 375, 391, 404
Hymne 146, 155f., 160, 192–194, 198–200, 238
– s.a. Dichtung, hymnische

Idealisierung 7, 9, 11f., 15, 112f., 115f., 118, 141, 143–145, 150–152, 155, 159, 162f., 174, 177, 181f., 194–196, 199, 211, 223, 236, 239, 244f., 249, 255f., 284, 337, 344, 367, 373, 383, 404
Identifizierung 8f., 256, 261, 297, 317, 335, 347, 371, 338, 340, 344, 355, 358, 368, 376, 378, 395, 399
Ideologie 36f., 315, 342, 390
– s.a. ›Abendland‹-Ideologie
Idylle 129, *143f.*, 157, 163, 168f. *172–174*, 238–240
– s.a. Bukolik; Dichtung, idyllische
Illusionen 137, 140, 147, 196, 226, 261, 297, 364, 369, 374f., 378, 380
Imitatio s. Nachahmung
Imperialismus 255, 290, 310
Impressionismus s. ›Jahrhundertwende‹
Individualismus 263, 282f., 320
Individuum 14, 81f., 94, 112, 154, 181, 192, 198f., 213, 244f., 255, 257, 260, 288, 296, 317, 352
Industrialisierung 11, 109, 166
Ingolstadt 19, 27, 35, 57
Inszenierung s. Aufführung
Integration s. Verschmelzung
Intellektuelle 325, 328–331, 356, 385, 389
Interpretation s. Kommentar
irdisch s. Diesseitigkeit
Ironie 40f., 71, 118, 126, 144–151, 157f., 169, 172, 174, 187, 211, 217, 230f., 234, 262, 267, 273, 275, 284f., 294f., 298, 305, 342, 351f., 357, 364, 387, 395f., 402

Italien 13, 16, 18, 20–22, 24, 26f., 37, 46, 64, 68, 70, 81, 84f., 88–90, 99, 102f., 106, 112, 160–162, 176f., 266, 271, 276, 280, 349
- s.a. Humanisten, italienische
Ithaka 163, 267, 298, 306, 329, 332, 334, 364, 369f., 382, 393, 396, 401, 403

›Jahrhundertwende‹, 1900 223, 229, 255, 259f., 266, 270, 274, 278f., 281
Jambos 280
Jena 118f., 126, 133, 181, 206, 266
Jenseits 20, 92, 105, 127
Jesuiten 53, 178
Jesuitendichtung 91f.
Jesuitendrama 73, 82, 93f., 100f., 123
Judentum 43, 58f., 226, 232, 260, 280, 295f., 298, 304f.
- s.a. Religion
Jugendstil s. ›Jahrhundertwende‹
Julirevolution, 1830 223

Kaiser, deutsche 15, 17, 21, 30f., 41, 72, 82, 92, 119, 218, 225
Kaiserzeit, römische s. Prinzipat; Spätantike
›Kalter Krieg‹ 245, 327, 330, 335, 347, 368, 390
Kampf s. Befreiungskampf; Kirchenkampf
Kapitalismus 112, 235, 352, 365, 375, 377
Karthago 99, 235, 247, 317, 324f., 344f., 361
- s.a. Punische Kriege
Katharsis 88, 94, 139, 167, 274
Katholizismus 63, 66–69, 74, 78, 82, 91, 101, 128, 173, 175, 319
- s.a. Gegenreformation; Jesuiten
Kentauren 293
- s.a. Cheiron
Kirche 14f., 17, 23, 41, 48f., 53, 58, 77, 178
- s.a. Christentum; Antiklerikalismus
Kirchenkampf 57, 61, 81
Klassik
- deutsche 11, 109, 115, 118, 171–173, 177, 218, 231, 267, 269f., 280, 285, 303
- französische 85, 97, 105, 110, 116, 121, 123, 131, 135, 139, 142, 178
- griechische s. Athen; Perikles
- und Romantik 118, 167, 169, 205f., 208, 211
- Weimarer 117–119, 137, 145, 149, 152f., 172f., 177f., 180, 187f., 199, 203, 212, 222, 224, 228, 248, 324, 372, 390
- Wiener 372
- s.a. Antikerezeption, deutsche, klassische; Literatur, römische, nachklassische; Philologie, klassische
Klassizismus 84, 95, 111, 116, 119, 122, 125, 127, 131, 133, 141, 153f., 161, 163, 165–167, 169, 174, 177, 186, 191, 194, 199, 203, 206f., 215f., 229, 234, 238, 241, 244f., 247, 260, 269, 281, 283, 303f., 310f., 318, 347, 349, 379
Kleinepos s. Epyllion; Verserzählung
Klerus s. Antiklerikalismus
Köln 19, 24, 43f.
Königsberg 88, 90, 153
Kolchis 221, 308, 392
Komik 146, 348–350
Kommentar 21, 41, 62f., 86, 114, 139, 151
Kommune s. Pariser Kommune
Komödie 20, 25, 29, 43, 50f., 53f., 57, 59, 74f., 113, 121, 130f., 137, 139, 159f., 171, 212, 220, 245
Komparatistik 3
Konservatismus 257, 261, 271, 280f., 301, 303, 306, 331
Konstanz 15
Kontinuität s. Tradition
Kontrast 362, 368, 371, 373, 378
Korinth 293, 392, 400
Krakau 29f.
Kreta s. Kultur, minoische
Krieg 8, 17, 64, 67, 117, 135, 258f., 288f., 291, 293, 295, 297, 304, 307, 314–316, 319, 321, 324, 327–330, 346, 361, 378, 380, 382, 386, 390, 392, 404
- s.a. Bauernkrieg; Dreißigjähriger Krieg; ›Kalter Krieg‹; ›Miles gloriosus‹; Militarismus; Peloponnesischer Krieg; Punische Kriege; Schmalkaldischer Krieg; Siebenjähriger Krieg; Trojanischer Krieg; Weltkrieg
Krise 7f., 49, 104, 118, 245, 257, 260, 262, 276, 278, 289, 292, 295f., 336, 362, 368, 387, 405
Kritik 7–9, 78, 104f., 112, 124, 135, 139, 256f., 261, 263–265, 281, 298, 305, 307, 310, 312, 320, 340–342, 347, 350, 352, 354, 378, 382–384, 359, 372–375, 385f., 391–394, 404
- s.a. Sozialkritik; Zeitkritik
Künstler 157f., 175, 184, 221, 251, 270, 272f., 276, 278, 282, 288, 292, 297, 301, 353, 361, 363, 385
Kultur 9, 136, 316f., 337, 342, 344
- aristokratische 18, 78, 109, 227, 270f., 374, 391
- bürgerliche 10f., 17f., 40, 56, 59f., 65, 77f., 81, 85, 90, 105, 109, 115f., 121, 125, 128, 130f., 140, 215f., 226, 229

- deutsche und Antike 83, 258, 280
- höfische 15, 18, 78, 80–82, 85, 102, 104–106, 109, 124f., 129, 138f., 144, 149
- minoische 237
- städtische 15, 17–19, 54, 56, 78, 81
Kulturpolitik 8, 264, 311, 392–394
Kunst 9f., 15, 112, 136, 148, 154, 156, 161, 170, 181, 185, 195, 199, 205, 207, 209–211, 218f., 227f., 237, 277, 282, 300f., 306, 313, 315, 326, 329, 337, 339, 343f., 353f., 360, 377
- antike 176f., 182, 187, 189, 203
- griechische 202, 226, 366
- und Leben 9, 111, 136, 140, 153, 193, 221, 224, 242, 282, 353
- und Theorie 8, 255
- s.a. Bildende Kunst
Kunstautonomie 117, 181, 218, 224
›Kunstperiode‹ 120, 170, 208, 221, 223, 228, 237
Kyklopen 33, 334, 396
- s.a. Polyphemos
Kynismus 380

Labyrinth 293, 319, 322f.
- s.a. Minotauros
Landlebendichtung s. Georgik
Landschaft 267, 270, 286, 321, 337, 394f.
- s.a. Natur
Laster 58f., 101, 131, 149
- s.a. Wollust
Latein s. Literatur, mittellateinische; Literatur, neulateinische; Literatur, römische; Sprache, lateinische
Leben 84, 277–279, 284, 391
- und Kunst 9, 111, 136, 140, 153, 193, 221, 224, 242, 282, 353
- s.a. Wirklichkeit
Lebendigkeit 8f., 332, 387, 392, 404f.
Lebensalter-Vergleich 153f., 188f., 226
Lebensfreude s. Diesseitigkeit
Lebensgefühl 14, 24, 31f., 45, 160f., 170, 266f., 298f., 303
Lehre s. Poetik; Regeln, literarische
Lehrer s. Altsprachenlehrer
Lehrgedicht 61, 86, 88, 102, 113, 146, 161, 164
Leid 47, 82f., 88, 92, 140, 185, 200, 232, 267, 269f., 287, 292, 296, 298, 307–309, 319, 323, 334, 336f., 339f., 343, 358, 398
Leipzig 19, 21, 37, 49, 57, 61, 108, 114f., 121, 130, 135, 137, 156, 167, 226, 248
Leitbild s. Vorbild
Lemuren 169
Liebe 21, 29f., 32f., 48, 56, 61, 63f., 79–81, 84, 96f., 99f., 125–127, 145, 147, 151, 156f., 161–164, 173, 195, 207, 212–214, 218, 221, 238, 245f., 251, 266f., 270, 277f., 282, 292, 296f., 307f., 328, 337, 339f., 347–349, 364f., 388
- s.a. Erotik; Sexualität, Sinnlichkeit
Linz 28f., 72
Literatur 3, 15, 21, 103, 114, 139, 185, 228, 269, 276
- deutsche 3–5, 10
- frühneuhochdeutsche 16
- griechische 24, 60, 89, 154, 182, 250
- mittellateinische 16
- nationalsprachliche s. Nationalsprache
- neulateinische 4, 16f., 25f., 31, 35, 43, 46, 50f., 55f., 59, 61–64, 66, 68f., 71, 78–80, 84, 86, 89–92, 94, 101f., 105, 107, 125
- römische, nachklassische 69, 79f., 380
- und Theorie 9, 78, 136–138, 144f., 155, 158, 161, 165, 167, 170, 192, 205f., 263, 338
- volkstümliche 42, 50, 84, 86, 88f., 101–104
- weltliche 81, 96, 125, 146
- s.a. Dichtung; Epoche, literarische; Gattung, literarische; Regeln, literarische; Reiseliteratur; Tradition, weltliterarische; Trivialliteratur
Literaturwissenschaft, vergleichende s. Komparatistik
Löwen 24
Lübeck 30
Lustspiel s. Komödie
Lyrik 19, 25, 35, 47f., 61–64, 68–70, 78–82, 85–87, 89–91, 93f., 96f., 99f., 107, 113, 125, 127f., 133, 142, 156, 159–161, 166, 178, 185, 191, 194, 197f., 205, 207, 216, 220, 230, 234, 237, 239, 245f., 249, 251f., 265, 279, 281, 286f., 303, 307–309, 329, 332, 334, 340, 343, 367f., 378, 380f., 394
- s.a. Ekloge; Elegie; Epode; Gedicht; Heroide; Hymne; Ode; Sonett; Silven

Macht 97–99, 104, 140, 166, 172, 241f., 256, 271, 288, 290, 296f., 304, 307, 320, 322, 330, 338, 352, 355, 357, 363f., 366, 373, 386, 391f., 404
- und Geist s. Intellektuelle
- s.a. Politik
Mänaden 214, 279, 326, 277, 401
Märtyrertragödie 73f., 80, 88, 93–95, 97f., 100, 124
Magdeburg 64, 83
Mainz 30
Makedonien 91, 129f.
Malerei s. Bildende Kunst

Mannheim 179
Marathon 286
Marinismus 84f., 106, 116
Marmorbild s. Statue
Materialismus 145–147
Matriarchat 7, 213, 275, 298, 364f., 381f., 387, 392, 400
Meißen 63, 135
Meistergesang 53–55, 57, 65, 69, 90
Menschenopfer s. Opfer
Metamorphose s. Verwandlung
methodisch s. Antikerezeption, historisch-methodische
Metrik 30f., 60, 69f., 79, 86, 88–91, 132f., 164, 174, 198, 216, 240
Milderung 9, 86, 113, 153, 156, 158, 331, 382
›Miles gloriosus‹ 60, 75, 91, 94
Militarismus 292, 296, 302, 313, 390
– s.a. Antimilitarismus; Krieg
Mimesis s. Nachahmung
minoisch s. Kultur, minoische
Mitleid 131, 139
Mittelalter 4, 6f., 14f., 17f., 20–23, 31f., 35f., 48, 54, 58, 65, 70, 77f., 102, 110, 119, 162, 169, 205, 209, 214, 233f., 242, 247, 250, 253
Mittellatein s. Literatur, mittellateinische
Mittelmeer 336f.
Modell 6f., 9, 182, 293, 380, 384, 405
– s.a. Exempel
Moderne 215, 402
– und Antike 3–9, 18, 47, 84, 110f., 119, 141, 143, 153f., 159, 161, 163, 165, 167–171, 173, 180–182, 186–191, 195f., 199f., 202–204, 206, 208, 210, 212, 214, 216, 222, 224, 227, 231, 233, 236, 238, 241, 256, 272, 276, 301, 304, 308, 351, 361, 367f., 371, 380, 391f., 402
– s.a. Postmoderne; ›Querelle des anciens et des modernes‹
Modernisierung 260, 293, 297, 372
Monarchie 81f., 97, 117, 119, 121, 123, 152, 202, 298
Moral 82, 88, 95, 97, 103, 186, 270, 296, 322
– s.a. Tugend
Moraldidaktik 20, 23, 32, 41f., 48, 51, 55f., 61, 65f., 71, 74, 91, 105, 121, 123, 130f., 139, 144, 146, 148
Mors s. Tod
Motivrezeption 8, 10f., 226
München 73, 245–247, 397
Musen 22, 26, 29, 53f., 63, 78, 123, 149, 233, 238, 253, 326, 342, 385
– s.a. Kalliope; Kleio; Melpomene

Musik 31, 37, 59, 88f., 100, 127, 242
Muster 7, 9, 11, 26, 35, 39, 61, 68f., 78f., 81, 83–87, 89–91, 94, 111, 116, 121f., 124, 127, 129, 132, 135f., 143f., 164–168, 206, 226, 256, 258
– s.a. Vorbild
Mutterrecht s. Matriarchat
Muttersprache s. Nationalsprache
Mystifizierung 318, 321
Mystik 18, 93, 304
Mythen
– ägyptische 284
– christliche 21, 250
– germanische 116, 133f., 242–244, 365
– griechische 7, 21, 25, 30, 32, 35, 41, 44, 60, 63, 72, 87, 90, 100f., 103, 106f., 113, 124, 129f., 133–136, 141f., 146, 156, 159, 162, 166, 177, 184, 198, 217f., 230f., 235–237, 256, 267f., 276, 279, 282, 284, 294, 297f., 304, 311f., 318–320, 323, 325f., 329, 331, 355, 357, 365f., 381–385, 395
Mythos 6f., 11, 58, 111, 118–120, 141, 153, 158, 161, 167, 174, 192, 202, 204, 206, 210f., 213, 215, 219, 227f., 234, 242, 255f., 259, 278, 281, 283, 286f., 293, 295, 301, 304, 319, 321, 324, 327, 352, 370, 372, 376, 383, 389, 392, 394f., 401, 403

Nachahmung 5, 8, 21, 26, 39, 46, 63f., 79, 90–92, 111, 122, 124, 128, 133, 136, 140f., 158, 162f., 188, 190f., 199f., 203, 210, 218, 236, 240–242, 244, 256
Nachdichtung 42, 65, 89f., 108, 128, 137, 152, 175, 198, 201, 297, 360
– s.a. Bearbeitung
Nacherzählung 330, 382f., 385, 387f.
nachklassisch s. Literatur, römische, nachklassische
Nachromantik 229, 286
Nachwirkung 3, 5
Narrheit 32f., 40–42, 51, 126
Nationalgefühl 14, 19, 27f., 30–32, 42, 44f., 48, 71, 135
– s.a. Patriotismus
Nationalismus 11, 45, 76, 85, 99, 110, 116–119, 129, 173, 224, 229, 231, 235, 244, 247–249, 258, 290, 292, 302f., 305, 324, 381
– s.a. Patriotismus
Nationalsozialismus 257–261, 263, 272, 280f., 285, 298, 301, 303–306, 310f., 314, 318–320, 324, 382, 401
– s.a. Antifaschismus; Faschismus
Nationalsprache 15–17, 50, 68f., 77
– s.a. Sprache, deutsche

Natur 14, 26, 39, 108, 112, 116, 120, 124, 143f., 156–158, 161, 164, 177, 180–183, 191, 195, 199, 207, 213, 218, 222, 260, 266, 269, 304, 319, 331f., 336f., 340, 356
– s.a. Landschaft
Naturalismus 223, 228f., 248f., 255–257, 259f., 266, 270, 274, 276, 281, 288
Naumburg 226
Neapel 160, 240, 276
Neoklassik s. ›Jahrhundertwende‹
Neostoizismus s. Stoizismus
Neuansatz 7, 89, 116, 131, 137, 174, 229, 244
– und Tradition 9, 11, 86, 136, 187
Neuerzählung s. Nacherzählung
Neuhochdeutsch s. Literatur, frühneuhochdeutsche
Neuhumanismus 13, *114f.*, 165, 175, 223, 257
Neulatein s. Literatur, neulateinische
Neuphilologien 3, 8
Neuplatonismus 17, 24, 93, 169, 192
Neuromantik s. ›Jahrhundertwende‹
Neuzeit 6f., 38, 81, 109, 168, 205, 211, 359
– frühe 22, 80–82, 103, 110
– s.a. Moderne
Niederlande 37, 40, 78, 86, 90f., 94, 182
Norddeutschland 79, 91, 121f., 142
Norm 7f., 117, 122, 140f., 143, 155, 177, 191, 226, 256, 271, 404
– s.a. Antikerezeption, normative
Novelle 250, 281
Novemberrevolution, 1918 257, 260, 287, 290
Nürnberg 19, 27, 38, 46, 55, 61, 88, 90f.
Nürtingen 198

Ode 26–28, 30f., 61, 63, 68, 72, 89–94, 102, 113, 118, 121, 127, *132–134*, 146, 151f., 175, 177, 194, 198, 238–240, 281, 313, 336, 353
Odenmaße 26, 38, 79, 91, 102, 132f., 178, 192, 194, 239f., 303, 334, 344
Österreich 4, 82, 93, 99, 102, 142f., 177f., 224, 247, 257, 264f., 276, 293, 297, 303, 328f., 394, 400
Oktoberrevolution, 1917 260, 355, 377
Olymp s. Götter, griechische
Oper 37, 72, 81, 88f., 100, 106, 179, 274f., 372
Opfer 156, 172, 197, 202, 209, 267–269, 271, 273–275, 280, 290, 303, 366, 386f.
Orient 14, 23, 80, 103, 110, 120, 153, 166, 202, 205, 216, 220, 238, 248, 260, 271, 276, 298, 348

Originalität 80, 95, 111, 117, 136, 142, 157f., 190, 348, 354, 362, 383, 392

Pädagogik 8, 15, 26, 41, 52f., 62, 70, 114, 148, 165, 174f., 237, 255, 284
– s.a. Schule
Palmyra 245, 373
Papst 15, 18, 48, 178, 218
Paradigma s. Exempel
Paris 240, 247, 276f., 295
Pariser Kommune 247
Parisurteil s. Paris [Personenregister]
Parodie 43, 45f., 57, 67, 69, 102f., 130, 138, 146, 156, 171, 178, 196, 230f., 234f., 239, 246, 249, 251, 260, 279f., 285f., 291, 296, 298f., 324, 326, 329, 348, 355, 362, 371, 375, 377, 396, 404
Pastoraldichtung s. Bukolik
Patriarchat 7, 55, 213, 296, 298, 364f., 381f., 391f., 400
Patriotismus 41, 48, 55, 71, 99, 116f., 119, 121, 129f., 133, 138f., 146, 152, 154, 198f., 240, 245, 303, 324, 399
– s.a. Nationalgefühl; Nationalismus
Peloponnesischer Krieg 268
Pergamonaltar 397–399
Perser 199, 268, 282, 302, 348
Persiflage s. Ironie; Parodie
Pest 216
Petrarkismus 80f., 87, 90
Phaiaken 161, 267, 306, 327, 332, 369
– s.a. Nausikaa
Pharsalos 169
Philhellenismus 120, 220f., 283
Philologie 43, 46, 52f., 61, 77, 88, 114, 136, 139, 167, 169, 174f., 187, 189, 202, 204, 223, 225, 249, 251, 280, 298, 353, 404f.
– klassische 3 8, 114f., 226, 283, 290, 321, 323
– s.a. Altertumswissenschaften; Neuphilologien
Philosophie 4, 8, 10, 24, 28, 30, 39f., 43, 46, 80, 98, 100, 104, 112, 115, 117, 122, 127, 137, 141, 147f., 150f., 166f., 181, 184, 190, 192, 197, 212, 226–228, 252f., 255, 267, 289, 306, 351, 365
– s.a. Geschichtsphilosophie
Platonismus s. Neuplatonismus
Pléjade 69, 81, 86
Poetik 20, 26, 61, 78, 83–86, 89, 91–93, 103, 105f., 111, 116, 122, 126, 135f., 216
– s.a. Regeln, literarische
Polemik 17, 25, 41, 44, 46–48, 65f., 126, 157, 174, 178, 392
Polen 68, 91

Polis 7, 112, 192, 195, 199, 226, 307
Politik 9, 45, 80–82, 88, 95, 97–99, 103, 115f., 118, 121, 123f., 126, 131, 136, 138–142, 146, 151f., 154f., 160, 166, 178f., 182, 185, 192f., 195, 199, 224, 228, 231–233, 240, 245–247, 256, 264f., 285, 304, 306, 314, 316f., 322f., 325, 327–329, 342, 348, 356, 367, 380, 385, 389, 395f., 399, 402
– s.a. Kulturpolitik; Macht
Politisierung 120, 225, 315, 355, 357, 382, 396
Postmoderne 402f.
Postnaturalismus s. ›Jahrhundertwende‹; Naturalismus
Potsdam 211, 242, 245
Prag 13, 18
Preußen 105f., 109, 115, 129, 224f., 232, 270, 305, 359
Prinzipat 225, 244, 248, 265, 270f., 307, 361, 373, 380
Problematisierung 7–9, 37, 109, 118, 123, 152, 166, 179, 183, 219, 224, 235, 255f., 260–263, 265, 268, 270, 274, 260, 294f., 306, 310, 312, 314, 321, 329f., 333, 335, 342, 352, 355, 357f., 367, 374, 382, 385, 390, 392, 394
Programmrede, humanistische 21, 24, 27f., 35, 42, 52
Proletariat 309, 368, 377f.
Prosa 22f., 25f., 39, 48, 61, 79, 166f., 233, 265, 390
– s.a. Erzählprosa; Essayistik
Protestantismus 42, 49, 59–61, 63, 66f., 68f., 71, 73f., 78f., 82, 85, 93f., 96, 100, 102, 115
– s.a. Reformation
Psychologisierung 228, 234, 253, 256, 260, 262, 273f., 276, 285, 326, 384, 389, 402
Punische Kriege 99, 302, 325
– s.a. Karthago
punktuell s. Antikerezeption, punktuelle

Quellen 9, 49, 15, 108, 111, 114, 116, 136, 140, 316
›Querelle des anciens et des modernes‹ 8, 110, 134f., 176, 182, 203
– s.a. Antike und Moderne

Radikalisierung s. Problematisierung
Rationalismus 109, 116, 122, 127, 130, 204, 298, 391f.
Realismus 44f., 81, 104, 144, 174, 223, 229, 237, 240, 249, 253, 259, 264, 329, 402
– s.a. Frührealismus
Realität s. Wirklichkeit

Rebellion 63, 157–159, 172, 183, 193, 242, 290, 298, 309, 388
Recht 39, 95, 98, 101
Rede 19f., 96, 105, 323
– s.a. Programmrede, humanistische
Reformation 11, 13, 17f., 25, 31, 41, 43, 46f. 48–67, 114, 178
– s.a. Gegenreformation; Protestantismus
Regeln, literarische 89, 111, 116f., 122, 132, 135f., 153–155, 158, 161, 191, 198, 202, 216, 241
– s.a. Poetik
Regensburg 29f.
›Reichsgründung‹, 1871 225, 229, 249
Reiseliteratur 61, 64, 275, 303
Reisen 80, 267, 275, 298, 306, 337
Religion 10, 17, 28, 48f., 63f., 68, 74, 81–84, 96f., 102, 105, 109, 117, 119, 121, 125, 133, 146, 148, 193, 199, 202, 214, 216, 218, 226f., 242, 257, 266, 269, 271, 283, 301, 307, 315, 342, 370
– s.a. Christentum; Judentum
Reminiszenz s. Anspielung
Renaissance 4, 8, 13–16, 18, 23f., 36, 46, 48, 50, 63, 68f., 77f., 81, 84, 86, 89, 102, 110f., 149, 170, 175f., 211, 218, 238, 248, 252f., 256, 280–282, 286, 369, 399
Renaissance-Humanismus 3f., 11, 13–75, 77f., 80–83, 85, 90, 101, 114f., 119, 125, 145
– s.a. Humanisten
Republik 81f., 98, 117, 119, 123f., 131, 179, 193, 197–199, 235, 306
– römische 225, 244
– s.a. Weimarer Republik
Restauration 118, 228, 236, 325, 302, 335
Revolution 285, 307–309, 311, 349, 369, 374
– französische, 1789–1799 109, 117–119, 137, 150f., 156, 162, 174, 190, 192–194, 196f., 201, 212, 235f., 286
– industrielle s. Industrialisierung
– sozialistische 355, 357f., 363
– 1848/49 223–225, 229, 241f., 246, 248f.
– s.a. Julirevolution, 1830; Oktoberrevolution, 1917; Novemberrevolution, 1918
Rezeption 5, 9f.
– s.a. Antikerezeption; Motivrezeption
Rhetorik 4, 19–21, 24, 27, 37, 39–41, 43f., 49, 52, 61, 78f., 89, 94, 96f., 99, 103f., 114, 116, 135, 221, 323
Riga 153
Rittertum 15, 32
Römer 30, 100, 116, 119, 182, 256, 302, 305

- und Germanen 4, 45, 99, 131, 135, 142, 215, 231, 244, 248f., 266, 374
- und Griechen 9, 15, 75, 81, 88, 111f., 114, 122, 131f., 135f., 138, 140, 144f., 152–155, 158, 160f., 165f., 174, 258
- s.a. Geschichte, römische; Literatur, römische, nachklassische; Prinzipat; Republik, römische; Spätantike; Sprache, lateinische
Rokoko 125, *127*, 143, 145f., 148f., 156f., 171f.
Rom 9, 26f., 31f., 47, 78, 82, 84, 87, 118f., 121, 123, 135, 138–140, 160, 169, 176, 178, 189f., 193, 196, 199, *208f.*, 235f., 240, 242, 251, 269f., 280, 303, 316, 322, 324, 331, 345, 359, 373f., 378
Roman 22, 65f., 78, 80–82, 85, 87, 91, 93, 96, 99, 102–104, 113, 145, 147, 149f., 275f., 402f.
- historischer 150, 248f., 281, 302, 305, 381, 402
Romantik 4, 10f., 109, 118, 120, 141, 165, 167, 172–174, 176f. *187–222*, 223f., 227–229, 232, 236–238, 250, 265, 282, 286, 401
- und Klassik 118, 167, 169, 205f., 208, 211
- s.a. Frühromantik; Hochromantik; Nachromantik; Spätromantik
Rückgang s. Antikerezeption, Rückgang

Sabinerinnen 325
Sachsen 37, 60, 89, 105f., 123
Salzburg 101
Sammlung s. Anthologie
Satire 25, 32, 44, 57, 60, 70, 82, 92f., 102–104, 107, 113, 120, 130, 175, 353, 380
- s.a. Dichtung, satirische
Satyrspiel 291, 356
Schäferdichtung 72, 79, 81, 88, 90f., 97, 125–127, 129, 143, 280
- s.a. Bukolik; Idylle
Scheideweg s. Herakles; Wettstreit
Scheitern 257, 296f., 308, 338, 353, 361, 371, 389
Scheria s. Phaiaken
Schicksalsdrama 216, 236, 238, 323
Schlesien 82, 84, 88, 93f., 96f., 100, 106–108, 123
Schmalkaldischer Krieg 64
Schmerz s. Leid
Schönheit 84, 112, 169, 180f., 187, 195f., 211, 219, 234f., 237, 240, 247f., 272, 276, 285, 297, 306, 337, 343
Scholastik 14f., 17–19, 23, 32, 42–44, 53, 68

Schrecken 94
- s.a. Furcht
Schriftsteller 3, 8–11
- sozialistische 307–317, 367, 370, 399
Schriftstellerinnen 394
Schuld 88, 140, 186, 285, 293, 316, 321, 360f., 381
Schuldichtung s. Gelehrtendichtung
Schuldrama 16, 50f., 53, 57, 59f., 70–72, 88, 93, 104
Schule 10, 19, 39, 49f., 53, 60f., 66, 77, 80, 94, 154, 187, 251, 267, 353
- s.a. Altsprachenlehrer; Fürstenschule; Gymnasium, humanistisches; Pädagogik; Unterricht, altsprachlicher
Schulpforta 133, 226
Schultheater s. Schuldrama
Schwank 23, 42, 53, 55, 362
Schweiz 4, 59f., 66, 120, 124, 250f., 264f., 322, 394
selektiv s. Antikerezeption, punktuelle
Sensualismus 63, 224, 232f., 242, 376
Sexualität 29, 62, 99f., 147, 176, 205, 232, 245, 268, 270f., 274, 289, 292, 295–297, 318f., 325f., 389, 400, 403f.
- s.a. Erotik; Liebe; Sinnlichkeit
Siebenjähriger Krieg 116f., 128f.
›Silberne Latinität‹ s. Literatur, römische, nachklassische
Silven 92, 102
Sinnlichkeit 126, 148, 161, 164, 175f., 180, 182, 218–220, 247, 269, 281, 298f., 348
- s.a. Diesseitigkeit; Erotik; Liebe; Sexualität
Sirenen 33, 56, 104, 130, 220, 277f., 294f., 313, 329, 334, 367f.
Sizilien 144, 160f., 174, 186, 285, 368
Skepsis 32, 40f., 45, 48, 71, 113, 126, 145, 151, 262, 323
Sklaverei 17, 135, 139, 184, 285f., 301, 305, 368
Soldat s. ›Miles gloriosus‹
Sonett 69, 86, 238
Sowjetunion 303, 308f., 317, 335, 355
Sozialismus 227, 242, 255f., 261, 264f., 335, 340, 346–352, 355f., 361–363, 365, 367, 373–376, 378, 382f., 386f., 392–394
- s.a. Revolution, sozialistische; Schriftsteller, sozialistische
Sozialkritik 6, 23, 48, 52, 58, 104, 120, 139, 143f., 171, 173f., 226, 235, 256, 260, 267, 279, 286, 293, 295, 298, 305, 307, 314f., 317, 329, 397
- s.a. Zeitkritik
Sozialutopie s. Utopie
Spätantike 238, 244, 248, 250, 270, 275, 303, 359, 380

Spätaufklärung 117, 153
Spätbarock 85, *104–108*
Späthumanismus 18, *67–75*, 77, 89, 97
Spätromantik 118, 211, *220f.*
Spanien 14, 68, 81f., 103, 119, 182, 335
Sparta 9, 123, 138, 181, 189, 199, 285, 301f., 324
Spiritualismus 232f., 242
Sprache 401
- deutsche 16f., 21, 23, 34, 45, 49, 53, 57, 60f., 68f., 71f., 78f., 85–87, 89f., 94, 107
- griechische 13, 15, 24, 39, 43, 46, 52, 59, 62, 114, 153f., 223, 280
- lateinische 13–16, 21, 23, 27, 30, 34, 37, 39f., 42, 44f., 49f., 52, 57, 59–62, 68–72, 75, 78f., 85, 89f., 94, 103, 105, 107, 114, 123, 142, 153f., 167, 223, 280, 282, 298
- s.a. Nationalsprache
Sprachen, alte 49f., 52, 62, 237
- s.a. Altsprachenlehrer; Unterricht, altsprachlicher
Sprachgesellschaften 90
Sprichwörter 23, 42
Staat 81f., 94, 97, 112, 147f., 151, 160, 181f., 236, 253, 299, 301, 304, 316, 352
Stabilisierung 6, 257, 263f., 356, 364, 374
Stadt s. Kultur, städtische
Statue 120, 189, 207, 217–220, 224, 233f., 237, 250, 282f., 292, 389
- s.a. Pygmalion
Stoizismus 17, 40f., 72f., 80, 84, 88, 91, 93–97, 104, 123, 129f., 140, 142, 146, 148, 160, 189, 193, 199, 217, 388
Straßburg 19, 25, 32, 41, 60f., 71f., 85, 154, 156, 173
Streit s. Hebraismus-Streit; Polemik; ›Querelle des anciens et des modernes‹; Wettstreit
Sturm und Drang 117–119, 142, *153–159*, 171–173, 175–178, 194
Stuttgart 198
Subjektivität 110, 163, 203, 240f.
Süddeutschland 78, 91, 93
Süden 267f., 270f., 284, 300, 331, 395
Südeuropa 15, 77, 84, 94
Südwestdeutschland 19
Symbolismus s. ›Jahrhundertwende‹
Symplegaden 33
Syrien 245

Tacitismus 82, 98
Tantaliden 269, 359
Teufel s. Verteufelung
Teutoburger Wald s. Germanen und Römer
Theater 37, 94, 101f., 121–123, 165, 201, 207, 323, 328
- s.a. Aufführung
Theben 228, 290, 360, 372
Theologie 7, 39, 49, 52f., 115
Theorie 4, 78, 140f., 153, 167, 346
- und Kunst 8, 255
- und Literatur 9, 78, 136–138, 144f., 155, 158, 161, 165, 167, 170, 192, 205f., 263, 338
Thermopylae 324, 381
Tod 58f., 79, 84, 92, 126, 129f., 164, 185, 197, 200, 210, 252, 272f., 277–279, 284, 292, 300, 339, 391, 402
- s.a. Thanatos
Toleranz 41, 48f.
Torheit s. Narrheit
Tradition 79, 127, 140–142, 241, 317, 320, 359, 392
- und Neuansatz 9, 11, 86, 136, 187
- weltliterarische 7
Tragik 140, 146, 159–161, 172, 184, 212, 214, 221, 227, 234, 264, 269, 276, 278, 289, 293, 297, 299, 301f., 308f., 312, 316f., 320f., 331, 334, 336f., 339, 348, 358, 361, 364, 371, 376, 395, 398
Tragiker, griechische 59, 159f., 162, 167, 180, 182, 186, 211, 213, 241, 268, 322
Tragödie 53f., 57, 71–73, 79f., 82, 86–88, 93–99, 106f., 113, 121, 123f., 131, 135, 138f., 141f., 154, 157, 164, 168, 178, 185, 215f., 227, 236, 241f., 244f., 266f., 291, 316, 321, 361
- s.a. Bürgerliches Trauerspiel; Märtyrertragödie; Tyrannentragödie
Trauerspiel s. Bürgerliches Trauerspiel; Tragödie
Travestie s. Parodie
Triest 283
Trimeter 43, 60, 164, 168, 186, 239
Trivialisierung 8, 199, 207, 224, 245, 249, 270, 326, 369
Trivialliteratur 302
Trojanischer Krieg 17, 35f., 56f., 62, 66, 72, 83, 92, 103, 106, 131, 156, 163, 185, 213, 230, 268f., 275, 288f., 291, 293f., 311f., 319f., 327–331, 338–340, 342, 354, 361, 363–365, 382f., 386, 390f., 401, 403f.
Tübingen 19, 52, 61, 192
Türken 13, 27, 29, 35, 97, 120, 176, 196
Tugend 15, 20, 29, 32, 34–38, 42f., 58f., 101, 123, 131, 149, 142, 146, 157, 193, 225, 270, 399
Tyrann 92, 138, 202, 316, 357
- s.a. Despotismus
Tyrannentragödie 80, 93f., 98, 124f.

UdSSR s. Sowjetunion
Übersetzung 4, 10, 16, 19–25, 31, 35, 38, 42f., 45–47, 50, 53–56, 59, 61–68, 70, 72, 80, 86–88, 92f., 97, 102f., 105f., 108, 114f., 121, 124f., 128f., 131f., 137, 142, 149, 151f., 160, 162, 167, 174f., 180, 184, 191f., 198, 201f., 209, 215, 220, 223, 238f., 245, 274, 277, 280f., 293, 297, 306, 315, 330, 396, 401
Umbruch, historischer 7, 352, 381f., 387
Umwälzung s. Revolution; Umbruch, historischer
Umwertung s. Kritik
universell s. Antikerezeption, universelle
Universität 10, 17, 19, 21, 24, 27, 35, 49, 52–54, 61f., 89, 114, 135, 223, 248, 299, 330
Untergang s. Vergänglichkeit
Unterricht, altsprachlicher 114, 257, 283, 298
– s.a. Altsprachenlehrer; Sprachen, alte
Unterschied s. Differenzierung
Unterwelt (Hades) 47, 70, 101, 104, 159, 164, 167, 184, 214, 231, 256, 277, 280–284, 286f., 300, 318–320, 325f., 346, 352, 369, 376–378, 386, 398f.
Urbanität 41, 126, 145
Ursachen s. Antikerezeption, Ursachen
Ursprünglichkeit s. Originalität
Urteil s. Paris [Personenregister]
USA 262, 327
Utopie 104, 112, 136, 144f., 147f., 170, 174, 181, 199, 219, 230, 266, 298, 307, 320, 322, 325, 337, 347f., 350–352, 356, 362, 364f., 371, 373, 376

Vanitas 79, 84, 91, 101, 141
– s.a. Vergänglichkeit
Vaterland s. Patriotismus
Vaterrecht s. Patriarchat
Venedig 283
Verabschiedung s. Distanzierung
Verabsolutierung 8, 154, 158, 167, 258, 310
Verbannung s. Exil
Verehrung 7, 85f., 106, 115, 124, 133, 135, 141f., 153, 157f., 161, 166f., 181f., 187f., 190, 192, 198, 203, 228, 242, 256, 272, 343, 353
Verfall s. Vergänglichkeit
Vergänglichkeit 30, 104, 113, 118, 126, 151, 164, 183, 188–190, 199f., 208f., 218, 224, 229–231, 233, 256, 271, 286, 297, 299f., 304, 307, 332, 337, 345f., 368, 374, 376–378, 388
Vergeblichkeit 337, 346, 376, 378
Verherrlichung s. Idealisierung

Verklärung s. Idealisierung
Verlust s. Vergänglichkeit
Verschmelzung 187, 240f.
Versepik 32, 80, 102, 245, 247f.
– s.a. Epik; Epos; Epyllion; Verserzählung
Verserzählung 146f., 239
Verslehre s. Metrik
Versmaße 22, 30, 60, 64, 69, 79, 86, 105, 121, 132f., 144, 152, 163, 169, 186, 194, 238, 280, 343
– s.a. Alexandriner; Distichon; Hexameter; Odenmaße; Trimeter
Verteufelung 120, 217–220, 224, 232–234
Vertreibung s. Exil
Verwandlung 164, 217, 234, 293, 325
Verwandtschaft s. Wesensverwandtschaft
Vielschichtigkeit 7f., 37, 86, 404
Virtus s. Tugend
Völkerwanderung 80, 247–249, 302f.
Volk 135, 142, 152, 193, 197, 199, 242, 247, 282, 290, 310, 316, 341, 352, 357, 381, 383, 390, 398f., 401
Volksbücher 65, 68
Volkssprache s. Nationalsprache
volkstümlich s. Literatur, volkstümliche
Voluptas s. Wollust
Vorbild 7f., 14, 32, 110, 195, 204f., 257, 356, 405
– s.a. Muster
Vormärz 224, 228, 236

Waltershausen 193
Wandlung s. Entwicklung
Weimar 118f., 149, 153–155, 158, 160, 165, 171, 180, 207, 216
– s.a. Klassik, Weimarer
Weimarer Republik 257, 302
Weiterführung 315, 378, 381
Weltkrieg
– erster 255–258, 260f., 272, 290, 292, 297, 313
– zweiter 255–257, 260–263, 268, 291, 293, 303, 318, 320f., 327, 331f., 334f., 344, 352, 367f., 374, 381f., 397
weltlich s. Diesseitigkeit; Literatur, weltliche
Weltliteratur s. Tradition, weltliterarische
Wesensverwandtschaft 126, 145, 151, 170, 239f., 242, 272
Westeuropa 13–15, 77, 84, 94, 327
Wettstreit 32, 34–38, 42f., 58f., 101, 149
Widersprüchlichkeit 7f., 37, 51, 68, 80, 86, 99, 112f., 150, 159, 166f., 177, 183f., 203, 211, 224, 226, 228, 262, 272, 274, 281, 306, 317, 320, 337, 353, 356–358, 369–372, 378, 384, 388f., 393f., 398, 402, 404

Widerstand 315, 397, 399
Wiederaufbruch 306, 329, 353, 371
Wirklichkeit 9, 47, 63, 66f., 72, 74, 81, 105, 111, 113, 127, 142, 168f., 185, 195f., 202, 212, 223f., 249, 288, 306, 339, 347, 349, 351, 361, 373
– s.a. Leben
Wirkung s. Nachwirkung
Wissenschaft 15, 18, 23f., 45, 49, 84, 110, 298f., 324
– s.a. Altertumswissenschaften
Wittenberg 49, 52f., 58, 61–63, 89, 107f., 135

Wollust 32, 34–38, 42f.
– s.a. Laster
Württemberg 197

Zitat 9, 20f., 44, 53, 125, 137, 217, 240, 249–251, 276, 284, 298, 307, 327, 375
Zittau 104
Zürich 59f., 115, 124, 149
Zustimmung 8f., 256, 261, 264, 304, 308, 310, 312, 335, 340f., 343, 353, 368, 372–376, 378, 381, 383, 385, 389, 394

Hubert Cancik
Antik · Modern
Beiträge zur römischen und deutschen
Kulturgeschichte
Herausgegeben von Richard Faber,
Barbara von Reibnitz und Jörg Rüpke
1998. XVIII, 353 Seiten, gebunden
ISBN 3-476-01572-6

Der Band dokumentiert exemplarisch die Verbindung von Altertumswissenschaft und moderner Kulturwissenschaft. Neben Analysen der römischen, auf die Frühe Neuzeit vorausweisenden Rationalität und ihrer Dialektik stehen Untersuchungen zur Religionsgeschichte der späten Weimarer Republik und des frühen Dritten Reichs sowie philosophiegeschichtliche Bemerkungen zu den antiken Grundlagen von Menschenrechten und Humanismus.

Der Tübinger Altphilologe und Religionshistoriker Hubert Cancik verbindet in seinen Studien historisch-philologische Genauigkeit mit begrifflicher Arbeit und gegenwartsbezogener Reflexion. Altertumswissenschaft wird so zur aktuell bedeutsamen Kulturwissenschaft, die oft allzu enge Fachgrenzen sprengt.

»Fast alle Themen sind von erheblicher, über das Fachliche hinausführender Bedeutung, und sie werden in einer stets ebenso klaren wie eindringlichen Diktion abgehandelt.«
                    Frankfurter Allgemeine Zeitung

Metzler Lexikon Antike
Herausgegeben von Kai Brodersen
und Bernhard Zimmermann
1999. VI, 703 Seiten, 400 Abb.,
gebunden, mit Schutzumschlag
ISBN 3-476-01610-2

Das »Metzler Lexikon Antike« liefert die wesentlichen Daten, Fakten und Hintergründe zu allen Themen und Bereichen der griechisch-römischen Antike von der Frühzeit bis in die Spätantike. Von Achill bis Zentaur, von Abraxas bis Zoroaster, von Aberglaube bis Zahnpflege, von Aischylos bis Zenon bieten 4.500 Stichwörter Information zu den ›klassischen‹ und zu den abgelegeneren Themen der antiken Kultur und Geschichte. Auch Fragen zu Leben und Alltag, Mentalitäten und sozialen Phänomenen der antiken Welt werden hier ausführlich beantwortet.

400 Fotos, Zeichnungen, Karten und Pläne bringen zusätzlich ein Fülle von Anregungen und anschaulichen Ergänzungen. Ein Serviceteil bietet Zeittafel, Stammbäume zur Mythologie, Maße und Gewichte, ein allgemeine Bibliographie und vieles andere mehr.

»Eine der nützlichsten Neuerscheinungen zur Antike, deren reicher Gehalt und Zuverlässigkeit vor allem auch studentischen Benutzern aus solchen Disziplinen zugute kommen dürften.«

Die Welt

VERLAG J.B. METZLER